资治通鉴全本新注

（全十四册）

第十一册

卷二一〇至卷二三一（唐纪二十六至唐纪四十七）

［宋］司马光　编著
张大可　注释

華中科技大學出版社
http://press.hust.edu.cn
中国·武汉

第十一册目录

卷二一〇　唐纪二十六

唐睿宗景云元年至唐玄宗开元元年（710—713 年）

【起上章阉茂（庚戌，710 年）八月，尽昭阳赤奋若（癸丑，713 年），凡三年有奇】

【大事提要】

本卷记事起公元 710 年八月，讫公元 713 年，凡三年又五个月，当唐睿宗景云元年到唐玄宗开元元年。睿宗平庸仁厚，本无帝王之心，因其第三子临淄王李隆基与太平公主共谋，发动兵变诛杀韦皇后，阴差阳错被推上皇帝宝座，李隆基也因此被立为皇太子。太平公主与其母武则天同类型，贪恋权位，野心勃发。睿宗即位，大权就旁落在太平公主之手。太平公主嫉妒李隆基英武，于是欲谋废立太子，太子自保，各立朋党，朝中大臣中分，正人君子保太子，奸邪小人附太平公主，两派势力明争暗斗，长达三年之久。睿宗骑墙，欲两全之，令太子监国，外出太平公主。随后睿宗召还太平公主，传位太子，欲以平衡双方势力，以求共存。太平公主野心不改，依然擅权用事，宰相七人，五出其门，文武之臣，大半附之。太平公主公然谋废立，唐玄宗于是在先天二年七月用兵诛灭太平公主及其同党，睿宗还政，唐玄宗全权掌控政权，改元开元。本卷记事重心即为李隆基登基。睿宗也办了几件好事：罢斥斜封官，平反裴炎冤狱，停建寺观。割河西九曲地与吐蕃，留下隐患，是睿宗的一大失策。

睿宗玄真大圣大兴孝皇帝下

景云元年（庚戌，710 年）

八月，庚寅[1]，往巽第按问[2]。重福奄至[3]，县官驰出，白留守[4]；群官皆逃匿，洛州长史崔日知[5]独帅众讨之。

留台[6]侍御史李邕遇重福于天津桥，从者已数百人；驰至屯营[7]，告之曰："谯王得罪先帝[8]，今无故入都，此必为乱；君等宜立功取富贵。”又告皇城[9]使闭诸门。重福先趣左、右屯营，营中射之，矢如雨下。乃还趣左掖门[10]，欲取[11]留守兵，见门闭，大怒，命焚之。火未及然[12]，左屯营兵出逼之，重福窘迫，策马[13]出上东[14]，逃匿山谷。明日，留守大出兵搜捕，重福赴漕渠[15]溺死。日知，日用之从父兄也。以功拜东都留守。

郑愔貌丑多须[16]，既败，梳髻[17]，著妇人服，匿车中；擒获，被鞫，股栗[18]不能对。张灵均神气自若，顾愔曰：“吾与此人举事，宜其败也！”与愔皆斩于东都市。初，愔附来俊臣得进；俊臣诛，附张易之；易之诛，附韦氏；韦氏败，又附谯王重福，竟坐族诛。严善思免死，流静州[19]。

（以上为第一段，写中宗第二子谯王李重福反叛被诛。）

【注释】

[1]庚寅：八月十二日。 [2]往巽第按问：洛阳县官前往裴巽家推按审问。上卷末载“洛阳县官微闻其谋”。此句即承上句而言。 [3]奄至：忽然到达。 [4]白留守：告诉东都留守。白，告知。 [5]崔日知：字子骏。宰相崔日用堂兄，官至京兆尹。见《旧唐书》卷九十九、《新唐书》卷一百二十一。 [6]留台：留在洛阳御史台。 [7]屯营：即戍守洛阳的左右屯营。 [8]先帝：指中宗。 [9]皇城：东都皇城，在东都西北隅。 [10]左掖门：皇城南面三门之一。皇城南面三门，中曰端门，左曰左掖门，右曰右掖门。 [11]取：收取。 [12]然：通“燃”。 [13]策马：鞭马。 [14]上东：东都东面三门之一，位于北端。《唐六典》卷七载：东都城东面三门，中曰建春，南曰永通，北曰上东。 [15]漕渠：为漕运而修建的水渠。 [16]须：胡须。 [17]髻：总发，挽发而结之于头顶。 [18]栗：战栗。 [19]静州：州名。治所在今四川茂县西北。

万骑恃讨诸韦之功，多暴横[1]，长安中[2]苦之；诏并除外官[3]。又停以户奴为万骑[4]；更置飞骑，隶左、右羽林。

姚元之、宋璟及御史大夫毕构上言：“先朝斜封官[5]悉宜停废。”上从之。癸巳[6]，罢斜封官凡数千人。

刑部尚书、同中书门下三品裴谈贬蒲州刺史。

赠苏安恒谏议大夫[7]。

九月，辛未[8]，以太子少师致仕唐休璟为朔方道大总管。

冬，十月，甲申[9]，礼仪使[10]姚元之、宋璟奏："大行皇帝神主，应祔太庙，请迁义宗神主于东都[11]，别立庙。"从之。

乙未[12]，追复天后尊号为大圣天后[13]。

丁酉[14]，以幽州镇守经略节度大使薛讷[15]为左武卫大将军兼幽州都督。节度使之名自讷始[16]。

太平公主以太子年少[17]，意颇易之[18]；既而惮其英武，欲更择暗弱[19]者立之以久其权[20]，数为流言，云"太子非长[21]，不当立。"己亥[22]，制戒谕中外，以息浮议[23]。公主每觇伺[24]太子所为，纤介[25]必闻于上，太子左右，亦往往为公主耳目，太子深不自安。

（以上为第二段，写睿宗裁除先朝斜封官。太平公主猜忌太子李隆基。）

【注释】

[1]暴横：残暴专横。[2]长安中：长安城中的百姓。[3]外官：京外官，地方官。[4]停以户奴为万骑：户奴即官奴，为官户奴婢之简称。胡三省认为以户奴为万骑必起于永昌之后。待考。[5]先朝斜封官：中宗时的斜封官。[6]癸巳：八月十五日。[7]赠苏安恒谏议大夫：苏安恒景龙元年（707）十月被杀，时任习艺馆内教。[8]辛未：九月二十三日。[9]甲申：十月七日。[10]礼仪使：官名。唐代凡有国丧，皆以宰相为礼仪使，掌管丧仪、祔庙等大事。[11]迁义宗神主于东都：义宗即孝敬皇帝（太子宏）庙号。中宗神龙元年（705）六月十九日祔孝敬神主于太庙。[12]乙未：十月十八日。[13]大圣天后：六月二十七日始追复"天后"称号，至此，又加"大圣"二字。[14]丁酉：十月二十日。[15]薛讷（649—720）：绛州万泉（今山西万荣县西南）人。名将薛仁贵之子。长期镇守边疆，颇有战功。官至左羽林大将军。传见《旧唐书》卷九十三、《新唐书》卷一百一十一。[16]节度使之名自讷始：关于"节度使"名号的起源，诸书记载不一。《统纪》《唐会要》称：景云二年四月，以贺拔延嗣为凉州都督，充河西节度使，始有节度之号。司马光认为，薛讷已先为节度大使，则节度之名不始于延嗣。见《考异》卷十二。岑仲勉在《通鉴隋唐纪比事质疑》一书中说：节度初时只有指挥调度之意。终唐之世，都非职官，故无品阶。节度使是否始自薛讷，因当日制敕存者无多，殊难断定。看来尚须进一步研究。[17]以太子年少：当时太子不足二十五岁。[18]意颇易之：在思想上颇轻视太子，认为容易控制。易，轻易。[19]暗弱：暗昧软弱。[20]以久其权：以便使自己长期掌握大权。[21]非长：不是嫡长子。[22]己亥：十月二十二日。[23]浮议：流传而没有根据的议论。此处指"太子非长，不当立"的流言。[24]觇（chān）伺：觇，窥看；伺，侦候。[25]纤介：亦作"纤芥"。细微，此处指细微小事。

谥故太子重俊曰节愍[1]。太府少卿万年韦凑[2]上书，以为："赏罚所不加者，则考行立谥以褒贬之。故太子重俊，与李多祚等称兵[3]入宫，中宗登玄武门以避之，太子据鞍督兵自若[4]；及其徒倒戈，多祚等死，太子方逃窜。向使宿卫不守，其为祸也胡可忍言[5]！明日，中宗雨泣[6]，谓供奉官[7]曰：'几不与卿等相见。'其危如此。今圣朝礼葬[8]，谥为节愍，臣窃惑[9]之。夫臣子之礼，过庙必下，过位必趋。汉成帝之为太子，不敢绝驰道[10]。而重俊称兵宫内，跨马御前，无礼甚矣。若以其诛武三思父子而嘉之，则兴兵以诛奸臣而尊君父可也；今欲自取之，是与三思竞为逆也，又足嘉乎[11]！若以其欲废韦氏而嘉之，则韦氏于时逆状未彰，大义未绝，苟无中宗之命而废之，是胁[12]父废母也，庸[13]可乎！汉戾太子困于江充之谗[14]，发忿杀充，虽兴兵交战，非围逼君父也；兵败而死，及其孙为天子，始得改葬，犹谥曰戾。况重俊可谥之曰节愍乎！臣恐后之乱臣贼子，得引以为比，开悖逆之源，非所以彰善瘅恶[15]也，请改其谥。多祚等从重俊兴兵，不为无罪。陛下今宥之可也，名之为雪，亦所未安。"上甚然其言，而执政以为制命已行，不为追改[16]，但停多祚等赠官而已。

十一月，戊申朔[17]，以姚元之为中书令。

己酉[18]，葬孝和皇帝[19]于定陵[20]，庙号中宗。朝议以韦后有罪，不应祔葬。追谥故英王妃赵氏[21]曰和思顺圣皇后，求其瘗[22]，莫有知者，乃以袆衣[23]招魂[24]，覆以夷衾[25]，祔葬定陵。

壬子[26]，侍中韦安石罢为太子少保，左仆射、同中书门下三品苏瓌罢为少傅。

甲寅[27]，追复裴炎官爵[28]。

初，裴伷先自岭南逃归，复杖一百，徙北庭[29]。至徙所，殖货任侠[30]，常遣客诇[31]都下[32]事。武后之诛流人[33]也，伷先先知之，逃奔胡中；北庭都护追获，囚之以闻。使者至，流人尽死，伷先以待报未杀。既而武后下制安抚流人，有未死者悉放还，伷先由是得归。至是求炎后，独伷先在，拜詹事丞[34]。

（以上为第三段，写谥中宗太子李重俊曰"节愍"，下葬中宗。平反裴炎冤狱。）

【注释】

[1]节愍：按“谥法”，“好廉自克曰节，在国逢艰曰愍”，没有贬斥之意，故韦凑上奏要求改谥。[2]韦凑（658—722）：京兆万年人。曾任婺州参军、司农少卿等职，多次上书论时政得失。官至太原尹兼节度支度营田大使。传见《旧唐书》卷一百零一、《新唐书》卷一百一十八。[3]称兵：举兵。[4]自若：自如，无敬畏之心。[5]胡可忍言：岂可忍言。意即为祸甚烈，皇上有被害的危险。[6]雨泣：泪如雨下。[7]供奉官：在皇帝身边供职的官员。[8]礼葬：以礼改葬。[9]惑：疑惑。[10]汉成帝之为太子，不敢绝驰道：汉成帝当太子的时候，居住在桂宫。一次元帝有事急召太子。太子不敢穿越驰道，绕道而行，去的晚了。元帝问其原因，太子以实相对。于是元帝乃著令，太子得绝驰道。绝，有穿越、越度之意。[11]又足嘉乎：意即又岂足嘉乎。[12]胁，胁迫。[13]庸：岂。[14]汉戾太子困于江充之谗：戾太子即武帝太子刘据。江充与刘据有矛盾，诬告刘据有巫蛊之事。据恐，举兵杀充。后兵败自杀。[15]彰善瘅恶：表彰为善之人，憎恨作恶者。[16]追改：追加改易。即按照韦凑的主张行事。[17]戊申朔：十一月一日。[18]己酉：十一月二日。[19]孝和皇帝：即唐中宗李显。中宗死后谥为孝和皇帝。[20]定陵：位于陕西省富平县宫里镇凤凰山上。现为省级重点文物保护单位。[21]故英王妃赵氏：高祖驸马赵瑰之女，京兆长安人。唐中宗为英王时，纳为妃。不为武后所喜，被幽闭而死。[22]瘗（yì）：埋葬。此处指葬所。[23]袆衣：皇后受册、助祭、朝会时穿的礼服。[24]招魂：招回死者的灵魂。古人迷信，认为将死者的衣服整好，北面三呼，即可招回死者之魂。[25]夷衾（qīn）：古代举行丧礼时盖尸用的衣被。[26]壬子：十一月五日。[27]甲寅：十一月七日。[28]追复裴炎官爵：裴炎官至中书令，封河东县侯。文明元年（684）十月十八日被杀。事迹见两《唐书·裴炎传》。[29]北庭：都护府名。治所在今新疆吉木萨尔县北庭故城。[30]殖货任侠：经营商业，以侠义自任。[31]诇（xiòng）：侦察，刺探。[32]都下：都中。此处指京师长安。[33]武后之诛流人：其事发生在长寿二年（693）。[34]詹事丞：东宫官属，正六品上，掌判詹事府事务。

壬戌[1]，追复王同皎官爵[2]。

庚午[3]，许文贞公苏瓌薨。制起复[4]其子颋为工部侍郎，颋固辞。上使李日知谕旨[5]，日知终坐不言而还，奏曰：“臣见其哀毁，不忍发言，恐其陨绝[6]。”上乃听其终制[7]。

十二月，癸未[8]，上以二女西城、隆昌公主[9]为女官[10]，以资天皇太后之福[11]，仍欲于城西造观。谏议大夫宁原悌[12]上言，以为“先朝悖逆庶人[13]以爱女骄盈[14]而及祸，新城、宜都[15]以庶孽[16]抑损[17]而获全[18]。又释、道二家皆以清净为本，不当广营寺观，劳人费财。梁武帝致败于前，先帝取灾于后，殷鉴不远。今二公主入道，将为之置观，不宜过为崇丽[19]，取谤[20]四方。又，先朝所亲狎[21]诸僧，尚在左右，宜加屏斥[22]。”上览而善之。

宦者闾兴贵[23]以事属[24]长安令李朝隐，朝隐系于狱。上闻之，召见朝隐，劳之曰：“卿为赤县[25]令，能如此，朕复何忧！”因御承天门，集百官及诸州朝集使，宣示以朝隐所为。且下制称“宦官遇宽柔之代[26]，必弄威权。朕览前载[27]，每所叹息。能副朕意，实在斯人，可加一阶为太中大夫[28]，赐中上考[29]及绢百匹。”

壬辰[30]，奚、霫犯塞，掠渔阳、雍奴[31]，出卢龙塞[32]而去。幽州都督薛讷追击之，弗克[33]。

旧制，三品以上官册授[34]，五品以上制授[35]，六品以下敕授[36]，皆委尚书省奏拟[37]，文[38]属吏部，武[39]属兵部，尚书曰中铨[40]，侍郎曰东西铨[41]。中宗之末，嬖幸[42]用事，选举混淆，无复纲纪。至是，以宋璟为吏部尚书，李乂、卢从愿[43]为侍郎，皆不畏强御[44]，请谒路绝。集者万余人，留者三铨不过二千[45]，人服其公。以姚元之为兵部尚书，陆象先[46]、卢怀慎[47]为侍郎，武选亦治。从愿，承庆之族子[48]，象先，元方之子也[49]。

侍御史蓑城倪若水[50]，奏弹国子祭酒祝钦明、司业郭山恽乱常改作[51]，希旨病君[52]；于是左授钦明饶州[53]刺史，山恽括州[54]长史。

侍御史杨孚[55]，弹纠不避权贵，权贵毁[56]之，上曰：“鹰搏狡兔，须急救之，不尔[57]必反为所噬。御史绳奸慝亦然。苟非人主保卫之，则亦为奸慝所噬矣。”孚，隋文帝[58]之侄孙也。

置河西节度、支度、营田等使[59]，领凉、甘、肃、伊、瓜、沙、西七州[60]，治凉州[61]。

姚州群蛮，先附吐蕃，摄监察御史李知古[62]请发兵击之；既降，又请筑城，列置州县，重税之。黄门侍郎徐坚[63]以为不可；不从。知古发剑南兵筑城，因欲诛其豪杰，掠子女为奴婢。群蛮怨怒，蛮酋傍名引吐蕃攻知古，杀之，以其尸祭天，由是姚、嶲[64]路绝，连年不通。

安西都护张玄表[65]侵掠吐蕃北境，吐蕃虽怨而未绝和亲，乃赂鄯州都督杨矩[66]，请河西九曲[67]之地以为公主汤沐邑；矩奏与之。

（以上为第四段，写睿宗整顿纲纪，抑制宦官，规范选举。唐割河西九曲地与吐蕃是一大失策。）

【注释】

［1］壬戌：十一月十五日。［2］追复王同皎官爵：王同皎神龙二年三月七日被杀。生前拜驸马都尉，迁光禄卿，封琅邪郡公。［3］庚午：十一月二十三日。［4］起复：起于家而复为官。封建时代，官吏家中有丧，丁忧未满而复起用，称作“起复”。［5］谕旨：晓谕皇上的旨意。［6］陨绝：休克或死亡。［7］终制：终其丧制。［8］癸未：十二月七日。［9］西城、隆昌公主：西城公主即金仙公主，唐睿宗第八女。隆昌当作“昌隆”。昌隆公主即玉真公主，睿宗第九女。《新唐书》卷八十三《诸帝公主传》作“崇昌”，系避玄宗名讳而误改。［10］女官：又作女冠，即女道士。［11］以资天皇太后之福：为天皇太后祈求冥福。天皇，唐高宗；太后，武则天。［12］宁原悌：事见《唐会要》卷五十。原悌，《唐会要》作“悌原”，待考。［13］悖逆庶人：即中宗之女安乐公主。安乐公主被杀后，追贬为“悖逆庶人”。［14］骄盈：骄傲盈满。［15］新城、宜都：皆唐中宗之女。《新唐书》卷八十三及《唐会要》卷六皆作新都、宜城。待考。［16］庶孽：对妾生子女的统称。［17］抑损：抑制减损。［18］获全：得以保全性命。［19］崇丽：高大宏丽。［20］取谤：招致诽谤。［21］亲狎：亲昵狎习。［22］屏斥：屏弃斥逐。［23］闾兴贵：事见《旧唐书》卷一百《王丘传》、《新唐书》卷一百二十九《李朝隐传》。［24］属：请托。［25］赤县：设在京师的县。唐制，县有赤、畿、望、紧、上、中、下七等之差。凡县治设在京师以内的称作赤县。唐代赤县有四：长安、万年、河南、洛阳。［26］宽柔之代：宽大柔和之世。［27］前载：从前的载籍，即史书之类。［28］加一阶为太中大夫：长安令正五品上。太中大夫从四品上。故自长安令加一阶即至太中大夫阶品。太中大夫，文散官名。在文散官中被列为第八等。［29］赐中上考：唐代官员考第分为九等，即：上上、上中、上下、中上、中中、中下、下上、下中、下下。每个等级都有一定的考课标准和奖惩办法。中上考为第四等，说明政绩较好。［30］壬辰：十二月十六日。［31］雍奴：县名。县治在今天津市武清区西北。［32］卢龙塞：关塞名。在今河北卢龙县附近。［33］弗克：不克。［34］册授：由皇帝当面册封。［35］制授：发制书授官。［36］敕授：下敕授官。［37］奏拟：奏闻注拟。［38］文：文官。［39］武：武官。［40］尚书曰中铨：尚书一人，主持六、七品选，称为中铨或尚书铨。［41］侍郎曰东西铨：侍郎二人，分为两组，主持八、九品选，称为东西铨。东西铨与中铨合称三铨。［42］嬖幸：被宠爱的人。［43］卢从愿（?—737）：相州临漳（今河北临漳县西南）人。曾任右拾遗、中书舍人等职。典选六年，以平允著称。官至吏部尚书。传见《旧唐书》卷一百、《新唐书》卷一百二十九。［44］强御：强暴，威势。［45］留者三铨不过二千：经过三铨留下来的不过两千人。［46］陆象先（665—736）：苏州吴县（今江苏苏州市）人。本名景初。睿宗赐名象先。举制科高第。官至宰相，监修国

史。传见《旧唐书》卷八十八、《新唐书》卷一百一十六。［47］卢怀慎（?—716）：滑州灵昌（今河南延津县东北）人。举进士，官至宰相，勤于公事，以清俭著称。传见《旧唐书》卷九十八、《新唐书》卷一百二十六。［48］从愿，承庆之族子：卢承庆，高宗朝宰相。［49］象先，元方之子也：陆元方则天朝两度为相。［50］倪若水（?—719）：恒州藁城（今河北石家庄市藁城区）人。进士及第。官至尚书右丞。传见《旧唐书》卷一百八十五下、《新唐书》卷一百二十八。［51］乱常改作：不尊常典，胡乱改革。指郊祀以韦皇后亚献。［52］希旨病君：迎合皇后旨意，危害君王。希，迎合。［53］饶州：州名。治所在今江西鄱阳县。［54］括州：州名。治所在今浙江丽水市东南。［55］杨孚：事见《唐御史台精舍题名考》卷一。［56］毁：毁谤。［57］不尔：不然，不这样的话。［58］隋文帝（541—604）：即杨坚。隋王朝的建立者。公元581年至604年在位。传见《隋书》卷一、《北史》卷十一。［59］置河西节度、支度、营田等使：胡三省说，唐代边军，皆有支度使，以计军资粮仗之用。节度使不兼支度者，支度自为一司。凡边防镇守，转运不给，则开置屯田以益军储，于是有营田使。［60］凉、甘、肃、伊、瓜、沙、西七州：地当今甘肃西部、新疆东部一带，包括整个河西走廊和吐鲁番盆地。［61］凉州：州名。治所在今甘肃武威市。［62］李知古：事见《旧唐书》卷一百零二《徐坚传》、卷一百九十六《吐蕃传》上等。［63］徐坚（?—729）：湖州长城（今浙江长兴县）人。传见《旧唐书》卷一百零二、《新唐书》卷一百九十九。［64］姚、巂：姚州，治今云南姚安县；巂州，治今四川西昌市。［65］张玄表：事见《旧唐书》卷一百九十六上《吐蕃传》上、《新唐书》卷二百一十六上《吐蕃传》上。［66］杨矩：事见《旧唐书》卷七《中宗本纪》、卷九十二《赵彦昭传》、卷一百九十六上《吐蕃传》上及《唐方镇年表》等。［67］河西九曲：胡注，即汉大小榆谷之地，去积石军三百里，水甘草良，宜畜牧。吐蕃得到河西九曲之地后，修筑洪济、大漠门等城为害唐西疆。后来杨矩后悔而自杀。

二年（辛亥，711年）

春，正月，癸丑[1]，突厥可汗默啜遣使请和，许之。

己未[2]，以太仆卿郭元振、中书侍郎张说并同平章事。

以温王重茂为襄王[3]，充集州[4]刺史，遣中郎将将兵五百就防之[5]。

乙丑[6]，追立妃刘氏曰肃明皇后[7]，陵曰惠陵；德妃窦氏[8]曰昭成皇后，陵曰靖陵。皆招魂葬于东都城南，立庙京师，号仪坤庙[9]。窦氏，太子之母也。

太平公主与益州长史窦怀贞等结为朋党，欲以危太子，使其婿唐晙[10]邀韦安石至其第，安石固辞不往。上尝密召安石，谓曰：“闻朝廷皆倾心东宫[11]，卿宜察之。”对曰：“陛下安得亡国之言！此必太平之谋耳。太子有功于社稷，仁明孝友，天下所知，愿陛下无惑谗言[12]。”上瞿然[13]曰：“朕知之矣，卿勿言。”时公主在帘下[14]窃听之，以飞语[15]陷安石，欲收按之，赖郭元振救之，得免。

公主又尝乘辇邀宰相于光范门[16]内，讽以易置东宫[17]，众皆失色。宋璟抗言[18]曰：“东宫有大功于天下，真宗庙社稷之主，公主奈何忽有此议！”

璟与姚元之密言于上曰：“宋王陛下之元子[19]，豳王[20]高宗之长孙，太平公主交构[21]其间，将使东宫不安。请出宋王及豳王皆为刺史，罢岐、薛二王左、右羽林[22]，使为左、右率[23]以事太子。太平公主请与武攸暨皆于东都安置。”上曰：“朕更无兄弟，惟太平一妹，岂可远置东都！诸王惟卿所处。”乃先下制云：“诸王、驸马自今毋得典禁兵，见任者皆改他官。”

顷之，上谓侍臣曰：“术者[24]言五日中当有急兵入宫，卿等为朕备之。”张说曰：“此必谗人欲离间东宫。愿陛下使太子监国，则流言自息矣。”姚元之曰：“张说所言，社稷之至计[25]也。”上说[26]。

二月，丙子朔[27]，以宋王成器为同州[28]刺史，豳王守礼为豳州[29]刺史，左羽林大将军岐王隆范为左卫率，右羽林大将军薛王隆业为右卫率；太平公主蒲州[30]安置。

丁丑[31]，命太子监国，六品以下除官[32]及徒罪以下[33]，并取太子处分[34]。

（以上为第五段，写太平公主加紧谋划重立太子。睿宗用张说、姚元之计以太子监国来抑制太平公主，并外出太平公主于蒲州安置，欲两全之。）

【注释】

[1]癸丑：正月七日。 [2]己未：正月十三日。 [3]以温王重茂为襄王：据两《唐书·睿宗纪》，时在正月甲子，即正月十八日。 [4]集州：州名。治所在今四川南江县。 [5]就防之：前往集州防其作乱。 [6]乙丑：正月十九日。 [7]追立妃刘氏曰肃明皇后：刘氏系刘德威之孙。唐睿宗在藩时纳为孺人，生宁王及寿昌、代国公主。长寿二年（693）被秘密处死。 [8]德妃窦氏：生玄宗及金仙、玉真二公主，与刘氏同日被杀。二人同传，见《新唐书》卷七十六。 [9]仪坤庙：

在长安亲仁坊。［10］唐晙：民部尚书唐俭曾孙。娶太平公主女，官至太常少卿。传见《旧唐书》卷五十八、《新唐书》卷八十九。［11］朝廷皆倾心东宫：朝臣皆倾向太子。［12］无惑谗言：不要为谗言所惑。［13］瞿然：惊视的样子。［14］帘下：即帘中。［15］飞语：流言。［16］光范门：在大明宫含元殿之西。［17］易置东宫：更换太子。［18］抗言：大声说，高声而言。［19］元子：嫡长子。宋王李成器，睿宗长子，李隆基之兄。［20］豳王：名守礼。章怀太子李贤之子。［21］交构：交合，挑拨离间。［22］罢岐、薛二王左、右羽林：平定韦氏后，岐王隆范、薛王隆业分别担任左、右羽林大将军之职。［23］左、右率：各一员，正四品上，掌东宫兵仗羽卫之政令，总诸曹之事务。［24］术者：术士。［25］至计：最重要的计策。［26］说：通“悦”。［27］丙子朔：二月一日。［28］同州：州名。治所在今陕西大荔县。［29］豳州：州名。治所在今陕西彬州市。［30］蒲州：州名。治所在今山西永济市西。［31］丁丑：二月二日。［32］除官：授官。［33］徒罪以下：包括笞、杖、徒三种刑名。［34］处分：处置。

殿中侍御史崔莅[1]、太子中允[2]薛昭素言于上曰：“斜封官皆先帝所除，恩命[3]已布，姚元之等建议，一朝尽夺之，彰先帝之过，为陛下招怨。今众口沸腾，遍于海内，恐生非常之变。”太平公主亦言之，上以为然。戊寅[4]，制：“诸缘斜封别敕授官，先停任者，并量材叙用。”

太平公主闻姚元之、宋璟之谋，大怒，以让[5]太子。太子惧，奏元之、璟离间姑、兄[6]，请从极法[7]。甲申[8]，贬元之为申州[9]刺史，璟为楚州[10]刺史。丙戌[11]，宋王、豳王亦寝[12]刺史之命。

中书舍人、参知机务刘幽求罢为户部尚书；以太子少保韦安石为侍中。安石与李日知代姚、宋为政，自是纲纪紊乱，复如景龙[13]之世矣；前右率府铠曹参军柳泽[14]上疏，以为：“斜封官皆因仆妾汲引[15]，岂出孝和[16]之意！陛下一切黜[17]之，天下莫不称明。一旦忽尽收叙，善恶不定，反覆相攻[18]，何陛下政令之不一也！议者咸称太平公主令胡僧慧范曲引此曹[19]，诳[20]误陛下。臣恐积小成大，为祸不细[21]。”上弗听。泽，亨之孙也[22]。

左、右万骑与左、右羽林为北门四军，使葛福顺等将之。

三月，以宋王成器女为金山公主[23]，许嫁突厥默啜。

夏，四月，甲申[24]，宋王成器让司徒；许之，以为太子宾客。以韦安石为中书令。

上召群臣三品以上，谓曰："朕素怀澹泊[25]，不以万乘[26]为贵，曩为皇嗣，又为皇太弟，皆辞不处[27]。今欲传位太子，何如？"群臣莫对。太子使右庶子李景伯[28]固辞，不许。殿中侍御史和逢尧[29]附太平公主，言于上曰："陛下春秋未高[30]，方为四海所依仰，岂得遽尔[31]！"上乃止。

戊子[32]，制："凡政事皆取太子处分。其军旅死刑及五品已上除授，皆先与太子议之，然后以闻。"

辛卯[33]，以李日知守侍中。

壬寅[34]，赦天下。

五月，太子请让位于宋王成器；不许。请召太平公主还京师[35]；许之。

庚戌[36]，制："则天皇后父母坟仍旧为昊陵、顺陵[37]，量置官属。"太平公主为武攸暨请之也[38]。

（以上为第六段，写睿宗裁除斜封官而又重新启用；欲让位太子却又召还太平公主，夹在两者之间左右摇摆。）

【注释】

［1］崔莅：官至吏部员外郎。事见《新唐书》卷七十二下《宰相世系表》二下、《唐御史台精舍题名考》卷一。［2］太子中允：东宫官属。协助左庶子掌侍从赞相，驳正启奏。［3］恩命：带有恩泽的诏令。［4］戊寅：二月三日。［5］让：斥责。［6］离间姑、兄：太平公主为太子之姑，宋王、豳王为太子之兄。［7］极法：极刑，死刑。［8］甲申：二月九日。［9］申州：州名。治所在今河南信阳市。［10］楚州：州名。治所在今江苏淮安市。［11］丙戌：二月十一日。［12］寝：止。［13］景龙：唐中宗年号，公元707年至710年。［14］柳泽：蒲州解县（今山西运城市西南）人。曾多次上书进谏。官至太子右庶子。传见《旧唐书》卷七十七、《新唐书》卷一百一十二。［15］汲引：提携拔引。［16］孝和：中宗谥号。［17］黜：罢黜。［18］反覆相攻：自相矛盾。［19］此曹：指斜封官。［20］诳：欺。［21］细：小。［22］泽，亨之孙也：柳泽是柳彦的孙子。柳亨历事高祖、太宗二朝，官至检校岐州刺史。《新唐书》卷七十三上《宰相世系表》及卷一百一十二《柳泽传》以柳泽为柳亨曾孙。待考。［23］以宋王成器女为金山公主：唐制，皇帝女称公主，太子女称郡主，亲王女称县主。宋王女本为县主，因为和亲，视同皇女，故称公主。［24］甲申：四月九日。［25］澹泊：恬静寡欲。［26］万乘：喻帝位。［27］曩为皇嗣，又为皇太弟，皆辞不处：曩，从前。不处，不处其位。辞皇嗣在则天后天授元年。辞皇太弟

在中宗神龙元年。［28］李景伯：则天朝宰相李怀远之子。曾任谏议大夫。官至右散骑常侍。传见《旧唐书》卷九十、《新唐书》卷一百一十六。［29］和逢尧：岐州岐山（今陕西岐山县）人。则天时负鼎诣阙，被流庄州。十余年后中进士，累迁监察御史。性诙诡，善外交。官至户部侍郎。传见《旧唐书》卷一百八十五下、《新唐书》卷一百二十三。［30］陛下春秋未高：时睿宗五十岁。［31］岂得遽尔：怎么能马上传位于太子？［32］戊子：四月十三日。［33］辛卯：四月十六日。［34］壬寅：四月二十七日。［35］请召太平公主还京师：太平公主二月一日被安置于蒲州。［36］庚戌：五月六日。［37］则天皇后父母坟仍旧为昊陵、顺陵：景云元年（710）七月二十六日废昊陵、顺陵名号。［38］太平公主为武攸暨请之也：武攸暨为太平公主之夫。

辛酉[1]，更以西城[2]为金仙公主，隆昌[3]为玉真公主，各为之造观[4]，逼夺民居[5]甚多，用功数百万。右散骑常侍魏知古、黄门侍郎李乂谏，不听。

壬戌[6]，殿中监窦怀贞为御史大夫、同平章事。

僧慧范恃太平公主势，逼夺民产[7]，御史大夫薛谦光与殿中侍御史慕容珣[8]奏弹之。公主诉于上[9]，出谦光为岐州[10]刺史。

时遣使按察十道[11]，议者以山南所部阔远[12]，乃分为东西道；又分陇右为河西道。六月，壬午[13]，又分天下置汴、齐、兖、魏、冀、并、蒲、鄜、泾、秦、益、绵、遂、荆、岐、通、梁、襄、扬、安、闽、越、洪、潭二十四都督，各纠察所部刺史以下善恶，惟洛[14]及近畿州[15]不隶都督府。太子右庶子李景伯、舍人卢俌[16]等上言："都督专杀生之柄[17]，权任太重，或用非其人[18]，为害不细。今御史秩卑望重，以时巡察，奸宄自禁。"其后竟罢都督，但置十道按察使而已。

秋，七月，癸巳[19]，追复上官昭容[20]，谥曰惠文。

乙卯[21]，以高祖故宅枯柿复生[22]，赦天下。

己巳[23]，以右御史大夫解琬[24]为朔方大总管。琬考按[25]三城[26]戍兵，奏减十万人。

庚午[27]，以中书令韦安石为左仆射兼太子宾客、同中书门下三品。太平公主以安石不附己，故崇以虚名，实去其权[28]也。

九月，庚辰[29]，以窦怀贞为侍中。怀贞每退朝，必诣太平公主第[30]。时修金仙、玉真二观，群臣多谏，怀贞独劝成之，身自督役[31]。

时人谓怀贞前为皇后阿奢[32]，今为公主邑司[33]。

冬，十月，甲辰[34]，上御承天门，引韦安石、郭元振、窦怀贞、李日知、张说宣制，责以“政教多阙，水旱为灾，府库益竭[35]，僚吏日滋[36]；虽朕之薄德，亦辅佐非才。安石可左仆射、东都留守，元振可吏部尚书，怀贞可左御史大夫，日知可户部尚书，说可左丞，并罢政事。”以吏部尚书刘幽求为侍中，右散骑常侍魏知古为左散骑常侍，太子詹事崔湜为中书侍郎，并同中书门下三品；中书侍郎陆象先同平章事。皆太平公主之志[37]也。

象先清净寡欲，言论高远，为时人所重。湜私侍太平公主，公主欲引以为相，湜请与象先同升[38]，公主不可[39]，湜曰：“然则湜亦不敢当。”公主乃为之并言[40]于上，上不欲用湜，公主涕泣以请，乃从之[41]。

（以上为第七段，写睿宗置十道按察使。太平公主返回京师干预朝政，结纳朋党，势力日盛。）

【注释】

[1]辛酉：五月十七日。[2]西城：金仙公主始封之号，为西城县主。[3]隆昌：当为“崇昌”。玉真公主始封崇昌县主，见《新唐书》本传。[4]各为之造观：金仙观又称金仙女冠观，在长安辅兴坊东南隅。玉真观，亦名玉真女冠观，本工部尚书窦诞宅，则天时为崇先府，景云元年建而为观，在辅兴坊西南隅，与金仙观相对。金仙、玉真两公主，皆睿宗之女，玄宗之妹。两公主皆为道士，故筑观京中，以观名为公主之号。[5]民居：民宅。[6]壬戌：五月十八日。[7]民产：平民田宅财产。[8]慕容珣：事见《元和姓纂》卷八，《唐郎官石柱题名考》卷三、卷五、卷六等。[9]公主诉于上：太平公主向睿宗告状，说薛谦光与慕容珣离间骨肉，二人遭贬官外放。[10]岐州：治所在今陕西宝鸡市凤翔区东南。[11]遣使按察十道：胡三省说，太宗贞观十八年，遣十七道巡察；武后垂拱初，亦尝遣九道巡察，天授二年，又遣十道存抚使；至是分为十道按察使，以巡按州郡，二周年一替。[12]阔远：辽阔广远。[13]壬午：六月八日。[14]洛：洛阳，为都畿。[15]近畿州：靠近京师诸州，即雍、华、同、商等州。[16]卢僃：官至秘书少监。传见《新唐书》卷二百。[17]柄：权柄。[18]或用非其人：假若用人不当。[19]癸巳：七月二十日。[20]追复上官昭容：上官昭容景云元年六月二十日被杀。今平反追复昭容之职，并加谥号。[21]乙卯：七月甲戌朔，无乙卯、己巳、庚午。两《唐书·睿宗纪》均载于八月，故“乙卯”前应补“八月”二字。即八月十三日。[22]高祖故宅枯柿复生：唐高祖故

宅在通义坊西南隅，又称“高祖龙潜旧宅”。武德元年改为道义宫，贞观元年立为兴圣尼寺。宅中有柿子树，天授年间枯死，至此复生。［23］己巳：八月二十七日。［24］解琬（?—718）：魏州元城（今河北大名县东北）人。官至同州刺史。熟悉边事，在军二十余年，务农习战，颇有政绩。传见《旧唐书》卷一百、《新唐书》卷一百三十。［25］考按：审查。［26］三城：即三受降城。［27］庚午：八月二十八日。［28］崇以虚名，实去其权：韦安石先为中书令，正三品，掌军国之政令。现为左仆射兼太子宾客，同中书门下三品。虽仍是宰相，品秩亦增至从二品，但实际权力大为下降。［29］庚辰：九月八日。［30］太平公主第：在长安兴道坊西南隅。［31］身自督役：亲自监督修观之役。［32］前为皇后阿奢：景龙二年，中宗使韦后乳媪王氏与窦怀贞成婚。俗称媪婿为阿奢，故怀贞上奏常自称“皇后阿奢”。［33］公主邑司：唐制，公主有邑司令丞，掌家财出入、田园征封之事。今为公主邑司，系时人对窦怀贞的讥讽，并非实任其职。［34］甲辰：十月三日。［35］竭：耗竭。［36］滋：多。［37］志：意。［38］同升：同时晋升为宰相。［39］公主不可：太平公主不同意。［40］并言：一起讲。［41］公主涕泣以请，乃从之：关于崔湜入相的原因，有不同的说法。《朝野佥载》云：“湜妻美，并二女皆得幸于太子。时人牓之曰：‘托庸才于主第，进艳妇于春宫。’”

右补阙辛替否上疏，以为：“自古失道破国亡家者，口说不如身逢[1]，耳闻不如目睹；臣请以陛下所目睹者言之。太宗皇帝，陛下之祖也，拨乱反正，开基立极；官不虚授，财无枉费；不多造寺观而有福，不多度僧尼而无灾，天地垂佑[2]，风雨时若[3]，粟帛充溢，蛮夷率服[4]，享国久长，名高万古。陛下何不取而法之！中宗皇帝，陛下之兄，弃祖宗之业，徇女子之意[5]；无能而禄者数千人[6]，无功而封者百余家[7]；造寺不止，费财货者数百亿，度人无穷，免租庸者数十万[8]，所出日滋，所入日寡；夺百姓口中之食以养贪残[9]，剥万人体上之衣以涂土木[10]，于是人怨神怒，众叛亲离，水旱并臻[11]，公私俱罄[12]，享国不永[13]，祸及其身。陛下何不惩[14]而改之！自顷以来，水旱相继，兼以霜蝗[15]，人无所食，未闻赈恤[16]，而为二女[17]造观，用钱百余万缗。陛下岂可不计当今府库之蓄积有几[18]，中外之经费有几，而轻用百余万缗，以供无用之役乎！陛下族[19]韦氏[20]之家而不去韦氏之恶，忍弃太宗之法，不忍弃中宗之政乎！且陛下与太子当韦氏用事之时，日夕忧危，切齿[21]于群凶[22]；今幸而除之，乃不改其所为，臣恐复有切齿于陛下者也。然则陛下又何恶于群凶而诛之！昔先帝[23]之怜悖逆[24]也，宗晋卿为之造第[25]，赵履温为之葺园[26]，殚[27]国财，竭人力，第成不暇居，园成不暇游，而身为戮没[28]。今之造观崇侈者，必非陛下、公主之本意，殆有宗、赵之徒从而劝之，不可不察也。陛下不停斯[29]役，臣恐人之愁怨，不减前朝之时。人人知其祸败而口不敢言，言则刑戮随之矣。韦月将、燕钦融之徒，先朝诛之，陛下赏之，岂非陛下知直言之有益于国乎！臣今所言，亦先朝之直也[30]，惟陛下察之。”上虽不能从，而嘉其切直。

御史中丞和逢尧摄鸿胪卿[31]，使于突厥，说默啜曰：“处密[32]、坚昆[33]闻可汗结婚于唐，皆当归附。可汗何不袭[34]唐冠带[35]，使诸胡知之，岂不美哉！”默啜许诺，明日，襆头[36]、衣紫衫，南向再拜，称臣，遣其子杨我支及国相随逢尧入朝，十一月，戊寅[37]，至京师。逢尧以奉使功，迁户部侍郎。

壬辰[38]，令天下百姓二十五入军，五十五免[39]。

十二月，癸卯[40]，以兴昔亡可汗阿史那献为招慰十姓使。

上召天台山[41]道士司马承祯[42]，问以阴阳数术[43]，对曰：“道者，损之又损，以至于无为[44]，安肯劳心以学术数乎！”上曰：“理身无为则高矣，如理国何[45]？”对曰：“国犹身也，顺物自然而心无所私，则天下理矣。”上叹曰：“广成[46]之言，无以过也。”承祯固请还山，上许之。

尚书左丞卢藏用指终南山[47]谓承祯曰：“此中大有佳处，何必天台！”承祯曰：“以愚[48]观之，此乃仕宦之捷径[49]耳！”藏用尝隐终南，则天时征为左拾遗，故承祯言之。

（以上为第八段，写右补阙辛替否上奏睿宗请停建寺观。唐与突厥和亲。）

【注释】

[1]身逢：亲身经历，亲遇。[2]垂佑：降福保佑。[3]时若：及时，顺调。[4]率服：相率归服。[5]徇女子之意：顺从韦后、安乐公主之意。[6]无能而禄者数千人：指斜封官而言。[7]无功而封者百余家：指扩大食封贵族。[8]数十万：数十万人。[9]贪残：贪婪残酷之辈。[10]土木：土木偶像。[11]并臻：皆至。[12]俱罄：皆竭尽无余。[13]不永：不长。[14]惩：惩戒。[15]霜蝗：霜灾及蝗虫灾害。[16]赈恤：赈济救恤。[17]二

女：指金仙、玉真两公主。睿宗为两公主造观，日役工万人，耗费资财一百余万缗，府库为之一空。［18］有几：有多少。［19］族：族诛。［20］韦氏：韦后。［21］切齿：牙齿相磨，表示愤恨至极。［22］群凶：指韦温、宗楚客之流。［23］先帝：指中宗皇帝。［24］悖逆：即悖逆庶人。唐中宗最宠之安乐公主，被诛后，追废为悖逆庶人。［25］宗晋卿为之造第：该宅第在金城坊东南隅。后改为太清观。［26］葺园：修葺园林。［27］殚：尽。［28］身为戮没：指安乐公主被杀。［29］斯：此。［30］亦先朝之直也：也与先朝韦月将等人的直谏一样。［31］鸿胪卿：官名。鸿胪寺最高长官。从三品，掌宾客及凶仪之事。［32］处密：西突厥别部，在今新疆乌鲁木齐市西北。［33］坚昆：古部落名。即黠戛斯，生活在今叶尼塞河上游一带。［34］袭：著，穿。［35］冠带：帽子和腰带。此指官服。［36］襆头、衣紫衫：戴襆头，穿着紫色的衣衫。此为三品以上官服。襆头，又作幞头。［37］戊寅：十一月八日。［38］壬辰：十一月二十二日。［39］令天下百姓二十五入军，五十五免：唐制，府兵二十一岁服役，六十岁免役。［40］癸卯：十二月三日。［41］天台山：主峰华顶山位于今浙江天台县东北。由赤城、瀑布、佛陇、香炉、华顶、桐柏等山组成。［42］司马承祯（647—735）：字子微，法号道隐。河内温县（今属河南）人。二十一岁入道，随潘师正学符箓及辟谷、导引、服饵之术。后隐于天台山。曾被武则天、唐睿宗及玄宗召入宫中问道。著有《修真秘旨》《坐忘论》《道体论》等书。传见《旧唐书》卷一百九十二、《新唐书》卷一百九十六、《嘉定赤城志》卷三十五等。［43］阴阳数术：关于天文、历法、占卜等方面的学问。［44］损之又损，以至于无为：语出《庄子·知北游》。指不断去其华伪，以归于纯朴无为。［45］如理国何：用来治理国家怎么样呢？［46］广成：即广成子。相传为上古仙人，居崆峒山上，黄帝曾向他问道。［47］终南山：道教名山之一，位于陕西西安市南。西起秦陇，东抵潼关，横亘数百里。有南山湫、金华洞、玉泉洞、日月岩等名胜古迹。［48］愚：自称的谦词。犹“我”。［49］此乃仕宦之捷径：谋求职官或名利的捷径。“终南捷径”一词即源于此。

玄宗至道大圣大明孝皇帝[1]上之上

先天[2]元年（壬子，712年）

春，正月，辛巳[3]，睿宗祀南郊，初因[4]谏议大夫贾曾[5]议合祭天地[6]。曾，言忠之子也[7]。

戊子[8]，幸浐[9]东，耕藉田[10]。

己丑[11]，赦天下；改元太极。

乙未[12]，上御安福门，宴突厥杨我支[13]，以金山公主示之；既而[14]会[15]上传位，婚竟不成。

以左御史大夫窦怀贞、户部尚书岑羲并同中书门下三品。

二月，辛酉[16]，废右御史台[17]。

蒲州刺史萧至忠自托于太平公主，公主引为刑部尚书。华州刺史蒋钦绪，其[18]妹夫也，谓之曰："如子[19]之才，何忧不达[20]！勿为非分妄求。"至忠不应。钦绪退，叹曰："九代[21]卿族[22]，一举灭之，可哀也哉！"至忠素有雅望[23]，尝自公主第门出，遇宋璟，璟曰："非所望于萧君也。"至忠笑曰："善乎宋生[24]之言！"遽策马而去。

（以上为第九段，写萧至忠等素有雅望的地方官，也党附太平公主而得为刑部尚书。）

【注释】

［1］玄宗至道大圣大明孝皇帝：名隆基。睿宗第三子，昭成顺圣皇后窦氏所生。垂拱元年（685）八月五日生于东都。三年封楚王。长寿二年（693）十二月降为临淄郡王。唐隆元年（710）进封平王，七月二十六日册为皇太子。延和元年（712）七月五日即位。至德元年（756）七月十二日传位，被肃宗册为太上皇。宝应元年（762）四月五日死于神龙殿，次年三月十八日葬于泰陵。庙号玄宗，谥为至道大圣大明孝皇帝。在位四十五年，开创了"开元天宝盛世"，又酿成了"安史之乱"。传见《旧唐书》卷八、卷九，《新唐书》卷五。［2］先天：唐玄宗第一个年号，公元712年至713年。睿宗景云二年（711）正月己丑改元太极，五月改元延和，八月唐玄宗改元先天。即先天元年包有太极元年、延和元年。［3］辛巳：正月十一日。［4］初因：据章校，十二行本"因"作"用"。［5］贾曾（?—727）：河南洛阳（今河南洛阳市）人。官至中书舍人，与苏晋同掌制诰，以文辞称。传见《旧唐书》卷一百九十中、《新唐书》卷一百一十九。［6］合祭天地：把祭天祭地的活动合在一起进行。古代祭天于圜丘，祭地于泽中方丘。武则天天册万岁元年（695）始合祭天地。睿宗将有事于南郊，贾曾重申合祭天地之宜。详见《新唐书·礼乐志》三。［7］曾，言忠之子也：贾言忠曾任监察御史，出使辽东。［8］戊子：正月十八日。［9］浐：即浐河。关中"八水"之一。源出陕西蓝田县西南秦岭山中，北流至西安汇入灞水。［10］藉田：古代天子、诸侯举行劝农仪式的耕地叫藉田。耕藉田是帝王每年必须进行的重大活动之一。［11］己丑：正月十九日。［12］乙未：正月二十五日。［13］宴突厥杨我支：杨我支系默啜之子，景云二年（711）十一月八日奉使至长安。［14］既而：不久。［15］会：适逢，恰巧。［16］辛酉：二月二十二日。［17］废右御史台：唐初御史台无左右之分。武则天在光宅元年（684）改御史台为左肃政台，专察在京百官并按察军旅；另设右肃政台以按察京畿内外及州县官吏。神龙元年（705）改左右肃政台为左右御史台。至此，废右御史台，左台亦去"左"字。［18］其：代词，指萧至忠。［19］子：对男子的美称或尊称。此外亦指萧至忠。［20］达：显达。［21］九代：九世。［22］卿族：卿大夫之家。［23］雅望：美好的声望。［24］宋生：犹"宋先生"。

幽州大都督薛讷镇幽州二十余年，吏民安之，未尝举兵出塞，虏亦不敢犯。与燕州[1]刺史李琎有隙[2]，琎毁之于刘幽求，幽求荐左羽林将军孙佺代之[3]。三月，丁丑[4]，以佺为幽州大都督，徙讷为并州长史。

夏，五月，益州獠反。

戊寅[5]，上祭北郊[6]。

辛巳[7]，赦天下，改元延和。

六月，丁未[8]，右散骑常侍武攸暨卒，追封定王。

上以节愍太子之乱，岑羲有保护之功[9]，癸丑[10]，以羲为侍中。

庚申[11]，幽州大都督孙佺与奚酋李大酺[12]战于冷陉[13]，全军覆没。

是时，佺帅左骁卫将军李楷洛，左威卫将军周以悌发兵二万、骑八千，分为三军，以袭奚、契丹。将军乌可利[14]谏曰："道险而天热，悬军[15]远袭，往必败。"佺曰："薛讷在边积年，竟不能为国家复营州[16]。今乘其无备，往必有功。"使楷洛将骑四千前驱，遇奚骑八千，楷洛战不利。佺怯懦[17]，不敢救，引兵欲还，虏乘之，唐兵大败。佺阻山[18]为方阵以自固，大酺使谓佺[19]曰："朝廷既与我和亲，今大军何为而来？"佺曰："吾奉敕来招慰耳。楷洛不禀节度，辄与汝战，请斩以谢。"大酺曰："若然，国信安在？"佺悉敛军中帛，得万余段，并紫袍、金带、鱼袋[20]以赠之。大酺曰："请将军南还，勿相惊扰。"将士惧，无复部伍[21]，虏追击之，士卒皆溃。佺、以悌为虏所擒，献于突厥，默啜皆杀之；楷洛、可利脱归。

（以上为第十段，写孙佺代薛讷为幽州大都督，轻启边衅，唐军大败。）

【注释】

［1］燕州：武德六年寄治于幽州城内。［2］有隙：有矛盾。［3］孙佺代之：岑仲勉据《考异》所引《太上皇实录》及《新唐书·裴怀古传》等，认为在二月以前，薛讷已徙官并州，孙佺所代者为裴怀古。见《通鉴隋唐纪比事质疑》一百五十四页至一百五十五页。孙佺，高宗朝宰相孙处约之子。传见《旧唐书》卷八十一、《新唐书》卷一百零六。［4］丁丑：三月八日。［5］戊寅：五月十日。［6］祭北郊：在北郊方泽祭地。［7］辛巳：五月十三日。［8］丁未：六月九日。［9］节

愍太子之乱，岑羲有保护之功：节愍太子起兵被杀后，冉祖雍诬相王（即后来的皇帝睿宗）及太平公主与太子通谋，赖岑羲与萧至忠保护得免。［10］癸丑：六月十五日。［11］庚申：六月二十二日。［12］李大酺：一作“李大辅”。奚族酋长。因贞观二十二年可度者被赐姓李，遂沿而姓李。事见《旧唐书》卷一百九十九下《奚传》、《新唐书》卷二百一十九《奚传》。［13］冷陉：《旧唐书·北狄传》作“冷硎”。在今内蒙古巴林左旗西北。［14］乌可利：人名。仅见于此，事迹不详。［15］悬军：提兵。［16］不能为国家复营州：万岁通天元年（696）五月十二日，营州为契丹首领李尽忠、孙万荣所陷。见《新唐书》卷四。［17］怯懦：胆怯懦弱。［18］阻山：依山，以山为险阻。［19］使谓佺：遣使对孙佺说。［20］鱼袋：鱼符。垂拱二年（686）正月以后，诸州都督刺史准京官例带鱼袋。鱼符上形状像鱼，上题写官爵姓名，盛于袋中，故名。三品以上鱼袋饰金，五品以上饰银。［21］部伍：部曲行伍，队形。

秋，七月，彗星出西方[1]，经轩辕[2]入太微[3]，至于大角[4]。

有相者谓同中书门下三品窦怀贞曰：“公[5]有刑厄[6]。”怀贞惧，请解官[7]为安国寺[8]奴；敕听解官。乙亥[9]，复以怀贞为左仆射兼御史大夫、平章军国重事。

太平公主使术者言于上曰：“彗所以除旧布新，又帝座及心前星[10]皆有变[11]，皇太子当为天子。”上曰：“传德避灾[12]，吾志决矣。”太平公主及其党皆力谏，以为不可，上曰：“中宗之时，群奸用事，天变屡臻。朕时请中宗择贤子立之以应灾异，中宗不悦，朕忧恐数日不食。岂可在彼则能劝之，在己则不能邪！”太子闻之，驰入见，自投于地，叩头请曰：“臣以微功，不次为嗣[13]，惧不克堪[14]，未审陛下遽以大位传之，何也？”上曰：“社稷所以再安，吾之所以得天下，皆汝力也。今帝座有灾，故以授汝，转祸为福，汝何疑邪！”太子固辞。上曰：“汝为孝子，何必待柩前然后即位邪[15]！”太子流涕而出。

壬辰[16]，制传位于太子，太子上表固辞。太平公主劝上虽传位，犹宜自总大政。上乃谓太子曰：“汝以天下事重，欲朕兼理之邪？昔舜禅禹，犹亲巡狩[17]，朕虽传位，岂忘家国！其军国大事，当兼省[18]之。”八月，庚子[19]，玄宗即位，尊睿宗为太上皇。上皇自称曰朕，命曰诰，五日一受朝于太极殿。皇帝自称曰予，命曰制、敕，日受朝[20]于武德殿[21]。三品以上除授及大刑政决于上皇，余皆决于皇帝。

壬寅[22]，上大圣天后尊号曰圣帝天后[23]。

甲辰[24]，赦天下，改元[25]。

乙巳[26]，于鄚州[27]北置渤海军，恒、定州境置恒阳军[28]，妫、蔚州境置怀柔军[29]，屯兵五万。

丙午[30]，立妃王氏为皇后[31]；以后父仁皎为太仆卿[32]。仁皎，下邽人也。戊申[33]，立皇子许昌王嗣直[34]为郯王，真定王嗣谦[35]为郢王。

以刘幽求为右仆射、同中书门下三品，魏知古为侍中，崔湜为检校中书令。

（以上为第十一段，写睿宗传位太子李隆基，仍兼掌朝政。）

【注释】

［1］彗星出西方：据《旧唐书·天文志》下及《新唐书·睿宗纪》，时在七月辛未，即七月四日。彗星亦称孛星，俗名扫帚星，系绕太阳运行的一种天体。［2］轩辕：星官名。《史记·天官书·正义》："轩辕十七星，在七星北。黄龙之体。主雷雨之神，后宫之象也。"［3］太微：即太微垣。［4］大角：星名。属亢宿，在摄提间，即牧夫座第一星。《史记·天官书》："大角者，天王帝廷。"［5］公：对男子的尊称。［6］刑厄：受刑之厄运。［7］解官：解除官职。［8］安国寺：在长安朱雀街东第四街之长乐坊。本睿宗旧宅，景云元年舍为寺院。［9］乙亥：七月八日。［10］帝座及心前星：胡注，帝座在中宫华盖之下。心三星，中星为明堂，天子位。前星为太子。［11］皆有变：指心三星象征帝座及太子的前星都发生了变化，兆示太子夺位。太平公主以此挑拨睿宗与太子的关系，激使睿宗废除太子。［12］传德避灾：传位于有德之人以避灾难。睿宗不贪恋权位，欲趁此星变传位太子，使太平公主大失所望。［13］不次为嗣：越次成为嗣君。［14］惧不克堪：害怕不能胜任。［15］何必待柩前然后即位邪：何必要等到我死后才即位呢？［16］壬辰：七月二十五日。［17］昔舜禅禹，犹亲巡狩：相传舜禅位给禹以后，前往南方巡狩，死于苍梧之野。见《礼记·檀弓》。［18］省：省察。［19］庚子：八月三日。［20］日受朝：每日受理朝政。［21］武德殿：在宫城东部凌烟阁南。［22］壬寅：八月五日。［23］上大圣天后尊号曰圣帝天后：景云元年（710）十月十八日始改武则天尊号为大圣天后。"圣帝天后"合帝、后之号为一，反映出唐当时统治者的矛盾心理。［24］甲辰：八月七日。［25］改元：改元先天。［26］乙巳：八月八日。［27］鄚州：景云二年分瀛州置。治所鄚县，在今河北任丘北鄚州镇。［28］恒阳军：位于恒州城东，即今河北正定县东部。［29］怀柔军：当在今河北蔚县与涿鹿县之间，具体地望不详。［30］丙午：八月九日。［31］立妃王氏为皇后：王氏为同州下邽（今陕西渭南市东北）人。玄宗为临淄王时聘为妃，参与平定韦氏的活动。无子。后被废为庶人。传见《旧唐书》卷五十一、

《新唐书》卷七十六。 [32]以后父仁皎为太仆卿：王仁皎字鸣鹤。官至将作大匠，累进开府仪同三司，封祁国公。传见《旧唐书》卷一百八十三、《新唐书》卷二百六。 [33]戊申：八月十一日。[34]许昌王嗣直（?—751）：玄宗长子，刘华妃所生。开元十三年改名为琮。官至河东节度使。肃宗时追谥为奉天皇帝。 [35]真定王嗣谦：玄宗次子，赵丽妃所生。开元三年立为太子，改名瑛。二十五年被废。与嗣直同传。见《旧唐书》卷一百零七、《新唐书》卷八十二。

初，河内人王琚[1]预于王同皎之谋[2]，亡命[3]，佣书[4]于江都。上之为太子也，琚还长安，选补诸暨[5]主簿，过谢太子[6]。琚至廷中，故徐行高视[7]，宦者曰："殿下在帘内。"琚曰："何谓殿下？当今独有太平公主耳！"太子遽召见，与语，琚曰："韦庶人弑逆[8]，人心不服，诛之易耳。太平公主，武后之子[9]，凶猾[10]无比，大臣多为之用，琚窃忧之。"太子引与同榻[11]坐，泣曰："主上[12]同气[13]，唯有太平，言之恐伤主上之意，不言为患日深，为之奈何？"琚曰："天子之孝，异于匹夫，当以安宗庙社稷为事。盖主，汉昭帝之姊，自幼供养，有罪犹诛之[14]。为天下者[15]，岂顾小节！"太子悦曰："君有何艺，可以与寡人游？"琚曰："能飞炼[16]、诙嘲[17]。"太子乃奏为詹事府司直[18]，日与游处，累迁太子中舍人[19]；及即位，以为中书侍郎[20]。

是时，宰相多太平公主之党，刘幽求与右羽林将军张昞[21]谋以羽林兵诛之，使昞密言于上曰："窦怀贞、崔湜、岑羲皆因公主得进，日夜为谋不轻。若不早图，一旦事起，太上皇何以得安！请速诛之。臣已与幽求定计，惟俟陛下之命。"上深以为然。昞泄其谋于侍御史邓光宾[22]，上大惧，遽列上其状。丙辰[23]，幽求下狱。有司奏："幽求等离间骨肉，罪当死。"上为言幽求有大功[24]，不可杀。癸亥[25]，流幽求于封州[26]，张昞于峰州[27]，光宾于绣州[28]。

初，崔湜为襄州刺史，密与谯王重福通书，重福遗之金带。重福败，湜当死，张说、刘幽求营护[29]得免。既而湜附太平公主，与公主谋罢说政事，以左丞分司东都[30]。及幽求流封州，湜讽广州都督周利贞，使杀之[31]。桂州都督王晙[32]知其谋，留幽求不遣。利贞屡移牒索之，晙不应，利贞以闻。湜屡逼晙，使遣幽求，幽求谓晙曰："公拒执政[33]而保流人[34]，势不能全，徒仰累[35]耳。”固请诣广州，晙曰：“公所坐非可绝于朋友者也。晙因公获罪，无所恨。”竟逗留不遣。幽求由是得免。

（以上为第十二段，写刘幽求谋诛太平公主，因密泄而失败。）

【注释】

［1］王琚（?—746）：怀州河内（今河南沁阳市）人。参与铲除太平公主之役，深受玄宗宠信。时人称之为“内宰相”。官至户部尚书，封赵国公。传见《旧唐书》卷一百零六、《新唐书》卷一百二十一。［2］预于王同皎之谋：即参与王同皎谋杀武三思的活动。时在唐中宗神龙二年（706）。［3］亡命：逃亡在外。［4］佣书：受顾为人抄书。［5］诸暨：县名。县治在今浙江诸暨市。［6］过谢太子：至太子宫中谢恩。［7］徐行高视：慢慢行走，向高处张望。［8］弑逆：弑君为逆。［9］子：女。古代子有子、女两层含义。［10］凶猾：凶险狡猾。［11］榻：长而低的坐卧用具。［12］主上：臣下对帝王的称呼。此处指睿宗。［13］同气：同胞。［14］盖主，汉昭帝之姊，自幼供养，有罪犹诛之：盖主系汉昭帝的大姐。昭帝幼时，盖主养之于宫。后盖主与上官桀等谋害大司马霍光。昭帝恐危及刘氏统治，以大义杀之。［15］为天下者：当天下的人。即做皇上的人。［16］飞炼：去除丹砂中的杂质以炼丹。［17］诙嘲：诙谐嘲咏。［18］詹事府司直：官名。正九品上。掌弹劾官僚，纠举职事。［19］太子中舍人：太子右春坊官。正五品上。职拟中书侍郎。［20］及即位，以为中书侍郎：关于王琚与太子相识累迁至中书侍郎的情节，郑綮《开天传信记》及《新唐书·王琚传》所载与此不同。《传信记》说：玄宗在藩邸时，常游猎于城南韦曲、杜曲之间。一日在大树下休息，被王琚邀至家中作客。后玄宗每游韦、杜，必过王家。王琚所言甚合其意，关系日益亲密。王琚献计诛韦氏，以功累至中书侍郎。待考。［21］张暐（657—746）：官至左金吾大将军。传见《旧唐书》卷一百零六、《新唐书》卷一百二十一。［22］邓光宾：事见《旧唐书》卷九十七《刘幽求传》、《新唐书》卷一百二十一《刘幽求传》。［23］丙辰：八月十九日。［24］幽求有大功：指参与诛杀韦后的活动，曾出谋划策，并执掌敕令。见两《唐书》本传。［25］癸亥：八月二十六日。［26］封州：州名。治所在今广东封开县。［27］峰州：州名。治所在今越南河内市西北。［28］绣州：州名。治所在今广西桂平市南。［29］营护：营救保护。［30］分司东都：东都亦设有相同的机构。故称分司。［31］讽广州都督周利贞，使杀之：封州为广州都督辖地。周利贞，崔晙妻兄。为酷吏。传见《旧唐书》卷一百八十六下、《新唐书》卷二百九。［32］王晙：沧州景城（今河北沧州市西）人。多次率兵与吐蕃、突厥作战，颇有战功。官至兵部尚书、同中书门下三品。传见《旧唐书》卷九十三、《新唐书》卷一百一十一。［33］拒执政：拒绝执行宰相命令。［34］保流人：保护被流放的人。［35］仰累：牵累。

九月，丁卯朔[1]，日有食之。

辛卯[2]，立皇子嗣升[3]为陕王。嗣升母杨氏，士达之曾孙[4]也。王后无子，母养之[5]。

冬，十月，庚子[6]，上谒太庙，赦天下。

癸卯[7]，上幸新丰[8]，猎于骊山[9]之下。

辛酉[10]，沙陀[11]金山[12]遣使入贡。沙陀者，处月之别种也，姓朱邪氏[13]。

十一月，乙酉[14]，奚、契丹二万骑寇渔阳[15]，幽州都督宋璟闭城不出，虏大掠而去。

上皇诰[16]遣皇帝巡边，西自河、陇[17]，东及燕、蓟[18]，选将练卒。甲午[19]，以幽州都督宋璟为左军大总管，并州长史薛讷为中军大总管，朔方大总管、兵部尚书郭元振为右军大总管。

十二月，刑部尚书李日知请致仕。

日知在官，不行捶挞[20]而事集[21]。刑部有令史[22]，受敕三日[23]，忘不行[24]。日知怒，索杖，集群吏欲捶之，既而谓曰："我欲捶汝，天下人必谓汝能撩李日知嗔，受李日知杖，不得比于人[25]，妻子亦将弃汝矣。"遂释之。吏皆感悦，无敢犯者，脱有稽失[26]，众共谪[27]之。

（以上为第十三段，写唐玄宗任用宋璟、薛讷、郭元振等良将御边。）

【注释】

[1]丁卯朔：九月一日。[2]辛卯：九月二十五日。[3]皇子嗣升：玄宗第三子，即后来的唐肃宗。[4]士达之曾孙：杨士达仕隋，官至纳言。[5]母养之：把他收留在身边，像母亲一样予以抚养。[6]庚子：十月四日。[7]癸卯：十月七日。[8]新丰：县名。县治在今陕西西安市临潼区。[9]骊山：在今陕西西安市临潼区东南。唐时为避暑胜地之一。[10]辛酉：十月二十五日。[11]沙陀：古部族名。西突厥别部，本称处月。贞观年间居蒲类海以东，因该地有沙陀碛，遂称为沙陀。[12]金山：即沙陀金山。[13]姓朱邪氏：朱邪又作"朱耶"。本西突厥处月别部名。后处月别部改名沙陀，族人遂以朱邪为复姓。见《新唐书》卷二百一十八《沙陀传》、《文献通考》卷三百四十八等。[14]乙酉：十一月二十日。[15]渔阳：县名。县治在今天津市蓟州区。[16]诰：犹"诏"。[17]河、陇：河西、陇右。[18]燕、蓟：燕州、蓟州。[19]甲午：十一月二十九日。[20]捶挞：用棍子、鞭子痛打。[21]事集：事成。[22]令史：官名。为三省六部及御史台的低级事务人员。据《唐六典》卷六，刑部令史十九人。[23]受敕三

日：接到敕书已经三天。［24］忘不行：遗忘而未施行。［25］不得比于人：意即为人所不齿。［26］脱有稽失：万一发生稽缓误失。［27］谪：谴责，责备。

开元元年[1]（癸丑，713年）

春，正月，乙亥[2]，诰："卫士自今二十五入军，五十免；羽林飞骑并以卫士简补[3]。"

以吏部尚书萧至忠为中书令。

皇帝巡边改期，所募兵各散遣[4]，约八月复集[5]，竟不成行。

二月，庚子[6]夜，开门然灯[7]，又追作去年大酺[8]，大合伎乐[9]。上皇与上御门楼[10]临观，或以夜继昼，凡月余。左拾遗华阴严挺之[11]上疏谏，以为："酺者因人所利，合醵[12]为欢。今乃损万人之力，营百戏[13]之资，非所以光[14]圣德美风化[15]也。"乃止。

初，高丽既亡[16]，其别种大祚荣[17]徙居营州。及李尽忠反[18]，祚荣与靺鞨乞四北羽[19]聚众东走，阻险自固[20]，尽忠死，武后使将军李楷固讨其余党。楷固击乞四北羽，斩之，引兵逾天门岭[21]，逼祚荣。祚荣逆战[22]，楷固大败，仅以身免。祚荣遂帅其众东据东牟山[23]，筑城居之。祚荣骁勇善战，高丽、靺鞨之人稍稍归之，地方二千里，户十余万，胜兵数万人，自称振国王，附于突厥。时奚、契丹皆叛，道路阻绝，武后不能讨。中宗即位，遣侍御史张行岌[24]招慰之，祚荣遣子入侍。至是，以祚荣为左骁卫大将军、勃海郡王；以其所部为忽汗州[25]，令祚荣兼都督。

庚申[26]，敕以严挺之忠直宣示百官，厚赏之。

三月，辛巳[27]，皇后亲蚕[28]。

晋陵尉杨相如[29]上疏言时政，其略曰："炀帝自恃其强，不忧时政，虽制敕交行[30]，而声实舛谬[31]，言同尧、舜，迹如桀、纣，举天下之大，一掷而弃之。"又曰："隋氏纵欲而亡，太宗抑欲而昌，愿陛下详择之！"又曰："人主莫不好忠正而恶佞邪，然忠正者常疏，佞邪者常亲，以至于覆国危身而不寤[32]者，何哉？诚由忠正者多忤意[33]，佞邪者多顺指[34]，积忤生憎，积顺生爱，此亲疏之所以分也。明主则不然。爱其忤以收忠贤，恶其顺以去佞邪，则太宗太平之业，将何远哉！”又曰：“夫法贵简[35]而能禁[36]，罚贵轻而必行[37]；陛下方兴崇至德[38]，大布新政，请一切[39]除去碎密[40]，不察小过。小过不察则无烦苛，大罪不漏则止奸慝，使简而难犯，宽而能制，则善矣。”上览而善之。

（以上为第十四段，写唐玄宗抚定高丽，虚己纳谏，晋陵尉上疏言时政。）

【注释】

[1]开元元年：唐玄宗于先天二年十二月朔改元开元。即开元元年包有先天二年。[2]乙亥：正月十一日。[3]简补：简选补充。[4]散遣：疏散遣归。[5]约八月复集：约定八月份再次集中。[6]庚子：二月七日。[7]开门然灯：此事由胡僧婆陁发起，在正月十五日夜千家万户开门悬挂灯笼。见《旧唐书·严挺之传》。[8]追作去年大酺：去年玄宗接受内禅，没有来得及赐酺，于今年正月十五日补酺。酺，由皇帝发诏令，全天下大欢乐聚饮。[9]伎乐：歌舞音乐。[10]门楼：此处指安福门楼。[11]严挺之（约673—742）：华州华阴（今陕西华阴市）人。名浚，以字行。举进士。历任二十五官，位至绛郡太守。传见《旧唐书》卷九十九、《新唐书》卷一百二十九。[12]醵（jù）：凑钱饮酒。[13]百戏：古代散乐杂技的总称。[14]光：大。[15]风化：风俗教化。[16]高丽既亡：高丽亡于高宗总章元年（668）九月。[17]大祚荣（?—719）：靺鞨首领金舍利乞乞仲象之子。官至左骁卫大将军，封渤海郡王。事见《旧唐书》卷一百九十九下《渤海靺鞨传》、《新唐书》卷二百一十九《渤海传》。[18]李尽忠反：时在武后万岁通天元年（696）。[19]乞四北羽：靺鞨首领之一。曾拒绝接受武则天赐给的许国公的封号。[20]阻险自固：依险固守。[21]天门岭：在今吉林敦化市西北。[22]逆战：迎战。[23]东牟山：在今吉林敦化市北，地势险要，易守难攻。[24]张行岌：事见《旧唐书》卷一百九十九下《渤海靺鞨传》、《唐御史台精舍题名考》卷一。[25]忽汗州：因境内有忽汗河（牡丹江）而得名。治所即今吉林敦化市。忽汗州设置后，大祚荣去靺鞨之号，称其部为渤海。[26]庚申：二月二十七日。[27]辛巳：三月十八日。[28]皇后亲蚕：古有皇后季春祀先蚕之礼。唐制，皇后亲蚕穿用黄罗做成的鞠衣。武则天当皇后时曾多次亲蚕。嗣圣元年（684）以后，其礼遂阙，至此重行。[29]杨相如：著有《君臣政理论》三卷。见《新唐书》卷五十九、《全唐文》卷三百零三。[30]交行：交替颁行。[31]声实舛谬：言行不一。舛谬，错乱谬误。[32]寤：醒悟。[33]忤意：即忤旨。[34]顺指：即顺旨。[35]简：简约。[36]禁：禁止。[37]行：施行。[38]至德：至高之德。[39]一切：全部。[40]碎密：烦琐苛细的小事。

先是，修[1]大明宫未毕，夏，五月，庚寅[2]，敕以农务方勤[3]，罢之以待闲月[4]。

六月，丙辰[5]，以兵部尚书郭元振同中书门下三品。

太平公主依上皇之势，擅权用事，与上有隙，宰相七人，五出其门[6]。文武之臣，太半[7]附之，与窦怀贞、岑羲、萧至忠、崔湜及太子少保薛稷、雍州长史新兴王晋[8]、左羽林大将军常元楷、知右羽林将军事李慈、左金吾将军李钦、中书舍人李猷、右散骑常侍贾膺福[9]、鸿胪卿唐晙、及僧慧范等谋废立，又与宫人元氏谋于赤箭粉[10]中置毒进于上。晋，德良之孙也[11]。元楷、慈数往来主第，相与结谋。

王琚言于上曰："事迫矣，不可不速发。"左丞张说自东都遣人遗上佩刀，意欲上断割[12]。荆州长史崔日用入奏事，言于上曰："太平谋逆有日[13]，陛下往在东宫，犹为臣子，若欲讨之，须用谋力[14]。今既光临大宝[15]，但下一制书，谁敢不从？万一奸宄得志，悔之何及！"上曰："诚如卿言；直[16]恐惊动上皇。"日用曰："天子之孝在于安四海[17]。若奸人得志，则社稷为墟[18]，安在其为孝乎！请先定北军[19]，后收逆党，则不惊动上皇矣。"上以为然，以日用为吏部侍郎。

秋，七月，魏知古告公主欲以是月[20]四日作乱，令元楷、慈以羽林兵突入[21]武德殿[22]，怀贞、至忠、羲等于南牙[23]举兵应之。上乃与岐王范、薛王业、郭元振及龙武将军[24]王毛仲、殿中少监姜皎、太仆少卿李令问[25]、尚乘奉御王守一[26]、内给事[27]高力士[28]、果毅李守德等定计诛之。皎，謩[29]之曾孙；令问，靖弟客师之孙；守一，仁皎之子；力士，潘州人也。

甲子[30]，上因[31]王毛仲取闲厩马及兵三百余人，自武德殿入虔化门[32]，召元楷、慈，先斩之，擒膺福、猷于内客省[33]以出，执至忠、羲于朝堂[34]，皆斩之[35]。怀贞逃入沟中，自缢死，戮[36]其尸，改姓曰毒。上皇闻变，登承天门楼。郭元振奏，皇帝前奉诰诛窦怀贞等[37]，无他[38]也。上寻[39]至楼[40]上，上皇乃下诰罪状怀贞等，因赦天下，惟逆人亲党不赦。薛稷赐死于万年狱[41]。

乙丑[42]，上皇诰："自今军国政刑，一皆[43]取皇帝处分。朕方无为养志，以遂素心[44]。"是日，徙居百福殿[45]。

太平公主逃入山寺[46]，三日乃出，赐死于家[47]，公主诸子及党与死者数十人。薛崇简以数谏其母被挞[48]，特免死，赐姓李，官爵如故。籍公主家，财货山积，珍物侔[49]于御府[50]，厩牧羊马、田园息钱[51]，收之数年不尽。慧范家亦数十万缗。改新兴王晋之姓曰厉。

初，上谋诛窦怀贞等，召崔湜，将托以心腹，湜弟涤[52]谓湜曰："主上有问，勿有所隐。"湜不从。怀贞等既诛，湜与右丞卢藏用俱坐私侍太平公主，湜流窦州[53]，藏用流泷州[54]。新兴王晋临刑叹曰："本为此谋者崔湜，今吾死湜生，不亦冤乎！"会有司鞫宫人元氏，元氏引湜同谋进毒，乃追赐死于荆州[55]。薛稷之子伯阳以尚主免死[56]，流岭南，于道自杀。

初，太平公主与其党谋废立，窦怀贞、萧至忠、岑羲、崔湜皆以为然，陆象先独以为不可。公主曰："废长立少[57]，已为不顺；且又失德，若之何不去！"象先曰："既以功立，当以罪废。今实无罪，象先终不敢从。"公主怒而去。上既诛怀贞等，召象先谓曰："岁寒知松柏[58]，信哉！"时穷治公主枝党[59]，当坐者众，象先密为申理[60]，所全甚多；然未尝自言，当时无知者。百官素为公主所善及恶之者，或黜或陟[61]，终岁不尽。

（以上为第十五段，写太平公主擅权用事，宰相七人，五出其门，欲谋废立，唐玄宗于是诛灭太平公主及其党羽。太上皇睿宗退出政坛。）

【注释】

[1]修：修葺。[2]庚寅：五月二十八日。[3]勤：忙。[4]闲月：农闲之月。[5]丙辰：六月二十四日。[6]宰相七人，五出其门：当时宰相七人为：窦怀贞、萧至忠、岑羲、崔湜、陆象先、郭元振、魏知古。前五人均是太平公主向睿宗推荐而得宰相，故云"五出其门"。但陆象先并不阿附太平公主。[7]太半：大半，多半。[8]新兴王晋：传见《旧唐书》卷六十、《新唐书》卷七十八。[9]贾膺福：循吏贾敦颐之子。善书法。传见《旧唐书》卷一百八十五上、《书小史》卷九。[10]赤箭粉：补药名。赤箭属灵芝一类草药，茎赤如箭干，故名。把赤箭根研成粉，长期服用，可以补气增力，轻身延年。见《本草纲目》卷十二。[11]晋，德良之孙也：李德良唐初封新兴郡王。[12]遗上佩刀，意欲上断割：张说赠佩刀给唐玄宗，示意玄宗要割断私情，起兵诛杀太平公主及其党羽。遗，赠。胡三省说："君臣之礼，当言献佩刀。"[13]有日：为时已久。[14]谋力：智谋及兵力。[15]大宝：大位。指皇帝宝座。[16]直：只。[17]四海：犹天下。[18]墟：废墟。[19]北军：指左右羽林军、左右万骑。[20]是月：此月。[21]突

人：突然攻人。［22］武德殿：当时玄宗受朝的地方。［23］南牙：胡注，西内以太极殿为正牙，自北门言之曰南牙。［24］龙武将军：从三品。玄宗以万骑平定韦氏，改为左右龙武军。见《新唐书·兵志》。［25］李令问：唐初名将李靖弟李客师之孙。官至散骑常侍、知尚书事，封宋国公。传见《旧唐书》卷六十七、《新唐书》卷九十三。李客师善骑射，官至右武卫将军，以战功封丹杨郡公。［26］王守一：王仁皎之子，与玄宗皇后王氏孪生。尚清阳公主，官至太子少保，封晋国公。传见《旧唐书》卷一百八十三、《新唐书》卷二百零六。［27］内给事：官名。属内侍省。从五品下。掌判省事。［28］高力士（684—762）：高州良德（今广东高州市东北）人，一作潘州（即今高州）人。本姓冯，因被宦官高延福收养为子，改姓高。长期生活在唐玄宗身边，成为唐朝最有名的宦官之一。权势显赫，封渤海郡公。传见《旧唐书》卷一百八十四、《新唐书》卷二百零七。［29］謩：姜謩，姜皎曾祖。传见《旧唐书》卷五十九、《新唐书》卷九十一。［30］甲子：七月三日。［31］因：通过。［32］自武德殿入虔化门：据章校，十三行本"自"上有"与同谋十余人"六字。虔化门，在武德殿西南。［33］内客省：在右延明门外。位于中书省内。［34］朝堂：有东、西之分，在承天门内。［35］皆斩之：全部斩杀。这段材料是司马光根据《玄宗实录》《太上皇实录》《朝野佥载》及两《唐书》有关纪传写成的。详见《考异》卷十二。［36］戮：斩辱。［37］前奉诰诛窦怀贞等：从前奉诰书，现依诰书诛杀窦怀贞等人。［38］无他：没有别的事。［39］寻：一会儿，不久。［40］楼：指承天门楼。［41］万年狱：万年县监狱。薛稷因知太平公主之谋而被关入万年县监狱。［42］乙丑：七月四日。［43］一皆：全部。［44］素心：夙愿。［45］百福殿：在宫城太极殿西北。［46］山寺：山中寺院。［47］赐死于家：《太上皇实录》载：公主闻难，遁入山寺，数日方出，禁锢终身，除崇简外，诸子党羽皆伏诛。［48］薛崇简以数谏其母被挞：崇简知其母太平公主废立皇帝之谋，多次苦谏，遭到毒打。［49］侔：等。［50］御府：天子府库。［51］息钱：利息。［52］湜弟涤：崔湜之弟崔涤后改名澄。年轻时与唐玄宗友善。官至金紫光禄大夫。传见《旧唐书》卷七十四、《新唐书》卷九十九。［53］窦州：州名。治所在今广东信宜市南。［54］泷州：州名。治所在今广东罗定市南。［55］荆州：州名。治所在今湖北江陵县。［56］伯阳以尚主免死：薛伯阳尚睿宗女仙源公主。［57］废长立少：长指睿宗长子宋王成器，少指唐玄宗。［58］岁寒知松柏：语出《论语·子罕》。因松柏隆冬不凋，故常用以比喻在逆境中能保持节操的人。［59］枝党：枝属党羽。［60］申理：申辩护理。［61］或黜或陟：有的罢免，有的晋升。

丁卯[1]，上御承天门楼，赦天下。

己巳[2]，赏功臣郭元振等官爵、第舍、金帛有差。以高力士为右监门将军，知内侍省事。

初，太宗定制，内侍省不置三品官[3]，黄衣廪食[4]，守门传命而已。天后虽女主，宦官亦不用事。中宗时，嬖幸猥多[5]，宦官七品以上至千余人，然衣绯者尚寡[6]。上在藩邸，力士倾心奉之[7]，及为太子，奏为内给事，至是以诛萧、岑功赏之。是后宦官稍增[8]至三千余人，除三品将军者浸[9]多，衣绯、紫至千余人[10]，宦官之盛自此始。

壬申[11]，遣益州长史毕构[12]等六人宣抚十道。

乙亥[13]，以左丞张说为中书令。

庚辰[14]，中书侍郎、同平章事陆象先罢为益州长史、剑南按察使。八月，癸巳[15]，以封州流人刘幽求[16]为左仆射、平章军国大事。

丙辰[17]，突厥可汗默啜遣其子杨我支来求婚；丁巳[18]，许以蜀王女南和县主[19]妻之。

中宗之崩[20]也，同中书门下三品李峤密表韦后，请出相王诸子于外。上即位，于禁中得其表，以示侍臣。峤时以特进致仕，或请诛之，张说曰："峤虽不识逆顺，然为当时之谋则忠矣。"上然之。九月，壬戌[21]，以峤子率更令[22]畅为虔州[23]刺史，令峤随畅之官[24]。

庚午[25]，以刘幽求同中书门下三品。

丙戌[26]，复置右御史台[27]，督察诸州；罢诸道按察使[28]。

冬，十月，辛卯[29]，引见京畿县令[30]，戒以岁饥惠养黎元[31]之意。

己亥[32]，上幸新丰；癸卯[33]，讲武于骊山之下，征兵二十万，旌旗连亘五十余里。以军容不整，坐兵部尚书郭元振于纛[34]下，将斩之。刘幽求、张说跪于马前谏曰："元振有大功于社稷，不可杀。"乃流新州[35]。斩给事中、知礼仪事唐绍，以其制军礼不肃故也。上始欲立威，亦无杀绍之意，金吾卫将军李邈[36]遽宣敕斩之。上寻罢邈官，废弃终身。时二大臣得罪，诸军多震慑失次[37]。惟左军节度薛讷、朔方道大总管解琬二军不动，上遣轻骑召之，皆不得入其陈[38]。上深叹美，慰勉之。

（以上为第十六段，写唐玄宗英年气盛，明察善断，立威而不滥诛的明主形象。）

【注释】

［1］丁卯：七月六日。［2］己巳：七月八日。［3］内侍省不置三品官：其最高长官为内侍，

从四品上。［4］黄衣廪食：穿黄色衣服，由官府供给食品。［5］猥多：繁多。［6］衣绯者尚寡：五品以上的还不多。唐制，文武三品以上服紫，四品服深绯，五品服浅绯。［7］上在藩邸，力士倾心奉之：高力士本冯盎曾孙，圣历年间被岭南讨击使李千里进于宫中，成为宦官。长大后为宫闱丞，与李隆基倾心相结。［8］稍增：渐增。［9］浸：渐。［10］衣绯、紫至千余人：即五品以上的达一千余人。［11］壬申：七月十一日。［12］毕构：传见《旧唐书》卷一百、《新唐书》卷一百二十八。［13］乙亥：七月十四日。［14］庚辰：七月十九日。［15］癸巳：八月二日。［16］封州流人刘幽求：刘幽求先天元年（712）任宰相，八月二十六日流封州。［17］丙辰：八月二十五日。［18］丁巳：八月二十六日。［19］南和县主：似为嗣蜀王李榆之女。待考。唐制，亲王之女封县主。［20］中宗之崩：时在景龙四年六月二日。［21］壬戌：九月二日。［22］率更令：太子官属。从四品上，掌宗族次序、礼乐刑罚，及漏刻之政令。［23］虔州：州名。治所在今江西赣州市。［24］随畅之官：跟随李畅前往虔州。［25］庚午：九月十日。［26］丙戌：九月二十六日。［27］复置右御史台：先天元年（712）二月二十二日废右御史台。［28］罢诸道按察使：中宗景龙三年八月置十道按察使。［29］辛卯：十月一日。［30］京畿县令：京师内两赤县为京县，畿辅各县并称畿县。京县令正五品上，畿县令正六品下。［31］黎元：百姓。［32］己亥：十月九日。［33］癸卯：十月十三日。［34］纛（dào）：军队大旗。［35］新州：州名。治所在今广东新兴县。［36］李邈：事见《旧唐书》卷八十五《唐绍传》、《新唐书》卷一百九十六《武攸绪传》。［37］震慑失次：震惊恐怖，不知所措。［38］陈：通“阵”。

甲辰[1]，猎于渭川[2]。上欲以同州刺史姚元之为相，张说疾之，使御史大夫赵彦昭弹之，上不纳。又使殿中监姜皎言于上曰：“陛下常欲择河东总管而难其人[3]，臣今得之矣。”上问为谁，皎曰：“姚元之文武全才，真其人也。”上曰：“此张说之意也，汝何得面欺[4]，罪当死！”皎叩头首服[5]，上即遣中使召元之诣行在。既至，上方猎[6]，引见，即拜兵部尚书、同中书门下三品[7]。

元之吏事明敏[8]，三为宰相[9]，皆兼兵部尚书，缘边屯戍斥候[10]，士马储械，无不默记。上初即位，励精为治，每事访于元之，元之应答如响[11]，同僚唯诺而已，故上专委任之。元之请抑权幸，爱爵赏，纳谏诤，却贡献，不与群臣亵狎[12]，上皆纳之。

乙巳[13]，车驾还京师。

姚元之尝奏请序进郎吏[14]，上仰视殿屋，元之再三言之，终不应；元之惧，趋出。罢朝，高力士谏曰：“陛下新总万机，宰臣奏事，当面加可否[15]，奈何一不省察[16]！”上曰：“朕任元之以庶政[17]，大事当奏闻共议之；郎吏卑秩，乃一一以烦朕邪！”会力士宣事至省中[18]，为元之道[19]上语，元之乃喜。闻者皆服上识君人之体[20]。

左拾遗曲江张九龄[21]，以元之有重望，为上所信任，奏记劝其远谄躁，进纯厚，其略曰：“任人当才，为政大体，与之共理，无出此途。而向之用才，非无知人之鉴，其所以失溺，在缘情[22]之举。”又曰：“自君侯[23]职相国之重，持用人之权，而浅中弱植之徒[24]，已延颈企踵而至，谄亲戚以求誉，媚宾客以取容，其间岂不有才，所失在于无耻。”元之嘉纳其言。

新兴王晋之诛也[25]，僚吏皆奔散，惟司功[26]李㧑[27]步从，不失在官之礼，仍哭其尸。姚元之闻之，曰：“栾布之俦也[28]。”及为相，擢为尚书郎。

己酉[29]，以刑部尚书赵彦昭为朔方道大总管。

十一月，乙丑[30]，刘幽求兼侍中。

辛巳[31]，群臣上表请加尊号为开元神武皇帝；从之。戊子[32]，受册。

中书侍郎王琚为上所亲厚，群臣莫及。每进见，侍笑语，逮[33]夜方出；或时休沐[34]，往往遣中使召之。或言于上曰：“王琚权谲[35]纵横之才，可与之定祸乱，难与之守承平[36]。”上由是浸疏之。是月，命琚兼御史大夫，按行北边诸军。

十二月，庚寅[37]，赦天下，改元[38]。尚书左、右仆射为左、右丞相；中书省为紫微省；门下省为黄门省，侍中为监；雍州为京兆府，洛州为河南府，长史为尹，司马为少尹[39]。

甲午[40]，吐蕃遣其大臣来求和。

壬寅[41]，以姚元之兼紫微令[42]。元之避开元尊号，复名崇[43]。

敕：“都督、刺史、都护将之官，皆引面辞毕，侧门[44]取进止。”

姚崇既为相，紫微令张说惧，乃潜诣岐王申款[45]。他日，崇对于便殿，行微蹇[46]。上问：“有足疾乎？”对曰：“臣有腹心之疾，非足疾也。”上问其故。对曰：“岐王陛下爱弟，张说为辅臣，而密乘车入王家，恐为所误，故忧之。”癸丑[47]，说左迁相州[48]刺史。右仆射、同中书门下三品刘幽求亦罢为太子少保[49]。甲寅[50]，以黄门侍郎卢怀慎同紫微黄门[51]平章事。

（以上为第十七段，写姚元之为相，避开元年号讳，复名崇，深得唐玄宗信任。）

【注释】

[1]甲辰：十月十四日。[2]渭川：渭河。此处指新丰县（今陕西西安市临潼区）境内的渭滨。[3]难其人：难得其人，指找不到合适的人选。[4]面欺：当面欺诈。[5]首服：自首服罪。[6]上方猎：皇上正在打猎。[7]即拜兵部尚书、同中书门下三品：《开元升平源》载，姚元之至渭滨，与玄宗同猎。玄宗大悦，表示要升他为宰相。元之遂上《十事要说》：一、行政以仁义为先。二、数十年不求边功。三、中宫不预公事。四、不许国亲担任台省之官，罢斜封、待阙、员外等官。五、处置违法近密佞臣。六、除租庸赋税之外，罢除一切贡献。七、停止修建寺观宫殿。八、以礼对待臣下。九、虚怀纳谏，鼓励臣子犯颜进谏。十、不许外戚专权。此事十分重要，而正史未予记载。司马光认为《升平源》难以尽信，故未采用。见《考异》卷十二。岑仲勉曾对姚崇十事进行过辨析。详见《唐史余沈》卷二。[8]吏事明敏：即明敏于吏事，精通为政之道。[9]三为宰相：三度担任宰相之职。姚崇始相武后，后相睿宗，今相玄宗，是三度为宰相，执政凡十年有余。[10]斥候：岗哨。[11]应答如响：犹“对答如流”。如响，如响之应声，极言其快。[12]亵（xiè）狎：行为放荡，不严肃。[13]乙巳：十月十五日。[14]郎吏：这一名词出自李德裕《次柳氏旧闻》。司马光在《考异》中说，“不知郎吏为何官。若郎中、员外郎则是清要官，不得云秩卑；恐是郎将，又不敢必，故仍用旧文。”[15]面加可否：立即表态，可或不可。[16]省察：考虑、审察。[17]庶政：各种政务。[18]宣事至省中：宣事，传旨。省，此处指尚书省。胡注，唐制，凡机要之事皆使内臣宣旨于宰相。[19]道：说。[20]君人之体：为君之要领。[21]张九龄（678—740）：韶州曲江（今广东韶关市西南）人。字子寿。人称“张曲江”。进士及第，官至宰相，主张破格用人。善写诗。著有《曲江集》《千秋金鉴录》等。传见《旧唐书》卷九十九、《新唐书》卷一百二十六、《国秀集》卷上。[22]缘情：缘循情面。[23]君侯：对达官的尊称。[24]浅中弱植之徒：心胸狭浅，修养薄弱之流。[25]新兴王晋之诛也：时在七月上旬。[26]司功：官名。州刺史功曹，从七品下。掌考课、假使、祭祀、礼乐、学校、表疏、书启、禄食、祥异、医药、卜筮、陈设、丧葬等事。[27]李㧑：事见《旧唐书》卷六《新兴郡王德良传》、《新唐书》卷七十八《新兴郡王德良传》。[28]栾布之俦也：俦（chóu），伴侣，同辈。栾布哭彭越，李㧑犹栾布之辈。[29]己酉：十月十九日。[30]乙丑：十一月五日。[31]辛巳：十一月二十一日。[32]戊子：十一月二十八日。[33]逮：至。[34]休沐：休息沐浴。指官吏休例假。[35]权谲：权变诡谲。[36]承平：太平。[37]庚寅：十二月一日。[38]改元：改元开元。[39]长史为

尹，司马为少尹：指京兆府、洛州府的长官长史改为尹，从三品；司马改为少尹，从四品下。历代京师地位高于地方，长官之名亦有别。隋朝西京置牧，唐因之，以请为牧守，实际政务由长史、司马掌理。今西京改为府，政务长官为府尹，次官为少尹。［40］甲午：十二月五日。［41］壬寅：十二月十三日。［42］紫微令：即中书令。［43］元之避开元尊号，复名崇：元之本名元崇。武则天长安四年（704）令以字行，称元之。现恢复旧名而省“元”字，单称为“崇”。见《旧唐书·姚崇传》。［44］侧门：东内有左右侧门。［45］申款：申述诚款。［46］蹇：跛。［47］癸丑：十二月二十四日。［48］相州：治所在今河南安阳市。关于张说罢相之事，《松窗杂录》有不同说法。司马光未予采用。见《考异》卷十二。［49］太子少保：官名。正二品。与少师、少傅合称“太子三少”。掌奉皇太子观三师道德，随时教导皇太子。［50］甲寅：十二月二十五日。［51］紫微黄门：即中书门下。

【点评】

平庸皇帝唐睿宗。睿宗是一个平庸而窝囊的皇帝，他夹在太平公主与儿子之间，左右摇摆。姑侄争权，他哪边都伤不得。宋璟、姚崇建议在东都安置太平公主，睿宗说，我的亲人、同辈中只剩一个妹妹了，怎么舍得让她远离。武则天诛杀李唐宗室，亲生儿子也难幸免，睿宗胆战心惊走过来，于理于义都不忍向太平公主开刀。太平公主结纳朋党，睿宗装聋作哑，为了平衡权力，睿宗将权力下放太子，下制书说：“凡政事皆取太子处分。其军旅死刑及五品已上除授，皆先与太子议之，然后以闻。”钻营小人窦怀贞，每退朝后都要到太平公主府第问候，于是青云直上，从一个殿中监入相为御史大夫同平章事，随即又迁侍中。于是崔湜、萧至忠、岑羲辈争相比附以取相。以至宰相七人，五出公主之门。陆象先亦太平公主所荐，只是陆象先不阿党比附。文武之臣，大半依附。太平公主权势日盛，睿宗让国太子以求平衡，苦心希求亲妹太平公主与太子姑侄两存之。睿宗的好心肠唤不醒太平公主的权力痴迷。她生性悍戾，“耳习于牝鸡之晨，目习于倾城之哲”（王夫之语），总想效法武则天，登上最高权力的巅峰。太平公主是武则天之余党，武党不除，祸乱不止。皇太子李隆基即位，太平公主不但不收敛，反而加紧步伐谋废立，计划在先天二年（713）七月四日作乱。宰相魏知古知其谋。七月三日甲子，唐玄宗抢先一日发难，诛杀了窦怀贞等，扑灭了政变集团。太平公主逃入山中，三天后返回，赐死于家。至此，武则天余党被收拾干净。第二天，七月四日，睿宗太上皇立即做出反应，让出兼掌朝政的权力。睿宗下诰书说：“自今军国政刑，一皆取皇帝处分。”彻底退出政坛，当天徙居百福殿。这场政变，是唐宗室又一次的内讧。太平公主不免于死，唐玄宗不能全其孝，唐睿宗黯然谢幕。但这场政变，群奸被诛除，迎来了开元盛世的春天。先天二年十二月朔，改元开元。

睿宗优柔寡断，对政治一窍不通。但他有一个优点，不恋权位，他放手太子，在其任上做了一些好事。睿宗平反了裴炎的冤狱，罢斥了中宗时代的斜封官，任用宋璟、薛讷、郭元振等良将御边。这些善政虽然是在太子参与下做出，睿宗的支持也是有贡献的。

专制政体下的政治斗争，凡被卷入漩涡的个人，往往因一念之差的站队，改变人生的命运。崔湜是一个势利小人。他时时刻刻都在钻营投靠，见风使舵，卖友求荣。他任襄州刺史时，暗中与中宗长子谯王李重福通书，李重福送给崔湜金带。李重福兴兵败死，崔湜当死。张说、刘幽求两人营救免死。不久崔湜依附太平公主入相，崔湜反过来迫害张说、刘幽求，对刘幽求必欲置之死地。唐玄宗谋诛窦怀贞等，召见崔湜，将托以心腹。崔湜弟弟崔涤劝崔湜站队在玄宗皇上一边。崔湜没有听从，仍站在太平公主一边，结果全盘皆输。一生钻营的崔湜，这一回押错了宝，丢了性命，这就是奸邪小人应有的下场。

卷二一一　唐纪二十七

唐玄宗开元二年至五年（714—717年）

【起阏逢摄提格（甲寅，714年），尽强圉大荒落（丁巳，717年），凡四年】

【大事提要】

本卷记事起公元714年，讫公元717年，凡四年，当唐玄宗开元二年到开元五年。这一时期是唐玄宗全权执政的最初四年，励精图治，给唐朝带来了新气象。第一，君臣和洽，贤相辈出。姚崇与卢怀慎，宋璟与苏颋相继为相，和衷共济，司马光给予高度评价。第二，君明臣贤，政见一致，雷厉风行。唐玄宗惩治违法亲故，杜绝请谒，不滥授官，慎选举，罢冗官，沙汰天下僧尼，都得到很好的执行。第三，唐玄宗纳谏改过，放飞珍禽，倡导节俭，友爱兄弟，清除韦皇后余党，不兴大狱。唐玄宗毁武则天所建天枢，毁韦皇后所建石台，平稳进行去武氏韦氏运动。重立太庙，朝仪恢复贞观遗风。这一切显示了唐玄宗的英主风采。第四，整武备，强化边防，唐玄宗在东方复置营州，又置幽州节度使，以防奚、契丹等族异动。西破吐蕃和突骑施，又置陇右节度使以防卫西域。北方置重兵于并州，以防突厥。四年之间，风气大变，为开元之治打下了良好的基础。此外，唐玄宗精音律，置左右教坊和宫苑梨园，被后世尊为“梨园之祖”。

玄宗至道大圣大明孝皇帝上之中

开元二年（甲寅，714年）

春，正月，壬申[1]，制：“选京官[2]有才识者除都督、刺史，都督、刺史有政迹者除京官，使出入[3]常均，永为恒式[4]。”

己卯[5]，以卢怀慎检校黄门监[6]。

旧制，雅俗之乐[7]，皆隶太常[8]。上精晓音律，以太常礼乐之司，不应典倡优杂伎；乃更置左右教坊[9]以教俗乐[10]，命右骁卫将军范及为之使[11]。又选乐工数百人，自教法曲[12]于梨园[13]，谓之“皇帝梨园弟子”。又教宫中使习之。又选伎女，置宜春院[14]，给赐其家。礼部侍郎张廷珪、酸枣尉袁楚客皆上疏，以为“上春秋鼎盛，宜崇经术，迩端士[15]，尚朴素；深以悦郑声[16]、好游猎为戒。”上虽不能用，欲开言路[17]，咸嘉赏之。

中宗以来，贵戚争营佛寺，奏度人为僧，兼以伪妄[18]；富户强丁多削发以避徭役[19]，所在充满。姚崇上言：“佛图澄不能存赵[20]，鸠摩罗什不能存秦[21]，齐襄、梁武，未免祸殃[22]。但使苍生安乐，即是福身；何用妄度奸人，使坏正法！”上从之。丙寅[23]，命有司沙汰[24]天下僧尼，以伪妄还俗者万二千余人[25]。

（以上为第一段，写唐玄宗精晓音律，置左右教坊和禁中梨园，沙汰天下僧尼。）

【注释】

[1]壬申：正月十三日。[2]京官：在京城任职的官员，又称作“朝官”。[3]出入：指京官出任都督、刺史；都督、刺史入为京官。[4]恒式：长久格式。[5]己卯：正月二十日。[6]黄门监：即侍中。开元元年（713）十二月改门下省为黄门省，侍中为黄门监。[7]雅俗之乐：雅乐和俗乐。[8]太常：即太常寺。其长官俗称“乐卿”，掌礼乐、郊庙、社稷之事。率太乐官属，负责祭祀、宴享的音乐。[9]左右教坊：掌管女乐的两个官署。左教坊在朱雀门街东第四街之长乐坊。右教坊在朱雀门街东第三街之光宅坊。崔令钦《教坊记》称：右教坊善歌，左教坊工舞。[10]俗乐：民间音乐。[11]范及为之使：以范及为左右教坊教授俗乐使。[12]法曲：道观所奏之曲。[13]梨园：在禁苑中。[14]宜春院：胡三省认为宜春院当在西内宜春门内。[15]迩端士：亲近正直之士。[16]郑声：春秋时期郑国的俗乐。比喻靡靡之音。[17]欲开言路：四字原无，据章校补。[18]伪妄：诈伪虚妄。[19]削发以避徭役：削发为僧，僧尼不服徭役。[20]佛图澄不能存赵：佛图澄生于龟兹（今新疆库车市）。晋怀帝永嘉四年（310）来到洛阳。以鬼神方术深得后赵皇帝石勒、石虎的信任，常参议军政大事，被尊为“大和尚”。建武十四年（348），佛图澄死于邺宫寺。三年以后，后赵为冉魏所灭。[21]鸠摩罗什不能存秦：鸠摩罗什本西域高僧。后秦弘始三年（401）被姚兴迎入长安，奉为国师。在罗什的倡导下，后秦佛教势力大增。永和二年（417），后秦被东晋刘裕所灭。[22]齐襄、梁武，未免祸殃：北齐文襄帝高澄（追谥），在东魏时以大将军、勃海王的身份执政，虔信佛教。武定七年（549）在邺城被“膳奴”刺杀。梁武帝萧衍大兴寺院，三次舍身同泰寺为奴。侯景之乱后被软禁在台城文德殿内，饥病而死。[23]丙寅：正月七日。[24]沙汰：淘汰。[25]万二千余人：《唐会要》卷四十七作“三万余人”。待考。

初，营州都督治柳城以镇抚奚、契丹，则天之世，都督赵文翙失政，奚、契丹攻陷之[1]，是后寄治幽州东渔阳城[2]。或言：“靺鞨、奚、霫大欲降唐[3]，正以唐不建营州，无所依投，为默啜所侵扰，故且附之；若唐复建营州，则相帅归化矣。”并州长史、和戎·大武等军州节度大使薛讷信之，奏请击契丹，复置营州；上亦以冷陉之役[4]，欲讨契丹。群臣姚崇等多谏。甲申[5]，以讷同紫微黄门三品，将兵击契丹，群臣乃不敢言。

薛王业之舅王仙童[6]，侵暴百姓，御史弹奏；业为之请，敕紫微、黄门覆按。姚崇、卢怀慎等奏：“仙童罪状明白[7]，御史所言无所枉[8]，不可纵舍。”上从之。由是贵戚束手[9]。

二月，庚寅朔[10]，太史奏太阳应亏不亏[11]，姚崇表贺，请书之史册；从之。

乙未[12]，突厥可汗默啜遣其子同俄特勒[13]及妹夫火拔颉利发石阿失毕[14]将兵围北庭都护府，都护郭虔瓘击破之。同俄单骑逼城下，虔瓘伏壮士于道侧，突起斩之。突厥请悉军中资粮以赎同俄，闻其已死，恸哭而去。

丁未[15]，敕：“自今所在[16]毋得[17]创建佛寺；旧寺颓坏应葺者，诣有司陈牒[18]检视[19]，然后听之。”

闰月[20]，以鸿胪少卿、朔方军副大总管王晙兼安北大都护、朔方道行军大总管，令丰安、定远[21]、三受降城[22]及旁侧诸军皆受晙节度。徙大都护府于中受降城，置兵屯田。

丁卯[23]，复置十道按察使[24]，以益州长史陆象先等为之。

上思徐有功用法平直，乙亥[25]，以其子大理司直惀为恭陵[26]令。窦孝谌之子光禄卿豳公希瑊等请以己官爵让惀以报其德[27]，由是惀累迁申王府司马[28]。

丙子[29]，申王成义[30]请以其府录事阎楚珪为其府参军[31]，上许之。姚崇、卢怀慎上言，“先尝得旨，云王公、驸马有所奏请，非墨敕皆勿行。臣窃以量材授官，当归有司；若缘亲故之恩，得以官爵为惠，踵习近事[32]，实紊纪纲。”事遂寝。由是请谒不行。

突厥石阿失毕既失同俄，不敢归；癸未[33]，与其妻来奔，以为右卫大将军[34]，封燕北郡王。命其妻曰金山公主。

或告太子少保刘幽求、太子詹事钟绍京有怨望语，下紫微省按问，幽求等不服。姚崇、卢怀慎、薛讷言于上曰：“幽求等皆功臣，乍[35]就闲职[36]，微有沮丧，人情或然。功业既大，荣宠亦深，一朝下狱，恐惊远听。”戊子[37]，贬幽求为睦州[38]刺史，绍京为果州[39]刺史。紫微侍郎王琚行边军未还[40]，亦坐幽求党贬泽州[41]刺史。

敕：“涪州刺史周利贞等十三人，皆天后时酷吏[42]，比周兴等情状差轻[43]，宜放归草泽[44]，终身勿齿[45]。”

西突厥十姓酋长都担[46]叛。三月，己亥[47]，碛西节度使阿史那献克碎叶等镇，擒斩都担，降其部落二万余帐。

（以上为第二段，写唐玄宗强化边防，整治犯法的亲故以及功臣，杜绝请谒，励精图治。）

【注释】

[1]奚、契丹攻陷之：契丹李尽忠等攻陷营州，时在则天后万岁通天元年（696）。 [2]渔阳城：故址在今天津市蓟州区。 [3]大欲降唐：很想归降唐朝。 [4]冷陉之役：发生在先天元年（712）六月。 [5]甲申：正月二十五日。 [6]王仙童：睿宗王德妃兄弟。 [7]明白：昭著。[8]枉：冤枉。 [9]束手：意即缩手，不敢为恶。 [10]庚寅朔：两《唐书》不载。按，正月庚申朔，三月戊子朔，二月当为己丑朔。庚寅，二月二日。 [11]太阳应亏不亏：即该发生日食而未发生。[12]乙未：二月七日。[13]同俄特勒：一作“同俄特勤”。事见《旧唐书》卷一百三《郭虔瓘传》、卷一百九十四上《突厥传》上等。 [14]火拔颉利发石阿失毕：人名。又称“火拔”“石阿失毕”。中华书局标点本在“发”与“石”之间断句，将其分为二人，误。 [15]丁未：二月十九日。 [16]所在：处处，无论什么地方。 [17]毋得：不得。 [18]陈牒：递交书面申请。[19]检视：视察。意即待有关人员考察属实。 [20]闰月：闰二月。 [21]丰安、定远：军镇名。杜佑认为丰安军在灵武西黄河外一百八十余里，定远军在灵武东北二百里黄河外。 [22]三受降城：即朔方道大总管张仁愿所筑中、西、东三座受降城，在河套地区黄河北岸。见《资治通鉴》卷二百九中宗景龙二年（708）。安北大都护治所中受降城，故址在今内蒙古包头市西南黄河北岸。 [23]丁卯：闰二月九日。 [24]复置十道按察使：开元元年（713）九月二十六日罢诸道按察使。 [25]乙亥：闰二月十七日。 [26]恭陵：孝敬皇帝墓。在今河南洛阳市偃师区南。孝敬皇帝，唐高宗第五子李弘，显庆元年（656）立为皇太子，上元二年（675）薨，追尊为孝敬皇帝。

[27]以报其德：以报答徐有功的恩德。窦孝谌妻庞氏为奴所诬，给事中薛季昶处以极刑。其子希瑊讼冤，徐有功明其无罪。薛季昶劾有功党护恶逆。后庞氏减死，有功免为民。事详见《旧唐书》卷一百八十三《窦孝谌传》、《新唐书》卷一百一十三《徐有功传》。[28]申王府司马：亲王府司马从四品下。[29]丙子：闰二月十八日。[30]申王成义：即惠庄太子㧑。睿宗第二子，玄宗之兄。[31]为其府参军：即为申王府参军。据《旧唐书·职官志》三，亲王府功、仓、户、兵、骑、法、士等七曹皆有参军，正七品上。[32]踵习近事：效法中宗朝滥官之弊。[33]癸未：闰二月二十五日。[34]以为右卫大将军：《旧唐书·突厥传》《通典》卷一百九十八均作“左卫大将军”。《新唐书·突厥传》作左武卫大将军。[35]乍：忽然。[36]闲职：闲散之职。[37]戊子：闰二月二十九日，至于丁亥，无戊子。戊子为三月一日。[38]睦州：州名。治所在今浙江淳安县西。[39]果州：州名。治所在今四川南充市北。[40]王琚行边军未还：开元元年（713）十一月，王琚奉命按行北边诸军。[41]泽州：治所在今山西晋城市。[42]涪州刺史周利贞等十三人，皆天后时酷吏：此十三人指周利贞、裴谈、张栖正、张思敬、王承本、刘晖、杨允、康玮、封珣行、张知默、卫遂忠、公孙琰、钟思廉。[43]差轻：较轻。[44]草泽：荒野。[45]勿齿：即“不齿”。不予录用。[46]都担：见《新唐书》卷五《玄宗纪》、卷二百一十五下《突厥传》下。[47]己亥：三月十二日。

御史中丞姜晦以宗楚客等改中宗遗诏[1]，青州刺史韦安石、太子宾客韦嗣立、刑部尚书赵彦昭、特进致仕李峤，于时[2]同为宰相，不能匡正[3]，令监察御史郭震[4]弹之；且言彦昭拜巫赵氏为姑，蒙妇人服，与妻乘车诣其家。甲辰[5]，贬安石为沔州[6]别驾，嗣立为岳州[7]别驾，彦昭为袁州[8]别驾，峤为滁州[9]别驾。安石至沔州，晦又奏安石尝检校定陵[10]，盗隐官物，下州[11]征赃[12]。安石叹曰：“此只应须我死耳。”愤恚[13]而卒。晦，皎之弟也。

毁天枢[14]，发匠熔其铁钱，历月不尽。先是，韦后亦于天街[15]作石台，高数丈，以颂功德，至是并毁之。

夏，四月，辛巳[16]，突厥可汗默啜复遣使求婚[17]，自称“乾和永清太驸马、天上得果报天男、突厥圣天骨咄禄可汗。”

五月，己丑[18]，以岁饥，悉罢员外、试、检校官，自今非有战功及别敕，毋得注拟[19]。

（以上为第三段，写唐玄宗整肃韦皇后余党，拆毁颂扬武则天功德的天枢，以及韦皇后的石台，罢冗官，大得人心。）

【注释】

[1]宗楚客等改中宗遗诏：事在睿宗景云元年（710）。太平公主与上官昭容草遗诏，立中宗第四子温王李重茂即位，相王辅政，宗楚客改遗诏以相王为太子太师，排斥其辅政地位。[2]于时：在那时。[3]匡正：扶正。[4]郭震：事见《旧唐书》卷九十二《韦安石传》，《新御史台精舍题名考》卷一、卷二等。[5]甲辰：三月十七日。[6]沔州：州名。治所在今湖北武汉市汉阳区。[7]岳州：州名。治所在今湖南岳阳市。[8]袁州：州名。治所在今江西宜春市。[9]滁州：州名。治所在今安徽滁州市。[10]检校定陵：主持定陵的修建。[11]下州：下敕符至沔州。[12]征赃：追征赃物。[13]愤恚：痛恨。恚，怒。[14]毁天枢：天枢造于武则天延载元年（694）八月。《旧唐书》卷八《玄宗纪》："去年九月毁天枢，至今春始。"《十七史商榷》卷七十二云："始下脱毁字"。[15]天街：即长安朱雀大街。[16]辛巳：四月二十五日。[17]默啜复遣使求婚：开元元年（713）八月二十五日，默啜曾遣其子杨我支来求婚。[18]己丑：五月三日。[19]毋得注拟：意即自今以后，所罢员外、试、检校官非有战功或特诏，有关部门不得录用。

己酉[1]，吐蕃相坌达延遗宰相书，请先遣解琬至河源正二国封疆[2]，然后结盟。琬尝为朔方大总管，故吐蕃请之。前此琬以金紫光禄大夫致仕，复召拜左散骑常侍而遣之。又命宰相复坌达延书，招怀之。琬上言，吐蕃必阴怀叛计，请预屯兵十万于秦、渭等州以备之。

黄门监魏知古，本起小吏，因姚崇引荐，以至同为相[3]。崇意轻之，请知古摄吏部尚书、知东都选事，遣吏部尚书宋璟于门下过官[4]；知古衔[5]之。

崇二子分司东都，恃其父有德于知古，颇招权请托[6]；知古归，悉以闻。他日，上从容问崇："卿子才性何如，今何官也？"崇揣知上意，对曰："臣有三子，两在东都，为人多欲而不谨；是必以事干魏知古，臣未及问之耳。"上始以崇必为其子隐，及闻崇奏，喜问："卿安从知之？"对曰："知古微时，臣卵而翼之[7]。臣子愚，以为知古必德臣，容其为非，故敢干之耳。"上于是以崇为无私，而薄知古负崇，欲斥之。崇固请曰："臣子无状[8]，挠[9]陛下法，陛下赦其罪，已幸矣；苟因臣逐知古，天下必以陛下为私于臣，累圣政矣。"上久乃许之。辛亥[10]，知古罢为工部尚书[11]。

（以上为第四段，写姚崇机智，唐玄宗明断，负恩者魏知古遭败黜。）

【注释】

[1]己酉：五月二十三日。[2]封疆：疆界。[3]同为相：同时担任宰相之职。[4]于门下过官：在门下省审查新选官员。唐制，凡文武职事官六品以下，吏部、兵部拟注，必过门下省，按其资历和才能，重新进行审定。若拟职不当，即予以调整。此即所谓“过官”。[5]衔：恨。[6]招权请托：招权纳贿，代人请托。[7]卵而翼之：喻曾予以抚育。[8]无状：无颜面见人。[9]挠：阻挠，扰乱。[10]辛亥：五月二十五日。[11]罢为工部尚书：《旧唐书·魏知古传》说知古罢相是姚崇“阴加谗毁”的结果。此处系据《柳氏旧闻》写成，见司马光《考异》卷十二。

宋王成器，申王成义，于上兄也；岐王范，薛王业，上之弟也；豳王守礼，上之从兄[1]也。上素友爱，近世帝王莫能及；初即位，为长枕大被，与兄弟同寝。诸王每旦朝于侧门[2]，退则相从宴饮，斗鸡，击毬，或猎于近郊，游赏别墅，中使存问相望于道。上听朝罢，多从诸王游，在禁中，拜跪如家人礼，饮食起居，相与同之。于殿中设五幄[3]，与诸王更[4]处其中。或讲论赋诗，间以饮酒、博弈[5]、游猎，或自执丝竹[6]；成器善笛，范善琵琶，与上更奏之。诸王或有疾，上为之终日不食，终夜不寝。业尝疾，上方临朝，须臾之间[7]，使者十返[8]。上亲为业煮药，回飙[9]吹火，误爇[10]上须[11]，左右惊救之。上曰：“但使王饮此药而愈，须何足惜[12]？”成器尤恭慎，未尝议及时政，与人交结；上愈信重之，故谗间之言无自而入。然专以声色畜养娱乐之[13]，不任以职事[14]。群臣以成器等地逼[15]，请循故事出刺外州[16]。六月，丁巳[17]，以宋王成器兼岐州刺史，申王成义兼豳州刺史，豳王守礼兼虢州[18]刺史，令到官但领大纲[19]，自余州务，皆委上佐[20]主之。是后诸王为都护、都督、刺史者并准此。

丙寅[21]，吐蕃使其宰相尚钦藏来献盟书。

上以风俗奢靡[22]，秋，七月，乙未[23]，制：“乘舆服御[24]、金银器玩，宜令有司销毁，以供军国之用；其珠玉、锦绣，焚于殿前；后妃以下，皆毋得服珠玉锦绣。”戊戌[25]，敕：“百官所服带及酒器、马衔、镫[26]，三品以上，听[27]饰以玉，四品以金，五品以银，自余皆禁之；妇人服饰从其夫、子。其旧成锦绣，听染为皂[28]。自今天下更毋得采珠玉，织锦绣等物，违者杖一百，工人减一等[29]。”罢两京织锦坊。

臣光曰：“明皇之始欲为治，能自刻厉节俭如此，晚节[30]犹以奢败[31]；甚哉奢靡之易以溺人也！《诗》云：“靡不有初，鲜克有终[32]。”可不慎哉！

（以上为第五段，写唐玄宗友爱兄弟，倡导节俭。）

【注释】

[1]从兄：同祖兄，即堂兄。唐玄宗与豳王守礼皆为唐高宗之孙。玄宗父与豳王父为兄弟。故玄宗与豳王为从兄弟关系。 [2]朝于侧门：此处侧门指太极门北面的左虔化门及右肃章门。 [3]幄（wò）：篷帐。 [4]更：轮流更替。 [5]博弈：下棋。博，六博。弈，围棋。 [6]丝竹：弦乐器和竹管乐器。[7]须臾之间：一会儿工夫。[8]十返：往返十次。[9]飙（biāo）：疾风。[10]爇（ruò）：烧，焚。 [11]须：胡须。 [12]须何足惜：这些胡须有什么可惜的。 [13]专以声色畜养娱乐之：据章校，十二行本“以”下有“衣食”二字。声色，音乐女色；畜养，指犬马等动物。 [14]职事：职官政事。 [15]地逼：地位逼近天子。 [16]出刺外州：出任外州刺史。[17]丁巳：六月二日。[18]虢州：治所卢氏，在今河南卢氏县。[19]大纲：要点，重要纲领。[20]上佐：对州郡长官僚属的统称。凡别驾、长史、司马，通称为上佐。 [21]丙寅：六月十一日。 [22]奢靡：奢侈浪费。 [23]乙未：七月十日。 [24]乘舆服御：皇帝乘坐的车子、穿戴的衣物和使用的东西。[25]戊戌：七月十三日。[26]马衔、镫：马勒、马镫。[27]听：准许，听任。 [28]皂：黑色。 [29]减一等：即杖八十。 [30]晚节：晚年。 [31]以奢败：以奢侈导致败亡。 [32]靡不有初，鲜克有终：语出《诗经·大雅·荡》。靡，无；鲜，少。意思是说事情都有开端，但很少有人能坚持下去，以善道自终。

薛讷与左监门卫将军杜宾客[1]、定州刺史崔宣道[2]等将兵六万出檀州击契丹。宾客以为“士卒盛夏负戈甲[3]，赍资粮[4]，深入寇境，难以成功。”讷曰：“盛夏草肥，羔犊[5]孳息[6]，因粮于敌，正得天时，一举灭虏，不可失也。”行至滦水[7]山峡中，契丹伏兵遮[8]其前后，从山上击之，唐兵大败，死者什八九。讷与数十骑突围，得免，虏中嗤之，谓之“薛婆”[9]。薛宣道[10]将后军，闻讷败，亦走。讷归罪于宣道及胡将李思敬等八人，制悉斩之于幽州。庚子[11]，敕免讷死，削除其官爵；独赦杜宾客之罪。

壬寅[12]，以北庭都护郭虔瓘为凉州刺史、河西诸军州节度使。

果州刺史钟绍京心怨望，数上疏妄陈休咎[13]；乙巳[14]，贬溱州[15]刺史。

丁未[16]，房州刺史襄王重茂薨，辍朝三日，追谥曰殇皇帝[17]。

戊申[18]，禁百官家毋得与僧、尼、道士往还[19]。壬子[20]，禁人间铸佛、写经[21]。

宋王成器等请献兴庆坊宅为离宫；甲寅[22]，制许之，始作兴庆宫[23]，仍各赐成器等宅，环于宫侧[24]。又于宫西南置楼，题其西曰"花萼相辉之楼[25]"，南曰"勤政务本之楼[26]"。上或登楼，闻王奏乐，则召升楼同宴，或幸其所居尽欢，赏赉优渥[27]。

乙卯[28]，以岐王范兼绛州刺史，薛王业兼同州刺史。仍敕宋王以下每季二人入朝，周而复始。

民间讹言[29]，上采择女子以充掖庭，上闻之，八月，乙丑[30]，令有司具车牛[31]于崇明门[32]，自选后宫无用者载还其家；敕曰："燕寝之内[33]，尚令罢遣；闾阎[34]之间，足可知悉[35]。"

乙亥[36]，吐蕃将坌达延、乞力徐帅众十万寇临洮，军兰州，至于渭源[37]，掠取牧马；命薛讷白衣摄左羽林将军[38]，为陇右防御使，以右骁卫将军常乐郭知运[39]为副使，与太仆少卿王晙帅兵击之。辛巳[40]，大募勇士，诣河、陇就讷教习。

初，鄯州都督杨矩以九曲之地与吐蕃[41]，其地肥饶，吐蕃就之畜牧，因以入寇。矩悔惧自杀。

乙酉[42]，太子宾客薛谦光献武后所制《豫州鼎铭》[43]，其末云："上玄[44]降鉴，方建隆基[45]。"以为上受命之符[46]。姚崇表贺，且请宣示史官，颁告中外。

臣光曰：日食不验[47]，太史之过也[48]；而君臣相贺，是诬天也。采偶然之文[49]以为符命，小臣之谄[50]也；而宰相因而实之[51]，是侮其君也。上诬于天，下侮其君，以明皇之明，姚崇之贤，犹不免于是，岂不惜哉！

九月，戊申[52]，上幸骊山温汤。

敕以岁稔伤农[53]，令诸州修常平仓法[54]；江、岭、淮、浙、剑南地下湿[55]，不堪贮积，不在此例。

突厥可汗默啜衰老，昏虐[56]愈甚；壬子[57]，葛逻禄等部落诣凉州降。

冬，十月，吐蕃复寇渭源。丙辰[58]，上下诏欲亲征，发兵十余万人，马四万匹。

戊午[59]，上还宫。

甲子[60]，薛讷与吐蕃战于武街[61]，大破之。时太仆少卿陇右群牧使王晙帅所部二千人与讷会击吐蕃。坌达延将吐蕃兵十万屯大来谷[62]，晙选勇士七百，衣胡服，夜袭之，多置鼓角[63]于其后五里，前军遇敌大呼，后人鸣鼓角以应之。虏以为大军至，惊惧，自相杀伤，死者万计。讷时在武街，去大来谷二十里，虏军塞其中[64]间；晙复夜出袭之，虏大溃，始得与讷军合。追奔至洮水[65]，复战于长城堡[66]，又败之，前后杀获数万人。丰安军使王海宾[67]战死[68]。

戊辰[69]，姚崇、卢怀慎等奏："顷者吐蕃以河为境[70]，神龙中尚公主[71]，遂逾河筑城，置独山、九曲两军，去积石三百里，又于河上造桥。今吐蕃既叛，宜毁桥拔城[72]。"从之。

以王海宾之子忠嗣为朝散大夫、尚辇奉御，养之宫中。

己巳[73]，突厥可汗默啜又遣使求婚，上许以来岁迎公主。

突厥十姓胡禄屋等诸部诣北庭[74]请降，命都护郭虔瓘抚存之。

乙酉[75]，命左骁卫郎将尉迟瓌[76]使于吐蕃，宣慰金城公主。吐蕃遣其大臣宗俄因矛[77]至洮水请和，用敌国礼[78]；上不许。自是连岁犯边。

（以上为第六段，写薛讷东征契丹兵败于轻敌，西御吐蕃建功。）

【注释】

[1]杜宾客：曾多次率兵与契丹、吐蕃作战，官至陇右节度使。见《旧唐书》卷八《玄宗纪》上、卷一百九十六上《吐蕃传》上，《新唐书》卷二百一十五上《突厥传》上、卷二百一十六上《吐蕃传》上。 [2]崔宣道（?—714）：见《旧唐书》卷一百八十五下《裴怀古传》、《新唐书》卷一百九十七《裴怀古传》、《唐郎官石柱题名考》卷十七等。 [3]戈甲：泛指兵器。 [4]赍资粮：携带军资粮械。 [5]羔犊：小羊小牛。 [6]孳息：繁息。 [7]滦水：即今滦河。在河北

省东北部。［8］遮：断。［9］谓之“薛婆”：意思是说薛讷像个老妇人。［10］薛宣道：章校，十二行本“薛”作“崔”。据上下文及有关正史，当以十二行本所载为是。［11］庚子：七月十五日。［12］壬寅：七月十七日。［13］休咎：休祥凶咎，吉凶祸福。［14］乙巳：七月二十日。［15］溱州：州名。治所在今重庆市綦江区。［16］丁未：七月二十二日。［17］追谥曰殇皇帝：殇皇帝李重茂系唐中宗第四子，曾被韦后立为皇帝，故追谥为帝。［18］戊申：七月二十三日。［19］禁百官家毋得与僧、尼、道士往还：原因是僧、尼、道士常诡托禅观，妄陈祸福，易滋生事端。见《唐会要》卷四十九。［20］壬子：七月二十七日。［21］禁人间铸佛、写经：人间，即民间。铸佛，铸佛像。写经，抄写佛经。当时民间有人专门以铸佛写经为业，故下令予以禁止。［22］甲寅：七月二十九日。［23］兴庆宫：在今西安市兴庆公园一带。为唐代三大内之一，称作“南内”。开元年间，唐玄宗常听政于此。［24］赐成器等宅，环于宫侧：宁王、岐王宅在安兴坊，薛王宅在胜业坊。二坊相连，皆在兴庆宫西。［25］花萼相辉之楼：位于兴庆宫西南隅，与成器等宅相望。建于开元八年（720），后又有所增广，极为华丽高大。楼名取诗人棠棣之义。玄宗常与诸王饮宴于此。［26］勤政务本之楼：亦建于开元八年。在宫城西南近南墙处，是兴庆宫最重要的建筑之一。楼名取勤于政事，重视邦本之意。改元、大赦、受降及听政多在此进行。［27］优渥：优厚。［28］乙卯：七月三十日。［29］讹言：谣言。［30］乙丑：八月十日。［31］车牛：用牛驾的车子。唐代多以牛挽车。《唐六典》卷五：“诸司皆置车牛，以备递运之事。”［32］崇明门：在大明宫正殿东南。《唐六典》卷七载：紫宸殿即内朝正殿，殿之南面有紫宸门。紫宸门左为崇明门，右为光顺门。［33］燕寝之内：意为掖庭宫女。［34］闾阎：里巷之门。借指里巷。［35］足可知悉：足可知道无选美之事。［36］乙亥：八月二十日。［37］渭源：县名。县治在今甘肃渭源县。［38］命薛讷白衣摄左羽林将军：白衣，平民之服，犹“布衣”。薛讷率兵击契丹，败于滦河，七月十五日被削去官爵，故现以白衣摄官出征。［39］郭知运（667—721）：瓜州晋昌（今甘肃玉门市西北）人。字逢时。多次与吐蕃作战，以功拜左武卫大将军。与王君㚟名略等。传见《旧唐书》卷一百零三、《新唐书》卷一百三十三。［40］辛巳：八月二十六日。［41］杨矩以九曲之地与吐蕃：事在睿宗景云元年十二月。［42］乙酉：八月丙辰朔，据长历推，凡二十九天。陈垣《廿二史朔闰表》作九月一日。［43］《豫州鼎铭》：豫州鼎为武则天神功元年（697）所铸九鼎之一。其铭文系武则天亲制。见《旧唐书》卷二十二《礼仪志》二、《全唐诗》卷五。［44］上玄：上苍。［45］隆基：隆盛的基业。［46］符：符命，符瑞。［47］不验：不灵验。［48］太史之过：太史令掌观察天文，稽定历数。故对“日食不验”有一定责任。［49］采偶然之文：指薛谦光献豫州鼎铭之事。［50］谄：谄媚。［51］实之：使之成为事实。［52］戊申：九月二十四日。［53］岁稔伤农：本年度获得大丰收，粮价便宜，损害农民利益。［54］令诸州修常平仓法：即设置常平仓，在粮贱时用较高的价格籴入，粮贵时减价粜出。［55］下湿：低下潮湿。［56］昏虐：昏眊暴虐。［57］壬子：九月二十八日。［58］丙辰：十月二日。［59］戊午：十月四日。［60］甲子：十月十日。［61］武街：驿站名。又作“武阶”。地近大来谷，在今甘肃临洮县东。

[62]大来谷：在武街东南。[63]鼓角：战鼓和号角。用以传号令，壮军威。[64]塞其中：驻扎在武街与大来谷之间，将王晙与薛讷所部分割开来。即虏军插入其中。[65]洮水：即洮河。黄河上游支流，在甘肃西南。此处指临洮县附近一段。[66]长城堡：在今甘肃临洮县西北洮河东岸。秦长城西起于此。[67]王海宾（?—714）：华州郑县（今陕西渭南市华州区）人。名将王忠嗣之父。事见《旧唐书》卷九十三《薛讷传》、卷一百三《王忠嗣传》，《新唐书》卷一百三十三《王忠嗣传》、卷二百一十六上《吐蕃传》上。[68]战死：据章校，"死"下有"乙丑，敕罢亲征"六字。[69]戊辰：十月十四日。[70]以河为境：以黄河为界。[71]神龙中尚公主：神龙三年（707）吐蕃大臣悉薰热前来求婚。四月十四日，许以嗣雍王守礼女为金城公主，出降吐蕃赞普。景龙四年（710）正月二十五日，命左骁卫大将军、河源军使杨矩护送金城公主。二十七日，金城公主离开长安前往吐蕃。见《唐会要》卷六，《旧唐书》卷七《中宗本纪》、卷一百九十六上《吐蕃传》上。[72]毁桥拔城：毁掉黄河上的桥梁，拔去独山、九曲二城。[73]己巳：十月十五日。[74]北庭：即北庭都护府。据《册府元龟》卷九百七十四及《考异》卷十二所引《实录》，胡禄屋等诣北庭请降的时间为十月庚辰，即十月二十六日。[75]乙酉：据《朔闰考》，十月乙卯朔，无乙酉。乙酉为十一月一日。[76]尉迟瓌：见《新唐书》卷二百一十六上《吐蕃传》上。[77]宗俄因矛：两《唐书·吐蕃传》并作"宗俄因子"。严衍《资治通鉴补》已改"矛"为"子"。[78]用敌国礼：即用对等国的礼仪。

十一月，辛卯[1]，葬殇皇帝[2]。

丙申[3]，遣左散骑常侍解琬诣北庭宣慰[4]突厥降者，随便宜区处[5]。

十二月，壬戌[6]，沙陀金山入朝[7]。

甲子[8]，置陇右节度大使，须嗣鄯、奉、河、渭、兰、临、武、洮、岷、郭、叠、宕十二州[9]，以陇右防御副使郭知运为之。

乙丑[10]，立皇子嗣真[11]为鄫王，嗣初[12]为鄂王，嗣主[13]为鄄王。辛巳，立郢王嗣谦[14]为皇太子。嗣真[15]，上之长子，母曰刘华妃[16]。嗣谦，次子也，母曰赵丽妃；丽妃以倡[17]进，有宠于上，故立之[18]。

是岁，置幽州节度、经略、镇守大使，领幽、易、平、檀、妫、燕六州[19]。

突骑施可汗守忠[20]之弟遮弩恨所分部落少于其兄，遂叛入突厥，请为乡导，以伐守忠。默啜遣兵二万击守忠，虏之而还。谓遮弩曰："汝叛其兄[21]，何有于我[22]！”遂并杀之。

（以上为第七段，写唐玄宗违礼立皇太子。东置幽州节度使，西置陇右节度使以御边。）

【注释】

[1]辛卯：十一月七日。[2]葬殇皇帝：殇帝死于七月二十二日，至此，葬于陕西武功县之西原。[3]丙申：十一月十二日。[4]宣慰：宣敕慰问。[5]区处：犹处分。区分处置。[6]壬戌：十二月九日。[7]沙陀金山入朝：据《新唐书》卷二百一十八，沙陀金山开元以前已亡。待考。[8]甲子：十二月十一日。[9]须嗣鄯、奉、河、渭、兰、临、武、洮、岷、郭、叠、宕十二州：此句错误颇多。“须”当作“领”，“嗣”字衍，“奉”为“秦”之讹，“郭”当作“廓”。[10]乙丑：十二月十二日。[11]嗣真：玄宗第四子，初名嗣真，开元二年封鄫王。开元十二年改封棣王，改名洽。开元二十四年改名琰。[12]嗣初：玄宗第五子，初名嗣初。开元二年封鄂王，开元十二年改名涓，开元二十三年改名瑶。[13]嗣主：应为嗣玄，主为玄字之误。唐玄宗第六子，初名嗣玄。开元二年封为鄄王。开元十二年改名滉，封为荣王。开元二十五年改名琬。[14]嗣谦：唐玄宗第二子，初名嗣谦。先天元年封郢王。至是立为皇太子。开元十三年改名鸿，开元二十五年改名瑛。开元二十五年被废为庶人，不久又被赐死。玄宗诸子，两唐书同为一传，见《旧唐书》卷一百七、《新唐书》卷八十二。[15]嗣真，上之长子：据《唐会要》卷二及两《唐书·玄宗诸子传》，唐玄宗长子是嗣直而非嗣真。嗣直初封郯王，后改名为李潭、李琮。天宝十年死，谥靖德太子。肃宗即位，追谥为奉天皇帝。嗣真实为玄宗第四子，钱妃所生。初封鄫王，后改封棣王。[16]华妃：内职名。《旧唐书·后妃传序》：“开元中，于皇后之下立惠妃、丽妃、华妃等三位，以代三夫人，为正一品。”[17]倡：歌舞艺人。[18]故立之：故立其子嗣谦为太子。[19]幽、易、平、檀、妫、燕六州：地当今河北张家口市与秦皇岛市一带。[20]守忠：即突骑施首领娑葛。景龙三年（709）七月，娑葛遣使请降。二十六日，拜钦化可汗，赐名守忠。[21]其兄：意为你的兄长。用法不合汉语规范。其，代词。[22]何有于我：怎能忠诚于我？

三年（乙卯，715年）

春，正月，癸卯[1]，以卢怀慎检校吏部尚书兼黄门监[2]。怀慎清谨俭素，不营资产，虽贵为卿相，所得俸赐，随散亲旧，妻子不免饥寒，所居不蔽风雨。

姚崇尝有子丧，谒告[3]十余日，政事委积，怀慎不能决，惶恐，入谢[4]于上。上曰：“朕以天下事委姚崇，以卿坐镇[5]雅俗[6]耳。”崇既出，须臾，裁决俱尽，颇有得色[7]，顾谓紫微舍人[8]齐浣[9]曰：“余[10]

为相，可比何人？”浣未对。崇曰：“何如管、晏[11]？”浣曰：“管、晏之法虽不能施于后，犹能没身[12]。公所为法，随复更之[13]，似不及也。”崇曰：“然则竟[14]如何？”浣曰：“公可谓救时之相耳。”崇喜，投笔曰：“救时之相，岂易得乎！”

怀慎与崇同为相，自以才不及崇，每事推[15]之，时人谓之“伴食宰相[16]”。

臣光曰：昔鲍叔[17]之于管仲，子皮[18]之于子产，皆位居其上，能知其贤而下之[19]，授以国政；孔子美之[20]。曹参[21]自谓不及萧何[22]，一遵其法，无所变更[23]；汉业以成。夫不肖[24]用事，为其僚者，爱身保禄而从之，不顾国家之安危，是诚[25]罪人也。贤智用事，为其僚者，愚惑以乱[26]其治，专固[27]以分其权，媢嫉[28]以毁其功，愎戾[29]以窃其名，是亦罪人也。崇，唐之贤相，怀慎与之同心戮力[30]，以济明皇[31]太平之政，夫[32]何罪哉！《秦誓》[33]曰：“如有一介臣[34]，断断[35]猗[36]，无他技；其心休休[37]焉，其如有容[38]；人之有技，若己有之，人之彦圣[39]，其心好之，不啻[40]如自其口出，是能容之，以保我子孙黎民，亦职[41]有利哉。”怀慎之谓矣。

（以上为第八段，写姚崇与卢怀慎为相，和睦共事，司马光高度评价卢怀慎的谦让与雅量。）

【注释】

[1]癸卯：正月二十日。[2]兼黄门监：即兼侍中。[3]谒告：请假。[4]谢：谢罪。[5]坐镇：安坐而起镇定作用。[6]雅俗：风雅之士和流俗之人。[7]得色：得意的神态。[8]紫微舍人：即中书舍人。[9]齐浣（约675—746）：字洗心，定州义丰（今河北安国市）人。曾任监察御史等职，官至吏部侍郎。传见《旧唐书》卷一百九十中、《新唐书》卷一百二十八。[10]余：第一人称代词，我。[11]何如管、晏：与管仲、晏婴相比如何？管仲（?—前645），名夷吾，以字行。春秋初期政治家，被齐桓公任命为卿，协助桓公进行了一系列改革，使齐成为春秋首霸。传见《史记》卷六十二。晏婴（?—前500），字平仲。春秋时齐国大夫。担任卿职，历事灵公、庄公、景公三世。力行节俭，名显诸侯。与管仲同传。[12]犹能没身：尚能坚持到身死之时。[13]随复更之：随时变化更改。[14]竟：究竟。[15]推：推让。[16]伴食宰相：专门陪伴别人吃饭的宰相。讥其身为宰辅，无所作为。[17]鲍叔：即鲍叔牙。春秋时齐

国大夫，以知人而著称。曾帮助齐桓公取得君位。桓公命他为宰，鲍叔牙保举了管仲。齐桓公得管仲而称霸，管鲍两人传见《史记》卷六十二。［18］子皮：春秋时郑国大夫。执政期间发现子产有政治才能，即授子产以政，郑国大治。子产传见《史记》卷一百一十九等。［19］下之：自处其下。［20］孔子美之：孔子称之为古之遗贤。［21］曹参（?—前190）：汉初大臣。曾任齐相九年，协助刘邦平定英布等异姓王。惠帝时，继萧何为相。传见《史记》卷五十四、《汉书》卷三十九。［22］萧何（?—前193）：秦末随刘邦起义。对西汉的建立有重要作用。汉初为相，曾制定了一套律令制度。为汉代名臣之一。传见《史记》卷五十三、《汉书》卷三十九。［23］一尊其法，无所变更：史称“萧规曹随”。［24］不肖：不贤，不正派的人。［25］诚：确实。［26］乱：紊乱。［27］专固：专擅固执。［28］娼嫉：又作“冒疾”。意为妒忌。［29］愎戾：刚愎暴戾。［30］戮力：合力。［31］明皇：即唐玄宗。玄宗死后遗谥“至道大圣大明孝皇帝”，人称“唐明皇”。［32］夫：第三人称代词，他。［33］《秦誓》：《尚书》篇名。［34］介臣：直臣。［35］断断：专诚守一。［36］猗：语气助词。相当于“兮”，用在句中舒缓语气。［37］休休：安闲自得，乐而有节的样子。［38］容：受。［39］彦圣：美士。［40］不啻：无异于。［41］职：主。

御史大夫宋璟坐监朝堂杖人杖轻[1]，贬睦州刺史。

突厥十姓降者前后万余帐。高丽莫离支文简，十姓之婿也[2]，二月，与跌跌都督思泰等亦自突厥帅众来降；制皆以河南地[3]处之。

三月，胡禄屋酋长支匐忌等入朝[4]。上以十姓降者浸[5]多，夏，四月，庚申[6]，以右羽林大将军薛讷为凉州镇大总管，赤水等军[7]并受节度，居凉州；左卫大将军郭虔瓘为朔州[8]镇大总管，和戎等军并受节度，居并州，勒兵[9]以备默啜。

默啜发兵击葛逻禄[10]、胡禄屋[11]、鼠尼施[12]等，屡破之；敕北庭都护汤嘉惠[13]、左散骑常侍解琬等发兵救之。五月，壬辰[14]，敕嘉惠等与葛逻禄、胡禄屋、鼠尼施及定边道大总管阿史那献互相应援。

山东大蝗[15]，民或于田旁焚香膜拜[16]设祭而不敢杀，姚崇奏遣御史督州县捕而瘗[17]之。议者以为蝗众多，除不可尽；上亦疑之。崇曰：“今蝗满山东，河南、北[18]之人，流亡殆尽，岂可坐视食苗[19]，曾不救乎[20]！借使[21]除之不尽，犹胜养以成灾。”上乃从之。卢怀慎以为杀蝗太多，恐伤和气。崇曰：“昔楚庄吞蛭而愈疾[22]，孙叔杀蛇而致福[23]，奈何不忍于蝗[24]而忍人之饥死乎！若使杀蝗有祸，崇请当之[25]。”

秋，七月，庚辰朔[26]，日有食之。

上谓宰相曰：“朕每读书有所疑滞[27]，无从质问；可选儒学之士，日使入内侍读。”卢怀慎荐太常卿马怀素[28]，九月，戊寅[29]，以怀素为左散骑常侍，使与右散骑常侍褚无量[30]更日[31]侍读。每至阁门，令乘肩舆[32]以进；或在别馆道远，听于宫中乘马。亲送迎之，待以师傅之礼。以无量羸老[33]，特为之造腰舆[34]，在内殿令内侍舁[35]之。

九姓[36]思结都督磨散等来降；己未[37]，悉除官遣还。

西南蛮寇边[38]，遣右骁卫将军李玄道发戎、泸、夔、巴、梁、凤等州兵三万人并旧屯兵讨之。

壬戌[39]，以凉州大总管薛讷为朔方道行军大总管，太仆卿吕延祚、灵州刺史杜宾客副之，以讨突厥。

甲子[40]，上幸凤泉汤[41]；十一月，乙卯[42]，还京师。

刘幽求自杭州刺史徙郴州[43]刺史，愤恚，甲申[44]，卒于道。

（以上为第九段，写北方边境骚动，突厥时叛时降。姚崇灭蝗。玄宗礼儒。）

【注释】

[1]杖轻：指行杖时，执杖者不肯用力，使犯人受伤的程度较轻，不合规定的标准。[2]高丽莫离支文简，十姓之婿也：文简即高文简。十姓之婿，令人费解。《新唐书·突厥传》载：“默啜屡击葛逻禄等，诏在所都护总管掎角应援。虏势浸削，其婿高丽莫离支高文简与跌跌都督思太、高丽大酋高拱毅合万余帐，相踵款边。”据此，则高文简为默啜之婿。[3]河南地：指黄河以南河套地区。[4]支匐忌等入朝：据《册府元龟》卷九百七十四，时在三月七日。[5]浸：渐。[6]庚申：四月九日。[7]赤水等军：赤水军位于今甘肃武威市西。据《唐会要》卷七十八，赤水军是唐代军镇中最大的一个。[8]朔州：据章校，十二行本作朔川。待考。[9]勒兵：统率军队。[10]噶逻禄：突厥的一支。居新疆准噶尔盆地。有谋落、炽俟、踏实力三部落。[11]胡禄屋：在今新疆乌苏市一带。[12]鼠尼施：在今新疆焉耆县西裕勒都斯河流域以南。[13]汤嘉惠：事见《新唐书》卷二百一十五下《突厥传》下、卷二百二十一上《焉耆传》。[14]壬辰：五月十二日。[15]大蝗：遭受特大蝗虫灾害。[16]膜拜：合掌加额，伏地跪拜。[17]瘗：埋。[18]河南、北：黄河南北。[19]坐视食苗：眼看着蝗虫吃禾苗。[20]曾不救乎：而不予以援救呢？曾，乃，而。[21]借使：假使。[22]楚庄吞蛭而愈疾：楚庄即楚庄王熊侣。蛭，环节类动物。有水蛭、山蛭、鱼蛭之分。相传楚庄王吃寒葅时发现了一条蛭。为了不使监食的人获

罪致死，便悄悄把蛭吞了下去，结果腹有疾而不能食。令尹知道这件事后说："天道无亲，唯德是辅，王有仁德，疾不为伤。"不久庄王的病果然好了。［23］孙叔杀蛇而致福：据《说苑》记载，孙叔敖小的时候出去玩，见到一条两头蛇，便将蛇杀掉埋了。回家后哭泣，母亲问他原因，他说见到了两头蛇，自己恐怕要死了。母亲问蛇在何处，他说听说见两头蛇者必死，怕别人再见到此蛇，已将它杀掉埋了。其母说："不要怕，你不会死了。我听说有阴德的人，天必报以福。"［24］不忍于蝗：不忍心于捕蝗。［25］当之：担当其祸。［26］庚辰朔：七月一日。［27］疑滞：疑惑壅滞。［28］马怀素：字惟白。润州丹徒（今江苏镇江市）人。博通经史，善于作文。传见《旧唐书》卷一百零二、《新唐书》卷一百九十九。［29］戊寅：九月己卯朔，无戊寅。据《旧唐书》卷八《玄宗纪》上，戊寅应为冬十月甲寅之误。甲寅，十月六日。［30］褚无量：传见《旧唐书》卷一百二、《新唐书》卷二百。［31］更日：隔日，即每人每隔一天轮流侍读。［32］肩舆：用人力抬扛的代步工具。类似于轿子。［33］羸（léi）老：瘦弱衰老。［34］腰舆：用手挽的便舆，高与腰等。［35］舁（yú）：抬。［36］九姓：铁勒族的九个部族，即回纥、仆固、浑、拔野古、同罗、思结、契苾、阿布思、骨仑屋骨。［37］己未：十月十一日。［38］西南蛮寇边：据《新唐书·玄宗纪》，时在十月辛酉。即十月十三日。［39］壬戌：十月十四日。［40］甲子：十月十六日。［41］凤泉汤：据《新唐书·地理志》一，凤泉汤在眉县境内。［42］乙卯：十一月无乙卯。《新唐书》卷五作己卯，即十一月一日。［43］郴州：州名。治所在今湖南郴州市。［44］甲申：十一月六日。

丁酉[1]，以左羽林大将军郭虔瓘兼安西大都护、四镇经略大使。虔瓘请自募关中兵万人诣安西讨击，皆给递驮[2]及熟食[3]；敕许之。将作大匠韦凑上疏，以为："今西域服从，虽或时有小盗窃，旧镇兵足以制之。关中常宜充实，以强干弱枝。自顷西北二虏寇边，凡在丁壮[4]，征行略尽[5]，岂宜更募骁勇，远资荒服[6]！又，一万征人行六千余里，咸给递驮熟食，道次[7]州县，将何以供！秦、陇之西，户口渐少，凉州已往[8]，沙碛悠然[9]，遣彼居人，如何取济？纵令必克，其获几何？傥稽天诛，无乃甚损！请计所用、所得，校其多少，则知利害[10]。昔唐尧之代[11]，兼爱夷、夏，中外乂安；汉武[12]穷兵远征，虽多克获，而中国疲耗。今论帝王之盛德者，皆归唐尧，不归汉武；况邀[13]功不成者，复何足比议乎！"时姚崇亦以虔瓘之策为不然。既而虔瓘卒无功。

初，监察御史张孝嵩[14]奉使廓州[15]还，陈碛西利害，请往察其形势；上许之，听以便宜从事。

拔汗那[16]者，古乌孙[17]也，内附岁久。吐蕃与大食共立阿了达[18]为王，发兵攻之，拔汗那王兵败，奔安西求救。孝嵩谓都护吕休璟[19]曰："不救则无以号令西域。"遂帅旁侧戎落兵万余人，出龟兹西数千里，下数百城，长驱[20]而进。是月，攻阿了达于连城。孝嵩自擐甲[21]督士卒急攻，自巳至酉[22]，屠其三城，俘斩千余级，阿了达与数骑逃入山谷。孝嵩传檄诸国，威振西域，大食[23]、康居[24]、大宛[25]、罽宾[26]等八国皆遣使请降[27]。会有言其赃污者，坐系凉州狱，贬灵州兵曹参军[28]。

（以上为第十段，写唐玄宗惩贪严厉，张孝嵩立功西域，因有人举报赃污而贬官。）

【注释】

[1]丁酉：十一月十九日。[2]给递驮：即发沿途马、牛、驴驮运军资。《唐六典》卷三载：驮运脚值每驮一百斤，一百里一百文，山阪处一百二十文。险峻的地方不得过一百五十文，平坦的地方不得少于八十文。[3]熟食：沿途给行军供给熟食，欲其速达安西。[4]凡在丁壮：凡在籍的丁壮。丁壮，少壮男子。[5]略尽：几尽，差不多完了。[6]荒服：古五服之一。指离王畿二千五百里的地区。此处泛指边远地区。[7]道次：途经。[8]凉州已往：凉州以西。[9]悠然：悠远。[10]则知利害：便知道是有利还是有害。[11]唐尧之代：尧统治的时期。[12]汉武：汉武帝。[13]邀：求。[14]张孝嵩：进士及第，慷慨好兵。为安西副都护，颇有政绩。官至太原尹。传见《新唐书》卷一百三十三。[15]廓州：州名。治所在今青海化隆县西黄河北岸。[16]拔汗那：西域古国名。又称破洛那，在今吉尔吉斯斯坦费尔干纳盆地。[17]乌孙：汉西域古国，在今新疆伊犁河和伊塞克湖一带。据考，拔汗那非古乌孙。[18]阿了达：据岑仲勉考证，阿了达应为"阿了达干"。见《通鉴隋唐纪比事质疑》一百六十六页至一百六十七页。[19]吕休璟：事见《元和姓纂》卷六、《唐方镇表》卷八。[20]长驱：驱驰迅速，没有阻拦。指军队以不可阻挡之势向远方挺进。[21]擐（huàn）甲：套甲。[22]自巳至酉：从九点到十九点。[23]大食：阿拉伯帝国。[24]康居：西域国名。在今乌兹别克斯坦撒马尔罕。[25]大宛：在今吉尔吉斯斯坦费尔干纳盆地。[26]厨宾：在今阿富汗东北一带。章校：十二行本"降"下有"勒石纪功而还"六字。[27]皆遣使请降：据章校，"降"字下有"勒石纪功而还"六字。[28]灵州兵曹参军：从七品下。

京兆尹崔日知贪暴不法[1]，御史大夫李杰[2]将纠之，日知反构[3]

杰罪。十二月，侍御史杨玚[4]廷奏曰："若纠弹之司[5]，使奸人得而恐愒[6]，则御史台可废矣。"上遽命杰视事如故，贬日知为歙县[7]丞。

或上言："按察使徒烦扰公私，请精简刺史、县令，停按察使。"上命召尚书省官议之。姚崇以为："今止[8]择十使，犹患未尽得人，况天下三百余州，县多数倍，安得刺史县令皆称其职乎！"乃止。

尚书左丞韦玢[9]奏："郎官多不举职[10]，请沙汰，改授他官。"玢寻出为刺史，宰相奏拟冀州，敕改小州。姚崇奏言："台郎[11]宽怠及不称职，玢请沙汰，乃是奉公。台郎甫尔[12]改官，玢即贬黜于外，议者皆谓郎官谤伤；臣恐后来左右丞指以为戒[13]，则省事[14]何从而举矣！伏望圣慈[15]详察，使当官者无所疑惧。"乃除冀州刺史。

突骑施守忠既死，默啜兵还，守忠部将苏禄[16]鸠集余众，为之酋长。苏禄颇善绥抚，十姓部落稍稍归之，有众二十万，遂据有西方，寻遣使入见。是岁，以苏禄为左羽林大将军、金方道经略大使。

皇后妹夫尚衣奉御[17]长孙昕[18]以细故[19]与御史大夫李杰不协[20]。

（以上为第十一段，写姚崇当政，唐玄宗能贯彻惩贪与沙汰冗官。）

【注释】

[1]贪暴不法：贪婪残暴，不守法律。 [2]李杰：传见《旧唐书》卷一百、《新唐书》卷一百二十八。 [3]构：构诉。 [4]杨玚（658—735）：字瑶光。华州华阴（今陕西华阴市）人。曾任麟游令。官至左散骑常侍。在官清白，以刚正著称。传见《旧唐书》卷一百八十五下、《新唐书》卷一百三十。 [5]纠弹之司：御史台官。 [6]恐愒：恐吓。 [7]歙县：县名。县治在今安徽歙县。 [8]止：只。 [9]韦玢：事见《元和姓纂》卷二、《新唐书》卷七十四《宰相世系表》四上。 [10]举职：行使职权，胜任其事。 [11]台郎：台省郎官。 [12]甫尔：刚刚。 [13]指以为戒：以此事为戒。 [14]省事：尚书省之事。 [15]圣慈：对天子的美称。 [16]苏禄：又称车鼻施啜苏禄。守忠死后自立为可汗。开元年间授右武卫大将军、突骑施都督，进号忠顺可汗。传见《新唐书》卷二百一十五下、《旧唐书》卷一百九十四下。 [17]尚衣奉御：官名。殿中省有尚食、尚药、尚衣、尚舍、尚乘、尚辇六局，掌皇帝日常生活起居，每局各有奉御二人，正五品下，尚衣奉御掌供天子衣服。 [18]长孙昕：见《旧唐书》卷八《玄宗纪》上、卷一百《李杰传》等。 [19]细故：小事故。 [20]不协：不和。

四年（丙辰，716年）

春，正月，昕与其妹夫杨仙玉于里巷伺杰而殴[1]之。杰上表自诉曰："发肤[2]见毁，虽则痛身[3]，冠冕被陵，诚为辱国。"上大怒，命于朝堂杖杀[4]，以谢百僚。仍以敕书慰杰曰："昕等朕之密戚[5]，不能训导，使陵犯衣冠，虽寘以极刑，未足谢罪。卿宜以刚肠疾恶[6]，勿以凶人介意[7]。"

丁亥[8]，宋王成器更名[9]宪，申王成义更名㧑。

乙酉[10]，陇右节度使郭虔瓘[11]奏，奴石良才等八人皆有战功，请除游击将军[12]。敕下，卢怀慎等奏曰："郭虔瓘恃其微效[13]，辄侮彝章[14]，为奴请五品，实乱纲纪，不可许。"上从之。

丙午[15]，以鄫王嗣真[16]为安北大都护、安抚河东·关内·陇右诸蕃大使，以安北大都护张知运[17]为之副。陕王嗣升为安西大都护、安抚河西四镇诸蕃大使，以安西都护郭虔瓘为之副。二王皆不出阁[18]。诸王遥领节度自此始。

二月，丙辰[19]，上幸骊山温汤。

吐蕃围松州[20]。

丁卯[21]，上还宫。

辛未[22]，以尚书右丞倪若水[23]为汴州刺史兼河南采访使。

上虽欲重都督、刺史[24]，选京官才望者[25]为之，然当时士大夫犹轻[26]外任。扬州采访使班景倩[27]入为大理少卿，过大梁[28]，若水饯之行[29]，立望其行尘，久之乃返，谓官属曰："班生此行，何异登仙！"

癸酉[30]，松州都督孙仁献袭击吐蕃于城下，大破之。

上尝遣宦官诣江南取鸡鹄[31]、鸂鶒[32]等，欲置苑中，使者所至烦扰。道过汴州，倪若水上言："今农桑方急，而罗捕[33]禽鸟以供园池之玩，远自江、岭[34]，水陆传送，食以粱肉。道路观者，岂不以陛下贱人而贵鸟乎！陛下方当以凤凰为凡鸟，麒麟为凡兽，况鸡鹄、鸂鶒曷[35]足贵也！"上手敕[36]谢若水，赐帛四十段，纵散其鸟。

山东蝗复大起[37]，姚崇又命捕之。倪若水谓："蝗乃天灾，非人力所及，宜修德以禳之。刘聪[38]时，常捕埋之，为害益甚。"拒御史，不从其命。崇牒[39]若水曰：“刘聪伪主，德不胜妖；今日圣朝，妖不胜德。古之良守，蝗不入境。若其修德可免，彼岂无德致然！”若水乃不敢违。夏，五月，甲辰[40]，敕委使者详察州县捕蝗勤惰者，各以名闻。由是连岁蝗灾，不至大饥。

或言于上曰：“今岁选叙[41]大滥，县令非才。”及入谢，上悉召县令于宣政殿[42]庭，试以理人策。惟鄄城[43]令韦济[44]词理第一，擢为醴泉[45]令。余二百余人不入第[46]，且令之官[47]；四十五人放归学问[48]。吏部侍郎卢从愿左迁豫州刺史，李朝隐左迁滑州刺史。从愿典选六年，与朝隐皆名称职[49]。初，高宗之世，马载、裴行俭在吏部最有名，时人称吏部前有马、裴，后有卢、李。济，嗣立之子也[50]。

有胡人上言海南[51]多珠翠[52]奇宝[53]，可往营致[54]，因言市舶[55]之利；又欲往师子国[56]求灵药[57]及善医之妪[58]，寘之宫掖。上命监察御史杨范臣[59]与胡人偕往求之，范臣从容奏曰：“陛下前年焚珠玉、锦绣，示不复用。今所求者何以异于所焚者乎！彼市舶与商贾争利，殆非王者之体。胡药之性，中国多不能知；况于胡妪，岂宜寘之宫掖！夫御史，天子耳目之官，必有军国大事，臣虽触冒炎瘴[60]，死不敢辞。此特胡人眩惑求媚，无益圣德，窃恐非陛下之意，愿熟思之。”上遽自引咎，慰谕而罢之。

（以上为第十二段，写唐玄宗识大体，不护短亲戚，不滥施官爵，严肃选举，纳谏改过，放飞珍禽，赞同姚相灭蝗。）

【注释】

[1]殴：殴打。[2]发肤：头发皮肤。[3]痛身：使身体痛苦。[4]杖杀：杖杀长孙昕、杨仙玉。[5]密戚：近密姻亲。[6]疾恶：疾恨恶人恶事。[7]勿以凶人介意：不要因为受了凶人凌辱，就有介于怀，而不再纠弹奸佞之人。[8]丁亥：正月十日。[9]更名：改名。因“成”字犯昭成皇后谥号，故两王改名。[10]乙酉：正月八日。应在“丁亥”之前。[11]陇右节度使郭虔瓘：据《唐会要》《册府元龟》及两《唐书》，郭虔瓘未任陇右节度使，陇右节度使为郭知运。若陇右节度使不误，则郭虔瓘应是郭知运之讹；若郭虔瓘之名不误，则陇右节度使官号与实际情况不合。待考。[12]游击将军：武散官第十四阶。从五品下。[13]微效：微功。[14]彝章：常典。[15]丙午：正月二十九日。[16]鄫王嗣真：据《唐会要》卷七十八及两《唐书·玄宗诸子传》，应为郯王嗣直。[17]张知运：事见《旧唐书》卷一百三《郭知运

传》、卷一百九十四上《突厥传》上，《新唐书》卷五《玄宗纪》、卷一百二十二《郭知运传》、卷二百一十五下《突厥传》下。［18］不出阁：不出内殿。［19］丙辰：二月九日。［20］吐蕃围松州：时在二月辛酉，即二月十四日。见《新唐书·玄宗纪》。［21］丁卯：二月二十日。［22］辛未：二月二十四日。［23］倪若水：字子泉，恒州藁城（今河北石家庄市藁城区）人。进士及第，曾任右台监察御史。官至尚书右丞。提倡儒学。传见《旧唐书》卷一百八十五下、《新唐书》卷一百二十八。［24］重都督、刺史：重视都督、刺史之任。［25］才望者：有才能和威望的人。［26］轻：轻视。［27］班景倩：见《旧唐书》卷二十四《礼仪志》四、卷一百二十三《班宏传》，《新唐书》卷一百四十九《班宏传》等。［28］大梁：开封。汴州治所。［29］饯之行：为之饯行。［30］癸酉：二月二十六日。［31］鸡鹊：水鸟名。形状像凫，大脚，高毛冠，能入水捕鱼。［32］鸂（xī）鶒（chì）：亦为水鸟。常在水上偶游，大于鸳鸯，色泽多紫，人称紫鸳鸯。［33］罗捕：围捕，搜捕。［34］江、岭：江南岭外。［35］曷：岂。［36］手敕：亲手作敕书。［37］山东蝗复大起：去年五月，山东大蝗。［38］刘聪（?—318）：十六国时期汉国国君。匈奴人。公元310年至318年在位。传见《晋书》卷一百零二、《魏书》卷九十五。［39］牒：公文的一种。多用于下级对上级或同等机关之间。［40］甲辰：五月二十九日。［41］选叙：铨选叙录。［42］宣政殿：在大明宫含元殿之北。［43］鄄城：县名。县治在今山东鄄城县北之旧城镇。［44］韦济：宰相韦嗣立之子。后官至冯翊太守。有政绩。传见《旧唐书》卷八十八、《新唐书》卷一百一十六。［45］醴泉：即今陕西礼泉县，当时为赤县。县令级别较高。［46］二百余人不入第：据《旧唐书·玄宗纪》等，二百当为"二十"之误。［47］之官：赴任。此处指还旧官。［48］放归学问：放归故乡，重新习读。［49］皆名称职：皆以称职著名。［50］济，嗣立之子也：韦嗣立长安四年（704）正月二十六日至十二月五日担任宰相。［51］海南：指林邑、扶南、真腊诸国，即今老挝、柬埔寨一带。［52］珠翠：珍珠翡翠。［53］奇宝：奇玩宝货。［54］营致：营求获利。［55］市舶：本指往来贸易的中外船舶。引申为中外贸易。［56］师子国：即今斯里兰卡共和国。师与"狮"通。其国因驯养狮子而得名。［57］灵药：仙药。［58］妪：老妇人。［59］杨范臣：事见《唐郎官石柱题名考》卷三。［60］炎瘴：炎气瘴疠。

六月，癸亥[1]，上皇崩于百福殿[2]。己巳[3]，以上女万安公主[4]为女官，欲以追福。

癸酉[5]，拔曳固[6]斩突厥可汗默啜首来献。时默啜北击拔曳固，大破之于独乐水[7]，恃胜轻归，不复设备，遇拔曳固迸卒[8]颉质略[9]，自柳林突出，斩之。时大武军子将[10]郝灵荃[11]奉使在突厥，颉质略以其首归之，与偕诣阙，悬其首于广街。拔曳固、回纥、同罗、霫、仆固五部皆来降，置于大武军[12]北。

默啜之子小可汗立，骨咄禄之子阙特勒[13]击杀之，及默啜诸子、亲信略尽；立其兄左贤王默棘连[14]，是为毗伽可汗，国人谓之“小杀”。毗伽以国固让阙特勒，阙特勒不受；乃以为左贤王，专典兵马。

秋，七月，壬辰[15]，太常博士陈贞节[16]、苏献以太庙七室已满，请迁中宗神主于别庙，奉睿宗神主祔太庙；从之。又奏迁昭成皇后祔睿宗室，肃明皇后留祀于仪坤庙[17]。八月，乙巳[18]，立中宗庙于太庙之西。

辛未[19]，契丹李失活[20]、奚李大酺帅所部来降。制以失活为松漠郡王、行左金吾大将军兼松漠都督，因其八部[21]落酋长，拜为刺史；又以将军薛泰[22]督军镇抚之。大酺为饶乐郡王、行右金吾大将军兼饶乐都督。失活，尽忠[23]之从父弟也。

吐蕃复请和，上许之。

突厥默啜既死，奚、契丹、拔曳固等诸部皆内附，突骑施苏禄复自立为可汗。突厥部落多离散，毗伽可汗患之，乃召默啜时牙官暾欲谷[24]，以为谋主。暾欲谷年七十余，多智略，国人信服之。突厥降户处河曲[25]者，闻毗伽立，多复叛归之。

并州长史王晙上言：“此属徒以其国丧乱，故相帅来降；若彼安宁，必复叛去。今置之河曲，此属桀黠[26]，实难制御，往往不受军州[27]约束，兴兵剽掠；闻其逃者已多与虏声问往来，通传委曲[28]。乃是畜养此属使为间谍，日月滋久，奸诈逾深，窥伺边隙，将成大患。虏骑南牧[29]，必为内应，来逼军州，表里[30]受敌，虽有韩、彭[31]，不能取胜矣。愿以秋、冬之交，大集兵众，谕以利害，给其资粮，徙之内地。二十年外[32]，渐变旧俗，皆成劲兵；虽一时暂劳，然永久安靖。比者守边将吏及出境使人，多为谀辞，皆非事实，或云北虏破灭，或云降户妥帖[33]，皆欲自炫其功，非能尽忠徇国。愿察斯利口[34]，勿忘远虑。议者必曰：‘国家向时已尝寘降户于河曲[35]，皆获安宁，今何所疑！’此则事同时异，不可不察。向者，颉利既亡，降者无复异心，故得久安无变。今北虏尚存[36]，此属或畏其威，或怀其惠，或其亲属，岂乐南来！较之彼时[37]，固不侔矣。以臣愚虑，徙之内地，上也；多屯士马，大为之备，华、夷相参，人劳费广，次也；正如今日，下也。愿审兹三策，择利而行，纵使因徙逃亡，得者皆为唐有；若留至河冰[38]，恐必有变。"

疏奏，未报；降户跌跌思泰[39]、阿悉烂等果叛。冬，十月，甲辰[40]，命朔方大总管薛讷发兵追讨之。王晙引并州兵西济河，昼夜兼行，追击叛者，破之，斩获三千级。

先是，单于副都护张知运悉收降户兵仗[41]，令渡河而南，降户怨怒。御史中丞姜晦为巡边使，降户诉无弓矢，不得射猎，晦悉还之；降户得之，遂叛。张知运不设备，与之战于青刚岭[42]，为虏所擒，欲送突厥；至绥州[43]境，将军郭知运以朔方兵邀击之，大破其众于黑山呼延谷[44]，虏释张知运而去。上以张知运丧师，斩之以徇。

毗伽可汗既得思泰等，欲南入为寇。暾欲谷曰："唐主英武，民和年丰，未有间隙，不可动也。我众新集，力尚疲羸[45]，且当息养[46]数年，始可观变而举。"毗伽又欲筑城，并立寺观，暾欲谷曰："不可。突厥人徒[47]稀少，不及唐家百分之一，所以能与为敌者，正以逐水草，居处无常[48]，射猎为业，人皆习武，强则进兵抄掠，弱则窜伏山林，唐兵虽多，无所施用[49]。若筑城而居，变更旧俗，一朝失利，必为所灭。释、老之法[50]，教人仁弱，非用武争胜之术，不可崇也。"毗伽乃止。

庚午[51]，葬大圣皇帝于桥陵[52]，庙号睿宗。御史大夫李杰护桥陵作，判官王旭[53]犯赃，杰按之，反为所构，左迁衢州[54]刺史。

（以上为第十三段，写睿宗之崩葬，以及北方突厥、奚、契丹、拔曳诸部内附。）

【注释】

[1]癸亥：六月十九日。 [2]百福殿：在长安宫城（西内）太极殿西北。 [3]己巳：六月二十五日。 [4]万安公主：唐玄宗第七女。事见《唐会要》卷六、《新唐书》卷八十三。 [5]癸酉：六月二十九日。 [6]拔曳固：即拔野固、拔野古、拔也固。见《新唐书》卷二百一十七下《回鹘传》下。 [7]独乐水：即今蒙古国首都乌兰巴托西面之图拉河。 [8]迸卒：迸散的士卒。 [9]颉质略：后官至拔曳固都督。见《册府元龟》卷九百九十二。 [10]子将：小将。 [11]郝灵荃：事见《旧唐书》卷一百四十七《杜佑传》、卷一百九十四上《突厥传》上，《新唐书》卷五《玄宗纪》、卷一百二十四《宋璟传》、卷一百六十六《杜佑传》、卷二百一十五上《突厥传》上。 [12]大武军：在朔州城，即今山西朔州市。置于大同军北，即安置在今山西朔州市平鲁区，山阴、右玉、左云等县一带。 [13]阙特勒：事见《旧唐书》卷一百九十四上《突厥传》、《新唐书》卷

二百一十五《突厥传》上及《阙特勤碑》。［14］默棘连：骨咄禄（即骨笃禄）之子。传见《旧唐书》卷一百九十四上、《新唐书》卷二百一十五下。［15］壬辰：七月十八日。［16］陈贞节：传见《新唐书》卷二百。［17］迁昭成皇后祔睿宗室，肃明皇后留祀于仪坤庙：肃明皇后本睿宗元妃，曾立为皇后；昭成皇后为次妃，追谥皇后。因昭成皇后生玄宗，故特升祔睿宗。仪坤庙，祀二妃，在京师亲仁里。睿宗景云二年立。［18］乙巳：八月二日。［19］辛未：八月二十八日。［20］李失活：传见《旧唐书》卷一百九十九下、《新唐书》卷二百一十九。［21］八部：即达稽部、纥便部、独活部、芬问部、突便部、芮奚部、坠斤部及伏部。见《新唐书·契丹传》。［22］薛泰：见《旧唐书》卷一百九十九下《契丹传》、《新唐书》卷二百一十九《契丹传》。［23］尽忠：李尽忠万岁通天元年（696）反唐。［24］暾欲谷：突厥人名。贤者有智略，汉化程度较高。传见《旧唐书》卷一百九十四上。［25］河曲：黄河之曲。此处特指黄河以南突厥故地。［26］桀黠：桀骜狡黠。［27］军州：军与州。此处泛指地方行政机构。［28］委曲：事情的底细。［29］南牧：南侵。［30］表里：内外。［31］韩、彭：韩信、彭越。［32］外：后。［33］妥帖：稳当，安乐。［34］利口：巧言。［35］国家向时已尝寘降户于河曲：指贞观四年东突厥灭亡后，唐太宗将归降的突厥人安置在自幽州至灵州之间的顺、祐、化、长四州都督府。［36］今北虏尚存：指默啜虽死，默棘连又立，后突厥政权继续存在。［37］彼时：指贞观之时。［38］留至河冰：留到黄河结冰的时候。［39］跌跌思泰：《新唐书·突厥传》及《旧唐书》卷一百三作“跌跌思太”。“太”与“泰”同。［40］甲辰：十月二日。［41］兵仗：兵器的总称。［42］青刚岭：在庆州之北、灵州之南，即今甘肃环县北部一带。［43］绥州：州名。治所在今陕西绥德县。［44］黑山呼延谷：地名。在今陕西榆林市西南。［45］疲羸：疲惫羸弱。［46］息养：休养生息。［47］人徒：人众。［48］无常：不定。［49］施用：施展运用。［50］释、老之法：佛教、道教。［51］庚午：十月二十八日。［52］桥陵：唐睿宗陵，在今陕西蒲城县西北的金炽山上。睿宗称太圣贞皇帝。［53］王旭：贞观宰相王珪之孙。开元初酷吏。传见《旧唐书》卷一百八十六下、《新唐书》卷二百九。［54］衢州：州名。治所在今浙江衢州市。

十一月，己卯[1]，黄门监卢怀慎疾亟，上表荐宋璟、李杰、李朝隐、卢从愿并明时重器[2]，所坐者小，所弃者大[3]，望垂矜录[4]；上深纳之。乙未[5]，薨。家无余蓄，惟一老苍头[6]，请自鬻以办丧事。

丙申[7]，以尚书左丞源乾曜[8]为黄门侍郎、同平章事。

姚崇无居第，寓居[9]罔极寺[10]，以病痁[11]谒告[12]，上遣使问饮食起居状，日数十辈。源乾曜奏事或称旨，上辄曰：“此必姚崇之谋也。”或不称旨，辄曰：“何不与姚崇议之！”乾曜常谢实然[13]。每有大事，上常令乾曜就寺问崇。癸卯[14]，乾曜请迁崇于四方馆，仍听家人入侍疾；

上许之。崇以四方馆[15]有簿书[16]，非病者所宜处，固辞。上曰："设四方馆，为官吏也；使卿居之，为社稷也。恨不可使卿居禁中[17]耳，此何足辞！"

崇子光禄少卿彝、宗正少卿异，广通[18]宾客，颇受馈遗，为时所讥。主书赵诲为崇所亲信，受胡人赂，事觉，上亲鞫问，下狱当死[19]，崇复营救，上由是不悦。会曲赦[20]京城，敕特标诲名[21]，杖之一百，流岭南。崇由是忧惧，数请避相位，荐广州都督宋璟自代。

十二月，上将幸东都，以璟为刑部尚书、西京留守，令驰驿诣阙，遣内侍[22]、将军杨思勖[23]迎之。璟风度凝远[24]，人莫测其际[25]，在涂竟不与思勖交言。思勖素贵幸，归，诉于上，上嗟叹良久，益重璟。

丙辰[26]，上幸骊山温汤；乙丑[27]，还宫。

闰月[28]，己亥[29]，姚崇罢为开府仪同三司，源乾曜罢为京兆尹、西京留守，以刑部尚书宋璟守吏部尚书兼黄门监，紫微侍郎苏颋同平章事。

璟为相，务在择人，随材授任，使百官各称其职；刑赏无私，敢犯颜直谏。上甚敬惮之，虽不合意，亦曲从之。

突厥默啜自则天世为中国患，朝廷[30]旰食[31]，倾天下之力不能克；郝灵荃得其首，自谓不世之功[32]。璟以天子好武功，恐好事者竞生心徼幸[33]，痛抑其赏[34]，逾年始授郎将[35]；灵荃恸哭而死。

璟与苏颋相得甚厚，颋遇事多让于璟，璟每论事则颋为之助。璟尝谓人曰："吾与苏氏父子皆同居相府，仆射[36]宽厚，诚为国器[37]，然献可替否[38]，吏事精敏[39]，则黄门[40]过其父矣。"

姚、宋相继为相，崇善应变成务，璟善守法持正；二人志操[41]不同，然协心辅佐，使赋役宽平，刑罚清省[42]，百姓富庶。唐世贤相，前称房、杜[43]，后称姚、宋，他人莫得比焉。二人每进见，上辄为之起，去则临轩[44]送之。及李林甫为相[45]，虽宠任过于姚、宋，然礼遇[46]殊卑薄矣。紫微舍人高仲舒[47]博通典籍，齐浣练习时务，姚、宋每坐二人以质所疑，既而叹曰："欲知古，问高君，欲知今，问齐君，可以无阙政[48]矣。"

辛丑[49]，罢十道按察使[50]。

旧制，六品以下官皆委尚书省奏拟，是岁，始制员外郎、御史、起居、遗、补不拟[51]。

（以上为第十四段，写开元初贤相风采，姚崇与卢怀慎，宋璟与苏颋相继为相，和衷共济。）

【注释】

[1]己卯：十一月七日。 [2]明时重器：指宋璟等四人是清平时代的杰出人才。明时，政治清明的朝代。指本朝。重器，大器，指宝贵的人才。 [3]所坐者小，所弃者大：宋璟坐小事出为睦州刺史，转广州都督；李杰为王旭所诬，左迁衢州刺史；卢从愿、李朝隐因叙县令非才分别贬为豫州刺史、滑州刺史。此谓因宋璟等人小过而弃置不用，是朝廷的重大损失。 [4]矜录：矜怜录用。 [5]乙未：十一月二十三日。 [6]苍头：奴仆。 [7]丙申：十一月二十四日。 [8]源乾曜（?—731）：相州临漳（今河北临漳县西南）人。进士及第，为相十余年，以清慎恪敏著名。传见《旧唐书》卷九十八、《新唐书》卷一百二十七。 [9]寓居：寄居。 [10]罔极寺：神龙元年（705）太平公主为武则天所立，在长安朱雀街东大宁坊东南隅，即今西安市东关炮房街一带。[11]痁（shān）：疟疾。 [12]谒告：请假。 [13]实然：确实如此。 [14]癸卯：十一月癸酉朔。癸卯系十二月一日。 [15]四方馆：官衙名。居中书省。主管各少数民族往来与贸易等事宜。[16]簿书：账簿文书。 [17]禁中：即宫中。宫门有禁，非侍卫及通籍之臣不得入内。 [18]广通：广泛交通。 [19]当死：依法当处以死刑。 [20]曲赦：因特殊情况而赦免。 [21]特标诲名：特意列举赵诲姓名。 [22]内侍：据《旧唐书·宦官传》，内侍应为内常侍之误。 [23]杨思勖（?—740）：罗州石城（今广东廉江市东北）人。玄宗朝著名宦官。常率兵出征。累迁骠骑大将军，封虢国公。传见《旧唐书》卷一百八十四、《新唐书》卷二百七。[24]凝远：凝重深远。[25]际：涯。[26]丙辰：十二月十四日。 [27]乙丑：十二月二十三日。 [28]闰月：闰十二月。 [29]己亥：闰十二月二十八日。 [30]朝庭：指皇帝。 [31]旰（gàn）食：因心忧事繁而晚食。 [32]不世之功：罕见的奇功。 [33]徼幸：徼幸以求边功。 [34]痛抑其赏：此事不可尽信。详见岑仲勉《通鉴隋唐纪比事质疑》一百七十页至一百七十一页。 [35]郎将：十二卫大将军府官属，正五品上。 [36]仆射：指苏颋父苏瓌。 [37]国器：有治国才能的人。 [38]献可替否：进献可行之策，除去不当之政。有诤言进谏之意。 [39]精敏：精练敏捷。 [40]黄门：指苏颋。[41]志操：志向操守。 [42]清省：清明简约。 [43]房、杜：房玄龄、杜如晦。 [44]临轩：走到殿前。 [45]李林甫为相：从开元二十二年（734）五月二十八日至天宝十一年（752）十一月十二日。 [46]礼遇：以礼相待。 [47]高仲舒：京兆万年人。传见《旧唐书》卷一百八十七上、《新唐书》卷一百九十一。 [48]阙政：阙失的政事。 [49]辛丑：闰十二月三十日。 [50]罢十道按察使：开元二年（714）闰二月九日复置十道按察使。见《旧唐书》卷八。 [51]始制员外郎、

御史、起居、遗、补不拟：唐制，尚书省诸司员外郎从六品上，侍御史从六品下，监察御史正八品上，起居郎从六品上，左右拾遗从八品上，左右补阙从七品上。虽然这些官职皆为六品以下官，但地位颇为重要。故由尚书省奏拟改为由皇帝任命。

五年（丁巳，717 年）

春，正月，癸卯[1]，太庙四室坏，上素服[2]避正殿。时上将幸东都，以问宋璟、苏颋，对曰："陛下三年之制未终[3]，遽尔行幸，恐未契[4]天心，灾异为戒；愿且停车驾[5]。"又问姚崇，对曰："太庙屋材，皆苻坚[6]时物，岁久朽腐而坏，适与行期相会，何足异也[7]！且王者以四海为家，陛下以关中不稔幸东都，百司供拟已备，不可失信；但应迁神主[8]于太极殿，更修太庙，如期自行耳。"上大喜，从之。赐崇绢二百匹。己酉[9]，上行享礼[10]于太极殿，命姚崇五日一朝，仍入阁供奉，恩礼更厚，有大政辄访焉。右散骑常侍褚无量上言："隋文帝富有天下，迁都之日，岂取苻氏旧材以立太庙乎！此特谀臣之言耳。愿陛下克谨[11]天戒[12]，纳忠谏，远谄谀[13]。"上弗听。

辛亥[14]，行幸东都。过崤谷[15]，道隘不治[16]；上欲免河南尹及知顿使[17]官，宋璟谏曰："陛下方事巡幸，今以此罪二臣，臣恐将来民受其弊[18]。"上遽命释之。璟曰："陛下罪之，以臣言而免之，是臣代陛下受德也；请令待罪朝堂而后赦之。"上从之。

二月，甲戌[19]，至东都，赦天下。

奚、契丹既内附，贝州刺史宋庆礼[20]建议，请复营州。三月，庚戌[21]，制复置营州都督于柳城[22]，兼平卢军使，管内州县镇戍皆如其旧[23]，以太子詹事姜师度为营田、支度使，与庆礼等筑之，三旬而毕。庆礼清勤严肃，开屯田八十余所，招安流散，数年之间，仓廪充实，市里浸繁。

夏，四月，甲戌[24]，赐奚王李大酺妃辛氏号固安公主[25]。

己丑[26]，皇子嗣一卒[27]，追立为夏王，谥曰悼。嗣一母武惠妃[28]，攸止之女也。

突骑施酋长左羽林大将军苏禄部众浸强，虽职贡[29]不乏，阴[30]有窥边之志。五月，十姓可汗阿史那献欲发葛逻禄兵击之，上不许。

初，上微时[31]，与太常卿姜皎亲善，及诛窦怀贞[32]等，皎预[33]有功，由是宠遇群臣莫及，常出入卧内，与后妃连榻宴饮，赏赐不可胜纪。弟晦，亦以皎故累迁吏部侍郎。宋璟言皎兄弟权宠太盛，非所以安之，上亦以为然。秋，七月，庚子[34]，以晦为宗正卿，因下制曰："西汉诸将，以权贵不全[35]；南阳故人，以优闲自保[36]。皎宜放归田园，散官、勋、封皆如故。"

壬寅[37]，陇右节度使郭知运大破吐蕃于九曲。

安西副大都护汤嘉惠奏突骑施引大食、吐蕃，谋取四镇，围钵换[38]及大石城[39]，已发三姓葛逻禄兵与阿史那献击之。

并州长史张嘉贞上言："突厥九姓新降者，散居太原以北，请宿[40]重兵以镇之。"辛酉[41]，置天兵军于并州，集兵八万；以嘉贞为天兵军大使。

（以上为第十五段，写关西欠收，唐玄宗就食东都，其时唐朝国力盛强，玄宗加固边防，在东北复置营州，西破吐蕃与突骑施，又置重兵于并州北防突厥。）

【注释】

[1]癸卯：正月二日。[2]素服：丧服。[3]三年之制未终：意即服丧未满。睿宗去年六月十九日死，至此还不到半年时间。[4]契：合。[5]停车驾：意即停幸东都。[6]苻坚（338—385）：字永固。略阳临渭（今甘肃秦安县东南）人。氐族，十六国时期的前秦皇帝。公元357年至385年在位。传见《晋书》卷一百一十三、《魏书》卷九十五。[7]何足异也：意即不足以为灾异。[8]神主：宗庙内所立已死君王的牌位。[9]己酉：正月八日。[10]享礼：祭祀祖先神灵之礼。[11]克谨：谨慎。[12]天戒：上天的告诫。[13]谄谀：谄媚，奉承。[14]辛亥：正月十日。[15]崤谷：据《旧唐书·宋璟传》，崤谷在河南府永宁县界，即今河南洛宁县一带。[16]道隘不治：道路狭隘，未曾修治。[17]知顿使：唐制，天子出巡，先遣知顿使负责前站事务。[18]今以此罪二臣，臣恐将来民受其弊：若以"道隘不治"为理由，处罚河南尹和知顿官，那么以后官吏遇到类似情况，必然广费民力修整道路，这样老百姓就会深受其弊。[19]甲戌：二月三日。[20]宋庆礼：洺州永年（今河北邯郸市永年区东南）人。历任大理评事、贝州刺史、检校营州都督等职，为政清严。传见《旧唐书》卷一百八十五下、《新唐书》卷一百三十。[21]庚戌：三月十日。[22]柳城：即今辽宁朝阳市。[23]州县镇戍皆如其旧：即皆如万岁通天元年营州失陷以前的情形。[24]甲戌：四月五日。[25]赐奚王李大酺妃辛氏号固安公主：辛氏本辛景初之女，开元五年三月十七日封为固安县主，嫁于奚王李大酺。至此，又进封为公主。[26]己

丑：四月二十日。［27］嗣一卒：李嗣一为玄宗第八子。孩提而夭。葬于龙门东边小而高的山岗上。见《唐会要》卷五、《新唐书》卷八十二。［28］武惠妃：恒安王武攸止之女。王皇后被废后进册惠妃，礼秩与皇后无异。死后追谥为贞顺皇后。传见《旧唐书》卷五十一、《新唐书》卷七十六。［29］职贡：职方的贡物。此处指纳贡。［30］阴：暗。［31］上微时：皇上（玄宗）没有显达的时候。［32］诛窦怀贞：时在开元元年（713）七月三日。［33］预：参与。［34］庚子：七月三日。［35］西汉诸将，以权贵不全：汉高祖时彭越、韩信、英布等诸王因权重而相继被杀。［36］南阳故人，以优闲自保：东汉初，光武帝刘秀给功臣以优厚的经济待遇，元从功臣多退出政坛，得以享尽天年。［37］壬寅：七月五日。［38］钵换：即拨换城。故址在今新疆阿克苏地区。［39］大石城：即温肃州治所，在今新疆乌什县。［40］宿：屯。［41］辛酉：七月二十四日。

太常少卿王仁惠奏则天立明堂不合古制[1]；又，明堂尚质[2]，而穷极奢侈，密迩宫掖，人神杂扰[3]。甲子[4]，制复以明堂为乾元殿[5]，冬至、元日受朝贺，季秋大享，复就圜丘。

九月，中书、门下省及侍中皆复旧名[6]。

贞观之制，中书、门下及三品官入奏事，必使谏官[7]、史官[8]随之，有失则匡正，美恶必记之；诸司皆于正牙[9]奏事，御史弹百官，服豸冠[10]，对仗读弹文；故大臣不得专君而小臣不得为谗慝。及许敬宗、李义府用事[11]，政多私僻[12]，奏事官多俟仗下，于御坐前屏左右密奏，监奏御史[13]及待制官[14]远立以俟其退；谏官、御史[15]皆随仗出，仗下后事[16]，不复预闻。武后以法制群下，谏官、御史得以风闻言事，自御史大夫至监察[17]得互相弹奏，率以险诐[18]相倾覆。及宋璟为相，欲复贞观之政，戊申[19]，制："自今事非的须[20]秘密者，皆令对仗奏闻，史官自依故事[21]。"

冬，十月，癸酉[22]，伊阙人孙平子[23]上言："《春秋》讥鲁跻僖公[24]；今迁中宗于别庙而祀睿宗，正与鲁同。兄臣于弟[25]，犹不可跻，况弟臣于兄[26]，可跻之于兄上乎！若以兄弟同昭[27]，则不应出兄置于别庙。愿下群臣博议，迁中宗入庙。"事下礼官，太常博士陈贞节、冯宗、苏献议，以为："七代之庙，不数兄弟[28]。殷代或兄弟四人相继为君[29]，若数以为代，则无祖祢[30]之察矣。今睿宗之室当亚高宗，故为中宗特立别庙。中宗既升新庙，睿宗乃祔高宗，何尝跻居中宗之上？而平子引踦僖公为证，诬罔圣朝，渐不可长。”时论多是平子，上亦以为然，故议久不决。苏献，颋之从祖兄[31]也，故颋右[32]之。卒从礼官议。平子论之不已，谪为康州都城[33]尉。

新庙[34]成。戊寅[35]，神主祔庙。

上命宋璟、苏颋为诸皇子制名及国邑之号，又令别制一佳名及佳号进之。璟等上言：“七子均养，著于《国风》[36]。今臣等所制名号各三十余，辄混同以进，以彰陛下覆焘[37]无偏之德。”上甚善之。

十一月，己亥[38]，契丹王李失活入朝。十二月，壬午[39]，以东平王[40]外孙杨氏为永乐公主，妻之。

秘书监马怀素奏：“省中书[41]散乱讹缺[42]，请选学术之士二十人整比校补。”从之。于是搜访逸书，选吏缮写，命国子博士尹知章[43]、桑泉尉韦述[44]等二十人同刊正，以左散骑常侍褚无量为之使，于乾元殿[45]前编校群书。

（以上为第十六段，写唐玄宗重建太庙，朝议制度恢复贞观遗风。）

【注释】

[1]不合古制：不符合古代制度。[2]质：质朴。[3]杂扰：夹杂烦扰。[4]甲子：七月二十七日。[5]复以明堂为乾元殿：垂拱四年（688）毁乾元殿，作明堂。[6]中书、门下省及侍中皆复旧名：据《新唐书》卷五《玄宗纪》，时在九月六日。开元元年十二月一日改中书省为紫微省，门下省为黄门省，侍中为黄门监。至此，恢复其旧称。[7]谏官：专以进谏为职的官员。唐代左右散骑常侍、谏议大夫、左右拾遗、左右补阙皆为谏官。[8]史官：此处特指记注官。所谓记注官即随时记录皇帝言行的官员。唐代起居郎（左史）、起居舍人（右史）皆为史官。[9]牙：同“衙”。[10]服豸冠：戴獬豸冠。獬豸冠为法冠名称，又称柱后。高五寸，以铁为柱卷，取不屈不挠之意。[11]许敬宗、李义府用事：时在唐高宗显庆至总章年间。[12]私僻：阴私邪僻。[13]监奏御史：即殿中侍御史。[14]待制官：等待皇帝顾问的官员。唐高宗永徽年间，命弘文馆学士一人，每日待制于武德殿西门。文明元年，武则天诏京官五品以上清官，每日一人，待制于章善门。先天末，玄宗又令朝集使六品以上二人随仗待制。[15]御史：据章校，十二行本作“史官”。当据以更正。[16]仗下后事：散朝以后之事。[17]监察：即监察御史。[18]险诐：诐，通“颇”。险诈偏颇。[19]戊申：九月十二日。[20]的须：确须。[21]史官自依故事：唐制，天子御正殿，左右史俯阶而听。有命令，则退而书之。若仗在紫宸内阁，则夹香案分立殿下。[22]癸酉：十月七日。[23]孙平子：伊阙（今河南洛阳市西南）人。事见《旧唐

书》卷二十五《礼仪志》五、《新唐书》卷二百《陈贞节传》。［24］《春秋》讥鲁跻僖公：见《春秋》文公二年八月。跻，升。《左传》认为鲁跻僖公为“逆祀”，是失礼的行为。［25］兄臣于弟：指鲁僖公曾臣于闵公。［26］弟臣于兄：指睿宗曾臣于中宗。［27］同昭：同列。此系就昭穆而言。［28］不数兄弟：兄弟不在数内。［29］殷代或兄弟四人相继为君：四人指阳甲、盘庚、小辛、小乙。［30］祖祢：祖父。祢（nǐ），父亲死后在宗庙中立主，称作祢。［31］从祖兄：同曾祖而不同祖父的兄长。［32］右：袒护。［33］都城：县名。故治在今广东德庆县东。［34］新庙：新建之太庙。［35］戊寅：十月十二日。［36］七子均养，著于《国风》：《诗经·曹风·鸤鸠》云“鸤鸠在桑，其子七兮。淑人君子，其仪一兮。”鸤鸠即布谷鸟。该诗的意思是说布谷鸟对待自己的七个小鸟都同样哺喂，不偏不倚。［37］覆焘：遮盖。［38］己亥：原文作“丙申”，十一月无丙申。据司马光《考异》改。按：司马光在《考异》中说：“《长历》，十一月丁酉朔，丙申，十月晦也，与《实录》差一日。《旧纪》《唐历》皆云‘十一月己亥，契丹李失活来朝’。今从《实录》。”据此，则司马光已知十一月无丙申，但仍照旧书之，令人费解。丙申，十月二十九日；己亥，十一月三日。［39］壬午：十二月十七日。［40］东平王：名续。太宗之孙，纪王慎之子。［41］省中书：秘书省所藏之书。［42］讹缺：错讹缺失。［43］尹知章（?—718）：绛州翼城（今山西翼城县）人。博通经义，尤精《周易》《老子》《庄子》。官至国子博士。传见《旧唐书》卷一百八十九下、《新唐书》卷一百九十九。［44］韦述（?—757）：京兆万年人。唐代史学家。博览群书，记忆过人。居史职二十年，著述甚丰。所撰《唐职仪》（三十卷）、《高宗实录》（三十卷）、《御史台记》（十卷）、《两京新记》（五卷）等都有较大的影响。传见《旧唐书》卷一百零二、《新唐书》卷一百三十二。［45］乾元殿：开元五年七月二十七日，改明堂为乾元殿。

【点评】

唐玄宗兴起开元之政。唐玄宗是中国历史上屈指可数的明君之一，他带来了开元盛世。唐玄宗执政四十四年，本卷所载是开元初四年史事，唐玄宗励精图治，开了一个好头，四年间扭转了社会风气，奠定了开元盛世的基础。本卷从明君、贤臣、史家评论三个方面点评唐玄宗执政初期的政绩。

一、明君。唐玄宗李隆基，于先天元年（712），二十八岁时登基。这正是一个有志青年奋发之时，唐玄宗即帝位，可以说是受命于危难之际，他是在韦皇后乱政之时，在连续的宫廷政变中，被历史推上了政治舞台。他的权力来之不易。武则天革命后，中宗、睿宗继之，但武家班、韦家班势力尚存，还有一个太平公主权势在握，唐玄宗在相继乱政之后接掌政权，如何振兴李唐王朝，任务十分艰巨。唐玄宗干得很出色，在短短的四年中，唐政权恢复了贞观遗风，政治走上了正轨，出现了开元新气象。唐玄宗励精图治，表现出明君的风采，在开元初做出了以下八个方面的贡献。其一，任用贤相。初任首辅为姚崇，卢怀慎佐之；继任宋璟，苏颋佐之。

唐制，宰相多位，唐玄宗主要倚重的是姚崇、宋璟。姚崇与卢怀慎，宋璟与苏颋，和睦共事，政令统一，且得到很好的执行。其二，纳谏。能否纳谏，是一个明君最重要的标志。唐玄宗精通音律，爱好流行歌曲，设置左右教坊，亲自教授曲律于梨园，组建了一支几百人的乐队，号称“皇帝梨园弟子”。唐玄宗被后世奉为梨园之祖，即始于此。流行歌曲被称为靡靡之音，与传统国家太常所掌雅乐不相容。礼部侍郎张廷珪、酸枣尉袁楚客等上疏谏劝，认为皇帝不应悦郑音，好游猎。唐玄宗没有采纳，但嘉奖他们直言。凡军国大政，大臣所言得当，唐玄宗皆一一采纳。其三，明法，惩治亲贵。薛王李业，唐玄宗之弟，其舅王仙童侵暴百姓，受到御史的弹劾。李业出面说情，唐玄宗不许，王仙童受到惩治，从此，贵戚们有所收敛。唐玄宗王皇后的妹夫尚衣奉御长孙昕，以私怨殴打御史大夫李杰，李杰上诉，唐玄宗在朝堂上杖杀长孙昕，向百官道歉。唐玄宗之兄申王李成义，替自己的下属、亲王府录事阎楚珪要官，升为府参军。录事，从九品，流外官；府参军，正七品，职事官，可以说是一件小事，唐玄宗已经允许了。宰相姚崇、卢怀慎上疏谏，不能开请托之门，败坏纲纪，唐玄宗收回成命，由此，请谒不行。其四，倡导节俭。开元二年七月十日，唐玄宗下诏，倡导节俭，说:“乘舆服御、金银器玩，宜令有司销毁，以供军国之用。”又令:“后妃以下，皆毋得服珠玉锦绣。”同时裁撤了两京的织锦坊。唐玄宗还纳谏改过，放飞了禁苑中的珍禽，停止到师子国，即今斯里兰卡购买海珠、医药。其五，停建寺观，沙汰伪妄的天下僧尼，一万二千多人还俗。其六，整肃武韦余党，消除武韦遗留的影响。唐玄宗禁锢了武后的酷吏周利贞等十三人，罢了他们的官，终身不用。销毁为武则天颂功德的天枢、颂韦皇后功德的石台。重建太庙，恢复贞观遗风。其七，强化边防。东置幽州节度使、西置陇右节度使以御边。发兵大破吐蕃与突骑施。又置重兵于并州北防突厥。边防巩固，为开元之治的发展创造了和平的环境。其八，礼儒。宰相卢怀慎荐太常卿马怀素、右散骑常侍褚无量，更日进宫为唐玄宗侍读。玄宗待以师傅之礼，亲自送师。此时的唐玄宗重现唐太宗的明君风采，是开元中兴的根本保证。

二、贤臣。明君望治，贤臣辈出。开元初姚崇、卢怀慎、宋璟、苏颋四相，清廉抗直，守正敢为，为开元盛世的贤臣做出了榜样。首先，诸贤和衷共济，为君肱股，政令得以有效地贯彻执行。卢怀慎的虚怀与雅量，得到了司马光的高度评价。卢怀慎清谨俭素，不营资产，虽贵为卿相，妻子不免饥寒，居室不蔽风雨。他的俸禄，大部分发放给亲故。卢怀慎死后，家无余财，只有一个家奴老翁，愿意自卖换丧葬费。卢怀慎以品德厚重被唐玄宗任用为相，他缺乏行政才能，不能独立办公，时人戏称他为“伴食宰相”。卢怀慎贵有自知之明，尽力辅助姚崇，甘当副手。其次，姚宋当政，敢于坚持原则，犯颜直谏，严格执法，杜绝请谒，惩贪与沙汰冗官，不避贵戚，毫不手软。再次，姚宋不从落后时俗，关怀民生。开元初，山东、河南连年闹蝗灾，姚崇严令地方官组织民众捕杀。当时习俗，认为蝗虫是上天谴责人间的灾害，不可捕杀。汴州刺史倪若水就拒不执行，说："蝗乃天灾，宜修德以禳之。"姚崇针锋相对地回答说："如果修德可免，那说明你没有德政。"倪若水才不敢违抗。多数人认为蝗虫太多，没法杀灭，甚至宰相卢怀慎也说："杀蝗虫太多，要伤和气。"姚崇驳斥说："不忍杀蝗，难道让人饿死是不伤和气吗？若果杀蝗有祸，我姚崇一人承当。"唐玄宗支持姚崇。于是一场全民杀蝗的运动开展起来。尽管连年蝗灾，但没有酿成大灾，百姓赖以存活。姚崇杀蝗，也是一场移风易俗的运动。贤相心里装着百姓，关心民生，社会自然和谐，天下也必然大治。

三、史家评论。本卷有三条"臣光曰"的史论，值得点评。第一条是对唐玄宗刻厉节俭的评论。司马光感叹唐玄宗晚节不保，崇尚奢靡。司马光号召做好事的人，要牢记《诗经》的教导："靡不有初，鲜克有终。"

司马光的第二条评论是批评唐玄宗与姚崇的。开元二年（714），九月发生日食，太子宾客薛谦光献武后所制《豫州鼎铭》，内有"上玄降鉴，方建隆基"两句话。文中的"隆基"与唐玄宗名隆基相合，应该是偶然的巧合，姚崇特为之上表庆贺，说成是唐玄宗得到受命的祥瑞和符应。姚崇还请求宣示史官，载入史册，颁告中外。司马光对此提出批评，说唐玄宗与姚崇君臣相贺是在诬天，而姚崇更是上诬天，下侮其君，很是痛惜一个明君、一个贤相有这样的举动。司马光的批评是中肯的，唐玄宗与姚崇都有历史局限性。明君与贤臣都不是完人。

司马光的第三条评论是赞美卢怀慎甘当副手的谦虚与雅量。有人认为，卢怀慎没有什么值得赞美的。卢怀慎把俸禄分给亲故，让自己的老婆孩子忍受饥饿，是一个不负责任的丈夫和父亲，甚至是一个沽名钓誉者，隐藏更大私心的小人，批评司马光没有是非，大概是为他反对改革的保守主义辩护吧！我们不能赞同这一观点。如果是用他山之石攻玉，可以理解，但用以批评卢怀慎与司马光，那就过了头。唐玄宗说得很清楚，用姚崇的才能办事，用卢怀慎的品德压阵，要他助成姚崇治政。卢怀慎让妻儿挨饿，是有些过分，但他绝不是做给人看的。因他死无余财，连丧葬费都没有，说明他一辈子都甘居清廉。年轻时作秀给别人看是为了爬升，直到老死都在坚持，作秀给谁看呢？说他是"伴食宰相"，带有善意的嘲讽，只是说他没主见，并无尸位素餐之意。卢怀慎坚持原则，是非分明，时常上表唐玄宗，提批评，提建议，并不是一个"饭桶"。唐玄宗和司马光对他的评价是中肯的。卢怀慎的行为品德，在当时贪赃与奢侈风气下，是正直清廉的一个榜样，是人们的一面镜子，不应当否定。

卷二一二　唐纪二十八

唐玄宗开元六年至十三年（718—725年）

【起著雍敦牂（戊午，718年），尽旃蒙赤奋若（乙丑，725年），凡八年】

【大事提要】

本卷记事起公元718年，讫公元725年，凡八年，当唐玄宗开元六年到开元十三年。此时期沿袭开元初君臣精心治国的政治风气。宋璟、张嘉贞、源乾曜、张说相继为相，坚持用人为贤，玄宗与众相慎选举，绝不滥任官职，杜绝奸巧仕进。开元十三年（725）唐玄宗疑心吏部选举不公，亲任主考。吴兢上奏，皇帝亲任主考，不合制度，第二年取消了，但表明此时唐玄宗求贤的决心。唐玄宗检括户口，加强对流民的管制。唐玄宗敬畏天变，不妄杀，不擅改礼仪。宋璟治反狱，只诛首恶。唐玄宗惩治贪官，从重从速。宰相张嘉贞因其弟贪赃受株连而罢相。玄宗严禁诸王与百官交结。驸马裴虚己尚睿宗女霍国公主，开元八年（720）裴虚己与岐王李范游宴，被流放新州，迫使公主离婚。开元十年（722）下敕重申宗室、外戚、驸马没有至亲关系不得交往。开元十三年，唐玄宗敕令禁锢武周时期酷吏子孙。是年上泰山封禅，祭天称成功。此时期仍有边患，突厥、契丹大败唐军。兰池州夷人叛乱。

玄宗至道大圣大明孝皇帝上之下

开元六年（戊午，718年）

春，正月，辛丑[1]，突厥毗伽可汗来请和；许之。

广州吏民为宋璟立遗爱碑[2]。璟上言："臣在州无他异迹[3]，今以臣光宠[4]，成彼谄谀；欲革此风，望自臣始，请敕下禁止。"上从之。于是他州[5]皆不敢立。

辛酉[6]，敕禁恶钱[7]，重二铢四分以上乃得行[8]。敛人间恶钱熔之，更铸如式钱[9]。于是京城纷然，卖买殆绝[10]。宋璟、苏颋请出太府钱[11]二万缗置南北市[12]，以平价买百姓不售之物可充官用者，及听两京百官豫假[13]俸钱，庶使良钱流布人间，从之。

二月，戊子[14]，移蔚州横野军于山北[15]，屯兵三万，为九姓之援；以拔曳固都督颉质略、同罗都督毗伽末啜、霫都督比言、回纥都督夷健颉利发、仆固都督曳勒歌等各出骑兵为前、后、左、右军讨击大使，皆受天兵军[16]节度。有所讨捕，量宜追集[17]；无事各归部落营生[18]，仍常加存抚。

三月，乙巳[19]，征嵩山处士卢鸿[20]入见，拜谏议大夫；鸿固辞。

天兵军使张嘉贞入朝，有告其在军奢僭[21]及赃贿[22]者，按验无状[23]；上欲反坐[24]告者，嘉贞奏曰："今若罪之，恐塞言路，使天下之事无由上达，愿特赦之。"其人遂得减死。上由是以嘉贞为忠，有大用之意。

有荐山人[25]范知璿文学者[26]，并献其所为文，宋璟判之曰："观其《良宰论》[27]，颇涉佞谀。山人当极言谠议[28]，岂宜偷合苟容[29]！文章若高，自宜从选举求试[30]，不可别奏。"

夏，四月，戊子[31]，河南参军郑铣、朱阳[32]丞郭仙舟投匦[33]献诗，敕曰："观其文理[34]，乃崇道法[35]；至于时用，不切事情[36]。宜各从所好。"并罢官，度为道士。

五月，辛亥[37]，以突骑施都督苏禄为左羽林大将军、顺国公，充金方道经略大使。

契丹王李失活卒，癸巳[38]，以其弟娑固[39]代之。

秋，八月，颁乡饮酒礼[40]于州县，令每岁十二月行之。

唐初，州县官俸，皆令富户掌钱，出息[41]以给之；息至倍称[42]，多破产者。秘书少监崔沔上言，请计州县官所得俸，于百姓常赋之外，微有所加以给之[43]。从之。

冬，十一月，辛卯[44]，车驾至西京。

戊辰[45]，吐蕃奉表请和，乞舅甥[46]亲署誓文；又令彼此宰相皆著名于其上。

宋璟奏："括州员外司马李邕、仪州[47]司马郑勉，并有才略文词，但性多异端[48]，好是非改变[49]；若全引进，则咎悔[50]必至，若长弃捐[51]，则才用可惜，请除渝、硖二州[52]刺史。”又奏：“大理卿元行冲[53]素称才行，初用之时，实允佥议[54]；当事之后，颇非称职，请复以为左散骑常侍，以李朝隐代之。陆象先闲[55]于政体，宽不容非[56]，请以为河南尹。”从之。

（以上为第一段，写张嘉贞、宋璟公忠体国的风采。张嘉贞不报私恨，宋璟荐贤才而杜绝奸巧仕进。）

【注释】

[1]辛丑：正月六日。 [2]广州吏民为宋璟立遗爱碑：宋璟开元四年（716）自广州都督入为刑部尚书，不久入相。在广州期间，曾教当地居民用砖瓦盖房。遗爱碑，颂德碑。 [3]异迹：优异的政绩。 [4]光宠：光耀。 [5]他州：其他州县。 [6]辛酉：正月二十六日。 [7]敕禁恶钱：下敕禁止流通质量粗劣的铜钱。恶钱皆因私铸所致。唐自乾封之后，私铸现象日益严重。开元初，两京恶钱泛滥，故玄宗特下令予以禁止。 [8]重二铢四分以上乃得行：意即达到开元通宝的重量才能使用。开元通宝武德四年（621）造，重二铢四分，为唐代法定货币。 [9]如式钱：如标准钱，即开元通宝。 [10]殆绝：几乎停止。 [11]出太府钱：太府主管国家财货，总领京师四市、平准、左右藏、常平八署。 [12]南北市：在京师长安，具体地望不详。 [13]豫假：预借。 [14]戊子：二月二十三日。 [15]移蔚州横野军于山北：横野军初置在蔚州飞狐县，即今河北涞源县。至此，移于古代郡大安城，即今河北蔚县。 [16]天兵军：圣历二年（699）四月置。其后废置不定。开元五年（717）张嘉贞奏请复置。在并州城中，即今太原市内。 [17]量宜追集：根据情况调集。 [18]营生：谋生。 [19]乙巳：三月十日。 [20]卢鸿：《旧唐书·隐逸传》作“卢鸿一”。精通书画，长期隐居嵩山。传见《旧唐书》卷一百九十二、《新唐书》卷一百九十六、《宣和画谱》卷十、《书小史》卷九。 [21]奢僭：奢侈僭越。 [22]赃贿：贪赃纳贿。 [23]无状：没有事状。 [24]反坐：坐被告人所得之罪。《唐律疏议》卷二十三规定：“诸诬告人者，各反坐。” [25]山人：山野之人，即隐士。 [26]范知璿文学者：范知璿是一个有文学修养的人。[27]《良宰论》：范知璿所著的论贤宰相的文章，欲以此干禄仕进。 [28]谠议：直议。指正直无私的议论。 [29]苟容：苟且取容。 [30]从选举求试：通过科举考试谋求官职。 [31]戊子：四月二十四日。 [32]朱阳：县名。县治在今河南灵宝市西南。 [33]匦：匣子。此指接受臣民建言的箱匣，可称为建议箱。如果接受的是告密信，即为检举箱。 [34]文理：文辞义理。[35]道法：道家之法。 [36]事情：事实。 [37]辛亥：五月十八日。 [38]癸巳：五月甲午朔，无癸巳。按，李失活卒于五月二日。若癸巳无误，则为七月一日。 [39]其弟娑固：《旧唐书》卷一百九十九下、《唐会要》卷九十六皆作“其从父弟娑固。”弟与从父弟不同，待考。 [40]乡饮酒

礼：古礼名称。周代乡学诸生业成，荐贤者能者于君。届时由乡大夫作主人，为之设宴送行，待以宾礼，饮酒酬酢，皆有仪式，称为乡饮酒礼。唐代乡饮酒礼，州以刺史为主人，县以县为主人。详见《新唐书·礼乐志》九。［41］息：利息。［42］倍称：多于所借本钱的一倍。［43］于百姓常赋之外，微有所加以给之：即稍增百姓赋税，以为州县官俸，取代让富户掌钱出息的办法，以避免贫者破产。［44］辛卯：十一月一日。［45］戊辰：十一月辛卯朔，无戊辰。十二月有之，为十二月八日。待考。［46］舅甥：吐蕃尚文成公主，故与唐以甥舅相称。［47］仪州：本名箕州，先天元年（712）避玄宗名讳而改名。治所在今山西左权县。［48］异端：不合于正统。古代儒家称其他持不同见解的学派为异端。［49］好是非改变：即喜欢颠倒是非。［50］咎悔：灾祸悔恨。［51］弃捐：废弃不用。［52］渝、硖二州：硖当为"峡"误。渝州治所在今重庆市。峡州治所在今湖北宜昌市。［53］元行冲（653—729）：本名澹，以字显。博学多识，尤通故训。官至太子宾客、弘文馆学士。传见《旧唐书》卷一百二、《新唐书》卷二百。［54］佥议：众议。［55］闲：熟习。［56］宽不容非：为政宽平而不容纳为非作歹的人。

七年（己未，719年）

春，二月，俱密[1]王那罗延、康[2]王乌勒伽、安[3]王笃萨波提皆上表言为大食[4]所侵掠，乞兵救援。

敕太府及府县[5]出粟十万石粜[6]之，以敛人间恶钱，送少府[7]销毁。

三月，乙卯[8]，以左武卫大将军、检校内外闲厩使、苑内营田使王毛仲行太仆卿[9]。毛仲严察有干力[10]，万骑功臣、闲厩官吏皆惮之，苑内所收常丰溢。上以为能，故有宠。虽有外第[11]，常居闲厩侧[12]内宅，上或时[13]不见，则悄然[14]若有所失；宦官杨思勖、高力士皆畏避之。

勃海王大祚荣卒[15]；丙辰[16]，命其子武艺[17]袭位。

夏，四月，壬午[18]，开府仪同三司祁公王仁皎薨。其子驸马都尉守一[19]请用窦孝谌[20]例，筑坟高五丈二尺；上许之。宋璟、苏颋固争，以为："准令[21]，一品坟高一丈九尺，其陪陵[22]者高出三丈而已。窦太尉坟，议者颇讥其高大，当时无人极言其失，岂可今日复踵[23]而为之！昔太宗嫁女，资送过于长公主[24]，魏徵进谏，太宗既用其言，文德皇后亦赏之[25]，岂若韦庶人崇其父坟[26]，号曰酆陵，以自速其祸乎！夫以后父之尊，欲高大其坟，何足为难！而臣等再三进言者，盖欲成中宫[27]

之美耳。况今日所为，当传无穷，永以为法，可不慎乎！”上悦曰：“朕每欲正身率下[28]，况于妻子，何敢私之！然此乃人所难言，卿能固守典礼，以成朕美，垂法将来，诚所望也。”赐璟、颋帛四百匹。

五月，己丑[29]朔，日有食之。上素服以俟变[30]，彻乐减膳[31]，命中书、门下察系囚，赈饥乏，劝农功。辛卯[32]，宋璟等奏曰：“陛下勤恤人隐[33]，此诚苍生之福。然臣闻日食修德，月食修刑；亲君子，远小人，绝女谒[34]，除谗慝[35]，所谓修德也。君子耻言浮[36]于行，苟推至诚而行之，不必数下制书也。”

六月，戊辰[37]，吐蕃复遣使请上亲署誓文；上不许，曰：“昔岁[38]誓约已定，苟信不由衷[39]，亟誓[40]何益！”

秋，闰七月，右补阙卢履冰[41]上言：“礼，父在为母服周年，则天皇后改服齐衰三年[42]，请复其旧。”上下其议。左散骑常侍褚无量以履冰议为是；诸人争论，连年不决。八月，辛卯[43]，敕自今五服[44]并依《丧服传》文，然士大夫议论犹不息，行之各从其意。无量叹曰：“圣人岂不知母恩之厚乎？厌降之礼，所以明尊卑、异戎狄也。俗情肤浅，不知圣人之心，一紊[45]其制，谁能正之！”

九月，甲寅[46]，徙宋王宪为宁王[47]。上尝从复道[48]中见卫士食毕，弃余食于窦[49]中，怒，欲杖杀之；左右莫敢言。宪从容谏曰：“陛下从复道中窥人过失而杀之，臣恐人人不自安。且陛下恶弃食于地者，为食可以养人也；今以余食杀人，无乃失其本乎！”上大悟，蹶然[50]起曰：“微兄[51]，几至滥刑。”遽释卫士。是日，上宴饮极欢，自解红玉带，并所乘马以赐宪。

（以上为第二段，写唐玄宗销毁恶钱，敬畏灾变，不妄杀，不擅改礼仪制度。）

【注释】

[1]俱密：国名，故地在今中亚喷赤河上游。［2］康：国名。故地在乌兹别克斯坦撒马尔罕一带。［3］安：国名。在乌兹别克斯坦布哈拉一带。［4］大食：国名。即阿拉伯帝国。［5］府县：此处特指京兆府及京畿诸县。［6］粜（tiào）：卖出粮食。［7］少府：官署名。即少府监。掌百工技巧之事。［8］乙卯：三月二十六日。［9］太仆卿：太仆寺最高长官。从三品。掌邦国厩牧车舆之政令。［10］干力：犹“干劲”。［11］外第：别宅。王毛仲外第在长安兴宁坊

西南隅。［12］侧：旁。［13］或时：有时。［14］悄然：忧愁的样子。［15］勃海王大祚荣卒：先天二年（713），唐政府遣郎将崔䜣册封大祚荣为渤海郡王。［16］丙辰：三月二十七日。［17］武艺：大祚荣嫡长子。公元719年至737年为渤海郡王。事详见《旧唐书》卷一百九十九下《渤海靺鞨传》、《新唐书》卷二百一十九《渤海传》。［18］壬午：四月二十四日。［19］驸马都尉守一：王守一尚玄宗女清阳公主。传见《旧唐书》卷一百八十三、《新唐书》卷二百零六。［20］窦孝谌：玄宗外祖父。传见《旧唐书》卷五十一、卷一百八十三。［21］准令：根据丧葬令。［22］陪陵：陪葬墓。［23］踵：继。［24］昔太宗嫁女，资送过于长公主：贞观六年（632），长乐公主下嫁长孙冲。太宗以公主系长孙皇后所生，敕有司备嫁妆为长公主的一倍。［25］文德皇后亦赏之：文德皇后即太宗皇后长孙氏。太宗采纳了魏徵的谏言，文德皇后亦对魏徵表示赞赏。［26］韦庶人崇其父坟，号曰酆陵：事见《资治通鉴》卷二百八中宗景龙元年。［27］中宫：皇后。［28］率下：为臣下之表率。［29］己丑：五月一日。［30］俟变：等待灾变。［31］彻乐减膳：彻，通"撤"。膳，饭食。撤除音乐，减省饭食。［32］辛卯：五月三日。［33］人隐：人民隐疾。［34］女谒：通过宫女进行干求请托。［35］谗慝：谗人奸慝。［36］浮：超过。《论语·宪问》：孔子曰："君子耻其言而过其行。"意思是"说得多，做得少，君子以为耻。"［37］戊辰：六月十一日。［38］昔岁：往年。［39］衷：本心，内心。［40］亟誓：多次发誓。亟，多。［41］卢履冰：幽州范阳（今北京市西南）人。传见《新唐书》卷二百。［42］则天皇后改服齐衰三年：事在高宗上元元年。［43］辛卯：八月六日。［44］五服：对丧服的统称。古时丧服以亲疏关系分为五等，即斩衰、齐衰、大功、小功、缌麻。［45］紊：乱。［46］甲寅：九月丙辰朔，无甲寅。《新唐书·玄宗纪》作"甲戌"，即九月十九日。［47］徙宋王宪为宁王：宋王成器开元四年正月十日改名为宪。［48］复道：高楼间架空的通道，俗称天桥。［49］窦：地穴，水渠。［50］蹶然：急遽的样子。［51］微兄：要不是兄长在此。微，无，非。

冬，十月，辛卯[1]，上幸骊山温汤；癸卯[2]，还宫。

壬子[3]，册拜突骑施苏禄为忠顺可汗。

十一月，壬申[4]。上以岐山[5]令王仁琛，藩邸故吏，墨敕[6]令与五品官。宋璟奏："故旧恩私[7]，则有大例[8]，除官资历，非无公道。仁琛向缘旧恩，已获优改[9]，今若再蒙超奖[10]，遂于诸人不类[11]；又是后族[12]，须杜舆[13]言。乞下吏部检勘[14]，苟无负犯[15]，于格应留，请依资稍优注拟。"从之。

选人[16]宋元超于吏部自言侍中璟之叔父，冀得优假[17]。璟闻之，牒吏部云："元超，璟之三从叔[18]，常在洛城，不多参见。既不敢缘尊辄隐[19]，又不愿以私害公。向者无言，自依大例，既有声听，事须矫枉[20]；请放[21]。”

宁王宪奏选人薛嗣先[22]请授微官[23]，事下中书、门下。璟奏：“嗣先两选斋郎[24]，虽非灼然应留，以懿亲[25]之故，固应微假官资。在景龙中，常有墨敕处分，谓之斜封。自大明[26]临御，兹事杜绝，行一赏，命一官，必是缘功与才，皆历[27]中书、门下。至公之道，唯圣能行。嗣先幸预姻戚，不为屈法，许臣等商量，望付吏部知，不出正敕。”从之。

先是，朝集使往往赍货入京师[28]，及春将还，多迁官；宋璟奏一切勒还[29]以革其弊。

是岁[30]，置剑南节度使，领益、彭等二十五州。

（以上为第三段，写唐玄宗与宰相宋璟君臣皆不为亲故开脱或滥封官职。）

【注释】

[1]辛卯：十月七日。[2]癸卯：十月十九日。[3]壬子：十月二十八日。[4]壬申：十一月十八日。据章校，十二行本“申”下有“契丹王李娑固与公主入朝”十一字。[5]岐山：县名。故治在今陕西岐山县。[6]墨敕：不经中书门下的制敕。[7]恩私：指皇帝的私情恩宠。[8]大例：法定条例。[9]优改：从优改迁。意即晋升。[10]超奖：破格奖拔。[11]不类：不同。[12]后族：皇后一族。王仁琛与王皇后有亲属关系。[13]舆：众。[14]检勘：检核勘验。[15]负犯：负罪犯法。[16]选人：候选、候补的官员。[17]优假：宽待，照顾。[18]三从叔：三从，三辈同祖，是远身叔父，即出自同一高祖的叔父。[19]缘尊辄隐：因缘尊长而加以隐讳。[20]矫枉：矫枉要过正。意谓宋元超是远亲，不应避嫌，但宋元超既然打了叔父的旗号求官，那就要矫枉过正，不予录用。[21]请放：请放归。[22]薛嗣先：陕州司马薛侃之子，官至卫尉少卿。见《新唐书》卷七十三下《宰相世系表》三下。[23]微官：小官。[24]两选斋郎：两次被选为办理祭祀事务的小吏。[25]懿亲：至亲。[26]大明：大明之君。代指玄宗。[27]历：经。[28]赍货入京师：携带财物入京，以为行贿之用。[29]一切勒还：全部勒命还州。[30]是岁，置剑南节度使：《唐会要》卷七十八载：开元五年二月，齐景胄除剑南节度使，始出现剑南节度使之号。待考。

八年（庚申，720年）

春，正月，丙辰[1]，左散骑常侍褚无量卒。辛酉[2]，命右散骑常侍元行冲整比[3]群书。

侍中宋璟疾[4]负罪而妄诉不已者，悉付御史台治之。谓中丞李谨度[5]曰："服不更诉[6]者出之，尚诉未已者且系[7]。"由是人多怨者。会天旱有魃[8]，优人作魃状戏于上前，问魃："何为出？"对曰："奉相公处分。"又问："何故？"魃曰："负冤者三百余人，相公悉以系狱抑之，故魃不得不出[9]。"上心以为然。

时璟与中书侍郎、同平章事苏颋建议严禁恶钱，江、淮间恶钱尤甚，璟以监察御史萧隐之[10]充使括[11]恶钱。隐之严急烦扰，怨嗟盈路，上于是贬隐之官。辛巳[12]，罢璟为开府仪同三司，颋为礼部尚书。以京兆尹源乾曜为黄门侍郎，并州长史张嘉贞为中书侍郎，并同平章事。于是弛钱禁[13]，恶钱复行矣。

二月，戊戌[14]，皇子敏卒[15]，追立为怀王，谥曰哀。

（以上为第四段，写宋璟理政刚正，禁恶钱严急，招致怨望而被罢相。）

【注释】

[1]丙辰：正月三日。[2]辛酉：正月八日。[3]整比：犹整理。[4]疾：痛恨。[5]李谨度：事见《唐郎官石柱题名考》卷八、《唐御史台精舍题名考》卷二。[6]服不更诉：服罪不再上诉。[7]且系：暂且关入监狱。[8]魃（bá）：传说中的旱神。《神异经·南荒经》载："南方有人，长二三尺，袒身而目在顶上，走行如风，名曰魃，所见之国大旱。"[9]不得不出：意即不得不出来造成旱灾，以警告相公。[10]萧隐之：事见《新唐书》卷七十一下《宰相世系表》一下、《唐御史台精舍题名考》卷二。[11]括：搜括。[12]辛巳：正月二十八日。[13]弛钱禁：松弛对恶钱的禁令。[14]戊戌：二月二十五日。[15]皇子敏卒：李敏为玄宗第十五子，武惠妃所生，美丽如画，百日而亡。见《新唐书》卷八十二。

壬子[1]，敕以役莫重于军府，一为卫士，六十乃免[2]，宜促其岁限[3]，使百姓更迭[4]为之。

夏，四月，丙午[5]，遣使赐乌长王、骨咄王、俱位王册命[6]。三国皆在大食之西[7]。大食欲诱之叛唐，三国不从，故褒之。

五月，辛酉[8]，复置十道按察使[9]。

丁卯[10]，以源乾曜为侍中，张嘉贞为中书令。

乾曜上言："形要[11]之家多任京官，使俊乂[12]之士沈废于外。臣三子皆在京[13]，请出其二人[14]。”上从之。因下制称乾曜之公，命文武官效之，于是出者百余人。

张嘉贞吏事强敏，而刚躁[15]自用。中书舍人苗延嗣[16]、吕太一[17]、考功员外郎员嘉静[18]、殿中侍御史崔训[19]皆嘉贞所引进，常与之议政事。四人颇招权，时人语曰：“令公四俊，苗、吕、崔、员。”

六月，瀍、谷涨溢，漂溺几二千人。

突厥降户仆固都督勺磨及跌跌部落散居受降城侧，朔方大使王晙言其阴引突厥，谋陷军城，密奏请诛之。诱勺磨等宴于受降城，伏兵悉杀之，河曲降户殆尽。拔曳固、同罗诸部在大同、横野军[20]之侧者，闻之皆恟惧[21]。秋，并州长史、天兵节度大使张说引二十骑，持节即其部落慰抚之，因宿其帐下；副使李宪[22]以虏情难信，驰书止之。说复书曰：“吾肉非黄羊[23]，必不畏食；血非野马[24]，必不畏刺。士见危致命[25]，此吾效死之秋[26]也。”拔曳固、同罗由是遂安。

冬，十月，辛巳[27]，上行幸长春宫[28]；壬午[29]，畋于下邽[30]。

上禁约诸王，不使与群臣交结。光禄少卿驸马都尉裴虚己[31]与岐王范游宴，仍私挟[32]谶纬；戊子[33]，流虚己于新州，离其公主[34]。万年尉刘庭琦、太祝[35]张谔数与范饮酒赋诗，贬庭琦雅州[36]司户，谔山在[37]丞。然待范如故，谓左右曰：“吾兄弟自无间[38]，但趋竞之徒[39]强相托附耳。吾终不以此责兄弟也。”上尝不豫，薛王业妃弟内直郎[40]韦宾[41]与殿中监皇甫恂[42]私议休咎[43]；事觉，宾杖死，恂贬锦州[44]刺史。业与妃惶惧待罪，上降阶执业手曰：“吾若有心猜兄弟者，天地实殛[45]之。”即与之宴饮，仍慰谕妃，令复位。

（以上为第五段，写源乾曜、张嘉贞拜相。张说以诚抚定突厥拔曳固、同罗部。玄宗禁约诸王与群臣交结。）

【注释】

[1]壬子：二月二十九日。[2]一为卫士，六十乃免：一旦成为卫士，到六十岁才能免役。[3]促其岁限：缩短服役的年限。[4]更迭：更替，轮流。[5]丙午：四月二十四日。[6]赐乌长王、骨咄王、俱位王册命：乌长，在今巴基斯坦伊斯兰堡之北。骨咄，在今阿富汗法扎巴德之北。俱位，在帕米尔高原之南。[7]三国皆在大食之西：《册府元龟》卷九百六十四载：“三国

在安西之西，与大食邻境。”“西”当为“东”之误。［8］辛酉：五月九日。［9］复置十道按察使：开元五年罢按察使。［10］丁卯：五月十五日。［11］形要：形势权要。［12］俊乂：贤能的人。［13］在京：意即担任京官。［14］出其二人：让其中的二个人出任地方官。据《新唐书》卷一百二十七，所出二人为河南参军源弼和太祝源洁。［15］刚躁：刚愎暴躁。［16］苗延嗣：潞州长子（今山西长子县）人。官至太原少尹。见《旧唐书》卷九十九《张嘉贞传》、《新唐书》卷七十五上《宰相世系表》五上、《唐御史台精舍题名考》卷二。［17］吕太一：相州洹水（今河北魏县西南）人。见《新唐书》卷一百二十六《魏知古传》、《元和姓纂》卷六、《唐登科记考》卷二十七。［18］员嘉静：见《旧唐书》卷九十九《张嘉贞传》,《唐郎官石柱题名考》卷三、卷八、卷十等。［19］崔训：见《新唐书》卷七十二下《宰相世系表》二下、《唐御史台精舍题名考》卷二。［20］横野军：在今河北蔚县。［21］恟惧：恐惧。［22］李宪：事见《旧唐书》卷九十七《张说传》、《新唐书》卷一百二十五《张说传》。［23］黄羊：即黄獐。形状像鹿，但比鹿小。无角。善跳跃，能游泳。肉可食，皮可制革。［24］野马：没有驯化，自生自灭的马匹。［25］士见危致命：语出《论语·子张》。致命，授命。［26］秋：时。［27］辛巳：十月二日。［28］长春宫：在今陕西大荔县西北。［29］壬午：十月三日。［30］下邽：县名。故治在今陕西渭南市东北。［31］裴虚己：官光禄少卿。娶睿宗女霍国公主。事见《旧唐书》卷九十五《惠文太子范传》,《新唐书》卷七十一上《宰相世系表》一上、卷八十三《霍国公主传》。［32］挟：挟带。［33］戊子：十月九日。［34］离其公主：使公主与他离婚。［35］太祝：太常寺属官，有太祝六人，正九品上。［36］雅州：州名。治所在今四川雅安市西。［37］山茌：县名。县治在今山东济南市长清区东北。［38］无间：无隙。［39］趋竞之徒：趋附竞奔的人。［40］内直郎：东宫内直局官。从六品下，掌符玺、伞扇、几案、衣服之事。［41］韦宾：事见《旧唐书》卷九十五《惠宣太子业传》、《新唐书》卷八十一《惠宣太子业传》。［42］皇甫恂：见《新唐书》卷七十五下《宰相世系表》五下、《元和姓纂》卷五。［43］休咎：吉凶祸福。［44］锦州：治所在今湖南怀化市西北。［45］殛（jí）：诛戮。

十一月，乙卯[1]，上还京师。

辛未[2]，突厥寇甘、凉等州，败河西节度使杨敬述[3]，掠契苾部落[4]而去。

先是，朔方大总管王晙奏请西发拔悉密[5]，东发奚、契丹，期以今秋掩[6]毗伽牙帐于稽落水[7]上；毗伽闻之，大惧。暾欲谷曰：“不足畏也。拔悉密在北庭，与奚、契丹相去绝远[8]，势不相及[9]；朔方兵计亦不能来此。若必能来，俟其垂至[10]，徙牙帐北行三日，唐兵食尽自去矣。且拔悉密轻而好利，得王晙之约，必喜而先至。晙与张嘉贞不相悦[11]，奏请多不相应[12]，必不敢出兵。晙兵不出，拔悉密独至，击而取之，势甚易耳。”

既而拔悉密果发兵逼突厥牙帐，而朔方及奚、契丹兵不至，拔悉密惧，引退。毗伽欲击之，暾欲谷曰：“此属[13]去家千里，将死战，未可击也。不如以兵蹑之。”去北庭二百里，暾欲谷分兵间道先围北庭，因纵兵击拔悉密，大破之。拔悉密众溃走，趋北庭，不得入，尽为突厥所虏。

暾欲谷引兵还，出赤亭[14]，掠凉州羊马，杨敬述遣裨将卢公利、判官元澄将兵邀击[15]之。暾欲谷谓其众曰：“吾乘胜而来，敬述出兵，破之必矣。”公利等至删丹[16]，与暾欲谷遇，唐兵大败，公利、澄脱身走[17]。毗伽[18]由是大振，尽有默啜之众。

契丹牙官可突干[19]骁勇得众心，李娑固猜畏，欲去之。是岁，可突干举兵击娑固，娑固败奔营州。营州都督许钦澹[20]遣安东都护薛泰帅骁勇五百与奚王李大酺奉娑固以讨之，战败，娑固、李大酺皆为可突干所杀，生擒薛泰，营州震恐。许钦澹移军入渝关[21]，可突干立娑固从父弟郁干为主，遣使请罪。上赦可突干之罪，以郁干为松漠都督，以李大酺之弟鲁苏为饶乐都督。

（以上为第六段，写唐边将轻启边衅，唐军大败于突厥和契丹。）

【注释】

[1]乙卯：十一月七日。[2]辛未：十一月二十三日。[3]杨敬述：事见《旧唐书》卷八《玄宗纪》上、卷一百九十四上《突厥传》上，《新唐书》卷二百一十五下《突厥传》下。[4]契苾部落：贞观年间，契苾降唐，部落被安置在凉州一带。[5]拔悉密：突厥别部，酋长亦姓阿史那氏，居住在今蒙古国乌兰固木一带。[6]掩：掩袭。[7]稽落水：源于稽落山。在贝加尔湖以南。[8]绝远：极远。[9]相及：相合。势不相及，指拔悉密与奚、契丹之兵不能会合。[10]垂至：将至，快到的时候。[11]不相悦：彼此不喜欢对方。意即有矛盾。[12]不相应：得不到赞同，得不到回答。[13]此属：这些人。[14]赤亭：守捉名。在今新疆鄯善县东北。[15]邀击：截击。[16]删丹：县名。县治在今甘肃山丹县。[17]公利、澄脱身走：两《唐书·突厥传》及《通典》卷一百九十八均作元澄脱身，不言卢公利结局，待考。[18]毗伽：毗伽可汗。[19]可突干（?—734）：一作“可突于”。初任静析军副使。归唐后拜左羽林卫将军。后又叛降突厥。传见《旧唐书》卷一百九十九下、《新唐书》卷二百一十九。[20]许钦澹：事见《旧唐书》卷一百九十九下《契丹传》、《新唐书》卷七十三上《宰相世系表》三上等。[21]渝关：东北军事重

镇之一。又作“榆关”、“临渝关”等，故址即今河北秦皇岛市东之山海关。

九年（辛酉，721年）

春，正月，制削杨敬述官爵，以白衣检校凉州都督，仍充诸使[1]。

丙辰[2]，改蒲州[3]为河中府，置中都，官僚一准京兆、河南[4]。

丙寅[5]，上幸骊山温汤；乙亥[6]，还宫。

监察御史宇文融[7]上言，天下户口逃移[8]，巧伪甚众，请加检括[9]。融[10]，弼之玄孙也，源乾曜素爱其才，赞成之。二月，乙酉[11]，敕有司议招集流移、按诘巧伪之法以闻。

丙戌[12]，突厥毗伽复使来求和。上赐书，谕以“曩昔国家与突厥和亲[13]，华、夷安逸，甲兵休息；国家买突厥羊马，突厥受国家缯帛，彼此丰给。自数十年来，不复如旧，正由默啜无信，口和心叛[14]；数出盗兵，寇抄边鄙[15]，人怨神怒，陨身丧元[16]，吉凶之验，皆可汗所见。今复蹈前迹，掩袭甘、凉，随遣使人，更来求好。国家如天之覆，如海之容[17]，但取来情，不追往咎。可汗果有诚心，则共保遐福[18]；不然，无烦使者徒尔往来。若其[19]侵边，亦有以待。可汗其审[20]图之！”

丁亥[21]，制：“州县逃亡户口听百日自首，或于所在附籍[22]，或牒归故乡，各从所欲。过期不首，即加检括，谪徙[23]边州[24]；公私[25]敢容庇[26]者抵罪。”以宇文融充使，括逃移户口及籍外田[27]，所获巧伪甚众。迁兵部员外郎兼侍御史。融奏置劝农判官十人[28]，并摄御史，分行天下。其新附客户，免六年赋调。使者竞为刻急，州县承风劳扰，百姓苦之。阳翟[29]尉皇甫憬[30]上疏言其状；上方任融，贬憬盈州尉。州县希旨，务于获多，虚张其数，或以实户为客，凡得户八十余万，田亦称是[31]。

（以上为第七段，写唐玄宗检括户口，凡得户八十余万，田亦称是。）

【注释】

[1]仍充诸使：依旧充任节度、支度、营田等使。 [2]丙辰：正月九日。 [3]蒲州：治所在今山西永济市西南。 [4]置中都，官僚一准京兆、河南：中华书局本原作“置中都官僚，一准京兆、河南”。按，这样标点虽亦可能，但掩盖了以河中府为中都的事实，使人不知“中都”何指。

故当改从"都"后断句。官僚一准京兆、河南，意即河中府官僚数额、品秩待遇等与京兆府、河南府官员完全相同。京兆、河南，指两京。此以蒲州为中都，置官与两京府等同。［5］丙寅：正月十九日。［6］乙亥：正月二十八日。［7］宇文融（?—约730）：京兆万年人。长于吏治，以奏请搜括逃户而著名。官至宰相，被贬而死。传见《旧唐书》卷一百零五、《新唐书》卷一百三十四。［8］逃移：逃亡迁移。［9］检括：检查搜求。［10］融，弼（bì）之玄孙也：宇文弼，仕北周、隋两朝，博学多才。传见《隋书》卷五十六、《北史》卷七十五。弼，弼的古字。［11］乙酉：二月八日。［12］丙戌：二月九日。［13］曩（nǎng）昔国家与突厥和亲：曩昔，以往，从前。唐代前期，突厥多次遣使求婚，唐王朝也曾许婚，但由于种种原因，却未能成婚。玄宗即位不久，默啜子杨我支特勤入朝，始以蜀王女南和县主妻之。［14］口和心叛：嘴上说要和好，心里却在想着叛离。［15］边鄙：靠近边界的地方。［16］丧元：丢掉脑袋。默啜开元四年（716）六月二十九日被杀。［17］如天之覆，如海之容：比喻度量极大，无所不包。［18］遐福：永久之福。［19］其：还是。［20］审：慎重。［21］丁亥：二月十日。［22］附籍：附入户籍。［23］谪（zhé）徙：流徙。［24］边州：边远之州。［25］公私：官府或私人。［26］容庇：容纳包庇逃户。［27］籍外田：户籍以外的田地。［28］置劝农判官十人：《旧唐书·宇文融传》所载与此相同。《通典》及《新唐书》本传并作二十九人。按，《唐会要》卷八十五载，开元九年，宇文融所奏劝农判官凡十九人，即：华州录事参军慕容琦、长安县尉王冰、太原司录张均、太原兵曹宋希玉、大理评事宋珣、长安主簿韦利涉、汾州录事参军韦洽、汜水县尉薛侃、三原县尉乔梦松、大理寺丞王诱、右拾遗徐楚璧、告成县尉徐锷、长安县尉裴宽、万年县尉岑希逸、同州司法边仲寂、大理评事班景倩、榆次县尉郭庭倩、河南府法曹元将茂、洛阳县尉刘日贞。至开元十二年又奏加十人，即：长安县尉王焘、河南县尉于孺卿、左拾遗王忠翼、奉天县尉何千里、伊阙县尉梁勋、富平县尉卢怡、咸阳县尉库狄履温、渭南县尉贾晋、长安县尉李登、前大理评事盛廙。据此，则"十人"有误，"二十九人"系两次奏请人数的总和。［29］阳翟（zhái）：县名。县治即今河南禹州市。［30］皇甫憬：事见《新唐书》卷七十五下《宰相世系表》五下、《全唐文》卷三百九十七。［31］田亦称是：所得田地也相当于此。

兰池州[1]胡康待宾[2]诱诸降户同反，夏，四月，攻陷六胡州[3]，有众七万，进逼夏州[4]；命朔方大总管王晙、陇右节度使郭知运共讨之。

戊戌[5]，敕："京官五品以上，外官刺史、四府[6]上佐[7]，各举县令一人，视其政善恶，为举者赏罚[8]。"

以太仆卿王毛仲为朔方道防御讨击大使，与王晙及天兵军节度大使张说相知讨康待宾。

六月，己卯[9]，罢中都，复为蒲州[10]。

蒲州刺史陆象先政尚宽简，吏民有罪，多晓谕遣之。州录事[11]言于象先曰："明公不施棰挞[12]，何以示威！"象先曰："人情不远，此属岂不解[13]吾言邪！必欲棰挞以示威，当从汝始！"录事惭而退。象先尝谓人曰："天下本无事，但庸人扰之耳。苟清其源，何忧不治！"

秋，七月，己酉[14]，王晙大破康待宾，生擒之，杀叛胡万五千人。辛酉[15]，集四夷酋长，腰斩康待宾于西市。

先是，叛胡潜与党项[16]通谋，攻银城[17]、连谷[18]，据其仓庾[19]，张说将步骑万人出合河关[20]掩击，大破之。追至骆驼堰[21]，党项乃更与胡战，胡众溃，西走入铁建山。说安集党项，使复其居业。讨击使阿史那献以党项翻覆[22]，请并诛之，说曰："王者之师，当伐叛柔服[23]，岂可杀已降邪！"因奏置麟州[24]，以镇抚党项余众。

九月，乙巳[25]朔，日有食之。

康待宾之反也，诏郭知运与王晙相知[26]讨之；晙上言，朔方兵自有余力，请敕知运还本军。未报，知运已至，由是与晙不协[27]。晙所招降者，知运复纵兵击之；虏以晙为卖己，由是复叛。上以晙不能遂定[28]群胡，丙午[29]，贬晙为梓州[30]刺史。

丁未[31]，梁文献公姚崇薨，遗令："佛以清净慈悲为本，而愚者写经造像，冀以求福。昔周、齐[32]分据天下，周则毁经像[33]而修[34]甲兵，齐则崇塔庙[35]而弛[36]刑政，一朝合战，齐灭周兴。近者诸武、诸韦，造寺度人，不可胜纪，无救族诛[37]。汝曹勿效儿女子[38]终身不寤，追荐冥福[39]！道士见僧获利，效其所为，尤不可延[40]之于家。当永为后法！"

癸亥[41]，以张说为兵部尚书、同中书门下三品。

冬，十月，河西、陇右节度大使郭知运卒[42]。知运与同县[43]右卫副率王君㚟，皆以骁勇善骑射著名西陲[44]，为虏所惮[45]。时人谓之王、郭。㚟遂自知运麾下代为河西、陇右节度使，判凉州都督。

十一月，丙辰[46]，国子祭酒元行冲上《群书四录》[47]，凡书四万八千一百六十九卷[48]。

庚午[49]，赦天下。

十二月，乙酉[50]，上幸骊山温汤；壬辰[51]，还宫。

是岁，诸王为都督、刺史者，悉召还京师[52]。

新作蒲津桥[53]，熔铁为牛以系絙[54]。

安州[55]别驾[56]刘子玄卒。子玄即知几也，避上嫌名[57]，以字行。

著作郎吴兢撰《则天实录》[58]，言宋璟激张说使证魏元忠事[59]。说修史见之，知兢所为，谬曰[60]："刘五[61]殊不相借！"兢起对曰："此乃兢所为，史草具在[62]，不可使明公枉怨死者。"同僚皆失色。其后说阴祈[63]兢改数字，兢终不许，曰："若徇[64]公请，则此史不为直笔，何以取信于后！"

太史上言，《麟德历》[65]浸疏[66]，日食屡不效[67]。上命僧一行[68]更造新历[69]，率府兵曹[70]梁令瓒[71]造黄道游仪[72]以测候七政[73]。

置朔方节度使，领单于都护府，夏、盐等六州[74]，定远、丰安二军[75]，三受降城[76]。

（以上为第八段，写朔方大总管王晙大破兰池州叛胡，诛其首领康待宾。贤相姚崇薨。僧一行测日影造新历。）

【注释】

[1]兰池州：羁縻府州。故治在今宁夏灵武市一带。 [2]康待宾（?—721）：兰池州杂胡大首领，叛唐被诛。事见《旧唐书》卷八《玄宗纪》上、卷三十八《地理志》一、卷九十七《张说传》等。 [3]六胡州：调露元年（679）在宥州南境以突厥降部置鲁州、丽州、塞州、含州、依州、契州，合称六胡州，地当今内蒙古鄂托克旗南部一带。 [4]夏州：州名。治所在今陕西靖边县东北白城子。 [5]戊戌：四月二十二日。 [6]四府：指京兆府、河南府、河中府、太原府。[7]上佐：此处指少尹等。 [8]为举者赏罚：对荐举的人进行奖赏或处罚。 [9]己卯：六月三日。 [10]罢中都，复为蒲州：正月置中都，以蒲州为河中府。 [11]录事：官名。据《唐六典》卷三十，上州录事三人，从九品上，中下州录事各一人，从九品下，为一般低级职员。 [12]棰挞：指杖刑。 [13]解：明白。 [14]己酉：七月四日。 [15]辛酉：七月十六日。 [16]党项：西北少数民族之一。原居青海、甘肃、四川交界地带，后迁至今宁夏、陕北一带。 [17]银城：县名。县治在今陕西神木市南。[18]连谷：县名。故治在今陕西神木市西北。[19]仓庾：粮库。[20]合河关：在今山西兴县西北黄河东岸。隔黄河与银城遥遥相对。 [21]骆驼堰：在连谷县西北。 [22]翻覆：反复无常。 [23]柔服：怀柔安抚归服之人。 [24]因奏置麟州：此时只是奏

请设置，尚未付诸实施。据《唐会要》卷七十及《新唐书》卷三十七，麟州置于开元十二年闰十二月二十九日，治所在今陕西神木市北。［25］乙巳：九月一日。［26］相知：相互照应。［27］协：协和。［28］遂定：最终安定。［29］丙午：九月二日。［30］梓州：州名。治所在今四川三台县。［31］丁未：九月三日。［32］周、齐：北周、北齐。［33］经像：佛经佛像。［34］修：治，训练。［35］塔庙：佛塔佛寺。［36］弛：废弛。［37］无救族诛：不能挽救被族诛的命运。［38］儿女子：指见识短浅的人。［39］冥福：阴间的福禄。［40］延：请。［41］癸亥：九月十九日。［42］郭知运卒：时在十月二十二日。［43］同县：同县人。此据《旧唐书》卷一百三立说。《新唐书》卷一百三十三载，郭知运，瓜州晋昌人；王君㚟，瓜州常乐人。二人并非同县。［44］西陲：西边。［45］惮：惧怕。［46］丙辰：十一月十三日。［47］《群书四录》：书名。《旧唐书·玄宗纪》作“群书目录”。《唐会要》卷三十六作“群书四部录”。名称有所差异，但实指一书。凡二百卷，为当时的图书总目。［48］凡书四万八千一百六十九卷：据《唐会要》卷三十六，这些图书由二千六百五十五部组成，分为经史子集四部。经部由殷践猷、王惬编，史部由韦述、余钦编，子部由毋照、刘彦直编，集部由王湾、刘仲编。此后历代藏书，大抵皆以四部分类。经过这次整理，国家藏书迅速增加。［49］庚午：十一月二十七日。［50］乙酉：十二月十三日。［51］壬辰：十二月二十日。［52］诸王为都督、刺史者，悉召还京师：开元二年（714）六月，根据有司的请求，令诸王出任外州都督、刺史。今令全部回京师。［53］蒲津桥：连接秦晋的黄河大桥。因位于黄河渡口蒲津而得名。桥东为河东道蒲州，西为关内道同州。［54］镕铁为牛以系絙：为保证浮桥的稳定，用铁铸成八头大牛置于两岸，系上大索。后铁牛皆沉入河中。目前已有所发现。［55］安州：治所在今湖北安陆市。［56］别驾：官名，正五品下。［57］避上嫌名：玄宗名隆基。“几”与“基”音同，故须回避，而以字行。［58］《则天实录》：即《则天皇后实录》，二十卷。本魏元忠、武三思、祝钦明、徐彦伯、柳冲、韦承庆、崔融、岑羲、徐坚撰，后由刘知几、吴兢删正。［59］宋璟激张说使证魏元忠事：发生在长安三年。［60］谬曰：故意错说。［61］刘五：即刘知几。刘知几排行第五，唐人习惯以排行敬称，故称之为“刘五”。［62］史草具在：史书的草稿都保存着。［63］祈：请。［64］徇：顺。［65］《麟德历》：李淳风造。麟德二年（665）五月颁行。［66］浸疏：逐渐疏误。［67］不效：不验。［68］僧一行（683—727）：俗姓张，名遂。魏州昌乐（今河南南乐县）人。自幼博览经史，尤精天文历法。二十一岁出家。著述甚丰，死后被谥为“大意禅师”。传见《旧唐书》卷一百九十一、《宋高僧传》卷五、《佛祖历代通载》卷十三等。［69］新历：即后来的《大衍历》。［70］率府兵曹：东宫官属。兵曹，即兵曹参军事。［71］梁令瓒：盛唐天文学家。事见《旧唐书》卷三十二《历志》一、卷三十五《天文志》上、卷一百九十一《一行传》等。［72］黄道游仪：一种用来测量太阳、月亮等天体变化的天文仪器。［73］七政：又称七曜。指日、月及金、木、水、火、土五星。［74］夏、盐等六州：《唐会要》卷七十八作丰（治所在今内蒙古五原县南）、胜（治所在今内蒙古托克托县南）、灵（治所在今宁夏灵武市西南）、夏（治所在今陕西榆林市横山区西北）、盐（治所在今陕西定边县）、银（治所在今陕西榆林市南）、匡、长（匡、长二州即宥州，治所在今陕西定边县东北）、安乐（治所在今宁夏中卫市）等州。［75］定远、丰安二军：《唐会要》作经略（在今内蒙古鄂托克旗附近）、定远（在今宁夏平罗县西南）、丰安（在今内蒙古五原县东南）三军。待考。［76］三受降城：即东受降城（在今内蒙古托克托县南）、西受降城（在今内蒙古杭锦旗北）和中受降城（在今内蒙古包头市西南）。

十年（壬戌，722 年）

春，正月，丁巳[1]，上行幸东都，以刑部尚书王志愔[2]为西京留守。

癸亥[3]，命有司收公廨钱[4]，以税钱[5]充百官俸。

乙丑[6]，收职田[7]。亩率[8]给仓粟[9]二斗。

二月，戊寅[10]，上至东都。

夏，四月，己亥[11]，以张说兼知朔方军节度使。

五月，伊、汝水溢[12]，漂溺数千家。

闰月，壬申[13]，张说如朔方巡边。

己丑[14]，以余姚县主[15]女慕容氏为燕郡公主，妻契丹王郁干[16]。

六月，丁巳[17]，博州[18]河决，命按察使萧嵩[19]等治之。嵩，梁明帝[20]之孙也。

己巳[21]，制增太庙为九室，迁中宗主还太庙[22]。

秋，八月，癸卯[23]，武强[24]令裴景仙[25]，坐赃五千匹，事觉[26]，亡命[27]；上怒，命集众斩之。大理卿李朝隐奏景仙赃皆乞取[28]，罪不至死；又，其曾祖寂[29]有建义[30]大功，载初[31]中以非罪破家[32]，惟景仙独存，今为承嫡[33]，宜宥[34]其死，投之荒远。其辞略曰："十代宥贤[35]，功实宜录；一门绝祀，情或可哀。"制令杖杀。朝隐又奏曰："生杀之柄，人主得专；轻重有条[36]，臣下当守。今若乞取得罪，便处斩刑；后有枉法当科[37]，欲加何辟[38]？所以为国惜法，期守律文；非敢以法随人，曲矜仙命。"又曰："若寂勋都弃，仙罪特加，则叔向[39]之贤，何足称者；若敖之鬼，不其馁而[40]！"上乃许之。杖景仙一百，流岭南恶处。

安南贼帅梅叔焉[41]等攻围州县，遣骠骑将军兼内侍杨思勖讨之。思勖募群蛮子弟，得兵十余万，袭击，大破之，斩叔焉，积尸为京观[42]而还。

初，上之诛韦氏[43]也，王皇后颇预密谋，及即位数年，色衰爱弛[44]。武惠妃[45]有宠，阴怀倾夺之志，后心不平，时对上有不逊语。上愈不悦，密与秘书监姜皎谋以后无子废之，皎泄其言。嗣滕王峤[46]，后之妹夫也，奏之。上怒，张嘉贞希旨构成其罪，云："皎妄谈休咎。"甲戌[47]，杖皎六十，流钦州，弟吏部侍郎晦贬春州[48]司马；亲党坐流、死者数人，皎卒于道。

己亥[49]，敕："宗室、外戚、驸马，非至亲毋得往还；其卜相占候之人，皆不得出入百官之家。"

（以上为第九段，写唐玄宗治贪与泄禁中语极为严厉，又禁宗室、外戚、驸马非至亲不得交往，卜巫之人不得登百官之门。）

【注释】

[1]丁巳：正月十五日。 [2]王志愔（?—722）：博州聊城（今山东聊城市东北）人。进士及第。曾任左台侍御史、大理少卿、齐州刺史等职。为政则严，令行禁止，人称"皂雕"。传见《旧唐书》卷一百、《新唐书》卷一百二十八。 [3]癸亥：正月二十一日。 [4]公廨钱：即公廨本钱。自唐初以来，政府拨给内外官署公廨本钱，令府史胥士等掌管，放贷取利，以充官吏俸料。 [5]税钱：指税户所纳之钱。《唐会要》载，收缴公廨钱以后，官吏俸料由万户税钱支付。 [6]乙丑：正月二十三日。 [7]职田：即职分田。唐内外官皆给职分田，名义上称公田，交农民耕种，由官署收租，作为官吏俸禄的一部分。据《唐会要》卷九十二、《通典》卷三十五及《册府元龟》卷五百五记载，职分田的数量因品秩的高低而有所差异。京官一品十二顷，二品十顷，三品九顷，四品七顷，五品六顷，六品四顷，七品三顷五十亩，八品二顷五十亩，九品二顷。雍州及外州官，二品十二顷，三品十顷，四品八顷，五品七顷，六品五顷，七品四顷，八品三顷，九品二顷五十亩。镇戍关津岳渎及在外监官，五品五顷，六品三顷五十亩，七品三顷，八品二顷，九品一顷五十亩。此次收职田是为了给还逃户及贫下户欠丁田。 [8]率：一律。 [9]仓粟：正仓之粟。 [10]戊寅：二月七日。 [11]己亥：四月二十九日。 [12]伊、汝水溢：伊水源出河南卢氏县东南，东北流经嵩县、伊川、洛阳，至偃师，入洛河。汝水源于河南鲁山大盂山中，流经宝丰、襄城、上蔡、汝南，注入淮河。据《新唐书·玄宗纪》，伊、汝水溢在五月辛酉，即五月二十一日。 [13]壬申：闰五月二日。 [14]己丑：闰五月十九日。 [15]余姚县主：唐玄宗之堂妹，下嫁慕容嘉宾。 [16]郁干：《新唐书》卷二百一十九、《旧唐书》卷一百九十九下及《册府元龟》卷九百七十九皆作"郁于"、《唐会要》卷九十六作"郁於"。恐"干"字有误。 [17]丁巳：六月十八日。 [18]博

州：治所聊城，在今山东聊城市东北。［19］萧嵩（?—749）：唐初名臣萧瑀曾侄孙。长期担任朔方、河西节度使之职，颇有政绩。后官至宰相。著有《开元礼义镜》一百卷。传见《旧唐书》卷九十九、《新唐书》卷一百零一。［20］梁明帝：即后梁主萧岿。传见《周书》卷四十八、《隋书》卷七十九、《北史》卷九十三。［21］己巳：六月三十日。［22］迁中宗主还太庙：主，即神主。开元五年徙中宗神主于别庙。［23］癸卯：八月四日。［24］武强：县名。县治在今河北武强县西南。［25］裴景仙：唐初宰相裴寂曾孙。见《旧唐书》卷一百《李朝隐传》、《新唐书》卷七十一上《宰相世系表》一上。［26］事觉：事情败露。［27］亡命：逃亡在外。［28］乞取：因乞求而取得。［29］寂：即唐初宰相裴寂。［30］建义：树立义旗。裴寂隋末任晋阳宫副监，曾以晋阳宫所藏米粮、铠甲等物支持李渊起兵。［31］载初：武则天年号（689—690）。［32］以非罪破家：指裴寂孙承先为酷吏所杀。［33］承嫡：承继血统。［34］宥：赦。［35］十代宥贤：十代宽容贤人。［36］条：条格。［37］科：科罪。［38］辟（pì）：法。［39］叔向：春秋时晋国大夫。［40］若敖之鬼，不其馁而：语出《左传》宣公四年，比喻绝嗣。［41］梅叔焉：《旧唐书》卷八、《新唐书》卷五皆作“梅叔鸾”。疑“焉”字有误。［42］京观：用尸体堆成的高冢。古代战争，胜利者收集敌人尸体，堆积成丘，用土封实，称作“京观”，以炫耀武功。［43］上之诛韦氏：时在唐隆元年（710）六月二十日。［44］色衰爱弛：因姿色衰退而日益失去宠爱。［45］武惠妃：恒安王武攸止之女。深得玄宗宠幸。死后追谥为贞顺皇后，葬于敬陵。传见《旧唐书》卷五十一、《新唐书》卷七十六。［46］嗣滕王峤：嗣，承袭祖先之位。据《旧唐书》卷五十九，《新唐书》卷八十、卷九十一等，“嗣滕王”当为“嗣濮王”之误。濮王李峤，唐太宗子魏王李泰之孙。李泰得罪，贬封濮王。［47］甲戌：八月庚子朔，无甲戌。《旧唐书·玄宗纪》系之于九月。九月甲戌，即九月六日。［48］春州：治所在今广东阳春市。［49］己亥：据《旧唐书》卷八，“己”当为“乙”之误。乙亥，九月七日。严衍《资治通鉴补》已改“己”为“乙”。

己卯[1]夜，左领军兵曹[2]权楚璧[3]与其党李齐损[4]等作乱，立楚璧兄子梁山为光帝，诈称襄王[5]之子，拥左屯营兵数百人入宫城，求留守王志愔，不获。比晓[6]，屯营兵自溃，斩楚璧[7]等，传首东都。志愔惊怖而薨。楚璧，怀恩之侄；齐损，迥秀之子也[8]。壬午[9]，遣河南尹王怡[10]如京师，按问宣慰。

癸未[11]，吐蕃围小勃律[12]王没谨忙，谨忙求救于北庭节度使张嵩[13]曰：“勃律，唐之西门，勃律亡则西域皆为吐蕃矣。”嵩乃遣疏勒副使张思礼将蕃、汉步骑四千救之，昼夜倍道[14]，与谨忙合击吐蕃，大破之，斩获数万。自是累岁，吐蕃不敢犯边。

王怡治权楚璧狱，连逮[15]甚众，久之不决[16]；上乃以开府仪同三司宋璟为西京留守。璟至，止诛同谋数人，余皆奏原[17]之。

康待宾余党康愿子反[18]，自称可汗；张说发兵追讨擒之，其党悉平。徙河曲六州残胡五万余口于许、汝、唐、邓、仙、豫等州[19]，空河南、朔方千里之地[20]。

（以上为第十段，写唐军大败犯边西域的吐蕃。宋璟治反狱，只诛元恶。）

【注释】

[1]己卯：九月十一日。 [2]左领军兵曹：官名。即左领军卫兵曹参军。 [3]权楚璧：传见《旧唐书》卷一百八十五上、《新唐书》卷一百。 [4]李齐损：传见《旧唐书》卷六十二、《新唐书》卷九十九。 [5]襄王：即中宗子李重茂。景云二年，改封重茂为襄王。 [6]比晓：到天亮的时候。 [7]楚璧：怀恩之侄。权怀恩曾任万年令，官至益州大都督府长史，为政清严，威名赫然。 [8]齐损，迥秀之子也：李迥秀则天朝官至宰相。 [9]壬午：九月十四日。 [10]王怡：见《旧唐书》卷九十六《宋璟传》、《新唐书》卷一百二十四《宋璟传》。 [11]癸未：九月十五日。 [12]小勃律：古西域国名。在今克什米尔巴尔提斯坦。 [13]张嵩：一作“张孝嵩”。进士及第，姿仪甚伟。在安西有政绩，官至太原尹。传见《旧唐书》卷一百零三、《新唐书》卷一百三十三。 [14]昼夜倍道：犹昼夜兼行。倍道，意即一日行两日的路程。 [15]连逮：牵连逮捕。 [16]决：断决。 [17]原：原宥，赦免。 [18]康愿子反：据《新唐书·玄宗纪》，康愿子反于开元九年九月。王晙平叛不力，被贬。至此，复遣张说讨之。 [19]许、汝、唐、邓、仙、豫等州：地当今河南汝州市、许昌市、汝南县、邓州市、泌阳县一带。 [20]空河南、朔方千里之地：意即将河套以南至朔方（今陕西靖边县东北白城子）地区的胡人全部迁往中原。

先是，缘边戍兵常六十余万，说以时无强寇，奏罢二十余万使还农。上以为疑，说曰：“臣久在疆埸，具知其情，将帅苟[1]以自卫及役使营私而已。若御敌制胜，不必多拥冗卒[2]以妨农务。陛下若以为疑，臣请以阖门[3]百口[4]保之。”上乃从之。

初，诸卫[5]府兵，自成丁[6]从军，六十而免，其家又不免杂徭[7]，浸以贫弱，逃亡略尽，百姓苦之。张说建议，请召募壮士充宿卫，不问色役[8]，优为之制，逋逃者[9]必争出应募；上从之。旬日，得精兵十三万，分隶诸卫，更番上下[10]。兵农之分，从此始矣[11]。

冬，十月，癸丑[12]，复以乾元殿为明堂[13]。

甲寅[14]，上幸寿安[15]兴泰宫[16]，猎于上宜川；庚申[17]，还宫。

上欲耀兵[18]北边，丁卯[19]，以秦州都督张守洁[20]等为诸卫将军。

十一月，乙未[21]，初令宰相共食实封三百户[22]。

前广州都督裴伷先下狱，上与宰相议其罪。张嘉贞请杖之，张说曰："臣闻刑不上大夫[23]，为其近于君，且所以养廉耻[24]也。故士可杀不可辱[25]。臣向巡北边，闻杖姜皎于朝堂。皎官登三品，亦有微功，有罪应死则死，应流则流，奈何轻加笞辱[26]，以皂隶[27]待之！姜皎事往，不可复追，伷先据状当流，岂可复蹈前失！"上深[28]然之。嘉贞不悦，退谓说曰："何论事之深也！"说曰："宰相，时[29]来则为之。若国之大臣皆可笞辱，但恐行及吾辈。吾此言非为伷先，乃为天下士君子[30]也。"嘉贞无以应。

十二月，庚子[31]，以十姓可汗阿史那怀道女为交河公主[32]，嫁突骑施可汗苏禄。

上将幸晋阳，因还长安。张说言于上曰："汾阴[33]脽上[34]有汉家后土祠[35]，其礼久废；陛下宜因巡幸修之，为农祈谷。"上从之。

上女永穆公主将下嫁[36]，敕资送[37]如太平公主故事。僧一行谏曰："武后惟太平一女，故资送特厚，卒以骄败，奈何为法[38]！"上遽止之。

（以上为第十一段，写张说主张裁减边兵，反对廷杖辱大臣。）

【注释】

[1]苟：随便。[2]冗卒：闲散的兵卒。[3]阖门：全家。[4]百口：泛指全家之人，并非指实。[5]诸卫：指左右卫、左右骁卫、左右武卫、左右威卫、左右领军卫、左右金吾卫。[6]成丁：唐制，男子十八成丁。[7]杂徭：正徭以外的各种徭役。[8]不问色役：免除劳役。色役，即各种各样的劳役。[9]逋逃者：因事而逃亡的人。[10]更番上下：轮流宿值。[11]兵农之分，从此始矣：从此兵与农分离，成为专职人员。岑仲勉认为这是沿袭唐人误说。详见《府兵制度研究》。[12]癸丑：十月十五日。[13]复以乾元殿为明堂：开元五年（717）七月二十七日改明堂为乾元殿。[14]甲寅：十月十六日。[15]寿安：县名。县治在今河南宜阳县。[16]兴泰宫：长安四年（704）正月造。在寿安县万安山上。[17]庚申：十月二十二日。[18]耀兵：炫耀兵威。[19]丁卯：十月二十九日。[20]张守洁：事见《唐御史台精舍题名考》卷一、《唐方镇年表》卷六。[21]乙未：十一月二十八日。[22]初令宰相共食实封三百户：在此之前，宰相无固定的食封。得实封者皆系因功因事所赐。至此，始共食实封三百户，并形成一种制度。共，总，凡。[23]刑不上大夫：语出《礼记·曲礼》。大夫，泛指官僚。[24]养廉耻：

培养廉耻之心。[25]士可杀不可辱：《礼记·儒行》之言。士，此处为对官吏的通称。[26]笞辱：笞杖之辱。[27]皂隶：本指奴隶。转指衙门的差役。[28]深：过分。[29]时：时运。[30]士君子：有志操、有学问的官僚。[31]庚子：十二月三日。[32]交河公主：据《旧唐书》卷一百九十四下、《通典》卷一百九十九、《册府元龟》卷九百七十九等，“交河”当为“金河”。详见岑仲勉《唐史余沈》卷二。[33]汾阴：县名。故治在今山西万荣县西南。[34]脽（shuí）上：地名。以其形高起如人尻脽（尾椎骨），故名。[35]汉家后土祠：建于汉武帝元鼎四年（前113）。[36]永穆公主将下嫁：永穆公主为玄宗长女，将下嫁于王繇。[37]资送：犹嫁妆。[38]奈何为法：为什么还要把她作为效法的榜样？

十一年（癸亥，723年）

春，正月，己巳[1]，车驾自东都北巡；庚辰[2]，至潞州，给复五年[3]；辛卯[4]，至并州，置北都，以并州为太原府，刺史为尹；二月，戊申[5]，还至晋州[6]。

张说与张嘉贞不平[7]，会嘉贞弟金吾将军嘉祐赃发，说劝嘉贞素服待罪于外。己酉[8]，左迁嘉贞幽州刺史。

壬子[9]，祭后土[10]于汾阴。乙卯[11]，贬平遥[12]令王同庆为赣[13]尉，坐广为储偫[14]，烦扰百姓也。癸亥[15]，以张说兼中书令。

己巳[16]，罢天兵、大武等军[17]，以大同军[18]为太原以北节度使，领太原、辽、石、岚、汾、代、忻、朔、蔚、云十州[19]。

三月，庚午[20]，车驾至京师。

夏，四月，甲子[21]，以吏部尚书王晙为兵部尚书、同中书门下三品。

五月，己丑[22]，以王晙兼朔方军节度大使，巡河西、陇右、河东、河北诸军。

上置丽正书院[23]，聚文学之士秘书监徐坚、太常博士会稽贺知章[24]、监察御史鼓城赵冬曦[25]等，或修书，或侍讲；以张说为修书使以总之。有司供给优厚。中书舍人洛阳陆坚[26]以为此属无益于国，徒为糜费[27]，欲悉奏罢之。张说曰：“自古帝王于国家无事之时，莫不崇宫室[28]，广声色[29]。今天子独延礼[30]文儒，发挥[31]典籍，所益者大，所损者微。陆子之言，何不达[32]也！”上闻之，重说而薄坚。

秋，八月，癸卯[33]，敕："前令检括逃人，虑成烦扰，天下大同，宜各从所乐，令所在州县安集[34]，遂其生业。"

戊申[35]，追尊宣皇帝[36]庙号献祖，光皇帝[37]庙号懿祖，祔于太庙九室。

先是，吐谷浑畏吐蕃之强，附之者数年；九月，壬申[38]，帅众诣沙州[39]降，河西节度使张敬忠[40]抚纳之。

冬，十月，丁酉[41]，上幸骊山，作温泉宫[42]；甲寅[43]，还宫。

十一月，礼仪使张说等奏，以高祖配昊天上帝，罢三祖[44]并配之礼。戊寅[45]，上祀南郊，赦天下。

戊子[46]，命尚书左丞萧嵩与京兆、蒲、同、岐、华州长官选府兵及白丁一十二万，谓之"长从[47]宿卫"，一年两番[48]，州县毋得杂役使。

十二月，甲午[49]，上幸凤泉汤[50]；戊申[51]，还宫。

庚申[52]，兵部尚书、同中书门下三品王晙坐党引疏族，贬蕲州[53]刺史。

是岁，张说奏改政事堂曰中书门下[54]，列五房[55]于其后，分掌庶政。

初，监察御史濮阳杜暹[56]因按事至突骑施，突骑施馈[57]之金，暹固辞。左右曰："君寄身异域[58]，不宜逆[59]其情。"乃受之，埋于幕下，出境，移牒令取之。虏大惊，度碛追之，不及。及安西都护阙[60]，或荐暹往使安西，人服其清慎[61]。时暹自给事中居母忧。

（以上为第十二段，写张嘉贞因弟贪赃受牵连被罢相。唐玄宗裁减边兵，置丽正书院优抚文人学士。）

【注释】

[1]己巳：正月三日。[2]庚辰：正月十四日。[3]给复五年：免除五年的徭役。玄宗曾任潞州别驾，故对潞州特别开恩。[4]辛卯：正月二十五日。[5]戊申：二月十二日。[6]晋州：治所在今山西临汾市。[7]不平：不和，不睦。[8]己酉：二月十三日。[9]壬子：二月十六日。[10]后土：土地神。[11]乙卯：二月十九日。[12]平遥：县名。故治在今山西平遥县。[13]赣：县名。县治在今江西赣州市。[14]偫（zhì）：储备。[15]癸亥：二月二十七日。[16]己巳：二月无"己巳"。三月有之，为三月四日。[17]罢天兵、大武等军：天

兵军圣历二年四月置。后又两废两置。大武军即大同军。见《唐会要》卷七十八。［18］大同军：由大武军改名而来。在今山西朔州市东北。［19］太原、辽、石、岚、汾、代、忻、朔、蔚、云十州：地当今山西大同市、朔州市、岢岚县、汾阳市、太原市及代县一带。辽州治所辽山，在今山西左权县。［20］庚午：三月五日。［21］甲子：四月三十日。［22］己丑：五月二十五日。［23］丽正书院：本名乾元院。聚集硕学宏儒，讲经、著述、整理典籍。开元六年改名为丽正修书院，简称丽正书院。置使及检校官，改修书官为丽正殿学士。八年，加修撰、校理、刊正、校勘官。十一年，又置丽正院修书学士。至十三年，改为集贤殿书院，规模进一步扩大。［24］贺知章（659—744）：会稽永兴（今浙江杭州市萧山区）人。盛唐诗人。官至秘书监。传见《旧唐书》卷一百九十中、《新唐书》卷一百九十六。［25］赵冬曦：定州鼓城（今河北晋州市）人。官至国子祭酒。著有《王政》三卷。传见《新唐书》卷二百。［26］陆坚：河南洛阳（今河南洛阳市）人。善书法。官至秘书监。传见《新唐书》卷二百。［27］糜费：浪费。［28］崇宫室：崇建宫室。［29］广声色：广征声色之徒。［30］延礼：延请礼遇。［31］发挥：发扬，阐发。［32］不达：不达事理。［33］癸卯：八月十日。［34］安集：犹"安辑"，安顿抚恤。［35］戊申：八月十五日。［36］宣皇帝：即李渊高祖李熙。武德元年追尊宣简公。上元元年八月，追尊为宣皇帝。［37］光皇帝：即李熙长子李天赐。武德元年赠懿王。上元元年追尊为光皇帝。［38］壬申：九月十日。［39］沙州：治所在今甘肃敦煌市西。［40］张敬忠：曾任监察御史、吏部郎中、平卢节度使等职。事见《新唐书》卷一百一十一本传，《国秀集》卷上，《唐方镇年表》卷六、卷八。［41］丁酉：十月五日。［42］温泉宫：在陕西西安市临潼区骊山脚下。该地早有温泉。贞观十八年作汤泉宫。咸亨二年更名温泉宫。至此重建。［43］甲寅：十月二十二日。［44］三祖：高祖、太宗、高宗。三祖并配之礼，形成于垂拱元年（685）。见《新唐书》卷十三。［45］戊寅：十一月十六日。［46］戊子：十一月二十六日。［47］长从：长期随从。［48］两番：两番宿值。［49］甲午：十二月三日。［50］凤泉汤：在陕西眉县太白山麓。［51］戊申：十二月十七日。［52］庚申：十二月二十九日。［53］蕲（qí）州：治所在今湖北蕲春县蕲州镇西北。［54］改政事堂曰中书门下：政事堂为宰相议政之处，唐初设在门下省。永淳元年（682）裴炎以中书令的身份执政，遂移政事堂于中书省。至此，改政事堂之名。政事印亦改为中书门下之印。［55］五房：吏房、枢机房、兵房、户房、刑礼房。［56］杜暹（?—740）：濮州濮阳（今河南濮阳市西南）人。后官至宰相，以孝友清正著称。传见《旧唐书》卷九十八、《新唐书》卷一百二十六。［57］馈：赠。［58］异域：他乡。［59］逆：违。［60］阙：空阙。［61］清慎：清廉谨慎。

十二年（甲子，724年）

春，三月，甲子[1]，起暹为安西副大都护、碛西节度等使。

神龙初，追复泽王上金官爵[2]，求得庶子义珣于岭南，绍[3]其故封。许王素节之子瓘，利其爵邑[4]，与弟璆谋，使人告义珣非上金子，妄冒袭封，复流岭南，以璆继上金后为嗣泽王。至是，玉真公主[5]表义珣实上金子，为瓘兄弟所摈[6]。夏，四月，庚子[7]，复立义珣为嗣泽王；削璆爵，贬瓘鄂州[8]别驾。壬寅[9]，敕宗室旁继为嗣王者并令归宗[10]。

壬子[11]，命太史监[12]南宫说[13]等于河南、北平地测日晷[14]及极星[15]，夏至[16]日中立八尺之表[17]，同时候之。阳城[18]晷长一尺四寸八分弱，夜视北极[19]出地高三十四度十分度之四；浚仪[20]岳台晷长一尺五寸微强，极高三十四度八分；南至朗州[21]晷长七寸七分，极高二十九度半；北至蔚州[22]，晷长二尺二寸九分，极高四十度。南北相距三千六百八十八里九十步，晷差一尺五寸二分，极差十度半。又南至交州[23]，晷出表南三寸三分；八月，海中南望老人星[24]下，众星粲然，皆古所未名[25]，大率去南极二十度以上星皆见。

五月，丁亥[26]，停诸道按察使[27]。

六月，壬辰[28]，制听逃户自首，辟所在闲田，随宜收税，毋得差科征役，租庸一皆蠲免[29]。仍以兵部员外郎兼侍御史宇文融为劝农使，巡行州县，与吏民议定赋役。

上以山东旱，命台阁[30]名臣以补刺史；壬午[31]，以黄门侍郎王丘[32]、中书侍郎长安崔沔[33]、礼部侍郎·知制诰韩休[34]等五人出为刺史。丘，同皎[35]之从父兄子，休，大敏之孙也[36]。

初，张说引崔沔为中书侍郎，故事，承宣制[37]皆出宰相，侍郎署位[38]而已。沔曰："设官分职，上下相维[39]，各申所见，事乃无失。侍郎，令之贰也[40]，岂得拱默[41]而已！"由是遇事多所异同[42]，说不悦，故因是出之。

秋，七月，突厥可汗遣其臣哥解颉利发来求婚[43]。

溪州蛮[44]覃行璋反。以监门卫大将军杨思勖为黔中道招讨使，将兵击之。癸亥[45]，思勖生擒行璋，斩首三万级而归。加思勖辅国大将军，俸禄、防閤[46]皆依品给。赦行璋以为洵水府[47]别驾[48]。

姜皎既得罪，王皇后愈忧畏不安，然待下有恩，故无随而谮[49]之者，上犹豫不决者累岁[50]。后兄太子少保守一，以后无子，使僧明悟为后祭南北斗[51]，剖霹雳木[52]，书天地字及上名，合而佩之，祝曰："佩此有子，当如则天皇后。"事觉，己卯[53]，废为庶人，移别室安置；贬守一潭州[54]别驾，中路赐死。户部尚书张嘉贞坐与守一交通，贬台州[55]刺史。

八月，丙申[56]，突厥哥解颉利发还其国；以其使者轻[57]，礼数不备，未许婚。

己亥[58]，以宇文融为御史中丞。

融乘驿[59]周流[60]天下，事无大小，诸州先牒上劝农使，后申中书；省司亦待融指㧑[61]，然后处决。时上将大攘四夷，急于用度[62]，州县畏融，多张虚数，凡得客户八十余万，田亦称是[63]。岁终，增缗钱数百万，悉进入宫；由是有宠。议者多言烦扰，不利百姓，上亦令集百寮于尚书省议之。公卿已下，畏融恩势，不敢立异。惟户部侍郎杨玚[64]独抗议，以为："括客免税，不利居人；征籍外田税，使百姓困弊，所得不补所失。"未几，玚出为华州刺史。

壬寅[65]，以开府仪同三司宋璟为西京留守。

冬，十月，丁酉[66]，谢飐[67]王特勒遣使入奏，称"去年五月，金城公主遣使诣个失密国[68]，云欲走归汝。个失密王从臣国王借兵，共拒吐蕃。王遣臣入取进止[69]。"上以为然，赐帛遣之。

废后王氏卒，后宫[70]思慕[71]后不已，上亦悔之。

十一月，庚午[72]，上幸东都；戊寅[73]，至东都。

辛巳[74]，司徒申王㧑薨，赠谥惠庄太子。

群臣屡上表请封禅，闰月[75]，丁卯[76]，制以明年十一月十日有事于泰山[77]。时张说首建封禅之议，而源乾曜不欲为之，由是与说不平。

是岁，契丹王李郁干卒，弟吐干袭位。

（以上为第十三段，写唐玄宗废王皇后，检括户口。张说为相。）

【注释】

[1]甲子：三月五日。 [2]追复泽王上金官爵：泽王上金天授元年（690）七月十三日被

杀。［3］绍：继承。［4］爵邑：爵位和封邑。［5］玉真公主：睿宗第十女。［6］摈：排斥。［7］庚子：四月十一日。［8］鄂州：治所在今湖北武汉市武昌区。［9］壬寅：四月十三日。［10］归宗：回归本宗。［11］壬子：四月二十三日。［12］太史监：官名。从三品。掌观察天文，稽定历数。［13］南宫说：人名。事见《旧唐书》卷三十二《历志》一、卷三十三《历志》二、卷三十五《天文志》上，《元和姓纂》卷五等。［14］日晷：日影。［15］极星：北极星。［16］夏至：二十四节气之一。公历六月二十一日或二十二日。此日太阳直射北回归线。［17］表：圭表。［18］阳城：县名，县治在今河南登封市东南告成镇。［19］北极：北极星。［20］浚仪：古县名。故治在今河南开封市。［21］朗州：州名。治所在今湖南常德市。［22］蔚州：州名。治所在今山西灵丘县。［23］交州：安南都护府所在地。故治在今越南河内市。［24］老人星：即南极星。［25］皆古所未名：都是古代没有定名的星星。［26］丁亥：五月二十九日。［27］停诸道按察使：开元八年五月九日复置十道按察使。［28］壬辰：六月五日。［29］蠲（juān）免：免除。［30］台阁：本为尚书省的别称，此处泛指中央机关。［31］壬午：六月戊子朔，无壬午。待考。［32］王丘（?—743）：相州安阳（今河南安阳市）人。字仲山。曾任监察御史、考功员外郎、黄门侍郎等职。为政清俭，官至礼部尚书。传见《旧唐书》卷一百、《新唐书》卷一百二十九。［33］崔沔（673—739）：京兆长安人。字善冲。通礼经，清廉孝友，官至秘书监、太子宾客。传见《旧唐书》卷一百八十八、《新唐书》卷一百二十九。［34］韩休（673—740）：京兆长安人。早有词学，为唐玄宗所重，官至黄门侍郎、同中书门下平章事。传见《旧唐书》卷九十八、《新唐书》卷一百二十六。［35］同皎：即王同皎，官至光禄卿，曾参与张柬之政变，后为武三思所杀。［36］休，大敏之孙也：韩大敏武周时任凤阁舍人。据两《唐书·韩休传》等，韩休为韩大敏之侄。［37］承宣制：承宣承制。秉承皇帝旨意，宣传诏命。［38］署位：签署名位。［39］维：维系。［40］侍郎，令之贰也：中书侍郎是中书令的副职。［41］拱默：垂拱缄默，不发表自己的见解。［42］多所异同：常提出不同的观点。［43］哥解颉利发来求婚：时在七月壬戌，即七月五日。见《册府元龟》卷九百七十五。［44］溪州蛮：南方少数民族之一。生活在今湖南龙山县东南。［45］癸亥：七月六日。［46］防阁：官名。唐京师文武职事官皆有防阁。一品防阁九十六人，二品七十二人，三品四十八人，四品三十二人，五品二十四人。以防卫斋阁。［47］洵水府：唐兵府之一，在商州境内。［48］别驾：唐诸府无"别驾"之职，各有"别将"一人。"别驾"当为"别将"之误。［49］谮：谤毁。［50］累岁：犹数年。［51］南北斗：即南斗星和北斗星。［52］霹雳木：经过雷电震劈的树木。古人迷信，认为此木有雷气，可以镇邪。［53］己卯：七月二十二日。［54］潭州：州名。治所在今湖南长沙市。［55］台州：州名。治所在今浙江临海市。［56］丙申：八月九日。［57］其使者轻：其使者爵位轻。［58］己亥：八月十二日。［59］乘驿：乘坐驿车（马）。［60］周流：周行。［61］指㧑：指挥。［62］用度：费用，开支。［63］凡得客户八十余万，田亦称是：这条材料与《资治通鉴》卷二百一十二开元九年二月十日条所载相同，当系复文。严衍《资治通鉴补》已将此段并入九年二月条下。［64］杨玚（668—735）：华州华阴（今陕西华阴市）人。字瑶光。历任麟游县令、侍御史、户部侍郎、国子祭酒等职，官至左散骑常侍，被称为良吏。传见《旧唐书》卷一百八十五下、《新唐书》卷一百三十。［65］壬寅：八月十五日。［66］丁酉：十月十一日。［67］谢飓（yù）：西域国名。高宗时称诃达罗支，武则天改之为谢飓。在今阿富汗喀布尔南。［68］箇失密国：又称迦湿弥逻。在今巴基斯坦伊斯兰堡东北。［69］进止：书札用语。意即所奏之事或进或止，请皇帝处分。［70］后宫：指后宫诸妃而言。［71］思慕：思念爱慕。［72］庚午：十一月十四日。《旧唐书·玄宗纪》作庚申，即十一月四日。［73］戊寅：十一月二十二日。［74］辛巳：十一月二十五日。［75］闰月：闰十二月。［76］丁卯：闰十二月十二日。［77］有事于泰山：即将在泰山举行封禅大典。

十三年（乙丑，725年）

春，二月，庚申[1]，以御史中丞宇文融兼户部侍郎。制以所得客户税钱均充所在常平仓本[2]；又委使司[3]与州县议作劝农社，使贫富相恤[4]，耕耘以时[5]。

乙亥[6]，更命长从宿卫之士曰“彍骑”[7]，分隶十二卫[8]，总十二万人为六番[9]。

上自选诸司长官[10]有声望者大理卿源光裕[11]、尚书左丞杨承令[12]、兵部侍郎寇泚[13]等十一人为刺史，命宰相、诸王及诸司长官、台郎、御史饯于洛滨[14]，供张甚盛。赐以御膳[15]，太常具乐[16]，内坊[17]歌妓；上自书十韵诗[18]赐之。光裕，乾曜[19]之从孙也。

三月，甲午[20]，太子嗣谦更名鸿；徙郯王嗣真[21]为庆王，更名潭；陕王嗣升为忠王，更名浚；鄫王嗣真为棣王，更名洽；鄂王嗣初更名涓；鄄王[22]嗣玄为荣王，更名滉。又立子琚为光王[23]，潍为仪王，沄为颍王，泽为永王，清为寿王，洄为延王，沭为盛王，溢为济王。

丙申[24]，御史大夫程行湛[25]奏：“周朝酷吏来俊臣等二十三人[26]，情状尤重，子孙请皆禁锢[27]；傅游艺[28]等四人差轻[29]，子孙不听近任[30]。”从之。

汾州刺史杨承令不欲外补[31]，意怏怏，自言“吾出守有由。”上闻之，怒，壬寅[32]，贬睦州别驾。

张说草封禅仪献之。夏，四月，丙辰[33]，上与中书门下及礼官、学士宴于集仙殿[34]。上曰：“仙者凭虚[35]之论，朕所不取。贤者济理[36]

之具，朕今与卿曹合宴，宜更名曰集贤殿。”其书院官五品以上为学士，六品以下为直学士；以张说知院事[37]，右散骑常侍徐坚副之。上欲以说为大学士；说固辞而止。

（以上为第十四段，写唐玄宗外放京官任刺史，禁锢武周朝酷吏子孙。张说草封禅仪。）

【注释】

[1]庚申：二月六日。[2]常平仓本：即常平仓本钱。[3]使司：指劝农使司。[4]恤：救济。[5]耕耘以时：按时耕耘。[6]乙亥：二月二十一日。[7]彍（guō）骑：禁军名号。开元十二年，唐玄宗置长从宿卫兵，至是改名彍骑，取义为拉满弓之箭，精锐无比。彍，拉满弓。取《孙子·兵势》“势如彍弩”之意。[8]十二卫：即统领府兵的左右卫、左右骁卫、左右武卫、左右威卫、左右领军卫、左右金吾卫。[9]为六番：分六番宿值。[10]诸司长官：指省、寺、监的长官。[11]源光裕：宰相源乾曜族孙，官至郑州刺史，被称作良吏。传见《旧唐书》卷九十八、《新唐书》卷一百二十七。[12]杨承令：事见《新唐书》卷七十一下《宰相世系表》一下、《严州图经》卷一。[13]寇泚：人名。见《旧唐书》卷九十三《张仁愿传》，《新唐书》卷一百一十一《张仁愿传》、卷一百二十八《许景先传》及《唐郎官石柱题名考》卷十二等。[14]洛滨：洛水之滨。[15]御膳：皇帝所用常膳。[16]太常具乐：太常寺陈其乐舞。[17]内坊：即内教坊。[18]上自书十韵诗：据章校，十二行本“诗”下有“命将军高力士”六字。[19]乾曜：源乾曜开元四年后两度为相。传见《新唐书》卷一百二十七。[20]甲午：三月十日。[21]郯王嗣真：据《旧唐书·玄宗纪》等，“嗣真”当作“嗣直”。[22]鄄王：《旧唐书·玄宗诸子传》作“甄王”，恐误。[23]立子琚为光王：两《唐书·玄宗纪》“琚”均作“涺”。《唐会要》卷五及《新唐书》卷八十三作“琚”。待考。[24]丙申：三月十二日。[25]程行湛：事见《唐御史台精舍题名考》卷二。[26]周朝酷吏来俊臣等二十三人：据《旧唐书》卷一百八十六上《酷吏传》上，此二十三人为：来子珣、万国俊、王弘义、侯思止、郭霸、焦仁亶、张知默、李敬仁、唐奉一、来俊臣、周兴、丘神勣、索元礼、曹仁哲、王景昭、裴籍、李秦授、刘光业、王德寿、屈贞筠、鲍思恭、刘景阳、王处贞。[27]禁锢：禁止封闭，不许做官。犹永不叙用。[28]傅游艺等四人：指傅游艺、陈嘉言、鱼承晔、皇甫文备。[29]差轻：稍轻。[30]不听近任：不许在近处为官。[31]不欲外补：不愿补任外州刺史。[32]壬寅：三月十八日。[33]丙辰：四月三日。[34]集仙殿：在东都宫城西南部崇贤门内。[35]凭虚：凭空。[36]济理：成治。[37]知院事：知掌集贤殿书院之事。

说以大驾东巡，恐突厥乘间入寇，议加兵守边，召兵部郎中裴光庭[1]谋之。光庭曰:“封禅者，告成功也。今将升中于天[2]，而戎狄是惧，非所以昭[3]盛德也。”说曰:“然则若之何?”光庭曰:“四夷之中，突厥为大，比屡求和亲，而朝廷羁縻，未决许[4]也。今遣一使，征其大臣从封泰山，彼必欣然承命;突厥来，则戎狄君长无不皆来。可以偃旗卧鼓[5]，高枕有余矣。”说曰:“善，说所不及。”即奏行之。光庭，行俭之子也[6]。

上遣中书直省[7]袁振[8]摄鸿胪卿，谕旨于突厥，小杀与阙特勒、暾欲谷环坐[9]帐中，置酒，谓振曰:“吐蕃，狗种;奚、契丹，本突厥奴也;皆得尚主。突厥前后求婚独不许，何也?且吾亦知入蕃公主皆非天子女，今岂问真伪!但屡请不获，愧见诸蕃耳。”振许为之奏请。小杀乃使其大臣阿史德颉利发[10]入贡，因扈从东巡。

五月，庚寅[11]，妖贼刘定高[12]帅众夜犯通洛门;悉捕斩之。

秋，八月，张说议封禅仪，请以睿宗配皇地祇;从之。

九月，丙戌[13]，上谓宰臣曰:“《春秋》不书祥瑞，惟记有年[14]。”敕自今州县毋得更奏祥瑞。

冬，十月，癸丑[15]，作水运浑天[16]成，上具列宿[17]，注水激轮[18]，令其自转，昼夜一周[19]。别置二轮，络[20]在天外，缀[21]以日月，逆天而行[22]，淹速[23]合度。置木匮[24]为地平，令仪半在地下，又立二木人，每刻[25]击鼓，每辰[26]击钟，机械皆藏匮中。

辛酉[27]，车驾发东都，百官、贵戚、四夷酋长从行。每置顿[28]，数十里中人畜被野[29]，有司辇载[30]供具之物[31]，数百里不绝。

十一月，丙戌[32]，至泰山下[33]，御马[34]登山。留从官于谷口，独与宰相及祠官[35]俱登，仪卫[36]环列于山下百余里。上问礼部侍郎贺知章曰:“前代玉牒[37]之文，何故秘[38]之?”对曰:“或密求神仙，故不欲人见。”上曰:“吾为苍生[39]祈福耳。”乃出玉牒，宣示群臣。庚寅[40]，上祀昊天上帝于山上，群臣祀五帝百神于山下之坛;其余仿乾封故事[41]。辛卯[42]，祭皇地祇于社首[43]。壬辰[44]，上御帐殿[45]，受朝觐，赦天下，封泰山神为天齐王，礼秩加三公一等[46]。

张说多引两省吏[47]及以所亲摄官登山。礼毕推恩，往往加阶超入五品而不及百官；中书舍人张九龄谏，不听。又，扈从士卒，但[48]加勋[49]而无赐物，由是中外怨之。

初，隋末国马[50]皆为盗贼及戎狄所掠，唐初才得牝牡三千匹于赤岸泽[51]，徙之陇右，命太仆张万岁[52]掌之。万岁善于其职，自贞观至麟德，马蕃息[53]及[54]七十万匹，分为八坊、四十八监，各置使以领之[55]。是时天下以一缣易一马[56]。垂拱[57]以后，马潜耗[58]太半。上初即位，牧马有二十四万匹，以太仆卿王毛仲为内外闲厩使，少卿张景顺副之。至是有马四十三万匹，牛羊称是。上之东封，以牧马数万匹从，色别为群[59]，望之如云锦[60]。上嘉毛仲之功，癸巳[61]，加毛仲开府仪同三司。

甲午[62]，车驾发泰山；庚申[63]，幸孔子宅致祭[64]。

上还，至宋州[65]，宴从官于楼上，刺史寇泚预焉[66]。酒酣，上谓张说曰："向者屡遣使臣分巡诸道[67]，察吏善恶，今因封禅历诸州，乃知使臣负我多矣。怀州刺史王丘，饩牵[68]之外，一无他献。魏州刺史崔沔，供张无锦绣，示我以俭。济州刺史裴耀卿，表数百言，莫非规谏。且曰：'人或重扰，则不足以告成。'朕常置之坐隅，且以戒左右。如三人者，不劳人以市恩[69]，真良吏矣。"顾谓寇泚曰："比亦屡有以酒馔不丰诉于朕者，知卿不借誉于左右[70]也。"自举酒赐之。宰臣帅群臣起贺，楼上皆称万岁。由是以丘为尚书左丞，沔为散骑侍郎，耀卿为定州[71]刺史。耀卿，叔业之七世孙也[72]。

十二月，乙巳[73]，还东都。

突厥颉利发[74]辞归，上厚赐而遣之，竟不许婚。

（以上为第十五段，写唐玄宗上泰山封禅。）

【注释】

[1]裴光庭（676—733）：绛州闻喜（今山西闻喜县东北）人。字连城。历任清要之职，勤于公事，官至宰相。传见《旧唐书》卷八十四、《新唐书》卷一百八。 [2]升中于天：取《礼记》"因名山升中于天"之语，指封禅泰山。 [3]昭：彰。 [4]未决许：未决定许婚。 [5]卧鼓：犹息鼓。 [6]光庭，行俭之子也：裴行俭善书法，通兵术，有知人之明，为高宗时名臣。 [7]中书直省：官名。以他官值中书省，称作直省。 [8]袁振：事见《旧唐书》卷一百九十四上《突厥

传》、《新唐书》卷二百一十五下《突厥传》下等。［9］环坐：围坐。［10］阿史德颉利发：事见《旧唐书》卷一百九十四上《突厥传》。［11］庚寅：五月八日。［12］刘定高：生平不详。据《旧唐书》卷一百八十五下及《新唐书》卷一百三十，似为河南人。［13］丙戌：九月六日。［14］有年：丰收之年。［15］癸丑：十月三日。［16］水运浑天：靠水力传动的浑天仪，用铜制作。此浑天铜仪是中国8世纪20年代的重大科技发明，模拟天象，并报时辰，是天象仪与计时仪的合体，又极为精密，可惜史书只寥寥记载，连发明人都没有做记录。中国封建社会不重视科学技术，于此可见一斑。［17］列宿：各种星宿。［18］激轮：冲激轴轮。［19］昼夜一周：一昼夜旋转一圈。［20］络：捆缚。［21］缀：连缀。［22］逆天而行：据《旧唐书·天文志》，天西转一匝，日东行一度，月行十三度十九分度之七。凡二十九转有余，日月相会。三百六十五转日行一周。［23］淹速：迟速，快慢。［24］匮：同“柜”。［25］刻：计时单位。古代以铜漏计时，分一昼夜为一百刻。昼与夜刻数因节令而变化。冬至昼四十五刻，夜五十五刻；夏至昼六十五刻，夜三十五刻；春分秋分，昼五十五刻半，夜四十四刻半。［26］辰：亦为计时单位，相当于两小时。［27］辛酉：十月十一日。［28］顿：止宿之所。［29］被野：犹遍野。［30］辇载：用辇车运载。［31］供具之物：摆设酒食的器物。［32］丙戌：十一月六日。［33］至泰山下：据章校，十二行本“下”下有“己丑，上备法驾至山足”九字。己丑，十一月九日。［34］御马：乘马。《开天传信记》作乘白骡。司马光认为白骡近怪，遂据《旧唐书·礼仪志》立说。［35］祠官：掌管祭祀事宜的官员。［36］仪卫：仪仗和侍卫。［37］玉牒：封禅所用的文书。［38］秘：秘密。［39］苍生：百姓。［40］庚寅：十一月十日。［41］乾封故事：乾封元年（666）封禅之事。［42］辛卯：十一月十一日。［43］社首：社首山。［44］壬辰：十一月十二日。［45］帐殿：用帷幄临时连起的宫殿。［46］加三公一等：古制，四岳视三公。泰山礼秩加三公一等，地位即高于其他三岳。其他三岳为西岳华山，北岳恒山，南岳衡山。［47］两省吏：中书、门下官吏。［48］但：只。［49］加勋：加策勋。［50］国马：国家的牧马。［51］赤岸泽：在今陕西大荔县西南。［52］张万岁：事见《旧唐书》卷五十五《刘武周传》，《新唐书》卷五十《兵志》、卷八十六《刘武周传》。［53］蕃息：繁殖生息。［54］及：至。［55］分为八坊、四十八监，各置使以领之：八坊指保乐坊、甘露坊、南普闰坊、北普闰坊、岐阳坊、太平坊、宜禄坊、安定坊。四十八监分布于秦、兰、原、渭四州及河曲之地。唐制，凡马五千匹为上监，三千匹以上为中监，一千匹以上为下监。置使，指置群牧使而言。［56］一缣易一马：用一匹缣即可换一匹马。言马价甚低。缣，双丝细绢。［57］垂拱：武则天年号（685—688）。［58］潜耗：不知不觉中逐渐消耗。［59］色别为群：以毛色相同的组成一群。［60］云锦：彩云锦绣。［61］癸巳：十一月十三日。［62］甲午：十一月十四日。［63］庚申：十一月辛巳朔，无庚申。两《唐书·玄宗纪》作“丙申”，即十一月十六日。当改“庚”为“丙”。［64］幸孔子宅致祭：至曲阜孔宅祭祀孔子。［65］宋州：治所睢阳，在今河南商丘市。［66］刺史寇泚预焉：寇泚二月出任宋州刺史。［67］屡遣使臣分巡诸道：多次派遣十道按察使巡视天下。［68］饩（xì）牵：对猪、牛、羊等牲畜的称呼。［69］市恩：讨好皇帝，市买君恩。［70］不借誉于左右：不贿赂君王之左右，以求其在皇帝面前说自己的好话。［71］定州：两《唐书·裴耀卿传》均作“宣州”。［72］耀卿，叔业之七世孙也：裴叔业初仕萧齐，东昏侯时，叛齐入魏。传见《南齐书》卷五十一、《魏书》卷七十一、《北史》卷四十五。［73］乙巳：十二月庚戌朔，无乙巳。两《唐书·玄宗纪》作“己巳”，即十二月二十日。当改“乙”为“己”。［74］颉利发：即阿史德颉利发。

王毛仲有宠于上，百官附之者辐凑[1]。毛仲嫁女，上问何须[2]。毛仲顿首对曰：“臣万事已备，但未得客。”上曰：“张说、源乾曜辈岂不可呼邪？”对曰：“此则得之。”上曰：“知汝所不能致者一人耳，必宋璟也。”对曰：“然。”上笑曰：“朕明日为汝召客。”明日，上谓宰相：“朕奴毛仲[3]有婚事，卿等宜与诸达官悉诣其第[4]。”既而日中，众客未敢举箸[5]，待璟，久之，方至，先执酒西向拜谢，饮不尽卮[6]，遽称腹痛而归。璟之刚直，老而弥笃。

先是，契丹王李吐干与可突干复相猜忌[7]，携公主来奔，不敢复还，更封辽阳王，留宿卫；可突干立李尽忠之弟邵固为主。车驾东巡，邵固诣行在，因从至泰山，拜左羽林大将军、静折军[8]经略大使。

上疑吏部选试不公，时选期已迫，御史中丞宇文融密奏，请分吏部为十铨。甲戌[9]，以礼部尚书苏颋等十人掌吏部选，试判[10]将毕，遽召入禁中决定，吏部尚书、侍郎皆不得预。左庶子吴兢上表，以为：“陛下曲受谗言，不信有司，非居上临人[11]推诚感物[12]之道。昔陈平[13]、邴吉[14]，汉之宰相，尚不对钱谷之数[15]，不问斗死之人[16]；况大唐万乘之君，岂得下行铨选之事乎！凡选人书判，并请委之有司，停此十铨。”上虽不即从，明年复故。

是岁，东都斗米十五钱，青、齐五钱[17]，粟三钱。

于阗王尉迟眺阴结[18]突厥及诸胡谋叛，安西副大都护杜暹发兵捕斩之，更为立王。

（以上为第十六段，写唐玄宗尊宠家奴，亲任选官主考。）

【注释】

［1］辐凑：车辐集中于轴心。比喻归附者甚众。［2］须：求。［3］朕奴毛仲：王毛仲因父

犯罪没官，曾为僮仆，服侍玄宗左右。故唐玄宗称之为奴。［4］诣其第：前往其家祝贺。［5］箸：同“箸”。［6］卮：一种盛酒的器皿，犹酒杯。［7］契丹王李吐干与可突干复相猜忌：李吐干，契丹王李郁于之弟。两《唐书·契丹传》作“李吐于”。开元十二年袭契丹王位。猜忌，猜疑妒忌。［8］静折军：《唐会要》卷九十六、《旧唐书》卷一百九十九下、《新唐书》卷二百一十九作“静析”。待考。［9］甲戌：十二月二十五日。［10］试判：考试书判。［11］临人：临民。［12］感物：犹感人。［13］陈平（?—前178）：汉初阳武（今河南原阳县东南）人。西汉开国功臣之一，在汉朝建立的过程中诛诸吕，立有大功。后迎立文帝，担任丞相。传见《史记》卷五十六、《汉书》卷四十。［14］邴吉（?—前55）：曾治巫蛊之狱，任宣帝丞相。传见《史记》卷九十六、《汉书》卷七十四。［15］不对钱谷之数：汉文帝在一次翰会上问右丞相周勃，一年之中全国的钱谷是多少，周勃回答不出，汗流沾背，十分尴尬。汉文帝问左丞相陈平，陈平回答说：“请陛下问主管部门。”汉文帝说，国家政务各有主管部门，丞相职责是什么？陈平回答说：“丞相是上辅天子，下理万物，外抚四夷，内亲百姓，使各个主管部门各任其职。”意谓丞相管大事，不管小事。见《资治通鉴》卷十三汉文帝前元元年。［16］不问斗死之人：汉宣帝丞相邴吉，一次外出，见到因争道而打群架死伤了许多人，邴吉像什么都没有看到的一样，不去问人的死伤。邴吉的部属不理解，邴吉说：“群从斗殴，死伤了人，是地方长安令应管的事。丞相不管小事，应管的是各级官员是否尽职办事。”时人称赞邴吉识大体。事见《汉书》卷七十四《邴吉传》。［17］青、齐五钱：青、齐二州斗米五钱。［18］阴结：暗中勾结。

【点评】

唐玄宗开元之治的前期政治。本卷记事起开元六年到十三年，凡八年史事。此时期，唐玄宗与朝政大臣仍沿袭开元初励精图治的政治轨迹向前发展。唐玄宗还保持着清醒的头脑，纳谏用贤，宋璟、源乾曜、张嘉贞、张说相继为相，诸贤均一时之选。君臣兢兢业业，仍保持君明臣贤的政治局面。开元十三年（725）十一月，唐玄宗上泰山封禅，确实是实至名归，封禅是祭天告成功的大典，唐朝达于鼎盛，唐玄宗当之无愧。封禅是开元之治前期政治达于鼎盛的标志。

宋璟为相，荐贤才以杜绝奸巧仕进，唐玄宗与宋璟都不为亲故滥授一官。宋璟的远房叔父宋元超已被选入，由吏部授官。由于宋元超自称是宋璟族叔，想得到优待，宋璟知道后反而免去了他的入选资格。宋璟治反狱，只诛元恶，刑法宽平。唐玄宗惩贪，依然雷厉风行。武强令裴景仙因乞求非法所得绢五千匹，唐玄宗要集众诛杀。依法裴景仙非法乞取不致死罪，又是独子，还是开国功臣裴寂的后代，大理卿李朝隐力争，裴景仙才得以免死，改流放至岭南最偏远的地方。宰相张嘉贞，因弟弟贪赃而受株连免相。唐玄宗很重视地方官都督、刺史的任用，选拔京官中有才望的人外放任职，此时期继续推行。慎选举、缓刑、惩贪、注重地方官人选，这些是开元盛世清平政治的主流。

这一时期，唐玄宗还加强了中央集权的施政措施与制度建设。主要有以下几个方面。其一，检括户口，国家多得八十余万户与相应的田亩。其二，禁恶钱。开元七年（719）二月，唐玄宗下诏由太府以及州县粮仓出粟十万卖给百姓，回收劣质钱销毁。劣质钱是私铸的恶钱，如同今之伪钞。恶钱泛滥，影响官钱流通，导致奸民与国争利，通货膨胀，百姓受害。国家储粮积久而腐败，用来回收恶钱销毁，表明国家禁绝恶钱的决心，起到动员民众抵制恶钱的作用。可是这项善政，触动了既得利益者，遭到权贵的反对，唐玄宗没有贯彻到底，宋璟还因此丢了官。其三，禁闭诸王。诸王是最有可能夺取帝位的人。唐玄宗本人就是以诸王资格发动禁卫军诛杀韦皇后而取得太子地位的。开元十年（722），唐玄宗严令宗室、外戚、驸马，非至亲不得往来，更不能与百官交结。光禄少卿驸马都尉裴虚己与岐王李范游宴，裴虚己被流放新州，被迫与公主离婚。万年尉刘庭琦、太祝张谔与李范饮酒赋诗，两人均遭贬逐。后来宰相张说也因私入岐王李范宅第而被贬官出朝。唐玄宗兄弟封王的有五人，皇子封王的有十六人，诸王被集中安置在宫城旁的诸王小区，每王各一宅，在生活上受到优越待遇，但不得任职事，行动也不自由，有宦官监管。诸王小区称为十王宅，也称十六宅。后来皇孙渐多，小区扩大为百孙院，也派宦官监管。皇太子不住东宫，紧随皇帝住在别院，实际也在宦官的监视之下。唐玄宗如此猜忌诸王和信用宦官，在中唐以后产生了严重后果，皇帝的废立和生命都掌握在宦官手中。唐宦官政权消灭，唐朝也就灭亡，重演了东汉末年的一幕。其四，改兵制。唐初实行府兵制是寓兵于农的一种兵制。府兵制，即征兵制，类似义务兵役制，兵农合一。平时大部分从事农耕，少部分轮番到京师宿卫或边关戍守。战时征发，战后士兵归农，将帅归朝，将帅不可能拥兵自重。但府兵制到开元时已经败坏。原因是唐高宗、武则天时不断用兵，府兵制难以承担。官场腐败，贪污盛行，边兵将领自肥与向上级和朝官行贿，财源来自对士兵的剥削，又把戍兵当作奴仆使用，许多士兵被凌辱致死。作战立功的士兵，战后回到原籍，州县官不予承认。于是府兵逃亡日盛。在高宗后期，作战兵员已经不足，只好临时招募。开元十年（722），朔方节度使张说认为当时边境无强寇，建言裁减边兵二十万归农。平时戍守，边兵有六十万，京师宿卫十余万，张说建言用募兵制取代府兵制，招募壮士宿卫京师，免其杂役，唐玄宗采纳，十天之内得精兵十二万，分隶诸卫。称为长从宿卫。从此，兵农分家，招募兵成了职业兵。开元十三年（725），长从宿卫更名“彍骑”，分隶十二卫。到了开元二十五年（737），边镇戍兵也入为招募兵，号长征兵。第二年，招募兵足额，原有士兵一概放还本籍。《新唐书·兵志》说，唐王朝统治二百多年间发生了三变。唐初府兵，府兵废而有彍骑，彍骑又废，地方武装力量兴起，即节度使割据武装。征兵制改为募兵制，兵农分离，怀有野心的镇边将帅与职业兵结合，变国家武装为私人武装，中唐以后，节度使往往拥兵自重，割据祸乱不可避免地发生了。这些都是后话，我们不能用后来的发展责备唐玄宗、张说改兵制，因为这是形势使然。开元时府兵制已完全破坏，如果不改募兵制，全国将陷于无兵的状态，一旦有事，何以应敌？唐玄宗改兵制是形势使然，但它潜在的忧患被开元盛世掩盖了。

司马迁写《史记》，“通古今之变”，提出观察历史的方法，要“原始察终，见盛观衰”。“原始察终”就是追原其始，察究其终，把握历史演变的全过程，来看它的原因、经过、发展和结果。“见盛观衰”，就是在兴旺的时候，要看到它将转变的起点。唐玄宗的开元之治是成功的，他受任于国家危难之际，拨乱反正，纳谏用贤，把国家治理得井井有条，同时为了防范诸王夺权，信用宦官与禁闭诸王，改兵制，后来又增置节度使，结果却埋下了唐中后期的祸患。

卷二一三　唐纪二十九

唐玄宗开元十四年至二十一年（726—733 年）

【起柔兆摄提格（丙寅，726 年），尽昭阳作噩（癸酉，733 年），凡八年】

【大事提要】

本卷记事起公元 726 年，讫公元 733 年，凡八年，当唐玄宗开元十四年到开元二十一年。这一时期是开元之治的中期。国家制度继续完善。军人戍边，五年一轮换。户籍与赋税，三年普查一次，定为九等。开元二十一年（733），唐玄宗在全国十道的基础上分置十五道。京师繁盛，粮食供应不足，沿河、渭广置粮仓，以储江南谷物。唐玄宗志得意满，政治悄悄地发生变化。大臣之间的争权日益尖锐和公开化，张说与杜暹议事多异，韩休与萧嵩在玄宗面前也争论不休。玄宗各打五十大板，统统贬官。此时唐玄宗颇尚武功，立太公庙，以古良将配享为十哲，受到司马光的批评。纵容边将轻启事端，凉州都督王君㚟交恶吐蕃，致战争不断。北方突厥策应吐蕃扰边。岭南獠人叛乱。此时唐朝国力盛强，边衅未酿成大祸，吐蕃纳贡求和亲。但开元之治已从鼎盛开始悄悄发生转折。韩休为相，唐玄宗节制纵兵，身为之消瘦，言于左右曰："吾貌虽瘦，天下必肥，吾用韩休，为社稷耳，非为身也。"但不足一年即罢退韩休。又宠信家奴与宦官，玄宗已失英主锐气。

玄宗至道大圣大明孝皇帝中之上

开元十四年（丙寅，726 年）

春，正月，癸未[1]，更立契丹松漠王李邵固为广化王，奚饶乐王李鲁苏为奉诚王。以上从甥陈氏为东华公主[2]，妻邵固；以成安公主[3]之女韦氏为东光公主，妻鲁苏。

张说奏："今之五礼[4]，贞观、显庆两曾修纂[5]，前后颇有不同，其中或未折衷[6]。望与学士等讨论古今，删改施行。"制从之。

邕州封陵[7]獠梁大海等据宾、横州[8]反；二月，己酉[9]，遣内侍杨思勖发兵讨之。

上召河南尹崔隐甫[10]，欲用之，中书令张说薄其无文，奏拟金吾大将军；前殿中监崔日知素与说善，说荐为御史大夫；上不从。丙辰[11]，以日知为左羽林大将军，丁巳[12]，以隐甫为御史大夫。隐甫由是与说有隙。

说有才智而好贿，百官白事[13]有不合者，好面折[14]之，至于叱骂。恶御史中丞宇文融之为人，且患其权重[15]，融所建白，多抑之。中书舍人张九龄言于说曰："宇文融承恩用事，辩给多权数，不可不备。"说曰："鼠辈[16]何能为！"夏，四月，壬子[17]，隐甫、融及御史中丞李林甫[18]共奏弹说"引术士占星，徇私僭侈，受纳贿赂。"敕源乾曜及刑部尚书韦抗、大理少卿明珪[19]与隐甫等同于御史台鞫之。林甫，叔良[20]之曾孙；抗，安石之从父兄子也[21]。

丁巳[22]，以户部侍郎李元纮为中书侍郎、同平章事。元纮以清俭著，故上用为相。

源乾曜等鞫张说，事颇有状，上使高力士视说，力士还奏："说蓬首垢面，席藁[23]，食以瓦器[24]，惶惧待罪。"上意怜之。力士因言说有功于国，上以为然。庚申[25]，但罢说中书令，余如故。

丁卯[26]，太子太傅岐王范薨，赠谥惠文太子。上为之撤膳累旬[27]，百官上表固请，然后复常。

丁亥[28]，太原尹张孝嵩奏，"有李子峤者，自称皇子，云生于潞州，母曰赵妃。"上命杖杀之。

辛丑[29]，于定、恒、莫、易、沧五州置军[30]以备突厥。

（以上为第一段，写张说好贿而又爱面折他人，为政敌所构下狱，赖高力士护佑得免于刑。）

【注释】

[1]癸未：正月四日。[2]东华公主：宗室外甥女。见《旧唐书》卷八《玄宗纪》上、卷一百九十九下《契丹传》。[3]成安公主：唐中宗第八女，字季姜，下嫁韦捷。事见《唐会要》卷六《公主》、《新唐书》卷八十三《成安公主传》。[4]五礼：指吉礼、凶礼、军礼、宾礼和嘉礼。

[5]贞观、显庆两曾修纂：唐太宗贞观年间，令房玄龄、魏徵等在隋朝旧礼的基础上修成《贞观礼》一百卷。唐高宗显庆时，又令长孙无忌、杜正伦、李义府、李友益、刘祥道、许圉师、许敬宗、韦琨、史道玄、孔志约等重加辑定，增至一百三十卷，称作《显庆礼》。[6]折衷：调和二者，取其中正，无所偏颇。[7]封陵：县名。故治在今广西南宁市东北。[8]宾、横州：宾州治所在今广西宾阳县西南。横州治所在今广西横县南。[9]己酉：二月庚戌朔，无己酉。正月有之，为正月三十日。待考。[10]崔隐甫：贝州武城（今山东武城县西）人。曾任洛阳令、太原尹、御史大夫等职，颇有威名。传见《旧唐书》卷一百八十五下、《新唐书》卷一百三十。[11]丙辰：二月七日。[12]丁巳：二月八日。[13]白事：陈事。[14]面折：当面折挠。[15]患其权重：时宇文融任御史中丞，兼户部侍郎。故张说患其权重。[16]鼠辈：犹鼠子。蔑视他人之词。此处指宇文融而言。[17]壬子：四月四日。[18]李林甫（？—752）：唐宗室成员。善音律。曾任千牛直长、太子中允、国子司业等职。为人口蜜腹剑。在相位十九年，权倾内外，使政事日益败坏。传见《旧唐书》卷一百零六、《新唐书》卷二百二十三上。[19]明珪：人名。《旧唐书·张说传》作“胡珪”。待考。[20]叔良：李林甫之曾祖李叔良为高祖从父弟，封长平王。[21]抗，安石之从父兄子：韦安石相武则天及唐中宗，贬死于开元之初。[22]丁巳：四月九日。[23]席藁：坐在藁草之上。[24]食以瓦器：用粗的陶器盛饭。[25]庚申：四月十二日。[26]丁卯：四月十九日。[27]累旬：数旬。[28]丁亥：四月己酉朔，无丁亥。五月有之，为五月十日。[29]辛丑：四月无辛丑。《册府元龟》卷九百九十二作五月辛丑，即五月二十四日。[30]于定、恒、莫、易、沧五州置军：据《唐会要》卷七十八等，其时在定州置北平军，在恒州置恒阳军，在莫州置唐兴军，在瀛州置高阳军，在沧州置横海军。开元二十年移高阳军至易州。《资治通鉴》云在易州置军，不准确。

上欲以武惠妃为皇后，或上言：“武氏乃不戴天[1]之仇，岂可以为国母[2]！人间盛言[3]张说欲取立后之功，更图入相之计。且太子非惠妃所生[4]，惠妃复自有子[5]，若登宸极[6]，太子必危。”上乃止。然宫中礼秩[7]，一如皇后。

五月，癸卯[8]，户部奏今岁户七百六万九千五百六十五，口四千一百四十一万九千七百一十二。

秋，七月，河南、北大水[9]，溺死者以千计。

八月，丙午[10]朔，魏州言河溢[11]。

九月，己丑[12]，以安西副大都护、碛西节度使杜暹同平章事。

自王孝杰克复四镇[13]，复于龟兹置安西都护府，以唐兵三万戍之，百姓苦其役；为都护者，惟田杨名[14]、郭元振、张嵩及暹皆有善政，为人所称。

冬，十月，庚申[15]，上幸汝州广成汤[16]；己酉[17]，还宫。

十二月，丁巳[18]，上幸寿安，猎于方秀川[19]；壬戌[20]，还宫。

杨思勖讨反獠[21]，生擒梁大海等三千余人，斩首二万级而还。

是岁，黑水靺鞨[22]遣使入见；上以其国为黑水州，仍为置长史[23]以镇之。

勃海靺鞨王武艺曰："黑水入唐，道由我境。往者请吐屯[24]于突厥，先告我与我偕行；今不告我而请吏于唐，是必与唐合谋，欲腹背攻我也。"遣其母弟门艺与其舅任雅[25]将兵击黑水。门艺尝为质子[26]于唐，谏曰："黑水请吏于唐，而我以其故击之，是叛唐也。唐，大国也。昔高丽全盛之时，强兵三十余万，不遵唐命，扫地无遗[27]。况我兵不及高丽什之一二，一旦与唐为怨[28]，此亡国之势也。"武艺不从，强遣之。门艺至境上，复以书力谏。武艺怒，遣其从兄大壹夏代之将兵，召[29]，欲杀之。门艺弃众，间道来奔[30]，制以为左骁卫将军。武艺遣使上表罪状门艺，请杀之。上密遣门艺诣安西；留其使者，别遣报云，已流门艺于岭南。武艺知之，上表称"大国当示人以信，岂得为此欺诳？"固请杀门艺。上以鸿胪少卿[31]李道邃[32]、源复[33]不能督察官属，致有漏泄，皆坐左迁。暂遣门艺诣岭南以报之。

臣光曰：王者所以服四夷[34]，威信[35]而已。门艺以忠获罪，自归天子；天子当察其枉直，赏门艺而罚武艺，为政之体也。纵不能讨，犹当正[36]以门艺之无罪告之。今明皇威不能服武艺，恩不能庇门艺，顾效小人为欺诳之语以取困于小国，乃罪鸿胪之漏泄，不亦可羞[37]哉！

杜暹为安西都护，突骑施交河公主遣牙官以马千匹诣安西互市。使者宣公主教[38]，暹怒曰："阿史那女[39]何得宣教于我！"杖其使者，留不遣；马经雪[40]死尽。突骑施可汗苏禄大怒，发兵寇四镇。会暹入朝，赵颐贞[41]代为安西都护，婴城自守[42]；四镇人畜储积，皆为苏禄所掠，安西仅存。既而苏禄闻暹入相，稍引退，寻遣使入贡。

（以上为第二段，写唐太宗诓骗勃海靺鞨国王，受到司马光的严厉批评。）

【注释】

[1]不戴天：意即不共戴天。[2]国母：帝王之母。[3]盛言：犹盛传。[4]太子非惠妃所生：时玄宗第二子李鸿为太子，其母为赵丽妃。[5]惠妃复自有子：武惠妃生三子：夏悼王一、怀思王敏、寿王瑁。李一与李敏早夭，瑁养于宁王邸中。见《新唐书》卷八十二。[6]若登宸极：如果武惠妃登上皇后宝座。宸极，本指北极星，此处比喻皇后之位。[7]礼秩：礼仪禄秩。[8]癸卯：五月二十六日。[9]七月，河南、北大水：《旧唐书·玄宗纪》作瀍水暴涨入漕，与此有所不同。[10]丙午：八月一日。[11]魏州言河溢：意即黄河在今河南濮阳市至山东阳谷县之间泛滥。[12]己丑：九月十五日。[13]王孝杰克复四镇：时在长寿元年（692）十月。四镇，指龟兹、疏勒、于阗、焉耆四镇。[14]田杨名：事见《旧唐书》卷一百九十八《龟兹传》、《新唐书》卷一百七《陈子昂传》、卷二百一十五上《突厥传》上、卷二百二十一上《龟兹传》。[15]庚申：十月十六日。[16]广成汤：以汉广成苑而得名，在汝州梁县界，即今河南汝州市一带。[17]己酉：两《唐书·玄宗纪》均作“己巳”，即十月二十五日。[18]丁巳：十二月十四日。[19]方秀川：在寿安县境内，即今河南宜阳县一带。[20]壬戌：十二月十九日。[21]杨思勖讨反獠：二月出征，至此凯旋。[22]黑水靺鞨：靺鞨诸部之一，生活在今黑龙江流域。[23]长史：胡三省说，“长史”恐当作“长吏”。按，《旧唐书》卷一百九十九下、《新唐书》卷二百一十九、《唐会要》卷九十六均作以其首领为都督，中国置长史，就其部落监领之。据此，仍当以“长史”为是。[24]吐屯：突厥官名。掌从属国之事。[25]任雅：两《唐书·勃海靺鞨传》皆作“任雅相”。[26]质子：人质。古代派往他国作抵押的人多为王子或世子，故称之为质子。[27]扫地无遗：意即亡国灭种。[28]为怨：为仇。[29]召：召门艺。[30]间道来奔：从小路来投奔唐朝。[31]鸿胪少卿：官名。唐制，鸿胪寺少卿二人，协助鸿胪卿掌宾客及凶仪之事。[32]李道邃：鲁王灵夔之孙。传见《旧唐书》卷六十四、《新唐书》卷七十九。[33]源复：见《新唐书》卷七十五上《宰相世系表》五上及卷二百一十九《渤海传》。[34]四夷：原指东夷、西戎、南蛮、北狄。这里是对周边少数民族的泛称。[35]威信：威望信誉。[36]正：正面。指严正，义正。[37]羞：羞愧，指唐玄宗以不诚外交欺瞒小国，使大唐蒙羞。大氏兄弟内讧，大门艺因忠于唐朝而被大武艺治罪，大门艺归附唐朝，唐朝大国应当理直气壮提供保护，唐太宗却用欺诈手段搪塞。司马光的批评是中肯的。[38]教：文体的一种，为上对下的告谕。[39]阿史那女：该公主系阿史那怀道之女。“交河”当为“金河”之误。[40]经雪：经过雪季。[41]赵颐贞：定州鼓城（今河北晋州市）人。事见《新唐书》卷二百《赵冬曦传》、《唐御史台精舍题名考》卷二、《唐方镇年表》卷八。[42]婴城自守：环城固守。

十五年（丁卯，727年）

春，正月，辛丑[1]，凉州都督王君㚟破吐蕃于青海之西。

初，吐蕃自恃其强，致书用敌国礼[2]，辞指[3]悖慢，上意常怒之。返自东封[4]，张说言于上曰："吐蕃无礼，诚宜诛夷[5]，但连兵十余年，甘、凉、河、鄯[6]，不胜其弊，虽师屡捷，所得不偿所亡。闻其悔过求和，愿听其款服[7]，以纾[8]边人。"上曰："俟吾与王君㚟议之。"说退，谓源乾曜曰："君㚟勇而无谋，常思侥幸[9]，若二国和亲[10]，何以为功！吾言必不用矣。"及君㚟入朝，果请深入讨之。

去冬，吐蕃大将悉诺逻寇大斗谷[11]，进攻甘州，焚掠而去。君㚟度其兵疲，勒兵蹑其后，会大雪，虏冻死者甚众，自积石军[12]西归。君㚟先遣人间道入虏境，烧道旁草[13]。悉诺逻至大非川，欲休士马，而野草皆尽，马死过半。君㚟与秦州[14]都督张景顺[15]追之，及于青海之西，乘冰而度。悉诺逻已去，破其后军，获其辎重羊马万计而还。君㚟以功迁左羽林大将军，拜其父寿为少府监致仕。上由是益事边功[16]。

（以上为第三段，写凉州都督王君㚟轻启边衅，唐与吐蕃交恶。）

【注释】

[1]辛丑：正月二十八日。[2]致书用敌国礼：递交书信用对等国的礼节。敌，对等，匹敌。[3]辞指：言辞旨意。[4]返自东封：东封返回后。[5]诛夷：诛戮夷灭。[6]甘、凉、河、鄯：皆州名。地当今甘肃张掖市、武威市、和政县及青海西宁市、海东市乐都区一带。[7]款服：诚服。[8]纾：缓解。[9]侥幸：偶然获得意外的利益。[10]若二国和亲，何以为功：如果两国和亲，则无立战功的机会。[11]大斗谷：即大斗拔谷。在今甘肃民乐县东南。[12]积石军：在今青海贵德县西。[13]烧道旁草：焚烧道路两边的野草。[14]秦州：治所在今甘肃天水市。[15]张景顺：事见《旧唐书》卷一百零三《王君㚟传》、卷一百九十六上《吐蕃传》上，《新唐书》卷一百三十三《王君㚟传》、卷二百一十六《吐蕃传》上。[16]益事边功：多从事拓边之武功。

初，洛阳人刘宗器[1]上言，请塞汜水旧汴口，更于荥泽[2]引河[3]入汴[4]；擢宗器为左卫率府胄曹[5]。至是，新渠填塞不通，贬宗器为循州[6]安怀戍主[7]。命将作大匠范安及[8]发河南、怀、郑、汴、滑、卫三万人疏旧渠，旬日而毕。

御史大夫崔隐甫、中丞宇文融，恐右丞相张说复用，数奏毁之，各为朋党。上恶之，二月，乙巳[9]，制说致仕，隐甫免官侍母，融出为魏州刺史。

乙卯[10]，制："诸州逃户，先经劝农使括定按比[11]后复有逃来者，随到准[12]白丁[13]例输当年租庸，有征役者先差[14]。"

夏，五月，癸酉[15]，上悉以诸子庆王潭等领州牧、刺史、都督、节度大使、大都护、经略使[16]，实不出外。

初，太宗爱晋王[17]，不使出阁；豫王[18]亦以武后少子不出阁，及自皇嗣为相王，始出阁。中宗之世，谯王[19]失爱，谪居外州；温王[20]年十七，犹居禁中。上即位，附苑城[21]为十王宅[22]，以居皇子，宦官押[23]之，就夹城参起居[24]，自是不复出阁；虽开府置官属及领藩镇，惟侍读[25]时入授书，自余王府官属，但岁时通名起居[26]；其藩镇官属，亦不通名。及诸孙浸多，又置百孙院[27]。太子亦不居东宫[28]，常在乘舆[29]所幸之别院。

上命妃嫔以下宫中育蚕，欲使之知女功[30]。丁酉[31]，夏至，赐贵近丝，人一綟[32]。

秋，七月，戊寅[33]，冀州河溢。

己卯[34]，礼部尚书许文宪公苏颋薨。

（以上为第四段，写张说罢相，唐玄宗在禁苑置王孙院安置皇室公子王孙，实质是禁闭宗室。）

【注释】

[1]刘宗器：事见《旧唐书》卷四十九。 [2]荧泽：据两《唐书·地理志》，"荧"当为"荥"之误。荥泽，县名。故治在今河南郑州市西北。 [3]河：黄河。 [4]汴：汴水。 [5]左卫率府胄曹：东宫官名。从八品下。 [6]循州：州名。治所在今广东惠州市东北。 [7]安怀戍主：唐制，兵戍长官称主。戍主有上中下之分。上戍主正八品下，中戍主从八品下，下戍主正九品下。[8]范安及：事见《旧唐书》卷八《玄宗纪》上、卷四十九《食货志》下。 [9]乙巳：二月二日。[10]乙卯：二月十二日。 [11]按比：按验排比。指审察年龄相貌，编排户籍。 [12]准：依。[13]白丁：未隶兵籍的青壮年。 [14]差：差遣。 [15]癸酉：五月一日。 [16]以诸子庆王潭等领州牧、刺史、都督、节度大使、大都护、经略使：据《旧唐书》卷八，以庆王潭为凉州都督

兼河西诸军节度大使，忠王浚为单于大都护、朔方节度大使，棣王洽为太原冀北牧、河北诸军节度大使，鄂王涓为幽州都督、河北节度大使，荣王滉为京兆牧、陇右节度大使，光王琚为广州都督、五府节度大使，仪王潍为河南牧，颍王沄为安东都护、平卢军节度大使，永王泽为荆州大都督，寿王清为益州大都督、剑南节度大使，延王洄为安西大都护、碛西节度大使，盛王沐为扬州大都督。[17]晋王：即后来的唐高宗李治，唐太宗第九子。[18]豫王：即后来的睿宗李旦。[19]谯王：唐中宗第二子李重福。[20]温王：唐中宗第四子李重茂。[21]苑城：在朱雀街东第五街安国寺东侧，十王宅即建于此。[22]十王宅：十王指庆王、忠王、棣王、鄂王、荣王、光王、仪王、颍王、永王、济王。其后盛王、寿王、陈王、丰王、恒王、凉王就封，附入内宅，十王宅改称作"十六王宅"。[23]押：管理。[24]参起居：参拜皇上起居。犹请安。[25]侍读：授课。当时引词学工书之人入教，称作"侍读"。[26]通名起居：通报姓名问候起居。[27]百孙院：在十王宅附近。华清宫中亦有十王院、百孙院。此乃唐玄宗猜忌诸王，集中监管，盖华宅广厦，外示恩宠，其实质是禁闭诸王。见《旧唐书》卷一百零七。[28]太子亦不居东宫：唐玄宗不让太子居东宫，而是居于自己寝宫的别院，亲自监管，猜疑心所使也。唐玄宗以诸王资格发动宫廷政变，得到太子之位，又以太子之重逼迫睿宗让位，所以猜疑心极重。[29]乘舆：皇帝车驾，代指皇帝。[30]女功：指妇女所从事的养蚕、缫丝、纺织、刺绣、缝纫等事。[31]丁酉：五月二十五日。[32]緉（lì）：量词。唐制，丝五两为绚，麻三斤为緉。不知丝緉关系如何，待考。[33]戊寅：七月八日。[34]己卯：七月九日。

九月，丙子[1]，吐蕃大将悉诺逻恭禄及烛龙莽布支[2]攻陷瓜州，执刺史田元献[3]及河西节度使王君㚟之父[4]，进攻玉门军[5]；纵所虏僧使归凉州，谓君㚟曰："将军常以忠勇许国，何不一战！"君㚟登城西望而泣，竟不敢出兵。

莽布支别攻常乐县[6]，县令贾师顺[7]帅众拒守。及瓜州陷，悉诺逻悉兵会攻[8]之。旬余日，吐蕃力尽，不能克，使人说降之；不从。吐蕃曰："明府[9]既不降，宜敛[10]城中财相赠，吾当退。"师顺请脱士卒衣；悉诺逻知无财，乃引去，毁瓜州城。师顺遽开门，收器械，修守备；虏果复遣精骑还，视城中，知有备，乃去。师顺，岐州人也。

初，突厥默啜之强也，迫夺铁勒之地，故回纥、契苾、思结、浑四部度碛徙居甘、凉之间以避之。王君㚟微时[11]，往来四部[12]，为其所轻；及为河西节度使，以法绳之。四部耻怨，密遣使诣东都自诉。君㚟遽发驿奏"四部难制，潜有叛计。"上遣中使往察之，诸部竟不得直[13]。

于是瀚海大都督回纥承宗[14]流瀼州[15]，浑大德[16]流吉州，贺兰都督契苾承明流藤州[17]，卢山都督[18]思结归国流琼州；以回纥伏帝难为瀚海大都督。己卯[19]，贬右散骑常侍李令问[20]为抚州[21]别驾，坐其子与承宗交游故也。

丙戌[22]，突厥毗伽可汗遣其大臣梅录啜入贡。吐蕃之寇瓜州也，遗毗伽书，欲与之俱入寇，毗伽并献其书。上嘉之，听于西受降城为互市，每岁赍缣帛数十万匹就市戎马[23]，以助军旅，且为监牧之种[24]，由是国马益壮焉。

闰月[25]，庚子[26]，吐蕃赞普与突骑施苏禄围安西城，安西副大都护赵颐贞击破之。

回纥承宗族子瀚海司马护输，纠合党众为承宗报仇。会吐蕃遣使间道诣突厥，王君㚟帅精骑邀之于肃州[27]。还，至甘州南巩笔驿[28]，护输伏兵突起，夺君㚟旌节，先杀其判官宋贞，剖其心曰："始谋者汝也。"君㚟帅左右数十人力战，自朝至晡[29]，左右尽死。护输杀君㚟[30]，载其尸奔吐蕃；凉州兵追及之，护输弃尸而走。

庚申[31]，车驾发东都，冬，己卯[32]，至西京。

辛巳[33]，以左金吾卫大将军信安王祎[34]为朔方节度等副大使。祎，恪之孙也[35]。以朔方节度使萧嵩为河西节度等副大使。时王君㚟新败，河、陇震骇。嵩引刑部员外郎裴宽[36]为判官，与君㚟判官牛仙客[37]俱掌军政，人心浸安。宽，漼之从弟也[38]。仙客本鹑觚[39]小吏，以才干军功累迁至河西节度判官，为君㚟腹心。

嵩又奏以建康军[40]使河北张守珪[41]为瓜州刺史，帅余众筑故城。板干裁立[42]，吐蕃猝至[43]，城中相顾失色[44]，莫有斗志。守珪曰："彼众我寡，又疮痍之余，不可以矢刃相持[45]，当以奇计取胜。"乃于城上置酒作乐。虏疑其有备，不敢攻而退。守珪纵兵[46]击之，虏败走。守珪乃修复城市，收合流散，皆复旧业。朝廷嘉其功，以瓜州为都督府，以守珪为都督。

悉诺逻威名甚盛，萧嵩纵反间于吐蕃，云与中国通谋，赞普召而诛之；吐蕃由是少衰。

十二月，戊寅[47]，制以吐蕃为边患，令陇右道及诸军团兵五万六千人，河西道及诸军团兵[48]四万人，又征关中兵万人集临洮，朔方兵万人集会州[49]防秋，至冬初，无寇而罢；伺虏入寇，互出兵腹背击之。

乙亥[50]，上幸骊山温泉；丙戌[51]，还宫。

（以上为第五段，写唐西方、北方边境不宁，吐蕃与突厥交相侵扰。）

【注释】

［1］丙子：九月七日。［2］烛龙莽布支：事见《旧唐书》卷九十九《萧嵩传》、卷一百三《王君㚟传》、卷一百九十六上《吐蕃传》上。［3］田元献：见《新唐书》卷五《玄宗纪》、卷一百一《萧嵩传》、卷一百三十三《王君㚟传》、卷二百一十六上《吐蕃传》上等。［4］王君㚟之父：名寿，拜少府监，致仕，居于故乡瓜州。［5］玉门军：在今甘肃玉门市西北。［6］常乐县：属瓜州，在今甘肃瓜州县南。［7］贾师顺：岐州（今陕西宝鸡市、岐山县一带）人。后官至左领军将军。事见《旧唐书》卷一百三《王君㚟传》、《新唐书》卷一百三十三《王君㚟传》、《唐方镇年表》卷八。［8］悉兵会攻：合兵围攻。［9］明府：对县令的称呼。唐人在习惯上称县令为明府，亦将刺史称为明府。［10］敛：收敛。［11］微时：未显达的时候。［12］四部：指回纥、契苾、思结、浑。［13］直：伸冤。［14］回纥承宗：即回纥首领承宗。回纥，民族名；承宗，人名。承宗为回纥首领伏帝匐之子。见《旧唐书》卷一百九十五《回纥传》、《新唐书》卷二百一十七上《回鹘传》上。［15］瀼州：治所在今广西上思县西南。［16］浑大德：浑部首领大德。［17］藤州：州名。治所在今广西藤县东北、北流江东岸。［18］卢山都督：其府治所在今蒙古国车车尔勒格西南。［19］己卯：九月十日。［20］李令问：唐初名将李靖之孙。年轻时与唐玄宗友善。玄宗即位后，拜殿中少监。预诛窦怀贞，封宋国公。生活奢侈，常以游猎自娱。传见《旧唐书》卷六十七、《新唐书》卷九十三。［21］抚州：治所在今江西抚州市临川区西。［22］丙戌：九月十七日。［23］戎马：战马。［24］种：马种。［25］闰月：闰九月。［26］庚子：闰九月二日。［27］肃州：治所在今甘肃酒泉市。［28］至甘州南巩笔驿：时在闰九月二十二日。巩笔驿，位于今甘肃张掖市西南。［29］晡：申时，当今下午三时至五时。［30］护输杀君㚟：张说《王君㚟碑》作“薨于巩笔亭”，不言被杀，是为讳词。［31］庚申：闰九月二十二日。［32］己卯：闰九月己亥朔，无己卯。两《唐书·玄宗纪》均系之于十月。十月己卯即十月十一日。当在“冬”下补“十月”二字。［33］辛巳：十月十三日。［34］信安王祎（?—743）：为政清严，颇有战功。官至太子太师。传见《旧唐书》卷七十六、《新唐书》卷八十。［35］祎，恪之孙也：吴王恪，太宗第三子，有文武才干，高宗时被长孙无忌诬杀。［36］裴宽（681—755）：绛州闻喜（今山西闻喜县东北）人。善骑射、弹棋、投壶，历任润州参军、太常博士、户部侍郎、蒲州刺史、户部尚书等职，政尚清简，为人所爱。传见《旧唐书》卷一百零三、《新唐书》卷一百三十。［37］牛仙客（675—742）：泾州鹑

觚（今甘肃灵台县）人。后任河西节度使，清勤奉公，官至宰相。传见《旧唐书》卷一百零三、《新唐书》卷一百三十三。［38］宽，漼之从弟也：裴宽的堂弟裴漼曾任监察御史、中书舍人、吏部侍郎，善于敷奏，官至太子宾客。［39］鹑觚：县名。故治在今甘肃灵台县。［40］建康军：在今甘肃高台县西南。［41］张守珪（?—738）：陕州河北（今山西平陆县）人。善骑射。历任鄯州刺史、陇右节度使、河北节度副大使等职，曾大败契丹，官至辅国大将军、右羽林大将军。传见《旧唐书》卷一百三、《新唐书》卷一百三十三。［42］板干裁立：筑墙的夹板刚树起来。干，筑墙时立在两头的木板。裁，通“才”。［43］猝（cù）至：突然到来。［44］失色：因惊恐而改变脸色。［45］相持：相拒。［46］纵兵：全线出击。［47］戊寅：十二月十一日。［48］团兵：即团结兵，府兵制度破坏后，政府拣选家境较好、身强力壮的丁男，免除其赋税徭役，定期进行训练，作为一种武装力量。［49］会州：治所在今甘肃靖远县。［50］乙亥：十二月八日。此条应移于“戊寅”条上。［51］丙戌：十二月十九日。

十六年（戊辰，728年）

春，正月，壬寅[1]，安西副大都护赵颐贞败吐蕃于曲子城。

甲寅[2]，以魏州刺史宇文融为户部侍郎兼魏州刺史，充河北道宣抚使[3]。

乙卯[4]，春、泷等州[5]獠陈行范、广州獠冯璘、何游鲁[6]反，陷四十余城。行范称帝，游鲁称定国大将军，璘称南越王，欲据岭表；命内侍杨思勖发桂州及岭北近道兵讨之。

丙寅[7]，以魏州刺史宇文融检校汴州刺史，充河南北沟渠堤堰决九河[8]使。融请用《禹贡》[9]九河故道开稻田，并回易陆运钱，官收其利；兴役不息，事多不就。

二月，壬申[10]，以尚书右丞相致仕张说兼集贤殿学士。说虽罢政事，专文史之任，朝廷每有大事，上常遣中使[11]访之[12]。

壬辰[13]，改彍骑为左右羽林军飞骑[14]。

秋，七月，吐蕃大将悉末朗寇瓜州，都督张守珪击走之。乙巳[15]，河西节度使萧嵩、陇右节度使张忠亮[16]大破吐蕃于渴波谷[17]；忠亮追之，拔其大莫门城[18]，擒获甚众，焚其骆驼桥而还。

八月，乙巳[19]，特进张说上《开元大衍历》[20]，行之。

辛卯[21]，左金吾将军杜宾客破吐蕃于祁连城[22]下。时吐蕃复入寇，萧嵩遣宾客将强弩四千击之。战自辰至暮，吐蕃大溃，获其大将一人；虏散走投山，哭声四合。

冬，十月，己卯[23]，上幸骊山温泉；己丑[24]，还宫。

十一月，癸巳[25]，以河西节度副大使萧嵩为兵部尚书、同平章事。

十二月，丙寅[26]，敕："长征兵[27]无有还期，人情难堪[28]；宜分五番，岁遣一番还家洗沐[29]，五年酬勋五转[30]。"

是岁，制户籍三岁一定[31]，分为九等[32]。

杨思勖讨陈行范，至泷州，破之，擒何游鲁、冯璘。行范逃于云际、盘辽二洞[33]，思勖追捕，竟生擒，斩之，凡斩首六万。思勖为人严，偏裨[34]白事者不敢仰视，故用兵所向有功。然性忍酷[35]，所得俘虏，或生剥面皮，或以刀剺发际，掣去头皮；蛮夷惮之。

（以上为第六段，唐军大败犯边之吐蕃，平定岭南獠人叛乱。唐玄宗实施戍边军人五年轮替制度，以及三年普查户口一次。）

【注释】

[1]壬寅：正月五日。 [2]甲寅；正月十七日。 [3]宣抚使：使职名称。唐政府派朝臣巡视经过战争或受过灾害的地区，称之为宣抚使。宣抚使之号始于此。 [4]乙卯：正月十八日。 [5]春、泷等州：地当今广东罗定市、阳春市一带。 [6]陈行范、广州獠冯璘、何游鲁：皆獠人首领。事见《旧唐书》卷八《玄宗纪》上、卷一百八十四《杨思勖传》,《新唐书》卷二百零七《杨思勖传》。 [7]丙寅：正月二十九日。 [8]九河：黄河自孟津以下的九条支流。据《尔雅·释水》，九河为徒骇、太史、马颊、覆釜、胡苏、简水、絜水、钩盘、鬲津。古道湮废已久，位置不详。 [9]《禹贡》:《尚书》篇名。作者不详。为我国最早的地理著作。对黄河流域的山川、土壤、物产、贡赋、交通等记述较详。 [10]壬申：二月六日。 [11]中使：宫中派出的使者，多由宦官充任。 [12]访之：咨询于张说。表明唐玄宗十分敬重张说。 [13]壬辰：二月二十六日。 [14]改彍骑为左右羽林军飞骑：开元十三年改"长从宿卫"为彍骑，今又改为左右羽林军飞骑。 [15]乙巳：七月十一日。 [16]张忠亮：《旧唐书》卷八、卷九十九,《新唐书》卷五、卷一百一、卷二百一十六上皆作"张志亮"，惟《旧唐书·吐蕃传》作"张忠亮"。待考。 [17]渴波谷：在青海湖西。 [18]大莫门城：在今青海共和县东南。 [19]乙巳：八月甲子朔，无乙巳。《旧唐书·玄宗纪》作"己巳"，即八月六日。 [20]《开元大衍历》：即《大衍历》。历法名。开元九年，僧一行奉诏作新历，十五年历成，一行病死。至此，张说进上新历。因一行立法，依据《易》象大衍之数，故名《大衍历》。又因该历修于开元年间，所以亦名《开元大衍历》。 [21]辛卯：八月

二十八日。［22］祁连城：在今甘肃民乐县东南。［23］己卯：十月十七日。［24］己丑：十月二十七日。［25］癸巳：十一月一日。［26］丙寅：十二月五日。［27］长征兵：即所谓长征健儿。指长期在军、守捉、镇、戍服役的官兵。［28］难堪：难以承受。［29］洗沐：沐浴。转指休息。［30］五年酬勋五转：唐制，勋官十二转，以转数多少区分地位的高低。一转武骑尉，视从七品。二转云骑尉，视正七品。三转飞骑尉，视从六品。四转骁骑尉，视正六品。五转骑都尉，视从五品。六转上骑都尉，视正五品。七转轻车都尉，视从四品。八转上轻车都尉，视正四品。九转护军，视从三品。十转上护军，视正三品。十一转柱国，视从二品。十二转上柱国，视正二品。［31］户籍三岁一定：唐高祖武德六年（623）即有此令，但未能很好执行。此后，户籍管理制度趋于完备。《唐会要》卷八十五载：户籍三年一造，起正月上旬。县司责手实计帐，赴州依式勘造。乡别为卷，总写三份。其缝皆注某州某县某年籍。州名用州印，县名用县印。三月三十日修毕。装订三份。一份送交尚书省，州、县各留一份。［32］分为九等：在造户籍之前，根据资产多少将每家每户分为不同的等级。自上上至下下凡九等。［33］云际、盘辽二洞：在今广东罗定市西南。［34］偏裨：偏将与裨将。泛指将佐。［35］忍酷：凶忍残酷。

十七年（己巳，729年）

春，二月，丁卯[1]，嶲州都督张守素[2]破西南蛮，拔昆明[3]及盐城[4]，杀获万人。

三月，瓜州都督张守珪、沙州刺史贾师顺击吐蕃大同军，大破之。

甲寅[5]，朔方节度使信安王祎攻吐蕃石堡城，拔之。初，吐蕃陷石堡城[6]，留兵据之，侵扰河右，上命祎与河西、陇右同议攻取。诸将咸以为石堡据险而道远，攻之不克，将无以自还，且宜按兵观衅[7]。祎不听，引兵深入，急攻拔之，乃分兵据守要害[8]，令虏不得前。自是河陇诸军游弈[9]，拓境千余里。上闻，大悦，更命石堡城曰振武军[10]。

丙辰[11]，国子祭酒杨玚[12]上言，以为："省司奏限天下明经、进士及第，每年不过百人。窃见流外出身[13]，每岁二千余人，而明经、进士不能居其什一，则是服勤道业[14]之士不如胥史[15]之得仕也。臣恐儒风浸坠，廉耻日衰。若以出身人太多，则应诸色[16]裁损，不应独抑明经、进士也。"又奏"诸司[17]帖试明经[18]，不务求述作大指[19]，专取难知，问以孤经绝句[20]或年月日；请自今并帖平文[21]。"上甚然之。

夏，四月，庚午[22]，禘于太庙。唐初，祫则序昭穆，禘则各祀于其室。至是，太常少卿韦绦[23]等奏“如此，禘与常飨不异；请禘祫皆序昭穆。”从之。绦，安石[24]之兄子也。

五月，壬辰[25]，复置十道及京、都两畿按察使[26]。

初，张说、张嘉贞、李元纮、杜暹相继为相用事，源乾曜以清谨自守，常让事于说等，唯诺署名而已。元纮、暹议事多异同[27]，遂有隙，更相奏列。上不悦，六月，甲戌[28]，贬黄门侍郎、同平章事杜暹荆州长史，中书侍郎、同平章事李元纮曹州[29]刺史，罢乾曜兼侍中，止为左丞相[30]；以户部侍郎宇文融为黄门侍郎，兵部侍郎裴光庭为中书侍郎，并同平章事；萧嵩兼中书令，遥领河西[31]。

开府[32]王毛仲与龙武将军葛福顺为婚。毛仲为上所信任，言无不从，故北门诸将多附之，进退唯其指使。吏部侍郎齐浣乘间言于上曰：“福顺典禁兵[33]，不宜与毛仲为婚。毛仲小人，宠过则生奸；不早为之所[34]，恐成后患。”上悦曰：“知卿忠诚，朕徐思其宜。”浣曰：“君不密则失臣[35]，愿陛下密之。”会大理丞麻察[36]坐事左迁兴州[37]别驾，浣素与察善，出城饯之，因道禁中谏语；察性轻险，遽奏之。上怒，召浣责之曰：“卿疑朕不密，而以语麻察，讵[38]为密邪？且察素无行[39]，卿岂不知邪？”浣顿首谢。秋，七月，丁巳[40]，下制：“浣、察交构[41]将相，离间君臣，浣可高州良德[42]丞，察可浔州皇化[43]尉。”

（以上为第七段，写齐浣食言，麻察卖友，险诐小人，双双遭斥逐。）

【注释】

[1]丁卯：二月六日。 [2]张守素：《旧唐书》卷八、卷一百八十八，《新唐书》卷五、卷一百九十五皆作“张审素”。当以张审素为是。张审素，河中解（今山西运城市西南）人。后被诬杀。[3]昆明：县名。县治在今四川盐源县。 [4]盐城：在昆明县境。 [5]甲寅：三月二十四日。 [6]石堡城：在今青海西宁市湟中区西。一说在今甘肃卓尼县西羊巴城。待考。 [7]按兵观衅：按兵不动，等待战机。衅，破绽，暇隙。 [8]要害：要冲，要地。 [9]游弈：流动出击。 [10]更命石堡城曰振武军：据《唐会要》卷七十八，时在四月，非三月之事。 [11]丙辰：三月二十六日。 [12]杨玚（约668—735)：华州华阴（今陕西华阴市）人。字瑶光。曾任麟游县令、侍御史、户部侍郎等职，官至左散骑常侍。传见《旧唐书》卷一百八十五下、《新唐书》卷一百三十。 [13]流外出身：由流外官入流为职事官的称流外出身。正途入仕有科举、门荫、勋官通过纳资或番上获取散官，然后参加铨选授官。佐史、胥史、六品以下中低级官员未入仕的子弟，

以致庶民，参加流外铨选取得入仕资格叫流外出身。流外官也有专门机构主持铨选。［14］服勤道业：精勤儒术。［15］胥史：官府中办理文书的小吏。［16］诸色：各科。［17］诸司：据章校，十二行本“诸”作“主”。［18］帖试明经：唐制，明经考试以帖经为主。所谓帖经，即掩盖所习经的两端，中间只留一行，裁纸为帖，每帖三字，随时增损，根据对答情况评分。［19］大指：指经文的主题、精义。［20］孤经绝句：指生僻的经文，晦涩的文字。［21］平文：平常诵读经文。平意即难度适中。此指常见的经文要列入考试内容。［22］庚午：四月十日。［23］韦绦：宰相韦安石之侄。曾任集贤院修撰、光禄卿，官至太子少师。传见《新唐书》卷一百二十二。［24］安石：韦安石，韦绍叔父，相武则天、唐中宗、唐睿宗三朝。［25］壬辰：五月三日。［26］复置十道及京、都两畿按察使：开元十二年停诸道按察使。雍、同、华、商、岐、邠为京畿，洛、汝为都畿。［27］异同：意为意见不一。“同”字在此无实意。［28］甲戌：六月十五日。［29］曹州：州名。治所在今山东曹县西北。［30］止为左丞相：止，只，仅。左丞相，即左仆射。开元元年（713）十二月一日改尚书左、右仆射为左、右丞相。止为左丞相，意即罢去宰相之职，专门管理尚书省事务。左丞相虽有丞相之名，而无丞相之实。［31］遥领河西：遥领河西节度使。［32］开府：官名。即“开府仪同三司”。［33］禁兵：此处禁兵指万骑而言。［34］不早为之所：不早点做出妥当的安置。［35］君不密则失臣：语出《易经·大传》。意思是说，如果君王不能保守秘密，就会失去进谏的忠臣。［36］麻察：河东（今山西永济市一带）人。曾任殿中侍御史等职。传见《新唐书》卷一百二十八。［37］兴州：州名。治所在今陕西略阳县。［38］讵：难道。［39］无行：无善行。［40］丁巳：七月二十九日。［41］交构：互相构陷。［42］良德：县名。县治在今广东高州市东北。［43］皇化：县名。故治在今广西桂平市东北。

八月，癸亥[1]，上以生日宴百官于花萼楼[2]下。左丞相乾曜、右丞相说帅百官上表，请以每岁八月五日为千秋[3]节，布于天下，咸令宴乐。寻又移社就千秋节[4]。

庚辰[5]，工部尚书张嘉贞薨。嘉贞不营家产，有劝其市[6]田宅者，嘉贞曰：“吾贵为将相，何忧寒馁！若其获罪，虽有田宅，亦无所用。比见朝士广占良田，身没之日[7]，适[8]足为无赖子弟酒色之资[9]，吾不取也。”闻者是之[10]。

辛巳[11]，敕以人间[12]多盗铸钱，始禁私卖铜铅锡[13]及以铜为器皿；其采铜铅锡者，官为市取。

宇文融性精敏，应对辩给[14]，以治财赋得幸于上，始广置诸使[15]，竞为聚敛，由是百官浸失其职而上心益侈[16]，百姓皆怨苦之。为人疏躁[17]多言，好自矜伐[18]，在相位，谓人曰："使吾居此数月，则海内无事[19]矣。"

信安王祎，以军功有宠于上，融疾之。祎入朝，融使御史李寅[20]弹之，泄于所亲。祎闻之，先以白上[21]。明日，寅奏果入，上怒，九月，壬子[22]，融坐贬汝州刺史，凡为相百日[23]而罢。是后言财利以取贵仕[24]者，皆祖于融。

冬，十月，戊午[25]朔，日有食之，不尽如钩。

宇文融既得罪，国用[26]不足，上复思之，谓裴光庭曰："卿等皆言融之恶，朕既黜之矣，今国用不足，将若之何！卿等何以佐朕？"光庭等惧不能对。会有飞状[27]告融赃贿事，又贬平乐[28]尉。至岭外岁余，司农少卿蒋岑奏融在汴州隐没[29]官钱钜万[30]计，制穷治其事，融坐流岩州[31]，道卒[32]。

十一月，辛卯[33]，上行谒桥、定、献、昭、乾五陵[34]；戊申[35]，还宫；赦天下，百姓今年地税[36]悉蠲[37]其半。

十二月，辛酉[38]，上幸新丰温泉[39]；壬申[40]，还宫。

（以上为第八段，写宇文融为相，始开聚敛之风。）

【注释】

[1]癸亥：八月五日。[2]花萼楼：即兴庆宫中的花萼相辉楼。[3]千秋节：千秋万岁节。取福寿绵长之意。后改千秋节为天长节。[4]移社就千秋节：把社日移到千秋节，即八月五日。社日是古代祭祀土神的日子。自古以来，皆以立春、立秋后的第五个戊日为社日。[5]庚辰：八月二十二日。关于张嘉贞死的时间、《旧唐书·玄宗纪》作七月辛丑，即七月十三日，与《资治通鉴》所载不同，待考。[6]市：购买。[7]身没之日：犹身死之后。[8]适：恰巧。[9]资：资本。[10]闻者是之：听到这话的人认为他说得对。[11]辛巳：八月二十三日。[12]人间：即民间。[13]禁私卖铜铅锡：私铸者以铜、铅、锡作为铸钱原料，故禁私卖旨在制止私铸货币的活动。[14]应对辩给：对答敏捷巧妙。辩给，能言善辩。[15]广置诸使：指宇文融在各道置劝农判官、劝农使，检括户口，征收赋税。[16]益侈：更加奢侈。[17]疏躁：粗疏急躁。[18]好自矜伐：喜欢夸耀自己才能、功绩或恩惠。[19]海内无事：天下太平。[20]李寅：两《唐书·宇文融传》皆作"李宙"。待考。[21]先以白上：先将宇文融使李寅弹劾他的事报告皇帝。[22]壬子：九月二十五日。[23]凡为相百日：宇文融六月十五日入相，至此历时九十九日。[24]贵仕：仕宦显达。犹贵位。[25]戊午：十月一日。[26]国用：国家的财政

开支。［27］飞状：飞书，犹匿名信。［28］平乐：县名。县治在今广西平乐县西。［29］隐没：潜藏吞没，犹贪污。［30］钜万：万万。“钜”同“巨”。［31］岩州：唐高宗调露二年（680）分横、贵二州而置。治所在今广西贵港市西南。［32］道卒：死于途中。［33］辛卯：十一月五日。［34］谒桥、定、献、昭、乾五陵：其顺序自东向西，以陵墓所在位置为定。又，谒五陵并非一日之事。据两《唐书·玄宗纪》，十一月五日为离开京师的时间。十日拜桥陵。十二日拜定陵。十三日拜献陵。十六日拜昭陵。十九日拜乾陵。桥陵，唐睿宗陵。定陵，唐中宗陵。献陵，唐高祖陵。昭陵，唐太宗陵。乾陵，唐高宗陵。［35］戊申：十一月二十二日。［36］地税：又名义仓税。始于贞观二年（628），亩税二升，以备凶年，本为济荒。后被官府挪用，性质发生变化，成为正税之一。［37］蠲：免除。［38］辛酉：十二月五日。［39］新丰温泉：即骊山温泉。骊山位于新丰（今陕西西安市临潼区）境。［40］壬申：十二月十六日。

十八年（庚午，730年）

春，正月，辛卯[1]，以裴光庭为侍中。

二月，癸酉[2]，初令百官于春月旬休[3]，选胜行乐[4]，自宰相至员外郎，凡十二筵[5]，各赐钱五千缗；上或御花萼楼邀其归骑[6]留饮，迭使起舞，尽欢而去。

三月，丁酉[7]，复给京官职田[8]。

夏，四月，丁卯[9]，筑西京外郭[10]，九旬而毕。

乙丑[11]，以裴光庭兼吏部尚书。先是，选司注[12]官，惟视其人之能否[13]，或不次超迁[14]，或老于下位，有出身[15]二十余年不得禄[16]者；又，州县亦无等级[17]，或自大入小，或初久后远[18]，皆无定制。光庭始奏用循资格[19]，各以罢官若干选而集[20]，官高者选少，卑者选多，无问能否，选满即注[21]，限年蹑级[22]，毋得逾[23]越，非负谴[24]者，皆有升无降；其庸愚沈滞[25]者皆喜，谓之“圣书”[26]，而才俊之士无不怨叹。宋璟争之不能得。光庭又令流外行署亦过门下省审[27]。

五月，吐蕃遣使致书于境上求和。

初，契丹王李邵固遣可突干入贡，同平章事李元纮不礼焉。左丞相张说谓人曰：“奚、契丹必叛。可突干狡而很[28]，专其国政久矣，人心附之。今失其心，必不来矣。”己酉[29]，可突干弑邵固，帅其国人并胁奚众叛降突厥，奚王李鲁苏及其妻韦氏、邵固妻陈氏皆来奔[30]。制幽州长史赵含章[31]讨之，又命中书舍人裴宽、给事中薛侃等于关内、河东、河南、北分道募勇士，六月，丙子[32]，以单于大都护忠王浚[33]领河北道行军元帅，以御史大夫李朝隐、京兆尹裴伷先副之，帅十八总管以讨奚、契丹。命浚与百官相见于光顺门[34]。张说退，谓学士孙逖[35]、韦述曰："吾尝观太宗画像，雅类[36]忠王，此社稷之福也。"

可突干寇平卢[37]，先锋使张掖乌承玼[38]破之于捺禄山。

壬午[39]，洛水溢，溺东都千余家。

秋，九月，丁巳[40]，以忠王浚兼河东道元帅，然竟不行。

吐蕃兵数败而惧，乃求和亲。忠王友[41]皇甫惟明[42]因奏事从容言和亲之利。上曰："赞普尝遗吾书悖慢[43]，此何可舍？"对曰："赞普当开元之初，年尚幼稚[44]，安能为此书！殆[45]边将诈为之，欲以激怒陛下耳。夫边境有事，则将吏得以因缘盗匿[46]官物[47]，妄述功状[48]以取勋爵[49]，此皆奸臣之利，非国家之福也。兵连不解，日费千金，河西、陇右由兹[50]困敝。陛下诚命一使往视公主[51]，因与赞普面相约结[52]，使之稽颡[53]称臣，永息边患，岂非御夷狄之长策乎！"上悦，命惟明与内侍张元方[54]使于吐蕃。

赞普大喜，悉出贞观以来所得敕书以示惟明。冬，十月，遣其大臣论名悉猎随惟明入贡，表称："甥世尚公主，义同一家。中间张玄表[55]等先兴兵寇钞，遂使二境交恶。甥深识[56]尊卑，安敢失礼！正为边将交构，致获罪于舅；屡遣使者入朝，皆为边将所遏[57]。今蒙远降使臣，来视公主，甥不胜喜荷[58]。傥使复修旧好，死无所恨！"自是吐蕃复款附。

庚寅[59]，上幸凤泉汤，癸卯[60]，还京师。

甲寅[61]，护密[62]王罗真檀入朝，留宿卫。

（以上为第九段，写裴光庭为吏部尚书，不重人才，论资排辈升迁官吏。唐边防稳固，与吐蕃恢复和亲，国势达于鼎盛。）

【注释】

［1］辛卯：正月六日。［2］癸酉：二月十八日。［3］旬休：又称旬假。唐制，百官每十日一休假。十日为旬，故称旬休或旬假。旬假之外，又有节令假、定省假和婚丧假。详见《唐会要》卷八十二、《唐六典》卷二。［4］选胜行乐：选择名胜之地，游宴行乐。［5］凡十二筵：共

十二桌酒席。［6］归骑：骑马出游归来的官员。［7］丁酉：三月十三日。［8］复给京官职田：开元十年（722）正月收职田，至是复给京官职田。［9］丁卯：四月十三日。［10］筑西京外郭：西京长安由皇城、宫城、外郭城三部分组成。外郭城又叫罗郭城，初建于隋。唐高宗永徽五年（654）十一月，曾征京兆百姓四万余人进行增筑。此次修筑亦带有补葺的性质。［11］乙丑：四月十一日。［12］注：拟注。［13］能否：贤能与否。［14］不次超迁：不依阶次，破格提拔。［15］出身：获得入仕资格。［16］禄：官禄。［17］无等级：没有一定等级可循。此指州县官吏而言。［18］初久后远：据章校，十二行本“久”作“近”。［19］用循资格：把资历作为注官的标准。［20］以罢官若干选而集：任满之后，以经选多少为次序参加冬集。唐制，每岁一选，自一选至十二选，视官品高下而定。［21］选满即注：待选期满，即行拟注。［22］蹑级：犹升级。蹑有追踪之意。［23］逾：超。［24］负谴：负违谴责。指有罪过。［25］沈滞：沉潜淹滞。［26］谓之“圣书”：把裴光庭的奏折称为“圣书”。［27］省审：仔细审核。［28］很：通“狠”。暴戾，凶狠。［29］己酉：五月二十六日。［30］李鲁苏及其妻韦氏、邵固妻陈氏皆来奔：韦氏即东光公主，陈氏即东华公主。二人皆开元十四年出嫁。邵固被杀后，相率投奔平卢军。［31］赵含章：事见《旧唐书》卷八《玄宗纪》上、卷一百零三《张守珪传》、卷一百九十九下《契丹传》《奚传》,《元和姓纂》卷七,《唐方镇年表》卷四等。［32］丙子：六月二十三日。［33］忠王浚：玄宗第三子，元献皇后杨氏所生。初名嗣升，封陕王。开元十五年正月封忠王，改名浚。后即帝位，史称肃宗。［34］光顺门：在大明宫集贤殿书院东北，为百官上书及外命妇朝皇后之所。［35］孙逖：博州武水（今山东聊城市西南）人。一作潞州涉县（今河北涉县）人。文思敏捷，尤精于诏诰。官至中书舍人。传见《旧唐书》卷一百九十中、《新唐书》卷二百零二。［36］雅类：甚似。［37］平卢：即平卢军。［38］乌承玼：张掖（今甘肃张掖市）人。字德润。沉着勇敢，颇有战功。传见《新唐书》卷一百三十六。［39］壬午：六月二十九日。［40］丁巳：九月六日。［41］忠王友：忠王李浚，唐玄宗第三子，即唐肃宗。友，诸王幕宾，从五品上，掌陪侍规谏。［42］皇甫惟明（?—746）：官至播川郡太守。事见《旧唐书》卷九《玄宗纪》下、卷九十九《李适之传》、卷一百零三《王忠嗣传》、卷一百九十六上《吐蕃传》上等。［43］悖慢：指开元二年请用敌国礼之事。［44］赞普当开元之初，年尚幼稚：赞普生于神功元年（697），开元二年（714）方十七岁。［45］殆：大概，恐怕。［46］盗匿：盗窃匿藏。［47］官物：公物。［48］功状：立功的事状。［49］勋爵：功勋官爵。［50］兹：此。［51］往视公主：前去探望金城公主。［52］约结：缔结盟约。［53］稽（qǐ）颡：古代的一种跪拜礼。屈膝下拜，以额触地，表示极度感谢或惶恐。颡，额。［54］张元方：见《旧唐书》卷一百九十六上《吐蕃传》上、《新唐书》卷二百一十六上《吐蕃传》上。［55］张玄表：官至安西都护。事见《旧唐书》卷一百九十六上《吐蕃传》上、《新唐书》卷二百一十六上《吐蕃传》上。［56］识：知。［57］遏：阻。［58］喜荷：欣喜感荷。［59］庚寅：十月九日。［60］癸卯：十月二十二日。［61］甲寅：十月壬午朔，无甲寅。十一月有之，为十一月四日。待考。［62］护密：西域国名。东拒小勃律，西临吐火罗。

在今帕米尔高原西南、兴都库什山北麓。

十一月，丁卯[1]，上幸骊山温泉[2]，丁丑[3]，还宫。

是岁，天下奏死罪止二十四人。

突骑施遣使入贡，上宴之于丹凤楼[4]，突厥使者预焉[5]。二使争长[6]，突厥曰："突骑施小国，本突厥之臣，不可居我上。"突骑施曰："今日之宴，为我设也，我不可以居其下。"上乃命设东、西幕，突厥在东，突骑施在西。

开府仪同三司[7]、内外闲厩监牧都使[8]霍国公王毛仲恃宠，骄恣日甚，上每优容[9]之。毛仲与左领军大将军葛福顺、左监门将军唐地文、左武卫将军李守德、右威卫将军王景耀[10]、高广济亲善，福顺等倚其势，多为不法。毛仲求兵部尚书不得，怏怏形于辞色[11]，上由是不悦。

是时，上颇宠任宦官，往往为三品将军，门施棨戟[12]；奉使过诸州，官吏奉之惟恐不及[13]，所得赂遗，少者不减千缗；由是京城郊畿田园[14]，参半[15]皆在官[16]矣。杨思勖、高力士尤贵幸，思勖屡将兵征讨[17]，力士常居中侍卫。而毛仲视宦官贵近者若无人；甚[18]卑品者，小忤意，辄詈[19]辱如僮仆[20]。力士等皆害[21]其宠而未敢言。

会毛仲妻产子，三日，上命力士赐之酒馔[22]、金帛[23]甚厚，且授其儿五品官。力士还，上问："毛仲喜乎？"对曰："毛仲抱其襁中儿示臣曰：'此儿岂不堪作三品邪！'"上大怒曰："昔诛韦氏，此贼心持两端，朕不欲言之；今日乃敢以赤子[24]怨我！"力士因言："北门奴[25]，官太盛[26]，相与一心，不早除之，必生大患。"上恐其党惊惧为变。

（以上为第十段，写唐玄宗家奴王毛仲恃宠骄恣。）

【注释】

[1]丁卯：十一月十七日。 [2]骊山温泉：在今西安市临潼区骊山脚下。 [3]丁丑：十一月二十七日。 [4]丹凤楼：即丹凤门楼，在大明宫正南门上。 [5]预焉：参加这次宴会。[6]争长：争夺上座。 [7]开府仪同三司：唐文散官最高级，从一品，文散官共二十九等，五品以上称大夫，五品以下称为郎。 [8]都使：犹总使。时内外十二闲、八坊、四十八监及沙苑诸牧皆归王毛仲管理，故称都使。 [9]优容：宽容，宽假。 [10]王景耀：事见《旧唐书》卷一百六

《王毛仲传》、《新唐书》卷一百二十一《王毛仲传》。［11］形于辞色：在言谈举止中表现出来。［12］门施棨戟：棨戟为有缯衣或油漆的木戟。唐制，国公及上护军、护军、带职事三品门前皆列戟，以显示其身份地位。［13］不及：不满。［14］京城郊畿田园：据章校，十二行本"城"下有"第舍"二字。［15］参半：三分之一或一半。［16］官：指宦官。［17］思勖屡将兵征讨：开元十年八月讨梅叔鸾，十一月讨覃行璋；十四年二月讨梁大海；十六年春又讨陈行范等。［18］甚：当作"其"。［19］詈：骂。［20］如僮仆：像对待奴仆一样。［21］害：忌恨。［22］酒馔：酒食。［23］金帛：金银布帛。［24］赤子：初生的婴儿。［25］北门奴：指王毛仲、李守德等人而言。均玄宗家奴。［26］官太盛：权势太大。

十九年（辛未，731年）

春，正月，壬戌[1]，下制，但述毛仲不忠怨望[2]，贬瀼州[3]别驾，福顺、地文、守德、景耀、广济皆贬远州别驾[4]，毛仲四子皆贬远州参军[5]，连坐者数十人。毛仲行至永州[6]，追赐死。

自是宦官势益盛。高力士尤为上所宠信，尝曰："力士上直[7]，吾寝则安。"故力士多留禁中，稀至外第。四方表奏，皆先呈力士，然后奏御[8]，小者力士即决之，势倾内外。金吾大将军程伯献[9]、少府监冯绍正与力士约[10]为兄弟；力士母麦氏卒，伯献等被发受吊，擗踊[11]哭泣，过于己亲。力士娶瀛州吕玄晤[12]女为妻，擢玄晤为少卿，子弟皆王傅[13]。吕氏卒，朝野争致祭，自第至墓，车马不绝。然力士小心恭恪[14]，故上终亲任之。

（以上为第十一段，写唐玄宗宠信宦官高力士，唐宦官势力益盛。）

【注释】

［1］壬戌：正月十三日。［2］怨望：心怀不满，犹怨恨。［3］瀼州：州名。治所在今广西上思县西南。［4］福顺、地文、守德、景耀、广济皆贬远州别驾：据《旧唐书》卷一百六，葛福顺贬壁州，唐地文贬振州，李守德贬严州，王景耀贬党州，高广济贬道州，皆为员外别驾。［5］毛仲四子皆贬远州参军：守贞贬施州司户参军，守廉贬溪州司户参军，守庆贬鹤州司仓参军，守道贬涪州参军。［6］永州：州名。治所在今湖南永州市。［7］上直：犹当值。［8］奏御：进奏皇帝。［9］程伯献：济州东阿（今山东东阿县西南）人。唐初左卫大将军程知节之孙。事见《旧唐书》卷六十八《程知节传》、卷九十八《韩休传》、卷一百八十四《高力士传》等。［10］约：结。［11］擗踊：亦作"辟踊"。用手拍胸，以脚顿地，表示极度悲哀。［12］吕玄晤：瀛州（今

河北河间市一带）人。事见《旧唐书》卷一百八十四《高力士传》、《新唐书》卷二百零七《高力士传》、《元和姓纂》卷六等。[13]王傅：唐制，诸王傅从三品，辅相赞导，匡正过失。[14]恭恪：恭敬谨慎。

辛未[1]，遣鸿胪卿崔琳[2]使于吐蕃。琳，神庆之子也[3]。吐蕃使者称公主求《毛诗》[4]、《春秋》、《礼记》。正字[5]于休烈[6]上疏，以为："东平王汉之懿亲，求《史记》《诸子》，汉犹不与[7]。况吐蕃，国之寇仇，今资之以书，使知用兵权略，愈生变诈，非中国之利也。"事下中书门下议之。裴光庭等奏："吐蕃聋昧顽嚚[8]，久叛新服，因其有请，赐以《诗书》，庶使之渐陶[9]声教[10]，化流无外。休烈徒知书有权略变诈之语，不知忠、信、礼、义，皆从书出也。"上曰："善！"遂与之。休烈，志宁之玄孙也[11]。

丙子[12]，上躬耕[13]于兴庆宫侧，尽三百步。

三月，突厥左贤王阙特勒卒，赐书吊之。

丙申[14]，初令两京诸州各置太公庙[15]，以张良[16]配享，选古名将，以备十哲[17]；以二、八月上戊[18]致祭，如孔子礼。

臣光曰：经纬天地之谓文，戡定祸乱之谓武，自古不兼斯二者而称圣人，未之有也。故黄帝、尧、舜、禹、汤、文、武、伊尹、周公莫不有征伐之功，孔子虽不试，犹能兵莱夷[19]，却费[20]人，曰"我战则克"，岂孔子专文而太公专武乎？孔子所以祀于学者，礼有先圣先师故也。自生民[21]以来，未有如孔子者，岂太公得与之抗衡哉！古者有发[22]，则命大司徒教士以车甲，裸股肱[23]，决射御[24]，受成献馘[25]，莫不在学。所以然者，欲其先礼义而后勇力也。君子有勇而无义为乱，小人有勇而无义为盗；若专训之以勇力而不使之知礼义，奚[26]所不为矣！自孙、吴[27]以降[28]，皆以勇力相胜，狙诈[29]相高，岂足以数[30]于圣贤之门而谓之武哉！乃复诬引以偶[31]十哲之目[32]，为后世学者之师；使太公有神，必羞与之同食矣。

五月，壬戌[33]，初立五岳真君祠[34]。

秋，九月，辛未[35]，吐蕃遣其相论尚它硉[36]入见，请于赤岭[37]为互市；许之。

冬，十月，丙申[38]，上幸东都。

或告巂州都督解人张审素[39]赃污，制遣监察御史杨汪[40]按之。总管董元礼[41]将兵七百围汪，杀告者，谓汪曰："善奏审素则生，不然则死。"会救兵至，击斩之。汪奏审素谋反，十二月[42]审素坐斩[43]，籍没其家。

浚苑中洛水，六旬而罢。

（以上为第十二段，写唐玄宗立太公庙，选古名将以备十哲，司马光认为此举以武胜文，严厉批评。）

【注释】

[1]辛未：正月二十二日。 [2]崔琳（?—743）：曾任中书舍人，明于政事，为宋璟所重。后官至太子少保。传见《旧唐书》卷七十七、卷一百八十九上，《新唐书》卷一百九。 [3]琳，神庆之子也：崔神庆进用于武周时期，历官有佳政。 [4]《毛诗》：即《诗经》。 [5]正字：秘书省官。正九品下。 [6]于休烈（692—772）：京兆高陵（今陕西西安市高陵区）人。进士及第，善写文章。官至工部尚书，封东海郡公。恭俭仁爱，笃意经籍。有文集十卷。传见《旧唐书》卷一百四十九、《新唐书》卷一百四。 [7]东平王汉之懿亲，求《史记》《诸子》，汉犹不与：东平王宇为汉成帝之弟，入朝时上疏求《诸子》及《史记》。成帝问大将军王凤，王凤以为不可，遂不与其书。 [8]顽嚚：顽愚嚚张。 [9]陶：熏陶。 [10]声教：声威和教化。 [11]休烈，志宁之玄孙也：于志宁相高宗。 [12]丙子：正月二十七日。 [13]躬耕：行藉田之礼。 [14]丙申：三月己酉朔，无丙申。两《唐书·玄宗纪》均系之于四月。四月丙申即四月十八日。当在"丙"前补"四月"二字。 [15]太公庙：即吕尚庙。吕尚姓姜，西周初官太师，辅佐武王灭商有功，封于齐，人称姜太公。 [16]张良（?—前186）：字子房。汉初开国大臣，为刘邦重要谋士，对汉朝的建立曾发挥过一定作用。传见《史记》卷五十五、《汉书》卷四十。 [17]选古名将，以备十哲：十哲本指孔子的十位门徒。孔庙祀典，列颜渊、闵子骞、冉伯牛、仲弓、宰我、子贡、冉有、季路、子游、子夏于侧，称为"十哲"。此次所选名将共九名，即田穰苴、孙武、吴起、乐毅、白起、韩信、诸葛亮、李靖、李勣。合张良为十，以仿"十哲"之制。 [18]上戊：上旬之戊日。祀太公自此始。后肃宗上元元年（760），又追封太公为武成王，改太公庙为武成王庙。见《唐会要》卷二十三。 [19]莱夷：即古莱国。位于今山东龙口市一带。[20]费：古国名。在今山东费县一带。[21]生民：人类产生。[22]有发：有军事发卒。 [23]裸股肱：股，大腿。肱，手臂从肘到腕的部分。捋起衣袖裤管，露出臂胫。 [24]射御：射箭御马。 [25]受成献馘（guó）：接受已定的谋略，汇报所得战功。馘，

指截耳。古时作战，割取敌人的左耳，以献耳多少论功行赏。[26]奚：何。[27]孙、吴：孙武、吴起。[28]以降：以后。[29]狙诈：狡猾奸诈。[30]数：列。[31]偶：配。[32]目：称。[33]壬戌：五月十五日。[34]五岳真君祠：根据天台山道士司马承祯的建议而立。见程大昌《演繁露》及《旧唐书·司马承祯传》。[35]辛未：九月二十五日。[36]论尚它硉：人名。《旧唐书》卷八作“论尚他律”。[37]赤岭：在今青海西宁市西南。[38]丙申：十月二十一日。[39]张审素：河中解县（今山西运城市西南）人。事见《旧唐书》卷一百八十八《张琇传》、《新唐书》卷一百九十五《张琇传》。[40]杨汪（?—735）：后官至殿中侍御史，改名万顷，为审素子张琇所杀。事见《旧唐书》卷一百八十八《张琇传》、《唐御史台精舍题名考》卷二。[41]董元礼：《新唐书》卷一百九十五作“董堂礼”。待考。[42]十二月：据章校，十二行本“月”下有“癸未”二字。癸未即十二月八日。[43]坐斩：坐罪被斩。

二十年（壬申，732 年）

春，正月，乙卯[1]，以朔方节度副大使信安王祎为河东、河北行军副大总管，将兵击奚、契丹；壬申[2]，以户部侍郎裴耀卿为副总管。

二月，癸酉朔[3]，日有食之。

上思右骁卫将军安金藏忠烈[4]，三月，赐爵代国公，仍于东、西岳[5]立碑，以铭[6]其功。金藏竟以寿终。

信安王祎帅裴耀卿及幽州节度使赵含章分道击契丹[7]，含章与虏遇，虏望风遁去。平卢先锋将乌承玼言于含章曰：“二虏，剧贼[8]也。前日遁去，非畏我，乃诱我也，宜按兵以观其变。”含章不从，与虏战于白山[9]，果大败。承玼别引兵出其右，击虏，破之。己巳[10]，祎等大破奚、契丹，俘斩甚众，可突干帅麾下远遁，余党潜窜山谷。奚酋李诗琐高[11]帅五千余帐来降。祎引兵还。赐李诗爵归义王，充归义州[12]都督，徙其部落置[13]幽州境内。

夏，四月，乙亥[14]，宴百官于上阳东洲[15]，醉者赐以衾褥[16]，肩舆以归，相属于路。

六月，丁丑[17]，加信安王祎开府仪同三司。上命裴耀卿赍绢二十万匹分赐立功奚官[18]，耀卿谓其徒曰：“戎狄贪婪，今赍重货深入其境，不可不备。”乃命先期[19]而往，分道并进，一日，给之俱毕。突厥、室韦果发兵邀隘道，欲掠之，比至，耀卿已还。

赵含章坐赃巨万，杖于朝堂，流瀼州，道死。

秋，七月，萧嵩奏："自祠后土[20]以来，屡获丰年，宜因还京赛祠[21]。"上从之。

敕裴光庭、萧嵩分押左、右厢兵[22]。

八月，辛未[23]朔，日有食之。

初，上命张说与诸学士刊定五礼。说薨，萧嵩继之。起居舍人王仲丘[24]请依《明庆礼》[25]，祈谷、大雩[26]、明堂，皆祀昊天上帝；嵩又请依上元[27]敕，父在为母齐衰三年[28]，皆从之。以高祖配圜丘、方丘，太宗配雩祀及神州地祇，睿宗配明堂。九月，乙巳[29]，新礼成，上之。号曰《开元礼》[30]。

勃海靺鞨王武艺遣其将张文休帅海贼寇登州[31]，杀刺史韦俊[32]，上命右领军将军葛福顺[33]发兵讨之。

壬子[34]，河西节度使牛仙客加六阶[35]。初，萧嵩在河西，委军政于仙客；仙客廉勤，善于其职。嵩屡荐之，竟代嵩为节度使。

冬，十月，壬午[36]，上发东都；辛卯[37]，幸潞州；辛丑[38]，至北都[39]；十一月，庚申[40]，祀后土于汾阴，赦天下；十二月，辛未[41]，还西京。

是岁，以幽州节度使兼河北采访处置使，增领卫、相、洛、贝、冀、魏、深、赵、恒、定、邢、德、博、棣、营、鄚十六州[42]及安东都护府。

天下户七百八十六万一千二百三十六，口四千五百四十三万一千二百六十五。

（以上为第十三段，写唐军大破契丹。张说薨，而萧嵩继张说所主持的《开元礼》修成。是岁普查，户口繁息。）

【注释】

[1]乙卯：正月十一日。[2]壬申：正月二十八日。[3]癸酉朔：《新唐书·玄宗纪》作"甲戌朔"。按，正月乙巳朔，癸酉当为正月二十九日。甲戌为二月一日。应改癸酉为甲戌。[4]安金藏忠烈：武则天长寿二年，有人诬告皇嗣（即玄宗父睿宗）谋反，武则天令来俊臣审讯，安金藏用佩刀自剖，以表明皇嗣无谋反之意。[5]东、西岳：即泰山、华山。[6]铭：记。

[7]分道击契丹：据章校，十二行本"契"上有"奚"字。[8]剧贼：同"剧寇"。势力强大的盗贼。[9]白山：即长白山。[10]己巳：三月二十六日。[11]李诗琐高：人名，又称李诗、琐高。事见《旧唐书》卷一百九十九下《奚传》、《新唐书》卷二百一十九《奚传》等。[12]归义州：唐高宗总章年间以新罗降户置，治所在今河北涿州市东北。后废，至此复置。[13]置：安置。[14]乙亥：四月三日。[15]上阳东洲：上阳宫南临洛水，引洛水在宫东造中洲，称为上阳东洲。[16]衾褥：被褥。[17]丁丑：六月六日。[18]奚官：奚族官员。[19]先期：提前。[20]祠后土：事在开元十一年。[21]赛祠：祭祀还愿，酬神。[22]左、右厢兵：指南牙左、右厢兵而言。[23]辛未：八月一日。[24]王仲丘：官至礼部员外郎。曾参与《开元礼》及《群书四录》两书的撰写。传见《新唐书》卷二百。[25]《明庆礼》：即《显庆礼》。显庆为高宗年号，后避中宗李显名讳，改作"明庆"。[26]大雩（yú）：祈雨。雩指为祈雨而进行的祭祀。[27]上元：唐高宗年号（647—676）。[28]父在为母齐衰三年：最初由武则天提出并在上元初发敕实行。武则天下台后一度废止。至此复行。[29]乙巳：九月五日。[30]《开元礼》：全名《大唐开元礼》，凡一百五十卷。分序例及吉礼、宾礼、军礼、嘉礼、凶礼等类。[31]登州：治所牟平，在今山东烟台市牟平区。[32]韦俊：见《旧唐书》卷八《玄宗纪》上、卷一百九十九《渤海靺鞨传》等。[33]葛福顺：《新唐书》卷五作"盖福慎"。《旧唐书》卷八及《册府元龟》卷九百八十六作"盖福顺"。待考。[34]壬子：九月十二日。[35]加六阶：即晋升六级。[36]壬午：十月十二日。[37]辛卯：十月二十一日。[38]辛丑：十月无辛丑。《新唐书》卷五系之于十一月。十一月辛丑，即十一月二日。当移此条于"十一月"三字下。[39]北都：即太原。[40]庚申：十一月二十一日。[41]辛未：十二月二日。[42]增领卫、相、洛、贝、冀、魏、深、赵、恒、定、邢、德、博、棣、营、鄚十六州：据章校，十二行本"洛"作"洺"。洺州治所在今河北邯郸市永年区。深州治所在今河北饶阳县。邢州治所在今河北邢台市。德州治所在今山东德州市陵城区。"鄚"当作"莫"。鄚州置于景云二年六月十四日，开元十三年十二月二日以鄚郑二字相似，已改为莫。见《旧唐书》卷三十九、《唐会要》卷七十一。

二十一年（癸酉，733年）

春，正月，乙巳[1]，祔肃明皇后[2]于太庙，毁仪坤庙[3]。

丁巳[4]，上幸骊山温泉。

上遣大门艺诣幽州发兵[5]，以讨勃海王武艺[6]；庚申[7]，命太仆员外卿金思兰[8]使于新罗，发兵击其南鄙[9]。会大雪丈余，山路阻隘，士卒死者过半，无功而还。武艺怨门艺不已，密遣客[10]刺门艺于天津桥南，不死；上命河南[11]搜捕贼党，尽杀之。

二月，丁酉[12]，金城公主请立碑于赤岭以分唐与吐蕃之境，许之。

三月，乙巳[13]，侍中裴光庭薨。太常博士孙琬[14]议："光庭用循资格，失劝奖之道，请谥曰克。"其子稹讼之[15]，上赐谥忠献。

上问萧嵩可以代光庭者，嵩与右散骑常侍王丘善，将荐之；固让[16]于右丞韩休。嵩言休于上。甲寅[17]，以休为黄门侍郎、同平章事。

休为人峭直[18]，不干[19]荣利[20]；及为相，甚允[21]时望。始，嵩以休恬和，谓其易制，故引之。及与共事，休守正不阿，嵩渐恶之。宋璟叹曰："不意[22]韩休乃能如是！"上或宫中宴乐及后苑游猎，小有过差[23]，辄谓左右曰："韩休知否？"言终，谏疏已至。上尝临镜默然不乐，左右曰："韩休为相，陛下殊瘦于旧[24]，何不逐之！"上叹曰："吾貌虽瘦，天下必肥。萧嵩奏事常顺指[25]，既退，吾寝不安。韩休常力争，既退，吾寝乃安。吾用韩休，为社稷耳，非为身[26]也。"

有供奉侏儒[27]名黄𦙶[28]，性警黠[29]；上常冯[30]之以行，谓之"肉几[31]"，宠赐甚厚。一日晚入，上怪之。对曰："臣向入宫，道逢捕盗官与臣争道，臣掀之坠马，故晚。"因下阶叩头。上曰："但使外无章奏，汝亦无忧。"有顷，京兆奏其状。上即叱出，付有司杖杀之。

闰月[32]，癸酉[33]，幽州道副总管郭英杰[34]与契丹战于都山[35]，败死。时节度薛楚玉[36]遣英杰将精骑一万及降奚击契丹，屯于榆关[37]之外。可突干引突厥之众来合战，奚持两端，散走保险[38]；唐兵不利，英杰战死。余众六千余人犹力战不已，虏以英杰首示之，竟不降，尽为虏所杀。楚玉，讷之弟也[39]。

（以上为第十四段，写唐军征讨契丹失利。韩休为相，唐玄宗为之消瘦。）

【注释】

[1]乙巳：正月六日。 [2]肃明皇后：即睿宗肃明顺圣皇后刘氏。 [3]仪坤庙：位于长安亲仁坊西南隅。开元初为祭祀昭成、肃明二皇后而置。睿宗死后，昭成皇后神主迁入太庙，肃明皇后神主仍留于此。至此，复迁肃明皇后于太庙。仪坤庙已无神主，故毁之。 [4]丁巳：正月十八日。 [5]遣大门艺诣幽州发兵：大门艺降唐后拜左骁卫将军。大武艺上书请求将他处死。玄宗密遣门艺前往安西。事泄，复遣往岭南。见《旧唐书》卷一百九十九下《渤海靺鞨传》。[6]讨勃海王武艺：因大武艺去年遣张文休侵扰登州之故。 [7]庚申：正月二十一日。 [8]金

思兰：新罗王侍子，留京师为官。事见《旧唐书》卷一百九十九《新罗传》《渤海靺鞨传》，《新唐书》卷一百三十六《乌承玼传》、卷二百一十九《渤海传》。［9］南鄙：南境。［10］客：刺客。［11］河南：指河南府而言。［12］丁酉：二月二十九日。［13］乙巳：三月七日。［14］孙琬：事见《旧唐书》卷八十四《裴光庭传》、《新唐书》卷一百零八《裴光庭传》。［15］其子稹讼之：裴稹后官至祠部员外郎。［16］固让：坚持推让。据章校，十二行本"固"上有"丘闻之"三字。《旧唐书·王丘传》亦作"丘知而固辞"。当以十二行本为是。［17］甲寅：三月十六日。［18］峭直：严峻刚直。［19］干：求。［20］荣利：名位利禄。［21］允：孚。［22］不意：不料。［23］过差：过失差错。［24］殊瘦于旧：比过去瘦多了。殊，极，甚。［25］指：通"旨"。［26］身：自身，自己。［27］侏儒：亦作"朱儒"，指身材矮小的人。［28］黄鶣（piàn）：侏儒之人名。［29］警黠：机警狡黠。［30］冯：通"凭"。凭借，依靠。［31］肉儿：肉案。［32］闰月：闰三月。［33］癸酉：闰三月六日。［34］郭英杰：名将郭知运之子，字孟武。官至左卫将军。传见《旧唐书》卷一百零三、《新唐书》卷一百三十三。［35］都山：在今河北迁安市东北。［36］薛楚玉：传见《旧唐书》卷九十三、《新唐书》卷一百一十一等。［37］榆关：即渝关。故址在今河北秦皇岛市东山海关一带。［38］保险：保守险要之地。［39］楚玉，讷之弟也：薛讷系薛仁贵之子，善用兵。

夏，六月，癸亥[1]，制："自今选人有才业操行，委吏部临时擢用；流外奏用不复引过门下[2]。"虽有此制，而有司以循资格便于己，犹踵行[3]之。是时，官自三师[4]以下一万七千六百八十六员，吏自佐史[5]以上五万七千四百一十六员，而入仕之途甚多，不可胜纪。

秋，七月，乙丑[6]朔，日有食之。

九月，壬午[7]，立皇子沔为信王，泚为义王，漼为陈王，澄为丰王，潓为恒王，漎为梁王[8]，滔为汴王。

关中久雨谷贵，上将幸东都，召京兆尹裴耀卿谋之，对曰："关中帝业所兴，当百代不易；但以地狭谷少，故乘舆时幸东都以宽[9]之。臣闻贞观、永徽之际，禄廪[10]不多，岁漕关东一二十万石，足以周赡[11]，乘舆得以安居。今用度浸广，运[12]数倍于前，犹不能给，故使陛下数冒寒暑以恤西人[13]。今若使司农[14]租米悉输东都，自都转漕，稍实关中。苟关中有数年之储，则不忧水旱矣。且吴人[15]不习河漕[16]，所在停留，日月既久，遂生隐盗[17]。臣请于河口[18]置仓，使吴船至彼即输米而去，官自雇载[19]分入河、洛。又于三门[20]东西各置一仓，至者贮纳，水险则止，水通则下，或开山路[21]，车运而过，则无复留滞[22]，省费钜万矣。河、渭之滨，皆有汉、隋旧仓，葺之非难也。”上深然其言。

冬，十月，庚戌[23]，上幸骊山温泉；己未[24]，还宫。

（以上为第十五段，写官员升迁论资排辈从开元十年以来，数年间已成积习。唐沿河渭置仓以储江南粮食供京师。）

【注释】

[1]癸亥：六月二十八日。[2]流外奏用不复引过门下：开元十八年四月，裴光庭奏用循资格，又令流外行署亦过门下省审。[3]踵行：继续推行。[4]三师：太师、太傅、太保。[5]佐史：地位最低的小吏。[6]乙丑：七月一日。[7]壬午：九月十八日。[8]氵从（cóng）为梁王：据两《唐书·玄宗纪》及《玄宗诸子传》，“梁”当作“凉”。[9]宽：缓解。[10]禄廪：禄米。[11]周赡：周给。[12]运：漕运。[13]西人：以关中为中心的西北百姓。[14]司农：即司农寺。唐制，司农寺主管邦国仓储委积之事。[15]吴人：泛指东南一带的人。[16]河漕：黄河漕运。[17]隐盗：隐匿盗窃。[18]河口：汴水与黄河的交汇处。[19]雇载：雇人运载。[20]三门：山名。又名砥柱。在河南三门峡市东北黄河中。相传禹凿砥柱，二石落入水中，形成二柱。河水至此分为三股下流。故谓之三门。[21]开山路：于三门侧凿山路以避砥柱之险。[22]留滞：停留淹滞。[23]庚戌：十月十七日。[24]己未：十月二十六日。

戊子[1]，左丞相宋璟致仕，归东都。

韩休数与萧嵩争论于上前，面折嵩短，上颇不悦。嵩因乞骸骨，上曰：“朕未厌卿，卿何为遽去？”对曰：“臣蒙厚恩，待罪宰相，富贵已极，及陛下未厌臣，故臣得从容引去；若已厌臣，臣首领[2]且不保，安能自遂[3]！”因泣下。上为之动容，曰：“卿且归，朕徐思之。”丁巳[4]，嵩罢为左丞相，休罢为工部尚书。以京兆尹裴耀卿为黄门侍郎，前中书侍郎张九龄时居母丧，起复中书侍郎，并同平章事。

是岁，分天下为京畿、都畿、关内、河南、河东、河北、陇右、山南东道、山南西道、剑南、淮南、江南东道、江南西道、黔中、岭南，凡十五道，各置采访使[5]，以六条检察非法；两畿以中丞领之，余皆择贤刺史领之。非官有迁免[6]，则使无废更[7]。惟变革旧章[8]，乃须报可[9]；自余听便宜从事，先行后闻。

太府卿杨崇礼[10]，政道之子也[11]，在太府二十余年，前后为太府者莫能及。时承平日久，财货山积，尝经杨卿[12]者，无不精美；每岁句驳[13]省便[14]，出钱数百万缗。是岁，以户部尚书致仕，年九十余矣。上问宰相："崇礼诸子，谁能继其父者？"对曰："崇礼三子，慎余、慎矜、慎名，皆廉勤有才，而慎矜为优。"上乃擢慎矜自汝阳令为监察御史[15]，知太府出纳，慎名摄监察御史，知含嘉仓[16]出给，亦皆称职；上甚悦之。慎矜奏诸州所输布帛有渍[17]污穿[18]破者，皆下本州征折估钱[19]，转市轻货，征调始繁矣。

（以上为第十六段，写韩休为相不足一年而罢。唐玄宗开元二十一年分天下为十五道。）

【注释】

［1］戊子：十月甲午朔，无戊子。《旧唐书·玄宗纪》系之于十一月。十一月戊子即十一月二十五日。当在"戊子"上补"十一月"三字。［2］首领：头颈。引申为性命。［3］自遂：自遂其愿。［4］丁巳：《旧唐书·玄宗纪》作十二月丁未，即十二月十四日。《新唐书》卷五《玄宗纪》及卷六十二《宰相表》均作十二月丁巳，即十二月二十四日。二书所载日期虽有差异，但皆系之于十二月，故当补"十二月"三字。［5］凡十五道，各置采访使：贞观元年，分天下为十道。至此，在十道基础上进行重新划分，分山南、江南为东西道，增置黔中道、都畿道及京畿道，置十五道采访使。据《旧唐书》卷三十八，京畿道采访使治京师，都畿道采访使治东都，关内道采访使由京官兼领，河南道采访使治汴州，河东道采访使治蒲州，河北道采访使治魏州，陇右道采访使治鄯州，山南东道采访使治襄州，山南西道采访使治梁州，剑南道采访使治益州，淮南道采访使治扬州，江南东道采访使治苏州，江南西道采访使治洪州，黔中道采访使治黔州，岭南道采访使治广州。［6］迁免：升降或罢免。［7］废更：废止更换。［8］旧章：既定章程。［9］报可：奏请朝廷批准。［10］杨崇礼：本名杨隆礼。曾任天官郎中及洛、梁等州刺史，皆以清严著称。后以名犯玄宗讳，改为崇礼。在太府二十年，公清如一，甚有善政。传见《旧唐书》卷一百零五、《新唐书》卷一百三十四。［11］政道之子也：杨正道为隋炀帝之孙，齐王暕之子。据两《唐书》，"政"当为"正"之误。［12］杨卿：对杨崇礼的爱称。［13］句驳：通"勾驳"。《旧唐书》卷一百五作"勾剥"。意为勾稽驳异。［14］省便：省费取便。［15］慎矜自汝阳令为监察御史：杨慎矜早有能名。后官至户部侍郎，为王鉷、李林甫所害。汝阳县属河南道，故治在今河南汝阳县。［16］含嘉仓：在今河南洛阳市老城区北，是隋唐时期东都最重要的粮仓。1971年考古工作者对含嘉仓城进行了详细的钻探和发掘，已探出粮窖二百五十九个。［17］渍：沾染。［18］穿：洞孔。［19］征折估钱：将物折价，征收不足之钱。

【点评】

唐开元中期，国力鼎盛，君臣渐染怠惰之习。本卷记事起开元十四年到二十一年，时当公元726年至733年，凡八年。此时期是开元之治的中期，国家制度继续完善。军人戍边五年轮换一次，户口三年普查一次成为制度。唐玄宗完成《开元礼》的制定。国力继续提升，周边冲突，唐军取胜有绝对优势。京师繁盛，人口大增，唐政府在黄河、渭河沿岸广置粮仓储粮以供京师。大唐是一片太平景象。唐玄宗志得意满，臣僚不求上进，君臣励精图治的意气逐渐消沉，政治风气悄悄地发生变化，向着骄奢淫逸和怠惰方向发展。具体标志有以下五个方面。

其一，唐玄宗纳谏从主动求言转向勉强忍受。韩休为相，守正不阿，唐玄宗宴乐以及禁苑游猎，每有小过，韩休必谏。唐玄宗照镜，闷闷不乐。身边的人说："韩休为相，陛下消瘦了许多，何不把他赶走？"唐玄宗感叹地说："我的身体瘦了，天下的人肥了。我用韩休，是为国家，不是为我个人。"唐玄宗话是这样说，勉强忍受的情绪溢于言表。不到一年，到底还是赶走了韩休。其二，积极进取选用人才的吏治风气转向论资排辈，且成为积习。裴光庭为吏部尚书，不重人才，升迁官吏，论资排辈，数年间成为积习。其三，君臣聚敛，渐染贪贿之风。宇文融为相，广置诸使，聚敛财货，史称"由是百官浸失其职而上心益侈"。宇文融个人也因赃贿事发，被贬官流放，死于流放岭南道中。张说为相，亦因贪贿免官。其四，君臣骄恣，好大喜功。唐玄宗始立太公庙，选古名将以配十哲，与孔子庙并存，表示文武并重。文庙、武庙并存并重，具有重要意义。儒家倡导太平盛世要偃武修文，这是一种偏见。唐玄宗文武并重，没有什么错，但他崇武而轻视与周边各民族的关系，纵容边将轻启边衅，于是四方有警，幸赖当时唐朝国力强大，没有酿成大祸，但周边从此不那么平静了。其五，唐玄宗从宠信宦官渐至依赖宦官，导致宦官势力滋盛。唐玄宗开元元年（713），即帝位伊始，就用高力士为右监门将军，又使一些亲信宦官为三品将军，掌握禁卫军，还用宦官监管诸王。高力士最受唐玄宗信任。唐玄宗曾经对人说："只有高力士当值，我才能睡安稳觉。"唐玄宗勤政，未能慎终如始，取得成就后就怠慢下来，日渐滋长的骄侈心代替了求治心。唐玄宗让高力士留在禁中，四方表奏，都要先送高力士，然后由高力士奏进。于是高力士权倾内外，公卿巴结，车马不绝。不过高力士也小心自克，终唐玄宗之朝，没有发生宦官之祸，但唐玄宗依重宦官之风流毒后世，十分严重。君骄臣逸，唐玄宗的家奴王毛仲也恃宠骄恣。

唐朝的盛世在开元，这是唐玄宗励精图治成就的中兴。开元之治超过了贞观之治，因贞观之治是新建国家，开元之治是拨乱反正，时势不同，不可同日而语。唐玄宗不及唐太宗，最大的弱点是唐玄宗不能"慎终如始"。唐玄宗在开元初振兴的贞观遗风，只坚守了十几年，到了开元中期就日渐淡去。唐太宗经常说"守成难"，用在唐玄宗身上是十分恰当的。

卷二一四　唐纪三十

唐玄宗开元二十二年至二十九年（734—741 年）

【起阏逢阉茂（甲戌，734 年），尽重光大荒落（辛巳，741 年），凡八年】

【大事提要】

本卷记事起公元 734 年，讫公元 741 年，凡八年，当唐玄宗开元二十二年至开元二十九年。这八年是唐玄宗执政，开元盛世的晚期，是唐朝由盛转衰的拐点，也是唐玄宗个人由明转昏的过渡时期。开元后期，唐帝国的繁荣达到顶点。漕运通畅，又用和籴法储粮，京师粮食供应充足。开元二十五年（737），全国死刑只有五十八例，户八百四十余万，口近五千万，是唐百年承平的新高。唐玄宗于是产生了骄侈心，怠于政事，开始迷信神仙，讲排场，要修改祭祀礼及丧礼，崇尚奢靡。特别是唐玄宗已厌恶直谏，喜欢听奉承话。直言敢谏的张九龄被罢相，而奸巧谄谀的李林甫主宰中枢，因后宫之宠而废立太子，这是唐玄宗由明转昏的标志。安史之乱的两位主角安禄山和史思明，就是在这一背景下登场的。安禄山兵败死罪，也是唐玄宗不听张九龄之言而直接赦免的。此时唐帝国强盛，而边将失信轻启边衅，唐朝的东、北、西三面有警，吐蕃犯边，唐军虽胜，但已无绝对优势。

玄宗至道大圣大明孝皇帝中之中

开元二十二年（甲戌，734 年）

春，正月，己巳[1]，上发西京[2]；己丑[3]，至东都[4]。张九龄[5]自韶州[6]入见，求终丧[7]；不许。

二月，壬寅[8]，秦州[9]地连震，坏公私屋殆[10]尽，吏民压死者四千余人；命左丞相[11]萧嵩[12]赈恤[13]。

方士[14]张果[15]自言有神仙术，诳[16]人云尧[17]时为侍中[18]。于今数千岁；多往来恒山[19]中，则天[20]以来，屡征[21]不至。恒州[22]

刺史[23]韦济荐[24]之，上遣中书舍人[25]徐峤[26]赍[27]玺书[28]迎之。庚寅[29]，至东都，肩舆[30]入宫，恩礼甚厚。

张九龄请不禁铸钱[31]，三月，庚辰[32]，敕[33]百官议之。裴耀卿[34]等皆曰："一启此门，恐小人弃农逐利，而滥恶[35]更甚。"秘书监[36]崔沔[37]曰："若税铜折役[38]，则官冶[39]可成，计估度庸[40]，则私铸无利，易而可久，简而难诬[41]。且夫钱之为物，贵以通货[42]，利不在多[43]，何待私铸然后足用也！"右监门录事参军[44]刘秩[45]曰："夫人富则不可以赏劝[46]，贫则不可以威禁，若许其私铸，贫者必不能为之；臣恐贫者益贫而役于富，富者益富而逞[47]其欲。汉文帝[48]时，吴王濞[49]富埒[50]天子，铸钱所致也。"上乃止。秩，子玄[51]之子也。

夏，四月，壬辰[52]，以朔方节度使[53]信安王祎[54]兼关内道采访处置使[55]，增领泾、原[56]等十二州。

（以上为第一段，写秦州大地震，唐玄宗迷信神仙，朝廷评议禁铸私钱。）

【注释】

[1]己巳：正月六日。 [2]上发西京：上，今上，当今皇帝，指唐玄宗。发，出发，启程。西京，都城名，在今陕西西安。 [3]己丑：正月二十六日。 [4]东都：都城名，在今河南洛阳。唐高宗显庆二年（657）始以洛阳为东都。 [5]张九龄（673—740）：字子寿，一名博物，韶州曲江（今广东韶关市西南）人。擅长著文。官至中书令。传见《旧唐书》卷九十九，《新唐书》卷一百二十六。 [6]韶州：州名。治所在今广东韶关市西南。 [7]求终丧：张九龄居母丧未终便夺哀拜中书侍郎、同中书门下平章事，故请求服满母丧三年之孝再任职。 [8]壬寅：二月十日。 [9]秦州：州名。治所在今甘肃天水。 [10]殆：几乎，将近。 [11]左丞相：官名。开元元年（713）左右仆射改名为左右丞相，为尚书省长官，总管吏、户、礼、兵、刑、工六部政务。 [12]萧嵩（670—749）：官至中书令。传见《旧唐书》卷九十九，《新唐书》卷一百一。 [13]赈恤：救济。 [14]方士：方术之士，指古代讲求神仙、炼丹、占卜、星相之类仙方法术，自称能预测吉凶祸福，能长生不死的人。 [15]张果：号通玄先生。传见《旧唐书》卷一百九十一，《新唐书》卷二百四。 [16]诳：欺骗。 [17]尧：传说中的远古帝王。 [18]侍中：此指为尧的侍从官。 [19]恒山：山名。五岳之一。在今河北曲阳西北与山西接壤处。 [20]则天：即武则天，公元690年至705年在位。由后妃登帝位，改唐为周，是我国历史上唯一的女皇帝。事详《旧唐书》卷六，《新唐书》卷四。 [21]征：指朝廷以礼聘请有学问才能的人出任官职。 [22]恒州：州名。治所在今河北正定县。 [23]刺史：官名。州长官，总掌一州政务。 [24]荐：推荐。向朝廷推荐博学异能的人才，是唐代刺史的一项任务。 [25]中书舍人：官名。中书省要员，掌起草

诏令，参预百官奏议和文武官考课的裁决。［26］徐峤：字巨山。官至中书舍人。传见《新唐书》卷一百九十九。［27］赍（jī）：携带。［28］玺书：古时用印章封记的文书，秦以后专指皇帝诏书。［29］庚寅：本年二月无庚寅，当为庚申之误。庚申为二月二十八日。［30］肩舆：用人力抬杠的代步工具。起初上无覆盖，后加遮蔽物，成为轿舆，俗称轿子。［31］张九龄请不禁铸钱：唐初以来行用官铸钱，严禁私铸。高宗以后，私铸蜂起，恶滥钱充斥，屡禁不止，影响物价。开元初官铸开元通宝，宋璟为相，官方用粟回收恶钱，重申严禁私铸，开元二十二年（734）三月，张九龄提出不禁止私人铸钱的主张。见《敕议放私铸钱》，载《全唐文》卷二百八十四。［32］庚辰：三月十九日。［33］敕：自上命下之词。南北朝以后，专指皇帝诏书。［34］裴耀卿（680—743）：字焕之，绛州稷山（今山西稷山）人。官至中书令。此时为黄门侍郎、同中书门下平章事，充转运使。传见《旧唐书》卷九十八，《新唐书》卷一百二。［35］滥恶：滥铸恶钱。［36］秘书监：官名。秘书省长官，主管国家经籍图书。［37］崔沔（miǎn）（672—739）：字善冲，京兆长安（今陕西西安西）人。官至中书侍郎。传见《旧唐书》卷一百八十八，《新唐书》卷一百二十九。［38］税铜折役：崔沔主张采取由人民交铜以折合徭役的措施。税铜，以铜纳税。折役，折合徭役。［39］冶：冶铸。此指冶铜铸钱。［40］计估度（duò）庸：即计算所铸钱的价值和费用。计，计算，计量。估，物价。度，衡量，计算。庸，用。［41］易而可久，简而难诬：税铜折役办法，既容易施行，可以持久，又简明扼要，不易欺骗。易，容易。久，持久。简，简明。诬，欺骗。［42］贵以通货：钱币的重要作用在于使货物流通。贵，重要。通货，流通货物。［43］利不在多：并不是钱币愈多愈有利。利，利益。［44］右监门录事参军：唐军制，中央十六卫中有左右监门卫。右监门录事参军为右监门卫大将军的僚属，掌印发。凡凭簿籍出入宫殿房门的京官，经左右监门卫大将军判押（签署意见）后，由录事参军加盖印署然后才能通行。［45］刘秩：字祚卿，彭城（今江苏徐州）人。刘知几之子，历官右（《新唐书·刘秩传》作“左”）监门录事参军、宪部员外郎、给事中、尚书右丞、国子祭酒。著有《政典》三十五卷、《止戈记》七卷，《至德新议》十二卷、《指要》三卷。传见《旧唐书》卷一百二，《新唐书》卷一百三十二。［46］劝：奖励。［47］逞：扩张。［48］汉文帝（前202—前157）：名恒，汉高祖之子。公元前179年至前157年在位。事详《史记》卷十，《汉书》卷四。［49］吴王濞（bì）（?—前154）：即刘濞，汉高祖刘邦兄刘仲之子，初封吴王，后因不满汉景帝削藩而发动七国之乱。事见《史记》卷一百六，《汉书》卷三十五。［50］埒（liè）：相等。［51］子玄：即刘知几（661—721），史学家，徐州彭城（今江苏徐州）人，因名与唐玄宗李隆基音近避嫌，故以字行。任史官二十年，撰述甚多。今存《史通》二十卷，是我国古代重要的史评著作。传见《旧唐书》卷一百二，《新唐书》卷一百三十三。［52］壬辰：四月一日。［53］朔方节度使：使职名。使职是唐朝职事官以外因事为名、无品秩无定员的差遣官。节度使为方镇的差遣长官。朔方差遣长官节度使，始置于开元九年（721，据岑仲勉考定，参见《唐史余审》卷二），其目的是抗御北方的突厥，治所在今宁夏灵武市西南，为玄宗时御边十节度经略使之一。［54］信安王祎（yì）（664—743）：唐太宗孙李琨之子，开元十二年（724）封为信安郡王。

传见《旧唐书》卷七十六,《新唐书》卷八十。［55］关内道采访处置使：使职名。采访使为固定的地方监察差遣官。开元二十一年（733）置十五道采访使（见《资治通鉴》卷二百一十三），以六条检察地方官吏的非法行为。因有“便宜行事，先行后闻”的处置权力，故并称采访处置使。关内道采访处置使，治所在今陕西西安，初由京官领职，至此由朔方节度使兼领。［56］泾、原：州名。即泾州、原州。泾州治所在今甘肃泾川北，原州治所在今宁夏固原。

吏部侍郎[1]李林甫[2]，柔佞[3]多狡数[4]，深结宦官及妃嫔家，伺候[5]上动静，无不知之，由是每奏对[6]，常称旨[7]，上悦之。时武惠妃[8]宠幸倾[9]后宫[10]，生寿王清[11]，诸子莫得为比，太子[12]浸疏薄[13]。林甫乃因[14]宦官言于惠妃，愿尽力保护寿王；惠妃德之，阴为内助，由是擢黄门侍郎[15]。五月，戊子[16]，以裴耀卿为侍中[17]，张九龄为中书令[18]，林甫为礼部尚书、同中书门下三品[19]。

上种麦于苑[20]中，帅[21]太子以下亲往芟[22]之，谓曰：“此所以荐宗庙[23]，故不敢不亲，且欲使汝曹[24]知稼穑[25]艰难耳。”又遍以赐侍臣[26]曰：“比[27]遣人视田中稼，多不得实，故自种以观之[28]。”

六月，壬辰[29]，幽州节度使[30]张守珪[31]大破契丹[32]，遣使献捷[33]。

薛王业[34]疾病，上忧之，容发为变。七月，己巳[35]，薨[36]，赠谥[37]惠宣太子。

上以裴耀卿为江淮、河南转运使[38]，于河口[39]置输场[40]。八月，壬寅[41]，于输场东置河阴仓，西置柏崖仓[42]，三门[43]东置集津仓，西置盐仓；凿漕渠十八里[44]以避三门之险。先是[45]，舟运江、淮之米至东都含嘉仓[46]，僦车[47]陆运，三百里至陕[48]，率[49]两斛[50]用十钱[51]。耀卿令江、淮舟运悉输河阴仓，更用河舟运至含嘉仓及太原仓，自太原仓[52]入渭[53]输关中[54]，凡三岁，运米七百万斛，省僦车钱三十万缗[55]。或说[56]耀卿献所省钱[57]，耀卿曰：“此公家赢缩[58]之利耳，奈何以之市宠乎！”悉奏以为市籴[59]钱。

（以上为第二段，写张九龄、裴耀卿、李林甫同时入相，李林甫营私阴附武惠妃，裴耀卿为转运使公忠体国。）

【注释】

[1]吏部侍郎：官名。吏部副长官。其职责是协助吏部尚书掌管官吏的铨选拟授、勋亲封爵、考功课绩等政务。[2]李林甫（？—752）：唐宗室，玄宗时攀援武惠妃而为宰相。传见《旧唐书》卷一百六，《新唐书》卷二百二十三。[3]柔佞：柔软佞幸，指阿谀谄媚而得宠幸。[4]狡数：狡猾而有数术。[5]伺（cì）候：候望，观察。[6]奏对：臣僚当面回答皇帝提出的问题。[7]称旨：符合皇帝的旨意。称，符合。旨，意见，主张，宋以后专称皇帝的意见、命令为旨。[8]武惠妃（？—737）：唐玄宗的宠妃，死后赠贞顺皇后。传见《旧唐书》卷五十一，《新唐书》卷七十六。[9]倾：超越。[10]后宫：皇帝妃嫔所居宫室，此借指妃嫔。[11]寿王清：唐玄宗第十八子，初名清，后改名瑁，开元十三年（725）封为寿王。传见《旧唐书》卷一百七，《新唐书》卷八十二。[12]太子：皇帝立为嗣君的儿子。此时太子为玄宗第二子李瑛，开元三年（715）立。[13]浸疏薄：浸：逐渐。疏薄：疏远淡薄。[14]因：依靠，请托。[15]黄门侍郎：官名。门下省副长官，主要职责是协助长官侍中行使门下省的审议、封驳职能，并参议政事。[16]戊子：五月二十八日。[17]侍中：官名。门下省长官，佐天子总大政的宰相。主掌宣达帝命，接纳奏章，行使审议、封驳职能。[18]中书令：官名。中书省长官，佐天子执大政的宰相。主掌起草诏书，对军政大事提出处理意见，再经门下省审议，然后宣付尚书省执行。[19]礼部尚书、同中书门下三品：礼部尚书，官名，尚书省礼部长官，主管礼仪、祭祀、贡举等政事。同中书门下三品，是指非三省长官而预议国政为宰相的职称。唐制，中书、门下省长官为正三品知政事官，是宰相。贞观（627—649）以后，其他非三省长官的官员被皇帝指定担任宰相职务或预闻宰相事务的，另加同中书门下三品、同中书门下平章事、参议朝政、参知政事、参知机务等专衔。礼部尚书、同中书门下三品则表示本官为礼部尚书，而参议政事，担任宰相职务。[20]苑：畜养禽兽并种植林木供帝王游玩之地，此指宫城北的禁苑。[21]帅：同“率”。[22]芟（shān）：锄草。[23]荐宗庙：古礼制，吉礼中有荐新于太庙之礼，以初熟五谷或时鲜果蔬至太庙祭献祖先。荐，献；宗庙，即太庙，供奉皇帝祖先神主的庙宇。[24]汝曹：你们。曹，辈。[25]稼穑：稼穑也用作泛指农业劳动。稼，种植谷物。穑，收获谷物。[26]侍臣：侍从皇帝左右的官员。[27]比：副词，近来。[28]自种以观之：指唐玄宗亲自种麦来调查地力的生产量。胡三省批评说人君不夺农时，百姓自然尽力耕作，粮食产量自然增多，哪里用得着亲自来耕种呢！[29]壬辰：六月三日。[30]幽州节度使：使职名。又称范阳节度使。为幽州（范阳）方镇的差遣长官。治所在今北京城西南。为开元御边十节度经略使之一。[31]张守珪（？—739）：唐守边将领。官至御史大夫。传见《旧唐书》卷一百三，《新唐书》卷一百三十三。[32]契丹：族名。唐东北辽河上游少数民族，太宗时始在该地置松漠都督府，任契丹首领为都督，其后时叛时服。详见《旧唐书》卷一百九十九下，《新唐书》卷一百四十四。[33]献捷：犹如献俘。古代军礼的一种，战胜归来，将俘虏和战利品献于太庙。[34]薛王业（？—734）：唐玄宗同父异母弟，本名隆业，避玄宗讳单名业。睿宗即位，进封薛王。传见《旧唐书》卷九十五，《新唐书》卷八十一。[35]己

巳：七月十日。［36］薨（hōng）：周代天子死称崩，诸侯死称薨。唐制，三品以上官死称薨，五品以上称卒，自六品至于庶人称死。［37］谥：帝王、贵族、大臣死后，给予的褒贬评价性的称号。帝王谥号，由礼官议上。贵族大臣谥号，由考功郎中上行状，太常博士拟谥号，若名实不符，给事中驳奏再议。议定后奏请皇帝赠赐之。［38］江、淮、河南转运使：江、淮、河南，指江南道、淮南道、河南道。此系贞观时按地理形势划分十道中的三道。转运使，使职名。主管粮食、财赋转运事务的财政使职，多以大臣兼领。裴耀卿任江淮河南转运使，为转运使的首次设置。设置时间有开元十八年（730）、二十一年（733）、二十二年（734）三种不同记载。应以《唐会要·转运使》《通典·食货·漕运》所载二十一年为是。［39］河口：汴水达黄河处。在今河南荥阳东北。［40］输场：《通典·食货·漕运》作递场，为转运时装卸粮谷的聚散场所。［41］壬寅：八月十四日。［42］于输场东置河阴仓，西置柏崖仓：《通典·食货·漕运》作“置河阴县及河阴仓、河清县置柏崖仓”。河阴县在今河南郑州西北，河清县在今河南济源西南。［43］三门：即三门山，又名砥柱。位于今河南三门峡东北黄河之中，形成三门，中为神门，南为鬼门，北为人门，只有人门稍可行舟。［44］凿漕渠十八里：凿漕渠，误。据《通典·食货·漕运》和《新唐书·食货志》，裴耀卿凿三门北山十八里陆行，以避急流险滩。［45］先是：追叙以前史事的用语。［46］含嘉仓：隋在洛阳建立的官仓，唐不断扩大，成为当时大型官仓之一。1969 年考古发现其遗址，已探明 259 个仓窖，其中一窖还存有碳化谷子 50 万斤。［47］僦（jiù）车：雇车。僦，雇。［48］陕：陕州。治所在今河南三门峡市陕州区。［49］率：大概。［50］斛（hú）：量器名。古代以十斗为一斛。［51］十钱：据严衍《资治通鉴补》，应为“千钱”之误。因从含嘉仓用车运粮到陕县，陆行三百里，运送两斛粮平均需用佣工钱一千钱。［52］太原仓：隋文帝建立的官仓，初名常平仓。唐朝继续使用，成为控东西二京漕运的重要转运仓。仓在今河南三门峡市陕州区，面积周回六里，规模宏大。［53］渭：即渭河。发源于甘肃，流经西安，在潼关入黄河。［54］关中：地区名。相当于今陕西中部。旧说在东函谷关、南武关、西散关、北萧关等四关之中。［55］缗（mín）：古代铜钱一千文为一缗。［56］说（shuì）：游说，劝说别人接受自己的意见。［57］献所省钱：将所节省的运费献给皇帝。［58］赢（yíng）缩：即盈亏。赢，有余。缩，不足。［59］市籴（dí）：市，买。市籴，即和籴，唐政府出钱向农民征购粮食。

张果固请归恒山，制[1]以为银青光禄大夫[2]，号通玄先生，厚赐而遣之。后卒，好异者奏以为尸解[3]；上由是颇信神仙[4]。

冬，十二月，戊子[5]朔[6]，日有食之。

乙巳[7]，幽州节度使张守珪斩契丹王屈烈[8]及可突干[9]，传首[10]。时可突干连年为边患，赵含章[11]、薛楚玉[12]皆不能讨，守珪到官，屡击破之。可突干困迫，遣使诈降，守珪使管记王悔就抚之。悔至其牙帐[13]，察契丹上下殊[14]无降意，但稍徙营帐近西北，密遣人引突厥，谋杀悔以叛；悔知之。牙官[15]李过折与可突干分典兵马，争权不叶[16]，悔说过折使图之。过折夜勒[17]兵斩屈烈及可突干，尽诛其党，帅余众来降。守珪出师紫蒙州[18]，大阅[19]以镇抚之。枭[20]屈烈、可突干首于天津〔桥〕[21]之南。

突厥毗伽可汗[22]为其大臣梅录啜所毒，未死，讨诛梅录啜及其族党。既卒，子伊然可汗立，寻[23]卒，弟登利可汗[24]立，庚戌[25]，来告丧。

禁京城丐者，置病坊[26]以廪[27]之。

（以上为第三段，写幽州节度使张守珪大破契丹。）

【注释】

[1]制：唐代皇帝发布命令的一种。本称诏，武则天时因“曌”“诏”同音，改称制。凡重要的赏罚政刑则用制书。 [2]银青光禄大夫：文散官名。唐文散官，是不治事无职务但又表示身份、地位的加官，共二十九阶。银青光禄大夫为从三品，属第五阶。 [3]尸解：神仙家所谓尸解，犹如蝉蜕，蝉飞而脱下的皮壳。尸解即灵魂离去而尸体还在，实际是死亡的隐语。 [4]上由是颇信神仙：唐玄宗开元初改集仙殿为集贤殿，表明他不信神仙。至是则颇信神仙，到了晚年，更是深信不疑。颇信，十分相信。 [5]戊子：十二月一日。 [6]朔：农历的每月一日。 [7]乙巳：十二月十八日。 [8]屈烈：又作“屈剌”，契丹王，权臣可突干所立，公元730年至734年在位。事见《新唐书》卷二百一十九。 [9]可突干（？—734）：一作“可突于”，契丹大臣，骁勇专权。事见《旧唐书》卷一百九十九下，《新唐书》卷二百一十九。 [10]传首：把首级传送到京师。 [11]赵含章（？—732）：两《唐书》无传。曾任幽州长史，知范阳节度使事，因盗用库物被处死。 [12]薛楚玉：曾任幽州长史，知范阳节度使事，事见《旧唐书》卷九十三，《新唐书》卷一百一十一。 [13]牙帐：将帅树牙旗（将军的旗帜）于军帐前，故称将帅所居幕帐为牙帐。[14]殊：甚。 [15]牙官：副武官。 [16]叶（xié）：和洽。 [17]勒：统率。 [18]紫蒙州：据章校，“州”当作“川”。紫蒙川，古水名，在今辽宁朝阳西北。 [19]大阅：大规模检阅军队。 [20]枭（xiāo）：斩头悬挂于木上。 [21]天津桥：古桥名。洛水上架设的一座以船相连的浮桥。故址在今河南洛阳旧城西南。 [22]毗伽可汗：名默棘连，骨咄禄之子。先为左贤王，其弟阙特勤拥立为可汗，公元716年至732年在位。事见《旧唐书》卷二百一十五下。 [23]寻：不信。 [24]登利可汗：又称苾伽骨咄禄可汗，系苾伽可汗之子，开元二十八年（740）为其叔父所杀。事见《旧唐书》卷一百九十四上，《新唐书》卷二百一十五下。 [25]庚戌：十二月二十三日。[26]病坊：即悲田养病坊。唐拨给田地，收养孤贫老病平民的慈善机构。先设使专管，开元初改

由僧尼主领，会昌灭佛后，选耆寿主持。［27］廪（lǐn）：廪食，官府供给粮食。

二十三年（乙亥，735年）

春，正月，契丹知兵马中郎[1]李过折来献捷；制以过折为北平王，检校松漠州都督[2]。

乙亥[3]，上耕藉田[4]，九推[5]乃止；公卿以下皆终亩。赦天下，都城酺[6]三日。

上御五凤楼酺宴，观者喧隘[7]，乐不得奏，金吾[8]白梃[9]如雨，不能遏[10]；上患之。高力士[11]奏河南[12]丞[13]严安之为理[14]严，为人所畏，请使止之；上从之。安之至，以手板[15]绕场画地曰："犯此者死！"于是尽三日，人指其画以相戒[16]，无敢犯者。

时命三百里内刺史、县令各帅所部音乐集于楼下，各较胜负。怀州[17]刺史以车载乐工数百，皆衣文绣[18]，服箱[19]之牛皆为虎豹犀象之状。鲁山[20]令元德秀[21]惟遣乐工数人，连袂歌《于蔿》[22]。上曰："怀州之人，其涂炭[23]乎！"立[24]以刺史为散官[25]。德秀性介洁质朴[26]，士大夫皆服其高。

上美张守珪之功，欲以为相，张九龄谏曰："宰相者，代天理物[27]，非赏功之官也。"上曰："假以其名而不使任其职，可乎？"对曰："不可。惟名与器不可以假人[28]，君之所司[29]也。且守珪才破契丹，陛下[30]即以为宰相；若尽灭奚、厥[31]，将以何官赏之？"上乃止。二月，守珪诣[32]东都献捷，拜右羽林大将军[33]，兼御史大夫[34]，赐二子官，赏赉甚厚。

初，殿中侍御史[35]杨汪既杀张审素[36]，更名万顷。审素二子瑝、琇[37]皆幼，坐流岭表[38]；寻逃归，谋伺便复仇[39]。三月，丁卯[40]，手杀万顷于都城，系表[41]于斧，言父冤状；欲之江外[42]杀与万顷同谋陷其父者，至汜水[43]，为有司[44]所得。议者多言二子父死非罪，稚年[45]孝烈[46]能复父仇，宜加矜宥[47]；张九龄亦欲活之。裴耀卿、李林甫以为如此，坏国法，上亦以为然，谓九龄曰："孝子之情，义不顾死[48]；然杀人而赦之，此涂[49]不可启也。"乃下敕[50]曰："国家设法，期于止杀。各伸[51]为子之志，谁非徇[52]孝之人！展转相仇，何有限极！咎繇[53]作士，法在必行。曾参[54]杀人，亦不可恕。宜付河南府[55]杖杀[56]。”士民皆怜之，为作哀诔[57]，牓[58]于衢路[59]。市人[60]敛[61]钱葬之于北邙[62]，恐万顷家发之，仍为疑冢[63]数处。

唐初，公主[64]实封[65]止[66]三百户，中宗[67]时，太平公主[68]至五千户，率以七丁为限。开元以来，皇妹止千户，皇女又半之，皆以三丁为限；驸马[69]皆除三品员外官[70]，而不任以职事。公主邑[71]入至少，至不能具车服，左右或言其太薄，上曰："百姓租赋，非我所有。战士出死力，赏不过束[72]帛；女子何功，而享多户邪？且欲使之知俭啬[73]耳。”秋，七月，咸宜公主[74]将下嫁，始加实封至千户。公主，武惠妃之女也。于是诸公主皆加至千户。

冬，十月，戊申[75]，突骑施[76]寇北庭[77]及安西[78]拨换城[79]。

闰月，壬午[80]朔，日有食之。

十二月，乙亥[81]，册[82]故蜀州[83]司户[84]杨玄琰女为寿王妃。玄琰[85]，汪[86]之曾孙也。

是岁，契丹王过折为其臣涅礼[87]所杀，并其诸子，一子刺乾奔安东[88]得免。涅礼上言，过折用刑残虐，众情不安，故杀之。上赦其罪，因以涅礼为松漠都督，且赐书责之曰：'卿之蕃法多无义于君长，自昔如此，朕亦知之。然过折是卿之王，有恶辄杀之，为此王者，不亦难乎！但恐卿为王，后人亦尔。常不自保，谁愿作王！亦应防虑后事，岂得取快目前！”突厥寻引兵东侵奚、契丹，涅礼与奚王李归国击破之。

（以上为第四段，写唐玄宗耕藉田九推，娱乐有度，禁报私仇，仍不失为明主。）

【注释】

[1]知兵马中郎：李过折的官衔。两唐书《契丹传》作衙官，似为突厥派到契丹的官员，与契丹大臣可突干分掌兵力。后李过折杀可突干，被唐封为北平郡王，授特进、检校松漠州都督。这里言李过折为突厥知兵马中郎，不详其故。 [2]检校（jiào）松漠州都督：官名。检校，指诏除而非正式任命的官。初唐时，带检校的官表示任其事而未实授其官，中唐后成为虚衔。松漠州，唐羁縻州，治所在今内蒙古巴林右旗南。都督，唐在内属的蕃夷部落所在地设置都督府，任命其首领为都督。松漠州都督府，契丹酋长内属时置。 [3]乙亥：正月十八日。 [4]藉田：即籍

田。古时帝王于孟春之月（正月）于城郊举行祭祀，亲耕农田的仪式。含有劝农之意。［5］九推：推，以手扶犁作耕田状。依旧制，藉田之仪，天子三推，公卿九推，庶人终亩。据杜佑《通典·礼·籍田》载，当年玄宗欲重耕籍，遂进耕五十余步，尽陇（田埂）乃止。［6］酺（pú）：聚会饮酒。［7］喧隘：因喧沸声音干扰。喧，声音大而杂；隘，同“阨”，阻隔。［8］金吾：警卫兵士。唐朝由金吾卫将军率所属翊府和番上兵士担任宫中及京城的巡警。［9］白梃（tǐng）：大木棍。［10］遏（è）：阻止。［11］高力士（684—762）：宦官。玄宗宠任极专，官至骠骑大将军，封渤海郡公。传见《旧唐书》卷一百八十四，《新唐书》卷二百七。［12］河南：县名。县治在今河南洛阳西。［13］丞：县丞，为县的副长官。［14］理：即治。唐避高宗李治讳，改“治”为“理”。［15］手板：即笏。古代官员上朝或谒见上司时所执，备记事用。［16］戒：同“诫”，告诫，警告。［17］怀州：州名。治所在今河南沁阳市。［18］文绣：刺绣华美的丝织品。［19］服箱：牵拉车厢。服，同“负”。箱，车厢。［20］鲁山：县名。县治在今河南鲁山县。［21］元德秀（695—754）：字紫芝，河南县人，开元进士。为卓行之士，曾任鲁山令。著有《季子听乐论》《蹇士赋》。传见《旧唐书》卷一百九十下，《新唐书》卷一百九十四。［22］《于蒍》：元德秀所作之歌。《新唐书·卓行·元德秀传》作《于蒍于》。《明皇杂录》卷十尚有“玄宗闻而异之，试征其词，乃叹曰：‘贤人之言也’”。说明其词有规劝的寓意。［23］涂炭：烂泥和炭火，比喻灾难困苦。此指唐玄宗不满怀州刺史大摆排场，所进乐队庞大，加重民众负担。［24］立：立即。［25］散官：无职事的清闲官。［26］介洁质朴：言其品性高尚。介，耿直。洁，清白。质，诚实。朴，朴素。［27］宰相者，代天理物：意思是宰相职位崇高，责任重大。代天，代表天子。理物，治理万事。［28］名与器不可以假人：《左传》成公二年孔子语。名，表示职务地位的名称。器，标志名位、爵号的器物，如钟鼎宝器。［29］司：掌管。［30］陛（bì）下：秦以后臣下对天子的专称，表示以卑达尊之意。陛，殿坛的台阶。［31］奚、厥：奚和突厥，唐朝东北和北方的少数民族。［32］诣：往，到。［33］右羽林大将军：武官名。唐有左右羽林军，置大将军各一员，将军各二员，统领所部禁兵，担任大朝会和天子巡幸的警卫。［34］御史大夫：官名。御史台长官，主管对百官的弹劾、纠察，执掌监察大权。［35］殿中侍御史：官名。御史台所属殿院的官员，主管纠察殿廷供奉仪式的违失。［36］杨汪既杀张审素：张审素为嶲（xī）州（治所在今四川西昌市）都督，被告有贪污罪，朝廷派殿中侍御史杨汪前去按治，路上为审素同党拦劫要挟。杨汪遂奏称审素谋反而斩之，并抄没其家。事见《资治通鉴》卷二百一十三开元十九年九月。［37］瑝、琇：张审素的两个儿子张瑝、张琇。事见《旧唐书》卷一百八十八。［38］岭表：指五岭以南地区，即广东、广西一带。［39］仇：仇恨。［40］丁卯：三月十一日。［41］表：唐代臣下上给皇帝的奏章有奏抄、奏弹、露布、议、表、状六种。表是一种最常用的形式，一般臣下给天子的文书都可称为表。［42］江外：泛指长江以南。［43］汜（sì）水：水名。发源于河南巩义市东南，流经荥阳汜水镇西，北注入黄河。［44］有司：官吏，或主管部门。［45］稚年：幼年。［46］孝烈：孝行显赫。［47］矜（jīn）宥（yòu）：矜，怜悯。宥，宽免。［48］义不顾死：

孝子不怕死是应该的。义，合宜的道德、行为或道理。顾，畏忌，怕。［49］涂：同“途”，道路。［50］敕：皇帝颁发命令的一种形式。唐代的敕有发日敕（手诏）、敕旨、论事敕书和敕牒的分别（参见《唐六典》卷九《中书省》）。此敕当为发日敕。［51］伸：展开，陈述。［52］徇：同“殉”，为达到某种目的而献身。［53］咎繇：也称皋陶。传说为舜之臣，掌刑狱之事。［54］曾参（前505—前435）：孔子弟子。传见《史记》卷六十七。［55］河南府：府名。治所在今河南洛阳东北。［56］杖杀：用棍棒打死。［57］哀诔（lěi）：一种哀祭文体。叙述死者生前事迹，表示哀悼。［58］牓（bǎng）：同“榜”，布告。［59］衢（qú）路：四通八达的道路。［60］市人：城市居民。［61］敛：收集。［62］北邙：山名。亦作“北芒”，即邙山。在今河南洛阳北。［63］疑冢：作多处坟墓，使人不知其实葬之处。冢，坟墓。［64］公主：帝王女的称号。皇帝之女称公主，大姊称长公主，姑称大长公主。［65］实封：唐贵族、功臣有食邑封户之制。食封户数有虚数与实数之别。实封是指实际收取衣食租税的户数。实封可传之子孙，但有递减的规定。封户的租调初由贵族直接收取，后改交官府，再由太府寺发给封主。［66］止：副词，只有，仅仅。［67］中宗（656—710）：名显，高宗之子，公元705年至710年在位。事详《旧唐书》卷七，《新唐书》卷四。［68］太平公主（？—713）：武则天之女。传见《旧唐书》卷一百八十三，《新唐书》卷八十三。［69］驸马：官名。北魏、南齐以后皇帝女婿例授驸马都尉，简称驸马，但已非实官。唐代驸马都尉都由尚公主者担任，只食俸禄而已。［70］员外官：正员以外的官员。唐初员外官少，神龙（705—707）后大为增加。有员外和员外同正之别，前者俸禄减正官之半，后者不给职田，俸禄同正官。［71］公主邑：公主食邑。食邑即食封。［72］束：一小捆。帛的计量单位。［73］俭啬：俭：节约。啬：不浪费。［74］咸宜公主：武惠妃所生，传见《新唐书》卷八十二。［75］戊申：十月二十六日。［76］突骑施：西突厥的别部，牙帐在碎叶城（今吉尔吉斯斯坦北部托克马克附近）。事见《旧唐书》卷一百九十四下，《新唐书》卷二百一十五下。［77］北庭：即北庭都护府，治所在今新疆吉木萨尔北破城子。唐在边地所设六大都护府之一，长安二年（702）置，统辖天山北路及中亚一带羁縻州府，与安西都护府相犄角，共治西域。［78］安西：即安西都护府，唐六大都护府之一，贞观十四年（640）置。初总辖西域，置北庭后，专治天山南道及葱岭以西羁縻州府。治所初在今新疆吐鲁番东高昌故城，后移至今新疆库车。［79］拨换城：古城名。故址在今新疆阿克苏。［80］壬午：闰十一月一日。［81］乙亥：十二月二十四日。［82］册：册封。唐制，凡立后妃、建太子、封诸王及封立少数民族首领都要行册封之礼。其仪主要是当面宣读册文，授印玺。［83］蜀州：州名。治所在今四川崇州市。［84］司户：官名。即州僚佐司户参军，掌管户口、籍账、婚嫁、田宅、杂徭、道路等事务。［85］玄琰：杨贵妃之父杨玄琰，赠太尉、齐国公。事见《旧唐书》卷五十一，《新唐书》卷七十六。［86］汪：即杨汪，字元度，仕隋至大理卿、国子祭酒。传见《隋书》卷五十六。［87］涅礼：《旧唐书·契丹传》作泥礼，但是以泥礼地折为可突干的余党，则与《资治通鉴》为过折之臣稍异。［88］安东：即安东都护府。唐六大都护府之一。总章元年（668）置，辖高丽各府州。治所常迁，此时在河北卢龙。

二十四年（丙子，736 年）

春，正月，庚寅[1]，敕：“天下逃户，听尽今年内自首，有旧产者令还本贯[2]，无者别俟[3]进止；逾限不首，当命专使搜求，散配诸军。”

北庭都护盖嘉运[4]击突骑施，大破之。

二月，甲寅[5]，宴新除县令于朝堂[6]，上作《令长新戒》一篇，赐天下县令。

庚午[7]，更皇子[8]名，鸿曰瑛，潭曰琮，浚曰玙，洽曰琰，涓曰瑶，滉曰琬，涺曰琚，潍曰璲，沄曰璬，泽曰璘，清曰瑁，洄曰玢，沭曰琦，溢曰环，沔曰理，泚曰玼，漼曰珪，澄曰珙，潓曰瑱，漎曰璿，滔曰璥。

旧制，考功员外郎[9]掌试贡举人[10]。有进士[11]李权，陵侮[12]员外李昂，议者以员外郎位卑，不能服众；三月，壬辰[13]，敕自今委礼部侍郎[14]试贡举人。

张守珪使平卢讨击使[15]、左骁卫将军[16]安禄山[17]讨奚、契丹叛者，禄山恃[18]勇轻进，为虏所败。夏，四月，辛亥[19]，守珪奏请斩之。禄山临刑呼曰：“大夫不欲灭奚、契丹邪，奈何杀禄山！”守珪亦惜其骁勇[20]，乃更执送京师。张九龄批曰：“昔穰苴诛庄贾[21]，孙武斩宫嫔[22]，守珪军令若行，禄山不宜免死。”上惜其才，敕令免官，以白衣[23]将领。九龄固争曰：“禄山失律丧师，于法不可不诛。且臣观其貌有反相，不杀必为后患。”上曰：“卿勿以王夷甫识石勒[24]，枉害忠良。”竟赦之[25]。

安禄山者，本营州[26]杂胡[27]，初名阿荦山。其母，巫也；父死，母携之再适[28]突厥安延偃。会其部落破散，与延偃兄子思顺[29]俱逃来，故冒姓安氏，名禄山。又有史窣干[30]者，与禄山同里闬[31]，先后一日生。及长，相亲爱，皆为互市牙郎[32]，以骁勇闻。张守珪以禄山为捉生将，禄山每与数骑出，辄擒契丹数十人而返。狡猾[33]，善揣人情，守珪爱之，养以为子。

窣干尝负官债亡入奚中，为奚游弈[34]所得，欲杀之；窣干绐[35]

曰："我，唐之和亲使[36]也，汝杀我，祸且[37]及汝国。"游弈信之，送诣牙帐。窣干见奚王，长揖[38]不拜，奚王虽怒，而畏唐，不敢杀，以客礼馆[39]之，使百人随窣干入朝。窣干谓奚王曰："王遣人虽多，观其才皆不足以见天子。闻王有良将琐高[40]者，何不使之入朝！"奚王即命琐高与牙下三百人随窣干入朝。窣干将至平卢，先使人谓军使[41]裴休子曰："奚使琐高与精锐俱来，声云入朝，实欲袭军城，宜谨为之备，先事图之。"休子乃具军容出迎，至馆，悉坑杀其从兵，执琐高送幽州。张守珪以窣干为有功，奏为果毅[42]，累迁将军[43]。后入奏事，上与语，悦之，赐名思明。

（以上为第五段，写杂胡安禄山，史思明登场。）

【注释】

[1]庚寅：正月十日。 [2]贯：原籍。 [3]俟（sì）：等待。 [4]盖嘉运：两唐书无传。仅知开元后期任北庭都护，破突骑施有功，加河西、陇右节度使，后在与吐蕃争战中受挫。 [5]甲寅：二月四日。 [6]朝堂：汉代百官治事、会议大事的地方称朝堂。唐代大明宫的朝堂，在含元殿前翔鸾阁与栖凤阁下。 [7]庚午：二月二十日。 [8]皇子：据《旧唐书》卷一百七，《新唐书》卷八十二，玄宗皇子三十人，七人早夭。这里列举二十一人，因另二人夏悼王一、怀哀王敏也早亡。 [9]考功员外郎：官名。吏部考功司副官，与考功郎中共掌内外文武官吏的考课。郎中管京官考，员外郎掌外官考。 [10]贡举人：唐代科举制，常科考生有两个来源，一是学馆课试合格的生员，一是投牒自举（自己报名）由州县考试合格的乡贡。此两种被送到尚书省参加考试的人，就是这里所说的贡举人。 [11]进士：唐科举制，凡试于礼部的，都谓之进士，及第的称为前进士。 [12]陵侮：侵凌侮辱。陵，同"凌"。 [13]壬辰：三月十二日。 [14]礼部侍郎：官名。礼部副长官，协助礼部尚书执掌天下礼仪、祭享、贡举等政事。开元二十四年（736）以后，考试贡举人由礼部侍郎专掌。 [15]平卢讨击使：平卢，军镇名，治所在今辽宁朝阳市。平卢讨击使，为幽州节度使所属平卢军专事征讨的使职。姚汝能《安禄山事迹》作"充（张守珪）衙前讨击使"。 [16]左骁卫将军：武官名。唐中央十二卫将军之一，掌宫廷警卫，督摄队伍。安禄山在平卢无从履行此职。姚汝能《安禄山事迹》作"以军功加员外左骑（骁之误）卫将军"为是。 [17]安禄山（？—757）：叛臣。传见《旧唐书》卷二百上，《新唐书》卷二百二十五上。 [18]恃（shì）：仗恃，依赖。 [19]辛亥：四月二日。 [20]骁勇：据章校，"勇"下有"欲活之"三字。 [21]穰（ràng）苴（jū）诛庄贾：齐景公任命司马穰苴为将，穰苴说："愿得君之宠臣以监军。"景公派庄贾前往。庄贾平素娇贵，穰苴和他相约，日中会于军门，而他夕时才到。穰苴以庄贾不守

时，将他斩首以号令三军。事见《史记》卷六十四。［22］孙武斩宫嫔：孙武以兵法十三篇见吴王阖庐，吴王用百八十名宫女让他试行演习。孙武将宫女分为二队，以吴王的宠姬二人各为队长，手中持戟。操演方法和纪律布置停当，并摆出刑罚用具，三令五申。于是击鼓使之右，妇人只是大笑。孙子说："约束不行，申令不熟，将之罪也。"再三令五申而击鼓使之左，妇人又大笑。孙子要斩队长，吴王阻止，孙子以"将在军，君命有所不受"而斩之，用其次为队长。再击鼓，妇人左右前后跪起都能合乎规矩，无人敢再出声。于是吴王知孙子能用兵，任命为将。事见《史记》卷六十五。［23］白衣：古代平民着白衣，因以称无功名官位的人为白衣。［24］王夷甫识石勒：王夷甫，即西晋士族王衍。石勒，羯人。石勒年十四，随邑人行贩于洛阳。一天，他依靠在上东门吹口哨，王衍见了甚为奇异，对左右的人说："那个小胡儿，我观察他的声音、眼神，定有奇志，恐怕将来为天下之患。"急忙回去派人来收捕石勒，但石勒已经离去。事见《晋书》卷一百四。王衍传见《晋书》卷四十三。石勒传见《晋书》卷一百四、一百五。［25］竟赦之：唐玄宗终于赦免了安禄山的死罪。唐玄宗不杀安禄山，是误听李林甫的邪说，用胡人做边将，以利制夷，终于留下了隐患。［26］营州：州名。治所在今辽宁朝阳市。［27］杂胡：混血胡人。［28］适：女子出嫁。［29］思顺：即安思顺（？—756），曾任河西节度使、工部尚书（《旧唐书·哥舒翰传》作"户部尚书"）。后因哥舒翰诬奏其与安禄山潜通而被杀。［30］窣（sù）干：即史思明（？—761），唐玄宗赐名思明，营州杂胡。传见《旧唐书》卷二百上，《新唐书》卷二百二十五上。［31］闬（hàn）：闾里的门，巷门。［32］互市牙郎：互市，唐在与少数民族接壤地区开辟物资贸易市场称为互市，并设立互市监进行管理。牙郎，即牙侩，或牙人，在市场上从事说合买卖双方成交的人。［33］狡猾：狡诈。［34］游弈：游动哨兵。［35］绐（dài）：欺骗。［36］和亲使：使职名。中原汉族王朝与少数民族首领之间进行有政治目的的联姻，称为和亲。和亲使是为进行和亲而专门派遣的使臣。［37］且：将要。［38］长揖：相见时拱手自上而至极下以为礼，以示恭敬。揖，古拱手礼。［39］馆：住宿。［40］琐高：奚中酋豪人名，奚族名琐高者颇常见。参见岑仲勉《唐史余审》卷二。［41］军使：使职名。天宝以前戍守边防的军队，有军、守捉、城、镇四种大小不同的制置，都设使职以统领，总归于道。详《新唐书·兵志》。［42］果毅：军官名。即果毅都尉，为折冲府（亦称军府）的副将。［43］将军：唐制，南衙十六卫有上将军、大将军、将军，北衙诸军亦有大将军、将军。此处是指武散官将军。唐武散官二十九阶，从一品至从五品下各阶称大将军、将军或中郎将、郎将。

故连州[1]司马[2]武攸望[3]之子温昚[4]，坐交通[5]权贵，杖死。乙丑[6]，朔方、河东节度使[7]信安王祎贬衢州[8]刺史，广武王承宏[9]贬房州[10]别驾[11]，泾州刺史薛自劝贬澧州[12]别驾；皆坐与温昚交游故也。承宏，守礼[13]之子也。辛未[14]，蒲州[15]刺史王琚[16]贬通州[17]刺史；坐与祎交书也。

五月，醴泉[18]妖人刘志诚作乱，驱掠路人，将趣咸阳[19]。村民走告县官，焚桥断路以拒之，其众遂溃，数日，悉擒斩之。

六月，初分月给百官俸钱[20]。

初，上因藉田赦[21]，命有司议增宗庙笾豆之荐[22]及服纪[23]未通者。太常卿[24]韦縚[25]奏请宗庙每坐笾豆十二[26]。

兵部侍郎[27]张均[28]、职方郎中[29]韦述[30]议曰："圣人知孝子之情深而物类之无限，故为之节制。人之嗜好本无凭准，宴私[31]之馔与时迁移，故圣人一切同归于古。屈到嗜芰，屈建不以荐[32]，以为不以私欲干国之典。今欲取甘旨肥浓[33]，皆充祭用，苟逾旧制，其何限焉！《书》曰：'黍稷非馨，明德惟馨[34]。'若以今之珍馔[35]，平生所习，求神无方，何必泥古，则簠簋[36]可去而盘盂杯案[37]当在御[38]矣，韶濩[39]可息而箜篌[40]筝[41]笛当在奏矣。既非正物，后嗣何观！夫神，以精明临人者也，不求丰大；苟失于礼，虽多何为！岂可废弃礼经以从流俗！且君子爱人以礼，不求苟合；况在宗庙，敢忘旧章！"

太子宾客[42]崔沔议曰："祭祀之兴，肇[43]于太古[44]，茹毛饮血[45]，则有毛血之荐；未有麴蘖[46]，则有玄酒[47]之奠。施及后王，礼物渐备；然以神道致敬，不敢废也。笾豆簠簋樽罍[48]之实，皆周人之时馔也，其用通于宴飨宾客，而周公制礼[49]，与毛血玄酒同荐鬼神。国家由礼立训，因时制范，清庙[50]时飨，礼馔毕陈，用周制也。园陵[51]上食，时膳具设，遵汉法也。职贡[52]来祭，致远物也。有新必荐，顺时令[53]也。苑囿[54]之内，躬稼[55]所收，搜狩[56]之时，亲发所中，莫不荐而后食，尽诚敬也。若此至矣，复何加焉！但当申敕[57]有司，无或简怠，则鲜美肥浓，尽在是矣，不必加笾豆之数也。"

上固欲量加品味。縚又奏每室加笾豆各六，四时各实以新果珍羞[58]；从之。

縚又奏："《丧服》'舅，缌麻[59]三月，从母[60]、外祖父母皆小功[61]五月。'外祖至尊，同于从母之服；姨、舅一等，服则轻重有殊。堂姨、舅亲即未疏，恩绝不相为服；舅母来承外族，不如同爨[62]之礼。

窃[63]以古意犹有所未畅者也，请加外祖父母为大功[64]九月，姨、舅皆小功五月，堂舅、堂姨、舅母并加至袒免[65]。”

崔沔议曰：“正家之道，不可以贰；总一定义，理归本宗。是以内有齐、斩[66]，外皆缌麻，尊名所加，不过一等，此先王不易之道也。愿守八年明旨[67]，一依古礼，以为万代成法。”

韦述议曰：“《丧服传》曰：‘禽兽知母而不知父。野人曰，父母何等焉！都邑之士则知尊祢[68]矣；大夫及学士则知尊祖矣。’圣人究天道而厚于祖祢，系族姓而亲其子孙，母党比于本族，不可同贯，明矣。今若外祖与舅加服一等，堂舅及姨列于服纪，则中外之制，相去几何！废礼徇情，所务者末。古之制作者，知人情之易摇，恐失礼之将渐，别其同异，轻重相悬，欲使后来之人永不相杂。微旨斯在，岂徒然哉，苟可加也，亦可减也；往圣可得而非，则《礼经》可得而隳[69]矣。先王之制，谓之彝伦[70]，奉以周旋，犹恐失坠；一紊其叙，庸可止乎！请依《仪礼》丧服为定。”

礼部员外郎[71]杨仲昌[72]议曰：“郑文贞公魏徵[73]始加舅服至小功五月[74]。虽文贞贤也，而周、孔[75]圣也，以贤改圣，后学何从！窃恐内外乖[76]序，亲疏夺[77]伦，情之所沿，何所不至！昔子路有姊之丧而不除，孔子曰：‘先王制礼，行道之人，皆不忍也。’子路[78]除[79]之。此则圣人援[80]事抑情之明例也。《记》[81]曰：‘毋轻仪礼。’明其蟠于天地[82]，并彼日月，贤者由之，安敢损益也！”

敕：“姨舅既服小功，舅母不得全降，宜服缌麻，堂姨舅宜服袒免。”

均，说[83]之子也。

（以上为第六段，写唐玄宗要增加宗庙祭祀的礼品与加重丧服之礼。）

【注释】

[1]连州：州名。唐有二连州，一治今广东连州市，一治今四川筠连县。不知孰是。 [2]司马：官名。为州刺史的副官，佐理州府众务，掌列曹事宜。 [3]武攸望：武则天叔父之子。武则天时曾封为会稽郡王，中宗降为邺国公，任太常卿。《新唐书·外戚传》作叶国公、太府卿。韦后之乱平定后，贬春州（今广东阳春市）司马而死。《资治通鉴》言攸望为故连州司马，与两唐书《外戚传》不合。 [4]温昚（shèn）：武攸望之子。 [5]交通：交往，勾结。 [6]乙丑：四月

十六日。［7］河东节度使：使职名。为河东方镇的差遣长官，治所在今山西太原市晋源区。开元十一年（723）置（见《唐会要》卷七十八《节度使》）。其目的是为配合抗击突厥，太原以北诸镇受其节制。［8］衢州：州名。治所在今浙江衢州。［9］承宏：章怀太子之孙。开元初年封广武郡王。传见《旧唐书》卷八十六，《新唐书》卷八十一。［10］房州：州名。治所在今湖北房县。［11］别驾：官名。州副官，佐刺史总理州郡众务，掌管列曹事宜。［12］澧州：州名。治所在今湖南澧县。［13］守礼：即嗣雍王李守礼（？—741），章怀太子之子。传见《旧唐书》卷八十六，《新唐书》卷八十一。［14］辛未：四月二十二日。［15］蒲州：州名。治所在今山西永济西南蒲州镇。［16］王琚（？—746）：官至中书侍郎。传见《旧唐书》卷一百六，《新唐书》卷一百三十一。［17］通州：州名。治所在今四川达州市。［18］醴泉：县名。县治在今陕西礼泉县东北。［19］咸阳：县名。县治在今陕西咸阳东北二十里。［20］俸钱：官员从国家领得俸禄的钱币部分（另有职分田和禄米），又称俸料钱。据《唐会要》卷九十一《内外官料钱上》，开元二十四年（736）六月二十三日敕，百官俸料钱，月俸、食料、防阁或庶仆和杂用合为一色，都以月俸为名，随月给付。［21］上因藉田赦：据《旧唐书·礼仪志四》，开元二十三年（735）正月，玄宗亲祀神农于东郡，礼毕，躬耕耒耜于千亩之甸，礼毕大赦。［22］笾（biān）豆之荐：又叫笾祭，据《仪礼·注》，笾祭乃枣栗之祭，用笾豆盛枣、栗等果脯进行祭祀。笾豆，祭礼的礼器，用竹编制，形如豆，用来盛果脯等食物。［23］服纪：即服制，丧服制度，按其与死者的亲疏关系而分别有斩衰（chuí）、齐衰、大功、小功、缌麻五等。服，旧时丧礼规定穿戴的衣服。也用来指居丧。［24］太常卿：官名。为太常寺长官，主掌礼乐、郊庙、社稷事务。［25］韦绦（tāo）：宰相韦安石侄子。官至太子少师。传见《新唐书》卷一百二十二。［26］笾豆十二：显庆（656—661）中许敬宗建议，宗庙祭祀所供笾豆，大祀十二，中祀十，小祀八。至此，韦绦请皆为十二。［27］兵部侍郎：官名。为兵部副长官，协助兵部尚书掌管中央及地方武官的选用、考察以及有关兵籍、军械、军令等事宜。［28］张均：开元时宰相张说之子，累官至刑部尚书。后受安禄山伪命为中书令。传见《旧唐书》卷九十七，《新唐书》卷一百二十五。［29］职方郎中：官名。兵部职方司长官，掌地图、城隍、镇戍、烽候之事。［30］韦述（？—约757）：史学家。嗜学著书，居史职二十年，封方城县侯。著有《开元谱》二十卷、《国史》一百一十三卷、《唐职仪》三十卷、《高宗实录》三十卷、《御史台记》十卷、《两京新记》五卷。传见《旧唐书》卷一百二，《新唐书》卷一百三十二。［31］宴私：私人宴饮。［32］屈到嗜芰（jì），屈建不以荐：《国语·楚语》载，楚国贵族屈到喜食芰，有病，召其宗老吩咐说："祭我必须用芰。"至祭祀时，宗老将祭芰，屈建命去掉，说："国君有牛享，大夫有羊馈，士用豚犬作奠，庶人用鱼炙祭祀，笾豆脯醢，则上下都可用。不献珍异，不陈得过多，不以自己的私欲干扰国典。"便不用芰献。芰，菱角。［33］甘旨肥浓：甘，甜。旨，美味，多用来形容酒。肥，肥腻，指油脂多的厚味食物。浓，浓厚，非清淡之味。原文为"甘旨之物，肥浓之味"（《唐会要》卷十七《祭器议》），泛指美物佳味。［34］黍稷非馨，明德惟馨：语出《尚书·君陈》，意思是敬神的黍稷本身并不香，只有敬神的人德性完美，心底虔诚，黍稷才香。馨，香；明德，完美的德性。［35］珍馔（zhuǎn）：珍贵食物。馔，食物。［36］簠簋（fǔguǐ）：祭器。簠，古代盛稻粱的器皿，多方形，或说内圆外方。簋，古代盛黍稷的器皿，多圆形，或说外圆内方。［37］盘盂杯案：盘，浅而敞口的盛器。盂，盛汤浆或食物的器皿。杯，盛饮料的器皿。案，陈举，递送食物的有脚器物。此数种都属一般盛物器皿。［38］御：进用。［39］韶濩（huò）：舜乐曰《韶》，汤乐曰《濩》，指庙堂之乐，或泛指古乐。［40］箜篌（kōnghóu）：古代乐器，似瑟而比较小。［41］筝：古代的一种弦乐器。［42］太子宾客：官名。属东宫之官。主要职务是侍从太子，进行规谏，祭祀、典礼时导引礼仪。［43］肇：始。［44］太古：远古，上古时代。［45］茹（rú）毛饮血：吃生肉。茹，吃。［46］麯糵（qúnié）：酿酒发酵的曲母，称为酒母。此指代酒。麯，今简写作曲。［47］玄酒：上古祭祀用水。传说司烜氏月下以镜取明水为玄酒。［48］樽罍（zūnléi）：酒器。［49］周公制礼：周公，名姬旦。周文王子，辅助武王灭纣建周。武王死，成王年幼，周公摄政。周代的礼乐制度相传都是周公所制订。事见《史记》卷三十三。［50］清庙：宗庙的通称。［51］园陵：帝王的墓地。［52］职贡：职方，掌天下地图，主四方贡献之官。职贡，指职方所进献的贡物。［53］时令：按季节制定的政令，或作季节解。［54］苑囿：畜养禽兽的园地。［55］躬稼：天子耕种。［56］搜狩：打猎。［57］申敕：告诫。［58］珍羞：指珍贵的食物。羞，同“馐”，食物。［59］缌（sī）麻：丧服名。五服（斩衰、齐衰、大功、小功、缌麻）中最轻的一种。用疏织细麻布制成孝服，服丧三月，凡疏远亲属、亲戚皆服缌麻。［60］从母：姨母，母亲的姊妹。［61］小功：丧服名。五服之一。用较粗的熟布制成。服期五个月。［62］同爨（cuàn）：指同居同炊。爨，即灶。［63］窃：自己的谦称。［64］大功：丧服名。五服之一。用熟麻布做成，较齐衰稍细，较小功为粗。服期九个月。［65］袒免：袒衣免冠。露左臂曰袒，去冠括发曰免。古代丧礼，凡五服外的远亲，无丧服之制，只袒衣免冠，以示哀思。［66］齐（zī）、斩：即齐衰（cuī）、斩衰。丧服名。属五服。据《仪礼·丧服》，齐衰次于斩衰，以粗麻布做成，因其缉边缝齐，故名齐衰。服期有一年的，如孙为祖父，夫为妻；有五个月的，如为曾祖父母；有三个月的，如为高祖父母。斩衰，是五种丧服中最重的一种。用最粗的麻布制成的丧服，衣不缝，以示无修饰。服期三年。凡子和未嫁女对父，媳对公，承重孙对祖父，妻对夫，都服斩衰。［67］八年明旨：指开元七年（719）八月，敕自今五服并依《丧服传》文，见《资治通鉴》卷二百一十二。八年是指玄宗以先天元年（712）即位，至开元七年，在位已八年。［68］祢（mǐ）：古时父死在宗庙中立的神主称为祢。［69］隳（huī）：毁坏。［70］彝伦：天地人之常道。彝，常。［71］礼部员外郎：官名。礼部司副官，佐礼部郎中掌五礼，举措仪制，辨别礼仪运用是否恰当。［72］杨仲昌：字蔓，虢州阌乡（今河南灵宝西）人。官至吏部郎中。传见《旧唐书》卷一百八十五下，《新唐书》卷一百二十。［73］郑文贞公魏徵（580—643）：字玄成。馆陶（今属河北）人。唐太宗时著名宰相，封郑国公，谥曰文贞。传见《旧唐书》卷七十一，《新唐书》卷九十七。［74］加舅服至小功五月：贞观十四年（640）太宗令礼官议丧服未为得礼者，魏徵等请加改之条中，有“舅，旧服缌麻，请加与从母同服小功五月”。见《贞观政要》卷七《礼乐》。

[75]周、孔：即周公、孔子。孔子（前551—前479），春秋鲁国人。传说有弟子三千人，身通六艺者七十二人。曾删《诗经》《尚书》，定《礼》《乐》，赞《周易》，修《春秋》，为儒家的创始人。事详《史记》卷四十七。 [76]乖（guāi）：违背。 [77]夺：乱。 [78]子路（前542—前480）：孔子弟子。事详《史记》卷六十七。 [79]除：除丧，除去丧礼之服。 [80]援：援引，引证。 [81]《记》：指《礼记》，亦称《小戴记》或《小戴礼记》，儒家经典之一。是秦汉以前各种礼仪论著的选集。相传为西汉戴圣编纂。 [82]蟠（pán）于天地：语出《礼记·乐记》"汲夫礼乐之极乎天而蟠于地"。蟠，充满。 [83]说（yuè）：张说（666—730），开元时政治家，官至中书令，封燕国公，卒谥文贞。传见《旧唐书》卷九十七，《新唐书》卷一百二十五。

秋，八月，壬子[1]，千秋节[2]，群臣皆献宝镜。张九龄以为以镜自照见形容，以人自照见吉凶。乃述前世兴废之源，为书五卷，谓之《千秋金镜录》，上之；上赐书褒美。

甲寅[3]，突骑施遣其大臣胡禄达干来请降，许之。

御史大夫李适之[4]，承乾[5]之孙也，以才干得幸于上，数为承乾论辩；甲戌[6]，追赠承乾恒山愍王。

乙亥[7]，汴哀王璬[8]薨。

冬，十月，戊申[9]，车驾发东都。先是，敕以来年二月二日行幸[10]西京，会宫中有怪，明日，上召宰相，即议西还。裴耀卿、张九龄曰："今农收未毕，请俟仲冬[11]。"李林甫潜知上指[12]，二相退，林甫独留，言于上曰："长安、洛阳，陛下东西宫耳，往来行幸，何更择时！借使妨于农收，但应蠲[13]所过租税而已。臣请宣示百司，即日西行。"上悦，从之。过陕州[14]，以刺史卢奂[15]有善政，题赞于其听事[16]而去。奂，怀慎[17]之子也。丁卯[18]，至西京。

朔方节度使牛仙客[19]，前在河西[20]，能节用度，勤职业，仓库充实，器械精利；上闻而嘉之，欲加尚书[21]。张九龄曰："不可。尚书，古之纳言，唐兴以来，惟旧相及扬历中外有德望者乃为之。仙客本河湟使典[22]，今骤居清要[23]，恐羞朝廷。"上曰："然则但加实封可乎？"对曰："不可。封爵[24]所以劝有功也。边将实仓库，修器械，乃常务耳，不足为功。陛下赏其勤，赐之金帛可也；裂土封[25]之，恐非其宜。"上默然。李林甫言于上曰："仙客，宰相才也，何有于尚书！九龄书生，不达大体。”上悦，明日，复以仙客实封为言，九龄固执[26]如初。上怒，变色曰：“事皆由卿邪？”九龄顿首[27]谢曰：“陛下不知臣愚，使待罪[28]宰相，事有未允，臣不敢不尽言。”上曰：“卿嫌仙客寒微，如卿有何阀阅[29]？”九龄曰：“臣岭海孤贱[30]，不如仙客生于中华[31]；然臣出入台阁[32]，典司诰命[33]有年矣。仙客边隅小吏，目不知书，若大任之，恐不惬[34]众望。”林甫退而言曰：“苟有才识，何必辞学[35]！天子用人，有何不可！”十一月，戊戌[36]，赐仙客爵[37]陇西县公[38]，食实封三百户。

初，上欲以李林甫为相，问于中书令张九龄，九龄对曰：“宰相系国安危，陛下相林甫，臣恐异日[39]为庙社[40]之忧。”上不从。时九龄方以文学为上所重，林甫虽恨，犹曲意[41]事之。侍中裴耀卿与九龄善，林甫并疾[42]之。是时，上在位岁久，渐肆[43]奢欲，怠于政事。而九龄遇事无细大皆力争；林甫巧伺[44]上意，日思所以中伤之。

上之为临淄王[45]也，赵丽妃[46]、皇甫德仪、刘才人皆有宠，丽妃生太子瑛[47]，德仪生鄂王瑶[48]，才人生光王琚[49]。及即位，幸武惠妃，丽妃等爱皆弛；惠妃生寿王瑁，宠冠诸子。太子与瑶、琚会于内第[50]，各以母失职有怨望[51]语。驸马都尉杨洄尚[52]咸宜公主，常伺三子过失以告惠妃。惠妃泣诉于上曰：“太子阴结党与，将害妾[53]母子，亦指斥至尊[54]。”上大怒，以语宰相，欲皆废之。九龄曰：“陛下践阼[55]垂三十年[56]，太子诸王不离深宫[57]，日受圣训，天下之人皆庆陛下享国久长，子孙蕃昌。今三子皆已成人，不闻大过，陛下奈何一旦以无根之语，喜怒之际，尽废之乎！且太子天下本，不可轻摇。昔晋献公听骊姬之谗杀申生，三世大乱[58]。汉武帝信江充之诬罪戾太子，京城流血[59]。晋惠帝用贾后之谮废愍怀太子，中原涂炭[60]。隋文帝纳独孤后之言黜太子勇，立炀帝，遂失天下[61]。由此观之，不可不慎。陛下必欲为此，臣不敢奉诏[62]。”上不悦。林甫初无所言，退而私谓宦官之贵幸[63]者曰：“此主上家事，何必问外人！”上犹豫未决。惠妃密使官奴[64]牛贵儿谓九龄曰：“有废必有兴，公为之援[65]，宰相可长处。”九龄叱之，以其语白上；上为之动色，故讫[66]九龄罢相，太子得无动。林甫日夜短[67]九龄于上，上浸[68]疏之。

林甫引萧炅[69]为户部侍郎[70]。炅素不学，尝对中书侍郎[71]严挺之[72]读“伏腊”[73]为“伏猎”。挺之言于九龄曰：“省中岂容有‘伏猎侍郎’！”由是出炅为岐州[74]刺史，故林甫怨挺之。九龄与挺之善，欲引以为相，尝谓之曰：“李尚书[75]方承恩，足下[76]宜一造门[77]，与之款昵[78]。”挺之素负气[79]，薄林甫为人，竟不之诣。林甫恨之益深。挺之先娶妻，出[80]之，更嫁蔚州[81]刺史王元琰，元琰坐赃罪[82]下三司按鞫[83]，挺之为之营解。林甫因左右使于禁中[84]白上。上谓宰相曰：“挺之为罪人请属所由[85]。”九龄曰：“此乃挺之出妻，不宜有情。”上曰：“虽离乃复有私。”

于是上积前事，以耀卿、九龄为阿党[86]；壬寅[87]，以耀卿为左丞相，九龄为右丞相，并罢政事[88]。以林甫兼中书令；仙客为工部尚书、同中书门下三品[89]，领朔方节度如故。严挺之贬洺州[90]刺史，王元琰流[91]岭南[92]。

上即位以来，所用之相，姚崇尚通[93]，宋璟尚法[94]，张嘉贞尚吏[95]，张说尚文[96]，李元纮、杜暹尚俭[97]，韩休、张九龄尚直[98]，各其所长也。九龄既得罪，自是朝廷之士，皆容身保位，无复直言。

李林甫欲蔽塞人主视听，自专[99]大权，明召诸谏官[100]谓曰：“今明主在上，群臣将顺之不暇，乌[101]用多言！诸君不见立仗[102]马乎？食三品料，一鸣辄斥去。悔之何及！”补阙杜琎尝上书言事，明日，黜为下邽令[103]。自是谏争[104]路绝矣。

牛仙客既为林甫所引[105]，专给唯诺[106]而已。然二人皆谨守格式[107]，百官迁除[108]，各有常度，虽奇才异行，不免终老常调；其以巧谄邪险自进者，则超腾[109]不次，自有他蹊[110]矣。

林甫城府[111]深密，人莫窥其际。好以甘言啖人，而阴中伤之，不露辞色。凡为上所厚者，始则亲结之，及位势稍逼，辄以计去之。虽老奸巨猾，无能逃于其术者。

（以上为第七段，写李林甫、牛仙客以谄谀入相，张九龄因直谏被唐玄宗疏远。小人进，君子退，唐玄宗由明转昏。）

【注释】

[1]壬子：八月五日。[2]千秋节：皇帝生日。唐玄宗生于八月五日。开元十七年（729），张说等请以这天为千秋节。天宝二年（743）改名天长节，至元和二年（807）停止。[3]甲寅：八月七日。[4]李适之：一名昌，恒山王承乾之孙。官至左相（天宝元年改官名，侍中为左相）。传见《旧唐书》卷九十九，《新唐书》卷一百三十一。[5]承乾：唐太宗长子李承乾（？—644）。先立为皇太子，以谋反罪废为庶人，传见《旧唐书》卷七十六，《新唐书》卷八十。[6]甲戌：八月二十七日。[7]乙亥：八月二十八日。[8]汴哀王璬（？—736）：唐玄宗第三十子，封汴王。传见《旧唐书》卷一百七，《新唐书》卷八十二。[9]戊申：十月二日。[10]幸：皇帝亲临为幸。[11]仲冬：农历十一月，处于冬季之中，故称仲冬。仲，第二，位次在中。[12]指：同"旨"，意向。[13]蠲（juān）：同"捐"，减免。[14]陕州：州名。治所在今河南三门峡市陕州区。[15]卢奂：官至尚书右丞。传见《旧唐书》卷九十八，《新唐书》卷一百二十六。[16]听事：官府办公的地方。听，同"厅"。[17]怀慎：即卢怀慎（？—716），官至黄门侍郎，封渔阳伯。传见《旧唐书》卷九十八，《新唐书》卷一百二十六。[18]丁卯：十月二十一日。[19]牛仙客（674—742）：泾州鹑觚（今甘肃灵台）人。初为县小吏，累官至侍中兼兵部尚书，封豳国公。传见《旧唐书》卷一百三，《新唐书》卷一百三十三。[20]前在河西：河西，即河西节度使，使职名。为河西方镇的差遣长官，景云元年（710）置，其目的是阻隔吐蕃与突厥。治所在今甘肃武威市。牛仙客开元十六年（728）至二十四年（736）为河西节度使。[21]尚书：官名。此时有尚书左右丞相、六部尚书。玄宗欲加牛仙客的不知何职尚书。[22]河湟使典：指牛仙客曾任陇右洮州司马、河西节度使判官等使府典吏之职。河湟，犹言河陇。指河西、陇右两节度使所辖之地。因为开元元年（713）所置陇右节度使治所在鄯州（今青海海东市乐都区），鄯州城亦名湟水，故简称陇右为湟。使典，使府典吏。[23]清要：清要官，又称清望官。据《唐六典》卷二吏部尚书条，内外三品以上官及中书、黄门侍郎、尚书左右丞、诸司侍郎并太常少卿、秘书少监、太子少詹事、左右庶子、左右率及国子司业为清望官。[24]封爵：唐制，封爵有亲王至开国县男九等，各有相应的食邑封户和阶品。见《新唐书》卷四十六。[25]裂土封：即实食封。实封要将封户租调由国家划分给封主，故称裂土封。[26]固执：坚持己见，不肯变通。[27]顿首：古礼拜的一种。周礼有稽首、顿首等九拜。稽首是头至地多时，顿首是头至地则举，如以头叩物。见《周礼·春官·大祝》的《注》《疏》。[28]待罪：大臣对帝王陈奏时自谦之词。意思是身居其职而力不胜任，必将获罪，故称任职为待罪。[29]阀阅：功绩和资历。[30]岭海孤贱：岭海，指出生边远地域。张九龄为韶州（今广东韶关市）人，生在五岭之外、大海之涯的边远地方。孤贱，指出生门第，张九龄仅曾祖做过州别驾，为一般庶族地主，门第不高。[31]生于中华：出生在中原。牛仙客，泾州人，在今甘肃泾川县北，属中原。[32]出入台阁：台阁，指尚书省。张九龄开元十年（722）任过尚书省吏部的司勋员外郎，故言出入台阁。[33]典司诰命：指张九龄开元十一年（723）任中书舍人，主要任务是起草诏旨敕制和玺书册命。诰命，皇帝赐爵或授官的诏令。

[34]惬(qiè):符合，满意。[35]辞学：文辞之学。指会做文章。[36]戊戌：十一月二十二日。[37]爵：表示身份地位的一种称号。[38]县公：唐代封爵分为九等，即亲王、郡王、国公、开国郡公、开国县公、开国县侯、开国县伯、开国县子、开国县男。各有不同的品阶和食邑。县公，唐九等爵的第五等。食邑一千五百户（虚封)，从二品。[39]异日：他日。此指将来。[40]庙社：宗庙社稷，也指国家朝廷。[41]曲意：委曲己意而奉承别人。[42]疾：同“嫉”，嫉妒。[43]肆：放纵。[44]巧伺：巧妙地侦探。[45]上之为临淄王：玄宗未即位前，曾在武则天长寿二年（693）封为临淄王。[46]赵丽妃：赵元礼女，本乐伎，有才貌，善歌舞。玄宗为临淄王时在潞州所纳。事见《旧唐书》卷一百七。[47]太子瑛(？—737)：玄宗第二子。开元三年(715)立为太子，二十五年（737）废为庶人并赐死。传见《旧唐书》卷一百七，《新唐书》卷八十二。[48]鄂王瑶（？—737)：玄宗第五子。传见《旧唐书》卷一百七，《新唐书》卷八十二。[49]光王琚（？—737)：玄宗第八子。传见《旧唐书》卷一百七，《新唐书》卷八十二。[50]内第：指宫禁中。当时太子、诸王皆居禁中。[51]怨望：心怀不满。[52]尚：仰攀婚姻，特指娶公主为妻。[53]妾：旧时女子自称的谦词。[54]至尊：对帝王的尊称。[55]践阼：天子即位。[56]垂三十年：玄宗延和元年（712，即先天元年）七月即位，至此（开元二十四年）共二十五年。垂，将近。[57]太子诸王不离深宫：玄宗不令诸王出阁，于安国寺东附苑城作十王宅居住，引词学工书之人入教。诸子成长，又在十宅院外置百孙院，并在宫中设置维城库，专门给用诸王俸物。事见《旧唐书》卷一百七。[58]晋献公听骊姬之谗杀申生，三世大乱：晋献公，晋武公之子，公元前676年至前651年在位。事见《史记》卷三十九。骊姬（?—前651)，晋献公宠妃。献公伐骊戎所得，深受宠爱，生子奚齐，后被大夫里克鞭杀。申生，晋献公子，母为齐桓公女，立为太子，后因骊姬生子而被疏远，最终被迫自杀。据《左传》僖公四年至二十四年（前656—前636）和《史记·晋世家》记载，僖公四年，晋献公听信骊姬谗言，以为太子申生心存不轨，太子被迫自杀。欲立骊姬子奚齐，大夫里克杀奚齐。公子夷吾、重耳及子圉争国，晋三世大乱。[59]汉武帝信江充之诬罪戾太子，京城流血：汉武帝（前156—前87)，名彻，景帝之子，前140年至前87年在位。事详《汉书》卷六。江充（?—前91)，官至直指绣衣使者，负责镇压三辅盗贼，禁察贵贱奢僭。传见《汉书》卷四十五。戾太子（前128—前91)，汉武帝太子刘据的谥号。传见《汉书》卷六十三。汉武帝末年，权臣江充专擅。充惧怕武帝死后太子诛己，欲诬其为巫蛊诅咒皇上。太子乃发长乐宫侍卫斩充，并与丞相等激战，长安城中大乱。太子败逃，藏匿不得而自杀。后武帝知太子冤，遂族灭江充家及参与者。[60]晋惠帝用贾后之谮废愍怀太子，中原涂炭：晋惠帝（259—306)，名衷，晋武帝之子，公元290年至306年在位。事详《晋书》卷四。贾后（？—300)，惠帝皇后。传见《晋书》卷三十一。愍怀太子（276—299)，名遹，惠帝长子，母为谢才人，卒谥愍怀。传见《晋书》卷五十三。贾后忌非己出的太子名声好，便以酒醉之，得其手书，因称太子不轨，废为庶人，又杀之。引起宗室诸王不满。后来八王为争皇权反复厮杀。“八王之乱”使中原人民受尽灾难。[61]隋文帝纳独孤后之言黜太子勇，立炀帝，遂失天下：隋文帝（541—604)，即杨坚，

581 年至 604 年在位，事详《隋书》卷一、卷二，《北史》卷十一。独孤后（552—602），隋文帝皇后，传见《隋书》卷三十六。太子勇（？—604），隋文帝长子，先立为太子，开皇二十年（600）废，传见《隋书》卷四十五。炀帝（589—618），即杨广，604 年至 617 年在位。事详《隋书》卷三、卷四，《北史》卷十二。太子杨勇直率任情，与隋文帝多有不和。独孤皇后欲另立次子晋王杨广，使人侦视东宫，构成其罪。遂废太子，立晋王广，后即位是为炀帝。炀帝骄奢淫逸，暴虐无道，导致隋朝灭亡。［62］奉诏：接受诏命。［63］贵幸：地位尊贵而为君王所亲近。［64］官奴：没入官府的奴隶。［65］援：引进。［66］讫（qì）：同“迄”，到。［67］短：缺点，过失。此作动词，为指出缺点之意。［68］浸（jìn）：逐渐。［69］萧炅（jiǒng）：开元天宝时人，曾任河南府尹、京兆尹、户部侍郎、岐州刺史、河西节度使，与李林甫友善。两唐书无传。［70］户部侍郎：官名。户部副长官，佐户部尚书掌管全国田户、均输、钱谷等政令。［71］中书侍郎：官名。中书省副长官。其主要职责是参加朝廷各种重大政务的讨论，实际负责以起草诏令为中心的中书省工作。［72］严挺之（673—742）：华州华阴（今陕西华阴）人。官至太府卿。传见《旧唐书》卷九十九，《新唐书》卷一百二十九。［73］伏腊：伏，伏日。夏季有三伏，夏至后第三个庚日为初伏，第四个庚日为中伏，立秋后第一个庚日为末伏。腊，腊日。汉代以冬至后第二个戌日为腊日，后改为十二月八日。旧时伏日、腊日都要举行祭祀。［74］岐州：州名。治所在今陕西凤翔。［75］李尚书：指李林甫，时为礼部尚书、同中书门下三品。［76］足下：称对方的敬辞。古代可用于下称上或同辈相称，后专用于对同辈的敬称。［77］造门：指登门拜访。造，到、去。［78］款昵：款洽，亲昵。［79］负气：自恃意气，不肯屈从于人下。［80］出：出妻，古时遗弃妻子。［81］蔚州：州名。治所在今山西灵丘县。［82］坐赃罪：坐：获罪。赃罪：贪污受贿或盗窃财物罪。［83］三司按鞫（jū）：三司，唐代刑法机构；按鞫，审讯。唐代执行刑法的机构有：御史台主管监察审核，刑部主管司法行政，大理寺主管折狱详刑。这三个机构称为“三法司”。一般案件，大理寺审讯完毕，报刑部审核批准即可。但遇重大案件，或经大理寺判决而本人不服，则御史台、刑部、大理寺各出一官员组成“三司使”重审，这叫“小三司”。特别重大的案件，还要组织御史台、中书、门下三个机构的官员再行审理，常常是御史中丞、中书舍人、门下省的给事中参加，有时还由更高级的官员参加，这应是“大三司”。这些都可称为三司按鞫。［84］禁中：帝王宫中。帝王宫殿的门户有禁卫，非侍御者不得进入，故称禁中。［85］请属所由：属，同“嘱”。请属，即请托，私相嘱托。所由，必经其手的官吏，经管其事的官吏。［86］阿（ē）党：阿私党同，结党营私。［87］壬寅：十一月二十七日。［88］以耀卿为左丞相三句：开元元年（713）改左右仆射为左右丞相。左右丞相为尚书省长官，带同中书门下三品为宰相，不带则不去中书门下参议政事，不是宰相职。裴耀卿、张九龄为左右丞相，未带同中书门下三品，故云并罢政事。［89］工部尚书、同中书门下三品：官名。工部尚书：工部长官。同中书门下三品：宰相职称。表示牛仙客以工部尚书的本官而任宰相职务。［90］洺州：州名。治所在今河北邯郸市永年区东南。［91］流：刑法名。五刑（笞、杖、徒、流、死）之一。［92］岭南：地区名。或称岭表、岭外。指五岭以南地区。［93］姚崇尚通：姚崇（649—721），本名元崇，武则天改名元之。陕州峡石（今河南三门峡）人。武则天、睿宗、玄宗三朝都用为宰相。尚通，崇尚通变。开元初年，姚崇独当重任，敢于"违经合道""反道适权"，使蝗害不成患，庙坏不为忧，通情达理，化灾为祥，"善应变以成天下之务"，故称尚通。事详《旧唐书》卷九十六，《新唐书》卷一百二十六。［94］宋璟尚法：宋璟（662—737），刑州南和（今河北南和）人。历任凤阁舍人、御史中丞、吏部侍郎、黄门侍郎，睿宗用为宰相，玄宗复任宰相。尚法，崇尚法治。言宋璟执法无私，刚直清严，"善守文以持天下之正"。事详《旧唐书》卷九十六，《新唐书》卷一百二十四。［95］张嘉贞尚吏：张嘉贞（665—730），本范阳旧姓，隋时迁家蒲州猗氏（今山西临猗），官至中书侍郎、同中书门下平章事。尚吏，指精通吏道。张嘉贞为政严肃，判事条理清晰，善于奏对，敏于裁遣，虽文牍盈几，也不至稽滞。事详《旧唐书》卷九十九，《新唐书》卷一百二十七。［96］张说（yuè）尚文：张说（667—730），字道济，或字说之。洛阳（今河南洛阳）人。三次出任宰相，终尚书左丞相。尚文，指张说擅长文辞，掌文学三十年，著文辞藻俊丽，思绪精密，朝廷大述作多出其手，碑志尤为当代所不及。且倡修太宗"偃武修文"之政，建封禅，开集贤，引儒士，锐意于粉饰盛时，以致御笔赐谥文贞。事详《旧唐书》卷九十七，《新唐书》卷一百二十五。［97］李元纮（hòng）、杜暹（xiān）尚俭：李元纮（？—733），本姓丙氏，唐高祖赐为李姓，字大纲，京兆万年（治今陕西西安市东）人。历任京兆尹及工、兵、吏、户诸部官而至宰相。传见《旧唐书》卷九十八，《新唐书》卷一百二十六。杜暹（681—740），濮州濮阳（今河南濮阳西南）人，官至黄门侍郎、同中书门下平章事，终礼部尚书。传见《旧唐书》卷九十八，《新唐书》卷一百二十六。尚俭，指李元纮、杜暹为政都以公清勤俭著称。李元纮作宰相多年，不改旧宅，不换弊马，家无储积。杜暹不辞勤苦，不受赠遗，素有清直之名。［98］韩休、张九龄尚直：韩休（671—739），京兆长安（今陕西西安市西）人，官至黄门侍郎、同中书门下平章事。传见《旧唐书》卷九十八，《新唐书》卷一百二十六。尚直，指韩休、张九龄都有坚正切直的美名。韩休志行方直，甘心忤宰相之意而为百姓谋利，坚持先去大奸后治细罪，虽皇帝也无法动摇。张九龄坚持名器不可以假人，虽以直道被黜，仍不失为正大厦之柱石，昌帝业之辅臣。［99］专：独断。［100］谏官：专门以直言规劝帝王的官员，唐代门下省的左散骑常侍、左谏议大夫、左补阙、左拾遗和中书省的右散骑常侍、右谏议大夫、右补阙、右拾遗，都是谏官。谏，直言规劝。［101］乌：疑问助词。［102］立仗：分立于帝王宫门和殿廷的仪仗。仗，仪仗。［103］黜为下邽令：唐制，补阙从七品上，华州的下邽属望县，按"赤畿望紧等县，不限户数，并为上县"（《唐会要》卷七十《置户口定州县等第例》）的规定，下邽县令为从六品上，以官品秩说，由补阙迁下邽令，不应称黜。可是唐人重内官，轻外职，并且补阙属供奉官，地居清要，调出京城作县令，虽品秩未降，也视为贬黜。［104］谏争：同"谏诤"。以直言劝告，使人改正错误。［105］引：引进，推荐。［106］唯诺：卑恭顺从。［107］格式：唐代政府机关必须遵行的两种法律名称。格，是国家机关遵行的偏重于禁防的条例，根据诏敕按政府机关为篇目整理而成。式，主要是执行律令所规定的细则以及百官有司的办事章程，篇目也以官府为名。［108］迁除：官吏的迁转除授。迁转有升迁和贬谪的不同。［109］超腾：超迁腾越。［110］蹊：小路。［111］城府：比喻心机深隐难测。

二十五年（丁丑，737年）

春，正月，初置玄学博士[1]，每岁依明经[2]举。

二月，敕曰："进士以声韵为学[3]，多昧[4]古今；明经以帖诵[5]为功，罕穷旨趣[6]。自今明经问大义[7]十条，对时条策[8]三首；进士试大经十帖。"

戊辰[9]，新罗王兴光[10]卒，子承庆[11]袭位。

乙酉[12]，幽州节度使张守珪破契丹于捺禄山。

己亥[13]，河西节度使崔希逸[14]袭吐蕃，破之于青海[15]西。

初，希逸遣使谓吐蕃[16]乞力徐曰："两国通好，今为一家，何必更置兵守捉[17]，妨人耕牧！请皆罢之。"乞力徐曰："常侍忠厚，言必不欺。然朝廷未必专以边事相委，万一有奸人交斗其间，掩吾不备，悔之何及！"希逸固请，乃刑白狗为盟[18]，各去守备；于是吐蕃畜牧被野。时吐蕃西击勃律[19]，勃律来告急，上命吐蕃罢兵，吐蕃不奉诏，遂破勃律；上甚怒。会希逸傔人[20]孙诲入奏事，自欲求功，奏称吐蕃无备，请掩击[21]，必大获。上命内给事[22]赵惠琮与诲偕往，审察事宜。惠琮等至，则矫诏[23]令希逸袭之。希逸不得已，发兵自凉州南入吐蕃二千余里，至青海西，与吐蕃战，大破之，斩首二千余级，乞力徐脱身走。惠琮、诲皆受厚赏，自是吐蕃复绝朝贡[24]。

（以上为第八段，写唐边将失信于吐蕃，挑起边衅。）

【注释】

［1］初置玄学博士：玄学博士，崇玄学馆教授官。教习《老子》《庄子》《文子》《列子》。据《通典·选举》《唐会要·崇玄生》和《旧唐书·玄宗纪》《新唐书·选举志》等载，玄宗开元二十九年（741）置崇玄学馆于玄元皇帝庙，诸州置道学，令习《老子》等四经；生员习成后，每年随举人送尚书省，准明经考试，其博士置一员。《资治通鉴》载于二十五年，误。［2］明经：唐科举取士科目，主要考试儒经。先试贴经，然后口试经义十条，并答时务策三条，按成绩列为甲乙丙丁四等。［3］进士多以声韵为学：声韵，又称音韵，汉字字音中声、韵、调三要素的总称。辨析

字音的三要素是音韵学的重要内容。永隆二年（681）进士科始试杂义，故进士须注重声韵之学。［4］昧：不了解。［5］帖诵：帖，帖经，唐代进士、明经科考试项目之一。其办法是以所习经书掩盖两端，中间唯开一行，裁纸为帖。凡帖三字，随时增损，让考生说出被帖的字。这种考试实际上是考对经文熟读背诵的程度。以致考生取偏僻隐幽的经文，编为歌诀，熟读记忆，以应付考试。因此又称贴帖。［6］旨趣：宗旨，意义。［7］问大义：口试经文意义。［8］对时务策：对策，科举考试的一种方式。具体作法是把设问写在简策上，让考者对答。以当代政事为对策内容的，称为对时务策。［9］戊辰：二月二十四日。［10］新罗王兴光：新罗，4至9世纪在朝鲜半岛东南部发展起来的一个国家，与唐朝关系甚为密切。兴光，新罗王理洪弟，兄死继任为王，公元702年至737年在位。袭兄为唐所封的豹韬卫大将军鸡林州都督之号。事见《旧唐书》卷一百九十九上，《新唐书》卷二百二十。［11］承庆：新罗国王，兴光之子，公元737年至743年在位。唐授开府仪同三司。［12］乙酉：三月十一日。［13］己亥：三月二十五日。［14］崔希逸（？—738）：曾任宇文融劝农判官、郑州刺史、江淮河南转运副使。开元二十四年（736）以散骑常侍为河西节度使，二十六年（738）迁河南尹，赴任途中卒。［15］青海：湖名。我国最大的咸水湖，在今青海省东北部。［16］吐蕃：据章校，“蕃”下有“边将”二字。［17］守捉：唐代前期戍边军队，大者称军，小者称守捉，其下则有城、镇。军、守捉、城、镇皆有使。［18］盟：各方于神前立誓缔约。［19］勃律：西域城邦名。有大勃律和小勃律。大勃律在今克什米尔东北部巴尔提斯坦；小勃律在其西北，今克什米尔吉尔吉特的雅辛河流域。唐开元中，先后册封为王。小勃律王入朝于唐，以其地为绥远军，隶安西都护府。［20］傔（qiàn）人：又称傔从，是唐军镇各级军将所拥有的低级幕府成员。军镇大使三品以上有傔二十五人，递减至子将只有傔二人。傔人由军使自招，以供临时遣用。［21］掩击：掩，遮蔽。掩击，即掩袭，乘人不备，突然袭击。［22］内给事：宦官名。内侍省宦官有内给事，地位仅次于内侍，掌管内侍省事。凡元正、冬至群臣朝贺皇后，则出入宣旨传命。宫人衣服费用，亦由承办。［23］矫诏：诈称皇帝的诏令。矫，假托，诈称。［24］朝贡：朝聘，进贡。

夏，四月，辛酉[1]，监察御史[2]周子谅[3]弹牛仙客非才，引谶书[4]为证。上怒，命左右擽[5]于殿庭，绝而复苏；仍杖之朝堂，流瀼州[6]，至蓝田[7]而死。李林甫言，“子谅，张九龄所荐也。”甲子[8]，贬九龄荆州[9]长史[10]。

杨洄[11]又奏[12]太子瑛、鄂王瑶、光王琚[13]，云与太子妃兄驸马薛锈[14]潜构异谋[15]，上召宰相谋之。李林甫对曰：“此陛下家事，非臣等所宜豫[16]。”上意乃决。乙丑[17]，使宦者宣制于宫中，废瑛、瑶、琚为庶人；流锈于瀼州；瑛、瑶、琚寻赐死城东驿，锈赐死于蓝田。瑶、琚皆好学有才识，死不以罪，人皆惜之。丙寅[18]，瑛舅家赵氏、妃家薛氏、瑶舅家皇甫氏，坐流贬者数十人，惟瑶妃家韦氏以妃贤得免。

（以上为第九段，写唐玄宗拒谏，贬张九龄，李林甫主政，太子瑛被废。瑛、瑶、琚三子，以及驸马薛锈，均被赐死。）

【注释】

[1]辛酉：四月十七日。 [2]监察御史：官名。御史台所属察院的御史，执掌分察百官、巡按州县，凡狱讼、军戎、祭祀、营作、太府出纳等都由监察御史监临。 [3]周子谅：汝南（今河南汝南）人，见《柳宗元集》卷九。 [4]谶（chèn）书：载记巫师、方士制造的隐语或预言的书，被用来作为吉凶祸福符验或征兆的判断依据。 [5]擽：掷击。 [6]瀼州：州名。治所在今广西上思县西。 [7]蓝田：县名。县治在今陕西蓝田县。 [8]甲子：四月二十日。 [9]荆州：州名。治所在今湖北荆州江陵城。 [10]长史：官名。州属官。据《唐六典》，上州、中州设长史一人（下州不设）。长史与别驾、司马一起作为刺史的副贰，佐掌本州各曹事务。 [11]杨洄：唐玄宗惠妃所生咸宜公主驸马。此时唐玄宗宠爱惠妃，杨洄受惠妃指使谮害太子瑛，替惠妃之子秦王李瑁夺太子之位。 [12]奏：据章校，“奏”当作“谮”。 [13]太子瑛、鄂王瑶、光王琚：太子李瑛，唐玄宗第二子，其母赵丽妃，有才貌，善歌舞，深得唐玄宗宠爱，故李瑛在开元二年立为太子。鄂王李瑶之母皇甫德仪，光王李琚之母刘才人，均是唐玄宗在临淄王邸时得幸的妃子。瑛、瑶、琚三人之母，都是以色得幸。此时唐玄宗移情于惠妃，三人之母被冷落。惠妃于是趁机谮害太子瑛，以及李瑶、李琚，为己子寿王瑁夺太子之位。 [14]薛锈：太子妃之兄，尚玄宗第四女唐昌公主。[15]潜构异谋：暗中图谋不轨。潜，打小报告，背后说人坏话。 [16]豫：同“与”，参与。李林甫代张九龄为相，称扬寿王李瑁依附惠妃。李林甫用李勣回答唐高宗之问以助成武则天夺取皇后，这里李林甫助成寿王李瑁夺取太子之位。[17]乙丑：四月二十一日。[18]丙寅：四月二十二日。

五月，夷州[1]刺史杨浚坐赃当死，上命杖之六十，流古州[2]。左丞相裴耀卿上疏[3]，以为“决杖赎死，恩则甚优[4]，解体受笞，事颇为辱，止可施之徒隶[5]，不当及于士人[6]。”上从之。

癸未[7]，敕以方隅[8]底定，令中书门下[9]与诸道节度使量军镇闲剧利害[10]，审计兵防定额，于诸色征人[11]及客户[12]中召募丁壮，长充边军，增给田宅，务加优恤[13]。

辛丑[14]，上命有司选宗子[15]有才者，授以台省[16]及法官[17]、京县[18]官，敕曰：“违道慢[19]常，义无私于王法；修身效节[20]，恩岂薄于他人！期于帅先，励我风俗。”

秋，七月，己卯[21]，大理少卿[22]徐峤[23]奏：“今岁天下断死刑五十八，大理狱院，由来相传杀气太盛，鸟雀不栖，今有鹊巢其树。”于是百官以几致刑措[24]，上表称贺。上归功宰辅[25]，庚辰[26]，赐李林甫爵晋国公，牛仙客豳国公。

上命李林甫、牛仙客与法官删修律令格式[27]成，九月，壬申[28]，颁行之。

先是，西北边数十州多宿重兵，地租[29]营田[30]皆不能赡[31]，始用和籴[32]之法。有彭果[33]者，因牛仙客献策，请行籴法于关中。戊子[34]，敕以岁稔[35]谷贱伤农，命增时价什二三，和籴东、西畿[36]粟各数百万斛，停今年江、淮所运租。自是关中蓄积羡溢[37]，车驾不复幸东都矣。癸巳[38]，敕河南、北租应输含嘉、太原仓者，皆留输本州。

太常博士[39]王玙[40]上疏请立青帝坛[41]以迎春；从之。冬，十月，辛丑[42]，制自今立春[43]亲迎春于东郊。

时上颇好祀神鬼，故玙专习祠祭[44]之礼以干时。上悦之，以为侍御史[45]，领祠祭使[46]。玙祈祷或焚纸钱[47]，类巫觋[48]。习礼者羞之。

壬申[49]，上幸骊山温泉[50]。乙酉[51]，还宫。

己丑[52]，开府仪同三司[53]广平文贞公宋璟薨。

十二月，丙午[54]，惠妃武氏薨，赠谥贞顺皇后。

是岁，命将作大匠[55]康謇[56]素之东都毁明堂[57]。謇素上言：“毁之劳人，请去上层，卑于旧九十五尺，仍旧为乾元殿[58]。”从之。

初令租庸调、租资课，皆以土物输京都[59]。

（以上为第十段，唐玄宗完成募兵制的改革，用招募的长征兵戍边。用和籴法储粮京师，两京用土物代租赋，有利国计民生。）

【注释】

[1]夷州：州名。治所初在今贵州石阡县，不久移至今贵州石阡县西南，后移至今贵州凤岗西北绥阳场。[2]古州：州名。贞观十二年（638）置，治所今缺，当在广西境。[3]疏：书

面向皇帝陈述政见。［4］决杖赎死，恩则甚优：决，判决。赎，赎罪。据《唐六典·刑部员外郎》，赎罪用铜，绞斩死罪，赎铜不超过一百二十斤，但无以杖赎死的规定。故《旧唐书·裴耀卿传》所载疏文有“杂犯死罪，（赎）无杖刑”。此谓“决杖赎死，恩则甚优”，乃奉承之言。［5］徒隶：徒，服劳役的人。隶，奴仆。［6］士人：士大夫。［7］癸未：五月十日。［8］方隅：边境四隘。［9］中书门下：唐代宰相议政、办公机构。唐承隋制，置中书、尚书、门下三省，三省长官和他官所任宰相共同在门下省的政事堂议论政事。永淳二年（683）中书令裴炎执政事笔，迁政事堂于中书省。开元十一年（723）中书令张说，改政事堂为中书门下，设吏、枢机、兵、户、刑、礼五房，分科办理政务。原来的政事堂只是宰相议政之所，现在，中书门下成为宰相办公的机构。［10］闲剧利害：指军镇事务的轻重缓急。闲，轻松。剧，事务繁重，情况紧急。利害，谓权衡兵多与兵少所产生的影响。［11］诸色征人：各种被征发的戍边军士。色，种类。［12］客户：流寓他乡非土著的住户。［13］优恤：从优安置。［14］辛丑：五月二十八日。［15］宗子：皇族子弟。［16］台省：唐代曾以尚书省为中台、门下省为东台、中书省为西台，故总称三省为台省。［17］法官：指刑部、御史台、大理寺官。［18］京县：唐以长安（在今陕西西安市西）、万年（在今陕西西安市东）、河南（县治在洛水南外郭城的宽政坊，在今河南洛阳市）、洛阳（县治在洛水北外郭城的毓德坊，在今河南洛阳市南）、太原（在今山西太原市西南）、晋阳（在今山西太原市南）六县为京县。［19］慢：怠慢，轻忽。［20］效节：效忠。［21］己卯：七月七日。［22］大理少卿：官名。大理寺副长官，协助长官大理卿掌邦国折狱详刑之事。［23］徐峤：字巨山，徐坚之子，开元中任驾部员外郎、集贤院直学士、中书舍人、河南尹、大理少卿。传见《新唐书》卷一百九十九。［24］几致刑措：意即刑法几乎不用。措，废弃，放弃。［25］宰辅：辅政大臣，指宰相。［26］庚辰：七月八日。［27］律令格式：唐朝四种法律文书。律，是刑法，用刑治罪的条文，具有根本法性质；令，是规则制度的规定，偏重于教诫；格，是禁人违反的条例；式，是要人遵循的章程。李林甫等删修律令格式，见《旧唐书》卷五十。［28］壬申：九月一日。［29］地租：唐代前期的地租，一是武德（618—626）以来在均田制基础上征收课户的每丁租粟二石，二是普遍征收的每亩二升的地税。［30］营田：屯田的另一种称呼。唐代的边防镇守军，供给转输困难的，便就地屯垦田地以增加军储。开始主要是军屯，后来逐渐把屯田称为营田。营田由边区发展到内地，军营之外，增加了民营。管理营田的有工部的屯田郎中、司农寺，军士营田掌握在节度使兼任的营田使手中。［31］赡：供给。［32］和籴：官府出钱购买民粮，以供军用。名义上双方协商交易，称和籴。实际上往往按户摊派，限期征购，强制民户贱价出售，和赋税没有本质区别。唐代后期的和籴就是如此。［33］彭果（？—747）：累官南海太守，后因赃罪决杖，死于流放途中。［34］戊子：九月十七日。［35］岁稔（rěn）：丰收年。［36］东、西畿（jī）：畿，古代王都所在的千里地面称畿，即所谓“邦畿千里”。唐显庆二年（657）以洛阳为东都，又称东京，因称长安为西都，又称西京。故东畿指洛阳地区，西畿指长安地区。［37］羡溢：羡，剩余。溢，满。［38］癸巳：九月二十二日。［39］太常博士：官名。太常卿属员。掌管五礼仪式的增减，大祭祀和大典礼时导引乘舆、唱行礼仪以及拟定谥号等事。［40］王玙（？—768）：以祭祀、妖妄承恩而官至中书侍郎、同中书门下平章事。传见《旧唐书》卷一百三十，《新唐书》卷一百七。［41］青帝坛：青帝，天帝名，东方之神。又东方为春，春帝又为春神。青帝坛为祭祀青帝的祭坛。［42］辛丑：十月一日。［43］立春：二十四节气之一。时间在每年阳历二月四日或五日，为春季的开始。［44］祠祭：据《诗·小雅·天保》注，春祭曰祠，故祠祭即春祭。［45］侍御史：官名。为御史台三院御史中地位最高的台院御史，主要执掌台内常务，弹奏百官，推鞫狱讼，并参与三司理事。［46］祠祭使：使职名。主持春祭的专使。此时始置。［47］焚纸钱：汉朝已有钱币殉葬之俗。见《史记·张汤传》及其《史记集解》。后世演变为焚纸钱以事鬼神。［48］巫觋（xì）：男女巫的合称。巫，女巫。觋，男巫。［49］壬申：十一月二日。［50］骊山温泉：骊山是秦岭一支脉，在今陕西西安临潼南部，其北麓有温泉。贞观十八年（644）太宗建汤泉宫，高宗改名温泉宫，玄宗改名华清宫，温泉又称华清池。［51］乙酉：十一月二十五日。［52］己丑：十一月十九日。［53］开府仪同三司：散官名。唐文散官二十九阶，开府仪同三司为最高阶，从一品。［54］丙午：十二月七日。［55］将作大匠：官名。将作监长官。职掌两京宫室、宗庙、城廓、官廨、楼台、桥道的土木营建。［56］㥶（qiān）："愆"的古体字。［57］明堂：古代帝王布政施教的地方。凡朝会、祭祀、庆赏、选士等大典，均在此举行。唐明堂武则天垂拱四年（688）于东都建成，证圣元年（695）焚于火，天册万岁二年（696，即万岁登封元年、万岁通天元年）重建，至是拆去上层。［58］乾元殿：宫殿名。麟德二年（665）在隋含元殿旧址建成。［59］初令租庸调、租资课，皆以土物输京都：租庸调，唐初高祖、太宗时定下的赋役制度。规定每丁每年向官府交粟二石，叫租；交绫绢各二丈，布加五分之一，交绫绢絁的兼交棉三两，交布的兼交麻三斤，叫调；每丁每年服役二十日叫役，若不服役，每日交绢三尺，叫做庸。资课，开元以来的新法，以资代色役（诸色差役）的课税，同纳庸代正役相似，不过其种类复杂，情况多变。《资治通鉴》此条记载系综合本年下述敕令：一是鉴于关辅蚕桑寡少，百姓贱粜菽粟、贵买绢帛以输庸调，三月敕令今后关内庸、调、资课，按时价折交粟米，送于京师，路远处还可交当地收贮，而有蚕桑的河南、河北，则可折租粟为绢，以代关中的调课（见《通典》卷六《食货·租税下》）；二是鉴于原来所定各地贡献物资多非土产，有的须向外地买来，有的本地产物又未规定交纳，故敕令中书门下会同朝集使，按"随便"原则提出改革意见，作为今后贡献的定准。这就是载于《唐六典·户部郎中》的十道赋调和土贡的新规定。《资治通鉴》虽未完全反映这些敕令的内容，但它取其以土物输纳租庸调和资课，注重其补漏救弊的新意，故冠以"初令"，表明编者的见识和用心。

二十六年（戊寅，738年）

春，正月，乙亥[1]，以牛仙客为侍中。

丁丑[2]，上迎气[3]于浐水之东。

制边地长征兵，召募向足[4]，自今镇兵勿复遣，在彼者纵还。

令天下州、县，里别置学[5]。

壬辰[6]，以李林甫领陇右节度副大使[7]，以鄯州都督[8]杜希望[9]知留后[10]。

二月，乙卯[11]，以牛仙客兼河东节度副大使。

己未[12]，葬贞顺皇后[13]于敬陵[14]。

壬戌[15]，敕河曲六州胡坐康待宾散隶诸州者[16]，听还故土，于盐[17]、夏[18]之间，置宥州[19]以处之。

三月，吐蕃冠河西，节度使崔希逸击破之。鄯州都督、知陇右留后杜希望攻吐蕃新城，拔之，以其地为威戎军[20]，置兵一千戍之。

夏，五月，乙酉[21]，李林甫兼河西节度使。

丙申[22]，以崔希逸为河南尹。希逸自念[23]失信于吐蕃，内怀愧恨，未几而卒。

太子瑛既死，李林甫数劝上立寿王瑁。上以忠王玙[24]年长，且仁孝恭谨，又好学，意欲立之，犹豫岁余不决。自念春秋[25]浸高，三子同日诛死，继嗣未定，常忽忽不乐，寝膳为之减。高力士乘间请其故。上曰："汝，我家老奴，岂不能揣我意！"力士曰："得非以郎君[26]未定邪？"上曰："然。"对曰："大家[27]何必如此虚劳圣心，但推长而立，谁敢复争！"上曰："汝言是也！汝言是也！"由是遂定。六月，庚子[28]，立玙为太子。

辛丑[29]，以岐州刺史萧炅为河西节度使总留后事，鄯州都督杜希望为陇右节度使，太仆卿[30]王昱为剑南节度使，分道经略吐蕃，仍毁所立赤岭碑[31]。

突骑施可汗苏禄[32]，素廉俭，每攻战所得，辄与诸部分之，不留私蓄，由是众乐为用。既尚唐公主[33]，又潜通突厥及吐蕃，突厥、吐蕃各以女妻之。苏禄以三国女为可敦[34]，又立数子为叶护[35]，用度浸广，由是攻战所得，不复更分。晚年病风，一手挛缩[36]，诸部离心。酋长莫贺达干、都摩度两部最强，其部落又分为黄姓、黑姓，互相乖阻[37]，于是莫贺达干勒兵夜袭苏禄，杀之。都摩度初与莫贺达干连谋，既而复与之异，立苏禄之子骨啜为吐火仙可汗以收其余众，与莫贺达干相攻。莫贺达干遣使告碛西节度使[38]盖嘉运，上命嘉运招集突骑施、拔汗那[39]以西诸国；吐火仙与都摩度据碎叶城[40]，黑姓可汗尔微特勒[41]据怛逻斯城[42]，相与连兵以拒唐。

太子将受册命[43]，仪注[44]有中严、外办及绛纱袍，太子嫌与至尊同称，表请易之。左丞相裴耀卿奏停中严，改外办[45]曰外备，改绛纱袍为朱明服。秋，七月，己巳[46]，上御宣政殿[47]，册太子。故事，太子乘辂[48]至殿门。至是，太子不就辂，自其宫步入。是日，赦天下。己卯[49]，册忠王妃韦氏为太子妃。

杜希望将鄯州之众夺吐蕃河桥，筑盐泉城[50]于河左，吐蕃发兵三万逆战。希望众少不敌，将卒皆惧。左威卫郎将[51]王忠嗣[52]帅所部先犯其陈，所向辟易，杀数百人，虏陈乱。希望纵兵乘之，虏遂大败。置镇西军于盐泉。忠嗣以功迁左金吾将军[53]。

八月，辛巳[54]，勃海王武艺[55]卒，子钦茂立。

九月，丙申[56]朔，日有食之。

初，仪凤[57]中，吐蕃陷安戎城[58]而据之，其地险要，唐屡攻之，不克。剑南节度使王昱[59]筑两城于其侧，顿军蒲婆岭[60]下，运资粮以逼之。吐蕃大发兵救安戎城，昱众大败，死者数千人。昱脱身走，粮仗军资皆弃之。贬昱栝州[61]刺史，再贬高要[62]尉而死。

戊午[63]，册南诏蒙归义[64]为云南王。

归义之先本哀牢夷[65]，地居姚州[66]之西，东南接交趾[67]，西北接吐蕃。蛮语谓王曰诏，先有六诏[68]：曰蒙舍，曰蒙越，曰越析，曰浪穹，曰样备，曰越澹，兵力相埒，莫能相壹；历代因之以分其势。蒙舍最在南，故谓之南诏。高宗时，蒙舍细奴逻初入朝。细奴逻生逻盛，逻盛生盛逻皮，盛逻皮生皮逻阁[69]。皮逻阁浸强大，而五诏微弱；会有破洱河蛮之功，乃赂王昱，求合六诏为一。昱为之奏请，朝廷许之，仍赐名归义。于是以兵威胁服群蛮，不从者灭之，遂击破吐蕃，徙居大和城[70]；其后卒为边患[71]。

冬，十月，戊寅[72]，上幸骊山温泉；壬辰[73]，上还宫。

是岁，于西京、东都往来之路，作行宫[74]千余间。

分左右羽林置龙武军[75]，以万骑营[76]隶焉。

润州[77]刺史齐浣[78]奏："自瓜步[79]济江迂六十里。请自京口埭[80]下直济江，穿伊娄河二十五里即达扬子县[81]，立伊娄埭。"从之。

（以上为第十一段，写唐玄宗立第三子李玙为太子，即唐肃宗。唐联南诏制约吐蕃，留下西南边境隐患。）

【注释】

[1]乙亥：正月六日。[2]丁丑：正月八日。[3]迎气：据《旧唐书·礼仪志》，每岁立春之日，祀青帝于东郊；立夏，祀赤帝于南郊；立秋，祀白帝于西郊；立冬，祀黑帝于北郊，是谓迎气。此次迎气，当是祀青帝迎春之礼。祀青帝，祠祭迎春。气，节气。[4]向足：指招募长征健儿已接近足够。向，趋向，接近。[5]令天下州县，里别置学：中华书局本此处标点里与州县并列，误。此据《唐大诏令集》《册府元龟》载正月丁丑制为："宜令天下州县，每一乡之内，里别各置学，仍择师资，令其教授。"故应作"令天下州县，里别置学"。[6]壬辰：正月二十三日。[7]陇右节度副大使：使职名，为陇右方镇的差遣副长官。陇右节度使，长官。开元元年（713）始置，其目的是抵御吐蕃，治所在今青海乐都。节度使一般由亲王遥领或空缺，执行节度使，由副大使到任称某某节度副大使知节度事，省称为节度使。即节度使实为副大使。[8]鄯州都督：鄯州，州名，治所在今青海乐都。都督，官名，为边区地方军事长官，掌所统诸州兵马、甲械、城隍、镇戍、粮禀等军事行政事务。[9]杜希望：杜佑之父，传见《旧唐书》卷一百四十七，《新唐书》卷一百六十六。[10]留后：地方军政长官因进京朝觐，或遥领未曾到任，或其他公务离开治所，则常择一人总摄后事或监留府事，称为留后。开元时亲王授节度、都护、都督之职但不到任，称亲王遥领，由在镇副职知节度、都护、都督职事。有的镇将入朝为宰相，但节度、都督之职如故，或宰相授节度、都督而不到任，称宰相遥领，其镇务由留后摄知。此时，陇右是二者兼有，荣王滉为陇右节度大使，李林甫为副大使，都属遥领，实际镇务由鄯州都督杜希望以留后摄知。[11]乙卯：二月十七日。[12]己未：二月二十一日。[13]贞顺皇后：武惠妃谥号。[14]敬陵：在今陕西西安市长安区东。[15]壬戌：二月二十四日。[16]河曲六州胡坐康待宾散隶诸州者：河曲六州胡，调露元年（679）于灵州（治所在今宁夏灵武市）、夏州（治所在今内蒙古乌审旗南）南界置鲁、丽、含、塞、依、契六州以处降胡，故称为河曲六州胡，称这些州为六胡州。开元九年（721）胡人康待宾反，次年余党尽平后，迁残胡五万余口于许、汝、唐、邓、仙、豫等州。至是，允许散居的六州胡归还故土。[17]盐：即盐州。州名。治所在今陕西定边。[18]夏：州名。治所在今陕西榆林市横山区西。[19]宥州：州名。治所在今内蒙古鄂托克旗南。[20]威戎军：军镇名。在今青海门源回族自治县。[21]乙酉：五月十八日。[22]丙申：五月二十九

日。［23］念：思念，考虑。［24］忠王玙：即肃宗李亨（711—762），玄宗第三子。公元756年至762年在位。事详《旧唐书》卷十，《新唐书》卷六。［25］春秋：指年龄。［26］郎君：指嗣君。［27］大家：宫中近臣或后妃对皇帝的称呼。［28］庚子：六月三日。［29］辛丑：六月四日。［30］太仆卿：官名。太仆寺长官，掌舆马及监牧之事。［31］赤岭碑：开元二十一年（733）应金城公主之请，立碑于赤岭（今青海湟源日月山），为唐与吐蕃的分界。［32］苏禄（？—738）：本为突骑施首领娑葛的部将，娑葛为突厥默缀杀后，乃自立为可汗，势力渐强，称雄西域，受唐封为左羽林大将军、金方道经略大使，册立为忠顺可汗。事见《旧唐书》卷一百九十四下，《新唐书》卷二百一十五下。［33］尚唐公主：唐玄宗以突厥阿史那怀道之女为金河公主，妻苏禄。按：《资治通鉴》卷二百一十二作"交河公主"，但据岑仲勉考证应是"金河公主"。见《唐史余审》卷二《金河与交河公主》。［34］可敦：可汗之妻。［35］叶护：突厥官名。突厥大臣有二十八等，叶护为最高一等官。［36］挛（luān）缩：蜷曲而不能伸。［37］乖阻：不和谐。［38］碛（qì）西节度使：使职名。又称安西四镇节度使，或四镇节度使，为碛西方镇的差遣长官，开元六年（718）置。其目的是安抚西域诸族。统安西、疏勒、于阗、焉耆四镇，伊吾、翰海二军和西州，治所与安西都护府相同，先在西州（今新疆吐鲁番东高昌故城），后移龟兹（今新疆库车），节度使例兼都护。［39］拔汗那：即大宛，西域城邦名。王治贵山城（今乌兹别克斯坦卡散赛）。唐玄宗改其国名为宁远，并以宗室女为公主，妻其王。［40］碎叶城：城名。故址在吉尔吉斯斯坦北部托克马克附近。［41］特勤：原文作勒为"勤"字之误。《资治通鉴》的"特勒"，据1889年发现的《阙特勤碑》皆"特勤"之误。特勤为突厥可汗子弟的称呼，犹言王子。据此改"勒"为"勤"。［42］怛（dá）逻斯城：城名。在今哈萨克斯坦共和国江布尔。［43］册命：即册封。［44］仪注：即《仪礼注》。《仪礼》是儒家经典之一，春秋战国时代部分礼制的汇编，共十七篇。相传是周公制作，孔子订定。而实际成书是在战国初期至中叶。《仪礼注》是东汉郑玄所著。［45］中严、外办：在举行临轩册立皇太子礼仪中，准备活动过程的称号。据《新唐书·礼乐志》，册立皇太子的礼仪，当宫官和卫队布置完毕后，左庶子奏请"中严"，便开始由侍卫官迎皇太子出宫。侍中请"中严"，有司与群臣就位。侍中奏"外办"，皇帝出房就座，皇太子就位。这样一切准备完毕，接着便举行读册、受册、受玺绶的仪式。［46］己巳：七月二日。［47］宣政殿：为天子常朝之所，在大明宫含元殿之后，门下省和中书省便在殿的左右两侧。［48］辂（lù）：即辂车，挽车。二人挽（拉），一人推。车前有一横木，供挽车用。［49］己卯：七月十二日。［50］盐泉城：城名。在陇右道河州西北，今青海循化撒拉族自治县境内。［51］左威卫郎将：武官名。唐兵制十二卫有左右威卫，但无郎将，只有所隶属的翊府有左右郎将，故此左威卫郎将应是其翊府中郎将的省称。威卫翊府中郎将掌领本府校尉旅帅从事宿卫。［52］王忠嗣（704—749）：太原祁（今山西祁县）人。本名训，以其父死王事，玄宗赐名忠嗣。官至河西、陇右、朔方、河东四镇节度使。后为李林甫使人诬陷而贬死。传见《旧唐书》卷一百三，《新唐书》卷一百三十三。［53］左金吾将军：武官名。唐十二卫有左右金吾卫，左金吾将军位居该卫府长官左金吾大将军之次，职掌宫中及京城昼夜巡警，执捕奸人。皇帝出行则为仪仗，狩猎则为营卫。［54］辛巳：闰八月十五日。［55］勃海王武艺（？—737）：勃海靺鞨首领，大祚荣之子，公元719年至737年在位。事见《旧唐书》卷一百九十九下，《新唐书》卷二百一十九。［56］丙申：九月一日。［57］仪凤：唐高宗年号，公元676年至678年。［58］安戎城：城名。在今四川马尔康东南。高宗时筑。［59］王昱：开元时人，曾任太仆卿、益州刺史、剑南节度使。［60］蒲婆岭：《新唐书·吐蕃传》作"蓬婆岭"。在今四川茂县。［61］栝（guā）州：即括州。州名。治所在今浙江丽水东南。［62］高要：县名。县治在今广东高要。［63］戊午：九月二十三日。［64］蒙归义（？—748）：南诏王。本名皮逻阁，唐玄宗赐名归义。事见《旧唐书》卷一百九十七，《新唐书》卷二百二十二中。［65］哀牢夷：汉朝时居住在今云南地区的少数民族。［66］姚州：州名。治所在今云南姚安北。［67］交趾：汉代州名。后分置交、广二州，再析置越州。唐初交州属岭南道。调露元年（679）于此置安南都护府，治所在宋平（今越南境内），由交州刺史充任。［68］六诏：乌蛮在洱海地区建立的六个王国名。六诏名称，《新唐书·南诏传》作蒙嶲诏、越析诏、浪穹诏、邆赕（téngshǎn）诏、施浪诏、蒙舍诏。樊绰《云南志》同。与《资治通鉴》据《云南别录》所载，有蒙越、样备、越澹三诏相异。据前人考证，样备是邆赕之别名，蒙越与蒙嶲当一地。唯越澹众说纷纭，尚难确定。参见赵吕甫《云南志校释》（中国社会科学出版社1986年版第94页）。［69］盛逻皮生皮逻阁：南诏蒙氏父名后一个字，为子名前一个字，有父子连名的习俗。皮逻阁，著名的南诏王，赐名蒙归义、归义，封越国公、台登郡王。传见《旧唐书》卷一九七，《新唐书》卷二二二上。［70］大和城：城名。在今云南大理南十五里太和村。［71］卒为边患：指南诏统一，留下西南边境隐患。［72］戊寅：十月十四日。［73］壬辰：十月二十八日。［74］行宫：京城以外供帝王出行时居住的宫殿。［75］分左右羽林置龙武军：左右羽林，即左右羽林军，唐北衙禁军名。龙朔二年（662）改左右屯营置。主要职责是守护宫城，警卫皇宫，大朝会和行幸则护卫天子。羽林军为天子直接掌握，历来被用以牵制南衙禁军。龙武军，左右羽林军分置左右龙武军，分置时间，《通典》卷二十八作本年十一月。从此，唐北门四军正式确立。［76］万骑营：唐朝皇帝的贴身警卫部队。唐太宗整顿"北门屯兵"设置左右屯营，定名为"飞骑"，并从中选出骁勇善骑射的百人作贴身警卫，称"百骑"。武则天扩大其规模，改"百骑"为"千骑"，中宗又扩"千骑"为"万骑"，分左右营，称万骑营。［77］润州：州名。治所在今江苏镇江。［78］齐浣（675—746）：字洗心，定州义丰（今河北安国）人，官至尚书右丞。传见《旧唐书》卷一百九十中，《新唐书》卷一百二十八。［79］瓜步：在今江苏南京市六合区南。［80］京口埭（dài）：京口，即今江苏镇江。埭，提高水位的土坝。［81］穿伊娄河二十五里即达扬子县：伊娄河为在瓜州上穿凿的运河，二十五里。《全唐文》卷三百五十三《请开伊娄河奏》。按：《元和郡县图志》卷二十五丹徒县条云："江今阔一十八里。"则伊娄河当以一十五里为是。扬子县，县名，县治在今江苏扬州市。

二十七年（己卯，739年）

春，正月，壬寅[1]，命陇右节度大使荣王琬[2]自至本道巡按处置诸军，选募关内[3]、河东[4]壮士三五万人，诣陇右防遏，至秋末无寇，听还。

群臣请加尊号曰圣文；二月，己巳[5]，许之，因赦天下，免百姓今年田租。

夏，四月，癸酉[6]，敕："诸阴阳术数[7]，自非婚丧卜择[8]，皆禁之。"

己丑[9]，以牛仙客为兵部尚书[10]兼侍中，李林甫为吏部尚书[11]兼中书令，总文武选事。

六月，癸酉[12]，以御史大夫李适之兼幽州节度使。

幽州将赵堪、白真陁罗矫节度使张守珪之命，使平卢军使[13]乌知义击叛奚余党于横水[14]之北；知义不从，白真陁罗矫称制指以迫之。知义不得已出师，与虏遇，先胜后败；守珪隐其败状，以克获闻。

事颇泄，上令内谒者监[15]牛仙童往察之。守珪重赂仙童，归罪于白真陁罗，逼令自缢死。仙童有宠于上，众宦官疾之，共发其事。上怒，甲戌[16]，命杨思勖[17]杖杀之。思勖缚格，杖之数百，刳[18]取其心，割其肉啖之。守珪坐贬括州刺史。太子太师[19]萧嵩尝赂仙童以城南良田数顷，李林甫发之，嵩坐贬青州[20]刺史。

秋，八月，乙亥[21]，碛西节度使盖嘉运擒突骑施可汗吐火仙。嘉运攻碎叶城，吐火仙出战，败走，擒之于贺逻岭。分遣疏勒镇守使[22]夫蒙灵詧[23]与拔汗那王阿悉烂达干潜引兵突入怛逻斯城，擒黑姓可汗尔微，遂入曳建城，取交河公主[24]，悉收散发之民[25]数万以与拔汗那王，威震西陲[26]。

壬午[27]，吐蕃寇白草、安人等军[28]，陇右节度使萧炅击破之。

甲申[29]，追谥孔子为文宣王。先是，祀先圣先师，周公南向，孔子东向坐。制："自今也孔子南向坐，被王者之服，释奠[30]用宫悬[31]。"追赠弟子皆为公、侯、伯[32]。

九月，戊午[33]，处木昆、鼠尼施、弓月等诸部先隶突骑施者，皆帅众内附，仍请徙居安西[34]管内。

太子更名绍[35]。

冬，十月，辛巳[36]，改修东都明堂[37]。

丙戌[38]，上幸骊山温泉；十一月，辛丑[39]，还宫。

甲辰[40]，明堂成。

剑南节度使张宥[41]，文吏不习军旅，悉以军政委团练副使[42]章仇兼琼[43]。兼琼入奏事，盛言安戎城可取，上悦之。丁巳[44]，以宥为光禄卿[45]。十二月，以兼琼为剑南节度使。

初，睿宗[46]丧既除，祫[47]于太庙[48]；自是三年一祫，五年一禘[49]。是岁，夏既禘，冬又当祫。太常议以为祭数则渎，请停今年祫祭，自是通计五年一祫、一禘；从之。

（以上为第十二段，写唐边患日益严重，东、北、西三面有警。孔子被追谥为文宣王。）

【注释】

[1]壬寅：正月九日。[2]荣王琬：玄宗第六子李琬（？—755），初名嗣玄，开元十二年（724）改名滉，封荣王。二十五年（737）改名琬。卒赠靖恭太子。传见《旧唐书》卷一百七，《新唐书》卷八十二。[3]关内：地区名。指潼关以西关中之地。[4]河东：地区名。泛指今山西全省。[5]己巳：二月七日。[6]癸酉：四月十二日。[7]阴阳术数：用阴阳五行相生相克演化的数理，来推断人事吉凶，如占候、卜筮、星命等。[8]婚丧卜择：用占卜选择婚嫁、丧葬日期。[9]己丑：四月二十八日。[10]兵部尚书：官名。尚书省兵部长官，主管武官的选用、考核以及有关兵籍、军械、军令等事宜。[11]吏部尚书：官名。尚书省吏部长官，掌天下官吏选授、勋封、考课等政令。[12]癸酉：六月十二日。[13]平卢军使：使职名。幽州节度使所属平卢军的长官。[14]横水：即潢水，今内蒙古西拉木伦河。[15]内谒者监：宦官名。内侍省有内谒者监六人，掌宫内宣布传达诏令及诸亲命妇朝会事宜。[16]甲戌：六月十三日。[17]杨思勖（？—740）：宦官，残忍好杀。封虢国公，传见《旧唐书》卷一百八十四，《新唐书》卷二百七。[18]刳（kū）：剖开。[19]太子太师：官名。东宫官属之首，掌教谕太子。[20]青州：州名。治所在今山东青州市。[21]乙亥：八月十五日。[22]疏勒镇守使：使职名。为碛西节度使所属城镇疏勒的军事长官。治所在今新疆喀什市。[23]夫蒙灵詧（chá）：守边将领，官至安西节度使、河西节度使。夫蒙，本西羌姓。[24]交河公主：应为金河公主之误。岑仲勉《唐史余审》卷二。玄宗以阿史那怀道女为金河公主，嫁苏禄。至是娶回。[25]散发

之民：《新唐书·突厥传下》，作“西国散亡数万人”。《册府元龟》卷三五八作“遂收诸散落百姓凡数万人”。《资治通鉴》作“散发”解误。［26］西陲：西部边疆。［27］壬午：八月二十二日。［28］白草、安人等军：戍军名。白草，疑为“白水”之误。白水军，治所在今青海大通县西北。安人军，治所在今青海湟源县西北。［29］甲申：八月二十四日。［30］释奠：古代学校陈设酒食祭奠先圣先师孔子的一种典礼。［31］宫悬：古代祭祀已故国王所用乐器。《周礼》规定，王用宫悬，诸侯用轩悬，卿大夫用判悬，士用特悬。宫悬是将钟磬四面悬挂，像宫室四面有墙。轩悬三面悬挂，成曲形。判悬二面，特悬一面。以表示不同身份和地位。［32］公、侯、伯：据《礼记·王制》，古代爵位分公、侯、伯、子、男五等。唐玄宗追赠孔子的弟子颜渊为公，闵子骞等九人为侯，曾参等六十七人为伯。［33］戊午：九月二十九日。［34］安西：即安西节度使，或安西都护府。［35］太子更名绍：太子即后来继位的肃宗李亨。初名嗣昇，开元十五年（727）改名浚，二十三年（735）改名玙，至此改名绍，后又改名亨。［36］辛巳：十月二十二日。［37］改修东都明堂：明堂为武则天时修建。据《旧唐书·玄宗纪》，此次改修，毁其上层，改拆下层为新乾元殿。［38］丙戌：十月二十七日。［39］辛丑：十一月十三日。［40］甲辰：十一月十六日。［41］张宥：两唐书无传。仅知曾任华州刺史、益州长史、剑南节度使、光禄卿、扬州长史。［42］团练副使：使职名。团练使、副使，为统领地方武装团练兵的差遣官。［43］章仇兼琼：开元天宝时人，曾任主客员外郎、益州司马、益州长史、剑南节度使。《资治通鉴》言章仇兼琼衔为团练副使，有误。据《通典·职官典·都督》注、两《唐书·职（百）官志》，团练使为至德（756—758）后防御使改置。考之《旧唐书·吐蕃传上》，时张宥兼衔为剑南防御使，章仇兼琼为防御副使。《资治通鉴》误防御副使为团练副使。［44］丁巳：十一月二十九日。［45］光禄卿：官名。光禄寺长官，掌酒醴膳珍馐之政，凡是祭祀的牺牲、朝会宾客的酒膳珍馐皆总管之。［46］睿宗（662—716）：名旦，高宗第八子。公元684年、710年至712年在位。事详《旧唐书》卷七，《新唐书》卷五。［47］祫（xiá）：古代一种祭礼名称。天子或诸侯把远近祖先的牌位集合在太庙举行的大合祭。三年举行一次。［48］太庙：亦称宗庙，天子的祖庙。［49］禘（dì）：古代帝王诸侯祭祀祖先的一种大祭礼，与祫并称为殷祭。行礼之期，有说五年，而后世多用三十个月或四十二个月。

二十八年（庚辰，740年）

春，正月，癸巳[1]，上幸骊山温泉；庚子[2]，还宫。

二月，荆州长史张九龄卒。上虽以九龄忤旨[3]，逐之，然终爱重其人，每宰相荐士，辄问曰：“风度得如九龄不[4]？”

三月，丁亥[5]朔，日有食之。

章仇兼琼潜与安戎城中吐蕃翟都局及维州[6]别驾[7]董承晏结谋，

使局开门引内唐兵，尽杀吐蕃将卒，使监察御史许远[8]将兵守之。远，敬宗[9]之曾孙也。

甲寅[10]，盖嘉运入献捷。上赦吐火仙罪，以为左金吾大将军。嘉运请立阿史那怀道[11]之子昕为十姓可汗[12]；从之。夏，四月，辛未[13]，以昕妻李氏为交河公主[14]。

六月，吐蕃围安戎城。

上嘉盖嘉运之功，以为河西、陇右节度使，使之经略吐蕃。嘉运恃恩流连[15]，不时发[16]。左丞相裴耀卿上疏，以为："臣近与嘉运同班[17]，观其举措，诚勇烈[18]有余，然言气矜夸[19]，恐难成事。昔莫敖忸于蒲骚之役，卒丧楚师[20]；今嘉运有骄敌之色，臣窃忧之。况防秋[21]非远，未言发日，若临事始去，则士卒尚未相识，何以制敌！且将军受命，凿凶门[22]而出；今乃酣饮朝夕，殆非忧国爱人之心。若不可改易，宜速遣进涂[23]，仍乞圣恩严加训励[24]。"上乃趣[25]嘉运行。已而嘉运竟无功。

秋，八月，甲戌[26]，幽州奏破奚、契丹。

冬，十月，甲子[27]，上幸骊山温泉；辛巳[28]，还宫。

吐蕃寇安戎城及维州；发关中彍骑[29]救之，吐蕃引去。更命安戎城曰平戎。

十一月，罢牛仙客朔方、河东节度使。

突骑施莫贺达干闻阿史那昕为可汗，怒曰："首诛苏禄，我之谋也；今立史昕，何以赏我！"遂帅诸部叛。上乃立莫贺达干为可汗，使统突骑施之众；命盖嘉运招谕之。十二月，乙卯[30]，莫贺达干降。

金城公主[31]薨；吐蕃告丧，且请和，上不许。

是岁，天下县千五百七十三，户八百四十一万二千八百七十一，口四千八百一十四万三千六百九。西京、东都米斛[32]直[33]钱不满二百，绢匹[34]亦如之。海内富安，行者虽万里不持寸兵。

（以上为第十三段，写吐蕃此时为唐西边最大边患，唐玄宗凭国力强大，不许吐蕃和亲。当时户八百四十余万，人口近五千万，达到唐朝的极盛。）

【注释】

［1］癸巳：正月六日。［2］庚子：正月十三日。［3］忤旨：忤，不顺从。指不顺从皇帝的意见。［4］不：同“否”。［5］丁亥：三月一日。［6］维州：州名。治所在今四川理县东北。［7］别驾：官名。为州之上佐，佐刺史纪纲众务，通判列曹。因品高俸厚而职闲，故常安排贬退大臣和宗室充任。［8］许远（709—757）：字令威，杭州盐官（今浙江海宁西南）人。官至侍御史。安史之乱时，为死守睢阳的名将。传见《旧唐书》卷一百八十七下，《新唐书》卷一百九十二。［9］敬宗：即许敬宗（591—672），官至侍中。参与修《五代史》《晋书》《东殿新书》《西域图志》《文思博要》《文馆词林》《累璧》《瑶山玉彩》《姓氏谱》《新礼》等书。传见《旧唐书》卷八十二，《新唐书》卷二百二十三上。［10］甲寅：三月二十八日。［11］阿史那怀道：西突厥一部落首领，斛瑟罗之子。［12］十姓可汗：西突厥阿史那氏世统十姓部落，自立为可汗，称十姓可汗。阿史那昕为十姓可汗事，《旧唐书·突厥传下》《唐会要·西突厥》《新唐书·突厥传下》与《玄宗实录》（已佚）诸书所载，互有歧义。《资治通鉴》于此略采诸书，存其梗概。详《通鉴考异》。［13］辛未：四月十五日。［14］交河公主：前载阿史那怀道女为交河公主（《资治通鉴》卷二百一十二），今又载其儿媳为交河公主。岑仲勉据《唐大诏令集》卷四二册载，认定昕妻为交河公主，怀道女应是金河公主之讹，见岑仲勉《唐史余审》卷二。［15］流连：留恋不止，舍不得离去。指盖嘉运恃功逗留京师。［16］不时发：不按时出发去上任。［17］同班：指朝会时排在同一个班列。当时裴耀卿为左丞相，从二品，盖嘉运为安西都护也是从二品，故朝会在同班。班，班次。［18］勇烈：勇敢刚直。［19］矜夸：骄傲自大。［20］莫敖忸于蒲骚之役，卒丧楚师：莫敖，楚官名，相当于司马一职。忸，同“狃”，习惯，因袭。蒲骚，古邑名，在今湖北应城西北。据《左传·桓公十三年》（前699）记载，楚莫敖屈瑕大败郧国军队于蒲骚，又伐罗国。大夫斗伯比为之送行，屈瑕心高气傲，斗伯比认为屈瑕此行必败，于是把自己的看法告诉了楚子，楚子不听，回宫告诉夫人邓曼，邓曼曰：“莫敖习惯于蒲骚之役以少胜多的打法，自以为是，不会设防。”莫敖果不设防，被罗国及卢戎打败。［21］防秋：唐朝中后期，吐蕃常在粮熟马肥、天高气爽的秋天对唐境进行掠夺侵扰。唐朝每年都从内地各军镇调集军队去防御。一般是初秋去，无寇则冬初还，称为防秋。［22］凶门：古代将军出征时，凿一扇向北的门，由此出发，以示必死的决心，称为凶门。［23］涂：同“途”。［24］训励：训诫勉励。［25］趣：同“促”，催促。［26］甲戌：八月二十日。［27］甲子：十月十一日。［28］辛巳：十月二十八日。［29］彍骑（guōjì）：本义犹言武艺精强的骑士，此用作宿卫兵士名称。唐代府兵制逐渐衰弛，番上宿卫兵士不足，开元十一年（723）据张说建议，招募十二万人宿卫京师，称长从宿卫，第二年改称彍骑。彍骑成为专事宿卫的职业兵士。彍，拉满弓。［30］乙卯：十二月三日。［31］金城公主：景龙元年（707），唐中宗以雍王李守礼之女为金城公主，嫁吐蕃王。金城公主在蕃三十多年，至是卒。［32］斛：计算粮食的单位，十斗为一斛。［33］直：同“值”。［34］匹：计算帛的单位。唐代帛阔一尺八寸，长四丈为一匹。

二十九年（辛巳，741年）

春，正月，癸巳[1]，上幸骊山温泉。

丁酉[2]，制："承前[3]诸州饥馑[4]，皆待奏报，然始[5]开仓赈给。道路悠远，何救悬绝！自今委州县长官与采访使量事给讫奏闻。"

庚子[6]，上还宫。

上梦玄元皇帝[7]告云："吾有像在京城西南百余里，汝遣人求之，吾当与汝兴庆宫[8]相见。"上遣使求得之于盩厔[9]楼观山[10]间。夏，闰四月，迎置兴庆宫。五月，命画玄元真容[11]，分置诸州开元观[12]。

六月，吐蕃四十万众入寇，至安仁军，浑崖峰骑将臧希液[13]帅众五千击破之。

秋，七月，丙寅[14]，突厥遣使来告登利可汗[15]之丧。初，登利从叔[16]二人，分典兵马，号左、右杀[17]。登利患两杀之专，与其母谋，诱右杀，斩之，自将其众。左杀判阙特勒[18]兵攻登利，杀之，立毗伽可汗之子为可汗；俄为骨咄[19]叶护所杀，更立其弟；寻又杀之，骨咄叶护自立为可汗。上以突厥内乱，癸酉[20]，命左羽林将军孙老奴招谕回纥、葛逻禄、拔悉密[21]等部落。

乙亥[22]，东都洛水[23]溢，溺死者千余人。

平卢兵马使[24]安禄山，倾巧[25]，善事人，人多誉之，上左右至平卢者，禄山皆厚赂之，由是上益以为贤。御史中丞[26]张利贞为河北采访使，至平卢，禄山曲事[27]利贞，乃至左右皆有赂。利贞入奏，盛称禄山之美。八月，乙未[28]，以禄山为营州都督，充平卢军使，两蕃、勃海、黑水四府经略使[29]。

冬，十月，丙申[30]，上幸骊山温泉。

壬寅[31]，分北庭、安西为二节度[32]。

十一月，庚戌[33]，司空邠[34]王守礼薨。守礼庸鄙无才识，每天将雨及霁[35]，守礼必先言之，已而皆验。岐[36]、薛[37]诸王言于上曰："邠兄有术。"上问其故，对曰："臣无术。则天时以章怀之故，幽闭宫中十余年[38]，岁赐敕杖者数四，背瘢[39]甚厚？将雨则沉闷，将霁则轻爽，臣以此知之耳。”因流涕[40]沾[41]襟；上亦为之惨然。

辛酉[42]，上还宫。

辛未[43]，太尉[44]宁王宪[45]薨。上哀惋特甚，曰：“天下，兄之天下也，兄固让于我[46]，为唐太伯[47]，常名不足以处之。”乃谥曰让皇帝。其子汝阳王琎[48]，上表追述先志[49]，谦冲[50]不敢当帝号；上不许。敛[51]日，内出服[52]，以手书致于灵座，书称“隆基白”；又名其墓曰惠陵，追谥其妃元氏曰恭皇后，袝[53]葬焉。

十二月，乙巳[54]，吐蕃屠达化县[55]，陷石堡城[56]；盖嘉运不能御。

（以上为第十四段，安禄山倾巧，贿赂大臣得美誉。吐蕃寇边，唐军不胜。）

【注释】

［1］癸巳：正月十一日。［2］丁酉：正月十五日。［3］承前：犹言从前。［4］饥馑：谷不熟为饥，蔬不熟为馑。饥馑连用，表示荒年。［5］然始：犹言然后。［6］庚子：正月十八日。［7］玄元皇帝：先秦道家老子即老聃，被道教徒奉为教主，称“太上老君”。李渊尊其为皇祖，乾封元年（666）高宗封其为玄元皇帝。［8］兴庆宫：皇宫名。玄宗开元二年（714）以藩王时住宅建，十六年（728）于此听政，有夹墙与大明宫通。［9］盩厔（zhōuzhì）：县名。县治在今陕西周至县。［10］楼观山：为终南山名峰之一，山中今存楼观台，距西安城七十多公里。相传春秋时函谷关令尹喜在此结草为楼观，后老子西游入关，他便迎住草楼。老子著《道德经》五千言，并在草楼南筑台授经，称说经台或授经台。故楼观山为道教传说的发源地。［11］真容：肖像。［12］开元观：开元二十六年（738）玄宗下令每州选择一地势好的观寺改名开元观。至天宝元年（742）又改名大唐开元天宝之观。［13］浑崖峰骑将臧希液：浑崖峰，《新唐书·吐蕃传上》作浑崖烽，当是安仁军一烽火台名。臧希液，《旧唐书·吐蕃传上》作盛希液，应是守烽火台的骑将。［14］丙寅：七月十八日。［15］登利可汗：突厥苾伽可汗之子，伊然可汗之弟。开元二十年（732）伊然可汗立，不久病死，其弟继位为登利可汗，后为判阙特勒所杀。［16］从叔：父亲的伯父、叔父之子，年幼于父者称从叔。［17］左、右杀：杀，又作设、察，为突厥可汗的兄弟或非继位子而掌兵马者，即所谓“别部领兵者”。杀或分左右厢，称左、右杀。登利即位年幼，叔父二人分掌兵马，在东者为左杀，在西者为右杀。［18］判阙特勒：判阙，突厥苾伽可汗之子。特勒，应作特勤，突厥可汗子弟的称呼。［19］骨咄：突厥判阙特勤之子，后自立为可汗。［20］癸酉：七月二十五日。［21］招谕回纥、葛逻禄、拔悉密：此次招谕无回纥在内，见岑仲勉《通鉴隋唐纪比事质疑》。［22］乙亥：七月二十七日。［23］洛水：古水名。即今河南洛河。［24］平卢兵马

使：使职名。兵马使为军镇幕府掌知兵马、领兵作战的武职差遣官。此为平卢军专知兵马的武官。［25］倾巧：狡诈，见风行事。［26］御史中丞：官名。御史台副长官，佐长官御史大夫执掌对百官的弹劾、纠察等监察政务。［27］曲事：指凡事都委屈己意而奉承别人。曲，曲意。［28］乙未：八月十七日。［29］两蕃、勃海、黑水四府经略使：两蕃，唐代称奚、契丹二族为两蕃。四府，指贞观二十二年（648）契丹首领窟哥内附，唐在其地置松漠都督府；同年，奚酋长可度者内附，唐置饶乐都督府；先天二年（713）在渤海靺鞨地置忽汗州都督府；开元十年（722）在黑水靺鞨地置黑水都督府，合称四府。经略使，使职名，唐初始置于边州，主要掌管少数民族兵民事务。节度使出现后，经略使成为所辖或兼任的使职。后节度使发展到内地，而经略使却始终在有少数民族的边州设置。［30］丙申：十月十九日。［31］壬寅：十月二十五日。［32］分北庭、安西为二节度：北庭、安西早有分合，《资治通鉴》失书。开元十五年（727）三月，分伊西、北庭为两节度，十九年（731）合伊西、北庭二节度，二十二年（734）四月伊西、北庭依旧为两节度，二十三年（735）移伊西、北庭隶属四镇节度使，二十九年（741）分置安西、北庭，即为《资治通鉴》此次所载。参见岑仲勉《通鉴隋唐纪比事质疑》。［33］庚戌：十一月三日。［34］司空：官名。三公之一。三公之官，佐天子，理邦国，但仅坐而论道，不视职事。［35］霁（jì）：雨雪停止，云雾散去，天放晴。［36］岐：即岐王李范（？—725），睿宗第四子，本名隆范，后避与玄宗连名，遂单称范，封历郑王、卫王、巴陵郡王，卒赠惠文太子。传见《旧唐书》卷九十五，《新唐书》卷八十一。［37］薛：即薛王李业。［38］则天时以章怀之故，幽闭宫中十余年：邠王守礼是章怀太子李贤次子。调露二年（680）李贤得罪被废为庶人，文明元年（684）被杀。守礼因此被禁于宫中，十余年不准出庭院。［39］瘢（bán）：疮伤好后留下的痕迹。［40］涕：眼泪，亦作鼻涕。［41］沾：润湿。［42］辛酉：十一月十四日。［43］辛未：十一月二十四日。［44］太尉：官名。为三公之官。自唐太宗任太尉后，亲王拜太尉者都不视事。［45］宁王宪：睿宗长子李宪（679—741），曾立为皇太子，封历永平郡王、寿春郡王、蔡王、宋王、宁王，谥曰让皇帝。传见《旧唐书》卷九十五，《新唐书》卷八十一。［46］天下，兄之天下也，兄固让于我：睿宗即位后，李宪为皇太子。武则天称帝，睿宗降为皇嗣，李宪为皇孙。其后睿宗复位，李宪为嫡长子，应立为太子；然而睿宗第三子李隆基（即玄宗）讨平韦氏（中宗皇后）有功，李宪请让储位于隆基，遂以隆基为太子。［47］唐太伯：唐即传说中的陶唐氏，也就是尧。尧禅位于舜。太伯，周先祖太王长子，相传太王欲传王位给第三子季历（周文王父），太伯和二弟仲雍因此避居江南，断发文身，开发吴地，成为吴国始祖。［48］汝阳王琎：李宪之子李琎（？—750），传见《旧唐书》卷九十五，《新唐书》卷八十一。［49］先志：先父意志。［50］谦冲：谦虚。［51］敛：古丧制，为死者更换衣服称小敛，入棺称大敛。又棺埋入墓穴也称为敛。［52］内出服：由宫内拿出天子的衣服以为敛。内，宫内。［53］祔：合葬。［54］乙巳：十二月二十八日。［55］达化县：县名。县治在今青海贵德东。［56］石堡城：古城名。一名铁刃城。在今青海湟源西南。为唐蕃交通要地，相互争夺的重要据点。

【点评】

本卷最值得点评的问题有三：一、唐玄宗由明转昏。二、太子废立。三、安史之乱主角登场。

一、唐玄宗由明转昏。明主的标志是讷谏与用人。开元二十五年（737），张九龄罢相之前，唐玄宗讷谏，任用清正廉直之士，名相辈出。史称："上即位以来，所用之相，姚崇尚通，宋璟尚法，张嘉贞尚吏，张说尚文，李元纮、杜暹尚俭，韩休、张九龄尚直，各其所长也。"九龄因抗直罢相，从此，"朝廷之士，皆容身保位，无复直言"。唐玄宗用人信谗，奸相李林甫、杨国忠相继为首辅，蛊惑圣听，奸诈无比。李林甫，甘言谄人，而暗中伤人，不露声色，人称"口有蜜，腹有剑"。张九龄在相位，太子瑛不废，李林甫上台，太子及诸王立即遭杀戮。杨国忠更是祸国殃民。君主昏昏，小人进，君子退，自李林甫入相以后，唐玄宗也就由明转昏，再无贤相矣。

二、太子废立。废立太子，是一件国家大事，唐玄宗说废就废了，视同儿戏。唐玄宗废太子在开元二十五年（737），唐玄宗五十三岁。唐玄宗卒于唐肃宗上元二年（761），享年七十七岁。唐玄宗在帝王中算是一个高寿的皇帝，五十三岁，是知天命的中年，精力旺盛，但骄侈心和美色迷住了唐玄宗的眼睛，使他由明转昏。唐玄宗废太子瑛，同时遇害的还有鄂王瑶、光王琚、驸马薛锈。一朝害三个儿子和一个女婿，在亲情上对唐玄宗是一个沉重的打击。唐玄宗废太子也是经历了长期思想感情斗争才痛下决心的。唐玄宗做此决定又是他性格的必然。唐玄宗善音律，重感情，天生好色。太子瑛的母亲赵丽妃、鄂王瑶的母亲皇甫德仪、光王琚的母亲刘才人都是因美色被唐玄宗临幸。太子之母更是以娼进，善歌舞得宠。太子瑛是唐玄宗第二子，因母亲得宠而立为皇太子。后来武惠妃专宠，太子瑛、鄂王瑶、光王琚三子之母，皆色衰爱弛而失宠，三子被玄宗疏远，同病相怜而亲近。武惠妃借专宠而进谗言，诋毁太子，替自己的儿子寿王李瑁夺太子位。武惠妃女咸宜公主婿杨洄秉承武惠妃之意，诬告太子瑛、鄂王瑶、光王琚与驸马薛锈合谋为不轨。薛锈是太子瑛妃之兄，尚玄宗第四女唐昌公主。由于宰相张九龄的护佑，直言废长立幼，祸害无穷，唐玄宗下不了决心。李林甫，奸邪小人，趁机而入，通过杨洄与武惠妃结成同盟，先排挤张九龄出朝，然后再由杨洄出面诬告三王与薛锈合谋造反。武惠妃假称宫中有贼，宣召三王穿甲入宫捉贼，回头又去告知唐玄宗说："三王造反，带甲入宫。"如此拙劣的戏法，唐玄宗岂能不知。他已下定决心要废立太子，装模作样问李林甫的意见。李林甫告以帝王家事，大臣不问。唐玄宗于是废三子及驸马为庶子，随即杀害。当三子及驸马均死后，唐玄宗又感心痛，所以没有立武惠妃之子寿王瑁为太子。唐玄宗想起了张九龄的警告，废长立幼，将引起诸王争位。唐玄宗闷闷不乐，武惠妃惊惧病死。高力士劝唐玄宗立长以安国。于是在太子瑛死后一年多，唐玄宗立第三子忠王玙为皇太子。武惠妃机关算尽，反误了性命。忠王玙渔翁得利，太子瑛三王以悲剧结局。二十五年之后，代宗即位，宝应元年（762），才为太子瑛三王平反。

唐玄宗专宠女色而废立太子，后又因专宠杨贵妃而招致安史之乱。唐玄宗爱美人不爱江山，他的这一个性弱点，促成了他的骄侈心，是他由明转昏的一个决定性因素。

三、安史之乱主角登场。开元二十四年（736），安史之乱的两位主角，安禄山与史思明登场，两人入朝，行动就十分诡异。安禄山与史思明，本是营州杂胡，两人同里闾，史思明先一日生，长安禄山一天。两人一起长大，互相亲爱，同为市侩，以骁勇闻名。安禄山从军，在平卢节度使张守珪帐下任捉生将，就是专门抓敌人活口的侦察兵。安禄山每次带几个骑兵深入契丹、奚人的领地，总能抓几个活口回来，张守珪十分爱惜，收为养子。开元二十四年，安禄山以左骁卫将军之职领兵讨奚、契丹，违反军令，恃勇轻进，打了败仗，按律当斩。张守珪不忍诛杀，押送京师听候唐玄宗处置。时张九龄为相，批示说："从前齐司马穰苴诛杀庄贾，孙武练兵斩了宫嫔，张守珪按军令行动，安禄山不应当免死。"张守珪把败军之将上交朝廷处置，就是不想诛杀，张九龄坚持按军法从事。唐玄宗碍于地方大员的情面，赦免了安禄山的死罪，是一种姑息养奸的行为。胜败乃兵家常事，打了败仗，追究情事，未必就有死刑。如果败军之将因骄，因抗上，是违纪行为，必须正法。东汉末，太尉张温统军讨金城叛羌，将军董卓抗命，言辞不顺，孙坚主张诛杀，认为像董卓这样抗命的人终为祸阶。安禄山为张守珪之养子，违纪犯罪当斩，不仅仅是败军，所以张九龄说安禄山有反相。相貌长有反骨，只是一个借口。唐玄宗姑息，导致了后来的大祸。史思明，更是奸诈，欺骗奚王，诱杀友好使者，轻启边衅，张守珪与史思明均有大罪。边将擅杀冒功，唐玄宗不察反而嘉奖。史思明，原名史窣干，史思明为唐玄宗的赐名，在当时是莫大的荣誉。史称史思明入朝奏事，唐玄宗与之对话，十分满意。唐玄宗原本"英断多艺"，这时明察的一双慧眼已经蒙上烟幕，唐玄宗遇事不明了。专制君王，只要昏聩，则更加固执。明主纳谏，昏主拒谏。唐玄宗听不进张九龄的话，等到安史之乱蒙尘入蜀时，唐玄宗才想起张九龄，特别派专使到张九龄的故里厚抚其家属。唐玄宗能反思过失，这是他有别于暴君的个性特质。尽管世上没有后悔药，但唐玄宗能反思过失，也可让人同情。

卷二一五　唐纪三十一

唐玄宗天宝元年至六载（742—747 年）

【起玄黓敦牂（壬午，742 年），尽强圉大渊献（丁亥，747 年）十一月，凡五年有奇】

【大事提要】

本卷记事起公元 742 年，讫公元 747 年十一月，凡五年又十一个月。当唐玄宗天宝元年至天宝六载十一月。此时期天下承平，社会仍呈现上升发展态势，而国家上层政治日益走向腐败，动乱危机潜滋暗长。政治腐败，有三大原因。一是最高统治者唐玄宗怠于政事，喜逸乐，好声色。唐玄宗竟然以乱伦方式霸占儿媳得到杨贵妃，杨氏一门贵幸，一个乱国奸臣杨国忠即将登上政治舞台。杨贵妃专宠，不但君王不早朝，而且还放纵了一个乱臣贼子安禄山。不过此时期还只是一个潜在的危险。二是唐玄宗好大喜功，沿边置十节度使，常备边兵近五十万，耗费大量国库资财，加上唐玄宗无节制的逸乐赏赐，增加民众负担。边将轻启事端，特别是与吐蕃的关系日益恶化。三是奸相李林甫权势日隆，节节攀升而大权独揽。唐玄宗一度有“无为”而要交权李林甫的想法。李林甫“口蜜腹剑”，排挤才望之士，专断朝政，贪财受贿，以致有交白卷的“魁首”。上述三大原因是天宝年间的基本政治生态。君王怠政于上，奸相为恶于下，只是还未大坏而已。李林甫还引用酷吏为恶，加重政治的腐败。一般论史者认为，天宝元年是中唐的起始点，也就是唐代政治由盛转衰，由治转乱的起始点。

玄宗至道大圣大明孝皇帝中之下

天宝元年（壬午，742 年）

春，正月，丁未[1]朔，上御勤政楼[2]受朝贺，赦天下，改元。

壬子[3]，分平卢别为节度[4]，以安禄山为节度使。

是时，天下声教[5]所被之州三百三十一，羁縻之州[6]八百，置十节度、经略使以备边。安西节度抚宁[7]西域[8]，统龟兹、焉耆、于阗、疏勒[9]四镇，治龟兹城，兵二万四千。北庭节度[10]防制突骑施、坚昆[11]，统瀚海、天山、伊吾三军[12]，屯伊、西二州之境，治北庭都护府，兵二万人。河西节度断隔吐蕃、突厥，统赤水、大斗、建康、宁寇、玉门、墨离、豆卢、新泉八军[13]，张掖、交城、白亭三守捉[14]，屯凉、肃、瓜、沙、会五州之境，治凉州，兵七万三千人。朔方节度捍御突厥，统经略、丰安、定远三军[15]，三受降城[16]，安北、单于二都护府[17]，屯灵、夏、丰[18]三州之境，治灵州，兵六万四千七百人。河东节度与朔方掎角[19]以御突厥，统天兵、大同、横野、岢岚四军[20]，云中守捉[21]，屯太原府[22]忻[23]、代[24]、岚三州之境，治太原府，兵五万五千人。范阳节度[25]临制[26]奚、契丹，统经略、威武、清夷、静塞、恒阳、北平、高阳、唐兴、横海九军[27]，屯幽、蓟、妫、檀、易、恒、定、漠、沧九州之境，治幽州，兵九万一千四百人。平卢节度镇抚室韦、靺鞨[28]，统平卢、卢龙[29]二军，榆关守捉[30]，安东都护府，屯营、平二州之境，治营州，兵三万七千五百人。陇右节度备御吐蕃，统临洮、河源、白水、安人、振威、威戎、漠门、宁塞、积石、镇西[31]十军，绥和、合川、平夷三守捉[32]，屯鄯、廓、洮、河之境，治鄯州，兵七万五千人。剑南节度西抗吐蕃，南抚蛮獠[33]，统天宝、平戎、昆明、宁远、澄川、南江六军[34]，屯益、翼、茂、当、嶲、柘、松、维、恭、雅、黎、姚、悉[35]十三州之境，治益州，兵三万九百人。岭南五府经略[36]绥静夷、獠[37]，统经略、清海二军[38]，桂、容、邕、交四管[39]，治广州，兵万五千四百人。此外又有长乐经略[40]，福州[41]领之，兵千五百人。东莱守捉[42]，莱州[43]领之；东牟守捉[44]，登州[45]领之；兵各千人。凡镇兵四十九万人，马八万余匹。开元[46]之前，每岁供边兵衣粮，费不过二百万；天宝[47]之后，边将奏益兵浸多[48]，每岁用衣千二十万匹[49]，粮百九十万斛，公私劳费，民始困苦矣。

（以上为第一段，写唐玄宗天宝初，全国置十节度使，戍兵达四十九万，再加行政费用，民始疲困。）

【注释】

［1］丁未：正月一日。［2］勤政楼：全称为勤政务本楼，天子料理政事之地。开元八年（720）于兴庆宫西南建造，西邻花萼相辉楼。［3］壬子：正月六日。［4］分平卢别为节度：《资治通鉴》卷二一四载平卢讨击使、军使、兵马使，都从属于幽州节度使，至此平卢分置节度使。平卢节度使，使职名，为平卢方镇的差遣长官，主要职责是镇抚东北室韦、靺鞨诸族。《唐会要·节度使》和《新唐书·方镇表》载平卢节度使始置于开元七年（719）。《资治通鉴》载于此年，当另有所据。［5］声教：声威和教化。［6］羁縻之州：边疆民族地区设置的地方行政单位。唐代在归属的边疆民族地区，按部落大小分别设置府、州，任命民族首领为都督、刺史等官，各民族内部仍保持原有称号，并可世袭，称为羁縻州。［7］抚宁：安定，安抚。［8］西域：汉朝以后，对玉门关（今甘肃敦煌西北）以西地区的总称。广义的西域包括亚洲中、西部，甚至欧洲东部、非洲北部。［9］龟（qiū）兹、焉耆（péng）、于阗、疏勒：军镇名，唐安西四镇。龟兹故地在今新疆库车市。焉耆故地在今新疆焉耆回族自治县西南。于阗故地今新疆和田市西南。疏勒故地在今新疆喀什市。［10］北庭节度：即北庭节度使。使职名。为北庭方镇的差遣长官，先天元年（712）始置，其目的是防制西北的突骑施、坚昆、突厥等族，治所在今新疆吉木萨尔北破城子。节度使历来兼北庭都护。开元后与安西四镇节度使时有分合。［11］坚昆：古部落名。又称融昆、结骨、纥骨、居勿、黠戛斯。在今叶尼塞河上游。［12］瀚海、天山、伊吾三军：军镇名。瀚海军在北庭都护府城内。天山军在西州（今新疆吐鲁番东南）城内。伊吾军在伊州（今新疆哈密市）西北甘露川。［13］赤水、大斗、建康、宁寇、玉门、墨离、豆卢、新泉八军：军镇名。赤水军在凉州（今甘肃武威市）城内。大斗军在今甘肃武威西。建康军在今甘肃高台县东南。宁寇军在今甘肃武威市东北。玉门军在今甘肃玉门市西北。墨离军在今阿富汗东北孔杜兹城附近。豆卢军在沙州（今甘肃敦煌市西）城内。新泉军在会州（今甘肃靖远县）西北。［14］张掖、交城、白亭三守捉：张掖守捉在今甘肃武威南。交城守捉在今甘肃武威西。白亭守捉在今甘肃武威市北。［15］经略、丰安、定远三军：军镇名。经略军在灵州（今宁夏灵武西南）城内。丰安军在今宁夏灵武西南。定远军在今宁夏灵武东北。［16］三受降城：指西、中、东三受降城。景龙二年（708）张仁愿筑以防御突厥。西受降城在今内蒙古杭锦后旗乌加河北岸狼山口南。中受降城在今内蒙古包头西南黄河北岸。东受降城在今内蒙古托克托南，黄河北大黑河东岸。［17］安北、单于二都护府：属唐六大都护府。安北都护府始名燕然都护府，贞观二十一年（647）置，治所在今内蒙古包头市西南黄河北岸。单于都护府，永徽元年（650）置，治所在今内蒙古和林格尔西北土城子。［18］丰：即丰州。治所在今内蒙古临河东。［19］掎角：分兵牵制或夹击敌人。［20］天兵、大同、横野、岢（kě）岚四军：军镇名。天兵军在今山西太原市晋源区。大同军在今山西代县北。横野军在今山西灵丘县东北。岢岚军在岚州（今山西岚县北）北。［21］云中守捉：在今内蒙古和林格尔西北土城子西北。［22］太原府：府名。开元十一年（723）升并州置府。治所在今山西太原市晋源区。［23］忻：忻州，州名。治所在今山西忻州。［24］代：代州，州名。治所在今山西代县。［25］范阳节度：

即范阳节度使，又称幽州节度使。［26］临制：管理，治理。［27］经略、威武、清夷、静塞、恒阳、北平、高阳、唐兴、横海九军：军镇名。经略军在幽州（今北京城西南）城内。威武军在檀州（今北京市密云区）城内。清夷军在妫州（今河北怀来县东南）城内。静塞军在蓟州（今北京市）城内。恒阳军在恒州（今河北正定县）城东。北平军在定州（今河北定州市）城西。高阳军在易州（今河北易县）城内。唐兴军在莫州（今河北任丘市北故莫州城内）城内。横海军在沧州（今河北沧县东南）城内。［28］室韦、靺鞨：唐东北地区的两个少数民族。室韦分布在嫩江流域和黑龙江南北两岸。唐代有二十多部，曾附属于突厥，贞观后朝贡不绝。靺鞨分布在松花江、牡丹江流域和黑龙江中下游。［29］卢龙：军镇名。卢龙军在平州（今河北卢龙）城内。［30］榆关守捉：在今河北秦皇岛东山海关。［31］临洮、河原、振威、威戎、漠门、宁塞、积石、镇西：皆军镇名。临洮军在鄯州（今青海海东市乐都区）城内。河源军在今青海西宁东南。振威军在鄯州西。威戎军在鄯州西北。漠门军在洮州（今甘肃临潭县）城内。宁塞军在廓州（今青海化隆县西黄河北岸）城内。积石军在今青海贵德县西。镇西军在河州（今甘肃临夏市东北）城内。［32］绥和、合川、平夷三守捉：绥和守捉在今青海西宁市西南。合川守捉在今青海海东市乐都区南。平夷守捉在河州西南。［33］蛮獠（liáo）：蛮，古代对南方少数民族的泛称。獠（僚），魏晋以后对分布在川、黔、滇、桂等省区部分少数民族的泛称。［34］天宝、平戎、昆明、宁远、澄川、南江六军：军镇名。天宝军在恭州东南。平戎军在恭州南。昆明军在嶲（xī）州（今四川西昌）南。宁远军在嶲州西。澄川，据《通典·州郡》《旧唐书·地理志》为守捉，在姚州（今云南姚安北）东。南江军不详所在。［35］益、翼、茂、当、柘、松、维、雅、黎、悉：皆州名。益州治所在今四川成都市。翼州治所在今四川松潘县垒溪营西。茂州治所在今四川茂县。当州治所在今四川黑水县。柘州治所在今四川平武县西。松州治所在今四川松潘县。维州治所在今四川理县东北。雅州治所在今四川雅安市。黎州治所在今四川汉源县北。悉州治所在今四川松潘县垒溪营西。［36］岭南五府经略：即岭南五府经略使，使职名。治所在今广东广州市。五府指广州、桂州、容州、邕州、交州五都督府。五府都由广州都督府统摄。其后名称屡有变更，或改桂、容、邕为三管经略，交州为安南都护，但仍统于广州都督府，由广州刺史兼五府经略使。至德（756—758）时始置岭南节度使。［37］夷獠：此用作对南方少数民族的泛称。［38］经略、清海二军：军镇名。经略军在今广东广州城内。清海军在今广东恩平东北。［39］桂、容、邕、交四管：管，本管，管内。桂管，桂州管内经略使的略称，治所在今广西容县。邕管经略使，治所在今广西南宁市。交州，武德五年（622）为交州总管府，七年（624）改总管为都督，调露元年（679）改置南安都护府，刺史充都护，治所在今越南河内市东。［40］长乐经略：即长乐经略使，治所在今福建福州市长乐区。［41］福州：州名。治所在今福建福州市。［42］东莱守捉：在今山东莱州市。［43］莱州：州名。治所在今山东莱州市。［44］东牟守捉：在今山东烟台市蓬莱区。［45］登州：州名。治所在今山东烟台市蓬莱区。［46］开元：唐玄宗年号、公元713至741年。开元之前，《通典》卷一四八《兵典》作“开元初”。［47］天宝：唐玄宗年号，公元742至756年。［48］益兵浸多：增加的兵员越来越多。［49］千二百万匹：《通典》卷一四八《兵典》作“开元末已至一千万贯，天宝末更加四五百万矣”。故“匹”应是“贯”字之误。参考岑仲勉《通鉴隋唐纪比事质疑》。

甲寅[1]，陈王[2]府参军[3]田同秀上言：“见玄元皇帝于丹凤门之空中，告以‘我藏灵符，在尹喜[4]故宅。’”上遣使于故函谷关[5]尹喜台[6]旁求得之。

陕州[7]刺史李齐物[8]穿三门运渠[9]，辛未[10]，渠成。齐物，神通[11]之曾孙也。

壬辰[12]，群臣上表，以“函谷灵符，潜应年号[13]；先天不违[14]，请于尊号[15]加‘天宝’字。”从之。

二月，辛卯[16]，上享[17]玄元皇帝于新庙[18]。甲午[19]，享太庙。丙申[20]，合祀天地于南郊[21]，赦天下。改侍中为左相，中书令为右相，尚书左、右丞相复为仆射[22]；东都、北都[23]皆为京，州为郡，刺史为太守；改桃林县曰灵宝[24]。田同秀除朝散大夫[25]。

时人皆疑宝符同秀所为。间一岁，清河[26]人崔以清复言：“见玄元皇帝于天津桥北，云藏符在武城[27]紫微山。”敕使往求，亦得之。东都留守[28]王倕[29]知其诈，按问[30]，果首服[31]。奏之。上亦不深罪，流之而已。

三月，以长安令韦坚[32]为陕郡[33]太守，领江、淮租庸转运使[34]。

初，宇文融[35]既败，言利者稍息。及杨慎矜[36]得幸，于是韦坚、王𫓶[37]之徒，竞以利进，百司有利权者，稍稍[38]别置使以领之，旧官充位而已。坚，太子之妃兄也，为吏以干敏[39]称。上使之督江、淮租运，岁增巨万；上以为能，故擢[40]任之。王𫓶，方翼[41]之曾孙也，亦以善治租赋为户部员外郎[42]兼侍御史。

（以上为第二段，写唐玄宗因人造符瑞而改元“天宝”，启用善治财赋的官吏以足国用。）

【注释】

［1］甲寅：正月八日。［2］陈王：玄宗第二十五子李珪。传见《旧唐书》卷一百七，《新唐书》卷八十二。［3］参军：官名。亲王府官名参军的有咨议参军、记室参军事、录事参军事、功仓户

兵骑法士七曹参军事。不知此是何种参军。［4］尹喜：春秋时函谷关令。相传老子西游至函谷关，喜迎住其宅，老子授《道德经》五千言而去。喜自著书名《关尹子》。［5］函谷关：关名。故址在今河南灵宝市东北。［6］尹喜台：即楼观山的楼观台。原为尹喜住宅，故又名尹喜台。［7］陕州：州名。治所在今河南三门峡市陕州区。［8］李齐物（？—761）：字道用，淮安王李神通曾孙，官至刑部尚书、太常卿。传见《旧唐书》卷一百一十二，《新唐书》卷七十八。［9］三门运渠：李齐物凿三门山以通漕，开其山巅为挽路。［10］辛未：正月二十五日。［11］神通：唐高祖堂弟李神通（？—630）。官至左武卫大将军，封郑国公、永康王、淮安王。传见《旧唐书》卷六十，《新唐书》卷七十八。［12］壬辰：二月十六日。《旧唐书·玄宗纪下》作丁亥，二月十一日。［13］潜应年号：指与年号暗合。潜，暗地，暗自。［14］先天不违：改年号在先而不违天意。［15］尊号：臣下所上尊崇帝、后的称号。玄宗的尊号有：先天二年（713）所上的开元神武皇帝，开元二十七年（739）加为开元圣文神武皇帝，至是又加为开元天宝圣文神武皇帝。以后还加尊号三次。［16］辛卯：二月十五日。［17］享：祭礼。［18］新庙：玄宗在尹喜台得“灵符”后，便在长安大宁坊西南角建玄元皇帝庙，雕刻大白石的玄元皇帝像，并雕刻自己和李林甫、陈希烈的白石像侍立左右。新庙即指此庙。［19］甲午：二月十八日。［20］丙申：二月二十日。［21］合祀天地于南郊：古礼，祭天于圆丘，在国都的南方；祭地于泽中的方丘，在国都的北方，各有不同。武则天有合祭天地于南郊之举，但未成定制。玄宗制订《开元礼》，于此年合祭天地于南郊，以后遂成故事，终唐之世未改。［22］复为仆射：开元初，改左、右仆射为尚书，左、右丞相至是复为仆射。［23］北都：开元二十一年（733）升并州为太原府，建北都。故址在今山西太原市西南。［24］改桃林县曰灵宝：桃林县，县名，县治在今河南三门峡市西宏农涧（水）入黄河处。灵宝，以得玄元灵宝而改名。［25］朝散大夫：官名。散官第十三阶，从五品下。［26］清河：郡名。天宝元年（742）改贝州为清河郡，治所在今河北清河。［27］武城：县名。县治在今山东武城。［28］留守：古代皇帝巡幸、出征时，以亲王或重臣镇守京师，得便宜行事，称京城留守。其他行都、陪都亦有常设或间设的留守，多以地方长官兼任。［29］王倕（chuí）：曾任新丰尉、东都留守、河南节度使。［30］按问：审问。［31］首服：自首服罪。［32］韦坚（？—746）：字子全，京兆万年（今陕西西安市东）人，以转运租庸而受重用，官至御史中丞、刑部尚书，封韦城男。传见《旧唐书》卷一百五，《新唐书》卷一百三十四。［33］陕郡：郡名。天宝元年（742）陕州改名，治所在今河南三门峡市陕州区。［34］领江、淮租庸转运使：自先天二年（713）李杰以陕州刺史充陕州陆运使以后，陕州刺史都循例带使，故韦坚应是以陕州水运使衔而领江淮租庸的转运事。［35］宇文融（？—729）：京兆万年人，开元九年（721）钦准清理逃亡户口，置劝农判官十人，分赴各地，查出客户八十余万和大量籍外土地。官至黄门侍郎、同中书门下平章事。后被流放而死。传见《旧唐书》卷一百五，《新唐书》卷一百三十四。［36］杨慎矜（？—747）：隋炀帝玄孙。官至御史中丞、诸道铸钱使、太府出纳使。为官勤谨清白。兄弟三人皆为李林甫、王鉷陷害而死。传见《旧唐书》卷一百五，《新唐书》卷一百三十四。［37］王鉷（？—752）：太原祁（今山西祁县）人，作户口色役使，恣行割剥百姓，岁进钱宝百亿万，贮于内库，供玄宗作后宫赏赐费用。深受玄宗重用，身兼二十余使。传见《旧唐书》卷一百五，《新唐书》卷一百三十四。［38］稍稍：随即。［39］干敏：干练，敏捷。［40］擢（zhuó）：提拔。［41］方翼：王方翼（622—684），并州祁（今山西祁县）人。高宗至武后朝，著功于西域。传见《旧唐书》卷一百八十五上，《新唐书》卷一百一十一。［42］户部员外郎：官名。户部司副官，掌户口、土田、赋役等事。

李林甫为相，凡才望功业出己右[1]及为上所厚、势位将逼己者，必百计去之；尤忌[2]文学之士[3]，或阳与之善，啖[4]以甘言[5]而阴陷之。世谓李林甫“口有蜜，腹有剑”。

上尝陈乐于勤政楼，垂帘观之。兵部侍郎[6]卢绚谓上已起，垂鞭按辔[7]，横过楼下；绚风标[8]清粹[9]，上目送之，深叹其蕴藉[10]。林甫常厚以金帛赂上左右，上举动必知之，乃召绚子弟[11]谓曰：“尊君[12]素望清崇，今交、广[13]藉才[14]，圣上[15]欲以尊君为之，可乎？若惮[16]远行，则当左迁[17]，不然，则以宾、詹分务东洛[18]，亦优贤之命也，何如？”绚惧，以宾、詹为请。林甫恐乖[19]众望，乃除华州[20]刺史。到官未几，诬其有疾，州事不理，除詹事、员外同正[21]。

上又尝问林甫以“严挺之今安在？是人亦可用。”挺之时为绛州[22]刺史。林甫退，召挺之弟损之，谕[23]以“上待尊兄意甚厚，盍[24]为见上之策，奏称风疾[25]，求还京师就医。”挺之从之。林甫以其奏白上云：“挺之衰老得风疾，宜且授以散秩[26]，使便医药。”上叹咤[27]久之；夏，四月，壬寅[28]，以为詹事，又以汴州[29]刺史、河南采访使[30]齐浣为少詹事[31]，皆员外同正，于东京养疾。浣亦朝廷宿望[32]，故并忌之。

上发兵纳十姓可汗阿史那昕于突骑施，至俱兰城，为莫贺达干所杀。突骑施大纛官[33]都摩度来降，六月，乙未[34]，册都摩度为三姓叶护[35]。

秋，七月，癸卯[36]朔，日有食之。

（以上为第三段，写奸相李林甫“口蜜腹剑”，排挤才望功业高于自己的有识之士以专断朝政。）

【注释】

[1]右：古以右为尊为上，故称胜于己者为右。[2]忌：忌刻，忌妒刻薄。[3]文学之士：文辞博学的士人。[4]啖（dàn）：给别人吃，此指奉承，恭维。[5]甘言：甜蜜的语言。[6]兵部侍郎：官名。尚书省兵部副长官，佐长官兵部尚书掌管武官选授和地图、甲仗等政令。[7]垂鞭按辔（pèi）：放下鞭子，扣紧马缰，使马慢步前行。[8]风标：风度，仪态。[9]清粹：清丽纯美。[10]蕴藉：含蓄宽容。[11]子弟：据《新唐书·奸臣传》，“弟”字衍。[12]尊君：对别人父亲的敬称。[13]交、广：皆州名。交州治所在今越南河内东天德江北岸。广州治所番禺在今广州市。[14]藉才：藉，同“借”。借重有才能之人。[15]圣上：颂称当今皇帝之词。[16]惮：畏惧。[17]左迁：降职。古以右为尊，左为卑，故以降职为左迁。[18]以宾、詹分务东洛：即以太子宾客、詹事分司东都。太子宾客，官名，东宫之官，掌侍从规谏，赞相礼仪。太子詹事，官名，东宫属官，统管东宫三寺十率府之政令。分务东洛，东洛即东都洛阳，唐东都有分司之官，为优待贤士的职任。[19]乖：违悖。[20]华州：州名。治所在今陕西渭南市华州区。[21]员外同正：唐制，官有定员。凡正员以外的官员称为员外官。员外官有员外与员外同正之别，前者俸禄减正员官之半，后者只是不给职田，俸禄同正员官。[22]绛州：州名。治所在今山西新绛县。[23]谕：晓谕。[24]盍（hé）：何不。[25]风疾：病名。按中医理论，风病有风热、风寒、风湿、风瘫等症。不详严挺之属何种风疾。[26]散秩：即散官，闲散而无职守。[27]叹咤（zhà）：叹息。[28]壬寅：四月二十八日。[29]汴州：州名。治所在今河南开封市。[30]河南采访使：使职名。对河南道地方官吏行使监察职权的差遣官。[31]少詹事：官名。太子詹事的副职，佐掌东宫三寺十率府之政令。[32]宿望：老成望重，即有威望的老前辈。[33]大纛（dào，又读 dú）官：掌握大纛的军官。大纛，大将用来指挥全军的旗帜，又称牙旗。[34]乙未：六月二十二日。[35]三姓叶护：管辖三个部落的突厥叶护大臣。[36]癸卯：七月一日。

辛未[1]，左相牛仙客薨。八月，丁丑[2]，以刑部尚书[3]李适之[4]为左相。

突厥拔悉密、回纥、葛逻禄三部共攻骨咄叶护[5]，杀之，推拔悉密酋长为颉跌伊施可汗，回纥、葛逻禄自为左、右叶护。突厥余众共立判阙特勤之子为乌苏米施可汗，以其子葛腊哆为西杀[6]。

上遣使谕乌苏令内附，乌苏不从。朔方节度使王忠嗣盛兵碛口以威之，乌苏惧，请降，而迁延[7]不至。忠嗣知其诈，乃遣使说拔悉密、回纥、葛逻禄使攻之，乌苏遁去。忠嗣因出兵击之，取其右厢[8]以归。

丁亥[9]，突厥西叶护阿布思[10]及西杀葛腊哆、默啜[11]之孙勃德支[12]、伊然小妻、毗伽、登利之女[13]帅部众千余帐，相次来降，突厥遂微。九月，辛亥[14]，上御花萼楼[15]宴突厥降者，赏赐甚厚。

护密先附吐蕃，戊午[16]，其王颉吉里匐遣使请降。

冬，十月，丁酉[17]，上幸骊山温泉；己巳[18]，还宫。

十二月，陇右节度使皇甫惟明[19]奏破吐蕃大岭[20]等军；戊戌[21]，又奏破青海道[22]莽布支营三万余众，斩获五千余级。庚子[23]，河西节度使王倕奏破吐蕃渔海及游弈等军。

是岁，天下县一千五百二十八，乡一万六千八百二十九，户八百五十二万五千七百六十三，口四千八百九十万九千八百。

回纥叶护[24]骨力裴罗[25]遣使入贡，赐爵奉义王。

（以上为第四段，写突厥归服，唐大破吐蕃。是年户口普查，继续增长。）

【注释】

[1]辛未：七月二十九日。 [2]丁丑：八月五日。 [3]刑部尚书：官名，尚书省刑部长官，主管刑法颁布和诸狱按覆等司法行政事务。 [4]李适之：一名昌，唐宗室，官至左相。传见《旧唐书》卷九十九，《新唐书》卷一百三十一。 [5]叶护：突厥最高职官名，有左右。次为特勤，再次为叶利发等共二十八级。 [6]西杀：即右杀。杀，突厥掌兵的将领，有东、西两人，东杀即左杀，西杀即右杀。 [7]迁延：拖延。 [8]右厢：指右杀统率的兵马。突厥左、右杀所统率的兵马，称为左、右厢。 [9]丁亥：八月十五日。 [10]阿布思（？—754）：突厥九姓首领。开元三年（715）和天宝元年（742）两次降唐，玄宗赐名李献忠，任朔方节度副使。天宝十二载（753）叛归碛北，数为边患，次年为唐俘斩。 [11]默啜（？—716）：突厥可汗。事见《旧唐书》卷一百九十四上，《新唐书》卷二百一十五上。 [12]勃德支：默啜可汗之孙，为突厥特勤。 [13]伊然小妻、毗伽、登利之女：伊然，突厥伊然可汗，毗伽可汗之子，其小妻名余塞匐。突厥毗伽可汗，名默矩，骨咄禄之子，其女为大洛公主。登利可汗之女为余烛公主。事见《旧唐书》卷一百九十四上，《新唐书》卷二百一十五下。 [14]辛亥：九月九日。 [15]花萼楼：即花萼相辉楼。在兴庆宫西南隅。唐玄宗常与诸王宴饮、戏谑于此，因取棠棣之花意而题名为花萼相辉楼。 [16]戊午：九月十六日。 [17]丁酉：十月二十六日。 [18]己巳：十一月二十八日。 [19]皇甫惟明（？—746）：曾任忠王友（王府官），开元十七年（729）为通和使者出使吐蕃，官至陇右、河西节度使、鸿胪卿。天宝五载（746）李林甫进谗言，称惟明与韦坚谋立太子，被贬杀。 [20]大岭：疑即大非岭，在青海湖之南。 [21]戊戌：十二月二十七日。 [22]青海道：《新唐书·吐蕃传》云“战青海，破莽布支”。故青海道疑指青海湖以南地区，或为吐蕃之青海道。 [23]庚子：十二月二十九日。 [24]回纥叶护：回纥官制同突厥，故叶护为回纥大臣。 [25]骨

力裴罗（？—759）：回纥可汗。初与葛逻禄自称左右叶护，后自称骨咄禄毗伽阙可汗，唐诏拜为怀仁可汗，赐爵奉义王。事见《旧唐书》卷一百九十五，《新唐书》卷二百一十七上。

二年（癸未，743年）

春，正月，安禄山入朝；上宠待甚厚，谒见无时。禄山奏言："去年营州虫食苗，臣焚香祝天[1]云：'臣若操心不正，事君不忠，愿使虫食臣心；若不负神祇，愿使虫散。'即有群鸟从北来，食虫立尽。请宣付[2]史官。"从之。

李林甫领吏部尚书，日在政府[3]，选事悉委侍郎宋遥[4]、苗晋卿[5]。御史中丞张倚[6]新得幸于上，遥、晋卿欲附之。时选人集者以万计，入等[7]者六十四人，倚子奭[8]为之首，群议沸腾。前蓟[9]令苏孝韫以告安禄山，禄山入言于上，上悉召入等人面试之，奭手持试纸，终日不成一字，时人谓之"曳白"[10]。癸亥[11]，遥贬武当[12]太守，晋卿贬安康[13]太守，倚贬淮阳[14]太守，同考判官礼部郎中[15]裴朏等皆贬岭南官。晋卿，壶关人也。

三月，壬子[16]，追尊玄元皇帝父周上御大夫为先天太皇；又尊皋繇[17]为德明皇帝，凉武昭王[18]为兴圣皇帝。

江、淮南租庸等使韦坚引浐水抵苑东望春楼[19]下为潭，以聚江、淮运船，役夫匠通漕渠[20]，发人丘垄[21]，自江、淮至京城，民间萧然愁怨[22]。二年而成。丙寅[23]，上幸望春楼观新潭。坚以新船数百艘，扁榜[24]郡名，各陈郡中珍货于船背；陕尉[25]崔成甫着锦半臂[26]，缺胯绿衫[27]以裼[28]之，红袹首[29]，居前船唱《得宝歌》[30]，使美妇百人盛饰而和之，连樯[31]数里；坚跪进诸郡轻货[32]，仍上百牙盘[33]食。上置宴，竟日[34]而罢，观者山积[35]。夏，四月，加坚左散骑常侍[36]，其僚属吏卒褒赏有差；名其潭曰广运。时京兆尹[37]韩朝宗[38]亦引渭水置潭于西街，以贮材木。

丁亥[39]，皇甫惟明引军出西平[40]，击吐蕃，行千余里，攻洪济城[41]，破之。

上以右赞善大夫[42]杨慎矜知御史中丞事。时李林甫专权，公卿之进，有不出其门者，必以罪去之；慎矜由是固辞，不敢受。五月，辛丑[43]，以慎矜为谏议大夫[44]。

冬，十月，戊寅[45]，上幸骊山温泉；乙卯[46]，还宫。

（以上为第五段，写官场腐败，选举凌迟，有交白卷的魁首。唐玄宗歌舞升平。）

【注释】

[1]祝天：向天祈祷。[2]宣付：皇帝的命令交外廷官署办理。[3]政府：指政事堂，宰相议政治事的地方。[4]宋遥：初为密县尉，官至吏部侍郎，因选才不实而贬为武当太守。[5]苗晋卿（685—765）：潞州壶关（今山西壶关县）人，官至侍中，传见《旧唐书》卷一百一十三，《新唐书》卷一百四十。[6]张倚：天宝初为御史中丞，二年（743）因子奭考选交白卷，倚以不能训子而贬淮阳太守，后起为吏部侍郎。天宝末，唐玄宗奔蜀，倚以失恩不赴难。[7]入等：唐代考取官吏，凡试判登科，即所作判词文理优长被录取者，称为入等。[8]奭（shì）：张倚之子张奭。[9]蓟：县名。县治在今北京城西南。[10]曳白：卷纸空白，考试交白卷。[11]癸亥：正月二十三日。[12]武当：郡名。天宝元年（742）均州改名，治所在今湖北丹江口市均县镇。[13]安康：郡名。天宝元年（742）金州改名。治所在今陕西安康市。[14]淮阳：郡名。天宝元年（742）陈州改名，治所在今河南周口市淮阳区。[15]礼部郎中：官名。礼部司长官，主管礼仪。[16]壬子：三月十二日。[17]皋繇：即皋陶，一作咎繇。传说为东夷族首领，舜时管刑法臣，后被禹选为继承人，因早死，未继位。[18]凉武昭王：即李暠（351—417），十六国时期西凉的建立者，李渊的七世祖，世为陇右大姓。公元400年，暠在敦煌自称冠军大将军、沙州刺史、凉公，史称西凉。病死后谥为武昭王。传见《晋书》卷八十七。[19]望春楼：西京禁苑二十四宫亭之一，有南、北望春亭，又名望春宫。望春楼当指望春宫亭之楼。[20]漕渠：长安至黄河的人工运渠。西汉元光六年（前129）凿，傍南山（秦岭），长三百余里，有漕运和灌溉之利。北魏后堙塞。隋复浚。唐朝时通时塞。天宝时韦坚、太和（827—835）时韩辽两度修复。[21]丘垄：坟墓。[22]萧然愁怨：骚动不安、愁虑怨恨。[23]丙寅：三月二十六日。[24]扁榜：扁，匾额，题字的长方形牌子，挂在门上或墙上。榜，榜示，公开的告示。[25]陕尉：陕县县尉。陕县，县治在今河南三门峡市陕州区。尉，县尉，官名，县令的佐官，掌判功、仓、户、兵、法、士等曹及催征课税，追捕盗贼。[26]锦半臂：锦缎短袖上衣。[27]缺（jué）胯绿衫：《旧唐书·韦坚传》作"缺胯绿衫"，即短裤绿衣。[28]裼（xī）：袒衣。袒开或脱去外衣，露出内衣或身体。[29]红袹（mò）首：即红巾缠头。袹，头巾。[30]《得宝歌》：崔成甫改民歌《纥体歌》而成，歌词曰："得宝弘农野，弘农得宝邪？潭里舟船闹，扬州铜器多。三郎当殿坐，听唱《得宝歌》。"[31]樯（qiáng）：船桅杆。[32]轻货：指金银、丝绸等质轻易带的珍贵物品。[33]牙盘：皇帝进膳所用食器。[34]竟日：一整天。[35]山积：人山人海。[36]左散骑常侍：官名。门下省属官，掌侍奉规劝，备皇帝顾问应对。[37]京兆尹：官名。京兆府长官，总掌本

府行政大权。［38］韩朝宗：京兆长安（今陕西西安市西）人，官至京兆尹。传见《旧唐书》卷一百一，《新唐书》卷一百一十八。［39］丁亥：四月十八日。［40］西平：郡名。天宝元年（742）鄯州改名，治所在今青海乐都。为陇右道节度使治所。［41］洪济城：城名。在今青海贵德县西。［42］右赞善大夫：官名。东宫之官，掌太子的讽喻规劝。［43］辛丑：五月三日。［44］谏议大夫：官名。谏官，掌侍从赞相，规谏讽喻。［45］戊寅：十月十三日。［46］乙卯：十一月二十日。

三载（甲申，744 年）

春，正月，丙申[1]朔，改年曰载。

辛丑[2]，上幸骊山温泉；二月，庚午[3]，还宫。

辛卯[4]，太子更名亨。

海贼吴令光等抄掠[5]台、明[6]，命河南尹[7]裴敦复[8]将兵讨之。

三月，己巳[9]，以平卢节度使安禄山兼范阳节度使；以范阳节度使裴宽[10]为户部尚书。礼部尚书席建侯[11]为河北黜陟使[12]，称禄山公直；李林甫、裴宽皆顺旨称其美。三人皆上所信任，由是禄山之宠益固不摇矣。

夏，四月，裴敦复破吴令光，擒之。

五月，河西节度使[13]夫蒙灵詧讨突骑施莫贺达干，斩之，更请立黑姓伊里底蜜施骨咄禄毗伽；六月，甲辰[14]，册拜骨咄禄毗伽为十姓可汗。

秋，八月，拔悉蜜[15]攻斩突厥乌苏可汗[16]，传首京师。国人立其弟鹘陇匐白眉特勒〔勤〕，是为白眉可汗。于是突厥大乱，敕朔方节度使王忠嗣出兵乘之[17]。至萨河内山，破其左厢阿波达干等十一部，右厢未下。会回纥、葛逻禄共攻拔悉蜜颉跌伊施可汗，杀之。回纥骨力裴罗自立为骨咄禄毗伽阙可汗，遣使言状；上册拜裴罗为怀仁可汗。于是怀仁南据突厥故地，立牙帐于乌德犍山[18]，旧统药逻葛等九姓[19]，其后又并拔悉蜜、葛逻禄，凡十一部，各置都督，每战则以二客部[20]为先。

李林甫以杨慎矜屈附[21]于己，九月，甲戌[22]，复以慎矜为御史中丞，充诸道铸钱使[23]。

冬，十月，癸巳[24]，上幸骊山温泉；十一月，丁卯[25]，还宫。

术士[26]苏嘉庆上言：遁甲术[27]有九宫贵神[28]，典司水旱，请立坛于东郊，祀以四孟月[29]；从之。礼在昊天上帝[30]下，太清宫[31]、太庙上，所用牲玉[32]，皆侔[33]天地。

十二月，癸巳[34]，置会昌县[35]于温泉宫[36]下。

户部尚书裴宽素为上所重，李林甫恐其入相，忌之。刑部尚书裴敦复击海贼还，受请托，广序[37]军功，宽微奏其事[38]。林甫以告敦复，敦复言宽亦尝以亲故属[39]敦复。林甫曰："君速奏之，勿后于人。"敦复乃以五百金赂女官[40]杨太真[41]之姊，使言于上。甲午[42]，宽坐贬睢阳[43]太守。

初，武惠妃薨[44]，上悼念不已，后宫数千，无当意者。或言寿王妃杨氏[45]之美，绝世无双。上见而悦之，乃令妃自以其意乞为女官，号太真；更为寿王娶左卫郎将[46]韦昭训女。潜内[47]太真宫中。太真肌态丰艳，晓音律，性警颖[48]，善承迎上意，不期岁，宠遇如惠妃，宫中号曰"娘子"，凡仪体[49]皆如皇后。

癸卯[50]，以宗女为和义公主，嫁宁远奉化王阿悉烂达干[51]。

癸丑[52]，上祀九宫贵神，赦天下。

初令百姓十八为中，二十三成丁[53]。

初，上自东都还，李林甫知上厌巡幸[54]，乃与牛仙客谋增近道粟赋及和籴以实关中[55]；数年，蓄积稍丰。上从容谓高力士曰："朕不出长安近十年[56]，天下无事，朕欲高居无为，悉以政事委林甫，何如？"对曰："天子巡狩[57]，古之制也。且天下大柄[58]，不可假人；彼威势既成，谁敢复议之者！"上不悦。力士顿首[59]自陈："臣狂疾，发妄言，罪当死。"上乃为力士置酒，左右皆呼万岁。力士自是不敢深言天下事矣。

（以上为第六段，写李林甫奸诈无比，深得唐玄宗宠幸，玄宗欲无为交权于奸相。玄宗以公公霸占儿媳的方式，使杨贵妃登场。）

【注释】

[1]丙申：正月一日。[2]辛丑：正月六日。[3]庚午：二月六日。[4]辛卯：二月二十七日。[5]抄掠：搜劫财物。[6]台、明：州名。台州治所在今浙江临海，明州治所在今浙江宁波南。[7]河南尹：官名。河南府长官，主掌府政。治所在今河南洛阳市。[8]裴敦复

（？—746）：曾任河南府尹、刑部尚书。后被李林甫谗构致死。［9］己巳：三月五日。［10］裴宽（680—755）：绛州闻喜（今山西闻喜东北）人。官至户部尚书，终礼部尚书。传见《旧唐书》卷一百，《新唐书》卷一百三十。［11］席建侯：即席豫（679—748）：襄阳（今湖北襄阳市）人。官至尚书左丞，封襄阳县子。传见《旧唐书》卷一百九十中，《新唐书》卷一百二十八。［12］黜陟使：使职名。天子向地方派出的监察官，负责考察州县官吏政绩，以决定官吏的升（陟）降（黜）。因此，常称这种差遣到地方的监察使臣为黜陟使，后也曾以黜陟名使。［13］河西节度使：为"安西节度使"之误。（参见岑仲勉《通鉴隋唐纪比事质疑》）。［14］甲辰：六月十二日。［15］拔悉蜜：突厥之一部，其酋长在攻杀骨咄叶护后被推为颉跌伊施可汗。［16］乌苏可汗：即乌苏米施可汗，突厥左杀判阙特勤之子。［17］乘之：指乘其乱而取之。［18］乌德犍山：今蒙古人民共和国西部杭爱山。［19］药逻葛等九姓：据《旧唐书·回纥传》，回纥九姓部落是药逻葛、胡咄葛、咄罗勿、貊歌息讫、阿勿嘀、葛萨、斛嗢素、药勿葛、奚耶勿。［20］二客部：指拔悉蜜、葛逻禄二部。［21］屈附：屈身附从，顺从。［22］甲戌：九月十四日。［23］铸钱使：使职名。专掌钱币铸造的差遣官。［24］癸巳：十月四日。［25］丁卯：十一月八日。［26］术士：以巫祝、占卜、星相等方术为业的人。［27］遁甲术：古代术数之一。其法以天干的乙丙丁为三奇，以戊己庚辛壬癸为六仪。三奇、六仪，分置九宫，而以甲统之。视甲加临三奇、六仪而推算吉凶，以为趋利避害，故称遁甲。［28］九宫贵神：阴阳家崇奉的所谓管理人世间的水旱的神。［29］四孟月：一年四季，每季第一月为孟月，故正月、四月、七月、十月为四孟月。［30］昊天上帝：天神、天帝。［31］太清宫：天宝元年（742）在长安西南大宁坊建玄元皇帝庙。二年（743）改名太清宫。［32］牲玉：牲栓玉帛。牲栓，祭祀用的纯色羊豕。玉帛，祭祀用的瑞玉和缣帛。［33］侔（móu）：等同，相等。［34］癸巳：十二月四日。［35］会昌县：县名。县治在今陕西西安临潼区。［36］温泉宫：在今陕西西安临潼区骊山北麓。唐太宗于此建汤泉宫，唐高宗改名温泉宫。［37］序：同"叙"，叙录，记载。［38］微奏其事：悄悄奏报此事。［39］属：同"嘱"，嘱托。［40］女官：即宫官，后宫之官。［41］杨太真：即杨贵妃（719—756）。蜀州司户杨玄琰女，小字玉环。初为寿王妃，后为女道士，号太真。得玄宗宠爱，封为贵妃。天宝十五载（756）在马嵬驿被赐死。传见《旧唐书》卷五十一，《新唐书》卷七十六。［42］甲午：十二月五日。［43］睢阳：郡名。天宝元年（742）宋州改名，治所在今河南商丘市南。［44］武惠妃薨：武惠妃死于开元二十五年（737）。［45］杨氏：即杨贵妃。［46］左卫郎将：武官名。左卫所隶属的亲勋翊五中郎将的副职，掌领宿卫和仪仗。［47］内：同"纳"，接纳，迎纳。［48］警颖：机警，颖悟，机敏过人。［49］仪体：仪，礼仪。体，体法，规格。［50］癸卯：十二月十四日。［51］宁远奉化王阿悉烂达干：阿悉烂达干，拔汗那王。玄宗以拔汗那助平吐火仙，册其王为奉化王，改其国名宁远。［52］癸丑：十二月二十四日。［53］初令百姓十八为中，二十三成丁：唐武德六年（623）规定十六岁为中丁，二十一岁成丁。神龙元年（705）韦后奏定二十二岁成丁，至景云元年（710）停。至此又作新规定。因所定成丁年龄最大，于民有利，故《资治通鉴》书"初令"，以示褒笔。

[54]巡幸：帝王到京城以外地方巡视。这里实指去东都乞食。 [55]增近道粟赋及和籴以实关中：指开元二十五年（737）开始命令关内诸州的租、庸、调、资课折变粟米送京，以及在关中推行和籴法。 [56]不出长安近十年：玄宗于开元二十四年（736）自东都还长安，至今已九年未去洛阳。 [57]巡狩：帝王离开国都巡行境内。 [58]大柄：国家军政大权。柄，权柄。 [59]顿首：头叩地而拜。

四载（乙酉，745年）

春，正月，庚午[1]，上谓宰相曰："朕比[2]以甲子日[3]，于宫中为坛，为百姓祈福，朕自草黄素[4]置案上，俄[5]飞升天，闻空中语云：'圣寿延长。'又朕于嵩山[6]炼药成，亦置坛上，及夜，左右欲收之，又闻空中语云：'药未须收，此自守护。'达曙[7]乃收之。"太子、诸王、宰相，皆上表贺。

回纥怀仁可汗击突厥白眉可汗[8]，杀之，传首京师。突厥毗伽可敦[9]帅[10]众来降。于是北边晏然[11]，烽燧[12]无警矣。

回纥斥地[13]愈广，东际室韦，西抵金山[14]，南跨大漠，尽有突厥故地。怀仁卒，子磨延啜[15]立，号葛勒可汗。

二月，己酉[16]，以朔方节度使王忠嗣兼河东节度使。忠嗣少以勇敢自负，及镇方面[17]，专以持重安边为务，常曰："太平之将，但当抚循[18]训练士卒而已，不可疲中国之力以邀[19]功名。"有漆弓百五十斤，常贮之囊[20]中，以示不用。军中日夜思战，忠嗣多遣谍人[21]伺其间隙[22]，见可胜，然后兴师，故出必有功。既兼两道节制[23]，自朔方[24]至云中[25]，边陲[26]数千里，要害之地，悉列置城堡，斥地各数百里。边人以为自张仁亶[27]之后，将帅皆不及。

三月，壬申[28]，上以外孙独孤氏为静乐公主，嫁契丹王李怀节[29]；甥杨氏为宜芳公主，嫁奚王李延宠[30]。

乙巳[31]，以刑部尚书裴敦复充岭南五府经略等使。五月，壬申[32]，敦复坐逗留不之官，贬淄川[33]太守，以光禄少卿[34]彭果[35]代之。上嘉敦复平海贼之功，故李林甫陷之。

李适之与李林甫争权有隙[36]。适之领兵部尚书，驸马[37]张垍[38]

为侍郎，林甫亦恶[39]之，使人发兵部铨曹奸利事，收吏六十余人付京兆与御史对御史对鞫[40]之，数日，竟不得其情。京兆尹萧炅使法曹[41]吉温[42]鞫之。温入院，置兵部吏于外，先于后厅取二重囚[43]讯之，或杖或压，号呼之声，所不忍闻；皆曰："苟存余生，乞纸尽答。"兵部吏素闻温之惨酷，引入，皆自诬服[44]，无敢违温意者。顷刻而狱成，验囚无榜掠[45]之迹。六月，辛亥[46]，敕诮责[47]前后知铨侍郎[48]及判南曹郎官[49]而宥[50]之。埴，均之兄[51]；温，顼[52]之弟子也。

温始为新丰[53]丞[54]，太子文学[55]薛嶷荐温才，上召见，顾嶷曰："是一不良人，朕不用也。"

萧炅为河南尹，尝坐事，西台[56]遣温往按[57]之，温治炅甚急。及温为万年丞，未几，炅为京兆尹。温素与高力士相结，力士自禁中归，温度[58]炅必往谢官[59]，乃先诣[60]力士，与之谈谑[61]，握手甚欢，炅后至，温阳[62]为惊避；力士呼曰："吉七不须避。"谓炅曰："此亦吾故人[63]也。"召还，与炅坐。炅接之甚恭，不敢以前事为怨。他日，温谒炅曰："曩者[64]温不敢隳[65]国家法，自今请洗心[66]事公。"炅遂与尽欢，引为法曹。

及林甫欲除不附己者，求治狱吏[67]，炅荐温于林甫；林甫得之，大喜。温常曰："若遇知己，南山白额虎[68]不足缚[69]也。"时又有杭州[70]人罗希奭[71]，为吏深刻[72]，林甫引之，自御史台主簿[73]再迁[74]殿中侍御史。二人皆随林甫所欲深浅，锻炼[75]成狱，无能自脱者，时人谓之"罗钳[76]吉网"。

秋，七月，壬午[77]，册韦昭训女为寿王妃。

（以上为第七段，写唐玄宗炼丹求长生，李林甫用酷吏为爪牙。君王怠政于上，奸臣为恶于下，国事日非。）

【注释】

[1]庚午：正月十二日。[2]比：近来，最近。[3]甲子日：正月六日。[4]黄素：写黄色字于白色绢绸上。[5]俄：又作俄而、俄顷，形容时间短暂，不久，瞬间。[6]嵩山：古称中岳。在今河南登封北。[7]曙：天刚亮。[8]白眉可汗：突厥乌苏米施可汗之弟，乌苏被拔悉蜜颉跌伊施可汗杀死后，其弟立为白眉可汗，统突厥余部。[9]毗伽可敦：突厥毗伽可汗之

妻。［10］帅：同“率”，率领。［11］晏然：平静、安定。［12］烽燧：古代边防报警的两种信号。夜晚举烽，白天燃燧。［13］斥地：开拓疆土。［14］金山：即阿尔泰山。“阿尔泰”蒙语为“金子”之意。［15］磨延啜（？—758）：怀仁可汗之子。继位称葛勒可汗，肃宗册封为英武威远毗伽可汗。事见《旧唐书》卷一百九十五，《新唐书》卷二百一十七上。［16］己酉：二月二十一日。［17］镇方面：主持一方的军政。此指兼朔方、河东二节度使。［18］抚循：同“拊循”，安抚。［19］邀：求。［20］櫜（gáo）：收藏衣甲或弓矢的器具。［21］谍人：间谍。［22］间（jiàn）隙：空隙，指可乘之机。［23］节制：节度使的简称。［24］朔方：郡名。天宝元年（742）灵州改名，治所在今宁夏灵武西南。［25］云中：郡名。天宝元年（742）云州改名，治所在今山西大同市。［26］边陲（chuí）：边境。［27］张仁亶（？—714）：因名与睿宗李旦音相似，故改名仁愿。华州下邽（今陕西渭南东北）人。官至左卫大将军、同中书门下三品，封韩国公。景龙二年（708，两唐书本传作三年，今依《旧唐书·中宗本纪》为二年三月）筑三受降城于黄河之北，三城相距三百多里，又于牛头朝那山置烽候一千八百所，称守备之最。传见《旧唐书》卷九十三，《新唐书》卷一百一十一。［28］壬申：三月十四日。［29］契丹王李怀节：《新唐书》卷二百一十九《北狄·契丹传》云：“天宝四载，契丹大酋李怀秀降，拜松漠都督，封崇顺王，以宗室出女独孤为静乐公主妻之。是岁，杀公主叛去，范阳节度使安禄山讨破之。”怀节作怀秀，不知谁是。［30］李延宠：奚王李诗琐高之子，继立为王，拜饶乐都督，怀信王，后叛。［31］乙巳：四月十八日。［32］壬申：五月十五日。［33］淄川：郡名。天宝元年（742）淄州改名，治所在今山东淄博市淄川区。［34］光禄少卿：官名。光禄寺副长官，佐光禄卿掌国家祭祀和宴享的酒膳之事。［35］彭果（？—747）：又作彭杲。曾任光禄少卿、南海太守、岭南五府经略使。因在郡贪赃，天宝六载（747）流溱溪郡（今重庆市綦江南），死于路。［36］有隙：有怨恨、纷争。［37］驸马：驸马都尉的简称。［38］张垍（jì）：宰相张说之子，尚宁亲公主，官至太常卿。后受任安禄山宰相。传见《旧唐书》卷九十七，《新唐书》卷一百二十五。［39］恶（wù）：厌恨。［40］鞫（jū）：审讯，审问。［41］法曹：官名。即法曹司法参军事。府州僚佐，掌刑法。［42］吉温（？—755）：又称吉七郎。唐玄宗时酷吏，官至御史中丞。传见《旧唐书》卷一百八十六下，《新唐书》卷二百九。［43］重囚：重罪囚犯。［44］诬服：无辜认罪。［45］榜掠：鞭笞。［46］辛亥：六月二十五日。［47］诮（qiào）责：责备，谴责。［48］知铨侍郎：领铨选事的吏兵部侍郎。唐代吏兵部铨选，尚书、侍郎分三铨领其事。尚书主持六、七品选，称尚书铨，二侍郎分二组主持八、九品选，分别称为中铨和东铨。［49］南曹郎官：南曹又称选院。南曹郎官，指掌选院的员外郎。唐吏兵部员外郎，有专人掌选院，负责审核选人的解状、簿书、资历、考课。核实，然后上送三铨。［50］宥：宽免，赦罪。［51］垍，均之兄：据《旧唐书·张说传》《曲江集·张说墓志》，均为长，垍为次，垍非均之兄。《资治通鉴》误。（参见岑仲勉《通鉴隋唐纪比事质疑》）［52］顼（xū）：即吉顼。武则天时酷吏。官至天官侍郎、同凤阁鸾台平章事。传见《旧唐书》卷一百八十六上，《新唐书》卷一百一十七。［53］新丰：县名。县治在今陕西西安临潼区新丰镇。［54］丞：官名。县令的副职，佐县令掌劝课农桑，征督赋税，编造户籍，听鞫狱讼等政事。［55］太子文学：官名，东宫司经局属官，职责是为太子草拟文章。［56］西台：指西京御史台。《旧唐书·吉温传》作“京台”。［57］按：审问。［58］度（duó）：估计。［59］谢官：向替自己谋到官职的人表示感谢。［60］诣：去，到。［61］谈谑：谈笑。［62］阳：假装。［63］故人：旧时好友。［64］曩者：从前，过去。［65］隳（huī）：毁坏。［66］洗心：洗去邪恶之心。［67］治狱吏：推鞫狱讼的官吏。［68］南山白额虎：指凶猛的老虎。［69］缚：捆绑。［70］杭州：州名。治所在今浙江杭州。［71］罗希奭（shì）：天宝时酷吏。官至刑部郎中。传见《旧唐书》卷一百八十六下，《新唐书》卷二百九。［72］深刻：严峻刻薄。［73］御史台主簿：官名。御史台佐吏，主掌台印及台内日常受发勾检诸事。［74］迁：升迁。［75］锻炼：罗织罪名。［76］钳：金属夹具。又为古代一种刑法之名，以铁束颈称为钳。［77］壬午：七月二十六日。

八月，壬寅[1]，册杨太真为贵妃；赠其父玄琰兵部尚书，以其叔父玄珪为光禄卿，从兄[2]铦为殿中少监[3]，锜为驸马都尉。癸卯[4]，册武惠妃女为太华公主，命锜尚之。及贵妃三姊[5]，皆赐第京师，宠贵赫然[6]。

杨钊[7]，贵妃之从祖兄[8]也，不学无行，为宗党[9]所鄙。从军于蜀，得新都[10]尉；考满，家贫不能自归[11]，新政[12]富民鲜于仲通[13]常资给之。杨玄琰卒于蜀，钊往来其家，遂与其中女[14]通[15]。

鲜于仲通名向，以字行，颇读书，有材智[16]，剑南节度使章仇兼琼引为采访支使[17]，委以心腹。尝从容谓仲通曰：“今吾独为上所厚，苟无内援，必为李林甫所危。闻杨妃新得幸[18]，人未敢附[19]之。子能为我至长安与其家相结，吾无患矣。”仲通曰：“仲通蜀人，未尝游上国[20]，恐败公事。今为公更求得一人。”因言钊本末[21]。兼琼引见钊，仪观丰伟[22]，言辞敏给[23]；兼琼大喜，即辟为推官[24]，往来浸亲密。乃使之献春绨[25]于京师，将别，谓曰：“有少物在郫[26]，以具一日之粮，子过，可取之。”钊至郫，兼琼使亲信大赍[27]蜀货精美者遗[28]之，可直[29]万缗。钊大喜过望，昼夜兼行，至长安，历抵诸妹，以蜀货遗之，曰：“此章仇公所赠也。”时中女新寡，钊遂馆于其室，中分蜀货以与之。于是诸杨日夜誉兼琼；且言钊善樗蒱[30]，引之见上，得随供奉官[31]出入禁中，改金吾兵曹参军[32]。

九月，癸未[33]，以陕郡太守、江淮租庸转运使韦坚为刑部尚书，罢其诸使，以御史中丞杨慎矜代之[34]。坚妻姜氏，晈[35]之女，林甫之舅子也，故林甫昵之。及坚以通漕有宠于上，遂有入相之志，又与李适之善；林甫由是恶之，故迁以美官，实夺之权也。

安禄山欲以边功市宠[36]，数侵掠[37]奚、契丹；奚、契丹各杀公主[38]以叛，禄山讨破之。

陇右节度使皇甫惟明与吐蕃战于石堡城，为虏所败，副将褚诩[39]战死。

冬，十月，甲午[40]，安禄山奏："臣讨契丹至北平郡[41]，梦先朝名将李靖[42]、李勣[43]从臣求食。"遂命立庙；又奏荐奠[44]之日，庙梁产芝。

丁酉[45]，上幸骊山温泉。

上以户部郎中[46]王𫟹为户口色役使[47]，敕赐百姓复除[48]。𫟹奏征其辇[49]运之费，广张[50]钱数，又使市本郡轻货，百姓所输乃甚于不复除。旧制，戍边者免其租庸，六岁而更[51]。时边将耻败，士卒死者皆不申牒[52]，贯籍[53]不除。王𫟹志在聚敛，以有籍无人者皆为避课[54]，按籍戍边六岁之外，悉征其租庸，有并征三十年者，民无所诉。上在位久，用度日侈，后宫赏赐无节，不欲数于左、右藏[55]取之。𫟹探知上指[56]，岁贡额外钱[57]百亿万，贮于内库[58]，以供宫中宴赐，曰："此皆不出于租庸调，无预经费。"上以𫟹为能富国，益厚遇之。𫟹务为割剥以求媚，中外嗟怨。丙子[59]，以𫟹为御史中丞、京畿采访使。

杨钊侍宴禁中，专掌樗蒲文簿[60]，钩校[61]精密。上赏其强明，曰："好度支郎[62]。"诸杨数征[63]此言于上，又以属[64]王𫟹，𫟹因奏充判官[65]。

十二月，戊戌[66]，上还宫。

（以上为第八段，写杨氏外戚因贵妃受宠而染指政坛。唐玄宗聚敛财货。）

【注释】

[1]壬寅：八月十七日。 [2]从兄：堂兄。 [3]殿中少监：官名。殿中省副长官，佐殿中

监掌管天子的乘舆服御，侍奉天子的衣食住行。［4］癸卯：八月十八日。［5］贵妃三姊：大姊韩国夫人，三姊虢国夫人，八姊秦国夫人。［6］赫然：显赫盛大。［7］杨钊（？—756）：杨贵妃堂兄，玄宗赐名国忠。因裙带关系与为人便佞而官至右相、兼吏部尚书，领四十余使。传见《旧唐书》卷一百六，《新唐书》卷二百六。［8］从祖兄：同曾祖而不同祖父的兄弟。［9］宗党：族人、乡邻。［10］新都：县名。县治在今四川成都市。［11］考满，家贫不能自归：考，考课，官吏政绩的考核。考满，指任期已满。唐制，职事官任期四年，或因一年一考课而称四考。开元以前，考满便可以参加铨选而任新官，以后因选人越来越多，于是规定：凡官罢或任期满后，必须等若干选（年）后才能参加铨选，少者等待一年，多者十二年。故考满要归家待选。［12］新政：县名。县治在今四川南部县东南。［13］鲜于仲通：名向，新政人。轻财好施，后任剑南节度使、京兆尹等官。［14］中女：即仲女，第二女。［15］通：通奸。［16］材智：材，同“才”，才能，才干。智，知识，谋略。［17］采访支使：采访使幕职。一说即掌书记任，有出身的为书记，无出身的为支使。［18］幸：受皇帝宠爱。［19］附：附款，指通情归附。［20］上国：指京师、首都。［21］本末：来龙去脉。［22］仪观丰伟：容貌壮美，仪表堂堂。［23］言辞敏给：谈吐自如，应对敏捷。［24］推官：官名。节度使、观察使、团练使、防御使僚属中都有推官。掌审讯，推鞫狱讼。［25］绨（tí）：一种粗厚光滑的丝织品。［26］郫（pí）：县名。县治在今四川成都市郫都区。［27］赍（jī）：携带。［28］遗（wèi）：给予，赠送。［29］直：同“值”，价值。［30］樗（chū）蒲：古代的一种赌博。［31］供奉官：唐代侍中、中书令、左右散骑常侍、门下中书侍郎、谏议大夫、给事中、中书舍人、起居郎、起居舍人、通事舍人、左右补阙拾遗、御史大夫、御史中丞、侍御史等供职在皇帝左右的官员为供奉官。［32］金吾兵曹参军：武官僚佐名。金吾卫仓、兵、骑、胄四曹参军之一，掌武官宿卫番第之事。［33］癸未：九月二十九日。［34］杨慎矜代之：《旧唐书·食货志》误作“三载，以杨钊为水陆运使”。《资治通鉴》据《玄宗实录》（已佚）纠正之。见《通鉴考异》。［35］皎：姜皎（673—722），秦州上邽（今甘肃天水市西南）人。官至太常卿，封楚国公。传见《旧唐书》卷五十九，《新唐书》卷九十一。［36］市宠：讨好皇帝，取得皇帝宠爱。［37］侵掠：侵犯掠夺。［38］奚、契丹各杀公主：契丹王李怀节杀静乐公主、奚王李延宠杀宜芳公主。［39］褚诩（qián）：人名。陇右节度副使。［40］甲午：十月十日。［41］北平郡：郡名。天宝元年（742）平州改名，治所在今河北卢龙。［42］李靖（571—649）：名药师，雍州三原（今陕西富平县西）人。隋名将韩擒虎甥，精熟兵法。唐初，从李世民征王世充，随李孝恭平肖铣，贞观时平定突厥、吐谷浑，皆有功。官至尚书右仆射，封卫国公。传见《旧唐书》卷六十七，《新唐书》卷九十三。［43］李勣（594—669）：本姓徐，名世勣，曹州离狐（今山东东明东北）人，曾参加瓦岗寨义军。后降唐，赐姓李，因避太宗李世民讳，单名勣。官至太子詹事兼左卫率、同中书门下三品。以军功封英国公。传见《旧唐书》卷六十七，《新唐书》卷九十三。［44］荐奠：以食物祭祀。［45］丁酉：十月十三日。［46］户部郎中：官名。户部司长官，主管户口、土田、赋役等事。［47］户口色役使：即户口使、色役使。使职名。户口使是唐代在逃户日益严重、户籍管理制度弛坏过程中，为清查隐匿逃亡户口而设置的差遣官，不常设，见于记载的有开元九年（721）宇文融为诸色安辑户口使，天宝四载（745）王鉷为户口使。色役使，是经管征调工匠、门夫、白直、执衣、防阁、庶仆、手力、随身、士力等诸色徭役的差遣官。［48］复除：免除赋税徭役。［49］辇：人力车。［50］广张：无限扩张，犹言虚张。［51］更：调换，轮换。［52］申牒：牒，文书。指向上报告。［53］贯籍：本贯户籍。［54］避课：逃避赋税。［55］左、右藏：国库。唐太府寺管左右藏，各设令丞掌之，左藏纳赋调的钱帛绢布，右藏纳四方贡献的金玉、珠贝及玩好之物。［56］指：同“旨”，旨意。［57］钱：据章校，“钱”下应补“帛”字。［58］内库：皇宫的府库，指大盈库。［59］丙子：十一月二十三日。［60］樗蒲文簿：樗蒲，又作樗蒱、樗蒱，古代搏戏。唐玄宗与宫妃搏戏，杨钊为之记录搏戏输赢账簿，称樗蒲文簿。［61］钩校：查对。［62］度支郎：即度支郎中、员外郎。官名。户部度支司官，主掌国家租赋的征敛、转运、送纳，根据每年的收入而支付军国费用。［63］征：同“证”，证明，证据。［64］属：同“嘱”，嘱咐。［65］判官：唐诸使职都设有判官为僚属，以佐理使务。判官有时泛指所有幕职，专称判官多是掌判使府某方面事务的僚属。［66］戊戌：十二月十五日。

五载（丙戌，746 年）

春，正月，乙丑[1]，以陇右节度使皇甫惟明兼河西节度使。

李适之性疏率[2]，李林甫尝谓适之曰：“华山有金矿，采之可以富国，主上未之知也。”他日，适之因奏事言之。上以问林甫，对曰：“臣久知之，但华山陛下本命，王气所在，凿之非宜，故不敢言。”上以林甫为爱己，薄适之虑事不熟，谓曰：“自今奏事，宜先与林甫议之，无得轻脱[3]。”适之由是束手[4]矣。适之既失恩，韦坚失权，益相亲密，林甫愈恶之。

初，太子之立，非林甫意[5]。林甫恐异日为己祸，常有动摇东宫[6]之志；而坚，又太子之妃兄也。皇甫惟明尝为忠王[7]友，时破吐蕃，入献捷，见林甫专权，意颇不平。时因见上，乘间微劝[8]上去林甫，林甫知之，使杨慎矜密伺其所为。会正月望夜[9]，太子出游，与坚相见，坚又与惟明会于景龙观[10]道士之室。慎矜发其事，以为坚戚里[11]，不应与边将狎昵[12]。林甫因奏坚与惟明结谋，欲共立太子。坚、惟明下狱，林甫使慎矜与御史中丞王鉷、京兆府法曹吉温共鞫之。上亦疑坚与惟明有谋而不显其罪，癸酉[13]，下制，责坚以干进[14]不已，贬缙云[15]太守；惟明以离间君臣，贬播川[16]太守；仍别下制戒[17]百官。

以王忠嗣为河西、陇右节度使，兼知朔方、河东节度事。忠嗣始在朔方、河东，每互市，高估[18]马价，诸胡闻之，争卖马于唐，忠嗣皆买之。由是胡马少，唐兵益壮。及徙陇右、河西，复请分朔方、河东马九千匹以实之，其军亦壮。忠嗣杖四节[19]，控制万里，天下劲兵重镇，皆在掌握，与吐蕃战于青海、积石，皆大捷。又讨吐谷浑于墨离军，虏其全部而归。

夏，四月，癸未[20]，立奚酋娑固[21]为昭信王，契丹酋楷洛[22]为恭仁王。

己亥[23]，制："自今四孟月，皆择吉日祀天地、九宫[24]。"

韦坚等既贬，左相李适之惧，自求散地[25]。庚寅[26]，以适之为太子少保[27]，罢政事。其子卫尉少卿[28]雪[29]尝盛馔[30]召客，客畏李林甫，竟日无一人敢往者。

以门下侍郎[31]、崇玄馆大学士[32]陈希烈[33]同平章事。希烈，宋州[34]人，以讲《老》、《庄》得进，专用神仙符瑞取媚于上。李林甫以希烈为上所爱，且柔佞易制，故引以为相；凡政事一决于林甫，希烈但给唯诺。故事[35]，宰相午[36]后六刻乃出，林甫奏，今太平无事，巳[37]时即还第，军国机务皆决于私家；主书[38]抱成案[39]诣希烈书名而已。

五月，壬子[40]朔，日有食之。

乙亥[41]，以剑南节度使章仇兼琼为户部尚书；诸杨引之也。

秋，七月，丙辰[42]，敕："流贬人多在道逗留。自今左降[43]官日驰十驿[44]以上。"是后流贬者多不全[45]矣。

（以上为第九段，写李林甫加害太子，排斥太子妃外戚韦氏子弟与李适之，巩固专擅之权。）

【注释】

[1]乙丑：正月十三日。[2]疏率：同"疏略"，简略，不精细。[3]轻脱：轻佻，不稳重。[4]束手：捆缚双手，言无从工作。[5]太子之立，非林甫意：太子瑛死，李林甫劝玄宗立寿王瑁。终未遂林甫之意而立忠王玙为太子。[6]东宫：太子所居之宫，借指太子。[7]忠王：李玙，开元十五年（727）封忠王。即后来即位的唐肃宗。[8]微劝：悄悄劝告。[9]望夜：农历

每月十五日之夜。[10]景龙观：道观名。在长安城中崇仁坊，原为长宁公主宅，韦后被诛，遂立为观，以中宗年号为名。[11]戚里：外戚。[12]狎昵：亲密。[13]癸酉：正月二十一日。[14]干进：谋求进身为官。[15]缙云：郡名。天宝元年（742）括州改名，治所在今浙江丽水市西。[16]播川：郡名。天宝元年（742）播州改名，治所在今贵州遵义市。[17]戒：同“诫”，告诫。[18]估（gū）：估量物价。[19]杖四节：杖节，古代大臣出使或大将出师，皇帝授予符节，作为凭证及权力的象征。杖四节，指充任河西，陇右、朔方、河东四道节度使。[20]癸未：四月一日。[21]娑固：奚族它部首领，奚王延宠叛后，唐立娑固为王以安定奚部。[22]楷洛：契丹它部首领，开元初，为左羽林将军，朔方节度副使，封蓟国公，以骁勇果敢闻名。李怀秀叛后，唐立为王。[23]己亥：四月十七日。[24]九宫：即九宫贵神。[25]散（sǎn）地：闲散之地。此借指闲散的官职。[26]庚寅：四月八日。[27]太子少保：官名。东宫之官，掌教谕太子。[28]卫尉少卿：官名。卫尉寺副长官，主掌国家的兵器和祭祀、朝会用的仪器。[29]霅（zhà）：李霅，李适之的儿子，任卫尉少卿。[30]盛馔（zhuàn）：丰盛的美食。馔，食物，美食。[31]门下侍郎：官名。门下省副长官，其长官侍中治宰相事，则门下侍郎总理省内封驳诸事，并侍从祭祀朝会大典。[32]崇玄馆大学士：官名。玄宗设讲习道教的崇玄学，置博士，教生员。后改崇玄学为崇玄馆，博士改称学士，并置大学士一人，领两京玄元宫及道院，以宰相兼任。[33]陈希烈：官至宰相，封许国公。杨国忠执政后罢相，后投安禄山任伪相。传见《旧唐书》卷九十七，《新唐书》卷二百二十三上。[34]宋州：州名。治所在今河南商丘南。[35]故事：先例。指旧时的典章、制度、成例。[36]午：十二时辰之一。中午十一时至下午一时。[37]巳：十二时辰之一。上午九时至十一时。[38]主书：官名。中书省属官，主管文书。[39]成案：已办好的公文案卷。[40]壬子：五月一日。[41]乙亥：五月二十四日。[42]丙辰：七月六日。[43]左降：古以右为尊，左为卑。左降是指降职贬官。[44]驿（yì）：传驿，官置交通设施。唐代传驿归兵部驾部司管辖，凡三十里一驿，置驿长，陆驿的马和水驿的船均依该驿闲要而定数量。乘驿者必须持门下省或诸州发给的证券。[45]不全：性命不全，指被折磨死去。

杨贵妃方有宠，每乘马则高力士执辔授鞭，织绣之工专供贵妃院者七百人，中外争献器服珍玩。岭南经略使张九章[1]，广陵[2]长史王翼[3]，以所献精美，九章加三品，翼人为户部侍郎；天下从风而靡[4]。民间歌之曰；“生男勿喜女勿悲，君今看女作门楣[5]。”妃欲得生荔支[6]，岁命岭南驰驿致之[7]，比至长安，色味不变。

至是，妃以妒悍[8]不逊[9]，上怒，命送归兄铦之第。是日，上不怿[10]，比日中，犹未食，左右动不称旨，横被棰挞[11]。高力士欲尝[12]

上意，请悉载院中储偫[13]送贵妃，凡百余车；上自分御膳以赐之。及夜，力士伏奏请迎贵妃归院，遂开禁门[14]而入。自是恩遇[15]愈隆，后宫莫得进矣。

将作少匠[16]韦兰、兵部员外郎韦芝为其兄坚讼冤，且引太子为言，上益怒。太子惧，表请与妃离婚，乞不以亲废法。丙子[17]，再贬坚江夏[18]别驾，兰、芝皆贬岭南。然上素知太子孝谨，故谴怒[19]不及。李林甫因言坚与李适之等为朋党[20]，后数日，坚长流临封[21]，适之贬宜春[22]太守，太常少卿[23]韦斌[24]贬巴陵[25]太守，嗣薛王琄[26]贬夷陵[27]别驾，睢阳太守裴宽贬安陆[28]别驾，河南尹李齐物贬竟陵[29]太守，凡坚亲党坐流贬者数十人。斌，安石[30]之子。琄，业之子，坚之甥也。琄母亦令随琄之官。

冬，十月，戊戌[31]，上幸骊山温泉；十一月，乙巳[32]，还宫。

赞善大夫[33]杜有邻，女为太子良娣[34]，良娣之姊为左骁卫兵曹[35]柳勣妻。勣性狂疏[36]，好功名，喜交结豪俊。淄川太守裴敦复荐于北海[37]太守李邕[38]，邕与之定交[39]。勣至京师，与著作郎[40]王曾等为友，皆当时名士也。

勣与妻族不协，欲陷之，为飞语[41]，告有邻妄称图谶[42]，交构东宫[43]，指斥乘舆[44]。林甫令京兆士曹[45]吉温与御史鞫之，乃勣首谋也。温令勣连引曾等入台。十二月，甲戌[46]，有邻、勣及曾等皆杖死[47]，积尸大理[48]，妻子流远方；中外震栗[49]。嗣虢王巨[50]贬义阳[51]司马[52]，巨，邕之子也。别遣监察御史罗希奭往按李邕，太子亦出良娣为庶人。

乙亥[53]，邺郡[54]太守王琚[55]坐赃贬江华[56]司马。琚性豪侈，与李邕皆自谓耆旧[57]，久在外，意怏怏[58]，李林甫恶其负材使气[59]，故因事除之。

（以上为第十段，写杨贵妃专宠，李林甫专权，继续加害太子之党及韦氏外戚。）

【注释】

[1]张九章：宰相张九龄之弟，官至鸿胪卿，传见《旧唐书》卷九十九。 [2]广陵：郡名。天

宝元年（742）扬州改名，治所在今江苏扬州市。［3］王翼：曾任盩厔令、广陵长史、户部侍郎。余不详。［4］从风而靡：指由此而广泛流行，成为社会风气。靡，倾倒。［5］门楣：门上横梁，为门外易见之物，可由此而显示内室的堂皇。比喻杨家生女而宗门崇显。［6］生荔支：支，同“枝”。新鲜荔枝。［7］岭南驰驿致之：由岭南通过最快的驿传送至长安。宋代苏轼等人认为，贵妃所食荔枝是今重庆涪陵地区送至长安，并非来自岭南。此备一说。［8］妒悍：嫉妒，凶狠。［9］逊：恭顺。［10］怿（yì）：喜悦。［11］棰挞：棰，杖击。挞，鞭打。［12］尝：试探。［13］储偫（zhì）：存备。指储存的宝货。［14］禁门：宫门。［15］恩遇：恩幸宠遇。［16］将作少匠：官名。将作监副长官，掌土木工程建筑。［17］丙子：七月二十六日。［18］江夏：郡名。天宝元年（742）鄂州改名，治所在今湖北武汉市武昌区。［19］谴怒：因怒而责备。［20］朋党：结党营私，排斥异己的宗派集团。［21］临封：郡名。天宝元年（742）封州改名，治所在今广西梧州市。［22］宜春：郡名。天宝元年（742）袁州改名，治所在今江西宜春市。［23］太常少卿：官名。太常寺副长官，佐太常卿掌管礼乐、郊庙、社稷等礼仪。［24］韦斌（？—755）：京兆万年（今陕西西安市东）人。官至太常少卿，传见《旧唐书》卷九十二，《新唐书》卷一百二十二。［25］巴陵：郡名。天宝元年（742）岳州改名，治所在今湖南岳阳。［26］嗣薛王琄：李琄，玄宗弟薛王李业之子，官至鸿胪卿。传见《旧唐书》卷九十五，《新唐书》卷八十一。［27］夷陵：郡名。天宝元年（742）峡州改名，治所在今湖北宜昌市西北。［28］安陆：郡名。天宝元年（742）安州改名，治所在今湖北安陆市。［29］竟陵：郡名。天宝元年（742）复州改名，治所在今湖北沔阳西南沔城。［30］安石：韦安石（651—714），京兆万年（今陕西西安市东）人。为政清严，武则天、中宗、睿宗三朝著名宰相。传见《旧唐书》卷九十二，《新唐书》卷一百二十二。［31］戊戌：十月二十日。［32］乙巳：十一月二十八日。［33］赞善大夫：官名。太子左右春坊有左右赞善大夫，掌对太子的讽诵规谏。［34］良娣：太子内官名。太子内官良娣二人与良媛六人、承徽十人、昭训十六人、奉仪二十四人，皆太子之妾。［35］左骁卫兵曹：即左骁卫兵曹参军，武官名。左骁卫的属官，掌武官宿卫番第。［36］狂疏：狂放粗疏。［37］北海：郡名。天宝元年（742）青州改名，治所在今山东青州市。［38］李邕（677—746）：文学家。字泰和，扬州江都（今江苏扬州市）人。父李善以注《文选》闻名于世。邕少以词高行直知名，官至御史中丞。然屡遭贬逐，终为李林甫陷死。其文名于天下，以碑颂见长，时称李北海。传见《旧唐书》卷一百九十中，《新唐书》卷二百二。［39］定交：约定交谊。［40］著作郎：官名。秘书省著作局长官，掌修撰碑志、祝文、祭文，与著作佐郎分治局事。［41］飞语：无根据之说或恶意的诽谤。［42］图谶：宣扬符命占验的书。此指以图谶为据而发狂妄之言。［43］交构东宫：交构，交合，结合。与东宫之人（指杜良娣）交相结合。［44］指斥乘舆：乘舆，皇帝、诸王乘的车，此指皇帝。意即指责皇上。［45］京兆士曹：官名。即京兆府士曹参军事。为京兆府属吏，掌津梁、舟车、舍宅等百工众艺之事。诸州亦设此官职，称司士参军。［46］甲戌：十二月二十七日。［47］杖死：杖刑而死，即棍棒打死。［48］大理：即大理寺。官署名。九寺之一，掌刑狱。［49］震栗：恐惧颤抖。

［50］嗣虢王巨：嗣虢王李邕（高祖第十四子虢王凤之嫡孙）之子。开元中为嗣虢王，涉猎书史，好写作，官至御史大夫，兼统岭南、黔中、南阳三节度使。传见《旧唐书》卷一百一十二，《新唐书》卷七十九。［51］义阳：郡名。天宝元年（742）申州改名，治所在今河南信阳市。［52］司马：官名。郡守的上佐（高级僚属），佐刺史、太守掌治府州众事，通判列曹。刺史、太守或阙时，可代主州郡政务。但因品高俸厚职闲，常安排贬退大臣、武官担任。［53］乙亥：十二月二十八日。［54］邺郡：郡名。天宝元年（742）相州改名，治所在今河南安阳。［55］王琚（657—746）：怀州河内（今河南沁阳市）人，官至紫微侍郎，传见《旧唐书》卷一百六，《新唐书》卷一百二十一。［56］江华：郡名。天宝元年（742）道州改名，治所在今湖南道县。［57］耆旧：年高而久负声望的人。［58］怏怏：不服气，不乐意。［59］使气：意气用事。

六载（丁亥，747 年）

春，正月，辛巳[1]。李邕、裴敦复皆杖死。邕才艺出众，卢藏用[2]常语之曰："君如干将、莫邪[3]，难与争锋，然终虞[4]缺折耳。"邕不能用。

林甫又奏分遣御史即贬所赐皇甫惟明、韦坚兄弟等死。罗希奭自青州[5]如[6]岭南，所过杀迁谪[7]者，郡县惶骇[8]。排马牒[9]至宜春，李适之忧惧，仰药[10]自杀。至江华，王琚仰药不死，闻希奭已至，即自缢[11]。希奭又迂路过安陆，欲怖杀[12]裴宽，宽向希奭叩头祈生，希奭不宿而过。乃得免。李适之子霅迎父丧至东京，李林甫令人诬告霅，杖死于河南府。给事中[13]房琯[14]坐与适之善，贬宜春太守。琯，融[15]之子也。

林甫恨韦坚不已，遣使于循[16]河及江、淮州县求[17]坚罪，收系[18]纲典[19]船夫，溢于牢狱，征剥逋负[20]，延及邻伍[21]，皆裸露死于公府[22]，至林甫薨乃止。

丁亥[23]，上享太庙；戊子[24]，合祭天地于南郊[25]，赦天下。制免百姓今载田租。又令削绞、斩条。上慕好生之名，故令应绞斩者皆重杖流岭南，其实有司[26]率[27]杖杀之。又令天下为嫁母服三载。

上欲广求天下之士，命通一艺[28]以上皆诣京师。李林甫恐草野之士[29]对策[30]斥言其奸恶，建言："举人[31]多卑贱愚聩[32]，恐有俚言[33]污浊圣听[34]。"乃令郡县长官精加试练，灼然超绝[35]者，具名送省[36]，委尚书覆[37]试，御史中丞监之，取名实相副[38]者闻奏。既而至者皆试以诗、赋、论，遂无一人及第[39]者。林甫乃上表贺野无遗贤。

（以上为第十一段，写李林甫一手遮天，用酷法对待政敌，用巧佞阻挡后进，唐玄宗全被蒙在鼓里。）

【注释】

[1]辛巳：正月五日。 [2]卢藏用（约664—713）：文学家。字子潜，人称随驾隐士。幽州范阳（今北京）人。武则天时官至左拾遗，中宗时官至工部侍郎、尚书右丞。传见《旧唐书》卷九十四，《新唐书》卷一百二十三。 [3]干将、莫邪：古剑名。据《吴越春秋》卷四载，春秋时吴人干将与妻莫邪善铸剑，铸有二把锋利无比的宝剑，便命名为干将、莫邪，献给吴王阖闾。[4]虞：料想。 [5]青州：州名。治所在今山东青州市。 [6]如：介词，往、到。 [7]迁谪：贬官远地。 [8]惶骇：惶恐害怕。 [9]排马牒：驿站乘马的证明文件。 [10]仰药：服药。[11]缢：勒颈绝气而死。 [12]怖杀：骇死。 [13]给事中：官名。门下省要员，掌奏抄驳正，制敕宣行，三司决狱，遣使发驿及审校六品以下官的授职。 [14]房琯（guǎ）（697—763）：字次律，河南县（今河南洛阳市南）人，官至文（吏）部尚书、同中书门下平章事，封清河郡公，传见《旧唐书》卷一百一十一，《新唐书》卷一百三十九。 [15]融：房融。武则天朝官至正谏大夫、同平章事。传见《新唐书》卷一百三十九。 [16]循：沿，顺着。 [17]求：寻找。 [18]收系：拘囚。据章校，“收”上应补“所在”二字。 [19]纲典：十船为一纲，以吏为纲典，掌管运事。 [20]征剥逋（bū）负：逋负，拖欠税赋。增收拖欠税赋。 [21]延及邻伍：指牵连到邻居。邻伍，指邻居。古代五家为邻，或五家为伍，唐以四家为邻。 [22]公府：官府。 [23]丁亥：正月十一日。 [24]戊子：正月十二日。 [25]南郊：都城之外称郊。封建王朝每年冬至日，在圆丘祭天，因祭地在南郊，所以又叫南郊大祀。 [26]有司：官吏。古代设官分职，事各有专司，故称有司。 [27]率：大都，往往。 [28]一艺：本指六经之一经。此泛言一种才艺、技能。 [29]草野之士：民间有才识之人。 [30]对策：汉代以来，皇帝选拔人才所举行考试的一种内容。把所提问题写在竹简上叫策，应考人按问题回答，称对策。 [31]举人：地方荐举之人。[32]愚聩（kuì）：愚昧糊涂。 [33]俚言：方言俗语。 [34]圣听：圣上视听。臣下称颂皇帝明察的套语。 [35]灼然超绝：明显地超出寻常，世上少有。 [36]具名送省：开列名单送尚书省。[37]覆：同“复”。 [38]副：同“符”。 [39]及第：科举应试中选。

戊寅[1]，以范阳、平卢节度使安禄山兼御史大夫。

禄山体充肥[2]，腹垂过膝，尝自称腹重[3]三百斤。外若痴直[4]，内实狡黠[5]。常令其将刘骆谷留京师诇[6]朝廷指趣[7]，动静皆报之；或应有笺[8]表者，骆谷即为代作通之。岁献俘虏、杂畜、奇禽、异兽、珍玩之物，不绝于路，郡县疲于递运[9]。

禄山在上前，应对敏给[10]，杂以诙谐，上尝戏指其腹曰："此胡腹中何所有？其大乃尔！"对曰："更无余物，正有赤心耳！"上悦。又尝命见太子，禄山不拜。左右趣[11]之拜，禄山拱立[12]曰："臣胡人，不习朝仪，不知太子者何官？"上曰："此储君[13]也，朕千秋万岁后，代朕君汝者也。"禄山曰："臣愚，向者[14]惟知有陛下一人，不知乃更有储君。"不得已，然后拜。上以为信然，益爱之。上尝宴勤政楼，百官列坐楼下，独为禄山于御座东间设金鸡障[15]，置榻使坐其前，仍命卷帘以示荣宠。命杨铦、杨锜、贵妃三姊皆与禄山叙兄弟。禄山得出入禁中，因请为贵妃儿。上与贵妃共坐，禄山先拜贵妃。上问何故，对曰："胡人先母而后父。"上悦。

李林甫以王忠嗣功名日盛，恐其入相，忌之。安禄山潜蓄异志，托以御寇，筑雄武城[16]，大贮兵器，请忠嗣助役，因欲留其兵。忠嗣先期而往，不见禄山而还，数上言禄山必反；林甫益恶之。夏，四月，忠嗣固辞兼河东、朔方节度，许之。

（以上为第十二段，写安禄山巧佞，河西陇右节度使王忠嗣多次上奏安禄山必反，唐玄宗竟浑然不悟。）

【注释】

[1]戊寅：三月二日。[2]充肥：肥胖。[3]腹重：据章校，"腹"字衍。[4]痴直：愚傻朴直。[5]狡黠：诡诈。[6]诇（xióng）：侦探，刺探。[7]指趣：同"旨趣"，宗旨，意向。[8]笺：给上司或尊长的文件。[9]递运：传递运输。[10]敏给：敏捷。[11]趣：同"促"，催促。[12]拱立：抱手而立。[13]储君：被确定为君位的继承者，即君主之储。指太子。[14]向者：从前，往昔。[15]金鸡障：画有金鸡图饰的屏风。[16]雄武城：城名。故址在今天津市蓟州区东北。

冬，十月，己酉[1]，上幸骊山温泉，改温泉宫曰华清宫。

河西、陇右节度使王忠嗣以部将哥舒翰[2]为大斗军副使，李光弼为河西兵马使[3]、充赤水军使。翰父祖本突骑施别部酋长，光弼，契丹王楷洛之子也[4]，皆以勇略[5]为忠嗣所重。忠嗣使翰击吐蕃，有同列为之副，倨慢[6]不为用，翰梲杀[7]之，军中股栗[8]，累功至陇右节度副使。每岁积石军麦熟，吐蕃辄来获之，无能御者，边人谓之“吐蕃麦庄”。翰先伏兵于其侧，虏至，断其后，夹击之，无一人得返者，自是不敢复来。

上欲使王忠嗣攻吐蕃石堡城[9]，忠嗣上言：“石堡险固，吐蕃举国守之，今顿兵其下，非杀数万人不能克；臣恐所得不如所亡，不如且厉兵秣马，俟其有衅[10]，然后取之。”上意不快。将军董延光自请将兵取石堡城，上命忠嗣分兵助之。忠嗣不得已奉诏，而不尽副延光所欲，延光怨之。

李光弼言于忠嗣曰：“大夫[11]以爱士卒之故，不欲成延光之功，虽迫于制书，实夺其谋也。何以知之？今以数万众授之而不立重赏，士卒安肯为之尽力乎！然此天子意也，彼无功，必归罪于大夫。大夫军府充牣[12]，何爱数万段帛不以杜其谗口[13]乎！”忠嗣曰：“今以数万之众争一城，得之未足以制敌，不得亦无害于国，故忠嗣不欲为之。忠嗣今受责天子，不过以金吾、羽林一将军归宿卫，其次不过黔中上佐[14]；忠嗣岂以数万人之命易一官乎！李将军，子诚爱我矣，然吾志决矣，子勿复言。”光弼曰：“向者恐为大夫之累，故不敢不言。今大夫能行古人之事，非光弼所及也。”遂趋出[15]。

延光过期不克，言忠嗣沮挠军计[16]，上怒。李林甫因使济阳[17]别驾魏林告“忠嗣尝自言我幼养宫中，与忠王相爱狎[18]”，欲拥兵以尊奉太子。敕征忠嗣入朝，委三司鞫之。

（以上为第十三段，写李林甫加害功臣王忠嗣。王忠嗣破坏董延光的军事计划，致使唐军无功，亦是罪有应得。）

【注释】

[1]己酉：十月七日。 [2]哥舒翰（？—756）：突厥族哥舒部人，世居安西。曾任陇右节度副大使，兼河西节度使，封西平郡王。安禄山反，起用为皇太子先锋兵马元帅，守潼关，兵败投降，被安禄山杀害。传见《旧唐书》卷一百四，《新唐书》卷一百三十五。 [3]李光弼为河西兵马使：李光弼（708—864），营州柳城（今辽宁朝阳）人，契丹酋长李楷洛之子。幼善骑射，曾为河西、朔方将。安史兵起，朝廷倚重其军以御敌，任天下兵马副元帅，知节度行营事。御军严肃，屡建战功，乱平，以功封临淮郡王。传见《旧唐书》卷一百一十，《新唐书》卷一百三十六。河西兵马

使，使职名。河西节度使幕府掌知兵马、领兵作战的武职差遣官。［4］光弼，契丹王楷洛之子也：光弼父楷洛天宝二年（743）前已卒，不是五载所封之契丹王楷洛，据岑仲勉《通鉴隋唐纪比事质疑》,《资治通鉴》误。［5］勇略：勇敢，有谋略。［6］倨（jù）慢：傲慢。倨与慢同义。［7］檛（zhuā）杀：檛，马鞭。用马鞭打死。［8］股栗：大腿发抖，形容十分恐惧。［9］石堡城：边塞哨卡城，为唐与吐蕃边境必争的要塞城堡，三面悬崖，只一路可通，易守难攻。在今青海西宁市湟中区西。［10］有衅：衅，间隙、破绽。指有可乘之机。［11］大夫：唐中叶以前，多呼将帅为大夫。［12］充牣（rèn）：充满。［13］杜其谗口：杜，杜绝，防止。谗，说别人坏话。防止他说坏话。［14］黔中上佐：黔中，郡名，治所在今重庆市彭水县。上佐，指长史、别驾、司马之类的高级僚佐。［15］趋出：快步走出。［16］沮（jǔ）挠军计：指破坏军事计划。沮，破坏。挠，扰乱。［17］济阳：郡名。天宝元年（742）济州改名，治所在今山东聊城市茌平区西南。［18］爱狎：友爱亲昵。

上闻哥舒翰名，召见华清宫，与语，悦之。十一月，辛卯[1]，以翰判[2]西平[3]太守，充陇右节度使；以朔方节度使安思顺[4]判武威[5]郡事，充河西节度使。

户部侍郎兼御史中丞杨慎矜为上所厚，李林甫浸忌之。慎矜与王𫓶父晋，中表[6]兄弟也，少与𫓶狎[7]，𫓶之入台[8]，颇因慎矜推引。及𫓶迁中丞，慎矜与语，犹名之[9]；𫓶自恃与林甫善，意稍不平。慎矜夺𫓶职田[10]，𫓶母本贱[11]，慎矜尝以语人；𫓶深衔[12]之。慎矜犹以故意[13]待之，尝与之私语谶书。

慎矜与术士史敬忠[14]善，敬忠言天下将乱，劝慎矜于临汝[15]山中买庄为避乱之所。会慎矜父墓田[16]中草木皆流血，慎矜恶之，以问敬忠。敬忠请禳[17]之，设道场[18]于后园，慎矜退朝，辄裸贯桎梏[19]坐其中。旬日血止，慎矜德之。慎矜有侍婢明珠，色美，敬忠屡目之，慎矜即以遗敬忠，车载过贵妃姊柳氏楼下，姊邀敬忠上楼，求车中美人，敬忠不敢拒。明日，姊入宫，以明珠自随。上见而异之，问所从来，明珠具以实对。上以慎矜与术士为妖法，恶之，含怒未发。

杨钊以告𫓶，𫓶心喜，因侮慢慎矜；慎矜怒。林甫知𫓶与慎矜有隙，密诱使图[20]之。𫓶乃遣人以飞语告"慎矜隋炀帝孙，与凶人[21]往来，家有谶书，谋复祖业。"上大怒。收慎矜系狱，命刑部、大理与侍御史杨钊、殿中侍御史卢铉[22]同鞫之。太府少卿张瑄[23]，慎矜所荐也，卢铉诬瑄尝与慎矜论谶，拷掠[24]百端，瑄不肯答辩[25]。乃以木缀[26]其足，使人引其枷柄，向前挽之，身加长数尺，腰细欲绝，眼鼻出血，瑄竟不答。

又使吉温捕史敬忠于汝州[27]。敬忠与温父素善，温之幼也，敬忠常抱抚之。及捕获，温不与交言，锁其颈，以布蒙首，驱之马前。至戏水[28]，温使吏诱之曰："杨慎矜已款服[29]，惟须子一辩，若解人意则生，不然必死，前至温汤[30]，则求首不获矣。"敬忠顾谓温曰："七郎，求一纸。"温阳[31]不应。去温汤十余里，敬忠祈请哀切，乃于桑下令答三纸，辩皆如温意。温徐谓曰："丈人[32]且勿怪！"因起拜之。

至会昌，始鞫慎矜，以敬忠为证。慎矜皆引服[33]，惟搜谶书不获。林甫危之，使卢铉入长安搜慎矜家，铉袖谶书入暗中[34]，诟[35]而出曰："逆贼深藏秘记。"至会昌，以示慎矜。慎矜叹曰："吾不蓄谶书，此何从在吾家哉！吾应死而已。"丁酉[36]，赐慎矜及兄少府少监慎余[37]、洛阳令慎名[38]自尽；敬忠杖百，妻子皆流岭南；瑄杖六十，流临封，死于会昌。嗣虢王巨虽不预谋，坐与敬忠相识，解官，南宾[39]安置。自余连坐者数十人。慎名闻敕，神色不变，为书别姊；慎余合掌指天而缢。

三司按王忠嗣，上曰："吾儿居深宫，安得与外人通谋，此必妄也。但劾忠嗣沮挠军功[40]。"哥舒翰之入朝也，或劝多赍金帛以救忠嗣。翰曰："若直道[41]尚存，王公必不冤死；如其将丧，多赂何为！"遂单囊而行。三司奏忠嗣罪当死。翰始遇知于上，力陈忠嗣之冤，且请以己官爵赎忠嗣罪；上起，入禁中，翰叩头随之，言与泪俱[42]。上感寤[43]，己亥[44]，贬忠嗣汉阳[45]太守。

李林甫屡起大狱，别置推事院[46]于长安。以杨钊有掖庭之亲[47]，出入禁闼[48]，所言多听，乃引以为援，擢为御史。事有微涉东宫者，皆指擿[49]使之奏劾，付罗希奭、吉温鞫之。钊因得逞其私志，所挤陷[50]诛夷者数百家，皆钊发之。幸太子仁孝谨静，张垍、高力士常保护于上前，故林甫终不能间也。

十二月，壬戌[51]，发冯翊[52]、华阴[53]民夫筑会昌城，置百司。王公各置第舍，土亩直[54]千金。癸亥[55]，上还宫。

丙寅[56]，命百官阅[57]天下岁贡物于尚书省，既而悉以车载赐李林甫家。上或时不视朝，百司悉集林甫第门；台省[58]为空。陈希烈虽坐府[59]，无一人入谒[60]者。

林甫子岫为将作监[61]，颇以满盈[62]为惧，尝从林甫游后园，指役夫言于林甫曰“大人久处钧轴[63]，怨仇满天下，一朝祸至，欲为此得乎！”林甫不乐曰：“势已如此，将若之何！”

先是，宰相皆以德度自处[64]，不事威势，驺从[65]不过数人，士民或不之避。林甫自以多结怨，常虞[66]刺客，出则步骑百余人为左右翼，金吾静街[67]，前驱[68]在数百步外，公卿走避；居则重关复壁[69]，以石甃地[70]，墙中置板，如防大敌，一夕屡徙床，虽家人莫知其处。宰相驺从之盛，自林甫始。

（以上为第十四段，写李林甫谋害御史中丞杨慎矜。）

【注释】

［1］辛卯：十一月十九日。［2］判：唐代官衔加“判”，表示判处某官事，非实授其官。［3］西平：郡名。天宝元年（742）鄯州改名，治所在今青海乐都。［4］朔方节度使安思顺：岑仲勉疑为朔方节度副使之误夺，见《通鉴隋唐纪比事质疑》。［5］武威：郡名。天宝元年（742）凉州改名，治所在今甘肃武威市。［6］中表：父亲姊妹（姑母）的儿女叫外表，母亲的兄弟（舅父）姊妹（姨母）的儿女叫内表，互称中表。［7］狎：爱狎。［8］入台：入御史台，指开元年间王鉷任监察御史，时杨慎矜任侍御史。［9］名之：直呼其名。［10］慎矜夺鉷职田：职田，唐代职事官按官品等级所得的土地，亦称职分田。京官一品十二顷，二品十顷，下至九品二顷。外官州府官略高于此，镇戍官略低于此。取百里内土地给之。职田一般按亩六升的租率出租，离任后须将田转给下任。杨慎矜先为御史中丞，王鉷后迁御史中丞时，慎矜夺占鉷应得职田。［11］鉷母本贱：王鉷是王瑨（开元中为中书舍人）出身低微的妾所生，故云母贱。［12］衔：怀恨在心。［13］故意：旧友的情意。［14］史敬忠：据《通鉴考异》所引《唐历》，史敬忠本为胡人，出家还俗，涉猎过书传、阴阳、玄象。［15］临汝：郡名。天宝元年（742）汝州改名，治所在今河南汝州市。［16］墓田：坟墓范围内的土地。《明皇实录》作“慎矜父墓封域之内”。［17］禳（ráng）：古代以祭祷消除灾祸的一种迷信活动。［18］道场：佛教诵经礼拜仪式。［19］贯桎梏：戴上脚镣手铐。［20］图：谋害。［21］凶人：险恶之人。［22］卢铉：酷吏：传见《旧唐书》卷一百八十六上，《新唐书》卷一百三十四。［23］张瑄（？—747）：两唐书无传，仅知曾任

殿中侍御史、太府出纳使，杨慎矜荐为太府少卿。［24］搒掠：鞭打。泛指刑讯。［25］答辩：按照讯问作证词。答，对话。辩，证词。［26］缀（zhuì）：缝合，连结。［27］汝州：州名。治所在今河南汝州市。［28］戏水：河名。在今陕西西安临潼区东。［29］款服：服罪。［30］温汤：指骊山温泉宫，当时玄宗住于此。［31］阳：表面上，假装。［32］丈人：对老人的通称。［33］引服：认罪，服罪。［34］暗中：暗室之中。［35］诟（gòu）：骂。［36］丁酉：十一月二十五日。［37］慎余：杨慎矜之兄杨慎余（？—747），历官司农丞、太子舍人、少府少临。［38］慎名：杨慎矜之兄杨慎名（？—747），历官大理评事，摄监察御史，充东都含嘉仓出纳使，洛阳令。［39］南宾：郡名。天宝元年（742）忠州改名，治所在今重庆市忠县。［40］军功：军事行动的功效。功，成效。［41］直道：正直，公理。［42］言与泪俱：声泪俱下。［43］寤：同“悟”，醒悟。［44］己亥：十一月二十七日。［45］汉阳：郡名。天宝元年（742）沔州改名，治所在今湖北武汉市汉阳区。［46］推事院：审问罪犯之所。［47］掖庭之亲：掖庭，宫中房舍，妃嫔居住的地方。言与妃嫔有亲戚关系。［48］禁闼：宫禁之门。闼，门。［49］指擿（tī）：挑出缺点、错误。指，指出，揭发。［50］挤陷：排斥，陷害。［51］壬戌：十二月二十一日。［52］冯翊（píngyì）：郡名。天宝元年（742）同州改名，治所在今陕西大荔。［53］华阴：郡名。天宝元年（742）华州改名，治所在今陕西渭南市华州区。［54］直：同“值”。［55］癸亥：十二月二十二日。［56］丙寅：十二月二十五日。［57］阅：察看。［58］台省：唐曾以尚书省为中台，门下省为东台，中书省为西台。故统称三省为台省。［59］坐府：在官府中办事。［60］谒（yè）：拜见。［61］将作监：官署名。将作监长官，唐初为大匠、少匠，天宝中改大匠为大监，少匠为少监。［62］满盈：满足。此指李林甫所得权力已达到无以复加的境地。［63］钧轴：钧，制陶的转轮。轴，车轴，车以轴而转动。喻执掌国政，指宰相之职。［64］以德度自处：德度，道德气度。自处，自居，自持。谓以道德气度约束自己。［65］驺从：显贵出行，车前车后的侍从。［66］虞：担心。［67］金吾静街：金吾巡徼，禁止他人上街。［68］前驱：前导。［69］重关复壁：重重门户，层层围墙。［70］以石甃（zhòu）地：甃，铺砌。用坚石铺砌房屋的地面，防备仇敌由地下而入。

初，将军高仙芝[1]，本高丽人，从军安西。仙芝骁勇[2]，善骑射，节度使夫蒙灵詧屡荐至安西副都护、都知兵马使，充四镇节度副使。

吐蕃以女妻小勃律王[3]，及其旁二十余国，皆附吐蕃，贡献不入，前后节度使讨之，皆不能克。制以仙芝为行营节度使[4]，将万骑讨之。自安西行百余日，乃至特勒满川，分军为三道[5]，期以七月十三日会吐蕃连云堡[6]下。有兵近万人，不意唐兵猝至[7]，大惊，依山拒战，炮櫑[8]如雨。仙芝以郎将高陵李嗣业[9]为陌刀将[10]，令之曰："不及日中，决须破虏。"嗣业执一旗，引陌刀缘险先登力战，自辰[11]至巳[12]，大破之，斩首五千级，捕虏千余人，余皆逃溃。中使[13]边令诚[14]以入虏境已深，惧不敢进，仙芝乃使令诚以羸弱[15]三千守其城，复进。

三日，至坦驹岭[16]，下峻阪[17]四十余里，前有阿弩越城。仙芝恐士卒惮险，不肯下，先令人胡服诈为阿弩越城守者迎降，云："阿弩越赤心归唐，娑夷水[18]藤桥已斫断[19]矣。"娑夷水，即弱水[20]也，其水不能胜草芥。藤桥者，通吐蕃之路也。仙芝阳喜，士卒乃下。又三日，阿弩越城迎者果至。

明日，仙芝入阿弩越城，遣将军席元庆将千骑前行，谓曰："小勃律闻大军至，其君臣百姓必走山谷，第[21]呼出，取缯帛[22]称敕赐之，大臣至，尽缚之以待我。"元庆如其言，悉缚诸大臣。王及吐蕃公主逃入石窟，取不可得。仙芝至，斩其附吐蕃者大臣数人。

藤桥去城犹六十里，仙芝急遣元庆往斫之，甫毕[23]，吐蕃兵大至，已无及矣。藤桥阔尽一矢，力修之，期年[24]乃成。

八月，仙芝虏小勃律王及吐蕃公主而还。九月，至连云堡，与边令诚俱。月末，至播密川，遣使奏状[25]。

至河西[26]，夫蒙灵詧怒仙芝不先言已而遽[27]发奏，一不迎劳，骂仙芝曰："啖狗粪高丽奴[28]！汝官皆因谁得，而不待我处分[29]，擅奏捷书！高丽奴！汝罪当斩，但以汝新有功不忍耳！"仙芝但谢罪。边令诚奏仙芝深入万里，立奇功，今旦夕忧死。

（以上为第十五段，写高仙芝大破吐蕃。）

【注释】

[1]高仙芝（？—755）：高丽族人。开元末任安西副都护，都知兵马使。天宝六载（747）远征小勃律，使拂菻、大食等西域诸国震慑。天宝十载（751）于怛逻斯城败于大食。官至右羽林大将军，封密云郡公。传见《旧唐书》卷一百四，《新唐书》卷一百二十五。 [2]骁勇：矫健勇猛。 [3]小勃律王：指小勃律国王苏失利之。 [4]行营节度使：使职名。统帅出征军的差遣长官。 [5]分军为三道：据《旧唐书·高仙芝传》，三道为：疏勒守捉使赵崇玭统三千骑兵，自北谷入；拨换守捉使贾崇瓘自赤佛堂路入；高仙芝与监军边令诚自护密国入。 [6]连云堡：古城堡

名。故址在今甘肃泾川西。［7］猝至：突然到来。［8］炮檑（pàoléi）：指炮石、檑木。炮，古代以机发石的战具。檑，檑木，长五尺、径一尺，小至六七寸。［9］李嗣业（？—759）：京兆高陵（今陕西西安市高陵区）人。曾任右威卫将军，左金吾大将军，卫尉卿，封虢国公。后战死于相州。传见《旧唐书》卷一百九，《新唐书》卷一百三十八。［10］陌刀将：陌刀，长刀，步兵所用武器。陌刀将，即统率陌刀队的将领。［11］辰：十二时辰之一。相当于上午七时至九时。［12］巳：十二时辰之一。相当于上午九时至十一时。［13］中使：帝王宫中派出的使者，多由宦官充任。［14］边令诚：玄宗信任的宦官。曾任监军、监门将军等职。奏斩名将高仙芝、封常清。后因投降安禄山，为肃宗所杀。［15］羸（léi）弱：瘦弱。［16］坦驹岭：在今克什米尔北端。［17］峻阪：陡坡。［18］娑夷水：据《中国历史地图集》，娑夷水即今印度河的上源。［19］斫（zhuó）断：砍断。［20］弱水：言其水弱，不胜草芥。凡是由于水浅不通舟楫，或只用皮筏交通的，古人往往认为水弱，因称弱水。辗转传闻，便有力不胜草芥之说。［21］第：但，只管。［22］缯帛：丝织品的总称。［23］甫毕：刚刚完成。［24］期年：一年。［25］奏状：奏捷状于京师。［26］河西：为“安西”之讹。据岑仲勉《通鉴隋唐纪比事质疑》。［27］遽（jù）：急忙，急速。［28］啖狗粪高丽奴：啖，吃。高丽，仙芝为高丽族人。此句为骂高仙芝语，犹言高丽蠢奴才。［29］处分：处理，处置。

【点评】

开元盛世由盛转衰。开元时期，唐玄宗讷谏用贤，日与士君子交接，励精图治，创造了开元盛世，史称明皇，是可以上比唐太宗的一位明主。天宝时期，唐玄宗炼丹求长生，醉心于祥瑞，因人造宝符而改元“天宝”，拒谏用佞，日与奸邪小人交接而耳聋目蒙，成为一个昏主。本卷集中点评，进入天宝，开元盛世是怎样由盛转衰、朝政腐败、国事日非的。

君明臣贤是清平盛世的政治基础，反之君暗臣奸则政治昏暗。本卷所载，唐玄宗器重的大臣，李林甫险诈、杨慎矜敛财、安禄山骄狂、杨国忠无行，还有一个多才善奉承的杨贵妃，他们全都在天宝初登上政治舞台，唐玄宗在这一群人的包围下陶醉其间。这个时期的政治，君王怠政于上，奸臣为恶于下，于是开元的盛世风采，日益衰微。不过整体社会仍是一片太平景象，人口继续增长，政治腐败，集中在上层，突出的表现是朝政腐败，用四个字概括就是“君暗臣奸”。

君王昏暗是朝政腐败的第一主因。由开元步入天宝，唐玄宗的骄侈心膨胀，怠于政事而成昏主。当时唐朝强大，四境平静，而唐玄宗没有巩固张说裁减边兵的成果，反而扩充武备，欲用强力以威四夷，沿边置十节度使，国家常备边兵五十万，不仅加重了人民的负担，而且轻启边衅，发动与吐蕃的战争，唐军先胜后败，有损国威。安禄山滥杀奚人、契丹人，制造边衅自重其身，不断邀功请赏，欺蒙唐玄宗，暗中图谋不轨，唐玄宗不察、不觉、不信，养虎为患。其昏者一。唐玄宗炼丹求长生，迷信神仙，歌舞升平，人造符瑞，改元“天宝”，沉醉不醒。其昏者二。唐玄宗远贤人，亲小人。任用杨慎矜敛财，韦坚课税，民怨沸腾。李林甫领吏部，选举凌迟，有交白卷的魁首。如此奸相，唐玄宗一度要交权李林甫，差点重演燕王哙让位子之的闹剧。其昏者三。唐玄宗乱伦霸占儿媳，专宠杨贵妃，从此君王不早朝。杨贵妃堂兄杨国忠，无行无德，为乡里所不齿，因贵妃专宠而腾达，唐玄宗委以国政，大唐政权落入无赖之手，潜伏的祸乱不可避免。其昏者四。唐玄宗的这些昏聩之举，宠爱杨贵妃、纵欲怠政是最大的昏乱行为。为祸唐室、葬送开元盛世的最大的两个奸人，则是杨国忠与安禄山，均与杨贵妃直接关联。杨国忠，贵妃之兄；安禄山，贵妃义子。如果说唐高宗夺父之妾带来武则天登台，唐祚一度中断；那么唐玄宗霸占儿媳而有安史之乱，生民遭涂炭。春秋时楚平王抢夺儿媳招来鞭尸三百的报复，楚国差点灭亡。女宠乱政，这是旧史家的观点，把祸国殃民的罪责推给女人，颠倒了主次，当然不对，但不能全盘否定。君王昏聩，不爱江山爱美人，对历史负责的首要人物是昏君，所以本卷点评，天宝朝政腐败，第一个应被谴责的人就是唐玄宗李隆基。

天宝前期朝政腐败的第二个主因是奸相李林甫执政。李林甫“口蜜腹剑”，他敢在唐玄宗身边安插耳目，了解皇上的一举一动。兵部侍郎卢绚仪态端庄，动静有节，一派大臣风度，唐玄宗有好感。绛州刺史严挺之有好名声，传到了唐玄宗的耳里。李林甫打探到了这些消息，害怕唐玄宗重用两人，李林甫用甜言蜜语拉拢卢绚和严挺之，替两人的前途策划，结果是两人钻入了他的圈套而被唐玄宗弃置。凡有才望能力高于自己的人，李林甫就巧设陷阱，把他们挤出权力核心。为了更有效地掌控朝政，李林甫又引用酷吏为爪牙。武则天时酷吏吉顼的侄儿吉温，还有一个杭州人罗希奭，两人生性严厉刻薄，见风转舵，有奶便是娘。李林甫引荐为殿中侍御史，两人感戴李林甫的提拔，卖身投靠为爪牙。吉温经常说：“如果遇到知己，就是南山白额虎也要抓起来。”凡是李林甫所要加罪的人，两人罗织罪状，严刑逼供，没有人能够逃脱。当时的人称这两人为“罗钳吉网”。李林甫的狡诈与狠毒，震慑朝野，一手遮天，竟然得以善终，未被中途罢相，在有唐一代，也是罕见的。李林甫的得志，反衬唐玄宗的昏聩。一个唐玄宗，开元时为明皇，天宝时为昏主，判若两人。

天宝初，社会承平，仍是一番太平景象，人口增殖，生产发展。政治腐败，集中在上层。唐玄宗原本是纨绔子弟，英年有为，靠的是政变夺权，他不知稼穑之艰难，不懂创业之困苦，经历不能与唐太宗相比。唐玄宗长期执政，骄矜自满，一旦意沮，一头倒在石榴裙下，遂致国事不可为。

卷二一六　唐纪三十二

唐玄宗天宝六载至十二载（747—753 年）

【起强圉大渊献（丁亥，747 年）十二月，尽昭阳大荒落（癸巳，753 年），凡六年有奇】

【大事提要】

本卷记事起公元 747 年十二月，讫公元 753 年，凡六年又一个月。当唐玄宗天宝六载十二月到天宝十二载。天宝后期，唐朝社会承继盛世惯性，仍呈现升平发展的表象，而上层政治在急速恶化。唐玄宗整日沉湎在深宫逸乐，更加迷信神仙求长生，只听奉承话，不听逆耳之言，对国家大事毫不知情。安禄山黠猾奉迎，完全蒙蔽了唐玄宗的视听。杨慎矜聚敛，府库充盈，唐玄宗尽情挥霍，不知民众艰难。府兵制败坏，募兵制也积弊丛生，劲兵置于沿边，中原空虚，武备废弛，中央与地方，尾大不掉，国家已处于动乱边缘，而唐玄宗浑然不觉，还在做虚幻的强国之梦，喜听沿边胜利消息。边将用诈术滥杀无辜冒功，四周局势紧张。唐军征南诏、讨西域、袭契丹，全线败没。李林甫未去，又来了一个杨国忠争权倾轧，政治一团混乱。李林甫死后，杨国忠主政，身兼四十余职，贪贿渎职，甚于李林甫。杨国忠滥授职官，收买人心，吏治大坏。杨国忠交恶安禄山，唯恐安禄山不反，加速了动乱的来临。

玄宗至道大圣大明孝皇帝下之上

天宝六载（丁亥，747 年）

十二月，己巳[1]，上以仙芝为安西四镇节度使，征灵詧入朝，灵詧大惧。仙芝见灵詧，趋走[2]如故，灵詧益惧。副都护[3]京兆程千里[4]、押牙[5]毕思琛及行官[6]王滔等，皆平日构[7]仙芝于灵詧者也，仙芝面责千里、思琛曰："公面如男子，心如妇人[8]，何也？"又捽[9]滔等，欲笞之，既而皆释之，谓曰："吾素所恨于汝者，欲不言，恐汝怀忧[10]；今既言之，则无事矣。"军中乃安。

初，仙芝为都知兵马使[11]，猗氏人封常清[12]，少孤贫，细瘦颣目[13]，一足偏短，求为仙芝傔[14]，不纳。常清日候仙芝出入，不离其门，凡数十日，仙芝不得已留之。会达奚部叛，夫蒙灵詧使仙芝追之，斩获略尽。常清私作捷书[15]以示仙芝，皆仙芝心所欲言者，由是一府奇之。仙芝为节度使，即署常清判官，仙芝出征，常为留后。仙芝乳母子郑德诠为郎将[16]，仙芝遇之如兄弟，使典家事[17]，威行军中。常清尝出，德诠自后走马突之而过[18]。常清至使院[19]，使召德诠，每过一门，辄阖[20]之，既至，常清离席谓曰："常清本出寒微，郎将所知。今日中丞[21]命为留后，郎将何得于众中相陵突[22]！"因叱之曰："郎将须蹔[23]死以肃军政。"遂杖之六十，面仆地，曳出。仙芝妻及乳母于门外号哭救之，不及，因以状[24]白仙芝，仙芝览之，惊曰："已死邪？"及见常清，遂不复言，常清亦不之谢。军中畏之惕息[25]。

（以上为第一段，写封常清敢于惩治节度使的傲慢家奴，胆识不凡。）

【注释】

[1]己巳：十二月二十八日。 [2]趋走：疾走，小步快走。表示恭敬。 [3]副都护：官名。都护府的副长官，佐都护管理府内军政事务。 [4]程千里（？—757）：武将，官至礼部尚书。传见《旧唐书》卷一百八十七下，《新唐书》卷一百九十三。 [5]押牙：节度使的武职幕僚，其主官为都押牙，掌衙内警卫。 [6]行官：节度使的幕僚，职责是受命往来京师和邻道及巡行管内郡县。 [7]构；构陷，把某些事情牵合在一起作为罪状陷害别人。 [8]心如妇人：内心像个妇人。指高仙芝不深究报复程千里等人，欲大事化小，故意调侃他爱拨弄是非。 [9]捽（zú）：揪住。[10]怀忧：心怀忧虑，提心吊胆。 [11]都知兵马使：节度使府或兵马元帅府的幕职，有前、中、后军兵马使。都知兵马使总掌诸兵马使。 [12]封常清（？—755）：蒲州猗氏（今山西临猗）人。傔从出身，官至安西四镇节度使、权知北庭都护。后与安史乱军交战，兵败，被宦官边令诚进谗言赐死。传见《旧唐书》卷一百四，《新唐书》卷一百三十五。 [13]细瘦颣（lèi）目：身材瘦小，眼睛有毛病。颣，缺点。 [14]傔：即傔人、傔从，低级侍从。 [15]捷书：军事捷报。 [16]郎将：武散官名。唐武散官有怀化郎将和归德郎将。不详郑德诠是何郎将。 [17]典家事：典，主掌。家事，指节度使家庭事务。 [18]突之而过：突，急速向前。指郑德诠自后冲开封常清的侍从队伍疾驰向前。 [19]使院：节度使使府庭院。 [20]阖（hé）：关闭。封常清在节度使府公大厅宣召郑德诠。厅连度节府宅院，郑德诠到前厅，关闭宅院之门，隔断之门，隔断高仙芝妻及郑德诠之母呼救郑德诠，以便惩处。 [21]中丞：即御史中丞。为高仙芝任安西四镇节度使时所带朝官职。

唐外官带职，有宪衔，有检校。以带职称呼，有尊崇之意。［22］陵突：陵，同“凌”，侵侮。以冲撞表示凌侮。［23］蹔（zàn）：同“暂”，暂且，暂时。［24］状：文体的一种，向上级陈述事实的文书。此为诉状。［25］愓息：愓，戒惧。息，喘息。指戒惧不敢喘息，形容恐惧之极。

自唐兴以来，边帅皆用忠厚名臣，不久任，不遥领[1]，不兼统，功名著者往往入为宰相。其四夷之将，虽才略如阿史那社尔[2]、契苾何力[3]犹不专大将之任，皆以大臣为使以制之。及开元中，天子有吞四夷之志，为边将者十余年不易[4]，始久任矣；皇子则庆、忠诸王，宰相则萧嵩、牛仙客，始遥领矣[5]；盖嘉运、王忠嗣专制数道，始兼统[6]矣。李林甫欲杜边帅入相之路，以胡人不知书，乃奏言：“文臣为将，怯当矢石[7]，不若用寒畯[8]胡人；胡人则勇决习战，寒族[9]则孤立无党[10]，陛下诚以恩洽[11]其心，彼必能为朝廷尽死[12]。”上悦其言，始用安禄山。至是，诸道节度尽用胡人[13]，精兵咸戍北边[14]，天下之势偏重，卒使禄山倾覆[15]天下，皆出于林甫专宠固位[16]之谋也。

（以上为第二段，写李林甫迎合唐玄宗骄侈心，多引胡人为边将，固位误国。）

【注释】

［1］遥领：担任职官而不亲自赴任。［2］阿史那社尔（？—655）：突厥处罗可汗之子，以智勇著名。武德九年（626）率众内附，官至右卫大将军，封毕国公，传见《旧唐书》卷一百九，《新唐书》卷一百一十。［3］契苾何力（？—677）：铁勒人，其先为铁勒一部落酋长。贞观六年（632）率众内附，官至左卫大将军，封凉国公。传见《旧唐书》卷一百九，《新唐书》卷一百一十。［4］为边将者十余年不易：开元时边将久任情况，如王晙，开元三年（715）至二十年（732）间在朔方任节度使等职。［5］皇子则庆、忠诸王，宰相则萧嵩、牛仙客，始遥领矣：庆王琮（玄宗长子）开元四年（716）遥领安西大都护，安抚河东、关内、陇右诸蕃大使；开元十五年（727），遥领凉州都督，兼河西诸军节度大使。忠王亨（即肃宗），五岁拜安西大都护、河西四镇诸蕃落大使；开元十五年（727）遥领朔方大使、单于大都护；开元十八年（730），奚、契丹入侵，以忠王为河北道元帅，遥领八总管兵以讨之。萧嵩以兵部尚书、同中书门下平章事遥领河西节度使。牛仙客开元二十四年（736）拜工部尚书、同中书门下三品，遥领朔方节度使。［6］盖嘉运、王忠嗣专制数道，始兼统：盖嘉运以破突厥有功，开元二十八年（740）兼领河西、陇右二节度使，经略吐蕃；王忠嗣以数有边功，天宝五载（746）任河西、陇右节度使，兼知朔方、河东节度使。［7］怯当矢石：害怕去抵挡箭矢、炮石。指不敢亲临战场作战。［8］寒畯：同“寒微”，出身寒微而才能杰出之人。［9］寒族：门第寒微的家族。［10］党：朋党，集团。［11］洽：和谐、融洽。

[12]尽死：尽忠效死。 [13]诸道节度尽用胡人：边镇用胡人，至天宝六载（747），有安禄山（营州杂胡）为平卢、范阳二道节度使；安思顺（营州胡人）为朔方节度副使；哥舒翰（突厥人）为陇右节度使；高仙芝（高丽人）为安西四镇节度使。但云“尽用胡人”，似有夸张。 [14]精兵咸戍北边：天宝元年（742），时天下镇兵四十九万人，戍北边（安西、北庭、河西、朔方、河东、范阳、平卢、陇右八镇）兵员占四十四万余人。 [15]倾覆：颠覆。 [16]专宠固位：独占皇帝恩宠，稳固自己的地位。

七载（戊子，748年）

夏，四月，辛丑[1]，左监门大将军[2]、知[3]内侍省[4]事高力士加骠骑大将军[5]。力士承恩[6]岁久，中外畏之，太子亦呼之为兄，诸王公呼之为翁[7]，驸马辈直[8]谓之爷[9]。自李林甫、安禄山辈皆因之以取将相。其家富厚不赀[10]。于西京作宝寿寺[11]，寺钟成，力士作斋[12]以庆之，举朝毕集。击钟一杵[13]，施钱百缗，有求媚者至二十杵，少者不减十杵。然性和谨[14]少过，善观时俯仰[15]，不敢骄横，故天子终亲任之，士大夫亦不疾恶也。

五月，壬午[16]，群臣上尊号曰开元天宝圣文神武应道皇帝[17]；赦天下，免百姓来载租庸，择后魏子孙一人为三恪[18]。

六月，庚子[19]，赐安禄山铁券[20]。

度支郎中兼侍御史杨钊善窥上意所爱恶而迎之，以聚敛[21]骤[22]迁，岁中领十五余使[23]。甲辰[24]，迁给事中，兼御史中丞，专判度支事[25]，恩幸[26]日隆。

苏冕论曰[27]：设官分职，各有司存[28]。政有恒而易守[29]，事归本而难失[30]，经远之理，舍此奚据[31]！洎奸臣广言利以邀恩，多立使以示宠[32]，刻下民以厚敛，张虚数以献状[33]；上心荡而益奢，人望怨而成祸[34]；使天子有司守其位而无其事，受厚禄而虚其用[35]。宇文融首唱其端[36]，杨慎矜、王鉷继遵其轨[37]，杨国忠终成其乱。仲尼[38]云：宁有盗臣而无聚敛之臣[39]。诚哉是言！前车既覆，后辙未改[40]，求达化本[41]，不亦难乎！

冬，十月，庚戌[42]，上幸华清宫。

十一月，癸未[43]，以贵妃姊适崔氏者为韩国夫人，适裴氏者为虢国夫人，适柳氏者为秦国夫人[44]。三人皆有才色，上呼之为姨[45]，出入宫掖[46]，并承恩泽，势倾天下。每命妇[47]入见，玉真公主[48]等皆让不敢就位。三姊与铦、锜[49]五家，凡有请托[50]，府县承迎[51]，峻[52]于制敕；四方赂遗[53]，辐凑其门[54]，惟恐居后，朝夕如市。十宅[55]诸王及百孙院[56]婚嫁，皆以钱千缗赂韩、虢使请，无不如志。上所赐与及四方献遗[57]，五家如一。竞开第舍，极其壮丽，一堂之费，动逾千万；既成，见他人有胜己者，辄毁而改为。虢国尤为豪荡[58]，一旦，帅工徒突入韦嗣立[59]宅，即撤去旧屋，自为新第，但授韦氏以隙地[60]十亩而已。中堂既成，召工圬墁[61]，约钱二百万；复求赏技，虢国以绛罗[62]五百段赏之，嗤[63]而不顾，曰："请取蝼蚁[64]、蜥蜴[65]，记其数置堂中，苟失一物，不敢受直。"

十二月，戊戌[66]，或言玄元皇帝降于朝元阁[67]，制改会昌县曰昭应，废新丰入昭应。辛酉[68]，上还宫。

哥舒翰筑神威军[69]于青海上，吐蕃至，翰击破之。又筑城于青海中龙驹岛[70]，谓之应龙城，吐蕃屏迹[71]不敢近青海。

是岁，云南王归义卒，子阁罗凤[72]嗣，以其子凤迦异[73]为阳瓜州[74]刺史。

（以上为第三段，写宦官高力士专宠，杨国忠满门贵盛，炙手可热。）

【注释】

[1]辛丑：四月二日。 [2]左监门大将军：武官名。左监卫长官，掌宫门禁卫，查核进入宫门人员名帖、物件。 [3]知：唐代官衔前有"知"、"判知"或"知……事"，表示执掌此官职事而非正命。 [4]内侍省：宦官官署名。设内侍（四人）、内常侍（六人）辖五局官属，执掌侍奉皇帝，出入宫掖，宣传诏令。 [5]骠骑大将军：武散官名。为武散官二十九阶之首。 [6]承恩：蒙受皇帝恩泽。 [7]翁：对年长者的尊敬称呼。 [8]直：副词，径直，直接。 [9]爷：对尊贵者的称呼。 [10]富厚不赀（zī）：赀，计算，估量。意为财富多得不可计算。 [11]宝寿寺：高力士在长安来庭坊（在朱雀门街东第三街翊善坊与永兴坊之间）所造的佛寺。 [12]斋：古人祭祀前，沐浴更衣，不饮酒，不吃荤，以表示诚敬，叫斋戒。后道教有所谓斋醮，为一种供斋祭神的宗教仪式。佛教仪式中不见有斋或醮之称，而受戒乃是接受戒条的仪式，与高力士建寺"作斋以庆"不合。故此所谓斋，似借用道教"斋醮"的用语。 [13]杵（chǔ）：棒槌。 [14]和谨：和顺而谨

慎。［15］观时俯仰：见机行事，顺风使舵。［16］壬午：五月十三日。［17］开元天宝圣文神武应道皇帝：玄宗的尊号。此前玄宗尊号是“开元天宝圣文神武皇帝”，天宝元年（742）所上。今加“应道”二字。［18］三恪（kè）：古代新建的王朝，为笼络人心，巩固统治，封前代三个王朝的子孙，给以公侯爵号，称三恪。唐武德元年（618）已封北周、隋二王，玄宗再封后魏子孙，是为三恪。［19］庚子：六月一日。［20］铁券：帝王颁赐功臣，授以世代享受免死特权的铁契。分左右二者，左颁功臣，右藏内府。如功臣或其后代犯罪，则取券合之，推念其功，予以赦减。［21］聚敛：搜刮财货。［22］骤：快速。［23］岁中领十五余使：一年内兼领十五个以上的使职。洪迈《容斋随笔》云，杨国忠为度支郎，领十五余使，至宰相，凡领四十余使，两唐书皆不详载其职。按其拜宰相制前衔云御史大夫、判度支、权知太府卿事、兼蜀郡长史、剑南节度、支度、营田等副大使，本道兼山南西道采访处置使；两京太府出纳、监仓、祠祭、木炭、宫市、长春九成宫等使，关内道及京畿采访处置使；拜右相，兼吏部尚书、集贤殿、崇文馆学士、修国史、太清紫微宫使；其余所领，又有管当租庸、铸钱等使。［24］甲辰：正月五日。［25］专判度支事：判，裁决，处理。度支，度支司，为户部四司之一，主掌“支度国用”，即根据财政收入而开支国家费用。唐中宗以后，官衔中凡带“判”或“专判”某官事，就是根据诏命掌握某官司的裁决、处理权而不是正式任命其官。这种“判知之官”往往成为使职产生的过渡。杨钊专判度支事，就是他以本官给事中、御史中丞而专掌度支司的裁决处理权。［26］恩幸：幸，宠爱。指皇帝的宠爱。［27］苏冕论曰：苏冕（？—805），京兆武功（今陕西武功西北）人。撰有《唐会要》四十卷，记载唐高祖至德宗九朝制度增损沿革。传见《旧唐书》卷一百八十九下，《新唐书》卷一百三。“苏冕论曰”指苏冕在《唐会要》中所发议论。本段文字综录自《唐会要》卷七十八《诸使杂录上》。［28］设官分职，各有司存：司，管理。存，存在，所在。设置官吏，分掌职责，各有其管理的权限和范围。此二句系综合苏冕下述一段文字：“九寺三监，东宫三寺，十二卫及京兆、河南府，是王者之有司，各勤所守，以奉职事。尚书准旧章，立程度以颁之；御史台按格令，采奸滥以绳之；中书门下立百司之体要，察群吏之能否。善绩著而必进，败德闻而且贬。”［29］政有恒而易守：政，指政治制度。恒，不变。国家政治制度稳定不变，江山社稷就容易守住（不会被他人篡夺）。［30］事归本而难失：本，根本。治事找到其根本所在，就不容易发生失误。［31］经远之理，舍此奚据：经远，长久治安。奚，疑问代词，什么，哪里。据，根据，依据。长治久安的道理，除此之外，还会有什么别的依据呢？［32］洎（jì）奸臣广言利以邀恩，多立使以示宠：洎，到。广，大肆。利，指财货赋税。邀恩，求恩，获得恩宠。立使，设立使职。示宠，显示宠爱。本句意为及至奸臣以大谈增加财赋来获取皇帝的恩赏，皇帝则以多设立使职来表示其宠爱。［33］刻下民以厚敛，张虚数以献状：刻，刻剥。下民，平民百姓。厚敛，重敛，大量搜刮。张，夸张。虚数，不真实的数目。献状，呈献功状。本句意为刻剥平民百姓，大量搜刮财富；夸大不真实的数目，呈献功状，捞取好处。［34］上心荡而益奢，人望怨而成祸：皇上心摇意动更加奢侈，人心怨恨而酿成大祸。荡，摇动。奢，奢侈。望怨，怨恨。［35］守其位而无其事，受厚禄而虚其用：坚守其岗位者却无事可干，接受丰厚俸禄者却不能发挥作用。［36］宇文融首唱其端：指开元九年（721）宇文融奏请搜刮天下逃户及隐匿不报的田产。事见《资治通鉴》卷二百一十二，《旧唐书》卷一百五，《新唐书》卷一百三十四。［37］杨慎矜、王鉷继遵其轨：指开元二十一年（733），杨慎矜知太府出纳，诸州所纳输物稍有次劣者，皆令征折估钱，并用以购买金银绸帛等轻货，使得州县征调，不绝于岁月。事见《资治通鉴》卷二百一十三，《旧唐书》卷一百五，《新唐书》卷一百三十四。王鉷任户口色役使，恣行割剥百姓，岁进钱宝百亿万，贮于内库。事见《资治通鉴》卷二百一十五，《旧唐书》卷一百五，《新唐书》卷一百三十四。［38］仲尼：即孔子。［39］宁有盗臣而无聚敛之臣：语出《礼记·大学》："百乘之家，不畜聚敛之臣；与其有聚敛之臣，宁有盗臣。"本句意为：宁愿要有偷窃行为的臣子，也不愿有专事搜刮百姓的臣子。宁，宁可，宁愿。盗臣，盗窃之臣。聚敛之臣，搜刮积聚之臣。［40］前车既覆，后辙未改：语出《韩诗外传》："前车覆而后车不诫，是以后车覆也。"前面的车已翻倒，后面的车还没有改变方向。既，已经。覆，翻倒，倾倒。辙，车轮压出的痕迹。［41］求达化本：要求达到教化的根本，指国家的长治久安。［42］庚戌：十月十三日。［43］癸未：十一月十七日。［44］国夫人：唐命妇之制，凡文武官一品和爵为国公者，其母、妻为国夫人。［45］姨：妻子的姊妹。［46］宫掖：宫，皇帝、皇后的住所，掖，掖庭，宫内的房舍，妃嫔的住所。皇宫和掖庭统称为宫掖。［47］命妇：受封邑号的妇女。唐有内外命妇之别。内命妇指皇帝的妃、嫔，太子的良娣、女御等。外命妇：（1）指与皇帝有亲属关系的受封邑妇女，如大长公主（皇姑）、长公主（皇姊妹）、公主（皇女）、郡主（太子女）、县主（诸王女）；（2）高爵高品官受封邑母、妻，如亲王郡王母、妻为妃，一品官及国公母、妻为国夫人，二、三品官母、妻为郡夫人，四品官母、妻为郡君，五品官母、妻为县君。散官并同职事官。勋官二品有封者同四品职事官，三品有封者同五品职事官，四品有封者母、妻为乡君。母邑号皆加"太"字。［48］玉真公主：睿宗之女。传见《新唐书》卷八十三。［49］铦、锜：即杨贵妃堂兄杨铦、杨锜。［50］请托：请求，托付。指私相嘱托。［51］承迎：承办迎奉。［52］峻：严厉，严峻。［53］赂遗（wèi）：贿赂、赠送。［54］辐凑其门：辐凑，也作"辐辏"，车辐集中于轴心，比喻人或物聚集一处。此指各种人纷纷去巴结杨氏。［55］十宅：即十王宅。玄宗即位后，在西京安国寺东附苑城为大宅，以处诸王，称十王宅。［56］百孙院：十王宅外，安置皇孙的宅院。［57］献遗（wèi）：奉献、赠送。［58］豪荡：强横，放纵。［59］韦嗣立（？—719）：郑州阳武（今河南原阳县）人。官至兵部尚书、同中书门下三品，封逍遥公。传见《旧唐书》卷八十八，《新唐书》卷一百一十六。［60］隙地：闲地，空地。［61］圬墁（màn）：亦作"圬镘"，涂墙壁的工具，又指泥瓦工人、涂饰墙壁。［62］绛（jiàng）罗：深红色的稀疏轻软丝织品。［63］嗤（chī）：讥笑，嘲笑。［64］蝼（lóu）蚁：蝼蛄、蚂蚁，小昆虫名。［65］蜥蜴（xīyì）：爬行动物。种类很多，一般指壁虎、草蜥一类动物。［66］戊戌：十二月二日。［67］朝元阁：玄宗在骊山华清宫建老君殿，祭奉道教始祖太上老君，殿北有朝元阁。后传言太上老君降临此阁，便改名降圣阁。［68］辛酉：二月二十五日。［69］神威军：军镇名。在今青海海晏西。［70］龙驹岛：岛名。在青海湖中，即魁孙掩罗海山。［71］屏（bǐng）迹：收敛行迹。［72］阁罗凤：云南王皮罗阁（即蒙归义）之子。因受唐剑南节度使鲜于仲通进攻，天宝十一载（752）叛唐而臣服吐蕃，吐蕃授其号曰东帝。事见《旧唐书》卷一百九十七，《新唐书》卷二百二十二上。［73］凤迦异（？—779）：皮罗阁之孙，阁罗凤之子。天宝四载（745）唐授官鸿胪卿。［74］阳瓜州：州名。治所在今云南巍山彝族回族自治县。

八载（己丑，749年）

春，二月，戊申[1]，引百官观左藏[2]，赐帛有差[3]。是时州县殷富，仓库积粟帛，动以万计。杨钊奏请所在粜变为轻货，及征丁租地税[4]皆变布帛输京师；屡奏帑藏[5]充牣，古今罕俦[6]，故上帅群臣观之，赐钊紫衣金鱼[7]以赏之。上以国用丰衍，故视金帛如粪壤，赏赐贵宠之家，无有限极[8]。

三月，朔方节度等使张齐丘[9]于中受降城西北五百余里木剌山筑横塞军[10]，以振远军[11]使郑人郭子仪[12]为横塞军使。

夏，四月，咸宁[13]太守赵奉璋告李林甫罪二十余条；状未达，林甫知之，讽御史逮捕，以为妖言，杖杀之。

先是，折冲府[14]皆有木契[15]、铜鱼[16]，朝廷征发，下敕书、契、鱼，都督、郡府参验[17]皆合，然后遣之。自募置彍骑，府兵日益堕坏，死及逃亡者，有司不复点补[18]；其六驮马牛、器械、糗粮[19]，耗散略尽。府兵入宿卫[20]者，谓之侍官，言其为天子侍卫也。其后本卫多以假人[21]，役使如奴隶；长安人羞之，至以相诟病[22]。其戍边者，又多为边将苦使，利其死而没其财。由是应为府兵者皆逃匿，至是无兵可交。五月，癸酉[23]，李林甫奏停折冲府上下鱼书[24]；是后府兵徒有官吏而已。其折冲、果毅，又历年不迁，士大夫亦耻为之。其彍骑之法，天宝以后，稍亦变废[25]，应募者皆市井负贩[26]、无赖子弟[27]，未尝习兵。时承平日久，议者多谓中国[28]兵可销[29]，于是民间挟[30]兵器者有禁；子弟为武官，父兄摈不齿[31]。猛将精兵，皆聚于西北，中国无武备矣。

太白山[32]人李浑等上言见神人，言金星洞有玉板石记圣主[33]福寿之符，命御史中丞王铁入仙游谷求而获之。上以符瑞相继，皆祖宗休烈[34]，六月，戊申[35]，上圣祖号曰大道玄元皇帝，上高祖谥曰神尧大圣皇帝，太宗谥曰文武大圣皇帝，高宗谥曰天皇大圣皇帝，中宗谥曰孝和大圣皇帝，睿宗谥曰玄真大圣皇帝，窦太后[36]以下皆加谥曰顺圣皇后。

辛亥[37]，刑部尚书、京兆尹萧炅坐赃左迁汝阴[38]太守。

上命陇右节度使哥舒翰帅陇右、河西及突厥阿布思兵，益以朔方、河东兵，凡六万三千，攻吐蕃石堡城。其城三面险绝，惟一径可上，吐蕃但以数百人守之，多贮粮食，积檑木及石，唐兵前后屡攻之，不能克。翰进攻数日不拔，召裨将[39]高秀岩、张守瑜，欲斩之，二人请三日期可克；如期拔之，获吐蕃铁刃悉诺罗等四百人，唐士卒死者数万，果如王忠嗣之言[40]。顷之，翰又遣兵于赤岭西开屯田[41]，以谪卒[42]二千戍龙驹岛，冬冰合，吐蕃大集，戍者尽没。

闰月，乙丑[43]，以石堡城为神武军，又于剑南西山索磨川置保宁都护府。

丙寅[44]，上谒[45]太清宫。丁卯，群臣上尊号曰开元天地大宝圣文神武应道皇帝，赦天下。禘、祫自今于太清宫圣祖前设位序正[46]。

秋，七月，册突骑施移拨为十姓可汗。

八月，乙亥[47]，护密[48]王罗真檀入朝，请留宿卫；许之，拜左武卫将军[49]。

冬，十月，乙丑[50]，上幸华清宫。

十一月，乙未[51]，吐火罗[52]叶护失里怛伽罗遣使表称："朅师[53]王亲附吐蕃，困苦小勃律镇军，阻其粮道。臣思破凶徒，望发安西兵，以来岁正月至小勃律，六月至大勃律。"上许之。

（以上为第四段，写唐承平日久，府兵制坏废，募兵制敷衍，武备松弛，劲兵备边，国内空虚。）

【注释】

[1]戊申：二月十三日。 [2]左藏：太府寺有左藏署，为管理国库的官司，置令丞，掌国家赋调之物，辖有东库（又称东左藏库，在长乐门内）、西库（又称西左藏库，在广运门内）、朝堂库（在大明宫），还有东都库。 [3]赐帛有差：唐代天子赐物，凡称"赐帛有差"或"赐束帛有差"，

都是赐绢，五品以上五匹，六品以下三匹，命妇以其夫、子品秩而定。［4］丁租地税：丁租，即租庸调的租，每丁年输谷二石。地税，以建立义仓的名义，亩征二升的土地税。［5］帑（tǎng）藏：国库。帑，财帛。［6］俦（chóu）：同类，类似。［7］紫衣金鱼：紫衣，紫色官服。金鱼，刻成鱼状的金符，以袋盛之。唐制，三品以上官着紫衣，佩金鱼袋。杨国忠此时为御史中丞，官秩正四品下，尚无穿紫袍佩金袋的资格。玄宗特赐紫衣金鱼以示恩宠。［8］限极：限，限制。极，尽头，极点。［9］张齐丘：传见《新唐书》卷一百九十八。［10］横塞军：军镇名。在今内蒙古乌拉特中旗西阴山北麓。［11］振远军：军镇名。在关内道。［12］郭子仪（697—781）：中唐名将。华州郑县（今陕西渭南市华州区）人。以平安史之乱而声名大振，官至副元帅、中书令，封汾阳郡王，德宗尊为“尚父”。传见《旧唐书》卷一百二十，《新唐书》卷一百三十七。［13］咸宁：郡名。天宝元年（742）丹州改名，治所在今陕西宜川县。［14］折冲府：府兵制军府的统称。［15］木契：木刻信契。太子监国或庶官镇守时，调遣军队使用之。［16］铜鱼：即铜鱼符，铜铸鱼形信符，调遣军队和更易守长使用。［17］参验：参考验证。［18］点补：检点，补充。［19］六驮（tuó）马牛、器械、糗（qiǔ）粮：指府兵队、火和个人的携带物。糗，干粮，唐府兵制规定，每十人为火，火备六匹驮马及火具、乌布幕、铁马盂、布槽、钁、凿、碓、筐、斧、钳、锯、甲床、镰等物；每五十人为队，队备火钻、胸马绳、首羁、足绊等物。每个卫士自备弓、矢、胡禄（箭囊）、横刀、砺石（用以磨刀取火）、大觿（解绳结用的锥子）、毡帽、毡装、行縢（今称为绑腿）及麦饭九斗，米二斗。［20］宿卫：在京城值宿，担任警卫。［21］本卫多以假人：各卫把卫士借与别人役使。假，借。［22］诟病：耻辱，侮辱。［23］癸酉：五月十日。［24］奏停折冲府上下鱼书：奏请停发折冲府铜鱼符、敕书。这是府兵制废除的标志。《通典》卷二十九《职官十一》云“天宝八年五月停折冲府”，即是指此。［25］变废：变化和破坏。［26］市井负贩：市井，进行买卖的地方。负贩，担货叫卖的小商贩。［27］无赖子弟：无德无才无所倚仗的游手好闲分子。［28］中国：中原之地。［29］兵可销：兵器可以销毁。［30］挟（xié）：藏着。［31］摈（bìn）不齿：摈，嫌弃。不齿，不与同列，表示极端鄙视。［32］太白山：山名。在今陕西眉县南。［33］圣主：指太上老君。［34］休烈：盛美的事业。［35］戊申：六月十五日。［36］窦太后：窦毅女，唐高祖李渊的皇后，太宗生母，初谥曰穆，后改谥太穆顺圣皇后。传见《旧唐书》卷五十一，《新唐书》卷七十六。［37］辛亥：六月十八日。［38］汝阴：郡名。天宝元年（742）汝州改名，治所在今河南汝州市。［39］裨（pí）将：副将。［40］果如王忠嗣之言：天宝六载（747），玄宗欲使王忠嗣攻石堡城。忠嗣上奏，以为此城险固，若要夺取，定有数万人的死亡，而所得不如所亡。［41］屯田：利用军队及其所在空闲地种植粮食作物，以收获物助军饷。屯田有军屯、民屯之别。此为军屯。［42］谪（zhé）卒：谪，被罚流放或贬职。因罪遣送边地的士卒叫谪卒。［43］乙丑：闰六月三日。［44］丙寅：闰六月四日。［45］谒：晋见。［46］设位序正：正式按祖宗顺序摆设座位。［47］乙亥：八月十四日。［48］护密：古国名。在今帕米尔乌浒河上游地区。［49］左武卫将军：武官名。左武卫副长官，佐左武卫大将军掌宫掖禁卫，以及率卫士在大朝会时着白铠甲为仪仗。[50]乙丑：十月四日。[51]乙未：十一月五日。[52]吐火罗：古西域国名。即汉代的大夏，《大唐西域记》作睹货罗，在今阿姆河上游一带。[53]朅（jiē）师：古西域国名。与吐火罗相邻。

九载（庚寅，750年）

春，正月，己亥[1]，上还宫。

群臣屡表请封西岳[2]，许之。

二月，杨贵妃复忤旨[3]，送归私第。户部郎中吉温因宦官言于上曰："妇人识虑[4]不远，违忤圣心，陛下何爱宫中一席之地，不使之就死[5]，岂忍辱之于外舍邪？"上亦悔之，遣中使赐以御膳[6]。妃对使者涕泣[7]曰："妾罪当死，陛下幸不杀而归之。今当永离掖庭，金玉珍玩，皆陛下所赐，不足为献，惟发者父母所与，敢以荐诚[8]。"乃翦[9]发一缭[10]而献之。上遽使高力士召还，宠待益深。

时诸贵戚竞以进食相尚[11]，上命宦官姚思艺为检校进食使[12]，水陆珍羞[13]数千盘，一盘费中人[14]十家之产。中书舍人窦华[15]尝退朝[16]，值公主进食，列于中衢[17]，传呼[18]按辔出其间；宫苑小儿[19]数百奋梃于前，华仅以身免。

安西节度使高仙芝破朅师，虏其王勃特没。三月，庚子[20]，立勃特没之兄素迦为朅师王。

上命御史大夫王鉷凿华山路，设坛场于其上。是春，关中旱；辛亥[21]，岳祠[22]灾；制罢封西岳。

夏，四月，己巳[23]，御史大夫宋浑[24]坐赃巨万，流潮阳[25]。初，吉温因李林甫得进；及兵部侍郎兼御史中丞杨钊恩遇浸深，温遂去林甫而附之，为钊画代林甫执政之策。萧炅及浑，皆林甫所厚也，求得其罪，使钊奏而逐之，以剪其心腹，林甫不能救也。

五月，乙卯[26]，赐安禄山爵东平郡王。唐将帅封王自此始。

秋，七月，乙亥[27]，置广文馆[28]于国子监[29]，以教诸生习进士[30]者。

八月，丁巳[31]，以安禄山兼河北道采访处置使。

朔方节度使张齐丘给粮失宜，军士怒，殴其判官[32]；兵马使[33]郭子仪以身捍齐丘，乃得免。癸亥[34]，齐丘左迁济阴[35]太守，以河西节度使安思顺权知[36]朔方节度事。

辛卯[37]，处士[38]崔昌[39]上言："国家宜承周、汉，以土代火[40]；周、隋皆闰位[41]，不当以其子孙为二王后。"事下公卿集议[42]。集贤殿学士[43]卫包上言："集议之夜，四星聚于尾[44]，天意昭然[45]。"上乃命求殷、周、汉后为三恪[46]，废韩、介、酅公[47]；以昌为左赞善大夫[48]，包为虞部员外郎[49]。

冬，十月，庚申[50]，上幸华清宫。

太白山人王玄翼上言见玄元皇帝，言宝仙洞有妙宝真符[51]。命刑部尚书张均等往求，得之。时上尊道教[52]，慕长生，故所在争言符瑞[53]，群臣表贺无虚月。李林甫等皆请舍宅为观以祝圣寿，上悦。

（以上为第五段，写唐玄宗信奉神仙道教，醉心于符兆，与杨贵妃日处深宫逸乐，而国事日非。）

【注释】

[1]己亥：正月十日。[2]封西岳：西岳，即华山。玄宗曾于先天二年（713）封华山神为金天王。[3]忤旨：违反皇帝旨意。忤，违反，抵触。[4]识虑：见识，思虑。[5]就死：去死，死。[6]御膳：皇帝的饮食。[7]涕泣：哭泣。[8]荐诚：进献诚意。荐，进，献。[9]翦：同"剪"。[10]缭（liáo）：一束。[11]相尚：互相攀比。[12]进食使：使职名。掌进食事宜的临时任命的差遣官。[13]水陆珍羞：羞，食物。水陆珍羞，即山珍海味。[14]中人：中等人户，中产之家。[15]窦华：杨国忠亲信，官至中书舍人。及国忠败，被诛。[16]退朝：朝，朝参。据《唐会要》卷二十五引《仪制令》，凡京司文武职事九品以上官，每月朔望朝参。五品以上及供奉官、员外郎、监察御史、太常博士，每日朝参。朝参完毕，即退朝。[17]中衢（qú）：大道之中。衢，四通八达的道路。[18]传呼：传命呼叫之人。[19]宫苑小儿：幼小宦官。[20]庚子：三月十二日。[21]辛亥：三月二十三日。[22]岳祠：供奉山岳神的祠庙。[23]己巳：四月十一日。[24]宋浑：宰相宋璟之子。官至御史大夫。传见《旧唐书》卷九十六，《新唐书》卷一百三十四。[25]潮阳：郡名。天宝元年（742）潮州改名，治所在今广东潮安。[26]乙卯：五月二十八日。[27]乙亥：七月丁巳朔无"乙亥"，当为"己亥"之误。己亥，七月十三日。[28]广文馆：玄宗新设学校，置博士、助教，专门教授准备参加进士考试的生徒。至德后废。[29]国子监：管理学校的最高机关。置祭酒一人、司业二人，掌其训导之政令。国子

监下辖国子学、太学、四门学、律学、书学、算学等学。［30］习进士：习读进士考试的学科。［31］丁巳：八月一日。［32］判官：节度使属官，有两人。其一，掌后勤，其二，掌书记。发放军粮为后勤判官。［33］兵马使：为都知兵马使的省称，是节度使属官掌兵马的武官。［34］癸亥：八月七日。［35］济阴：郡名。天宝元年（742）曹州改名，治所在今山东曹县西北。［36］权知：有暂代之意。衔带“权知”的官，亦属诏除而非正命。［37］辛卯：九月六日。［38］处士：未作官的士人。［39］崔昌（？—761）：官至试都水使者。嗣薛王李珍阴谋不轨，昌以同党被斩。［40］国家宜承周、汉，以土代火：据阴阳家土、木、金、火、水五行相生相克的五德终始理论，火克金，水克火，土克水，周朝为火德，汉朝为水德，故崔昌认为唐承周、汉正统，应为土德。［41］闰位：古人称非正统的帝位为闰位。［42］公卿集议：朝廷百官共议。唐朝凡军国大政，或大臣提出的重要建议，多要交付公卿集议，然后由皇帝决策。［43］集贤殿学士：集贤殿书院，开元十三年（725）置，以五品以上官为学士，六品以下为直学士。宰相为学士，则任知院事；另设副知院事，主掌校刊撰集古今经籍图书。［44］四星聚于尾：《新唐书·天文志二》云：“天宝九载八月，五星聚于尾、箕。”尾、箕，星名，中国古天文学所称二十八宿中，属东方七宿。五星聚于尾、箕，是说有五星聚合于尾、箕宿舍。这种所谓星聚现象，按《史记·天官书》云：“五星皆从而聚于一舍，其下国可以礼致天下。”《正义》云：“五星者合，是谓易行。有德者受庆，掩有四方；无德者受殃，乃以死亡也。”这是占星术家的谎言。但古人却信以为真。故卫包以星聚论证应该求殷、周、汉后为三恪，以示“有德”，因此可以“受庆”，会有喜庆之事到来。［45］昭然：明显，显然。［46］恪：敬也。此为特别的封爵之称，谓待之如宾。周武王封虞、夏、殷之后为三恪，此效周封殷、周、汉之后为三恪。［47］韩，介、酅（xí）公：韩公，为北魏皇室后裔。介公，北周皇室之后。酅公，隋代皇室之后。公，为封爵之称。周封五等爵为公侯伯子男。唐代的公，为低于王爵的封号。［48］左赞善大夫：官名。太子东宫有左、右赞善大夫，相当于天子的左右谏议大夫，掌讽谕规谏。［49］虞部员外郎：官名。尚书省工部所属虞部司副长官，佐掌京城街巷的种植、山泽苑囿的采捕渔猎及草木薪炭的供应。［50］庚申：十月五日。［51］符：符箓。指用朱笔或墨笔在纸上画成的似字非字的图形。施术者诳言，符可驱使鬼神，医治疾病，用来实现人的愿望。［52］上尊道教：唐玄宗是唐朝最崇奉道教的皇帝，自称日夜斋心礼谒老子近三十年。尊玄元皇帝为“大圣祖”，改其庙为太清官。规定朝廷祭祀，先朝太清宫。令人画老子像颁于天下。王公以下皆习《老子》。在京师设置专门讲习道教的崇玄学，实行道举，每年贡举加试《老子》。唐玄宗还亲自注疏《老子》，颁布全国，令士庶均家藏一本。派遣求道使，搜求道经，纂成三千多卷的《三洞琼纲》，并缮写传布。在他的带动下，尊礼道教在全国达到狂热的程度。［53］符瑞：符箓显示的祥瑞。

安禄山屡诱奚、契丹，为设会，饮以莨菪酒[1]，醉而坑之，动数千人，函其酋长之首以献，前后数四。至是请入朝，上命有司先为起第于昭应。禄山至戏水，杨钊兄弟姊妹皆往迎之，冠盖[2]蔽野；上自幸望春宫以待之。辛未[3]，禄山献奚俘八千人，上命考课[4]之日书上上考[5]。前此听[6]禄山于上谷[7]铸钱五垆[8]，禄山乃献钱样千缗。

杨钊，张易之[9]之甥也，奏乞昭雪易之兄弟[10]。庚辰[11]，制引易之兄弟迎中宗于房陵之功[12]，复其官爵；仍赐一子官[13]。

钊以图谶有“金刀”，请更名；上赐名国忠。

十二月，乙亥[14]，上还宫。

关西[15]游弈使[16]王难得[17]击吐蕃，克五桥，拔树敦城[18]；以难得为白水军使[19]。

安西四镇节度使高仙芝伪与石国[20]约和，引兵袭之，虏其王及部众以归，悉杀其老弱。仙芝性贪，掠得瑟瑟[21]十余斛，黄金五六橐驼[22]，其余口马杂货称是，皆入其家。

杨国忠德[23]鲜于仲通，荐为剑南节度使。仲通性偏急，失蛮夷[24]心。

故事，南诏常与妻子俱谒都督，过云南[25]，云南太守张虔陀皆私之。又多所征求，南诏王阁罗凤不应，虔陀遣人詈辱[26]之，仍密奏其罪。阁罗凤急忿怨[27]，是岁，发兵反，攻陷云南，杀虔陀，取夷州三十二。

（以上为第六段，写唐玄宗好大喜功，边将以诈术杀戮周边民族百姓以冒功。）

【注释】

[1]莨菪（làngdàng）酒：莨菪籽所酿之酒，甚毒。莨菪，多年生草本植物，根茎块状，灰黑色，叶子互生，长椭圆形，花紫黄色，结蒴果。有毒。种子和根、茎、叶都可供药用，有镇痛、安神等作用。 [2]冠盖：指官吏的服饰和车乘。冠，礼帽。盖，车盖。 [3]辛未：十月十六日。 [4]考课：考核官吏政绩。唐制，尚书考功司掌内外文武官吏考课。凡应考之官，具录当年功过行能，本司或本州长官对众宣读，议其优劣，定为九等考第。再由敕定的校考官（京官位望高者二人充任）、监考官（给事中、中书舍人各一人充任）、判考官（考功郎中、员外郎充任）进行检覆。最后一道程序是注定，京官集应考人对读注定，外官对朝集使注定。考课标准有四善二十七最。详《旧唐书》卷四十三。 [5]上上考：考课九等为上上、上中、上下，中上、中中、中下，下上、下

中、下下。上上考为第一等。［6］听：任凭。［7］上谷：郡名。天宝元年（742）易州改名，治所在今河北易县。［8］铸钱五垆：垆，同“炉”，冶炼铸钱炉。开元二十二年（734）唐玄宗禁天下私铸钱。此时特听禄山铸钱，以示恩宠。［9］张易之（？—705）：武则天的内宠。传见《旧唐书》卷七十八，《新唐书》卷一百四。［10］乞昭雪易之兄弟：张易之、昌宗兄弟在武则天时以内宠专政。中宗神龙元年（705），宰相崔玄暐、张柬之等趁武则天病笃，起兵迎太子（即中宗），诛易之兄弟，枭首于天津桥南。［11］庚辰：十月二十五日。［12］易之兄弟迎中宗于房陵之功：光宅元年（684）二月武则天废中宗为庐陵王，后迁于房陵（房州治所，今湖北房县）。圣历元年（698），在狄仁杰、王方庆、王及善等劝言下，迎还庐陵王，复立为皇太子。张易之兄弟时任控鹤监供奉，为武则天亲信。二张在吉顼怂恿下，为了免于天下切齿之祸，曾向武则天进言立庐陵王。［13］赐一子官：唐代贵族子弟以及五品以上官员的子孙可以门荫任官，亦称赐官。张易之官至秘书监（从三品），复官后其子可荫任从七品下官。［14］乙亥：十二月二十日。［15］关西：古地区名。汉唐时代泛指函谷关或潼关以西的地区。［16］游弈使：使职名。统率士兵执行游动警戒任务的差遣军官。［17］王难得（？—763）：琅邪临沂（今山东临沂北）人。武将。官至卫尉卿，封琅邪郡公。传见《旧唐书》卷一百八十三，《新唐书》卷一百四十七。［18］树敦城：城名。在今青海共和县南。［19］白水军使：使职名。统率白水军戍兵的差遣长官，治所在今青海大通县西北，属陇右节度使。［20］石国：古国名。故地在今中亚乌兹别克斯坦塔什干一带。［21］瑟瑟：一种碧绿色的珠宝。［22］橐（tuó）驼：骆驼。［23］德：感激，报恩。［24］蛮夷：古代泛指中原华夏民族以外的少数民族。此指西南少数民族。［25］云南：郡名。天宝元年（742）姚州改名，治所在今云南祥云东南云南驿。［26］詈（lì）辱：责骂，侮辱。［27］忿怨：愤怒，怨恨。

十载（辛卯，751年）

春，正月，壬辰[1]，上朝献[2]太清宫；癸巳[3]，朝享太庙；甲子[4]，合祭天地于南郊，赦天下，免天下今载地税。

丁酉[5]，命李林甫遥领朔方节度使，以户部侍郎李暐知留后事。

庚子[6]，杨氏五宅[7]夜游，与广平公主[8]从者争西市门[9]，杨氏奴挥鞭及公主衣，公主坠马，驸马程昌裔下扶之，亦被数鞭。公主泣诉于上，上为之杖杀杨氏奴。明日，免昌裔官，不听朝谒。

上命有司为安禄山治第于亲仁坊[10]，敕令但穷壮丽，不限财力。既成，具幄帟[11]器皿，充牣其中，有帖白檀床[12]二，皆长丈，阔六尺；银平脱[13]屏风[14]，帐方丈六尺[15]；于厨厩[16]之物皆饰以金银，金饭罂[17]二，银淘盆[18]二，皆受五斗，织银丝筐[19]及笊篱[20]各一；

他物称是。虽禁中服御之物[21]，殆[22]不及也。上每令中使为禄山护役[23]，筑第及造储偫赐物，常戒之曰：“胡眼大[24]，勿令笑我。”

禄山入新第，置酒，乞降墨敕[25]请宰相至第。是日，上欲于楼下击毬[26]，遽为罢戏，命宰相赴之。日遣诸杨与之选胜[27]游宴，侑[28]以梨园[29]教坊[30]乐。上每食一物稍美，或后苑校猎获鲜禽，辄遣中使走马赐之，络绎[31]于路。

甲辰[32]，禄山生日，上及贵妃赐衣服、宝器、酒馔甚厚。后三日，召禄山入禁中，贵妃以锦绣为大襁褓[33]，裹禄山，使宫人以彩舆[34]舁[35]之。上闻后宫欢笑，问其故，左右以贵妃三日洗禄儿[36]对。上自往观之，喜，赐贵妃洗儿金银钱，复厚赐禄山，尽欢而罢。自是禄山出入宫掖不禁，或与贵妃对食，或通宵不出，颇有丑声闻于外，上亦不疑也。

安西节度使高仙芝入朝，献所擒突骑施可汗、吐蕃酋长、石国王、朅师王。加仙芝开府仪同三司。寻以仙芝为河西节度使，代安思顺；思顺讽群胡割耳剺面[37]请留己，制复留思顺于河西。

安禄山求兼河东节度。二月，丙辰[38]，以河东节度使韩休珉为左羽林将军[39]，以禄山代之。

户部郎中吉温见禄山有宠，又附之，约为兄弟。说禄山曰：“李右丞相[40]虽以时事亲三兄[41]，不必肯以兄为相；温虽蒙驱使，终不得超擢。兄若荐温于上，温即奏兄堪[42]大任[43]，共排林甫出之，为相必矣。”禄山悦其言，数称温才于上，上亦忘曩日之言[44]。会禄山领河东，因奏温为节度副使、知留后，以大理司直[45]张通儒[46]为留后判官，河东事悉以委之。

是时，杨国忠为御史中丞，方承恩用事。禄山登降殿阶，国忠常扶掖[47]之。禄山与王铁俱为大夫，铁权任亚于李林甫。禄山见林甫，礼貌颇倨。林甫阳以他事召王大夫，铁至，趋拜甚谨；禄山不觉自失，容貌益恭。林甫与禄山语，每揣知[48]其情，先言之，禄山惊服。禄山于公卿皆慢侮[49]之，独惮[50]林甫，每见，虽盛冬，常汗沾[51]衣。林甫乃引与坐于中书厅[52]，抚以温言[53]，自解披袍以覆之。禄山忻荷[54]，言无不尽，谓林甫为十郎[55]。既归范阳，刘骆谷[56]每自长安来，必问："十郎何言？"得美言则喜；或但云"语安大夫，须好检校[57]！"辄[58]反手据[59]床曰："噫嘻[60]，我死矣！"

禄山既兼领三镇[61]，赏刑己出，日益骄恣。自以曩时不拜太子，见上春秋高，颇内惧；又见武备堕弛[62]，有轻中国之心。孔目官[63]严庄[64]、掌书记[65]高尚[66]因为之解图谶，劝之作乱。

禄山养同罗[67]、奚、契丹降者八千余人，谓之"曳落河[68]"。曳落河者，胡言壮士也。及家僮百余人，皆骁勇善战，一可当百。又畜战马数万匹，多聚兵仗，分遣商胡诣诸道贩鬻[69]，岁输珍货数百万。私作绯紫袍、鱼袋[70]，以百万计。以高尚、严庄、张通儒及将军孙孝哲[71]为腹心，史思明、安守忠、李归仁、蔡希德、牛廷玠、向润容、李庭望、崔乾祐、尹子奇、何千年、武令珣、能元皓、田承嗣[72]、田乾真、阿史那承庆为爪牙[73]。尚，雍奴[74]人，本名不危，颇有辞学，薄游[75]河朔[76]，贫困不得志，常叹曰："高不危当举大事而死，岂能啮[77]草根求活邪！"禄山引置幕府，出入卧内。尚典笺奏，庄治[78]簿书[79]。通儒，万岁[80]之子；孝哲，契丹也。承嗣世为卢龙[81]小校，禄山以为前锋兵马使[82]。尝大雪，禄山按行[83]诸营，至承嗣营，寂若无人，入阅士卒，无一人不在者，禄山以是重之。

（以上为第七段，写安禄山狡黠，深得唐玄宗、杨贵妃宠信，被任命为平卢、范阳、河东三镇节度使而轻视唐室，遂有叛逆之心。）

【注释】

[1]壬辰：正月八日。 [2]朝献：古祭祀名。其仪式是尸（活人装扮的受祭者）入祭室，享食祭品，然后主祭人酌酒敬尸。 [3]癸巳：正月九日。 [4]甲子：正月乙酉朔，无"甲子"，壬辰以来连日祭祀，故"甲子"当为"甲午"之误。甲午，正月十日。 [5]丁酉：正月十三日。[6]庚子：据陈垣《二十史朔闰表》天宝十载正月庚子为正月十六日。但是《旧唐书·后妃上》明确记载，杨家五宅夜游是"十载正月望夜"，即正月十五日夜。可见《二十史朔闰表》的推算亦有不甚精确之处。[7]杨氏五宅：指杨贵妃宗兄杨铦、杨锜及韩国夫人、秦国夫人、虢国夫人五家贵戚。[8]广平公主："平"字据《唐大诏令集》卷四十一封制应改为"宁"。广宁公主，玄宗第二十六女，始封顺成公主，天宝八载（749）改封广宁公主，九载四月二十六日出降程昌胤（裔）。传见

《新唐书》卷八十三。［9］西市门：西市，在唐长安外郭城内朱雀门大街西第四街，怀远坊之北、醴泉坊之南，占二坊之地，为长安县所属商业贸易市场。西市四面各二门，所云“西市门”当指此。［10］亲仁坊：唐长安城坊之一，在朱雀门大街东第三街，宣阳坊南、永宁坊北。［11］幄帟（yì）：帐幕。［12］帖白檀床：雕花贴金的白檀木床。帖，贴金。白檀，檀香木中最好的一种，色白而香。［13］银平脱：平脱，古代漆器工艺名。把镂成花纹图案的金、银薄叶，用胶漆贴在所制器物表面，重行上漆，加工细磨，使花纹脱露，这种工艺称平脱。纯用银叶制成的为银平脱。［14］屏风：室内陈设的作为挡风或遮蔽的用具。［15］帐方丈六尺：据章校，此五字应作“一方一丈八”。［16］厨厩：厨房、马圈。［17］饭罂（yīng）：罂，腹大口小的盛酒器。饭罂，罂形盛饭器。［18］淘盆：淘米的盆子。［19］织银丝筐：以银丝织成的滤米筐。［20］笊（zhào）篱：本用竹篾编成的杓形滤器。此为银丝织成。［21］禁中服御之物：皇帝宫中使用物。［22］殆：大概，恐怕。［23］护役：监护工役。［24］眼大：贪多。［25］墨敕：由皇帝亲自书写的，不经过中书出旨、门下审覆、尚书省颁行而直接下达的敕令。［26］毬：同“球”，古代习武用具。用皮做成，以毛充实其中，足踏或杖击为戏。［27］选胜：选择名胜之地。［28］侑（yòu）：侑欢，犹言助兴。［29］梨园：玄宗曾选乐工三百人，宫女数百人，于禁苑的梨园教练歌舞，亲自纠正声音差误，号“皇帝弟子”，又称“梨园弟子”。后世因称戏班为梨园，戏曲演员为梨园子弟。［30］教坊：掌管女乐的官署。本来，高祖已于禁中置内教坊，教习乐舞，隶属太常；玄宗开元二年（714），置内教坊于蓬莱宫侧（徐松《唐两京城坊考》认为此即梨园弟子），京都置左右教坊，以教俗乐，以中官为教坊使。后凡祭祀朝会，则用太常雅乐，岁时宴享，则用教坊诸部乐。［31］络绎：往来不绝。［32］甲辰：正月二十日。［33］襁褓（qiángbǎo）：婴儿的被子。［34］彩舆：彩车。［35］舁（yú）：抬。［36］三日洗禄儿：新生儿三天后沐浴。安禄山认贵妃为母，贵妃便以禄山生日后第三天浴以为戏。［37］割耳剺（lí）面：剺，划。我国古代匈奴、回纥等民族的风俗，凡遇大忧大丧，就用刀划脸或割去耳朵，表示悲愁。［38］丙辰：二月二日。［39］左羽林将军：武官名。唐有左右羽林军，各设大将军一人、将军二人，统领所属北衙禁兵，宿卫宫城。［40］李右丞相：即李林甫。天宝元年（742），改侍中为左相，中书令为右相。李林甫官中书令，故称右相。据胡三省注，“丞”为衍字。［41］三兄：安禄山排行第三。［42］堪：能够，可以。［43］大任：重任，指宰相。［44］曩（nǎng）日之言：曩，过去，以往。吉温作新丰县丞时，太子文学薛嶷曾把他推荐给玄宗，玄宗召见温后说：“是一不良人，朕不用也。”事见天宝四载。［45］大理司直：官名。大理寺属员，掌出使推鞫查核，参议疑狱。［46］张通儒：安禄山心腹谋士，曾任为西京留守。安庆绪时为中书令。［47］扶掖：搀扶。［48］揣知：试探，猜测。［49］慢侮：轻慢，不礼貌。［50］惮：畏惧，害怕。［51］沾：浸湿。［52］中书厅：指中书省的办公厅堂。［53］抚以温言：用温和言语进行安慰。［54］忻（xìn）荷：忻，同“欣”，心中高兴。荷，感荷，感谢。［55］十郎：李林甫排行第十。［56］刘骆谷：安禄山幕僚，常替禄山入朝奏事，充当耳目。［57］检校：检点。［58］辄：往往。［59］据：靠着，按着。

[60]噫嘻（yīxī）：感叹词。［61］三镇：平卢、范阳、河东，此时安禄兼三镇节度使。［62］武备堕弛：军备松弛、毁坏。武备，军备。堕，同“隳”，毁坏。弛，松弛。［63］孔目官：地方军府衙前吏职名。掌管文书档案。事无大小，都经其手，一孔一目，无不综理，故名。［64］严庄：安禄山幕僚，为其谋主。后谋杀禄山，立其子安庆绪为主。至德二载（757）降唐。［65］掌书记：节度使的幕职。掌表奏书檄的起草。［66］高尚：安禄山心腹。传见《旧唐书》卷二百上，《新唐书》卷二百二十五上。［67］同罗：古部族名。早为铁勒的别部。后为回纥外九姓部落之一，活动在今蒙古人民和国境内图拉河北。贞观时内属，二十一年（647）唐于其地置龟林都督府。［68］曳落河：又作曳敕、拽剌，契丹语，意为壮士、健儿。［69］贩鬻（yù）：贩卖。［70］绯紫袍、鱼袋：绯，红色，唐制，文武官员三品以上服紫，金玉带；四品服深绯，五品服浅绯，并金带。又，五品以上官员，给随身鱼符，皆盛以袋，谓之鱼袋。安禄山私作大量绯袍、紫袍和鱼袋，以备起事后封授官爵之用。［71］孙孝哲：安禄山将领，后降唐。传见《旧唐书》卷二百上，《新唐书》卷二百二十五上。［72］田承嗣（704—778）：平州（今河北卢龙）人。初事安禄山，后降唐，为魏博节度使，割据一方。官至检校尚书仆射、同中书门下平章事，封雁门郡王。传见《旧唐书》卷一百四十一，《新唐书》卷二百一十。［73］爪牙：得力的助手、亲信或党羽。［74］雍奴：县名。县治在今天津市武清东。［75］薄游：即周游。［76］河朔：地区名。泛指黄河以北。［77］啮（niè）：咬。［78］治：管理，处理。［79］簿书：官署文书。［80］万岁：即张万岁，初为刘武周的骁将，降唐，贞观（627—649）至麟德（664—665）间，任太仆少卿，领群牧。故胡三省注云：“通儒必非其子，或者其孙也；否则别又有一张万岁。”［81］卢龙：古塞名。在今河北喜峰口附近。［82］使：据章校，“使”字下有“治军严整”四字。［83］按行：巡行。

夏，四月，壬午[1]，剑南节度使鲜于仲通讨南诏蛮，大败于泸南[2]。时仲通将兵八万分二道出戎[3]、嶲州，至曲州[4]、靖州[5]。南诏王阁罗凤谢罪，请还所俘掠，城云南而去，且曰：“今吐蕃大兵压境，若不许我，我将归命吐蕃，云南非唐有也。”仲通不许，囚其使。进军至西洱河[6]，与阁罗凤战，军大败，士卒死者六万人，仲通仅以身免。杨国忠掩其败状，仍叙其战功。阁罗凤敛战尸，筑为京观[7]，遂北臣[8]于吐蕃。蛮语谓弟为“钟”，吐蕃命阁罗凤为“赞普[9]钟”，号曰东帝，给以金印。阁罗凤刻碑于国门，言己不得已而叛唐，且曰：“我世世事唐，受其封爵，后世容复归唐，当指碑以示唐使者，知吾之叛非本心也。”

制大募两京及河南、北兵以击南诏；人闻云南多瘴疠[10]，未战士卒死者什八九，莫肯应募。杨国忠遣御史分道捕人，连枷[11]送诣军所。旧制，百姓有勋者免征役，时调兵既多，国忠奏先取高勋。于是行者愁怨，父母妻子送之，所在哭声振野。

高仙芝之虏石国王也，石国王子逃诣诸胡，具告仙芝欺诱贪暴之状。诸胡皆怒，潜引大食欲共攻四镇。仙芝闻之，将蕃、汉三万众击大食[12]，深入七百余里，至恒罗斯城[13]，与大食遇。相持五日，葛罗禄[14]部众叛，与大食夹攻唐军，仙芝大败，士卒死亡略尽，所余才数千人。右威卫将军李嗣业劝仙芝宵遁[15]。道路阻隘，拔汗那部众在前，人畜塞路；嗣业前驱，奋大梃击之，人马俱毙，仙芝乃得过。

将士相失，别将[16]汧阳段秀实[17]，闻嗣业之声，诟[18]曰："避敌先奔，无勇也；全己弃众，不仁也。幸而得达，独无愧乎！"嗣业执其手谢[19]之，留拒追兵，收散卒，得俱免。还至安西，言于仙芝，以秀实兼都知兵马使，为己判官。

八月，丙辰[20]，武库火，烧兵器三十七万。

安禄山将三道[21]兵六万以讨契丹，以奚骑二千为乡导[22]。过平卢千余里，至土护真水[23]，遇雨。禄山引兵昼夜兼行[24]三百余里，至契丹牙帐，契丹大骇。时久雨，弓弩筋胶皆弛，大将何思德言于禄山曰："吾兵虽多，远来疲弊，实不可用，不如按甲息兵以临之，不过三日，虏必降。"禄山怒，欲斩之，思德请前驱效死。思德貌类禄山，虏争击，杀之，以为已得禄山，勇气增倍。奚复叛，与契丹合，夹击唐兵，杀伤殆尽。射禄山，中鞍，折冠簪[25]，失履，独与麾下二十骑走；会夜，追骑解[26]，得入师州[27]。归罪于左贤王哥解[28]、河东兵马使鱼承仙而斩之。

平卢兵马使史思明惧，逃入山谷近二旬，收散卒，得七百人。平卢守将史定方将精兵二千救禄山，契丹引去，禄山乃得免。至平卢，麾下皆亡，不知所出。史思明出见禄山，禄山喜，起，执其手曰："吾得汝，复何忧！"思明退，谓人曰："向使[29]早出，已与哥解并斩矣。"契丹围师州，禄山使思明击却之。

冬，十月，壬子[30]，上幸华清宫。

杨国忠使鲜于仲通表请己遥领剑南；十一月，丙午[31]，以国忠领剑南节度使。

（以上为第八段，写唐军征南诏、讨西域、袭契丹，全线败北。）

【注释】

[1]壬午：四月三十日。 [2]泸南：泸水之南。古泸水指今雅砻江下游和金沙江会合雅砻以后一段。 [3]戎：即戎州，州名。治所在今四川宜宾市。 [4]曲州：州名。治所在今云南昭通。 [5]靖州：州名。治所今缺，当在今四川宜宾市境内。 [6]西洱河：即洱海。在今云南大理市东。 [7]京观：古代战争，胜者为了炫耀武功，收集敌人尸首，封土成高冢，称为京观。阁罗凤所筑京观在今云南大理市下关。 [8]北臣：北面称臣。古代君见臣，南面而坐，故以“北面”指向人称臣。 [9]赞普：吐蕃君长称号，意为强雄的大丈夫。 [10]瘴疠（zhànglì）：山林湿热地区流行的恶性疟疾等传染病。 [11]连枷：枷锁相连。 [12]大食：即当时的阿拉伯帝国。[13]恒罗斯城：据《旧唐书·段秀实传》，“恒”为“怛”之误。古城名。唐时为西域交通中心之一，故址在哈萨克斯坦东南部江布尔城。 [14]葛罗禄：西突厥的一支，分布在今新疆准噶尔盆地，唐高宗时，在该地设有都督府。后加入回纥外九姓部落集团。天宝中，徙西突厥故地，建庭于碎叶城。 [15]宵遁：乘夜逃走。 [16]别将：军官名。圣历三年（700）始置，每折冲府一员，居果毅都尉之下，其职责是随折冲都尉操练卫士和出发戍卫。若征调府兵数量较少，则由别将领队出发。若折冲府缺兵曹、长史，则别将兼判府事。 [17]段秀实（？—783）：汧阳（今陕西千阳）人，有智谋。朱泚之乱，段秀实欲谋杀朱泚而壮烈牺牲。传见《旧唐书》卷一百二十八，《新唐书》卷一百五十三。 [18]诟（gòu）：骂。 [19]谢：道歉。 [20]丙辰：八月六日。 [21]三道：唐代在军政方面有不同含义的道。这里指的是由监察区演变为方镇的道，即一个节度使管辖的地区称为道。三道，指幽州、平卢、河东三节度使辖区。 [22]乡（xiàng）导：即向导，在前带路者。 [23]土护真水：又作吐护真河。即今内蒙古老哈河。 [24]兼行：加倍赶路。 [25]冠簪（zān）：指别住帽子的针簪。冠，帽子。簪，古代用来绾住头发或把帽子别在头发上的一种针形首饰。[26]解（xiè）：懈怠。[27]师州：河北道羁縻州名。侨治良乡之东闾城。不详今在何处。[28]左贤王哥解：哥解，突厥降将。左贤王为汉朝时匈奴单于下的最高官职，通常由单于的继承者担任。唐代突厥官职中未见此名。此亦当为哥解的官名。 [29]向（xiàng）使：假使，如果。[30]壬子：十月三日。 [31]丙午：十一月二十七日。

十一载（壬辰，752 年）

春，正月，丁亥[1]，上还宫。

二月，庚午[2]，命有司出粟帛及库钱数十万缗[3]于两市[4]易恶钱。先是，江、淮多恶钱，贵戚大商往往以良钱一易恶钱五，载入长安，市井[5]不胜其弊，故李林甫奏请禁之，官为易取，期一月，不输官者罪之。于是商贾嚣然[6]，不以为便。众共遮[7]杨国忠马自言，国忠为之言于上，乃更命非铅锡所铸及穿穴者[8]，皆听用之如故。

三月，安禄山发蕃、汉步骑二十万击契丹，欲以雪去秋之耻。初，突厥阿布思来降[9]，上厚礼之，赐姓名李献忠，累迁朔方节度副使，赐爵奉信王。献忠有才略，不为安禄山下，禄山恨之；至是，奏请献忠帅同罗数万骑，与俱击契丹。献忠恐为禄山所害，白留后张晴，请奏留不行，晴不许。献忠乃帅所部大掠仓库，叛归漠北，禄山遂顿兵不进。

乙巳[10]，改吏部为文部，兵部为武部，刑部为宪部。

户部侍郎、御史大夫、京兆尹王鉷，权宠日盛，领二十余使[11]。宅旁为使院，文案盈积，吏求署一字，累日不得前；中使赐赉[12]不绝于门，虽李林甫亦畏避之。林甫子岫[13]为将作监，鉷子准为卫尉少卿，俱供奉禁中[14]。准陵侮岫，岫常下之。然鉷事林甫谨，林甫虽忌其宠，不忍害也。

准尝帅其徒过驸马都尉王繇[15]，繇望尘拜伏；准挟[16]弹[17]命中于繇冠，折其玉簪，以为戏笑。既而繇延准置酒；繇所尚永穆公主，上之爱女也，为准亲执刀匕[18]。准去，或谓繇曰："鼠[19]虽挟其父势，君乃使公主为之具[20]食，有[21]如上闻，无乃[22]非宜？"繇曰："上虽怒无害，至于七郎[23]，死生所系，不敢不尔[24]。"

鉷弟户部郎中焊，凶险不法，召术士任海川问："我有王者之相否？"海川惧，亡匿。鉷恐事泄，捕得，托以他事杖杀之。王府司马[25]韦会，定安公主[26]之子，王繇之同产[27]也，话之私庭[28]。鉷使长安尉贾季邻收会系狱，缢杀之。繇不敢言。

焊所善邢縡[29]，与龙武万骑[30]谋杀龙武将军，以其兵作乱，杀李林甫、陈希烈、杨国忠；前期[31]二日，有告之者。夏，四月，乙酉[32]，上临朝[33]，以告状面授焊，使捕之。鉷意焊在縡所，先使人召之，日晏[34]，乃命贾季邻等捕縡。縡居金城坊[35]，季邻等至门，縡帅其党数十人持弓刀格斗突出。鉷与杨国忠引兵继至，縡党曰："勿伤大夫人[36]。"国忠之傔密谓国忠曰："贼有号[37]，不可战也。"縡斗且走，至皇城[38]

西南隅。会高力士引飞龙禁军[39]四百至，击斩綍，捕其党，皆擒之。

国忠以状白[40]上，曰："铁必预谋。"上以铁任遇深，不应同逆；李林甫亦为之辩解[41]。上乃特命原[42]焊不问，然意欲铁表请罪之；使国忠讽之，铁不忍[43]，上怒。会陈希烈极言铁大逆当诛，戊子[44]，敕希烈与国忠鞫之，仍以国忠兼京兆尹。于是任海川、韦会等事皆发，狱具，铁赐自尽，焊杖死于朝堂，铁子准、偁[45]流岭南，寻杀之。有司籍[46]其第舍，数日不能遍。铁宾佐莫敢窥其门，独采访判官[47]裴冕[48]收其尸葬之。

初，李林甫以陈希烈易制，引为相，政事常随林甫左右，晚节[49]遂与林甫为敌，林甫惧。会李献忠叛，林甫乃请解朔方节制，且荐河西节度使安思顺自代[50]；庚子[51]，以思顺为朔方节度使。

五月，戊申[52]，庆王琮薨，赠靖德太子。

（以上为第九段，写权臣倾轧，杨国忠逼杀御史大夫王铁，威震天下，李林甫亦畏避之。）

【注释】

[1]丁亥：正月九日。［2］庚午：二月二十二日。［3］数十万缗：《旧唐书·食货志》和《册府元龟·邦计部·钱币三》皆作"三数十万贯"，《新唐书·食货志四》作"三十万缗"。［4］两市：指长安的东市和西市。［5］市井：此指市井之人，即进行买卖的人。［6］嚣然：喧哗，吵闹。［7］遮：拦住。［8］非铅锡所铸及穿穴者：《旧唐书·食货志》和《册府元龟·邦计部·钱币三》皆作"非铁锡、铜沙、穿穴、古文，并许依旧行用。"《资治通鉴》作"铅锡"不合原意。［9］突厥阿布思来降：天宝元年（742），朔方节度使王忠嗣趁突厥内乱而出兵，西叶护阿布思率众降唐。［10］乙巳：三月二十八日。［11］领二十余使：据《旧唐书·王铁传》，此时王铁所领使职有和市和籴使、长春宫使、户口色役使、京畿采访使、京畿关内道黜陟使、关内采访使、闲厩使、苑内营田、五坊、宫苑等使、陇右群牧使、支度营田使、都知总监及栽接等使。［12］赐赉：赏赐。［13］岫（xiù）：人名。李林甫之子。［14］供奉禁中：在禁苑侍奉皇帝。按将作监和卫尉少卿非供奉官，只有因优宠且特命才能供奉于禁中。［15］王繇：相州安阳（今河南安阳市）人，王同皎（神龙时任光禄卿，谋诛武三思被杀）之子。尚唐玄宗长女永穆公主。［16］挟：携带。［17］弹（tán）：用弹弓发射弹丸。［18］亲执刀匕：意即亲手拿起刀匙做饭菜。刀匕，刀和匙，借指炊具。［19］鼠：犹言鼠辈，蔑视他人之词。［20］具：备，置备。［21］有：助词，无义，常加于他词之前以成句。［22］无乃：岂不是。表示委婉语气。［23］七郎：王铁排

行第七。［24］尔：助词，用于句末，表示语气。［25］王府司马：官名。王府属官，与长史共统府内僚属，总管王府政务。［26］定安公主：中宗之女，下嫁王同皎，生繇，又嫁韦濯，生会。［27］同产：同母兄弟。［28］私庭：自己家里。［29］邢縡（zài）：人名。乱党首领。［30］龙武万骑：禁军名。即左右龙武军所隶左右万骑营。［31］前期：在约定日期之前。［32］乙酉：四月九日。［33］临朝：当朝处理国事。［34］日晏：日暮。［35］金城坊：长安城坊之一。在朱雀大街西第四街之北第三坊。［36］勿伤大夫人：言不要伤害王鉷所带之人。王鉷当时兼御史大夫。［37］号：暗号。［38］皇城：皇城是长安城内的子城，北与宫城相接，是唐朝军政机构和宗庙所在地。［39］飞龙禁军：飞龙，本是武则天万岁通天元年（696）所置仗内闲厩之一。同时又置飞龙使，由宦官担任，掌管闲厩马匹，并领有大量养马、调马人员，是一种潜在的军事力量。飞龙禁军，一种理解是乘飞龙闲厩马匹的北衙禁军；另一种理解是把飞龙使掌握的人马武装起来充当的禁军。［40］白：下对上告诉、陈述。［41］辩解：辩护，解释。［42］原：宽恕，赦免。［43］不忍：不愿上表请。［44］戊子：四月十二日。［45］偁（chēng）："称扬"的"称"的本字。［46］籍：没收入官。［47］采访判官：采访使的幕职，为处理使府实际事务的僚佐。［48］裴冕（？—769）：河东冠族。官至中书侍郎、同中书门下平章事，封冀国公。传见《旧唐书》卷一百一十三，《新唐书》卷一百四十。［49］晚节：晚年。［50］自代：代替自己。［51］庚子：四月二十四日。［52］戊申：五月三日。

丙辰[1]，京兆尹杨国忠加御史大夫、京畿·关内采访等使，凡王鉷所绾[2]使务，悉归国忠。

初，李林甫以国忠微才[3]，且贵妃之族，故善遇之。国忠与王鉷俱为中丞，鉷用[4]林甫荐为大夫，故国忠不悦，遂深探邢縡狱，令引[5]林甫交私鉷兄弟及阿布思事状，陈希烈、哥舒翰从而证之；上由是疏林甫。国忠贵震天下，始与林甫为仇敌矣。

六月，甲子[6]，杨国忠奏吐蕃兵六十万救南诏，剑南兵击破之于云南，克故隰州[7]等三城，捕虏[8]六千三百，以道远，简[9]壮者千余人及酋长降者献之。

秋，八月，乙丑[10]，上复幸左藏，赐群臣帛[11]。癸巳[12]，杨国忠奏有凤皇[13]见左藏库屋，出纳判官[14]魏仲犀[15]言凤集库西通训门[16]。

九月，阿布思入寇，围永清栅[17]，栅使[18]张元轨拒却之。

冬，十月，戊寅[19]，上幸华清宫。

己亥[20]，改通训门曰凤集门；魏仲犀迁殿中侍御史，杨国忠属吏率以凤皇优得调[21]。

南诏数寇边，蜀人请杨国忠赴镇；左仆射兼右相李林甫奏遣之。国忠将行，泣辞，上言必为林甫所害，贵妃亦为之请。上谓国忠曰："卿蹔[22]到蜀区处[23]军事，朕屈指[24]待卿，还当入相。"林甫时已有疾，忧懑[25]不知所为，巫言一见上可小愈；上欲就视之，左右固谏。上乃令林甫出庭中，上登降圣阁[26]遥望，以红巾招之。林甫不能拜，使人代拜。国忠比[27]至蜀，上遣中使召还，至昭应，谒林甫，拜于床下。林甫流涕谓曰："林甫死矣，公必为相，以后事累公！"国忠谢不敢当，汗出覆面。十一月，丁卯[28]，林甫薨。

上晚年自恃[29]承平[30]，以为天下无复可忧，遂深居禁中，专以声色自娱，悉委政事于林甫。林甫媚事左右[31]，迎合上意，以固其宠；杜绝言路[32]，掩蔽聪明[33]，以成其奸；妒贤嫉能，排抑胜己，以保其位；屡起大狱，诛逐贵臣，以张其势。自皇太子以下，畏之侧足[34]。凡在相位十九年，养成[35]天下之乱，而上不之寤[36]也。

庚申[37]，以杨国忠为右相[38]，兼文部尚书[39]，其判使[40]并如故。

国忠为人强辩而轻躁，无威仪[41]。既为相，以天下为己任，裁决机务[42]，果敢不疑；居朝廷，攘袂扼腕[43]，公卿以下，颐指气使，莫不震慑[44]。自侍御史至为相，凡领四十余使。台省官[45]有才行时名[46]，不为己用[47]者，皆出之。

或劝陕郡进士张彖[48]谒国忠，曰："见之，富贵立可图。"彖曰："君辈[49]倚[50]杨右相如泰山[51]，吾以为冰山[52]耳！若皎日既出，君辈得无失所恃乎！"遂隐居嵩山[53]。

国忠以司勋员外郎[54]崔圆[55]为剑南留后，征魏郡太守吉温为御史中丞，充京畿、关内采访等使。温诣范阳辞安禄山，禄山令其子庆绪送至境，为温控马[56]出驿数十步。温至长安，凡朝廷动静，辄报禄山，信宿而达。

十二月，杨国忠欲收人望[57]，建议："文部选人，无问贤不肖，选深[58]者留[59]之，依资[60]据阙注官[61]。”滞淹[62]者翕然[63]称之。国忠凡所施置[64]，皆曲徇[65]人所欲，故颇得众誉。

甲申[66]，以平卢兵马使史思明兼北平太守，充卢龙军使。

丁亥[67]，上还宫。

丁酉[68]，以安西行军司马[69]封常清为安西四镇节度使。

哥舒翰素与安禄山、安思顺不协，上常和解之，使为兄弟。是冬，三人俱入朝，上使高力士宴之于城东。禄山谓翰曰：“我父胡，母突厥，公父突厥，母胡，族类颇同，何得不相亲？”翰曰：“古人云，狐向窟嗥不祥[70]，为其忘本故也。兄苟见亲，翰敢不尽心！”禄山以为讥其胡也，大怒，骂翰曰：“突厥敢尔[71]！”翰欲应之，力士目翰，翰乃止，阳醉[72]而散，自是为怨愈深。

棣王琰[73]有二孺人[74]，争宠，其一使巫书符置琰履中以求媚。琰与监院宦者[75]有隙，宦者知之，密奏琰祝诅[76]上；上使人掩[77]其履而获之，大怒。琰顿首谢：“臣实不知有符。”上使鞫之，果孺人所为。上犹疑琰知之，因于鹰狗坊[78]，绝朝请[79]，忧愤而薨。

故事，兵、吏部尚书知政事[80]者，选事悉委侍郎以下，三注三唱[81]，仍过门下省审，自春及夏，其事乃毕。及杨国忠以宰相领文部尚书，欲自示精敏，乃遣令史[82]先于私第密定名阙[83]。

（以上为第十段，写杨国忠继李林甫为相，以滥授官职收买人心。）

【注释】

[1]丙辰：五月十一日。[2]绾（wǎn）：专管，控制。[3]微才：才能微小。[4]用：介词。因为，由于。[5]引：牵引。[6]甲子：六月丙子朔，无甲子，当为甲午之误。甲午，六月十九日。[7]隰（xí）州：不详所在。[8]捕虏：抓获的俘虏。[9]简：选择。[10]乙丑：据章校，“乙”为“己”之误，己丑，八月十五日。[11]赐群臣帛：即赐帛有差。[12]癸巳：八月十九日。[13]凤皇：即凤凰。古代传说中的鸟王。雄曰凤，雌曰凰。[14]出纳判官：官名。出纳使的属官，佐理使务。[15]魏仲犀：又名魏犀，后任襄阳太守、襄阳节度使等官。[16]通训门：西京宫城内门。在太极宫东面。隋朝曰建春门。[17]永清栅：又名永济栅。在中受降城西二百里大同川。隋防御突厥所筑，故址在今内蒙古乌拉特前旗北。[18]栅使：守护永清栅的差遣官。[19]戊寅：十月五日。[20]己亥：十月二十六日。[21]调（diào）：迁转。

[22]蹔(zàn)：同“暂”。[23]区处：安排。[24]屈指：弯曲手指计算时间。[25]忧懑：忧愁，烦闷。[26]降圣阁：即朝元阁。[27]比：及。[28]丁卯：十一月二十四日。[29]恃：仗恃。[30]承平：太平。[31]媚事左右：以谄媚侍奉皇帝左右之人。[32]杜绝言路：杜绝，阻塞。言路，向天子进言的途径。[33]掩蔽聪明：蒙蔽天子，使其不知道真实情况。掩蔽，遮盖，掩盖。[34]侧足：形容因畏惧而不敢正立。[35]养成：造成。[36]寤(wù)：同“悟”，醒悟。[37]庚申：十一月十七日。[38]右相：即中书令，天宝元年(742)更名。[39]文部尚书：即吏部尚书。[40]判使：判职，使职。[41]无威仪：没有庄严的容貌举止。[42]机务：机要事务，多指军国大事。[43]攘袂(mèi)扼腕：攘，撩起，挽起。袂，袖子。扼，用力掐住。腕，手腕。扼腕，手握其腕。攘袂扼腕，表示飞扬跋扈的情态。[44]震慑(shè)：震恐畏惧。[45]台省官：唐时统称尚书省、门下省、中书省为台省，故在三省供职的官员即台省官。[46]才行时名：以才能、品行获得当时的名声。[47]己用：于己有用，能听候自己使用。[48]张彖：生卒年不详，以学识渊博闻名，后隐居。[49]君辈：君，敬称。你们。[50]倚：倚仗，倚靠。[51]泰山：山名。在山东泰安，古称东岳，为中国五岳之一。[52]冰山：冰山遇日即消融。比喻其权势一时显赫，但不可久长。[53]嵩山：山名。古称中岳，为中国五岳之一。在河南登封北。[54]司勋员外郎：官名。吏部司勋司副长官，佐掌勋官的核定，奏拟。[55]崔圆(704—768)：清河东武城(今山东武城西)人。官至中书令，封赵国公。传见《旧唐书》卷一百八，《新唐书》卷一百四十。[56]控马：引马，牵马。[57]收人望：收买人心。[58]选深：参加铨选时间久，即多次铨选而未注官。[59]留：留下注官。[60]资：资历。[61]注官：注拟官职，即授官。[62]滞淹：滞留，淹留。指久居于下而不得升进。[63]翕(xì)然：一致。[64]施置：施行，设置。[65]曲徇：曲意顺从。[66]甲申：十二月十二日。[67]丁亥：十二月十五日。[68]丁酉：十二月二十五日。[69]安西行军司马：安西节度使幕职。行军司马掌军籍、号令、印信等务，是最重要的军事行政官员。[70]狐向窟嗥(háo)不祥：狐狸向洞窟嗥叫不是好兆头。[71]突厥敢尔：突厥人(你)竟敢这样。[72]阳醉：阳，佯。假装喝醉。[73]棣王琰：玄宗第四子李琰(？—752)，初名嗣真，后改名洽，又改名琰，封鄫王、棣王。传见《旧唐书》卷一百七，《新唐书》卷八十二。[74]孺人：唐代称王的妾，宋朝以后成为一种封号。[75]监院宦者：玄宗把诸皇子、皇孙安置在“十王宅”和“百孙院”分院居住，以宦官监视。监院宦者指此。[76]祝诅：诉于鬼神，使降祸于憎恶之人。[77]掩：趁其不备而袭取之。[78]鹰狗坊：五坊之属。唐有饲养供天子狩猎用的雕、鹘、鹰、鹞、狗五坊，设五坊宫苑使掌之。开元、天宝时闲厩使兼掌五坊宫苑之职。[79]绝朝(cháo)请：朝请，汉代诸侯朝见皇帝，春朝叫朝，秋朝叫请。后泛指朝见皇帝。绝朝请就是不准朝见皇帝。[80]知政事：任宰相之职。[81]三注三唱：唐制，六品以下官员的选拔，始集试书判，次铨察身言，然后注拟和唱名。被注官若官资不相当，任所不便，听至三注，即更改两次。唱名有未听清的，可再唱三唱。称为三注三唱。[82]令史：吏员名。内外官司多有设置，专门从事本司的具体事务，无品

秩。此指吏部司令史。唐吏部司有令史三十人。［83］密定名阙：秘密确定谁补官谁不补官。

十二载（癸巳，753 年）

春，正月，壬戌[1]，国忠召左相陈希烈及给事中、诸司长官皆集尚书都堂[2]，唱注选人，一日而毕，曰："今左相、给事中俱在座，已过门下矣。"其间资格差缪甚众，无敢言者。于是门下不复过官[3]，侍郎但掌试判而已。侍郎韦见素[4]、张倚趋走门庭，与主事[5]无异。见素，凑[6]之子也。

京兆尹鲜于仲通讽选人请为国忠刻颂[7]，立于省门，制仲通撰其辞；上为改定数字，仲通以金填之。

杨国忠使人说安禄山诬李林甫与阿布思谋反，禄山使阿布思部落降者诣阙，诬告林甫与阿布思约为父子。上信之，下吏按问；林甫婿[8]谏议大夫杨齐宣惧为所累[9]，附国忠意证成之。时林甫尚未葬，二月，癸未[10]，制削林甫官爵；子孙有官者除名，流岭南及黔中，给随身衣及粮食，自余赀产并没官；近亲及党与坐贬者五十余人。剖林甫棺，抉取含珠[11]，褫金紫[12]，更以小棺如庶人礼葬之。己亥[13]，赐陈希烈爵许国公，杨国忠爵魏国公，赏其成林甫之狱也。

夏，五月，己酉[14]，复以魏、周、隋后为三恪[15]，杨国忠欲攻李林甫之短也。卫包以助邪贬夜郎[16]尉，崔昌贬乌雷[17]尉。

阿布思为回纥所破，安禄山诱其部落而降之，由是禄山精兵，天下莫及。

壬辰[18]，以左武卫大将军何复光将岭南五府[19]兵击南诏。

安禄山以李林甫狡猾[20]逾[21]己，故畏服之。及杨国忠为相，禄山视之蔑如[22]也，由是有隙[23]。国忠屡言禄山有反状；上不听。

陇右节度使哥舒翰击吐蕃，拔洪济[24]、大漠门[25]等城，悉收九曲部落[26]。

初，高丽人王思礼与翰俱为押牙，事王忠嗣。翰为节度使，思礼为兵马使兼河源军使。翰击九曲，思礼后期；翰将斩之，既而复召释之。思礼徐曰："斩则遂斩，复召何为！"

杨国忠欲厚结翰共排安禄山，奏以翰兼河西节度使。秋，八月，戊戌[27]，赐翰爵西平郡王。翰表侍御史裴冕为河西行军司马。

是时中国盛强，自安远门[28]西尽唐境万二千里，闾阎相望[29]，桑麻翳野[30]，天下称富庶者无如陇右[31]。翰每遣使入奏，常乘白橐驼，日驰五百里。

九月，甲辰[32]，以突骑施黑姓可汗登里伊罗蜜施为突骑施可汗。

北庭都护程千里追阿布思至碛西，以书谕葛逻禄，使相应。阿布思穷迫，归葛逻禄，葛逻禄叶护执之，并其妻子、麾下数千人送之。甲寅[33]，加葛逻禄叶护顿毗伽开府仪同三司，赐爵金山王。

冬，十月，戊寅[34]，上幸华清宫。

杨国忠与虢国夫人居第相邻，昼夜往来，无复期度，或并辔走马入朝，不施障幕[35]，道路为之掩目[36]。

三夫人将从车驾幸华清宫，会于国忠第；车马仆从，充溢数坊，锦绣珠玉，鲜华夺目。国忠谓客曰："吾本寒家，一旦缘椒房至此[37]，未知税驾[38]之所，然念[39]终不能致令名[40]，不若且极乐耳。"杨氏五家，队各为一色衣以相别，五家合队，粲若云锦[41]；国忠仍以剑南旌节[42]引于其前。

国忠子暄举明经[43]，学业荒陋，不及格。礼部侍郎达奚珣[44]畏国忠权势，遣其子昭应尉抚先白之。抚伺国忠入朝上马，趋至马下；国忠意其子必中选，有喜色。抚曰："大人[45]白相公[46]，郎君所试，不中程式[47]，然亦未敢落[48]也。"国忠怒曰："我子何患不富贵，乃令鼠辈相卖！"策马不顾而去。抚惶遽，书白其父曰："彼恃挟[49]贵势，令人惨嗟[50]，安可复与论曲直[51]！"遂置暄上第。及暄为户部侍郎，珣始自礼部迁吏部，暄与所亲言，犹叹己之淹回[52]，珣之迅疾。

国忠既居要地，中外饷遗辐凑[53]，积缣[54]至三千万匹。

上在华清宫，欲夜出游，龙武大将军[55]陈玄礼[56]谏曰："宫外即旷野，安可不备不虞！陛下必欲夜游，请归城阙。"上为之引还。

是岁，安西节度使封常清击大勃律，至菩萨劳城[57]，前锋屡捷，常清乘胜逐之。斥候府[58]果毅段秀实谏曰："虏兵羸[59]而屡北[60]，诱我也；请搜左右山林。”常清从之。果获伏兵，遂大破之，受降而还。

中书舍人宋昱[61]知选事，前进士[62]广平刘迺[63]以选法未善，上书于昱，以为："禹、稷、皋陶同居舜朝，犹曰载采有九德[64]，考绩以九载[65]。近代主司[66]，察言于一幅之判[67]，观行于一揖[68]之间，何古今迟速不侔[69]之甚哉！借使[70]周公、孔子今处铨廷[71]，考其辞华[72]，则不及徐、庾[73]，观其利口[74]，则不若啬夫[75]，何暇论圣贤之事业[76]乎！"

（以上为第十一段，写杨国忠为相，与安禄山交恶。杨氏一门贵宠无比，满朝文武百官争相依附，而识者称之为冰山。）

【注释】

[1]壬戌：正月二十日。[2]尚书都堂：尚书省都堂，即尚书省总办公处。[3]过官：门下省审核吏部、兵部注拟的六品以下官员称过官。[4]韦见素（686—762）：京兆万年（今陕西西安市东）人。官至武部尚书、同中书门下平章事，封邠国公。传见《旧唐书》卷一百八，《新唐书》卷一百一十八。[5]主事：吏员名。内外官司多有设置，承担具体事务，比令史地位高，亦无品秩。吏部司有主事四人。[6]凑：韦凑（657—722），仕睿宗、玄宗朝，数次上书论时政得失，多被采纳。官至将作大匠，封彭城郡公。传见《旧唐书》卷一百一，《新唐书》卷一百一十八。[7]颂：颂碑。[8]壻（xù）：同"婿"，女婿。[9]累（lěi）：牵连。[10]癸未：二月十一日。[11]抉取含珠：把口中的珠玉挑出来。抉，挑出，挖出。含珠，古代贵族丧礼，人死后，把珠玉放在死者口中叫含珠或含玉。[12]褫（chǐ）金紫：褫，夺去。金紫，金鱼袋及紫服。[13]己亥：二月二十七日。[14]己酉：五月九日。[15]复以魏、周、隋后为三恪：天宝九载（750）以殷、周、汉之后为三恪。至是，更以魏、周、隋之后为三恪。[16]夜郎：县名。县治在今贵州正安县西北。[17]乌雷：县名。县治在今广西钦州东南。[18]壬辰：六月二十三日。[19]岭南五府：即广州、桂州、邕州、蒙（容）州、交州五都督府。[20]狡猾：诡诈。[21]逾：越过，超越。[22]蔑如：蔑，无，没有。如，助词，然。蔑如，没有的样子。[23]隙：裂痕。[24]洪济：城名。在青海东境河曲之地。唐初置金天军于此，后入吐蕃。[25]大漠门：城名。在青海东境河曲之地。吐蕃所筑，开元天宝间，数为萧嵩、哥舒翰等所攻拔。[26]九曲部落：吐蕃部落，在今青海化隆县，即汉代大小榆谷。此地水甘草长，宜畜牧。唐睿宗景云元年（710），吐蕃贿赂鄯州都督杨矩，请得河西九曲之地为金城公主汤沐邑，置洪济、大漠门等城守卫。由是吐蕃与唐邻接，势力益张，天宝十二载（753）哥舒翰收复。[27]戊戌：八月三十日。[28]安远门："安"为"开"之讹。见岑仲勉《通鉴隋唐纪比事质疑》。开远门，长安城西面自北而南的第一道城门。[29]闾（jú）阎相望：指村落比连，里巷门庭相望。闾，乡里门。阎，里巷门。[30]翳

（yì）野：满山遍野。翳，遮蔽。［31］陇右：古地区名。泛指陇山以西地区。古代以西为右，故名。约相当于甘肃六盘山以西，黄河以东一带。［32］甲辰：九月六日。［33］甲寅：九月十六日。［34］戊寅：十月十一日。［35］障幕：帷幕，帷帐。旧时妇女外出有帷幕遮蔽。［36］掩目：遮掩眼睛，比喻不堪目睹。［37］缘椒房至此：缘，攀援，凭借。椒房，汉皇后所居宫殿，以椒和泥涂壁，取温、香、多子之义，后以椒房为后妃的代称。意思是凭借皇帝贵妃的关系而达到如今显赫的地位。［38］税（tuō）驾：意即归宿。税，释放，解脱。［39］念：想到。［40］令名：美好的名声。［41］粲若云锦：像云霞和锦缎一样鲜艳。粲，鲜明。云，云霞。锦，有彩色花纹的丝织品。［42］旌节：节度使专制军事，给双旌双节。行则建节，府树六纛。旌以专赏，节以专杀。旌，旌旗。节，符节。［43］举明经：唐科举制常举六科（明经、进士、秀才、明法、明字、明算）之一。主要考试儒家经文，先试帖经，然后口试并答策，取粗有文理的为通。明经又分五经、三经、二经、学究一经、三礼、三传、史科等名目。［44］达奚珣（？—757）：又称达奚大尹。历礼部侍郎、河南尹等官，安禄山攻入西京，署为丞相。肃宗收复京城，以重杖处死。［45］大人：南宋以前专属子对父的称呼。见赵翼《陔馀丛考·大人》。［46］相公：古代拜相者必封公，故称宰相曰相公。见顾炎武《日知录》卷二四。［47］程式：规矩，法式。［48］落：落榜。［49］恃挟：依仗。［50］惨嗟：惨，惨沮，灰心丧气。嗟，叹词，表示感叹。［51］论曲直：讲是非。［52］淹回：淹滞停留，迁升不快。珣迁吏部，在六部中居头行；暄迁户部居中行，地位在珣之后，故有淹回之叹。［53］餉遗（wèi）辐凑：餉遗，馈赠；辐凑，又作辐辏，车辐集中于轴心，比喻人或物聚集一处。指馈赠财物的人聚集其门。［54］缣（jiān）：细绢。［55］龙武大将军：武官名。北衙禁军左右龙武军长官，掌宫城宿卫。［56］陈玄礼：公元756年，马嵬驿兵变诛杀杨国忠及杨贵妃的禁军首领。传见《旧唐书》卷一百六，《新唐书》卷一百二十一。［57］菩萨劳城：不详所在。［58］斥候府：斥候，放哨。斥候府，设在前哨从事警戒的军府。［59］羸（léi）：瘦弱。［60］北：败北。［61］宋昱：官至中书舍人。党附杨国忠，凭势招来赂遗，车马盈门，财货山积。及国忠败，被诛。［62］前进士：唐代进士及第者的称呼。［63］刘迺（723—783）：字永隶，洺州广平（今河北鸡泽东南）人，天宝时进士，官至兵部侍郎。传见《旧唐书》卷一百五十三，《新唐书》卷一百九十三。［64］载采有九德：语出《尚书·皋陶谟》："皋陶曰：'亦行有九德，亦言其人有德，乃言曰载采采。'禹曰：'何？'皋陶曰：'宽而栗，柔而立，愿而恭，乱而敬，扰而毅，直而温，简而廉，刚而塞，强而义，彰厥有常，吉哉！'"载采，开始做事。九德，即"宽而栗……强而义"九种品德。意思是开始做事的人，就应有这九种品德。［65］考绩以九载：语出《尚书·舜典》："三载考绩，三考黜陟幽明。"是说对官吏的考绩三年进行一次，要经过三次考绩共九年，才能积其不善以至于幽而黜之，积其善以至于明而陟（升）之。［66］主司：主考官。［67］察言于一幅之判：察，考察。言，言论，见解。一幅，犹言一纸。判，判辞，指铨选试判的答卷。此句意为：考察见解，只凭一纸有限的判辞。［68］一揖：一个拱手礼。［69］迟速不侔：时间长短不同。此有慎重与草率不同之意。［70］借使：假使。［71］铨廷：铨选之廷，指吏部。

[72]辞华：辞藻的华丽。［73］徐、庾：即徐陵、庾信。徐陵（507—583），南朝梁、陈时人，字孝穆。仕梁为通直散骑常侍，入陈官至尚书左仆射，当时诏策诰命，多出其手。文章绮艳，与庾信齐名，时称徐庾体，然所作以奏议为多，文学成就不及庾信。著有《徐孝穆集》，又选辑《玉台新咏》。传见《陈书》卷二十六，《南史》卷六十二。庾信（513—581），北周人，字子山。善宫体诗，文章绮丽，与徐陵齐名，时称徐庾体。初仕南朝梁，奉使西魏，被留不放还。西魏亡，仕北周，官至骠骑大将军、开府仪同三司。虽居高位，然怀念南朝，常有乡土之思，晚年之作遂趋沉郁，风格与在南朝时迥异，以《哀江南赋》最著名。后人辑有《庾开府集》《庾子山集》。传见《周书》卷四十一，《北史》卷八十三。［74］利口：能言善辩。［75］啬夫：汉官名。如暴室啬夫、虎圈啬夫等主掌织染、虎豹之类具体事务的小官。据《汉书》卷五十《张释之传》载，汉文帝登虎圈，问上林尉禽兽事十余问，尉竟不能答，虎圈啬夫从旁代答，无所不尽。［76］圣贤之事业：指治理天下的事业。

【点评】

本卷记载天宝后期史事，大唐已处于动乱的前夜。天宝后期政治是前期政治的继续，君暗臣奸的格局不但没有改观，而且更加浑浊。君仍是原来的君，唐玄宗更加昏聩。臣还是原来的臣，李林甫继续执政，虎患未除，又添了两只恶狼，即安禄山和杨国忠。天宝后期，安、杨两人势力膨胀，与李林甫三人势均力敌，权奸窝里斗，加速了朝政的腐败与危机的来临。表面上，天宝后期还是一片升平，实际上已是山雨欲来风满楼，社会大动乱的时机已经成熟，只差一根导火索。具体说，天宝后期政治昏暗，已孕育出社会动乱的三大因素：一、武备废弛；二、权奸相继；三、唐玄宗意志消沉。

一、武备废弛。武备是国家政权最重要的支柱。司马迁说："非兵不强，非德不昌。"唐玄宗天宝时期，国家不是无兵，而是兵多，沿边十节使，常备兵五十万，是唐朝国力最强盛的时候，庞大的武备是靠开元盛世的国力支撑的。但为什么又说天宝时期武备废弛呢？第一，配置失衡，尾大不掉。开元时期，长期承平，四境安宁，张说提出了裁兵。可是唐玄宗好大喜功，一心要扩张国力，在沿边置十节度使，精兵强将置于边境，京师及内地空虚，尾大不掉，国家不知不觉处于极度危险的境地。特别是安禄山，身兼平卢、范阳、河东三镇节度使，掌握国家近半数的武装，不反何待！第二，掌御失控。唐中兴以来，以及开元时期，边帅皆用忠厚名臣，不久任，不遥领，不兼统，功名著者往往入为宰相。开元名臣张嘉贞、张说、姚崇都出将入相，兵权掌控在朝廷手中。四夷之将，如阿史那社尔、契苾何力，只任爪牙，不专大将之任。自唐玄宗有了吞四夷之心，为边将者十余年不易，始久任矣，诸王、宰相遥领边将，实不知兵，盖嘉运、王忠嗣专制数道，始兼统矣。李林甫为相，为了个人专断朝政，说服唐玄宗专用胡人勇将任边将，因胡人不知书，杜绝他们入朝任相。例如安禄山斗大字不识半升。胡人带兵，已与汉文化有距离，他们长期守边，兵将一体，国家武装成了骄兵悍将，形成地方割据。安禄山就是在这一背景下被制造出来的。即使忠于朝廷的边将，也往往不听指挥。河西陇右两镇节度使王忠嗣，不听朝廷调度攻取吐蕃石堡城。唐玄宗命王忠嗣协助将军董延光攻取石堡城，王忠嗣消极不配合，以致唐军无功。第三，承平日久，军无斗志。唐军征南诏、讨西域、袭契丹，全线败退。第四，纪律松弛，轻易犯上。朔方节度使张齐丘，发放军粮有克扣，兵士哗变，殴打判官，甚至想杀死张齐丘。一叶落而知秋，朔方节度使的士兵犯上，表明军纪松弛，兵士不堪被奴役，兵将积怨，国家武备成了一个火药桶。朔方节度使的兵变，发出了安史之乱的一个信号，只可惜唐玄宗还在蒙头睡大觉，安史之乱不可避免地要爆发了。

二、权奸相继。一个李林甫，就已经把唐朝政治搞得千疮百孔，好比是一个人身上的大脓疮，还没有被割除，又来了一个杨国忠，这个痈疽比李林甫还要溃烂。杨国忠为相，唐王朝不可救药。第一，杨国忠不学无术，原本就是一个无赖，不仅没有治世之才，而且没有大局观。他与安禄山有隙嫌，屡告安禄山谋反，唐玄宗不听，他身为国相，没有采取任何防范措施，却一门心思挑动安禄山谋反，把自己控制更大的权力寄托在安禄山谋反上，简直就是一个狂人。第二，他是国戚，靠杨贵妃的裙带关系，深受唐玄宗信任，身兼了四十多个头衔。据胡三省考证，重要职务有拜右相、御史大夫、判度支、权知太府卿事，兼蜀郡长史、剑南节度使、支度与营田等副大使，本道并兼山南西道采访处置使，两京太府出纳监仓、祠祭、木炭、宫市、长春、九成宫等使，关内道及京畿采访处置使，兼吏部尚书，集贤殿、崇玄馆学士，修国史、太清紫微宫使，兼掌租庸盐铁等使。国家人事、财政、监察、采购、文教等重权，杨国忠集于一身。兼职泛滥，有两大害处。其一，被兼职的国家机构，一人掌管，形同虚设，没有行政效率，政事完全败坏。其二，各种权力集于一身，为所欲为，官场腐败堕落，迅速恶化，政治越出了轨道，必然大乱。史称杨国忠滥授官职收买人心，无能之辈得了好处称颂杨国忠。而御史台和中书省有才干声望的人，杨国忠把他们一个一个赶走。杨国忠还仗着权势，对百官公卿颐指气使，甚至在大庭广众挽起袖子，指着公卿大臣的鼻子呵斥。如此宰相，只可能扰乱朝纲，焉能治国。势利小人蚁附杨国忠，有识之士称杨国忠是一座冰山。意思是说，太阳一出，他这座冰山就要化掉。

三、唐玄宗意志消沉。如果说唐玄宗在天宝初由于骄侈心，而由明转昏，到了天宝后期，唐玄宗连骄侈心也消尽，他对国家失去了自信，意气消沉，得过且过了。骄侈心是自大，还想有一番作为。意气消沉，就只是沉醉于灯红酒绿了。唐玄宗英年有为，纳谏用贤，励精图治，造就了开元盛世。长期承平，他认为天下无可忧虑，自从得了杨贵妃，就藏于深宫，专心于音乐美色来自我娱乐。国家大事一手交给了李林甫，然后是杨国忠。权奸专政，一心自利，只求奉承讨好皇上，稳固恩宠，杜绝君臣上下言路畅通，蔽塞皇帝耳目，以实现他的奸佞阴谋。久而久之，成为积习。天宝后期，安禄山反形已露，唐玄宗像其他亡国之君一样，听不进半句逆耳之言，他只求上苍保佑得过且过。唐玄宗对安禄山不但不采取节制措施，反而加大他的权势。由平卢、范阳两镇而又兼河东，成为三镇节度使。安禄山要求掌控牧马总兼，唐玄宗予以依从，安禄山挑选国家战马几千匹扩充个人武装。安禄山图谋异志，唐玄宗不是不知，但他已无进取心，想的是息事宁人，用恩宠来感化安禄山。唐玄宗给野心家增大权势，是意志消沉的集中表现。感化野心家，无异于与虎谋皮。群臣势利，见风转舵，纷纷投靠安禄山。例如那个效忠李林甫的吉温，向安禄山摇尾，成了他在朝廷的耳目。宦官出使，也说安禄山的好话。这种局面，完全是唐玄宗一手导演出来的。局面至此，安史之乱只差一根导火索来引爆了。

卷二一七　唐纪三十三

唐玄宗天宝十三载至唐肃宗至德元载（754—756 年）

【起阏逢敦牂（甲午，754 年），尽柔兆涒滩（丙申，756 年）四月，凡二年有奇】

【大事提要】

本卷记事起公元 754 年，讫公元 756 年四月，凡两年又四个月。当唐玄宗天宝十三载至十五载四月。天宝十四载（755）十一月九日甲子，安禄山反叛于范阳。本卷记事写安禄山反叛前与反叛后初期的政治形势。天宝十三载（754），安禄山入朝，求索无厌，求陇右群牧等使，掌控养马总监，立即挑选战马数千匹别养。又称所部将士征讨有功，大肆索求皇上告身，封赏所部士兵将官二千五百余人，收买人心。这些举动，昭示反形已露，唐玄宗加重恩赏以愧安禄山之心，其实是促使其速反，因反常的恩赏激发安禄山的骄侈，又增其猜疑心发展。权臣杨国忠则以交恶安禄山促其速反。这时唐玄宗与杨国忠对安禄山完全相反的态度与不当待遇双双推动安禄山速反。安禄山反叛后，因其长期蓄势，兵强马壮，挥师南下，河北、河南郡县大半陷落。官军仓促应战，封常清、高仙芝兵败东都，固守潼关，正当策略，反被冤杀，唐玄宗自毁长城，增强了贼人气焰。官军讨贼，民众响应。河北颜杲卿、颜真卿兄弟，河南张巡起义兵杀贼，鼓舞了官军士气，扭转了官军望风溃逃的局面，不断取得战斗胜利。洛阳丢失后，战局出现相持局面。

玄宗至道大圣大明孝皇帝下之下

十三载（甲午，754 年）

春，正月，己亥[1]，安禄山入朝[2]。是时杨国忠言禄山必反，且曰："陛下试召之，必不来。"上使召之，禄山闻命即至。庚子[3]，见上于华清宫，泣曰："臣本胡人，陛下宠擢[4]至此，为国忠所疾，臣死无日矣！"上怜之，赏赐巨万，由是益亲信禄山，国忠之言不能入矣。太子亦知禄山必反，言于上，上不听。

甲辰[5]，太清宫奏："学士[6]李琪见玄元皇帝乘紫云，告以国祚延昌[7]。"

唐初，诏敕皆中书、门下官有文者为之。乾封[8]以后，始召文士[9]元万顷[10]、范履冰[11]等草诸文辞，常于北门[12]候进止[13]，时人谓之"北门学士"。中宗之世，上官昭容[14]专其事。上即位，始置翰林院[15]，密迩禁廷，延文章之士[16]，下至僧、道，书、画、琴、棋、数术之工皆处之，谓之"待诏"。刑部尚书张均及弟太常卿垍皆翰林院供奉。上欲加安禄山同平章事[17]，已令张垍草制。杨国忠谏曰："禄山虽有军功，目不知书，岂可为宰相！制书若下，恐四夷轻唐。"上乃止。乙巳[18]，加禄山左仆射[19]，赐一子三品、一子四品官。

丙午[20]，上还宫。

安禄山求兼领闲厩[21]、群牧[22]；庚申[23]，以禄山为闲厩、陇右群牧等使[24]。禄山又求兼总监[25]；壬戌[26]，兼知总监事。禄山奏以御史中丞吉温为武部侍郎[27]，充闲厩副使，杨国忠由是恶温。禄山密遣亲信选健马堪战者数千匹，别饲之。

二月，壬申[28]，上朝献太清宫，上圣祖尊号曰大圣祖高上大道金阙玄元大皇太帝。癸酉[29]，享太庙，上高祖谥曰神尧大圣光孝皇帝，太宗谥曰文武大圣大广孝皇帝，高宗谥曰天皇大圣大弘孝皇帝，中宗谥曰孝和大圣大昭孝皇帝，睿宗谥曰玄真大圣大兴孝皇帝，以汉家诸帝皆谥孝[30]故也。甲戌[31]，群臣上尊号曰开元天地大宝圣文神武证道孝德皇帝。赦天下。

丁丑[32]，杨国忠进位司空[33]；甲申[34]，临轩册命[35]。

己丑[36]，安禄山奏："臣所部将士讨奚、契丹、九姓[37]、同罗等，勋效甚多，乞不拘常格，超资[38]加赏，仍好写[39]告身[40]付臣军授之。"于是除将军[41]者五百余人，中郎将[42]者二千余人。禄山欲反，故先以此收众心也。

三月，丁酉[43]朔，禄山辞归范阳。上解御衣以赐之，禄山受之惊喜。恐杨国忠奏留之，疾驱出关。乘船沿河而下，令船夫执绳板[44]立于岸侧，十五里一更，昼夜兼行，日数百里，过郡县不下船。自是有言禄山反者，上皆缚送[45]，由是人皆知其将反，无敢言者。

禄山之发长安也，上令高力士饯之长乐坡[46]，及还，上问："禄山慰意[47]乎？"对曰："观其意怏怏[48]，必知欲命为相而中止故也。"上以告国忠，曰："此议他人不知，必张垍兄弟告之也。"上怒，贬张均为建安[49]太守，垍为卢溪[50]司马，垍弟给事中埱[51]为宜春司马。

哥舒翰亦为其部将论功，敕以陇右十将[52]、特进[53]、火拔州都督、燕山郡王火拔归仁[54]为骠骑大将军，河源军使王思礼加特进，临洮[55]太守成如璆[56]、讨击副使[57]范阳鲁炅[58]、皋兰府[59]都督浑惟明并加云麾将军[60]，陇右讨击副使郭英乂[61]为左羽林将军。英乂，知运[62]之子也。翰又奏严挺之之子武[63]为节度判官，河东吕諲[64]为支度判官[65]，前封丘[66]尉高适[67]为掌书记，安邑曲环[68]为别将。

程千里执阿布思，献于阙下[69]，斩之。甲子[70]，以千里为金吾大将军，以封常清权北庭都护、伊西节度使。

（以上为第一段，写安禄山反状路人皆知，唐玄宗反而厚加恩宠以慰其心，实乃加速其反。）

【注释】

[1]己亥：正月三日。 [2]安禄山入朝：安禄山入朝时间，《旧唐书·安禄山传》误载于十二载，《肃宗实录》（已佚）同，而《资治通鉴》据《玄宗实录》《唐历》和《安禄山事迹》（唐姚汝能撰）改正。《玄宗实录》和《唐历》已佚，故《资治通鉴》尤为宝贵。 [3]庚子：正月四日。 [4]宠擢：宠爱而擢升。 [5]甲辰：正月八日。 [6]学士：此指崇玄馆学士。崇玄馆开元二十九年（741）于玄元皇帝庙置，博士一人。天宝二年（743）博士改为学士，掌教授生员习《道德经》《庄子》《文子》《列子》。 [7]国祚延昌：祚，同"阼"，帝位。国祚，指国家的命运。延昌，长久昌盛。国祚延昌，指国家长久兴盛。 [8]乾封：唐高宗年号，公元666—668年。 [9]文士：文人，擅长文章的人。 [10]元万顷（？—689）：洛阳（今河南洛阳市）人。文辞敏捷，官至凤阁舍人，后为酷吏所陷，流岭南而死。传见《旧唐书》卷一百九十中，《新唐书》卷二百一。 [11]范履冰（？—690）：怀州河内（今河南沁阳市）人。官至春官尚书、同凤阁鸾台平章事，后坐尝举犯逆者被杀。传见《旧唐书》卷一百九十中，《新唐书》卷二百一。 [12]北门：宫城北门。 [13]候进止：候，等候。进止，或进或止，听候皇帝处分。候进止，指等候皇帝召唤。 [14]上官昭容（664—710）：名婉儿，陕州（今河南三门峡市陕州区）人。上官仪的孙女，擅长诗词。上官仪因反对武则天被杀，婉儿没入宫掖。十四岁起，为武则天草拟诏令。中宗时封为昭容，掌文学、音乐，常

为皇后及公主作诗，受韦后及武三思信任。诛韦后时被杀。有文集二十卷，已佚。传见《旧唐书》卷五十一，《新唐书》卷七十六。［15］翰林院：唐初置翰林，为内廷供奉，本以文学备顾问，得参谋议，但那时医、卜、伎术、方士、僧、道，皆得待诏翰林，并非尽为文学之士。玄宗开元初，始置翰林院，以张九龄、张说、陆坚等掌四方表疏批答、应和文章，称为“翰林供奉”，与集贤院学士分司起草诏书及应承皇帝的各种文翰。开元二十六年（738）改翰林供奉为学士，别置学士院，专掌内制。［16］文章之士：文章，文辞，文学辞章。指擅长文章写作的士人。［17］同平章事：即同中书、门下平章政事的略称。高宗以后，成为非中书门下长官担任宰相职务的专衔。［18］乙巳：正月九日。［19］左仆射（yè）：官名。左右仆射本为尚书省副长官。尚书省长官尚书令，自武德时太宗当此任后，因人臣不敢任而常缺，至龙朔三年（663）正式取消。故左右仆射成为尚书省的实际长官，参加政事堂会议，为宰相。中宗以后，左右仆射不加“同中书门下三品”便不再是宰相，只掌本省六部政务。［20］丙午：正月十日。［21］闲厩：指主管仗内马（即仪仗用马）的官署。［22］群牧：指畜养官马的群牧监。［23］庚申：正月二十四日。［24］闲厩、陇右群牧使：闲厩使，使职名，圣历三年（700）置，专管原属殿中省和太仆寺职内的舆辇牛马政务。陇右群牧使，使职名，仪凤三年（678）以陇右群牧监置使，主管陇右各国家牧场马牛驼羊的繁殖和放养。［25］总监：官名。京、都诸宫苑总监。京、都诸宫苑设有总监、副监，掌诸宫苑内的宫馆、园池、禽鱼、果木。［26］壬戌：正月二十六日。［27］武部侍郎：官名。即兵部侍郎。［28］壬申：二月六日。［29］癸酉：正月七日。［30］汉家诸帝皆谥孝：汉代崇儒，主张以孝、仁治天下，皇帝死后，谥号都带有孝字。［31］甲戌：二月八日。［32］丁丑：二月十一日。［33］司空：官名。唐为三公之一，属加官，不亲掌实事。［34］甲申：二月十八日。［35］临轩册命：轩，殿前堂阶之间，近檐之处两边有栏楯，如车之轩，故也称为轩。临轩，皇帝不坐正殿而至殿阶。册命，皇帝封立太子、皇后、诸王或特别宠信的大臣，以册书发布命令。临轩册命，皇帝至殿前当面读册授官，是最隆重的一种任命仪式。唐初，拜三师、三公、亲王、尚书令、雍州牧、开府仪同三司、骠骑大将军、左右仆射，才举行临轩册授。其后册礼时有时废。开元以来，册礼久废，只有天宝末册杨国忠为司空使用。［36］己丑：二月二十三日。［37］九姓：指回纥九姓部落。回纥有内外九姓的区别。内九姓为：药罗葛、胡咄葛、咄罗勿、貊歌息纥、阿勿嘀、葛萨、斛嗢素、药勿葛、奚耶勿。详《旧唐书》卷一百九十五。外九姓是回纥、仆固、浑、拔野古、同罗、思结、契苾、拔悉密（阿布思）、葛逻禄（骨仑屋骨恐）。详《唐会要》卷九十八。外九姓是内九姓的发展。［38］超资：超越常格的资历。［39］好写：《安禄山事迹》作“好书写送”，即选上好书手缮写呈送。［40］告身：委任官职的文凭。唐中叶以后，官爵冗滥，有空白告身，供随时填写人名。［41］将军：指武散官将军。唐武散官有怀化、云麾、归德、忠武、壮武、宣威、明威、定远、宁远、游骑、游击等将军。而怀化、归德只授给少数民族首领。［42］中郎将：指武散官中郎将。唐武散官有怀化中郎将、归德中郎将，只授给少数民族首领。［43］丁酉：三月一日。［44］绳板：纤夫拉船用具，板长二尺许，斜搭胸前，一端至肩，一端至胁，以绳穿板，再连接船绳，以此拉船行进。［45］缚送：据章校，“送”下有“之”字。［46］长乐坡：即长安城东的浐坡。［47］慰意：惬意。［48］怏怏：不满意。［49］建安：郡名。天宝元年（742）建州改名，治所在今福建建瓯市。［50］卢溪：郡名。天宝元年（742）辰州改名，治所在今湖南沅陵县。［51］埱（shú）：人名。张垍之弟。［52］十将：唐中期以后军中将领名称。［53］特进：散官名。为文散官二十九等中的第二等。［54］火拔归仁：陇右节度使哥舒翰的裨将，后执哥舒翰降安禄山。［55］临洮：郡名。天宝元年（742）洮州改名，治所在今甘肃临潭县。［56］成如璆（qiú）：人名。任临洮太守。［57］讨击副使：讨击使的副职。讨击使，使职名，为节度使因征讨任务而设的武幕职。讨击副使的任务是协助征讨。［58］鲁炅（jiǒng）（？—761）：范阳（今河北涿州市）人。安禄山反，其以守卫南阳著名。传见《旧唐书》卷一百一十四，《新唐书》卷一百四十七。［59］皋兰府：羁縻都督府名。贞观二十一年（647），太宗于铁勒族浑部故地置，在今蒙古人民共和国境内。［60］云麾将军：武散官名。为武散官的第七等。［61］郭英乂：传见《旧唐书》卷一百一十七，《新唐书》卷一百三十三。［62］知运：郭知运（667—721），瓜州常乐（今甘肃瓜州县）人。壮勇善射，颇有胆略。官至鸿胪卿、御史中丞，封太原郡公。传见《旧唐书》卷一百三，《新唐书》卷一百三十三。［63］武：严武（726—765），开元时尚书左丞严挺之之子。官至御史大夫、剑南节度使，封郑国公。传见《旧唐书》卷一百一十七，《新唐书》卷一百二十九。［64］吕諲（yīn）（712—762）：蒲州河东（今山西永济市）人。官至武部侍郎、同中书门下平章事，封须昌县伯。传见《旧唐书》卷一百八十五下，《新唐书》卷一百四十。［65］支度判官：节度使下属支度使的僚属，分管军资粮仗等事务。［66］封丘：县名。县治在今河南封丘县。［67］高适（707—765）：渤海蓨县（今河北景县）人。历官淮南节度使、剑南西川节度使，至散骑常侍。传见《旧唐书》卷一百一十一，《新唐书》卷一百四十三。［68］曲环（726—799）：陕州安邑（今山西夏县西南）人。传见《旧唐书》卷一百二十二，《新唐书》卷一百四十七。［69］阙下：阙，古代竖立在宫殿、祠庙和陵墓前的建筑物，左右各一高台，上起楼观，两台间空缺，故名阙或双阙。阙下，宫阙之下，指帝王所居之处，亦借指朝廷。［70］甲子：三月二十八日。

夏，四月，癸巳[1]，安禄山奏击奚破之，虏其王李日越[2]。

六月，乙丑[3]朔，日有食之，不尽如钩[4]。

侍御史、剑南留后李宓[5]，将兵七万击南诏。阁罗凤诱之深入，至大和城[6]，闭壁[7]不战。宓粮尽，士卒罹[8]瘴疫[9]及饥死什七八，乃引还，蛮追击之，宓被擒，全军皆没。杨国忠隐其败，更以捷闻，益发中国兵讨之，前后死者几二十万人；无敢言者。上尝谓高力士曰：“朕今老矣，朝事付之宰相，边事付之诸将，夫复何忧！”力士对曰：“臣闻云南数丧师，又边将拥兵太盛，陛下将何以制之！臣恐一旦祸发，不可复救，何得谓无忧也！”上曰：“卿勿言，朕徐思之。”

秋，七月，癸丑[10]，哥舒翰奏：于所开九曲之地置洮阳[11]、浇河[12]二郡及神策军[13]，以临洮太守成如璆兼洮阳太守，充神策军使。

杨国忠忌陈希烈，希烈累表辞位；上欲以武部侍郎吉温代之，国忠以温附安禄山，奏言不可；以文部侍郎韦见素和雅易制，荐之。八月，丙戌[14]，以希烈为太子太师，罢政事；以见素为武部尚书、同平章事。

自去岁水旱相继，关中大饥。杨国忠恶京兆尹李岘[15]不附己，以灾沴[16]归咎于岘，九月，贬长沙[17]太守。岘，祎[18]之子也。

上忧雨伤稼，国忠取禾之善者献之，曰：“雨虽多，不害稼也。”上以为然。扶风[19]太守房琯言所部水灾，国忠使御史推之。是岁，天下无敢言灾者。高力士侍侧，上曰：“淫雨[20]不已，卿可尽言。”对曰：“自陛下以权假[21]宰相，赏罚无章，阴阳失度，臣何敢言！”上默然。

冬，十月，乙酉[22]，上幸华清宫。

十一月，己未[23]，置内侍监二员，正三品[24]。

河东太守兼本道采访使韦陟[25]，斌之兄也，文雅有盛名，杨国忠恐其入相，使人告陟赃污事，下御史按问。陟赂中丞吉温，使求救于安禄山，复为国忠所发。闰月，壬寅[26]，贬陟桂岭[27]尉，温澧阳[28]长史。安禄山为温讼冤，且言国忠谗疾[29]。上两无所问。

戊午[30]，上还宫。

是岁，户部奏天下郡三百二十一，县千五百三十八，乡万六千八百二十九，户九百六万九千一百五十四，口五千二百八十八万四百八十八。

（以上为第二段，写杨国忠隐瞒败报，隐瞒灾情，权倾人主，唐玄宗无可奈何，姑息度日。）

【注释】

[1]癸巳：四月二十八日。 [2]李日越：奚部落首领。为范阳节度使安禄山所俘，被诛。事见《新唐书》卷二百一十九。 [3]乙丑：六月一日。 [4]不尽如钩：指发生日偏食时，只剩下一小部分如钩一般的太阳未被遮住。钩，兵器名，似剑而曲。 [5]李宓（mì）：人名。官至剑南节度使留后，征南诏被俘死。[6]大和城：亦作太和城。故址在今云南大理市南太和村。[7]闭壁：

军队紧闭营门不出战。壁，军营的围墙，指军营。［8］罹（lí）：遭遇。［9］瘴疫：热带山林中的热空气传染病。［10］癸丑：七月二十日。［11］洮阳：郡名。天宝十三载（754）置，治所在今甘肃临潭县西南。［12］浇河：郡名。天宝十三载置，治所在今青海贵德县西南。［13］神策军：军镇名。在今甘肃临潭县西。［14］丙戌：八月二十三日。［15］李岘：吴王李恪孙，肃、代时两度任宰相。传见《新唐书》卷一百三十。［16］灾沴（lì）：灾气。沴，古代迷信中所说的灾气，恶气。［17］长沙：郡名。天宝元年（742）潭州改名，治所在今湖南长沙市。［18］祎：即信安王李祎。［19］扶风：郡名。天宝元年（742）岐州改名，治所在今陕西宝鸡市凤翔区。［20］淫雨：久雨。［21］假：假借，交付。［22］乙酉：十月二十三日。［23］己未：十一月二十八日。［24］内侍监二员，正三品：内侍监，内侍省长官，掌宫内供奉。唐初内侍省长官为内侍二人，从四品上。开元中增加二人。至此在内侍之上置内侍监二人，正三品。太宗有诏内侍省不立三品官。自此突破旧制。［25］韦陟（696—760）：京兆万年（今陕西西安东）人。宰相韦安石之子。官至吏部尚书。传见《旧唐书》卷九十二，《新唐书》卷一百二十二。［26］壬寅：闰十一月壬戌朔，无壬寅，当为壬申之误。壬申，闰十一月十一日。［27］桂岭：县名。县治在今广西贺州市东北。［28］澧阳：郡名。天宝元年（742）澧州改名，治所在今湖南澧县。［29］谗疾：谗言，疾恨。［30］戊午：十二月二十八日。

十四载（乙未，755年）

春，正月，苏毗[1]王子悉诺逻[2]去吐蕃来降。

二月，辛亥[3]，安禄山使副将[4]何千年入奏，请以蕃将三十二人代汉将，上命立进画[5]，给告身。韦见素谓杨国忠曰：“禄山久有异志，今又有此请，其反明矣。明日见素当极言[6]；上未允，公其继之。”国忠许诺。壬子[7]，国忠、见素入见，上迎谓曰：“卿等有疑禄山之意邪？”见素因极言禄山反已有迹，所请不可许，上不悦；国忠逡巡[8]不敢言，上竟从禄山之请。他日，国忠、见素言于上曰：“臣有策可坐消[9]禄山之谋。今若除禄山平章事，召诣阙，以贾循[10]为范阳节度使，吕知诲[11]为平卢节度使，杨光翙[12]为河东节度使，则势自分矣。”上从之。已草制，上留不发，更遣中使辅璆琳以珍果赐禄山，潜察其变。璆琳受禄山厚赂，还，盛言禄山竭忠奉国，无有二心。上谓国忠等曰：“禄山，朕推心待之，必无异志。东北二虏[13]，借其镇遏[14]。朕自保之，卿等勿忧也！”事遂寝。循，华原人也，时为节度副使。

陇右、河西节度使哥舒翰入朝，道得风疾，遂留京师，家居不出。

三月，辛巳[15]，命给事中裴士淹[16]宣慰[17]河北。

（以上为第三段，写宦官辅璆琳察安禄山反状，璆琳受贿误国。）

【注释】

[1]苏毗：吐蕃一个较强大的部落。在今怒江、澜沧江上游之间的地区。 [2]悉诺逻：吐蕃苏毗王子，唐封为怀义王，赐名李忠信。 [3]辛亥：二月二十二日。 [4]副将：节度使府无副将职名，而都知兵马使、都押衙、都虞候、都教练使、都指挥使等武幕职都可称为副将。故副将乃使府武幕职的一般称呼。 [5]进画：进呈中书草拟的命令，由皇帝画敕颁行。这是唐代诏书形成过程中的一道重要程序。各种诏书大体都要经过起草、进画、门下省颁行的程序。进画，实际上就是由皇帝认可、批准。[6]极言：向皇帝竭力陈说。[7]壬子：二月二十三日。[8]逡（qūn）巡：迟疑徘徊，欲行又止。 [9]消：消除。 [10]贾循：传见《新唐书》卷一百九十二。 [11]吕知诲：平卢节度副使，安禄山反，署为使，为其部将所杀。 [12]杨光翙（huí）：官至太原尹，为安禄山部将所杀。 [13]东北二虏：指奚、契丹二部族。 [14]镇遏：镇守遏止。 [15]辛巳：三月二十二日。 [16]裴士淹：历官给事中、礼部尚书、礼仪使、虔州刺史。 [17]宣慰：传宣天子慰问的旨意，即安抚。

夏，四月，安禄山奏破奚、契丹。

癸巳[1]，以苏毗王子悉诺逻为怀义王，赐姓名李忠信。

安禄山归至范阳，朝廷每遣使者至，皆称疾不出迎，盛陈武备，然后见之。裴士淹至范阳，二十余日乃得见，无复人臣礼。杨国忠日夜求禄山反状，使京兆尹围其第，捕禄山客李超等，送御史台狱[2]，潜杀之。禄山子庆宗尚宗女荣义郡主，供奉在京师[3]，密报禄山，禄山愈惧。六月，上以其子成婚，手诏[4]禄山观礼，禄山辞疾不至。秋，七月，禄山表献马三千匹，每匹执控夫[5]二人，遣蕃将二十二人部送。河南尹达奚珣疑有变，奏请“谕禄山以进车马宜俟至冬，官自给夫，无烦本军。”于是上稍寤，始有疑禄山之意。会辅璆琳受赂事亦泄，上托以他事扑杀之。上遣中使冯神威赍手诏谕禄山，如珣策；且曰：“朕新为卿作一汤[6]，十月于华清宫待卿。”神威至范阳宣旨[7]，禄山踞床微起[8]，亦不拜，曰：“圣人[9]安隐[10]。”又曰：“马不献亦可，十月灼然[11]诣京师。”即令左右引神威置馆舍，不复见；数日，遣还，亦无表。神威还，见上泣曰：“臣几不得见大家[12]！”

八月，辛卯[13]，免今载百姓租庸。

冬，十月，庚寅[14]，上幸华清宫。

安禄山专制三道，阴蓄异志，殆将十年，以上待之厚，欲俟上晏驾然后作乱。会杨国忠与禄山不相悦，屡言禄山且反，上不听；国忠数以事激之，欲其速反以取信于上。禄山由是决意遽反，独与孔目官太仆丞严庄[15]、掌书记屯田员外郎[16]高尚、将军阿史那承庆密谋，自余将佐皆莫之知，但怪其自八月以来，屡飨[17]士卒，秣马厉兵而已。会有奏事官自京师还，禄山诈为敕书，悉召诸将示之曰："有密旨[18]，令禄山将兵入朝讨杨国忠，诸君宜即从军。"众愕然相顾[19]，莫敢异言。十一月，甲子[20]，禄山发所部兵及同罗、奚、契丹、室韦凡十五万众，号二十万，反于范阳。命范阳节度副使贾循守范阳，平卢节度副使吕知诲守平卢，别将高秀岩守大同[21]；诸将皆引兵夜发。

（以上为第四段，写杨国忠激使安禄山速反。）

【注释】

［1］癸巳：四月四日。［2］御史台狱：御史台监狱，监禁留台审问犯人之用。御史台本无监狱，贞观二十二年（648）御史大夫李乾佑始置台狱。开元十四年（726）撤。后又于台内诸院寄禁留台审问的犯人，实际上恢复了台狱。［3］供奉在京师：安庆宗尚荣义郡主，供职京师为太仆卿，得随供奉官班见。［4］手诏：帝王亲自写的诏书。［5］执控夫：马夫。［6］朕新为卿作一汤：自天宝六载（747）以来，华清宫中大量增修汤池。井池台观，环列山谷。至是，又为安禄山置一新汤池。汤，温泉浴池。［7］宣旨：宣读皇帝诏令。［8］踞床微起：斜倚着床稍稍坐起身来。踞，倚靠。［9］圣人：对皇帝的尊称。［10］安隐：即安稳。唐帖常写"稳"为"隐"。［11］灼然：唐人习惯语，意为"一定"。［12］大家：唐代宦官、宫女对皇帝的称呼。［13］辛卯：八月四日。［14］庚寅：十月四日。［15］孔目官太仆丞严庄：孔目官为严庄的幕职，太仆丞为带职。外官带朝官衔，天宝后逐渐增多。太仆丞，官名，太仆寺属官，掌判寺事。［16］屯田员外郎：官名。尚书省工部屯田司副长官，协助长官屯田郎中掌天下屯田的政令。［17］飨（xiǎng）：以酒食款待人。［18］密旨：秘密诏旨。［19］愕然相顾：愕然，吃惊。彼此吃惊地看着。［20］甲子：十一月九日。［21］大同：即大同军。

诘朝[1]，禄山出蓟城[2]南，大阅誓众，以讨杨国忠为名，牓[3]军中曰："有异议扇动军人者，斩及三族[4]！"于是引兵而南。禄山乘铁舆[5]，步骑精锐，烟尘千里，鼓噪[6]震地。时海内久承平，百姓累世不识兵革，猝[7]闻范阳兵起，远近震骇。河北皆禄山统内，所过州县，望风瓦解，守令或开门出迎，或弃城窜匿[8]，或为所擒戮，无敢拒之者。禄山先遣将军何千年、高邈将奚骑二十，声言献射生手[9]，乘驿诣太原。乙丑[10]，北京[11]副留守杨光翙出迎，因劫之以去。太原具言其状。东受降城亦奏禄山反。上犹以为恶禄山者诈为之，未之信也。

庚午[12]，上闻禄山定反，乃召宰相谋之。杨国忠扬扬有德色[13]，曰："今反者独禄山耳，将士皆不欲也。不过旬日，必传首诣行在[14]。"上以为然，大臣相顾失色。上遣特进毕思琛诣东京，金吾将军程千里诣河东，各简募[15]数万人，随便团结[16]以拒之。辛未[17]，安西节度使封常清入朝，上问以讨贼方略，常清大言曰："今太平积久，故人望风惮[18]贼。然事有逆顺[19]，势有奇变[20]，臣请走马诣东京，开府库，募骁勇，挑马箠渡河[21]，计日取逆胡之首献阙下！"上悦。壬申[22]，以常清为范阳、平卢节度使。常清即日乘驿诣东京募兵，旬日，得六万人；乃断河阳桥[23]，为守御之备。

（以上为第五段，写安禄山反叛，封常清受命东都设防。）

【注释】

[1]诘朝：次日早晨。 [2]蓟城：范阳节度使治所，在今北京市大兴区。 [3]牓：告示。[4]三族：指父族、母族、妻族。此据《史记集解·秦本纪》引如淳之说。 [5]铁舆：铁车。[6]鼓噪：击鼓呼叫。 [7]猝：突然。 [8]窜匿：奔逃躲藏。 [9]射生手：精于骑射的武士。[10]乙丑：十一月十日。 [11]北京：今山西太原。高祖起兵太原，故玄宗建为北京。 [12]庚午：十一月十五日。 [13]扬扬有德色：扬扬，心情愉快或洋洋得意。有德色，又作有得色，有先见之明的样子。 [14]行在：天子在京城以外的住所。 [15]简募：选择招募。 [16]随便团结：随便，随其所宜。团结，团结兵，地方武装力量。指就地组织起团结兵。 [17]辛未：十一月十六日。 [18]惮：害怕。 [19]事有逆顺：事情有逆反与顺正的区别。指安禄山叛乱是非正义的。 [20]势有奇变：形势有意想不到的变化。指安禄山很快会被消灭。 [21]挑马箠（chuí）渡河：挑，悬挂。马箠，马鞭。河，黄河。指挂着马鞭渡过黄河。意即从容渡过河去。 [22]壬申：十一月十七日。 [23]河阳桥：河南府河阳县（县治在今河南孟州市）黄河上的浮桥。

甲戌[1]，禄山至博陵[2]南，何千年等执杨光翙见禄山，责光翙以附杨国忠，斩之以徇[3]。禄山使其将安忠志将精兵军土门[4]，忠志，奚人，禄山养为假子；又以张献诚摄[5]博陵太守，献诚，守珪之子也。

禄山至藁城[6]，常山[7]太守颜杲卿[8]力不能拒，与长史袁履谦往迎之。禄山辄赐杲卿金紫，质[9]其子弟，使仍守常山；又使其将李钦凑将兵数千人守井陉口[10]，以备西来诸军。杲卿归，途中指其衣谓履谦曰："何为着此？"履谦悟其意，乃阴与杲卿谋起兵讨禄山。杲卿，思鲁[11]之玄孙也。

丙子[12]，上还宫。斩太仆卿安庆宗，赐荣义郡主自尽。以朔方节度使安思顺为户部尚书，思顺弟元贞为太仆卿。以朔方右厢兵马使[13]、九原[14]太守郭子仪为朔方节度使，右羽林大将军王承业[15]为太原尹[16]。置河南节度使[17]，领陈留[18]等十三郡，以卫尉卿[19]猗氏张介然[20]为之。以程千里为潞州[21]长史。诸郡当贼冲者，始置防御使[22]。

丁丑[23]，以荣王琬[24]为元帅[25]，右金吾大将军高仙芝副之，统诸军东征。出内府[26]钱帛，于京师募兵十一万，号曰天武军，旬日而集，皆市井子弟也。

十二月，丙戌[27]，高仙芝将飞骑[28]、彍骑及新募兵、边兵在京师者合五万人，发长安。上遣宦者监门将军[29]边令诚监其军[30]，屯于陕。

丁亥[31]，安禄山自灵昌[32]渡河，以絙约败船[33]及草木横绝河流，一夕，冰合如浮梁，遂陷灵昌郡。禄山步骑散漫[34]，人莫知其数，所过残灭。张介然至陈留才数日，禄山至，授兵登城，众恟惧[35]，不能守。庚寅[36]，太守郭纳以城降。禄山入北郭，闻安庆宗死，恸哭曰："我何罪，而杀我子！"时陈留将士降者夹道近万人，禄山皆杀之以快其忿；斩张介然于军门。以其将李庭望为节度使，守陈留。

（以上为第六段，写安禄山叛军南下河北，如入无人之境，河北郡县皆下。高仙芝奉命东征。）

【注释】

[1]甲戌：十一月十九日。［2］博陵：郡名。天宝元年（742）定州改名，治所在今河北高阳县西南。［3］徇：示众。［4］土门：关名，即井陉关。在今河北井陉县东之井陉山上。是经

过太行山区进入华北平原的隘口。［5］摄：代理。［6］藁（gǎo）城：县名。县治在今河北石家庄市藁城区。［7］常山：郡名。天宝元年（742）恒州改名，治所在今河北正定县南。［8］颜杲（gǎo）卿（702—756）：琅邪临沂（今山东临沂市）人。官至卫尉卿兼御史大夫。在常山，首举河北义师反对安禄山，后兵败被杀。传见《旧唐书》卷一百八十七下，《新唐书》卷一百九十二。［9］质：人质，以……为人质。［10］井陉口：即土门。［11］思鲁：颜思鲁，北齐黄门侍郎颜之推长子，唐秘书监、弘文馆学士颜师古之父，以学艺称于世。武德（618—626）初为秦王府记室参军。［12］丙子：十一月二十一日。［13］朔方右厢兵马使：使职名。节度使府幕职。节度使所属兵马使，常随兵马分营而设，有分前中后军，有分左右厢军。朔方分左右厢，故有右厢兵马使。［14］九原：郡名。天宝元年（742）丰州改名，治所在今内蒙古五原县南。［15］王承业：历官右羽林大将军、太原尹、河东节度使。［16］太原尹：官名。太原府长官，唐以太原为北都，置尹一员，总管府事。［17］置河南节度使：据《旧唐书·玄宗纪》应作“河南节度采访使”（《新唐书·张介然传》同）。这里的“节度”作动词使用，与用来“名官”有区别，故不能认为这是“河南节度使”。授张介然此差遣职是要他守陈留，讨击安禄山叛军。如按因事名使的惯例，实际上是防御使。故《旧唐书·张介然传》作“防御使”。［18］陈留：郡名。天宝元年（742）汴州改名，治所在今河南开封市。［19］卫尉卿：官名。卫尉寺长官，职掌国家兵器和仪仗文物。［20］张介然（？—755）：本名六朗，蒲州猗氏（今山西临猗县）人。官至卫尉卿。守陈留，城破，为安禄山所杀。传见《旧唐书》卷一百八十七下，《新唐书》卷一百九十一。［21］潞州：州名。治所在今山西长治市。［22］防御使：使职名。唐初西北边镇有置。安史乱起，始于中原军事要郡设置以抵御安史叛军。掌本郡军事，一般由太守兼任，是州郡长官兼掌军政的开始。［23］丁丑：十一月二十二日。［24］荣王琬：李琬（？—755），玄宗第六子，初名嗣玄，后改名滉，又更名琬。先封甄王，后封荣王。赠靖恭太子。传见《旧唐书》卷一百七，《新唐书》卷八十二。［25］元帅：全军主帅。唐曾设天下兵马元帅、副元帅和行营都元帅等。初以亲王充任，大将任副元帅。后来，资望高深的武臣也授元帅之职。［26］内府：天子内库。［27］丙戌：十二月一日。［28］飞骑：指皇帝侍卫军士。贞观十二年（638）太宗置左右屯营于玄武门，号飞骑。此后常称皇帝随身卫士为飞骑。［29］监门将军：武官名。南衙十六卫有左右监门卫，各设大将军一员、将军二员，掌诸门禁卫及门籍。［30］监其军：唐代宦官监军始于玄宗开元二十年（732）。安史之乱以后，诸道方镇必以宦官为监军使；若领兵出战，则有监阵。［31］丁亥：十二月二日。［32］灵昌：郡名。天宝元年（742）滑州改名，治所在今河南滑县西南。［33］緪（gēng）约败船：緪，粗绳。约，捆。败船，破船。用粗大的绳子捆住破船。［34］散漫：弥漫四散。［35］恟惧：恐惧。［36］庚寅：十二月五日。

壬辰[1]，上下制欲亲征，其朔方、河西、陇右兵留守城堡之外，皆赴行营，令节度使自将之；期二十日毕集。

初，平原[2]太守颜真卿[3]知禄山且反，因霖雨，完城浚壕，料丁壮，实仓廪；禄山以其书生，易之[4]。及禄山反，牒[5]真卿以平原、博平[6]兵七千人防河津，真卿遣平原司兵[7]李平间道奏之。上始闻禄山反，河北郡县皆风靡[8]，叹曰："二十四郡，曾无一人义士[9]邪！"及平至，大喜曰："朕不识颜真卿作何状，乃能如是！"真卿遣亲客密怀购贼牒[10]诣诸郡，由是诸郡多应者。真卿，杲卿之从弟[11]也。

安禄山引兵向荥阳[12]，太守崔无诐[13]拒之；士卒乘城[14]者，闻鼓角声，自坠如雨。癸巳[15]，禄山陷荥阳，杀无诐，以其将武令珣守之。禄山声势益张，以其将田承嗣、安忠志、张孝忠为前锋。封常清所募兵皆白徒[16]，未更[17]训练，屯武牢[18]以拒贼，贼以铁骑蹂[19]之，官军大败。常清收余众，战于葵园[20]，又败；战上东门[21]内，又败。丁酉[22]，禄山陷东京，贼鼓噪自四门入，纵兵杀掠。常清战于都亭驿[23]，又败；退守宣仁门[24]，又败；乃自苑西坏墙西走。

河南尹达奚珣降于禄山。留守李憕[25]谓御史中丞卢奕[26]曰："吾曹荷国重任，虽知力不敌，必死之！"奕许诺。憕收残兵数百，欲战，皆弃憕溃去；憕独坐府中。奕先遣妻子怀印间道走长安，朝服坐台中，左右皆散。禄山屯于闲厩，使人执憕、奕及采访判官蒋清[27]，皆杀之。奕骂禄山，数其罪，顾贼党曰："凡为人当知逆顺。我死不失节，夫复何恨！"憕，文水人；奕，怀慎[28]之子；清，钦绪[29]之子也。禄山以其党张万顷为河南尹。

封常清帅余众至陕，陕郡太守窦廷芝已奔河东，吏民皆散。常清谓高仙芝曰："常清连日血战，贼锋[30]不可当。且潼关[31]无兵，若贼豕突[32]入关，则长安危矣。陕不可守，不如引兵先据潼关以拒之。"仙芝乃帅见[33]兵西趣潼关。贼寻[34]至，官军狼狈[35]走，无复部伍[36]，士马相腾践[37]，死者甚众。至潼关，修完守备，贼至，不得入而去。禄山使其将崔乾祐屯陕，临汝[38]、弘农[39]、济阴、濮阳[40]、云中郡皆降于禄山。是时，朝廷征兵诸道，皆未至，关中恟惧。会禄山方谋称帝，留东京不进，故朝廷得为之备，兵亦稍集。

（以上为第七段，写封常清、高仙芝集败兵守潼关。）

【注释】

[1]壬辰：十二月七日。[2]平原：郡名。天宝元年（742）德州改名，治所在今山东平原县东南。[3]颜真卿（708—784）：琅琊临沂（今山东临沂市）人。开元进士。安禄山反，真卿与堂兄杲卿共起兵抵抗。以直言进谏，累遭谗贬。官至太子少傅，封鲁郡公，世称颜鲁公。后被李希烈杀害。真卿善正、草书，笔力沉着雄浑，为世所宝，称为颜体。传见《旧唐书》卷一百二十八，《新唐书》卷一百五十三。[4]易之：容易对付他，有轻视的意思。[5]牒：官文书。[6]博平：郡名。天宝元年（742）博州改名，治所在今山东聊城市。[7]司兵：即司兵参军事。州郡属官。掌武官选举、兵器甲仗及门户管钥、烽候传驿等事。[8]风靡：望风披靡。老远看见对方气势很盛就像草木随风倒伏一样惊慌溃败。[9]义士：有节操的人。[10]购贼牒：悬赏捉拿敌人的文书。购，悬赏，收买。[11]从弟：堂弟。[12]荥阳：郡名。天宝元年（742）郑州改名，治所在今河南郑州市。[13]崔无诐（bì）（？—755）：传见《旧唐书》卷一百八十七下，《新唐书》卷一百九十一。[14]乘城：守城。[15]癸巳：十二月八日。[16]白徒：犹言白丁，指本无军籍，未受过军事训练的壮丁。[17]更（gèng）：再，副词。[18]武牢：即虎牢关。在今河南荥阳市西。[19]蹂：践踏。[20]葵园：在今河南洛阳市郊。[21]上东门：洛阳城东有三门，在北者为上东门。[22]丁酉：十二月十二日。[23]都亭驿：洛阳城外驿站。[24]宣仁门：洛阳东城的东门。[25]李憕（chéng）（？—?55）：传见《旧唐书》卷一百八十七下，《新唐书》卷一百九十一。[26]卢奕（？—755）：传见《旧唐书》卷一百八十七下，《新唐书》卷一百九十一。[27]蒋清（？—755）：传见《旧唐书》卷一百八十七下，《新唐书》卷一百一十二。[28]怀慎：卢怀慎（？—716），官至黄门侍郎、同中书门下三品，赐爵渔阳伯。传见《旧唐书》卷九十八，《新唐书》卷一百三十六。[29]钦绪：蒋钦绪，中宗时为太常博士。[30]铎：锋利，锐利。[31]潼关：关名。在今陕西潼关境内。[32]豕突：猪惊骇而奔突。比喻军士横冲直撞。[33]见：同“现”。[34]寻：随即，不久。[35]狼狈：比喻处境窘迫。[36]无复部伍：部伍，部勒行伍。不听约束，不成队伍。[37]腾践：奔跳践踏。[38]临汝：郡名。天宝元年（742）汝州改名，治所在今河南汝州市。[39]弘农：郡名。天宝元年虢州改名，治所在今河南灵宝市西南。[40]濮阳：郡名。天宝元年濮州改名，治所在今山东鄄城县西北。

禄山以张通儒之弟通晤为睢阳太守，与陈留长史杨朝宗将胡骑千余东略地[1]，郡县官多望风降走，惟东平[2]太守嗣吴王祇[3]、济南[4]太守李随[5]起兵拒之。祇，祎之弟也。郡县之不从贼者，皆倚吴王为名。单父[6]尉贾贲帅吏民南击睢阳，斩张通晤。李庭望引兵欲东徇地[7]，闻之，不敢进而还。

庚子[8]，以永王璘[9]为山南节度使，江陵[10]长史源洧[11]为之副；

颍王璬为剑南节度使，蜀郡长史崔圆为之副[12]。二王皆不出阁[13]。洧，光裕[14]之子也。

上议亲征，辛丑[15]，制太子监国[16]，谓宰相曰："朕在位垂[17]五十载，倦于忧勤[18]，去秋已欲传位太子；值水旱相仍，不欲以余灾遗子孙，淹留[19]俟稍丰。不意逆胡横发[20]，朕当亲征，且使之监国。事平之日，朕将高枕无为[21]矣。"杨国忠大惧，退谓韩、虢、秦三夫人曰："太子素恶吾家专横久矣，若一旦得天下，吾与姊妹并命在旦暮[22]矣！"相与聚哭。使三夫人说贵妃，衔土请命[23]于上；事遂寝。

颜真卿召募勇士，旬日至万余人，谕以举兵讨安禄山，继以涕泣，士皆感愤。禄山使其党段子光赍李憕、卢奕、蒋清首徇河北诸郡，至平原，壬寅[24]，真卿执子光，腰斩以徇；取三人首，续以蒲身[25]，棺敛葬之，祭哭受吊。禄山以海运使[26]刘道玄摄景城[27]太守，清池[28]尉贾载、盐山[29]尉河内穆宁[30]共斩道玄，得其甲仗[31]五十余船；携道玄首谒长史李暐，暐收严庄宗族，悉诛之。是日，送道玄首至平原。真卿召载、宁及清河尉张澹诣平原计事。饶阳[32]太守卢全诚据城不受代；河间[33]司法[34]李奂杀禄山所署长史王怀忠；李随遣游弈将[35]訾[36]嗣贤济河，杀禄山所署博平太守马冀；各有众数千或万人，共推真卿为盟主，军事皆禀焉。禄山使张献诚将上谷[37]、博陵、常山、赵郡[38]、文安[39]五郡团结兵万人围饶阳。

（以上为第八段，写颜真卿起兵河北抗击安禄山。）

【注释】

[1]略地：掠夺、攻取地方。 [2]东平：郡名。天宝元年（742）郓州改名，治所在今山东东平北。 [3]嗣吴王祗：太宗第三子吴恪之孙，封嗣吴王。传见《旧唐书》卷七十六，《新唐书》卷八十。 [4]济南：郡名。天宝元年（742）齐州改为临淄郡，天宝五载（746）改为济南郡，治所在今山东济南市。 [5]李随：曾仕官太子中允、济南太守、河南节度使。 [6]单父（shànfǔ）：县名。县治在今山东单县。 [7]徇地：带兵巡行，占领地方。 [8]庚子：十二月十五日。 [9]永王璘（？—755）：玄宗第十六子，后以谋反兵败被杀，传见《旧唐书》卷一百七，《新唐书》卷八十二。 [10]江陵：郡名，天宝元年（742）荆州改名，治所在今湖北荆州市江陵城。 [11]源洧（wěi），开元宰相源乾曜曾孙，传见《旧唐书》卷九十八，《新唐书》卷

一百二十七。［12］颍王璬为剑南节度使，蜀郡长史崔圆为之副：颍王璬（717—783），玄宗第十三子，初名澐，开元十三年封颍王，传见《旧唐书》卷一百七，《新唐书》卷八十二。此亦据《旧唐书·玄宗纪》天宝十四载十二月辛丑条记载。可是，据《旧唐书·玄宗诸子·颍王璬传》，安禄山反（天宝十四载），颍王璬除蜀郡大都督、剑南节度大使，杨国忠为之副。玄宗幸蜀，马嵬驿杨国忠被杀（天宝十五载，即至德元载）后，乃命令璬先赴本郡（蜀郡），以蜀郡长史崔圆为副。《新唐书·十一宗诸子·颍王璬传》同。《旧唐书·玄宗纪》亦明载，天宝十五年六月任颍王璬为剑南节度大使，崔圆为副大使。所以，颍王璬天宝十四载十二月，任剑南节度大使时其副使非崔圆，而是杨国忠。崔圆任颍王璬的剑南节度副大使的时间亦非在天宝十四载，而应是至德元载。［13］不出阁：指不出宫门赴任。［14］光裕：源光裕，开元宰相源乾曜从孙。为中书舍人时，删定《开元新格》，官至尚书左丞。传见《旧唐书》卷九十八，《新唐书》卷一百二十七。［15］辛丑：十二月十六日。［16］太子监国：古代君王离开国都，留太子处理国政，谓之太子监国。［17］垂：将近。［18］倦于忧勤：对治国的忧愁劳苦感到厌倦。忧勤，忧愁而劳苦。［19］淹留：滞留，停留。［20］横发：突然发生。［21］高枕无为：安然休息，无所作为。［22］命在旦暮：性命系在早晚之间，喻危急。［23］衔土请命：《新唐书·杨贵妃传》作“衔块请死”。旧俗人死，口中必含物，故请罪之人，口衔土块，以表示自己有死罪。衔土请命，此即以死请求天子改变传位的成命。［24］壬寅：十二月十七日。［25］蒲身：用蒲草编织的躯体。［26］海运使：使职名。掌海道运输。开元二十七年（739）幽州节度使加河北海运使，以后皆带此使。故此海运使当为幽州（范阳）节度使所属使职或海运判官。［27］景城：郡名。天宝元年（742）沧州改名，治所在今河北沧县东南。［28］清池：县名。县治在今河北沧县东南。［29］盐山：县名。县治在今河北盐山县。［30］穆宁（716—794）：怀州河内（河南沁阳市）人，官至秘书少监，传见《旧唐书》卷一百五十五，《新唐书》卷一百六十三。［31］甲仗：甲胄兵仗。［32］饶阳：郡名。天宝元年（742）深州改名，治所在今河北深州市西。［33］河间：郡名。天宝元年（742）瀛州改名，治所在今河北河间市。［34］司法：即司法参军事。［35］游弈将：专事领兵巡逻的将领。［36］訾：音 zǐ。［37］上谷：郡名，天宝元年（742）易州改名，治所在今河北易县。［38］赵郡：郡名，天宝元年赵州改名，治所在今河北赵县。［39］文安：郡名，天宝元年莫州改名，治所在今河北任丘市北。

高仙芝之东征也，监军边令诚数以事干[1]之，仙芝多不从。令诚入奏事，具言仙芝、常清桡败[2]之状，且云：“常清以贼摇众，而仙芝弃陕地数百里，又盗减军士粮赐。”上大怒，癸卯[3]，遣令诚赍敕即军中斩仙芝及常清。初，常清既败，三遣使奉表陈贼形势，上皆不之见。常清乃自驰诣阙，至渭南，敕削其官爵，令还仙芝军，白衣自效[4]。常清草遗表曰:“臣死之后,望陛下不轻此贼,无忘臣言!”时朝议皆以为禄山狂悖[5],不日授首,故常清云然[6]。令诚至潼关,先引常清,宣敕示之;常清以表附令诚上之。常清既死,陈尸蘧蒢[7]。仙芝还,至听事[8],令诚索陌刀手[9]百余人自随,乃谓仙芝曰:“大夫亦有恩命。”仙芝遽下,令诚宣敕。仙芝曰:“我遇敌而退,死则宜矣。今上戴天,下履地[10],谓我盗减粮赐则诬也。”时士卒在前,皆大呼称枉,其声振地,遂斩之。以将军李承光摄领其众。

河西、陇右节度使哥舒翰病废在家,上藉[11]其威名,且素与禄山不协,召见,拜兵马副元帅,将兵八万以讨禄山;仍敕天下四面进兵,会攻洛阳。翰以病固辞,上不许,以田良丘为御史中丞,充行军司马,起居郎[12]萧昕[13]为判官,蕃将火拔归仁等各将部落以从,并仙芝旧卒,号二十万,军于潼关。翰病,不能治事,悉以军政委田良丘;良丘复不敢专决,使王思礼主骑,李承光主步,二人争长,无所统壹。翰用法严而不恤[14],士卒皆懈弛[15],无斗志。

安禄山大同军使高秀岩寇振武军[16],朔方节度使郭子仪击败之,子仪乘胜拔静边军[17]。大同兵马使薛忠义寇静边军,子仪使左兵马使李光弼、右兵马使高濬、左武锋使[18]仆固怀恩[19]、右武锋使浑释之[20]等逆击,大破之,坑其骑七千。进围云中,使别将公孙琼岩将二千骑击马邑[21],拔之,开东陉关[22]。甲辰[23],加子仪御史大夫。怀恩,哥滥拔延[24]之曾孙也,世为金微都督[25]。释之,浑部[26]酋长,世为皋兰都督[27]。

(以上为第九段,写封常清、高仙芝被冤杀。陇右节度使哥舒翰受命守潼关。)

【注释】

[1]干:干涉,妨碍。[2]桡(nǎo)败:挫败。[3]癸卯:十二月十八日。[4]白衣自效:古代未仕者穿白衣,故白衣犹后世称布衣。自效,自己效力。以白衣(平民)身份效命。[5]狂悖:狂妄背理。[6]云然:如此说,这样说。[7]蘧蒢(qúchú):用苇或竹编的粗席。[8]听事:即厅事,官员受事听讼的地方。[9]陌刀手:执陌刀的步兵。陌刀,步兵所持长刀。[10]上戴天,下履地:头上顶着天,脚下踩着地。言有天地为证。[11]藉:凭借。[12]起居郎:官名。门下省属官,掌起居注,录天子之言行法度,以修记事之史。[13]萧昕(702—791):河南(今

河南洛阳）人。官至礼部尚书。传见《旧唐书》卷一百四十六，《新唐书》卷一百五十九。［14］不恤：不体恤、不怜悯。［15］懈弛：懈怠，松弛。［16］振武军：军镇名。在今内蒙古和林格尔。［17］静边军：军镇名。在今内蒙古和林格尔东北。［18］武锋使：使职名。节度使幕府专掌率军前趋作战的将领，有左右先锋使。［19］仆固怀恩（？—765）：回纥九姓部落之一仆固部人。讨安史叛军有功，官至尚书左仆射兼中书令，封丰国公、大宁郡王；后叛唐，引吐蕃入寇，遇疾而死。传见《旧唐书》卷一百二十一，《新唐书》卷二百二十四上。［20］浑释之：回纥九姓之一浑部人。累立战功，官至右武卫大将军、知朔方节度留后，封宁朔郡王。传见《新唐书》卷二百一十七下。［21］马邑：郡名。天宝元年（742）朔州改名，治所在今山西朔州市。［22］东陉关：关名。在今山西代县南。［23］甲辰：十二月十九日。［24］哥滥拔延：回纥九姓部落之一仆固部首领。贞观二十年（646）内属，受封右武卫大将军、金微都督。［25］金微都督：金微都督府长官。金微为唐羁縻府，在今鄂嫩河上游一带。［26］浑部：回纥九姓部落之一。在今蒙古人民共和国乌兰巴托市以西游牧。［27］皋兰都督：皋兰都督府长官。皋兰为羁縻府，置于浑部居住地。

颜杲卿将起兵，参军冯虔、前真定[1]令贾深、藁城尉崔安石、郡人翟万德、内丘[2]丞张通幽皆预其谋；又遣人语太原尹王承业，密与相应。会颜真卿自平原遣杲卿甥[3]卢逖潜告杲卿，欲连兵断禄山归路，以缓其西入之谋。时禄山遣其金吾将军高邈诣幽州征兵，未还，杲卿以禄山命召李钦凑，使帅众诣郡受犒赉[4]；丙午[5]，薄暮，钦凑至，杲卿使袁履谦、冯虔等携酒食妓乐[6]往劳之，并其党皆大醉。乃断钦凑首，收其甲兵，尽缚其党，明日，斩之，悉散井陉之众[7]。有顷，高邈自幽州还，且至藁城，杲卿使冯虔往擒之。南境又白何千年自东京来，崔安石与翟万德驰诣醴泉驿[8]迎千年，又擒之，同日致于郡下。千年谓杲卿曰："今太守欲输力王室，既善其始，当慎其终。此郡应募乌合[9]，难以临敌，宜深沟高垒[10]，勿与争锋。俟朔方军至，并力齐进，传檄赵、魏[11]，断燕、蓟要膂[12]。今且宣声[13]云'李光弼引步骑一万出井陉'；因使人说张献诚云：'足下所将多团练之人，无坚甲利兵，难以当山西[14]劲兵。'献诚必解围遁去。此亦一奇也。"杲卿悦，用其策，献诚果遁去，其团练兵皆溃。杲卿乃使人入饶阳城，慰劳将士。命崔安石等徇诸郡云："大军已下井陉，朝夕当至，先平河北诸郡。先下者赏，后至者诛！"于是河北诸郡响应，凡十七郡皆归朝廷，兵合二十余万；其附禄山者，唯范阳[15]、卢龙[16]、密云[17]、渔阳[18]、汲[19]、邺[20]六郡而已。

杲卿又密使人入范阳招贾循，郏城人马燧[21]说循曰："禄山负恩悖逆，虽得洛阳，终归夷灭。公若诛诸将之不从命者，以范阳归国，倾其根柢，此不世之功也。"循然之，犹豫不时发。别将牛润容知之，以告禄山，禄山使其党韩朝阳召循。朝阳至范阳，引循屏语，使壮士缢杀之，灭其族；以别将牛廷玠知范阳军事。史思明、李立节将蕃、汉步骑万人击博陵、常山。马燧亡入西山；隐者徐遇匿之，得免。

初，禄山欲自将攻潼关，至新安[22]，闻河北有变而还。蔡希德将兵万人自河内[23]北击常山。

戊申[24]，荣王琬薨，赠谥靖恭太子。

是岁，吐蕃赞普乞梨苏笼猎赞[25]卒，子娑悉笼猎赞立。

（以上为第十段，写颜杲卿起兵河北讨贼。）

【注释】

[1]真定：县名。县治在今河北正定县南。[2]内丘：县名。县治在今河北内丘县。[3]甥：外甥，外侄。[4]犒赉：犒劳赏赐。[5]丙午：十二月二十一日。按《考异》所说，丙午为二十二日。而陈垣《廿十史朔闰表》推算为二十一日。此又证陈表误差一日。[6]妓乐：歌妓、乐队。[7]悉散井陉之众：十一月，安禄山令其将李钦凑守井陉口，今斩李，遣散其团结兵众。[8]醴泉驿：在常山郡南与赵郡接界处。在今河北正定县南。[9]应募乌合：应募的士卒乃是乌合之众。乌合，仓卒集合。[10]深沟高垒：深挖壕沟，高筑壁垒。言坚守营垒，不要出战。[11]传檄赵、魏：檄，古代写在木简上用以征召、晓谕或声讨的公文。传檄，传递檄文。赵，指战国时赵国的地方，即今河北南部和山西一带。魏，指战国时魏国的地方，即今河南北部及山西西南部一带。把檄文传到山西、河北、豫北一带，指把这些地区控制到手。[12]断燕、蓟要膂（lǚ）：燕，指今河北北部和辽宁南部。蓟，古地名，在今北京东面。膂，脊梁骨。截断安禄山在冀东、冀北的脊骨。据章校，"膂"下有"彼则成擒矣"五字。[13]声：放出风声。[14]山西：常山、饶阳称代（今山西代县）、并（今山西太原）二州所在之地为山西。因在太行山之西的缘故。[15]范阳：郡名。天宝元年（742）幽州改名，治所在今北京城西南。[16]卢龙：两唐书《地理志》无卢龙郡。卢龙为平州治所，在今河北卢龙。此卢龙郡应是北平郡。[17]密云：郡名，天宝元年（742）檀州改名，治所在今北京密云区。[18]渔阳：郡名，天宝元年蓟州改名，治所在今天津市蓟州区。[19]汲：郡名，天宝元年卫州改名，治所在今河南卫辉市。[20]邺：郡名。天宝元年相州改名，治所在今河南安阳市。[21]马燧（726—795）：汝州郏城（今河南郏县）人，

沉勇多智略，尤善兵法。历仕肃、代、德宗三朝，官至尚书右仆射、同中书门下平章事，封豳国公、北平郡王，谥曰庄武。传见《旧唐书》卷一百三十四，《新唐书》卷一百五十五。［22］新安：县名。县治在今河南新安。［23］河内：郡名。天宝元年（742）怀州改名，治所在今河南沁阳。［24］戊申：十二月二十三日。［25］乞梨苏笼猎赞：据范文澜《中国通史简编》第三编第四节所列《吐蕃赞普世系》，公元704年至754年在位的是弃迭祖贺（弃隶缩赞）赞普，乃松赞干布后第四任赞普。继位者为弃松德赞（乞立赞）赞普，公元755年至791年在位。与《资治通鉴》所载名字不同，恐系译音的区别。

肃宗[1]文明武德大圣大宣孝皇帝上之上

至德[2]元载，（丙申，756年）

春，正月，乙卯[3]朔，禄山自称大燕皇帝，改元圣武，以达奚珣为侍中，张通儒为中书令。高尚、严庄为中书侍郎。

李随至睢阳，有众数万。丙辰[4]，以随为河南节度使[5]，以前高要[6]尉许远为睢阳太守兼防御使。濮阳客[7]尚衡[8]起兵讨禄山，以郡人王栖曜[9]为衙前总管[10]，攻拔济阴，杀禄山将邢超然。

颜杲卿使其子泉明、贾深、翟万德献李钦凑首及何千年、高邈于京师。张通幽泣请曰："通幽兄陷贼，乞与泉明偕行，以救宗族。"杲卿哀而许之。至太原，通幽欲自托[11]于王承业，乃教之留泉明等，更其表，多自为功，毁短杲卿，别遣使献之。杲卿起兵才八日，守备未完，史思明、蔡希德引兵皆至城下。杲卿告急于承业，承业既窃其功，利于城陷，遂拥兵不救。杲卿昼夜拒战，粮尽矢竭；壬戌[12]，城陷。贼纵兵杀万余人，执杲卿及袁履谦等送洛阳。王承业使者至京师，玄宗大喜，拜承业羽林大将军，麾下[13]受官爵者以百数。征颜杲卿为卫尉卿。朝命未至，常山已陷。

杲卿至洛阳，禄山数之曰："汝自范阳户曹，我奏汝为判官，不数年超至太守，何负于汝而反邪？"杲卿瞋目[14]骂曰："汝本营州牧羊羯奴，天子擢汝为三道节度使，恩幸无比，何负于汝而反？我世为唐臣，禄位皆唐有，虽为汝所奏，岂从汝反邪！我为国讨贼，恨不斩汝，何谓反也？臊羯狗[15]，何不速杀我！"禄山大怒，并袁履谦等缚于中桥[16]之柱而剐[17]之。杲卿、履谦比死，骂不虚口。颜氏一门死于刀锯[18]者三十余人。

（以上为第十一段，写颜杲卿兵败，从容就义。）

【注释】

[1]肃宗：唐朝第七代皇帝李亨，玄宗第三子。初名嗣昇，后更名浚、玙、绍，天宝三载(744)更名亨。公元756年至763年在位。肃宗为其庙号。文明武德大圣大宣孝皇帝为肃宗的谥号。事见《旧唐书》卷十，《新唐书》卷六。[2]至德：本年七月肃宗即位于灵武时，始改年号为至德。[3]乙卯：正月一日。[4]丙辰：正月二日。[5]河南节度使：使职名。为河南道差遣长官，当时的使命是节制调度河南、淮北十三郡讨伐安禄山叛军。治所在今河南开封。据《新唐书·方镇表二》此为河南始置节度使。[6]高要：郡名。治所在今广东肇庆市高要区。[7]客：外来的人。[8]尚衡：两唐书无传。衡起兵讨伐安史叛军，先后任徐、青等州刺史及亳、颍等数州节度使，以功迁至兵部侍郎、御史大夫。[9]王栖曜（？—804）：濮州濮阳（今山东鄄城县）人。官至左龙武大将军。传见《旧唐书》卷一百五十二，《新唐书》卷一百七十。[10]衙前总管：军衙属职。总管兵马征战事务。[11]自托：把自己托付给别人，自己以别人为靠山。[12]壬戌：正月八日。[13]麾下：部下。[14]瞋(chēn)目：怒目圆睁。瞋，发怒时睁大眼睛。[15]臊(sāo)羯狗：此为骂人语，即带着腥臊气的狗羯人。臊，臊气，腥臊。[16]中桥：洛阳皇城正南洛水上的桥。本在天津桥的东边，立德坊西南隅。高宗上元（674—676）时移于安众坊左街。桥长三百步，南当长夏门，北通西漕。[17]剐(guǎ)：古代分解肢体的酷刑，又称凌迟。[18]死于刀锯：刀锯，古代刑具，刀用于割刑，锯用于刖刑。死于刀锯即指死于酷刑。

史思明、李立节、蔡希德既克常山，引兵击诸郡之不从者，所过残灭，于是邺、广平[1]、钜鹿[2]、赵、上谷、博陵、文安、魏[3]、信都[4]等郡复为贼守。饶阳太守卢全诚独不从，思明等围之。河间司法李奂将七千人、景城长史李暐遣其子祀将八千人救之，皆为思明所败。

上命郭子仪罢围云中，还朔方，益发兵进取东京；选良将一人分兵先出井陉，定河北。子仪荐李光弼，癸亥[5]，以光弼为河东节度使，”分朔方兵万人与之。

甲子[6]，加哥舒翰左仆射、同平章事[7]，余如故。

置南阳节度使[8]，以南阳[9]太守鲁炅为之，将岭南、黔中、襄阳[10]子弟五万人屯叶[11]北，以备安禄山。炅表薛愿[12]为颍川[13]太守兼防御使，庞坚[14]为副使。愿，故太子瑛之妃兄；坚，玉[15]之曾孙也。

乙丑[16]，安禄山遣其子庆绪寇潼关；哥舒翰击却之。

己巳[17]，加颜真卿户部侍郎兼本郡防御使；真卿以李晫为副。

二月，丙戌[18]，加李光弼魏郡太守、河北道采访使。

史思明等围饶阳二十九日，不下，李光弼将蕃、汉步骑万余人、太原弩手三千人出井陉。己亥[19]，至常山，常山团练兵三千人杀胡兵，执安思义出降。光弼谓思义曰："汝自知当死否？"思义不应。光弼曰："汝久更陈行[20]，视吾此众，可敌思明否？今为我计当如何？汝策可取，当不杀汝。"思义曰："大夫士马远来疲弊，猝遇大敌，恐未易当；不如移军入城，早为备御[21]，先料胜负，然后出兵。胡骑虽锐，不能持重[22]，苟不获利，气沮[23]心离，于时乃可图矣。思明今在饶阳，去此不二百里。昨暮羽书[24]已去，计其先锋来晨必至，而大军继之，不可不留意也。"光弼悦，释其缚，即移军入城。史思明闻常山不守，立解饶阳之围；明日未旦，先锋已至，思明等继之，合二万余骑，直抵城下。光弼遣步卒五千自东门出战，贼守门不退。光弼命五百弩于城上齐发射之，贼稍却；乃出弩手千人分为四队，使其矢发发相继[25]，贼不能当，敛军道北。光弼出兵五千为枪城[26]于道南，夹呼沱水[27]而陈，贼数以骑兵搏战，光弼之兵射之，人马中矢者太半，乃退，小憩[28]以俟步兵。有村民告贼步兵五千自饶阳来，昼夜行百七十里，至九门[29]南逢壁，度[30]憩息[31]。光弼遣步骑各二千，匿旗鼓，并水[32]潜行，至逢壁，贼方饭，纵兵掩击，杀之无遗。思明闻之，失势，退入九门。时常山九县[33]，七附官军，惟九门、藁城为贼所据。光弼遣裨将张奉璋以兵五百戍石邑；余皆三百人戍之。

（以上为第十二段，写河东节度使李光弼光复常山，解饶阳之围，大败史思明。）

【注释】

[1]广平：郡名。天宝元年（742）以洺州改名，治所在今河北邯郸市永年区东南。[2]钜鹿：郡名。天宝元年邢州改名，治所在今河北邢台市。[3]魏：郡名。天宝元年魏州改名，治所在今河北大名东北。[4]信都：郡名。天宝元年冀州改名，治所在今河北衡水市冀州区。[5]癸亥：正月九日。[6]甲子：正月十日。[7]加哥舒翰左仆射、同平章事：在此前哥舒翰已拜兵马副

元帅将兵讨安禄山，此时又加左仆射行宰相之职。［8］南阳节度使：使职名。为南阳地区差遣长官，统南阳、汝州、颍州所在诸军抵御安史叛军。［9］南阳：郡名。天宝元年（742）邓州改名，治所在今河南邓州。［10］襄阳：郡名。天宝元年（742）襄州改名，治所在今湖北襄阳市。［11］叶：县名。县治在今河南叶县。［12］薛愿（？—756）：河东汾阴（今山西荣河）人。传见《旧唐书》卷一百八十七下，《新唐书》卷一百九十三。［13］颍川：郡名。天宝元年（742）许州改名，治所在今河南许昌市。［14］庞坚（？—756）：邠王李守礼婿。传见《旧唐书》卷一百八十七下，《新唐书》卷一百九十三。［15］玉：庞玉，隋封为韩国公，后降唐，为李世民属下将军。［16］乙丑：正月十一日。［17］己巳：正月十五日。［18］丙戌：二月二日。［19］己亥：二月十五日。［20］久更陈行：指久经沙场。更，经过，经历。陈，同“阵”，两军交战时队伍行列。行，行列。［21］早为备御：备，准备。御，抵御。早点作好抵御的准备。［22］持重：持久稳定不动。［23］沮：丧气，颓丧。［24］羽书：军事文书，插鸟羽以示紧急。［25］发发相继：发，把箭射出去。指接连不断地射箭。［26］枪城：篱笆。［27］呼沱水：河名。即今滹沱水。发源于山西五台山东北，穿太行山东流入河北，汇入子牙河。［28］小憩（qì）：休息片刻。［29］九门：县名。县治在今河北石家庄市藁城区西北。［30］度（duó）：揣测，估计。［31］憩息：休息。［32］并水：即傍水，紧靠河水。并，同“傍”。［33］常山九县：指真定（今河北正定县）、藁城（今河北藁城）、石邑（河北石家庄西南）、九门（河北正定东）、行唐（今河北行唐）、井陉（今河北井陉南）、平山（今河北灵寿西南）、获鹿（今河北获鹿）、灵寿（今河北灵寿）等地。

上以吴王祗为灵昌太守、河南都知兵马使。贾贲前至雍丘[1]，有众二千。先是谯郡[2]太守杨万石以郡降安禄山，逼真源[3]令河东张巡使为长史，西迎贼。巡至真源，帅吏民哭于玄元皇帝庙，起兵讨贼，吏民乐从者数千人；巡选精兵千人西至雍丘，与贾贲合。

初，雍丘令令狐潮以县降贼，贼以为将，使东击淮阳救兵于襄邑[4]，破之，俘百余人，拘于雍丘，将杀之，往见李庭望；淮阳兵遂杀守者，潮弃妻子走，故贾贲得以其间入雍丘。庚子[5]，潮引贼精兵攻雍丘；贲出战，败死。张巡力战却贼，因兼领贲众，自称吴王先锋使。

三月，乙卯[6]，潮复与贼将李怀仙、杨朝宗、谢元同等四万余众奄[7]至城下；众惧，莫有固志[8]。巡曰：“贼兵精锐，有轻我心。今出其不意击之，彼必惊溃。贼势小折，然后城可守也。”乃使千人乘城[9]；自帅千人，分数队，开门突出。巡身先士卒，直冲贼陈，人马辟易[10]，贼遂退。明日，复进攻城，设百炮环城[11]，楼堞[12]皆尽；巡于城上立木栅以拒之。贼蚁附[13]而登，巡束蒿灌脂，焚而投之，贼不得上。时伺贼隙，出兵击之，或夜缒[14]斫营[15]，积六十余日，大小三百余战，带甲而食，裹疮复战，贼遂败走。巡乘胜追之，获胡兵二千人而还，军声大振。

（以上为第十三段，写河南真源令张巡败贼于雍丘。）

【注释】

[1]雍丘：县名。县治在今河南杞县。 [2]谯郡：郡名。治所在今安徽亳州市。 [3]真源：县名。县治在今河南鹿邑县。 [4]襄邑：县名。县治在今河南睢县。 [5]庚子：二月十六日。 [6]乙卯：三月二日。 [7]奄：突然。 [8]固志：坚定的意志。 [9]乘城：登上城墙。 [10]辟易：惊退。 [11]百炮环城：炮，古代以机发石的战具。环绕城池设置百门炮机。[12]楼堞（dié）：楼，古代城墙上和宫殿四角多有楼，用于瞭望。堞，城上如齿状的矮墙。楼堞，瞭望楼和城上矮墙。 [13]蚁附：像蚂蚁一样黏附着。 [14]缒（zhuì）：用绳子拴着人、物从高处往下送。 [15]斫（zhuó）营：指袭击敌营。斫，砍，击。

初，户部尚书安思顺知禄山反谋，因入朝奏之。及禄山反，上以思顺先奏，不之罪也。哥舒翰素与之有隙，使人诈为禄山遗思顺书，于关门擒之以献，且数思顺七罪，请诛之。丙辰[1]，思顺及弟太仆卿元贞皆坐死，家属徙岭外。杨国忠不能救，由是始畏翰。

郭子仪至朔方，益选精兵，戊午[2]，进军于代[3]。

戊辰[4]，吴王祇击谢元同，走之，拜陈留太守、河南节度使。

壬午[5]，以河东节度使李光弼为范阳长史、河北节度使。加颜真卿河北采访使。真卿以张澹为支使[6]。

先是清河客李萼[7]，年二十余，为郡人乞师于真卿曰："公首唱大义，河北诸郡恃公以为长城[8]。今清河，公之西邻，国家平日聚江、淮、河南钱帛于彼以赡北军，谓之'天下北库'；今有布三百余万匹，帛八十余万匹，钱三十余万缗，粮三十余万斛。昔讨默啜，甲兵皆贮清河库，今有五十余万事。户七万，口十余万。窃计财足以三平原之富，兵足以倍平原之强。公诚资以士卒，抚而有之，以二郡为腹心，则余郡如四支[9]，无不随所使矣。"真卿曰："平原兵新集，尚未训练，自保恐不足，何暇[10]及邻，虽然，借若[11]诸[12]子之请，则将何为乎？”萼曰：“清河遣仆[13]衔命[14]于公者，非力不足而借公之师以尝寇[15]也，亦欲观大贤之明义[16]耳。今仰瞻高意，未有决辞定色[17]，仆何敢遽言所为哉！”真卿奇之，欲与之兵。众以为萼年少轻虏[18]，徒分兵力，必无所成，真卿不得已辞之。萼就馆，复为书说真卿，以为：“清河去逆效顺，奉粟帛器械以资军，公乃不纳而疑之。仆回辕[19]之后，清河不能孤立，必有所系托[20]，将为公西面之强敌，公能无悔乎？”真卿大惊，遽诣其馆，以兵六千借之；送至境，执手别。真卿问曰：“兵已行矣，可以言子之所为乎？”萼曰：“闻朝廷遣程千里将精兵十万出崞口[21]讨贼，贼据险拒之，不得前。今当引兵先击魏郡，执禄山所署太守袁知泰，纳旧太守司马垂，使为西南主人；分兵开崞口，出千里之师，因讨汲、邺以北至于幽陵[22]郡县之未下者；平原、清河帅诸同盟，合兵十万，南临孟津[23]，分兵循[24]河，据守要害，制其北走之路。计官军东讨者不下二十万，河南义兵西向者[25]亦不减十万。公但当表朝廷坚壁勿战，不过月余，贼必有内溃相图[26]之变矣。”真卿曰：“善！”命录事参军[27]李择交及平原令范冬馥将其兵，会清河兵四千及博平兵千人军于堂邑[28]西南。袁知泰遣其将白嗣恭等将二万余人来逆战，三郡兵力战尽日，魏兵大败，斩首万余级，捕虏千余人，得马千匹，军资甚众。知泰奔汲郡，遂克魏郡，军声大振。

（以上为第十四段，写平原、清河两郡合兵，大破贼兵。）

【注释】

[1]丙辰：三月三日。[2]戊午：三月五日。[3]代：州名。治所在今山西代县。[4]戊辰：三月十五日。[5]壬午：三月二十九日。[6]支使：河北采访使所属采访支使。河北道设采访使，则所属州郡的采访使为支使。[7]李萼：两唐书无传，只知其向驻扎平原的河北采访使颜真卿借兵守清河，又献计大破安史军，官至监察御史。[8]长城：借指重要的依靠。[9]支：同“肢”。[10]暇：空闲。[11]借若：假若，假如。[12]诺：应允，应承。[13]仆：对自己的谦称。[14]衔命：奉命，受命。[15]尝寇：试探敌人的强弱。[16]观大贤之明义：察看大贤你的明确意图。观，观看，观察。大贤，有大德有大才之人。明义，明确意思。[17]决辞定色：坚决果断的言辞和坚定不移的表情。[18]轻虏：轻视敌人。[19]回辕：即回去。辕，

车前驾牲畜的直木，代指车。［20］系托：依附，依托。［21］崞（quó）口：即壶口，是一道险关，在山西黎城东北太行山口。［22］幽陵：即幽州，在今北京市。［23］孟津：古黄河津渡名。在今河南洛阳市孟津区东北黄河南岸。［24］循：顺着。［25］河南义兵西向者：河南，指黄河以南，西向，即向西，唐京城长安，故西向指心附朝廷。［26］内溃相图：内部分崩，相互图谋。［27］录事参军：官名。州郡属官，掌纠举六曹。［28］堂邑：县名。县治在今山东聊城西北。

时北海太守贺兰进明[1]亦起兵，真卿以书召之并力，进明将步骑五千渡河，真卿陈兵逆[2]之，相揖[3]，哭于马上，哀动行伍[4]。进明屯平原城南，休养士马，真卿每事咨之，由是军权稍移于进明矣，真卿不以为嫌[5]。真卿以堂邑之功让进明，进明奏其状，取舍任意。敕加进明河北招讨使[6]，择交、冬馥微进资级，清河、博平有功者皆不录。进明攻信都郡，久之，不克；录事参军长安第五琦[7]劝进明厚以金帛募勇士，遂克之。

李光弼与史思明相守四十余日，思明绝常山粮道。城中乏草，马食荐藉[8]。光弼以车五百乘之石邑取草，将车者皆衣甲，弩手千人卫之，为方陈而行，贼不能夺。蔡希德引兵攻石邑，张奉璋拒却之。光弼遣使告急于郭子仪，子仪引兵自井陉出，夏，四月，壬辰[9]，至常山，与光弼合，蕃、汉步骑共十余万。甲午[10]，子仪、光弼与史思明等战于九门城南，思明大败。中郎将浑瑊[11]射李立节，杀之。瑊，释之之子也。思明收余众奔赵郡，蔡希德奔钜鹿。思明自赵郡如博陵，时博陵已降官军，思明尽杀郡官。河朔之民苦贼残暴，所至屯结[12]，多至二万人，少者万人，各为营以拒贼；及郭、李军至，争出自效。庚子[13]，攻赵郡；一日，城降。士卒多虏掠，光弼坐城门，收所获，悉归之，民大悦。子仪生擒四千人，皆舍之，斩禄山太守郭献璆。光弼进围博陵，十日，不拔，引兵还恒阳就食[14]。

杨国忠问士之可为将者于左拾遗博平张镐[15]及萧昕，镐、昕荐左赞善大夫永寿来瑱[16]，丙午[17]，以瑱为颍川太守。贼屡攻之，瑱前后破贼甚众，加本郡防御使；人谓之“来嚼铁[18]”。

安禄山使平卢节度使吕知诲诱安东副大都护马灵詧[19]，杀之。平卢游弈使武陟刘客奴[20]、先锋使董秦[21]及安东将王玄志[22]同谋讨诛知诲，遣使逾海与颜真卿相闻，请取范阳以自效，真卿遣判官贾载赍粮[23]及战士衣助之。真卿时惟一子颇，才十余岁，使诣客奴为质。朝廷闻之，以客奴为平卢节度使，赐名正臣；玄志为安东副大都护，董秦为平卢兵马使。

南阳节度使鲁炅立栅于滍水[24]之南，安禄山将武令珣、毕思琛攻之。

（以上为第十五段，写河北讨贼诸路官军不能齐心协力，战局形成拉锯。）

【注释】

[1]贺兰进明：两唐书无传。只知其在安史叛乱中任彭城太守、河南节度使兼御史大夫，以重兵守临淮，不救睢阳，坐视其危亡。[2]逆：迎，迎接，与“送”相对。[3]相揖：彼此行拱手礼。[4]行伍：古代军队编制，五人为伍，二十五人为行，故以“行伍”作为军队代称。[5]嫌：不高兴，不满意。[6]招讨使：使职名。武则天长安（701—704）时为平息始安獠族反抗，曾设置招慰讨击使。安禄山叛乱后，河北起兵讨叛的郡太守，加军事差遣职招讨使，以表示委任招慰讨击的使命。[7]第五琦（712—782）：字禹珪，京兆长安（今陕西西安西）人。有吏才，官至户部侍郎、同书门下平章，封扶风郡公。传见《旧唐书》卷一百二十二，《新唐书》卷一百四十九。[8]荐藉：草席。[9]壬辰：四月九日。[10]甲午：四月十一日。[11]浑瑊（jiān）（737—799）：回纥九姓部落之一浑部人。本名进。武将，一生军功卓著，平安史之乱，征吐蕃，讨朱泚，官至左仆射、同中书门下平章事，封咸宁王。传见《旧唐书》卷一百三十四，《新唐书》卷一百五十五。[12]所至屯结：屯结，聚集驻守。所到之处都聚集自守。[13]庚子：四月十七日。[14]就食：移兵至有粮食处，就地取得给养。[15]张镐（？—764）：博州（今山东聊城）人。官至中书侍郎、同中书门下平章事，封南阳郡公。传见《旧唐书》卷一百一十一，《新唐书》卷一百三十九。[16]来瑱（？—763）：邠州永寿（今陕西永寿）人。官至兵部尚书、同中书门下平章事。后受谗害被赐死。传见《旧唐书》卷一百一十四，《新唐书》卷一百四十四。[17]丙午：四月二十三日。[18]嚼铁：比喻像铁一样坚硬难嚼。[19]马灵詧（chá）：即夫蒙灵詧。夫蒙，本西羌姓，或改姓马。[20]刘客奴（？—756）：武陟（今河南武陟西南）人。肃宗赐名正臣，传见《旧唐书》卷一百四十五，《新唐书》卷一百五十一。[21]董秦（716—784）：平卢（今辽宁朝阳）人。年少从军，才力冠异。初事安禄山，乾元二年（759）归朝廷，肃宗赐姓李，名忠臣。数有军功，官至检校司空、平章事，封西平郡王。后从朱泚叛乱，被斩。传见《旧唐书》卷一百四十五，《新唐书》卷二百二十四下。[22]王玄志（？—758）：两唐书无传。仅知其在天宝末年于安东抵抗安禄山所署的官员，十五载（756）四月，朝廷授以安东副大都护、摄御史中丞、

保定军及营田使；后又命为营州刺史，充平卢节度使。［23］赍粮：送粮。［24］滍水：古水名。即今河南鲁山、叶县境内的沙河。

【点评】

本卷点评安禄山叛乱留给人们的历史反思。以下三事，尤须记取。

一、安禄山叛乱的导火索。安禄山专制三镇，兼任平卢、范阳、河东节度使，手握强兵，蓄谋异志达十年之久，有识之士都看到了安禄山必反。河西节度使王忠嗣首发其奸，唐玄宗听不进去。由于唐玄宗是开元盛世的明君，有很高的声望，安禄山欲反有所畏惧。加之唐玄宗待安禄山有厚恩，安禄山想等到唐玄宗死后才反叛。可是天宝年间政治的急剧恶化，杨国忠入相的挑动，唐玄宗姑息养奸，制造了导火索，于是安禄山在天宝十四载（755）十一月九日甲子，反于范阳，祸及唐玄宗当世，虽然这是唐玄宗不想看到的一幕，但是也非始料所及。安禄山坐大，是唐玄宗一手栽培，安禄山反叛的导火索也是唐玄宗姑息养奸亲手所致。于是安禄山反叛，在唐玄宗当世爆发不可避免。

天宝十三载（754）正月三日己亥，唐玄宗征召安禄山入朝，制造了导火索。边疆大吏入朝贺新春，原来是正常的事。可是这一次，是杨国忠上奏安禄山必反，征召入朝，安禄山一定不来。安禄山入朝与不入朝，成了验证安禄山是否忠诚的一个标志，也是验证杨国忠与安禄山两人谁是忠臣、谁是奸佞的一个标志。唐玄宗对此，应当有一个判断，对安禄反与不反，制订出两套预案措施。要么不理睬杨国忠的奏报，不征召安禄山入朝，徐图办法；要么征召安禄山入朝，来了绝不应当放回，留在京都任职。唐玄宗没有作为，把这一次征召作为考验，与安禄山打心理战。安禄山知道杨国忠的险恶用心，他采取了果决的行动，应征入朝，与唐玄宗打起了心理战。安禄山入朝，留京两月，直到三月一日丁酉才辞归范阳。安禄山利用这次入朝进行火力侦察。他向唐玄宗哭诉杨国忠陷害自己，指天发誓表忠心。安禄山留京住在自己的府邸不急于返回，以示忠心。他向唐玄宗求索兼领陇右群牧总监，又为所部将士讨告身。正常情况，这是造反行迹的显露，而现在是打心理战，试探唐玄宗的反应。安禄山的逆向思维还真的奏效了，打乱了唐玄宗的方寸。唐玄宗感到自己对安禄山的猜忌有愧，认为杨国忠的奏报伤害了安禄山，于是唐玄宗就用厚赏来安抚安禄山，对安禄山的求索一一依从。安禄山得逞，以群牧总监的职任密遣亲信挑选了几千匹战马以充军资，又讨得提拔部属将军五百余人、中郎将二千余人的告身。安禄山获得了意外的重赏，看透了唐玄宗只求安定、无所作为的心思。唐玄宗愈是厚赏，愈是煽起安禄山轻视朝廷的野心，加速了安禄山的反叛。

三月一日，安禄山辞行，留下一个儿子安庆宗在朝廷做耳目，并向唐玄宗求尚公主。唐玄宗以宗女荣义郡主下嫁安庆宗，任命安庆宗为太仆卿。安禄山的这一招，既留下了在京师的耳目，又麻痹了唐玄宗。此后，凡有人说安禄山反叛者，唐玄宗就把这人抓起来送给安禄山治罪。从此再没有人向唐玄宗提安禄山反叛的话。

安禄山入朝的这一场心理战，以安禄山大获全胜而告终。安禄山也知道自己出的是一个险招，他辞行后连夜倍道兼程而返，从此称病不朝，对朝廷使者能收买的就收买，不能收买的就怠慢，下定决心谋反。由此可见，天宝十三载正月征召安禄山入朝，加重了君臣的疑忌，是唐玄宗亲手制造的导火索。安禄山敢于应征入朝，表现了他是一个枭雄，耍弄机权手段，唐玄宗和杨国忠都不是他的对手。此外，安禄山收买大臣在京师有了耳目，这也是他敢于应征入朝的条件。御史中丞吉温，张说之子张钧、张垍兄弟供奉翰林，张垍还是唐玄宗的女婿，都被安禄山收买为耳目。还有杨贵妃这条内线，安禄山对唐玄宗的心理了如指掌。这次唐玄宗放虎归山，如同当年楚怀王放张仪归秦一样荒唐。

二、杨国忠点燃了导火索。安禄山骄狂自大，他认为自己的奸诈比不上李林甫，入朝只畏惧李林甫一人。安禄山看不起杨国忠，入朝连正眼都不看杨国忠一眼。于是杨国忠怀恨安禄山，又害怕安禄山的权势影响自己的专权。于是杨国忠视安禄山为眼中钉，必欲拔之而后快。杨国忠扳不倒安禄山就挑动安禄山造反。安禄山入朝返回范阳后，杨国忠成天找事，煽动唐玄宗今日遣使察其行迹，明日派人宣召入朝。安禄山不会上杨国忠的当，他以不变应万变，称疾不出，杨国忠莫奈其何。天宝十四载四月，杨国忠指使京兆尹搜查安禄山在京师的府邸，逮捕安禄山的宾客李超，送到御史台杀害。杨国忠的这一招点燃了导火索，安禄山决心反叛。天宝十四载七月，安禄山上表朝廷献马三千匹，每一匹马配备两名马夫，派胡将二十二人带领送京师，想借此偷袭京师。河南尹达奚珣识透了安禄山的阴谋，上奏唐玄宗遣使告谕安禄山十月入朝，至冬送马。安禄山见阴谋被识破，于是在十一月九日甲子公然造反。安禄山以奉密旨将兵入朝讨杨国忠为名反于范阳。安禄山蓄谋十年，兵强马壮，全国承平日久，老百姓几代人没见过战争，突然听到范阳兵起，远近震骇。杨国忠达到了挑动安禄山反叛的目的，得知消息后洋洋得意。杨国忠大言，只是安禄山一个人造反，将士都不追随他，不出十天，一定有人把安禄山的首级献到朝廷。满朝文武相顾失色，杨国忠却看得如此轻易。这说明无行无才的杨国忠，既不懂政治，也不懂军事，不顾大局，只为私利，轻易玩火。杨国忠也不懂安禄山造反是一把双刃剑，一边砍向唐王朝，一边砍向杨国忠。安禄山以清君侧，诛杨国忠为名，一旦官军失利，全国军民的愤怨都会指向杨国忠。杨国忠点燃导火索，他是火药桶爆炸首当其冲的蒙难者，杨氏族灭，罪有应得。可这时杨国忠还沾沾自喜。如此蠢猪把握朝政，焉能不乱。

三、唐玄宗自毁长城。安禄山叛军南下，河南、河北郡县望风投降。封常清、高仙芝都是久经沙场的骁勇战将，奉命东出平叛。封常清在东都洛阳临时招募义勇，百姓踊跃从军，十天时间就招募了六万人。人数虽众，却是乌合之众，没有受过军事训练，用他们抵挡安禄山的铁甲是很不现实的。封常清守河阳失利，退守洛阳也连遭败北，再向西退到了陕县。这时高仙芝率领的飞骑、彍骑、河西边兵以及新募兵五万人从长安赶到了陕县。陕郡太守及原有官兵早已逃得无影无踪。人心惶惶，陕郡无险可守，野战又不敌叛军。为了保存实力，屏障京师长安，高仙芝采纳了封常清的建议，立即退守潼关。官军刚到潼关，叛军先锋随即追杀到了潼关。这时，朝廷向各道征兵勤王，都没有赶到，关中震恐。适逢安禄山在洛阳谋划称帝，没有急攻潼关，封常清与高仙管得以在潼关完善守备，稳定了局势。高仙芝东征，唐玄宗派宦官边令诚监军，边令诚不懂军事，却偏偏干预高仙芝的行动。高仙芝不理睬，边令诚入朝奏事，诬陷封常清、高仙芝畏敌，丢失陕郡，克扣军饷，动摇军心。京师的大臣，尤其杨国忠大言安禄山狂悖，用不了多大力气就能斩其首。唐玄宗不察，轻信宦官谎报军情，下令诛杀二将。封常清临刑上遗表说："臣死，希望陛下不要轻视安禄山这个叛贼。"高仙芝临刑，指天发誓说："如果说我临敌退却该死，苍天在上，说我克扣军饷，实在冤枉。"在场士兵，齐声呼喊冤枉，声音震天动地。

当封常清、高仙芝被冤杀之时，河北、河南义士起兵抗贼。河北颜真卿、颜杲卿、河南真源令张巡率领军民，大破叛军。颜杲卿失败，从容就义，激发了军民斗志。河东节度使李光弼收复常山，解饶阳之围，大败史思明。安禄山叛乱，不得人心，官军稳住了阵脚，四面围剿，原本可以很快剿灭。可惜封常清、高仙芝二将被冤杀，大大打击了军民的士气。安禄山反叛，唐玄宗还没有从昏睡中惊醒，特别是信用宦官，为唐朝中期以后的政治腐败开了一个恶例，直到唐朝灭亡，也未能割除宦官这一个肿瘤。唐玄宗冤杀二将，自毁长城，仅仅是悲剧的开始。其后，哥舒翰守潼关，唐玄宗听信杨国忠谗言，派遣一批又一批宦官督战，迫使哥舒翰轻出兵败，导致河北战局官军全线败退，长安不守，玄宗蒙尘。皇权政治，没有问责的制衡，当君王由明转昏，再让他醒过来，那就太难了。

卷二一八　唐纪三十四

唐肃宗至德元载（756 年）

【起柔兆涒滩（丙申，756 年）五月，至九月，不满一年】

【大事提要】

本卷记事起公元 756 年五月，讫当年九月，凡五个月。当唐肃宗初即位之至德元载。因事繁剧变，不及半年而成一卷。半年间，政治军事发生重大变化，安史之乱出现了转折点。哥舒翰守潼关，扼制了叛军主力的进攻，河北官军郭子仪、李光弼大破史思明，官军由败退转入了反攻。由于唐玄宗的错误指挥，迫使哥舒翰轻出潼关，寻求全力决战，唐玄宗妄想毕其功于一役，结果官军大败，安禄山长驱入长安，导致河北官军全线败退，叛军达到了势力的巅峰。唐玄宗惊慌失措，西逃入蜀，至马嵬驿兵变，杨氏满门被诛，杨贵妃也香消玉殒，被赐缢杀。安禄山无远略，进兵长安，血洗皇族，没有乘胜追击，太子李亨留镇讨贼，从容北上灵武即位，是为肃宗。河西兵入援灵武，郭子仪勤王佐肃宗，李泌出山尽心辅佐，肃宗纳谏，君臣和谐，灵武新政权出现了新气象。唐玄宗听到太子即位，主动称太上皇，传国玺玉册于肃宗，至是全国政令统一。河南、河北义军奋起讨贼，双方形势转入相持。唐王朝度过了险关。

肃宗文明武德大圣大宣孝皇帝上之下

至德元载（丙申，756 年）

五月，丁巳[1]，炅众溃，走保南阳，贼就围之。太常卿张垍荐夷陵太守虢王巨有勇略，上征吴王祗为太仆卿，以巨为陈留谯郡太守、河南节度使，兼统岭南节度使[2]何履光、黔中节度使[3]赵国珍[4]、南阳节度使鲁炅。国珍，本牂柯夷也。戊辰[5]，巨引兵自蓝田出，趣南阳。贼闻之，解围走。

令狐潮复引兵攻雍丘。潮与张巡有旧，于城下相劳苦如平生[6]，潮因说巡曰："天下事去矣，足下坚守危城，欲谁为乎？"巡曰："足下[7]平生以忠义自许，今日之举，忠义何在！"潮惭而退。

郭子仪、李光弼还常山，史思明收散卒数万踵其后。子仪选骁骑更挑战，三日，至行唐[8]，贼疲，乃退。子仪乘之，又败之于沙河[9]。蔡希德至洛阳，安禄山复使将步骑二万人北就[10]思明，又使牛廷玠发范阳等郡兵万余人助思明，合五万余人，而同罗、曳落河居五分之一。子仪至恒阳，思明随至，子仪深沟高垒以待之；贼来则守，去则追之，昼则耀兵，夜斫其营，贼不得休息。数日，子仪、光弼议曰："贼倦矣，可以出战。"壬午[11]，战于嘉山[12]，大破之，斩首四万级，捕虏千余人。思明坠马，露髻跣足步走[13]，至暮，杖折枪归营，奔于博陵；光弼就围之，军声大振。于是河北十余郡皆杀贼守将而降。渔阳路再绝[14]，贼往来者皆轻骑窃过，多为官军所获，将士家在渔阳者无不摇心。

（以上为第一段，写郭子仪、李光弼在河北大破史思明。）

【注释】

[1]丁巳：五月四日。 [2]岭南节度使：使职名。为岭南方镇差遣长官。天宝十五载（756，即至德元载）升岭南五府（广、桂、容、邕、交）经略讨击使为岭南节度使，其目的在于镇抚岭南五府，治所在今广东广州市。 [3]黔中节度使：黔中郡，天宝元年（742）黔州改名。按《新唐书·方镇表》，开元二十六年（738）黔州置五溪诸州经略使；天宝十四载（755）增领守捉使。代宗大历四年（769）始置辰、溪、巫、锦、业五州都团练守捉观察处置使。大顺元年（890）黔州观察使始号武泰军节度使。故此言黔中为节度使疑记载有误，或另有所据。 [4]赵国珍（？—768）：西南地区牂牁蛮族后裔，天宝中为黔府都督，代宗时召拜工部尚书。传见《旧唐书》卷一百一十五。[5]戊辰：五月十五日。[6]相劳苦如平生：彼此慰问如同平时一样。劳苦，慰劳。平生，平时，平素。 [7]足下：古代下称上或同辈相称的敬词。 [8]行唐：县名。县治在今河北行唐。 [9]沙河：河名。在今河北行唐、曲阳两县之间。 [10]就：靠近，趋向。 [11]壬午：五月二十九日。 [12]嘉山：在今河北曲阳附近。 [13]露髻跣（jìxiǎo）足步走：髻，发髻。跣，赤脚。披头散发赤脚逃走。 [14]渔阳路再绝：指通往范阳的道路再次被隔断。前次为天宝十四载（755）常山太守颜杲卿起兵，河北十七郡皆响应，渔阳路绝。唐人多以范阳、渔阳通称。此渔阳即指安禄山根本所在地范阳。

禄山大惧，召高尚、严庄诟[1]之曰："汝数年教我反，以为万全。今守潼关，数月不能进，北路已绝，诸军四合，吾所有者止汴、郑数州而已，万全何在？汝自今勿来见我！”尚、庄惧，数日不敢见。田乾真自关下来，为尚、庄说禄山曰：“自古帝王经营大业，皆有胜败，岂能一举而成！今四方军垒虽多，皆新募乌合之众，未更行陈[2]，岂能敌我蓟北劲锐之兵，何足深忧！尚、庄皆佐命元勋，陛下一旦绝之，使诸将闻之，谁不内惧！若上下离心，臣窃为陛下危之！”禄山喜曰：“阿浩，汝能豁[3]我心事。”即召尚、庄，置酒酣宴[4]，自为之歌以侑酒[5]，待之如初。阿浩，乾真小字也。禄山议弃洛阳，走归范阳，计未决。

是时，天下以杨国忠骄纵召乱，莫不切齿。又，禄山起兵以诛国忠为名，王思礼[6]密说哥舒翰，使抗表[7]请诛国忠，翰不应。思礼又请以三千骑劫取以来，至潼关杀之，翰曰：“如此，乃翰反，非禄山也。”或说国忠：“今朝廷重兵尽在翰手，翰若援[8]旗西指，于公岂不危哉！”国忠大惧，乃奏：“潼关大军虽盛，而后无继，万一失利，京师可忧，请选监牧小儿[9]三千于苑中训练。”上许之，使剑南军将李福德等领之。又募万人屯灞上，令所亲杜乾运将之，名为御贼，实备翰也。翰闻之，亦恐为国忠所图，乃表请灞上[10]军隶潼关；六月，癸未[11]，召杜乾运诣关，因事斩之；国忠益惧。

会有告崔乾佑在陕，兵不满四千，皆羸弱无备，上遣使趣哥舒翰进兵复陕、洛。翰奏曰：“禄山久习用兵，今始为逆，岂肯无备！是必羸师以诱我，若往，正坠其计中。且贼远来，利在速战；官军据险以扼之，利在坚守。况贼残虐失众，兵势日蹙[12]，将有内变；因而乘之，可不战擒也。要在成功，何必务速！今诸道征兵尚多未集，请且待之。”郭子仪、李光弼亦上言：“请引兵北取范阳，覆其巢穴，质贼党妻子以招之，贼必内溃。潼关大军，唯应固守以弊[13]之，不可轻出。”国忠疑翰谋己，言于上，以贼方无备，而翰逗留，将失机会。上以为然，续遣中使趣[14]之，项背相望[15]。翰不得已，抚膺恸哭[16]；丙戌[17]，引兵出关。

己丑[18]，遇崔乾佑之军于灵宝[19]西原。乾佑据险以待之，南薄[20]山，北阻河，隘道[21]七十里。庚寅[22]，官军与乾佑会战。乾佑伏兵于险，翰与田良丘浮舟中流以观军势，见乾佑兵少，趣诸军使进。王思礼等将精兵五万居前，庞忠等将余兵十万继之，翰以兵三万登河北阜[23]望之，鸣鼓以助其势。乾佑所出兵不过万人，什什伍伍[24]，散如列星，或疏或密，或前或却，官军望而笑之。乾佑严[25]精兵，陈于其后。兵既交，贼偃旗如欲遁者，官军懈，不为备。须臾，伏兵发，贼乘高下木石，击杀士卒甚众。道隘，士卒如束，枪槊[26]不得用。翰以毡车驾马为前驱，欲以冲贼。日过中，东风暴急，乾佑以草车数十乘塞毡车之前，纵火焚之。烟焰所被，官军不能开目，妄自相杀，谓贼在烟中，聚弓弩而射之。日暮，矢尽，乃知无贼。乾佑遣同罗精骑自南山过，出官军之后击之，官军首尾骇乱，不知所备，于是大败；或弃甲窜匿山谷，或相挤排入河溺死，嚣声[27]振天地，贼乘胜蹙[28]之。后军见前军败，皆自溃，河北军[29]望之亦溃。翰独与麾下数百骑走，自首阳山[30]西渡河入关。关外先为三堑，皆广二丈，深丈，人马坠其中，须臾而满；余众践之以度[31]，士卒得入关者才八千余人。辛卯[32]，乾佑进攻潼关，克之。

翰至关西驿[33]，揭牓[34]收散卒，欲复守潼关。蕃将火拔归仁等以百余骑围驿，入谓翰曰："贼至矣，请公上马。"翰上马出驿，归仁帅众叩头曰："公以二十万众一战弃之，何面目复见天子！且公不见高仙芝、封常清乎？请公东行。"翰不可，欲下马。归仁以毛縶[35]其足于马腹，及诸将不从者，皆执之以东。会贼将田乾真已至，遂降之，俱送洛阳。安禄山问翰曰："汝常轻我，今定[36]何如？"翰伏地对曰："臣肉眼不识圣人。今天下未平，李光弼在常山，李祗在东平，鲁炅在南阳，陛下留臣，使以尺书招之，不日皆下矣。"禄山大喜，以翰为司空、同平章事。谓火拔归仁曰："汝叛主，不忠不义。"执而斩之[37]。翰以书招诸将，皆复书责之。禄山知不效，乃囚诸苑中。潼关既败，于是河东[38]、华阴[39]、冯翊[40]、上洛[41]防御使皆弃郡走，所在守兵皆散。

（以上为第二段，写潼关兵轻出战败，导致河北官兵全线溃退。）

【注释】

[1]诟：骂。 [2]未更行陈：更，经历，经过。行，行列。陈，同"阵"。指没有经过战斗锻炼。 [3]豁：免除。 [4]酣宴：尽情饮宴。 [5]侑（yòu）酒：劝酒。 [6]王思礼（？—761）：高丽人。少习戎旅，官至户部尚书，封霍国公。传见《旧唐书》卷一百一十，《新唐书》卷

一百四十七。[7]抗表：臣下有不同意见，向君主上表直言力谏。[8]援：执。[9]监牧小儿：指饲养国马诸牧监的士卒。当时监牧、五坊、禁苑的士卒通称小儿。[10]灞上：亦作霸上，地名。在今陕西西安东灞水西高塬上。为古代咸阳、长安附近的军事要地。[11]癸未：六月一日。[12]蹙（cù）：窘迫。[13]弊：困乏，疲惫。[14]趣：同“促”，催促。[15]项背相望：项，脖子。背，脊背。指前后相继，相互之间能看见脖子和脊背。[16]抚膺恸（tòng）哭：膺，胸。恸，极度悲哀。指按住胸脯痛哭。[17]丙戌：六月四日。[18]己丑：六月七日。[19]灵宝：县名。县治在今河南灵宝市。[20]薄：迫近。[21]隘（ài）道：狭窄的道路。[22]庚寅：六月八日。[23]阜：土山。[24]什什伍伍：指队伍分散，犹言三三两两。[25]严：整肃。[26]枪槊（shuò）：长兵器。枪，长竿上装有金属尖头的兵器。槊，长矛。[27]嚣声：喧哗吵闹之声。[28]蹙（cù）：追逼。[29]河北军：指哥舒翰自己所率领的军队，当时在黄河北岸。[30]首阳山：“首阳山”当是“首山”之误，衍“阳”字。首山，在今山西永济市南。[31]度：同“渡”，渡过。[32]辛卯：六月九日。[33]关西驿：古驿名。在今陕西华阴东。[34]揭牓（bǎng）：牓，同“榜”，揭牓，指张榜，贴布告。[35]縶（zhì）：束缚。[36]定：究竟，终竟。[37]执而斩之：火拔归仁卖主求荣，叛贼安禄山也看不起，故执而斩之。忠义是做人的最高准则，即使不忠不义之人有如安禄山者，也是懂得的。[38]河东：郡名。天宝元年（742）蒲州改名，治所在今山西永济市西。[39]华阴：郡名。即华州，治所在今陕西渭南市华州区。[40]冯翊：郡名，即同州，治所在今陕西大荔县。[41]上洛：郡名。天宝元年（742）商州改名，治所在今陕西商州。

是日，翰麾下来告急，上不时召见，但遣李福德等将监牧兵赴潼关。及暮，平安火[1]不至，上始惧。壬辰[2]，召宰相谋之。杨国忠自以身领剑南，闻安禄山反，即令副使崔圆阴具储偫，以备有急投之，至是首唱幸蜀之策。上然之。癸巳[3]，国忠集百官于朝堂，惶懅[4]流涕；问以策略，皆唯唯不对。国忠曰：“人告禄山反状已十年，上不之信。今日之事，非宰相之过。”仗下[5]，士民惊扰奔走，不知所之，市里萧条。国忠使韩、虢入宫，劝上入蜀。

甲午[6]，百官朝者什无一二。上御勤政楼，下制，云欲亲征，闻者皆莫之信。以京兆尹魏方进为御史大夫兼置顿使[7]；京兆少尹[8]灵昌崔光远[9]为京兆尹，充西京留守；将军边令诚掌宫闱[10]管钥[11]。托以剑南节度大使颍王璬将赴镇，令本道设储偫。是日，上移仗北内[12]。既夕[13]，命龙武大将军陈玄礼整比[14]六军[15]，厚赐钱帛，选闲厩马九百余四，外人皆莫之知。乙未[16]，黎明，上独与贵妃姊妹、皇子、妃、主、皇孙、杨国忠、韦见素、魏方进、陈玄礼及亲近宦官、宫人出延秋门[17]，妃、主、皇孙之在外者，皆委[18]之而去。上过左藏，杨国忠请焚之，曰："无为贼守。"上愀然[19]曰："贼来不得，必更敛于百姓；不如与之，无重困吾赤子[20]。"是日，百官犹有入朝者，至宫门，犹闻漏声[21]，三卫立仗[22]俨然[23]。门既启，则宫人乱出，中外扰攘[24]，不知上所之。于是王公、士民四出逃窜，山谷细民争入宫禁及王公第舍，盗取金宝，或乘驴上殿。又焚左藏、大盈库[25]。崔光远、边令诚帅人救火，又募人摄府、县官分守之，杀十余人，乃稍定。光远遣其子东见禄山，令诚亦以管钥献之。

上过便桥[26]，杨国忠使人焚桥。上曰："士庶各避贼求生，奈何绝其路！"留内侍监高力士，使扑灭乃来。上遣宦者王洛卿前行，告谕郡县置顿[27]。食时[28]，至咸阳望贤宫[29]，洛卿与县令俱逃，中使征召，吏民莫有应者。日向中[30]，上犹未食，杨国忠自市胡饼[31]以献。于是民争献粝饭[32]，杂以麦豆；皇孙辈争以手掬[33]食之，须臾而尽，犹未能饱。上皆酬其直[34]，慰劳之。众皆哭，上亦掩泣[35]。有老父郭从谨进言曰："禄山包藏祸心，固非一日；亦有诣阙告其谋者，陛下往往诛之，使得逞其奸逆，致陛下播越。是以先王务延访忠良以广聪明，盖为此也。臣犹记宋璟为相，数进直言，天下赖以安平。自顷[36]以来，在廷之臣以言为讳[37]，惟阿谀取容[38]，是以阙门之外，陛下皆不得而知。草野之臣，必知有今日久矣，但九重[39]严邃[40]，区区[41]之心无路上达。事不至此，臣何由得睹陛下之面而诉之乎！"上曰："此朕之不明，悔无所及。"慰谕[42]而遣之。俄而尚食[43]举御膳而至，上命先赐从官，然后食之。令军士散诣村落求食，期未时[44]皆集而行。夜将半，乃至金城[45]。县令亦逃，县民皆脱身走，饮食器皿具在，士卒得以自给。时从者多逃，内侍监袁思艺亦亡去。驿中无灯，人相枕藉[46]而寝，贵贱无以复辨。王思礼自潼关至，始知哥舒翰被擒；以思礼为河西、陇右节度使，即令赴镇，收合散卒，以俟东讨。

（以上为第三段，写唐玄宗撤离长安，蒙尘入蜀。）

【注释】

［1］平安火：唐代边塞，约隔三十里设一烽候，作为报警哨所。每日早晨及初夜，举一火，依次传至京师，称为平安火，无火则有警讯。［2］壬辰：六月十日。［3］癸巳：六月十一日。［4］惶懅（jù）：惶恐惊慌。［5］仗下：仗，仪仗。唐代朝会由左右卫所辖的亲、勋、翊三卫担任仪仗。朝罢，三卫立仗者皆退下，称为仗下。此借指朝会完毕。［6］甲午：六月十二日。［7］置顿使：使职名。职掌皇帝外出途中，驿务食宿的安排料理。［8］京兆少尹：官名。唐代在京兆、河南、太原等府各设府牧，又设尹一员，少尹各二员。尹、少尹为府牧副官，职责是纲纪众务，通判列曹。［9］崔光远（？—761）：滑州灵昌（今河南滑县）人。传见《旧唐书》卷一百一十一，《新唐书》卷一百四十一。［10］宫闱：指宫中后妃所居之处。闱，宫中的旁门。［11］管钥：钥匙。［12］移仗北内：移仗，迁移仗卫，指皇帝迁移住地。北内，指大明宫，兴庆宫在南，大明宫在北，故名。移仗北内，指玄宗自兴庆宫迁住大明宫。［13］既夕：已经到晚上。［14］整比：整顿排列。整，整理，整顿。比，排列。［15］六军：泛指护卫皇帝的军队。此时北衙禁军只有左右羽林，左右龙武四军。［16］乙未：六月十三日。［17］延秋门：长安禁苑西门。［18］委：抛弃，舍弃。［19］愀（qiǎo）然：容色变动、神情忧愁。［20］赤子：指黎民百姓。［21］漏声：漏壶滴水声音。漏壶又名“漏刻”“刻漏”“壶漏”，是古代的计时器。［22］三卫立仗：三卫，指亲卫、勋卫、翊卫，掌殿庭仪卫之事。仗，左右卫所辖的亲、勋、翊三卫分为五仗：亲仗、供奉仗、勋仗、翊仗、散手仗，担任皇帝朝会仪仗。立仗，朝会仪式。凡朝会日，平明传点完毕，开内门，百官进入立班，皇帝升御座，金吾将军奏左右厢内外平安，通事舍人赞引宰相、两省官再拜升殿之后，由内谒者承旨唤仗，仪仗便由东西阁进入，按一定位置站立左右，称为立仗。［23］俨然：整齐庄重。［24］扰攘：混乱，纷乱。［25］大盈库：又称百宝大盈库。玄宗开元时所置天子内库，储藏供天子宴享、赏赐之钱物，由宦官掌管。［26］便桥：又称西渭桥、便门桥。在长安城西北、咸阳宫东南的渭水上。因长安城西门曰便门，桥北与门对，故称便桥。故址在今陕西咸阳南。其时长安人送客西行，多到此相别。唐末废。后代或用舟渡，或用浮桥，或冬春用桥，夏秋用渡。［27］置顿：设备停留食宿事宜。［28］食时：该吃饭的时候。［29］望贤宫：在当时咸阳县东。［30］日向中：太阳已升至天空正中，指中午。［31］胡饼：蒸饼。［32］粝饭：粗饭。［33］掬（jū）：用双手捧起。［34］直：同“值”，价钱。［35］掩泣：掩面哭泣。［36］顷：近来，不久前。［37］以言为讳：忌讳向皇帝进言，不敢进谏。［38］阿谀取容：阿谀，奉承谄媚。取容，曲从讨好，取悦于人。［39］九重：君门九重，言其宫廷深远，宫门重重。［40］严邃：森严而幽深。［41］区区：自称的谦词。［42］慰谕：以好话安慰。［43］尚食：主御膳之官。殿中省有尚食局，设奉御二人，直长五人，食医八人，掌御膳供应。［44］未时：十二时辰之一。相当于现在下午一时至三时。［45］金城：县名。县治在今陕西兴平。［46］枕藉：相互为枕而卧。

丙申[1]，至马嵬驿[2]，将士饥疲，皆愤怒。陈玄礼以祸由杨国忠，欲诛之，因东宫宦者李辅国[3]以告太子[4]，太子未决。会吐蕃使者二十余人遮[5]国忠马，诉以无食，国忠未及对，军士呼曰："国忠与胡虏谋反！"或射之，中鞍。国忠走至西门内，军士追杀之，屠割支体，以枪揭其首于驿门外，并杀其子户部侍郎暄及韩国、秦国夫人。御史大夫魏方进曰："汝曹何敢害宰相！"众又杀之。韦见素闻乱而出，为乱兵所挝[6]，脑血流地。众曰："勿伤韦相公。"救之，得免。军士围驿，上闻喧哗，问外何事，左右以国忠反对。上杖屦[7]出驿门，慰劳军士，令收队，军士不应。上使高力士问之，玄礼对曰："国忠谋反，贵妃[8]不宜供奉[9]，愿陛下割恩正法。"上曰："朕当自处之。"入门，倚杖倾首而立。久之，京兆司录[10]韦谔[11]前言曰："今众怒难犯，安危在晷刻[12]，愿陛下速决！"因叩头流血。上曰："贵妃常居深宫，安知国忠反谋？"高力士曰："贵妃诚无罪，然将士已杀国忠，而贵妃在陛下左右，岂敢自安！愿陛下审思[13]之，将士安则陛下安矣。"上乃命力士引贵妃于佛堂，缢杀之。舆尸寘驿庭，召玄礼等入视之。玄礼等乃免胄释甲，顿首请罪，上慰劳之，令晓谕军士。玄礼等皆呼万岁，再拜而出，于是始整部伍为行计。谔，见素之子也。国忠妻裴柔与其幼子晞及虢国夫人、夫人子裴徽皆走，至陈仓[14]，县令薛景仙帅吏士追捕，诛之。

（以上为第四段，写马嵬驿兵变，杨氏一门被诛，杨贵妃被赐自缢而死。）

【注释】

[1]丙申：六月十四日。[2]马嵬（wéi）驿：驿站名。在今陕西兴平西南。[3]李辅国（？—762）：宦官。本名静忠。安史乱中，在灵武劝太子即位，肃宗即位后赐名护国，后改名辅国。官至兵部尚书，封郕国公、博陆王。传见《旧唐书》卷一百八十四，《新唐书》卷二百八。[4]太子：李亨，后即位为肃宗。[5]遮：阻拦。[6]挝（zhuā）：击打。[7]杖屦：扶杖漫步。[8]贵妃：指杨贵妃。[9]供奉：侍奉皇帝。[10]京兆司录：官名。即京兆府司录参军。为京兆府僚属，掌纠举六曹。[11]韦谔：宰相韦见素之子，官至给事中。传见《旧唐书》卷一百八，《新唐书》卷一百一十八。[12]晷（guǐ）刻：瞬息之间。[13]审思：慎重考虑。[14]陈仓：县名。县治在今陕西宝鸡市。

丁酉[1]，上将发马嵬，朝臣惟韦见素一人，乃以韦谔为御史中丞，充置顿使。将士皆曰："国忠谋反，其将吏皆在蜀，不可往。"或请之[2]河、陇，或请之灵武，或请之太原，或言还京师。上意在入蜀，虑违众心，竟不言所向。韦谔曰："还京，当有御贼之备。今兵少，未易东向，不如且至扶风，徐图去就。"上询[3]于众，众以为然，乃从之。及行，父老皆遮道请留，曰："宫阙，陛下家居，陵寝，陛下坟墓，今舍此，欲何之？"上为之按辔久之，乃令太子于后宣慰父老。父老因曰："至尊既不肯留，某等愿帅子弟从殿下东破贼，取长安。若殿下与至尊皆入蜀，使中原百姓谁为之主？"须臾，众至数千人。太子不可，曰："至尊[4]远冒险阻，吾岂忍朝夕离左右。且吾尚未面辞，当还白至尊，更禀进止。"涕泣，跋马[5]欲西。建宁王倓[6]与李辅国执鞚[7]谏曰："逆胡犯阙，四海分崩，不因[8]人情，何以兴复！今殿下从至尊入蜀，若贼兵烧绝栈道，则中原之地拱手授贼矣。人情既离，不可复合，虽欲复至此，其可得乎！不如收西北守边之兵，召郭、李于河北，与之并力东讨逆贼，克复两京，削平四海，使社稷危而复安，宗庙毁而更存，扫除宫禁[9]以迎至尊，岂非孝之大者乎！何必区区温凊[10]，为儿女之恋[11]乎！"广平王俶[12]亦劝太子留。父老共拥[13]太子马，不得行。太子乃使俶驰白上。上总辔[14]待太子，久不至，使人侦之，还白状，上曰："天也！"乃分后军二千人及飞龙厩[15]马从太子，且谕将士曰："太子仁孝，可奉宗庙[16]，汝曹善辅佐之。"又谕太子曰："汝勉之，勿以吾为念。西北诸胡，吾抚之素厚，汝必得其用。"太子南向号泣[17]而已。又使送东宫内人[18]于太子，且宣旨欲传位，太子不受。俶、倓，皆太子之子也。

己亥[19]，上至岐山[20]。或言贼前锋且至，上遽过，宿扶风郡。士卒潜怀去就，往往流言不逊[21]，陈玄礼不能制，上患之。会成都贡春彩[22]十余万匹，至扶风，上命悉陈之于庭，召将士入，临轩谕之曰："朕比来[23]衰耄[24]，托任失人[25]，致逆胡乱常，须远避其锋[26]。知卿等皆苍猝[27]从朕，不得别父母妻子，茇涉[28]至此，劳苦至矣，朕甚愧之。蜀路阻长，郡县褊小[29]，人马众多，或不能供，今听卿等各还家；朕独与子、孙、中官前行入蜀，亦足自达。今日与卿等诀别[30]，可共分此彩以备资粮。若归，见父母及长安父老，为朕致意，各好自爱也！”因泣下沾襟[31]。众皆哭，曰：“臣等死生从陛下，不敢有贰！”上良久曰：“去留听卿。”自是流言始息。

（以上为第五段，写唐玄宗西行入蜀，太子李亨留镇讨贼。）

【注释】

[1]丁酉：六月十五日。[2]之：往，去。[3]询：问，征求意见。[4]至尊：对帝王的尊称。[5]跋马：勒马使回转。[6]建宁王倓（tán）（？—756）：肃宗第三子，封建宁郡王。后为宦官李辅国谗构，肃宗下令赐死。代宗即位，追谥曰承天皇帝。传见《旧唐书》卷一百一十六，《新唐书》卷八十二。[7]执鞚（kòng）：鞚，带嚼子的马络头。执鞚，抓住马络头。[8]因：因依，依靠。[9]宫禁：汉朝以后称皇帝居住的地方。因宫中禁卫森严，臣下不得任意出入，故称。[10]区区温凊（qìng）：区区，少，小、温，温暖、凊，冷，寒冷。一点点冬暖夏凉的孝心。[11]儿女之恋：儿女之间的依恋，指悱恻缠绵，依恋不舍。[12]广平王俶（chù）（726—779）：肃宗长子，即代宗李豫，公元762年至779年在位。事见《旧唐书》卷一十一，《新唐书》卷六。[13]拥：围着。[14]总辔：系辔，停马。[15]飞龙厩：武则天万岁通天元年（696）置仗内六闲厩（飞龙、祥麟、凤苑、鹓、吉良、六群）。飞龙厩为首。[16]奉宗庙：奉，奉祠。敬奉祭祀宗庙，犹言继承帝位。[17]南向号泣：玄宗已南行，太子留在后，故拜别之礼，向南号泣。号泣，放声哭泣。[18]东宫内人：指太子妻妾。[19]己亥：六月十七日。[20]岐山：县名。县治即今陕西岐山。[21]流言不逊：流传不恭敬的语言，即抱怨、不满的语言。逊，恭顺。[22]贡春彩：进贡彩色春蚕丝织品。贡，进贡，把物品进献给皇帝。彩，彩色丝织品。[23]比来：近来。[24]衰耄（mào）：耄，年老，衰耄，衰老。[25]托任失人：委托任命不当。[26]锋：锋芒，锐气。[27]苍猝：同“仓猝”，匆忙急促。[28]茇（bá）涉：同“跋涉”。[29]褊（biǎn）小：指地方狭小。褊，衣服狭小。[30]诀别：告别。[31]沾襟：浸湿衣襟。

太子既留，莫知所适[1]。广平王俶曰：“日渐晏[2]，此不可驻，众欲何之？”皆莫对。建宁王倓曰：“殿下昔尝为朔方节度大使，将吏岁时致启[3]，倓略识其姓名。今河西、陇右之众皆败降贼，父兄子弟多在贼中，或生异图。朔方道近，士马全盛，裴冕衣冠名族，必无贰心。贼入长安方虏掠，未暇徇地，乘此速往就之，徐图大举，此上策也。”众皆曰：“善！”至渭滨，遇潼关败卒，误与之战，死伤甚众。已，乃收余卒，择渭水浅处，乘马涉渡；无马者涕泣而返。太子自奉天[4]北上，比至新平[5]，通夜驰三百里，士卒、器械失亡过半，所存之众不过数百。新平太守薛羽弃郡走，太子斩之。是日，至安定[6]，太守徐嗀[7]亦走，又斩之。

庚子[8]，以剑南节度留后崔圆为剑南节度等副大使。辛丑[9]，上发扶风，宿陈仓。

太子至乌氏[10]，彭原[11]太守李遵出迎，献衣及糗粮。至彭原，募士，得数百人。是日至平凉[12]，阅监牧马[13]，得数万匹，又募士，得五百余人，军势稍振。

壬寅[14]，上至散关[15]，分扈[16]从将士为六军。使颍王璬先行诣剑南，寿王瑁[17]等分将六军以次之。丙午[18]，上至河池郡[19]。崔圆奉表迎车驾，具陈蜀土丰稔[20]，甲兵全盛。上大悦，即日，以圆为中书侍郎、同平章事，蜀郡长史如故。以陇西公瑀[21]为汉中王，梁州都督、山南西道[22]采访、防御使。瑀，琎[23]之弟也。

王思礼至平凉，闻河西诸胡乱，还，诣行在。初，河西诸胡部落闻其都护[24]皆从哥舒翰没于潼关，故争自立，相攻击；而都护实从翰在北岸，不死，又不与火拔归仁俱降贼。上乃以河西兵马使周泌为河西节度使，陇右兵马使彭元耀为陇右节度使，与都护思结进明等俱之镇，招其部落。以思礼为行在都知兵马使。

戊申[25]，扶风民康景龙等自相帅[26]击贼所署宣慰使薛总，斩首二百余级。庚戌[27]，陈仓令薛景仙杀贼守将，克扶风而守之。

安禄山不意上遽西幸，遣使止崔乾佑兵留潼关，凡十日，乃遣孙孝哲将兵入长安，以张通儒为西京留守，崔光远为京兆尹；使安忠顺将兵屯苑中，以镇关中。孝哲为禄山所宠任，尤用事，常与严庄争权；禄山使监关中诸将，通儒等皆受制于孝哲。孝哲豪侈，果于杀戮，贼党畏之。禄山命搜捕百官、宦者、宫女等，每获数百人，辄以兵卫送洛阳。王、侯、将、相扈从车驾、家留长安者，诛及婴孩。陈希烈以晚节失恩，怨上，与张均、张垍等皆降于贼。禄山以希烈、垍为相，自余朝士皆授以官。于是贼势大炽[28]，西胁汧、陇[29]，南侵江、汉[30]，北割河东之半[31]。然贼将皆粗猛无远略，既克长安，以为得志，日夜纵酒，专以声色宝贿[32]为事，无复西出之意，故上得安行入蜀，太子北行亦无追迫之患。

（以上为第六段，写反贼安禄山入长安滞留，太子顺利北行，唐玄宗从容入蜀，部署讨贼。）

【注释】

[1]适：去。[2]晏：晚，迟。[3]岁时致启：岁，年。时，春夏秋冬四季。致，到，来到。启，启报，报告。一年四季前来启报。[4]奉天：县名。文明元年（684）置，县治在今陕西乾县。[5]新平：郡名。天宝元年（742）豳州改名，治所在今陕西彬州。[6]安定：郡名。天宝元年（742）泾州改名，治所在今甘肃泾川县北。[7]瑴（jué）：同“珏”。[8]庚子：六月十八日。[9]辛丑：六月十九日。[10]乌氏：县名。县治在今甘肃泾川县北。[11]彭原：郡名。天宝元年（742）宁州改名，治所在今甘肃宁县。[12]平凉：郡名。天宝元年（742）原州改名，治所在今宁夏固原市。[13]监牧马：唐代在西北各地设有许多国家畜养马匹的牧场，称为牧监。监牧马，指诸监畜牧的马。[14]壬寅：六月二十日。[15]散关：即今陕西宝鸡关西南大散关。[16]扈（hù）从：随从，侍从。[17]寿王瑁：即玄宗第十八子寿王清，改名瑁。[18]丙午：六月二十四日。[19]河池郡：郡名。天宝元年（742）凤州改名，治所在今陕西凤县东。[20]丰稔（rěn）：丰收。稔，庄稼成熟。[21]陇西公瑀：睿宗长子李宪的第六子，初为陇西公，后封汉中王。传见《旧唐书》卷九十五，《新唐书》卷八十一。[22]山南西道：道名。山南道为唐贞观十道之一，开元时分为东西二道。山南西道治所在今陕西汉中市。[23]琎：李琎（？—748），睿宗嫡长孙，封汝阳王。传见《旧唐书》卷九十五，《新唐书》卷八十一。[24]都护：都护府长官。掌抚慰诸蕃，辑宁外寇，维护朝廷对边地的统治。[25]戊申：六月二十六日。[26]自相帅：帅，同“率”，带领。自己相互带领。[27]庚戌：六月二十八日。[28]大炽：即声势大盛。炽，火旺。[29]西胁汧（qiān）、陇：胁，威胁。汧，汧水，渭河支流，今名千河。源出甘肃六盘山，流至陕西宝鸡注入渭河。陇，陇山，在今陕西陇县至甘肃平凉一带。西边威胁到汧水、陇山一带。[30]南侵江、汉：侵，侵略，进犯。江，长江。汉，汉水。南面侵犯至江汉一带。[31]北割河东之半：割，割取。河东，泛指今山西全省。北面夺取了半个河东地区。[32]宝贿：宝，珍宝。贿，财物。

李光弼围博陵未下，闻潼关不守，解围而南。史思明踵其后，光弼击却之，与郭子仪皆引兵入井陉，留常山太守王俌[1]将景城、河间团练兵守常山。平卢节度使刘正臣将袭范阳，未至，史思明引兵逆击之，正臣大败，弃妻子走，士卒死者七千余人。初，颜真卿闻河北节度使李光弼出井陉，即敛军还平原，以待光弼之命。闻郭、李西入井陉，真卿始复区处河北军事。

太子至平凉数日，朔方留后杜鸿渐[2]、六城水陆运使[3]魏少游[4]、节度判官崔漪、支度判官卢简金、盐池判官[5]李涵[6]相与谋曰："平凉散地，非屯兵之所，灵武[7]兵食完富，若迎太子至此，北收诸城兵，西发河、陇劲骑，南向以定中原，此万世一时[8]也。"乃使涵奉笺于太子，且籍朔方士马、甲兵、谷帛、军须之数以献之；涵至平凉，太子大悦。会河西司马裴冕入为御史中丞，至平凉见太子，亦劝太子之朔方，太子从之。鸿渐，暹[9]之族子[10]；涵，道[11]之曾孙也。鸿渐、漪使少游居后，葺次舍[12]，庀资储[13]，自迎太子于平凉北境，说太子曰："朔方，天下劲兵处也。今吐蕃请和，回纥内附，四方郡县大抵坚守拒贼以俟兴复。殿下今理兵灵武，按辔长驱[14]，移檄四方，收揽忠义，则逆贼不足屠也。"少游盛治宫室，帷帐皆仿禁中，饮膳备水陆[15]。秋，七月，辛酉[16]，太子至灵武，悉命撤之。

甲子[17]，上至普安[18]，宪部侍郎房琯来谒见。上之发长安也，群臣多不知，至咸阳，谓高力士曰："朝臣谁当来，谁不来？"对曰："张均、张垍父子受陛下恩最深，且连戚里[19]，是必先来。时论皆谓房琯宜为相，而陛下不用，又禄山尝荐之，恐或不来。"上曰："事未可知。"及琯至，上问均兄弟，对曰："臣帅与偕[20]来，逗遛不进；观其意，似有所蓄[21]而不能言也。"上顾[22]力士曰："朕固知之矣。"即日，以琯为文部侍郎、同平章事[23]。

初，张垍尚宁亲公主[24]，听于禁中置宅，宠渥[25]无比。陈希烈求解政务，上幸垍宅，问可为相者。垍未对。上曰："无若爱婿。"垍降阶拜舞[26]。既而不用，故垍怀怏怏，上亦觉之。是时均、垍兄弟及姚崇之子尚书右丞奕[27]、萧嵩之子兵部侍郎华[28]、韦安石之子礼部侍郎陟、太常少卿斌，皆以才望至大官，上尝曰："吾命相，当遍举故相子弟耳。"既而皆不用。

裴冕、杜鸿渐等上太子笺，请遵马嵬之命，即皇帝位，太子不许。冕等言曰："将士皆关中人，日夜思归，所以崎岖[29]从殿下远涉沙塞[30]

者，冀尺寸之功。若一朝离散，不可复集。愿殿下勉徇[31]众心，为社稷计！”笺五上，太子乃许之。是日，肃宗即位于灵武城南楼，群臣舞蹈[32]，上流涕嘘唏。尊玄宗为上皇天帝，赦天下，改元[33]。以杜鸿渐、崔漪并知中书舍人事，裴冕为中书侍郎、同平章事。改关内采访使为节度使[34]，徙治安化，以前蒲关[35]防御使吕崇贲为之。以陈仓令薛景仙为扶风太守，兼防御使；陇右节度使郭英乂为天水[36]太守，兼防御使。时塞上精兵皆选入讨贼，惟余老弱守边，文武官不满三十人，披草莱[37]，立朝廷，制度草创，武人骄慢。大将管崇嗣在朝堂，背阙[38]而坐，言笑自若，监察御史李勉[39]奏弹之，系于有司。上特原之，叹曰：“吾有李勉，朝廷始尊！”勉，元懿[40]之曾孙也。旬日间，归附者渐众。

张良娣[41]性巧慧，能得上意，从上来朔方。时从兵单寡，良娣每寝，常居上前。上曰：“御寇非妇人所能。”良娣曰：“苍猝之际，妾以身当之，殿下可从后逸去。”至灵武，产子；三日起，缝战士衣。上止之，对曰：“此非妾自养之时。”上以是益怜之。

（以上为第七段，写唐肃宗即位于灵武。）

【注释】

[1]俌（fǔ）：“辅”的古字。［2］杜鸿渐（709—769）：宰相杜暹侄子。官至兵部侍郎、同中书门下平章事，封卫国公。传见《旧唐书》卷一百八，《新唐书》卷一百二十六。［3］六城水陆运使：使职名。六城，指朔方节度使所辖的三受降城以及丰安、定远、振武三城，都在黄河以北。水陆运使，为节度使幕职，负责从水陆运输货物供应六城戍兵。［4］魏少游（？—771）：钜鹿（今河北宁晋）人，传见《旧唐书》卷一百一十五，《新唐书》卷一百四十一。［5］盐池判官：朔方节度使幕职，因属地有盐池，故设此职以经营。［6］李涵（？—784）：唐高祖从父弟（堂弟）李韶之子李道的曾孙，官至尚书右仆射，传见《旧唐书》卷一百二十六，《新唐书》卷七十八。［7］灵武：郡名。天宝元年（742）灵州改名，治所在今宁夏灵武西南。亦为朔方节度使治所。［8］万世一时：指极其难得的机会。［9］暹（xiān）：即开元宰相杜暹。［10］族子：同族兄弟之子。［11］道：李道，唐高祖堂弟李韶之子，嗣叔父永安王孝基，封高平郡王。传见《旧唐书》卷六十，《新唐书》卷七十八。［12］葺（qì）次舍：葺，用茅草盖屋。次舍，住宿的房屋。用茅草盖起的临时住房。［13］庀（pǐ）资储：庀，具备。资储，物资储备。准备物资储蓄。［14］按辔长驱：指从容不迫，一往直前。［15］水陆：水陆珍馐，即山珍海味。［16］辛酉：七月九日。［17］甲子：七月十二日。［18］普安：郡名。天宝元年（742）剑州改名，治所在今四川

剑阁县。［19］戚里：帝王外戚聚居之地，此泛指外戚。张垍尚玄宗之女，故为外戚。［20］偕（xié）：共同，一起。［21］蓄：等待。［22］顾：回头看。［23］以琯为文部侍郎、同平章事：新旧唐书《房琯传》都作“文部尚书、同中书门下平章事”，新旧唐书《玄宗纪》亦云“即日拜吏部（文部）尚书、同中书门下平章事”。故此言“文部侍郎”有误。［24］宁亲公主：玄宗元献杨皇后生，为玄宗第八女。岑仲勉《唐史余审》卷二《玄宗诸子》。［25］宠渥（wò）：渥，优厚。宠爱优厚。［26］拜舞：叩拜。［27］奕：姚奕，开元宰相姚崇第二子。传见《旧唐书》卷九十六，《新唐书》卷一百二十四。［28］华：萧华，开元宰相萧嵩之子，肃宗时官至中书侍郎、同中书门下平章事，传见《旧唐书》卷九十九，《新唐书》卷一百一。［29］崎岖：道路险阻不平，指处境困难艰险。［30］沙塞：沙漠边塞。［31］勉徇：勉励、顺从。［32］舞蹈：即拜舞。［33］改元：改天宝十五载为至德元载。［34］改关内采访使为节度使：关内采访使，开元二十一年（733）所置地方监察使职，今改为关内节镇长官，治所在安化（今甘肃庆阳），领京兆、同、岐、金、商五州。［35］蒲关：关名。在今陕西大荔东。［36］天水：郡名。天宝元年（742）秦州改名，治所在今甘肃天水东北。［37］披草莱：披，辟开。草莱，荒芜未垦的土地。开辟荒地，借指当时建立朝廷的简陋状况。［38］阙：宫阙，帝王所居之处。［39］李勉（716—788）：唐高祖玄孙，官至吏部尚书、同平章事。传见《旧唐书》卷一百三十一，《新唐书》一百三十一。［40］元懿：李元懿（？—673），高祖第十三子，封滕王、郑王。传见《旧唐书》卷六十四，《新唐书》卷七十九。［41］张良娣（？—762）：唐玄宗姨母之孙女，初为太子良娣，肃宗即位，册为淑妃，乾元元年（758）册为皇后，与宦官李辅国持权禁中，干预政事。肃宗崩，以矫诏谋立越王係而被幽禁死。传见《旧唐书》卷五十二，《新唐书》卷七十七。良娣，太子内官名，为皇太子妾的地位最高者。

丁卯[1]，上皇制：“以太子亨充天下兵马元帅，领朔方、河东、河北、平卢节度都使[2]，南取长安、洛阳。以御史中丞裴冕兼左庶子，陇西郡司马刘秩试守[3]右庶子；永王璘充山南东道[4]、岭南、黔中、江南西道节度都使，以少府监[5]窦绍为之傅[6]，长沙太守李岘为都副大使[7]；盛王琦[8]充广陵[9]大都督[10]，领江南东路[11]及淮南、河南等路节度都使，以前江陵都督府长史刘彙[12]为之傅，广陵郡长史李成式[13]为都副大使；丰王珙[14]充武威都督，仍领河西、陇右、安西、北庭等路节度都使，以陇西太守济阴邓景山[15]为之傅，充都副大使。应须士马、甲仗、粮赐等，并于当路自供。其诸路本节度使虢王巨等并依前充使。其署置官属及本路郡县官，并任自简择[16]，署讫闻奏。”时琦、珙皆不出阁，惟璘赴镇。置山南东道节度使，领襄阳等九郡。升五府经略使为岭南节度，领南海等二十二郡。升五溪经略使为黔中节度，领黔中等诸郡。分江南为东、西二道[17]，东道领余杭[18]，西道领豫章[19]等诸郡。先是四方闻潼关失守，莫知上所之，及是制下，始知乘舆所在。彙，秩之弟也。

安禄山使孙孝哲杀霍国长公主[20]及王妃、驸马等于崇仁坊[21]，刳[22]其心，以祭安庆宗。凡杨国忠、高力士之党及禄山素所恶者皆杀之，凡八十三人，或以铁棓[23]揭[24]其脑盖，流血满街。己巳[25]，又杀皇孙及郡、县主[26]二十余人。

庚午[27]，上皇至巴西[28]；太守崔涣[29]迎谒。上皇与语，悦之，房琯复荐之，即日，拜门下侍郎、同平章事，以韦见素为左相。涣，玄暐[30]之孙也。

（以上为第八段，写唐玄宗入蜀至巴西，安禄山在长安血洗皇族。）

【注释】

[1]丁卯：七月十五日。[2]节度都使：使职名。总领数镇节度使的差遣职。亦作节度大使。[3]试守：试，试用，属敕授而非正命之官。守，高宗咸亨以后，凡散官品秩与职事官品秩相差一阶的都叫守。[4]山南东道：道名。开元二十一年（733）由山南道分置，其采访使治所在今湖北襄阳。[5]少府监：官名。少府寺长官，掌供百工伎巧之事。[6]傅：官名。亲王府最高属官，掌赞导、匡过、谘议、谋划。[7]都副大使：节度都使的副职。[8]盛王琦（？—764）：玄宗第二十一子，初名沐，开元十三年（725）封盛王。传见《旧唐书》卷一百七，《新唐书》卷八十二。[9]广陵：郡名。天宝元年（742）扬州改名，治所在今江苏扬州市，亦为大都督府治所。[10]大都督：官名。大都督府长官。唐代都督府有大、中、下之分。开元时有并州、益州、荆州、扬州、潞州五大都督府。大都督府长官大都督，一般由亲王遥领，不赴镇，由长史主持常务，主要职责是督率所辖诸州兵马、甲械、城隍、镇戍、粮廪等军政事务。[11]江南东路：即江南东道。开元二十一年（733）分江南道置，其采访使治所在今江苏苏州市。[12]刘彙：史学家刘知几之子。历官给事中、尚书右丞、左散骑常侍、荆州长沙节度。传见《旧唐书》卷一百二，《新唐书》卷一百三十二。[13]李成式：两唐书无传，仅知其先后任广陵采访使、长史、节度副大使、御史史丞。[14]丰王珙（？—763）：玄宗第二十六子，初名澄，开元二十三年（735）封为丰王，广德元年（763）以口出狂悖之词，赐死。传见《旧唐书》卷一百七，《新唐书》卷八十二。[15]邓景山（？—761）：曹州（今山东曹县西北）人。传见《旧唐书》卷一百一十，《新唐书》卷一百四十一。[16]署置官属及本路郡县官，并任自简择：各大都督、节度都使所属的幕

府官员及所辖各郡县官吏，都由自己选择任命，而不通过吏部选授。［17］分江南为东、西二道：开元二十一年（733）已分江南东、西二道置采访使。［18］余杭：郡名。天宝元年（742）杭州改名，治所在今浙江杭州市。［19］豫章：郡名。天宝元年（742）洪州改名，治所在今江西南昌市。［20］霍国长公主（？—756）：睿宗之女。传见《新唐书》卷八十三。［21］崇仁坊：长安崇仁坊在皇城东，永兴坊之南。［22］刳（kū）：剖开。［23］铁棓（bàng）：棓，同“棒”。铁棓，即铁棍。［24］揭：掀开。［25］己巳：七月十七日。［26］郡、县主：唐外命妇之制，皇太子之女为郡主，诸王之女为县主。［27］庚午：七月十八日。［28］巴西：郡名。天宝元年（742）绵州改名，治所在今四川绵阳市。［29］崔涣：武则天朝宰相崔玄暐之孙，官至门下侍郎、同平章事。传见《新唐书》卷一百二十。［30］玄暐（wěi）：崔玄暐，博陵安平（今河北安平）人。本名晕，因“晕”字下体“华”犯武则天祖讳，乃改为玄暐，官至鸾台侍郎、同凤阁鸾台平章事，封博陵王。传见《旧唐书》卷九十一，《新唐书》卷一百二十。

初，京兆李泌[1]，幼以才敏著闻，玄宗使与忠王游。忠王为太子，泌已长，上书言事。玄宗欲官之，不可；使与太子为布衣交[2]，太子常谓之先生。杨国忠恶之，奏徙蕲春[3]，后得归隐，居颍阳[4]。上自马嵬北行，遣使召之，谒见于灵武。上大喜，出则联辔[5]，寝则对榻，如为太子时，事无大小皆咨之，言无不从，至于进退将相亦与之议。上欲以泌为右相，泌固辞，曰：“陛下待以宾友，则贵于宰相矣，何必屈其志！”上乃止。

同罗、突厥从安禄山反者屯长安苑中，甲戌[6]，其酋长阿史那从礼帅五千骑，窃厩马二千匹逃归朔方，谋邀结诸胡，盗据边地。上遣使宣慰之，降者甚众。

贼遣兵寇扶风，薛景仙击却之。

安禄山遣其将高嵩以敕书、缯彩诱河、陇将士，大震关使[7]郭英乂擒斩之。

同罗、突厥之逃归也，长安大扰，官吏窜匿，狱囚自出。京兆尹崔光远以为贼且遁矣，遣吏卒守孙孝哲宅。孝哲以状白禄山，光远乃与长安令苏震[8]帅府、县官十余人来奔。己卯[9]，至灵武，上以光远为御史大夫兼京兆尹，使之渭北招集吏民；以震为中丞。震，瓌[10]之孙也。禄山以田乾真为京兆尹。侍御史吕諲、右拾遗[11]杨绾[12]、奉天令安平崔器[13]相继诣灵武；以谭、器为御史中丞，绾为起居舍人、知制诰[14]。

上命河西节度副使李嗣业将兵五千赴行在，嗣业与节度使梁宰谋，且缓师以观变。绥德府[15]折冲[16]段秀实让嗣业曰："岂有君父告急而臣子晏然不赴者乎！特进常自谓大丈夫，今日视之，乃儿女子耳！"嗣业大惭，即白宰如数发兵，以秀实自副，将之诣行在。上又征兵于安西；行军司马李栖筠[17]发精兵七千人，励以忠义而遣之。

敕改扶风为凤翔郡。

庚辰[18]，上皇至成都；从官及六军至者千三百人而已。

（以上为第九段，写李泌出山佐肃宗，河西兵入援灵武。唐玄宗入蜀。）

【注释】

[1]李泌（722—789）：字长源，京兆（今陕西西安市）人。初以遁隐名山自适，后仕肃、代、德宗三朝。官至中书侍郎、平章事。传见《旧唐书》卷一百三十，《新唐书》卷一百三十九。[2]布衣交：指不以势位骄慢于人，平等相处如贫贱之交。[3]蕲（qí）春：郡名。天宝元年（742）蕲州改名，治所在今湖北蕲春县蕲州镇西北。[4]颍阳：县名。县治在今河南登封市。[5]联辔：并马而行。[6]甲戌：七月二十二日。[7]大震关使：大震关，关名，在今陕西陇县西陇山下。关使，使职名，戍守关口的军事差遣官。[8]苏震：传见《新唐书》卷一百二十五。[9]己卯：七月二十七日。[10]瓌：苏瓌（?—710），京兆武功（今陕西武功西南）人。历仕武则天、中宗、睿宗三朝。官至尚书右仆射、同中书门下三品，封许国公。传见《旧唐书》卷八十八，《新唐书》卷一百二十五。[11]右拾遗：官名。武则天垂拱元年（685）置左右拾遗，左隶门下省，右隶中书省。掌供奉讽谏。[12]杨绾：华州华阴（今陕西华阴市）人，官至中书侍郎、同中书门下平章事、集贤殿崇文馆大学士。传见《旧唐书》卷一百一十九，《新唐书》卷一百四十二。[13]崔器（?—760）：传见《旧唐书》卷一百一十五，《新唐书》卷二百九。[14]知制诰：制诰，诏令。唐代诏令，例由中书舍人起草。六位中书舍人中，一人负责草诏进画，称"知制诰"。如果以他官兼掌制诰者，则称为"兼知制诰"。[15]绥德府：折冲府名。在今陕西绥德县。[16]折冲：即折冲都尉，武官名。折冲府长官。平时职掌本府军士的教练和番上宿卫，战时应调领兵出征。[17]李栖筠：字贞一，有吏才，官至御史大夫，封赞皇县子。传见《新唐书》卷一百四十六。[18]庚辰：七月二十八日。

令狐潮围张巡于雍丘，相守四十余日，朝廷声问[1]不通。潮闻玄宗已幸蜀，复以书招巡。有大将六人，官皆开府、特进，白巡以兵势不敌，且上存亡不可知，不如降贼。巡阳许诺。明日，堂上设天子画像，帅将士朝之，人人皆泣。巡引六将于前，责以大义，斩之。士心益劝[2]。

中城矢尽，巡缚藁[3]为人千余，被以黑衣，夜缒城下，潮兵争射之，久乃知其藁人；得矢数十万。其后复夜缒人，贼笑不设备，乃以死士五百斫[4]潮营；潮军大乱，焚垒而遁，追奔十余里。潮惭，益兵围之。

巡使郎将雷万春于城上与潮相闻[5]，贼弩射之，面中六矢而不动。潮疑其木人，使谍问之，乃大惊，遥谓巡曰："向见雷将军，方知足下军令矣，然其如天道何[6]！"巡谓之曰："君未识人伦[7]，焉知天道！"未几，出战，擒贼将十四人，斩首百余级。贼乃夜遁，收兵入陈留，不敢复出。

顷之，贼步骑七千余众屯白沙涡[8]，巡夜袭击，大破之。还，至桃陵[9]，遇贼救兵四百余人，悉擒之。分别其众，妫、檀及胡兵，悉斩之；荥阳、陈留胁从兵，皆散令归业。旬日间，民去贼来归者万余户。

河北诸郡犹为唐守，常山太守王俌欲降贼，诸将怒，因击球，纵马践杀之。时信都太守乌承恩麾下有朔方兵三千人，诸将遣使者宗仙运帅父老诣信都，迎承恩镇常山。承恩辞以无诏命，仙运说承恩曰："常山地控燕。蓟，路通河、洛，有井陉之险，足以扼其咽喉。顷属[10]车驾南迁[11]，李大夫[12]收军退守晋阳，王太守权统后军，欲举城降贼，众心不从，身首异处。大将军兵精气肃，远近莫敌，若以家国为念，移据常山，与大夫首尾相应，则洪勋盛烈，孰与为比。若疑而不行，又不设备，常山既陷，信都岂能独全！"承恩不从。仙运又曰："将军不纳鄙夫之言，必惧兵少故也。今人不聊生，咸思报国，竞相结聚，屯据乡村，若悬赏招之，不旬日十万可致；与朔方甲士三千余人相参用之，足成王事。若舍要害以授人，居四通而自安，譬如倒持剑戟，取败之道也。"承恩竟疑不决。承恩，承玼[13]之族兄也。

是月，史思明、蔡希德将兵万人南攻九门。旬日，九门伪降，伏甲于城上。思明登城，伏兵攻之；思明坠城，鹿角伤其左胁，夜，奔博陵。

（以上为第十段，写河北、河南战事，张巡在河南，颜真卿在河北，以寡击众，英勇杀贼。）

【注释】

[1]声问：音讯。 [2]益劝：更加受到勉励。 [3]藁（gǎo）：稻草。 [4]斫（zhuó）：砍。此指攻击。 [5]相闻：闻，问。相互通话。 [6]其如天道何：其，代词，指军令严明。如……何，把……怎么样。天道，指自然规律，古人认为它受天神意志所支配。其如天道何，指你的军令再严，能把（注定你要灭亡的）天命怎么样。意即无法改变注定灭亡的下场。 [7]人伦：人世的伦理道德。此指君臣之道。 [8]白沙涡：地名。在今河南宁陵北。 [9]桃陵：县名。县治在今河南延津县北。 [10]顷属：顷，近来。属，适逢，恰好。顷属，近来正值。 [11]车驾南迁：指玄宗奔蜀。 [12]李大夫：指李光弼。此时光弼以云中太守摄御史大夫，充河东节度副使、知节度事。 [13]承玼：乌承玼。传见《新唐书》卷一百三十六。

颜真卿以蜡丸达表[1]于灵武。以真卿为工部尚书兼御史大夫，依前河北招讨、采访、处置使，并致赦书，亦以蜡丸达之。真卿颁下河北诸郡，又遣人颁于河南、江、淮。由是诸道始知上即位于灵武，徇国[2]之心益坚矣。

郭子仪等将兵五万自河北至灵武，灵武军威始盛，人有兴复之望矣。八月，壬午[3]朔，以子仪为武部尚书、灵武长史，以李光弼为户部尚书、北都留守，并同平章事，余如故。光弼以景城、河间兵五千赴太原。

先是，河东节度使王承业军政不修，朝廷遣侍御史崔众交[4]其兵，寻遣中使诛之；众侮易[5]承业，光弼素不平。至是，敕交兵于光弼，众见光弼，不为礼，又不时交兵，光弼怒，收斩之，军中股栗。

回纥可汗、吐蕃赞普相继遣使请助国讨贼，宴赐而遣之。

癸未[6]，上皇下制，赦天下。

北海太守贺兰进明遣录事参军第五琦入蜀奏事，琦言于上皇，以为："今方用兵，财赋为急，财赋所产，江、淮居多，乞假臣一职，可使军无乏用。"上皇悦，即以琦为监察御史、江淮租庸使[7]。

史思明再攻九门，辛卯[8]，克之，所杀数千人；引兵东围藁城。

李庭望将蕃、汉二万余人东袭宁陵[9]、襄邑[10]，夜，去雍丘城三十里置营，张巡帅短兵三千掩击，大破之，杀获太半。庭望收军夜遁。

癸巳[11]，灵武使者至蜀，上皇喜曰："吾儿应天顺人，吾复何忧！"丁酉[12]，制："自今改制敕为诰[13]，表疏[14]称太上皇。四海军国事，皆先取皇帝进止[15]，仍奏朕知；俟克复上京，朕不复预事。”己亥[16]，上皇临轩，命韦见素、房琯、崔涣奉传国宝玉[17]册诣灵武传位。

辛丑[18]，史思明陷藁城。

初，上皇每酺宴[19]，先设太常雅乐[20]坐部、立部[21]，继以鼓吹[22]、胡乐[23]、教坊[24]、府、县散乐杂戏[25]；又以山车[26]、陆船[27]载乐往来；又出宫人舞《霓裳羽衣》[28]；又教舞马[29]百匹，衔杯上寿；又引犀象[30]入场，或拜，或舞。安禄山见而悦之，既克长安，命搜捕乐工，运载乐器、舞衣，驱舞马、犀、象皆诣洛阳。

（以上为第十一段，写郭子仪勤王灵武。唐玄宗称太上皇，传国宝玉册于肃宗。至是全国政令统一。）

【注释】

[1]蜡丸达表：奏表密藏于蜡丸，潜送于皇帝。[2]徇国：同“殉国”，为国难而死。[3]壬午：八月一日。[4]交：收交，交付。[5]侮易：侮辱、轻视。[6]癸未：八月二日。[7]江淮租庸使：使职名。为专门经理江南、淮南道租庸赋税以筹集兵费的差遣官。[8]辛卯：八月十日。[9]宁陵：县名。县治在今河南宁陵县南。[10]襄邑：县名。县治在今河南睢县西。[11]癸巳：八月十二日。[12]丁酉：八月十六日。[13]诰：古代一种上对下的文告。朝廷颁布的命令叫诰命，唐代皇帝诏令称制而不称诰，故玄宗改制为诰，以区别于在位皇帝的命令。[14]表疏：臣下给皇帝的奏章。[15]进止：裁决。[16]己亥：八月十八日。[17]传国宝玉：宝玉，即玉玺，武则天改玺为宝。传国宝玉，即天子八宝之一的授命宝。据传，此玺为秦始皇取蓝田玉刻，李斯书文“受命于天，既寿永昌”。历代相传。唐平窦建德得之。此玺要在举行封禅大典或祭祀神祇时才得使用。[18]辛丑：八月二十日。[19]酺（pú）宴：古代皇帝诏赐臣民聚饮。[20]太常雅乐：又称《大唐雅乐》，为帝王祭祀天地、祖先及朝贺等大典所用乐舞。[21]坐部、立部：唐代十部乐的两部。堂上坐奏，谓之坐部伎。堂下立奏，谓之立部伎。[22]鼓吹：即鼓吹乐。古代一种器乐合奏，用鼓、钲、萧、笳等乐器演奏一定的乐曲。[23]胡乐：指来自少数民族和外国的音乐，如龟兹、疏勒、高昌、天竺诸部乐。[24]教坊：即教坊乐。原来雅乐和俗乐都隶属太常寺，玄宗开元二年（714），更置内教坊于蓬莱宫侧，京都置左右教坊，以教俗乐，以中官为教坊使。以后凡岁时宴享，则用教坊诸部乐。[25]府、县散乐杂戏：府、县，指京兆府及长安、万年二赤县。散乐杂戏，指宫廷乐以外的俳优歌舞杂奏，称百戏、杂技、杂戏。[26]山车：即棚车。在车上构架棚阁，以彩色缯帛做成山林形状，乐工歌舞于棚阁之上。[27]陆船：即旱船。用竹木捆成船的形状，上施彩色缯帛，舞人站于船中，歌舞前进。[28]《霓裳羽衣》：乐舞名。开元中河西节度使杨敬述献曲，经玄宗润笔并制歌词，改名《霓裳羽衣曲》。

[29]舞马：即马舞。唐玄宗曾命驯马百匹为乐，分为左右部，各有名称，披以锦绣，络以金银，马闻乐起舞，奋首鼓尾，纵横应节。千秋节（玄宗生日），辄命马舞于勤政楼下，衔杯上寿，其曲谓之《倾杯乐》。 [30]犀象：犀牛、大象。

臣光曰："圣人[1]以道德为丽，仁义为乐[2]；故虽茅茨土阶[3]，恶衣菲食，不耻其陋[4]，惟恐奉养之过[5]以劳民费财。明皇恃其承平，不思后患，殚[6]耳目之玩，穷声技之巧，自谓帝王富贵皆不我如，欲使前莫能及，后无以逾，非徒娱己，亦以夸人。岂知大盗在旁，已有窥窬[7]之心，卒致銮舆播越[8]，生民涂炭[9]。乃知人君崇华靡[10]以示人，适足为大盗之招[11]也。

（以上为第十二段，写司马光对唐玄宗骄奢淫逸的批评。）

【注释】

[1]圣人：儒家的理想君王，如尧、舜、禹、汤、文、武等。 [2]道德为丽，仁义为乐：道，道路、规范。德，德治，以德治天下。道德，以德为道路，即实行以德治天下，遵循德治的道路。丽，华美。仁，仁政。义，宜，适当。仁义，行仁政适宜，仁政实行得恰到好处。乐，快乐。此句意即以德治下为美，施仁政适宜为乐。 [3]茅茨土阶，恶衣菲食：茅茨，茅草屋顶。土阶，泥土台阶为床。恶衣，恶劣的衣着。菲食，菲薄的饮食。此句意为住茅草屋、睡土台阶，穿劣质的衣服、吃菲薄的饮食。 [4]陋：鄙陋。 [5]奉养之过：衣食住行用费过度。 [6]殚：尽，竭尽。 [7]窥窬（yú）：亦作"窥觎"。窥，暗中偷看。窬，门边小洞。窥窬，窥测方向，觊觎其位，伺隙而动。 [8]銮舆播越：銮舆，天子的车驾，代指天子。播越，流亡。指天子流亡他乡。 [9]生民涂炭：人民遭受深重灾难。 [10]华靡：华丽奢侈。 [11]招：招徕，招之使来。也可解释为箭靶，意即成为大盗射箭的靶子，即争夺的对象。

禄山宴其群臣于凝碧池[1]，盛奏众乐；梨园弟子[2]往往嘘唏泣下，贼皆露刃睨[3]之。乐工雷海清不胜悲愤，掷乐器于地，西向恸哭。禄山怒，缚于试马殿前，支解[4]之。

禄山闻向日[5]百姓乘乱多盗库物，既得长安，命大索三日，并其私财尽掠之。又令府县推按，铢两之物[6]无不穷治，连引搜捕，支蔓无穷[7]，民间骚然，益思唐室。

自上离马嵬北行，民间相传太子北收兵来取长安，长安民日夜望之，或时相惊曰："太子大军至矣！"则皆走，市里为空。贼望见北方尘起，辄惊欲走。京畿[8]豪杰往往杀贼官吏，遥应官军；诛而复起，相继不绝，贼不能制。其始自京畿、鄜[9]、坊[10]至于岐[11]、陇[12]皆附之，至是西门之外率为敌垒，贼兵力所及者，南不出武关[13]，北不过云阳[14]，西不过武功[15]。江、淮奏请贡献之蜀、之灵武者，皆自襄阳取上津[16]路抵扶风[17]，道路无壅[18]，皆薛景仙之功也。

九月，壬子[19]，史思明围赵郡，丙辰[20]，拔之；又围常山，旬日，城陷，杀数千人。

建宁王倓，性英果[21]，有才略，从上自马嵬北行，兵众寡弱，屡逢寇盗；倓自选骁勇，居上前后，血战以卫上。上或过时未食，倓悲泣不自胜，军中皆属[22]目向之。上欲以倓为天下兵马元帅，使统诸将东征，李泌曰："建宁诚元帅才；然广平[23]，兄也。若建宁功成，岂可使广平为吴太伯[24]乎！"上曰："广平，冢嗣[25]也，何必以元帅为重！"泌曰："广平未正位东宫[26]。今天下艰难，众心所属，在于元帅。若建宁大功既成，陛下虽欲不以为储副[27]，同立功者其肯已乎！太宗、上皇，即其事也[28]。"上乃以广平王俶为天下兵马元帅，诸将皆以属焉。倓闻之，谢泌曰："此固倓之心也！"

上与泌出行军，军士指之，窃言曰："衣黄者，圣人也。衣白者，山人[29]也。"上闻之，以告泌，曰："艰难之际，不敢相屈以官[30]，且衣紫袍[31]以绝群疑。"泌不得已，受之；服之，入谢，上笑曰："既服此，岂可无名称！"出怀中敕，以泌为侍谋军国[32]、元帅府行军长史[33]。泌固辞，上曰："朕非敢相臣，以济艰难耳[34]。俟贼平，任行高志。"泌乃受之。置元帅府于禁中，俶入则泌在府，泌入俶亦如之。泌又言于上曰："诸将畏惮天威，在陛下前敷陈[35]军事，或不能尽所怀；万一小差，为害甚大。乞先令与臣及广平熟议，臣与广平从容奏闻，可者行之，不可者已之。"上许之。时军旅务繁，四方奏报，自昏至晓无虚刻，上悉使送府，泌先开视，有急切者及烽火[36]，重封[37]，隔门通进[38]，余则待明。禁门钥契[39]，悉委俶与泌掌之。

（以上为第十三段，写安史叛贼残虐，肃宗子建宁王李倓忠勇仁孝。）

【注释】

[1]凝碧池：池塘名。在唐东都苑的东边，东西五里，南北三里，即隋炀帝的积翠池。[2]梨园弟子：唐玄宗曾选坐部乐伎三百人，教授乐曲于梨园，亲自订正声误，号“皇帝梨园弟子”。又宫女数百，亦为梨园弟子，居于宜春北院。[3]睨（nì）：斜看。[4]支解：支，同“肢”。肢解，分解四肢，古代酷刑之一。[5]向日：往日。[6]铢两之物：唐制，权衡以中等大小的黑黍百粒之重为铢，二十四铢为两。铢两之物，指细小物品。[7]支蔓无穷：支，同“枝”，枝条。蔓，藤。指彼此牵连，无休无止。[8]京畿：国都所在的千里之地。此指长安及其附近地区。[9]鄜（fū）：州名。治所在今陕西富县。[10]坊：州名。治所在今陕西黄陵东南。[11]岐：州名。治所在今陕西扶风东。[12]陇：州名。治所在今陕西陇县。[13]武关：关名。在今陕西丹凤县东南。[14]云阳：县名。县治在今陕西泾阳县北。[15]武功：县名。县治在今陕西武功县。[16]上津：县名。县治在今湖北郧西县西北上津镇。[17]扶风：郡名。天宝元年（742）岐州改名，治所在今陕西扶风县东。[18]壅：堵塞。[19]壬子：九月一日。[20]丙辰：九月五日。[21]英果：威武果敢。[22]属：同“瞩”，注视。[23]广平：即广平王李俶。[24]吴太伯：周先祖太王长子。相传太王欲传位给第三子季历（周文王之父），太伯和二弟仲雍避居江南，断发纹身，开发吴地。事见《史记·吴太伯世家》。[25]冢嗣：嫡长子。[26]正位东宫：确立东宫的地位，指立为皇太子。[27]储副：即储君。被确定为君位的继承者。[28]太宗、上皇，即其事也：指太宗、玄宗皆非嫡长继位事。太宗，即唐太宗李世民（599—649），公元627年至649年在位。太宗本高祖次子，在唐初平定群雄的战争中，表现出卓越的谋略和屡建成功，但不居储君地位。武德九年（626）发动玄武门兵变，杀兄诛弟，迫使其父立其为太子，不久即帝位。事见《旧唐书》卷二、卷三，《新唐书》卷二。上皇，即唐玄宗李隆基（685—762），公元712年至755年在位，睿宗第三子。中宗皇后韦氏专权，李隆基率羽林军杀韦氏及其党羽，拥立睿宗，睿宗乃以隆基为太子。事见《旧唐书》卷八、卷九，《新唐书》卷五。[29]山人：山居者。指隐士一类人物。[30]相屈以官：以官相屈从，即强制做官。[31]紫袍：官服。唐章服制度，三品以上官穿紫色袍服。[32]侍谋军国：肃宗临时所置官名。职在皇帝左右参谋军国大事。[33]元帅府行军长史：元帅府最高属官，协助元帅掌管一切军政事务。[34]非敢相臣，以济艰难耳：敢，谦词，冒昧的意思。相，相烦，以事委托。臣，役使。济，度过。本句意为不是胆敢来役使你，而是为了共渡难关罢了。[35]敷陈：铺叙，详细叙述。[36]烽火：古代边防报警的信号。此指军事报警文书。[37]重（chóng）封：封，封事，古时臣下上书奏事，为防止泄漏，用袋封缄。上奏非常机密的事，用双重封缄，是为重封。[38]隔门通进：宫禁门旁置有轮盘，夜晚关门后，如有紧急文书可放入轮盘，旋转送入。[39]钥契：钥，钥匙，此指打开禁门的钥匙。契，符契，凭证物。

阿史那从礼[1]说诱九姓府[2]、六胡州诸胡[3]数万众，聚于经略军[4]北，将寇朔方，上命郭子仪诣天德军[5]发兵讨之。左武锋使[6]仆固怀恩之子玢别将兵与虏战，兵败，降之；既而复逃归，怀恩叱而斩之。将士股栗，无不一当百，遂破同罗[7]。

上虽用朔方之众，欲借兵于外夷以张军势，以豳王守礼[8]之子承寀[9]为敦煌王，与仆固怀恩使于回纥以请兵。又发拔汗那兵，且使转谕城郭诸国[10]，许以厚赏，使从安西兵入援。李泌劝上："且幸彭原[11]，俟西北兵将至，进幸扶风以应之；于时庸调亦集，可以赡军。"上从之。戊辰[12]，发灵武。

内侍边令诚复自贼中逃归，上斩之。

丙子[13]，上至顺化[14]。韦见素等至自成都，奉上宝册，上不肯受，曰："比以中原未靖[15]，权[16]总百官，岂敢乘危，遽为传袭！"群臣固请，上不许，寘宝册于别殿，朝夕事之，如定省之礼[17]。上以韦见素本附杨国忠，意薄[18]之；素闻房琯名，虚心待之。琯见上言时事，辞情慷慨，上为之改容，由是军国事多谋于琯。琯亦以天下为己任，知无不为；诸相拱手避之。

上皇赐张良娣七宝鞍，李泌言于上曰："今四海分崩，当以俭约示人，良娣不宜乘此。请撤其珠玉付库吏，以俟有战功者赏之。"良娣自阁[19]中言曰："乡里之旧[20]，何至于是！"上曰："先生为社稷计也。"遽命撤之。建宁王倓泣于廊下，声闻于上；上惊，召问之，对曰："臣比忧祸乱未已，今陛下从谏如流[21]，不日当见陛下迎上皇还长安，是以喜极而悲耳。"良娣由是恶李泌及倓。

上尝从容与泌语及李林甫，欲敕诸将克长安，发其冢，焚骨扬灰，泌曰："陛下方定天下，奈何仇[22]死者！彼枯骨何知，徒示圣德[23]之不弘耳。且方今从贼者皆陛下之仇也，若闻此举，恐阻其自新之心。"上不悦，曰："此贼昔日百方危朕，当是时，朕弗保朝夕。朕之全，特天幸耳！林甫亦恶卿，但未及害卿而死耳，奈何矜[24]之！"对曰："臣岂不知[25]！上皇有天下向[26]五十年，太平娱乐，一朝失意，远处巴蜀。南方地恶，上皇春秋高，闻陛下此敕，意必以为用韦妃之故[27]，内惭不怿[28]。万一感愤成疾，是陛下以天下之大不能安君亲。"言未毕，上流涕被面，降阶，仰天拜曰："朕不及此，是天使先生言之也！"遂抱泌颈泣不已。

他夕，上又谓泌曰："良娣祖母，昭成太后[29]之妹也，上皇所念。朕欲使正位中宫以慰上皇心，何如？"对曰："陛下在灵武，以群臣望尺寸之功，故践大位，非私己也。至于家事，宜待上皇之命，不过晚岁月之间耳。"上从之。

南诏乘乱陷越嶲[30]会同军[31]，据清溪关[32]；寻传[33]、骠国[34]皆降之。

（以上为第十四段，写唐肃宗纳谏，李泌尽言，君臣和谐，朝廷以安。）

【注释】

[1]阿史那从礼：回纥九姓部落之一同罗部落的酋长。[2]九姓府：即九姓回纥，因为仍旧带着原置羁縻府号，故称九姓府，时居河曲一带。[3]六胡州诸胡：六胡州，调露元年（679）于灵、夏州南境置鲁、丽、含、塞、依、契六州，安置突厥降人，称其地为六胡州，称其人为六州胡。开元中，六州胡人反叛，平定后移六州残胡五万余口于河南江淮等地安置。开元二十六年（738）敕还散隶诸州的六州胡，于盐、夏二州间置宥州安置。六胡州诸胡即指此。[4]经略军：此指朔方节度使所统辖的经略军，治灵州城内（在今宁夏灵武西南）。[5]天德军：军镇名。治所永济栅，隋代称大同城，在今内蒙古乌拉特前旗东北。[6]左武锋使：节度使幕职。即左先锋使。[7]同罗：此指同罗之内迁散居于河曲者。[8]豳（bīn）王守礼：即邠王李守礼，章怀太子第二子。传见《旧唐书》卷八十六，《新唐书》卷八十一。[9]承寀：邠王李守礼之第三子。封敦煌郡王。与父同传。[10]城郭诸国：城，内城。郭，外城。城郭，泛指城邑。西域各国都筑城邑而居，故称城郭诸国。[11]彭原：郡名，治安定，在今甘肃宁县。[12]戊辰：九月十七日。[13]丙子：九月二十五日。[14]顺化：郡名。天宝元年（742）庆州改名，治所在今甘肃庆阳。[15]靖：平定。[16]权：权且，暂且。[17]定省之礼：语出《礼记·曲礼上》："凡为人子之礼，冬温而夏清，昏定而晨省。"指子女早晚向亲长问安。[18]意薄：轻视。[19]阁：旁门，小门。[20]乡里之旧：乡里，指同乡人。旧，故旧，老交情。乡里之旧，同乡的交情。张良娣母家在新丰（今陕西西安市临潼区东北），李泌家居京兆（今陕西西安市西），都在京畿，故云乡里。[21]从谏如流：指帝王随时都能乐意听取臣下的劝谏。[22]仇（chóu）：仇敌，仇人。[23]圣德：天子的德性。[24]矜：怜悯，同情。[25]臣岂不知：据章校，"知"字之下有"所以言者"四字。[26]向：接近，将近。[27]用韦妃之故：由于韦妃的原因。用，由。韦妃，韦坚之妹，肃宗为忠王时，纳为孺人，升储君后，立为太子妃。李林甫兴狱，韦坚连坐赐死，太子惧，表请与韦妃离婚，唐玄宗应允，妃便削发为尼居禁中佛舍。[28]内惭不怿：怿，高兴。

内心有愧而不愉快。［29］昭成太后（？—693）：即睿宗皇后窦氏，玄宗生母。武则天长寿二年（693）遇害。睿宗即位后谥曰昭成皇后。睿宗崩，玄宗追尊为皇太后。传见《旧唐书》卷五十一，《新唐书》卷七十六。［30］越嶲（xī）：郡名。天宝元年（742）：嶲州改名，治所在今四川西昌。［31］会同军：军镇名。在今四川会理县。［32］清溪关：关名。唐时军事要塞。在今四川汉源西南与甘洛交界处。［33］寻传：即寻传蛮。唐时西南少数民族之一，居住在今缅甸伊洛瓦底江上游地区。［34］骠国：古代缅甸骠人（后同化于缅人），在今伊洛瓦底江流域地带所建的国家。唐时其所属有二百九十八部落、九个城镇和十八个属国。

【点评】

本卷点评三大事件：哥舒翰潼关败北、马嵬驿兵变、唐肃宗即位灵武。

一、哥舒翰潼关败北。哥舒翰率领二十万大军扼守潼关，兵多于贼，又占地利，安禄山求战不得，后退无出路，河北史思明连遭败绩，被困于博陵。河北十余郡兵民都起来杀了叛军守将投降官军。叛贼老巢范阳告急。郭子仪、李光弼上奏唐玄宗，请引兵北取范阳，攻下贼巢穴，贼必内溃。郭子仪、李光弼还告诫唐玄宗，潼关大军一定要固守拖住叛军，切不可轻出。叛军前敌将领崔乾佑行反间计，收买唐玄宗左右的人。报告说崔乾佑在陕，兵不满四千。唐玄宗遣中使督促哥舒翰出战。哥舒翰上奏唐玄宗，分析敌我形势，指出叛兵利在速战，官军利在据险，坚守以待勤王之兵四集，找寻战机然后出击，可以一战成功。杨国忠害怕哥舒翰拥兵图己，极力配合叛贼反间，奏称趁贼无备，要哥舒翰抓紧战机出击，不要拥兵逗留自重。这时的杨国忠唯恐哥舒翰不败，他煽起了唐玄宗的猜疑心，派出一批又一批宦官中使去督战。六月四日丙戌，哥舒翰不得已，抚膺恸哭，引兵出关。六月七日，官军进抵灵宝，叛军在七十里的隘道上设伏，只出动了一万人来会战，队伍零零落落，散如列星，诱使官军中伏。哥舒翰倾巢出动。十八万大军进击，王思礼将精兵五万为前锋，庞忠将十万为后继，哥舒翰自领三万登河北岸高阜鸣鼓助威。唐军轻敌，全军进入了叛军的伏击圈，既遭叛军乘高下木石，又遭叛军火攻，一日之内全军覆没。哥舒翰守关不出，叛军河北告急，安禄山进退维谷，正要退出洛阳，眼看大势已去，恰在此时昏君唐玄宗听了奸相杨国忠的奸计，逼迫哥舒翰出关，转眼间官军大败，叛军转危为安，安禄山攻入长安，唐王朝岌岌可危。唐玄宗仓皇出逃，河北官军也全线崩溃。叛军声势大振，唐朝官多数降贼，包括唐玄宗女婿张垍。如果叛军策略得当，不滥杀无辜，以诛杨国忠清君侧为辞，进入长安乘胜追击，也许唐王朝就此颠覆，或重创不起，亦未可知。安禄山残虐滥杀，激起民众反抗，进了长安就想称帝，使得唐玄宗能够入蜀，唐肃宗得以在灵武即位，勤王之师四集，双方形成了相持。

哥舒翰轻出潼关，全军败没，唐朝不灭，实乃天幸。唐军遭重创，叛军势力大振，延长了安史叛乱的时间，使两京以及河南河北生灵遭涂炭。哥舒翰的惨败，影响历史至巨。哥舒翰轻出是迫不得已，责任在唐玄宗和权奸杨国忠，但哥舒翰仍要承担两个方面的次要责任。第一，大敌当前，不应当内讧。哥舒翰的责任是守潼关，拒叛军，不应卷入清除杨国忠的斗争中。清除杨国忠是政治家的责任，哥舒翰应全力负责军事。哥舒翰并灞上之兵，杀杨国忠亲信杜乾运，把杨国忠逼上了绝路。困兽犹斗，结果哥舒翰反被杨国忠咬了一口。第二，全军败没，哥舒翰应负全责。首先，哥舒翰不应倾巢出动，以致潼关不守。其次，两军会战通过猛道，没有分批进击，虽分为前后两军，仍然是全军中伏，哥舒翰亲自率后备队伍，隔河在北，救援不了河南岸之军，也望风崩溃。第三，哥舒翰明知敌人以逸待劳，设伏歼击官军，却轻敌冒进。哥舒翰身经百战，只因恃众轻敌，再一次验证了骄兵必败的硬道理，即便是良将，轻敌必遭擒，概莫能外。

二、马嵬驿兵变。马嵬驿在今陕西兴平西南。唐玄宗蒙尘入蜀，行军至马嵬驿，将士饥渴，全军愤怒。禁军首领陈玄礼在唐隆政变中助唐玄宗李隆基诛韦皇后，已有犯上前科。安禄山以诛杨国忠反叛，在舆论上杨国忠已是千夫所指。朝野上下都认为是杨国忠骄纵致乱，切齿痛恨。旧账来了，又添新账。逼迫哥舒翰出关，是杨国忠祸国的新账。乘舆出逃长安，杨国忠先是要烧毁库藏，随后要焚毁便桥，均被唐玄宗制止。唐玄宗说，把库藏留给叛军，使百姓少遭祸害。又说，小民百姓也要逃生，为什么要焚毁便桥断了百姓逃命的生路。相比之下，唐玄宗还有一丝顾念百姓之心，而杨国忠的可憎面目昭然若揭。正当变兵愤怒之时，恰好来了一队吐蕃使者，他们见了杨国忠就大喊："杨国忠是反贼。"不由分说就是一箭，射中了杨国忠坐骑的马鞍。杨国忠逃到了马嵬驿的西门，被乱兵砍杀。杨国忠的儿子户部侍郎杨暄，以及贵妃姐韩国夫人、秦国夫人皆被乱兵所杀。至此，哗变兵士仍聚而不散，包围驿馆，直到杨贵妃自缢，陈玄礼见了尸首，这才免胄释甲，叩首请罪。唐玄宗慰劳军士，众人齐呼万岁，兵变风波得以平息。

唐玄宗昏聩，奸臣当道，是致乱之源。安禄山反叛，唐玄宗和杨国忠并未反省，吸取教训，改弦易辙，昏君奸臣仍在误国，才又导致潼关之败。杨国忠不除，祸乱未已。马嵬驿兵变，杀了杨国忠和杨贵妃，两条祸根被拔除，平息了众怒，唐玄宗得以安然入蜀。马嵬驿兵变，唐玄宗的权威受到挑战，为新生政权的诞生扫清了障碍。

三、唐肃宗即位灵武。杨国忠兼剑南节度使，很多部属爪牙在蜀。唐玄宗入蜀即为杨国忠首先提出。马嵬驿兵变，诛杀了杨国忠，将士不愿入蜀，有的提出到河陇，有的提出北上灵武，或到太原。唐玄宗执意入蜀，关中父老拦道请留。唐玄宗留下太子李亨安慰父老。关中父老对太子说：“皇上不愿留下，请殿下留下率领关中子弟东向破贼，取长安。”如果殿下与皇上都到了蜀地，中原百姓没了主人，那就真成了贼人的天下。不多会，来了几千群众，不让太子西行。太子李亨的第三子建宁王李倓多谋善断，他与宦官李辅国一齐拉着太子的马缰绳劝谏其留下讨贼。李倓说：“如果殿下与皇上都到了蜀地，那么中原之地拱手与贼。违背众心，一旦人心散失，不可复聚，那时再想回来就不可能了。不如留下收拢西北守边之兵，召回河北郭子仪、李光弼的军队，并力讨贼，克复两京，平定四海，兴复国家，再打扫干净宫禁，迎请皇上回京，那才是大孝。国家存亡在此，不可效法儿女温情。”太子的长子广平王李俶也劝太子留下。关中父老趁此围住太子坐骑，不让西行。唐玄宗在前面等了很久，不见太子跟来，打探消息后说：“这是天意。”唐玄宗留下二千兵马护卫太子，又派人送东宫内人给太子。唐玄宗还传话太子，要传位给他。于是父子分道扬镳，唐玄宗入蜀，太子北上灵武。七月，太子李亨即位于灵武，改元至德，是为肃宗，唐王朝进入了平定叛乱的新局面。

唐玄宗入蜀，留下太子收拾乱局，并传话传位给太子，这是唐玄宗晚年办的最重要的一件大事。作为开元盛世的明君，唐玄宗并不糊涂。他挥泪赐死杨贵妃，从众留下太子并传位给太子，表现了他的罪己悔过，与天宝时期的昏暗之主决裂。司马光批评唐玄宗，恃其承平，骄奢淫逸，“殚耳目之玩，穷声技之巧”，岂不知大盗在旁，窃其国柄，终于导致大祸，玄宗蒙尘，生民涂炭。司马光的结论是：“乃知人君崇华靡以示人，适足为大盗之招也。”唐玄宗昏而不暴，没有大恶，司马光的批评还是中肯的。

卷二一九　唐纪三十五

唐肃宗至德元载至二载（756—757年）

【起柔兆涒滩（丙申，756年）十月，尽强圉作噩（丁酉，757年）闰八月，不满一年】

【大事提要】

本卷记事起公元756年十月，讫公元757年闰八月，凡十一个月。当唐肃宗至德元载十月到至德二载闰八月。这是安史之乱战斗最为激烈的一年，双方投入兵力有百万之众，互有进退。广大中原地区到处是战火。官军方面，两攻长安不克，房琯兵败于前，郭子仪兵败于后。河北官军全线败退，史思明占据河北，兵进太原为李光弼所阻。河南鲁炅守南阳，淮北张巡、许远守睢阳，保护了淮南与江东的安宁。总的形势是，叛军气盛，处于进攻，官军稍弱，处于防守。唐室新政权肃宗已站稳脚跟，官军局部反攻，郭子仪收复了河东。由于双方都有内讧，影响战局发展。官军方面，张巡守睢阳，邻郡官军观望不救。永王李璘欲割据江东，差点危及大局。此时官军资给、唐皇室财货，都要仰赖江淮。叛军内讧，安庆绪弑父自立，史思明称雄河北。叛军势分，从此走入下坡路；官军日益占上风。

肃宗文明武德大圣大宣孝皇帝中之上

至德元载（丙申，756年）

冬，十月，辛巳[1]朔，日有食之，既[2]。

上发顺化[3]，癸未[4]，至彭原。

初，李林甫为相，谏官言事皆先白宰相，退则又以所言白之；御史言事须大夫同署[5]。至是，敕尽革其弊[6]，开谏诤之涂。又令宰相分直政事笔、承旨，旬日而更[7]，惩[8]林甫及杨国忠之专权故也。

第五琦见上于彭原，请以江、淮租庸市轻货，溯江、汉[9]而上至洋川[10]，令汉中王瑀[11]陆运至扶风以助军；上从之。寻加琦山南等五道度支使[12]。琦作榷盐法[13]，用以饶。

房琯喜宾客，好谈论，多引拔[14]知名之士，而轻鄙庸俗[15]，人多怨之。北海太守贺兰进明诣行在，上命琯以为南海太守，兼御史大夫，充岭南节度使[16]；琯以为摄[17]御史大夫。进明入谢，上怪之，进明因言与琯有隙，且曰："晋用王衍为三公，祖尚浮虚，致中原板荡[18]。今房琯专为迂阔[19]大言以立虚名，所引用皆浮华[20]之党，真王衍之比也！陛下用为宰相，恐非社稷之福。且琯在南朝[21]佐上皇，使陛下与诸王分领诸道节制[22]，仍置陛下于沙塞空虚之地，又布私党于诸道，使统大权。其意以为上皇一子得天下，则己不失富贵，此岂忠臣所为乎！"上由是疏之。

房琯上疏，请自将兵复两京；上许之，加持节、招讨西京兼防御蒲、潼两关[23]兵马节度等使。琯请自选参佐，以御史中丞邓景山为副，户部侍郎李揖为行军司马，给事中刘秩为参谋。既行，又令兵部尚书王思礼副之。琯悉以戎务委李揖、刘秩，二人皆书生，不闲[24]军旅。琯谓人曰："贼曳落河虽多，安能敌我刘秩！"琯分为三军：使裨将杨希文将南军，自宜寿[25]入；刘贵哲将中军，自武功入；李光进[26]将北军，自奉天入。光进，光弼之弟也。

以贺兰进明为河南节度使。

颍王璬之至成都也，崔圆迎谒，拜于马首，璬不之止；圆恨之。璬视事两月，吏民安之。圆奏罢璬，使归内宅；以武部侍郎李峘[27]为剑南节度使，代之。峘，岘之兄也。上皇寻命璬与陈王珪[28]诣上宣慰，至是，见上于彭原。延王玢[29]从上皇入蜀，追车驾不及；上皇怒，欲诛之。汉中王瑀救之，乃命玢亦诣上所。

甲申[30]，令狐潮、王福德复将步骑万余攻雍丘。张巡出击，大破之，斩首数千级；贼遁去。

房琯以中军、北军为前锋，庚子[31]，至便桥。辛丑[32]，二军遇贼将安守忠于咸阳之陈涛斜[33]。琯效古法，用车战，以牛车二千乘，马步夹之；贼顺风鼓噪，牛皆震骇。贼纵火焚之，人畜大乱，官军死伤者四万余人，存者数千而已。癸卯[34]，琯自以南军战，又败，杨希文、刘贵哲皆降于贼。上闻琯败，大怒。李泌为之营救，上乃宥之，待琯如初。

（以上为第一段，写房琯兵败长安。）

【注释】

［1］辛巳：十月一日。［2］既：食尽，日全食。［3］顺化：郡名。郡治在今甘肃庆阳市。［4］癸未：十月三日。［5］御史言事须大夫同署：据《唐六典·御史台》载，御史弹劾百官，须先将弹奏之事告于大夫，小事署名同意，大事则亲自写表章弹奏。又载，凡是事应由侍御史弹奏的，要把事实写成奏状，由大夫、中丞署名同意而后上奏。［6］至是，敕尽革其弊：《通典·职官》谏议大夫条自注云："至德元年九月制，谏议大夫议事，自今以后，不须令宰相先知。"《唐会要·弹劾》载："至德元年九月十日诏，御史弹事，自今以后，不须取大夫同置［署］。"故革此两弊应在九月。［7］宰相分直政事笔、承旨，旬日而更：分直政事笔，即宰相轮流担任"执政事笔"。唐代宰相由数人组成，军国政事多在政事堂参议。在政事堂议政的诸宰相中，有一位秉笔宰相，具有首席宰相的身份，主持政事堂会议，处理中书门下（政事堂）日常事务。承旨，承接诏旨，这是秉笔宰相的一项重要任务，即皇帝有事要宰相办理的，由秉笔宰相去见皇帝领受旨意，带回政事堂共同商议办理。唐代宰相执政事笔是轮换担任的，但在开元天宝时，李林甫、杨国忠专权，长期把持政事笔。肃宗为了纠正这种情况，便明确规定宰相轮流执政事笔、承旨，十天一换。［8］惩：惩戒，以过去的过失作为教训。［9］溯江、汉：溯，逆水而上。江，长江。汉，汉水。指溯长江、汉水而上。［10］洋川：郡名。天宝元年（742）洋州改名，治所在今陕西西乡县。［11］汉中王瑀：即陇西公李瑀，肃宗至德元载（756）七月封汉中王。［12］度支使：使职名。为取代并扩大户部度支司职权而专门设置来执掌中央财政大权的差遣官。由开元天宝时判、知度支演变而来，至德元载（756）第五琦任山南等五道度支使是此职的首次设置。［13］榷盐法：榷，专利，专卖。榷盐法是官府实行食盐专卖的政策措施，唐代从第五琦开始推行。其办法是由官府派人在山海井灶产盐之地收购其盐，然后加价出卖；原来的亭户（煮盐户）以及愿意从事煮盐的浮人，都隶属盐铁使，免杂徭，严禁盗煮和私市。［14］引拔：推荐、提拔。［15］轻鄙庸俗：轻鄙，轻视，瞧不起。庸俗，平凡鄙俗。指瞧不起平常之辈。［16］以南海太守，兼御史大夫，充岭南节度使：南海，郡名，天宝元年（742）广州改名，治所在今广东广州市。此时天下兵起，出镇方面的长官必兼带台省长官衔，甚至方镇幕僚亦带朝官衔。故贺兰进明为南海太守，充岭南节度使，带御史大夫衔。［17］摄：凡官衔言摄，乃是敕授而非正命，有权代的意思，与并任的"兼"官，名分有所不同。［18］晋用王衍为三公，祖尚浮虚，致中原板荡：王衍（256—311），字夷甫，琅邪临沂（今山东临沂市北）人。西晋士族，官至尚书令、太尉。衍有盛才，常自比子贡，名倾一时，又善玄言，以谈老、庄为事，义理若有不安，随即更改，世号"口中雌黄"。居宰辅之位，周旋于诸王之间，唯求自全之计。东海王司马越死，众推衍为元帅，石勒破晋军时被俘，临杀时王衍悔悟道："吾曹若不祖尚浮虚，戮力以匡天下，犹可不至今日。"传见《晋书》卷四十三。三公，晋以太尉、司徒、

司空为三公。辅助国君，“论道经邦”，为地位最高的官员。祖尚：崇奉，提倡。浮虚，浮华玄虚。板荡：《诗经·大雅》有《板》《荡》二篇，讽刺周厉王无道，败坏国家，后遂以板荡指政局变乱或社会动荡不安。本句意为西晋任用王衍为宰辅，浮华不实，故弄玄虚，导致中原大乱。［19］迂阔：指不切实情。［20］浮华：轻浮不实。［21］南朝：指玄宗在成都的朝廷。玄宗避处成都（今四川成都市），在关陇之南，故称。［22］使陛下与诸王分领诸道节制：指玄宗天宝十五载（756），亦即肃宗至德元载七月丁卯，在蜀中下制：以太子亨充天下兵马元帅，领朔方、河东、河北、平卢节度都使，南取长安、洛阳；永王璘、盛王琦、丰王珙等充诸路节度都使。［23］蒲、潼两关：蒲关，关名，在今陕西大荔东黄河西岸。潼，据章校，当为“潼”字之误，潼关，关名，在今陕西潼关北。［24］闲：熟习。［25］宜寿：县名。天宝元年（742）：盩厔县改名，县治在今陕西周至县。［26］李光进：兵部尚书、中书门下平章事李光弼之弟。官至太子太保、兼御史大夫、渭北节度使，先后封范阳郡公、武威郡王、凉国公。传见《新唐书》卷一百三十六。［27］李峘（huán）（？—763）：唐太宗第三子吴王恪之孙，封赵国公。传见《旧唐书》卷一百一十二，《新唐书》卷八十。［28］陈王珪：唐玄宗第二十五子，初名漼，封陈王。传见《旧唐书》卷一百七，《新唐书》卷八十二。［29］延王玢（bīn）（？—784）：唐玄宗第二十子，初名泂，封延王。传见《旧唐书》卷一百七，《新唐书》卷八十二。［30］甲申：十月四日。［31］庚子：十月二十日。［32］辛丑：十月二十一日。［33］陈涛斜：地名。在今陕西咸阳东。［34］癸卯：十月二十三日。

以薛景仙为关内节度副使。

敦煌王承寀至回纥牙帐，回纥可汗以女妻子，遣其贵臣与承寀及仆固怀恩偕来，见上于彭原。上厚礼其使者而归之，赐回纥女号毗伽公主。

尹子奇围河间，四十余日不下，史思明引兵会之。颜真卿遣其将和琳将万二千人救河间，思明逆击，擒之，遂陷河间；执李奂送洛阳，杀之。又陷景城，太守李暐赴湛水死［1］。思明使两骑赍尺书［2］以招乐安［3］，乐安即时举郡降。又使其将康没野波将先锋攻平原，兵未至，颜真卿知力不敌，壬寅［4］，弃郡渡河南走。思明即以平原兵攻清河［5］、博平［6］，皆陷之。思明引兵围乌承恩于信都，承恩降，亲导思明入城，交兵马、仓库，马三千匹、兵万人。思明送承恩诣洛阳，禄山复其官爵。

饶阳裨将束鹿［7］张兴，力举千钧，性复明辨［8］；贼攻饶阳，弥年［9］不能下。及诸郡皆陷，思明并力围之，外救俱绝，太守李系窘迫，赴火死，城遂陷。思明擒兴，立于马前，谓曰：“将军真壮士，能与我共富贵乎？”兴曰：“兴，唐之忠臣，固无降理。今数刻之人耳，愿一言而死。”思明曰：“试言之。”兴曰：“主上待禄山，恩如父子，群臣莫及，不知报德，乃兴兵指阙[10]，涂炭生人。大丈夫不能剪除凶逆，乃北面为之臣乎！仆有短策，足下能听之乎？足下所以从贼，求富贵耳，譬如燕巢于幕[11]，岂能久安！何如乘间取贼，转祸为福，长享富贵，不亦美乎！”思明怒，命张于木上，锯杀之，詈[12]不绝口，以至于死。

贼每破一城，城中衣服、财贿[13]、妇人皆为所掠。男子，壮者使之负担，羸[14]、病、老、幼皆以刀槊戏杀之。禄山初以卒三千人授思明，使定河北，至是，河北皆下之，郡置防兵三千，杂以胡兵镇之；思明还博陵。

（以上为第二段，写贼将史思明攻陷河北郡县，官军全线败没。）

【注释】

[1]赴湛水死：投入湛水自杀。湛水，古名湛水有二，一源出今河南宝丰县，至襄城县境入北汝河；一在今河南济源市西南。二水均在河南，与河北景城郡（治所在今沧州）相距甚远。李暐似不可能远走河南而赴水死。《旧唐书·史思明传》作“投河而死”，此“河”应指景城郡一带的江河。[2]尺书：信札，书信。 [3]乐安：郡名。天宝元年（742）棣州改名，治所在今山东惠民县南。[4]壬寅：十月二十二日。 [5]清河：郡名。天宝元年（742）贝州改名，治所在今河北南宫市东南。 [6]博平：郡名。天宝元年博州改名，治所在今山东聊城东北。 [7]束鹿：县名。本饶阳郡鹿城县，天宝十五载（756）改名束鹿县，县治在今河北辛集东北。 [8]性复明辨：性，性识，思想意识。明辨，清楚地辨别是非。此句意为思想上又能明辨是非。[9]弥年：经年，一年。[10]指阙：指向宫阙，即夺取中央政权。 [11]燕巢于幕：语出《左传》襄公二十九年吴季札说：“夫子之在此也，犹燕之巢于幕上。”比喻极其危险。[12]詈（lì）：骂。[13]财贿：财货，财物。[14]羸（léi）：瘦弱。

尹子奇将五千骑渡河，略北海，欲南取江、淮。会回纥可汗遣其臣葛逻支将兵入援，先以二千骑奄至范阳城下，子奇闻之，遽引兵归。

十二月[1]，戊午[2]，回纥至带汗谷，与郭子仪军合；辛酉[3]，与同罗及叛胡战于榆林河北[4]，大破之，斩首三万，捕虏一万，河曲皆平。子仪还军洛交[5]。

上命崔涣宣慰江南，兼知选举。

令狐潮帅众万余营雍丘城北，张巡邀击，大破之，贼遂走。

永王璘，幼失母，为上所鞠养[6]，常抱之以眠；从上皇入蜀。上皇命诸子分总天下节制，谏议大夫[7]高适谏，以为不可；上皇不听。璘领四道节度都使[8]，镇江陵。时江、淮租赋山积于江陵，璘召募勇士数万人，日费巨万。璘生长深宫，不更[9]人事，子襄城王玚[10]，有勇力，好兵，有薛镠等为之谋主，以为今天下大乱，惟南方完富，璘握四道兵，封疆数千里，宜据金陵[11]，保有江表[12]，如东晋故事[13]。上闻之，敕璘归觐[14]于蜀；璘不从。江陵长史李岘辞疾赴行在，上召高适与之谋。适陈江东利害，且言璘必败之状。十二月，置淮南节度使，领广陵等十二郡[15]，以适为之；置淮南西道节度使[16]，领汝南等五郡[17]，以来瑱为之；使与江东节度使[18]韦陟共图璘。

安禄山遣兵攻颍川[19]。城中兵少，无蓄积，太守薛愿、长史庞坚悉力拒守，绕城百里庐舍、林木皆尽。期年，救兵不至，禄山使阿史那承庆益兵攻之，昼夜死斗十五日，城陷，执愿、坚送洛阳，禄山缚于洛滨[20]冰上，冻杀之。

上问李泌曰："今敌强如此，何时可定？"对曰："臣观贼所获子女金帛，皆输之范阳，此岂有雄据四海之志邪！今独虏将或为之用，中国之人惟高尚等数人，自余皆胁从耳。以臣料之，不过二年，天下无寇矣。"上曰："何故？"对曰："贼之骁将，不过史思明、安守忠、田乾真、张忠志、阿史那承庆等数人而已。今若令李光弼自太原出井陉，郭子仪自冯翊入河东，则思明、忠志不敢离范阳、常山，守忠、乾真不敢离长安，是以两军絷其四将也，从禄山者，独承庆耳。愿敕子仪勿取华阴，使两京之道常通，陛下以所征之兵军于扶风，与子仪、光弼互出击之，彼救首则击其尾，救尾则击其首，使贼往来数千里，疲于奔命，我常以逸待劳，贼至则避其锋，去则乘其弊，不攻城，不遏路。来春复命建宁为范阳节度大使，并塞[21]北出，与光弼南北犄角以取范阳，覆其巢穴。贼退则无所归，留则不获安，然后大军四合而攻之，必成擒矣。"上悦。

时张良娣与李辅国相表里，皆恶泌。建宁王倓谓泌曰："先生举倓于上，得展臣子之效，无以报德，请为先生除害。"泌曰："何也？"倓以良娣为言。泌曰："此非人子所言，愿王姑置之，勿以为先。"倓不从。

甲辰[22]，永王璘擅引兵东巡，沿江而下，军容甚盛，然犹未露割据之谋。吴郡[23]太守兼江南东路采访使李希言平牒[24]璘，诘其擅引兵东下之意。璘怒，分兵遣其将浑惟明袭希言于吴郡，季广琛袭广陵长史、淮南采访使李成式于广陵。璘进至当涂[25]，希言遣其将元景曜及丹徒[26]太守阎敬之将兵拒之，李成式亦遣其将李承庆拒之。璘击斩敬之以徇，景曜、承庆皆降于璘，江、淮大震。高适与来瑱、韦陟会于安陆，结盟誓众以讨之。

于阗王胜[27]闻安禄山反，命其弟曜摄国事，自将兵五千入援。上嘉之，拜特进，兼殿中监。

令狐潮、李庭望攻雍丘，数月不下，乃置杞州[28]，筑城于雍丘之北以绝其粮援。贼常数万人，而张巡众才千余，每战辄克。河南节度使虢王巨屯彭城[29]，假[30]巡先锋使。是月，鲁[31]、东平[32]、济阴陷于贼。贼将杨朝宗帅马步二万，将袭宁陵[33]，断巡后。巡遂拔雍丘，东守宁陵以待之，始与睢阳太守许远相见。是日，杨朝宗至宁陵城西北，巡、远与战，昼夜数十合，大破之，斩首万余级，流尸塞汴而下，贼收兵夜遁。敕以巡为河南节度副使。巡以将士有功，遣使诣虢王巨请空名告身[34]及赐物，巨唯与折冲、果毅[35]告身三十通[36]，不与赐物。巡移书责巨，巨竟不应。

是岁，置北海节度使[37]，领北海等四郡[38]；上党节度使[39]，领上党等三郡[40]；兴平节度使[41]，领上洛等四郡[42]。

吐蕃陷威戎、神威、定戎、宣威、制胜、金天、天成等军[43]，石堡城、百谷城[44]、雕窠城[45]。

初，林邑王范真龙[46]为其臣摩诃漫多伽独所杀，尽灭范氏。国人立其王头黎之女为王，女不能治国，更立头黎之姑子诸葛地，谓之环王，妻以女王。

（以上为第三段，写永王李璘图谋割据江淮，河南张巡苦战雍丘。）

【注释】

[1]十二月：据章校，“二”作“一”。 [2]戊午：十一月八日。 [3]辛酉：十一月十一日。 [4]榆林河北：榆林，郡名。天宝元年（742）胜州改名，治所在今内蒙古准格尔旗东北十二连城。河北，指流经榆林郡境内的黄河之北。 [5]洛交：郡名。天宝元年（742）：鄜州改名，治所在今陕西富县。[6]鞠养；抚养，养育。[7]谏议大夫：官名。门下省属官，掌侍从赞相，规谏讽喻。[8]四道节度都使：都制山南东道、岭南、黔中、江南西道的节度使。 [9]更（gēng）：经历。[10]襄城王玚（yáng）：“玚”，《旧唐书·永王璘传》作“偒”（yì）。永王李璘子，至德元载（756）父子举兵谋反，兵败而死。传见《旧唐书》卷一百七。 [11]金陵：今江苏南京市。 [12]江表：古地域名。指长江以南之地。 [13]如东晋故事：东晋（317—420），西晋末年中原大乱之际，王室成员司马睿（晋元帝）在建康（今江苏南京市）建立的偏居江南的政权。故事，先前事例，如东晋故事，指像东晋王朝一样，建立割据江南的政权。 [14]归觐（jín）：回去朝见帝王。觐，朝见帝王。 [15]领广陵等十二郡：十二郡为扬州广陵郡、楚州山阳郡、滁州全椒郡、和州历阳郡、寿州淮南郡、庐州合肥郡、舒州同安郡、蕲州蕲春郡、安州安陆郡、黄州齐安郡、申州义阳郡、沔州汉阳郡。《新唐书·方镇五》有光州弋阳郡共领十三郡，但云光州寻隶淮西，故实为十二郡。 [16]淮南西道节度使：使职名。为淮南西道差遣长官。至德元载（756）始置，治所初在颍川（许州），其后屡有变迁，大历（766—779）以后治所在蔡州（今河南汝南县）。 [17]汝南等五郡：汝南，郡名。天宝元年（742）蔡州改名，治所在今河南汝南。五郡，据《新唐书·方镇二》是：蔡州汝南郡、郑州荥阳郡、许州颍川郡、光州弋阳郡、申州义阳郡。但申州义阳郡已属淮南节度使。已难详考其究竟。 [18]江东节度使：使职名。至德元载（756）永王璘起兵，肃宗令尚未到郡的吴郡太守兼江南东道采访使韦陟与淮南节度使高适、淮西节度使来瑱共同图谋讨璘，遂授韦陟江东节度使职名。此后未见再有授置。 [19]颍川：郡名。天宝元年（742）许州改名，治所在今河南许昌市。 [20]洛滨：洛水水边。洛水，即今河南洛河，发源于陕西秦岭山脉，流经河南偃师，汇合伊河，于巩义入黄河。 [21]塞：指长城。 [22]甲辰：十二月二十五日。 [23]吴郡：郡名。天宝元年（742）苏州改名，治所在今江苏苏州市。 [24]平牒：地位等同官员之间的往来文书。 [25]当涂：县名。县治在今安徽当涂县东南。 [26]丹徒：唐时未以丹徒为郡，“徒”当作“阳”。丹阳，郡名，治丹徒（今江苏镇江市）。 [27]于阗王胜：于阗，西域国名。又作于寘，在今新疆和田一带。唐于其地置毗沙都督府，属安西都护府。其王姓尉迟氏。胜，即尉迟胜，于阗国王，天宝年间朝唐，玄宗妻以宗室女，授右威卫将军、毗沙府都督。后以平安禄山之功，官至骠骑大将军、武都王，加开府仪同三司。德宗时官至御史中丞、右威卫大将军。传见《旧唐书》卷一百四十四，《新唐书》卷一百一十。 [28]杞州：唐初曾在雍丘县（今河南杞县）置杞州，贞观元年（627）废。安史军复置，用以逼降雍丘守军。 [29]彭城：郡名。天宝元年（742）徐州改名，治所在今江苏徐州。 [30]假：此指非正式任命。 [31]鲁：郡名。天宝元年（742）兖州改名，治所在今山东曲阜。 [32]东平：郡名。天宝元年（742）郓州改名，治所在今山东东平县

东。［33］宁陵：县名。县治在今河南宁陵南。［34］空名告身：告身，委任官职的文凭。空名告身即空白委任状，可随时填写人名。［35］果毅：即果毅都尉，军官名。本为军府折冲都尉副官。府兵制衰微以后，成为边帅请置的徒具其名的低级军官，往往一制同授千人。［36］通：量词，用于文书，表示件、份。［37］北海节度使：使职名。为北海等郡差遣长官，至德元载（756）置，治所在今山东昌乐县西。［38］北海等四郡：指青州北海郡、密州高密郡、登州东弁郡、莱州东莱郡。［39］上党节度使：使职名。为上党等郡差遣长官，至德元载（756）置，治所在今山西长治市西。［40］上党等三郡：指潞州上党郡、泽州长平郡、沁州阳城郡。［41］兴平节度使：使职名。为上洛等郡差遣长官，至德元载（756）置，治上洛，今陕西商洛市商州区。［42］上洛等四郡：上洛，郡名。天宝元年（742）商州改名，治所在今陕西商洛市商州区。四郡，据《新唐书·方镇四》是：商州上洛郡、金州安康郡、均州武当郡、房州房陵郡。［43］威戎、神威、定戎、宣威、制胜、金天、天成等军：军镇名。威戎军在今青海门源回族自治县；神威军在今青海海晏县；定戎军在今青海西宁市西南；宣威军在今青海西宁市北；制胜军不详所在；金天军在今青海贵德县西；天成军在今甘肃临夏市西。［44］百谷城：城名。在今青海贵德县西南。［45］雕窠（kē）城：城名。在今青海同仁市。［46］林邑王范真龙（？—645）：林邑，国名。故地在今越南中南部。公元192年建国，中国史籍初称之为林邑，唐至德以后改称环王。范真龙，又称范镇龙，林邑王头黎之子，贞观十九年（645）为其臣所杀，其宗族并诛灭。范氏自晋以来称王于林邑，至此被灭。

二载（丁酉，757年）

春，正月，上皇下诰，以宪部尚书李麟[1]同平章事，总行百司，命崔圆奉诰赴彭原。麟，懿祖[2]之后也。

安禄山自起兵以来，目渐昏，至是不复睹[3]物；又病疽[4]，性益躁暴，左右使令[5]，小不如意，动加箠挞[6]，或时杀之。既称帝，深居禁中，大将希得见其面，皆因严庄白事。庄虽贵用事，亦不免箠挞，阉宦李猪儿[7]被挞尤多，左右人不自保。禄山嬖妾[8]段氏，生子庆恩，欲以代庆绪为后。庆绪常惧死，不知所出。庄谓庆绪曰："事有不得已者[9]，时不可失。"庆绪曰："兄有所为，敢不敬从。"又谓猪儿曰："汝前后受挞，宁有数乎！不行大事，死无日矣！"猪儿亦许诺。庄与庆绪夜持兵立帐外，猪儿执刀直入帐中，斫禄山腹。左右惧，不敢动。禄山扪枕旁刀，不获，撼帐竿，曰："必家贼也。"肠已流出数斗，遂死。掘床下深数尺，以毡裹其尸埋之，诫宫中不得泄。乙卯旦[10]，庄宣言于外，云禄山疾亟[11]。立晋王庆绪为太子，寻即帝位，尊禄山为太上皇，然后发丧。庆绪性昏懦，言辞无序，庄恐众不服，不令见人。庆绪日纵酒为乐，兄事庄，以为御史大夫、冯翊王，事无大小，皆取决焉；厚加诸将官爵以悦其心。

（以上为第四段，写叛贼内讧，安禄山子安庆绪弑父自立。）

【注释】

[1]李麟（692—758）：唐太宗侄孙。官至刑部尚书、同中书门下平章事，封褒国公。传见《旧唐书》卷一百一十二，《新唐书》卷一百四十二。 [2]懿祖：唐高祖李渊祖父李虎之父。 [3]睹：见，看见。 [4]疽（jū）：一种毒疮。 [5]左右使令：身边使唤的人。 [6]箠挞（chuítà）：用鞭子抽打。 [7]李猪儿：安禄山亲信，宦官。本契丹人，十几岁事安禄山，甚狡猾聪敏，后杀安禄山。 [8]嬖（bì）妾：爱妾。嬖，宠爱。 [9]事有不得已者：即事有不得已而为之者，指有些事情是被逼迫而做出来的。 [10]乙卯旦：正月六日早晨。 [11]疾亟（jí）：指病势来得急。亟，急，快。

上从容谓李泌曰："广平为元帅逾年，今欲命建宁专征，又恐势分。立广平为太子，何如？"对曰："臣固尝言之矣，戎事交切[1]，须即区处；至于家事，当俟上皇。不然，后代何以辨陛下灵武即位之意邪！此必有人欲令臣与广平有隙耳；臣请以语广平，广平亦必未敢当。"泌出，以告广平王俶，俶曰："此先生深知其心，欲曲成其美也。"乃入，固辞，曰："陛下犹未奉晨昏[2]，臣何心敢当储副！愿俟上皇还宫，臣之幸也。"上赏慰之。

李辅国本飞龙小儿[3]，粗闲书计[4]，给事太子宫，上委信之。辅国外恭谨寡言而内狡险，见张良娣有宠，阴附会之，与相表里。建宁王倓数于上前诋讦二人罪恶，二人谮之于上曰："倓恨不得为元帅，谋害广平王。"上怒，赐倓死。于是广平王俶及李泌皆内惧。俶谋去辅国及良娣，泌曰："不可，王不见建宁之祸乎？"俶曰："窃为先生忧之。"泌曰："泌与主上有约矣。俟平京师，则去还山，庶免于患。"俶曰："先生去，则俶愈危矣。"泌曰："王但尽人子之孝。良娣妇人，王委曲顺之，亦何能为！"

上谓泌曰："今郭子仪、李光弼已为宰相[5]，若克两京，平四海，则无官以赏之，奈何？"对曰："古者官以任能，爵以酬功[6]。汉、魏以来，虽以郡县治民，然有功则锡以茅土[7]，传之子孙，至于周、隋皆然。唐初，未得关东，故封爵皆设虚名，其食实封者，给缯[8]布而已。贞观中，太宗欲复古制，大臣议论不同而止[9]。由是赏功者多以官。夫以官赏功有二害，非才则废事，权重则难制。是以功臣居大官者，皆不为子孙之远图，务乘一时之权以邀[10]利，无所不为。向使[11]禄山有百里之国，则亦惜之以传子孙，不反矣。为今之计，俟天下既平，莫若疏爵土以赏功臣，则虽大国，不过二三百里，可比今之小郡，岂难制哉！于人臣乃万世之利也。"上曰："善！"

上闻安西、北庭及拔汗那、大食[12]诸国兵至凉、鄯[13]，甲子[14]，幸保定[15]。

丙寅[16]，剑南兵贾秀等五千人谋反，将军席元庆、临邛[17]太守柳奕讨诛之。

河西兵马使盖庭伦与武威[18]九姓商胡安门物[19]等杀节度使周泌，聚众六万。武威大城之中，小城有七，胡据其五，二城坚守。支度判官[20]崔称与中使刘日新以二城兵攻之，旬有七日，平之。

（以上为第五段，写唐肃宗听谗冤杀建宁王李倓，贼未平，已有猜忌功臣之心。）

【注释】

[1]交切：紧急而且交替不断。 [2]奉晨昏：语出《礼记·曲礼》上："冬温而夏凊，昏定而晨省。"后来便以晨昏指对父母的侍养。 [3]飞龙小儿：飞龙，即飞龙厩，唐代宫内马厩名。宫内有六厩马，称为仗内六闲，飞龙为六闲之首。小儿，唐代以宫中和官署供杂役人的称呼，如苑监小儿、飞龙小儿、五坊小儿、厩牧小儿等。飞龙小儿是指在飞龙厩打杂的人。 [4]粗闲书计：粗，粗略，稍微。闲，熟习。书计，文字与筹算。指粗略懂一点文字与筹算的知识。 [5]郭子仪、李光弼已为宰相：至德元载（756）八月，肃宗以郭子仪为武部尚书、灵武长史，以李光弼为户部尚书、北都留守，都加同平章事。 [6]官以任能，爵以酬功：官职用来授任贤能之人，爵位用来酬赏有功之人。 [7]锡以茅土：锡，同"赐"，赐给。茅土，古代帝王社祭之坛以五色土建成，分封诸侯时，按封地所在方向取坛上一色土，以茅包之，称为茅土，给受封者在封国内立社。后以茅土指分封王侯。锡以茅土，即封以王侯等爵位。 [8]缯（zēng）：丝织品的总称。 [9]贞观中，太宗欲复古制，大臣议论不同而止：贞观，唐太宗年号，公元627年至649年。贞观十三年（639），

太宗诏宗室群臣袭封刺史。左庶子于志宁、侍御史马周、司空兼赵州刺史长孙无忌等力谏不可，其事乃止。［10］邀：求取，希望得到。［11］向（xiǎng）使：假使。［12］大食：唐代对阿拉伯帝国的称谓。［13］凉、鄯：州名。即凉州、鄯州。［14］甲子：正月十五日。［15］保定：郡名。至德元载（756）泾州改名，治所在今甘肃泾川北。［16］丙寅：正月十七日。［17］临邛：郡名。天宝元年（742）邛州改名，治所在今四川邛崃。［18］武威：郡名。天宝元年（742）凉州改名，治所在今甘肃武威市。［19］九姓商胡安门物：九姓，指昭武九姓，据《新唐书·西域传》昭武九姓为康、安、曹、石、米、何、火寻、戊地、史。居住在今中亚阿姆、锡尔两河流域。6世纪后期隶西突厥。唐永徽年间（650—655）皆内附，唐以其地分置康居、大宛等都督府和南谧、佉沙、贵霜、安息等羁縻州，隶安西都护府。安门物，当是安国商人。［20］支度判官：唐代节度使幕职有支度使，支度使属官有支度判官，职掌兵马钱粮等实际事务。

史思明自博陵，蔡希德自太行[1]，高秀岩自大同，牛廷介自范阳，引兵共十万，寇太原。李光弼麾下精兵皆赴朔方，余团练[2]乌合[3]之众不满万人。思明以为太原指掌[4]可取，既得之，当遂长驱取朔方、河、陇[5]。太原诸将皆惧，议修城以待之，光弼曰："太原城周四十里，贼垂[6]至而兴役，是未见敌先自困也。"乃帅士卒及民于城外凿壕[7]以自固。作墼[8]数十万，众莫知所用；及贼攻城于外，光弼用之增垒于内，坏辄补之。思明使人取攻具于山东[9]，以胡兵三千卫送之，至广阳[10]，别将慕容溢、张奉璋邀击，尽杀之。

思明围太原，月余不下，乃选骁锐为游兵[11]，戒[12]之曰："我攻其北则汝潜趣其南，攻东则趣西，有隙则乘之。"而光弼军令严整，虽寇所不至，警逻[13]未尝少懈，贼不得入。光弼购募军中，苟有小技，皆取之，随能使之，人尽其用，得安边军[14]钱工[15]三，善穿地道。贼于城下仰而侮詈[16]，光弼遣人从地道中曳[17]其足而入，临城斩之。自是贼行皆视地。贼为梯冲[18]、土山以攻城，光弼为地道以迎之，近城辄陷。贼初逼城急，光弼作大炮[19]，飞巨石，一发辄毙二十余人。贼死者什二三，乃退营于数十步外，围守益固。光弼遣人诈与贼约，刻[20]日出降，贼喜，不为备。光弼使穿地道周贼营中，搘[21]之以木。至期，光弼勒兵[22]在城上，遣裨将将数千人出，如降状，贼皆属目[23]。俄而营中地陷，死者千余人，贼众惊乱，官军鼓噪乘之，俘斩万计。会安禄山死，庆绪使思明归守范阳，留蔡希德等围太原。

（以上为第六段，写李光弼守太原，大破叛贼史思明。）

【注释】

[1]蔡希德自太行：言蔡希德军自上党下太行道而趋太原。[2]团练：地方选取丁壮加以军事训练的民兵。[3]乌合：仓卒集合之众，如乌鸦之忽聚忽散。[4]指掌：用手指头对着手掌。比喻事情易办。[5]河、陇：古地区名。即河西、陇右。河西，指今甘肃、青海两省间黄河以西，即河西走廊与湟水流域；陇右，指今甘肃宁夏六盘山以西，黄河以东一带。[6]垂：临近，将近。[7]壕：护城河。[8]墼（jī）：砖坯。[9]山东：指太行山以东。[10]广阳：县名。县治在今山西平定东南。[11]游兵：流动出击的兵士。[12]戒：同"诫"，告诫。[13]警逻：警戒，巡逻，都是军队防备敌人偷袭和制止敌人侦察而采取的保障措施。[14]安边军：军镇名。在今河北蔚县。[15]钱工：铸钱工匠。[16]侮詈（lì）：辱骂。[17]曳：拉，牵引。[18]梯冲：云梯攻城。云梯，古攻城战具。以大木为床，下施六轮，上立二梯，各长二丈余，中施转轴，车四面以生牛皮为屏蔽，内以人推进，及城，则起飞梯于云梯之上，以窥城中，或用以攀登城墙。[19]大炮（pào）：古代以机发石的战具。[20]刻：同"克"，约定或限定（时间）。[21]搘（zhī）：支撑。[22]勒兵：统领军队。[23]属目：属，同"瞩"，看。属目，即注目，注视。

庆绪以尹子奇为汴州[1]刺史、河南节度使。甲戌[2]，子奇以归[3]、檀[4]及同罗、奚兵十三万趣睢阳[5]。许远告急于张巡，巡自宁陵引兵入睢阳。巡有兵三千人，与远兵合六千八百人。贼悉众逼城，巡督励将士，昼夜苦战，或一日至二十合；凡十六日，擒贼将六十余人，杀士卒二万余，众气自倍。远谓巡曰："远懦，不习[6]兵，公智勇兼济；远请为公守，公请为远战。"自是之后，远但调军粮，修战具，居中应接而已，战斗筹画一出于巡。贼遂夜遁。

郭子仪以河东[7]居两京之间，得河东则两京可图。时贼将崔乾佑守河东，丁丑[8]，子仪潜遣人入河东，与唐官陷贼者谋，俟官军至，为内应。

初，平卢节度使刘正臣自范阳败归[9]，安东都护[10]王玄志鸩[11]杀之。禄山以其党徐归道为平卢节度使，玄志复与平卢将侯希逸[12]袭杀之；又遣兵马使董秦将兵以苇筏[13]渡海，与大将田神功[14]击平原、乐安，下之。防河招讨使李铣承制以秦为平原太守。

二月，戊子[15]，上至凤翔[16]。

郭子仪自洛交引兵趣河东，分兵取冯翊。己丑[17]夜，河东司户[18]韩旻等翻河东城迎官军，杀贼近千人。崔乾佑逾城得免，发城北兵攻城，且拒官军，子仪击破之。乾佑走，子仪追击之，斩首四千级，捕虏五千人。乾佑至安邑[19]，安邑人开门纳之，半入，闭门击之，尽殪[20]。乾佑未入，自白径岭[21]亡去。遂平河东。

（以上为第七段，写张巡、许远守睢阳，郭子仪讨贼平河东。）

【注释】

[1]汴州：州名。治所在今河南开封市。 [2]甲戌：正月二十五日。 [3]归：当作“妫”，州名。治所在今河北怀来东南旧怀来。 [4]檀：州名。檀州治所在今北京市密云区。 [5]睢阳：郡名。郡治在今河南商丘市南。 [6]习：熟悉，通晓。 [7]河东：县名。县治在今山西永济市蒲州镇。 [8]丁丑：正月二十八日。 [9]刘正臣自范阳败归：至德元载（756），平卢节度使刘正臣领平卢兵袭击范阳，未至，被史思明打得大败而归。 [10]安东都护：唐六大都护府之一的安东都护府（治所初在今朝鲜平壤，后移辽东、新城、平州等城）长官，管理府内归附少数民族事务。 [11]鸩（zhèn）：用鸩毛泡成的毒酒。 [12]侯希逸：官至检校尚书右仆射，封淮阳郡王。传见《旧唐书》卷一百二十四，《新唐书》卷一百四十四。 [13]苇筏：以芦苇编织而成的渡水工具。 [14]田神功（？—733）：冀州（今河北衡水市）人，武将。传见《旧唐书》卷一百二十四，《新唐书》卷一百四十四。 [15]戊子：二月十日。 [16]凤翔：本岐州扶风郡，至德二载（757）十二月置凤翔府，治所在今陕西凤翔。 [17]己丑：二月十一日。 [18]司户：即户曹司户参军事。为州郡属官，掌户口、籍账、婚姻、田宅、杂徭等事。 [19]安邑：县名。县治在今山西夏县北。 [20]殪：死。 [21]白径岭：在今山西运城市解州镇东。

上至凤翔旬日，陇右、河西、安西、西域之兵皆会，江、淮[1]庸调亦至洋川、汉中[2]。上自散关[3]通表[4]成都，信使骆驿[5]。长安人闻车驾[6]至，从贼中自拔而来者日夜不绝。西师[7]憩息既定，李泌请遣安西及西域之众，如前策[8]并塞东北，自归、檀南取范阳。上曰：“今大众已集，庸调亦至，当乘兵锋[9]捣[10]其腹心，而更[11]引兵东北数千里，先取范阳，不亦迂[12]乎？”对曰：“今以此众直取两京，必得之。然贼必再强，我必又困，非久安之策。”上曰：“何也？”对曰：“今所恃者，皆西北守塞及诸胡之兵，性耐寒而畏暑，若乘其新至之锐，攻禄山已老之师，其势必克。两京春气已深[13]，贼收其余众，遁归巢穴，关东地热[14]，官军必困而思归，不可留也。贼休兵秣马[15]，伺官军之去，必复南来，然则征战之势未有涯也。不若先用之于寒乡，除其巢穴，则贼无所归，根本永绝矣。”上曰：“朕切于晨昏之恋[16]，不能待此决矣。”

关内节度使王思礼军武功，兵马使郭英乂军东原[17]，王难得[18]军西原[19]。丁酉[20]，安守忠等寇武功，郭英乂战不利，矢贯其颐[21]而走；王难得望之不救，亦走；思礼退军扶风。贼游兵至大和关[22]，去凤翔五十里，凤翔大骇，戒严。

李光弼将敢死士[23]出击蔡希德，大破之，斩首七万余级；希德遁去。

安庆绪以史思明为范阳节度使，兼领恒阳军事[24]，封妫川王；以牛廷介领安阳军[25]事；张忠志为常山太守兼团练使，镇井陉口；余各令归旧任，募兵以御官军。先是安禄山得两京，珍货悉输范阳。思明拥强兵，据富资，益骄横，浸不用庆绪之命；庆绪不能制。

戊戌[26]，永王璘败死，其党薛镠皆伏诛。

时李成式与河北招讨判官[27]李铣合兵讨璘，铣兵数千，军于扬子；成式使判官裴茂将兵三千，军于瓜步，广张旗帜，列于江津。璘与其子玚登城望之，始有惧色。季广琛召诸将谓曰：“吾属从王至此，天命未集，人谋已隳[28]，不如及兵锋未交，早图去就。死于锋镝[29]，永为逆臣矣。”诸将皆然之；于是广琛以麾下奔广陵，浑惟明奔江宁[30]，冯季康奔白沙[31]。璘忧惧，不知所出。其夕，江北之军[32]多列炬火，光照水中，一皆为两，璘军又以火应之。璘以为为官军已济江，遽挈[33]家属与麾下潜遁；及明，不见济者，乃复入城收兵，具舟楫而去。成式将赵侃等济江至新丰[34]，璘使玚及其将高仙琦将兵击之；侃等逆战，射玚中肩，璘兵遂溃。璘与仙琦收余众，南奔鄱阳[35]，收库物甲兵，欲南奔岭表，江西[36]采访使皇甫侁遣兵追讨，擒之，潜杀之于传舍[37]；玚亦死于乱兵。

侁使人送璘家属还蜀，上曰：“侁既生得吾弟，何不送之于蜀而擅杀之邪！”遂废侁不用。

（以上为第八段，写唐肃宗讨叛贼，不纳李泌先取范阳之计，兵指长安。永王璘兵败身死。）

【注释】

[1]江、淮：指江南道和淮南道。 [2]汉中：郡名。天宝元年（742）梁州改名，治所在今陕西汉中市。 [3]散关：关名。在今陕西宝鸡市西南大散岭上。 [4]通表：即上表。 [5]骆驿：往来不绝。 [6]车驾：本指马驾的车。常用作帝王的代称。 [7]西师：指自陇右、河西、安西、西域来的军队。 [8]前策：指上载十二月李泌向肃宗建议的灭敌之策。 [9]兵锋：兵器尖端的锋利，借指军队锐气。 [10]捣：攻击，攻打。 [11]更：另，另外。 [12]迂：陈旧不合时宜。 [13]春气已深：指春天将过。 [14]关东地热：指关东地区气候炎热。关东，指潼关或函谷关以东的地区。 [15]休兵秣（mò）马：秣，喂马。指休整军队，喂肥战马。 [16]晨昏之恋：即昏定晨省的想念。此指急于收复两京，迎父皇还宫。 [17]东原：指武功城东高平地带。 [18]王难得（？—762）：传见《旧唐书》卷一百八十三，《新唐书》卷一百四十七。 [19]西原：指武功城西高平地带。 [20]丁酉：二月十九日。 [21]颐（yí）：面颊，腮。 [22]大和关：岐山的一关口。在今陕西岐山北。 [23]敢死士：指作战奋勇、敢于赴死之士。 [24]领恒阳军事：领，兼领较低级职务。恒阳军，军镇名，在今河北正定县城。 [25]安阳军：安庆绪以屯兵的邺郡安阳县为安阳军。 [26]戊戌：二月二十日。 [27]招讨判官：招讨使幕僚。 [28]隳（huī）：毁坏。 [29]锋镝：锋，兵刃。镝，箭镞。泛指兵器。 [30]江宁：郡名。至德二载（757）升江宁县为郡，治所在今江苏南京市。 [31]白沙：地名。在今江苏仪征市。 [32]江北之军：指李成式等人率领的官军，当时驻扎在江北。 [33]挈（qiè）：带着，领着。 [34]新丰：镇名。在今江苏常州。 [35]鄱阳：郡名。天宝元年（742）饶州改名，治所在今江西鄱阳。 [36]江西：即江南西道。开元二十一年（733）分江南道置，采访使治所在今江西南昌。 [37]传舍：驿传之房舍，供往来官员休息住宿之所。

庚子[1]，郭子仪遣其子旰[2]及兵马使李韶光、大将王祚济河击潼关，破之，斩首五百级。安庆绪遣兵救潼关，郭旰等大败，死者万余人。李韶光、王祚战死，仆固怀恩抱马首浮渡渭水，退保河东。

三月，辛酉[3]，以左相韦见素为左仆射，中书侍郎、同平章事裴冕为右仆射，并罢政事。

初，杨国忠恶宪部尚书[4]苗晋卿，安禄山之反也，请出晋卿为陕郡太守，兼陕、弘农防御使。晋卿固辞老病，上皇不悦，使之致仕[5]。及长安失守，晋卿潜窜山谷；上至凤翔，手敕[6]征[7]之为左相，军国大务悉咨之。

上皇思张九龄之先见[8]，为之流涕，遣中使至曲江[9]祭之，厚恤其家。

尹子奇复引大兵攻睢阳。张巡谓将士曰："吾受国恩，所守，正死耳。但念诸君捐躯命，膏草野[10]，而赏不酬勋[11]，以此痛心耳。"将士皆激励请奋。巡遂椎牛[12]，大飨[13]士卒，尽军出战。贼望见兵少，笑之。巡执旗，帅诸将直冲贼陈，贼乃大溃，斩将三十余人，杀士卒三千余人，逐之数十里。明日，贼又合军至城下，巡出战，昼夜数十合，屡摧其锋，而贼攻围不辍[14]。

辛未[15]，安守忠将骑二万寇河东，郭子仪击走之，斩首八千级，捕虏五千人。

夏，四月，颜真卿自荆、襄北诣凤翔，上以为宪部尚书。

上以郭子仪为司空[16]、天下兵马副元帅，使将兵赴凤翔。庚寅[17]，李归仁以铁骑五千邀[18]之于三原[19]北，子仪使其将仆固怀恩、王仲昇、浑释之、李若幽[20]伏兵击之于白渠[21]留运桥[22]，杀伤略尽，归仁游水而逸[23]。若幽，神通[24]之玄孙也。

子仪与王思礼军合于西渭桥[25]，进屯潏[26]西。安守忠、李归仁军于京城西清渠[27]。相守七日，官军不进。五月癸丑[28]，守忠伪退，子仪悉师逐之。贼以骁骑九千为长蛇陈，官军击之，首尾为两翼，夹击官军，官军大溃。判官韩液、监军孙知古皆为贼所擒，军资器械尽弃之。子仪退保武功，中外戒严。

（以上为第九段，写贼将尹子奇重兵围攻睢阳。郭子仪兵败长安。）

【注释】

[1]庚子：二月二十二日。[2]旰（gàn）：郭旰，郭子仪第二子。传见《新唐书》卷一百三十七。[3]辛酉：三月十三日。[4]宪部尚书：即刑部尚书。[5]致仕：辞官。[6]手敕：皇帝亲笔诏令。[7]征：征召，特指君召臣。[8]张九龄之先见：安禄山初为幽州节度使张守珪属下将领，以恃勇轻进而战败。当时，宰相张九龄说："禄山失律丧师，于法不可不诛。且臣观其貌有反相，不杀必为后患。"力主诛之，而玄宗竟赦其罪。事见《资治通鉴》卷

二百一十四玄宗开元二十四年。［9］曲江：县名。县治在今广东韶关市西，张九龄的家乡。［10］捐躯命，膏草野：膏，滋润。捐献身躯性命，滋润原野大地。［11］赏不酬勋：赏赐的东西不足以酬报功绩。指去年张巡请求虢王巨赏将士空名告身及物，但得折冲、果毅告身三十通，而不给赐物。［12］椎（chuí）牛：杀牛。［13］飨（xiǎng）：用酒食招待人。［14］辍（chuò）：停止。［15］辛未：三月二十三日。［16］司空：官名。唐代为加官，无实际职掌。［17］庚寅：四月十三日。［18］邀：半路拦击。［19］三原：县名。县治在今陕西三原东北。［20］李若幽（？—761）：肃宗赐名李国贞。官至户部尚书、兼御史大夫。传见《旧唐书》卷一百一十二，《新唐书》卷七十八。［21］白渠：古代关中平原的人工灌溉渠，自谷口（今陕西礼泉东北）分泾水东南流，经高陵（今陕西高陵西南）、栎阳（今陕西临潼东北）东至下邽（今陕西渭南东北）南注入渭水，长二百里。唐时自北而南，分为太白、中白、南白三渠，总称三白渠。［22］留运桥：桥名。在今陕西三原北太白渠上。［23］逸：逃跑。［24］神通：即淮安王李神通。［25］西渭桥：即便桥。［26］潏（jué）：潏水。一作潏（jué）水，或讹作沈水。上游即今陕西西安长安区东南的交河上游。正流穿汉长安城西，北流入渭河。隋唐时曾遏潏水西流汇交水，又遏交水西流汇沣水。后世遂统指自长安县南皇子陂西至秦渡镇入沣一段为潏河下游。［27］清渠：据程大昌《雍录·汉唐要地参出图》（已佚），清渠在漕渠之东，直秦之故杜南城稍东，即香积寺北。［28］癸丑：五月六日。

是时府库无蓄积，朝廷专以官爵赏功，诸将出征，皆给空名告身，自开府[1]、特进、列卿[2]、大将军[3]，下至中郎、郎将[4]，听临事注名[5]。其后又听以信牒[6]授人官爵，有至异姓王者[7]。诸军但以职任相统摄，不复计官爵高下。及清渠之败，复以官爵收散卒。由是官爵轻而货重，大将军告身一通，才易[8]一醉。凡应募入军者，一切衣金紫[9]，至有朝士[10]僮仆衣金紫，称大官，而执贱役者。名器[11]之滥，至是而极焉。

房琯性高简[12]，时国家多难，而琯多称病不朝谒[13]，不以职事为意，日与庶子[14]刘秩、谏议大夫李揖，高谈[15]释、老[16]，或听门客[17]董庭兰鼓琴，庭兰以是大招权利。御史奏庭兰赃贿[18]，丁巳[19]，罢琯为太子少师[20]。以谏议大夫张镐为中书侍郎、同平章事。上常使僧数百人为道场[21]于内，晨夜诵佛。镐谏曰："帝王当修德以弭[22]乱安人，未闻饭僧[23]可致太平也！"上然之。

（以上为第十段，写唐肃宗行在所大本营资粮匮乏。）

【注释】

[1]开府：即开府仪同三司。[2]列卿：指九卿，九寺（太常、光禄、卫尉、宗正、太仆、大理、鸿胪、司农、太府）的长官称卿。[3]大将军：武散官阶二十九等中，正三品以上称大将军，南衙十六卫、北衙六军均各设大将军一员，是职事官。[4]中郎、郎将：中郎，即中郎将。南衙十六卫均置中郎将、郎将，领本府属兵宿卫；武散军中亦有怀化、归德中郎将和郎将。[5]临事注名：临，到，及。言到事情发生，需要使用时，在告身上填写人名。[6]信牒：唐代授官，都发给信符，叫告身，发告身之前，先给文书以为凭证，称信牒。[7]有至异姓王者：唐初封爵有“非李氏不王”的规定，但自武则天封诸武为王，张柬之等五人拥中宗即位同日封王后，异姓封王者不断出现，主要是封予有功之臣。安史之乱，朝廷任官封爵多以空名告身，其中即有异姓封王者。[8]易：换。[9]金紫：金鱼袋和紫服。唐代为三品以上高官的服饰。[10]朝士：朝廷官吏，中央官吏。[11]名器：名分、彝器。表示等级的称号和礼仪器物。[12]高简：高明而简慢，指性格高亢明爽而怠慢轻疏。[13]朝谒：上朝拜见帝王。[14]庶子：东宫官名。太子左右春坊长官，掌侍从赞相献纳。[15]高谈：空谈，大发议论。[16]释、老：释迦与老子，即佛家与道家。[17]门客：门下食客。[18]赃贿：贪污和行贿。[19]丁巳：五月十日。[20]太子少师：官名。为东宫三少之一，掌教导太子。实际无具体职掌，一般用作权臣罢位后的任官。[21]道场：佛、道二教诵经礼拜的地方。[22]弭：停止。[23]饭僧：饭养，供养。

庚申[1]，上皇追册上母杨妃[2]为元献皇后。

山南东道节度使鲁炅守南阳，贼将武令珣、田承嗣相继攻之。城中食尽，一鼠直[3]钱数百，饿死者相枕藉。上遣宦官将军曹日升往宣慰[4]，围急，不得入。日升请单骑入致命[5]，襄阳太守魏仲犀不许。会颜真卿自河北至，曰：“曹将军不顾万死以致帝命，何为沮[6]之！借使不达，不过亡一使者；达，则一城之心固矣。”日升与十骑偕[7]往，贼畏其锐，不敢逼。城中自谓望绝，及见日升，大喜。日升复为之至襄阳取粮，以千人运粮而入，贼不能遏。炅在围中凡周岁[8]，昼夜苦战，力竭不能支，壬戌[9]夜，开城帅余兵数千突围而出，奔襄阳。承嗣追之，转战二日，不能克而还。时贼欲南侵江、汉，赖炅扼其冲要，南夏[10]得全。

司空郭子仪诣阙请自贬；甲子[11]，以子仪为左仆射。

尹子奇益兵围睢阳益急，张巡于城中夜鸣鼓严队[12]，若将出击者；贼闻之，达旦[13]儆备[14]。既明，巡乃寝兵绝鼓[15]。贼以飞楼[16]瞰城中，无所见，遂解甲休息。巡与将军南霁云[17]、郎将雷万春[18]等十余将各将五十骑开门突出，直冲贼营，至子奇麾下[19]，营中大乱，斩贼将五十余人，杀士卒五千余人。巡欲射子奇而不识，乃剡[20]蒿为矢，中者喜，谓巡矢尽，走白子奇，乃得其状。使霁云射之，丧其左目，几获之。子奇乃收军退还。

六月[21]，田乾真围安邑。会陕郡贼将杨务钦密谋归国，河东太守马承光以兵应之，务钦杀城中诸将不同己者，翻城来降。乾真解安邑，遁去。

（以上为第十一段，写鲁炅守南阳、张巡守睢阳，拒敌于江北，江南得全。）

【注释】

[1]庚申：五月十三日。[2]杨妃（？—729）：弘农华阴（今陕西华阴市）人。玄宗妃子，生肃宗。至德二载（757）追封元献皇后。传见《旧唐书》卷五十二，《新唐书》卷七十六。[3]直：同“值”，价值。[4]宣慰：代表皇帝表示慰劳。[5]致命：传达命令。[6]沮（jǔ）：阻止。[7]偕：共同，一起。[8]炅在围中凡周岁：肃宗至德元载（756）五月，南阳节度使鲁炅屯兵叶县北，为安禄山将攻破，炅走保南阳，复为贼所围，至此时已经一年。[9]壬戌：五月十五日。[10]南夏：华夏南部，泛指我国南方。[11]甲子：五月十七日。[12]鸣鼓严队：击鼓整肃军队。[13]达旦：通宵达旦，整夜。[14]儆（jǐng）备：警备，戒备。[15]寝兵绝鼓：寝，息，止。指停止整军和击鼓。[16]飞楼：高空侦察战具。《通典》卷一百六十《攻城战具》载有一种八轮车，上树高竿，竿上安辘轳，以绳挽板屋止竿首，人在板屋中窥视城中情况，叫巢车，如鸟之巢。飞楼类此。[17]南霁云（？—757）：传见《新唐书》卷一百九十二。[18]雷万春：传见《新唐书》卷一百九十二。[19]麾下：将旗之下。[20]剡（yǎn）：削尖。[21]六月：据章校，“月”下有“癸未”二字。癸未，六月七日。

将军王去荣以私怨杀本县令，当死。上以其善用炮，壬辰[1]，敕免死，以白衣于陕郡效力。中书舍人贾至[2]不即行下[3]，上表，以为：“去荣无状[4]，杀本县之君。《易》曰：‘臣弑其君，子弑其父，非一朝一夕之故，其所由来者渐矣[5]。’若纵去荣，可谓生渐[6]矣。议者谓陕郡初复[7]，非其人不可守。然则他无去荣者，何以亦能坚守乎？陛下若以炮石一能即免殊死[8]，今诸军技艺绝伦者，其徒寔[9]繁。必恃其能，所在犯上，复何以止之！若止舍去荣而诛其余者，则是法令不一而诱人触罪也。今惜一去荣之材[10]而不杀，必杀十如去荣之材者，不亦其伤益多乎！夫去荣，逆乱之人也，焉有逆于此而顺于彼，乱于富平[11]而治于陕郡，悖[12]于县君[13]而不悖于大君[14]欤！伏惟[15]明主全其远者、大者，则祸乱不日而定矣。”上下其事，令百官议之。

太子太师韦见素等议，以为：“法者天地大典[16]，帝王犹不敢擅杀，是[17]臣下之权过于人主也。去荣既杀人不死，则军中凡有技能者，亦自谓无忧，所在暴横。为郡县者，不亦难乎！陛下为天下主，爱无亲疏，得一去荣而失万姓，何利之有！于律，杀本县令，列于十恶[18]。而陛下宽之，王法不行，人伦道屈，臣等奉诏，不知所从。夫国以法理，军以法胜；有恩无威，慈母不能使其子。陛下厚养战士而每战少利，岂非无法邪！今陕郡虽要，不急于法也。有法则海内无忧不克，况陕郡乎！无法则陕郡亦不可守，得之何益！而去荣末技[19]，陕郡不以之存亡；王法有无，国家乃为之轻重。此臣等所以区区[20]愿陛下守贞观之法[21]。”上竟舍之。至，曾[22]之子也。

（以上为第十二段，写唐肃宗不能严法。）

【注释】

[1]壬辰：六月十六日。[2]贾至（？—770）：官至京兆尹兼御史大夫。传见《旧唐书》卷一百九十中，《新唐书》卷一百一十九。[3]不即行下：不立即起草制书，上呈皇帝进画颁行。[4]无状：指不合乎礼法的行为。状，礼貌。[5]臣弑（shì）其君，子弑其父，非一朝一夕之故，其所由来渐矣：语出《易·坤卦·文言》。弑，古代称子杀父、臣杀君为弑。渐，逐渐，慢慢地。本句意为臣子杀国君，儿子杀父亲，不是一早一晚的暂时原因造成，而是长久以来慢慢形成的。[6]生渐：产生逐渐的变化，即逐渐变化的开始。[7]初复：刚刚收复。[8]殊死：古代斩首之刑。[9]寔（shí）：实，实在。[10]材：同“才”，才能。[11]富平：县名。县治在今陕西富平县东北。王去荣是富平人，杀本县县令。[12]悖：背叛，叛乱。[13]县君：县令为一县之君长。[14]大君：指天子。[15]伏惟：俯伏思惟，用于下对上的敬辞。[16]法者天地大典：法律是天地之间的大法则。[17]是：据章校，“是”上有“而小人得擅杀”六字。[18]于律，杀本县令，列于十恶：律，唐律，唐初房玄龄等修订。十恶，据《唐律疏议》是谋反、谋大逆、谋叛、谋恶逆、不道、大不敬、不孝、不睦、不义、内乱。犯十恶者，不得依议请减赎免罪之法，一律处以极刑。杀本县令，属于“不义”之条。[19]末技：小技。[20]区区：诚挚，诚恳。[21]贞观之法：指唐太宗命房玄龄等修订的刑法。[22]曾：贾曾（？—727），河南洛

阳人。官至谏议大夫、知制诰。传见《旧唐书》卷一百九十中，《新唐书》卷一百一十九。

南充[1]土豪何滔作乱，执本郡防御使杨齐鲁；剑南节度使卢元裕发兵讨平之。

秋，七月，河南节度使贺兰进明克高密[2]、琅邪[3]，杀贼二万余人。

戊申[4]夜，蜀郡兵郭千仞等反，六军兵马使[5]陈玄礼、剑南节度使李峘讨诛之。

壬子[6]，尹子奇复征兵数万，攻睢阳。先是，许远于城中积粮至六万石，虢王巨以其半给濮阳、济阴二郡，远固争之，不能得；既而济阴得粮，遂以城叛，而睢阳城至是食尽。将士人廪[7]米日一合[8]，杂以茶纸、树皮为食，而贼粮运通，兵败复征。睢阳将士死不加益，诸军馈救[9]不至，士卒消耗至一千六百人，皆饥病不堪斗，遂为贼所围，张巡乃修守具以拒之。贼为云梯，势如半虹[10]，置精卒二百于其上，推之临城，欲令腾入[11]。巡豫[12]于城凿三穴，候梯将至，于一穴中出大木，末置铁钩，钩之使不得退；一穴中出一木，拄[13]之使不得进；一穴中出一木，木末置铁笼，盛火焚之，其梯中折，梯上卒尽烧死。贼又以钩车[14]钩城上棚阁[15]，钩之所及，莫不崩陷。巡以大木，末置连锁[16]，锁末置大镮[17]，搨[18]其钩头，以革车[19]拔[20]之入城，截其钩头而纵车令去。贼又造木驴[21]攻城，巡熔金汁[22]灌之，应投销铄[23]。贼又于城西北隅以土囊[24]积柴为磴道[25]，欲登城。巡不与争利，每夜，潜以松明[26]、干藁投之于中，积十余日，贼不之觉，因出军大战，使人顺风持火焚之，贼不能救，经二十余日，火方灭。巡之所为，皆应机立办[27]，贼服其智，不敢复攻。遂于城外穿三重壕，立木栅以守巡，巡亦于内作壕以拒之。

丁巳[28]，贼将安武臣攻陕郡，杨务钦战死，贼遂屠陕。

崔涣在江南选补，冒滥者众，八月，罢涣为余杭太守、江东采访·防御使[29]。

以张镐兼河南节度、采访等使，代贺兰进明。

灵昌太守许叔冀[30]为贼所围，救兵不至，拔众奔彭城。

睢阳士卒死伤之余，才六百人，张巡、许远分城而守之，巡守东北，远守西南，与士卒同食茶纸，不复下城。贼士攻城者，巡以逆顺说之，往往弃贼来降，为巡死战，前后二百余人。

是时，许叔冀在谯郡[31]，尚衡[32]在彭城，贺兰进明在临淮[33]，皆拥兵不救。城中日蹙，巡乃令南霁云将三十骑犯围[34]而出，告急于临淮。霁云出城，贼众数万遮之，霁云直冲其众，左右驰射，贼众披靡，止[35]亡两骑。既至临淮，见进明，进明曰："今日睢阳不知存亡，兵去何益！"霁云曰："睢阳若陷，霁云请以死谢[36]大夫[37]。且睢阳既拔，即及临淮，譬如皮毛相依[38]，安得不救！"进明爱霁云勇壮，不听其语，强留之，具食与乐，延霁云坐。霁云慷慨[39]，泣且语曰："霁云来，睢阳之人不食月余矣！霁云虽欲独食，且不下咽。大夫坐拥强兵，观睢阳陷没，曾无分灾救患之意，岂忠臣义士之所为乎！"因啮落[40]一指以示进明，曰："霁云既不能达主将之意，请留一指以示信[41]归报。"座中往往为泣下。

霁云察进明终无出师意，遂去。至宁陵，与城使[42]廉坦同将步骑三千人，闰月，戊申[43]夜，冒围，且战且行，至城下，大战，坏贼营，死伤之外，仅得千人入城。城中将吏知无救，皆恸哭。贼知援绝，围之益急。

初，房琯为相，恶贺兰进明，以为河南节度使，以许叔冀为进明都知兵马使，俱兼御史大夫。叔冀自恃麾下精锐，且官与进明等，不受其节制。故进明不敢分兵，非惟疾[44]巡、远功名，亦惧为叔冀所袭也。

戊辰[45]，上劳飨[46]诸将，遣攻长安，谓郭子仪曰："事之济[47]否，在此行也！"对曰："此行不捷，臣必死之。"

辛未[48]，御史大夫崔光远[49]破贼于骆谷[50]。光远行军司马王伯伦、判官李椿将二千人攻中渭桥，杀贼守桥者千人，乘胜至苑门。贼有先屯武功者闻之，奔归，遇于苑北，合战，杀伯伦，擒椿送洛阳。然自是贼不复屯武功矣。

贼屡攻上党，常为节度使程千里所败。蔡希德复引兵围上党。

（以上为第十三段，写张巡困守睢阳，邻郡官兵诸将拥兵不救。）

【注释】

［1］南充：郡名。唐置果州，后更名南充郡，治所在今四川南充市。［2］高密：县名。县治在今山东高密市。［3］琅邪：县名。秦置，治所在今山东诸城市城区。晋废。隋于此置丰泉县，大业初改名琅邪。唐武德初废。此琅邪，当是用旧名。［4］戊申：七月二日。［5］六军兵马使：为统率六军的差遣军官。六军，随从玄宗入蜀的兵士。［6］壬子：七月六日。［7］廪（lǐn）：当作“禀”（bǐng），给。［8］合（gě）：容量单位，一升的十分之一。［9］馈救：运粮救济。［10］半虹：半个悬空的彩虹。［11］腾入：跳入。［12］豫：同预，预先。［13］拄：支撑。［14］钩车：有钩梯的战车。［15］棚阁：敌楼。于城墙上架木棚，使之伸出墙外，可以此瞭望敌人。［16］连锁：成连环形状的器物。［17］镮（huán）：同“环”，圆形有孔可贯穿的东西。［18］拓（tuò）：推开。［19］革车：载兵车。［20］拔：提起来。［21］木驴：用木做，背脊长一丈径一尺五寸，下安六脚，下阔上尖，高七尺，内可容六人，以湿牛皮蒙之，可直抵城下，木石铁火不能伤败，用来攻城，或叫小头木驴。见《通典》卷一百六十《攻城战具》。［22］熔金汁：以火融化金属成汁。［23］应投销铄：应投，随着投去之处。销铄，销镕。指随着投去之处都被融化。［24］土囊：盛土的袋子。［25］磴（dèng）道：登城的道路。［26］松明：松树枯干后，树内有松油可以燃烧，用以照明。［27］应机立办：随机应变，果断行动。［28］丁巳：七月十一日。［29］江东采访·防御使：江东，即江南东道。玄宗开元二十一年（733）分江南道置，治所在今江苏苏州市。采访·防御使，使职名，即采访使和防御使。［30］许叔冀：两唐书无传，仅知其在安史乱中初为灵昌太守，后败走，朝廷先后任为青州、汴州、宋州等州节度使及防御使。乾元二年（759）降史思明，受中书令之职。［31］谯郡：郡名。天宝元年（742）亳州改名，治所在今安徽亳州。［32］尚衡：两唐书无传。据载，衡先后为郓州、徐州、青州刺史，充亳、颍、青、淄等数州节度使，兵部侍郎、御史大夫。［33］临淮：郡名。天宝元年（742）泗州改名，治所在今江苏盱眙县西北。［34］犯围：突围。［35］止：同“只”，仅仅。［36］谢：谢罪。［37］大夫：贺兰进明此时为河北节度使兼御史大夫。［38］皮毛相依：语出《左传》僖公十四年：“冬，秦饥，使乞籴于晋，晋人弗与。庆郑曰：‘背施无亲，幸灾不仁，贪爱不祥，怒邻不义，四德皆失，何以守国？’虢射曰：‘皮之不存，毛将安傅？”言晋前违约不给秦城，已结下深怨；哪里还在乎拒给秦籴。皮比喻事物存在基础，毛比喻附着在基础之上的东西，二者互相依存。傅，通“附”。附着。［39］慷慨：意气风发，情绪激动。［40］啮（niè）落：咬下来。啮，咬。［41］信：凭据。［42］城使：使职名。镇守城池的差遣官。［43］戊申：闰八月三日。［44］疾：同“嫉”，嫉妒。［45］戊辰：闰八月二十三日。［46］劳飨：犒劳。［47］济：成功。［48］辛未：闰八月二十六日。［49］崔光远（？—761）：滑州灵昌（今河南滑县东南）人。传见《旧唐书》卷一百一十一，《新唐书》卷一百四十一。［50］骆谷：在陕西周至县西南。

【点评】

本卷着重点评安史之乱战斗最激烈的时期，双方最高决策层的掌控者，他们的个人素质和决策是怎样影响战局发展的。点评两事：唐肃宗猜疑父杀子，安氏父子相仇子弑父。

一、唐肃宗猜疑父杀子。安史之乱，来势汹汹，但它只不过是一场海啸，大海总归是要平静的。因为唐王朝，已有一百余年的根基，出现了贞观之治和开元之治两个盛世，特别是开元之治，承平日久，生产发展，经济繁荣，人口增长，国力强大。唐玄宗英年时期的开明，贤相治国的成就，恩泽深入人心。安禄山、史思明，只不过是两个祸乱小丑，叛乱得势，实乃唐王朝奸臣祸国，唐玄宗晚年骄侈，于是祸从上起，全国民众，没有祸乱之心。颜真卿、颜杲卿、张巡等地方小吏，以及清河青年李萼振臂一呼，两河军民踊跃奋起杀贼就是证明。唐室力量大于叛军十倍，这场祸乱，本来可以很快平定，但因唐王朝决策者的错误，才导致形势急转。

唐玄宗不听郭子仪、李光弼取范阳之策，逼使哥舒翰轻出潼关，致使官军大败，全线溃退，长安不守，玄宗又远逃西蜀，中原无主，国家命绝一线。唐肃宗临危不惧，从马嵬民众之请，不追随玄宗入蜀，肩负国难，灵武即位，竖起讨贼大旗，使中原有主，凝聚军民，挽救了危局，是他对祖宗社稷的一大贡献。但唐肃宗心胸狭窄，多疑信谗，不是戡乱之主，失策，忌才，既昏又庸，把本该早日结束的战乱拖延下来，这又是唐肃宗之过、之失。

唐肃宗不纳李泌之言，先灭叛军巢穴范阳，而要先复两京，再次重犯唐玄宗之过，是最大的失策。唐肃宗曾问李泌，说："叛贼如此猖狂，何时才能平定。"李泌说："叛贼无远略，又无良辅，只靠几个骁勇贼将成不了大事。只要先灭其巢穴范阳，贼无所归，留则不安，然后大军四合，不过两年，祸乱可平。"至德二载二月，郭子仪攻取河东，肃宗移行在所于凤翔，西北诸镇边兵会集，江淮租庸调运到洋川、汉中。李泌请师长驱取范阳，肃宗认为攻克两京必得，远取范阳太迂。李泌说："西北边兵耐寒，趁春寒未尽，展其所长，北取范阳，断贼归路。如此官军新集之众，攻取两京必克，但贼人归逃河北，很快夏天到来，关东地热，官军困而思归，叛军休兵秣马，卷土重来，贼势再强，官军再困，战祸就会延长了。"肃宗不听，说："朕盼望太上皇回京以尽儿子之孝，不能等那么长的时间。"事势的发展不幸被李泌言中，郭子仪继房琯之后，再次兵败于长安，官军胜势丧失，延长了战祸。

李泌对敌我形势的分析，了如指掌，唐肃宗心里也明白。他为什么不赞同呢？由于私心作怪，猜疑心重，于是一叶障目，不见泰山。唐肃宗乘危即帝位，形近于篡位，尽管唐玄宗予以追认，已得到了传国玉玺，但心里仍不踏实，担心有人立功抢在了他的前面。最亲的弟弟永王李璘在江南公然反叛割据，已使唐肃宗落下了心病。建宁王李倓，自己的亲儿子，有佐命之功，因贤能有英名，唐肃宗信谗将其赐死。如果官军先取范阳，则是天下兵马大元帅之任，功劳岂不归长子广平王李俶所有，唐肃宗担心儿子效法自己逼宫，要自建大功以巩固帝位，有了这个私心，他是非不分，忠言不听。他用早日迎立太上皇回京的理由作挡箭牌，用以堵塞李泌之口。由此可见，唐肃宗的失策不是无知，而是私心作祟。

唐肃宗忌才，信谗，忠奸不分，是非不明，害及亲子，有亏帝德。房琯不懂军事，迂腐好清谈，大言长安可克，结果丧师四万。因房琯无才，办事合于心意，兵败不给予惩罚，丧失正义。唐肃宗对待功臣，却忌疑心重。郭子仪、李光弼屡建奇功，两人是唐室赖以生存的中流砥柱，又在大敌未灭之时，担心功高不赏。唐肃宗对李泌说："今郭子仪、李光弼都已经是宰相，如果收复了两京，平定了四海，可没有更高的官职来酬劳他们，怎么办呢？"李泌回答说："古代任命官职是给有才的人来担任，有功的人用封爵来酬劳。"李泌又说："用官职赏功，有两大害处。才不胜任则废事，权力太重又难以控制。如果功臣当了大官，官职不能传子，他们就要充分发挥权力以谋当前自身利益，什么事都干得出来，安禄山就是这样产生的。现今最好的办法，是等到平乱以后，用封爵赏功，最大的封国不超过二三百里，很容易控制。"唐肃宗说："很好。"这一段君臣对话，表现了唐肃宗的猜疑心有多重。唐肃宗对儿子也不放心。长子广平王李俶任天下兵马元帅讨贼，唐肃宗担心儿子建功势大难制，打算立李俶为太子，把兵权交给建宁王李倓。唐肃宗是试探李俶的忠诚与孝心，被李泌看穿了，李泌巧妙地劝谏说："当前讨贼是紧急的国家大事，立皇太子是家事，还是等太上皇回京后再议吧。臣请转告广平王，广平王一定不会赞同的。"李俶得知，立即恳请唐肃宗等太上皇还宫，那时再议立太子的事。唐肃宗非常高兴。广平王之弟建宁王李倓就没有这样的幸运。建宁王马嵬劝留肃宗，乃为国深谋，肃宗以小人之心度儿子的君子之腹，由是忌疑建宁王。唐肃宗妻张皇后与宦官李辅国勾结，两个相互配合陷害建宁王，说建宁王要谋害广平王，唐肃宗不调查，不问是非，猜忌其子，狠心赐死李倓，连李泌也不敢为之一言。

二、安氏父相仇子弑父。再看叛贼一方，安禄山父子与史思明，比唐肃宗更是等而下之，父子相残。安史两人行伍出身，目不识丁，只知争战杀人，不懂治国要务，正如李泌所言，无远略，无良辅，成不了大事。安禄山攻下长安，就认为天下已定，忙着当皇帝，失去了乘胜追击彻底打击唐王朝的良机。等到官军缓过劲来，天下之兵四面合围，叛军只能被动挨打，坐以待毙。安庆绪杀父自立，叛军内讧，雪上加霜。由于唐肃宗不采纳李泌的正确策略，才延缓了叛军挣扎的时日。

叛军的内讧，安庆绪杀父自立，有以下五个原因：

安禄山蓄谋叛乱，只是割据称雄，他并无代唐全据天下的雄心。安禄山之所以能反叛，一是奸臣误国，二是部下推动，也是为了自保。如果唐玄宗措施得宜，不使安禄兼领三镇，或留京不遣，这场叛乱不会发生。尽管安禄山蓄谋十年，但是狐疑不决，因此没有治国方略，所以得胜后就急于称帝，遭受挫折就指责部属，诿过于人，没有权威。儿子杀父，积渐使然。此其一。

唐玄宗有厚恩于安禄山，而安禄山以怨报德，坏了良心，丧失道义，为儿子臣属立了榜样，安庆绪弑父，史思明杀安庆绪，以臣弑君，其后史思明亦为子所杀，循环无已，是安禄山自作孽所立的榜样。此其二。

安禄山征讨奚、契丹，一贯杀良冒功，养成习惯，叛军上下没有是非之心。叛军纪律极坏，史称“贼每破一城，城中衣服、财贿、妇人皆为所掠。男子、壮者使之负担，羸、病、老、幼，皆以刀槊戏杀之”。如此恶劣的武装集团，违背人性，不仅遭到民众的坚决抵抗，而且叛贼内部也是强欺弱，众暴寡。部属轻易犯上，扩而大之，子弑父。此其三。

安禄山起兵以后，眼睛瞎了，又背长脓疮，苦不堪言，无端责打身边的人。称帝后，深居宫中，与大臣不相见，只宠信一个严庄居中用事。这种情况，最易偾事。此其四。

安禄山宠妾段氏生子，名安庆恩。安禄山犯了许多平庸人常犯的共同错误，爱屋及乌，耳根子软，依宠妾之请，想立安庆恩为嗣子，取代长子安庆绪，安庆绪忧郁惧死，横下心来，杀父自立。此其五。

以上五因，导致安氏父子火并。一代不如一代，安庆绪生性昏懦，连整句话都说不清。盘踞老巢范阳的史思明看不起安庆绪，不听他的指挥，叛贼势分。此等情况，据有两京的安庆绪，只是一个坐守之贼，官军应予缓攻，集中兵力消灭范阳史思明，果真如此，安庆绪可以兵不血刃而降服。可惜的是，唐肃宗错过了这一战机，强攻两京，把河北河南的叛军推挤为一个整体，郭子仪又不幸战败，提高了安庆绪的声威，拖延了平乱时日，唐肃宗之过也。

卷二二〇　唐纪三十六

唐肃宗至德二载至乾元元年（757—758 年）

【起强圉作噩（丁酉，757 年）九月，尽著雍阉茂（戊戌，758 年），凡一年有奇】

【大事提要】

本卷记事起公元 757 年九月，讫公元 758 年，凡一年又四个月。当唐肃宗至德二载九月至至德三载。至德二载，唐肃宗借兵回纥，收复两京，河南、河东悉平，叛军收缩河北。张巡、许远守睢阳，以一万之众抗贼重兵，捍卫江淮，坚守一年有余，大小四百余战，杀贼十二万人，矢尽粮绝，全军战没。睢阳城破三天以后，援军赶到。睢阳军民在黎明前曙光初露时覆灭，是因邻郡官军坐视不救所致，尤以贺兰进明为罪魁。太上皇唐玄宗返回长安，唐肃宗大赦天下，叛将史思明降唐，肃宗分别轻重，按六个等级处置降人，受到司马光的称赞。唐肃宗纳李泌之谏，立太子，定国本。残贼安庆绪盘据邺城，犹据七郡六十余城。唐肃宗与回纥和亲，命郭子仪大发兵二十万众讨贼，官军节节胜利，平叛指日可待。突然局势逆转，史思明复叛。先是，史思明降唐，唐肃宗委以重权，封为归义王，任范阳节度使处置失当。随后谋杀史思明泄漏，激使复叛。平卢节度使王玄志死，军士推侯希逸为节度使，唐肃宗认可，开了藩镇割据的恶例，遗患无穷。

肃宗文明武德大圣大宣孝皇帝中之下

至德二载（丁酉，757 年）

九月，丁丑[1]，希德以轻骑至城下挑战，千里帅百骑开门突出，欲擒之；会救至，千里[2]收骑退还，桥坏，坠堑[3]中，反为希德所擒。仰谓从骑曰："吾不幸至此，天也！归语诸将，善为守备，宁失帅，不可失城。"希德攻城，竟不克，送千里于洛阳，安庆绪以为特进，囚之客省[4]。

郭子仪以回纥兵精，劝上益征其兵以击贼。怀仁可汗[5]遣其子叶护[6]及将军帝德等将精兵四千余人来至凤翔；上引见叶护，宴劳赐赉，惟其所欲。丁亥[7]，元帅广平王俶将朔方等军及回纥、西域之众十五万，号二十万，发凤翔。俶见叶护，约为兄弟，叶护大喜，谓俶为兄。回纥至扶风，郭子仪留宴三日。叶护曰："国家有急，远来相助，何以食为！"宴毕，即行。日给其军羊二百口，牛二十头，米四十斛。

庚子[8]，诸军俱发；壬寅[9]，至长安西，陈于香积寺[10]北沣水[11]之东。李嗣业为前军，郭子仪为中军，王思礼为后军。贼众十万陈于其北，李归仁出挑战，官军逐之，逼于其陈；贼军齐进，官军却，为贼所乘[12]，军中惊乱，贼争趣[13]辎重。李嗣业曰："今日不以身饵[14]贼，军无孑遗矣。"乃肉袒、执长刀，立于陈前，大呼奋击，当其刀者，人马俱碎，杀数十人，陈乃稍定。于是嗣业帅前军各执长刀，如墙而进[15]，身先士卒，所向摧靡[16]。都知兵马使王难得救其裨将，贼射之中眉，皮垂鄣[17]目。难得自拔箭，掣[18]去其皮，血流被[19]面，前战不已。贼伏精骑于陈东，欲袭官军之后，侦者知之，朔方左厢兵马使仆固怀恩引回纥就击之，剪灭[20]殆[21]尽，贼由是气索[22]。李嗣业又与回纥出贼陈后，与大军夹击，自午[23]及酉[24]，斩首六万级，填沟堑死者甚众，贼遂大溃。余众走入城，迨夜，嚣声不止。

仆固怀恩言于广平王俶曰："贼弃城走矣，请以二百骑追之，缚取安守忠、李归仁等。"俶曰："将军战亦疲矣，且休息，俟明旦图之。"怀恩曰："归仁、守忠，贼之骁将，骤胜而败，此天赐我也，奈何纵之！使复得众，还为我患，悔之无及！战尚神速，何明旦也！"俶固止之，使还营。怀恩固请，往而复反，一夕四五起。迟明[25]，谍[26]至，守忠、归仁与张通儒、田乾真皆已遁矣。癸卯[27]，大军入西京。

初，上欲速得京师，与回纥约曰："克城之日，土地、士庶归唐，金帛、子女皆归回纥。"至是，叶护欲如约。广平王俶拜于叶护马前曰："今始得西京，若遽俘掠，则东京之人皆为贼固守，不可复取矣，愿至东京乃如约。"叶护惊跃下马答拜，跪捧王足[28]，曰："当为殿下[29]径往东京。"即与仆固怀恩引回纥、西域之兵自城南过，营于浐水[30]之东。百姓、军士、胡虏见俶拜，皆泣曰："广平王真华、夷之主[31]！"上闻之喜曰："朕不及也！"俶整众入城，百姓老幼夹道欢呼悲泣。俶留长安，镇抚[32]三日，引大军东出。以太子少傅虢王巨为西京留守。

（以上为第一段，写官兵借回纥之助，收复长安。）

【注释】

[1]丁丑：九月二日。 [2]千里：原文无此二字，据章校补。 [3]堑（qiàn）：壕沟，护城河。 [4]客省：接待宾客和来京办事官员的地方。 [5]怀仁可汗：即回纥叶护骨力裴罗。[6]叶护：本为回纥最高一等大臣的称号，可汗之子则称特勤。此言可汗之子，则可能是其子任叶护之官，以官名称之。因其带兵助唐平安史之乱，收复两京，肃宗赐封忠义王。事见《旧唐书》卷一百九十五。 [7]丁亥：九月十二日。 [8]庚子：九月二十五日。 [9]壬寅：九月二十七日。 [10]香积寺：佛寺名。在长安城南子午谷北。 [11]沣水：又作丰水。源出陕西西安长安区南秦岭中，在今陕西西安市北，注入渭河。 [12]乘：利用。 [13]趣（qū）：同"趋"。趋向，奔向。 [14]饵：饲。 [15]如墙而进：排列整齐，如墙壁一样，向前推进。 [16]摧靡：挫败。[17]鄣（zhàng）：同"障"，遮挡。 [18]掣（chè）：扯去。 [19]被：及，至。 [20]剪灭：消灭。[21]殆：几乎，差不多。 [22]气索：索，尽，完。指精神崩溃。 [23]午：十二时辰之一。相当于现在中午十一时至一时。 [24]酉：十二时辰之一。相当于现在下午五时至七时。 [25]迟明：黎明，天快亮的时候。 [26]谍：侦探消息的人。 [27]癸卯：九月二十八日。 [28]跪捧王足：跪着捧住广平王的脚。回纥人以拜跪捧足为敬。 [29]殿下：汉以来通称诸侯王为殿下。唐代百官对皇太后、太后以及东宫官对皇太子，俱称殿下。 [30]浐水：源出陕西蓝田县西南秦岭山中，北流会库峪、石门峪、荆峪诸水，至西安市东入灞水。 [31]华、夷之主：即华人与夷人的共同君主。华，华夏的省语，古代汉族自称华夏人。夷，古代对少数民族的泛称。 [32]镇抚：安抚。

甲辰[1]，捷书至凤翔，百寮[2]入贺。上涕泗交颐[3]，即日，遣中使啖庭瑶[4]入蜀奏上皇；命左仆射裴冕入京师，告郊庙[5]及宣慰百姓。

上以骏马召李泌于长安。既至，上曰："朕已表请上皇东归，朕当还东宫复修臣子之职。"泌曰："表可追乎？"上曰："已远矣。"泌曰："上皇不来矣。"上惊，问故。泌曰："理势自然[6]。"上曰："为之奈何？"泌曰："今请更为群臣贺表[7]，言自马嵬请留[8]，灵武劝进[9]，及今成功，圣上思恋晨昏，请速还京以就孝养[10]之意，则可矣。"上即使泌草表[11]。上读之，泣曰："朕始以至诚愿归万机[12]。今闻先生之言，乃痦[13]其失。”立命中使奉表入蜀，因就泌饮酒，同榻而寝。而李辅国请取契钥付泌，泌请使辅国掌之；上许之。

泌曰："臣今报德[14]足矣，复为闲人[15]，何乐如之！”上曰："朕与先生累年[16]同忧患，今方相同娱乐，奈何遽欲去乎！”泌曰："臣有五不可留，愿陛下听臣去，免臣于死。”上曰："何谓也？”对曰："臣遇陛下太早，陛下任臣太重，宠臣太深，臣功太高，迹太奇[17]，此其所以不可留也。”上曰："且眠矣，异日议之。”对曰："陛下今就臣榻卧，犹不得请，况异日香案[18]之前乎！陛下不听臣去，是杀臣也。”上曰："不意卿疑朕如此，岂有如朕而办[19]杀卿邪！是直以朕为勾践[20]也！”对曰："陛下不办杀臣，故臣求归；若其既办，臣安敢复言！且杀臣者，非陛下也，乃'五不可'也。陛下向日待臣如此，臣于事犹有不敢言者，况天下既安，臣敢言乎！”

上良久曰："卿以朕不从卿北伐之谋[21]乎！”对曰："非也，所不敢言者，乃建宁耳。”上曰："建宁，朕之爱子，性英果[22]，艰难时有功[23]，朕岂不知之！但因此为小人所教，欲害其兄，图继嗣，朕以社稷大计，不得已而除之，卿不细知其故邪？”对曰："若有此心，广平当怨之。广平每与臣言其冤，辄流涕呜咽。臣今必辞陛下去，始敢言之耳。”上曰："渠[24]尝夜扪[25]广平，意欲加害。”对曰："此皆出谗人之口，岂有建宁之孝友聪明，肯为此乎！且陛下昔欲用建宁为元帅，臣请用广平。建宁若有此心，当深憾[26]于臣；而以臣为忠，益相亲善，陛下以此可察其心矣。”上乃泣下曰："先生言是也。既往不咎，朕不欲闻之。”

泌曰"臣所以言之者，非咎既往，乃欲使陛下慎将来耳。昔天后[27]有四子，长曰太子弘[28]，天后方图称制，恶其聪明，鸩杀之，立次子雍王贤[29]。贤内忧惧，作《黄台瓜辞》，冀以感悟天后。天后不听，贤卒死于黔中[30]。其辞曰：'种瓜黄台下，瓜熟子离离[31]：一摘使瓜好，再摘使瓜稀，三摘犹为可，四摘抱蔓[32]归！'今陛下已一摘矣，慎无再摘！”上愕然曰："安有是哉！卿录是辞，朕当书绅[33]。”对曰："陛下但识之于心，何必形于外也！”是时广平王有大功，良娣忌之，潜构流言[34]，故泌言及之[35]。

郭子仪引蕃、汉兵追贼至潼关，斩首五千级，克华阴、弘农二郡。关东献俘百余人，敕皆斩之；监察御史李勉言于上曰："今元恶未除，为贼所污[36]者半天下，闻陛下龙兴[37]，咸思洗心[38]以承圣化[39]，今悉诛之，是驱之使从贼也。"上遽使赦之。

冬，十月，丁未[40]，谈庭瑶[41]至蜀。

壬子[42]，兴平军[43]奏：破贼于武关，克上洛郡。

（以上为第二段，写李泌善谏，劝唐肃宗远佞以保太子。）

【注释】

[1]甲辰：九月二十九日。 [2]百寮（liáo）：寮，同"僚"，官。百寮，即百官，群臣。 [3]涕泗交颐：犹言泪流满面。涕，眼泪。泗，鼻涕。颐，脸颊，腮。 [4]啖庭瑶：宦官。曾奉旨招讨永王璘，肃宗崩，瑶等谋立越王係，代宗即位后，流放黔中（今重庆彭水县）。 [5]告郊庙：祭告天地祖宗。郊，郊祀，祭天地。庙，庙堂，祭祖之地。 [6]理势自然：理，道理。势，趋势。自然，必然。指必然的道理。 [7]贺表：皇帝有庆典武功等事，臣属所上颂扬的奏书，称为贺表。 [8]马嵬请留：指至德元载（756）六月，玄宗出逃至马嵬驿，诛杨贵妃，欲继续前行时，当地父老拦路请留太子破贼。玄宗乃留太子，分后军二千人与之。此后，太子北趋灵武，玄宗南至成都。 [9]灵武劝进：至德元载（756）七月，朔方留后杜鸿渐等迎太子至灵武，上笺请遵马嵬之命，即皇帝位，太子不许，笺五上，乃许。太子即位于灵武城南楼，尊玄宗为上皇天帝，改元至德。 [10]孝养：孝顺、奉养。 [11]草表：草拟奏表。 [12]万机：指帝王日常处理的纷繁政务。 [13]寤：同"悟"，醒悟。 [14]报德：报答圣上恩德。 [15]闲人：清闲之人，指不复为官治理政事。 [16]累年：多年。 [17]迹太奇：指仕进之路与众不同。李泌耻随常格仕进，天宝中自嵩山上书论当今世务，被玄宗召为待诏翰林，供奉东宫。后潜遁名山，以习隐自适。肃宗在灵武遣使访召，立即又进掌枢务，权逾宰相。所谓"迹太奇"当是指此。 [18]香案：朝会时皇帝御座前的几案，宰臣即在几案前奏事。 [19]办：处罚，惩办。 [20]勾（gōu）践（？—前465）：春秋时越王。为吴王夫差所战败，屈膝求和。其后发奋图强，终于灭掉吴国。又渡淮水，会诸侯，受方伯之命，称霸中原。当勾践灭吴之后，谋臣范蠡乃泛舟五湖，不为朝臣，又遗大夫文种书，以为勾践可与之共患难，不可同甘乐。后来勾践果赐文种死。事见《国语・越语》《史记・越王勾践世家》。 [21]北伐之谋：李泌曾献谋，以安西、西域之兵，向北从妫、檀取范阳，直捣安史乱军巢穴。 [22]英果：英勇果敢。 [23]艰难时有功：指建宁王倓在马嵬力劝肃宗留下讨贼，又在北上灵武途中，常居肃宗前后，血战以卫之。[24]渠：第三人称代词，他。[25]扪（mén）：抓，握。 [26]憾：怨恨。 [27]天后：即武则天。 [28]太子弘（651—675）：唐高宗第五子，武则天长子。显庆元年（656）立为皇太子；太子仁孝谦虚，礼接士大夫，颇得人心。时则天方欲

专政，而太子奏请多忤旨，遂得罪，上元二年（675）死于合璧宫，时人以为武则天鸩之。谥曰孝敬皇帝；唐中宗践祚，号曰义宗。传见《旧唐书》卷八十六，《新唐书》卷八十一。［29］雍王贤（652—684）：字明允，唐高宗第六子，武则天次子。先后封潞王、沛王、雍王，官至凉州大都督、雍州牧、右卫大将军。上元二年（675）六月，立为皇太子。处事明审，为时论所称。曾招集当时学者注范晔《后汉书》。后被人谗构废为庶人，迁于巴州（今四川巴中）；文明元年（684），则天临朝，逼令自杀。唐睿宗践祚，追谥为章怀太子。传见《旧唐书》卷八十六，《新唐书》卷八十一。［30］贤卒死于黔中：黔中，郡名，治所在今重庆彭水县。李贤死地，两唐书《李贤传》及《资治通鉴》都载丘神勣至巴州逼令自杀，故此言死于黔中当误。或李泌原话致误如此。［31］离离：形容瓜子粒粒笃实。［32］蔓：草本植物的枝茎。［33］书绅：绅，古代衣外束腰的大带，或指大带束腰之余让其垂吊的装饰部分。书绅，古人常把重要的话写在绅带上，以免忘记。［34］潜构流言：潜，暗地。构，构造，编造。流言，散布没有根据的话。本句意为暗中编造散布谣言进行陷害。［35］之：据章校，“之”下有“泌复固请归山，上曰：‘俟将发此议之。’”十四字。［36］污：玷污。［37］龙兴：龙，古代传说中一种有鳞有须能兴云作雨的神异动物。封建时代用龙作为皇帝的象征。龙兴，指唐朝复兴。［38］洗心：洗濯邪恶之心。［39］圣化：接受圣人（天子）的教化。［40］丁未：十月三日。［41］谈庭瑶：据章校，“谈”当作“啖”。［42］壬子：十月八日。［43］兴平军：此时王难得领兴平军。

吐蕃陷西平[1]。

尹子奇久围睢阳，城中食尽，议弃城东走，张巡、许远谋，以为：“睢阳，江、淮之保障，若弃之去，贼必乘胜长驱，是无江、淮也。且我众饥羸，走必不达。古者战国诸侯[2]，尚相救恤，况密迩[3]群帅[4]乎！不如坚守以待之。”茶纸既尽，遂食马；马尽，罗雀掘鼠[5]；雀鼠又尽，巡出爱妾，杀以食士，远亦杀其奴；然后括[6]城中妇人食之，继以男子老弱。人知必死，莫有叛者，所余才四百人。

癸丑[7]，贼登城，将士病，不能战。巡西向再拜曰：“臣力竭矣，不能全城，生既无以报陛下，死当为厉鬼[8]以杀贼！”城遂陷，巡、远俱被执。尹子奇问巡曰：“闻君每战眦裂齿碎[9]，何也？”巡曰：“吾志吞逆贼，但力不能耳。”子奇以刀抉[10]其口视之，所余才三四。子奇义其所为，欲活之。其徒曰：“彼守节者也，终不为用。且[11]得士心，存之，将为后患。”乃并南霁云、雷万春等三十六人皆斩之。巡且死，颜色不乱，扬扬[12]如常。生致许远于洛阳。

巡初守睢阳时，卒仅万人，城中居人亦且数万，巡一见问姓名，其后无不识者。前后大小战凡四百余，杀贼卒十二万人。巡行兵不依古法教战陈，令本将各以其意教之。人或问其故，巡曰："今与胡虏战，云合鸟散[13]，变态不恒，数步之间，势有同异。临机应猝[14]，在于呼吸之间，而动询大将，事不相及[15]，非知兵之变者也。故吾使兵识[16]将意，将识士情，投之而往[17]，如手之使指。兵将相习，人自为战，不亦可乎！"自兴兵，器械、甲仗皆取之于敌，未尝自修[18]。每战，将士或退散，巡立于战所，谓将士曰："我不离此，汝为我还决[19]之。"将士莫敢不还，死战，卒破敌。又推诚待人[20]，无所疑隐；临敌应变，出奇无穷；号令明，赏罚信[21]，与众共甘苦寒暑，故下争致死力。

张镐闻睢阳围急，倍道亟进[22]，檄浙东、浙西、淮南、北海诸节度及谯郡太守闾丘晓，使共救之。晓素傲很[23]，不受镐命。比镐至，睢阳城已陷三日。镐召晓，杖杀之。

（以上为第三段，写睢阳不守，张巡、许远遇难。）

【注释】

[1]西平：郡名。天宝元年（742）鄯州改名，治所在今青海西宁市。 [2]战国诸侯：战国，起于前475年止于前221年，是一个诸侯争雄的时代。当时有魏、赵、韩、齐、秦、楚、燕七个强大的诸侯国，纵横捭阖，争战连年，最后为秦所统一。 [3]密迩：靠近，贴近。 [4]群帅：指靠近睢阳的各将帅，如谯郡的许叔冀、彭城的尚衡、临淮的贺兰进明。 [5]罗雀掘鼠：指捕捉雀鸟，挖掘老鼠以充饥。罗，捕鸟的网。 [6]括：搜求。 [7]癸丑：十月九日。 [8]厉鬼：恶鬼。 [9]眦（zī）裂齿碎：指眼眶睁裂，牙齿咬碎。眦，眼眶。 [10]抉：挑开。 [11]且：将要。 [12]扬扬：指心情愉快或得意的样子。 [13]云合鸟散：似云一般群聚，又似飞鸟般离散。比喻聚散迅速。 [14]临机应猝：机，时机，具有时间性的机会。猝，突然。指掌握时机应付突然的变化。 [15]事不相及：处理事变不能及时。 [16]识：知道，懂得。 [17]投之而往：投，用。任用他们前往战场。 [18]自修：自己修造。 [19]决：决死战斗。 [20]推诚待人：以诚意对待众人。[21]信：诚实，不欺。[22]倍道亟进：倍道，兼程而行，一日行两日的路程。亟，急，赶快。指用加倍的速度赶路。 [23]傲很：甚为倨傲。傲，倨傲。很，副词，甚。

张通儒等收余众走保陕，安庆绪悉发洛阳兵，使其御史大夫严庄将[1]之，就通儒以拒官军，并旧兵[2]步骑犹十五万。己未[3]，广平王至曲沃[4]。回纥叶护使其将军鼻施吐拨裴罗[5]等引军旁[6]南山搜伏[7]，因驻军岭北。郭子仪等与贼遇于新店[8]，贼依山而陈，子仪等初与之战，不利，贼逐之下山。回纥自南山袭其背，于黄埃[9]中发十余矢。贼惊顾曰："回纥至矣！"遂溃。官军与回纥夹击之，贼大败，僵尸蔽野。严庄、张通儒等弃陕东走，广平王俶、郭子仪入陕城，仆固怀恩等分道追之。

严庄先入洛阳告安庆绪。庚申[10]夜，庆绪帅其党自苑门出，走河北[11]；杀所获唐将哥舒翰、程千里等三十余人而去。许远死于偃师[12]。

壬戌[13]，广平王俶入东京。回纥[14]意犹未厌[15]，俶患之。父老请率罗锦[16]万匹以赂回纥，回纥乃止。

成都使还，上皇诰曰："当与我剑南一道自奉[17]，不复来矣。"上忧惧，不知所为。后使者至，言："上皇初得上请归东宫表，彷徨不能食，欲不归；及群臣表至，乃大喜，命食作乐，下诰定行日。"上召李泌告之曰："皆卿力也！"

泌求归山不已，上固留之，不能得，乃听归衡山[18]。敕郡县为之筑室于山中，给三品料[19]。

癸亥[20]，上发凤翔，遣太子太师韦见素入蜀，奉迎上皇。

乙丑[21]，郭子仪遣左兵马使张用济、右武锋使浑释之将兵取河阳及河内；严庄来降。陈留人杀尹子奇，举郡[22]降。田承嗣围来瑱于颍川，亦遣使来降；郭子仪应之缓，承嗣复叛，与武令珣皆走河北。制以瑱为河南节度使[23]。

丙寅[24]，上至望贤宫，得东京捷奏。丁卯[25]，上入西京。百姓出国门[26]奉迎，二十里不绝，舞跃呼万岁，有泣者。上入居大明宫[27]。御史中丞崔器[28]令百官受贼官爵者皆脱巾徒跣[29]立于含元殿[30]前，搏膺顿首[31]请罪，环之以兵[32]，使百官临视[33]之。太庙为贼所焚，上素服[34]向庙哭三日。是日，上皇发蜀郡。

（以上为第四段，写两京光复，李泌归山以保太子。唐肃宗还长安，遣使入蜀奉迎太上皇。）

【注释】

[1]将：统领，率领。[2]旧兵：指张通儒所率领自长安撤出的兵。[3]己未：十月十五日。[4]曲沃：镇名。曲沃镇，战国时魏邑，唐时为镇，在今河南灵宝市东北。[5]鼻施吐拨裴罗：又称车鼻将军。回纥军将。[6]旁（bàng）：依傍。[7]搜伏：搜寻埋伏。[8]新店：地名。在今河南三门峡市陕州区。[9]黄埃：黄土尘埃。[10]庚申：十月十六日。[11]河北：黄河以北。[12]偃师：区名。县治在今河南洛阳市偃师区。[13]壬戌：十月十八日。[14]回纥：据岑仲勉校，“回纥”下应补“收府库财帛，又大掠三日，财物不可胜计，而”十七字。见岑氏所著《通鉴隋唐经比事质疑》。[15]厌：满足。[16]罗锦：丝织品名。绫罗锦缎。[17]自奉：自己奉养。[18]衡山：山名。在今湖南衡阳市西。为中国五岳中的南岳。[19]给三品料：料，俸料，按官品高低按月给予官员的薪俸钱。开元时，职事官每月一品三十一贯，二品二十四贯，三品十七贯，四品十一贯八百六十七文，五品九贯二百文，下至九品一贯八百一十七文。给三品料，即按三品官给俸料钱。[20]癸亥：十月十九日。[21]乙丑：十月二十一日。[22]举郡：全郡。[23]河南节度使：据章校，“河”当作“淮”。[24]丙寅：十月二十二日。[25]丁卯：十月二十三日。[26]国门：都城之门。[27]大明宫：宫名。贞观八年（634），太宗建永安宫，次年改名大明宫。唐高宗龙朔二年（662）增建，改名蓬莱宫。长安元年（701）复称大明宫。亦谓之东内。自高宗后，皇帝常居此。故址在今陕西西安市北。[28]崔器（？—760）：官至御史中丞兼户部侍郎。传见《旧唐书》卷一百一十五，《新唐书》卷二百九。[29]脱巾徒跣（xiǎn）：巾，冠的一种，以葛或缣制成，横著额上。徒跣，徒步。指脱去头巾、赤脚步行。[30]含元殿：大明宫的前殿。[31]搏膺顿首：搏膺，捶击胸口，以示悔恨。顿首，头叩地而拜。指捶打胸口，叩头及地。[32]环之以兵：四周用兵士看守。[33]临视：到此观看。[34]素服：白色衣服。

安庆绪走保邺郡，改邺为安成府，改元天成；从骑不过三百，步卒不过千人，诸将阿史那承庆等散投常山、赵郡、范阳。旬日间，蔡希德自上党，田承嗣自颍川，武令珣自南阳，各帅所部兵归之。又召募河北诸郡人，众至六万，军声复振。

广平王俶之入东京也，百官受安禄山父子官者陈希烈等三百余人，皆素服悲泣请罪。俶以上旨释之，寻勒赴[1]西京。己巳[2]，崔器令诣朝堂[3]请罪，如西京百官之仪，然后收系大理、京兆狱。其府县所由、祗承人[4]等受贼驱使追捕者，皆收系之。

初，汲郡甄济[5]，有操行[6]，隐居青岩山，安禄山为采访使，奏掌书记。济察禄山有异志，诈得风疾，舁[7]归家。禄山反，使蔡希德引行刑者二人，封刀召[8]之，济引首待刀；希德以实病[9]白禄山。后安庆绪亦使人强舁至东京，月余，会广平王俶平东京，济起，诣军门上谒。俶遣诣京师，上命馆之于三司[10]，令受贼官爵者列拜以愧其心，以济为秘书郎[11]。国子司业[12]苏源明[13]称病不受禄山官，上擢为考功郎中[14]、知制诰。壬申[15]，上御丹凤门[16]，下制："士庶受贼官禄，为贼用者，令三司条件[17]闻奏；其因战被虏，或所居密近，因与贼往来者，皆听自首[18]除罪，其子女为贼所污者，勿问。"

癸酉[19]，回纥叶护自东京还，上命百官迎之于长乐驿[20]，上与宴于宣政殿。叶护奏以"军中马少，请留其兵于沙苑[21]，自归取马，还为陛下扫除范阳余孽[22]。"上赐而遣之。

十一月，广平王俶、郭子仪来自东京，上劳[23]子仪曰："吾之家国，由卿再造。"

张镐帅鲁炅、来瑱、吴王祗、李嗣业、李奂五节度徇河南、河东郡县，皆下之；惟能元皓据北海，高秀岩据大同未下。

己丑[24]，以回纥叶护为司空、忠义王；岁遗回纥绢二万匹，使就朔方军受之。

以严庄为司农卿[25]。

上之在彭原也，更以栗为九庙主[26]；庚寅[27]，朝享于长乐殿[28]。

（以上为第五段，写叛贼龟缩河北，官军光复河南、河东。唐肃宗、太子恢复两京秩序。）

【注释】

[1]勒赴：强令赶赴。[2]己巳：十月二十五日。[3]朝堂：大明宫含元殿左右，左曰东朝堂，右曰西朝堂。[4]所由、祗承人：所由，主办官员，有关官员。唐以来多指地方小吏或差役。祗承人，指听命受使唤的差役。[5]甄济：字孟成，中山无极（今河北无极）人。天宝中隐居，不从安禄山反。官至侍御史。传见《旧唐书》卷一百八十七下，《新唐书》卷一百九十四。[6]操行：操守、品行。[7]舁（yú）：抬。[8]封刀召：以人封之刀相征召，应召则已，不应则启刀杀之。[9]实病：确实有病。[10]馆之于三司：馆，止宿。三司，由御史台、刑部、大理寺联合组成的审判大案或要案的机构。肃宗收复长安，命三司会同审理受安氏父子伪官者。甄济以不从乱军，使止宿于三司，让从伪者列拜而感内心有愧。[11]秘书郎：官名。秘书省有秘书郎四员，掌管四部图书典籍。[12]国子司业：官名。国子监副长官，协助长官国子祭酒掌管国

子、太学、四门、律、书、算等六种学校的教育行政。［13］苏源明：传见《新唐书》卷二百二。［14］考功郎中：官名。尚书省吏部考功司长官，掌文武官吏的考课。［15］壬申：十月二十八日。［16］丹凤门：大明宫的正南门。［17］条件：逐条逐件。［18］自首：犯罪者自行投案，陈说罪行。［19］癸酉：十月二十九日。［20］长乐驿：驿站名。在长安外郭城东通化门外长乐坡上。［21］沙苑：地名。在今陕西大荔县南。其苑东西八十里，南北三十里，置有沙苑监。［22］孽（niè）：孽党，参加叛乱的人。［23］劳：慰劳。［24］己丑：十一月十五日。［25］司农卿：官名。司农寺长官，掌全国仓储及农林园苑等政务。［26］以栗为九庙主：九庙，古代帝王立七庙（三昭三穆及太祖之庙）以祀祖先。至王莽增建黄帝太初祖庙和帝虞始祖昭庙，共九庙。以后历代封建王朝亦沿用九庙。以栗为九庙主，即以栗木做九庙神主。安史之乱，帝室西迁，原有神主为安军所毁，故肃宗权立栗主。［27］庚寅：十一月十六日。［28］朝享于长乐殿：朝享，亦称朝庙，天子至宗庙祭祀祖宗。长乐殿，在大明宫长乐门内。宗庙为安军所毁，故暂时于长乐殿祭祀祖宗。

丙申[1]，上皇至凤翔，从兵六百余人，上皇命悉以甲兵输郡库。上发精骑三千奉迎。十二月，丙午[2]，上皇至咸阳，上备法驾[3]迎于望贤宫[4]。上皇在宫南楼，上释黄袍[5]，著紫袍[6]，望楼下马，趋进[7]，拜舞于楼下。上皇降楼，抚上而泣，上捧上皇足，呜咽不自胜。上皇索[8]黄袍，自为上著之，上伏地顿首固辞。上皇曰：“天数[9]、人心皆归于汝，使朕得保养余齿，汝之孝也！”上不得已，受之。父老在仗外[10]，欢呼且拜。上令开仗，纵千余人入谒上皇，曰：“臣等今日复睹二圣相见，死无恨矣！”上皇不肯居正殿[11]，曰：“此天子之位也。”上固请，自扶上皇登殿。尚食[12]进食，上品尝[13]而荐[14]之。丁未[15]，将发行宫，上亲为上皇习马[16]而进之上皇。上皇上马，上亲执鞚[17]，行数步，上皇止之。上乘马前引，不敢当驰道[18]。上皇谓左右曰：“吾为天子五十年，未为贵；今为天子父，乃贵耳！”左右皆呼万岁。上皇自开远门[19]入大明宫，御含元殿，慰抚百官；乃诣长乐殿谢九庙主，恸哭久之；即日，幸兴庆宫，遂居之。上累表请避位还东宫，上皇不许。

辛亥[20]，以礼部尚书李岘、兵部侍郎吕諲为详理使[21]，与御史大夫崔器共按陈希烈等狱。岘以殿中侍御史李栖筠为详理判官[22]，栖筠多务平恕[23]，故人皆怨諲、器之刻深[24]，而岘独得美誉。

戊午[25]，上御丹凤楼[26]，赦天下，惟与安禄山同反及李林甫、王铁、杨国忠子孙不在免例。立广平王俶为楚王，加郭子仪司徒，李光弼司空，自余蜀郡、灵武扈从立功之臣，皆进阶[27]，赐爵，加食邑有差。李憕、卢奕、颜杲卿、袁履谦、许远、张巡、张介然、蒋清、庞坚等皆加赠官，其子孙。战亡之家，给复[28]二载。郡县来载租、庸三分蠲[29]一。近所改郡名、官名，一依故事[30]。以蜀郡为南京，凤翔为西京，西京为中京。以张良娣为淑妃，立皇子南阳王係[31]为赵王，新城王仅[32]为彭王，颍川王僩[33]为兖王，东阳王侹[34]为泾王，僙[35]为襄王，倕[36]为杞王，偲[37]为召王，佋[38]为兴王，侗[39]为定王。

议者或罪张巡以守睢阳不去，与其食人，曷若[40]全人。其友人李翰为之作传，表上之，以为："巡以寡击众，以弱制强，保江、淮以待陛下之师，师至而巡死，巡之功大矣。而议者或罪巡以食人，愚巡以守死[41]，善遏恶扬，录瑕弃用[42]，臣窃痛之。巡所以固守者，以待诸军之救；救不至而食尽，食既尽而及人，乖其素志[43]。设使巡守城之初已有食人之心，损数百之众以全天下，臣犹曰功过相掩[44]，况非其素志乎！今巡死大难[45]，不睹休明[46]，唯有令名[47]是其荣禄[48]。若不时[49]纪录[50]，恐远而不传[51]，使巡生死不遇[52]，诚可悲焉。臣敢撰传一卷献上，乞编列史官。"众议由是始息。是后赦令无不及李憕等，而程千里独以生执贼庭，不沾[53]褒赠。

（以上为第六段，写太上皇还京师，唐肃宗大赦天下，封功臣，李翰为张巡作传。）

【注释】

[1]丙申：十一月二十二日。[2]丙午：十二月三日。[3]法驾：皇帝的车驾，也称法车。[4]望贤宫：唐离宫名，在当时咸阳东，距长安城四十里。[5]黄袍：隋制，皇帝常服黄袍。唐高祖武德初，禁止士庶服黄袍，黄袍便成为皇帝专用之服。[6]紫袍：唐制，三品以上官员服紫袍。[7]趋进：疾步走进。以示下对上的恭敬。[8]索：求取。[9]天数：指天命。[10]仗外：皇帝仪仗卫队的外面。[11]正殿：皇帝听政视朝之处。此指望贤宫正殿。[12]尚食：指殿中省尚食局官员，掌供奉御膳。[13]品尝：帝王进膳须先由尚食奉御遍尝食物。此由肃宗亲自品尝后献给玄宗。[14]荐：献，进。[15]丁未：十二月四日。[16]习马：调习御马。[17]执鞚（kòng）：在前牵马。[18]不敢当驰道：当，正当，正对。驰道，帝王乘马

所行之道。即不敢走驰道正中。［19］开远门：城门名。长安外郭城西面三门中，北为开远门。［20］辛亥：十二月八日。［21］详理使：使职名。肃宗至德二载（757）为审理在安禄山父子处作官的陈希烈等叛臣而设置的刑法差遣官。［22］详理判官：详理使僚属，执掌刑狱审理的实际事务。［23］务平恕：务求公平宽厚。［24］刻深：苛刻深文，指援用法律条文苛细严峻，以入人罪。［25］戊午：十二月十五日。［26］丹凤楼：丹凤门城楼。［27］进阶：提升官阶。［28］给复：免除赋役。［29］蠲（juān）：除去，免除。［30］近所改郡名、官名，一依故事：玄宗天宝元年（742），改中书省长官为右相，门下省长官为左相，尚书省左、右丞相为左、右仆射，州为郡，刺史为太守；天宝十一载（752），改吏部为文部，兵部为武部，刑部为宪部。至此，所有更改者还复原名。按：诸地理书皆云乾元元年郡复为州，其实至德二载十二月已有复州之文，至颁下四方，已是明年，故云乾元元年。［31］南阳王係（？—762）：肃宗第二子，封南阳王、赵王、越王，为宦官李辅国所害。传见《旧唐书》卷一百一十六，《新唐书》卷八十二。［32］新城王仅（？—760）：唐肃宗第五子。传见《旧唐书》卷一百一十六，《新唐书》卷八十二。［33］颍川王僩（？—761）：肃宗第六子。传见《旧唐书》卷一百一十六，《新唐书》卷八十二。［34］东阳王侹（？—784）：肃宗第七子。传见《旧唐书》卷一百一十六，《新唐书》卷八十二。［35］傼：李傼（？—791），肃宗第九子。传见《旧唐书》卷一百一十六，《新唐书》卷八十二。［36］倕：李倕（？—798），肃宗第十子。传见《旧唐书》卷一百一十六，《新唐书》卷八十二。［37］偲：李偲（？—806），肃宗第十一子。传见《旧唐书》卷一百一十六，《新唐书》卷八十二。［38］佋：李佋（753—760），肃宗第十二子。张淑妃所生，深为肃宗钟爱，欲立为太子，以其早薨而止，谥曰恭懿太子。传见《旧唐书》卷一百一十六，《新唐书》卷八十二。［39］侗：李侗（？—762）：肃宗第十三子，早死。传见《旧唐书》卷一百一十六，《新唐书》卷八十二。［40］曷若：何若，何不。［41］罪巡以食人，愚巡以守死：怪罪张巡无粮而吃人的举动，认为张巡守城而死的做法是愚蠢、错误的。［42］善遏恶扬，录瑕弃用：瑕，玉的斑点，泛指疵病，过失。抑制美好而宣扬丑恶，录取其缺点而抛弃有用的部分。［43］乖其素志：乖，违背。素，一向，向来。指有悖于他一向的意愿。［44］功过相掩：功绩与过失相互抵消。［45］死大难：死于国难。［46］休明：美好光明。［47］令名：美名。［48］荣禄：官职和俸禄。［49］不时：不及时。［50］纪录：文字记载。［51］远而不传：时代久远而被遗忘，不能传之后世。［52］不遇：指不能得到君主的信任。［53］沾：沾濡，多指恩泽所及。

甲子[1]，上皇御宣政殿，以传国宝授上，上始涕泣而受之。

安庆绪之北走也，其大将北平王李归仁及精兵曳落河、同罗、六州胡数万人皆溃归范阳，所过俘掠，人物无遗。史思明厚为之备，且遣使逆招[2]之范阳境，曳落河、六州胡皆降。同罗不从，思明纵兵击之，同罗大败，悉夺其所掠，余众走归其国。

庆绪忌思明之强，遣阿史那承庆、安守忠往征兵，因密图之。判官耿仁智说思明曰："大夫[3]崇重[4]，人莫敢言，仁智愿一言而死。"思明曰："何也？"仁智曰："大夫所以尽力于安氏者，迫于凶威[5]耳。今唐室中兴，天子仁圣，大夫诚帅所部归之，此转祸为福之计也。"裨将乌承玼亦说思明曰："今唐室再造[6]，庆绪叶上露[7]耳。大夫奈何与之俱亡！若归款[8]朝廷，以自湔洗[9]，易于反掌耳。"思明以为然。

承庆、守忠以五千劲骑自随，至范阳，思明悉众数万逆之，相距一里所，使人谓承庆等曰："相公及王远至，将士不胜其喜，然边兵怯懦，惧相公之众，不敢进，愿弛弓以安之。"承庆等从之。思明引承庆入内厅乐饮，别遣人收其甲兵，诸郡兵皆给粮纵遣之，愿留者厚赐，分隶诸营。明日，囚承庆等，遣其将窦子昂奉表以所部十三郡[10]及兵八万来降，并帅其河东节度使高秀岩亦以所部来降。乙丑[11]，子昂至京师。上大喜，以思明为归义王、范阳节度使，子七人皆除显官。遣内侍[12]李思敬与乌承恩往宣慰，使将所部兵讨庆绪。

先是，庆绪以张忠志[13]为常山太守，思明召忠志还范阳，以其将薛萼[14]摄恒州刺史，开井陉路[15]，招赵郡太守陆济，降之；命其子朝义[16]将兵五千人摄冀州刺史，以其将令狐彰[17]为博州刺史。乌承恩所至宣布诏旨，沧、瀛、安、深、德、棣等州皆降，虽相州未下，河北率为唐有矣。

（以上为第七段，写史思明降唐。）

【注释】

[1]甲子：十二月二十一日。[2]逆招：逆，迎。招，集。[3]大夫：对人的尊称。[4]崇重：崇高、重要，指其地位。[5]凶威：凶恶的威力。[6]再造：重建。[7]叶上露：树叶上的露水，日出立即干涸。形容存在时间短暂。[8]归款：归顺臣服。[9]湔（jiān）洗：洗刷污秽。比喻改过自新。[10]十三郡：即范阳、北平、妫川、密云、渔阳、柳城、文安、河间、上谷、博陵、勃海、饶阳、常山。[11]乙丑：十二月二十二日。[12]内侍：宦官名。内侍省长官，开元后又在内侍之上设内侍监，内侍则成为副长官。职掌宫掖侍奉宣传之事。[13]张忠志（717—781）：奚人。先事安禄山，后归唐朝，肃宗赐名李宝臣。官至检校司空、同中

书门下平章事，封陇西郡王。传见《旧唐书》卷一百四十二，《新唐书》卷二百一十一。［14］薛萼（è）：唐高宗时名将薛仁贵之孙。官至太子少师。传见《旧唐书》卷一百二十四。［15］开井陉路：打开由太原出兵经过井陉关入常山的通路。［16］朝义：史朝义（？—763），史思明之子，参加安史之乱，杀父继其位，后兵败被擒，枭首京师。传见《旧唐书》卷二百上，《新唐书》卷二百二十五上。［17］令狐彰：传见《旧唐书》卷一百二十四，《新唐书》卷一百四十八。

上皇加上尊号曰光天文武大圣孝感皇帝。郭子仪还东都，经营河北。

崔器、吕諲上言："诸陷贼官，背国从伪，准律[1]皆应处死。"上欲从之。李岘以为："贼陷两京，天子南巡，人自逃生。此属皆陛下亲戚或勋旧子孙，今一概以叛法处死，恐乖仁恕之道。且河北未平，群臣陷贼者尚多，若宽之，足开自新之路；若尽诛，是坚其附贼之心也。《书》曰：'歼厥渠魁，胁从罔理[2]。'諲、器守文[3]，不达[4]大体。惟[5]陛下图之。"争之累日，上从岘议，以六等定罪，重者刑之于市，次赐自尽，次重杖一百，次三等流、贬。壬申[6]，斩达奚珣等十八人于城西南独柳树下，陈希烈等七人赐自尽于大理寺；应受杖者于京兆府门。

上欲免张均、张垍死，上皇曰："均、垍事贼，皆任权要。均仍[7]为贼毁吾家事，罪不可赦。"上叩头再拜曰："臣非张说父子，无有今日[8]。臣不能活均、垍，使死者有知，何面目见说于九泉！"因俯伏流涕。上皇命左右扶上起，曰："张垍为汝长流[9]岭表，张均必不可活，汝更勿救。"上泣而从命。

安禄山所署河南尹张万顷独以在贼中能保庇百姓不坐。顷之，有自贼中来者，言"唐群臣从安庆绪在邺者，闻广平王赦陈希烈等，皆自悼[10]，恨失身贼庭；及闻希烈等诛，乃止。"上甚悔之。

臣光曰：为人臣者，策名委质[11]，有死无贰。希烈等或贵为卿相，或亲连肺腑[12]，于承平之日，无一言以规人主之失，救社稷之危，迎合苟容以窃富贵；及四海横溃[13]，乘舆播越[14]，偷生苟免，顾恋妻子，媚贼称臣，为之陈力[15]，此乃屠酤[16]之所羞，犬马之不如。傥[17]各全其首领[18]，复其官爵，是谄谀之臣无往而不得计也。彼颜杲卿、张巡之徒，世治则摈斥外方，沉抑下僚[19]；世乱则委弃孤城，齑粉寇手[20]。何为善者之不幸而为恶者之幸，朝廷待忠义之薄而保奸邪之厚邪！至于微贱之臣，巡徼之隶[21]，谋议不预，号令不及，朝闻亲征之诏，夕失警跸[22]之所，乃复责其不能扈从，不亦难哉！六等义刑，斯亦可矣，又何悔焉！

故妃韦氏[23]既废为尼，居禁中，是岁卒。

置左、右神武军[24]，取元从子弟[25]充，其制皆如四军[26]，总谓之北牙六军。又择善骑射者千人为殿前射生手，分左、右厢，号曰英武军。

升河中防御使[27]为节度，领蒲、绛等七州[28]；分剑南为东、西川节度[29]，东川领梓、遂等十二州；又置荆澧节度[30]，领荆、澧等五州；夔峡节度[31]，领夔、峡等五州；更安西曰镇西。

（以上为第八段，写肃宗分六等处置叛贼降人，受到司马光的称赞。）

【注释】

[1]准律：依照法律。 [2]歼厥渠魁，胁从罔理：语出《尚书·胤征》："歼厥渠魁，胁从罔治。"因避唐高宗李治的讳，改"治"为"理"。歼，尽，灭。厥，代词，那个。渠魁，首领。胁从，被迫跟从。罔，副词，不要。治，惩处。这句话意为要除灭首领，但不要惩治那些被迫从命的人。 [3]守文：文，法度。指拘泥成法。 [4]不达：不通晓。 [5]惟陛下图之：惟，唯独，只有。图，想，反复考虑。 [6]壬申：十二月二十九日。 [7]仍：屡次，多次。 [8]臣非张说父子，无有今日：玄宗为太子时，遭太平公主忌恨，派人密探东宫动静，时杨妃已妊娠，玄宗惧，密令张说给去胎药以堕除，张说以"天命也，无宜他虑"言之，玄宗乃止，杨妃便生肃宗。肃宗被立为太子后，李林甫等人多次欲谗废，赖张均、张垍兄弟保护，才得幸免。 [9]长流：永久流放。 [10]自悼：自我哀伤。 [11]策名委质：语出《左传》僖公二十三年："策名委质，贰乃辟也。"策名，指出仕，做官。委，付托。质，自身形体。策名委质，意即做官事君，就是把自己的身体都交给君王，必须死守为臣之节，不能有二心。 [12]肺腑：指帝王的近亲。 [13]横溃：横暴散乱。 [14]乘舆播越：指天子流亡在外。乘舆，天子乘坐的车马。播越，离散，流亡。 [15]陈力：施展才力。 [16]屠酤：屠户和卖酒者。旧时视此种职业卑贱，也用以称出身寒微的人。 [17]傥（tǎng）：假如。 [18]首领：头和颈。 [19]摈（bìng）斥外方，沉抑下僚：摈斥，排斥，弃绝。外方，外地。沉抑，沉滞，压抑，指仕宦不得升进。下僚，职位低微的官吏。这句话意为被排斥到外地，做低微官职而不得升迁。 [20]委弃孤城，齑（jī）粉寇手：委弃，弃置，丢弃。齑粉，细粉，碎屑，喻为粉身碎骨。本句意为抛弃在无援的孤城，让其粉身碎骨于敌人之手。 [21]巡徼（jiào）之隶：巡逻的差役。巡徼，巡逻。 [22]警跸（bì）：古时帝王出入称警跸。左右侍卫为警，止人清道为跸。皇帝出入，要严加警戒，断绝行人。 [23]故妃韦氏：韦氏是肃宗为太子时

之妃，天宝五载（746）李林甫兴狱，妃兄韦坚连坐得罪赐死，太子惧，请与妃离婚，妃遂削发为尼，居禁中佛舍，至此卒。事见《资治通鉴》卷二百一十五，《旧唐书》卷五十二。［24］左、右神武军：北衙禁军名。北衙原有左右羽林军、左右龙武军，至德二载（757）肃宗收复京城，鉴于羽林军减耗，寇难未息，乃别置左右神武军，总称为“北衙六军。”［25］元从子弟：指随从肃宗马嵬北上以及自灵武还长安官员的子弟。元从，自始相随从。［26］其制皆如四军：四军，北衙四军，即左、右羽林军，左、右龙武军。神武军建制与羽林、龙武军一样，设大将军各一员正三品，将军各二员从三品。［27］河中防御使：即河中防御守捉蒲关使，至德元载（756）置，治所在今山西永济市。［28］领蒲、绛等七州：七州是蒲、绛、隰、慈、晋、虢、同，共七州。［29］分剑南为东、西川节度：至德二载（757）分剑南节度使为东、西川节度使；东川节度使治所在今四川三台县，领梓、遂、绵、剑、龙、阆、普、陵、泸、荣、资、简十二州，相当于今四川盆地中部涪江流域以西，沱江下游以东，以及剑阁、青川等县地；西川节度使治所在今四川成都市，领成都府及彭、蜀、汉、眉、嘉、邛、茂、黎、雅等州，相当于今四川成都平原及其以北以西和雅砻江以东地区。［30］荆澧节度：至德二载（757）置，治所在今湖北江陵，领荆、澧、朗、郢、复五州。［31］夔峡节度：至德二载（757）置。领夔、峡、涪、忠、万五州。

乾元元年（戊戌，758年）

春，正月，戊寅[1]，上皇御宣政殿，授册[2]，加上尊号[3]。上固辞“大圣”之号，上皇不许。上尊上皇曰太上至道圣皇天帝。

先是，官军既克京城，宗庙之器[4]及府库资财多散在民间，遣使检括[5]，颇有烦扰；乙酉[6]，敕尽停之，乃命京兆尹李岘安抚坊市[7]。

二月，癸卯[8]朔，以殿中监[9]李辅国兼太仆卿。辅国依附张淑妃，判元帅府行军司马[10]，势倾朝野。

安庆绪所署北海节度使能元皓举所部来降，以为鸿胪卿，充河北招讨使。

丁未[11]，上御明凤门[12]，赦天下，改元[13]。尽免百姓今载租、庸，复以载为年[14]。

庚午[15]，以安东副大都护王玄志为营州刺史，充平卢节度使。

三月，甲戌[16]，徙楚王俶为成王。

戊寅[17]，立张淑妃为皇后。

镇西、北庭行营节度使[18]李嗣业屯河内。癸巳[19]，北庭兵马使王惟良谋作乱，嗣业与裨将荔非元礼[20]讨诛之。

安庆绪之北走也，其平原太守王暕、清河太守宇文宽皆杀其使者来降；庆绪使其将蔡希德、安太清[21]攻拔之，生擒以归，剐于邺市。凡有谋归者，诛及种、族[22]，乃至部曲[23]、州县、官属，连坐死者甚众。又与其群臣歃血盟[24]于邺南，而人心益离。庆绪闻李嗣业在河内，夏，四月，与蔡希德、崔乾佑将步骑二万，涉沁水[25]攻之，不胜而还。

癸卯[26]，以太子少师虢王巨为河南尹，充东京留守。

辛卯[27]，新主入太庙[28]。甲寅[29]，上享太庙，遂祀昊天上帝[30]；乙卯[31]，御明凤门，赦天下。

五月，壬午[32]，制停采访使，改黜陟使为观察使[33]。

张镐性简澹[34]，不事中要[35]，闻史思明请降，上言："思明凶险，因乱窃位，力强则众附，势夺[36]则人离，彼虽人面，心如野兽，难以德怀[37]，愿勿假以威权。"又言："滑州防御使许叔冀，狡猾多诈，临难必变，请征入宿卫[38]。"时上以[39]宠纳思明，会中使自范阳及白马[40]来，皆言思明、叔冀忠恳[41]可信，上以镐为不切事机[42]，戊子[43]，罢为荆州防御使；以礼部尚书崔光远为河南节度使。

（以上为第九段，写唐肃宗宠信宦官李辅国，又假降贼史思明等以重权，留下隐患。）

【注释】

[1]戊寅：正月五日。 [2]授册：册，册书，是帝王诏书中最隆重的一种。凡立皇后，建太子，封诸王及封立少数民族首领时都用册。册是用竹简书写册文。授册的仪式，一般是皇帝临轩，中书令读册，被封人再拜受册。 [3]加上尊号：尊号，尊崇帝、后的称号。秦汉以后，"皇帝"便是尊号。自唐代武则天开始，在帝、后号之上再加称号，是为尊号。（参见封演《封氏闻见记》卷四）以前的尊号为臣下所上，至此有太上皇为皇帝加尊号。玄宗为肃宗加的尊号为"光天文武大圣孝感皇帝"。 [4]宗庙之器：指天子祖庙的祭祀礼器。 [5]检括：检查、搜取。 [6]乙酉：正月十二日。 [7]坊市：古代城中居民聚居地称坊，交易之所称市。坊市不分以后，也用作街市里巷的通称。此指坊市居民。 [8]癸卯：二月一日。 [9]殿中监：官名。殿中省长官，掌管天子的衣食住行等事务。 [10]判元帅府行军司马：官名。元帅府僚佐，掌军籍符伍、号令印信。[11]丁未：二月五日。 [12]明凤门：丹凤门改名。 [13]改元：改元乾元。 [14]复以载为年：玄宗天宝三年（744）改年为载，至是复为年。 [15]庚午：二月二十八日。 [16]甲戌：三月二日。[17]戊寅：三月六日。[18]行营节度使：节度使离开本镇，率军在外作战，称行营节度使。

[19]癸巳：三月二十一日。[20]荔非元礼：荔非，复姓，西羌人姓。元礼官至卫尉卿、镇西北行营节度使。传见《新唐书》卷一百三十六。[21]安太清：又作安泰清，安史军大将，史思明任为天下兵马使。[22]诛及种、族：胡人诛及种姓，汉人则灭族。[23]部曲：唐代的部曲为身系于主人的家仆。详见《唐律疏议》卷十七、卷二十。[24]歃（shà）血盟：歃，饮，喝。古代举行盟会时，双方口含牲畜鲜血或以血涂于口旁，表示信誓，称为歃血盟。[25]沁水：河流名。源出山西沁源县北太岳山东麓，南流到今河南武陟县入黄河。[26]癸卯：四月二日。[27]辛卯：据《旧唐书·肃宗纪》，“辛卯”应为“辛亥”。辛亥，四月十日。[28]新主入太庙：新主，即以栗木新作的九庙神主。新建九庙完成，自长乐殿迎神主入庙。[29]甲寅：四月十三日。[30]祀昊天上帝：昊天，苍天。上帝，天帝，天神。古代吉礼有一年的常祀二十二，其中孟夏（四月）祀昊天上帝于圆丘。[31]乙卯：四月十四日。[32]壬午：五月十一日。[33]制停采访使，改黜陟使为观察使：采访使，地方监察使职，开元二十一年（733）由按察使改置，因赋予“听便宜从事，先行后闻”的处置权力，故又称采访处置使，天宝末年又兼黜陟使，为唐代前期地方监察使职发展的最高阶段。至此，停置采访使。黜陟使，地方监察使臣和监察使职，一般都负有黜陟官吏的使命，而专门以黜陟名使，是在天宝末年，但也是兼使，单独派遣黜陟使应在建中（780—783）之后。观察使，是乾元元年（758）所置的地方监察使职，但实际上已经是兼握行政、军事权的地方行政长官，不再是专职地方监察官。《资治通鉴》此处行文有些欠妥当。据《唐会要》卷七十八所载诏文，四月停采访使时对所兼的黜陟使一并停置。当年稍后，又改置观察处置使。所以，不是只停采访使，观察使也不只是由黜陟使所改，应该说观察使是由采访使及其兼带的黜陟使改置的。[34]简澹（dàn）：简，简直，善恶是非，议论明晰。澹，淡薄，不重权利。[35]中要：中，中人，宦官，要，权要。中要指宦官中有权势的人物，如李辅国之流。[36]势夺：势力遭到削弱。[37]德怀：用德去怀柔，感化。[38]宿卫：在宫禁中值宿守卫。此泛言在京城皇帝身边任职。[39]以：同“已”，已经。[40]白马：县名。县治在今河南滑县。时为滑州治所，许叔冀驻于此。[41]忠恳：忠心诚恳。[42]不切事机：不切合事情的机变，不懂得随机而制变。[43]戊子：五月十七日。

张后生兴王佋，才数岁，欲以为嗣，上疑未决，从容[1]谓考功郎中、知制诰李揆[2]曰：“成王长，且有功，朕欲立为太子，卿意何如？”揆再拜[3]贺曰：“此社稷之福，臣不胜大庆。”上喜曰：“朕意决矣。”庚寅[4]，立成王俶为皇太子。揆，玄道[5]之玄孙也。

乙未[6]，以崔圆为太子少师，李麟为少傅，皆罢政事。上颇好鬼神，太常少卿王玙，专依鬼神以求媚，每议礼仪，多杂以巫祝俚俗[7]。上悦之，以玙为中书侍郎、同平章事。

赠故常山太守颜杲卿太子太保，谥曰忠节，以其子威明为太仆丞[8]。杲卿之死也，杨国忠用张通幽之谮，竟无褒赠。上在凤翔，颜真卿为御史大夫，泣诉于上，上乃出通幽为普安太守，具奏其状于上皇，上皇杖杀通幽。杲卿子泉明为王承业所留，因寓居寿阳[9]，为史思明所虏，裹以牛革，送于范阳，会安庆绪初立，有赦，得免。思明降，乃得归，求其父尸于东京，得之，遂并袁履谦尸棺敛以归。杲卿姊妹女及泉明之子皆流落河北；真卿时为蒲州刺史，使泉明往求之，泉明号泣求访，哀感路人，久乃得之。泉明诣亲故乞索[10]，随所得多少赎之，先姑姊妹而后其子。姑女为贼所掠，泉明有钱二百缗，欲赎己女，闵[11]其姑愁悴[12]，先赎姑女；比更得钱[13]，求其女，已失所在。遇群从姊妹[14]及父时将吏袁履谦等妻子流落者，皆与之归，凡五十余家，三百余口，均减资粮[15]，一如亲戚。至蒲州，真卿悉加赡给，久之，随其所适而资送之。袁履谦妻疑履谦衣衾[16]俭薄，发棺视之，与杲卿无异，乃始惭服。

六月，己酉[17]，立太一坛[18]于南郊之东，从王玙之请也。上尝不豫[19]，卜云山川为祟[20]，玙请遣中使与女巫乘驿分祷天下名山、大川。巫恃势，所过烦扰州县，干求[21]受赃。黄州[22]有巫，盛年[23]美色，从无赖少年数十，为蠹[24]尤甚，至黄州，宿于驿舍[25]。刺史左震晨至驿，门扃锁[26]，不可启，震怒，破锁而入，曳巫于阶下斩之，所从少年悉毙之。籍[27]其赃，数十万，具以状闻，且请以其赃代贫民租，遣中使还京师，上无以罪也。

以开府仪同三司李嗣业为怀州刺史，充镇西、北庭行营节度使。

山人[28]韩颖[29]改造新历，丁巳[30]，初行新历[31]。

（以上为第十段，写唐肃宗立太子，定国本。颜杲卿忠烈死贼获封赠。）

【注释】

[1]从容：悠闲舒缓，不慌不忙。 [2]李揆（711—784）：字端卿，开元进士。官至中书侍郎、平章事、集贤殿崇文馆大学士。传见《旧唐书》卷一百二十六，《新唐书》卷一百五十。 [3]再拜：一拜而又拜，表示恭敬的礼节。 [4]庚寅：五月十九日。 [5]玄道：李玄道（？—629），本陇西（今甘肃陇西县）人，世居郑州（今河南郑州市），为山东冠族。官至给事中，封姑臧县男。传见《旧唐书》卷七十二，《新唐书》卷一百二。 [6]乙未：五月二十四日。 [7]巫祝俚俗：巫祝，

巫师祝祷仪式。俚俗，不文雅的习俗。［8］太仆丞：官名。太仆寺属官，掌判寺事。［9］寿阳：县名。县治在今山西寿阳县。［10］诣亲故乞索：亲故，亲戚故旧。乞索，乞求给予。指找亲戚故旧，乞求钱帛。［11］闵（mǐn）：同“悯”，怜悯。［12］愁悴：因忧伤而憔悴。［13］比更得钱：等到重新得到钱。［14］群从姊妹：群，诸，众。从姊妹，堂姐妹。［15］均减资粮：均，平均。减，减少。资粮，粮食等物。指减少原来每人的口粮，与增加的人平均食用。［16］衣衾（qīn）：衣服和被褥。［17］己酉：六月九日。［18］太一坛：祭祀太一的神坛。太一，神名，天神之最尊贵者。［19］不豫：帝王有病。豫，悦，快乐。［20］祟：作祟，暗中谋害人。［21］干求：求取。［22］黄州：州名。治所在今湖北黄冈。［23］盛年：壮年。［24］蠹（dù）：蛀蚀，损害，败坏。［25］驿舍：驿站供往来官员住宿的房舍。［26］扃（jiōng）锁：上闩，锁门。［27］籍：登记。［28］山人：指隐士。［29］韩颖（？—762）：善推步星相，肃宗时待诏翰林，任司天监，造新历，称《至德历》。后任秘书监。代宗时以狎昵李辅国被赐死。事见《新唐书》卷一百三十三。［30］丁巳：六月十七日。［31］初行新历：新历，指韩颖所造《至德历》。在这之前，所用历为玄宗时僧一行所造《大衍历》。《至德历》行用到宝应元年（762），代宗以为不与天合，诏司天台增损《麟德历》和《大衍历》造成《五纪历》而颁行。详《旧唐书》卷三十二，《新唐书》卷二十九。

戊午[1]，赦两京陷贼官，三司推究未毕者皆释之；贬、降者续处分[2]。

太子少师房琯既失职[3]，颇快快，多称疾不朝，而宾客朝夕盈门，其党为之扬言于朝云：“琯有文武才，宜大用。”上闻而恶之，下制数琯罪，贬豳州[4]刺史。前祭酒刘秩贬阆州[5]刺史，京兆尹严武[6]贬巴州[7]刺史，皆琯党也。

初，史思明以列将[8]事平卢军使乌知义，知义善待之。知义子承恩为信都太守，以郡降思明，思明思旧恩而全之。及安庆绪败，承恩劝思明降唐。李光弼以思明终当叛乱，而承恩为思明所亲信，阴使图之；又劝上以承恩为范阳节度副使，赐阿史那承庆铁券，令共图思明，上从之。

承恩多以私财募部曲，又数衣妇人服诣诸将营说诱之，诸将以白思明，思明疑未察。会承恩入京师，上使内侍李思敬与之俱至范阳宣慰。承恩既宣旨，思明留承恩馆于府中，帷[9]其床，伏二人于床下。承恩少子在范阳，思明使省[10]其父。夜中，承恩密谓其子曰：“吾受命除此逆胡，当以吾为节度使。”二人于床下大呼而出。思明乃执承恩，索[11]其装囊[12]，得铁券及光弼牒，牒云："承庆事成则付铁券；不然，不可付也。"又得簿书[13]数百纸，皆先从思明反者将士名。思明责之曰："我何负于汝而为此！"承恩谢曰："死罪，此皆李光弼之谋也。"思明乃集将佐吏民，西向[14]大哭曰："臣以十三万众降朝廷，何负陛下，而欲杀臣！"遂榜杀[15]承恩父子，连坐死者二百余人。承恩弟承玼走免。思明囚思敬，表上其状。上遣中使慰谕思明曰："此非朝廷与光弼之意，皆承恩所为，杀之甚善。"

会三司议陷贼官罪状至范阳，思明谓诸将曰："陈希烈辈皆朝廷大臣，上皇自弃之幸蜀，今犹不免于死，况吾属[16]本从安禄山反乎！"诸将请思明表求诛光弼，思明从之，命判官耿仁智与其僚张不矜为表云："陛下不为臣诛光弼，臣当自引兵就太原诛之。"不矜草表以示思明，及将入函[17]，仁智悉削[18]去之。写表者以白思明，思明命执二人斩之。仁智事思明久，思明怜，欲活之，复召入，谓曰："我任使汝垂三十年，今日非我负汝。"仁智大呼曰："人生会有一死，得尽忠义，死之善者也。今从大夫反，不过延岁月，岂若速死之愈乎！"思明怒，乱捶之，脑流于地。

乌承玼奔太原，李光弼表为昌化郡王[19]，充石岭军使[20]。

（以上为第十一段，写朝廷失策，唐肃宗密谋诛杀史思明而谋泄。）

【注释】

[1]戊午：六月十八日。 [2]续处分：《册府元龟》卷四十一《帝王部·宽恕》作"续有处分"，为继后另作处分之意。 [3]失职：指至德二载（757）四月罢房琯宰相之职，任太子少师，实夺其权。 [4]豳（bīn）州：州名。治所在今陕西彬州市。 [5]阆州：州名。治所在今四川阆中市。[6]严武（726—765）：中书侍郎严挺之之子。官至黄门侍郎、剑南节度使，封郑国公。传见《旧唐书》卷一百一十七，《新唐书》卷一百二十九。 [7]巴州：州名。治所在今四川巴中。 [8]列将：众将之一。列，众多。 [9]帷：帐幕。 [10]省（xǐng）：看望。 [11]索：搜索。 [12]装囊：出行时盛装用物的口袋。 [13]簿书：记载人员或事物的簿籍。 [14]西向：向着西方的京师长安。 [15]榜（bēng）杀：即杖击鞭打而死。榜，古代刑法之一，杖击或鞭打。 [16]属：类。[17]函：封套。 [18]削：删削。 [19]郡王：爵名。唐封爵九等中的第二等，从一品，食邑五千户。 [20]石岭军使：使职名。戍守石岭军的差遣军官。其地在今山西忻州。

秋，七月，丙戌[1]，初铸当十大钱，文曰“乾元重宝”。[2]从御史中丞第五琦之谋也。

丁亥[3]，册命回纥可汗曰英武威远毗伽阙可汗，以上幼女宁国公主[4]妻之。以殿中监汉中王瑀为册礼使[5]，右司郎中[6]李巽[7]副之；命左仆射裴冕送公主至境上。戊子[8]，又以司勋员外郎[9]鲜于叔明[10]为瑀副。叔明，仲通之弟也。甲子[11]，上送宁国公主至咸阳，公主辞诀曰：“国家事重，死且无恨。”上流涕而还。

瑀等至回纥牙帐，可汗衣赭袍[12]胡帽，坐帐中榻上，仪卫甚严，引瑀等立于帐外。瑀不拜而立，可汗曰：“我与天可汗[13]两国之君，君臣有礼，何得不拜？”瑀与叔明对曰：“向者唐与诸国为婚，皆以宗室女为公主。今天子以可汗有功，自以所生女妻可汗。恩礼至重，可汗奈何[14]以子婿傲妇翁，坐榻上受册命邪！”可汗改容，起受册命。明日，立公主为可敦，举国皆喜。

乙未[15]，郭子仪入朝。

八月，壬寅[16]，以青、登等五州节度使[17]许叔冀为滑、濮等六州节度使。

庚戌[18]，李光弼入朝。丙辰[19]，以郭子仪为中书令，光弼为侍中。丁巳[20]，子仪诣行营[21]。

回纥遣其臣骨啜特勒[22]及帝德将骁骑三千助讨安庆绪，上命朔方左武锋使仆固怀恩领之。

九月，庚午[23]朔，以右羽林大将军赵泚为蒲、同、虢三州节度使[24]。

丙子[25]，招讨党项使[26]王仲升[27]斩党项酋长拓跋戎德，传首。

安庆绪之初至邺也，虽枝党离析，犹据七郡[28]六十余城，甲兵资粮丰备。庆绪不亲政事，专以缮台沼楼船[29]、酣饮为事。其大臣高尚、张通儒等争权不叶，无复纲纪[30]。蔡希德有才略[31]，部兵精锐，而性刚，好直言，通儒谮而杀之；麾下数千人皆逃散，诸将怨怒不为用。以崔乾佑为天下兵马使，总中外兵。乾佑愎戾[32]好杀，士卒不附。

庚寅[33]，命朔方郭子仪、淮西鲁炅、兴平李奂[34]、滑濮许叔冀、镇西·北庭李嗣业、郑蔡季广琛[35]、河南崔光远七节度使及平卢兵马使董秦将步骑二十万讨庆绪；又命河东李光弼、关内·泽潞王思礼二节度使将所部兵助之。上以子仪、光弼皆元勋，难相统属，故不置元帅，但以宦官开府仪同三司鱼朝恩[36]为观军容宣慰处置使[37]。观军容之名自此始。

（以上为第十二段，写唐肃宗与回纥和亲，大发兵讨叛贼安庆绪。）

【注释】

［1］丙戌：七月十六日。［2］初铸当十大钱，文曰“乾元重宝”：乾元元年（758）因国家经费困难，铸钱使第五琦请铸新钱“乾元重宝”，径一寸，每千钱重十斤，与开元通宝钱参用，以一当十，故又称“乾元当十钱”。事详《旧唐书》卷四十八，《新唐书》卷五十四。［3］丁亥：七月十七日。［4］宁国公主：肃宗第二女，乾元元年（758）远嫁回纥可汗，次年可汗死，公主回唐。传见《新唐书》卷八十三。［5］册礼使：使职名。天子为册封少数民族首领而差遣的奉册书去进行册封典礼的长官。［6］右司郎中：官名。唐尚书都省（尚书省的总官署）有作为令仆僚属的左右丞分管六部政务。左右司郎中、员外郎又是左右丞的副贰。左司郎中、员外郎协助左丞管吏、户、礼三部，右司郎中、员外郎协助右丞管兵、刑、工三部。［7］李巽（747—809）：字令叔，赵州赞皇（今河北赞皇县）人。任度支盐铁使，颇有政绩。官至兵部、吏部尚书。传见《旧唐书》卷一百二十三，《新唐书》卷一百四十九。［8］戊子：七月十八日。［9］司勋员外郎：官名。吏部司勋司副官，协助司勋郎中掌勋官的核定和奏拟。［10］鲜于叔明（？—787）：阆州新政（今四川南充新政镇）人。代宗赐姓李，又称李叔明。官至尚书右仆射。传见《旧唐书》卷一百二十二，《新唐书》卷一百四十七。［11］甲子：七月辛未朔，无甲子，当为甲午之误。甲午，七月二十四日。［12］赭袍：红袍。［13］天可汗：可汗，突厥、回纥等少数民族君主的称号。贞观四年（630），各族君长请尊太宗为天可汗。以后凡唐天子给予各族君长的玺书，皆称皇帝天可汗。此指唐肃宗。［14］奈何：如何，怎样，为什么。［15］乙未：七月二十五日。［16］壬寅：八月三日。［17］青、登等五州节度使：即前云北海节度使，领青、密、登、莱四州，今增领滑、濮二州为六州节度使。“五”疑误。［18］庚戌：八月十一日。［19］丙辰：八月十七日。［20］丁巳：八月十八日。［21］行营：离开本镇，处于征战行动中的军营。［22］骨啜特勒：回纥王子。唐授以银青光禄大夫、鸿胪卿员外置。“勒”应作“勤”。［23］庚午：九月一日。［24］蒲、同、虢三州节度使：至德二载（757）置河中节度使，领蒲、绛等七州。今分此三州置节度使，是由于争战之际，分命节帅以扼要地，故节度使及其所统之地，常有增减离合，随时制宜。［25］丙子：九月七日。［26］招讨党项使：使职名。为招抚讨伐党项叛酋而派出的差遣官。党项，即党项羌，族名。羌人的一支，初分布在今青海东南部和四川西北地带，后向北迁移，至今宁夏、陕

北一带。［27］王仲升：两唐书无传，曾任淮西节度使，右羽林大将军兼御史大夫。［28］七郡：指汲、邺、赵、魏、平原、清河、博平。［29］缮台沼楼船：缮，修建。台，楼台。沼，水池。楼船，即游船。指修建供游玩享乐的设施。［30］纲纪：法度，法纪。［31］才略：才能谋略。［32］愎戾（bìlì）：执拗乖僻。愎，任性，固执。戾，乖张，不讲情理。［33］庚寅：九月二十一日。［34］李奂：两唐书无传。仅知其曾任兴平节度使，豫、许、汝等州节度使，剑南东川节度使。［35］季广琛：两唐书无传。曾任荆州长史、青徐许等六州节度使、郑蔡节度使、宣州刺史、浙江西道节度使、右散骑常侍等官。［36］鱼朝恩（722—770）：泸州泸川（今四川泸州市）人。天宝末年以宦者入内侍省。甚得肃宗、代宗恩宠，官历左监门卫大将军知内侍省事，天下观军容宣慰处置使，专领神策军，兼光禄、鸿胪、礼宾、内飞龙、闲厩等使，判国子监事、加内侍监，封韩国公。大历五年（770），唐代宗使宰相元载谋杀之。传见《旧唐书》卷一百八十四，《新唐书》卷二百七。［37］观军容宣慰处置使：即监军使，使职名。以宦官充任的为监督出征将帅的差遣官。权力甚大，各军将帅均须听其处置。

癸巳[1]，广州奏：大食、波斯[2]围州城，刺史韦利见逾城走[3]，二国兵掠仓库，焚庐舍[4]，浮海而去。

冬，十月，甲辰[5]，册太子，更名曰豫。自中兴以来，群下无复赐物，至是，始有新铸大钱，百官、六军[6]沾赉[7]有差。

郭子仪引兵自杏园[8]济河，东至获嘉[9]，破安太清，斩首四千级，捕虏五百人。太清走保卫州，子仪进围之；丙午[10]，遣使告捷。鲁炅自阳武[11]济，季广琛、崔光远自酸枣[12]济，与李嗣业兵皆会子仪于卫州。庆绪悉举邺中之众七万救卫州，分三军，以崔乾佑将上军，田承嗣将下军，庆绪自将中军。子仪使善射者三千人伏于垒垣[13]之内，令曰："我退，贼必逐我，汝乃登垒，鼓噪而射之。"既而与庆绪战，伪退，贼逐之，至垒下，伏兵起射之，矢如雨注，贼还走，子仪复引兵逐之，庆绪大败。获其弟庆和，杀之。遂拔卫州。庆绪走，子仪等追之至邺，许叔冀、董秦、王思礼及河东兵马使薛兼训皆引兵继至。庆绪收余兵拒战于愁思冈[14]，又败。前后斩首三万级，捕虏千人。庆绪乃入城固守，子仪等围之。庆绪窘急，遣薛嵩求救于史思明，且请以位让之。思明发范阳兵十三万欲救邺，观望未敢进，先遣李归仁将步骑一万军于滏阳[15]，遥为庆绪声势。

甲寅[16]，上皇幸华清宫；十一月，丁丑[17]，还京师。

崔光远拔魏州；丙戌[18]，以前兵部侍郎萧华为魏州防御使。会史思明分军为三,一出邢、洺，一出冀、贝，一自洹水[19]趣魏州。郭子仪奏以崔光远代华，十二月，癸卯[20]，敕以光远领魏州刺史。

甲辰[21]，置浙江西道节度使，领苏、润等十州[22]，以升州刺史韦黄裳为之。庚戌[23]，置浙江东道节度使，领越、睦等八州[24]，以户部尚书李峘为之，兼淮南节度使。

己未[25]，群臣请上尊号曰乾元大圣光天文武孝感皇帝，许之。

史思明乘崔光远初至，引兵大下，光远使将军李处崟[26]拒之。贼势盛，处崟连战不利，还趣城。贼追至城下，扬言曰："处崟召我来，何为不出！"光远信之，腰斩[27]处崟。处崟，骁将，众所恃，既死，众无斗志，光远脱身走还汴州。丁卯[28]，思明陷魏州，所杀三万人。

（以上为第十三段，写郭子仪受命率领九节度使之兵讨安庆绪，史思明复叛。）

【注释】

[1]癸巳：九月二十四日。[2]波斯：西亚古国名。都于达曷水（今伊拉克底格里斯河）西苏兰城(《大唐西域记》曰苏剌萨傥那)。隋末一度被西突厥征服，7世纪中叶为大食所灭。皇子卑路斯东逃吐火罗，遣使至唐求援，唐高宗以路远出兵困难，婉言谢遣。龙朔元年（661）唐于疾陵城（今伊朗锡斯坦省东北）置波斯都督府，由卑路斯兼任都督。咸亨五年（674）卑路斯来唐访问病死。调露元年（679）高宗命大将送卑路斯子泥涅师归国，至安西碎叶西城而止。泥涅师客居吐火罗，部落离散。中宗时泥涅师来唐，病死中国。[3]逾城走：翻越城墙逃跑。[4]庐舍：泛指一般房屋。[5]甲辰：十月五日。[6]百官、六军：百官，泛指众官。六军，即北衙六军，禁军。[7]沾赉：受赏赐。[8]杏园：即杏园镇。在今河南卫辉市东南，旧为黄河津渡处。[9]获嘉：县名。县治在今河南获嘉县。[10]丙午：十月七日。[11]阳武：县名。县治在今河南原阳县。[12]酸枣：县名。县治在今河南延津县西北。[13]垒垣：垒，军营墙壁或防守工事。垣，矮墙。指军事防守工事的壁墙。[14]愁思冈：地名。在今河南安阳市西南。[15]滏（fǔ）阳：县名。县治在今河北磁县。[16]甲寅：十月十五日。[17]丁丑：十一月八日。[18]丙戌：十一月十七日。[19]洹水：县名。县治在今河北大名县西。[20]癸卯：十二月五日。[21]甲辰：十二月六日。[22]浙江西道节度使，领苏、润等十州：浙江西道节度使，使职名，浙江西道差遣长官，乾元元年（758）置，治所在昇州（今江苏南京市）。领有昇、润、宣、歙、饶、江、苏、常、杭、湖十州。[23]庚戌：十二月十二日。[24]浙江东道节度使，

领越、睦等八州：浙江东道节度使，使职名。浙江东道差遣长官，乾元元年（758）置，治所在越州（今浙江绍兴）。领有越、睦、衢、婺、台、明、处、温八州。［25］己未：十二月二十一日。［26］李处崟（yín）：唐将，受叛军离间而被冤杀。［27］腰斩：古代酷刑。将犯人肢体斩为两截。［28］丁卯：十二月二十九日。

平卢节度使王玄志薨，上遣中使往抚将士，且就察军中所欲立者，授以旌节。高丽人李怀玉[1]为裨将，杀玄志之子，推侯希逸为平卢军使。希逸之母，怀玉姑也，故怀玉立之。朝廷因以希逸为节度副使。节度使由军士废立自此始。

臣光曰：夫民生有欲，无主则乱[2]。是故圣人制礼以治之。自天子、诸侯至于卿、大夫、士、庶人，尊卑有分[3]，大小有伦[4]，若纲条之相维[5]，臂指之相使[6]，是以民服事[7]其上，而下无觊觎。其在《周易》，“上天、下泽，履[8]。”，象曰：“君子以辨上下，定民志。”[9]此之谓也。凡人君所以能有其臣民者，以八柄[10]存乎己也。苟或舍之，则彼此之势均[11]，何以使其下哉！

肃宗遭唐中衰，幸而复国，是宜正上下之礼以纲纪[12]四方；而偷取一时之安，不思永久之患。彼命将帅，统藩维[13]，国之大事也，乃委一介之使[14]，徇行伍之情[15]，无问贤不肖，惟其所欲与者则授之。自是之后，积习为常，君臣循守，以为得策[16]，谓之姑息。乃至偏裨[17]士卒，杀逐主帅，亦不治其罪，因以其位任授之。然则爵禄、废置、杀生、予夺，皆不出于上而出于下，乱之生也，庸有极乎！

且夫有国家者，赏善而诛恶，故为善者劝，为恶者惩。彼为人下而杀逐其上，恶孰大焉！乃使之拥旄秉钺[18]，师长[19]一方，是赏之也。赏以劝恶[20]，恶其何所不至乎！《书》云：“远乃猷[21]。”《诗》云：“猷之未远，是用大谏[22]。”孔子曰：“人无远虑，必有近忧。”为天下之政而专事姑息，其忧患可胜校[23]乎！由是为下者常眄眄[24]焉伺其上，苟得间[25]则攻而族[26]之；为上者常惴惴[27]焉畏其下，苟得间则掩而屠之；争务先发以逞其志，非有相保养为俱利久存之计也。如是而求天下之安，其可得乎！迹其厉阶[28]，肇[29]于此[30]矣。

盖古者治军必本于礼，故晋文公[31]城濮之战[32]，见其师少长有礼，知其可用[33]。今唐治军而不顾礼，使士卒得以陵[34]偏裨，偏裨得以陵将帅，则将帅之陵天下，自然之势也。

由是祸乱继起[35]，兵革[36]不息，民坠涂炭，无所控诉，凡二百余年，然后大宋[37]受命。太祖[38]始制军法，使以阶级[39]相承[40]，小有违犯，咸伏[41]斧质[42]。是以上下有叙[43]，令行禁止[44]，四征不庭[45]，无思不服，宇内乂安[46]，兆民允殖[47]，以迄于今，皆由治军以礼故也。岂非诒谋[48]之远哉！

是岁，置振武节度使[49]，领镇北大都护府[50]、麟胜二州[51]；又置陕虢华及豫许汝二节度使；安南经略使为节度使[52]，领交、陆等十一州。

吐蕃陷河源军。

（以上为第十四段，写唐肃宗允许平卢士兵推举侯希逸为节度使，开了方镇割据的一个恶例，受到司马光的批评。）

【注释】

[1]李怀玉（733—781）：高丽人。后赐名李正己。传见《旧唐书》卷一百二十四，《新唐书》卷二百一十三。 [2]民生有欲，无主则乱：语出《尚书·仲虺（huǐ）之诰》。民生，指人的本性。本句意为人的天性就是有各种欲望，没有人统领就会天下大乱。 [3]尊卑有分：爵位尊卑有一定的名分。 [4]大小有伦：宗枝大小有一定的次序。伦，伦次，条理顺序。 [5]纲条之相维：语出《尚书·说命》："若网在纲，有条而不紊。"纲，提网的绳。条，条理。维，系，连结。指网绳彼此联系，有条不紊。 [6]臂指之相使：语出《汉书》卷四十八《贾谊传》，贾谊《陈政事疏》所云："今海内之势，如身之使臂，臂之使指，莫不制从。"臂，胳臂。指，手指。使，使用。形容运用自如，若胳臂之运动手指。 [7]服事：供奔走劳役。 [8]上天、下泽，履：《周易》卦名。六十四卦之一。䷉，兑下乾上。 [9]象曰："君子以辨上下，定民志。"：象，《周易》的爻辞，每卦有六画，称为六爻，爻各有所象。象即为解释之辞。"君子以辨上下，定民志"，此为对履卦的解释。意思是君子用辨别上下尊卑大小来安定民心。 [10]八柄：古代君王所执掌而用来治事的八种威权。即爵、禄、予（赐予）、置（赦免）、生（死罪议生）、夺（没收家财）、废（废除）、诛。 [11]势均：威权同等。 [12]纲纪：治理，统治。 [13]藩维：指藩镇。 [14]一介之使：一个使臣。

指派宦官为使。［15］徇行伍之情：徇，顺从，曲行。行伍，指兵士。意即顺从兵士的意志。［16］得策：谋略得当。［17］偏裨：偏将与裨将。将佐的通称。［18］拥旄（máo）秉钺（yuè）：指掌握军权。旄，竿顶用旄牛尾为饰的旗。钺，古兵器，用于斫杀，状如大斧，有穿孔，安装长柄。旄、钺，借指军权。［19］师长：指众官之长。师，众。［20］赏以劝恶：赏赐用以奖励罪恶。［21］远乃猷（yóu）：语出《尚书·康诰》："顾乃德，远乃猷。"远，长远，远大。乃，语气词，无义。猷，谋略。指制定久远的政策。［22］猷之未远，是用大谏：语出《诗经·大雅·板》。未远，不久远。是用，是以，因此。大谏，大力劝谏。本句意为策略（指政令）不考虑久远，只图一时安宁，因此要极力劝谏。［23］胜校（shēngjiào）：胜，尽。校，计算。胜校，尽算，计算得完。［24］眄（miǎn）眄：斜视。［25］间（jiàn）：空隙，间隙。［26］族：灭族。［27］惴（zhuì）惴：恐惧貌。［28］厉阶：祸端。［29］肇（zhào）：开始。［30］此：指命侯希逸帅平卢。［31］晋文公（？—前628）：春秋时晋君，名重耳，献公之子。献公宠骊妃，杀太子申生，重耳在外流亡十九年，以秦穆公之力得返为君。在位九年，励精图治，遂霸诸侯。事见《史记·晋世家》。［32］城濮之战：城濮，地名，在今山东鄄城县西南临濮集。城濮之战是我国历史上一次以弱胜强的著名战役。前632年，晋、楚战于城濮，楚强晋弱，晋军先退九十里，选择楚军薄弱的左右两翼，给予沉重打击，大败楚军。［33］少长有礼，知其可用：据《左传》僖公二十八年，晋楚战于城濮，"晋侯登有莘之虚以观师，曰：'少长有礼，其可用也。'"少长有礼，年轻人与年长者彼此遵守礼法。言从军队有礼法，可知其战斗力强，能够打胜仗。［34］陵：侮辱。［35］继起：连续不断地兴起。［36］兵革：指战争。兵，戈、矛、刀、箭等武器。革，甲胄。［37］大宋：大，敬词。《资治通鉴》编撰者司马光为宋代人，故称其本朝为大宋。宋朝在唐、五代之后，存在于公元960年至1279年。［38］太祖：即宋太祖赵匡胤（927—976），宋朝开国皇帝，公元960年至976年在位。事见《宋史·太祖纪》。［39］阶级：指尊卑上下的等级。［40］相承：相连接，相承接。［41］伏：承受。［42］斧质：古刑具。置人于锧上以斧砍之。［43］叙：秩序，次序。［44］令行禁止：发布的号令能够执行，禁约能够制止。也就是有令即行，有禁即止。指法令能够严格执行。［45］四征不庭：不庭，指背叛而不朝拜王庭。四征不庭，即四面征讨不臣服于朝廷者。［46］乂（yì）安：乂，安定。乂安，即安定，平安。［47］兆民允殖：兆民，指万民，极言数目之多的人民；允殖，生长，繁殖。兆民允殖，即亿万人民得以生产、生活。［48］诒（yí）谋：语出《诗·大雅·文王有声》："诒厥孙谋，以燕翼子。"谓为子孙妥善谋划，使子孙安乐。诒，遗留。［49］振武节度使：使职名。振武方镇的差遣长官，乾元元年（758）置，治所在今内蒙古和林格尔西北土城子。［50］镇北大都护府：据近代考证，镇北大都护府即安北大都护府。见《禹贡》第五卷第十期邝平章《唐代都护府之设置及变迁》。安北大都护府，为唐代八都护府之一。治所屡移，开元时治所迁到受降城，在今内蒙古包头市西南黄河北岸。［51］麟、胜二州：州名。麟州治所在今陕西神木市北，胜州治所在今内蒙古准格尔旗东北十二连城。［52］安南经略使为节度使：安南经略使，使职名。安南管内差遣长官，天宝十载（751）置，领交、陆、峰、爱、驩、长、福禄、芝、武峨、演、武安十一州，治交州（治所在今越南河内市东），为岭南五府经略使所统辖的军镇之一。至乾元元年（758）升经略使为节度使，仍领十一州之地。

【点评】

本卷点评四事：李泌辞官、唐肃宗视民如草芥、张巡殉国之是非、司马光的两条史论。

一、李泌辞官。李泌，京兆人，青年时就以才敏著称，上书言事受到唐玄宗的赏识，召为待诏翰林，供奉东宫。李泌不肯为官，与太子李亨为布衣交，太子尊李泌为先生。李泌被杨国忠排挤出京，隐居在颍阳。唐肃宗在灵武即位，文武官不满三十人，其中没有特出的人才，他的身边还有宠妾张良娣、宦官李辅国两个佞人，带给肃宗重大的负面影响。这时郭子仪带兵勤王，唐肃宗召回李泌，唐肃宗有了这一文一武两个杰出的人才辅佐，才稳定了局势，进驻彭原（在今甘肃庆阳市南），指挥平叛战事。唐肃宗要李泌任右相，李泌坚决推辞，只做布衣先生，谋划军国大事，人称布衣宰相。肃宗听从李泌建议，以长子广平王李俶为天下兵马元帅。肃宗创立侍谋军国、元帅府行军长史的名号安置李泌处理军务，是全军第二号人物，又用李辅国为判元帅行军司马事，是全军第三号人物。以唐肃宗为首的全国平叛指挥部成立了，李泌是指挥部和全军的灵魂。按李泌的规划，两年平定叛乱。用兵方略是令李光弼出井陉，郭子仪入河东，使安禄山在河北的两员大将史思明、张忠志不敢离范阳、常山，在西京的安守忠、田乾真不敢离京一步。郭子仪入河东后牵制叛军东都留守阿史那承庆，朝廷驻兵扶风，与郭李两军轮番出击叛军，不攻取叛军城池，不断叛军走路，保持叛军两京畅通，只是打击叛军使之疲于奔命。越冬之后，派出建宁王李倓率主力军从北边进入河北攻取叛贼老巢范阳，李光弼从南进攻，夹击范阳。叛军范阳丢失，退无所归，朝廷四方勤王之军会集，一战可平。李泌的计划实行了一半，郭子仪进入了河东，西北勤王之师抵达凤翔，江淮军需运抵洋州，唐肃宗昏聩贪利，要自建奇功，先复两京，改变了李泌的计划，结果欲速不达，延长了战祸。李泌早已料到昏庸皇帝不可以共始终，他与唐肃宗相约，官军收复两京，立即归山。唐肃宗入长安，李泌辞行，以“五不可”为由，留则被杀以感悟肃宗，既自我保护，也保护太子李俶。李泌畅言建宁王被冤杀，提醒唐肃宗警惕张良娣与李辅国两个嬖人的谗慝之口。既往不咎，来者犹可追。李泌颂李贤所作《黄台瓜辞》意味深长。太子之得以保全，李泌功莫大焉。

李泌一身正气，淡泊名利，不做高官。功成即身退，始终以布衣身份历事唐肃宗、代宗、德宗三朝，为国展力，立下盖世奇功。三代皇帝都昏庸猜忌，奸佞也嫉恨加害，而李泌都以他的大智慧规避，而且做出贡献，不仅保护了自己，还保护了功臣郭子仪、李光弼，以及肃宗太子李俶。李泌处乱世的主要方法有三条：一是不做官；二是讲神仙辟谷以为烟幕；三是皇帝听劝即共事，不听则走。李泌是唐中期特殊时代，即昏君当道的乱世，所产生的特殊人物，以布衣为帝王师友，国家有难则出，功成则退，明哲保身。李泌避开名与利，也就是避开了祸端来辅助唐朝，既显示了一个有为知识分子的大智慧，也表现了在专制政体下伴君如伴虎的无奈。在昏君奸臣当政的恶劣环境中，李泌保持了自己高贵的情操，也保持了自己的尊严，是一个值得尊敬的政治家，是中国传统士大夫杰出的代表。

二、唐肃宗视民如草芥。唐肃宗借兵回纥，他的视民如草芥在与回纥的誓约中暴露无遗。当初长安陷落，唐玄宗丢下黎民大众西逃入蜀，任凭黎民遭涂炭，迫于无奈，犹有说辞。唐肃宗反攻长安，为的是想早一天收复失地，于是借兵回纥，与之相约说："克城之日，土地、士庶归唐，金帛、子女皆归回纥。"这是唐肃宗秘密出卖两京黎民的丑恶行为。士庶归唐，即男子留下当炮灰，女人、孩子卖给回纥当奴仆，钱财任其抢掠，做如此伤天害理的买卖，唐肃宗还有一点人性吗？广平王李俶向回纥首领叶护一拜，结为兄弟，请求到东京践约。李俶说："如果抢掠长安，东京就会坚守。"李俶一拜回纥，不是因为爱心，而是担心东京居民誓死抵抗。于是东都洛阳的百姓就会遭大殃。《旧唐书·回纥传》载："及收东京，回纥遂入府库收财用，于市井村坊剽掠三日而止，财物不可胜计。"这哪里是救民于水火的王师，而是一群暴匪。唐肃宗出卖平民的行为，将永远地钉在历史的耻辱柱上。

三、张巡殉国之是非。张巡，郑州南阳人，开元末进士，由太子通事舍人出为清河令，转真源令。安史之乱，张巡起兵抗击，转战雍丘、宁陵一带，阻滞叛军进攻江南，达数月之久。至德元年十月，张巡救援睢阳（今河南商丘市），与睢阳太守许远合兵共守睢阳，诏拜张巡为御史中丞，史称张中丞。睢阳守军不足万人，在张巡、许远的爱国热情的激励下，团结如一人，英勇抗敌，坚守孤城达一年有余。大小四百余战，杀敌十二万人，捍卫江淮地区免遭叛军扰乱，同时保卫了江淮租庸运道，这是唐军的生命线。张巡、许远立下盖世奇功，应受到敬仰。睢阳四围邻郡官军，坐视不救，睢阳军民粮食吃完，茶叶、纸张充饥又吃完，战马吃完，雀鼠捕尽，张巡杀爱妾以犒士，然后吃城中妇女，继而吃男子老弱。最终睢阳不保，所存壮士三十六人，全部被害。城破三日后，救援官军才到，已于事无补。

张巡、许远殉国，有人罪其食人，张巡友人李翰为之作传，为张巡辩解，认为救兵不至，食尽而及人，固守以保全江淮和运道，有大功。即使食人，牺牲了几百人而保全了天下，至少也是功过相当，于是抨击之声始息。又过了三十年，有人诬张巡、许远降敌，为藩镇逐地争利辩说。元和二年（807）四月十三日，韩愈读李翰《张巡传》后，感慨万千，奋笔疾书作《张中丞传后叙》，补充史实，并发议论，进一步表彰张巡、许远的功绩，附于传后，所以称《张中丞传后叙》。到了宋代，《张巡传》亡佚，韩愈所作《后叙》收入《韩昌黎集》传于后世。司马光感佩张巡爱国激情，在《资治通鉴》中做了长篇记载，张巡、许远地下有知，亦当瞑目。但用现代的观点反观张巡死战，食人坚守还是应当受到批评的。老弱妇孺无辜，在守军还能突围之时，应当护送他们出城，因老弱妇孺留于城中，没有战斗力，还要增加粮耗。即使不能护送，在守城绝望，已无一粒粮食之时，不应再坚守。已尽全力，再做徒劳牺牲，不合人道。但是我们又不能苛求古人。张巡时代，讲的是舍生取义，杀身成仁，即使近代，乃至今日，人在阵地在的精神还是要提倡。只是到了吃人才能生存时，那就是徒劳，无论古今，此时停止战斗，不应受责，反之，在古时可谅，在今时则不可取。

四、司马光的两条史论。司马光的第一段评议，主张对苟且偷生，变节投敌的高官，应给予惩处，赞赏唐肃宗对叛贼按六等议刑。先是广平王李俶克东都，俘获陈希烈等三百多个伪官，广平王以皇上旨意全部赦免。这些伪官押送长安，唐肃宗采纳礼部尚书李岘的建议，按六等治罪。罪大恶极的死刑，斩于闹市，次一等的死刑自裁，再次一等的杖三百，轻罪又分三等，判流或贬官。盘踞在河北邺城的伪官，听说陈希烈等被大赦，都痛恨自己失身叛贼，有悔改之意。后来听到陈希烈等被判刑受诛，于是死心塌地追随叛贼，唐肃宗十分后悔。司马光认为陈希烈等高级唐官，贵为卿相，平时尸位素餐，没有说一句规谏人主的话，只是阿谀逢迎保富贵，国家有难苟且偷生，投降叛贼，为之效力，还不如犬马。对这种人，摇身乞尾就官复原职，那样一来，岂不是在鼓励二三其德的人吗？又怎能对得起颜杲卿、张巡这些效忠舍命的人呢？如果这样，岂不是为恶的人得便宜，为善的人遭殃，是非颠倒，国家还能有忠义的人吗？按六等议罪，十分得当，有什么后悔的呢？司马光的这个批评与分析，是十分中肯的。唐肃宗对随后投降的史思明，不但大赦，还授以高官，没多久，史思明又重新叛变。为了安定社会，当然要赦免一些罪人，但不能不分青红皂白，一律免罪。做人的道德底线是不能践踏的。

司马光的第二段评议，主张以下犯上者必须严惩，不能姑息养奸，其理无可厚非。起因是平卢节度使王玄志死，裨将高丽人李怀玉杀了王玄志的儿子，推戴自己的姑表兄侯希逸为节度副使，唐肃宗所遣中使授以旌节，从此，节度使由军士废立，朝廷诏令不行，唐肃宗开了一个恶例。中唐之后藩镇割据，节度使父死子继，或强将逐主自任，以致唐末形成军阀大混战。唐肃宗平安史之乱而复国，更应该申明国法军纪，而不应偷取一时之安，留下无穷的祸患。只是司马光不是用法、用制度来纠正失误，说什么用礼来纲纪四方，把礼和法混为一谈，迂腐且不得要领。不过司马光的论说是传统的儒家观点。孔子主张："道之以政，齐之以刑，民免而无耻；道之以德，齐之以礼，有耻且格。”（《论语·为政》）孔子把礼置于法之上。几千年来，统治者总是宣扬执政为民，以礼维系上下尊卑，法只用来惩治下犯上，而不惩治上犯下，于是在台上的统治者好话说尽，坏事做绝。法讲平等，礼讲尊卑。司马光维护专制政体，所以要混淆礼与法，说礼大于法，用礼统法，最后只有尊卑，没有平等，法只维护尊卑，不维护平等。最后的结果是，只许州官放火，不许百姓点灯。司马光的评议，理正而实非。理正，指社会要有秩序，如何维护秩序，就要有法、公正。而司马光说用礼维护秩序，那就是上下有序，只有尊卑，没有平等了，因此实质是错误的。

卷二二一　唐纪三十七

唐肃宗乾元二年至上元元年（759—760 年）

【起屠维大渊献（己亥，759 年），尽上章困敦（庚子，760 年），凡二年】

【大事提要】

本卷记事起公元 759 年，讫公元 760 年，凡二年。当唐肃宗乾元二年至上元元年。郭子仪讨贼，围困安庆绪于邺城。李光弼为后援，欲逼魏城，拖住史思明，邺城指日可破，史思明将不战自溃。唐肃宗派宦官鱼朝恩监军，鱼朝恩不懂军事却干预军事，阻止李光弼进攻叛军魏城的正确计谋，迫使官军会聚邺城达六十万众，史思明抄掠官军粮运，官军乏食，史思明进兵会战，官军大败，郭子仪被解职，李光弼为副元帅，退守河阳。史思明乘胜，火并安庆绪，自称“大燕皇帝”，率众南下，在河阳与李光弼大战，双方不分胜负，势均力敌。唐肃宗不信任诸将，忌刻功臣，任用宦官监军，郭子仪功败垂成，延长了战乱。宦官李辅国用事，恣意横行，竟逼迫太上皇玄宗迁出兴庆宫，移居大内。实乃唐肃宗忌疑，以便监控太上皇。唐肃宗不仁不武，徒使战祸蔓延。此时唐四境不宁，羌胡寇秦陇，刘展又反于淮南。

肃宗文明武德大圣大宣孝皇帝下之上

乾元二年（己亥，759 年）

春，正月，己巳[1]朔，史思明筑坛于魏州城北，自称大圣燕王；以周挚为行军司马。李光弼曰：“思明得魏州而按兵不进，此欲使我懈惰，而以精锐掩吾不备也。请与朔方军同逼魏城，求与之战，彼惩[2]嘉山之败[3]，必不敢轻出。得旷日引久[4]，则邺城必拔矣。庆绪已死，彼则无辞以用其众也。”鱼朝恩以为不可，乃止。

戊寅[5]，上祀九宫贵神，用王玙之言也。乙卯[6]，耕藉田[7]。

镇西节度使李嗣业攻邺城，为流矢所中，丙申[8]，薨；兵马使荔非元礼代将其众。初，嗣业表段秀实为怀州长史，知留后事。时诸军屯戍日久，财竭粮尽，秀实独运刍粟[9]，募兵市马[10]以奉镇西行营，相继于道。

二月，壬子[11]，月食，既[12]。先是百官请加皇后尊号曰“辅圣”，上以问中书舍人李揆，对曰：“自古皇后无尊号，惟韦后[13]有之，岂足为法！”上惊曰：“庸人几误我！”会月食，事遂寝。后与李辅国相表里[14]，横于禁中，干豫[15]政事，请托无穷，上颇不悦，而无如之何。

郭子仪等九节度使围邺城，筑垒再重[16]，穿堑[17]三重，壅[18]漳水[19]灌之。城中井泉皆溢，构栈而居[20]，自冬涉[21]春，安庆绪坚守以待史思明，食尽，一鼠直[22]钱四千，淘墙麲[23]及马矢[24]以食马。人皆以为克在朝夕，而诸军既无统帅，进退无所禀[25]；城中人欲降者，碍水深[26]，不得出。城久不下，上下解体[27]。

思明乃自魏州引兵趣邺，使诸将去城各五十里为营，每营击鼓三百面，遥胁之。又每营选精骑五百，日于城下抄掠，官军出，辄散归其营；诸军人马牛车日有所失，樵采[28]甚艰，昼备之则夜至，夜备之则昼至。时天下饥馑，转饷[29]者南自江、淮，西自并、汾[30]，舟车相继。思明多遣壮士窃官军装号[31]，督趣[32]运者，责其稽缓[33]，妄杀戮人，运者骇惧；舟车所聚，则密纵火焚之；往复[34]聚散，自相辨识，而官军逻捕[35]不能察也。由是诸军乏食，人思自溃。思明乃引大军直抵城下，官军与之刻日[36]决战。

三月，壬申[37]，官军步骑六十万陈于安阳河[38]北，思明自将精兵五万敌之，诸军望之，以为游军，未介意。思明直前奋击，李光弼、王思礼、许叔冀、鲁炅先与之战，杀伤相半；鲁炅中流矢。郭子仪承其后，未及布陈，大风忽起，吹沙拔木，天地昼晦[39]，咫尺[40]不相辨，两军大惊，官军溃而南，贼溃而北，弃甲仗辎重委积[41]于路。子仪以朔方军断河阳桥保东京。战马万匹，惟存三千；甲仗十万，遗弃殆尽。东京士民惊骇，散奔山谷；留守崔圆、河南尹苏震等官吏南奔襄、邓[42]，诸节度各溃归本镇。士卒所过剽掠[43]，吏不能止，旬日方定。惟李光弼、王思礼整勒部伍[44]，全军以归。

（以上为第一段，写史思明救安庆绪，邺城之战，大破官军。）

【注释】

［1］己巳：正月一日。［2］惩：惩戒，警戒。［3］嘉山之败：至德元载（756）五月，郭子仪、李光弼与史思明战于嘉山，大破之，斩首四万级，史思明只身逃脱。［4］旷日引久：历时长久。旷日，间隔的时日。引，延长。［5］戊寅：正月十日。［6］乙卯：正月己巳朔，无乙卯，当为己卯之误。己卯，正月十一日。胡三省认为是乙酉，则为正月十七日，可备一说。［7］耕藉田：即举行藉田之礼。［8］丙申：正月十八日。［9］刍粟：指粮草。刍，喂养牲口的草料。粟，粮食。［10］市马：买马。［11］壬子：二月十五日。［12］既：食尽。此指月全食。按《春秋》之法，只书日食，不书月食。日，君象。月，后象。《资治通鉴》于此书月食，有指斥张后专横之意。［13］韦后（？—710）：唐中宗皇后，尊号为顺天翊圣皇后。中宗死，韦氏谋乱，为乱兵所杀，追贬为庶人。传见《旧唐书》卷五十一，《新唐书》卷七十六。［14］相表里：一表（外）一里（内），相互勾结。［15］干豫：即干预。［16］再重：两层。［17］穿堑：挖壕沟。［18］壅（yōng）：堵塞。［19］漳水：河流名。发源于山西太行山，经河北注入渤海。［20］构栈而居：架设棚阁来居住。构，架设。栈，棚阁。［21］涉：进入，到。［22］直：同"值"。［23］淘墙䴬（yì）：淘洗土墙中的麦秆渣。淘，用水冲洗。䴬，麦秆碎渣。墙䴬，以麦秆碎渣混合泥土所筑的墙。［24］马矢：即马屎，马的粪便。［25］禀（bǐng）：禀报，下对上的报告。［26］碍水深：以水深为障碍。［27］解体：离散。［28］樵采：打柴。［29］转饷：运送粮饷。［30］并、汾：即并州（治所在今山西太原市西南）、汾州（治所在今山西汾阳市）。以此二州代指今山西汾水流域一带。［31］装号：衣装、标识。［32］督趣：督促。［33］稽缓：迟缓。稽，停，留。［34］往复：出入，往返。［35］逻捕：巡逻兵。［36］刻日：限定日期。［37］壬申：三月六日。［38］安阳河：即洹水，河流名。源出今河南林州市，东流经安阳北，东入永济渠，即今卫河。［39］昼晦：白天而天色昏暗。［40］咫（zhǐ）尺：形容很短或很近。咫，古代的长度单位，长八寸。［41］委积：聚集，堆积。［42］襄、邓：即襄州、邓州。襄州治所在今湖北襄阳市。邓州治所在今河南邓州市。［43］剽掠：抢劫。［44］整勒部伍：勒，统率。整顿统率的队伍。

子仪至河阳，将谋城守，师人[1]相惊，又奔缺门[2]。诸将继至，众及数万，议捐[3]东京，退保蒲、陕。都虞候[4]张用济曰："蒲、陕荐饥[5]，不如守河阳，贼至，并力[6]拒之。"子仪从之。使都游弈使灵武韩游瓌[7]将五百骑前趣河阳，用济以步卒五千继之。周挚引兵争河阳，后至，不得入而去。用济役所部兵筑南、北两城而守之。段秀实帅将士妻子及公私辎重自野戍渡河，待命于河清[8]之南岸，荔非元礼至而军焉。诸将各上表谢罪，上皆不问，惟削崔圆阶封[9]，贬苏震为济王府长史[10]，削[11]银青阶[12]。

史思明审知[13]官军溃去，自沙河[14]收整士众，还屯邺城南。安庆绪收子仪营中粮，得六七万石，与孙孝哲、崔乾佑谋闭门更拒思明。诸将曰："今日岂可复背史王乎！"思明不与庆绪相闻，又不南追官军，但日于军中飨士。张通儒、高尚等言于庆绪曰："史王远来，臣等皆应迎谢。"庆绪曰："任公暂[15]往。"思明见之涕泣，厚礼而归之。经三日，庆绪不至。思明密召安太清令诱之，庆绪窘蹙[16]，不知所为，乃遣太清上表称臣于思明，请待解甲入城，奉上玺绶[17]。思明省表，曰："何至如此！"因出表遍示将士，咸称万岁。乃手疏唁[18]庆绪而不称臣，且曰："愿为兄弟之国，更作藩篱之援[19]。鼎足而立[20]，犹或庶几[21]；北面之礼[22]，固不敢受。"并封表还之。庆绪大悦，因请歃血同盟，思明许之。庆绪以三百骑诣思明营，思明令军士擐甲执兵[23]以待之，引庆绪及诸弟入至庭下。庆绪再拜稽首曰："臣不克[24]荷负[25]，弃失两都，久陷重围，不意大王以太上皇[26]之故，远垂[27]救援，使臣应死复生，摩顶至踵[28]，无以报德。"。思明忽震怒曰："弃失两都，亦何足言。尔为人子，杀父夺其位，天地所不容。吾为太上皇讨贼，岂受尔佞媚[29]乎！"即命左右牵出，并其四弟高尚、孙孝哲、崔乾佑皆杀之；张通儒、李庭望等悉授以官。思明勒兵入邺城，收其士马，以府库赏将士，庆绪先所有州、县及兵皆归于思明。遣安太清将兵五千取怀州，因留镇之。思明欲遂西略，虑根本未固，乃留其子朝义守相州，引兵还范阳。

（以上为第二段，写史思明杀安庆绪，并其众。）

【注释】

[1]师人：军队与人民。[2]缺门：地名。在今河南新安县西。[3]捐：抛弃。[4]都虞候：虞候，为唐代军中的执法官。都虞侯，总领执法为虞候的首领。[5]荐饥：连年饥荒。[6]并力：合力，齐心协力。[7]韩游瓌（guī）（？—798）：传见《旧唐书》卷一百四十四，《新唐书》卷一百五十六。[8]河清：县名。县治在今河南洛阳市孟津区黄河北岸。[9]阶封：阶，散官阶品。封，封爵邑。[10]济王府长史：济王，李环，玄宗第二十二子。传见《旧唐书》卷一百七，《新唐书》卷八十二。王府长史，官名。王府属官，统领府事。[11]削：除去。[12]银青阶：即

银青光禄大夫，从三品。［13］审知：确知。审，确实。［14］沙河：县名。县治在今河北邢台南，沙河北岸。［15］暂：暂时。［16］窘蹙（cù）：窘迫，紧蹙。［17］玺绶：玺，帝印。绶，组绶，系印组的丝带。古代印玺上必有绶，因称印玺为玺绶。［18］唁（yàn）：古代对死者的慰问称吊，对生者的慰问称唁。［19］藩篱之援：藩篱，篱笆，引申为守卫。为护卫自己而相互援助。［20］鼎足而立：犹言三家分立。鼎为三足。此指唐、安庆绪、史思明三者分立。［21］庶几（jī）：也许可以，表示希望或推测之词。［22］北面之礼：君臣之礼。［23］擐甲执兵：身穿铠甲，手执兵器。擐，穿。［24］克：能够。［25］荷负：担负。［26］太上皇：指安禄山。至德二载（757）安庆绪等谋杀安禄山，即帝位，尊安禄山为太上皇，然后发丧。［27］垂：同"陲"，边境。［28］摩顶至踵：即摩顶放踵。形容不辞劳苦，不惜身体，尽力而为。［29］佞媚：巧言谄媚。

甲申[1]，回纥骨啜特勒、帝德等十五人自相州奔还西京，上宴之于紫宸殿[2]，赏赐有差。庚寅[3]，骨啜特勒等辞还行营。

辛卯[4]，以荔非元礼为怀州刺史，权知镇西、北庭行营节度使。元礼复以段秀实为节度判官。

甲午[5]，以兵部侍郎吕諲同平章事。乙未[6]，以中书侍郎、同平章事苗晋卿为太子太傅，王玙为刑部尚书，皆罢政事。以京兆尹李岘行[7]吏部尚书，中书舍人兼礼部侍郎李揆为中书侍郎，及户部侍郎第五琦并同平章事。上于岘恩意尤厚，岘亦以经济[8]为己任，军国大事多独决于岘。于是京师多盗，李辅国请选羽林骑士五百以备巡逻。李揆上疏曰："昔西汉以南北军相制[9]，故周勃因南军入北军，遂安刘氏[10]。皇朝置南、北牙[11]，文武区分[12]，以相伺察[13]。今以羽林代金吾警夜，忽有非常之变，将何以制之！"乃止。

丙申[14]，以郭子仪为东畿[15]、山东[16]、河东[17]诸道元帅，权知东京留守。以河西节度使来瑱行陕州刺史，充陕、虢、华州节度使。

夏，四月，庚子[18]，泽潞节度使[19]王思礼破史思明将杨旻[20]于潞城[21]东。

太子詹事[22]李辅国，自上在灵武，判元帅行军司马事，侍直[23]帷幄[24]，宣传[25]诏命，四方文奏，宝印符契，晨夕军号[26]，一以委之。及还京师，专掌禁兵[27]，常居内宅[28]，制敕必经辅国押署[29]，然后施行，宰相百司非时[30]奏事，皆因辅国关白[31]、承旨[32]。常于银台门[33]决天下事，事无大小，辅国口为制敕，写付外施行，事毕闻奏。又置察事[34]数十人，潜令于人间[35]听察细事，即行推按[36]，有所追索[37]，诸司无敢拒者。御史台、大理寺重囚，或推断未毕，辅国追诣银台，一时纵之。三司、府、县鞫狱，皆先诣辅国咨禀[38]，轻重随意，称制敕行之，莫敢违者。宦官不敢斥[39]其官，皆谓之五郎[40]。李揆山东甲族[41]，见辅国执子弟[42]礼，谓之五父[43]。

及李岘为相，于上前叩头，论制敕皆应由中书出[44]，具陈辅国专权乱政之状，上感寤[45]，赏其正直；辅国行事，多所变更，罢其察事。辅国由是让行军司马，请归本官[46]，上不许。制："比缘[47]军国务殷[48]，或宣口敕[49]处分。诸色[50]取索及杖配[51]囚徒，自今一切并停。如非正宣[52]，并不得行。中外诸务，各归有司。英武军虞候[53]及六军诸使、诸司[54]等，比来或因论竞[55]，悬自追摄[56]；自今须一切经台、府[57]。如所由处断不平，听具状奏闻。""诸律令除十恶、杀人、奸、盗、造伪外，余烦冗一切删除，仍委中书、门下与法官详定闻奏[58]。"辅国由是忌岘。

甲辰[59]，置陈、郑、亳节度使[60]，以邓州刺史鲁炅为之；以徐州刺史尚衡为青、密七州[61]节度使；以兴平军节度使李奂兼豫、许、汝三州节度使[62]；仍各于境上守捉[63]防御。

（以上为第三段，写宦官李辅国掌禁军，专朝政。）

【注释】

[1]甲申：三月十八日。 [2]紫宸殿：在大明宫宣政殿北，紫宸门内，为内衙的正殿。[3]庚寅：三月二十四日。 [4]辛卯：三月二十五日。 [5]甲午：三月二十八日。 [6]乙未：三月二十九日。 [7]行：唐职事官都带散官为本品，如果职事官品秩低于散官品秩则称行。李岘的散位为光禄大夫，从二品；任吏部尚书，正三品，职事官品秩低于散官品秩，故称行。 [8]经济：经国济民。即治理国家，为民谋利。 [9]南北军相制：西汉京师宿卫之军有南北之分，南军由卫尉主管，北军由中尉主管。南北军相制，言南军与北军相互制约，相互牵制。 [10]周勃因南军入北军，遂安刘氏：周勃（？—前169），少以编织蚕箔为生，从刘邦起义，以军功为将军，封绛侯。惠帝时任太尉，后平诸吕，迎文帝即位。事详《史记·绛侯世家》，《汉书》卷四十。因南

军入北军，指公元前180年，汉高后吕雉死，诸吕谋作乱，吕禄掌北军，吕产掌南军，太尉周勃不得主兵，乃矫诏言帝使太尉守北军，在朱虚侯和卫尉的协助下，杀吕产，控制了南军，并诛吕禄及吕氏少长男女，平定诸吕之乱，维护了刘氏政权。［11］南、北牙：即南、北衙。指驻守京师的军队。南衙军队由宰相总领。北衙军队由皇帝统领，守卫宫城。中唐以后，南衙诸卫仅存空名，只有左右金吾卫仍然担任巡警之职，而北衙禁军主要控制在宦官手中，整个京城的卫宿职责也主要由北衙禁军担任。［12］文武区分：唐南北衙的区分已如上条所述，显然不在于文武，南衙十六卫也是军事机构，故此言“文武区分”，不确。［13］伺察：侦视，观察。此指牵制。［14］丙申：三月三十日。［15］东畿：即东京畿。指东都洛阳四周的广大地区。［16］山东：此指河南、河北道。［17］河东：指南起蒲、绛州，北至并、代州的今山西一带。［18］庚子：四月四日。［19］泽潞节度使：使职名。至德元载（756）置泽潞沁节度使，治所在潞州（今山西长治）。辖境屡有变动，较长期领有泽、潞、沁三州。［20］杨旻（？—820）：又作阳旻。先事史思明，后降唐，官至邕管经略使。传见《新唐书》卷一百五十六。［21］潞城：县名。县治在今山西潞城。［22］太子詹事：官名。为东宫属官，掌东宫三寺十率府之政令。［23］侍直：值班侍奉君主。直，指在殿堂中值班。［24］帷幄：帷幕。此指皇帝议论机密的地方。［25］宣传：宣布传达。［26］军号：军中口号。［27］禁兵：指北衙六军。［28］内宅：禁中的宿舍。［29］押署：签署。［30］非时：不是规定奏事的时间。［31］关白：禀报。［32］承旨：承接皇帝的旨意。［33］银台门：大明宫有左右银台门。左银台门在宫城东面，门内是宣徽殿。右银台门在京城西面，门内是翰林院、麟德殿，殿东为内侍别省。此银台门当指右银台门。［34］察事：类似暗探人员。［35］人间：即民间。［36］推按：追究，审问。［37］追索：追寻、求取。［38］咨禀：咨询禀报。［39］斥：指。［40］五郎：郎，对男子的尊称。李辅国排行第五，故云。［41］甲族：世家大族，世代显贵的家族。［42］子弟：对后辈的统称。［43］父：对男性长辈的尊称。［44］制敕皆应由中书出：指皇帝的制敕由中书省的中书舍人根据皇帝旨意草拟。［45］感寤：寤，同“悟”。感觉，醒悟。［46］本官：指所任太子詹事。［47］缘：由于。［48］军国务殷：军国事务繁多。［49］口敕：皇帝的口头命令。［50］诸色：各种各样。［51］杖配：杖，杖刑。配，发配，流刑。杖配都属于处罚罪犯的五刑之列。［52］正宣：正规程序出宣的诏命，即中书省起草，皇帝进画，门下省审核宣行。门下省将皇帝画可（皇帝亲笔签署）的正本留下存档，另抄一份，写上“制可”，加盖骑缝印，送尚书省颁下施行。［53］英武军虞候：英武军，至德二载（757）肃宗在凤翔置神武军时，又置衙（殿）前射生手千余人，称左右英武军，作为贴身卫士，不在北衙六军序列中。虞候，是军中执法官。［54］诸使、诸司：即内诸使、内诸司，或称内诸司使、北衙诸司使。据唐长孺《唐代的内诸司使》（《魏晋南北朝隋唐史资料》第五、六期），唐中叶以后，有一个由宦官指挥的内诸司使行政系统，分部细密，组织庞大，参拟外廷，自三省以至卿监，很多都设有对口或相关的官司，侵夺了朝廷诸官司的职权。此时，北衙诸司使开始陆续设置，尚未达到完全的程度。［55］论竟：指穷究刑狱之事。论，定罪。竟，穷究其事。［56］悬自追摄：悬，凭空，无所依据。追摄，追捕，提取。此句意为没有凭据便自己去追捕、提取犯人。［57］台、府：指御史台、京兆府。［58］比缘军国务殷……仍委中书、门下与法官详定闻奏：据《全唐文》卷四十二，此为两道制书的节文，“比缘……听具状奏闻”，为《申明赏罚诏》节文；“诸律令……详定奏闻”为《删除律令诏》节文。［59］甲辰：四月八日。［60］陈、郑、亳节度使：为新置节镇。据《新唐书·方镇表》领郑、陈、亳、颍四州，治郑州。［61］青、密七州：青、密、登、莱、淄、沂、海七州。［62］豫、许、汝三州节度使：据《新唐书·方镇表》为乾元元年（758）置，治豫州。［63］守捉：本为戍边军名，此指守卫、守护。

九节度之溃于相州也，鲁炅所部兵剽掠[1]尤甚，闻郭子仪退屯河上，李光弼还太原，炅惭惧，饮药而死。

史思明自称大燕皇帝，改元顺天，立其妻辛氏为皇后，子朝义为怀王，以周挚为相，李归仁为将，改范阳为燕京，诸州为郡。

戊申[2]，以鸿胪卿李抱玉[3]为郑、陈、颍、亳节度使。抱玉，安兴贵[4]之后也，为李光弼裨将，屡有战功，自陈耻与安禄山同姓，故赐姓李氏。

回纥毗伽阙可汗卒，长子叶护先遇杀，国人立其少子，是为登里可汗[5]。回纥欲以宁国公主为殉。公主曰：“回纥慕中国之俗，故娶中国女为妇。若欲从其本俗，何必结婚万里之外邪！”然亦为之剺面而哭[6]。

凤翔马坊押官[7]为劫，天兴[8]尉谢夷甫捕杀之。其妻讼冤。李辅国素出飞龙厩，敕监察御史孙蓥鞫之，无冤。又使御史中丞崔伯阳、刑部侍郎李晔、大理卿权献鞫之[9]，与蓥同。犹不服。又使侍御史太平毛若虚[10]鞫之，若虚倾巧士[11]，希[12]辅国意，归罪夷甫。伯阳怒，召若虚诘责，欲劾奏之。若虚先自归于上，上匿若虚于帘下。伯阳寻至，言若虚附会中人，鞫狱不直。上怒，叱出之。伯阳贬高要尉，献贬桂阳[13]尉，晔与凤翔尹严向[14]皆贬岭下[15]尉，蓥除名[16]，长流播州[17]。吏部尚书、同平章事李岘奏伯阳无罪，责之太重，上以为朋党，五月，辛巳[18]，贬岘蜀州刺史。右散骑常侍韩择木[19]入对，上谓之曰：“李岘欲专权，今贬蜀州，朕自觉用法太宽。”对曰：“李岘言直，非专权。陛下宽之，祇[20]益圣德耳。”若虚寻除御史中丞，威振朝廷。

壬午[21]，以滑、濮节度使许叔冀为汴州刺史，充滑、汴等七州节度使[22]；以试汝州刺史刘展[23]为滑州刺史，充副使。

六月，丁巳[24]，分朔方置邠、宁等九州节度使[25]。

观军容使鱼朝恩恶郭子仪，因其败，短之于上。秋，七月，上召子仪还京师，以李光弼代为朔方节度使、兵马元帅。士卒涕泣，遮中使请留子仪。子仪绐[26]之曰："我饯中使耳，未行也。"因跃马而去。

光弼愿得亲王为之副，辛巳[27]，以赵王係为天下兵马元帅，光弼副之，仍以光弼知诸节度行营。光弼以河东骑五百驰赴东都，夜，入其军。光弼治军严整，始至，号令一施，士卒、壁垒、旌旗、精采[28]皆变。是时朔方将士乐子仪之宽，惮光弼之严。

（以上为第四段，写史思明称帝，官军重新部署，李光弼代郭子仪为副元帅。）

【注释】

[1]剽掠：抢劫掠夺。 [2]戊申：四月十二日。 [3]李抱玉（？—777）：世居河西，本姓安，耻与安禄山同姓，肃宗赐姓李氏。官至司空、同中书门下平章事，兼河西、陇右、山南西道三节制和凤翔、潞、梁三大府，镇凤翔十余年。传见《旧唐书》卷一百三十二，《新唐书》卷一百三十八。[4]安兴贵：世居河西。唐初，李轨割据武威，兴贵在长安做官，兄安修仁为李轨将领，兴贵入凉州，劝轨降唐不成，便与兄共结胡人起兵攻李轨，并擒之送长安。兴贵因功升为右武侯大将军、上柱国，封凉国公。事见《资治通鉴》卷一百八十七武德二年。 [5]登里可汗：回纥可汗。名移地健，号牟羽可汗，毗伽可汗次子。事见《旧唐书》卷一百九十五，《新唐书》卷二百一十七上。[6]剺（lí）面而哭：剺，割，划破。突厥、回纥等漠北少数民族风俗，人死后其子孙及亲属以刀割面而哭，以示悲哀。 [7]马坊押官：此指管押马坊的官员。 [8]天兴：县名。县治在今陕西宝鸡市凤翔区。 [9]御史中丞崔伯阳、刑部侍郎李晔、大理卿权献鞫之：此系小三司，审理一些较大或较重要的案件，以区别于中书、门下、御史台所组成的大三司。 [10]毛若虚（？—760）：太平（今山西襄汾县西汾城）人。酷吏。传见《旧唐书》卷一百八十六下，《新唐书》卷二百九。[11]倾巧士：狡诈之人，看风行事者。 [12]希：迎合。 [13]桂阳：县名。县治在今广东连州市。 [14]严向（680—764）：同州朝邑（今陕西大荔县东）人，监察御史严善思之子。官至太常员外卿。事见《旧唐书》卷一百九十一，《新唐书》卷二百四。 [15]岭下：指五岭以南地区。[16]除名：除去名籍，取消其原有资格。按唐律，除名是一种法律处分手段，犯致除名者，出身以来的官爵全部去除，六年以后才可依法录用。详《唐律疏议》卷三。 [17]播州：州名。治所在今贵州遵义。 [18]辛巳：五月十六日。 [19]韩择木：两唐书无传。曾做鲁郡太守、右散骑常

侍、太子宾客、集贤殿学士、礼部尚书、太子太保等职，封昌黎伯。[20]祇(zhǐ)：仅仅，恰好。[21]壬午：五月十七日。[22]滑、汴等七州节度使：使职名。为滑汴等方镇的差遣长官。据《新唐书·方镇表》乾元二年（759）置汴滑节度使，治滑州，所领为滑、濮、汴、曹、宋五州。此言“七州”疑误。[23]刘展：两唐书无传。先后任汝州刺史、滑州刺史、宋州刺史、淮南节度使。乾元三年（760，即上元元年）谋乱，次年败死。[24]丁巳：六月二十三日。[25]邠、宁等九州节度使：使职名。为邠宁等九州的方镇差遣长官。乾元二年（759）置，治所在今陕西彬州市。九州为邠、泾、原、宁、庆、坊、鄜、丹、延等，共九州。[26]绐(dài)：欺骗。[27]辛巳：七月十七日。[28]精采：指精神风貌。

左厢兵马使张用济屯河阳，光弼以檄召之。用济曰：“朔方，非叛军也，乘夜而入，何见疑之甚邪！”与诸将谋以精锐突入东京，逐光弼，请子仪；命其士皆被甲上马，衔枚[1]以待。都知兵马使仆固怀恩曰：“邺城之溃，郭公先去，朝廷责帅，故罢其兵柄。今逐李公而强请之，是反也，其可乎！”右武锋使康元宝曰：“君以兵请郭公，朝廷必疑郭公讽君为之，是破其家也。郭公百口何负于君乎！”用济乃止。光弼以数千骑东出汜水[2]，用济单骑来谒。光弼责用济召不时至，斩之，命部将辛京杲[3]代领其众。

仆固怀恩继至，光弼引坐，与语。须臾，阍者[4]白[5]：“蕃、浑五百骑至矣。”光弼变色。怀恩走出，召麾下将，阳责之曰：“语汝勿来，何得固违！”光弼曰：“士卒随将，亦复何罪！”命给牛酒。

以潞沁节度使[6]王思礼兼太原尹，充北京[7]留守、河东节度使。

初，潼关之败[8]，思礼马中矢而毙，有骑卒盩厔张光晟[9]下马授之，问其姓名，不告而去。思礼阴识其状貌，求之不获。及至河东，或谮代州刺史河西辛云京[10]，思礼怒之，云京惧，不知所出。光晟时在云京麾下，曰：“光晟尝有德于王公，从来不敢言者，耻以此取赏耳。今使君[11]有急，光晟请往见王公，必为使君解之。”云京喜而遣之。光晟谒思礼，未及言，思礼识之曰：“噫！子非吾故人[12]乎？何相见之晚邪！”光晟以实告。思礼大喜，执其手，流涕曰：“吾之有今日，皆子力也。吾求子久矣。”引与同榻坐，约为兄弟。光晟因从容言云京之冤。思礼曰：“云京过亦不细，今日特为故人舍之。”即日擢光晟为兵马使，赠金帛田宅甚厚。

辛卯[13]，以朔方节度副使、殿中监仆固怀恩兼太常卿，进爵大宁郡王。怀恩从郭子仪为前锋，勇冠[14]三军[15]，前后战功居多，故赏之。

八月，乙巳[16]，襄州将康楚元[17]、张嘉延[18]据州作乱，刺史王政奔荆州。楚元自称南楚霸王。

回纥以宁国公主无子，听归；丙辰[19]，至京师。

戊午[20]，上使将军曹日升往襄州慰谕康楚元，贬王政为饶州[21]长史，以司农少卿[22]张光奇为襄州刺史；楚元不从。

壬戌[23]，以李光弼为幽州长史、河北节度等使。

九月，甲午[24]，张嘉延袭破荆州，荆南节度使杜鸿渐弃城走，澧[25]、朗[26]、郢[27]、峡[28]、归[29]等州官吏闻之，争潜窜山谷。

戊辰[30]，更令绛州铸乾元重宝大钱[31]，加以重轮[32]，一当五十；在京百官，先以军旅皆无俸禄，宜以新钱给其冬料[33]。

丁亥[34]，以太子少保崔光远为荆、襄招讨使，充山南东道处置兵马都使[35]；以陈[36]、颍、亳、申节度使王仲升为申[37]、沔等五州节度使，知淮南西道行营兵马。

史思明使其子朝清守范阳，命诸郡太守各将兵三千从己向河南，分为四道，使其将令狐彰将兵五千自黎阳[38]济河取滑州，思明自濮阳，史朝义自白皋[39]，周挚自胡良[40]济河，会于汴州。

（以上为第五段，写官军副元帅李光弼整训军容，调整诸将，史思明大举南下。）

【注释】

[1]衔枚：衔，口含物。枚的形状如筷子，横衔口中，以禁喧嚣。古代军旅为了禁止喧哗，保持部队肃静或不暴露目标，便使用衔枚。 [2]汜（sì）水：县名。县治在今河南巩义市东汜水镇。 [3]辛京杲：传见《新唐书》卷一百四十七。 [4]阍（hūn）者：守门人。 [5]白：禀告。 [6]潞沁节度使：即前所谓泽潞节度使。 [7]北京：即北都。 [8]潼关之败：至德元载（756）五月，哥舒翰被安禄山将崔乾佑大败于灵宝（今河南灵宝市），与数百骑退入潼关，乾佑趁势攻克潼关，哥舒翰投降。事见《资治通鉴》卷二百一十八。 [9]张光晟（shèng）：官至御史中丞、单于都护。后从朱泚叛乱，被斩。传见《旧唐书》卷一百二十七。 [10]辛云京（714—768）：河西道兰州金城（今甘肃兰州）人，客籍长安，世代将家。官至太原尹、检校左仆射、同中书门下平

章事，封金城郡王。传见《旧唐书》卷一百一十，《新唐书》卷一百四十七。［11］使君：汉以后对州郡长官的尊称。［12］故人：旧时友人。［13］辛卯：七月二十七日。［14］冠（guàn）：位居第一。［15］三军：军队的统称。［16］乙巳：八月十二日。［17］康楚元：叛将。乾元二年（759），逐襄州刺史王政，自称南楚霸王，陷荆、襄、澧、朗等州，朝廷为之寝食不安。不久为商州刺史韦伦生擒。［18］张嘉延：同康楚元一起叛乱，曾袭破荆州。［19］丙辰：八月二十三日。［20］戊午：八月二十五日。［21］饶州：州名。治所在今江西鄱阳县。［22］司农少卿：官名。司农寺副长官，协助司农卿掌国家仓储、京都百官俸禄等事。［23］壬戌：八月二十九日。［24］甲午：九月甲子朔，无甲午，当为甲子之误。甲子，九月一日。［25］澧（lǐ）：州名。治所在今湖南澧县东南。［26］朗：州名。治所在今湖南常德市。［27］郢：州名。治所在今湖北京山市。［28］峡：州名。治所在今湖北宜昌市。［29］归：州名。治所在今湖北秭归县旧城，在长江三峡西陵北岸。因三峡水库，秭归县旧城已淹入库区。［30］戊辰：九月五日。［31］令绛州铸乾元重宝大钱：绛州，州名，治所在今山西新绛。唐代铸钱的铸炉有九十九座，其中绛州有三十座，其他铸炉，有的远在江南、岭南，有的在安史之乱军手中，因此，这时铸钱主要依赖绛州。［32］重（chóng）轮：此指钱背周边为两道轮廓，用以区别去年所铸乾元重宝。［33］冬料：官吏冬季的俸料钱。［34］丁亥：九月二十四日。［35］山南东道处置兵马都使：使职名。为都管山南东道兵马诸事并有量事便宜处置权力的差遣官。［36］陈：州名。治所在今河南淮阳。［37］申：州名。治所在今河南信阳市南。［38］黎阳：津渡名。故址在今河南浚县东南，位于古黄河北岸。［39］白皋：津渡名。故址在今河南滑县西北黄河北岸。［40］胡良：津渡名。故址在今河南滑县西北黄河北岸，临近白皋。

李光弼方巡河上诸营，闻之，还入汴州，谓汴滑节度使许叔冀曰："大夫能守汴州十五日，我则将兵来救。"叔冀许诺。光弼还东京。思明至汴州，叔冀与战，不胜，遂与濮州刺史董秦及其将梁浦、刘从谏、田神功[1]等降之。思明以叔冀为中书令，与其将李详守汴州；厚待董秦，收其妻子，置长芦[2]为质；使其将南德信与梁浦、刘从谏、田神功等数十人徇江、淮。神功，南宫人也，思明以为平卢兵马使。顷之，神功袭德信，斩之。从谏脱身走。神功将其众来降。

思明乘胜西攻郑州，光弼整众徐行，至洛阳，谓留守韦陟曰："贼乘胜而来，利在按兵[3]，不利速战。洛城不可守，于公计何如？"陟请留兵于陕，退守潼关，据险以挫其锐。光弼曰："两敌相当，贵进忌退，今无故弃五百里地，则贼势益张矣。不若移军河阳，北连泽潞，利则进取，不利则退守，表里相应，使贼不敢西侵，此猿臂之势[4]也。夫辨朝廷之礼，光弼不如公；论军旅之事，公不如光弼。”陟无以应。判官韦损曰：“东京帝宅，侍中[5]奈何不守？”光弼曰：“守之，则汜水、崿岭[6]、龙门[7]皆应置兵，子为兵马判官，能守之乎！”遂移牒[8]留守韦陟使帅东京官属西入关，牒河南尹李若幽使帅吏民出城避贼，空其城。光弼帅军士运油、铁诸物诣河阳[9]为守备，光弼以五百骑殿[10]。时思明游兵已至石桥[11]，诸将请曰：“今自洛城而北乎，当石桥而进乎？”光弼曰：“当石桥而进。”及日暮，光弼秉炬徐行，部曲坚重[12]，贼引兵蹑[13]之，不敢逼。光弼夜至河阳，有兵二万，粮才支十日。光弼按阅[14]守备，部分[15]士卒，无不严办[16]。庚寅[17]，思明入洛阳，城空，无所得，畏光弼掎[18]其后，不敢入宫，退屯白马寺[19]南，筑月城[20]于河阳南以拒光弼。于是郑、滑等州相继陷没[21]，韦陟、李若幽皆寓治[22]于陕。

冬，十月，丁酉[23]，下制亲征史思明；群臣上表谏，乃止。

史思明引兵攻河阳，使骁将刘龙仙诣城下挑战。龙仙恃勇，举右足加马鬣上，慢骂光弼。光弼顾诸将曰：“谁能取彼者？”仆固怀恩请行。光弼曰：“此非大将所为。”左右言“裨将白孝德[24]可往”。光弼召问之。孝德请行。光弼问：“须几何兵？”对曰：“请挺身[25]取之。”光弼壮其志，然固问所须。对曰：“愿选五十骑出垒门[26]为后继，兼请大军助鼓噪以增气。”光弼抚其背而遣之。孝德挟二矛，策马[27]乱流[28]而进。半涉[29]，怀恩贺曰：“克矣。”光弼曰：“锋未交，何以知之？”怀恩曰：“观其揽辔安闲[30]，知其万全[31]。”龙仙见其独来，甚易[32]之；稍近，将动，孝德摇手示之，若非来为敌者，龙仙不测[33]而止。去之十步，乃与之言，龙仙慢骂如初。孝德息马[34]良久，因瞋目[35]谓曰：“贼识我乎？”龙仙曰：“谁也？”曰：“我，白孝德也。”龙仙曰：“是何狗彘[36]！”孝德大呼，运矛跃马搏之。城上鼓噪，五十骑继进。龙仙矢不及发，环走[37]堤上。孝德追及，斩首，携之以归。贼众大骇。孝德，本安西胡人也。

（以上为第六段，写李光弼重兵守河阳，诱贼来战。）

【注释】

［1］田神功（？—773）：冀州南宫（今河北南宫市南）人。家本微贱，以军功官至检校右仆射，封信都郡王。传见《旧唐书》卷一百二十四，《新唐书》卷一百四十四。［2］长芦：县名。县治在今河北沧县。［3］按兵：按，压住，止住。指停兵不动。［4］猿臂之势：猿臂，猿猴胳臂，伸缩灵便。比喻进退灵活。［5］侍中：即李光弼，于乾元元年（758）任为侍中。［6］崿（è）岭：山名。在今河南登封境内。［7］龙门：又名伊阙。在今河南洛阳市南，龙门山（西山）和香山（东山）隔伊河夹峙如门，故名。龙门石窟为我国著名的佛教艺术宝库之一。［8］移牒：移送文书。［9］河阳：县名。唐德宗时置为军镇。治所在洛阳东北，今河南孟州市西三十五里。河阳为东都洛阳的守河门户。［10］殿：殿后，行军走在最后。［11］石桥：桥名。在今河南洛阳东。［12］坚重：坚固严整而不可侵犯。［13］蹑：跟踪，追随。［14］按阅：巡行检阅。［15］部分：处理，部署。［16］严办：严格办理，认真进行。［17］庚寅：九月二十七日。［18］掎（jǐ）：拉住，牵制。［19］白马寺：佛寺名。在今河南洛阳东。［20］月城：大城外用以障蔽城门的半圆形小城。［21］于是郑、滑等州相继陷没：史思明既入洛阳，则郑、滑等州已经陷没。［22］寓治：寄治，暂迁治所于别处。［23］丁酉：十月四日。［24］白孝德（714—779）：安西胡人。骁悍有胆力，以战功累官至检校刑部尚书，封昌化郡王。传见《旧唐书》卷一百九，《新唐书》卷一百三十六。［25］挺身：挺直身躯，喻勇敢。此兼指独身。［26］垒门：防守军营的大门。［27］策马：挥鞭驱马前行。［28］乱流：横渡。［29］半涉：渡至水中央。［30］揽辔安闲：手握马缰，安闲自在。［31］万全：万无一失。［32］易：轻视。［33］测：量度，推测。［34］息马：让马休息而恢复气力。［35］瞋（chēn）目：怒睁双眼。［36］彘（zhì）：猪。［37］环走：转身逃走。

思明有良马千余匹，每日出于河南渚[1]浴之，循环不休以示多。光弼命索军中牝马[2]，得五百匹，絷其驹[3]于城内。俟思明马至水际，尽出之，马嘶不已，思明马悉浮渡河，一时驱之入城。思明怒，列战船数百艘，泛火船[4]于前而随之，欲乘流烧浮桥。光弼先贮百尺长竿数百枚，以巨木承其根，毡[5]裹铁叉置其首，以迎火船而叉之。船不得进，须臾自焚尽。又以叉拒战船，于桥上发炮石击之，中者皆沉没，贼不胜而去。

思明见兵[6]于河清，欲绝光弼粮道，光弼军于野水渡以备之。既夕，还河阳，留兵千人，使部将雍希颢[7]守其栅[8]，曰："贼将高庭晖、李日越、喻文景，皆万人敌也，思明必使一人来劫我。我且去之，汝待于此。若贼至，勿与之战。降，则与之俱来。”诸将莫谕[9]其意，皆窃笑之。既而思明果谓李日越曰：“李光弼长于凭城[10]，今出在野，此成擒矣。汝以铁骑[11]宵济[12]，为我取之，不得，则勿返。”日越将五百骑晨至栅下，希颢阻壕休卒[13]，吟啸[14]相视。日越怪之，问曰：“司空[15]在乎？”曰：“夜去矣。”“兵几何？”曰：“千人。”“将谁？”曰：“雍希颢。”日越默计[16]久之，谓其下曰：“今失李光弼，得希颢而归，吾死必矣，不如降也。”遂请降。希颢与之俱见光弼，光弼厚待之，任以心腹。高庭晖闻之，亦降。或问光弼：“降二将何易也？”光弼曰：“此人情[17]耳。思明常恨不得野战[18]，闻我在外，以为必可取。日越不获我，势不敢归。庭晖才勇过于日越，闻日越被宠任，必思夺之矣。”庭晖时为五台府[19]果毅，己亥[20]，以庭晖为右武卫大将军[21]。

思明复攻河阳，光弼谓郑陈节度使李抱玉曰：“将军能为我守南城[22]二日乎？”抱玉曰：“过期何如？”光弼曰：“过期救不至，任弃之。”抱玉许诺，勒兵拒守。城且陷，抱玉绐之曰：“吾粮尽，明旦当降。”贼喜，敛军[23]以待之。抱玉缮完城备，明日，复请战。贼怒，急攻之。抱玉出奇兵，表里夹击，杀伤甚众。

董秦从思明寇河阳，夜，帅其众五百，拔栅突围，降于光弼。时光弼自将屯中潬[24]，城外置栅，栅外穿堑，深广二丈。乙巳[25]，贼将周挚舍南城，并力攻中潬。光弼命荔非元礼出劲卒于羊马城[26]以拒贼。光弼自于城东北隅建小朱旗以望贼。贼恃其众，直进逼城，以车载攻具自随，督众填堑，三面各八道以过兵，又开栅为门。光弼望贼逼城，使问元礼曰：“中丞视贼填堑开栅过兵，晏然不动，何也？”元礼曰：“司空欲守乎，战乎？”光弼曰：“欲战。”元礼曰：“欲战，则贼为吾填堑，何为禁之？”光弼曰：“善，吾所不及，勉之！”元礼俟栅开，帅敢死士突出击贼，却走数百步。元礼度贼陈坚，未易摧陷，乃复引退，须其怠而击之。光弼望元礼退，怒，遣左右召，欲斩之。元礼曰：“战正急，召何为？”乃退入栅中。贼亦不敢逼。良久，鼓噪出栅门，奋击，破之。

周挚复收兵趣北城。光弼遽帅众入北城，登城望贼曰：“贼兵虽多，嚣而不整，不足畏也。不过日中，保为诸君破之。”乃命诸将出战。及期，不决，召诸将问曰："向来贼陈，何方最坚？"曰："西北隅。"光弼命其将郝廷玉[27]当之。廷玉请骑兵五百，与之三百。又问其次坚者。曰："东南隅。"光弼命其将论惟贞[28]当之。惟贞请铁骑三百，与之二百。光弼令诸将曰："尔曹望吾旗而战，吾飐旗[29]缓，任尔择利而战；吾急飐旗三至地，则万众齐入，死生以之，少退者斩！"又以短刀置靴中，曰："战，危事，吾国之三公，不可死贼手，万一战不利，诸君前死于敌，我自刭于此，不令诸君独死也。"诸将出战，顷之，廷玉奔还。光弼望之，惊曰："廷玉退，吾事危矣。"命左右取廷玉首。廷玉曰："马中箭，非敢退也。"使者驰报。光弼令易马，遣之。仆固怀恩及其子开府仪同三司玚[30]战小却，光弼又命取其首。怀恩父子顾见使者提刀驰来，更前决战。光弼飐其旗，诸将齐进致死，呼声动天地，贼众大溃，斩首千余级，捕虏五百人，溺死者千余人，周挚以数骑遁去，擒其大将徐璜玉、李秦授[31]。其河南节度使安太清走保怀州。思明不知挚败，尚攻南城，光弼驱俘囚临河示之，乃遁。

丁巳[32]，以李日越为右金吾大将军。

邛[33]、简[34]、嘉[35]、眉[36]、泸[37]、戎[38]等州蛮反。

十一月，甲子[39]，以殿中监董秦为陕西、神策两军兵马使，赐姓李、名忠臣。

康楚元等众至万余人，商州刺史充荆、襄等道租庸使韦伦[40]发兵讨之，驻于邓之境，招谕降者，厚抚之；伺其稍怠，进军击之，生擒楚元，其众遂溃；得其所掠租庸二百万缗，荆、襄皆平。伦，见素之从弟也。

发安西、北庭兵屯陕，以备史思明。

第五琦作乾元钱、重轮钱，与开元钱三品[41]并行，民争盗铸，货轻物重[42]，谷价腾踊[43]，饿殍[44]相望。上言者皆归咎于琦，庚午[45]，贬琦忠州[46]长史。御史大夫贺兰进明贬溱州[47]员外司马，坐琦党也。

十二月甲午[48]，吕諲领度支使。

乙巳[49]，韦伦送康楚元诣阙，斩之。

史思明遣其将李归仁将铁骑五千寇陕州，神策兵马使卫伯玉[50]以数百骑击破之于礓子阪[51]，得马六百匹，归仁走。以伯玉为镇西、四镇行营节度使。李忠臣与归仁等战于永宁[52]、莎栅[53]之间，屡破之。

（以上为第七段，写李光弼讨贼，与史思明在河阳展开大决战，双方势均力敌。）

【注释】

[1]渚（zhǔ）：水中的小块陆地，小洲。 [2]牝（pìn）马：母马。 [3]驹（jū）：少壮的马。 [4]火船：引火攻敌的船。 [5]毡（zhān）：毛毡，用动物毛压成的像厚呢一样的东西。 [6]见（xiàn）兵：军队出现。 [7]雍希颢（hào）：李光弼部将。 [8]栅（zhà）：栅栏，军事上的防御设施。 [9]谕：知道，了解。 [10]凭城：凭借城池作战。 [11]铁骑：披铠甲之马，也指骑兵。 [12]宵济：夜晚渡河。 [13]阻壕休卒：阻，倚仗。指凭借战壕，休养士卒。 [14]吟啸：吟咏，指安闲自在。 [15]司空：指李光弼。 [16]默计：暗暗思索。 [17]人情：人之常情。 [18]野战：旷野交战。 [19]五台府：代州五台县折冲府。 [20]己亥：十月六日。 [21]右武卫大将军：军官名。右武卫长官，掌宿卫宫禁。 [22]南城：指河阳县的南城。 [23]敛军：敛，收。收敛队伍。 [24]中潬（tān）：黄河中的一个沙滩，今河南孟州市西南郭家滩，古河阳三城之一。潬，沙滩。 [25]乙巳：十月十二日。 [26]羊马城：城外加筑的类似羊圈马圈的工事。也称羊马墙、羊马垣。 [27]郝廷玉（？—773）：骁勇善斗。以军功官至太常卿，封安边郡王。传见《旧唐书》卷一百五十二，《新唐书》卷一百三十六。 [28]论惟贞：吐蕃降将。传见《新唐书》卷一百一十。 [29]飐（zhǎn）旗：挥动旗帜。飐，风吹物动。 [30]玚（yáng）：仆固玚（？—763），仆固怀恩之子，骁勇善战。先后任开府仪同三司、御史大夫、朔方行营节度使。后随父叛唐，为帐下所杀。 [31]擒其大将徐璜玉、李秦授：李秦授被擒，书于此时。《考异》指出系从《肃宗实录》，可《考异》同时又说李秦授上元元年（760）四月乃见擒，正文与《考异》矛盾。 [32]丁巳：十月二十四日。 [33]邛：州名。治所在今四川邛崃。 [34]简：州名。治所在今四川简阳市西北。 [35]嘉：州名。治所在今四川乐山。 [36]眉：州名。治所在今四川眉山市。 [37]泸：州名。治所在今四川泸州。 [38]戎：州名。治所在今四川宜宾。 [39]甲子：十一月一日。 [40]韦伦（716—798）：官至太常卿，封郢国公。传见《旧唐书》卷一百三十八，《新唐书》卷一百四十三。 [41]品：种，类。 [42]货轻物重：货，钱币。物，物品。指钱的价值下降，物的价值上升，即钱币贬值，物价上涨。 [43]谷价腾踊：谷物价格飞涨。 [44]饿殍（piǎo）：饿死的人。殍，饿死。[45]庚午：十一月七日。[46]忠州：州名。治所在今重庆忠县。 [47]溱（zhēn）州：州名。治所在今重庆市綦江区南。 [48]甲午：十二月二日。 [49]乙巳：十二月十三日。 [50]卫伯玉（？—776）：以军功官任右羽林大将军、神策军节度、荆南节度使、检校工部尚书，先后封河东郡公、城阳郡王。传见《旧唐书》卷一百一十五，《新唐书》卷一百四十一。 [51]礓（jiāng）子阪：地名。在今河南洛宁县西。 [52]永宁：县名。县治在今河南洛宁县北。 [53]莎栅：地名。在今河南洛宁县西洛水北岸。

上元元年（庚子，760 年）

春，正月，辛巳[1]，以李光弼为太尉兼中书令，余如故。

丙戌[2]，以于阗王胜之弟曜同四镇节度副使，权知本国事。

党项等羌吞噬[3]边鄙[4]，将逼京畿，乃分邠宁等州节度为鄜坊丹延[5]节度，亦谓之渭北节度。以邠州刺史桑如珪领邠宁，鄜州刺史杜冕领鄜坊节度副使，分道招讨。戊子[6]，以郭子仪领两道[7]节度使，留京师，假其威名以镇之。

上祀九宫贵神。

二月，李光弼攻怀州，史思明救之。癸卯[8]，光弼逆战于沁水之上，破之，斩首三千余级。

忠州长史第五琦既行，或告琦受人金二百两，遣御史刘期光追按之。琦曰："琦备位[9]宰相，二百两金不可手挈[10]；若付受有凭，请准律科罪[11]。"期光即奏琦已服罪。庚戌[12]，琦坐除名，长流夷州[13]。

三月，甲申[14]，改蒲州为河中府。

庚寅[15]，李光弼破安太清于怀州城下；夏，四月，壬辰[16]，破史思明于河阳西渚，斩首千五百余级。

襄州将张维瑾、曹玠杀节度使史翙，据州反。制以陇州刺史韦伦为山南东道节度使。时李辅国用事，节度使皆出其门。伦既朝廷所除，又不谒辅国，寻改秦州防御使。己未[17]，以陕西节度使来瑱为山南东道节度使。瑱至襄州，张维瑾等皆降。

闰月，丁卯[18]，加河东节度使王思礼为司空。自武德以来，思礼始不为宰相而拜三公[19]。

甲戌[20]，徙赵王係为越王。

己卯[21]，赦天下，改元[22]。

追谥太公望[23]为武成王，选历代名将为亚圣[24]、十哲[25]。其中祀、下祀并杂祀[26]一切并停。

是日，史思明入东京[27]。

五月，丙午[28]，以太子太傅苗晋卿行侍中。晋卿练达吏事[29]，而谨身固位[30]，时人比之胡广[31]。

宦者马上言受赂，为人求官于兵部侍郎、同中书门下三品吕諲，諲为之补官。事觉，上言杖死。壬子[32]，諲罢为太子宾客。

癸丑[33]，以京兆尹南华刘晏[34]为户部侍郎，充度支[35]、铸钱[36]、盐铁[37]等使。晏善治财利，故用之。

六月，甲子[38]，桂州经略使邢济奏：破西原蛮[39]二十万众，斩其帅黄乾曜等[40]。

乙丑[41]，凤翔节度使崔光远奏破泾、陇羌、浑十余万众。

三品钱[42]行浸久，属岁荒，米斗至七千钱，人相食。京兆尹郑叔清捕私铸钱者，数月间，榜死者八百余人，不能禁。乃敕京畿，开元钱与乾元小钱皆当十，其重轮钱当三十，诸州更俟进止[43]。是时史思明亦铸顺天、得一钱[44]，一当开元钱百。贼中物价尤贵。

甲申[45]，兴王佋薨。佋，张后长子也，幼曰定王侗。张后以故数欲危太子，太子常以恭逊取容[46]。会佋薨，侗尚幼，太子位遂定。

乙酉[47]，凤翔节度使崔光远破党项于普润[48]。

平卢兵马使田神功奏破史思明之兵于郑州。

（以上为第八段，写唐肃宗朝政不肃，财政告危，河南讨贼诸军与贼拉踞相持。）

【注释】

[1]辛巳：正月十九日。 [2]丙戌：正月二十四日。 [3]吞噬（shì）：吞食，兼并。 [4]边鄙：近边界的地方。 [5]鄜坊丹延：鄜，州名，治所在今陕西富县。坊，州名，治所在今陕西黄陵县东南。丹，州名，治所在今陕西宜川县。延，州名，治所在今陕西延安市。 [6]戊子：正月二十六日。 [7]两道：指邠宁与邠坊两节度使。 [8]癸卯：二月十一日。 [9]备位：谦词。指寥以充数，徒占其位。 [10]手挈（qiè）：用手提起。 [11]准律科罪：准，依照。律，法律。科，判处。指依照法律条款判罪。 [12]庚戌：二月十八日。 [13]夷州：州名。治所在今贵州石阡县。 [14]甲申：三月二十三日。 [15]庚寅：三月二十九日。 [16]壬辰：四月二日。 [17]己未：四月二十九日。 [18]丁卯：闰四月七日。 [19]不为宰相而拜三公：唐朝前期，三公多为宰相、亲王的加官，不领实事。至此，王思礼始以藩镇而加三公之位。 [20]甲戌：闰四月十四日。 [21]己卯：闰四月十九日。 [22]改元：改元上元。 [23]太公望：西周初年人。姜姓，吕氏，名尚，俗称姜太公。相传垂钓于渭滨，周文王出狩相遇，与语大悦，同载而归，说："吾太公望子久矣！"因号为太公望，立为师。武王即位，尊为师尚父。辅佐武王灭殷，周朝既建，封于齐，为齐国始祖。事见《史记·齐太公世家》。 [24]亚圣：指才器名位仅次于圣人（武

成王太公望）的人。［25］十哲：十位聪明能干的人。上元元年（760）所立十哲分左右列坐，左为白起、韩信、诸葛亮、李靖、李勣，右为张良、田穰苴、孙武、吴起、乐毅。［26］中祀、下祀并杂祀：隋唐以来的封建王朝祠祭，分大祀、中祀、群祀（即小祀）三等，大祀指祭天、地、太庙、五帝及追尊之帝、后。中祀指祭社稷、日月、星辰、前代帝王、山岳、海渎、帝社、先蚕、孔宣父、齐太公、诸太子庙。小祀指祭司中、司命、司人、司禄、风伯、雨师及山林川泽诸庙诸祠。杂祀指祭祀各路小鬼神。［27］史思明入东京：去年九月史思明已入洛阳，但不敢入宫，退屯白马寺。大概此时移军入城。［28］丙午：五月十七日。［29］练达吏事：指处理官场业务之事十分圆滑熟练。练达，阅历多而通晓人情世故。吏事，官吏之事，官吏的业务。［30］谨身固位：谨身，对自己小心、谨慎。固位，保住官位。指言行谨慎，以稳保官位。［31］胡广（91—172）：字伯始，东汉南郡华容（今湖北荆州市沙市区东）人。举孝廉，安帝以其奏章为天下第一，官至太傅。历仕安、顺、冲、质、桓、灵六帝。时皇权衰微，外戚宦官擅政，广自保而已。性温柔谨素，达练事体，故京师谚曰："万事不理问伯始，天下中庸有胡公。"著有《百官箴》四十八篇及诗、赋、铭、颂、诸解诂二十二篇。传见《后汉书》卷四十四。［32］壬子：五月二十三日。［33］癸丑：五月二十四日。［34］刘晏（715—780）：南华（今山东东明县东南）人，字士安。中唐理财家。自安史之乱，天下物价腾贵，晏领盐铁转运租庸等使二十年，军国之用，皆仰于晏。官至宰相。后遭杨炎谗构被杀。传见《旧唐书》卷一百二十三，《新唐书》卷一百四十九。［35］度支：指度支使。掌贡赋租税的差遣官，量入以为出，故名度支。［36］铸钱：指铸钱使。专事铸造钱币的差遣官。开元二十五年（737）始见设置，此后续有任命。至大历五年（770）停。详《唐会要》卷五十九。［37］盐铁：指盐铁使。乾元元年（758）设置。以职掌食盐专卖为主，兼掌银铜铁锡采冶的差遣官。后与转运使合为盐铁转运使，成为执掌国家财政的三司使（另二司使为度支使和户部使）之一，在唐代中后期起重要作用。详《唐会要》卷八十八。［38］甲子：六月六日。［39］西原蛮：部族名。居住在今广西西部、越南北部一带的部族，有宁氏相承为豪酋，其属有黄氏、韦氏、周氏、侬氏等。［40］斩其帅黄乾曜等：至德（756—758）初西原蛮首领黄乾曜叛，攻桂管十八州，焚庐舍，掠士女，四岁不能平。乾元（758—760）初，唐遣使招慰，部分归降首领共请出兵讨击黄乾曜。于是，斩黄乾曜等七人，叛乱暂时平息。邢济所奏即指此事。详《新唐书》卷二百二十二下。［41］乙丑：六月七日。［42］三品钱：指开元通宝钱、乾元重宝钱、乾元重宝重轮钱。［43］诸州更俟进止：指京畿以外诸州不适用此项规定，等候皇帝另外的命令行动。［44］顺天、得一钱：顺天，本是史思明年号，乾元二年（759）四月史思明在范阳称大燕皇帝，改元顺天。得一钱是史思明所铸钱币，文曰"得一元宝"，径一寸四分。随即因为不喜欢"得一"二字，以为不是国运长久的好兆头，便改其文曰"顺天元宝"，以年号为钱名。［45］甲申：六月二十六日。［46］恭逊取容：恭，恭敬。逊，谦逊。取容，曲从讨好，取悦于人。即以恭敬谦让来取悦于人。［47］乙酉：六月二十七日。［48］普润：县名。县治在今陕西麟游县西。

上皇爱兴庆宫，自蜀归，即居之。上时自夹城[1]往起居[2]，上皇亦间至大明宫。左龙武大将军陈玄礼、内侍监高力士久侍卫上皇；上又命玉真公主[3]、如仙媛[4]、内侍王承恩、魏悦及梨园弟子常娱侍左右。上皇多御长庆楼[5]，父老过者往往瞻拜，呼万岁，上皇常于楼下置酒食赐之；又尝召将军郭英乂等上楼赐宴。有剑南奏事官[6]过楼下拜舞，上皇命玉真公主、如仙媛为之作主人。

李辅国素微贱，虽暴贵用事[7]，上皇左右皆轻之。辅国意恨[8]，且欲立奇功以固其宠，乃言于上曰："上皇居兴庆宫，日与外人交通[9]，陈玄礼、高力士谋不利于陛下。今六军将士尽灵武勋臣[10]，皆反仄[11]不安，臣晓谕不能解，不敢不以闻。"上泣曰："圣皇[12]慈仁，岂容有此！"对曰："上皇固无此意，其如群小何！陛下为天下主，当为社稷大计，消乱于未萌，岂得徇[13]匹夫[14]之孝！且兴庆宫与阎闾相参[15]，垣墉[16]浅露，非至尊所宜居。大内[17]深严，奉迎居之，与彼何殊，又得杜绝小人荧惑[18]圣听。如此，上皇享万岁之安，陛下有三朝[19]之乐，庸[20]何伤乎！"上不听。兴庆宫先有马三百匹，辅国矫敕[21]取之。才留十匹。上皇谓高力士曰："吾儿为辅国所惑，不得终孝矣。"

辅国又令六军将士，号哭叩头，请迎上皇居西内[22]。上泣不应。辅国惧。会上不豫，秋，七月，丁未[23]，辅国矫称上语，迎上皇游西内，至睿武门[24]，辅国将射生五百骑，露刃遮道奏曰："皇帝以兴庆宫湫隘[25]，迎上皇迁居大内。"上皇惊，几坠。高力士曰："李辅国何得无礼！"叱令下马。辅国不得已而下。力士因宣上皇诰曰："诸将士各好在[26]！"将士皆纳刃，再拜，呼万岁。力士又叱辅国与己共执上皇马鞚[27]，侍卫如[28]西内，居甘露殿[29]。辅国帅众而退。所留侍卫兵，才尪老[30]数十人。陈玄礼、高力士及旧宫人皆不得留左右。上皇曰："兴庆宫，吾之王地，吾数以让皇帝，皇帝不受。今日之徙，亦吾志也。"是日，辅国与六军大将素服见上，请罪。上又迫于诸将，乃劳之曰："南宫、西内，亦复何殊！卿等恐小人荧惑，防微杜渐，以安社稷，何所惧也！"刑部尚书颜真卿首率百寮上表，请问上皇起居。辅国恶之，奏贬蓬州[31]长史。

（以上为第九段，写唐肃宗纵容李辅国横恣。）

【注释】

[1]夹城：即夹城墙的复道。宫苑之间距离较远的，或作夹城，以便由墙间复道往来，避外人知晓。开元二十年（732）曾遣范安及筑兴庆宫至芙蓉园（在曲江附近）的夹城。此处所言夹城，当是大明宫至兴庆宫的夹城，疑是开元十四年（726）扩建此宫时所筑。 [2]起居：问候平安。 [3]玉真公主：唐睿宗之女。又称昌隆公主。早先入道为女道士，睿宗为其建玉真观，后玄宗赐名持盈。从玄宗自蜀回京，居兴庆宫，李辅国谗其有异谋，遂复送回玉真观。传见《新唐书》卷八十三。 [4]如仙媛：玄宗旧时宫人。 [5]长庆楼：即长庆殿楼，在兴庆宫东南隅明义门内。 [6]奏事官：各道派官员入京奏事者，称为奏事官。 [7]暴贵用事：即骤然身居显贵，执掌权要。暴，突然，短时期内发生。用事，执掌政事。 [8]意恨：意下仇恨。 [9]交通：交往，勾结。 [10]灵武勋臣：灵武即位以来随从肃宗的官吏军将。或曰灵武元从。 [11]反仄（zè）：指心情动荡，辗转不安。仄，同“侧”，旁边。 [12]圣皇：指玄宗。乾元元年（758）肃宗上其尊号为太上至道圣皇大帝。 [13]徇：顺从。 [14]匹夫：庶人，平民。 [15]阎闾相参（cēn）：平民居住的房屋，参差不齐，彼此交互。参，指参差不齐。 [16]垣墉（yōng）：城墙。 [17]大内：皇宫的总称。 [18]荧惑：炫惑，迷惑。 [19]三朝：语出《礼记》：“文王之为世子也，朝于王季日三。”指一日三次拜见父王。 [20]庸：副词。难道。 [21]矫敕：假传敕令。 [22]西内：唐代以大明宫为东内，太极宫为西内，兴庆宫为南内。太极宫故址在今陕西西安市区的北部。[23]丁未：七月十九日。 [24]睿武门：在兴庆宫长庆殿北。 [25]湫（qiū）隘：湫，低下。隘，狭窄。指低矮狭窄。 [26]好在：犹言好好站住。 [27]马鞚（kòng）：带嚼子的马络头。 [28]如：去，往。 [29]甘露殿：在太极宫的两仪殿北，甘露门内。 [30]尪（wāng）老：尪，骨骼弯曲症，凡胫、背、胸弯曲都叫尪。尪老，瘦弱年老。 [31]蓬州：州名。治所在今四川营山东北。

癸丑[1]，敕天下重棱钱[2]皆当三十，如畿内。

丙辰[3]，高力士流巫州[4]，王承恩流播州，魏悦流溱州，陈玄礼勒致仕[5]；置如仙媛于归州，玉真公主出居玉真观[6]。上更选后宫百余人，置西内，备洒扫[7]。令万安、咸宜二公主[8]视服膳[9]；四方所献珍异，先荐上皇。然上皇日以不怿[10]，因不茹荤[11]，辟谷[12]，浸以成疾。上初犹往问安，既而上亦有疾，但遣人起居。其后上稍悔寤，恶辅国，欲诛之，畏其握兵，竟犹豫不能决。

初，哥舒翰破吐蕃于临洮西关磨环川[13]，于其地置神策军[14]。及安禄山反，军使成如璆遣其将卫伯玉将千人赴难。既而军地沦入吐蕃，伯玉留屯于陕，累官至右羽林大将军。八月，庚午[15]，以伯玉为神策军节度使[16]。

丁亥[17]，赠谥兴王佋曰恭懿太子。

九月，甲午[18]，置南都[19]于荆州，以荆州为江陵府，仍置永平军[20]团练兵三千人，以扼吴、蜀之冲，从节度使吕諲之请也。

或上言："天下未平，不宜置郭子仪于散地[21]。"乙未[22]，命子仪出镇邠州；党项遁去。戊申[23]，制："子仪统诸道兵自朔方直取范阳，还定河北，发射生英武等禁军及朔方、鄜坊、邠宁、泾原诸道蕃、汉兵共七万人，皆受子仪节度。"制下旬日，复为鱼朝恩所沮[24]，事竟不行。

冬，十月，丙子[25]，置青、沂等五州节度使[26]。

十一月，壬辰[27]，泾州破党项。

御史中丞李铣、宋州刺史刘展皆领淮西节度副使。铣贪暴不法，展刚强自用[28]，故为其上者多恶之；节度使王仲升先奏铣罪而诛之。时有谣言曰："手执金刀起东方。"仲升使监军使、内左常侍[29]邢延恩入奏："展倔强不受命，姓名应谣谶，请除之。"

延恩因说上曰："展与李铣一体[30]之人，今铣诛，展不自安，苟不去之，恐其为乱。然展方握强兵，宜以计去之。请除展江淮都统[31]，代李峘，俟其释兵赴镇，中道执之，此一夫力耳。"上从之，以展为都统淮南东、江南西、浙西三道节度使；密敕旧都统李峘及淮南东道节度使邓景山图之。

延恩以制书授展，展疑之，曰："展自陈留参军[32]，数年至刺史，可谓暴贵矣。江、淮租赋所出，今之重任，展无勋劳，又非亲贤，一旦恩命宠擢如此，得非有谗人间之乎？"因泣下。延恩惧，曰："公素有才望，主上以江、淮为忧，故不次[33]用公。公反以为疑，何哉？"展曰："事苟不欺，印节[34]可先得乎？"延恩曰："可。"乃驰诣广陵，与峘谋，解峘印节以授展。展得印节，乃上表谢恩，牒追江、淮亲旧，置之心膂，三道官属遣使迎贺，申图籍[35]，相望于道，展悉举宋州兵七千趣广陵。

延恩知展已得其情，还奔广陵，与李峘、邓景山发兵拒之，移檄州县，言展反。展亦移檄言峘反，州县莫知所从。峘引兵渡江，与副使润州刺史韦儇[36]、浙西节度使侯令仪屯京口[37]，邓景山将万人屯徐城[38]。展素有威名，御军严整，江、淮人望风畏之。展倍道先期至，使人问景山曰："吾奉诏书赴镇，此何兵也？"景山不应。展使人呼于陈前曰："汝曹皆吾民也，勿干吾旗鼓[39]。"使其将孙待封、张法雷击之，景山众溃，与延恩奔寿州。展引兵入广陵，遣其将屈突孝标将兵三千徇濠、楚[40]，王晅[41]将兵四千略淮西。

李峘辟北固[42]为兵场，插木以塞江口。展军于白沙[43]，设疑兵[44]于瓜洲[45]，多张火、鼓，若将趣北固者，如是累日。峘悉锐兵守京口以待之。展乃自上流济，袭下蜀[46]。峘军闻之，自溃，峘奔宣城[47]。

甲午[48]，展陷润州。升州军士万五千人谋应展，攻金陵城[49]，不克而遁。侯令仪惧，以后事授兵马使姜昌群，弃城走。昌群遣其将宗犀诣展降。丙申[50]，展陷升州，以宗犀为润州司马、丹杨军[51]使；使昌群领升州，以从子[52]伯瑛佐之。

李光弼攻怀州，百余日，乃拔之，生擒安太清。

史思明遣其将田承嗣将兵五千徇淮西，王同芝将兵三千人徇陈，许敬江将二千人徇兖郓[53]，薛鄂将五千人徇曹州[54]。

十二月，丙子[55]，党项寇美原[56]、同官[57]，大掠而去。

贼帅郭愔等引诸羌、胡败秦陇防御使韦伦，杀监军使[58]。

兖郓节度使[59]能元皓击史思明兵，破之。

李峘之去润州也，副使李藏用谓峘曰："处人尊位，食人重禄，临难而逃之，非忠也；以数十州之兵食，三江[60]、五湖[61]之险固，不发一矢而弃之，非勇也。失忠与勇，何以事君！藏用请收余兵，竭力以拒之。"峘乃悉以后事授藏用。藏用收散卒，得七百人，东至苏州募壮士，得二千人，立栅以拒刘展。

展遣其将傅子昂、宗犀攻宣州，宣歙节度使郑炅之[62]弃城走，李峘奔淇州[63]。

李藏用与展将张景超、孙待封战于郁墅[64]，兵败，奔杭州。景超遂据苏州，待封进陷湖州[65]。展以其将许峄为润州刺史，李可封为常州刺史，杨持璧苏州刺史，待封领湖州事。景超进逼杭州，藏用使其将温晁屯余杭[66]。展以李晃为泗州[67]刺史，宗犀为宣州刺史。

傅子昂屯南陵[68]，将下江州[69]，徇江西。于是屈突孝摽陷濠、楚州，王晅陷舒、和、滁、庐[70]等州，所向无不摧靡，聚兵万人，骑三千，横行江、淮间。寿州刺史崔昭发兵拒之，由是晅不得西，止屯庐州。

初，上命平庐[71]兵马使田神功将所部精兵五千屯任城[72]；邓景山既败，与邢延恩奏乞敕神功救淮南，未报。景山遣人趣之，且许以淮南金帛子女为赂，神功及所部皆喜，悉众南下，及彭城[73]，敕神功讨展。展闻之，始有惧色，自广陵将兵八千拒之，选精兵二千渡淮，击神功于都梁山[74]，展败，走至天长[75]；以五百骑据桥拒战，又败，展独与一骑亡渡江。神功入广陵及楚州，大掠，杀商胡以千数，城中地穿掘[76]略遍。

是岁，吐蕃陷廓州。

（以上为第十段，写唐四境不宁，羌胡冠秦陇，刘展又反于淮南。）

【注释】

[1]癸丑：七月二十五日。［2］重棱钱：即乾元重宝重轮钱。［3］丙辰：七月二十八日。［4］巫州：州名。治所在今湖南洪江市西。［5］勒致仕：强令退休。勒，勒令，强令。致仕，辞官，退休。［6］玉真观：道教寺院名。在长安城辅兴坊西南隅。景云元年（710）睿宗第十女昌隆公主出家时修，次年昌隆改封玉真公主，所造观名玉真观。［7］洒扫：打扫庭院。［8］万安、咸宜二公主：万安公主，唐玄宗之女，曾出家为道士。传见《新唐书》卷八十三。咸宜公主，玄宗与宠妃武惠妃所生之女。传见《新唐书》卷八十三。［9］视服膳：此指万安、咸宜两公主侍候太上皇玄宗的服饰饮食。视，通“侍”，侍候。［10］不怿：不快乐。［11］茹荤：吃肉食。［12］辟谷：道教“修仙”方法之一。或称“断谷”“绝谷”“却谷”，即不吃五谷。道教声称，人体中有吸食五谷的邪怪（叫“三尸”，或“三彭”“三虫”），经过“辟谷”修炼，可除去“三尸”，达到长生不死。玄宗素信道教，故修炼“辟谷”。［13］磨环川：地名。在今甘肃临潭西。［14］神策军：军镇名。天宝十三载（754）哥舒翰请置，治所在今甘肃临潭县西。［15］庚午：八月十三日。［16］神策军节度使：使职名。为神策军行营差遣长官。［17］丁亥：八月三十日。［18］甲午：九月七日。［19］南都：至德二载（757），唐以蜀郡为南京，凤翔府为西京，西京为中京。至此（上元元年九月）又以荆州为南都。据《旧唐书·肃宗纪》，以荆州为南都的同时，去蜀郡先为南

京之号，而《资治通鉴》漏载，以致使人产生两个南京之疑。［20］永平军：军镇名。节度使吕諲在荆州所置团练兵的名称。［21］散地：闲散之地。借指闲散的官职。［22］乙未：九月八日。［23］戊申：九月二十一日。［24］沮（jǔ）：沮格，阻止。［25］丙子：十月十九日。［26］置青、沂等五州节度使：《资治通鉴》乾元二年四月甲辰书以尚衡为青密节度使，领青、密、登、莱、沂、海、淄七州。上元二年四月乙亥仍书青密节度使尚衡破史朝义。现在（上元元年十月）尚衡尚镇青密，却又书置青、沂等五州节度使。而《新唐书·方镇表二》则不载此年有青沂节度使之置。疑《资治通鉴》所书有误。［27］壬辰：十一月六日。［28］刚强自用：刚强猛毅，自以为是。［29］内左常侍：宦官名。先是，内侍省长官为内侍，副长官为内常侍（《通典·职官九》《旧唐书·职官三》）。开元置内侍监后，内侍、内常侍为副贰。内常侍六人，统管诸局事务。内常侍未见有左右之分，“左”疑为衍文。［30］一体：一样。［31］都统：官名。天宝末讨伐安史叛军始置。都统掌征伐，总领诸道兵马，不赐旌节，不常置，兵罢便撤销。［32］参军：官名。府州属官。唐代府、州置有录事参军事及功、仓、户、兵、法、士六曹参军事。不详刘展是何参军。［33］不次：不按寻常秩序。［34］印节：官印、旌节。唐节度使掌总军旅。辞陛赴镇时，要赐以双旌双节。［35］申图籍：上报地图、户籍。申，申报。图籍，地图与户籍。［36］韦儇（xuān）：人名。润州刺史。［37］京口：城名。故址在今江苏镇江市。［38］徐城：县名。县治在今江苏盱眙县西。［39］旗鼓：旗和鼓。古时军中号令之具。此借指军队的行动。［40］濠、楚：州名。濠州治所在今安徽凤阳县东，楚州治所在今江苏淮安市。［41］王暅（xuǎn）：刘展之将。［42］北固：即北固山。在今江苏镇江北。有南、中、北三峰，北峰三面临江，回岭斗绝，形势险要，故称“北固”。［43］白沙：地名。在今江苏仪征市南滨江处，以地多白沙而名。［44］疑兵：虚设以迷惑敌人的兵。［45］瓜洲：即瓜洲镇。在今江苏扬州市南江滨。［46］下蜀：地名。在今江苏句容市北临江处，与白沙隔江相望。［47］宣城：县名。县治在今安徽宣城市宣州区。［48］甲午：十一月八日。［49］金陵城：城名。即今江苏南京市，当时为升州治所。［50］丙申：十一月十日。［51］丹杨军：军镇名。乾元二年（759）置于润州。［52］从子：侄儿。［53］兖郓（yún）：即兖州、郓州。兖州治所在今山东济宁市兖州区。郓州治所在今山东东平县西北。［54］曹州：州名。治所在今山东曹县西北。［55］丙子：十二月二十日。［56］美原：县名。县治在今陕西富平县东北美原堡。［57］同官：县名。县治在今陕西铜川市西。［58］监军使：使职名。天子派到诸军的监督差遣官。中宗神龙元年（705）以后，以宦官出监诸军，品秩低者为监军，高者为监军使。［59］兖郓节度使：使职名。为兖郓等州的差遣长官，乾元二年（759）置。［60］三江：此指吴淞江、钱塘江、浦阳江。［61］五湖：泛指太湖流域一带的所有湖泊。［62］宣歙（shè）节度使郑炅之：据《新唐书·方镇表五》，乾元元年（758）置宣歙饶观察使，治宣州。任使者应是李行穆（《新唐书·宗室世系表下》）。乾元二年（759）废，宣歙饶三州复由浙江西道观察使领，上元二年（761）浙江西道观察使徙治宣州。宣歙未见置节度使。上元元年（760）郑炅之在宣州时的官衔应是观察使，《全唐文》卷五百二权德舆《金紫光禄大夫司农卿邵州长史李公（鋁）墓志铭并序》云："宣州观察使郑炅之表为广德令。"便是明证。故《资治通鉴》于此有误。［63］李峘奔淇州：据章校，"淇"作"洪"。洪州，州名。治所在江西南昌市。［64］郁墅：地名。据地望，当在今江苏苏州西面不远处。［65］湖州：州名。治所在今浙江湖州市。［66］余杭：县名。县治在今浙江杭州市余杭区。［67］泗州：州名。治所在今江苏泗洪县东南。［68］南陵：县名。县治在今安徽南陵县。［69］江州：州名。治所在今江西九江市。［70］舒、和、滁（chú）、庐：州名。舒州，治所在今安徽潜山；和州，治所在今安徽和县。滁州，治所在今安徽滁州市；庐州，治所在今安徽合肥市。［71］平庐：据章校，"庐"作"卢"。"卢"下有"都知"二字。［72］任城：县名。县治在今山东济宁市。［73］彭城：县名。县治在今江苏徐州市。［74］都梁山：山名。在今江苏盱眙县西南。［75］天长：县名。县治在今安徽天长市。［76］穿掘：挖掘地下埋藏的钱物。

【点评】

本卷点评官军九节度使兵败邺城、宦官李辅国横恣。

一、九节度使兵败邺城。叛军丢失西京，军心动摇，安庆绪放弃洛阳，逃往河北，盘踞邺城，仍据有七郡六十余城，有兵六万，仍是唐的劲敌。乾元元年（758）九月，郭子仪受命集七节度使进讨安庆绪，合计步骑二十余万。肃宗又命李光弼、王思礼两节度使率本部兵为后援。九节度使不相统属，使宦官鱼朝恩为观军容宣慰处置使，实际上是以鱼朝恩为全军统帅。唐肃宗不设元帅的理由是郭子仪、李光弼都是元勋，难相统属。这是一个借口。唐肃宗猜忌功臣，不让靖乱之功为郭、李所有，让鱼朝恩来贪天之功便于控制。这一错误决策给官军带来了灭顶之灾。

进兵之初，郭子仪率领七节度使之兵进围卫州，安庆绪率领邺城叛军，倾巢来救，郭子仪连战皆胜，大破叛军，包围安庆绪于邺城。从乾元元年十月至乾元二年二月，围贼数月，筑垒两层，穿堑三重，又引漳水灌城，城中井泉漫水，构栈而居。贼众食尽，掘鼠一只值钱四千，贼众将惊骇，邺城指日可破。安庆绪向史思明呼救，声言让位称臣。史思明率领十三万大军南下救援，李光弼阻击于魏州。监军观军容使宦官鱼朝恩催促李光弼并兵围邺城。李光弼说："史思明得魏州按兵不进，是在寻求战机，等待官军疲惫，出其不意打击官军。官军应将计就计，拖延史思明，邺城一定会被攻破。邺城被攻破，史思明孤军不战自破。"鱼朝恩不赞同，李光弼无可奈何地移师邺城，史思明紧追其后，离邺城五十里扎营。史思明每天擂鼓遥应邺城贼众，按兵不战，抄掠官军粮饷。此时官军会围邺城达六十万人。史思明选壮士假扮官军，烧毁粮库，官军乏食，士气低落。史思明抓住战机，引大军直逼城下。三月六日壬申，两军会战，官军大败。郭子仪朔方军，战马万匹，只存三千，甲仗十万，弃遗殆尽。官军四散，所过剽掠。九节度使只有李光弼、王思礼两节度使之兵，全军退回。官军功败垂成，贼势大胜。随后史思明火并安庆绪，引兵南下，东京不守，河南河北又是一片战火。此次官军五倍于敌，郭子仪、李光弼两员良将督阵，为何输得如此之惨，原因有五。唐肃宗借口郭子仪、李光弼都是元勋，难相统属不置元帅。步骑数十万，节度使九人，没有统帅，号令不一，这是失败的主要原因。宦官鱼朝恩不懂军事，唐肃宗用他为监军，首次设置观军容使之名，权在主将之上。鱼朝恩不听李光弼之言，迫使李光弼进军邺城，史思明于是跟随其后，与邺城贼众呼应，里应外合，这是失败的第二个原因。官军政出多头，以致粮饷被史思明假扮官军焚毁。官军无粮，士气低落，这是失败的第三个原因。三月六日，两军交战，突起大风，飞沙走石，两军不战自溃。贼众兵少而精，作困兽之斗，溃散而易整合。官军来自四面八方，人数太多，乌合之众，溃散难以收拢，这是失败的第四个原因。归根到底，唐肃宗忌疑主帅，用宦官遥控，政治腐败，这是失败的第五个原因，也是最根本的原因。邺城之败，不在军事，而在政治，罪不在郭子仪，而在唐肃宗。宦官监军，是唐玄宗创立的一个恶例，封常清、高仙芝冤死于宦官之手，哥舒翰兵败潼关也毁于宦官之手。唐肃宗设观军容使，在监军之外创立了一个更大的恶例，良将受制，带来更大的失败。九节度使兵败邺城，鱼朝恩归罪于郭子仪，唐肃宗解除郭子仪的军权，用李光弼为朔方节度使，又重赏朔方节度副使仆固怀恩晋爵为郡王，使与李光弼地位相等，以分李光弼之权。昏君对功臣是如此的猜忌，对宦官是那样的宠信，唐王朝没有在战争中得到洗礼、净化，而是更加腐败。

二、宦官李辅国横恣。李辅国，原名李静宗。是历仕唐玄宗、肃宗、代宗三朝的大宦官。唐代宗宝应元年（762），李辅国要皇帝做傀儡，他对代宗说："大家但居禁中，外事听老奴处分。"代宗忍无可忍，派刺客将李辅国诛杀。

李辅国出身一个养马人之家，从小阉割入宫，在高力士手下当仆役。天宝中，李辅国进东宫作了太子侍卫。肃宗灵武即位，李辅国有拥立之功，成为肃宗心腹，被赐名护国，后改名辅国。肃宗拜李辅国为家令，判元帅行军司马，开创了唐朝宦官掌握禁军的先例。

至德二载（757），唐军收复长安，肃宗回京，任命李辅国为少府、殿中二监，封郕国公，加开府仪同三司，传达百官奏事，始专权自恣。李辅国为了巩固到手的权势，暗中与张良娣（后为张皇后）勾结，合谋陷害建宁王李倓。李倓是唐肃宗的第三子，胆识过人，又典亲军，为人耿直，看不惯张良娣放纵自恣，李辅国内外勾结、权倾朝野。李辅国与张良娣诬陷建宁王怀恨未掌兵权，阴蓄异志。肃宗猜疑，赐死李倓，李辅国更加肆无忌惮，欺负到了太上皇的头上。唐玄宗返回长安，常住兴庆宫。肃宗命陈玄礼、高力士旧人陪伴唐玄宗，旧时梨园弟子也伴随太上皇，奏乐解闷，其乐融融。兴庆宫长庆楼南临大道，唐玄宗在楼上不时与路过楼下的父老交流。李辅国不满高力士的傲慢，又深恐唐玄宗一旦得势或影响肃宗对己不利，李辅国设计拆散高力士、陈玄礼，掌控太上皇。李辅国利用肃宗的猜忌心，挑拨两代皇帝的父子关系。李辅国对肃宗说，太上皇住在靠近街市的地方，不便养老，高力士、陈玄礼等人伺机图谋不轨。李辅国建言迁太上皇到禁中，断绝与外人来往，才能免除后患。肃宗不忍，流着泪说："太上皇仁慈，不会有事。"李辅国悍然训斥说："太上皇没有夺位之心，身边的那一群小人靠不住。陛下为天下人之主，要为社稷大计，消乱于未萌，岂能效法匹夫之孝！太上皇入居深宫，杜绝小人荧惑圣听，有什么不好！"肃宗还是没有答应，李辅国就假传圣旨，强行迎请太上皇入居宫禁，高力士，陈玄礼等旧人全被斥逐。从此，唐玄宗也孑然一身，屈居西内。时逢端午节，肃宗惧怕李辅国与张皇后反对，竟然不敢到西内去探望父亲。太上皇形同软禁，闷闷不乐，一年多后就死了。

此时李辅国常居大内，制敕必经李辅国押署才能施行。宰相百官奏事，先要向李辅国报告，才能见皇上。御史台、大理寺重囚，李辅国说放就放。三司、府、县审案，事先要通报李辅国，重判轻判，都要随李辅国的意。李辅国为了监视朝官大臣，设置了特务机构，称察事厅子，窥探隐情，想要惩治某官，说办就办。察事厅子所到之处，横加追索，诸司不敢违抗。汉、唐、明三代，是宦官肆虐的三个朝代。中唐以后，皇帝废立都掌握在宦官之手。宦官如此猖獗，因其掌握禁军。始作俑者，唐肃宗也。皇帝猜忌将相，就倚重宦官，宦官权重，反制皇帝。宦官肆虐，实质是扭曲了皇权，也可以说是皇权的旁落。只要专制政体存在，宦官这一政治肿瘤就永远无法割除。

卷二二二　唐纪三十八

唐肃宗上元二年至唐代宗广德元年（761—763 年）

【起重光赤奋若（辛丑，761 年），尽昭阳单阏（癸卯，763 年）六月，凡二年有奇】

【大事提要】

本卷记事起公元 761 年，讫公元 763 年六月，凡两年又六个月。当唐肃宗上元二年到唐代宗广德元年六月。此时期政治多故，唐王朝又处于崩溃前夜。唐玄宗、肃宗两代皇帝相继去世，宦官李辅国发动政变，诛杀张皇后，拥立代宗，跋扈嚣张，欲架空皇帝，代宗绝地反击，用暗杀手段，诛除李辅国。由于代宗仍然信任宦官，除了一虎又来一狼，宦官程元振代李辅国专权，朝纲依旧不立。地方多滥刑，诸镇兵将轻易杀逐主帅。官军讨贼，李光弼代郭子仪为副元帅，观军容使宦官鱼朝恩听信叛贼反间计，再次干预军事，迫使李光弼盲目决战，邙山大败，叛军史思明气盛，欲乘胜取长安。史朝义杀父自立，官军得以喘息。代宗借兵回纥，任用仆固怀恩为副元帅，复东京，降河北，史朝义授首，长达八年的安史之乱被平定。代宗姑息，任命安史旧将田承嗣、李宝臣、李怀仙、薛嵩四人分帅河北为节度使，此为仆固怀恩所树党援，为藩镇割据留下隐患。

肃宗文明武德大圣大宣孝皇帝下之下

上元二年（辛丑，761 年）

春，正月，癸卯[1]，史思明改元应天。

张景超引兵攻杭州，败李藏用将李强于石夷门[2]。孙待封自武康[3]南出，将会景超攻杭州，温晁据险击败之；待封脱身奔乌程[4]，李可封以常州降。丁未[5]，田神功使特进杨惠元[6]等将千五百人西击王晅。辛亥[7]夜，神功先遣特进范知新等将四千人自白沙济，西趣下蜀；邓景山将千人自海陵[8]济，东趣常州；神功与邢延恩将三千人军于瓜洲，壬子[9]，济江。展将步骑万余陈于蒜山[10]；神功以舟载兵趣金山，会大风，五舟飘抵金山[11]下，展屠其二舟，沉其三舟，神功不得渡，还军瓜洲。而范知新等兵已至下蜀，展击之，不胜。弟殷劝展引兵逃入海，可延岁月，展曰："若事不济，何用多杀人父子乎！死，早晚等耳！"遂更率众力战。将军贾隐林[12]射展，中目而仆[13]，遂斩之。刘殷、许峄等皆死。隐林，滑州人也。杨惠元等击破晅于淮南，晅引兵东走，至常熟[14]，乃降。孙待封诣李藏用降。张景超聚兵至七千余人，闻展死，悉以兵授张法雷，使攻杭州，景超逃入海。法雷至杭州，李藏用击破之，余党皆平。平卢军大掠十余日。安、史之乱，乱兵不及江、淮，至是，其民始罹荼毒[15]矣。

荆南节度使吕諲奏：请以江南之潭[16]、岳[17]、郴[18]、邵[19]、永[20]、道[21]、连[22]，黔中之涪[23]州，皆隶荆南；从之。

（以上为第一段，写官军平定刘展之乱。）

【注释】

[1]癸卯：正月十七日。[2]石夷门：在今浙江崇德县北。[3]武康：县名。县治在今浙江德清县武康镇。[4]乌程：县名。县治在今浙江湖州市南。[5]丁未：正月二十一日。[6]杨惠元（？—784）：又作阳惠元。武将。传见《旧唐书》卷一百四十四，《新唐书》卷一百五十六。[7]辛亥：正月二十五日。[8]海陵：县名。县治在今江苏泰州市。[9]壬子：正月二十六日。[10]蒜山：山名。在今江苏镇江市西郊。[11]金山：山名。在今江苏镇江市西北大江中。[12]贾隐林：武将。传见《旧唐书》卷一百四十四，《新唐书》卷一百九十二。[13]仆：向前倒下。[14]常熟：县名。县治在今江苏常熟市。[15]荼毒：残害。按，张景超反为李藏用讨平本是下月事，这是因刘展之败而一并记载。表明《资治通鉴》纪事虽属编年，但有兼及本末的特点。[16]潭：州名。治所在今湖南长沙市。[17]岳：州名。治所在今湖南岳阳市。[18]郴（chēn）：州名。治所在今湖南郴州市。[19]邵：州名。治所在今湖南邵阳市。[20]永：州名。治所在今湖南永州市零陵区。[21]道：州名。治所在今湖南道县。[22]连：州名。治所在今广东连州市。[23]涪：州名。治所在今重庆市涪陵区。

二月，奴剌[1]、党项寇宝鸡[2]，烧大散关[3]，南侵凤州[4]，杀刺史萧愧[5]，大掠而西；凤翔节度使李鼎追击，破之。

戊辰[6]，新罗王金嶷[7]入朝，因请宿卫。

或言[8]："洛中将士皆燕人，久戍思归，上下离心，击之，可破也。"陕州观军容使鱼朝恩以为信然，屡言于上，上敕李光弼等进取东京。光弼奏称："贼锋尚锐，未可轻进。"朔方节度使仆固怀恩，勇而愎[9]，麾下皆蕃、汉劲卒，恃功，多不法，郭子仪宽厚曲容[10]之，每用兵临敌，倚以集事[11]，李光弼性严，一裁之以法，无所假贷[12]。怀恩惮光弼而心恶之，乃附[13]朝恩，言东都可取[14]。由是中使相继，督光弼使出师，光弼不得已，使郑陈节度使李抱玉守河阳，与怀恩将兵会朝恩及神策节度使卫伯玉攻洛阳。

戊寅[15]，陈于邙山[16]。光弼命依险[17]而陈，怀恩陈于平原，光弼曰："依险则可以进，可以退；若平原，战而不利则尽矣。思明不可忽也。"命移于险，怀恩复止之。史思明乘其陈未定，进兵薄[18]之，官军大败，死者数千人，军资[19]器械[20]尽弃之。光弼、怀恩渡河走保闻喜[21]，朝恩、伯玉奔还陕，抱玉亦弃河阳走，河阳、怀州皆没于贼。朝廷闻之，大惧，益兵屯陕。

（以上为第二段，写观军容使鱼朝恩中叛贼反间计，致使官军邙山大败。）

【注释】

[1]奴剌（lá）：据岑仲勉考，奴剌为突厥族属，非胡三省所言西羌种落。见《通鉴隋唐纪比事质疑》。 [2]宝鸡：县名。至德二载，改陈仓县为宝鸡县。县治在今陕西宝鸡市。 [3]大散关：关名。又作散关。 [4]凤州：州名。治所在今陕西凤县。 [5]萧忚（yì）：人名。凤州刺史。 [6]戊辰：二月十三日。 [7]新罗王金嶷：新旧《唐书·新罗传》载，天宝二年（743）至大历二年（767）新罗王为宪英，不载有金嶷。 [8]或言：据《通鉴考异》引《肃宗实录》，此是史思明遣间谍散布的反间流言。 [9]勇而愎：勇猛而固执。勇猛作战是其长，刚愎固执是其短。郭子仪假怀恩之短而用其长。 [10]曲容：曲意容忍。 [11]集事：集，成就，成功。指完成其事。 [12]假贷：宽宥，宽恕。 [13]附：依附，附会。 [14]言东都可取：仆固怀恩希望李光弼打败仗，执意认为东都可取。 [15]戊寅：二月二十三日。 [16]邙山：即北邙山。在今河南洛阳市北。 [17]依险：依靠险要地势。 [18]薄：逼近，靠近。 [19]军资：军需品。 [20]器械：指兵器。 [21]闻喜：县名。县治在今山西闻喜县东北。

李揆与吕諲同为相，不相悦。諲在荆南，以善政[1]闻，揆恐其复入相，奏言置军湖南非便，又阴使人如荆、湖求諲过失。諲上疏讼揆罪，癸未[2]，贬揆袁州[3]长史，以河中节度使萧华为中书侍郎、同平章事。

史思明猜忍[4]好杀，群下小不如意，动至族诛，人不自保。朝义，其长子也，常从思明将兵，颇谦谨[5]，爱士卒，将士多附之，无宠[6]于思明。思明爱少子朝清，使守范阳，常欲杀朝义，立朝清为太子，左右颇泄其谋。思明既破李光弼，欲乘胜西入关，使朝义将兵为前锋，自北道袭陕城，思明自南道将大军继之[7]。三月，甲午[8]，朝义兵至礓子岭[9]，卫伯玉逆击，破之。朝义数进兵，皆为陕兵所败。思明退屯永宁，以朝义为怯，曰："终不足成吾事！"欲按军法斩朝义及诸将。戊戌[10]，命朝义筑三隅城[11]，欲贮军粮，期一日毕。朝义筑毕，未泥[12]，思明至，诟怒之，令左右立马监泥[13]，斯须[14]而毕。思明又曰："俟克陕州，终斩此贼。"朝义忧惧，不知所为。

思明在鹿桥驿[15]，令腹心曹将军将兵宿卫；朝义宿于逆旅[16]，其部将骆悦、蔡文景说朝义曰："悦等与王，死无日[17]矣！自古有废立，请召曹将军谋之。"朝义俯首[18]不应。悦等曰："王苟不许，悦等今归李氏[19]，王亦不全矣。"朝义泣曰："诸君善为之，勿惊圣人！"悦等乃令许叔冀之子季常召曹将军，至，则以其谋告之；曹将军知诸将尽怨，恐祸及己，不敢违。是夕，悦等以朝义部兵三百被甲诣驿，宿卫兵怪之，畏曹将军，不敢动。悦等引兵入至思明寝所，值思明如厕，问左右，未及对，已杀数人，左右指示之。思明闻有变，逾垣至厩□[20]，自鞴[21]马乘之，悦傔人[22]周子俊射之，中臂，坠马，遂擒之。思明问："乱者为谁？"悦曰："奉怀王[23]命。"思明曰："我朝来[24]语失，宜其及此。然杀我太早，何不待我克长安！今事不成矣。"悦等送思明于柳泉驿[25]，囚之，还，报朝义曰："事成矣。"朝义曰："不惊圣人乎？"悦曰："无。"时周挚、许叔冀将后军在福昌[26]，悦等使许季常往告之，挚惊倒于地；朝义引军还，挚、叔冀来迎，悦等劝朝义执挚，杀之。军至柳泉，悦等恐众心未壹，遂缢杀思明，以毡裹其尸，橐驼负归洛阳。

朝义即皇帝位，改元显圣。密使人至范阳，敕散骑常侍张通儒等杀朝清及朝清母辛氏并不附己者数十人。其党自相攻击，战城中数月，死者数千人，范阳乃定。朝义以其将柳城李怀仙[27]为范阳尹、燕京留守。

时洛阳四面数百里，州、县皆为丘墟[28]，而朝义所部节度使皆安禄山旧将，与思明等夷[29]，朝义召之，多不至，略相羁縻而已，不能得其用。

（以上为第三段，写叛贼内讧，史朝义杀父自立。）

【注释】

[1]善政：政令良好，治绩显著。 [2]癸未：二月二十八日。 [3]袁州：州名。治所在今江西宜春市。 [4]猜忍：猜忌残忍。 [5]谦谨：谦逊谨慎。 [6]无宠：不受宠爱。 [7]自北道袭陕城，思明自南道将大军继之：北道、南道，洛阳至陕州之二道。唐代由洛阳入关至长安，必须经过陕州。洛阳到陕州有南北二道，陕州入关也有南北二道。这里指的是前者。洛阳到陕州的南道是：洛阳—甘泉驿（今河南洛阳市西南）—寿安（今河南宜阳县）—柳泉驿（今河南宜阳县西北）—福昌（今河南宜阳县）—鹿桥驿（今河南洛宁县北）—莎栅（在鹿桥驿西）—硖石（今河南渑池县西）—陕州。北道是：洛阳—新安（今河南新安县）—渑池（今河南渑池县）—硖石—陕州。参见王文楚《唐代两京驿路考》，载《历史研究》1983年第6期。 [8]甲午：三月九日。 [9]礓（jiāng）子岭：即礓子阪。在今河南三门峡市陕州区。 [10]戊戌：三月十三日。 [11]三隅城：隅，角。指城一面环山，只筑其余三面城墙。 [12]泥（nì）：涂抹。 [13]立马监泥：立马，伫立马旁。监，监督。指伫立马旁督促涂泥。 [14]斯须：一会儿，片刻。 [15]鹿桥驿：驿站名。在今河南洛宁县北。 [16]逆旅：旅舍。 [17]无日：无时日。犹言不久。 [18]俯首：低头。 [19]李氏：指唐朝。 [20]厩□：据章校，□作“中”。厩中，即马圈中。 [21]鞴（bèi）：把鞍辔等套在马身上。 [22]傔人：侍从，副官。 [23]怀王：史思明封史朝义为怀王。 [24]朝来：早上，上午。 [25]柳泉驿：驿站名。在今河南宜阳县西北。 [26]福昌：县名。县治在今河南宜阳县福昌镇。 [27]李怀仙（？—768）：柳城（今辽宁朝阳）胡人。从史思明为将，后斩史朝义降唐；又从仆固怀恩反叛，大历三年（768）为部下所杀。传见《旧唐书》卷一百四十三，《新唐书》卷二百一十二。 [28]丘墟：废墟，荒地。 [29]等夷：同辈。

李光弼上表，固求自贬；制以开府仪同三司、侍中，领河中节度使。

术士长塞[1]镇将[2]朱融与左武卫将军窦如玢等谋奉嗣岐王珍[3]作乱，金吾将军邢济告之。夏，四月，乙卯[4]朔，废珍为庶人，溱州安置，其党皆伏诛。珍，业之子也。丙辰[5]，左散骑常侍张镐贬辰州[6]司户。镐尝买珍宅故也。

己未[7]，以吏部侍郎裴遵庆[8]为黄门侍郎、同平章事。

乙亥[9]，青密节度使尚衡破史朝义兵，斩首五千余级。

丁丑[10]，兖郓节度使能元皓破史朝义兵。

壬午[11]，梓州刺史段子璋反。子璋骁勇，从上皇在蜀有功，东川节度使李奂奏替之，子璋举兵，袭奂于绵州[12]。道过遂州[13]，刺史虢王巨苍黄[14]修属郡[15]礼迎之，子璋杀之。李奂战败，奔成都，子璋自称梁王，改元黄龙，以绵州为龙安府，置百官，又陷剑州。

五月，己丑[16]，李光弼自河中入朝。

初，李辅国与张后同谋迁上皇于西内。是日端午[17]，山人李唐见上，上方抱幼女，谓唐曰："朕念之，卿勿怪也。"对曰："太上皇思见陛下，计亦如陛下之念公主也。"上泫然[18]泣下，然畏张后，尚不敢诣西内。

癸巳[19]，党项寇宝鸡。

初，史思明以其博州刺史令狐彰为滑郑汴节度使，将数千兵戍滑台[20]。彰密因中使杨万定通表请降，徙屯杏园度。思明疑之，遣其将薛岌围之。彰与岌战，大破之，因随万定入朝。甲午[21]，以彰为滑、卫等六州节度使。

戊戌[22]，平卢节度使侯希逸击史朝义范阳兵，破之。

乙未[23]，西川节度使崔光远与东川节度使李奂共攻绵州，庚子[24]，拔之，斩段子璋。

复以李光弼为河南副元帅、太尉兼侍中，都统河南、淮南东·西、山南东、荆南、江南西、浙江东·西八道行营节度，出镇临淮[25]。

（以上为第四段，写邙山之败，李光弼自请解职，一月之后，复职为河南副元帅。）

【注释】

[1]长塞：镇名。在蔚州（今山西灵丘县）界。　[2]镇将：官名。唐制，屯防镇有上中下之分，有戍兵五百者为上镇，三百人为中镇，不及三百者为下镇。镇置镇将、镇副，掌捍防守御。[3]嗣岐王珍：李珍（？—761），睿宗第五子惠宣太子李业之子。岐王本是睿宗第五子李范，死后其子瑾嗣。天宝中瑾暴卒，便以李业（薛王）之子李珍为嗣岐王。上元二年（761）珍以谋反罪赐死。传见《新唐书》卷八十一。　[4]乙卯：四月一日。　[5]丙辰：四月二日。　[6]辰州：州名。治所在今湖南沅陵县。　[7]己未：四月五日。　[8]裴遵庆（686—775）：字少良，绛州闻

喜（今山西闻喜县）人。世为河东冠族。官至黄门侍郎、同中书门下平章事。传见《旧唐书》卷一百一十三,《新唐书》卷一百四十。［9］乙亥：四月二十一日。［10］丁丑：四月二十三日。［11］壬午：四月二十八日。［12］绵州：州名。治所在今四川绵阳市东。［13］遂州：州名。治所在今四川遂宁县。［14］苍黄：即仓皇，急忙。［15］属郡：管辖下的州郡。［16］己丑：五月五日。［17］端午：农历五月五日。［18］泫（xuàn）然：眼泪汪汪的样子。［19］癸巳：五月九日。［20］滑台：城名。在今河南滑县东。［21］甲午：五月十日。［22］戊戌：五月十四日。［23］乙未：五月十一日。［24］庚子：五月十六日。［25］临淮：城名。泗州治所，在今江苏泗洪县东南。

六月，甲寅[1]，青密节度使能元皓[2]败史朝义将李元遇。

江淮都统李峘畏失守之罪，归咎[3]于浙西节度使侯令仪，丙子[4]，令仪坐除名，长流康州[5]；加田神功开府仪同三司，徙徐州刺史；征李峘、邓景山还京师。

戊寅[6]，党项寇好畤[7]。

秋，七月，癸未[8]朔，日有食之，既，大星皆见[9]。

以试少府监[10]李藏用为浙西节度副使。

八月，癸丑[11]朔，加开府仪同三司李辅国兵部尚书。乙未[12]，辅国赴上[13]，宰相朝臣皆送之，御厨具馔，太常设乐。辅国骄纵日甚，求为宰相，上曰："以卿之功，何官不可为，其如朝望未允何[14]！"辅国乃讽仆射裴冕等使荐己。上密谓萧华曰："辅国求为宰相，若公卿表来，不得不与。"华出，问冕；曰："初无[15]此事，吾臂可断[16]，宰相不可得！"华入言之，上大悦；辅国衔之。

己巳[17]，李光弼赴河南行营。

辛巳[18]，以殿中监李若幽为镇西[19]、北庭、兴平[20]、陈郑等节度行营及河中节度使，镇绛州，赐名国贞。

九月，甲申[21]，天成地平节[22]，上于三殿[23]置道场，以宫人为佛菩萨[24]，武[25]士为金刚神王[26]，召大臣膜拜[27]围绕。

壬寅[28]，制去尊号，但称皇帝；去年号，但称元年；以建子月[29]为岁首[30]，月皆以所建为数[31]；因赦天下。停京兆、河南、太原、凤翔四京及江陵南都之号。自今每除五品以上清望官[32]及郎官[33]、御史、刺史，令举一人自代，观其所举，以行殿最[34]。

江、淮大饥，人相食。

冬，十月，江淮都统崔圆署[35]李藏用为楚州刺史。会支度租庸使[36]以刘展之乱，诸州用仓库物无准，奏请征验[37]。时仓猝募兵，物多散亡，征之不足，诸将往往卖产以偿之。藏用恐其及己，尝与人言，颇有悔恨。其牙将高幹挟故怨[38]，使人诣广陵告藏用反，先以兵袭之。藏用走，幹追斩之。崔圆遂簿责[39]藏用将吏以验之，将吏畏，皆附成其状[40]。独孙待封坚言不反，圆命引出斩之。或曰："子何不从众以求生！"待封曰："吾始从刘大夫[41]，奉诏书来赴镇，人谓吾反；李公起兵灭刘大夫，今又以李公为反。如此，谁则非反者，庸有极乎！吾宁就死，不能诬人以非罪。"遂斩之[42]。

建子月，壬午[43]朔，上受朝贺，如正旦仪[44]。

或告鸿胪卿康谦与史朝义通，事连司农卿严庄，俱下狱。京兆尹刘晏[45]遣吏防守庄家。上寻敕出庄，引见。庄怨晏，因言晏与臣言，常道禁中语，矜功怨上。丁亥[46]，贬晏通州[47]刺史，庄难江[48]尉，谦伏诛。戊子[49]，御史中丞元载[50]为户部侍郎，充句当度支[51]、铸钱、盐铁兼江淮转运等使。载初为度支郎中，敏悟善奏对，上爱其才，委以江淮漕运，数月，遂代刘晏，专掌财利。

戊戌[52]，冬至[53]；己亥[54]，上朝上皇于西内。

神策节度使卫伯玉攻史朝义，拔永宁，破渑池[55]、福昌、长水[56]等县。

己酉[57]，上朝献太清宫；庚戌[58]，享太庙、元献[59]庙。建丑月[60]，辛亥[61]朔，祀圆丘、太一坛。

平卢节度使侯希逸与范阳相攻连年，救援既绝，又为奚所侵，乃悉举其军二万余人袭李怀仙，破之，因引兵而南。

（以上为第五段，写唐肃宗受制于宦官李辅国，朝纲不振，地方亦多滥刑。）

【注释】

[1]甲寅：六月一日。 [2]青密节度使能元皓：《资治通鉴》卷二百二十一上元元年十二月以及卷二百二十二上元二年四月均载能元皓为兖郓节度使，至宝应元年（762）建寅月戊申，仍书侯

希逸会能元皓于兖州，而这里却书“青密节度使能元皓”。故疑“青密”为“兖郓”之误。［3］归咎：归罪。［4］丙子：六月二十三日。［5］康州：州名。治所在今广东德庆县。［6］戊寅：六月二十五日。［7］好畤（zhì）：县名。县治在今陕西乾县西北。［8］癸未：七月一日。［9］见（xiàn）：出现。［10］少府监：官名。少府监长安，掌百工技巧之事，即国家手工业事务。［11］癸丑：八月一日。［12］乙未：八月癸丑朔，无乙未，当为乙卯之误。乙卯，八月三日。［13］赴上：尚书省仆射、各部尚书到省供职，称赴上。［14］其如朝望未允何：其，代词，指李辅国求宰相事；如……何，奈……何，由于……无可奈何；朝望，朝廷百官意愿。指这件事情由于朝廷百官不赞成，实在没有办法。［15］初无：压根儿没有，从来没有。［16］吾臂可断：臂，手臂，上肢。我宁可承受断臂的酷刑。［17］己巳：八月十七日。［18］辛巳：八月二十九日。［19］李若幽为镇西：据章校，“镇”上有“朔方”二字。［20］兴平：军镇名，不详所在。［21］甲申：九月三日。［22］天成地平节：肃宗生于景云二年（711）九月三日，便以这天为天成地平节。［23］三殿：麟德殿别名。因此殿有三面，故名。此殿多作宴会之用。殿在大明宫内。［24］佛菩萨：佛，即佛教创始人释迦牟尼。菩萨，梵语“菩提萨埵”的简称，“菩提”意为正，“萨埵”意为众生，菩提萨埵即指能自觉成性，普度众生。又佛经说，菩萨是释迦牟尼未成佛时的称号。后来泛指宣扬并实行大乘佛教的人。［25］武：据章校，“武”上有“北门”二字。［26］金刚神王：即金刚力士，佛教护法神名。手执金刚杵而立，常置于寺门。通常称寺院山门内所塑四天王像为四大金刚。［27］膜拜：合掌加额，伏地跪拜。［28］壬寅：九月二十一日。［29］建子月：十一月的代称。我国古代以北斗星斗柄的运转计算月份，斗柄所指之辰谓之斗建，以十二斗建称十二个月，如正月指寅，为建寅之月，二月指卯，为建卯之月，依此类推，十一月指子，即为建子之月。［30］岁首：一年的第一个月。古代岁首所指月份不一，如夏以正月为岁首，商以十二月为岁首，周以十一月为岁首，等等。［31］月皆以所建为数：月份均以建月为名称，代替原用数字为月的名称。［32］清望官：唐代以内外三品以上官及门下、中书、侍中、尚书左右丞、六部侍郎、太常卿、秘书少监、太子少詹事、左右庶子、国子司业为清望官。详《唐六典·吏部郎中》及《旧唐书》卷四十二。［33］郎官：指六部二十四司的郎中、员外郎，以及尚书左右司的郎中、员外郎。唐代很重视郎官，注意郎官的人选，员外郎比郎中更有身价。参见刘肃《大唐新语》卷十三。［34］殿最：殿，下等。最，上等。古代考核军功或政绩所分的等次。殿最又用来泛指功绩的高下等第。［35］署：署置，任用官吏。［36］支度租庸使：支度使和租庸使的兼使，兼掌节度使所属支度、租庸二使的职务。［37］征验：验证，查证确实。［38］挟故怨：挟，带。故怨，以前的怨恨。［39］簿责：以文书诘责。［40］附成其状：附和高幹之言以构成李藏用谋反罪。［41］刘大夫：指刘展。［42］遂斩之：指孙待封被冤杀。史言兵兴之时政纪不肃，多滥刑。［43］壬午：十一月一日。［44］正（zhēng）旦仪：正旦，正月一日。正旦仪，嘉礼五十仪之一，即皇帝元正受群臣朝贺的仪式。详《通典》卷七十，《新唐书》卷十九。［45］京兆尹刘晏：此时（上元二年）刘晏所任职官为户部侍郎，充度支、铸钱、盐铁等使，兼京兆尹。［46］丁亥：

十一月六日。［47］通州：州名。治所在今四川达州市。［48］难江：县名。县治在今四川南江县。［49］戊子：十一月七日。［50］元载（？—777）：字公甫，凤翔岐山（今陕西岐山县）人。以道举入第，官至宰相。参与谋杀李辅国，擅权嗜利，以得罪伏诛。传见《旧唐书》卷一百一十八，《新唐书》卷一百四十五。［51］句（gòu）当度支：句，亦作勾；句当，办理；度支，指度支使。句当度支使，办理度支使职事，犹如度支使的差遣官，实际上就是度支使，《旧唐书·元载传》便直接书作“度支使”。［52］戊戌：十一月十七日。［53］冬至：二十四节气之一。在公历十二月二十二日或二十三日。［54］己亥：十一月十八日。［55］渑（miǎn）池：县名。县治在今河南渑池县。［56］长水：县名。县治在今河南洛宁县西南。［57］己酉：十一月二十八日。［58］庚戌：十一月二十九日。［59］元献：肃宗生母、玄宗之妃杨氏（？—729），至德二载（757），玄宗在蜀，下诰追册为元献太后。传见《旧唐书》卷五十二，《新唐书》卷七十六。［60］建丑月：十二月。［61］辛亥：十二月一日。

宝应元年（壬寅，762年）

建寅月[1]，甲申[2]，追尊靖德太子琮[3]为奉天皇帝，妃窦氏为恭应皇后，丁酉[4]，葬于齐陵[5]。

甲辰[6]，吐蕃遣使请和。

李光弼拔许州[7]，擒史朝义所署颍川太守李春；朝义将史参救之，丙午[8]，战于城下，又破之。

戊申[9]，平卢节度使侯希逸于青州北渡河而会田神功、能元皓于兖州。

租庸使元载以江、淮虽经兵荒，其民比诸道犹有赀产，乃按籍[10]举[11]八年[12]租调之违负[13]及逋逃[14]者，计其大数[15]而征之，择豪吏为县令而督之，不问负之有无，赀之高下，察民有粟帛者发徒[16]围之，籍[17]其所有而中分[18]之，甚者什取八九，谓之白著[19]。有不服者，严刑以威之。民有蓄谷十斛者，则重足[20]以待命，或相聚山泽为群盗，州县不能制。

建卯月[21]，辛亥[22]朔，赦天下；复以京兆为上都，河南为东都，凤翔为西都，江陵为南都，太原为北都。

奴剌寇成固[23]。

初，王思礼为河东节度使，资储丰衍[24]，赡军之外，积米百万斛，奏请输五十万斛于京师。思礼薨，管崇嗣[25]代之，为政宽弛，信任左右，数月间，耗散殆尽，惟陈腐米万余斛在。上闻之，以邓景山代之。景山至，则钩校[26]所出入[27]，将士辈多有隐没，皆惧。有裨将抵罪当死，诸将请之，不许；其弟请代兄死，亦不许；请入一马以赎死，乃许之。诸将怒曰："我辈曾不及一马乎！"遂作乱，癸丑[28]，杀景山。上以景山抚御失所[29]以致乱，不复推究[30]乱者，遣使慰谕以安之。诸将请以都知兵马使、代州刺史辛云京为节度使[31]。云京奏张光晟为代州刺史。

绛州素无储蓄，民间饥，不可赋敛[32]，将士粮赐[33]不充，朔方等诸道行营都统李国贞屡以状闻；朝廷未报[34]，军中咨怨[35]。突将[36]王元振将作乱，矫令于众曰："来日[37]修都统宅，各具畚锸[38]，待命于门。"士卒皆怒，曰："朔方健儿岂修宅夫邪！"乙丑[39]，元振帅其徒作乱，烧牙城[40]门。国贞逃于狱，元振执之，置卒食于前，曰："食此而役其力，可乎！"国贞曰："修宅则无之，军食则屡奏而未报，诸君所知也。"众欲退。元振曰："今日之事，何必更问！都统不死，则我辈死矣。"遂拔刃杀之。镇西、北庭行营兵屯于翼城[41]，亦杀节度使荔非元礼，推裨将白孝德为节度使，朝廷因而授之。

戊辰[42]，淮西节度使王仲升与史朝义将谢钦让战于申州城下，为贼所虏，淮西震骇。会侯希逸、田神功、能元皓攻汴州，朝义召钦让兵救之。

绛州诸军剽掠不已，朝廷忧其与太原乱军合从[43]连贼，非新进[44]诸将所能镇服，辛未[45]，以郭子仪为汾阳王，知朔方、河中、北庭、潞泽节度行营兼兴平、定国等军[46]副元帅，发京师绢四万匹、布五万端[47]、米六万石以给绛军。

建辰月[48]，庚寅[49]，子仪将行，时上不豫，群臣莫得进见。子仪请曰："老臣受命，将死于外，不见陛下，目不瞑[50]矣。"上召入卧内，谓曰："河东之事，一以委卿。"

史朝义遣兵围李抱玉于泽州，子仪发定国军救之，乃去。

上召山南东道节度使来瑱赴京师；瑱乐在襄阳，其将士亦爱之，乃讽所部将吏上表留之；行及邓州，复令还镇。荆南节度使吕諲、淮西节度使王仲升及中使往来者言“瑱曲收[51]众心，恐久难制。”上乃割商、金、均、房[52]别置观察使，令瑱止领六州[53]。会谢钦让围王仲升于申州数月，瑱怨之，按兵不救，仲升竟败没。行军司马裴茙[54]谋夺瑱位，密表瑱倔强[55]难制，请以兵袭取之，上以为然。癸巳[56]，以瑱为淮西、河南十六州节度使，外示宠任，实欲图之。密敕以茙代瑱为襄、邓等州防御使。

（以上为第六段，写租庸使元载不顾江淮大饥而苛征赋税。藩镇兵将轻易逐杀主帅。）

【注释】

[1]建寅月：正月。[2]甲申：正月四日。[3]靖德太子琮：唐玄宗长子李琮，天宝十载，公元751年薨，谥为靖德太子，至是追尊为奉天皇帝。[4]丁酉：正月十七日。[5]齐陵：唐玄宗长子李琮墓。在今陕西临潼东。[6]甲辰：正月二十四日。[7]许州：今河南许昌市。唐天宝时改颍州郡为许州，安史仍称旧名。即许州、颍州为同地异名。[8]丙午：正月二十六日。[9]戊申：正月二十八日。[10]籍：户口簿册。[11]举：检举。[12]八年：天宝十四载（755）以来至此宝应元年（762）共八年。[13]违负：违，违抗命令；负，欠。违负，违命拖欠。[14]逋（bū）逃：逃亡。[15]大数：大约的整数。[16]徒：步卒。[17]籍：登记。[18]中分：平分。[19]白著：正税之外的横征暴敛。胡三省注引勃海高云有《白著歌》曰：“上元官吏务剥削，江淮之人多白著。”[20]重（chóng）足：叠足而立，指十分惧怕而不敢稍微移动一下。[21]建卯月：二月。[22]辛亥：二月一日。[23]成固：县名。县治在今陕西城固县。[24]丰衍：丰盛盈溢。[25]管崇嗣：两唐书无传。曾任鸿胪卿、太原尹兼御史大夫、北京留守、河东节度副大使，封赵国公。[26]钩校：查对，查核。[27]出入：指收支，收入支出。[28]癸丑：二月三日。[29]抚御失所：安抚统御不当。[30]推究：追究。[31]节度使：据章校，“使”下应补“己未，以云京为北都留守、河东节度使”十五字。[32]赋敛：征收田地税。[33]粮赐：赐，给予。粮饷供给。[34]朝廷未报：朝廷没有回信、答复。[35]咨怨：叹息而怨恨。[36]突将：统率骁勇士卒冲锋突阵的将领。[37]来日：将来的某一天。[38]畚（běn）锸（chā）：畚，用竹篾编织的盛物器具；锸，铁锹。指挖运泥土的工具。[39]乙丑：二月十五日。[40]牙城：主将所居之城，建牙旗，故名。[41]翼城：县名。县治在今山西翼城。[42]戊辰：二月十八日。[43]合从：即合纵，南北联合。[44]新进：新近晋升。[45]辛未：二月二十一日。[46]定国军：军镇名。不详所在。[47]端：布的计量单位。唐代规定，布阔一尺八寸，长五丈为一端。[48]建辰月：三月。[49]庚寅：三月十一日。[50]瞑：闭目。

[51]曲收：多方收买。［52］商、金、钧、房：皆州名。商州治所在今陕西商洛市商州区。金州治在所在今陕西安康市。钧州治在所在今河南禹州市。房州治在所在今湖北房县。［53］令瑱止领六州：止，同只。来瑱所任山南东道节度使，据《新唐书·方镇表四》，在至德二载（757）设置时，领襄、邓、隋、唐、安、均、房、金、商九州，今割去商、金、均、房四州，应是只领五州。［54］裴茙（róng）（？—762）：传见《旧唐书》卷一百一十四，《新唐书》卷一百四十四。［55］倔强：直傲不屈服于人。［56］癸巳：三月十四日。

甲午[1]，奴剌寇梁州[2]，观察使李勉弃城走。以邠州刺史河西臧希让[3]为山南西道节度使。

丙申[4]，党项寇奉天[5]。

李辅国以求宰相不得怨萧华。庚午[6]，以户部侍郎元载为京兆尹，载诣辅国固辞，辅国识其意；壬寅[7]，以司农卿陶锐为京兆尹。辅国言萧华专权，请罢其相，上不许。辅国固请不已，乃从之，仍引元载代华。戊申[8]，华罢为礼部尚书，以载同平章事，领度支、转运使如故。

建巳月[9]，庚戌[10]朔，泽州刺史李抱玉破史朝义兵于城下。

壬子[11]，楚州刺史崔侁表称，有尼真如，恍惚[12]登天[13]，见上帝，赐以宝玉十三枚[14]，云："中国有灾，以此镇之。"群臣表贺。

甲寅[15]，上皇崩于神龙殿[16]，年七十八。乙卯[17]，迁坐[18]于太极殿[19]。上以寝疾[20]，发哀[21]于内殿[22]，群臣发哀于太极殿。蕃官剺面割耳者四百余人。丙辰[23]，命苗晋卿摄冢宰[24]。上自仲春[25]寝疾，闻上皇登遐[26]，哀慕[27]，疾转剧，乃命太子监国。甲子[28]，制改元；复以建寅为正月，月数皆如其旧；赦天下。

初，张后与李辅国相表里，专权用事，晚年，更有隙。内射生使[29]三原[30]程元振[31]党于辅国。上疾笃，后召太子谓曰："李辅国久典禁兵，制敕皆从之出，擅逼迁圣皇，其罪甚大，所忌者吾与太子。今主上弥留[32]，辅国阴与程元振谋作乱，不可不诛。"太子泣曰："陛下疾甚危，二人皆陛下勋旧之臣，一旦不告而诛之，必致震惊，恐不能堪也。"后曰："然则[33]太子姑归[34]，吾更徐思之。"太子出，后召越王係谓曰："太子仁弱，不能诛贼臣，汝能之乎？"对曰："能。"係乃命内谒者监段恒俊选宦官有勇力者二百余人，授甲于长生殿[35]后。乙丑[36]，后以上命召太子。元振知其谋，密告辅国，伏兵于陵霄门[37]以俟之。太子至，以难告。太子曰："必无是事，主上疾亟召我，我岂可畏死而不赴乎！"元振曰："社稷事大，太子必不可入。"乃以兵送太子于飞龙厩，且以甲卒守之。是夜，辅国、元振勒兵三殿，收捕越王係、段恒俊及知内侍省事朱光辉等百余人，系之。以太子之命迁后于别殿。时上在长生殿，使者逼后下殿，并左右数十人幽于后宫，宦官宫人皆惊骇逃散。丁卯[38]，上崩。辅国等杀后并係及兖王僩。是日，辅国始引太子素服于九仙门[39]与宰相相见，叙上皇晏驾[40]，拜哭，始行监国之令。戊辰[41]，发大行皇帝[42]丧于两仪殿[43]，宣遗诏。己巳[44]，代宗即位。

高力士遇赦还，至朗州[45]，闻上皇崩，号恸[46]，呕血而卒。

（以上为第七段，写唐玄宗、肃宗父子相继病殁，李辅国发动政变，杀张皇后，拥立代宗。）

【注释】

[1]甲午：三月十五日。[2]梁州：州名。治所在今陕西汉中市。[3]臧希让（？—774）：两唐书无传。曾任邠州刺史、山南西道节度使、太子詹事、检校工部尚书、渭北节度使、坊州刺史等职。[4]丙申：三月十七日。[5]奉天：县名。县治在今陕西乾县。[6]庚午：三月庚辰朔，无庚午，当为庚子之误。庚子，三月二十一日。[7]壬寅：三月二十三日。[8]戊申：三月二十九日。[9]建巳月：四月。[10]庚戌：四月一日。[11]壬子：四月三日。[12]恍惚（hū）：神志不清。[13]登天：升天。[14]宝玉十三枚：十三枚宝玉的名称详《旧唐书·肃宗纪》。[15]甲寅：四月五日。[16]神龙殿：殿名。中宗神龙（705—706）年间居此殿，并死于此。在长安太极宫甘露殿之左，殿前有神龙门。[17]乙卯：四月六日。[18]坐：指神御座，帝王遗像的座位。[19]太极殿：在大明宫内。[20]寝疾：卧病。[21]发哀：哀哭，哀悼。[22]内殿：指肃宗所居大明宫的寝殿。[23]丙辰：四月七日。[24]命苗晋卿摄冢宰：冢宰，周代官名。为佐天子、总百官之职，秦汉以后不置。唐肃宗、代宗拟命苗晋卿担任的摄冢宰，从苗晋卿辞冢宰表来看，是皇帝服丧期间，代天子行使职权，"百官听政冢宰"，承当军国大事的最高裁决者。详《旧唐书》卷一百一十三《苗晋卿传》。按：玄宗崩，肃宗命苗晋卿摄冢宰，晋卿上表恳辞；肃宗崩，代宗命晋卿摄冢宰，晋卿再上表固辞。两次辞让都获得批准，故虽有其命，而无其事，《资治通鉴》于此书欠妥。[25]仲春：仲，位次居中。即春季的居中一月，指二月。[26]登遐：同"登假"，对帝王死去的讳称。[27]哀慕：悲伤思念。[28]甲子：四月十五日。[29]内射生使：使职名。掌领英武军殿前射生手，以宦官充任。[30]三原：县名。县治在今陕西三原县东北。[31]程元振：宦官。官至右监门卫大将军，封邠国公。传见《旧唐书》卷

一百八十四，《新唐书》卷二百七。［32］弥留：语出《尚书·顾命》：“病日臻，既弥留。”意思是病越来越重，留在身体而不能去除。弥留，指病重濒临死亡。［33］然则：承上接下之词，那么。［34］姑归：暂且回去。［35］长生殿：宫殿名。一说为唐代帝王寝殿皆称长生殿。此即指大明宫内肃宗寝殿。一说长生殿为斋殿，沐浴净身之地。［36］乙丑：四月十六日。［37］陵霄门：宫门名。大明宫北面三门，中为玄武门，左为银汉门，右即陵霄门，又称青霄门。陵，亦作凌；霄，或作云。［38］丁卯：四月十八日。［39］九仙门：宫门名。在大明宫翰林院之北。［40］晏驾：对帝王死亡的讳称。［41］戊辰：四月十九日。［42］大行皇帝：大行，本指一去不返。古代臣下因讳言皇帝死亡，故用大行作比喻。自汉代以后称皇帝死为大行。帝死停棺未葬者为大行皇帝。［43］两仪殿：宫殿名。在长安太极宫太极殿之北，由太极殿经朱明门入两仪门便是两仪殿。贞观五年（631）太宗以隋之中华殿改名，作为常日听政之所。中叶以后，帝、后丧亦多殡于此。［44］己巳：四月二十日。［45］朗州：州名。治所在今湖南常德。［46］号恸（tòng）：极度悲哀而痛哭。

甲戌[1]，以皇子奉节王适[2]为天下兵马元帅。

李辅国恃功益横，明谓上曰：“大家[3]但居禁中，外事听老奴处分。”上内不能平，以其方握禁兵，外尊礼之。乙亥[4]，号辅国为尚父[5]而不名[6]，事无大小皆咨之，群臣出入皆先诣，辅国亦晏然[7]处之。以内飞龙厩副使[8]程元振为左监门卫将军。知内侍省事朱光辉及内常侍[9]啖庭瑶、山人李唐等二十余人皆流黔中。

初，李国贞治军严，朔方将士不乐，皆思郭子仪，故王元振因之作乱。子仪至军，元振自以为功，子仪曰：“汝临贼境，辄害主将，若贼乘其衅，无绛州矣。吾为宰相，岂受一卒之私邪！”五月，庚辰[10]，收元振及其同谋四十人，皆杀之。辛云京闻之，亦推按杀邓景山者数十人，诛之。由是河东诸镇率皆奉法。

壬午[11]，以李辅国为司空兼中书令。

党项寇同官、华原[12]。

甲申[13]，以平卢节度使侯希逸为平卢、青淄等六州节度使，由是青州节度有平卢之号[14]。

乙酉[15]，徙奉节王适为鲁王。

追尊上母吴妃[16]为皇太后。

壬辰[17]，贬礼部尚书萧华为峡州[18]司马。元载希李辅国意，以罪诬之也。

敕乾元大小钱[19]皆一当一[20]，民始安之。

（以上为第八段，写郭子仪诛兵变首领，整肃军纪。）

【注释】

[1]甲戌：四月二十五日。[2]奉节王适：即李适（kuò）（742—805），代宗长子，天宝元年（742）封奉节郡王。事见《旧唐书》卷十二、《新唐书》卷七。[3]大家：宫中近臣或后妃对皇帝的称呼。[4]乙亥：四月二十六日。[5]尚父：本为周武王对吕尚的尊称，意为可尊尚的长辈。后世皇帝尊礼大臣，也有加“尚父”尊号的。[6]不名：不直接呼叫名字。[7]晏然：安然，理所当然。[8]内飞龙厩副使：使职名。为飞龙厩使的副职，以宦官充任。起初，飞龙厩为仗内六闲之一，飞龙使要接受闲厩使指挥。中唐后，飞龙使地位提高，京城马匹全归其管理调度，并领有兵士，成为很重要的内诸司使之一。[9]内常侍：官名。内侍省副长官，佐内侍职掌侍奉皇帝和宫掖宣传之事。[10]庚辰：五月二日。[11]壬午：五月四日。[12]华原：县名。县治在今陕西铜川市耀州区东南。[13]甲申：五月六日。[14]青州节度有平卢之号：《新唐书·方镇表二》载侯希逸上元二年（761）为淄青平卢节度使，其时青州已有平卢之号，与《资治通鉴》所言有异。[15]乙酉：五月七日。[16]吴妃：即肃宗章敬皇后（？—740）。吴氏本坐父事没入掖庭的宫人，侍奉肃宗，生代宗。传见《旧唐书》卷五十二，《新唐书》卷七十七。[17]壬辰：五月十四日。[18]峡州：州名。治所在今湖北宜昌市。[19]乾元大小钱：乾元时第五琦主持铸造的两种钱币。小钱先铸，每缗重十斤，径一寸；大钱后铸，每缗重十二斤，径一寸二分，有重轮，又名重轮钱。[20]皆一当一：乾元钱初铸，规定小钱以一当开元旧钱十，大钱一当五十。至上元元年（760）大钱减为一当三十，开元旧钱与小钱都一当十。代宗即位，令大钱一当三，小钱一当二；三天后，又令大小钱都以一当一。详《新唐书》卷五十四。

史朝义自围宋州数月，城中食尽，将陷，刺史李岑不知所为。遂城[1]果毅开封刘昌[2]曰：“仓中犹有麴[3]数千斤，请屑食[4]之；不过二十日，李太尉[5]必救我。城东南隅最危，昌请守之。”李光弼至临淮，诸将以朝义兵尚强，请南保扬州。光弼曰：“朝廷倚我以为安危，我复退缩，朝廷何望！且吾出其不意，贼安知吾之众寡！”遂径趣[6]徐州，使兖郓节度使田神功进击朝义，大破之。先是，田神功既克刘展，留连[7]扬州未还，太子宾客尚衡与左羽林大将军殷仲卿[8]相攻于兖、郓，闻光弼至，惮其威名，神功遽还河南，衡、仲卿相继入朝。

光弼在徐州，惟军旅之事自决之，自余众务，悉委判官张傪[9]。傪吏事精敏，区处如流，诸将白事，光弼多令与傪议之，诸将事傪如光弼，由是军中肃然，东夏[10]以宁。先是，田神功起偏裨为节度使，留前使判官刘位等于幕府，神功皆平受其拜；及见光弼与傪抗礼[11]，乃大惊，遍拜位等曰："神功出于行伍，不知礼仪，诸君亦胡为[12]不言，成神功之过乎！"

丁酉[13]，赦天下。

立皇子益昌王邈[14]为郑王，延[15]为庆王，迥[16]为韩王。

来瑱闻徙淮西，大惧，上言："淮西无粮，请俟收麦而行。"又讽将吏留己。上欲姑息无事，壬寅[17]，复以瑱为山南东道节度使。

飞龙副使程元振谋夺李辅国权，密言于上，请稍加裁制。六月，己未[18]，解辅国行军司马及兵部尚书，余如故，以元振代判元帅行军司马，仍迁辅国出居外第[19]。于是道路相贺。辅国始惧，上表逊位[20]。辛酉[21]，罢辅国兼中书令，进爵博陆王。辅国入谢，愤咽[22]而言曰："老奴事郎君[23]不了，请归地下事先帝！"上犹慰谕而遣之。

（以上为第九段，写唐代宗解除李辅国军权。）

【注释】

[1]遂城：县名。县治在今河北保定市徐水区西遂城。 [2]刘昌（737—801）：字公明，汴州开封（今河南开封市）人。贞元（785—804）时镇边有成绩的将领。传见《旧唐书》卷一百五十二，《新唐书》卷一百七十。 [3]麹（qū）：酒曲。用曲霉和它的培养基（多为麦子、麸皮、大豆的混合物）制成的块状物，用来酿酒或制酱。 [4]屑食：碾碎成粉末吃用。 [5]李太尉：指李光弼。 [6]径趣：直趋，直往。 [7]留连：指舍不得离开。 [8]殷仲卿：两《唐书》无传。在安史之乱中，历任左羽林大将军、青州刺史、淄州刺史、淄沂沧德棣等州节度使，后为光禄卿。广德元年（763），吐蕃攻入京城，仲卿逃出，至蓝田纠合散兵及骁勇以拒之，并配合郭子仪收复长安。 [9]张傪（cān）：人名。徐州判官。 [10]东夏：夏，中国的古称。东夏，指中国的东部。 [11]抗礼：行对等之礼。 [12]胡为：疑问代词，为什么，怎么。 [13]丁酉：五月十九日。 [14]益昌王邈（？—774）：唐代宗第二子。传见《旧唐书》卷一百一十六，《新唐书》卷八十二。 [15]延：李延。事不详。 [16]迥（jiǒng）：李迥（750—796），唐代宗第七子。传见《旧唐书》卷一百一十六，《新唐书》卷八十二。 [17]壬寅：五月二十四日。 [18]己未：六月十一

日。［19］外第：指皇宫内院之外的住所。［20］逊位：退位，让位。［21］辛酉：六月十三日。［22］愤咽：愤愤不平、声音哽咽。［23］郎君：本是对贵家子弟的称呼。此指代宗。

壬戌[1]，以兵部侍郎严武为西川节度使[2]。

襄邓防御使裴茙屯谷城[3]，既得密敕，即帅麾下二千人沿汉趣襄阳；己巳[4]，陈于谷水[5]北。瑱以兵逆之，问其所以来，对曰："尚书[6]不受朝命，故来。若受代[7]，谨[8]当释兵[9]。"瑱曰："吾已蒙恩[10]，复留镇此，何受代之有！"因取敕及告身示之，茙惊惑。瑱与副使薛南阳纵兵夹击，大破之，追擒茙于申口[11]，送京师；赐死。

乙亥[12]，以通州刺史刘晏为户部侍郎兼京兆尹，充度支、转运、盐铁、铸钱等使。

秋，七月，壬辰[13]，以郭子仪都知朔方、河东、北庭、潞、仪[14]、泽、沁、陈、郑等节度行营及兴平等军副元帅。

癸巳[15]，剑南兵马使徐知道反，以兵守要害，拒严武，武不得进。

八月，桂州刺史邢济讨西原贼帅吴功曹等，平之。

己未[16]，徐知道为其将李忠厚所杀，剑南悉平。

乙丑[17]，山南东道节度使来瑱入朝谢罪，上优待之。

己巳[18]，郭子仪自河东入朝。时程元振用事，忌子仪功高任重，数谮之于上。子仪不自安，表请解副元帅、节度使。上慰抚之，子仪遂留京师。

台州贼帅袁晁[19]攻陷浙东诸州，改元宝胜；民疲于赋敛者多归之。李光弼遣兵击晁于衢州[20]，破之。

乙亥[21]，徙鲁王适为雍王。

九月，庚辰[22]，以来瑱为兵部尚书、同平章事、知山南东道节度使。

乙未[23]，加程元振骠骑大将军兼内侍监。

左仆射裴冕为山陵使[24]，议事有与程元振相违者，丙申[25]，贬冕施州[26]刺史。

（以上为第十段，写宦官程元振取代李辅国专朝政。）

【注释】

[1]壬戌：六月十四日。 [2]严武为西川节度使：据吴廷燮《唐方镇年表》及其《考证》卷下，严武任西川节度使的时间应是上元二年十月。 [3]谷城：县名。县治在今湖北谷城县。 [4]己巳：六月二十一日。 [5]谷水：汉水从湖北老河口市流入谷城县后，称为谷水。 [6]尚书：指来瑱，时为检校户部尚书。 [7]受代：接受代换。 [8]谨：表示恭敬。 [9]释兵：放下武器。[10]蒙恩：蒙受天子恩宠。 [11]申口：镇名。在今陕西旬阳市境。 [12]乙亥：六月二十六日。[13]壬辰：七月十五日。 [14]仪：州名。原名辽州，武德八年（625）改名箕州，先天元年（712）改名仪州，天宝元年（742）改为乐平郡，乾元元年（758）复名仪州。治所在今山西左权县。 [15]癸巳：七月十六日。 [16]己未：八月十三日。 [17]乙丑：八月十九日。 [18]己巳：八月二十三日。 [19]袁晁：农民起义领袖。宝应元年（762）八月，袁晁率众起义于明州翁山县（在今浙江舟山群岛），攻占台州，建立政权，年号宝胜。苦于赋敛之民多往归附，先后占领越州（今浙江绍兴市）、衢州（今浙江衢州市）、信州（今江西上饶市）、温州（今浙江温州市）、明州（今浙江宁波市）等地。义军发展到二十万人。广德元年（763）四月被镇压下去，袁晁被俘牺牲。 [20]衢（qú）州：州名。治所在今浙江衢州市。 [21]乙亥：八月二十九日。 [22]庚辰：九月四日。 [23]乙未：九月十九日。 [24]山陵使：使职名。掌修帝王陵墓，多以宰相充任。[25]丙申：九月二十日。 [26]施州：州名。治所在今湖北恩施。

上遣中使刘清潭[1]使于回纥，修旧好，且征兵讨史朝义。清潭至其庭，回纥登里可汗已为朝义所诱，云“唐室继有大丧，今中原无主，可汗宜速来共收其府库。”可汗信之。清潭致敕书曰：“先帝虽弃天下，今上继统[2]，乃昔日广平王，与叶护共收两京者也。”回纥业已[3]起兵至三城[4]，见州、县皆为丘墟，有轻唐之志，乃困辱[5]清潭。清潭遣使言状，且曰：“回纥举国十万众至矣！”京师大骇。上遣殿中监药子昂往劳之于忻州南。初，毗伽阙可汗为登里求婚，肃宗以仆固怀恩女妻之，为登里可敦。可汗请与怀恩相见。怀恩时在汾州，上令往见之，怀恩为可汗言唐家恩信不可负，可汗悦，遣使上表，请助国讨朝义。可汗欲自蒲关入，由沙苑[6]出潼关东向，药子昂说之曰：“关中数遭兵荒，州县萧条，无以供拟[7]，恐可汗失望；贼兵尽在洛阳，请自土门略邢、洺、怀、卫而南，得其资财以充军装。”可汗不从；又请“自太行南下据河阴，扼贼咽喉”，亦不从；又请“自陕州大阳津[8]渡河，食太原仓粟，与诸道俱进”，乃从之。

袁晁陷信州[9]。

冬，十月，袁晁陷温州[10]、明州[11]。

以雍王适为天下兵马元帅。辛酉[12]，辞行，以兼御史中丞药子昂、魏琚为左右厢兵马使，以中书舍人韦少华为判官，给事中李进为行军司马，会诸道节度使及回纥于陕州，进讨史朝义。上欲以郭子仪为适副，程元振、鱼朝恩等沮之而止。加朔方节度使仆固怀恩同平章事兼绛州刺史，领诸军节度行营以副适。

上在东宫，以李辅国专横，心甚不平，及嗣位，以辅国有杀张后之功，不欲显诛[13]之。壬戌[14]夜，盗入其第，窃辅国之首及一臂而去。敕有司捕盗，遣中使存问[15]其家，为刻木首葬之，仍赠太傅。

丙寅[16]，上命仆固怀恩与母、妻俱诣行营。

雍王适至陕州，回纥可汗屯于河北[17]，适与僚属[18]从数十骑往见之。可汗责适不拜舞，药子昂对以礼不当然。回纥将军车鼻曰：“唐天子与可汗约为兄弟，可汗于雍王，叔父也，何得不拜舞？”子昂曰：“雍王，天子长子，今为元帅。安有中国储君向外国可汗拜舞乎！且两宫在殡[19]，不应舞蹈。”力争久之，车鼻遂引子昂、魏琚、韦少华、李进各鞭一百，以适年少未谙[20]事，遣归营。琚、少华一夕而死。

戊辰[21]，诸军发陕州，仆固怀恩与回纥左杀为前锋，陕西节度使[22]郭英乂、神策观军容使鱼朝恩为殿，自渑池入；潞泽节度使李抱玉自河阳入；河南等道副元帅李光弼自陈留入；雍王留陕州。辛未[23]，怀恩等军于同轨[24]。

史朝义闻官军将至，谋于诸将。阿史那承庆曰：“唐若独与汉兵来，宜悉众与战；若与回纥俱来，其锋不可当，宜退守河阳以避之。”朝义不从。壬申[25]，官军至洛阳北郊，分兵取怀州；癸酉[26]，拔之。乙亥[27]，官军陈于横水[28]。贼众数万，立栅自固，怀恩陈于西原[29]以当之。遣骁骑及回纥并南山出栅东北，表里合击，大破之。朝义悉其精兵十万救之，陈于昭觉寺，官军骤击之，杀伤甚众，而贼陈不动；鱼朝恩遣射生五百人力战，贼虽多死者，陈亦如初。镇西节度使马璘[30]曰：

“事急矣！”遂单骑奋击，夺贼两牌[31]，突入万众中。贼左右披靡，大军乘之而入，贼众大败；转战于石榴园、老君庙，贼又败；人马相蹂践，填尚书谷，斩首六万级，捕虏二万人，朝义将轻骑数百东走。怀恩进克东京及河阳城，获其中书令许叔冀、王伷等，承制释之。怀恩留回纥可汗营于河阳，使其子右厢兵马使玚及朔方兵马使高辅成帅步骑万余乘胜逐朝义，至郑州，再战皆捷。朝义至汴州，其陈留节度使张献诚[32]闭门拒之，朝义奔濮州，献诚开门出降。

回纥入东京，肆行杀略，死者万计，火累旬不灭。朔方、神策军亦以东京、郑、汴、汝州皆为贼境，所过虏掠，三月乃已。比屋[33]荡尽，士民皆衣纸。回纥悉置所掠宝货于河阳，留其将安恪守之。

（以上为第十一段，写唐代宗借兵回纥，大破史朝义，收复东都，回纥恣意抢掠，平民遭杀戮。）

【注释】

[1]刘清潭（？—779）：宦官。后代宗赐名忠翼。一度权倾朝野，德宗即位，赐死。事见《旧唐书》卷一百一十八。[2]继统：继承皇统。[3]业已：已经。[4]三城：指三受降城。[5]困辱：限制行动、玷辱。[6]沙苑：地名。又名沙阜、沙海、沙窝。在陕西大荔县南洛、渭之间。东西八十里，南北三十里，地多沙草，宜畜牧。[7]供拟：供给，供应。[8]大阳津：又作太阳津，津渡名。在今河南三门峡市陕州区北，称太阳渡。[9]信州：州名。治所在今江西上饶市。[10]温州：州名。治所在今浙江温州市。[11]明州：州名。治所在今浙江宁波市南。[12]辛酉：十月十六日。[13]显诛：公开诛杀。[14]壬戌：十月十七日。[15]存问：存，抚恤。指抚恤慰问。[16]丙寅：十月二十一日。[17]河北：据《旧唐书·回纥传》，指陕州黄河之北。按：陕州河北县（今山西平陆县东北）已于天宝元年（742）改名平陆县。[18]僚属：所属官吏。[19]两宫在殡：两宫，指玄宗、肃宗；殡，停放灵柩。两宫在殡，即玄、肃二帝尚未安葬。[20]谙（ān）：熟悉。[21]戊辰：十月二十三日。[22]陕西节度使：据《新唐书·方镇表一》，陕西节度使乃是上元元年（760）以陕虢华节度使改置。[23]辛未：十月二十六日。[24]同轨：城名。在今河南洛宁县境内。[25]壬申：十月二十七日。[26]癸酉：十月二十八日。[27]乙亥：十月三十日。[28]横水：镇名，在今河南洛阳市孟津区西。[29]西原：地名。在今河南灵宝市西南。[30]马璘（722—777）：岐州扶风（今陕西扶风县）人。在平定史朝义和抗击吐蕃中，累建殊功。官至四镇、北庭行营节度使。镇守泾州凡八年，吐蕃不敢犯境，称中兴之猛将。封扶风郡王。传见《旧唐书》卷一百五十二，《新唐书》卷一百三十八。[31]牌：盾牌。

[32]张献诚（？—768）：陕州平陆（今山西平陆县）人，前幽州节度使张守珪之子。先从安史乱军，宝应元年（762）归唐，任剑南东川节度使，封邓国公。传见《旧唐书》卷一百二十二，《新唐书》卷一百三十三。 [33]比屋：并邻之屋，挨家挨户。

十一月，丁丑[1]，露布[2]至京师。

朝义自濮州北渡河，怀恩进攻滑州，拔之，追败朝义于卫州。朝义睢阳节度使田承嗣等将兵四万余人与朝义合，复来拒战；仆固玚击破之，长驱至昌乐[3]东。朝义帅魏州兵来战，又败走。于是邺郡节度使薛嵩[4]以相、卫、洺、邢四州降于陈郑、泽潞节度使李抱玉，恒阳节度使张忠志以赵、恒、深、定、易五州降于河东节度使辛云京。嵩，楚玉[5]之子也。抱玉等已进军入其营，按其部伍，嵩等皆受代；居无何，仆固怀恩皆令复位。由是抱玉、云京疑怀恩有贰心，各表言之，朝廷密为之备；怀恩亦上疏自理[6]，上慰勉之。辛巳[7]，制："东京及河南、北受伪官者，一切不问。"

己丑[8]，以户部侍郎刘晏兼河南道水陆转运都使[9]。

丁酉[10]，以张忠志为成德军[11]节度使，统恒、赵、深、定、易五州，赐姓李，名宝臣。初，辛云京引兵将出井陉，常山裨将王武俊[12]说宝臣曰："今河东兵精锐，出境远斗，不可敌也。且吾以寡当众，以曲遇直，战则必离，守则必溃，公其图之。"宝臣乃撤守备，举五州来降。及复为节度使，以武俊之策为善，擢为先锋兵马使。武俊，本契丹也，初名没诺干。

郭子仪以仆固怀恩有平河朔功，请以副元帅让之。己亥[13]，以怀恩为河北副元帅，加左仆射兼中书令、单于、镇北大都护、朔方节度使。

史朝义走至贝州，与其大将薛忠义等两节度合，仆固玚追之至临清[14]。朝义自衡水[15]引兵三万还攻之，玚设伏击走之。回纥又至，官军益振，遂逐之；大战于下博[16]东南，贼大败，积尸拥流[17]而下，朝义奔莫州。怀恩都知兵马使薛兼训[18]、兵马使郝庭玉与田神功、辛云京会于下博，进围朝义于莫州，青淄节度使侯希逸继至。

十二月，庚申[19]，初以太祖配天地[20]。

（以上为第十二段，写官军穷追史朝义。）

【注释】

［1］丁丑：十一月二日。［2］露布：不缄封的文书，多指捷报。［3］昌乐：县名。县治在今河南南乐县。［4］薛嵩（？—773）：绛州万泉（今山西万荣县南）人，名将薛仁贵之孙。初从安史叛军，广德元年（763）降唐，乱平，为河北藩帅之一。传见《旧唐书》卷一百二十四，《新唐书》卷一百一十一。［5］楚玉：薛楚玉，唐左武卫大将军薛仁贵之子。开元中，为幽州大都督府长史，以不称职见代而卒。事见《旧唐书》卷九十三，《新唐书》卷一百一十一。［6］自理：理，申辩。自理，自己申辩。［7］辛巳：十一月六日。［8］己丑：十一月十四日。［9］河南道水陆转运都使：即都管河南道水陆转运的转运使。［10］丁酉：十一月二十二日。［11］成德军：方镇名。又名恒冀军、镇冀军。宝应元年（762）置。此是招抚安史余众而设置的河北三镇之一。治所在今河北正定县。辖境屡有变动，长期领有恒、冀、深、赵四州。［12］王武俊（745—801）：字元英，契丹人。任李宝臣的先锋兵马使，后杀宝臣子维岳而任恒州刺史、恒冀都团练观察使。建中三年（782）与朱滔、田悦、李纳等联兵称王建国。兴元元年（784）归顺，授成德军节度使，加司空、同中书门下平章事，封琅邪郡王。传见《旧唐书》卷一百四十二，《新唐书》卷二百一十一。［13］己亥：十一月二十四日。［14］临清：县名。县治在今山东临清市南。［15］衡水：县名，县治在今河北衡水市西南。［16］下博：县名。县治在今河北深州市东。［17］拥流：拥，拥挤。指挤满河流。［18］薛兼训：两唐书无传。以军功曾任浙东观察使、越州刺史、御史大夫、检校工部尚书、太原尹、北都留守、河东节度使。［19］庚申：十二月十六日。［20］以太祖配天地：太祖，即唐高祖李渊的祖父李虎，唐建立后，追尊为景皇帝。以太祖配天地，唐高祖武德初年，诏每年祭祀圆丘、方丘（即天、地），以景皇帝配享。以后，改为以高祖、太宗配，然而历朝多有异议。至宝应元年（762），杜鸿渐为太常卿、礼仪使，以为太祖景皇帝始受封于唐，请以配祭天地，获得批准，于是不再以高祖、太宗配祭天地，详见《旧唐书》卷二十一《礼仪一》。

代宗[1]睿文孝武皇帝[2]上之上

广德元年（癸卯，763年）

春，正月，己卯[3]，追谥吴太后曰章敬皇后。

癸未[4]，以国子祭酒刘晏为吏部尚书、同平章事，度支等使如故。

初，来瑱在襄阳，程元振有所请托，不从；及为相，元振谮瑱言涉不顺。王仲升在贼中，以屈服[5]得全，贼平得归，与元振善，奏瑱与贼合谋，致仲升陷贼。壬寅[6]，瑱坐削官爵，流播州，赐死于路，由是藩镇皆切齿于元振。

史朝义屡出战，皆败，田承嗣说朝义，令亲往幽州发兵，还救莫州，承嗣自请留守莫州。朝义从之，选精骑五千自北门犯围[7]而出。朝义既去，承嗣即以城降，送朝义母、妻、子于官军。于是仆固玚、侯希逸、薛兼训等帅众三万追之，及于归义[8]，与战，朝义败走。

时朝义范阳节度使李怀仙已因中使骆奉仙[9]请降，遣兵马使李抱忠将兵三千镇范阳县[10]，朝义至范阳，不得入。官军将至，朝义遣人谕抱忠以大军留莫州、轻骑来发兵救援之意，因责以君臣之义，抱忠对曰："天不祚[11]燕，唐室复兴，今既归唐矣，岂可更为反覆，独不愧三军邪！大丈夫耻以诡计[12]相图，愿早择去就[13]以谋自全。且田承嗣必已叛矣，不然，官军何以得至此！"朝义大惧，曰："吾朝来未食，独不能以一餐相饷乎！"抱忠乃令人设食于城东。于是范阳人在朝义麾下者，并拜辞而去，朝义涕泣而已，独与胡骑数百既食而去。东奔广阳[14]，广阳不受；欲北入奚、契丹，至温泉栅[15]，李怀仙遣兵追及之；朝义穷蹙[16]，缢于林中，怀仙取其首以献。仆固怀恩与诸军皆还。

甲辰[17]。朝义首至京师。

（以上为第十三段，写史朝义授首，官军平定安史之乱。）

【注释】

[1]代宗（?26—779）：初名俶，后改豫，肃宗长子。乾元元年（758）立为太子，宝应元年（762）即位。公元763年至779年在位。为唐朝第八位皇帝。死后议上庙号曰世宗，为避太宗讳，改称代宗。[2]睿文孝武皇帝：唐代宗的谥号。[3]己卯：正月五日。[4]癸未：正月九日。[5]屈服：屈身降附，顺从。[6]壬寅：正月二十八日。[7]犯围：即突围。[8]归义：县名。县治在今河北容城县东。[9]骆奉仙：宦官。传见《新唐书》卷二百七。[10]范阳县：县名。县治在今河北涿州市。[11]祚（zuò）：赐福。[12]诡计：欺诈的计谋。[13]去就：去留，进退。[14]广阳：旧郡名，北魏置。治所在今北京密云区。[15]温泉栅：地名。在今河北滦州市南。[16]穷蹙（cù）：困窘，窘迫。[17]甲辰：正月三十日。

闰月，己酉[1]夜，有回纥十五人犯含光门[2]，突入鸿胪寺[3]，门司[4]不敢遏。

癸亥[5]，以史朝义降将薛嵩为相、卫、邢[6]、洺、贝、磁[7]六州节度使，田承嗣为魏[8]、博[9]、德[10]、沧、瀛[11]五州都防御使，李怀仙仍故地为幽州、卢龙节度使。时河北诸州皆已降，嵩等迎仆固怀恩，拜于马首，乞行间[12]自效；怀恩亦恐贼平宠衰，故奏留嵩等及李宝臣分帅河北，自为党援。朝廷亦厌苦兵革，苟冀无事，因而授之。

回纥登里可汗归国，其部众所过抄掠，廪给小不如意，辄杀人，无所忌惮。陈郑、泽潞节度使李抱玉欲遣官属置顿，人人辞惮，赵城[13]尉马燧[14]独请行。比回纥将至，燧先遣人赂其渠帅，约毋暴掠，帅遗之旗曰："有犯令者，君自戮之。"燧取死囚为左右，小有违令，立斩之。回纥相顾失色，涉其境者皆拱手遵约束。抱玉奇之，燧因说抱玉曰："燧与回纥言，颇得其情。仆固怀恩恃功骄蹇[15]，其子玚好勇而轻，今内树四帅[16]，外交回纥，必有窥河东、泽潞之志，宜深备之。"抱玉然之。

初，长安人梁崇义[17]以羽林射生从来瑱镇襄阳，累迁右兵马使。崇义有勇力，能卷铁舒钩[18]；沉毅[19]寡言，得众心。瑱之入朝也，命诸将分戍诸州，瑱死，戍者皆奔归襄阳。行军司马庞充将兵二千赴河南，至汝州，闻瑱死，引兵还袭襄州；左兵马使李昭拒之，充奔房州。崇义自邓州引戍兵归，与昭及副使薛南阳相让为长，久之不决，众皆曰："兵非梁卿主之不可。"遂推崇义为帅。崇义寻杀昭及南阳，以其状闻，上不能讨。三月甲辰[20]，以崇义为襄州刺史、山南东道节度留后。崇义奏改葬瑱，为之立祠，不居瑱听事及正堂[21]。

辛酉[22]，葬至道大圣大明孝皇帝[23]于泰陵[24]；庙号玄宗。庚午[25]，葬文明武德大圣大宣孝皇帝[26]于建陵[27]；庙号肃宗。

夏，四月，庚辰[28]，李光弼奏擒袁晁，浙东皆平。时晁聚众近二十万，转攻州县，光弼使部将张伯仪[29]将兵讨平之。伯仪，魏州人也。

郭子仪数上言："吐蕃、党项不可忽，宜早为之备。"

辛丑[30]，遣兼御史大夫李之芳[31]等使于吐蕃，为虏所留，二年乃得归。

群臣三上表请立太子；五月，癸卯[32]，诏许俟秋成[33]议之。

丁卯[34]，制分河北诸州：以幽、莫、妫、檀、平、蓟为幽州管；恒、定、赵、深、易为成德军管；相、贝、邢、洺为相州管；魏、博、德为魏州管；沧、棣[35]、冀、瀛为青淄管；怀、卫、河阳为泽潞管。

（以上为第十四段，写仆固怀思奏请安史旧将田承嗣、李宝臣、李怀仙、薛嵩四人分帅河北为节度使，自为党援，唐代宗姑息从之，为藩镇割据留下隐患。）

【注释】

［1］己酉：闰正月五日。［2］含光门：唐长安皇城南面三门，中间为朱雀门，东边为安上门，西边就是含光门。［3］鸿胪寺：唐九寺之一。主要掌管外来使节及四夷君长朝见事务，其官署在入含光门的东边。［4］门司：即门卫。［5］癸亥：闰正月十九日。［6］甲邢：州名。治所在今河北邢台市。［7］磁：州名。治所在今河北磁县。［8］魏：州名。治所在今河北大名县东北。［9］博：州名。治所在今山东聊城市东北。［10］德：州名。治所在今山东德州市陵城区。［11］瀛：州名。治所在今河北河间市。［12］行（háng）间：军中。［13］赵城：县名。县治在今山西洪洞县北。［14］马燧（726—795）：字洵美，汝州郏城（今河南郏县）人。少学兵书战策，沉毅勇敢而长于计算。长期节镇河东，累建战绩，官至侍中，封北平郡王，谥曰庄武。传见《旧唐书》卷一百三十四，《新唐书》卷一百五十五。［15］骄蹇：傲慢不顺。［16］四帅：指田承嗣、李宝臣、李怀仙、薛嵩。［17］梁崇义（？—781）：京兆长安（今陕西西安市）人。割据襄邓七州的藩镇，建中二年（781）兵败自杀。传见《旧唐书》卷一百二十一，《新唐书》卷二百二十四上。［18］卷铁舒钩：使铁卷曲，使钩伸展，言力气很大。［19］沉毅：深沉刚毅。［20］甲辰：三月一日。［21］正堂：官衙正中的大厅。［22］辛酉：三月十八日。［23］至道大圣大明孝皇帝：玄宗的谥号。［24］泰陵：玄宗陵墓。在今陕西蒲城县东北金粟山，有高力士坟为陪葬陵。［25］庚午：三月二十七日。［26］文明武德大圣大宣孝皇帝：肃宗的谥号。［27］建陵：肃宗陵墓。在今陕西礼泉县北武将山。［28］庚辰：四月七日。［29］张伯义：传见《旧唐书》卷一百三十六。［30］辛丑：四月二十八日。［31］李之芳：唐太宗第七子蒋王恽的曾孙。官至礼部尚书。事见《旧唐书》卷七十六，《新唐书》卷八十。［32］癸卯：五月一日。［33］秋成：指谷物经秋而成熟。即秋收。［34］丁卯：五月二十五日。［35］棣：州名。治所在今山东惠民县东南。

六月，癸酉[1]，礼部侍郎华阴杨绾[2]上疏，以为："古之选士必取行实[3]，近世专尚文辞。自隋炀帝始置进士科，犹试策[4]而已；至高宗时，考功员外郎刘思立[5]始奏进士加杂文[6]，明经加帖[7]，从此积弊，转而成俗。朝之公卿以此待士，家之长老以此训子，其明经则诵帖括[8]以求侥幸[9]。又，举人皆令投牒自应[10]，如此，欲其返淳朴，崇廉让，何可得也！请令县令察孝廉[11]，取行著乡间，学知经术者，荐之于州。刺史考试，升之于省。任各占[12]一经，朝廷择儒学之士，问经义[13]二十条，对策[14]三道，上第[15]即注官，中第得出身[16]，下第罢归。又道举[17]亦非理国，望与明经、进士并停。”上命诸司通议，给事中李栖筠、左丞贾至、京兆尹严武并与绾同。至议以为：“今试学者以帖字为精通，考文者以声病[18]为是非，风流[19]颓弊[20]，诚当厘改[21]。然自东晋[22]以来，人多侨寓[23]，士居乡土，百无一二；请兼[24]广学校，保桑梓[25]者乡里举焉，在流寓[26]者庠序[27]推焉。”敕礼部具条目以闻。绾又请置五经[28]秀才[29]科。

庚寅[30]，以魏博都防御使田承嗣为节度使。承嗣举管内户口，壮者皆籍[31]为兵，惟使老弱者耕稼，数年间有众十万；又选其骁健者万人自卫，谓之牙兵[32]。

同华节度使[33]李怀让为程元振所谮，恐惧，自杀。

（以上为第十五段，写改革科举，以经术与对策取士。）

【注释】

[1]酉：六月一日。 [2]绾：字公权，华州华阴（今陕西华阴市）人。官至中书侍郎、同中书门下平章事、集贤殿崇文馆大学士。传见《旧唐书》卷一百一十九，《新唐书》卷一百四十二。 [3]实：生平事迹。 [4]策：策，策问。从汉代起，皇帝为选拔人才举行考试，事先把问题写在竹简上，称“策”。试策，即出题考试。 [5]思立：高宗时为侍御史，后迁考功员外郎，首先提出明经加帖、进士试杂文。事见《旧唐书》卷一百九十中，《新唐书》卷二百二。 [6]士加杂文：杂文，经史以外的文章，主要指诗、赋。唐代科举考试，自永隆二年（681）起，进士始试杂文二篇，通文律者然后才能试策。 [7]经加帖：唐代科举的明经科，主要考试儒经的经义，后来加试帖经，即以所习诵的经文掩盖两端，只开中间一行，裁成帖，每帖有三字，考生根据帖经内容，续通前后。 [8]帖括：唐代明经科以“帖经”试士后，考官常选偏僻的章句为题。考生则括取偏僻隐幽的经文，熟读记忆，以应付考试，称为帖括。 [9]侥（jiǎo）幸：意外地获得成功。 [10]投牒自应：牒，书札。自己投书应举。 [11]孝廉：孝，善待父母；廉，廉洁。孝廉，汉代举荐人才的科目，唐代已无孝廉科。此指有孝、廉行为的人。 [12]占（zhān）：占对，应口对答。[13]经义：儒经的义理。 [14]对策：应考者按策上的问题陈述自己的见解。 [15]第：等级。

[16]出身：做官的最初资历。［17］道举：即开元二十九年（741）所置玄学博士，教崇玄生，习诵《老子》《庄子》《文子》《列子》，每年依明经科实行的科举考试。道举实行到五代时才渐消失。［18］声病：声，指写作诗赋，要平、上、去、入四声音从、文顺。声病，指不合乎四声的规律，不按四声规律做诗赋。［19］风流：风俗教化。［20］颓弊：衰败变坏。［21］厘改：改正。［22］东晋：朝代名。晋朝先建都洛阳，史称西晋。公元316年，匈奴灭西晋后，司马睿在建康（今江苏南京）重建政权，时称东晋，存在于公元317年至420年，与西晋合称两晋。［23］侨寓：侨居，寄居异乡。［24］兼：同时实行。［25］桑梓：桑、梓原为古代住宅旁常栽的树木，后来用作故乡的代称。［26］流寓：寄居他乡。［27］庠（xiáng）序：古代地方设立的学校，是与帝王的辟雍、诸侯的泮宫等大学相对而言。后泛指学校。［28］五经：指《诗》《书》《礼》《易》《春秋》五部儒家经典。［29］秀才：科举考试科目。唐代是与明经、进士并立的科目。［30］庚寅：六月十八日。［31］籍：登记。［32］牙兵：即衙兵。节度使设置宿卫牙城的亲兵。牙兵给赐丰厚，父子相承，骄横不法，变易主帅，如同儿戏，成为方镇割据的重要条件。魏博镇设置牙兵自田承嗣始。［33］同华节度使：使职名。为同、华两州的军事差遣官，上元元年（760）置。

【点评】

本卷记载肃宗死，代宗继位，平定安史之乱进入最后阶段。两年间发生了许多重大的政治和军事事件，值得点评的有以下四件大事。

一、邙山之战，李光弼败北。邺城之战，唐肃宗罢免郭子仪，改用资望较轻的李光弼统军，同时又进用仆固怀恩以分李光弼之权，还要加一个观军容使宦官鱼朝恩来掌控，战局的前景可想而知。

肃宗乾元二年（759），史思明率大军南下取汴州、郑州。李光弼兵少，退出东京扼守河阳，牵制叛军得了东都却不敢西进长安。史思明引军来争河阳，李光弼大破史思明，史思明逃回东都，战争胶着相持。叛军利在速决，官军坚守河阳，援军大集，李光弼可稳操胜券。叛贼史思明反间计蛊惑官军观军容使鱼朝恩，说："洛中将士皆燕人，久戍思归，上下离心，击之可破也。"李光弼上奏："贼锋尚锐，未可轻进。"肃宗不听，逼迫李光弼进军取东都。仆固怀恩想取代李光弼，于是依附鱼朝恩，上书说东京可取。肃宗上元二年（761）二月，宦官使者一批接一批地催促李光弼，李光弼不得已进兵洛阳，两军在邙山会战。仆固怀恩不听李光弼节制，在邙山下平原布阵，唯恐官军不败。结果官军大败，诸将散走，河阳、怀州等军事要地失守，唐王朝再度陷入危机。史思明乘胜进攻陕州，兵指西京，朝廷大惧。正在紧急关头，史思明被儿子史朝义杀死，史朝义称帝。叛贼内讧，停止了进攻。

邙山之败，是官军继邺城之败的又一次惨败。李光弼因战败被解除兵权，改任河中节度使，仆固怀恩接任朔方节度使，成为代替郭、李的统兵副元帅。罪魁祸首鱼朝恩依然得到宠任。郭子仪、李光弼是唐军的名将，唐王朝赖以生存的中流砥柱，可是在唐肃宗猜忌之下，宦官的干预之下成为败军之将。昏君依靠功臣来维持朝廷，却要用宦官来监控他们，宁愿冒败军的风险，也要听信宦官的谗言。因为宦官是执行皇帝的意志。皇帝总以为宦官是家奴好控制，其实奴大欺主，宦官权重反过来控制了皇帝。邙山战后的第二年，唐肃宗病重，宦官李辅国和程元振发动政变，杀张皇后，拥立太子李豫，即李俶即位，是为代宗。唐肃宗惊吓而死。

二、代宗借兵回纥，太子取辱，东京遭劫难。公元762年，代宗即位，他仍然是一个昏君。代宗同其父一样，猜忌郭子仪、李光弼，他要收复东京，消灭史朝义，借兵回纥，用太子李适为天下兵马元帅，仆固怀恩为副元帅。回纥登里可汗亲自率兵来内地，目的是要抢掠财物，代宗效法乃父出卖东京百姓财物。登里可汗趾高气扬，轻视唐朝，强迫李适行拜舞礼。随从唐臣力争，说雍王李适是天子的长子，今为元帅，哪有储君向外国可汗行跪拜礼的。回纥车鼻将军说："唐天子与可汗约为兄弟，可汗对于雍王是叔父，为什么不拜？"回纥争的是敌国平等礼，唐臣争的是大唐天朝至高无上。回纥鞭打抗礼的唐臣各一百鞭，批评李适年幼无知，免其行礼。唐代宗不信任郭子仪、李光弼忠臣良将，却信任依附宦官桀骜不驯的仆固怀恩，不信任本国兵力而借兵回纥，自取其辱，是极大的失策和错误。李渊起兵灭隋，借兵突厥，只是象征性，为的是笼络突厥不为敌，没有给中原带来祸害。肃宗借兵回纥复两京，在东都烧杀抢掠，已是一场大祸。代宗再次借兵回纥，攻入东京，又肆行杀戮，死者万计，火累旬不灭。更有甚者，这次官军也把东京、郑州、汴州、汝州当作贼境，所过掳掠，达三个月之久。河南民众，抵抗叛军，渴望官军解救，希望官军把他们救出水火，结果盼来洪水猛兽。这真是官匪不分，甚至是官比匪更凶恶。郭、李兵败，官军四散，也乱抢一气。仆固怀恩为胡将，抢掠固其天性，人民遭受的灾难就更为沉重。

三、代宗任用仆固怀恩为元帅，姑息河北降将割河北，是极大的错误。太子任兵马元帅只是挂名，仆固怀恩为副元帅，实际是全军主帅。仆固怀恩为胡人，其生性和文化，重义不重忠。仆固怀恩之女代公主和亲回纥。仆固怀恩有异志，则以回纥为外援。公元763年，史朝义自杀，史朝义部下诸节度使投降官军，安史之乱形式上被平定。仆固怀恩鉴于郭、李遭遇，为了避免"狡兔死，走狗烹"的结局，仆固怀恩表奏河北叛将归降分帅河北为节度使，以为党援。代宗姑息，居然下诏："东京及河南、北受伪官者，一切不问。"认可仆固怀恩之请，河北叛贼四位降将田承嗣、李宝臣、李怀仙、薛嵩分帅河北为节度使。田承嗣为魏博节度使、李宝臣为成德节度使，李怀仙为幽州卢龙节度使，薛嵩为相卫节度使。八年安史之乱，唐王朝倾全力讨贼。付出了几千万人生命的代价，最终结果只是叛将名义归顺朝廷而已。

代宗姑息苟安，对强横不法的武夫，愈是强横，得到的待遇愈是优厚。对顺从朝命的功臣，愈是功大，愈遭猜忌，郭子仪功绩最大，遭到猜忌的程度最深。无论功臣和武夫，为了自保，都不肯轻易放弃兵权和防地，于是藩镇割据在代宗的姑息下基本格局在其后期就形成了。而郭子仪忠贞无私，罢了兵权，连亲兵都解散了，实在是难能可贵。

四、昏君误国，最大祸害是重用宦官。安史之乱，叛军只拥有河北数镇，军力、财力、人口不及全唐天下的十分之一，为何叛乱达八年之久！如果肃、代二宗不用宦官监军，郭子仪、李光弼，以及诸多良将，有足够能力早日平定叛乱，也不用借兵回纥。官军重大的失利，哥舒翰潼关不守，郭子仪邺城之败，李光弼邙山之败，全都是宦官监军造成。由于安史之乱，皇帝不思自己的过错，不从政治腐败找原因，反而猜忌功臣，更加宠信宦官。肃代二宗不仅用宦官监军，还用宦官掌控禁军。代宗之世，李辅国、程元振、鱼朝恩相继掌控神策军。宦官用事，代行皇帝之权，乱政乱军，皇帝兜着。忠臣良将要诛除宦官，投鼠忌器。无行武夫投靠宦官，嚣张跋扈，加剧割据势力的发展。如同华节度使周智光投靠鱼朝恩，无恶不作，敢擅杀他州刺史，活埋杜冕家属八十一人以泄私愤。宦官往往是割据称雄武夫的保护伞。当宦官权重危及皇帝时，皇帝也只是杀了宦官再换一个。代宗是一个典型。他除掉李辅国，换了程元振，除了程元振，又换了鱼朝恩。安史之乱，久久不能平定，宦官之祸占了决定性的因素。

公元 755 年，安史之乱初起，全国人口五千三百万，到公元 763 年安史之乱被平定，第二年人口普查全国只剩一千七百万，死亡人口三千六百万，达百分之七十以上。强大的唐王朝从此一蹶不振，以后的近二百统治，长期处于藩镇割据战乱之中，全国民众陷入了大灾大难。玄宗致乱，肃代不武，不作为之皇帝，应负全部责任。

卷二二三　唐纪三十九

唐代宗广德元年至永泰元年（763—765 年）

【起昭阳单阏（癸卯，763 年）七月，尽旃蒙大荒落（乙巳，765 年）十月，凡二年有奇】

【大事提要】

本卷记事起公元 763 年七月，讫公元 765 年十月，凡两年又两个月。当唐代宗广德元年到永泰元年十月。唐代宗执政十四年，此为代宗初即位的头两年，安史之乱已平定，正是中兴大有为之时，由于代宗平庸，处理安史之乱善后不当，事事姑息，是非不明，逼反仆固怀恩，形势急转，唐室再现危局。仆固怀恩两次连兵回纥、吐蕃入寇，一度攻占长安，代宗蒙尘，幸赖郭子仪被重新起用，和好回纥，大破吐蕃，才又使唐室转危为安。代宗亲信宦官，初受制于李辅国，继为程元振掌控，导致吐蕃犯阙，文武百官愤恨，赶走了程元振，又来了鱼朝恩。代宗依赖宦官是政治的一大失误。正是由于宦官监军，导致郭子仪、李光弼两位中兴良将在荡平安史之乱前夕被罢职。仆固怀恩摘取胜利之果，保奏河北降将以为党援，于是河北四镇承德李宝臣、魏博田承嗣、相卫薛嵩、卢龙李怀仙，再加一个山南东道梁崇义，互为婚姻，连体相依，日渐成为割据之势。

代宗睿文孝武皇帝上之下

广德元年（癸卯，763 年）

秋，七月，壬寅[1]，群臣上尊号曰宝应元圣文武孝皇帝。壬子[2]，赦天下，改元[3]。诸将讨史朝义者进官阶[4]、加爵邑[5]有差。册回纥可汗为颉咄登蜜施合俱录英义建功毗伽可汗，可敦为娑墨光亲丽华毗伽可敦；左、右杀以下，皆加封赏[6]。

戊辰[7]，杨绾上贡举条目：秀才问经义二十条，对策五道；国子监举人，令博士荐于祭酒，祭酒试通者升之于省，如乡贡[8]法。明法[9]，委刑部考试。或以为明经、进士，行之已久，不可遽改。事虽不行，识者是之。

以仆固玚为朔方行营节度使。

吐蕃入大震关[10]，陷兰[11]、廓、河、鄯、洮、岷[12]、秦[13]、成[14]、渭[15]等州，尽取河西、陇右之地。唐自武德[16]以来，开拓边境，地连西域，皆置都督、府、州、县。开元中，置朔方、陇右、河西、安西、北庭诸节度使以统之，岁发山东丁壮为戍卒，缯帛为军资，开屯田，供糗粮，设监牧[17]，畜马牛，军城戍逻，万里相望。及安禄山反，边兵精锐者皆征发入援，谓之行营，所留兵单弱，胡虏稍蚕食之；数年间，西北数十州相继沦没，自凤翔以西，邠州以北，皆为左衽[18]矣。

（以上为第一段，写吐蕃趁安史之乱，夺取大唐西北陇右河西数十州之地。）

【注释】

[1]壬寅：七月一日。[2]壬子：七月十一日。[3]改元：改元广德。[4]进官阶：官阶，官员的阶级。其阶级以品秩来表示，其品秩有九品、正从、上下之分。唐代职事官以所带的散官为本品，以散官标志其本官阶。进官阶，即晋升官员的阶级，也就是授予官员更高一级的品秩。[5]加爵邑：爵，封爵。邑，食邑。封爵，表示天子赐予一定的身份地位，一定的爵位，又有相应的食邑和品级。唐代封爵有亲王以下至开国县男共九等，亲王食邑万户、正一品，下至开国县男食邑三百户、从五品上。加爵邑，包括加赐爵位和增加实食封户。详《全唐文》卷四十九代宗《册尊号赦文》。[6]左、右杀以下，皆加封赏：左杀封为雄朔王，右杀封为宁朔王，胡禄都督封金河王，拔览将军封静汉王，诸都督十一人并封国公。[7]戊辰：七月二十七日。[8]乡贡：唐代取士之法，出自学馆者称为"生徒"；出自州县者称为"乡贡"；由天子自诏者称为"制举"。乡贡之法，指明经、秀才、俊士、进士等科目，先由县对那些通经达理为乡闾所称道者进行考核，选送合格者由州官复试，最后送尚书省礼部考试。[9]明法：即律学。科举取士科目的一种名称。明法考试，据《新唐书·选举志》所载，试律七条，令三条，全部通过为甲等，通过八条为乙等。[10]大震关：关名。在今甘肃清水县东陇山东坡。[11]兰：州名。治所在今甘肃兰州市。[12]岷：州名。治所在今甘肃岷县市。[13]秦：州名。治所在今甘肃天水。[14]成：州名。治所在今甘肃成县。[15]渭：州名。治所在今甘肃陇西县东南。[16]武德：唐高祖年号，公元618年至626年。[17]监牧：唐代在西北各地所设置国家牧场。牧场的直接管理机关为牧监。每监设监、副监等官。监下有管理马群的牧长、牧尉。总统于太仆寺，后归群牧使。[18]左衽(rèn)：衽，衣襟。我国古代少数民族的服装，前襟向左，不同于中原一带人民的右衽。后遂称受少数民族统治为左衽。

初，仆固怀恩受诏与回纥可汗相见于太原；河东节度使辛云京以可汗乃怀恩婿，恐其合谋袭军府[1]，闭城自守，亦不犒师。及史朝义既平，诏怀恩送可汗出塞，往来过太原，云京亦闭城不与相闻。怀恩怒，具表其状，不报。怀恩将朔方兵数万屯汾州[2]，使其子御史大夫玚将万人屯榆次[3]，裨将李光逸等屯祈县[4]，李怀光等屯晋州[5]，张维岳等屯沁州[6]。怀光，本勃海靺鞨也，姓茹，为朔方将，以功赐姓。中使骆奉仙至太原，云京厚结之。为言怀恩与回纥连谋，反状已露。奉仙还，过怀恩，怀恩与饮于母前，母数让[7]奉仙曰："汝与吾儿约为兄弟，今又亲云京，何两面[8]也！"酒酣，怀恩起舞，奉仙赠以缠头彩[9]。怀恩欲酬之，曰："来日端午，当更乐饮一日。"奉仙固请行，怀恩匿其马，奉仙谓左右曰："朝来责我，又匿我马，将杀我也。"夜，逾垣而走；怀恩惊，遽以其马追还之。八月，癸未[10]，奉仙至长安，奏怀思谋反；怀思亦具奏其状，请诛云京、奉仙；上两无所问，优诏和解之。

怀恩自以兵兴以来，所在力战，一门死王事者四十六人，女嫁绝域[11]，说谕[12]回纥，再收两京，平定河南、北，功无与比，而为人构陷，愤怨殊深，上书自讼[13]，以为："臣昨奉诏送可汗归国，倾竭家赀，俾之上道。行至山北[14]，云京、奉仙闭城不出祗迎[15]，仍令潜行窃盗。回纥怨怒，亟欲纵兵，臣力为弥缝[16]，方得出塞。云京、奉仙恐臣先有奏论，遂复妄称设备，与李抱玉共相组织[17]。臣静而思之，其罪有六：昔同罗叛乱，臣为先帝扫清河曲，一也；臣男玢为同罗所虏，得间亡归，臣斩之以令众士，二也[18]；臣有二女，远嫁外夷，为国和亲，荡平寇敌，三也；臣与男玚不顾死亡，为国效命，四也；河北新附，节度使皆握强兵，臣抚绥[19]以安反侧[20]，五也；臣说谕回纥，使赴急难，天下既平，送之归国，六也。臣既负六罪，诚合万诛[21]，惟当吞恨九泉[22]，衔冤千古[23]，复何诉哉！臣受恩深重，夙夜[24]思奉天颜[25]，但以来瑱受诛，朝廷不示其罪，诸道节度，谁不疑惧！近闻诏追[26]数人，尽皆不至，实畏中官谗口，虚[27]受陛下诛夷；岂惟群臣不忠，正为回邪[28]在侧。且臣前后所奏骆奉仙，词情非不摭实[29]，陛下竟无处置，宠任弥深；皆由同类比周[30]，蒙蔽圣听。窃闻四方遣人奏事，陛下皆云与骠骑[31]议之，曾不委宰相可否，或稽留[32]数月不还，远近益加疑阻[33]。如臣朔方将士，功效最高，为先帝中兴主人[34]，乃陛下蒙尘[35]故吏[36]，曾木别加优奖，反信谗嫉之词。子仪先已被猜，臣今又遭诋毁，弓藏鸟尽[37]，信[38]匪虚言[39]。陛下信其矫诬[40]，何殊指鹿为马[41]！傥[42]不纳愚恳[43]，且贵因循[44]，臣实不敢保家，陛下岂能安国！忠言利行[45]，惟陛下图之。臣欲公然[46]入朝，恐将士留沮。今托巡晋、绛，于彼迁延[47]，乞陛下特遣一介至绛州问臣，臣即与之同发。"

九月，壬戌[48]，上遣裴遵庆诣怀恩谕旨，且察其去就。怀恩见遵庆，抱其足号泣诉冤。遵庆为言圣恩优厚，讽令[49]入朝。怀恩许诺。副将范志诚以为不可，曰："公信其甘言，入则为来瑱，不复还矣！"明日，怀恩见遵庆，以惧死为辞，请令一子入朝，志诚又以为不可，遵庆乃还。御史大夫王翊[50]使回纥还，怀恩先与可汗往来，恐翊泄其事，遂留之。

（以上为第二段，写仆固怀恩上奏诉冤，唐代宗无辞以对，和稀泥，君臣相猜，暗伏危机。）

【注释】

[1]军府：节度使的军衙。[2]汾州：州名。治所在今山西汾阳市。[3]榆次：县名。县治在今山西晋中市榆次区。[4]祈县：县名。祈，为祁之误。祁县县治在今山西祁县。[5]晋州：州名。治所在今山西临汾市。[6]沁州：州名。治所在今山西沁源县。[7]让：责怪，责备。[8]两面：唐人称反复无常者为"两面"，与今人所说"两面派"同义。[9]缠头彩：唐人宴会，酒酣为之舞蹈，受舞者送以彩色丝织物，称为缠头彩。[10]癸未：八月十三日。[11]绝域：极远的地方。此指回纥。[12]说（shuì）谕：劝说、晓谕。[13]自讼：为自己辩冤。[14]山北：仆固怀恩在汾州，以太原为山北。[15]祇（zhī）迎：祇，恭敬。指恭候迎接。[16]弥缝：弥补缝合。[17]组织：构陷，罗织罪名。[18]二也：仆固怀恩讨同罗，复河曲，以及斩仆固玢以肃军纪，两事见《资治通鉴》卷二百十八肃宗至德元载（756）。[19]抚绥：安抚，绥靖。[20]反侧：反复无常。[21]万诛：千刀万剐，指罪恶极大。[22]九泉：地下深处。常指人死后埋葬的地方。[23]千古：形容年代久远。[24]夙（sù）夜：夙，早晨。指早晚，朝夕。[25]天颜：帝王的容颜。[26]诏追：以诏书召回。唐人称召为追。[27]虚：徒劳，白白地。[28]回邪：邪僻，邪恶。[29]摭（zhí）实：摭，采摘。指来自真实的情况。[30]比周：语出《论语·为政》："君子周而不比，小人比而不周。"比，勾结。周，忠信。此言比

周，应是“比而不周”的缩语，意思是相互勾结。［31］骠骑：指宦官飞龙副使、判元帅行军司马、右监门大将军程元振。宝应元年（762）程元振加骠骑大将军，兼内侍监。其诸衔中，骠骑大将军的官阶最高，故以此代称之。［32］稽留：拖延。［33］疑阻：疑惑。［34］主人：本地主人。指朔方将士。［35］蒙尘：蒙被尘土。多用作比喻帝王流亡或失位，遭受垢辱。［36］故吏：旧时属吏。［37］弓藏鸟尽：语出《史记》卷四十一《越王勾践世家》范蠡写给大夫文种的信说：“飞鸟尽，良弓藏；狡兔死，走狗烹。”意思是飞鸟被打完后弓箭无所用，狡兔被捕获扣，猎狗将被烹杀。比喻事业完成而功臣被害。［38］信：的确，实在。［39］虚言：不实之词，空话。［40］矫诬：假托名义，进行诬陷。［41］指鹿为马：语出《史记·秦始皇本纪》：“赵高欲为乱，恐群臣不听，乃先设验，持鹿献于二世，曰：‘马也’。二世笑曰：‘丞相误邪？谓鹿为马。’问左右，左右或默，或言马以阿顺赵高，或言鹿［者］。高因阴中诸言鹿者以法。后群臣皆畏高。”后来便用“指鹿为马”比喻故意颠倒是非，擅作威福。［42］傥（tǎng）：假如。［43］愚悬：愚，自称的谦词。愚悬，谦称自己的真诚。［44］因循：守旧而不加变更。［45］忠言利行：语出《史记·留侯世家》：“且忠言逆耳利于行，毒药苦口利于病。”指忠直的话，听起来虽然不顺耳，却对处事有好处。［46］公然：明目张胆，无所顾忌。［47］迁延：拖延。［48］壬戌：九月二十二日。［49］讽令：用委婉的话来使对方听从。［50］王翊（yì）（？—767）：太原晋阳（今山西太原市西南）人。传见《旧唐书》卷一百五十七，《新唐书》卷一百四十三。

吐蕃之入寇也，边将告急，程元振皆不以闻。冬，十月，吐蕃寇泾州，刺史高晖以城降之，遂为之乡导[1]，引吐蕃深入；过邠州，上始闻之。辛未[2]，寇奉天、武功[3]，京师震骇。诏以雍王适为关内元帅，郭子仪为副元帅，出镇咸阳以御之。

子仪闲废日久[4]，部曲离散，至是召募，得二十骑而行，至咸阳，吐蕃帅吐谷浑、党项、氐、羌二十余万众，弥漫[5]数十里，已自司竹园[6]渡渭，循山而东。子仪使判官中书舍人王延昌入奏，请益兵，程元振遏之，竟不召见。癸酉[7]，渭北行营兵马使吕月将将精卒二千破吐蕃于盩厔之西。乙亥[8]，吐蕃寇盩厔，月将复与力战，兵尽，为虏所擒。

上方治兵[9]，而吐蕃已度便桥，仓猝不知所为，丙子[10]，出幸陕州，官吏藏窜，六军逃散。郭子仪闻之，遽自咸阳归长安，比至，车驾已去。上才出苑门，渡浐水，射生将王献忠拥四百骑叛还长安，胁丰王珙[11]等十王西迎吐蕃。遇子仪于开远门内，子仪叱之，献忠下马，谓子仪曰：“今主上东迁，社稷无主，令公[12]身为元帅，废立在一言耳。”子仪未应。珙越次[13]言曰："公何不言！"子仪责让之，以兵援[14]送行在[15]。丁丑[16]，车驾至华州，官吏奔散，无复供拟[17]，扈从将士不免冻馁。会观军容使鱼朝恩将神策军自陕来迎，上乃幸朝恩营。丰王珙见上于潼关，上不之责，退至幕中，有不逊语；群臣奏议诛之，乃赐死。

戊寅[18]，吐蕃入长安，高晖与吐蕃大将马重英[19]等立故邠王守礼之孙承宏[20]为帝，改元，置百官，以前翰林学士于可封等为相。吐蕃剽掠府库市里，焚闾舍，长安中萧然[21]一空。苗晋卿[22]病卧家，遣人舆[23]入，迫胁之，晋卿闭口不言，虏不敢杀。于是六军散者所在剽掠，士民避乱，皆入山谷。

辛巳[24]，上至陕，百官稍有至者。郭子仪引三十骑自御宿川[25]循山而东，谓王延昌曰："六军[26]将士逃溃者多在商州，今速往收之，并发武关防兵，数日间，北出蓝田以向长安，吐蕃必遁。"过蓝田，遇元帅都虞候臧希让、凤翔节度使高昇，得兵近千人。子仪与延昌谋曰："溃兵至商州，官吏必逃匿而人乱。"使延昌自直径[27]入商州抚谕之。诸将方纵兵暴掠[28]，闻子仪至，皆大喜听命。子仪恐吐蕃逼乘舆，留军七盘[29]，三日乃行，比至商州，行收兵，并武关防兵合四千人，军势稍振。子仪乃泣谕将士以共雪国耻，取长安，皆感激受约束。子仪请太子宾客第五琦为粮料使[30]，给军食。上赐子仪诏，恐吐蕃东出潼关，征子仪诣行在。子仪表称："臣不收京城无以见陛下，若出兵蓝田，虏必不敢东向。"上许之。鄜延节度判官段秀实说节度使白孝德引兵赴难，孝德即日大举，南趣京畿，与蒲、陕、商、华合势进击。

吐蕃既立广武王承宏，欲掠城中士、女、百工，整众归国。子仪使左羽林大将军长孙全绪将二百骑出蓝田观虏势，令第五琦摄京兆尹，与之偕行，又令宝应军使[31]张知节将兵继之。全绪至韩公堆，昼则击鼓张旗帜，夜则多然[32]火，以疑吐蕃。前光禄卿殷仲卿聚众近千人，保蓝田，与全绪相表里，帅二百余骑直渡浐水。吐蕃惧，百姓又绐之曰："郭令公自商州将大军不知其数至矣！"虏以为然，稍稍引军去。全绪又使射生将王甫入城阴结少年数百，夜击鼓大呼于朱雀街[33]，吐蕃惶骇，庚寅[34]，悉众遁去。高晖闻之，帅麾下三百余骑东走，至潼关，守将李日越擒而杀之。

壬辰[35]，诏以元载判元帅行军司马，以第五琦为京兆尹。癸巳[36]，以郭子仪为西京留守。甲午[37]，子仪发商州。己亥[38]，以鱼朝恩部将皇甫温为陕州刺史，周智光[39]为华州刺史。

（以上为第三段，写吐蕃入长安，代宗蒙尘。勤王之师驱走吐蕃，转危为安。）

【注释】

[1]乡（xiàng）导：同“向导”。带路人。[2]辛未：十月二日。[3]武功：县名。县治在今陕西武功县。[4]闲废日久：闲散无事的时间长。指郭子仪自去年八月入朝，留京至今。[5]弥漫：布满。[6]司竹园：地名。在今陕西周至县东，临渭水，竹林绵延数十里。[7]癸酉：十月四日。[8]乙亥：十月六日。[9]治兵：疏理军旅，清理军事。[10]丙子：十月七日。[11]丰王珙：唐玄宗第十三子，为唐代宗之叔。[12]令公：郭子仪时为中书令，故称。[13]越次：逾越次序。[14]援：执。[15]行在：天子出行的所在地。[16]丁丑：十月八日。[17]供拟：办理供应。[18]戊寅：十月九日。[19]大将马重英：《旧唐书·李承宏传》作吐蕃宰相。[20]邠王守礼之孙承宏：邠王李守礼，章怀太子李贤之子，其孙李承宏与代宗为远房堂兄弟。[21]萧然：冷落萧条。[22]苗晋卿：上党壶关人，历仕唐玄宗，肃宗、代宗三朝，官至宰相。传见《旧唐书》卷一百一十三，《新唐书》卷一百四十。[23]舆：抬。[24]辛巳：十月十二日。[25]御宿川：汉武帝时筑离宫别馆于此，游观止宿，故名。在今陕西西安市长安区南。[26]六军：代指王师。国家军队的总称。[27]直径：直接。[28]暴掠：强行掠夺。[29]七盘：即七盘山。在今陕西蓝田县南。[30]粮料使：使职名，为经理军队的食粮供给而设置的差遣官。[31]宝应军使：宝应军，英武军的称号。宝应元年（762）英武军的射生手入禁中杀张后，平定宫廷内乱，拥代宗即位有功，赐名“宝应功臣”，故其军又号“宝应军”。宝应军使，使职名，统领宝应军的差遣官。[32]然：同“燃”，燃烧。[33]朱雀街：长安城正中的一条南北大街，北自皇城朱雀门，南至明德门。[34]庚寅：十月二十一日。[35]壬辰：十月二十三日。[36]癸巳：十月二十四日。[37]甲午：十月二十五日。[38]己亥：十月三十日。[39]周智光（？—767）：以骑射从军，至节镇军帅。大历元年（766）据同华二州叛，漕路为之断绝，次年兵溃被杀。传见《旧唐书》卷一百一十四，《新唐书》卷二百二十四上。

骠骑大将军、判元帅行军司马程元振专权自恣[1]，人畏之甚于李辅国。诸将有大功者，元振皆忌疾[2]欲害之。吐蕃入寇，元振不以时奏[3]，致上狼狈[4]出幸[5]。上发诏征诸道兵，李光弼等皆忌[6]元振居中，莫有至者，中外咸切齿[7]而莫敢发言。太常博士柳伉上疏，以为："犬戎[8]犯关度陇，不血刃[9]而入京师，劫宫闱，焚陵寝[10]，武士无一人力战者，此将帅叛陛下也。陛下疏元功[11]，委近习[12]，日引月长[13]，以成大祸，群臣在廷，无一人犯颜[14]回虑[15]者，此公卿叛陛下也。陛下始出都，百姓填然[16]，夺府库，相杀戮，此三辅叛陛下也。自十月朔[17]召诸道兵，尽四十日，无只轮[18]入关，此四方叛陛下也。内外离叛，陛下以今日之势为安邪，危邪？若以为危，岂得高枕[19]，不为天下讨罪人乎！臣闻良医疗疾，当病饮药[20]，药不当病，犹无益也。陛下视今日之病，何繇至此乎？必欲存宗庙社稷，独斩元振首，驰告天下，悉出内使[21]隶诸州，持神策兵付大臣，然后削尊号，下诏引咎，曰：'天下其许朕自新改过，宜即募士西赴朝廷；若以朕恶不悛[22]，则帝王大器[23]，敢妨圣贤[24]，其听天下所往[25]。'如此，而兵不至，人不感，天下不服，臣请阖门寸斩[26]以谢陛下。"上以元振尝有保护功[27]，十一月，辛丑[28]，削元振官爵，放归田里[29]。

（以上为第四段，写宦官程元振专权自恣，诸将百官共愤，唐代宗放归田里。）

【注释】

[1]自恣：为所欲为。[2]忌疾：忌恨，嫉妒。[3]不以时奏：不及时上奏。[4]狼狈：比喻危难窘迫。[5]出幸：指皇帝外逃。[6]忌：顾忌，畏惧。[7]切齿：咬紧牙齿，表示极端痛恨。[8]犬戎：古戎族的一支，在殷周时居于中国西部。此借指吐蕃。[9]血刃：血染刀口，指厮杀。[10]陵寝：帝王墓地的宫殿。[11]元功：元，开始。指辅佐复兴帝业的元从功臣。[12]近习：君主所亲幸的左右之人。指宦官程元振之流。[13]日引月长：引，延伸。指一天甚似一天。[14]犯颜：冒犯皇帝的尊严。[15]回虑：回心，指劝谏皇帝改变主意。[16]填然：充塞。[17]十月朔：十月一日。[18]只轮：轮，车轮。指一辆军车。[19]高枕：指安卧。[20]当病饮药：当，对等，相当。指对症下药。[21]内使：此时宦官任内诸司使，故内使乃概指宦官。[22]悛（quān）：改，悔改。[23]大器：宝器，此指帝王座位。[24]敢妨圣贤：岂敢妨碍为圣贤之人所有。[25]其听天下所往：它（指帝王大器）只好听任天下人心所向往的人。[26]阖门寸斩：阖，全；寸斩，极刑。指全家受极刑。[27]元振尝有保护功：指宝应元年（762），张后等人谋乱，程元振曾以兵保护太子（即代宗）即位。[28]辛丑：十一月二日。[29]田里：故乡。

王甫自称京兆尹，聚众二千余人，署置官属，暴横长安中。壬寅[1]，郭子仪至浐水西，甫按兵不出。或谓子仪，城不可入。子仪不听，引三十骑徐进，使人传呼召甫；甫失据[2]，出迎拜伏，子仪斩之，其兵尽散。白孝德与邠宁节度使张蕴琦将兵屯畿县[3]，子仪召之入城，京畿遂安。

宦官广州市舶使[4]吕太一发兵作乱，节度使张休弃城奔端州[5]。太一纵兵焚掠，官军讨平之。

吐蕃还至凤翔，节度使孙志直闭城拒守，吐蕃围之数日。镇西节度使马璘闻车驾幸陕，将精骑千余自河西入赴难；转斗至凤翔，值吐蕃围城，璘帅众持满[6]外向，突入城中，不解甲，背城出战，单骑先士卒奋击，俘斩千计而归。明日，虏复逼城请战，璘开悬门[7]以待之。虏引退，曰："此将军不惜死，宜避之。"遂去，居于原[8]、会[9]、成[10]、渭之地。

十二月，丁亥[11]，车驾发陕州。左丞颜真卿请上先谒陵庙[12]，然后还宫，元载不从，真卿怒曰："朝廷岂堪相公再坏邪！"载由是衔之。甲午[13]，上至长安，郭子仪帅城中百官及诸军迎于浐水东，伏地待罪。上劳之曰："用卿不早，故及于此。"

以鱼朝恩为天下观军容宣慰处置使[14]，总禁兵，权宠无比，筑城于鄠县[15]及中渭桥，屯兵以备吐蕃。以骆奉仙为鄠县筑城使[16]，遂将其兵。

乙未[17]，以苗晋卿为太保，裴遵庆为太子少傅并罢政事；以宗正卿[18]李岘为黄门侍郎、同平章事。遵庆既去，元载权益盛，以货结内侍董秀，使主书卓英倩潜与往来，上意所属，载必先知之，承意探微[19]，言无不合；上以是益爱之。英倩，金州人也。

吐蕃既去，广武王承宏逃匿草野；上赦不诛，丙申[20]，放之于华州。

程元振既得罪，归三原，闻上还宫，衣妇人服，私入长安，复规[21]任用，京兆府擒之以闻。

吐蕃陷松、维、保[22]三州及云山[23]新筑二城，西川节度使高适不能救，于是剑南西山诸州[24]亦入于吐蕃矣。

（以上为第五段，写唐代宗返回长安，宦官鱼朝恩用事。）

【注释】

[1]壬寅：十一月三日。[2]失据：失去依靠。[3]畿县：唐代京都的县，在长安城内的叫京县，城外的叫畿县。[4]市舶使：使职名。在广州、扬州、交州等对外交通港口设置的掌管对外交通贸易的差遣官。开元初年已有市舶使的记载。广州市舶使有时由宦官充任。[5]端州：州名。治所在今广东肇庆市。[6]持满：拉满弓弦。[7]悬门：古时城门所设的门闸，平时挂起，有警时则放下，以加固守卫。[8]原：州名。治所在今宁夏固原市。[9]会：州名。治所在今甘肃靖远县。[10]成：州名。治所在今甘肃礼县南。[11]丁亥：十二月十九日。[12]陵庙：帝王的陵墓和宗庙。[13]甲午：十二月二十六日。[14]天下观军容宣慰处置使：使职名。是以宦官充任的监视一切出征将帅兼有统领指挥大权的最高军事差遣官。[15]鄠（hù）县：县名。县治在今陕西西安市鄠邑区。[16]筑城使：使职名。主管修筑城池事务。[17]乙未：十二月二十七日。[18]宗正卿：官名。宗正寺长官，掌皇族宗室事务。[19]承意探微：秉承意旨，探刺细微。[20]丙申：十二月二十八日。[21]规：谋求。[22]松、维、保：皆州名。松州治所在今四川松潘县。维州治所在今四川理县东北。保州治所在今四川理县新保关西北。[23]云山：县名。县治在今四川理县。[24]剑南西山诸州：指剑南道岷山以西的松、维、保、悉、静、当、柘、恭、奉等州。

二年（甲辰，764年）

春，正月，壬寅[1]，敕称程元振变服潜行，将图不轨，长流溱州。上念元振之功，寻复令于江陵安置。

癸卯[2]，合剑南东、西川为一道，以黄门侍郎严武为节度使。

丙午[3]，遣检校刑部尚书颜真卿宣慰朔方行营。上之在陕也，颜真卿请奉诏召仆固怀恩，上不许。至是，上命真卿说谕怀恩入朝。对曰："陛下在陕，臣往，以忠义责之，使之赴难，彼犹有可来之理；今陛下还宫，彼进不成勤王[4]，退不能释众。召之，庸肯至乎！且言怀恩反者，独辛云京、骆奉仙、李抱玉、鱼朝恩四人耳，自余群臣皆言其枉。陛下不若以郭子仪代怀恩，可不战而服也。"时汾州别驾李抱真[5]，抱玉之从父弟也，知怀恩有异志，脱身归京师。上方以怀恩为忧，召见抱真问计，对曰："此不足忧也。朔方将士思郭子仪，如子弟之思父兄。怀恩欺其众云，郭子仪已为鱼朝恩所杀，众信之，故为其用耳。陛下诚以子仪领朔方，彼皆不召而来耳。"上然之。

甲寅[6]，礼仪使[7]杜鸿渐奏："自今祀圆丘、方丘[8]请以太祖配，祈谷[9]以高祖配，大雩[10]以太宗配，明堂[11]以肃宗配。”从之。

乙卯[12]，立雍王适为皇太子。

吐蕃之入长安也，诸军亡卒及乡曲无赖子弟相聚为盗；吐蕃既去，犹窜伏南山子午等五谷[13]，所在为患。丁巳[14]，以太子宾客薛景仙为南山五谷防御使，以讨之。

魏博节度使[15]田承嗣奏名所管曰天雄军，从之。

仆固怀恩既不为朝廷所用，遂与河东都将[16]李竭诚潜谋取太原；辛云京觉之，杀竭诚，乘城[17]设备。怀恩使其子玚将兵攻之，云京出与战，玚大败而还，遂引兵围榆次。上谓郭子仪曰：“怀恩父子负朕实深。闻朔方将士思公如枯旱之望雨，公为朕镇抚河东，汾上之师[18]必不为变。”戊午[19]，以子仪为关内、河东副元帅、河中节度等使。怀恩将士闻之，皆曰：“吾辈从怀恩为不义，何面目见汾阳王[20]！”

癸亥[21]，以刘晏为太子宾客，李岘为詹事，并罢政事。晏坐与程元振交通；元振获罪，岘有力[22]焉，由是为宦官所疾，故与晏皆罢。以右散骑常侍王缙[23]为黄门侍郎，太常卿杜鸿渐为兵部侍郎，并同平章事。

丁卯[24]，以郭子仪为朔方节度大使。二月，子仪至河中。云南子弟[25]万人戍河中，将贪卒暴，为一府患，子仪斩十四人，杖三十人，府中遂安。

癸酉[26]，上朝献太清宫；甲戌[27]，享太庙；乙亥[28]，祀昊天上帝于圆丘。

（以上为第六段，写仆固怀恩反叛，唐代宗重新起用郭子仪为朔方节度大使以招怀旧部。）

【注释】

[1]壬寅：正月四日。 [2]癸卯：正月五日。 [3]丙午：正月八日。 [4]勤王：出兵救援天子。 [5]李抱真（732—794）：字太云，德宗朝任昭义军节度使，勤于王事。官至检校左仆射、平章事，封义阳郡王。传见《旧唐书》卷一百三十二，《新唐书》卷一百三十八。 [6]甲寅：正月十六日。 [7]礼仪使：使职名。专掌国家礼仪的差遣官。礼仪本由太常职掌，开元时有他官判知，天宝九载（750）始置使专掌。 [8]祀圆丘、方丘：圆丘，古代冬至日祭天的圆形高坛；方丘，夏至日祭地之坛。祀圆丘、方丘，即祭祀天地，都属于吉礼的大祀。 [9]祈谷：古代每年二十二

种常祀之一。冬至、正月上辛举行的祭礼，以祈求五谷丰登。［10］大雩（yú）：古代每年二十二种常祀之一。在孟夏举行的祭礼，以祈求下雨。［11］明堂：季秋大享于明堂，也是古代每年二十二种常祀之一。［12］乙卯：正月十七日。［13］南山子午等五谷：南山，长安以南西接岐州、东抵虢州的秦岭群山。五谷，陕西秦岭间的五条谷道，是由关中通汉中的南北通道，即子午谷（古人以“子”为北，“午”为南，在今陕西西安市长安区）、斜谷（在今眉县西南）、骆谷（在今周至县西南，谷长四百余里，为关中与汉中的交通要道）、蓝田谷（在今蓝田县东南）、衡岭谷（不详所在）。［14］丁巳：正月十九日。［15］魏博节度使：魏博，方镇名。辖魏、博、德、沧、瀛五州，广德元年（763）置，为河北三镇之一，治所在今河北大名东北；魏博节度使，使职名，为魏博镇的差遣长官，掌该镇军事、行政、赋税等大权。［16］都将：即都知兵马使。［17］乘城：登城。［18］汾上之师：驻扎汾州（治所在今山西汾阳市）的军队，指朔方军。［19］戊午：正月二十日。［20］汾阳王：指郭子仪。宝应元年（762）封为汾阳郡王。［21］癸亥：正月二十五日。［22］力：原文作“功”，据章校改。［23］王缙（700—781）：字夏卿，本太原祁（今山西祁县）人，后客居河中（府名，治今山西永济市蒲州镇）。早年以文翰著名。党附元载，官至门下侍郎、中书门下平章事。传见《旧唐书》卷一百一十八，《新唐书》卷一百四十五。［24］丁卯：正月二十九日。［25］云南子弟：岑仲勉先生认为，此云南字断非指今之滇省，因为云南去河中极远，时南诏方叛唐，其子弟无以领来。又无别种史料相校，难定是否字讹。见《通鉴隋唐纪比事质疑》。［26］癸酉：二月五日。［27］甲戌：二月六日。［28］乙亥：二月七日。

仆固玚围榆次，旬余不拔；遣使急发祁县兵，李光逸尽与之。士卒未食，行不能前，十将白玉、焦晖以鸣镝[1]射其后者，军士曰：“将军何乃[2]射人？”玉曰：“今从人反，终不免死；死一也，射之何伤！”至榆次，玚责其迟，胡人曰：“我乘马，乃汉卒不行耳。”玚捶汉卒，卒皆怨怒，曰：“节度使党胡人。”其夕，焦晖、白玉帅众攻玚，杀之。仆固怀恩闻之，入告其母。母曰：“吾语汝勿反，国家待汝不薄，今众心既变，祸必及我，将如之何！”怀恩不对，再拜而出。母提刀逐之曰：“吾为国家杀此贼，取其心以谢三军。”怀恩疾走，得免，遂与麾下三百渡河北走。

时朔方将浑释之守灵州，怀恩檄至，云全军归镇，释之曰：“不然，此必众溃矣。”将拒之，其甥张韶曰：“彼或翻然[3]改图，以众归镇，何可不纳也！”释之疑未决。怀恩行速，先候者[4]而至，释之不得已纳之。张韶以其谋告怀恩，怀恩以韶为间[5]，杀释之而收其军，使韶主之；既而曰：“释之，舅也，彼尚负之，安有忠于我哉！”他日，以事杖之，折其胫[6]，置于弥峨城[7]而死。

都虞候张维岳在沁州，闻怀恩去，乘传[8]至汾州，抚定其众，杀焦晖、白玉而窃其功，以告郭子仪。子仪使牙官[9]卢谅至汾州，维岳赂谅，使实其言[10]。子仪奏维岳杀玚，传首诣阙。群臣入贺，上惨然不悦，曰："朕信[11]不及人，致勋臣[12]颠越[13]，深用为愧，又何贺焉！"命辇怀恩母至长安，给待优厚，月余，以寿终，以礼葬之，功臣皆感叹。

戊寅[14]，郭子仪如汾州，怀恩之众，悉归之，咸鼓舞涕泣，喜其来而悲其晚也。子仪知卢谅之诈，杖杀之。上以李抱真言有验，迁殿中少监。

（以上为第七段，写郭子仪入汾州，怀恩之众，涕泣归服。）

【注释】

[1]鸣镝(dí)：镝，箭头。指响箭。 [2]乃：是，就是。 [3]翻然：又作"幡然"、"反然"，指改变。 [4]候者：即候人，迎送宾客的官员。 [5]间：离间。 [6]胫：小腿。 [7]弥峨城：不详所在。 [8]传：驿马。 [9]牙官：节镇、州、府都有牙官，为府衙的属官，供职于长官身边的亲信官员。 [10]使实其言：实，信。使郭子仪相信张维岳窃功的话为实。 [11]信：信用。[12]勋臣：功臣。 [13]颠越：陨落，从高处坠落。 [14]戊寅：二月十日。

上之幸陕也，李光弼竟迁延不至；上恐遂成嫌隙[1]，其母在河中，数遣中使存问之。吐蕃退，除光弼东都留守以察其去就；光弼辞以就江、淮粮运，引兵归徐州。上迎其母至长安，厚加供给，使其弟光进[2]掌禁兵，遇之加厚。

戊子[3]，赦天下。

自丧乱以来，汴水[4]堙废[5]，漕运者自江、汉抵梁、洋[6]，迂险劳费[7]，三月己酉[8]，以太子宾客刘晏为河南、江、淮以来转运使，议开汴水。庚戌[9]，又命晏与诸道节度使均节[10]赋役，听便宜[11]行毕以闻。时兵火之后，中外艰食[12]，关中米斗千钱，百姓挼穗[13]以给禁军，宫厨[14]无兼时[15]之积。晏乃疏浚[16]汴水，遗元载书[17]，具陈漕运利病，令中外相应。自是每岁运米数十万石以给关中，唐世推漕运之能者，推晏为首，后来者皆遵其法度云。

甲子[18]，盛王琦薨。

党项寇同州，郭子仪使开府仪同三司李国臣[19]击之，曰："虏得间则出掠，官军至则逃入山，宜使羸师居前以诱之，劲骑居后以覆之。"国臣与战于澄城[20]北，大破之，斩首捕虏千余人。

（以上为第八段，写刘晏为河南江淮转运使，漕运畅通。）

【注释】

[1]嫌隙：由猜疑而成的隔阂、仇怨。 [2]光进：李光进，李光弼弟。官至太子太保，封武威郡王。传见《新唐书》卷一百三十六。 [3]戊子：二月二十日。 [4]汴水：古水名。隋代开通济渠，因其中自今河南荥阳至开封一段利用原来的汴水，故唐、宋人遂将自出黄河至入淮河的通济渠东段全流统称为汴水、汴河或汴渠。 [5]堙（yīn）废：填塞而废弃。 [6]梁、洋：指梁州、洋州。 [7]迂险劳费：迂回曲折，路途艰险，劳民损费。 [8]己酉：三月十二日。 [9]庚戌：三月十三日。 [10]均节：均平调节。 [11]听便宜：听任便宜处置。 [12]艰食：食粮困难。[13]挼（nuó）穗：挼，两手揉搓；穗，麦穗。指麦未成熟，用两手揉穗以脱麦粒。 [14]宫厨：皇宫中的厨房，专供御膳及宫中人员膳食。 [15]兼时：两时。此指连续两顿饭。 [16]浚（jùn）：疏通。 [17]遗元载书：刘晏于广德二年（764）考察黄河、汴水、泗水后写给宰相元载的信。详《唐会要》卷八十七。 [18]甲子：三月二十七日。 [19]李国臣：传见《新唐书》卷一百三十六。 [20]澄城：县名。县治在今陕西澄城。

夏，五月，癸丑[1]，初行《五纪历》[2]。

庚申[3]，礼部侍郎杨绾奏岁贡孝弟力田[4]无实状，及童子科[5]皆侥幸；悉罢之。

郭子仪以安、史昔据洛阳，故诸道置节度使以制其要冲；今大盗已平，而所在聚兵，耗蠹[6]百姓，表请罢之，仍自河中为始。六月[7]，敕罢河中节度及耀德军[8]。子仪复请罢关内副元帅；不许。

仆固怀恩至灵武，收合散亡，其众复振。上厚抚其家。癸未[9]，下诏，称其"勋劳著于帝室，及于天下。疑隙之端，起自群小[10]，察其深衷[11]，本无他志；君臣之义，情实如初。但以河北既平，朔方已有所属，宜解河北副元帅、朔方节度等使，其太保兼中书令、大宁郡王如故。但当诣阙，更勿有疑。"怀恩竟不从。

秋，七月，庚子[12]，税天下青苗钱[13]以给百官俸。

太尉兼侍中、河南副元帅、临淮武穆王李光弼，治军严整，指顾[14]号令，诸将莫敢仰视[15]，谋定而后战，能以少制众，与郭子仪齐名。及在徐州，拥兵不朝，诸将田神功等不复禀畏[16]，光弼愧恨[17]成疾，己酉[18]，薨。八月，丙寅[19]，以王缙代光弼都统河南、淮西、山南东道诸行营。

郭子仪自河中入朝，会泾原[20]奏仆固怀恩引回纥、吐蕃十万众将入寇，京师震骇，诏子仪帅诸将出镇奉天。上召问方略[21]，对曰："怀恩无能为也。"上曰："何故尸对曰："怀恩勇而少恩，士心不附，所以能入寇者，因思归之士耳[22]。怀恩本臣偏裨，其麾下皆臣部曲，必不忍以锋刃相向，以此知其无能为也。"辛巳[23]，子仪发，赴奉天。

甲午[24]，加王缙东都留守。

河中尹兼节度副使[25]崔寓，发镇兵西御吐蕃，为法不一。九月，丙申[26]，镇兵作乱，掠官府及居民，终夕[27]乃定。

丙午[28]，加河东节度使辛云京同平章事。

辛亥[29]，以郭子仪充北道邠宁、泾原、河西以来通和吐蕃使[30]，以陈郑、泽潞节度使李抱玉充南道通和吐蕃使。子仪闻吐蕃逼邠州，甲寅[31]，遣其子朔方兵马使晞[32]将兵万人救之。

己未[33]，剑南节度使严武破吐蕃七万众，拔当狗城[34]。

关中虫蝗、霖雨[35]，米斗千余钱。

仆固怀恩前军至宜禄[36]，郭子仪使右兵马使李国臣将兵为郭晞后继。邠宁节度使白孝德败吐蕃于宜禄。冬，十月，怀恩引回纥、吐蕃至邠州，白孝德、郭晞闭城拒守。

庚午[37]，严武拔吐蕃盐川城[38]。

仆固怀恩与回纥、吐蕃进逼奉天，京师戒严。诸将请战，郭子仪不许，曰："虏深入吾地，利于速战，吾坚壁以待之，彼以吾为怯，必不戒，乃可破也。若遽战而不利，则众心离矣。敢言战者斩！"辛未[39]夜，子仪出陈于乾陵[40]之南，壬申[41]未明，虏众大至。虏始以子仪为无备，欲袭之，忽见大军，惊愕，遂不战而退。子仪使裨将李怀光[42]等将五千骑追虏，至麻亭[43]而还。虏至邠州，丁丑[44]，攻之，不克；乙酉[45]，虏涉泾而遁。

怀恩之南寇也，河西节度使杨志烈发卒五千，谓监军柏文达曰：“河西锐卒，尽于此矣，君将之以攻灵武，则怀恩有返顾[46]之虑，此亦救京师之一奇也！”文达遂将众击摧砂堡[47]、灵武县[48]，皆下之，进攻灵州。怀恩闻之，自永寿[49]遽归，使番、浑二千骑夜袭文达，大破之，士卒死者殆半。文达将余众归凉州，哭而入。志烈迎之曰：“此行有安京室之功，卒死何伤。”士卒怨其言。未几，吐蕃围凉州，士卒不为用；志烈奔甘州，为沙陀[50]所杀[51]。沙陀姓朱耶，世居沙陀碛[52]，因以为名。

（以上为第九段，写李光弼拥兵徐州，忧愤而死。郭子仪击退仆固怀恩连引回纥、吐蕃之入寇。）

【注释】

[1]癸丑：五月十七日。[2]《五纪历》：历法名。宝应元年（762），以《至德历》不合天象，诏司天台官属郭献之等以李淳风撰《麟德历》，参照《大衍历》，另撰新历。历成，唐代宗题名《五纪历》。行用二十余年，至建中五年（784）废。[3]庚申：五月二十四日。[4]孝弟力田：汉代以来的察举科目。唐代制举也有孝弟力田之科。孝弟，孝顺父母，友爱兄弟；力田，努力耕田。[5]童子科：唐制，凡十岁以下，能通规定的儒经者，根据应试的成绩，给予出身或授官，称为童子科。[6]耗蠹（dù）：耗费损害。[7]六月：据章校，“月”下有“庚辰”二字。[8]耀德军：镇军名。乾元二年（759）以河中节度使之军名耀德军。[9]癸未：六月十七日。[10]群小：众小人。[11]深衷：内心深处。[12]庚子：七月五日。[13]青苗钱：地税的附加税。广德二年（764）正月决定征天下地亩青苗钱，七月开始征收，每亩十五文，用来作百司课料。大约同时又征收青苗地头钱，是为青苗钱的附加税。据宋白《续通典》载，大历五年（770）五月诏，青苗钱以前每亩征十五文，地头钱每亩征二十五文。自今以后，一切以青苗钱为名，每亩减五文，征三十五文。后来青苗钱也用作军费或天子的用费。[14]指顾：手指目视。[15]仰视：抬头看。[16]禀畏：听命、敬畏。李光弼不听命于朝廷，则诸将不敬畏李光弼，由此可知节义不是一句空话，而是天下的大义。[17]愧恨：羞愧悔恨。[18]己酉：七月十四日。[19]丙寅：八月一日。[20]泾原：方镇名。治所在今甘肃泾川县北。长期辖有泾、原二州。[21]方略：计谋策略。[22]因思归之士耳：指仆固怀恩入寇，是顺应部众思归故里，由此可知，怀恩之众多关内、河东人。[23]辛巳：八月十六日。[24]甲午：八月二十九日。[25]河中尹兼节度副使：五月已罢河中节度使，此不应又言节度副使，或指前官。[26]丙申：九月二日。[27]终夕：整晚，一夜。[28]丙午：九月十二日。[29]辛亥：九月十七日。[30]通和吐蕃使：这是以通和使之名，从河东、河南调集两支军队去西边抵御吐蕃和仆固怀恩的进攻。以“通和”为名，

显然是出于策略考虑，是为了缓和与吐蕃的关系及有利于招抚仆固怀恩。［31］甲寅：九月二十日。［32］晞（xī）：郭晞（？—794），郭子仪第三子。少善骑射，常从父征战。官至检校工部尚书、太子宾客，封赵国公。传见《旧唐书》卷一百三十，《新唐书》卷一百三十七。［33］己未：九月二十五日。［34］当狗城：城名。故址在今四川理县东南新保关西。［35］霖雨：连天阴雨。［36］宜禄：县名。县治在今陕西长武县。［37］庚午：十月六日。［38］盐川城：城名。故址在今四川理县东南新保关西北。［39］辛未：十月七日。［40］乾陵：唐高宗与武则天的合葬墓。在今陕西乾县梁山。［41］壬申：十月八日。［42］李怀光（729—785）：渤海靺鞨人。本姓茹，其父以战功赐姓李。怀光以军功加中书令。讨伐朱泚时，因受谮愤懑而反叛被杀。传见《旧唐书》卷一百二十一，《新唐书》卷二百二十四上。［43］麻亭：地名。在今陕西永寿县西北。［44］丁丑：十月十三日。［45］乙酉：十月二十一日。［46］返顾：回顾，后顾。［47］摧砂堡：城堡名。在今宁夏固原市西北。［48］灵武县：县名。县治在今宁夏永宁县西南。［49］永寿：县名。县治在今陕西永寿县。［50］沙陀：我国古部族名。西突厥别部，又称沙陀突厥。贞观中居金莎山（今尼赤金山）南、蒲类海（今新疆巴里坤湖）以东，其地有大碛名沙陀，故以为部族名。宪宗（806—820）时内附，唐末参与镇压黄巢义军，五代后唐、后晋、北汉三朝皇族皆沙陀人。详见《新唐书》卷二百一十八。［51］杀：章校“杀”下有“凉州遂陷”四字。［52］沙陀碛：即今新疆古尔班通古特沙漠。

十一月，丁未[1]，郭子仪自行营入朝，郭晞在邠州，纵士卒为暴，节度使白孝德患之，以子仪故，不敢言；泾州刺史段秀实自请补都虞候，孝德从之。既署一月，晞军士十七人入市取酒，以刃刺酒翁[2]，坏酿器，秀实列卒取十七人首注槊上[3]，植市门[4]。晞一营大躁，尽甲，孝德震恐，召秀实曰：“奈何？”秀实曰：“无伤也，请往解之。”孝德使数十人从行，秀实尽辞去，选老躄[5]者一人持马至晞门下。甲者出，秀实笑且入，曰：“杀一老卒，何甲也！吾戴吾头来矣。”甲者愕。因谕曰：“常侍[6]负若属邪，副元帅负若属[7]邪？奈何欲以乱败郭氏！”晞出，秀实让之曰：“副元帅[8]勋塞天地，当念始终。今常侍恣卒为暴，行且致乱[9]，乱则罪及副元帅；乱由常侍出，然则郭氏功名，其存者几何！”言未毕，晞再拜曰：“公幸教晞以道，恩甚大，敢不从命！”顾叱左右：“皆解甲，散还火伍[10]中，敢哗者死！”秀实因留宿军中。晞通夕不解衣，戒候卒[11]击柝[12]卫秀实。旦，俱至孝德所，谢不能，请改。邠州由是无患。

五谷防御使薛景仙讨南山群盗，连月不克，上命李抱玉讨之。贼帅高玉最强，抱玉遣兵马使李崇客将四百骑自洋州入，袭之于桃虢川，大破之；玉走成固[13]。庚申[14]，山南西道节度使张献诚擒玉，献之，余盗皆平。

十二月，乙丑[15]，加郭子仪尚书令[16]。子仪以为："自太宗为此官，累圣不复置，近皇太子亦尝为之，非微臣[17]所宜当。"固辞，不受，还镇河中。

是岁，户部奏：户二百九十万，口一千六百九十余万。

上遣于阗王胜还国，胜固请留宿卫，以国授其弟曜[18]，上许之；加胜开府仪同三司，赐爵武都王。

（以上为第十段，写段秀实智勇，申军法，大义晓谕服郭晞。）

【注释】

[1]丁未：十一月十四日。 [2]酒翁：酿酒者。 [3]注槊（shuò）上：插在长矛上。注，聚集，此为插。槊，长矛。 [4]植市门：树立在集市的街口。植，树立。 [5]躄（bì）：足跛。[6]常侍：指郭晞，时为左散骑常侍。 [7]若属：你们。 [8]副元帅：指郭子仪，时为河东副元帅。 [9]行且致乱：这种行为将要造成暴乱。且，将要。 [10]火伍：唐制，兵五人为一伍，十人为一火。火伍，指队伍。 [11]候卒：侦察兵。 [12]柝（tuò）：巡夜打更用的梆子。[13]成固：县名。县治在今陕西城固县。 [14]庚申：十一月二十七日。 [15]乙丑：十二月二日。 [16]尚书令：官名。尚书省长官，总领百官，统率吏、户、礼、兵、刑、工六部，综理全部行政事务。唐初李世民在高祖朝居其职，其后不复授人。龙朔二年（662）制废其官，遂以左右仆射为尚书省长官。代宗广德元年（763），雍王适（即后来的德宗）曾一度居此职。后授郭子仪，子仪辞之。晚唐李茂贞曾僭居其位，后亦辞让。故唐代实废尚书令一职。 [17]微臣：自谦词，臣对君的自称。 [18]曜：尉迟曜。其兄尉迟胜为于阗国王时，曜为叶护。至德初胜以兵赴难，曜权知本国事。至此胜让位于曜。

永泰元年（乙巳，765年）

春，正月，癸卯朔[1]，改元；赦天下。

戊申[2]，加陈郑、泽潞节度使李抱玉凤翔、陇右节度使，以其从弟殿中少监抱真为泽潞节度副使。抱真以山东有变，上党为兵冲[3]，而荒乱之余，土瘠民困，无以赡军，乃籍民，每三丁选一壮者，免其租、徭，给弓矢，使农隙习射，岁暮都试[4]，行其赏罚。比三年，得精兵二万，既不费廪给，府库充实，遂雄视[5]山东。由是天下称泽潞步兵为诸道最。

二月，戊寅[6]，党项寇富平[7]，焚定陵殿[8]。

庚辰[9]，仪王璲[10]薨。

三月，壬辰[11]朔，命左仆射裴冕、右仆射郭英乂等文武之臣十三人于集贤殿待制[12]。左拾遗[13]洛阳独孤及[14]上疏曰："陛下召冕等待制以备询问，此五帝[15]盛德[16]也。顷者[17]陛下虽容[18]其直而不录[19]其言，有容下之名，无听谏之实，遂使谏者稍稍钳口[20]饱食，相招[21]为禄仕[22]，此忠鲠[23]之人所以窃叹，而臣亦耻之。今师兴不息十年矣，人之生产，空于杼轴[24]。拥兵者第馆亘街陌[25]，奴婢厌酒肉，而贫人羸饿就役，剥肤及髓[26]。长安城中白昼椎剽[27]，吏不敢诘[28]，官乱职废[29]，将堕卒暴[30]，百揆隳刺[31]，如沸粥纷麻[32]，民不敢诉于有司，有司不敢闻于陛下，茹毒饮痛[33]，穷[34]而无告。陛下不以此时思所以救之之术，臣实惧焉。今天下惟朔方、陇西有吐蕃、仆固之虞，邠、泾、凤翔之兵足以当之矣。自此而往，东洎[35]海，南至番禺，西尽巴、蜀，无鼠窃之盗而兵不为解。倾天下之货，竭天下之谷，以给不用之军，臣不知其故。假令居安思危，自可阨[36]要害之地，俾[37]置屯御[38]，悉休其余，以粮储扉屦[39]之资，充疲人贡赋，岁可减国租之半。陛下岂可持疑于改作[40]，使率土[41]之患日甚一日乎！"上不能用。

丙午[42]，以李抱玉同平章事，镇凤翔如故。

庚戌[43]，吐蕃遣请和，诏元载、杜鸿渐与盟于兴唐寺[44]。上问郭子仪："吐蕃请盟，何如？"对曰："吐蕃利我不虞[45]，若不虞而来，国不可守矣。"乃相继遣河中兵戍奉天，又遣兵巡泾原以觇之。

是春不雨，米斗千钱。

（以上为第十一段，写左拾遗独孤及建言裁减诸节度镇兵，省军费，轻税赋，以抒民困，唐代宗不听。）

【注释】

［1］正月，癸卯朔：正月一日。按，去年十二月甲子朔，则今年正月一日不当时是癸卯。陈垣《廿史朔闰表》作“癸巳朔”为是。［2］戊申：正月十六日。［3］兵冲：军事要冲，兵家必争之地。［4］都试：都集考试。汉代以立秋日总试骑士，称都试。［5］雄视：勇武雄壮而临视之。［6］戊寅：二月十六日。［7］富平：县名。县治在今陕西富平县东北。［8］定陵殿：定陵，唐中宗陵墓，在今陕西富平县西北龙泉山。殿，帝王陵墓前面的殿堂，为祭祀之所。［9］庚辰：二月十八日。［10］仪王璲：李璲（？—765），唐玄宗第十二子。传见《旧唐书》卷一百七，《新唐书》卷八十二。［11］壬辰：三月一日。［12］集贤殿待制：集贤殿为唐开元年间所置殿名，殿内设书院，置学士、直学士，以宰相为知院事，有修撰、校理等官，掌刊辑经籍、搜求佚书。待制，本指等候皇帝召唤咨询。唐太宗时，命京官五品以上，轮值中书、门下两省，以备顾问。永徽（650—655）中，命弘文馆学士一人，日待制于武德殿西门。代宗永泰元年（765），因一些功臣罢节度使，无职事，遂命待制于集贤殿，以示宠信。待制，轮值待召问。［13］左拾遗：官名。门下省属官，掌讽谏。凡发令举事，有不当之处，或廷争，当面直言，或上封事，书面陈述。［14］独孤及（725—777）：字至元，河南洛阳（今河南洛阳）人。善属文，天宝末年为与李华、萧颖士齐名的文学家。历任左拾遗、太常博士、礼部员外郎，终常州刺史。著有《毗陵集》。传见《旧唐书》卷一百六十八，《新唐书》卷一百六十二。［15］五帝：相传古代有五帝，其说法不一《史记·五帝本纪》以黄帝、颛顼、帝喾（kù）、尧、舜为五帝，这是最通常的说法。［16］盛德：大德。［17］顷者：近来。［18］容：容纳。［19］录：录用。［20］钳口：闭口。［21］相招：招，招邀。相互邀约。［22］禄仕：禄食之士，领取俸禄的做官人。［23］忠鲠（gěng）：鲠，直爽、正直。忠鲠，忠诚耿直。［24］杼（zhù）轴：杼，织布机上的梭子；轴，织布机上的滚筒。杼轴，泛指纺织。［25］第馆亘街陌：第，第宅，指官僚贵族的住宅；馆，客舍；亘，绵延；街陌，街道。指武官的住宅、客馆绵延于街市。［26］剥肤及髓：剥削由肌肤而达骨髓。［27］椎剽：椎，有柄的捶击工具。椎剽，指杀人劫财。［28］诘（jié）：查，查办。［29］官乱职废：官制混乱，职掌弛废。［30］将堕卒暴：堕，同惰，怠惰。军将怠惰，士卒横暴。［31］百揆隳刺：百揆，百度，指庶政；隳，毁坏；刺，违逆。各种政务或已毁坏，或被反其道而行之。［32］沸粥纷麻：沸粥，滚开的稀饭；纷麻，乱麻。形容乱成一团，没有头绪。［33］茹毒饮痛：茹，吃。犹言含恨忍痛，只能把苦楚和痛恨往肚里咽。［34］穷：走投无路。［35］洎（jì）：到，至。［36］阨：卡住。［37］俾（bǐ）：使。［38］屯御：屯，驻守。指驻兵防御。［39］扉（fèi）屦：麻作的鞋叫扉，丝作的鞋叫屦。见扬雄《方言》。［40］持疑于改作：改作，改革。对改革抱怀疑的态度。［41］率土：境域以内，即全国。［42］丙午：三月十五日。［43］庚戌：三月十九日。［44］兴唐寺：佛寺名。在长安大宁坊东南隅。神龙元年（705）太平公主为武太后建造，称罔极寺，极其华丽，为京都之名寺。开元二十年（732）改名兴唐寺。［45］不虞：没有准备。

夏，四月，丁丑[1]，命御史大夫王翊充诸道税钱使[2]。河东道租庸、盐铁使裴谞[3]入奏事，上问："榷酤[4]之利，岁入几何？"谓久之不对。上复问之，对曰："臣自河东来，所过见菽粟[5]未种，农夫愁怨，臣以为陛下见臣，必先问人之疾苦，乃责臣以营利，臣是以未敢对也。"上谢之，拜左司郎中[6]。谞，宽之子也。

辛卯[7]，剑南节度使严武薨。武三镇剑南[8]，厚赋敛以穷[9]奢侈；梓州刺史章彝小不副意[10]，召而杖杀之；然吐蕃畏之，不敢犯其境。母数戒[11]其骄暴[12]，武不从；及死；母曰："吾今始免为官婢[13]矣！"

五月，癸丑[14]，以右仆射郭英乂为剑南节度使。

畿内麦稔，京兆尹第五琦请税百姓田，十亩收其一，曰："此古什一之法[15]也。"上从之。

平卢节度使侯希逸镇淄青，好游畋[16]，营塔寺，军州[17]苦之。兵马使李怀玉得众心，希逸忌之，因事解其军职。希逸与巫宿于城外，军士闭门不纳，奉怀玉为帅。希逸奔滑州，上表待罪，诏赦之，召还京师。秋，七月，壬辰[18]，以郑王邈[19]为平卢、淄青节度大使，以怀玉知留后，赐名正己。时承[20]德节度使李宝臣，魏博节度使田承嗣，相卫节度使薛嵩，卢龙节度使李怀仙，收安、史余党，各拥劲卒数万，治兵完城[21]，自署文武将吏，不供贡赋，与山南东道节度使梁崇义及正己皆为婚姻，互相表里[22]。朝廷专事姑息，不能复制，虽名藩臣[23]，羁縻[24]而已。

甲午[25]，以上女昇平公主[26]嫁郭子仪之子暧[27]。

太子母沈氏[28]，吴兴[29]人也；安禄山之陷长安也，掠送洛阳宫。上克洛阳，见之，未及迎归长安；会史思明再陷洛阳，遂失所在。上即位，遣使散求[30]之，不获。己亥[31]，寿州崇善寺尼广澄诈称太子母，按验[32]，乃故少阳院[33]乳母也，鞭杀之。

（以上为第十二段，写河北四镇承德、魏博、相卫、卢龙节度使皆安史旧将，再加一个山南东道梁崇义，互为婚姻，渐成割据之势。）

【注释】

［1］丁丑：四月十六日。［2］王翊充诸道税钱使：此条有关的唐史典籍均不见记载。［3］裴谞（xū）（719—793）：字士明，河南洛阳（今河南洛阳市）人。先为史思明御史中丞，后事代宗、德宗，居职以宽厚和易著称。官至吏部侍郎兼御史大夫。传见《旧唐书》卷一百二十六，《新唐书》卷一百三十。［4］榷酤：榷，专利，专卖，酤，酒。指官府专利卖酒。按：唐代广德二年（764）始见有征收酒税的记载。建中三年（782）才实行禁止民间酤酒，而由官府设置酒店营利（《通典》卷十一）。因此，这里所言“榷酤”，不能看作已在全国实行酒的专卖。［5］菽粟（shūsù）：菽，豆类的总称，粟，谷子，去皮后称小米。菽粟，泛指豆类与谷物。［6］左司郎中：官名。尚书都省的左司副官，协助左丞管理省内吏、户、礼三部政务。［7］辛卯：四月三十日。［8］武三镇剑南：严武三镇剑南，有杜甫《八哀诗·赠左仆射郑国公严公武》“三掌华阳兵”为证。考严武乾元（758—759）中出任绵州刺史，上元二年（761）迁剑南东川节度使，十二月兼西川节度使；宝应元年（762）四月召入朝未行，六月授西川节度使；约十月还京任京兆尹、二圣山陵桥道使；广德二年（764）正月合东西川为一道，武任剑南节度使，至卒。（参见吴连燮《唐方镇年表》及其《考证》卷下）［9］穷：穷尽，极尽。［10］小不副意：小，稍微，稍稍；副，相称，符合。指稍微一点不合意愿。［11］戒：同“诫”，警告。［12］骄暴：放纵横暴。［13］官婢：没入官府为奴的妇女。［14］癸丑：五月二十二日。［15］什一之法：《孟子·滕文公上》曰：“夏后氏五十而贡，殷人七十而助，周人百亩而彻，其实皆什一也。”指十分中一分作贡赋。［16］游畋（tián）：畋，打猎。游畋，出游打猎。［17］军州：指平卢节度使领属的军和州。据《唐会要·节度使》和《新唐书·方镇表》，平卢节度使领平卢军、卢龙军和淄、青、齐、棣、登、莱等州。［18］壬辰：七月二日。［19］郑王邈：李邈（？—773），代宗第二子，封郑王，赠昭靖太子。传见《旧唐书》卷一百一十六，《新唐书》卷八十二。［20］承：据章校，“承”作“成”。［21］治兵完城：完，修缮。训练士兵，修缮城池。［22］互相表里：互相串通、互相呼应。［23］藩臣：藩篱大臣，护卫天子的大臣。［24］羁縻：羁，马笼头；縻，牛鼻绳。比喻维系，控制。［25］甲午：七月四日。［26］昇平公主（？—810）：代宗长女。传见《新唐书》卷八十三。［27］暧：郭暧（753—800），郭子仪第六子，尚代宗女，官至太常卿，袭封代国公。传见《旧唐书》卷一百二十，《新唐书》卷一百三十七。［28］太子母沈氏：即代宗皇后沈氏。世为吴兴冠族。开元末，以良家子选入东宫，赐予广平王。天宝元年（742）生德宗。安史军破长安，被拘往东都掖庭，后莫知所在。德宗即位，遥尊为皇太后；贞元七年（791），册谥曰睿真皇后。传见《旧唐书》卷五十二，《新唐书》卷七十七。［29］吴兴：郡名，即湖州。治所在今浙江湖州市。湖州，一度改名吴兴县。县改市，复名湖州。［30］散求：散，分散。四处寻求。［31］己亥：七月九日。［32］按验：审查验证。［33］少阳院：宫院名。在大明宫的史馆之北，皇太子居住处。

九月，庚寅朔[1]，置百高座[2]于资圣、西明两寺[3]，讲《仁王经》[4]，内出经二宝舆[5]，以人为菩萨、鬼神之状，导以音乐卤簿[6]，百官迎于光顺门[7]外，从至寺。

仆固怀恩诱回纥、吐蕃、吐谷浑、党项、奴剌数十万众俱入寇，令吐蕃大将尚结悉赞摩、马重英等自北道趣奉天，党项帅任敷、郑庭、郝德等自东道趣同州，吐谷浑、奴剌之众自西道趣盩厔，回纥继吐蕃之后，怀恩又以朔方兵继之。

郭子仪使行军司马赵复入奏曰："虏皆骑兵，其来如飞，不可易[8]也。请使诸道节度使凤翔李抱玉、滑濮李光庭[9]、邠宁白孝德、镇西马璘、河南郝庭玉、淮西李忠臣各出兵以扼其冲要。"上从之。诸道多不时出兵；李忠臣方与诸将击球[10]，得诏，亟命治行[11]。诸将及监军皆曰："师行必择日。"忠臣怒曰："父母有急，岂可择日而后救邪！"即日勒兵就道。

怀恩中途遇暴疾而归；丁酉[12]，死于鸣沙[13]。大将张韶代领其众，别将徐璜玉杀之，范志诚又杀璜玉而领其众。怀恩拒命三年，再引胡寇，为国大患，上犹为之隐[14]，前后敕制未尝言其反；及闻其死，悯然[15]曰："怀恩不反，为左右所误耳！"

吐蕃至邠州，白孝德婴城[16]自守。甲辰[17]，上命宰相及诸司[18]长官于西明寺行香设素馔[19]，奏乐。是日，吐蕃十万众至奉天，京城震恐。朔方兵马使浑瑊、讨击使白元光[20]先戍奉天，虏始列营，瑊帅骁骑二百冲之，身先士卒，虏众披靡。瑊挟虏将一人跃马而还，从骑无中锋镝[21]者。城上士卒望之，勇气始振。乙巳[22]，吐蕃进攻之，虏死伤甚众，数日，敛众[23]还营；瑊夜引兵袭之，杀千余人，前后与虏战二百余合，斩首五千级。丙午[24]，罢百高座讲；召郭子仪于河中，使屯泾阳[25]。己酉[26]，命李忠臣屯东桥，李光进屯云阳[27]，马璘、郝庭玉屯便桥，李抱玉屯凤翔，内侍骆奉仙、将军李日越屯盩厔，同华节度使周智光屯同州，鄜坊节度使杜冕屯坊州，上自将六军屯苑中。

庚戌[28]，下制亲征。辛亥[29]，鱼朝恩请索城中，括[30]士民私马，令城中男子皆衣皂[31]，团结为兵[32]，城门皆塞二开一。士民大骇，逾垣凿窦[33]而逃者甚众，吏不能禁。朝恩欲奉上幸河中以避吐蕃，恐群臣议论不一，一旦，百官入朝，立班[34]久之，阁门[35]不开，朝恩忽从禁军十余人操白刃而出，宣言："吐蕃数犯郊畿，车驾欲幸河中，可如？"公卿皆错愕[36]不知所对。有刘给事[37]者，独出班抗声[38]曰："敕使[39]反邪！今屯军如云，不勠力扞寇[40]，而遽欲胁天子弃宗庙社稷而去，非反而何！"朝恩惊沮而退，事遂寝。

自丙午至甲寅[41]，大雨不止，故虏不能进。吐蕃移兵攻醴泉，党项西掠白水[42]，东侵蒲津。丁巳[43]，吐蕃大掠男女数万而去，所过焚庐舍，蹂禾稼殆尽。周智光引兵邀击，破之于澄城，因逐北至鄜州。智光素与杜冕不协，遂杀鄜州刺史张麟，坑冕家属八十一人，焚坊州庐舍三千余家。

（以上为第十三段，写仆固怀恩再引回纥、吐蕃连兵入冠，唐代宗下诏亲征。仆固怀恩病死。吐蕃退兵。）

【注释】

[1]庚寅朔：九月一日。 [2]百高座：百尺高座。 [3]资圣、西明两寺：佛寺名。资圣寺，在长安崇仁坊，本是长孙无忌宅，龙朔三年（663）为文德皇后追福，立为尼寺，咸亨四年（673）复为僧寺。西明寺，在延康坊，本是隋朝越国公杨素宅，贞观（627—649）中，赐濮王泰，泰死，便立为寺。 [4]《仁王经》：佛经名。有两种译本，旧本为五胡十六国时后秦僧人鸠摩罗什译，题为《佛说仁王般若波罗蜜经》；新本为唐代不空译，题为《仁王护国般若波罗蜜经》。均为两卷。是释迦牟尼对当时印度十六大国国王宣讲佛法的经文。此指新本《仁王经》。 [5]内出经二宝舆：宫内拿出两宝车《仁王经》。 [6]卤簿：帝王驾出时扈从的仪仗队。 [7]光顺门：宫门名。大明宫集贤殿西有南北街，街北出之门便是光顺门。外命妇朝皇后、百官上书都在此门。 [8]易：轻视。 [9]滑濮李光庭：据《旧唐书》之《代宗纪》和《郭子仪传》，"庭"为"进"之误。 [10]击球：球，古代游戏用具，以皮做成，中间以毛充实，人骑马上用棍击之以为戏娱。击球，指击球比赛，是唐代很盛行的一项体育活动。详《封氏闻见记》卷六。 [11]治行：整治行装。 [12]丁酉：九月八日。 [13]鸣沙：县名。县治在今宁夏吴忠市西南。 [14]隐：隐瞒。 [15]悯然：哀怜。 [16]婴城：婴，围绕，环城。此指闭城。 [17]甲辰：九月十五日。 [18]诸司：各官府部门。 [19]素馔（zhuàn）：馔，食物。指素食，没有肉类的食品。 [20]白元光：突厥人。郭子仪幕府勇将，以军功官至卫尉卿，封南阳郡王。传见《新唐书》卷一百三十六。 [21]锋镝：锋，兵刃。镝，箭头。泛指兵器。 [22]乙巳：九月十六日。 [23]敛众：聚集士卒。 [24]丙午：九月十七日。 [25]泾阳：县名。县治在今陕西泾阳。 [26]己酉：九月二十日。 [27]云

阳：县名。县治在今陕西泾阳西北。［28］庚戌：九月二十一日。［29］辛亥：九月二十二日。［30］括：搜求。［31］衣皂：皂，黑色。即穿黑衣服，古代的卫士着黑衣。［32］团结为兵：团伙相结，组织成兵。［33］逾垣凿窦：逾，翻越；垣，墙；窦，孔穴，通道。指翻越城墙、挖通孔道。［34］立班：排班站立。［35］阁门：侧门。［36］错愕：错，慌乱；愕，惊愕。仓惶惊惧。［37］刘给事：姓刘的给事中。［38］抗声：高声，大声。［39］敕使：皇帝的使者，唐人称宦官为敕使。［40］勠（lù）力扞寇：勠力，并力，合力；扞，抵御。同心协力抵御敌寇。［41］自丙午至甲寅：即从九月十七日至二十五日。丙午，九月十七日。甲寅，九月二十五日。［42］白水：县名。县治在今陕西白水县。［43］丁巳：九月二十八日。

冬，十月，己未[1]，复讲经于资圣寺。

吐蕃退至邠州，遇回纥，复相与入寇，辛酉[2]，至奉天。癸亥[3]，党项焚同州官廨[4]、民居而去。

丙寅[5]，回纥、吐蕃合兵围泾阳，子仪命诸将严设守备而不战。及暮，二虏退屯北原[6]，丁卯[7]，复至城下。是时，回纥与吐蕃闻仆固怀恩死，已争长，不相睦，分营而居，子仪知之。回纥在城西，子仪使牙将[8]李光瓒等往说之，欲与之共击吐蕃。回纥不信，曰："郭公固在此乎？汝绐我耳。若果在此，可得见乎？"光瓒还报，子仪曰："今众寡不敌，难以力胜。昔与回纥契约[9]甚厚，不若挺身往说之，可不战而下也。"诸将请选铁骑五百为卫从，子仪曰："此适足为害也。"郭晞扣马[10]谏曰："彼，虎狼也；大人，国之元帅，奈何以身为虏饵！"子仪曰："今战，则父子俱死而国家危；往以至诚与之言，或幸而见从，则四海之福也！不然，则身没而家全。"以鞭击其手曰："去！"遂与数骑开门而出。使人传呼曰："令公来！"回纥大惊。其大帅合胡禄都督药葛罗[11]，可汗之弟也，执弓注矢[12]立于阵前。子仪免胄释甲[13]投枪而进，回纥诸酋长相顾曰："是也！"皆下马罗拜[14]。子仪亦下马，前执药葛罗手，让之曰："汝回纥有大功于唐，唐之报汝亦不薄，奈何负约，深入吾地，侵逼畿县，弃前功，结怨仇，背恩德而助叛臣，何其愚也！且怀恩叛君弃母，于汝国何有！今吾挺身而来，听汝执我杀之，我之将士必致死与汝战矣。"药葛罗曰："怀恩欺我，言天可汗已晏驾，令公亦捐馆[15]，中国无主，我是以敢与之来。今知天可汗在上都[16]，令公复总兵于此，怀恩又为天所杀。我曹[17]岂肯与令公战乎！”子仪因说之曰：“吐蕃无道，乘我国有乱，不顾舅甥之亲[18]，吞噬我边鄙，焚荡[19]我畿甸[20]，其所掠之财不可胜载，马牛杂畜，长数百里，弥漫在野，此天以赐汝也。全师而继好[21]，破敌以取富，为汝计，孰便于此！不可失也。”药葛罗曰：“吾为怀恩所误，负公诚深，今请为公尽力，击吐蕃以谢过。然怀恩之子[22]，可敦兄弟也，愿舍之勿杀。”子仪许之。回纥观者为两翼，稍前，子仪麾下亦进，子仪挥手却之，因取酒与其酋长共饮。药葛罗使子仪先执酒为誓，子仪酹地[23]曰：“大唐天子万岁！回纥可汗亦万岁！两国将相亦万岁！有负约者，身陨陈前，家族□□[24]。”杯至药葛罗，亦酹地曰：“如令公誓！”于是诸尊长皆大喜曰：“向以二巫师从军，巫言此行甚安隐，不与唐战，见一大人而还，今果然矣。”子仪遗之彩三千匹，酋长分以赏巫。子仪竟与定约而还。吐蕃闻之，夜，引兵遁去。回纥遣其酋长石野那等六人入见天子。

药葛罗帅众追吐蕃，子仪使白元光精骑与之俱；癸酉[25]，战于灵台[26]西原，大破之，杀吐蕃万计，得所掠士女四千人。丙子[27]，又破之于泾州东。

丁丑[28]，仆固怀恩将张休藏等降。

辛巳[29]，诏罢亲征，京城解严。

初，肃宗以陕西节度使郭英乂领神策军，使内侍鱼朝恩监其军；英乂入为仆射，朝恩专将之。及上幸陕，朝恩举在陕兵与神策军迎扈[30]，悉号神策军，天子幸其营。及京师平，朝恩遂以军归禁中，自将之，然尚未得与北军齿[31]。至是，朝恩以神策军从上屯苑中，其势浸盛，分为左、右厢，居北军之右[32]矣。

郭子仪以仆固名臣、李建忠等皆怀恩骁将，恐逃入外夷[33]，请招之。名臣，怀恩之侄也，时在回纥营。上敕并旧将有功者皆赦其罪，令回纥送之。壬午[34]，名臣以千余骑来降。子仪使开府仪同三司慕容休贞以书谕党项帅郑庭、郝德等，皆诣凤翔降。

甲申[35]，周智光诣阙献捷，再宿[36]归镇。智光负专杀[37]之罪未治。上既遣而悔之。

乙酉[38]，回纥胡禄都督等二百余人入见，前后赠赉缯帛十万匹；府藏空竭，税百官俸以给之。

（以上为第十四段，写郭子仪诚信感回纥，连兵大破吐蕃。）

【注释】

[1]己未：十月一日。[2]辛酉：十月三日。[3]癸亥：十月五日。[4]官廨（xiè）：官署，官吏办事的地方。[5]丙寅：十月八日。[6]北原：泾阳县北边高平地带。[7]丁卯：十月九日。[8]牙将：衙前将领。[9]契约：双方或多方同意订立的条约、文书。此泛指双方关系。[10]扣马：拉住马，牵住马。[11]合胡禄都督药葛罗：回纥的都督，既是部落长，又是地方政权长官。合胡禄，可能是部落名称。药葛罗，按《旧唐书·回纥传》作药罗葛，可汗之姓。[12]执弓注矢：注，投。手执弓，矢投弦。[13]免胄释甲：胄，头盔；甲，铠甲。取下头盔，脱去身上的铠甲。[14]罗拜：罗列而拜，围着下拜。[15]捐馆：即“捐馆舍”的省称，意为舍弃所居住的屋舍，是死亡的委婉说法。[16]上都：指长安。[17]我曹：即我辈，我们。[18]舅甥之亲：舅父与外侄的亲戚关系。唐曾先后将宗室女文成公主和金城公主嫁与吐蕃。因此，开元时吐蕃赞普上表称：“外甥是先皇帝舅宿亲。”[19]焚荡：烧光。[20]畿甸：古代王畿千里，王都所在千里之地曰畿；城郭外称郊，郊外称甸。后以畿甸泛指京城地区。[21]全师而继好：既保全军队，又得到所喜好的东西。[22]然怀恩之子，可敦兄弟也：仆固怀恩女嫁回纥可汗，故言其子为回纥可敦的兄弟。[23]酹（lèi）地：把酒洒在地上，表示祭奠，请天地鬼神作证。[24]□□：据章校，为“灭绝”二字。[25]癸酉：十月十五日。[26]灵台：县名。县治在今甘肃灵台。[27]丙子：十月十八日。[28]丁丑：十月十九日。[29]辛巳：十月二十三日。[30]迎扈（hù）：扈，扈从。迎扈，迎接皇帝而扈从左右。[31]齿：并列。[32]右：古代尊右，故以右为较尊贵的地位。[33]外夷：泛指边疆少数民族地区。[34]壬午：十月二十四日。[35]甲申：十月二十六日。[36]再宿：住宿两夜。[37]专杀：不经请示擅自杀人。[38]乙酉：十月二十七日。

【点评】

本卷记事为代宗初即位头两年的史事。值得点评的有以下四件大事：一、安史乱平，代宗善后失宜。二、吐蕃入长安，代宗蒙尘。三、仆固怀恩反叛。四、郭子仪诚信感动回纥，再造唐室。

一、安史乱平，代宗善后失宜。代宗忌郭子仪、李光弼功臣建立奇功，平定安史之乱的收尾之战不用郭、李，而用仆固怀恩，借兵回纥。这本身就是失计。李光弼被罢黜元帅，出镇临淮，心怀怨恨，以致吐蕃入长安，李光弼拥兵徐州不勤王，事后忧死，唐王朝折了一员良将，此其一失。仆固怀恩挟私智，表请河北降将分帅河北，开启了藩镇割据的先声，到代宗末年，藩镇割据的格局形成，祸及子孙，此其二失。代宗不听独孤及裁减诸镇兵员的建言，乱平而听任诸镇拥强兵，以致叛服不定，祸及自身，此其三失。解除郭子仪兵权，以朔方节度使授仆固怀恩，假兵柄于跋扈镇将，此其四失。太原节度使辛云京与仆固怀恩有隙，回纥还军，路过太原，仆固怀恩奉命护送回纥，辛云京闭门不接待，危及两国亲和，激化仆固怀恩怨忿，过在辛氏，不在仆固怀恩。辛云京自我辩护，诬奏仆固怀恩勾结回纥有异心，未有证据。仆固怀恩上奏诉冤，代宗不回答，两不过问，是非混淆，直接激起了仆固怀恩的反叛。此其五失。仆固怀恩为臣不忠，代宗为君亦不仁、不明，君臣两失。仆固怀恩之反，代宗难辞其咎。

二、吐蕃入长安，代宗蒙尘。吐蕃趁安史之乱，夺取大唐西北陇右河西之地，兰、河、鄯、洮、岷、秦、成、渭等州尽入吐蕃。广德元年（763），七月，吐蕃大举入寇，宦官程元振封锁消息，等到吐蕃过了邠州，前锋达到奉天、武功，代宗才得知，情况危急，赶紧起用郭子仪为关内副元帅出镇咸阳。郭子仪闲废日久，部曲离散，临时招募，到达咸阳，仅有二十骑跟随。吐蕃二十万众，铺天盖地而来，郭子仪上奏请求增派军队，程元振又扣住不使上闻。吐蕃兵临长安，代宗匆匆出逃，到达陕州，入鱼朝恩神策军营。代宗下诏勤王，没有人听命，拥兵徐州的李光弼，也不赴难。郭子仪赶往商州，手中只有三十个骑兵。郭子仪在商州收聚散兵，又调发武关守军，总计才四千人。郭子仪大胆进兵蓝田，虚张声势，鄜延节度使白孝德引兵南趋京畿，蒲、陕、商、华合势进击，吐蕃大掠长安后退走。

代宗返长安，太常博士柳伉上书指陈时弊，柳伉说："吐蕃长驱入长安，将士纷纷逃避，这是将帅背叛朝廷。功臣被疏远，嬖倖受重任，直到大祸造成，群臣没有一个敢直言，这是公卿背叛朝廷。这次车驾刚出长安，百姓就哄抢府库，这是京城百姓背叛朝廷。十月一日，皇上下诏征兵，四十天之后，没有一兵一卒勤王，这是四方都背叛朝廷了。"柳伉指出四条严峻形势后，义正词严直问代宗："陛下以今日之势为安全呢，还是危险呢？如果认为危险，岂能高枕无忧，不惩治罪人吗？"柳伉要求代宗斩程元振，斥退宦官，神策军交由大臣统率，然后皇上下罪己诏，问天下百姓允不允许自己改过自新，如果得不到允许，皇上就该退位让贤。这是正义的抗争，可以说振聋发聩。柳伉代表了百官群臣的公意。代宗不得已罢了程元振的官，依然用鱼朝恩为天下观军容宣慰处置使，宠信宦官的热情不减。代宗还加重了奸相元载的权势，依靠他来弹压百官。昏君是不会以史为鉴的。

三、仆固怀恩反叛。仆固怀恩，铁勒部九姓之一。贞观二十二年（648），铁勒九姓大首领降唐，唐太宗授歌滥拔延为右武卫大将军、金微都督。仆固怀恩为拔延之孙，世袭都督。肃宗即位于灵武，仆固怀恩为郭子仪部属，从郭子仪赴行在，是郭子仪最得力的战将之一，成为副手。仆固怀恩作战英勇，一门尽力王事，战死四十六人，女为公主，远嫁回纥和亲。官军收两京，平定河南、河北，剿灭史朝义，仆固怀恩立下卓越战功。仆固怀恩不为天下兵马副元帅，在郭子仪麾下，不失为忠臣良将，所建勋劳仅次于郭子仪、李光弼，是平定安史之乱的第三大功臣。代宗猜忌郭子仪、李光弼，用仆固怀恩取代，煽起了他的野心，自以为功大，不满意朝廷的待遇。而代宗照例猜忌功臣，现在轮到了猜忌仆固怀恩。辛云京、李抱玉与宦官骆奉仙、鱼朝恩，添油加醋地打小报告。代宗下诏召仆固怀恩入朝，要收他的兵权，仆固怀恩称病不入朝。双方关系迅速恶化。代宗广德二年（764），代宗用李抱玉计谋，重新任用郭子仪为朔方节度使。朔方将士听到郭子仪到任，纷纷离开仆固怀恩，欢迎郭子仪。仆固怀恩率领三百亲兵逃到灵武，收合散兵，招引回纥、吐蕃两次大举入寇。代宗永泰元年（765），九月，仆固怀恩第二次引回纥、吐蕃、吐谷浑三十余万大军入寇，深入奉天，京师大骇。九月八日，仆固怀恩病死，郭子仪与回纥结盟，连兵击退吐蕃，唐王朝才转危为安。仆固怀恩，一个盖世功臣，以叛臣贼子落幕，令人悲悯。代宗内心有愧，前后所下敕书，从不言仆固怀恩反叛，并在京师养其母，抚其女。代宗听到仆固怀恩死亡消息后，也怆然曰：“怀恩不反，为左右所误耳。”误怀恩者，实代宗也。

四、郭子仪诚信感动回纥，再造唐室。仆固怀恩第二次引回纥、吐蕃大举入寇，郭子仪守奉天，仆固怀恩不敢与之交战，回纥、吐蕃之兵取道泾阳指向京师。长安士民惊恐。代宗下诏亲征，实欲逃往河东。在这千钧一发之关头，郭子仪驰援泾阳，立脚未稳，回纥十余万大军围攻上来，吐蕃继其后。官军人心惶惶，强行拒战，泾阳不守，一定会全军覆灭。回纥与唐和亲，助唐平定安史之乱，获得唐朝丰厚回报。回纥留在长安的商人、办事人员有数千人，作奸犯科，代宗一概不问。每年互市，唐朝用重金购回纥的瘦马，以维护关系。郭子仪与回纥将领并肩作战，关系友好。回纥之所以入寇，一定是仆固怀恩挑拨，而今仆固怀恩已死，挑拨的源头没有了，郭子仪决定身入虎穴，以大义谕说回纥与唐联合共击吐蕃。众将军不同意，认为冒险，一定要去，请选派五百精骑保护。郭子仪对众将说：“打硬仗是以卵击石。与回纥重申盟好，只有这一条路。担心回纥杀我，派五百人也没有用，只是增加无谓的牺牲。回纥不是豺狼虎豹，胡人讲诚信。我诚心而去，只要有一线希望，便是国家之福，如果殉职，这是军人的责任。”最后，郭子仪带领数十骑，不穿甲胄而往。回纥全副武装迎接，如临大敌。郭子仪令人传呼：“令公来了。”郭子仪官拜中书令，人称“令公”。回纥人见到郭子仪，大吃一惊。回纥大帅药葛罗，是回纥可汗的弟弟，也是郭子仪的老朋友。药葛罗拉弓搭箭站在队列，见郭子仪赤手空拳而来，十分感动，扔下兵器，纳头便拜，其他卫士也高兴地拜迎郭子仪。郭子仪扶起药葛罗，既亲切又严肃地责备说："回纥有大功于唐，唐也回报丰厚，为何有始无终，负约侵犯？仆固怀恩叛君弃母，值得回纥帮助吗？我如今挺身而来，你们可以杀我，我的将士将会和你们拼命。"回纥说："仆固怀恩骗了我们，说皇帝和令公都死了，中国无主，我们才来的。现在仆固怀恩被杀了，我们怎敢与令公交战。"郭子仪趁机说回纥，吐蕃无道，夺地掠民，抢了许多财物。回纥与唐重归于好，共同打败吐蕃，所有财物全归回纥。药葛罗于是与郭子仪执酒为誓。吐蕃听到消息，连夜逃跑。唐军与回纥军并兵追击，大破吐蕃军，斩首以万计，解救被吐蕃抢掠的百姓四千多人。

郭子仪善用兵，懂外交，讲仁德，所以声威远播，回纥人很敬仰他，这是他的资本。李抱玉向代宗推荐郭子仪，说："仆固怀恩反叛，不足忧虑。朔方将士想念郭子仪，如同子弟想念父兄。陛下只要起用郭子仪为朔方节度使，朔方将士不召自来。"事实果然如此。不过郭子仪与回纥行盟，毕竟是身入虎穴，不仅要有大勇，而且要有高度的爱国精神，这正是郭子仪受人敬仰的内在原因。郭子仪既诚信，义利分析得当，又诱以厚利，所以赢得了回纥人的信任。假如吐蕃再入长安，回纥助纣为虐，势将激起河北兵变，唐王朝真的就要完蛋。郭子仪诚信感回纥，不仅退了吐蕃军，而且是再造了唐王朝。

卷二二四　唐纪四十

唐代宗永泰元年至大历八年（765—773 年）

【起旃蒙大荒落（乙巳，765 年）闰月，尽昭阳赤奋若（癸丑，773 年），凡八年有奇】

【大事提要】

本卷记事起公元 765 年闰月，讫公元 773 年，凡八年又三个月。当唐代宗永泰元年闰十月到大历八年。此时为唐代宗执政中期，宦官程元振、鱼朝恩相继用事，元载专权，代宗佞佛，政刑废弛，赋敛无度，国库仍然空虚，百官用职田之入充军粮。刘晏、第五琦、韩滉诸人掌理财赋，国用稍足，民更困矣。代宗姑息，诸镇兵将屡屡犯上逐帅，朝廷随即安抚，以致蜀中大乱，幽州兵将两度自立边帅，华州刺史周智光桀骜不驯，岭南蛮夷叛乱，举国不宁，局部变乱不断。幸赖郭子仪等良将健在，维护了国家的统一，打击吐蕃入侵，巩固了西北的边防。和亲、互市、维护了与回纥的和平。代宗平庸，不能裁减诸镇之兵，不能剪除强梁镇将，不能控御权臣，只是维持了唐朝的统治。代宗仁厚，不兴大狱，所以能维护大局平稳。

代宗睿文孝武皇帝中之上

永泰元年（乙巳，765 年）

闰十月，乙巳[1]，郭子仪入朝。子仪以灵武初复，百姓凋弊[2]，戎落[3]未安，请以朔方军粮使[4]三原路嗣恭[5]镇之；河西节度使杨志烈既死，请遣使巡抚河西及置凉、甘、肃、瓜、沙等州长史。上皆从之。

丁未[6]，百官请纳职田[7]充军粮；许之。

戊申[8]，以户部侍郎路嗣恭为朔方节度使。嗣恭披荆棘[9]，立军府，威令大行。

己酉[10]，郭子仪还河中。

初，剑南节度使严武奏将军崔旰[11]为利州[12]刺史；时蜀中新乱，山贼塞路，旰讨平之。及武再镇剑南，赂山南西道节度使张献诚以求旰，献诚使旰移疾自解[13]，诣武。武以为汉州[14]刺史，使将兵击吐蕃于西山，连拔其数城，攘地[15]数百里；武作七宝舆[16]迎旰入成都以宠之。

武薨，行军司马杜济知军府事。都知兵马使郭英幹，英乂之弟也，与都虞候郭嘉琳共请英乂为节度使；旰时为西山都知兵马使，与所部共请大将王崇俊为节度使。会朝廷已除英乂，英乂由是衔之，至成都数日，即诬崇俊以罪而诛之。召旰还成都，旰辞以备吐蕃，未可归，英乂愈怒，绝其馈饷以困之。旰转徙入深山，英乂自将兵攻之，声言助旰拒守。会大雪，山谷深数尺，士马冻死者甚众，旰出兵击之，英乂大败，收余兵，才及千人而还。

英乂为政，严暴骄奢，不恤士卒，众心离怨。玄宗之离蜀也，以所居行宫为道士观[17]，仍铸金为真容[18]。英乂爱其竹树茂美，奏为军营，因徙去真容，自居之。旰宣言[19]英乂反，不然，何以徙真容自居其处！于是帅所部五千余人袭成都。辛巳[20]，战于城西，英乂大败。旰遂入成都，屠英乂家。英乂单骑奔简州[21]。普州[22]刺史韩澄杀英乂，送首于旰。邛州[23]牙将柏茂琳[24]、泸州[25]牙将杨子琳[26]、剑州[27]牙将李昌巎[28]各举兵讨旰，蜀中大乱。旰，卫州人也。

华原令顾繇上言，元载子伯和等招权受贿，十二月，戊戌[29]，繇坐流锦州[30]。

自安、史之乱，国子监[31]室堂颓坏，军士多借居之。祭酒萧昕上言："学校不可遂废"。

（以上为第一段，写蜀中大乱。）

【注释】

[1]乙巳：闰十月十七日。[2]凋弊：衰败零落。[3]戎落：指少数民族部落。[4]军粮使：即粮料使。[5]路嗣恭（711—781）：字懿范，京兆三原（今陕西三原县东北）人。初名剑客，历仕郡县，有能名，考绩为天下之最，遂赐名嗣恭。后任节度使，至兵部尚书，东都留守。传见《旧唐书》卷一百二十二,《新唐书》卷一百三十八。[6]丁未：闰十月十九日。[7]职田：文武官员按品级所得的俸禄田。[8]戊申：闰十月二十日。[9]披荆棘：披，劈开；荆棘，本指丛生有刺的灌木，此比喻纷乱。披荆棘，指排除混乱。[10]己酉：闰十月二十一日。[11]崔

旰（gàn）（723—783）：赐名宁，卫州（今河南卫辉）人。代宗时仕蜀十余年，仗地险兵强，穷奢极欲，朝廷不能制。后征至京师，官至检校司空、平章事、御史大夫。为卢杞诬陷而死。传见《旧唐书》卷一百一十七，《新唐书》卷一百四十四。［12］利州：州名。治所在今四川广元。［13］移疾自解：移疾，移病，即称病，多为居官者求退的婉辞。指称病自行解职离任。［14］汉州：州名。治所在今四川广汉。［15］攘地：攘，侵夺。即夺地。［16］七宝舆：非常华贵的车。［17］道士观（guàn）：道士住的庙宇。［18］真容：肖像。［19］宣言：宣称，扬言。［20］辛巳：十一月二十四日。［21］简州：州名。治所在今四川简阳市西北。［22］普州：州名。治所在今四川安岳县。［23］邛州：州名。治所在今四川邛崃市。［24］柏茂琳：《旧唐书·代宗纪》作茂林，《旧唐书·杜鸿渐传》作贞节，皆为一人（见岑仲勉《唐集质疑》）。初为邛州牙将，后为邛州刺史、防御使、节度使。崔旰逐走西川郭英乂，柏茂琳曾起兵讨旰。两唐书无传。［25］泸州：州名，治所在今四川泸州市。［26］杨子琳：两唐书无传。据散见记载，其人本泸南"贼帅"，归降为泸州牙将，后任刺史。西川崔旰入朝，起兵攻入成都，为旰妾任氏败走。遂自泸州率兵东下，袭城杀官，沿途震恐。入夔州，遣使诣阙请罪，授峡州刺史，迁澧州刺史，后赐名猷，兼澧州镇遏使。大历九年（774）正月自澧州入朝，溯汉江而上，所过之地，皆闭门自守。三月授洮州刺史、陇右节度兵马使。五月抵京师。后曾统领决胜军，为李抱玉属部。［27］剑州：州名。治所在今四川剑阁县。［28］李昌巎（náo）：人名。剑州牙将。李昌巎，《唐历》作李昌夔。［29］戊戌：十二月十一日。［30］锦州：州名。治所在今湖南麻阳县西。［31］国子监：唐代中央教育行政机关。贞观二年（628）设置。长官祭酒一员，副长官司业二员，职掌儒学训导的政令，总领国子学、太学、四门学、律学、书学、算学等六学。

大历元年（丙午，766 年）

春，正月，乙酉[1]，敕复补国子学生[2]。

丙戌[3]，以户部尚书刘晏为都畿、河南、淮南、江南、湖南、荆南、山南东道转运、常平[4]、铸铁、盐钱等使，侍郎第五琦为京畿、关内、河东、剑南、山南西道转运等使，分理天下财赋。

周智光至华州，益骄横，召之，不至，上命杜冕从张献诚于山南以避之；智光遣兵于商山[5]邀之，不获。智光自知罪重，乃聚亡命、无赖子弟，众至数万，纵其剽掠以悦其心，擅留关中所漕米二万斛，藩镇贡献[6]，往往杀其使者而夺之。

二月，丁亥[7]朔，释奠[8]于国子监。命宰相帅常参官[9]、鱼朝恩帅六军诸将往听讲，子弟[10]皆服朱紫[11]为诸生。朝恩既贵显，乃学讲经为文，仅能执笔辨章句[12]，遽自谓才兼文武，人莫敢与之抗。

辛卯[13]，命有司修国子监。

元载专权，恐奏事者攻讦[14]其私，乃请："百官凡论事，皆先白长官，长官白宰相，然后奏闻。"仍以上旨谕百官曰："比日[15]诸司奏事烦多，所言多谗毁[16]，故委长官、宰相先定其可否。"

刑部尚书颜真卿上疏，以为："郎官、御史，陛下之耳目。今使论事者先白宰相，是自掩其耳目也。陛下患群臣之为谗，何不察其言之虚实！若所言果虚宜诛之，果实宜赏之。不务为此，而使天下谓陛下厌听览[17]之烦，托此为辞以塞谏争[18]之路，臣窃为陛下惜之！太宗著《门司式》[19]云：'其无门籍[20]人，有急奏者，皆令门司与仗家[21]引奏，无得关碍[22]。'所以防壅蔽[23]也。天宝以后，李林甫为相，深疾言者，道路以目[24]。上意不下逮[25]，下情不上达，蒙蔽喑呜[26]，卒成幸蜀之祸。陵夷[27]至于今日，其所从来[28]者渐矣。夫人主大开不讳[29]之路，群臣犹莫敢尽言，况令宰相大臣裁而抑之，则陛下所闻见者不过三数人耳。天下之士从此钳口结舌[30]，陛下见无复言者，以为天下无事可论，是林甫复起于今日也！昔林甫虽擅权，群臣有不咨宰相辄奏事者，则托以他事阴中伤之，犹不敢明令百司奏事皆先白宰相也。陛下傥不早寤，渐成孤立，后虽悔之，亦无及矣！"载闻而恨之，奏真卿诽谤[31]；乙未[32]，贬峡州别驾。

（以上为第二段，写元载专权。）

【注释】

[1]乙西：正月二十九日。［2］国子学生：国子学生员。国子学，国子监所领六学之一，设博士五人、助教五人、直讲四人，讲授五经等学课。国子学生员规定为文武官三品以上、国公的子孙，二品以上官的子孙、曾孙。成绩优秀要求做官的上报给国子监，能参加科试的则推荐给尚书省礼部。［3］丙戌：正月三十日。［4］常平：常平使，使职名。掌管常平法及常平仓政事的差遣官。常平之法，是官府在州府设置常平仓，实行谷贱时增价买入，谷贵时减价卖出，用来调节粮食供求矛盾，平稳市场价格。唐代的常平职事本由太府寺的常平署和地方的仓曹司仓参军管理。开元时，按察使、采访使已有监督各道常平钱谷运用的职责。安史乱后，第五琦、刘晏以各种使职的名义经管财政之初，都涉及常平，第五琦曾于广德二年（764）奏请于各州置常平库使。而中央官员

以常平名使，却首见于本年刘晏与第五琦分理天下财赋之时。［5］商山：山名。属秦岭山脉。在今陕西商洛市商州区东。［6］贡献：进奉，进贡。［7］丁亥：二月一日。［8］释奠：古代学校举行的一种典礼。每年仲春、仲秋和学校始建时，陈设酒食祭奠先圣先师。国子监、太学的释奠，由祭酒、司业、博士祭献，有时皇太子和文武官员参加，并举行讲学典礼。［9］常参官：常朝日必须赴朝参见皇帝的官员称常参官。包括文官五品以上及中书、门下八品以上供奉官和监察御史、员外郎、太常博士等官。［10］子弟：指常参官和六军诸将的子弟。［11］朱紫：红色与紫色。唐代三品以上官员袍服用紫色，五品以上官员袍服用朱色。［12］章句：古书的章节与句读。［13］辛卯：二月五日。［14］攻讦（jié）：攻击或揭发别人短处。［15］比日：近来。［16］谗毁：说别人坏话，诋毁。［17］听览：倾听、观览。［18］谏争（zhèng）：以直言规劝。［19］《门司式》唐式的一篇。式，是唐代四种法规（律、令、格、式）之一，是以官府为篇目而编定的行政条例，用来规范办事要求和程序。《门司式》是左右监门卫的行政条例，主要是关于进出宫禁殿门的要求和手续的规定，由左右监门卫大将军、将军及其僚属掌握执行。［20］门籍：出入宫殿门的牒籍。出入宫门的人须持有记载其姓名、年纪及所带物色的牒，经过按省，方得通行；在京各司官员要进出宫门的，须有本司具其官爵姓名的移牒，流外官还须注明其年纪、状貌等，由门司报大将军检校后方得通行。［21］仗家：宿卫在内廊、阁门外的警卫人员。［22］关碍：妨碍。［23］防壅蔽：壅，壅塞，堵塞而不畅通。防壅蔽，防止壅塞的蔽病。［24］道路以目：语出《国语·周语》"厉王虐，国人谤王，邵公告曰：'民不堪命矣。'王怒，得卫巫，使监谤者，以告，则杀之。国人莫敢言，道路以目。"形容慑于暴政，敢怒而不敢言。［25］下逮：逮，及，达到。下逮，向下传达。［26］喑（yīn）呜：喑，哑，不能说话。喑呜，说话喑哑不明。指说话不切实际，说不到点子上。［27］陵夷：衰落。［28］从来：由来。［29］不讳：不隐讳。［30］钳口结舌：钳口，闭口；结舌，不敢说话。指闭口不敢说话。［31］诽谤：说人坏话。［32］乙未：二月九日。

己亥[1]，命大理少卿杨济修好[2]于吐蕃。

壬子[3]，以杜鸿渐为山南西道、剑南东西川副元帅、剑南西川节度使，以平蜀乱。

以四镇、北庭行营节度使马璘兼邠宁节度使。璘以段秀实为三使[4]都虞候。卒有能引弓重二百四十斤者，犯盗当死，璘欲生之，秀实曰："将有爱憎而法不一，虽韩、彭[5]不能为理。"璘善其议，竟杀之。璘处事或不中理[6]，秀实力争之。璘有时怒甚，左右战栗，秀实曰："秀实罪若可杀，何以怒为！无罪杀人，恐涉非道。"璘拂衣[7]起，秀实徐步而出；良久，璘置酒召秀实谢之。自是军州事皆咨秀实而后行。璘由是在邠宁，声称殊美。

癸丑[8]，以山南西道节度使张献诚兼剑南东川节度使，邛州刺史柏茂琳为邛南[9]防御使；以崔旰为茂州[10]刺史，充西山防御使。三月，癸未[11]，献诚与旰战于梓州，献诚军败，仅以身免，旌节皆为旰所夺。

夏，五月，河西节度使杨休明徙镇沙州。

秋，八月，国子监成；丁亥[12]，释奠。鱼朝恩执《易》升高座，讲"鼎覆餗[13]"以讥宰相。王缙怒，元载怡然。朝恩谓人曰："怒者常情，笑者不可测也。"

杜鸿渐至蜀境，闻张献诚败而惧，使人先达意于崔旰，许以万全[14]。旰卑辞[15]重赂以迎之，鸿渐喜；进至成都，见旰，但接以温恭[16]，无一言责其干纪[17]，州府事悉以委旰。又数荐之于朝，因请以节制让旰，以柏茂琳、杨子琳、李昌巙各为本州刺史。上不得已从之。壬寅[18]，以旰为成都尹、西川节度行军司马。

甲辰[19]，以鱼朝恩行内侍监、判国子监事。中书舍人京兆常衮[20]上言："成均[21]之任，当用名儒，不宜以宦者领之。"丁未[22]，命宰相以下送朝恩上。

京兆尹黎干[23]自南山引涧水穿漕渠入长安，功竟不成。

冬，十月，乙未[24]，上生日[25]，诸道节度使献金帛、器服[26]、珍玩、骏马为寿，共直缗钱[27]二十四万。常衮上言，以为："节度使非能男耕女织，必取之于人。敛怨求媚，不可长也。请却之。"上不听。

京兆尹第五琦什一税法，民苦其重，多流亡。十一月，甲子[28]，日南至，赦，改元[29]，悉停什一税法。

十二月，癸卯[30]，周智光杀陕州监军张志斌。智光素与陕州刺史皇甫温不协[31]，志斌入奏事，智光馆之，志斌责其部下不肃[32]，智光怒曰："仆固怀恩不反，正由汝辈激之。我亦不反，今日为汝反矣！"叱下斩之，脔食[33]其肉。朝士举选人[34]，畏智光之暴，多自同州窃过，智光遣将将兵邀之于路，死者甚众。戊申[35]，诏加智光检校左仆射，遣中使余元仙持告身授之。智光慢骂[36]曰："智光有大功于天下国家，不与平章事而与仆射！且同、华地狭，不足展材，若益以陕、虢、商、鄜、坊五州，庶犹[37]可耳。”因历数[38]大臣过失，且曰：“此去长安百八十里，智光夜眠不敢舒足[39]，恐踏破长安城，至于挟天子令诸侯，惟周智光能之。”元仙股栗。郭子仪屡请讨智光，上不许。

郭子仪以河中军食常乏，乃自耕百亩，将校[40]以是为差，于是士卒皆不劝[41]而耕。是岁，河中野无旷土[42]，军有余粮。

以陇右行军司马陈少游[43]为桂管观察使。少游，博州人也，为吏强敏[44]而好贿，善结权贵，以是得进。既得桂州，恶其道远多瘴疠；宦官董秀掌枢密[45]，少游请岁献五万缗，又纳贿于元载子仲武。内外引荐，数日，改宣歙观察使。

（以上为第三段，写华州刺史周智光桀骜不驯；元载为相排斥异己；第五琦聚敛。）

【注释】

[1]己亥：二月十三日。 [2]修好：重归和好。 [3]壬子：二月二十六日。 [4]三使：指四镇、北庭、邠宁三节度使。 [5]韩、彭：即韩信、彭越。韩信（？—前196），淮阴（今河南淮阳）人。初从项羽，后归刘邦，拜为大将军，伐魏，举赵，降燕，定齐，围项羽于垓下，迫其自杀，为西汉开国功臣，封为楚王。后被告以谋反见杀。传见《史记》卷九十二，《汉书》卷三十四。彭越（？—前196），昌邑（今山东金乡西北）人，字仲。秦末聚众起兵，归刘邦，略定梁地，多建奇功，封为梁王。后被告谋反，夷三族。传见《史记》卷九十，《汉书》卷三十四。 [6]中（zhòng）理：符合道理。 [7]拂衣：提衣，振衣，表示生气，不满。 [8]癸丑：二月二十七日。 [9]邛南：邛水之南。邛水，源出今四川荥经东南，北流至雅安，入青衣江。 [10]茂州：州名。治所在今四川茂县。 [11]癸未：三月二十八日。 [12]丁亥：八月四日。 [13]鼎覆悚（sù）：语出《易·鼎》“鼎折足，覆公悚。”鼎，古代的一种烹饪器，有三足两耳；覆，倾覆；悚，鼎内食物。意思是折足之鼎，必倾鼎中之食。比喻大臣力薄，不能胜任所委重任，必至败坏国事。 [14]万全：万无一失。 [15]卑辞：恭敬谦虚的陈词。 [16]温恭：温顺恭敬。 [17]干纪：违法乱纪。据章校，“纪”下有“日与将佐高会”六字。[18]壬寅：八月十九日。[19]甲辰：八月二十一日。[20]常衮（729—783）：京兆（今陕西西安市）人，天宝末举进士。文章俊秀，为时所重。任门下侍郎、同平章事。力杜卖官之路，排摈非文辞登第之人。封河内郡公。有文集六十卷，已佚。传见《旧唐书》卷一百一十九，《新唐书》卷一百五十。 [21]成均：古代的大学。后世亦泛称官办的学校。此指国子监。 [22]丁未：八月二十四日。 [23]黎干：人名。初以善星相谶纬之术待诏翰林，官至京兆尹，以左道惑主希进。德宗时，与宦官刘忠翼谋不轨，赐死。传见《旧唐书》卷一百一十八，《新唐书》卷一百四十五。 [24]乙未：十月十三日。 [25]上生日：代宗生于开元

十四年（726）十月十三日，以这天为天兴圣节。［26］器服：器皿与衣物。［27］缗钱：缗，穿钱用的绳子。缗钱，用绳穿连成串的钱，即贯钱。［28］甲子：十一月十二日。［29］改元：改永泰二年为大历元年。［30］癸卯：十二月二十二日。［31］不协：不和睦。［32］不肃：不恭敬。［33］脔（luán）食：脔，肉割碎。即把肉切碎来吃。［34］朝士举选人：朝士，在朝廷做官之人；举人，州贡举到礼部参加考试之人；选人，候选的官吏。［35］戊申：十二月二十七日。［36］慢骂：随口辱骂。［37］庶犹：庶，将近，差不多；犹，还。庶犹，还差不多。［38］历数：遍数。［39］舒足：伸展脚。［40］将校：武官的通称。［41］劝：勉励，奖励。［42］旷土：空土，荒土。［43］陈少游（724—784）：传见《旧唐书》卷一百二十六，《新唐书》卷二百二十四上。［44］强敏：有才能而且机敏。［45］枢密：指枢机近密的职务，如奏表进御，旨意传宣，在皇帝与宰相之间起作用。玄宗时宦官高力士曾当此任。代宗、德宗时皆由宦官执掌，但无使名。宪宗元和（806—820）时始置枢密使二人，仍由宦官担任。以致发展到枢密使与宰相共参政事，与宰相一起在延英殿同皇帝议政，插手大臣迁除、皇帝废立。

二年（丁未，767年）

春，正月，丁巳[1]，密诏郭子仪讨周智光，子仪命大将浑瑊、李怀光军于渭上；智光麾下闻之，皆有离心。己未[2]，智光大将李汉惠自同州帅所部降于子仪。壬戌[3]，贬智光澧州刺史。甲子[4]，华州牙将姚怀、李延俊杀智光，以其首来献。

淮西节度使李忠臣入朝，以收华州为名，帅所部兵大掠，自潼关至赤水[5]二百里间，财畜殆尽，官吏有衣纸，或数日不食者。己巳[6]，置潼关镇兵二千人。

壬申[7]，分剑南置东川观察使，镇遂州。

二月，丙戌[8]，郭子仪入朝。上命元载、王缙、鱼朝恩等互置酒于其第，一会之费至十万缗。上礼重子仪，常谓之大臣而不名。

郭暧尝与昇平公主争言，暧曰："汝倚乃父为天子邪？我父薄天子不为[9]！"公主恚[10]，奔车奏之。上曰："此非汝所知。彼诚如是，使彼欲为天子，天下岂汝家所有邪！"慰谕[11]令归。子仪闻之，囚暧，入待罪。上曰："鄙谚[12]有之：'不痴不聋，不作家翁[13]。'儿女子闺房之言，何足听也！"子仪归，杖暧数十。

夏，四月，庚子[14]，命宰相、鱼朝恩与吐蕃盟于兴唐寺。

杜鸿渐请入朝奏事，以崔旰知西川留后。六月，甲戌[15]，鸿渐来自成都，广为贡献，因盛陈利害，荐旰才堪寄任；上亦务姑息，乃留鸿渐复知政事。秋，七月，丙寅[16]，以旰为西川节度使，杜济为东川节度使。旰厚敛以赂权贵，元载擢旰弟宽至御史中丞，宽兄审至给事中。

丁卯[17]，鱼朝恩奏以先所赐庄为章敬寺[18]，以资章敬太后[19]冥福[20]，于是穷壮极丽，尽都市之财[21]不足用，奏毁曲江[22]及华清宫馆以给之，费逾万亿[23]。卫州进士高郢[24]上书，略曰："先太后圣德，不必以一寺增辉；国家永图，无宁[25]以百姓为本。舍人就寺，何福之为！"又曰："无寺犹可，无人其可乎！"又曰："陛下当卑宫室，以夏禹[26]为法，而崇塔庙踵[27]梁武[28]之风乎！"又上书，略曰："古之明王积善以致福，不费财以求福；修德以消祸，不劳人以禳祸[29]。今兴造急促，昼夜不息，力不逮者随以榜笞[30]，愁痛之声盈于道路，以此望福，臣恐不然。"又曰："陛下回正道于内心[31]，求微助于外物[32]，徇左右之过计[33]，伤皇王之大猷[34]，臣窃为陛下惜之！"皆寝不报。

始，上好祠祀，未甚重佛。元载、王缙、杜鸿渐为相，三人皆好佛；缙尤甚，不食荤血，与鸿渐造寺无穷。上尝问以"佛言报应[35]，果为有无？"载等奏以："国家运祚[36]灵长[37]，非宿植福业[38]，何以致之！福业已定，虽时有小灾，终不能为害，所以安、史悖逆方炽[39]而皆有子祸[40]；仆固怀恩称兵内侮，出门病死；回纥、吐蕃大举深入，不战而退：此皆非人力所及，岂得言无报应也！"上由是深信之，常于禁中饭僧百余人；有寇至则令僧讲《仁王经》以禳之，寇去则厚加赏赐。胡僧不空[41]，官至卿监，爵为国公，出入禁闼[42]，势移权贵，京畿良田美利多归僧寺。敕天下无得箠曳[43]僧尼。造金阁寺于五台山[44]，铸铜涂金为瓦，所费钜亿；缙给中书符牒，令五台僧数十人散之四方，求利以营之。载等每侍上从容，多谈佛事，由是中外臣民承流相化[45]，皆废人事而奉佛，政刑日紊矣。

（以上为第四段，写唐代宗笃信佛法，政刑废弛。）

【注释】

[1]丁巳：正月六日。[2]己未：正月八日。[3]壬戌：正月十一日。[4]甲子：正月十三日。[5]赤水：河名。源出陕西渭南箭谷山下，下流入渭河。[6]己巳：正月十八日。[7]壬申：正月二十一日。[8]丙戌：二月六日。[9]薄天子不为：薄，轻视，鄙薄。意为轻视天子之位，因而不做天子。[10]恚（huì）：恨，怒。[11]慰谕：用好话安慰劝解。[12]鄙谚：乡间谚语。[13]家翁：一家之长，家长。[14]庚子：四月二十一日。[15]甲戌：六月己卯朔，无甲戌，当为甲辰之误。甲辰，六月二十六日。[16]丙寅：七月十九日。[17]丁卯：七月二十日。[18]章敬寺：佛寺名。在长安通化门外。[19]章敬太后：代宗生母吴氏。[20]冥福：死后之福。[21]都市之财：财，同"材"。存积在京都市场的木材。[22]曲江：曲江池。在今陕西西安市东南。有天然池沼，水流曲折，故名。唐时筑紫云楼等殿宇楼阁亭榭于池岸，青林重复，绿水弥漫，为节日游赏胜地。每年上巳日（三月三日）玄宗赐宴臣僚，每科新进士宴集同年，都在此地。安史乱后，建筑物圮废。文宗时重建部分楼馆。唐末池涸。[23]万亿：指数目巨大。[24]高郢（740—811）：字公楚。九岁通《春秋》，能属文。官至中书侍郎、同中书门下平章事。传见《旧唐书》卷一百四十七，《新唐书》卷一百六十五。[25]无宁：宁可，不如。[26]夏禹：夏后氏部落领袖，史称禹、大禹、戎禹。姒姓。古史相传禹继承其父鲧的治水事业，采用疏导的办法，历十三年，三过家门而不入，水患悉平。舜死，禹继任部落联盟领袖，定都安邑（今山西夏县西北），后东巡狩至会稽而卒。事见《史记》卷二。[27]踵（zhǒng）：跟随，承袭。[28]梁武：梁武帝（464—549），南兰陵（今江苏武进西北）人，姓萧名衍，字叔达。南齐时为雍州刺史，中兴二年（502）自立为帝，建国号梁。公元502年至549年在位。太清二年（548）纳东魏叛将侯景，后侯景叛梁，次年（549）攻下都城，武帝幽死。梁武帝长于文学、乐律、书法，有文集，已佚。迷信佛教，三次舍身同泰寺，寺院遍及梁境。事见《梁书》卷一、二、三，《南史》卷六、七。[29]禳（ráng）祸：禳，古代以祭祷消除灾祸的一种迷信活动。禳祸，消除灾祸。[30]榜（péng）笞：榜，同"搒"，鞭打；笞，用竹板或荆条抽打。泛言捶打。[31]回正道于内心：回，避；正道，大道。意即正大之道回避在内心，而不加以实践。[32]外物：指外来的佛教。[33]过计：不恰当的计谋。[34]猷（yóu）：计谋，谋略。[35]报应：因果报应，为佛教的基本教义之一。佛教宣扬，人们在社会中所处的地位和各种遭遇，不论是富贵贫贱、祸福灾祥，都是自己前世所作"善恶业"的结果。前世种因，今世报果，因果相应。[36]运祚：命运福祚。[37]灵长：广远绵长。[38]宿植福业：宿，隔夜，此指前世；福，古以富贵寿考等为福；业，佛教名词，指身、口、意三方面的活动。前世身、口、意活动种下的福业。[39]炽：盛，烈。[40]子祸：指安禄山之子安庆绪杀其父、史思明之子史朝义杀其父。[41]不空（705—774）：佛教密宗僧人。原籍北天竺（一说狮子国，即今斯里兰卡）。二十岁时在洛阳广福寺受戒，参加译经。与密宗僧人善无畏（637—735，原籍中天竺）、金刚智（669—741，原籍南天竺）被称为"开元三大士"。不空是一个官至卿监，封爵国公的和尚。[42]闼：宫中小门。[43]箠曳：

箠，鞭打；曳，拖拉。［44］五台山：山名。在今山西五台县东北。为我国佛教四大名山之一。［45］承流相化：继承流俗，相互影响。

八月，庚辰[1]，凤翔等道节度使、左仆射、平章事李抱玉入朝，固让仆射，言辞确至[2]，上许之；癸丑[3]，又让凤翔节度使，不许。

丁酉[4]，杜鸿渐饭千僧，以使蜀无恙故也。

九月，吐蕃众数万围灵州，游骑至潘原[5]、宜禄；诏郭子仪自河中帅甲士三万镇泾阳，京师戒严。甲子[6]，子仪移镇奉天。

山獠[7]陷桂州，逐刺史李良。

冬，十月，戊寅[8]，朔方节度使路嗣恭破吐蕃于灵州城下，斩首二千余级；吐蕃引去。

十二月，庚辰[9]，盗发郭子仪父冢，捕之，不获。人以为鱼朝恩素恶子仪，疑其使之。子仪自奉天入朝，朝廷忧其为变；子仪见上，上语及之，子仪流涕曰："臣久将兵，不能禁暴，军士多发人冢。今日及此，乃天谴，非人事也。"朝廷乃安。

是岁，复以镇西为安西[10]。

新罗王宪英[11]卒，子乾运[12]立。

（以上为第五段，写郭子仪宽厚，不以私害公，避免兴大狱。）

【注释】

［1］庚辰：八月三日。［2］确至：确，坚固；至，极。指极其坚决。［3］癸丑：八月戊寅朔，无癸丑，当为癸巳之误。癸巳，八月十六日。［4］丁酉：八月二十日。［5］潘原：县名。县治在今甘肃平凉市东。［6］甲子：九月十七日。［7］山獠（lǎo）：獠，今作僚。魏晋以来分布在今川、黔、滇、桂、粤、陕、湘等省部分少数民族的名称，因多居山地，故名。与现代仡佬族有渊源关系。［8］戊寅：十月一日。［9］庚辰：十二月四日。［10］复以镇西为安西：唐肃宗至德元载，公元756年改安西为镇西，至是复为安西。［11］新罗王宪英（？—767）：即金宪英，新罗王承庆之弟，天宝二年（743）唐册封为新罗王。［12］乾运（？—783）：即金乾运，新罗王宪英之子。大历二年（767）国人立为王；大历三年（768），唐册封为开府仪同三司、新罗王。多次遣使入唐朝贡。建中四年（783）卒。

三年（戊申，768 年）

春，正月，乙丑[1]，上幸章敬寺，度[2]僧尼千人。

赠建宁王倓为齐王。

二月，癸巳[3]，商州兵马使刘洽杀防御使殷仲卿，寻讨平之。

甲午[4]，郭子仪禁无故军中走马。南阳夫人[5]乳母之子犯禁，都虞候杖杀之。诸子泣诉于子仪，且言都虞候之横，子仪叱遣之。明日，以事语僚佐而叹息曰："子仪诸子，皆奴材也。不赏父之都虞候而惜母之乳母子，非奴材而何！"

庚子[6]，以后宫独孤氏[7]为贵妃。

三月，乙巳[8]朔，日有食之。

夏，四月，戊寅[9]，山南西道节度使张献诚，以疾举从父弟[10]右羽林将军献恭[11]自代，上许之。

壬寅[12]，西川节度使崔旰入朝。

初，上遣中使征李泌于衡山，既至，复赐金紫[13]，为之作书院于蓬莱殿[14]侧，上时衣汗衫、蹑屦[15]过之，自给、舍[16]以上及方镇除拜[17]、军国大事，皆与之议。又使鱼朝恩于白花屯为泌作外院，使与亲旧相见。

上欲以泌为门下侍郎、同平章事，泌固辞。上曰："机务[18]之烦，不得晨夕相见，诚不若且居密近，何必署敕然后为宰相邪！"后因端午，王、公、妃、主各献服玩，上谓泌曰："先生何独无所献？"对曰："臣居禁中，自巾至履皆陛下所赐，所余惟一身耳，何以为献！"上曰："朕所求正在此耳。"泌曰："臣身非陛下有，谁则有之？"上曰："先帝欲以宰相屈卿而不能得，自今既献其身，当惟朕所为，不为卿有矣！"泌曰："陛下欲使臣何为？"上曰："朕欲卿食酒肉，有室家[19]，受禄位，为俗人。"泌泣曰："臣绝粒[20]二十余年，陛下何必使臣隳其志乎！"上曰："泣复何益！卿在九重[21]之中四，欲何之？"乃命中使为泌葬二亲，又为泌娶卢氏女为妻，资费皆出县官[22]。赐第于光福坊[23]，令泌数日宿第中，数日宿蓬莱院。

上与泌语及齐王倓，欲厚加褒赠[24]，泌请用岐、薛故事[25]赠太子，上泣曰："吾弟首建灵武之议[26]，成中兴之业，岐、薛岂有此功乎！竭诚忠孝，乃为谗人所害。曏使尚存，朕必以为太弟[27]。今当崇以帝号，成吾夙志。"乙卯[28]制，追谥倓曰承天皇帝；庚申[29]，葬顺陵[30]。

崔旰之入朝也，以弟宽为留后，泸州刺史杨子琳帅精骑数千乘虚突入成都；朝廷闻之，加旰检校工部尚书，赐名宁，遣还镇。

（以上为第六段，写代宗招李泌入京，付与军国大事，优礼有加。）

【注释】

［1］乙丑：正月二十日。［2］度：剃度，佛教名词。指信徒把头发剃去，接受戒条的一种仪式。佛教宣称，剃发出家是度越生死之因，故名剃度。［3］癸巳：二月十八日。［4］甲午：二月十九日。［5］南阳夫人：即郭子仪之妻，封南阳夫人。［6］庚子：二月二十六日。［7］独孤氏：代宗贞懿皇后独孤氏（？—775），以美丽被选入宫，甚受宠爱，册为贵妃，生韩王迥、华阳公主，大历十年（775）死。传见《旧唐书》卷五十二，《新唐书》卷七十七。［8］乙巳：三月一日。［9］戊寅：四月四日。［10］从父弟：堂弟。［11］献恭：张献恭，幽州节度使张守珪之弟守瑜之子，累有军功，官至检校吏部尚书。传见《旧唐书》卷一百二十二，《新唐书》卷一百三十三。［12］壬寅：四月二十八日。［13］复赐金紫：金紫，金鱼袋和紫服。唐章服之制，三品以上官服紫，佩金鱼袋（即盛鱼符的金饰袋）。不及三品的可特赐紫，也就例赐金鱼袋。李泌初从肃宗在灵武时，已特赐金紫；还归衡山后，给以三品禄俸。此次回朝，复赐金紫。［14］蓬莱殿：在大明宫紫宸殿后。［15］衣汗衫、蹑屦（nièlǜ）：汗衫，又称中衣、中单，即内衣。蹑，踩，登。屦，用麻、葛等制成的鞋。即穿着平居的衣衫、便鞋。［16］给、舍：指给事中、中书舍人。［17］除拜：授官。［18］机务：机要的事务，多指军国大事。［19］室家：有妻子、家庭。［20］绝粒：不吃谷米的饭食，只吃水果蔬菜，这是道家修炼的长生之术，称为辟谷。［21］九重：指宫禁。［22］县官：指天子。［23］光福坊：长安城坊之一。在朱雀大街东安仁坊之南。［24］褒赠：嘉赏追封。［25］岐、薛故事：岐，岐王李范，唐睿宗第四子，唐玄宗册赠惠文太子；薛，薛王业，睿宗第五子，玄宗册赠惠宣太子。岐、薛故事，指二王死后册赠太子的成例。［26］吾弟首建灵武之议：吾弟，指齐王李倓；首建灵武之议，指至德元载（756），玄宗出逃至马嵬，父老遮道请留，乃令太子（肃宗）留后宣慰，建宁王倓执鞚谏请太子收西北守兵，召郭、李并力讨贼，收复两京。太子遂自奉天北上灵武，终成中兴大业。［27］太弟：皇帝尊其弟的称呼。一般指皇帝诸弟中被定为继承皇位的人。［28］乙卯：五月十二日。据岑仲勉《通鉴隋唐纪比事质疑》"乙卯"上应补"五月"二字。［29］庚申：五月十七日。［30］顺陵：武则天母杨氏之陵园，在今陕西咸阳市北塬上。

六月，壬辰[1]，幽州兵马使朱希彩[2]、经略副使昌平朱泚[3]、泚弟滔[4]共杀节度使节李怀仙，希彩自称留后。闰月，成德军节度使李宝臣遣将将兵讨希彩，为希彩所败；朝廷不得已宥之。庚申[5]，以王缙领卢龙节度使；丁卯[6]，以希彩领幽州留后。

崔宽与杨子琳战，数不利，秋，七月，崔宁妾任氏出家财数十万，募兵得数千人，帅以击子琳，破之；子琳走。

乙亥[7]，王缙如幽州，朱希彩盛兵严备以逆[8]之。缙晏然而行，希彩迎谒甚恭。缙度终不可制，劳军，旬余日而还。

回纥可敦卒，庚辰[9]，以右散骑常侍萧昕为吊祭使[10]。回纥庭诘[11]昕曰："我于唐有大功，唐奈何失信，市我马，不时归其直[12]？"昕曰："回纥之功，唐已报之矣。仆固怀恩之叛，回纥助之，与吐蕃连兵入寇，逼我郊畿。及怀恩死，吐蕃走，然后回纥惧而请和，我唐不忘前功，加惠而纵之。不然，匹马不归矣。乃回纥负约，岂唐失信邪！"回纥惭，厚礼而归之。

丙戌[13]，内出盂兰盆[14]赐章敬寺。设七庙神座，书尊号于幡[15]上，百官迎谒于光顺门。自是岁以为常。

八月，壬戌[16]，吐蕃十万众寇灵武，丁卯[17]，吐蕃尚赞摩二万众寇邠州，京师戒严；邠宁节度使马璘击破之。

庚午[18]，河东节度使、同平章事辛云京薨，以王缙领河东节度使，余如故。

九月，壬申[19]，命郭子仪将兵五万屯奉天以备吐蕃。

丁丑[20]，济王环[21]薨。

壬午[22]，朔方骑将白元光击吐蕃，破之。壬辰[23]，元光又破吐蕃二万众于灵武。凤翔节度使李抱玉使右军都将临洮李晟[24]将兵五千击吐蕃，晟曰："以力则五千不足用；以谋则太多。"乃将千人[25]出大震关；至临洮，屠吐蕃定秦堡[26]，焚其积聚，虏堡帅慕容谷种而还。吐蕃闻之，释灵州之围而去。戊戌[27]，京师解严。

颍州刺史李岵以事忤滑亳节度使令狐彰，彰使节度判官姚奭按行[28]颍州，因代岵领州事，且曰："岵不受代，即杀之。"岵知之，因激怒将士，使杀爽，与爽同死者百余人。岵走依河南节度使田神功于汴州。冬，十月，乙巳[29]，彰表言其状，岵亦上表自理。上命给事中贺若察往按之。

丁卯[30]，郭子仪自奉天入朝。

十一月，丁亥[31]，以幽州留后朱希彩为节度使。

郭子仪还河中。元载以吐蕃连岁入寇，马璘以四镇兵屯邠宁，力不能拒，而郭子仪以朔方重兵镇河中，深居腹中无事之地，乃与子仪及诸将议，徙璘镇泾州，而使子仪以朔方兵镇邠州，曰："若以边土荒残，军费不给，则以内地租税及运金帛以助之。"诸将皆以为然。十二月，己酉[32]，徙马璘为泾原节度使，以邠、宁、庆[33]三州隶朔方。璘先往城泾州，以都虞候段秀实知邠州留后。

初，四镇、北庭兵远赴中原之难，久羁旅[34]，数迁徙，四镇历汴、虢、凤翔，北庭历怀、绛、然后至邠，颇积劳弊。及徙泾州，众皆怨诽[35]。刀斧兵马使[36]王童之谋作乱，期以辛酉[37]旦警严[38]而发。前夕，有告之者；秀实阳召掌漏者[39]，怒之，以其失节[40]，令每更[41]来白，辄延之数刻，遂四更而曙[42]，童之不果发。秀实欲讨之而乱迹未露，恐军中疑其冤。告者又云："今夕欲焚马坊草，因救火谋作乱。"中夕，火果起，秀实命军中行者皆止，坐者勿起，各整部伍，严守要害。童之白请救火，不许。及旦，捕童之及其党八人，皆斩之。下令曰："后徙者族，流言者刑！"遂徙于泾。

癸亥[43]，西川破吐蕃万余众。

平卢行军司马许杲将卒三千人驻濠州不去，有窥淮南意，淮南节度使崔圆令副使元城张万福[44]摄濠州刺史；杲闻，即提卒去，止当涂[45]。是岁，上召万福，以为和州刺史、行营防御使，讨杲。万福至州，杲惧，移军上元[46]，又北至楚州大掠，淮南节度使韦元甫[47]命万福追讨之；未至淮阴，杲为其将康自劝所逐。自劝拥兵继掠，循淮而东，万福倍道追而杀之，免者什二三。元甫将厚赏将士，万福曰："官健[48]常虚费衣粮，无所事。今方立小功，不足过赏，请用三分之一。"

（以上为第七段，写吐蕃屡次犯边，唐代宗调整西北边防部署，以郭子仪朔方兵镇邠州。）

【注释】

[1]壬辰：六月二十日。[2]朱希彩（？—772）：初为幽州节度使李怀仙的兵马使，后杀怀仙自称留后，朝廷优宥之。官至御史大夫、幽州节度使，封高密郡王。后为部下所杀。事见《旧唐书》卷一百四十三。[3]朱泚（cǐ）：（743—785）：幽州昌平（今北京昌平区南）人。幼从军。大历七年（772），幽州节度使朱希彩被杀，朝廷拜泚为幽州节度使；德宗即位，加泚太尉，以其弟谋反，留京师。建中四年（783）十月，泾原兵叛，德宗出逃奉天，泚乘机反于京师，称大秦皇帝。次年，为部下所杀。传见《旧唐书》卷二百下，《新唐书》卷二百二十五中。[4]滔：朱滔（746—785），朱泚之弟，任幽州卢龙军节度使。建中三年（782）自称大冀王，署百官。朱泚反，立为皇太弟；泚死，上表请罪。传见《旧唐书》卷一百四十三、《新唐书》卷二百一十二。[5]庚申：闰六月十八日。[6]丁卯：闰六月二十五日。[7]乙亥：七月四日。[8]逆：迎，迎接，与“送”相对。[9]庚辰：七月九日。[10]吊祭使：使职名。少数民族首领逝世，奉命至王庭表示吊唁的差遣官。[11]庭诘：于殿堂前质问。[12]直：同值，指马价钱。[13]丙戌：七月十五日。[14]盂（yú）兰盆：梵语 Uilambànà 的音译，意译为救倒悬。《盂兰盆经》说，目连以其母死后极苦，如处倒悬，求佛救度。佛让他在相当于夏历七月十五日这天，准备百味果食，供养十方僧众，这样便可以解脱。于是，有佛教徒七月十五日举行追祭祖先的仪式叫盂兰盆会。这里所说宫内拿出的盂兰盆似指《盂兰盆经》。[15]幡：挑起来直挂着的长条形旗子。[16]壬戌：八月二十一日。[17]丁卯：八月二十六日。[18]庚午：八月二十九日。[19]壬申：九月一日。[20]丁丑：九月六日。[21]济王环：李环（？—768），玄宗第二十二子。初名溢，开元二十三年（735）更名环。传见《旧唐书》卷一百七，《新唐书》卷八十二。[22]壬午：九月十一日。[23]壬辰：九月二十一日。[24]李晟（shèng）（727—793）：字良器，临洮（今甘肃临潭县）人。唐德宗时名将。击吐蕃，平叛镇，殊有战功，官至副元帅、中书令，封西平王。传见《旧唐书》卷一百三十三，《新唐书》卷一百五十四。[25]千人：据章校，“千人”下有“兼行”二字。[26]定秦堡：吐蕃所筑城堡名。在今甘肃临潭西南。[27]戊戌：九月二十八日。[28]按行：巡行。[29]乙巳：十月五日。[30]丁卯：十月二十七日。[31]丁亥：十一月十七日。[32]己酉：十二月九日。[33]庆：庆州，州名。治所在今甘肃庆阳市。[34]羁旅：寄居作客。此指离开本土，转战他乡。[35]怨诽：怨恨，非议。[36]刀斧兵马使：节度使幕将，领刀斧兵。[37]辛酉：十二月二十一日。[38]旦警严：警，警号；严，严鼓。即以天将亮时的更鼓（五更鼓）为号。[39]掌漏者：漏，古计时器，即漏壶。掌漏者，即掌管漏壶的人，也就是报时者。[40]失节：更点之节有失准确。[41]更：古代夜间计时单位。一夜分为五更，一更约今两小时。每更又分为五点，每点相当于今二十多分钟。更以击鼓为节，点以击钟为节。[42]四更而曙：本来五更天明，因延迟漏刻，故四更天曙。[43]癸亥：十二月二十三日。[44]张万福（715—804）：元城（今河北大名东）人。幼学骑射，从军累有功，著威名于江淮，代宗赐名张正，德宗复赐原名。官至右金吾将军，以左散骑常侍致仕。传见《旧唐书》卷一百五十二，《新唐书》卷

一百七十。［45］当涂：县名。县治在今安徽当涂县。［46］上元：县名。县治在今江苏南京市。［47］韦元甫（？—771）：传见《旧唐书》卷一百一十五。［48］官健：官府所养健儿。指为官府招募以终身从军的士兵。

四年（己酉，769 年）

春，正月，丙子[1]，郭子仪入朝，鱼朝恩邀之游章敬寺。元载恐其相结，密使子仪军吏告子仪曰："朝恩谋不利于公。"子仪不听。吏亦告诸将，将士请衷甲[2]以从者三百人。子仪曰："我，国之大臣，彼无天子之命，安敢害我！若受命而来，汝曹欲何为！"乃从家僮数人而往。朝恩迎之，惊其从者之约[3]。子仪以所闻告，且曰："恐烦公经营[4]耳。"朝恩扶膺捧手流涕曰："非公长者[5]，能无疑乎！"

壬午[6]，流李岵于夷州。

乙酉[7]，郭子仪还河中。

辛卯[8]，赐李岵死。

二月，壬寅[9]，以京兆之好畤、凤翔之麟游[10]、普润[11]隶神策军，从鱼朝恩之请也。

杨子琳既败还泸州，招聚亡命，得数千人，沿江东下，声言入朝；涪州守捉使王守仙伏兵黄草峡[12]，子琳悉擒之，击守仙于忠州，守仙仅以身免。子琳遂杀夔州别驾张忠，据其城。荆南节度使卫伯玉欲结以为援，以夔州许之，为之请于朝。阳曲人刘昌裔[13]说子琳遣使诣阙请罪，子琳从之。乙巳[14]，以子琳为峡州团练使。

初，仆固怀恩死，上怜其有功，置其女宫中，养以为女。回纥请以为可敦，夏，五月，辛卯[15]，册为崇徽公主，嫁回纥可汗。壬辰[16]，遣兵部侍郎李涵送之，涵奏祠部郎中虞乡董晋[17]为判官。六月，丁酉[18]，公主辞行，至回纥牙帐。回纥来言曰："唐约我为市，马既入，而归我贿[19]不足，我于使人[20]乎[21]取之。"涵惧，不敢对，视晋，晋曰："吾非无马而与尔为市，为尔赐不既多乎！尔之马岁至，吾数皮而归资[22]。边吏请致诘[23]也，天子念尔有劳，故下诏禁侵犯。诸戎畏我大国之尔与[24]也，莫敢校[25]焉。尔之父子宁[26]而畜马蕃[27]者，非我谁使之！”于是其众皆环晋拜。既又相帅南面序拜，皆举两手曰：“不敢有意[28]大国。”

戊申[29]，王缙表让副元帅、都统、行营使[30]。

辛酉[31]，郭子仪自河中迁于邠州，其精兵皆自随，余兵使裨将将之，分守河中、灵州。军士久家河中，颇不乐徙，往往自邠逃归；行军司马严郢[32]领留府，悉捕得，诛其渠帅[33]，众心乃定。

秋，九月，吐蕃寇灵州；丁丑[34]，朔方留后常谦光击破之。

河东兵马使王无纵、张奉璋等恃功骄蹇，以王缙书生，易之，多违约束。缙受诏发兵诣盐州[35]防秋，遣无纵、奉璋将步骑三千赴之。奉璋逗留不进，无纵托他事擅入太原城；缙悉擒斩之，并其党七人，诸将悍戾[36]者殆尽，军府始安。

冬，十月，常谦光奏吐蕃寇鸣沙，首尾四十里。郭子仪遣兵马使浑瑊将锐兵五千救灵州，子仪自将进至庆州，闻吐蕃退，乃还。

黄门侍郎、同平章事杜鸿渐以疾辞位，壬申[37]，许之；乙亥[38]，薨。鸿渐病甚，令僧削发[39]，遗令为塔以葬[40]。

丙子[41]，以左仆射裴冕同平章事。初，元载为新平[42]尉，冕尝荐之，故载举以为相，亦利其老病易制。受命之际，蹈舞仆地，载趋而扶之，代为谢词。十二月，戊戌[43]，冕薨。

（以上为第八段，写郭子仪光明磊落，不听元载挑拨。唐代宗养仆固怀恩之女为公主，与回纥和亲。）

【注释】

[1]丙子：正月七日。[2]衷甲：衣内穿甲。[3]约：简约，少。[4]经营：周旋；往来。[5]长者：指性情谨厚，有德行的人。[6]壬午：正月十三日。[7]乙酉：正月十六日。[8]辛卯：正月二十二日。[9]壬寅：二月三日。[10]麟游：县名。县治在今陕西麟游县。[11]普润：县名。县治在今陕西宝鸡市凤翔区北。[12]黄草峡：又称黄葛峡。在今重庆市长寿区东。[13]刘昌裔（？—813）：阳曲（今山西定襄县）人。传见《旧唐书》卷一百五十一，《新唐书》卷一百七十。[14]乙巳：二月六日。[15]辛卯：五月二十四日。[16]壬辰：五月二十五日。[17]董晋（724—799）：字混成。虞乡（今山西永济市虞乡镇）人。官至以检校左仆射、同平章事，为宣武军节度使。传见《旧唐书》卷一百四十五，《新唐书》卷一百五十一。[18]丁

酉：六月一日。［19］贿：财物，钱财。［20］使人：即使者。［21］乎：语气词，无实义。［22］数皮而归资：清点马皮（无论死活）然后给钱。［23］致诘：前去追问。［24］与：同盟，结好。［25］校（jiào）：对抗，较量。［26］宁：安宁，平静。［27］蕃（fán）：繁殖，滋生。［28］有意：有意谋、图谋。［29］戊申：六月十二日。［30］行营使：据章校，“使”下补“许之”二字。［31］辛酉：六月二十五日。［32］严郢：字叔敖，华州华阴（今陕西华阴）人。大历末任京兆尹，以抚穷疾恶、持法严明著称。官至御史大夫。传见《新唐书》卷一百四十五。［33］渠帅：首领。［34］丁丑：九月十二日。［35］盐州：州名。治所在今陕西定边县。［36］悍戾：凶暴，横蛮。［37］壬申：十一月八日。［38］乙亥：十一月十一日。［39］削发：剃发为僧。［40］为塔以葬：塔，梵文 Stupa 或巴利文 Thupa 的译音。原为葬佛舍利（火葬后残余的骨烬）之所。故建塔以葬成为佛教的葬俗。［41］丙子：十一月十二日。［42］新平：县名。县治在今陕西彬州市。［43］戊戌：十二月四日。

五年（庚戌，770 年）

春，正月，己巳[1]，羌酋白对蓬等各帅部落内属[2]。

观军容宣慰处置使、左监门卫大将军兼神策军使、内侍监鱼朝恩，专典禁兵，宠任无比，上常与议军国事，势倾朝野。朝恩好于广座[3]恣谈[4]时政，陵侮宰相，元载虽强辩[5]，亦拱默[6]不敢应。

神策都虞候刘希暹[7]，都知兵马使王驾鹤[8]，皆有宠于朝恩；希暹说朝恩于北军[9]置狱，使坊市恶少年罗告[10]富室，诬以罪恶，捕系地牢，讯掠[11]取服，籍没其家赀入军，并分赏告捕者；地在禁密，人莫敢言。朝恩每奏事，以必允为期；朝廷政事有不豫[12]者，辄怒曰：“天下事有不由我者邪！”上闻之，由是不怿。

朝恩养子令徽尚幼，为内给使[13]，衣绿[14]，与同列[15]忿争，归告朝恩。朝恩明日见上曰：“臣子宫卑，为侪辈[16]所陵，乞赐之紫衣。”上未应，有司已执紫衣于前，令徽服之，拜谢。上强笑[17]曰：“儿服紫，大宜称。”心愈不平。

元载测知上指[18]，乘间奏朝恩专恣不轨，请除之；上亦知天下共怨怒，遂令载为方略。朝恩每入殿，常使射生将周皓将百人自卫，又使其党陕州节度使皇甫温握兵于外以为援；载皆以重赂结之，故朝恩阴谋密语，上一一闻之，而朝恩不之觉也。

辛卯[19]，载为上谋，徙李抱玉为山南西道节度使，以温为凤翔节度使，外重其权，实内温以自助也。载又请割郿[20]、虢[21]、宝鸡[22]、鄠、盩厔隶抱玉，兴平[23]、武功、天兴[24]、扶风隶神策军，朝恩喜于得地，殊不以载为虞，骄横如故。

壬辰[25]，加河南尹张延赏[26]为东京留守；罢河南等道副元帅，以其兵属留守。延赏，嘉贞之子也。

二月，戊戌[27]，李抱玉徙镇盩厔，军士愤怒，大掠凤翔坊市，数日乃定。

刘希暹颇觉上意异，以告鱼朝恩，朝恩始疑惧。然上每见之，恩礼益隆，朝恩亦以此自安。皇甫温至京师，元载留之未遣，因与温及周皓密谋诛朝恩。既定计，载白上。上曰："善图之，勿反受祸！"

三月，癸酉[28]，寒食[29]，上置酒宴贵近[30]于禁中，载守中书省。宴罢，朝恩将还营，上留之议事，因责其异图。朝恩自辩，语颇悖慢[31]，皓与左右擒而缢杀[32]之，外无知者。上下诏，罢朝恩观军容等使，内侍监如故。诈云"朝恩受诏乃自缢"，以尸还其家，赐钱六百万以葬。

丁丑[33]，加刘希暹、王驾鹤御史中丞，以慰安北军之心。丙戌[34]，赦京畿系囚[35]，命尽释朝恩党与[36]，且曰："北军将士，皆朕爪牙，并宜仍旧。朕今亲御禁旅，勿有忧惧。"

己丑[37]，罢度支使及关内等道转运、常平、盐铁使，其度支事委宰相领之。

敕皇甫温还镇于陕。

元载既诛鱼朝恩，上宠任益厚，载遂志气骄溢，每众中大言，自谓有文武才略，古今莫及，弄权舞智[38]，政以贿成[39]，僭侈无度[40]。吏部侍郎杨绾，典选平允[41]，性介直[42]，不附载；岭南节度使徐浩[43]，贪而佞，倾南方珍货以赂载。载以绾为国子祭酒，引浩代之。浩，越州人也。载有丈人[44]自宣州来，从载求官，载度其人不足任事，但赠河北一书而遣之。丈人不悦，行至幽州，私发书视之，书无一言，惟署名而已。丈人大怒，不得已试谒院僚[45]，判官闻有载书，大惊，立白节度使，遣大校以箱受书，馆之上舍，留宴数日，辞去，赠绢千匹。其威权动人如此。

夏，四月，庚子[46]，湖南兵马使臧玠杀观察使崔灌；澧州刺史杨子琳起兵讨之，取赂而还。

泾原节度使马璘屡诉本镇荒残，无以赡军，上讽李抱玉以郑、颍二州让之；乙巳[47]，以璘兼郑颍节度使。

庚申[48]，王缙自太原入朝。

癸未[49]，以左羽林大将军辛京杲为湖南观察使。

荆南节度使卫伯玉遭母丧，六月，戊戌[50]，以殿中监王昂[51]代之。伯玉讽大将杨鉥[52]等拒昂留己；甲寅[53]，诏起复伯玉镇荆南如故。

秋，七月，京畿饥，米斗千钱。

刘希暹内常自疑，有不逊语，王驾鹤以闻。九月，辛未[54]，赐希暹死。

吐蕃寇永寿[55]。

冬，十一月，郭子仪入朝。

上悉知元载所为，以其任政日久，欲全始终，因独见，深戒之；载犹不悛[56]，上由是稍恶之。

载以李泌有宠于上，忌之，言"泌常与亲故宴于北军，与鱼朝恩亲善，宜知其谋。"上曰："北军，泌之故吏也，故朕使之就见亲故。朝恩之诛，泌亦预谋，卿勿以为疑。"载与其党攻之不已；会江西观察使魏少游求参佐[57]，上谓泌曰："元载不容卿，朕今匿卿于魏少游所。俟朕决意除载，当有信报卿，可束装来。"乃以泌为江西判官，且属少游使善待之。

（以上为第九段，写元载设谋诛除了鱼朝恩，更加飞扬跋扈，排挤李泌出京。）

【注释】

[1]己巳：正月五日。 [2]内属：即内附，臣附于内地唐王朝。 [3]广坐：众人聚会的场所。 [4]恣谈：肆无忌惮地谈论。 [5]强辩：善辩。 [6]拱默：拱手沉默。 [7]刘希暹（？—770）：宦官。出自戎伍。以骑射闻名，为宦官鱼朝恩所用，官至太仆卿，封交河郡王。传见《旧唐书》卷一百八十四。 [8]王驾鹤：两《唐书》无传。曾任神策军都知兵马使、神策军使，掌禁军十余年，权倾一时；德宗即位，始去职。 [9]北军：即北衙禁军，此时有左右羽林军、左右龙武

军、左右神武军和神策军。[10]罗告：罗织罪名而诬告。[11]讯掠：讯，审问；掠，拷打。[12]不豫：不参与。[13]内给使：内侍省宫闱局属员。唐制，凡宦官无官品者，称内给使，掌诸门进物出物。[14]衣绿：唐制，官三品以上服紫，四五品服绯，六七品服绿，八九品服青。鱼朝恩养子为内给使无官品而穿六七品官服。[15]同列：同事。[16]侪（chái）辈：同辈。[17]强笑：勉强地笑。[18]指：同旨，意思，意图。[19]辛卯：正月二十七日。[20]郿：县名。县治在今陕西眉县。[21]虢：县名。县治在今陕西宝鸡市。[22]宝鸡：县名。县治在今陕西宝鸡市。[23]兴平：县名。县治在今陕西兴平市。[24]天兴：县名，县治在今陕西宝鸡市凤翔区。[25]壬辰：正月二十八日。[26]张延赏（727—787）：开元宰相张嘉贞之子。本名宝符，开元末年，玄宗召见，赐名延赏，取"延赏于世"之义。博涉经史，达于政事，官至左仆射、同中书门下平章事。传见《旧唐书》卷一百二十九，《新唐书》卷一百二十七。[27]戊戌：二月五日。[28]癸酉：三月十日。[29]寒食：节令名。在农历清明前一、二日。相传春秋时晋国介之推辅佐重耳（晋文公）回国后，隐于山中，重耳烧山逼他出来，之推抱树而死。文公为悼念他，禁止在之推死日生火煮食，只吃冷食。以后相沿成俗，称为寒食禁火。《周礼·司烜氏》已载有"仲春以木铎修火禁于国中"，证明仲春（二月）之末禁火早已是周代的旧制。关于介之推与寒食的联系，始于两晋南朝，当为时人的附会。[30]贵近：居贵要之位而接近于君王的人。[31]悖慢：违逆傲慢。[32]缢杀：绞死，勒死。[33]丁丑：三月十四日。[34]丙戌：三月二十三日。[35]系囚：在押的囚犯。[36]党与：同党的人，同伙。[37]己丑：三月二十六日。[38]弄权舞智：玩弄权术与智计。[39]政以贿成：政，政治，政事；贿，贿赂。指国家政事依靠贿赂的手段来完成。[40]僭（jiàn）侈无度：僭，越分，超越身分，冒用在上者的职权行事。僭侈无度，即无限度地越分奢侈。[41]典选平允：主掌选举事务公平得当。[42]介直：耿介直率。[43]徐浩（703—782）：字季海，越州（今浙江绍兴市）人。工草隶，以文学知名于世。官至吏部侍郎。传见《旧唐书》卷一百三十七，《新唐书》卷一百六十。[44]丈人：古为尊老之称。此指父辈的老人。[45]院僚：指节度使院的僚属。[46]庚子：四月八日。[47]乙巳：四月十三日。[48]庚申：四月二十八日。[49]癸未：五月二十一日。[50]戊戌：六月七日。[51]王昂（？—777）：出自戎旅，贪纵不法，党附元载，官至检校刑部尚书知省事。事见《旧唐书》卷一百一十八。[52]杨鉥（shù）：人名。荆南节度使大将。[53]甲寅：六月二十三日。[54]辛未：九月十二日。[55]永寿：县名。县治在今陕西永寿县北。[56]不悛（quān）：悛，改，悔改。不悛，不悔改。[57]参佐：僚属，部下。

六年（辛亥，771年）

春，二月，壬寅[1]，河西、陇右、山南西道副元帅兼泽潞、山南西道节度使李抱玉上言："凡所掌之兵，当自训练。今自河、陇达于扶、文[2]，绵亘二千余里，抚御至难。若吐蕃道岷[3]、陇俱下，臣保固汧、陇则不救梁、岷，进兵扶、文则寇逼关辅[4]，首尾不赡，进退无从。愿更择能臣，委以山南，使臣得专备陇坻[5]。”诏许之。

郭子仪还邠州。

岭南蛮酋梁崇牵自称平南十道大都统，据容州，与西原蛮张侯、夏永等连兵攻陷城邑，前容管经略使元结[6]等皆寄治苍梧[7]。经略使王翃[8]至藤州，以私财募兵，不数月，斩贼帅欧阳珪，驰诣广州，见节度使李勉，请兵以复容州；勉以为难，翃曰：“大夫[9]如未暇出兵，但乞移牒诸州，扬言出千兵为援，冀藉声势，亦可成功。”勉从之。翃乃与义州[10]刺史陈仁璀、藤州[11]刺史李晓庭等结盟讨贼。翃募得三千余人，破贼数万众；攻容州，拔之，擒梁崇牵，前后大小百余战，尽复容州故地。分命诸将袭西原蛮，复郁林[12]等诸州。

先是，番禺贼帅冯崇道，桂州叛将朱济时，皆据险为乱，陷十余州，官军讨之，连年不克；李勉遣其将李观[13]与翃并力攻讨，悉斩之，三月，五岭皆平。

河北旱，米斗千钱。

夏，四月，己未[14]，澧州刺史杨子琳入朝[15]，上优接之，赐名猷。

庚申[16]，以典内[17]董秀为内常侍。

吐蕃请和；庚辰[18]，遣兼御史大夫吴损使于吐蕃。

成都司录[19]李少良[20]上书言元载奸赃阴事，上置少良于客省。少良以上语告友人韦颂，殿中侍御史陆珽以告载，载奏之。上怒，下少良、颂、珽御史台狱。御史奏少良、颂、珽凶险比周，离间君臣，五月，戊申[21]，敕付京兆，皆杖死。

秋，七月，丙午[22]，元载奏，凡别敕除文、武六品以下官，乞令吏部、兵部无得检勘[23]，从之。时载所奏拟多不遵法度，恐为有司所驳故也。

八月，丁卯[24]，淮西节度使李忠臣将兵二千屯奉天防秋。

上益厌元载所为，思得士大夫之不阿附者为腹心，渐收载权。丙子[25]，内出制书[26]，以浙西观察使李栖筠为御史大夫，宰相不知，载由是稍绌[27]。

九月，吐蕃下青石岭[28]，军于那城[29]；郭子仪使人谕之，明日，引退。

是岁，以尚书右丞韩滉[30]为户部侍郎、判度支；自兵兴以来，所在赋敛无度，仓库出入无法，国用虚耗。滉为人廉勤，精于簿领[31]，作赋敛出入之法，御下严急，吏不敢欺；亦值连岁丰穰，边境无寇，自是仓库蓄积始充。滉，休之子也。

（以上为第十段，写李勉讨平岭南蛮夷叛乱，代宗渐收元载之权。）

【注释】

[1]壬寅：二月十五日。[2]扶、文：即扶州、文州。扶州治所在今四川九寨沟县南坪镇东，文州治所在今甘肃文县西。[3]岷：州名。治所在今甘肃岷县。[4]关辅：辅，古称京城附近的地区为辅。关辅，即唐首都长安所在的关中地区。[5]陇坻（dǐ）：坻，山坡。陇坻，即陇山。此指陇右地区。[6]元结（719—772）：字次山，河南（今河南洛阳）人。官至容管经略使。善属文，有《元次山集》，尚存。传见《新唐书》卷一百四十三。[7]苍梧：郡名。治所在今广西梧州市。[8]王翃（hóng）（733—802）：字宏肱，并州晋阳（今山西太原西南）人。有文武才，累官至大理卿、福建观察使。卒于东海留守。传见《旧唐书》卷一百五十七，《新唐书》卷一百四十五。[9]大夫：李勉时任岭南节度观察使，所带朝职为御史大夫。[10]义州：州名。治所在今广西岑溪市东。[11]藤州：州名。治所在今广西藤县。[12]郁林：州名。治所在今广西玉林市西北。[13]李观（？—788）：洛阳（今河南洛阳市）人。少习武艺，有将帅识度。官至少府监、检校工部尚书。传见《旧唐书》卷一百四十四，《新唐书》卷一百五十六。[14]己未：四月三日。[15]杨子琳入朝：杨子琳入朝至京师，在大历九年（774）五月（见《资治通鉴》卷二百二十五）。此“入朝”疑为上表请入朝。[16]庚申：四月四日。[17]典内：官名。太子内坊局（内坊初隶东宫；开元二十七年隶内侍省，为内坊局，改典内为令）长官，宦官为之，掌东宫阁内的禁令及宫人粮廪赐予出入等事务。[18]庚辰：四月二十四日。[19]司录：即司录参军，州府僚佐，职掌纠举功仓户兵法士六曹，整肃州政。[20]李少良（？—771）：事见《旧唐书》卷一百一十八，《新唐书》卷一百四十五。[21]戊申：五月二十三日。[22]丙午：七月二十二日。[23]检勘：唐代文武六品以下官选授程序之一，又称南曹检勘。当州府把应选人状文（包括乡里名籍、任官资历、父祖官名、内外族姻、年龄形貌、考课优劣、谴负刑犯等项）解送尚书都省后，分别转到吏、兵二部进行检勘。检勘是把解状与吏、兵部所存的档案（称甲历）进行检验勘核，看是否符合当年的选格，是否有伪滥，以决定是否有资格参加当年铨选。这是常规选授的情况。如皇帝特敕除授的六品以下官，其他程序减免，但检勘似仍要进行。至此，才有元载奏请

废除。［24］丁卯：八月十四日。［25］丙子：八月二十三日。［26］内出制书：唐代中后期有翰林学士和中书舍人分掌内外制命。所谓内出制书，就是由翰林学士草拟的不经过中书门下而直接从禁中发出的制书。内制一般是较为重要的诏书。［27］绌（chù）：减损。［28］青石岭：在今甘肃泾川县西北。［29］那城：地名。在今宁夏固原东南。［30］韩滉（huàng）（723—787）：字太仲，开元宰相韩休之子。廉洁耿直，精于吏道，生活节俭。官至润州刺史、镇海军节度使、检校左仆射、同平章事，加度支、诸道转运盐铁使，封晋国公。传见《旧唐书》卷一百二十九，《新唐书》卷一百二十六。［31］簿领：登记的文簿。此指以簿籍记载财物出纳的技能。

七年（壬子，772年）

春，正月，甲辰[1]，回纥使者擅出鸿胪寺，掠人子女；所司禁之，殴击所司，以三百骑犯金光、朱雀门[2]。是日，宫门皆闭，上遣中使刘清潭谕之，乃止。

三月，郭子仪入朝；丙午[3]，还邠州。

夏，四月，吐蕃五千骑至灵州，寻退。

五月，乙未[4]，赦天下。

秋，七月，癸巳[5]，回纥又擅出鸿胪寺，逐长安令邵说[6]至含光门街，夺其马；说乘他马而去，弗敢争。

卢龙节度使朱希彩既得位，悖慢朝廷，残虐将卒；孔目官李怀瑗因众怒，伺间杀之。众未知所从；经略副使朱泚营于城北，其弟滔将牙内兵，潜使百余人于众中大言曰："节度使非朱副使不可。"众皆从之。泚遂权知留后，遣使言状。冬，十月，辛未[7]，以泚为检校左常侍[8]、幽州卢龙节度使。

十二月，辛未[9]，置永平军于滑州。

（以上为第十一段，写幽州再度兵乱，自立节度，唐代宗姑息听之。）

【注释】

［1］甲辰：正月二十二日。［2］金光、朱雀门：长安城门名。金光门，长安城西面中门；朱雀门，宫城南面中门。［3］丙午：三月二十五日。［4］乙未：五月十五日。［5］癸巳：七月十四日。［6］邵说（？—782）：相州安阳（今河南安阳）人。陷事史思明。史朝义败，归朝廷。以其才干，官至吏部侍郎、太子詹事。传见《旧唐书》卷一百三十七，《新唐书》卷二百二。［7］辛未：十月二十四日。［8］左常侍：即左散骑常侍。［9］辛未：十二月二十五日。

八年（癸丑，773 年）

春，正月，昭义节度使[1]、相州刺史薛嵩薨。子平[2]，年十二，将士胁以为帅，平伪许之；既而让其叔父崿[3]，夜奉父丧，逃归乡里。壬午[4]，制以崿知留后。

二月，壬申[5]，永平节度使令狐彰薨。彰承滑、亳离乱之后，治军劝农，府廪充实。时藩镇率皆跋扈[6]，独彰贡赋未尝阙[7]；岁遣兵三千诣京西防秋，自赍粮食，道路供馈皆不受，所过秋豪不犯[8]。疾亟，召掌书记高阳齐映[9]，与谋后事，映劝彰请代人，遣子归私第；彰从之，遗表称："昔鱼朝恩破史朝义，欲掠滑州，臣不听，由是有隙。及朝恩诛，值臣寝疾，以是未得入朝，生死愧负[10]。臣今必不起，仓库畜牧，先已封籍[11]，军中将士，州县官吏，按堵[12]待命。伏见吏部尚书刘晏、工部尚书李勉可委大事，愿速以代臣。臣男建等，今勒归东都私第。"彰薨，将士欲立建，建誓死不从，举家西归。三月，丙子[13]，以李勉为永平节度使。

吏部侍郎徐浩、薛邕，皆元载、王缙之党；浩妾弟侯莫陈忞[14]为美原尉，浩属京兆尹杜济虚以知驿[15]奏优[16]，又属邕拟长安尉。忞参台[17]，御史大夫李栖筠劾奏其状，敕礼部侍郎万年于邵[18]等按之。邵奏邕罪在赦前，应原除，上怒。夏，五月，乙酉[19]，贬浩明州别驾，邕歙州刺史；丙戌[20]，贬济杭州刺史，邵桂州长史，朝廷稍肃[21]。

辛卯[22]，郑王邈[23]薨，赠昭靖太子。

回纥自乾元以来，岁求和市，每一马易四十缣[24]，动至数万匹，马皆驽瘠[25]无用；朝廷苦之，所市多不能尽其数，回纥待遣、继至者常不绝于鸿胪。至是，上欲悦其意，命尽市之。秋，七月，辛丑[26]，回纥辞归，载赐遗及马价，共用车千余乘。

（以上为第十二段，写永平节度使令狐彰恪尽职守，唐用重金买回纥瘦弱无用之马以维护和平。）

【注释】

[1]昭义节度使：又名泽潞节度使，使职名。为泽潞等州差遣长官。至德元载（756）置泽潞沁节度使，治潞州（今山西长治市）。广德元年（763）又置相、卫、贝、邢、洺、滋节度使，治相州（今河南安阳）。大历元年（766）赐号昭义军节度使。十二年（777）昭义军节度使与泽潞节度使合为一镇。长期领有泽、潞、磁、邢、洺五州。 [2]平：薛平（752—831），昭义军节度使薛嵩之子。在南衙任将军三十年，出任郑滑、平卢、河中等镇节度使，有能名，至加司徒，拜太子太傅，封魏国公。传见《旧唐书》卷一百二十四，《新唐书》卷一百一十一。 [3]崿：薛崿（？—775），薛嵩弟。嵩死，崿为相卫节度留后，大历十年（775）被镇兵驱逐。 [4]壬午：正月六日。 [5]壬申：二月二十七日。 [6]跋扈：骄横强暴。 [7]阙：同“缺”，空缺，缺漏。 [8]秋豪不犯：秋豪，同“秋毫”，本指鸟兽换毛，至秋天重长新毛，细而尖。故以秋毫指细微的东西。秋毫不犯，指一点也不侵犯。 [9]齐映（748—795）：高阳（今河北高阳东）人。官至中书舍人、同平章事。传见《旧唐书》卷一百三十六，《新唐书》卷一百五十。[10]愧负：惭愧负疚。 [11]封籍：封存、登记。 [12]按堵：同“安堵”，安居。 [13]丙子：三月一日。 [14]侯莫陈忥（fū）：人名。时任美原尉，吏部侍郎徐浩小妾之弟。 [15]知驿：执掌驿站事务。 [16]奏优：奏报其成绩优异。 [17]参台：亦称台参。唐代御史台与京兆府县官员之间禀奉临制之礼仪。凡御史台有新除授的大夫、中丞，京兆府的府尹、少尹和长安、万年两县县令要到台参见。太和九年（835）御史台奏请获准，凡有新除三院（台院、殿院、察院）御史，京兆尹、少尹和两县令也要就廊下参见。 [18]于邵（714—794）：字相门，京兆万年（今陕西西安市东）人。天宝末年进士。官至礼部侍郎。有文集四十卷，已佚。传见《旧唐书》卷一百三十七、《新唐书》卷二百三。[19]乙酉：五月十一日。 [20]丙戌：五月十二日。 [21]肃：整肃，严肃。 [22]辛卯：五月十七日。 [23]郑王邈：李邈（？—773），代宗第二子。好读书，以儒行称。既死，代宗惜其才早夭，册赠昭靖太子。传见《旧唐书》卷一百一十六，《新唐书》卷八十二。 [24]缣（jiān）：细绢。 [25]驽瘠：驽，劣马。驽瘠，指瘦劣的马。 [26]辛丑：七月二十八日。

八月，己未[1]，吐蕃六万骑寇灵武，践秋稼而去。

辛未[2]，幽州节度使朱泚遣弟滔将五千精骑诣泾州防秋。自安禄山反，幽州兵未常为用，滔至，上大喜，劳赐甚厚。

壬申[3]，回纥复遣使者赤心[4]以马万匹来求互市。

九月，壬午[5]，循州[6]刺史哥舒晃杀岭南节度使吕崇贲，据岭南反。

癸未[7]，晋州男子郇模[8]，以麻辫发[9]，持竹筐苇席，哭于东市。人问其故，对曰：“愿献三十字，一字为一事；若言无所取，请以席裹尸，贮筐中，弃于野。”京兆以闻。上召见，赐新衣，馆于客省。其言“团”者，请罢诸州团练使也；“监”者，请罢诸道监军使也。

魏博节度使田承嗣为安、史父子立祠堂[10]，谓之四圣，且求为相；上令内侍孙知古因奉使讽令毁之。冬，十月，甲辰[11]，加承嗣同平章事以褒之。

灵州破吐蕃万余众。吐蕃众十万寇泾、邠，郭子仪遣朔方兵马使浑瑊将步骑五千拒之。庚申[12]，战于宜禄。瑊登黄萯[13]原望虏，命据险布拒马[14]以备其驰突。宿将[15]史抗、温儒雅等意轻瑊，不用其命；瑊召使击虏，则已醉矣；见拒马，曰：“野战，乌[16]用此为！”命撤之。叱骑兵冲虏陈，不能入而返；虏蹑而乘之，官军大败，士卒死者什七八，居民为吐蕃所掠千余人。

甲子[17]，马璘与吐蕃战于盐仓[18]，又败。璘为虏所隔，逮暮未还，泾原兵马使焦令谌等与败卒争门而入。或劝行军司马段秀实乘城拒守，秀实曰：“大帅未知所在，当前击虏，岂得苟自全乎！”召令谌等让之曰：“军法，失大将，麾下皆死。诸君忘其死邪！”令谌等惶惧拜请命。秀实乃发城中兵未战者悉出，陈于东原，且收散兵，为将力战状。吐蕃畏之，稍却。既夜，璘乃得还。

郭子仪召诸将谋曰：“败军之罪在我，不在诸将。然朔方兵精闻天下，今为虏败，何策可以雪耻？”莫对。浑瑊曰：“败军之将，不当复预议。然愿一言今日之事，惟理[19]瑊罪，不则[20]再见任。”子仪赦其罪，使将兵趣朝那[21]。虏既破官军，欲掠汧、陇。盐州刺史李国臣曰：“虏乘胜必犯郊畿，我掎其后，虏必返顾。”乃引兵趣秦原[22]，鸣鼓而西。虏闻之，至百城[23]，返，浑瑊邀之于隘，尽复得其所掠；马璘亦出精兵袭虏辎重于潘原[24]，杀数千人，虏遂遁去。

乙丑[25]，以江西观察使路嗣恭[26]，讨哥舒晃。

初，元载尝为西州[27]刺史，知河西、陇右山川形势。是时，吐蕃数为寇，载言于上曰：“四镇、北庭既治泾州，无险要可守。陇山高峻，南连秦岭，北抵大河。今国家西境尽潘原，而吐蕃戍摧沙堡[28]，原州居其中间，当陇山之口，其西皆监牧故地，草肥水美，平凉[29]在其东，独耕一县，可给军食，故垒[30]尚存，吐蕃弃而不居。每岁盛夏，吐蕃畜牧青海[31]，去塞甚远，若乘间筑之，二旬可毕。移京西军戍原州，移郭子仪军戍泾州，为之根本，分兵守石门、木峡[32]，渐开陇右，进达安西，据吐蕃腹心，则朝廷可高枕[33]矣。”并图地形献之，密遣人出陇山商度[34]功用[35]。会汴宋节度使田神功入朝，上问之，对曰：“行军料敌，宿将所难，陛下奈何用一书生语，欲举国从之乎！”载寻得罪，事遂寝。

有司以回纥赤心马多，请市千匹。郭子仪以为如此，逆其意太甚，自请输一岁俸为国市之。上不许。十一月，戊子[36]，命市六千匹。

（以上为第十三段，写吐蕃入侵，大败而返。）

【注释】

[1]己未：八月十六日。［2］辛未：八月二十八日。［3］壬申：八月二十九日。［4］赤心：又叫康赤心，回纥人，曾为和市使者入唐卖马；大历十年（775），回纥人在长安街市杀人被拘囚，赤心作为回纥人首领入狱劫囚而出。［5］壬午：九月十日。［6］循州：州名。治所在今广东惠州东。［7］癸未：九月十一日。［8］郇（xún）模：晋州（今山西临汾）人。以哭谏闻名。事见《旧唐书》卷一百一十八。［9］以麻辫发：用麻来编织头辫。麻为古人服丧所用。故以麻辫发示其抱必死之心。［10］祠堂：旧时祭祀祖宗或贤能有功德者的庙堂。［11］甲辰：十月二日。［12］庚申：十月十八日。［13］黄菩（bèi）：草名。其地覆盖黄菩草，因以为名黄菩原，在宜禄县界，今陕西长武县。宜禄，县名。故治在今陕西长武县。［14］拒马：古代防御战具。用来布阵立营、拒险塞要，使对方人马不得奔突，故名拒马。［15］宿将：老将。［16］乌：副词。哪里。怎么。［17］甲子：十月二十二日。［18］盐仓：地名。在今甘肃泾川县西。［19］理：惩治。［20］不（fǒu）则：不然的话。［21］朝那：县名。县治在今甘肃灵台县西南。［22］秦原：即秦亭的原野。秦亭，地名，在今甘肃清水县东北。［23］百城：即百里城。地名。在今甘肃灵台县西。［24］潘原：县名。县治在今甘肃平凉市东。［25］乙丑：十一月二十三日。［26］路嗣恭：据章校，“恭”下有“兼岭南节度使”六字。［27］西州：州名。贞观十四年（640）灭麹氏高昌以其地置。治所在今新疆吐鲁番东南。［28］摧沙堡：地名。在今宁夏固原市西北。［29］平凉：县名。县治在今甘肃平凉市西。［30］故垒：昔日的军营壁垒。［31］青海：即青海湖。［32］石门、木峡：关名。石门关，在今宁夏固原市北；木峡关，在今宁夏固原市西南，当陇山之口。［33］高枕：安然而卧，无所忧虑。［34］商度：测量，计划。［35］功用：效能。［36］戊子：十一月十七日。

【点评】

本卷记载代宗中期执政，八年有余。安史之乱平定后，唐王朝应有一番中兴气象，由于唐代宗昏而庸，懦而阴，猜忌功臣，宠信宦官，放任权臣，姑息藩镇，祸乱不断，无善政可言。但唐代宗不兴大狱，不滥杀无辜，维持政局相对稳定，也算一个中庸之君。本卷点评，唐代宗可以称述的一些中庸事务。

中庸之主唐代宗。唐代宗之女升平公主下嫁郭子仪之子郭暧，小夫妻有口舌之争。有一次，郭暧气愤，口无遮拦，大言说："你仗势你父亲是皇帝吗？我的父亲看不起皇帝之位才不做。"此言大逆不道，有杀身之祸。升平公主也不思后果，耍孩子脾气，气急败坏入宫上奏，可是代宗没有护短听信儿女私情的话，平心静气地教导公主，说："你不懂事，你的丈夫说得对，他的父亲要当天子，皇帝还是你家的吗？"代宗安抚公主一番，打发她回家。郭子仪知道了，把郭暧抓起来，入宫请罪。代宗开导说："俗话说，'不呆不聋，做不了公公'，儿女私房语，不要去听。"唐代宗极为清醒明白，公主仗势，才有驸马发怒，从容地与郭子仪聊家常，在诙谐之中保护了功臣。就事论事，唐代宗不失为一个明主。代宗临终，嘱咐太子李适，国家有急，郭子仪堪大用。代宗昏庸，猜忌心扭曲了他的人性。清醒时，却又明智可爱。

唐代宗宠信宦官，放纵奸相元载，他两用权臣与宦官，保持权力平衡。宦官李辅国、程元振、鱼朝恩，权臣元载，该诛除时就诛除，元恶止其身，不兴大狱，不滥杀无辜，在当时乱世环境，亦不失为明智之举。权臣元载不容李泌，代宗不想立即诛除元载，于是外放李泌为江西判官，保护起来。代宗对李泌说："等朕决意除掉元载后，再找你回来。"唐代宗直到后期大历十二年（777）才诛杀元载，籍没家产，单是胡椒就有八百石。其他珍宝不计其数。第二年，代宗召回李泌，对李泌说，好容易八年才杀了元载这个贼臣。李泌说："臣下有罪，应该及早处置，不要宽容太过。"唐代宗说："做事应该十全，不可轻发。"这些谈话，可见代宗把优柔看作智谋，自以为是，不可救药，过了几天，唐代宗又听了宰相常衮的话，又把李泌外放做州刺史，考察他的行政能力。代宗耳根子软，有人说东就是东，有人说西就是西，心无定见，这也是昏庸的一种表现。

唐代宗也擅长权谋，诛除鱼朝恩，用心细密。吐蕃入长安，代宗蒙尘入鱼朝恩神策军营，鱼朝恩自以为功大，权势日隆，贪心越来越大。鱼朝恩不满足于军功显贵，还胁迫代宗任命他掌管国子监，附庸风雅，还自吹自擂文武双全，大言不惭地登坛讲《易经》。鱼朝恩当众讥讽宰相元载等人，狂妄声称："决定天下事不能没有我鱼朝恩。"鱼朝恩在神策军府私设牢狱，唆使京城恶少诬告京城富室，捕入牢狱，拷打成罪，然后没收富人资财，巧取豪夺，市民称其牢狱为"地牢"。万年县吏贾明观依靠鱼朝恩撑腰，捕人收财，家资巨万。鱼朝恩骄恣，甚至不把代宗放在眼里。鱼朝恩为他的养子鱼令徽求高官，有一次鱼朝恩在殿上对代宗说：“臣的儿子官小，遭到小青年的凌辱，乞赐紫衣。”唐代宗还没有说话，有人就拿紫衣披在鱼令徽身上。代宗很尴尬，苦笑着说：“儿服紫，大宜称。”心里很不畅快。元载抓住机会，指控鱼朝恩专恣不轨，请求诛除。代宗嘱咐元载说：“善图之，勿反受祸。”因为鱼朝恩，不仅握有神策军，还有藩镇亲信，同华节度使周智光，陕州节度使皇甫温，凤翔节度使李抱玉，都近在咫尺，代宗不能不小心。大历二年，唐代宗密诏郭子仪征讨同华，杀了周智光。大历五年，元载又收买了皇甫温，以及鱼朝恩的身边侍从卫士长周皓，完全掌握了鱼朝恩的动向。为了麻痹鱼朝恩，表面上又把兴平、武功、天兴、扶风等地划归神策军。鱼朝恩喜得地盘，骄横如故。大历五年三月寒食节，唐代宗设宴于禁中，宴会后，唐代宗以议事为由留下鱼朝恩，周皓将其擒获缢杀。诡谲权诈，唐代宗超过了肃宗。

卷二二五　唐纪四十一

唐代宗大历九年至十四年（774—779 年）

【起阏逢摄提格（甲寅，774 年），尽屠维协洽（己未，779 年）七月，凡五年有奇】

【大事提要】

本卷记事起公元 774 年，讫公元 779 年七月，凡五年又七个月。当唐代宗大历九年到大历十四年七月。此时期为代宗晚年执政，比前期略有一番作为。卢龙节度使朱泚听命入朝，带兵防秋。魏博节度使田承嗣骄慢，唐代宗征调九节度使征讨，虽然无功，但表现了朝廷反对割据的姿态。平定了汴宋留后李灵曜的叛乱。裁撤诸州团练使，额定诸州守兵，统一京师以及地方各级官吏的俸禄，清理积弊，法制粗定。诛杀了权臣元载。吐蕃在西北、西南全线频繁入侵，也为诸镇边兵击退。但唐代宗终非中兴之主，平庸姑息如故，田承嗣战事不利，上表服罪，只是一句空话，代宗不问。田承嗣死，田悦继位，唐代宗听之任之，藩镇割据之势不可逆转。唐代宗崩，德宗立，锐意兴革，释禁苑走兽，出宫女，治刑狱，倡节俭，罢奉献，禁中使向地方求索，德宗还整顿京师秩序，拆毁逾制豪宅，约束回纥商人，罢天下榷酒收利，中外皆悦，天下以为太平之治庶几可望。

代宗睿文孝武皇帝中之下

大历九年（甲寅，774 年）

春，正月，壬寅[1]，田神功薨于京师。

澧朗镇遏使[2]杨猷[3]自澧州沿江而下，擅出境至鄂州，诏听入朝。猷遂溯汉江而上，复州、郢州皆闭城自守，山南东道节度使梁崇义发兵备之。

二月，辛未[4]，徐州军乱，刺史梁乘逾城走。

谏议大夫吴损使吐蕃[5]，留之累年，竟病死虏中。

庚辰[6]，汴宋兵防秋者千五百人，盗库财溃归，田神功薨故也。己丑[7]，以神功弟神玉[8]知汴宋留后。

癸巳[9]，郭子仪入朝，上言："朔方，国之北门，中间战士耗散，什才有一。今吐蕃兼河、陇之地，杂羌、浑[10]之众，势强十倍。愿更于诸道各发精卒，成四五万人，则制胜之道必矣。"

三月，戊申[11]，以皇女永乐公主许妻魏博节度使田承嗣之子华[12]。上意欲固结其心，而承嗣益骄慢[13]。

以[14]澧朗镇遏使杨猷为洮州刺史、陇右节度兵马使。

夏，四月，甲申[15]，郭子仪辞还邠州。复为上言边事，至涕泗交流。

壬辰[16]，赦天下。

五月，丙午[17]，杨猷自澧州入朝[18]。

泾原节度使马璘入朝，讽将士为己表求平章事。丙寅[19]，以璘为左仆射。

六月，卢龙节度使朱泚遣弟滔奉表请入朝，且请自将步骑五千防秋；上许之，仍为先筑大第于京师以待之。

癸未[20]，兴善寺胡僧不空卒，赠开府仪同三司、司空，赐爵肃国公，谥曰大辩正广智不空三藏[21]和尚。

京师旱，京兆尹黎幹作土龙[22]祈雨，自与巫觋更舞。弥月不雨，又祷于文宣王[23]。上闻之，命撤土龙，减膳节用。秋，七月，戊午[24]，雨。

朱泚入朝，至蔚州，有疾，诸将请还，俟间[25]而行。泚曰："死则舆尸而前！"诸将不敢复言。九月，庚子[26]，至京师，士民观者如堵[27]。辛丑[28]，宴泚及将士于延英殿[29]，犒赏之盛，近时未有。

壬寅[30]，回纥擅出鸿胪寺，白昼杀人，有司擒之；上释不问。

甲辰[31]，命郭子仪、李抱玉、马璘、朱泚分统诸道防秋之兵[32]。

冬，十月，壬申[33]，信王瑝[34]薨。乙亥[35]，梁王璿[36]薨。

魏博节度使田承嗣诱昭义[37]将吏使作乱。

（以上为第一段，写郭子仪入朝言边事，卢龙节度使朱泚带兵防秋。）

【注释】

[1]壬寅：正月三日。［2］镇遏使：使职名。领军镇守一个地方或城镇的军事差遣官，与镇守使同。［3］杨猷：即杨子琳，赐名猷。见《资治通鉴》卷二百二十五大历六年。［4］辛未：二月二日。［5］吴损使吐蕃：见《资治通鉴》卷二百二十五大历六年（771）四月。［6］庚辰：二月十一日。［7］己丑：二月二十日。［8］神玉：田神玉（？—776），传见《旧唐书》卷一百二十四，《新唐书》卷一百四十四。［9］癸巳：二月二十四日。［10］羌、浑：羌，指党项人；浑，即吐谷浑。［11］戊申：三月九日。［12］华：田华，田承嗣之子。官拜太常少卿、驸马都尉，尚代宗女永乐公主，后又尚新都公主。传见《旧唐书》卷一百四十一，《新唐书》卷二百一十。［13］骄慢：骄横傲慢。唐代宗宽仁，边将益骄，可见田承嗣狼子野心，不可以恩结。［14］以：据章校，“以”上应补“戊午”二字。戊午，三月十九日。［15］甲申：四月十六日。［16］壬辰：四月二十四日。［17］丙午：五月八日。［18］杨猷自澧州入朝：杨猷自泸州沿江东下以来，至今才抵京师。［19］丙寅：五月二十八日。［20］癸未：六月十五日。［21］三藏：梵文Tripitaka的意译。佛教经典的总称。佛教经典共分为经（佛的说教）、律（戒律）、论（对经的论述或注解）三类，故名。通晓三藏的僧人，尊称为三藏法师或三藏和尚。［22］土龙：土制的龙。古代用来求雨。［23］文宣王：即孔子。唐开元二十三年（735）追谥孔子为文宣王。［24］戊午：七月二十一日。［25］间（jiàn）：病痊愈或好转。［26］庚子：九月四日。［27］堵：土墙。［28］辛丑：九月五日。［29］延英殿：在大明宫紫宸殿西。上元（674—676）以来置，天子非时见宰臣之所，即所谓开延英。［30］壬寅：九月六日。［31］甲辰：九月八日。［32］诸道防秋之兵：据《旧唐书·代宗纪》大历九年（774）五月诏，诸道防秋兵数为：淮南四千，浙西三千，魏博四千，昭义二千，成德三千，山南东道三千，荆南二千，湖南三千，山南西道二千，剑南西川三千，东川二千，鄂岳一千五百，宣歙三千，福建一千五百。［33］壬申：十月六日。［34］信王珵：李珵（？—774），唐玄宗第二十三子。初名沔，开元二十三年（735）更名珵。传见《旧唐书》卷一百七，《新唐书》卷八十二。［35］乙亥：十月九日。［36］梁王璿：《旧唐书》作“凉王璿”，李璿（？—774），唐玄宗第二十九子。初名漎，开元二十四年（736）更名璿。传见《旧唐书》卷一百七，《新唐书》卷八十二。［37］昭义：即昭义军节度使，大历元年（766）相卫六州节度赐号昭义军节度。

十年（乙卯，775年）

春，正月，丁酉[1]，昭义兵马使裴志清逐留后薛崿，帅其众归承嗣。承嗣声言救援，引兵袭相州，取之。崿奔洺州，上表请入朝，许之。

辛丑[2]，郭子仪入朝。

壬寅[3]，寿王瑁[4]薨。

乙巳[5]，朱泚表请留阙下，以弟滔知幽州、卢龙留后，许之。

昭义裨将薛择为相州刺史，薛雄[6]为卫州刺史，薛坚为洺州刺史，皆薛嵩之族也。戊申，上命内侍魏知古[7]如魏州谕田承嗣，使各守封疆[8]；承嗣不奉诏，癸丑[9]，遣大将卢子期取洺州，杨光朝攻卫州。

乙卯[10]，西川节度使崔宁奏破吐蕃数万于西山，斩首万级，捕虏数千人。

丙辰[11]，诏："诸道兵有逃亡者，非承制敕，无得辄召募。"

二月，乙丑[12]，田承嗣诱卫州刺史薛雄，雄不从，使盗杀之，屠其家，尽据相、卫四州[13]之地，自置长吏，掠其精兵良马，悉归魏州；逼魏知古与共巡磁、相二州，使其将士割耳剺面，请承嗣为帅。

辛未[14]，立皇子述[15]为睦王，逾[16]为郴王，连[17]为恩王，遘[18]为鄜王，迅[19]为随王，造[20]为忻王，暹[21]为韶王，运[22]为嘉王，遇[23]为端王，遹[24]为循王，通[25]为恭王，达[26]为原王，逸[27]为雅王。

丙子[28]，以华州刺史李承昭[29]知昭义留后。

河阳三城使[30]常休明，苛刻少恩。其军士防秋者归，休明出城劳之，防秋兵与城内兵合谋攻之，休明奔东都；军士奉兵马使王惟恭为帅，大掠，数日乃定。上命监军冉庭兰慰抚之。

三月，甲午[31]，陕州军乱，逐兵马使赵令珍。观察使李国清不能禁，卑辞，遍拜将士，乃得脱去。军士大掠库物。会淮西节度使李忠臣入朝，过陕，上命忠臣按之；将士畏忠臣兵威，不敢动。忠臣设棘围[32]，令军士匿名投库物，一日，获万缗，尽以给其从兵为赏。

乙巳[33]，薛崿、常休明皆诣阙请罪，上释不问。

初，成德节度使李宝臣、淄青节度使李正己，皆为田承嗣所轻。宝臣弟宝正娶承嗣女，在魏州，与承嗣子维[34]击毬，马惊，误触维死；承嗣怒，囚宝正，以告宝臣。宝臣谢教敕[35]不谨，封杖[36]授承嗣，使挞之；承嗣遂杖杀宝正，由是两镇交恶。及承嗣拒命，宝臣、正己皆上表请讨之，上亦欲因其隙讨承嗣。夏，四月，乙未[37]，敕贬承嗣为永州[38]刺史，仍命河东、成德、幽州、淄青、淮西、永平、汴宋、河阳、泽潞诸道发兵前临魏博，若承嗣尚或稽违[39]，即令进讨；罪止承嗣及其侄悦[40]，自余将士弟侄苟能自拔，一切不问。

时朱滔方恭顺，与宝臣及河东节度使薛兼训攻其北，正己与淮西节度使李忠臣等攻其南。五月，乙未[41]，承嗣将霍荣国以磁州降。丁未[42]，李正己攻德州，拔之。李忠臣统永平、河阳、怀、泽步骑四万进攻卫州。六月，辛未[43]，田承嗣遣其将裴志清等攻冀州，志清以其众降李宝臣。甲戌[44]，承嗣自将围冀州，宝臣使高阳军[45]使张孝忠[46]将精骑四千御之，宝臣大军继至；承嗣烧辎重而遁。孝忠，本奚也。

田承嗣以诸道兵四合，部将多叛而惧，秋，八月，遣使奉表，请束身[47]归朝。

辛巳[48]，郭子仪还邠州。子仪尝奏除州县官一人，不报，僚佐相谓曰："以令公勋德，奏一属吏而不从，何宰相之不知体！"子仪闻之，谓僚佐曰："自兵兴以来，方镇武臣多跋扈，凡有所求，朝廷常委曲从之；此无他，乃疑之也。今子仪所奏事，人主以其不可行而置之，是不以武臣相待而亲厚之也；诸君可贺矣，又何怪焉！"闻者皆服。

己丑[49]，田承嗣遣其将卢子期寇磁州。

九月，戊申[50]，回纥白昼刺市人肠出，有司执之，系万年狱；其酋长赤心驰入县狱，斫伤狱吏，劫囚而去。上亦不问。

壬子[51]，吐蕃寇临泾[52]，癸丑[53]，寇陇州及普润，大掠人畜而去；百官往往遣家属出城窜匿。丙辰[54]，凤翔节度使李抱玉奏破吐蕃于义宁[55]。

李宝臣、正己会于枣强[56]，进围贝州，田承嗣出兵救之。两军各飨士卒，成德赏厚，平卢赏薄；既罢，平卢士卒有怨言，正己恐其为变，引兵退，宝臣亦退。李忠臣闻之，释卫州，南渡河，屯阳武[57]。宝臣与朱滔攻沧州，承嗣从父弟庭玠守之；宝臣不能克。

吐蕃寇泾州，泾原节度使马璘破之于百里城。戊午[58]，命卢龙节度使朱泚出镇奉天行营。

冬，十月，辛酉[59]朔，日有食之。

卢子期攻磁州，城几陷；李宝臣与昭义留后李承昭共救之，大破子期于清水[60]，擒子期送京师；斩之。河南诸将又大破田悦于陈留；田承嗣惧。

初，李正己遣使至魏州，承嗣囚之，至是，礼而遣之，遣使尽籍境内户口、甲兵、谷帛之数以与之，曰："承嗣今年八十有六[61]，溘[62]死无日，诸子不肖，悦亦孱弱[63]，凡今日所有，为公守耳，岂足以辱公之师旅乎！"立使者于庭，南向，拜而授书；又图正己之像，焚香事之。正己悦，遂按兵不进。于是河南诸道兵皆不敢进。承嗣既无南顾之虞，得专意北方。

上嘉李宝臣之功，遣中使马承倩赍诏劳之；将还，宝臣诣其馆，遗之百缣，承倩诟詈[64]，掷出道中，宝臣惭其左右[65]。兵马使王武俊[66]说宝臣曰："今公在军中新立功，竖子[67]尚尔，况寇平之后，以一幅诏书召归阙下，一匹夫耳，不如释承嗣以为己资。"宝臣遂有玩寇[68]之志。

承嗣知范阳宝臣乡里，心常欲之，因刻石作谶云："二帝同功势万全，将田为侣入幽燕"，密令瘗[69]宝臣境内，使望气者言彼有王气，宝臣掘而得之。又令客说之曰："公与朱滔共取沧州，得之，则地归国，非公所有。公能舍承嗣之罪，请以沧州归公，仍愿从公取范阳以自效。公以精骑前驱，承嗣以步卒继之，蔑[70]不克矣。"宝臣喜，谓事合符谶，遂与承嗣通谋，密图范阳，承嗣亦陈兵境上。

宝臣谓滔使者曰："闻朱公仪貌如神，愿得画像观之。"滔与之。宝臣置于射堂[71]，与诸将共观之，曰："真神人也！"滔军于瓦桥[72]，宝臣选精骑二千，通夜驰三百里袭之，戒曰："取貌如射堂者。"时两军方睦，滔不虞有变，狼狈出战而败，会衣他服得免。宝臣欲乘胜取范阳，滔使雄武军[73]使昌平刘怦[74]守留府。宝臣知有备，不敢进。

承嗣闻幽、恒兵交，即引军南还，使谓宝臣曰："河内有警，不暇从公，石上谶文，吾戏为之耳！"宝臣惭怒而退。宝臣既与朱滔有隙，以张孝忠为易州刺史，使将精骑七千以备之。

丙寅[75]贵妃独孤氏薨，丁卯[76]，追谥贞懿皇后。

十一月，丁酉[77]，田承嗣将吴希光以瀛州降。

岭南节度使路嗣恭擢流人孟瑶、敬冕为将，讨哥舒晃。瑶以大军当其冲，冕自间道[78]轻入，丁未[79]，克广州，斩哥舒晃及其党万余人。

嗣恭之讨晃也，容管经略使王翃遣将将兵助之；西原贼帅覃问乘虚袭容州，翃伏兵击擒之。

十二月，回纥千骑寇夏州，州将梁荣宗破之于乌水[80]。郭子仪遣兵三千救夏州，回纥遁去。

元载、王缙奏魏州盐贵，请禁盐入其境以困之。上不许，曰："承嗣负朕，百姓何罪！"

田承嗣请入朝，李正己屡为之上表，乞许其自新。

（以上为第二段，写唐代宗征九节度使之兵讨魏博节度使田承嗣，无果而终，朝廷威望受损。）

【注释】

[1]丁酉：正月三日。[2]辛丑：正月七日。[3]壬寅：正月八日。[4]寿王瑁：唐玄宗第十八子。[5]乙巳：正月十一日。[6]薛雄（？—775）：昭义节度使薛嵩族子，官至卫州刺史。为魏博节度使田承嗣所杀。传见《旧唐书》卷一百二十四。[7]魏知古：《旧唐书·田承嗣传》作"孙知古"。[8]封疆：疆界。[9]癸丑：正月十九日。[10]乙卯：正月二十一日。[11]丙辰：正月二十二日。[12]乙丑：二月一日。[13]相、卫四州：指相州、卫州和磁州、洺州。磁，洺二州虽未下，田承嗣以据其地。相、卫两州，从此属魏博。[14]辛未：二月七日。[15]述：李述（？—791），唐代宗第四子，大历十年（775）封为睦王。传见《旧唐书》卷一百一十六，《新唐书》卷八十二。[16]逾：李逾（？—820），代宗第五子，大历十年封郴王。传见《旧唐书》卷一百一十六，《新唐书》卷八十二。[17]连：李连（？—817），代宗第六子，大历十年封恩王。传见《旧唐书》卷一百一十六，《新唐书》卷八十二。[18]遘（gòu）：李遘（？—809），代宗第八子，大历十年封鄜王。传见《旧唐书》卷一百一十六，《新唐书》卷八十二。[19]迅：李迅（？—784），代宗第十子，大历十年封随王。传见《旧唐书》卷一百一十六，《新唐书》卷八十二。[20]造：李造（？—811），代宗第十三子，大历十年封忻王。传见《旧唐书》卷一百一十六，《新唐书》卷八十二。[21]暹：李暹（？—796），代宗第十四子，大历十年封韶王。传见《旧唐书》卷一百一十六，《新唐书》卷八十二。[22]运：李运（？—801），代宗第十五子，大历十年封嘉王。传见《旧唐书》卷一百一十六，《新唐书》卷八十二。[23]遇：李遇（？—791），代宗第十六子，大历十年封端王。传见《旧唐书》卷一百一十六，《新唐书》卷八十二。[24]遹：李遹，代宗第十七子，大历十年封循王。传见《旧唐书》卷一百一十六，《新唐书》卷八十二。[25]通：李通，代宗第十八子，大历十年封恭王。传见《旧唐书》卷一百一十六，《新唐书》卷八十二。[26]达（？—832）：李达，两《唐书》作李逵。代宗第十九子，大历十年封原王。传见《旧唐书》

卷一百一十六，《新唐书》卷八十二。［27］逸：李逸（？—799），代宗第二十子，大历十年封雅王。传见《旧唐书》卷一百一十六，《新唐书》卷八十二。［28］丙子：二月十二日。［29］李承昭：曾任山南采访使、福建观察使、礼部尚书、华相二州刺史、昭义军兵马使。大历十年，大败魏博节度使田承嗣。两唐书无传。［30］河阳三城使：河阳，县名，县治在今河南孟州市南。河阳三城，北魏始筑在黄河孟津两岸及河中沙洲上的三城，即北中城、中潬城（在北中城南河中沙洲上）和南城（黄河南岸，三面临河）。三城当洛阳北面津要，黄河二派流贯其间，以河桥相连，北朝以来，常为军事重镇。河阳三城使，使职名，掌领河阳三城防守事务的差遣官。［31］甲午：三月一日。［32］棘围：用荆棘围成的特定场所。［33］乙巳：三月十二日。［34］维：田维。传见《旧唐书》卷一百四十一。［35］教敕：教导、告诫。［36］封杖：盖有封印的棍杖。［37］乙未：四月癸亥朔，无乙未，当为乙丑之误。乙丑，四月三日。［38］永州：州名。治所在今湖南零陵。［39］稽违：违背。［40］悦：田悦（？—784），魏博节度使田承嗣之侄，骁勇，残忍好乱。田承嗣死，朝廷以悦为节度留后，官加至检校尚书右仆射，封济阳王。建中（780—783）年间叛乱，自称魏王，后为其堂弟所杀。传见《旧唐书》卷一百四十一，《新唐书》卷二百一十。［41］乙未：五月三日。［42］丁未：五月十五日。［43］辛未：六月九日。［44］甲戌：六月十二日。［45］高阳军：戍军名。治所在今河北高阳县东。［46］张孝忠（730—791）：奚族乙失活部落人。以勇闻名。本名张阿劳，初事安、史，后归朝廷，肃宗赐名孝忠。数讨叛藩，官至检校司空。谥曰贞武，追封上谷郡王。传见《旧唐书》卷一百四十一，《新唐书》卷一百四十八。［47］束身：比喻归顺。［48］辛巳：八月二十日。［49］己丑：八月二十八日。［50］戊申：九月十七日。［51］壬子：九月二十一日。［52］临泾：县名。县治在今甘肃镇原县。［53］癸丑：九月二十二日。［54］丙辰：九月二十五日。［55］义宁：即义宁军。军镇名。大历八年（773）于今甘肃华亭市置。［56］枣强：县名。县治在今河北枣强东。［57］阳武：县名。县治在今河南原阳县。［58］戊午：九月二十七日。［59］辛酉：十月一日。［60］清水：县名。县治在今山西平遥县东。按：此“清水”，据《新唐书》卷二百一十《田承嗣传》，当作“临水”为是。临水，县名，县治在今河北磁县西北。［61］今年八十有六：田承嗣大历十三年（778）卒时年七十五。此言八十六，乃欺骗李正己。［62］溘（kè）：忽然，突然。［63］孱（chán）弱：懦弱。［64］诟詈（lì）：辱骂。［65］惭其左右：《旧唐书·王武俊传》作“顾左右有愧色”。［66］王武俊（735—801）：契丹怒皆部落人。初号没若干，能骑射，事李宝臣。宝臣死，子惟岳拒命，武俊杀惟岳。朝廷以武俊为恒州刺史、恒冀团练观察使。建中（780—783）年间，以兵反叛，自称赵王，署百官。兴元元年（784）归顺朝廷，授成德节度使，兼幽州、卢龙两道节度使，官加司空、同中书门下平章事，封琅邪郡王。后加检校太尉，兼中书令。传见《旧唐书》卷一百四十二，《新唐书》卷二百一十一。［67］竖子：对人的鄙称，犹如“小子”。［68］玩寇：玩，玩弄，玩耍。玩寇，即消极抗敌。［69］瘗（yì）：埋。［70］蔑：无，没有。［71］射堂：行射礼或寻射的地方。［72］瓦桥：又称瓦桥关。在今河北雄县南。［73］雄武军：军镇名。在今河北张家口市宣化区北、兴隆南长城所在处。［74］刘怦（727—785）：昌平（今北京市昌平区西）人。朱滔的表兄弟，以宽缓得人心，继朱滔为幽州卢龙节度副大使知节度事。传见《旧唐书》卷一百四十三，《新唐书》卷二百一十二。［75］丙寅：十月六日。［76］丁卯：十月七日。［77］丁酉：十一月七日。［78］间道：小路。［79］丁未：十一月十七日。［80］乌水：河名。无定河上游一支流。在今陕西榆林市横山区境。

十一年（丙辰，776 年）

春，正月，壬辰[1]，遣谏议大夫杜亚[2]使魏州宣慰。

辛亥[3]，西川节度使崔宁奏破吐蕃四节度及突厥、吐谷浑、氐、羌群蛮众二十余万，斩首万余级。

二月，庚辰[4]，田承嗣复遣使上表，请入朝。上乃下诏，赦承嗣罪，复其官爵，听与家属入朝，其所部拒朝命者，一切不问。

辛巳[5]，增朔方五城[6]戍兵，以备回纥。

三月，戊子[7]，河阳军乱，逐监军冉庭兰出城，大掠三日。庭兰成备[8]而入，诛乱者数十人，乃定。

五月，汴宋留后田神玉卒。都虞候李灵曜[9]杀兵马使、濮州刺史孟鉴，北结田承嗣为援。癸巳[10]，以永平节度使李勉兼汴、宋等八州留后。乙未[11]，以灵曜为濮州刺史，灵曜不受诏。六月，戊午[12]，以灵曜为汴宋留后，遣使宣慰。

秋，七[13]月，田承嗣遣兵寇滑州，败李勉。

吐蕃寇石门[14]，入长泽川[15]。

八月，丙寅[16]，加卢龙节度使朱泚同平章事。

李灵曜既为留后，益骄慢，悉以其党为管内八州刺史、县令，欲效河北诸镇。甲申[17]，诏淮西节度使李忠臣、永平节度使李勉、河阳三城使马燧讨之。淮南节度使陈少游、淄青节度使李正己皆进兵击灵曜。

汴宋兵马使、摄节度副使李僧惠，灵曜之谋主也。宋州牙门将刘昌遣僧神表潜说僧惠；僧惠召问计，昌为之泣陈逆顺。僧惠乃与汴宋牙将高凭、石隐金遣神表奉表诣京师，请讨灵曜。九月，壬戌[18]，以僧惠为宋州刺史，凭为曹州刺史，隐金为郓州刺史。

乙丑[19]，李忠臣、马燧军于郑州，灵曜引兵逆战；两军不意其至，退军荥泽[20]，淮西军士溃去者什五六。郑州士民皆惊，走入东都。忠臣将归淮西，燧固执不可，曰："以顺讨逆，何忧不克，奈何自弃功名！"坚壁不动。忠臣闻之，稍收散卒，数日皆集，军势复振。

戊辰[21]，李正己奏克郓、濮二州。壬申[22]，李僧惠败灵曜兵于雍丘。冬，十月，李忠臣、马燧进击灵曜，忠臣行汴南，燧行汴[23]北，屡破灵曜兵；壬寅[24]，与陈少游前军合，与灵曜大战于汴州城西，灵曜败，入城固守。癸卯[25]，忠臣等围之。

田承嗣遣田悦将兵救灵曜，败永平、淄青兵于匡城[26]，乘胜进军汴州，营于城北数里。丙午[27]，忠臣遣裨将李重倩将轻骑数百夜入其营，纵横贯穿，斩数十人而还，营中大骇；忠臣、燧因以大军乘之，鼓噪而入，悦众不战而溃。悦脱身北走，将士死者相枕藉[28]，不可胜数。灵曜闻之，开门夜遁，汴州平。重倩，本奚也。丁未[29]，灵曜至韦城[30]，永平将杜如江擒之。

燧知忠臣暴戾，以己功让之，不入汴城[31]，引军西屯板桥[32]。忠臣入城，果专其功；宋州刺史李僧惠与之争功，忠臣因会击杀之；又欲杀刘昌，昌遁逃得免。

甲寅[33]，李勉械送[34]李灵曜至京师，斩之。

十二月，丁亥[35]，李正己、李宝臣并加同平章事。

泾原节度使马璘疾亟，以行军司马段秀实知节度事，付以后事。秀实严兵以备非常，丙申[36]，璘薨，军中奔哭者数千人，喧咽[37]门屏，秀实悉不听入。命押牙马頔[38]治丧事于内，李汉惠接宾客于外，妻妾子孙位于堂，宗族位于庭，将佐位于前，牙士卒哭于营伍，百姓各守其家。有离立[39]偶语于衢路[40]，辄执而囚之；非护丧从行者无得远送。致祭[41]拜哭，皆有仪节[42]，送丧近远，皆有定处[43]，违者以军法从事。都虞候史廷幹、兵马使崔珍、十将[44]张景华谋因丧作乱，秀实知之，奏廷幹入宿卫，徙珍屯灵台，补景华外职，不戮一人，军府晏然。

璘家富有无算，治第京师，甲于勋贵[45]，中堂[46]费二十万缗，他室所减无几，其子孙无行[47]，家赀寻尽。

戊戌[48]，昭义节度使李承昭表称疾笃；以泽潞行军司马李抱真兼知磁、邢两州留后。

庚戌[49]，加淮西节度使李忠臣同平章事，仍领汴州刺史，治汴州。

（以上为第三段，写官军平定汴宋留后李灵曜之乱。）

【注释】

［1］壬辰：正月三日。［2］杜亚（725—798）：字次公，京兆（今陕西西安市）人。少颇涉学，善言事物之理及历代成败事。屡望为宰相而不成。官至检校吏部尚书、充东都留守。传见《旧唐书》卷一百四十六，《新唐书》卷一百七十二。［3］辛亥：正月二十二日。［4］庚辰：二月二十二日。［5］辛巳：二月二十三日。［6］朔方五城：朔方自开元以来辖有六城，即中、西、东三受降城和振武（在今内蒙古和林格尔西北）、丰安（在今宁夏中卫市西）、定远（在今宁夏平罗县南）三城。故开元二十九年（741）朔方节度使始兼六城水运使，至大历十四年（779）朔方节度使仍兼六城水运使（《旧唐书·德宗纪》）。其中振武于乾元元年（758）析置节度使，广德二年（764）罢隶朔方，至大历十四年（779）再析置振武节度使（《新唐书·方镇表一》）。此大历十一年时，朔方当仍辖六城无疑，而《资治通鉴》于此所言五城，疑指朔方所辖诸城中关系回纥之五城。［7］戊子：三月一日。［8］成备：作好诛乱准备。［9］李灵曜：初为汴宋节度使田神功麾下将领。大历十一年（776）汴宋留后田神玉死，灵曜杀兵马使，据其镇。朝廷初授以濮州刺史，不受诏，又以为汴宋八州节度留后。不久，据汴州叛，朝廷命将讨伐，灵曜兵败被斩。［10］癸巳：五月七日。［11］乙未：五月九日。［12］戊午：六月二日。［13］七：原文作“九”，据章校改。［14］石门：即石门关，在今宁夏固原市西北。［15］长泽川：地名。在今陕西靖边县西。［16］丙寅：八月十一日。［17］甲申：八月二十九日。［18］壬戌：九月八日。［19］乙丑：九月十一日。［20］荥泽：县名。县治在今河南郑州西北。［21］戊辰：九月十四日。［22］壬申：九月十八日。［23］汴：指汴水。［24］壬寅：十月十八日。［25］癸卯：十月十九日。［26］匡城：县名。县治在今河南长垣市西南。［27］丙午：十月二十二日。［28］枕藉：纵横相枕而卧。［29］丁未：十月二十三日。［30］韦城：县名。县治在今河南滑县。［31］汴城：即汴州城。在今河南开封市。［32］板桥：地名。在今河南中牟县东北。旧为赴开封的交通要道。［33］甲寅：十月三十日。［34］械送：械，枷锁、镣铐之类刑具。械送，戴上刑具押送。［35］丁亥：十二月四日。［36］丙申：十二月十三日。［37］喧（xuǎn）咽：哀哭不止。［38］押牙马頔（dí）：马頔，人名。泾原节度使都押牙。押牙，又作押衙，为都押牙之省称，节度使的武幕僚，职司衙内警卫。［39］离立：两相并立。［40］衢路：岔路。［41］致祭：表达祭祀之意。［42］仪节：仪，法度。仪节，法度和礼节。［43］定处：一定的处理和安排。［44］十将：低级将领。［45］甲于勋贵：甲，居于首位；勋贵，功臣权贵。指在功臣权贵中居首位。［46］中堂：住宅的正堂。［47］无行：无善行。［48］戊戌：十二月十五日。［49］庚戌：十二月二十七日。

十二年（丁巳，777年）

春，三月，乙卯[1]，兵部尚书、同平章事、凤翔、怀泽潞、秦陇节度使李抱玉薨，弟抱真仍领怀泽潞留后。

癸亥[2]，以河东行军司马鲍防[3]为河东节度使。防，襄州人也。

田承嗣竟不入朝，又助李灵曜，上复命讨之。承嗣乃复上表谢罪。上亦无如之何，庚午[4]，悉复承嗣官爵，仍令不必入朝。

中书侍郎、同平章事元载专横，黄门侍郎、同平章事王缙附之，二人俱贪。载妻王氏[5]及子伯和[6]、仲武[7]，缙弟、妹及尼出入者，争纳贿赂。又以政事委群吏，士之求进者，不结其子弟及主书卓英倩等，无由自达。上含容[8]累年，载、缙不悛。

上欲诛之，恐左右漏泄，无可与言者，独与左金吾大将军吴凑[9]谋之。凑，上之舅也。会有告载、缙夜醮[10]图为不轨者，庚辰[11]，上御延英殿，命凑收载、缙于政事堂，又收仲武及卓英倩等系狱。命吏部尚书刘晏与御史大夫李涵等同鞫之，问端[12]皆出禁中，仍遣中使诘以阴事[13]，载、缙皆伏罪。是日，先杖杀左卫将军、知内侍省事董秀于禁中，乃赐载自尽于万年县。载请主者："愿得快死！"主者曰："相公须受少污辱，勿怪！"乃脱秽袜[14]塞其口而杀之。王缙初亦赐自尽，刘晏谓李涵等曰："故事，重刑覆奏，况大臣乎！且法有首从[15]，宜更禀进止。"涵等从之。上乃贬缙栝州刺史。载妻王氏，忠嗣之女也，及子伯和、仲武、季能皆伏诛。有司籍载家财，胡椒[16]至八百石，他物称是。

夏，四月，壬午[17]，以太常卿杨绾为中书侍郎，礼部侍郎常衮为门下侍郎，并同平章事。绾性清俭简素[18]，制下之日，朝野相贺。郭子仪方宴客，闻之，减坐中声乐五分之四。京兆尹黎幹，驺从甚盛，即日省之，止存十骑。中丞崔宽，第舍宏侈，亟毁撤之。

癸未[19]，贬吏部侍郎杨炎[20]、谏议大夫韩洄[21]、包佶[22]、起居舍人韩会等，皆载党也。炎，凤翔人。载常引有文学才望者一人亲厚之，异日欲以代己，故炎及于贬。洄，滉之弟。会，南阳人也。上初欲尽诛炎等，吴凑谏救百端[23]，始贬官。

丁酉[24]，吐蕃寇黎、雅州；西川节度使崔宁击破之。

元载以仕进者多乐京师，恶其逼己，乃制俸禄，厚外官而薄京官，京官不能自给，常从外官乞贷。杨绾、常衮奏京官俸太薄；己酉[25]，诏加京官俸[26]，岁约十五万六千余缗。

（以上为第四段，写唐代宗诛除元载。）

【注释】

[1]乙卯：三月三日。[2]癸亥：三月十一日。[3]鲍防（722—790）：字子慎。善属文，天宝末年进士，知人善政而不长于治兵。官至工部尚书。传见《旧唐书》卷一百四十六，《新唐书》卷一百五十九。[4]庚午：三月十八日。[5]王氏：元载妻，开元中河西节度使王忠嗣之女，素以凶横暴戾著称。大历十二年（777）与元载及诸子同被赐死。[6]伯和：元伯和（？—777），元载长子，传见《旧唐书》卷一百一十八。[7]仲武：元仲武（？—777），元载次子，传见《旧唐书》卷一百一十八。[8]含容：容忍。[9]吴凑（730—800）：代宗生母章敬皇后之弟。因外戚之故，且小心谨慎，头脑敏锐，为政勤俭，办事有方，颇受代、德二宗信任。官至兵部尚书，传见《旧唐书》卷一百八十三，《新唐书》卷一百五十九。[10]醮（jiào）：古代祭祀、祈祷神灵的迷信活动。后来专指道教供斋祭神禳除灾祟的一种宗教仪式。[11]庚辰：三月二十八日。[12]问端：即问头，对罪犯的起诉文书。[13]阴事：隐秘事，此指图谋不轨之事。[14]秽袜（wà）：脏袜子。[15]首从：指主犯和从犯。[16]胡椒：胡椒科，多年生藤本植物。原产热带亚洲，我国南方亦有栽培。果实有黑白二种，作香辛调味品。中医学上以未成熟的果实入茶，可温中散寒，治胃寒腹痛、呕吐等症。[17]壬午：四月一日。[18]清俭简素：清廉节俭、简约朴素。[19]癸未：四月二日。[20]杨炎（727—781）：字公南，凤翔（今陕西宝鸡市凤翔区）人。文藻雄丽。作两税法。官至中书侍郎、同平章事。传见《旧唐书》卷一百一十八，《新唐书》卷一百四十五。[21]韩洄（732—794）：字幼深，京兆长安（今陕西西安市西）人。曾任户部侍郎、判度支、兵部侍郎、京兆尹等官。传见《旧唐书》卷一百二十九，《新唐书》卷一百二十六。[22]包佶（？—792）：字幼正，润州延陵（今江苏丹阳市）人。官至秘书监，封丹阳郡公。传见《新唐书》卷一百四十九。[23]百端：千方百计。[24]丁酉：四月十六日。[25]己酉：四月二十八日。[26]加京官俸：大历十二年（777）加京官俸钱，文官上自三师、三公、侍中、中书令每月一百二十贯，下至诸王府丞尉、诸总监主簿各一贯九百一十七文；武官自左右金吾大将军各四十五贯文，至诸卫及六军执戟及长一各一贯九百一十七文。详《唐会要》卷九十一。

五月，辛亥[1]，诏自都团练使外，悉罢诸州团练守捉使。又令诸使非军事要急，无得擅召刺史及停其职务，差人[2]权摄。又定诸州兵，皆有常数，其召募给家粮、春冬衣者，谓之“官健”；差点土人，春夏归农、秋冬追集[3]、给身粮酱菜者，谓之“团结”。自兵兴以来，州县官俸给不一，重以元载、王缙随情徇私，刺史月给或至千缗、或数十缗，至是，始定节度使以下至主簿、尉俸禄，掊多益寡[4]，上下有叙，法制粗立。

庚午[5]，上遣中使发元载祖父墓，斫[6]棺弃尸，毁其家庙，焚其木主[7]。戊寅[8]，卓英倩等皆杖死。英倩之用事也，弟英璘横于乡里。及英倩下狱，英璘遂据险作乱；上发禁兵讨之，乙巳[9]，金州刺史孙道平击擒之。

上方倚杨绾，使厘革弊政，会绾有疾，秋，七月，己巳[10]，薨。上痛悼之甚，谓群臣曰：“天不欲朕致太平，何夺朕杨绾之速！”

八月，癸未[11]，赐东川节度使鲜于叔明姓李氏。

元载、王缙之为相也，上日赐以内厨御馔，可食十人，遂为故事。癸卯[12]，常衮与朱泚上言：“餐钱[13]已多，乞停赐馔。”许之。衮又欲辞堂封[14]，同列不可而止。时人讥衮，以为：“朝廷厚禄，所以养贤，不能，当辞位，不当辞禄。”

臣光曰：君子耻食浮于人[15]；衮之辞禄，廉耻存焉，与夫固位贪禄[16]者，不犹愈[17]乎！诗云：“彼君子兮，不素餐兮[18]！”如衮者，亦未可以深讥[19]也。

杨绾、常衮荐湖州刺史颜真卿，上即日召还；甲辰[20]，以为刑部尚书。绾、衮又荐淮南判官汲人关播[21]，擢为都官员外郎[22]。

九月，辛酉[23]，以四镇、北庭行营兼泾原、郑颍节度副使段秀实为节度使。秀实军令简约[24]，有威惠，奉身清俭[25]，室无姬妾，非公会，未尝饮酒听乐。

（以上为第五段，写唐代宗裁撤诸州团练，额定诸州守兵，统一各级政府官吏俸禄，厘革弊政，法制粗立。）

【注释】

[1]辛亥：五月一日。[2]差（chāi）点：役使、派遣。[3]追集：追呼聚集。[4]掊（póu）多益寡：掊，掬，以手捧物，指捧去多的，增加少的。[5]庚午：五月二十日。[6]斫（zhuó）：

砍，削。［7］木主：即神主。为死者立的木制牌位。［8］戊寅：五月二十八日。［9］乙巳：六月二十五日。［10］己巳：七月二十日。［11］癸未：八月四日。［12］癸卯：八月二十四日。［13］餐钱：即食料钱。唐官员于月俸之外，每月尚有食料钱。据开元二十四年（736）规定，食料钱一品一千八百文，二品一千五百文，三品一千一百文，四品七百文，五品六百文，六品四百文，七品三百五十文，八品三百文、九品二百五十文。［14］堂封：宰相的食实户。《新唐书·源乾曜传》："帝乃召中书、门下共食实户三百，堂封自此始。"［15］君子耻食浮于人：语出《礼记·坊记》："君子与其使食浮于人，宁使人浮于食。"食，指俸禄；浮，超过，多余；人，指人的才能。食浮于人，指所得俸禄超过自己的才能。［16］固位贪禄：固守官位，贪求俸禄。［17］愈：胜过，超过。［18］彼君子兮，不素餐兮：语出《诗经·魏风·伐檀》。素餐，不劳而食，后多指无功食禄。这句话意为你们这些所谓君子大人，不是都在不劳而食吗！［19］深讥：多加指责。［20］甲辰：八月二十五日。［21］关播（719—797）：字务元，汲（今河南卫辉市）人。天宝末年进士。为政清静简惠，官至中书侍郎、同中书门下平章事。传见《旧唐书》卷一百三十，《新唐书》卷一百五十一。［22］都官员外郎：官名。尚书省刑部都官司副官，协助郎中掌管官奴婢的配役和赦免等事务。［23］辛酉：九月十三日。［24］简约：简明而有约束力。［25］奉身清俭：克己奉守，清廉节俭。

吐蕃八万众军于原州北长泽监[1]，己巳[2]，破方渠[3]，入拔谷；郭子仪使裨将李怀光救之，吐蕃退。庚午[4]，吐蕃寇坊州[5]。

冬，十月，乙酉[6]，西川节度使崔宁奏大破吐蕃于望汉城[7]。

先是，秋霖[8]，河中府池盐[9]多败[10]。户部侍郎判度支韩滉恐盐户减税，丁亥[11]，奏雨虽多，不害盐[12]，仍有瑞盐[13]生。上疑其不然，遣谏议大夫义兴蒋镇[14]往视之。

吐蕃寇盐、夏州，又寇长武；郭子仪遣将拒却之。

以永平军[15]押牙匡城刘洽[16]为宋州刺史。仍以宋、泗二州隶永平军。

京兆尹黎幹奏秋霖损稼，韩滉奏幹不实；上命御史按视，丁未[17]，还奏，"所损凡三万余顷。"渭南[18]令刘澡阿附[19]度支[20]，称县境苗独不损；御史赵计奏与澡同。上曰："霖雨溥博[21]，岂得渭南独无！"更命御史朱敖视之，损三千余顷。上叹息久之，曰："县令，字人之官[22]，不损犹应言损，乃不仁[23]如是乎！"贬澡南浦[24]尉，计澧州司户，而不问滉。

十一月，壬子[25]，山南西道节度使张献恭奏破吐蕃万余众于岷州。

丙辰[26]，蒋镇还，奏言“瑞盐实如韩滉所言”，仍上表贺，请宣付史臣[27]，锡[28]以嘉名。上从之，赐号宝应灵应池[29]，时人丑之。

十二月，丙戌[30]，朱泚自泾州还京师。

丁亥[31]，崔宁奏破吐蕃十余万众，斩首八千余级。

庚子[32]，以朱泚兼陇右节度使，知河西、泽潞行营。

平卢节度使李正己先有淄、青、齐、海、登、莱、沂、密、德、棣十州之地，及李灵曜之乱，诸道合兵攻之，所得之地，各为己有，正己又得曹、濮、徐、兖、郓五州，因自青州徙治郓州，使其子前淄州刺史纳[33]守青州。正己用刑严峻，所在不敢偶语；然法令齐一，赋均而轻，拥兵十万，雄据东方，邻藩皆畏之。是时田承嗣据魏、博、相、卫、洺、贝、澶七州，李宝臣据恒、易、赵、定、深、冀、沧七州，各拥众五万；梁崇义据襄、邓、均、房、复、郢六州，有众二万；相与根据蟠结[34]，虽奉事朝廷而不用其法令，官爵、甲兵、租赋、刑杀皆自专之，上宽仁，一听其所为。朝廷或完[35]一城，增一兵，辄有怨言，以为猜贰[36]，常为之罢役；而自于境内筑垒、缮兵无虚日。以是虽在中国名藩臣，而实如蛮貊[37]异域焉。

（以上为第六段，写吐蕃在西北、西南沿边不断侵扰，为诸镇边兵击破。平卢、魏博、山南东道诸镇，不行朝廷政令，名为藩臣，实为割据。）

【注释】

[1]长泽监：长泽川的国家养马场。在今陕西靖边县西。 [2]己巳：九月二十一日。 [3]方渠：县名。县治在今甘肃环县南。 [4]庚午：九月二十二日。 [5]坊州：州名。治所在今陕西黄陵县南。 [6]乙酉：十月七日。 [7]望汉城：吐蕃在西山筑城，用来探望蜀汉动向，故名。 [8]霖：久雨。 [9]河中府盐池：河中府所管安邑、解县有盐池五，总名两池，年产盐万斛，供应京师。 [10]败：毁坏。 [11]丁亥：十月九日。 [12]害盐：妨害盐的生产。 [13]瑞盐：好盐，灵瑞之盐。 [14]蒋镇：义兴（在今江苏宜兴市）人。传见《旧唐书》卷一百二十七，《新唐书》卷二百二十四下。 [15]永平军：戍军名。大历七年（772）十二月于滑州置。 [16]刘洽（730—787）：匡城（今河南长垣市西南）人。性豪侈，轻财重义，以破叛臣李希烈，德宗赐名玄佐，官至副元帅、检校司空。传见《旧唐书》卷一百四十五，《新唐书》卷二百一十四。 [17]丁未：十月二十九日。 [18]渭南：县名。县治在今陕西渭南市。 [19]阿附：曲意附和。

[20]度支：指度支使韩滉。［21］溥（pǔ）博：溥，同“普”，普遍；博，博大。溥博，周边广远。［22］字人之官：字，哺育。即哺养人民之官。［23］不仁：不爱护人民。［24］南浦：县名。县治在今重庆市万州区。［25］壬子：十一月四日。［26］丙辰：十一月八日。［27］史臣：据章校，“史臣”下应补“并置神祠”四字。［28］锡：同“赐”，赐给。［29］宝应灵应池：即安邑盐池。在今山西运城境。［30］丙戌：十二月八日。［31］丁亥：十二月九日。［32］庚子：十二月二十二日。［33］纳：李纳（752—785），李正己之子，建中（780—783）初年，与父反叛。其父死，纳继续为乱，称齐王。兴元元年（784）归附朝廷，继任平卢节度使，迁至郓州大都督府长史，检校司空。传见《旧唐书》卷一百二十四，《新唐书》卷二百一十三。［34］根据蟠结：盘据连结。［35］完：修缮。［36］猜贰：疑忌。［37］蛮貊：泛指少数民族。

十三年（戊午，778年）

春，正月，辛酉[1]，敕毁白渠支流碾硙[2]以溉田。昇平公主有二硙，入见于上，请存之。上曰：“吾欲以利苍生，汝识吾意，当为众先。”公主即日毁之。

戊辰[3]，回纥寇太原，河东押牙泗水李自良[4]曰：“回纥精锐远来求斗，难与争锋；不如筑二垒于归路，以兵戍之。虏至，坚壁勿与战，彼师老[5]自归，乃出军乘之。二垒抗其前，大军蹙其后，无不捷矣。”留后鲍防不从，遣大将焦伯瑜等逆战；癸酉[6]，遇虏于阳曲[7]，大败而还，死者万余人。回纥纵兵大掠。二月，代州都督张光晟击破之于羊武谷[8]，乃引去。上亦不问回纥入寇之故，待之如初。

己亥[9]，吐蕃遣其将马重英帅众四万寇灵州，夺填汉、御史、尚书三渠[10]水口以弊屯田。

三月，甲戌[11]，回纥使还，过河中，朔方军士掠其辎重，因大掠坊市。

夏，四月，甲辰[12]，吐蕃寇灵州，朔方留后常谦光击破之。

六月，戊戌[13]，陇右节度使朱泚献猫鼠同乳不相害者以为瑞；常衮帅百官称贺。中书舍人崔佑甫[14]独不贺，曰：“物反常为妖。猫捕鼠，乃其职也，今同乳，妖也。何乃贺为！宜戒法吏之不察奸、边吏之不御寇者，以承天意。”上嘉之。佑甫，沔之子也。秋，七月，以佑甫知吏部选事。佑甫数以公事与常衮争，由是恶之。

戊午[15]，郭子仪奏以回纥犹在塞上，边人恐惧，请遣邠州刺史浑瑊将兵镇振武军[16]，从之。回纥始去。

辛未[17]，吐蕃将马重英二万众寇盐、庆二州，郭子仪遣朔方都虞候李怀光击却之。

八月，乙亥[18]，成德节度使李宝臣请复姓张，许之。

吐蕃二万众寇银、麟州[19]，略党项杂畜，郭子仪遣李怀光击破之。

上悼念贞懿皇后不已，殡于内殿，累年不忍葬；丁酉[20]，始葬于庄陵[21]。

九月，庚午[22]，吐蕃万骑下青石岭[23]，逼泾州；诏郭子仪、朱泚与段秀实共却之。

冬，十二月，丙戌[24]，以吏部尚书、转运盐铁等使刘晏为左仆射，知三铨[25]及使职如故。

郭子仪入朝，命判官京兆杜黄裳[26]主留务。李怀光阴谋代子仪，矫为诏书，欲诛大将温儒雅等。黄裳察其诈，以诘怀光；怀光流汗服罪。于是诸将之难制者，黄裳矫子仪之命，皆出之于外，军府乃安。

以给事中杜亚为江西观察使。

上召江西判官李泌入见，语以元载事，曰："与卿别八年，乃能诛此贼。赖太子发其阴谋，不然，几不见卿。"对曰："臣昔日固尝言之。陛下知群臣有不善，则去之；含容太过，故至于此。"上曰："事亦应十全，不可轻发。"上因言："朕面属[27]卿于路嗣恭，而嗣恭取载意，奏卿为虔州[28]别驾。嗣恭初平岭南，献琉璃盘，径九寸，朕以为至宝。及破载家，得嗣恭所遗载琉璃盘[29]，径尺。俟其至，当与卿议之。"泌曰："嗣恭为人，小心，善事人，畏权势，精勤吏事而不知大体。昔为县令，有能名；陛下未暇知之，而为载所用，故为之尽力。陛下诚知而用之，彼亦为陛下尽力矣。虔州别驾，臣自欲之，非其罪也。且嗣恭新立大功，陛下岂得以一琉璃盘罪之邪！"上意乃解，以嗣恭为兵部尚书。

郭子仪以朔方节度副使张昙性刚率[30]，谓其以武人轻己，衔之；孔目官[31]吴曜为子仪所任，因而构之。子仪怒，诬奏昙扇动军众，诛之。掌书记高郢[32]力争之，子仪不听，奏贬郢猗氏[33]丞。既而僚佐多以病求去，子仪悔之，悉荐之于朝，曰："吴曜误我。"遂逐之[34]。

常衮言于上曰："陛下久欲用李泌，昔汉宣帝[35]欲用人为公卿，必先试理人，请且以为刺史，使周知人间利病，俟报政[36]而用之。"

（以上为第七段，写唐代宗召回李泌，试用为刺史。郭子仪知过则改。）

【注释】

［1］辛酉：正月十四日。［2］碾硙（niǎnwéi）：粮食加工装置。碾，碾子，由碾台、碾槽、碾架等构成，用来碾去谷壳；硙，磨子，用作脱壳或磨粉。碾硙用人力、畜力或水力转动。此指水力转动的碾硙。［3］戊辰：正月二十一日。［4］李自良（733—795）：泗水（今山东泗水）人。性谨慎有谋略。任河东节度使，简俭守职。传见《旧唐书》卷一百四十六，《新唐书》卷一百五十九。［5］师老：军队的士气衰落。［6］癸酉：正月二十六日。［7］阳曲：县名。县治在今山西阳曲县南。［8］羊武谷：又作扬武谷。在今山西原平市西。［9］己亥：二月二十二日。［10］填汉、御史、尚书三渠：为灵州屯田所开灌溉堰渠。［11］甲戌：三月二十八日。［12］甲辰：四月二十八日。［13］戊戌：六月二十四日。［14］崔佑甫：字始孙，开元名臣崔沔之子。举进士，性刚直。官至中书侍郎、平章事。有文集三十卷（已佚）。传见《旧唐书》卷一百一十九，《新唐书》卷一百四十二。［15］戊午：七月十四日。［16］振武军：军镇名。在今内蒙古托克托城南。［17］辛未：七月二十七日。［18］乙亥：八月二日。［19］银、麟州：州名。银州治所在今陕西榆林市东南，麟州治所在今陕西神木市北。［20］丁酉：八月二十四日。［21］庄陵：陵墓名。贞懿皇后陵墓，在今陕西三原县东北。［22］庚午：九月二十七日。［23］青石岭：地名。在今甘肃泾川县西北。［24］丙戌：十二月十四日。［25］三铨：唐代文武官吏的铨选，由吏部和兵部尚书、侍郎分掌。尚书掌六品和七品选，称尚书铨；侍郎二人，分掌八品九品选，称为中铨、东铨。合称三铨。［26］杜黄裳（738—808）：字遵素，性雅淡宽恕。元和（806—820）初期的著名宰相，封邠国公。传见《旧唐书》卷一百四十七，《新唐书》卷一百六十九。［27］属：同"嘱"，嘱托。［28］虔州：州名。治所在今江西赣州市。［29］琉璃盘：胡三省认为，此琉璃盘为天然琉璃宝石制成的盘子。但是，天然宝石不可能有径九寸、一尺大的。故依程大昌的解释为妥。实际上就是早期的玻璃器。详胡三省注。［30］刚率：刚强直率。［31］孔目官：处理日常事务的副官，谓一孔一目细事皆所综理。［32］高郢（740—811）：字公楚，卫州（今河南卫辉）人。官至中书侍郎、同中书门下平章事。传见《旧唐书》卷一百四十七，《新唐书》卷一百六十五。［33］猗氏：县名。县治在今山西临猗县。［34］遂逐之：郭子仪赶走吴曜，表现知过则改的襟怀。［35］汉宣帝（前91—前49）：即刘询，汉武帝曾孙。前73年至前49年在位。事见《汉书》卷八。［36］报政：呈报政绩。

十四年（己未，779年）

春，正月，壬戌[1]，以李泌为澧州刺史。

二月，癸未[2]，魏博节度使田承嗣薨。有子十一人，以其侄中军兵马使悦为才，使知军事，而诸子佐之。甲申[3]，以悦为魏博留后。

淮西节度使李忠臣，贪残好色，将吏妻女美者，多逼淫之，悉以军政委妹婿节度副使张惠光。惠光挟势暴横，军州苦之。忠臣复以惠光子为牙将，暴横甚于其父。左厢都虞候李希烈[4]，忠臣之族子也，为众所服。希烈因众心怨怒，三月，丁未[5]，与大将丁暠等杀惠光父子而逐忠臣。忠臣单骑奔京师，上以其有功，使以检校司空、同平章事留京师；以希烈为蔡州刺史、淮西留后。以永平节度使李勉兼汴州刺史，增领汴、颍二州，徙镇汴州。

辛酉[6]，以容管经略使王翃为河中少尹、知府事。河东副元帅留后部将凌正暴横，翃抑之。正与其徒乘夜作乱，翃知之，故缩漏水数刻以差其期，贼惊，溃走，擒正，诛之，军府乃安。

成德节度使张宝臣既请复姓，又不自安，更请赐姓；夏，四月，癸未[7]，复赐姓李。

（以上为第八段，写田悦、李希烈非其道得任节度使，其后成为割据藩镇。）

【注释】

[1]壬戌：正月二十一日。 [2]癸未：二月十二日。 [3]甲申：二月十三日。 [4]李希烈（？—786）：辽西（今北京顺义区）人。初为裨将，逐李忠臣而为淮西节度使。以军功至检校右仆射、同平章事。建中三年（782）与朱滔、田悦、王武俊、李纳等藩镇共叛朝廷，自称建兴王，署百官。后为部将药死。传见《旧唐书》卷一百四十五，《新唐书》卷二百二十五中。 [5]丁未：三月六日。 [6]辛酉：三月二十日。 [7]癸未：四月十三日。

五月，癸卯[1]，上始有疾，辛酉[2]，制皇太子监国。是夕，上崩于紫宸[3]之内殿，遗诏以郭子仪摄冢宰。癸亥[4]，德宗即位，在谅阴[5]中，动遵礼法；尝召韩王迥食，食马齿羹[6]，不设盐、酪[7]。

常衮性刚急，为政苛细[8]，不合众心。时群臣朝夕临[9]，衮哭委顿[10]，从吏或扶之。中书舍人崔佑甫指以示众曰："臣哭君前，有扶礼乎！”衮闻，益恨之。会议群臣丧服，衮以为："礼，臣为君斩衰三年。汉文权制，犹三十六日[11]。高宗以来，皆遵汉制。及玄宗、肃宗之丧，始服二十七日。今遗诏云，'天下吏人，三日释服。'古者卿大夫从君而服，皇帝二十七日而除，在朝群臣亦当如之。"佑甫以为："遗诏，无朝臣、庶人之别。朝野内外，莫非天下，凡百执事，孰非吏人！皆应[12]释服[13]。"相与力争，声色陵厉[14]。衮不能堪，乃奏佑甫率情变礼[15]，请贬潮州刺史；上以为太重，闰月，壬申[16]，贬佑甫为河南少尹。

初，肃宗之世，天下务殷[17]，宰相常有数人，更直[18]决事，或休沐[19]各归私第，诏直事者[20]代署其名而奏之，自是踵为故事。时郭子仪、朱泚虽以军功为宰相，皆不预朝政，衮独居政事堂，代二人署名奏佑甫。佑甫既贬，二人表言其非罪，上问："卿向言可贬，今云非罪，何也？"二人对，初不知。上初即位，以衮为期罔[21]，大骇。甲辰[22]，百官衰绖[23]，序立[24]于月华门[25]，有制，贬衮为潮州刺史，以佑甫为门下侍郎、同平章事，闻者震悚。佑甫至昭应而还。既而群臣丧服竟用衮议。

上时居谅阴，庶政皆委于佑甫，所言无不允。初，至德以后，天下用兵，诸将竞论功赏，故官爵不能无滥。及永泰以来，天下稍平，而元载、王缙秉政，四方以贿求官者相属[26]于门，大者出于载、缙，小者出于卓英倩等，皆如所欲而去。及常衮为相，思革其弊，杜绝侥幸，四方奏请，一切不与；而无所甄别[27]，贤愚同滞。崔佑甫代之，欲收时望，推荐引拔[28]，常无虚日；作相未二百日，除官八百人，前后相矫[29]，终不得其适。上尝谓佑甫曰："人或谤卿，所用多涉亲故，何也？"对曰："臣为陛下选择百官，不敢不详慎。苟平生[30]未之识，何以谙[31]其才行而用之。"上以为然[32]。

臣光曰：臣闻用人者，无亲疏、新故之殊，惟贤、不肖之为察。其人未必贤也，以亲故而取之，固非公也；苟贤矣，以亲故而舍之，亦非公也。夫天下之贤，固非一人所能尽也，若必待素识[33]熟其才行而用之，所遗亦多矣。古之为相者则不然，举之以众，取之以公[34]。众曰贤矣，己虽不知其详，姑用之，待其无功，然后退之，有功则进之；所举得其人则赏之，非其人则罚之。进退赏罚，皆众人所共然也，已不置豪发[35]之私于其间。苟推是心以行之，又何遗贤旷官[36]之足病哉！

（以上为第九段，写代宗崩，德宗立，崔佑甫代常衮为首辅，用人唯亲。）

【注释】

[1]癸卯：五月三日。[2]辛酉：五月二十一日。[3]紫宸（chén）：紫宸殿。在大明宫宣政殿北紫宸门内。[4]癸亥：五月二十三日。[5]谅阴：亦称谅总暗，居丧时所住的房子。其寒凉幽暗，故曰谅暗。多借指天子居丧。[6]马齿羹：用野菜马齿苋做成的羹汤。[7]酪：乳酪，用牛马羊等乳制成的乳浆。[8]苛细：苛刻琐细。[9]临（lìn）：哭。[10]委顿：疲乏狼狈。[11]汉文权制，犹三十六日：汉文，即汉文帝刘恒（前202—前157），汉高祖刘邦子，前179年至157年在位，事见《史记·文帝纪》《汉书·文帝纪》。汉文权制，犹三十六日，指汉文帝临死，不愿天下父子长老百姓久哀伤身，遗诏葬后服丧大功十五日、小功十四日、纤（穿细布者，指官吏）七日，共三十六日，然后除丧。见《资治通鉴》卷十五汉纪文帝后七年。[12]应：据章校，“应”下当补“三日”二字。[13]释服：脱去丧服，指除丧。[14]陵厉：陵暴厉响，指情色侵侮，声音高猛。[15]率情变礼：任性地改变礼法。[16]壬申：闰五月三日。[17]务殷：事情繁多。[18]更直：直，同“值”，值班。更直，轮流值班。[19]休沐：官吏休息沐浴，指休假。唐代官吏十日一休沐，称为旬休。[20]直事者：即值班人。[21]欺罔：欺骗蒙蔽。[22]甲辰：闰五月庚午朔，无甲辰，当为甲戌之误。甲戌，闰五月五日。[23]衰绖（cuīdié）：衰，古代的丧服名；绖，用麻做的丧带，系在腰上或头上。衰绖，此作动词用，指百官士大夫穿着丧服。[24]序立：按班而立。[25]月华门：西京大明宫宣政殿前两廊各自有门，东为日华门，西为月华门；宫城内甘露殿门外亦有日华门（东）、月华门（西）；东京宫城内乾元门外亦有日华门（东）、月华门（西）。此指西京大明宫的月华门。[26]相属（zhǔ）：连续不断。[27]甄（zhēn）别：鉴别。[28]引拔：引用、提拔。[29]相矫：互相纠正。[30]平生：平时，平素。[31]谙（ān）：熟悉。[32]上以为然：德宗赞同崔佑甫的用人原则。崔氏为任人唯亲辩解，受到司马光的批评。[33]素识：平时认识。[34]举之以众，取之以公：大众推举人才，然后用公允的态度取人。[35]豪发：同“毫发”，即毛发。犹言些许，一点点，极言其少。[36]旷官：旷废职守，才不堪其任。

诏罢省四方贡献之不急者，又罢梨园使[1]及乐工三百余人，所留者悉隶太常。

郭子仪以司徒、中书令领河中尹、灵州大都督、单于·镇北大都护、关内河东副元帅、朔方节度、关内支度·盐池、六城水运大使、押蕃部并营田及河阳道观察等使，权任既重，功名复大，性宽大，政令颇不肃，代宗欲分其权而难之，久不决。甲申[2]，诏尊子仪为尚父，加太尉兼中书令，增实封满二千户，月给千五百人粮、二百马食，子弟、诸婿迁官者十余人，所领副元帅诸使悉罢之；以其裨将河东、朔方都虞候李怀光为河中尹、邠·宁·庆·晋·绛·慈·隰节度使，以朔方留后兼灵州长史常谦光为灵州大都督、西受降城·定远·天德[3]·盐·夏·丰等军州节度使，振武军使浑瑊为单于大都护、东·中二受降城、振武·镇北·绥·银·麟·胜等军州节度使，分领其任。

丙戌[4]，诏曰："泽州刺史李鷃[5]上《庆云[6]图》。朕以时和年丰为嘉祥[7]，以进贤显忠[8]为良瑞[9]，如卿云、灵芝、珍禽、奇兽、怪草、异木，何益于人！布告[10]天下，自今有此，无得上献。"内庄宅使[11]上言诸州有官租万四千余斛，上令分给所在充军储。先是，诸国屡献驯象，凡四十有二，上曰："象费豢养[12]而违物性[13]，将安用之！"命纵于荆山之阳[14]，及豹、貀[15]、斗鸡、猎犬之类，悉纵之；又出宫女数百人。于是中外皆悦，淄青军士，至投兵[16]相顾曰："明主出矣，吾属犹反乎！"

戊子[17]，以淮西留后李希烈为节度使。

辛卯[18]，以河阳镇遏使马燧为河东节度使。河东承百井之败[19]，骑士单弱，燧悉召牧马厮役[20]，得数千人，教之数月，皆为精骑。造甲必为长短三等，称其所衣[21]，以便进趋[22]。又造战车，行则载兵甲，止则为营陈，或塞险以遏奔冲[23]；器械无不精利。居一年，得选兵[24]三万。辟兖州人张建封[25]为判官，署李自良代州刺史，委任之。

兵部侍郎黎幹，狡险谀佞[26]，与宦官特进刘忠翼相亲善。忠翼本名清潭，恃宠贪纵。二人皆为众所恶。时人或言幹、忠翼尝劝代宗立独孤贵妃为皇后，妃子韩王迥为太子。上即位，幹密乘舆诣忠翼谋事；事觉，丙申[27]，幹、忠翼并除名长流，至蓝田，赐死。

以户部侍郎判度支韩滉为太常卿，以吏部尚书刘晏判度支。先是晏、滉分掌天下财赋[28]，晏掌江南、山南、江淮、岭南，滉掌关内、河东、剑南，至是，晏始兼之。上素闻滉掊克[29]过甚，故罢其利权，寻出为晋州刺史。

至德初，第五琦始榷盐以佐军用，及刘晏代之，法益精密。初岁入钱六十万缗，末年所入逾十倍，而人不厌苦。大历末，计一岁所入总一千二百万缗，而盐利居其太半。以盐为漕佣，自江、淮至渭桥，率万斛佣七千缗，自淮以北，列置巡院[30]，择能吏主之，不烦州县而集事。

（以上为第十段，写德宗初即位，锐意兴革，释放禁苑珍禽走兽，出宫女数百归民，整顿武备财赋，初露明主风采。）

【注释】

[1]梨园使：使职名。开元二年（714）置。掌梨园弟子教习事务。 [2]甲申：闰五月十五日。 [3]天德：戍军名。即天德军，天安军改名。在今内蒙古乌拉特前旗东北。 [4]丙戌：闰五月十七日。 [5]李鷃（yàn）：人名。泽州刺史。 [6]庆云："又作"景云"、"卿云"，即五色云。古以为祥瑞之气。 [7]嘉祥：好兆头。 [8]进贤显忠：褒进贤良、显扬忠臣。 [9]良瑞：吉兆。 [10]布告：对众宣告，公告。 [11]内庄宅使：使职名。掌管皇室庄田。以宦官充任。 [12]豢（huàn）养：喂养，饲养。 [13]物性：生物的天性、本性。 [14]荆山之阳：荆山，山名。在陕西富平县西南。荆山之阳，即荆山南面。 [15]貀（nà）：动物名。即豽。似狗豹斑纹，有角，两脚。 [16]投兵：扔下兵器。 [17]戊子：闰五月十九日。 [18]辛卯：闰五月二十二日。 [19]百井之败：百井，即百井镇，在今山西阳曲县北。百井之败，指去年正月河东留后鲍防不采纳押牙李自良之策，在阳曲被回纥军大败，死万余人。[20]厮役：奴仆。 [21]称其所衣：称，相称，合适。指适合本人穿着。[22]进趋：向前快奔。[23]奔冲：奔驰冲突。[24]选兵：从士卒中选拔出来的精干兵士。 [25]张建封（735—800）：字本立，邓州南阳（今河南南阳）人。客隐兖州（在今山东济宁市兖州区）。少喜文章，好谈论。性宽厚，亦不妄自曲法宥人。镇徐州十年，加官至检校右仆射。传见《旧唐书》卷一百四十，《新唐书》卷一百五十八。 [26]狡险谀佞：狡猾阴险，善阿谀奉承、巧言谄媚。 [27]丙申：闰五月二十七日。 [28]晏、滉分掌天下财赋：据《旧唐书·食货志》，大历五年（770）第五琦被贬后，刘晏与韩滉分领关内、河东、山剑（山南西道和剑南）租庸、青苗使。 [29]掊克：掊，搜刮，聚敛。掊克，以苛税搜刮民财。 [30]巡院：盐铁转运使下属机构，刘晏设置，其任务是禁捕私盐，防止奸盗，并有审判处罚甚至处死私盐犯的权力，发展盐业生产和招徕商人，推销官盐；经管各地租调税物的转运，推行常平法，并有察访赋税方面不法之事的权力。刘晏初置的巡院有十三个，后来还逐渐增多。详《新唐书》卷五十四。

六月，己亥[1]朔，赦天下。

西川节度使崔宁、永平节度使李勉并同平章事。

诏："天下冤滞[2]，州府不为理，听诣三司使，以中丞、舍人、给事中各一人，日于朝堂受词[3]。推决尚未尽者，听挝登闻鼓[4]。自今无得复奏置寺观及请度僧尼。"于是挝登闻鼓者甚众。右金吾将军裴谞上疏，以为："讼者所争皆细故，若天子一一亲之，则安用吏理乎！"上乃悉归之有司。

制："应山陵制度[5]，务从优厚，当竭帑藏[6]以供其费。"刑部员外郎令孤峘[7]上疏谏，其略曰："臣伏读遗诏，务从俭约，若制度优厚，岂顾命[8]之意邪！"上答诏，略曰："非唯中朕之病，抑[9]亦成朕之美，敢不闻义而徙！"峘，德棻[10]之玄孙也。

庚子[11]，立皇子诵[12]为宣王，谟[13]为舒王，谌[14]为通王，谅[15]为虔王，详[16]为肃王。乙巳[17]，立皇弟迺[18]为益王，傀[19]为蜀王。

丙午[20]，举先天[21]故事，六品以上清望官，虽非供奉、侍卫之官，日令二人更直待制，以备顾问。

庚戌[22]，以朱泚为凤翔尹。

代宗优宠宦官，奉命名四方者，不禁其求取。尝遣中使赐妃族，还，问所得颇少，代宗不悦，以为轻我命；妃惧，遽以私物赏之。由是中使公求赂遗，无所忌惮。宰相尝贮钱于阁中，每赐一物，宣一旨，无徒还者；出使所历州县，移文[23]取货，与赋税同，皆重载而归。上素知其弊。遣中使邵光超赐李希烈旌节；希烈赠之仆、马及缣七百匹，黄茗[24]二百斤。上闻之，怒，杖光超六十而流之。于是中使之未归者，皆潜弃所得于山谷，虽与之，莫敢受。

甲子[25]，以神策都知兵马使、右领军大将军王驾鹤为东都园苑使[26]，以司农卿白琇珪[27]代之，更名志贞。驾鹤典禁兵十余年，权行中外，上恐其生变；崔佑甫召驾鹤与语，留连久之，琇珪已视事矣。

李正己畏上威名，表献钱三十万缗；上欲受之恐见欺，却之则无辞。崔佑甫请遣使慰劳淄青将士，因以正己所献钱赐之，使将士人人戴上恩；

又诸道闻之，知朝廷不重货财。上悦，从之。正己大惭服。天下以为太平之治，庶几可望焉。

（以上为第十一段，写唐德宗治刑狱，倡节俭，罢奉献，严禁中使向地方求索，表现中兴气象。）

【注释】

[1]己亥：六月一日。 [2]冤滞：指冤屈之人。 [3]受词：接受讼词。 [4]挝（zhuā）登闻鼓：挝，击鼓。登闻鼓，古代帝王为了表示听取臣民百姓申诉冤情，悬鼓于朝堂外，许击鼓上闻，称之为登闻鼓。唐代长安、洛阳均设有登闻鼓。 [5]山陵制度：山陵，帝王的陵墓。山陵制度，指陵墓大小高下以及纳藏明器等规定。 [6]帑藏（tǎng zàng）：国库的金帛。 [7]令孤垣（？—805）：据两《唐书》本传，孤应作狐。令狐垣，天宝末进士。官至右庶子。参与修撰《玄宗实录》《代宗实录》。传。见《旧唐书》卷一百四十九，《新唐书》卷一百二。 [8]顾命：天子临终的遗命，或称天子遗诏。 [9]抑：连词，表示轻微的转折。 [10]德棻（fēn）：令狐德棻（583—666），宜州华原（今陕西铜川市耀州区）人。博涉文史。官至太常卿。勤于著述，参与修撰《艺文类聚》《周书》《梁书》《陈书》《北齐书》《隋书》《新礼》《氏族志》《晋书》《五代史志》《高宗实录》等书。传见《旧唐书》卷七十三，《新唐书》卷一百二。 [11]庚子：六月二日。 [12]诵：李诵，即唐顺宗（761—806），唐德宗长子，公元805年在位。事见《旧唐书》卷十四、《新唐书》卷七及《顺宗实录》。 [13]谟：李谟（？—805），唐代宗第三子李邈之子，因最年幼，德宗命为己子，更名谊，封舒王。传见《旧唐书》卷一百五十，《新唐书》卷八十二。 [14]谌：李谌，德宗第三子，封通王。传见《旧唐书》卷一百五十，《新唐书》卷八十二。 [15]谅：李谅，德宗第四子，封虔王。传见《旧唐书》卷一百五十，《新唐书》卷八十二。 [16]详：李详（779—782），德宗第五子，封肃王。传见《旧唐书》卷一百五十，《新唐书》卷八十二。 [17]乙巳：六月八日。[18]逎：李逎，唐代宗第九子，封益王。传见《旧唐书》卷一百一十六，《新唐书》卷八十二。[19]傀（guī）：李傀，《旧唐书》作李遂，当是。李遂，代宗第十二子，封蜀王。传见《旧唐书》卷一百一十六，《新唐书》卷八十二。 [20]丙午：六月八日。 [21]先天：唐玄宗年号，公元712年至713年。 [22]庚戌：六月十二日。 [23]移文：发布文书。 [24]黄茗：黄茶。 [25]甲子：六月二十六日。 [26]东都园苑使：使职名。主管东都宫苑。 [27]白琇珪（？—787）：太原（今山西太原）人。德宗赐名志贞。传见《旧唐书》卷一百三十五，《新唐书》卷一百六十七。

秋，七月，戊辰[1]朔，日有食之。

礼仪使、吏部尚书颜真卿上言："上元[2]中，政在宫壸[3]，始增祖宗之谥；玄宗末，奸臣窃命，累圣[4]之谥，有加至十一字者。按周之文、武，称文不称武，言武不称文，岂盛德所不优乎？盖群臣称其至者故也。故谥多不为褒，少不为贬。今累圣谥号太广，有逾古制，请自中宗以上皆从初谥[5]，睿宗曰圣真皇帝，玄宗曰孝明皇帝，肃宗曰宣皇帝，以省文尚质[6]，正名敦本[7]。”上命百官集议，儒学之士，皆从真卿议；独兵部侍郎袁傪，官以兵进，奏言“陵庙玉册[8]、木主皆已刊勒[9]，不可轻改，”事遂寝。不知陵中玉册所刻，乃初谥也。

初，代宗之世，事多留滞，四夷使者及四方奏计，或连岁不遣，乃于右银台门置客省以处之；及上书言事、失职未叙，亦置其中，动经十岁。常有数百人，并部曲、畜产动以千计，度支廪给，其费甚广。上悉命疏理[10]，拘者[11]出之，事竟者遣之，当叙者任之，岁省谷万九千二百斛。

壬申[12]，毁元载、马璘、刘忠翼之第。初，天宝中，贵戚第舍虽极奢丽，而垣屋高下，犹存制度，然李靖家庙已为杨氏马厩矣。及安、史乱后，法度堕弛，大臣将帅竞治第舍，各穷其力而后止，时人谓之木妖。上素疾之，故毁其尤者，仍命马氏献其园，隶宫司[13]，谓之奉成园[14]。

癸丑[15]，减常贡宫中服用锦千匹、服玩数千事。

庚辰[16]，诏回纥诸胡在京师者，各服其服，无得效华人。先是回纥留京师者常千人，商胡伪服而杂居者又倍之，县官日给饔饩[17]，殖赀产，开第舍，市肆美利皆归之，日纵贪横，吏不敢问。或衣华服，诱取妻妾，故禁之。

辛卯[18]，罢天下榷酒收利。

上之在东宫也，国子博士河中张涉[19]为侍读，即位之夕，召涉入禁中，事无大小皆咨之；明日，置于翰林为学士，亲重无比。乙未[20]，以涉为右散骑常侍，仍为学士。

（以上为第十二段，写德宗大刀阔斧处理积案，折毁权臣达官逾制的住宅，整顿京师秩序，约束回纥商人。）

【注释】

[1]戊辰：七月一日。［2］上元：高宗年号，公元674年至676年。［3］政在宫壶：宫

壸，宫中。政在宫壸，指武则天执政。［4］累圣：各位圣人（指先帝）。［5］中宗以上皆从初谥：其初谥高祖为太武皇帝、太宗为文皇帝、高宗为天皇大帝、中宗为孝和皇帝。［6］省文尚质：文，文采；质，朴实。去掉华美的文采，崇尚素朴笃实。［7］正名敦本：辨正名分，注重根本。［8］玉册：玉制的简册。古代帝王以玉册祭告、封禅，也用于册命皇太子及后妃。［9］刊勒：刻石。［10］疏理：清理。［11］拘者：被扣留者。［12］壬申：七月五日。［13］宫司：主管宫廷禁掖园苑的官府。［14］奉成园：在长安东市之南的安邑坊。［15］癸丑：据下文有“庚辰”“辛卯”，则此“癸丑”应为“癸酉”之误。据严衍《资治通鉴》补，“丑”改为“酉”。癸酉，七月六日。［16］庚辰：七月十三日。［17］饔饩（yōngxì）：饔，熟肉；饩，活牲口。［18］辛卯：七月二十四日。［19］张涉：蒲州（今山西永济市西）人。家世儒者，能为文。为国子博士时，曾请有司日试万言，时呼张万言。官至散骑常侍。传见《旧唐书》卷一百二十七。［20］乙未：七月二十八日。

【点评】

本卷记载代宗晚年执政和德宗初即位，共五年又七个月。本卷点评代宗晚年的作为与德宗即位之初的兴革。

一、代宗晚年清理积弊。王夫之论唐高宗有言：“至弱之主，必有暴怒；至暗之主，必有微明。”（《读通鉴论》卷二十一）唐代宗姑息藩镇，涵容权臣元载，晚年一奋而起，讨魏博，诛李灵曜，杀元载，表现了中唐皇权仍有控制朝政的能力。魏博节度使田承嗣是河北诸镇中最为骄慢的割据者。代宗为了笼络田承嗣，把皇女永乐公主许妻田承嗣之子田华，唐代宗为此是要拉近与田承嗣的关系，可是田承嗣不买账，更加骄慢。田承嗣不听朝廷号令，不入朝，不派兵防秋。当时吐蕃经常寇边，常于秋天扰乱收割，朝廷征兵诸镇防秋。代宗大历九年（774），幽州卢龙节度使朱泚入朝，亲自带领五千士卒防秋，代宗给予很高礼遇。朱泚表请留阙下，推荐其弟朱滔知幽州卢龙留后，代宗听之，朱滔效顺。又成德节度使李宝臣、淄青节度使李正己，两人皆为田承嗣所轻视，上表请求讨伐田承嗣。代宗于是利用诸镇之间的矛盾，在大历十年四月三日乙未下诏贬田承嗣为永州刺史，征调河东、成德、幽州、淄青、淮西、永平、汴宋、河阳、泽潞等九节度使之兵，大举讨伐田承嗣。这是朝廷平定安史之乱以来的最大规模用兵。代宗此举，志在必得。朝廷无权威良将统率诸镇，没有统帅，诸镇各自为战，田承嗣分化瓦解，各个击破，拉拢李正己中立，挑起了朱滔与李宝臣交斗，其余诸镇各自退兵。田承嗣上表谢罪，代宗就势下坡，征讨田承嗣不了了之。随后汴宋留后李灵曜反叛，北连田承嗣。代宗命李忠臣、马燧进讨，又反正了汴宋兵马使李僧惠，授命李僧惠为宋州刺史。李僧惠是李灵曜的谋主，李僧惠反戈一击，李灵曜军心瓦解。诸军进击，十月汴州城破，诛杀了李灵曜。李灵曜之死，使朝廷挽回了一些面子。

田承嗣上表入朝，李正己随后上表替田承嗣说情，请求允许他自新改过。两人配合演双簧，田承嗣终究没有入朝，又帮助李灵曜反叛，代宗再次下令征讨，田承嗣又上表谢罪。代宗没有办法，只好下诏，恢复田承嗣官爵，免其入朝。此时郭子仪健在，代宗忌刻功臣而不用，是以建功不成。代宗刻忌功臣，又表现了一个昏君的常态。

奸相元载专横纳贿，黄门侍郎、同平章事王缙党附。元载妻王氏，元载之子元伯和、元仲武，以及王缙之弟、妹，争纳贿赂。士人求进，百官晋升，都要通过元载、王缙两人的子弟及主书卓英倩等，纳贿办事，否则无由仕进。大历十二年（777）三月，代宗单独与左金吾大将军吴凑密谋诛元载。吴凑是代宗的舅舅。谋定使人上告元载、王缙图谋不轨。三月二十八日庚辰，代宗驾临延英殿，命吴凑到政事堂逮捕元载、王缙，及其同党。元载及卓英倩等被诛，王缙贬官为栝州刺史。

唐代宗诛杀元载后，清理积弊，额定百官俸禄，裁撤诸州团练使，又定员诸州守兵，皆有常数，史称“法制粗立”。

大历十四年（779）五月二十一日辛酉，代宗崩，德宗即位。

二、德宗初即位急躁轻率。德宗即位，时年三十九岁，曾参加平定安史之乱，年富力强，阅历已久，即位之初，表现了励精图治之志。居丧期间，下诏罢四方贡献，又罢梨园及乐工三百余人，释放禁苑走兽归山林，出宫女数百人。又下诏天下各州平反冤狱，不准全国各地增修寺观，不准剃度增加僧尼。禁止外出中使向地方求索。德宗派中使邵光超赐淮西节度使李希烈旌节，李希烈送给邵光超仆从、良马，以及谦七百匹，黄茗茶二百斤。唐德宗大怒，处邵光超杖刑二百，流放边地。其他各道中使无人敢接受馈赠。于是中外大悦，认为明主出世，天下庶几可治。其实德宗仍是一个昏君。肃宗、代宗处事优柔寡断，姑息藩镇，只求苟安。德宗处事举重若轻，急躁妄动，刚愎自用，即位旬日之间就表现出来。朝廷为代宗治丧，群臣议丧服。宰相常衮主张按惯例服丧二十七日除服，中书舍人崔佑甫主张依从代宗遗诏，三日除服。两人争执，恶语相加。常衮上奏德宗说崔佑甫任意变更丧礼，请求贬为潮州刺史。德宗认为太重，于闰五月三日壬申，贬崔佑甫为河南少尹。常衮的上奏，有郭子仪、朱泚两人副署。两人以军功为宰相，并不到政事堂办事。唐肃宗时，事务繁多，宰相有好几个人，轮流值班。有时有宰相休假，值班宰相奏事，代休假宰相署名上奏，成为惯例。这次常衮上奏，代郭子仪、朱泚署名，合于惯例。常衮刚直，得罪了许多人，这些人抓住这件事做文章，德宗也想树立一下威望，加罪常衮欺君，贬常衮为潮州刺史。常衮欲贬崔佑甫为潮州刺史，德宗用在了常衮自己身上，然后把崔佑甫召回来代替了常衮的位置。而丧服礼却按照常衮的意见执行。唐德宗五月二十三日即位，十天后于闰五月三日贬崔佑甫，第三天闰五月五日倒过来贬宰相常衮。德宗和其父其祖代、肃二宗大相径庭，急躁轻率，唐朝在他的统治下，结束了苟安，但带来的不是治世，而是动荡危难。急躁的昏君比宽厚的昏君更容易偾事。肃宗、代宗、德宗，本质上都是昏君，昏聩的最大特点就是忠奸不分，猜忌功臣。德宗对功臣的猜忌，更甚于其父其祖，耍弄的小聪明也甚于其父其祖。德宗初即位，就免去郭子仪的一切军职，用郭子仪的三个部将李怀光、常谦光、浑瑊分掌兵权。代宗想分郭子仪的兵权，久久不能决定，临终也没有办成。德宗一上台便办了，表面上却尊崇郭子仪为尚父，给予优厚的生活待遇，增加封邑到二千户，实权却剥夺殆尽，包括郭子仪的子侄。中唐昏君，刻忌功臣，仿佛有基因遗传，一代甚过一代。

卷二二六　唐纪四十二

唐代宗大历十四年至唐德宗建中二年（779—781 年）

【起屠维协洽（己未，779 年）八月，尽重光作噩（辛酉，781 年）五月，凡一年有奇】

【大事提要】

本卷记事起公元 779 年八月，讫公元 781 年五月，凡一年又十个月。当唐代宗大历十四年八月到唐德宗建中二年五月。这是唐德宗初即位，欲有一番大作为的时期。德宗即位之年三十八岁，正当盛壮年富力强之时。安史之乱平定后，经代宗十余年的休养生息，唐朝恢复了一定的国力。天下税户三百八十五万余，籍兵七十六万余，税钱一千又八十九万余缗，谷二百七十万余斛。德宗重整朝纲，有一定的实力。德宗革除积弊，采纳杨炎建议，在建中元年实施两税法，是中国财政史上的一次大变革。德宗又将宦官所掌管的天下财赋转归户部左藏管理，惩贪，罢贡奉，节制方镇，和好吐蕃，确实有了一番新气象。但所用非人，德宗的革新大打折扣。杨炎入相大权独揽之后就专以报仇害人为能事，冤杀理财家刘晏是唐朝政治的一大损失。不久卢杞入相，奸诈误国，德宗朝政治很快走了下坡路。德宗性格偏执，因曾受回纥之辱，即位后指使振武节度使张光晟滥杀九姓回纥商人，是外交上的一大败笔。

代宗睿文孝武皇帝下

大历十四年（己未，779 年）

八月，甲辰[1]，以道州[2]司马[3]杨炎[4]为门下侍郎[5]，怀州[6]刺史乔琳[7]为御史大夫[8]，并同平章事[9]。上方励精求治[10]，不次用人[11]，卜相于崔祐甫[12]，祐甫荐炎器业[13]，上亦素[14]闻其名，故自迁谪[15]中用之。琳，太原[16]人，性粗率[17]，喜诙谐[18]，无他长，与张涉[19]善，涉称其才可大用，上信涉言而用之；闻者无不骇愕[20]。

代宗之世，吐蕃数遣使求和，而寇盗[21]不息，代宗悉留其使者，前后八辈[22]，有至老死不得归者；俘获其人，皆配[23]江、岭[24]。上欲以德怀之，乙巳[25]，以随州[26]司马韦伦[27]为太常少卿，使于吐蕃，悉集其俘五百人，各赐袭衣[28]而遣之。

协律郎[29]沈既济[30]上选举议[31]，以为："选用之法，三科[32]而已：曰德也，才也，劳[33]也。今选曹[34]皆不及[35]焉；考校之法[36]，皆在书判[37]、簿历[38]、言词[39]、俯仰[40]而已。夫安行徐言[41]，非德也；丽藻芳翰[42]，非才也；累资积考，非劳也[43]。执此以求天下之士，固未尽矣。今人未土著，不可本于乡闾[44]；鉴不独明[45]，不可专于吏部。臣谨详酌古今，谓五品以上及群司长官[46]，宜令宰臣[47]进叙，吏部、兵部[48]得参议[49]焉。其六品以下或僚佐之属[50]，许州、府辟用[51]，其牧守[52]、将帅[53]或选用非公，则吏部、兵部得察而举之[54]，罪其私冒[55]。不慎举者，小加谴黜[56]，大正刑典[57]。责成授任，谁敢不勉[58]！夫如是，则贤者不奖而自进，不肖者不抑而自退，众才咸得而官无不治矣。今选法皆择才于吏部，试职于州郡。若才职不称[59]，紊乱无任[60]，责于刺史，则曰命官[61]出于吏曹，不敢废也；责于侍郎[62]，则曰量[63]书判、资考而授之，不保其往[64]也；责于令史[65]，则曰按由历[66]、出入而行之，不知其他也。黎庶徒弊[67]，谁任其咎！若牧守自用，则罪将焉逃！必州郡之滥[68]，独换一刺史则革[69]矣。如吏部之滥，虽更其侍郎无益也。盖人物浩浩[70]，不可得而知，法使之然，非主司之过。今诸道节度、都团练、观察、租庸等使[71]，自判官[72]、副将以下，皆使自择，纵其间或有情故[73]，大举其例，十犹七全[74]。则辟吏之法，已试于今，但未及于州县耳。利害之理，较然可观[75]。向令[76]诸使僚佐尽受于选曹，则安能镇方隅之重[77]，理财赋之殷乎！"既济，吴[78]人也。

（以上为第一段，写杨炎入相，沈既济上奏选举议案。）

【注释】

[1]甲辰：八月七日。[2]道州：州名。隋置，州治永阳县。入唐改名营州，后复为道州。治所在今湖南道县西。[3]司马：此指州司马，为州刺史僚佐，禄厚无职任，一般为安排贬退大

臣的闲职。［4］杨炎（727—781）：唐理财家，代宗时官至吏部侍郎。大历十二年（777），坐与元载同党，贬为道州（治营道县，在今湖南道县西）司马；德宗即位拜为门下侍郎同平章事，建中元年（780）改税制为两税法。次年，为卢杞陷害被杀。传见《旧唐书》卷一百一十八，《新唐书》卷一百四十五。［5］门下侍郎：门下省出纳章奏，长官为侍中，次官为侍郎。大历以后，侍中虚位，侍郎即为门下省长官加同平章事，即为总理政务的宰相。［6］怀州：州名。州治河内，在今河南沁阳市。［7］乔琳：怀州（今河南沁阳市）刺史，德宗征为御史大夫、同平章事，不称职，免，除工部尚书；朱泚之乱，出任伪职为吏部尚书，官军复京师，被杀。传见《旧唐书》卷一百二十七。［8］御史大夫：御史台长官，监司百官。［9］同平章事：官名。"同中书门下平章事"之省称，唐制，加此衔为宰相职。［10］求治：图治。［11］不次用人：不按资历深浅及职位高低用人，即破格用人。［12］卜相于崔祐甫：德宗向崔祐甫征询宰相人选。卜，询问，征求意见。崔祐甫，历仕唐肃宗、代宗、德宗三朝，官至宰相。时为中书舍人，荐杨炎。传见《旧唐书》卷一百一十九，《新唐书》卷一百四十二。［13］器业：器识和业绩。器，指人的器度、器识、才能。［14］素：一向。［15］迁谪：指杨炎左迁被贬。［16］太原：府名。治所晋阳，在今山西太原市。［17］粗率：直率。［18］诙谐：说话敏捷，滑稽有趣。［19］张涉：儒者，为国子博士。德宗为太子时，张涉曾为太子侍读，讲授经学。德宗即位，咨以政事，涉谬荐乔琳，又受贿事发被免官。传见《旧唐书》卷一百二十五。［20］骇愕：惊诧。［21］寇盗：侵犯边境。［22］八辈：八批。［23］配：发配，流放。［24］江、岭：指长江、五岭。唐时，湖南、两广地区尚未充分开发，常为贬谪、流放罪人之地。这里指唐俘获的吐蕃人，流放于江南及五岭之外。［25］乙巳：八月八日。［26］随州：州名。州治随县，在今湖北随州市。［27］韦伦（716—798）：唐名臣。肃宗时官至山南东道节度使，因不事宦官，屡为中官所排，连遭贬黜为随州（今湖北随州）司马。德宗即位，征为太常少卿（太常寺次官，掌宗庙礼仪），出使吐蕃。称旨而返，终官太子少师。传见《旧唐书》卷一百三十八，《新唐书》卷一百四十三。［28］袭衣：即衣一袭，一套衣服。［29］协律郎：太常寺属官，掌和律吕。［30］沈既济：沈传师之父，父子二人博通群籍，并历官德宗朝史馆修撰，同传。见《旧唐书》卷一百四十九，《新唐书》卷一百四十二。［31］上选举议：上奏关于选拔人才的议案。［32］三科：指品德、才干、资历三条标准。［33］劳：资历。［34］选曹：指吏部各司。［35］不及：未能顾及。指选用人才的官署，没有考虑到选拔人才的三条标准。［36］考校之法：考选人才校核的方法。唐时考核官吏士人的内容，包括身、言、书、判四个方面。身，要求体貌丰伟；言，要求词辩雅正；书，要求楷法遒美；判，要求文理优长。考绩载于簿籍，以为升迁依据。书判、簿历、言词、俯仰，即对考校之法四个方面的具体描述。［37］书判：书，指书法。判，指拟写的判词。此指所写判词，书法遒美，文理雅正。［38］簿历：记载资历考绩的簿册，即如今之行状档案。此指资历是否深长。［39］言词：指说话语言表达便捷流利。［40］俯仰：行为举止要得体。［41］安行徐言：行为稳重，言语沉静。［42］丽藻芳翰：词藻华丽，书法优美。翰，用鸟羽制作的笔，此指书写的字。［43］累资积考，非劳也：只看年资长短，并不是劳。即资历不仅看年资，还要看政绩。［44］今人未土著，不可本于乡间：土著，附着于土，即世代居于固定的乡土。乡间，邻里。古代考选，十分重视乡间地方官及社会贤达的推荐，而唐代经安史之乱以后，人物播迁，非世居土著，不可于本乡邻里中求得考评。［45］鉴不独明：谓一人之智不可尽识天下之士。即考选不可由吏部独专。［46］群司长官：中央各部属司级以上之长官。例如户部，下属有户部、度支、金部、仓部四司。［47］宰臣：职司宰相之臣。唐代中书左、右仆射，门下左、右侍郎，以及加同平章事之大臣，皆为宰臣。［48］吏部、兵部：唐人中枢机关尚书省下设吏、户、礼、兵、刑、工六部。吏部掌职官考选。兵部掌兵政及武职考选。［49］参议：参预评议。［50］僚佐之属：中央各部、司及地方州、府等机关下属六品以下官员。［51］辟用：征用。［52］牧守：州牧郡守等地方大员。此指州、府以上长官。［53］将帅：将军一级以上高级武职。高级长官才有不经吏部而直接辟举用人之权。［54］察而举之：监察检举。此指州牧、将帅所辟用的人不称职，则吏部、兵部将监察劾举。［55］私冒：徇私假冒。［56］谴黜：谴责贬黜。［57］大正刑典：按法律加大力度治罪。［58］勉：奋勉，努力。［59］才职不称：其才能与所任之职不相称。此指小才大用。称，相称，相当。［60］紊乱无任：政事紊乱，不能胜任。［61］命官：奉朝命为官。［62］责于侍郎：指斥责吏部侍郎。［63］量：考量，依据。［64］往：往后，将来。［65］令史：掌管文书案牍事务的吏员，无品秩。唐三省（中书省、门下省、尚书省）六部皆有令史。此指尚书省吏部令史。［66］由历：经历，履历。［67］黎庶徒弊：唯有老百姓遭害。［68］滥：指吏职泛滥。［69］革：除去吏职泛滥之弊。［70］人物浩浩：人才济济。浩浩，繁多。［71］节度、都团练、观察、租庸等使：各级地方大员。节度，即节度使，总管数州或十余州之军、民、财大权，带使节，故称节度使，为安史之乱后的唐代最高地方军政长官。都团练，即都团练使，始置于安史之乱时，掌地方军事，多以观察使兼领。观察，即观察使。原为采访使，每道一人，掌监察州县官吏。唐乾元元年（758）改采访为观察使，兼理民政，成为不设节度使的一道行政长官。租庸使，唐玄宗时始置，掌催征各地租税及军用资粮。［72］判官：节度使、都团练使、观察使等官之僚属，佐理军务。［73］情故：人情故旧。［74］大举其例，十犹七全：大略概其比例，十分之七的官吏尚可称职。［75］利害之理，较然可观：利与害的道理，显明地可以看出。［76］向令：假使。［77］镇方隅之重：独挡一方的重任。［78］吴：县名。县治在今江苏苏州。

初，衡州[1]刺史曹王皋[2]有治行[3]，湖南[4]观察使辛京杲[5]疾[6]之，陷以法[7]，贬潮州[8]刺史。时杨炎在道州，知其直，及入相，复擢为衡州刺史。始，皋之遭诬在治[9]，念[10]太妃[11]老，将惊而戚[12]，出则囚服就辩[13]，入则拥笏垂鱼[14]，即贬于潮，以迁入贺[15]；及是[16]，然后跪谢告实。皋，明之玄孙也。

朔方、邠宁[17]节度使李怀光[18]既代郭子仪，邠府宿将[19]史抗、温儒雅、庞仙鹤、张献明、李光逸功名素出怀光右[20]，皆怏怏[21]不服。怀光发兵防秋[22]，屯长武城[23]，军期[24]进退[25]，不时应令[26]。监军[27]翟文秀[28]劝怀光奏令宿卫[29]，既离营，使人追捕，诬以他罪[30]，且曰："黄萯之败[31]，职尔之由！"尽杀之。

九月，甲戌[32]，改淮西[33]曰淮宁。

西川[34]节度使、同平章事崔宁[35]，在蜀十余年，恃[36]地险兵强，恣为淫侈，朝廷患之而不能易；至是，入朝，加司空，兼山陵使[37]。

南诏[38]王阁罗凤卒，子凤迦异前死，孙异牟寻立。

冬，十月，丁酉朔[39]，吐蕃与南诏合兵十万，三道入寇，一出茂州[40]，一出扶、文[41]，一出黎、雅[42]，曰："吾欲取蜀以为东府[43]。"崔宁在京师，所留诸将不能御[44]，虏连陷州、县，刺史弃城走，士民窜匿山谷。上忧之，趣宁归镇。宁已辞，杨炎言于上曰："蜀地富饶，宁据有之，朝廷失其外府，十四年矣。宁虽入朝，全师尚守其后，贡赋不入，与无蜀同。且宁本与诸将等夷，因乱得位，威令不行。今虽遣之，必恐无功；若其有功，则义不可夺。是蜀地败固失之，胜亦不得也。愿陛下熟察。"上曰："然则奈何？"对曰："请留宁，发朱泚[45]所领范阳[46]兵数千人，杂禁兵[47]往击之，何忧不克！因而得内亲兵于其腹中，蜀将必不敢动，然后更授他帅，使千里沃壤复为国有，是因小害而收大利也。"上曰："善。"遂留宁。

初，马璘[48]忌泾原[49]都知兵马使[50]李晟[51]功名，遣入宿卫，为右神策都将[52]。上发禁兵四千人，使晟将之，发邠、陇、范阳兵[53]五千，使金吾大将军[54]安邑曲环[55]将之，以救蜀。东川[56]出兵，自江油[57]趋白坝[58]，与山南[59]兵合击吐蕃、南诏，破之。范阳兵追及于七盘[60]，又破之，遂克维[61]、茂二州。李晟追击于大渡河外，又破之。吐蕃、南诏饥寒陨于崖谷死者八九万人。吐蕃悔怒，杀诱导使之来者。异牟寻惧，筑苴咩[62]城，延袤[63]十五里，徙居之。吐蕃封之为日东王。

上用法严，百官震悚[64]。以山陵[65]近，禁人屠宰；郭子仪[66]之隶人潜杀羊，载以入城，右金吾将军裴谞[67]奏之。或谓谞曰："郭公有社稷大功，君独不为之地[68]乎？"谞曰："此乃吾所以为之地也。郭公勋高望重，上新即位，以为群臣附之者众，吾故发其小过，以明郭公威权不足畏也。如此，上尊天子，下安大臣，不亦可乎！"

己酉，葬睿文孝武皇帝于元陵[69]；庙号代宗。将发引[70]，上送之，见辒掠车[71]不当驰道，稍指丁未之间[72]，问其故，有司对曰："陛下本命在午[73]，不敢冲也。"上哭曰："安有枉灵驾而谋身利乎！"命改辕直午而行。肃宗、代宗皆喜阴阳鬼神，事无大小，必谋之卜祝，故王屿、黎干皆以左道[74]得进。上雅不之信[75]，山陵但取七月之期，事集而发，不复择日[76]。

（以上为第二段，写唐军击退吐蕃、南诏联兵进犯西州。德宗安葬代宗。）

【注释】

[1]衡州：州名，治所在今湖南衡阳市。 [2]曹王皋：曹王李皋，为曹王李明之玄孙。李明，唐太宗第十四子。李皋传见《旧唐书》卷一百三十一，《新唐书》卷八十。 [3]治行：政绩。[4]湖南：方镇名。唐代宗广德二年（764）始置，治所衡州；大历四年（769）徙治潭州，在今湖南长沙市。 [5]辛京杲：辛云京从弟，两人同传，见《新唐书》卷一百四十七。大历五年，辛京杲为湖南观察使。 [6]疾：忌恨。 [7]陷以法：设置圈套使之触犯法律。陷，陷阱。 [8]潮州：州名。治所在今广东潮州市。 [9]在治：在受审讯时。 [10]念：考虑，担心。 [11]太妃：李皋之母郑氏，曹王李戢之妃。 [12]戚：悲哀。 [13]出则囚服就辩：离家后就穿着囚衣去接受御史的审讯。出，离家。 [14]入则拥笏垂鱼：回家时则穿着官服，手捧笏板，腰佩金鱼袋。笏，上朝用的笏板。垂鱼，郡王、嗣王佩带的金鱼袋。 [15]以迁入贺：把左迁潮州说成是升迁，向太妃辞行道贺。 [16]及是，然后跪谢告实：及是，指李皋得到昭雪复为衡州刺史事，然后在太妃面前下跪请罪，告以实情。 [17]朔方、邠宁：皆方镇名。朔方节度使，唐玄宗开元九年（721）置。治所灵州，在今宁夏灵武西南。邠宁节度使，肃宗乾元二年（759）置。治所汾州，在今陕西彬州市。 [18]李怀光：郭子仪旧将，骁勇善战。此时兼朔方、邠宁两镇节度使。传见《旧唐书》卷一百二十一。 [19]宿将：有功的旧将、老将。 [20]功名素出怀光右：史抗、温儒雅、庞仙鹤、张献明、李光逸等人与李怀光，原来都是朔方节度使郭子仪的旧将，德宗即位忌郭子仪功名太盛，以部属中资望较浅的李怀光代郭子仪为节度使领兵，诸将不服。右，尊贵。这里指资望较高。 [21]怏怏：怨望。 [22]发兵防秋：部署军队护秋，防吐蕃入寇。 [23]长武城：长武县城，在今陕西长武县。[24]军期：军队行动的预定时间。[25]进退：部署军队前进或后退。[26]不时应令：不听军令按时行动。 [27]监军：官名。唐开元中，玄宗始以中官为监军，监护

诸将，为皇帝耳目，其后遂成定制。［28］翟文秀：监护李怀光的宦官。［29］奏令宿卫：上奏朝廷，请求调温儒雅等老将宿卫京师。据章校，“卫”字下有“怀光遣之”四字。［30］诬以他罪：给温儒雅等人捏造其他罪名。［31］黄萯之败：代宗大历八年（773），吐蕃十万寇泾、邠，败官兵于黄萯原，事见《资治通鉴》卷二百二十四代宗大历九年。［32］甲戌：九月七日。［33］淮西：方镇名。肃宗至德元载（756）置，治颍川郡。领州及治所经常变动。长期领有申、光、蔡三州。大历十四年复治蔡州，在今河南汝南。是年改称淮宁军。［34］西川：方镇名，剑南西川之省称。唐肃宗至德二载（757）分剑南节度使西部地置。治所成都府，在今四川成都。［35］崔宁（723—784）：本名崔旰，大历三年（768）代宗赐名崔宁。传见《旧唐书》卷一百一十七，《新唐书》卷一百四十四。［36］恃：凭借，依仗。［37］山陵使：官名。营建皇帝陵墓之专使。［38］南诏：唐属国名。全盛时据有今云南全省及川、黔部分地区。王都太和城，在今云南大理南太和村。［39］丁酉朔：十月一日。［40］茂州：州名。治所在今四川茂县。［41］扶、文：皆州名。扶州治所在今四川南坪。文州治所在今甘肃文县西南。［42］黎、雅：皆州名。黎州治所在今四川汉源西北。雅州治所在今四川雅安市。［43］东府：东边的府库。西川在吐蕃之东，吐蕃欲并之为其东部的国土，因西川富庶，称其为东府。［44］不能御：不能抗御吐蕃。御，抵御。［45］朱泚（742—784）：幽州昌平（今北京昌平西南）人，与弟朱滔并为李怀仙部将。朱泚历官幽州留后、陇右节度副大使，加官中书令，进太尉。唐德宗建中四年叛，称大秦皇帝，兴元元年为唐将李晟等讨平。传见《旧唐书》卷二百下，《新唐书》卷二百二十五中。［46］范阳：方镇名，即幽州节度使。唐玄宗开元二年（714）置。天宝元年（742）更名范阳节度使。治所幽州，在今北京市。［47］杂禁兵：参杂禁卫兵，即派神策军监控，而编入其中。［48］马璘（722—776）：岐州扶风（今陕西扶风县）人，官至邠宁节度使，爵扶风郡王。传见《旧唐书》卷一百五十二，《新唐书》卷一百三十八。［49］泾原：方镇名。唐代宗大历三年（768）置。治所泾州，在今甘肃泾川县。［50］都知兵马使：官名。节度使高级衙将，掌知兵马。［51］李晟（727—793）：字良器，洮州临潭（今甘肃临潭县）人，唐中期名将，讨平朱泚、朱滔及李怀光等叛臣的主要功臣。历官凤翔、陇右节度等使，封西平郡王。传见《旧唐书》卷一百三十三，《新唐书》卷一百五十四。［52］右神策都将：官名。统领禁卫右神策军主将。［53］发邠、陇、范阳兵：征调邠宁、陇右、范阳三镇之兵。［54］金吾大将军：武官名。唐府兵十六卫将军之一，有左右金吾卫大将军。［55］曲环（726—799）：陕州安邑（今山西运城市东北）人，官至邠陇行营节度使、陈许节度使，封晋昌郡王。传见《旧唐书》卷一百二十二，《新唐书》卷一百四十七。［56］东川：方镇名，剑南东川之省称。唐肃宗至德二载（757）置。治所梓州，在今四川三台县。［57］江油：县名。县治在今四川江油市东北。［58］白坝：镇名。在今四川广元西北。［59］山南：道名。唐贞观十道之一，辖境当今四川嘉陵江流域以东及陕西秦岭、甘肃嶓冢山以南、河南伏牛山西南、湖北涢水以西地区。开元时分为山南东道、山南西道。此指山南西道。西道治所梁州，在今陕西汉中。［60］七盘：县名。县治在今四川巴中西北。［61］维：维州。治所在今四川理县东北。［62］苴（zuò）咩（yǎng）

城：在今云南大理市境。［63］延袤：方圆宽广。［64］震悚：震惊恐惧。［65］山陵：此指唐代宗皇室陵寝。此时代宗尚未下葬。［66］郭子仪：唐肃宗时平定安史之乱的名将，封汾阳王。传见《旧唐书》卷一百二十，《新唐书》卷一百三十七。［67］裴谞：官至河南尹、东都副留守。传见《旧唐书》卷一百二十六，《新唐书》卷一百三十。［68］不为之地：谓不给面子。［69］元陵：唐代宗陵，在今陕西富平县西北檀山上。［70］发引：指灵车启动。［71］辒辌车：一种封闭严密而又有通风设备的卧车。因秦始皇棺载辒辌车，后世遂为皇帝丧车。［72］丁未之间：胡三省注曰："《考异》曰：'按车指丁未之间，则行出道外矣。'盖出门，欲斜就道西，不当道中间行耳。"［73］本命在午：生年在午。德宗生于唐玄宗天宝元年壬午年，故云"本命在午"。［74］左道：邪道。［75］雅不之信：一向不相信迷信禁忌。雅，一向。［76］择日：选择黄道吉日。

十一月，丁丑[1]，以晋州刺史韩滉为苏州刺史、浙江东·西[2]观察使。

乔琳衰老耳聩[3]，上或时访问，应对失次[4]，所谋议复疏阔[5]。壬午[6]，以琳为工部尚书，罢政事。上由是疏张涉。

杨炎既留崔宁，二人由是交恶。炎托以北边须大臣镇抚，癸巳[7]，以京畿观察使[8]崔宁为单于·镇北大都护[9]、朔方节度使，镇坊州[10]。以荆南[11]节度使张延赏[12]为西川节度使。又以灵盐[13]节度都虞候[14]醴泉杜希全[15]知灵、盐州留后[16]；代州刺史张光晟[17]知单于·振武[18]等城、绥·银·麟·胜州留后；延州刺史李建徽[19]知鄜、坊、丹州留后。时宁既出镇，不当更置留后，炎欲夺宁权，且窥其所为，令三人皆得特奏事，仍讽之使伺宁过失。

（以上为第三段，写杨炎裁制崔宁。）

【注释】

［1］丁丑：十一月十日。［2］浙江东、西：方镇名。浙江东道、浙江西道之合称。两镇置于唐肃宗乾元元年（758）。东道治所越州，在今浙江绍兴市；西道治所杭州，即今杭州市。［3］耳聩：耳聋。［4］失次：没有条理。［5］疏阔：迂腐而不切合事理。［6］壬午：十一月十六日。［7］癸巳：十一月二十六日。［8］京畿观察使：京师地区观察使。观察使，官名。唐肃宗乾元元年（758）改采访使为观察使，职司一道或数州的监察，后兼理民政，为不设节度地区的最高行政长官。［9］镇北大都护：官名。职司北方少数民族事务。［10］坊州：州名。治所在今陕西黄陵县。［11］荆南：方镇名。唐肃宗至德二年（757）置，治所荆州，在今湖北江陵县。［12］张延

赏：德宗时官至宰相。传见《旧唐书》卷一百二十九，《新唐书》卷一百二十七。［13］灵盐：方镇名。领灵、盐二州，治所灵州，在今宁夏灵武市西南。［14］都虞候：虞候，为藩镇所置军法官，主官为都虞候。［15］杜希泉：京兆醴泉（今陕西礼泉县）人，郭子仪部将，积功至朔方节度使。传见《旧唐书》卷一百四十四，《新唐书》卷一百五十六。［16］留后：官名。唐中期以后，节度使自择将吏，或父死子继，或亲将继承，留主后务。事后多由朝廷补任为节度使。［17］张光晟：京兆盩厔（今陕西周至县）人。德宗时叛唐受朱泚所署节度使兼宰相伪职。朱泚败，复归唐被杀。传见《旧唐书》卷一百二十七。［18］振武：方镇名。肃宗乾元元年（758）分朔方节度使置振武军节度使。大历十四年，张光晟为振武节度使兼绥、银、麟、胜等州留后。辖境当今宁夏东部及陕北等地。［19］李建徽：以延州刺史代领鄜、坊、丹三州留后。延州治所在今陕西延安市；鄜州治所在今陕西富县；坊州治所在今陕西黄陵县；丹州治所在今陕西宜川县。

十二月，乙卯[1]，立宣王诵[2]为皇太子。

旧制，天下金帛皆贮于左藏[3]，太府[4]四时上其数，比部[5]覆[6]其出入。及第五琦[7]为度支[8]、盐铁使[9]，时京师多豪将，求取无节，琦不能制，乃奏尽贮于大盈内库[10]，使宦官掌之，天子亦以取给为便，故久不出。由是以天下公赋为人君私藏，有司不复得窥其多少，校其赢缩[11]，殆二十年。宦官领其事者三百余员，皆蚕食其中，蟠结根据[12]，牢不可动。杨炎顿首于上前曰："财赋者，国之大本，生民之命，重轻安危，靡不由之，是以前世皆使重臣掌其事，犹或耗乱不集[13]。今独使中人出入盈虚，大臣皆不得知，政之蠹敝[14]，莫甚于此。请出之以归有司。度宫中岁用几何，量数奉入，不敢有乏。如此，然后可以为政。"上即日下诏："凡财赋皆归左藏，一用旧式，岁于数中择精好者三、五千匹[15]，进入大盈。"炎以片言移人主意，议者称之。

丙寅晦[16]，日有食之。

湖南贼帅王国良阻山为盗，上遣都官员外郎[17]关播[18]招抚之。辞行，上问以为政之要，对曰："为政之本，必求有道贤人与之为理。"上曰："朕比以下诏求贤[19]，又遣使臣广加搜访[20]，庶几[21]可以为理乎！"对曰："下诏所求及使者所荐，惟得文词干进[22]之士耳，安有有道贤人肯随牒举选[23]乎！"上悦。

崔祐甫有疾，上令肩舆入中书[24]，或休假在第[25]，大事令中使咨决[26]。

（以上为第四段，写杨炎善谏，为国家从宦官手中夺回财赋。）

【注释】

[1]乙卯：十二月十九日。 [2]宣王诵：德宗李适长子，即位后为唐顺宗。 [3]左藏：京师府库名，藏天下财赋，有左、右藏。 [4]太府：太府寺之省称，官署名，唐制九寺之一。掌财货帑藏，包括京师四市、左右藏、常平仓等署。 [5]比部：官署名。尚书省刑部第三司，复校财赋的出入。 [6]覆：覆按，审校。 [7]第五琦（729—799）：字禹珪，唐京兆长安（今西安西）人。唐代著名理财家，唐玄宗时掌理财赋，唐肃宗至德二年（757），第五琦创置盐铁专卖，以供军国之用，以度支使兼领第一任盐铁使。肃宗乾元二年（759）官至宰相。传见《旧唐书》卷一百二十三，《新唐书》卷一百四十九。 [8]度支：官署名。本户部第二司，主官为郎中，掌财赋。中唐事务繁重，由他官加判度支事、知度支事或度支使衔，总领财政。 [9]盐铁使：掌盐铁专卖，为中唐后重要财政来源。《旧唐书·食货下》："天下之赋，盐利居半。"德宗时，职掌漕运的转运使与盐铁使合二为一，称盐铁转运使。 [10]大盈内库：百宝大盈库之省称，唐玄宗始置，为皇宫内库，宦官掌领。 [11]校其赢缩：清点每年出入的盈亏。赢，岁入抵消支出有盈余；缩，则反是，即亏损。 [12]蟠结根据：盘根错节。指数百名宦官蚕食国库，人情关系网结织成一团。蟠，盘曲，形容树根委积。 [13]耗乱不集：国库被消耗散乱，不能集中使用。 [14]蠹敝：腐蚀，败坏。 [15]三、五千匹：指帛。 [16]丙寅晦：十二月三十日。 [17]都官员外郎：官名，为刑部第二司副长官。刑部都官司职掌官奴婢及战俘，给衣粮医药，审理诉狱。 [18]关播（707—785）：字务元，卫州汲县（今河南卫辉市）人，官至宰相。传见《旧唐书》卷一百三十，《新唐书》卷一百五十一。 [19]比以下诏求贤：近来已下诏征求贤才。比，近。以，通已。 [20]搜访：寻访。 [21]庶几：差不多。 [22]干进：求官。 [23]随牒举选：奉诏做官。 [24]肩舆入中书：乘轿入中书省办公。 [25]休假在第：休假居家中。 [26]大事令中使咨决：国家大事，则特派宦官为皇帝代表去征求崔祐甫的意见，然后裁决。中使，宫中使臣，宦官充任。咨，询问。

德宗神武孝文皇帝[1]

建中元年（庚申，780 年）

春，正月，丁卯朔[2]，改元。群臣上尊号曰圣神文武皇帝；赦天下。始用杨炎议，命黜陟使[3]与观察、刺史"约百姓丁产[4]，定等级，改作两税法[5]。比来[6]新旧征科色目[7]，一切罢之；二税外辄率一钱[8]者，以枉法[9]论。"

唐初，赋敛之法[10]曰租、庸、调[11]，有田则有租，有身则有庸，有户则有调。玄宗之末，版籍浸坏[12]，多非其实。及至德兵起[13]，所在赋敛[14]，迫趣[15]取办，无复常准[16]。赋敛之司[17]增数而莫相统摄[18]，各随意增科[19]，自立色目[20]，新故相仍，不知纪极[21]。民富者丁多，率为官、为僧以免课役[22]，而贫者丁多，无所伏匿，故上户优而下户劳。吏因缘蚕食[23]，旬输月送[24]，不胜困弊，率皆逃徙为浮户[25]，其土著[26]百无四五。至是，炎建议作两税法：先计州县每岁所应费用及上供之数而赋于人，量出以制入[27]。户无主、客[28]，以见居为簿[29]；人无丁、中[30]，以贫富为差；为行商者，在所州县税三十之一，使与居者均，无侥利[31]。居人之税[32]，秋、夏两征之。其租、庸、调杂徭悉省[33]，皆总统于度支[34]。上用其言，因赦令行之。

初，左仆射[35]刘晏[36]为吏部尚书[37]，杨炎为侍郎，不相悦[38]。元载[39]之死，晏有力焉。及上即位，晏久典利权，众颇疾之，多上言转运使可罢；又有风言[40]晏尝密表劝代宗立独孤妃[41]为皇后者。杨炎为宰相，欲为元载报仇，因为上流涕言："晏与黎干、刘忠翼[42]同谋，臣为宰相不能讨，罪当万死。"崔祐甫言："兹事暧昧[43]，陛下已旷然[44]大赦，不当复究寻虚语。"炎乃建言："尚书省，国政之本，比置诸使，分夺其权，今宜复旧。"上从之。甲子[45]，诏天下钱谷皆归金部、仓部[46]，罢晏转运、租庸[47]、青苗[48]、盐铁等使。

（以上为第五段，写杨炎施行两税法，刘晏被罢官。）

【注释】

[1]德宗神武孝文皇帝：李适，代宗李豫长子，公元779年至805年在位。庙号德宗，谥曰神武孝文。 [2]丁卯朔：正月一日。 [3]黜陟使：皇帝特派的钦差大臣，巡察地方，罢黜贪吏，升赏廉吏，问民疾苦，赈济穷乏。 [4]约百姓丁产：估算统计百姓的成丁与产业。丁，成丁。 [5]两税法：杨炎推行的税制改革，以纳钱代实物租税。全国税额以大历十四年垦田数为标准，一年按两次征税，夏税无过六月，秋税无过十一月。 [6]比来：近来。 [7]新旧征科色目：新颁以及旧有的各种征税科目。 [8]辄率一钱：若多征一文钱。 [9]枉法：曲法，违法。 [10]赋敛之法：征税之法。 [11]租庸调：租，田租。庸，代役钱。调，户口税。租庸调与均田制相适应。丁男授田一百亩。每年纳粟二石或稻三石为租。岁输绢二匹，绫、絁各二丈，绵三两为调。非蚕乡则纳布二丈五尺，麻三斤。役人力，每丁每年二十日，闰月加二日，如不服

役，每日纳庸绢三尺或布三尺七寸五分，谓之庸。中唐后，均田制破坏，租庸调法大弊，故改行两税法。［12］版籍浸坏：田产图册与户口簿籍，逐渐坏弛。浸，逐渐。［13］至德兵起：指安史之乱。至德，唐肃宗年号。至德元载（756），安史之乱爆发。［14］所在赋敛：指全国各地的赋税征收。所在，凡征税之地。［15］迫趣：急促。［16］无复常准：谓不再按常规征租庸调。［17］赋敛之司：主管征税的部门。［18］莫相统摄：唐初租庸调由户部度支司总管征纳，安史之乱以后，度支使权重于户部，又有盐铁使掌盐铁税收，互不统属。［19］随意征科：随意增加税额。［20］自立色目：自行设立征税名目、种类。色目，征税名目、名称，即种类。［21］纪极：极限。［22］课役：课赋差役。［23］吏因缘蚕食：主管税收的官吏，利用租庸调的弊病而蚕食刻剥百姓。因缘，钻空子。［24］旬输月送：谓百姓一年之中纳税不断，每十天半月就要纳税一次。旬，十天。月，半月，一月。据章校，“旬”字上有“民”字。［25］浮户：游户，流民。［26］土著：附著于土，住家耕农。［27］量出以制入：核算国家总支出以制定赋税总额的收入；反过来则是量入为出，按总收入来规划总支出。［28］主客：州县有主户、客户。［29］见居为簿：以当前所居地登记户籍。见，通“现”。簿，户籍。［30］丁中：丁，成丁；中，半成丁。唐玄宗天宝三载（744），令民十八岁以上为中男，二十三岁以上为成丁。［31］无侥利：没有侥幸之利。指行商在外者，于所在州县登记纳税，不得逃税获侥幸之利。［32］居人之税：农民纳税。居，土著居家的农民。此指户籍所居。［33］悉省：一切杂税尽行免除。［34］皆总统于度支：一切税收都由度支总管。［35］左仆射：官名。执行政务的尚书省长官。尚书省长官本为尚书令，副手有左、右仆射。因唐太宗曾为尚书令，后例不复置，仆射即为尚书省长官。［36］刘晏（715—780）：字士安，曹州南华（今山东东明）人。唐理财家，历任户部侍郎、尚书、充度支、盐铁、转运、租庸等使，理财达二十余年。一度拜相。德宗初即位，杨炎用事，构陷刘晏下狱死。传见《旧唐书》卷一百二十三、《新唐书》卷一百四十九。［37］吏部尚书：吏部掌考选，长官为尚书，副长官为侍郎。［38］不相悦：不融洽。［39］元载：代宗朝宰相，事详《资治通鉴》卷二百二十二至卷二百二十四代宗纪。［40］风言：流言。［41］独孤妃：代宗贞懿皇后独孤氏。传见《旧唐书》卷五十二，《新唐书》卷七十七。［42］黎干、刘忠翼：代宗宠臣。黎干为京兆尹，刘忠翼为宦官特进。二人狡险谀佞，曾劝代宗立独孤贵妃为皇后，贵妃子韩王李迥为太子，几危德宗太子地位。杨炎构陷刘晏与二人同谋，以置于死地。黎干传见《旧唐书》卷一百一十八，《新唐书》卷一百四十五。刘忠翼传见《旧唐书》卷一百一十八。［43］暧昧：隐微不明。［44］旷然：宽宏大量。［45］甲子：正月丁卯朔，无甲子。张敦仁《资治通鉴刊本识误》校作“甲午”。甲午，正月二十八日。［46］金部、仓部：官署名。金部为户部第三司，掌库藏钱货出纳。仓部为户部第四司，掌仓储。［47］租庸使：官名。唐玄宗时设置，掌催征各地租税。［48］青苗使：官名。唐肃宗时设置，掌收田赋附加税青苗钱。

二月，丙申朔[1]，命黜陟使十一人分巡天下。先是，魏博[2]节度使田悦[3]事朝廷犹恭顺，河北黜陟使洪经纶[4]，不晓时务，闻悦军七万人，符[5]下，罢其四万，令还农。悦阳顺命[6]，如符罢之。既而集应罢者，激怒之曰:“汝曹久在军中，有父母妻子，今一旦为黜陟使所罢，将何资[7]以自衣食乎！”众大哭。悦乃出家财以赐之，使各还部伍。于是军士皆德悦而怨朝廷。

崔祐甫以疾，多不视事；杨炎独任大政，专以复恩仇为事，奏用元载遗策城原州[8]，又欲发两京[9]、关内[10]丁夫浚丰州陵阳渠[11]，以兴屯田。上遣中使诣泾原[12]节度使段秀实[13]，访以利害，秀实以为:“今边备尚虚，未宜兴事以召寇。”炎怒，以为沮己[14]，征秀实为司农卿[15]。丁未[16]，邠宁节度使李怀光[17]兼四镇、北庭[18]行营、泾原节度使，使移军原州，以四镇、北庭留后刘文喜为别驾[19]。京兆尹[20]严郢[21]奏:“按朔方五城，旧屯沃饶之地，自丧乱以来，人功不及，因致荒废，十不耕一。若力可垦辟，不俟浚渠。今发两京、关辅人于丰州浚渠营田，计所得不补所费，而关辅之人不免流散，是虚畿甸[22]而无益军储也。”疏奏不报。既而陵阳渠竟不成，弃之。

上用杨炎之言，托以奏事不实，己酉[23]，贬刘晏为忠州[24]刺史。

癸丑[25]，以泽潞[26]留后李抱真[27]为节度使。

杨炎欲城原州以复秦、原[28]，命李怀光居前督作，朱泚、崔宁各将万人翼其后。诏下泾州为城具[29]，泾之将士怒曰:“吾属为国家西门之屏，十余年矣。始居邠州[30]，甫营耕桑，有地著之安。徙屯泾州[31]，披荆榛[32]，立军府；坐席未暖，又投之塞外[33]。吾属何罪而至此乎！”李怀光始为邠宁帅，即诛温儒雅等[34]，军令严峻；及兼泾原，诸将皆惧，曰:“彼五将何罪而为戮？今又来此，吾属能无忧乎！”刘文喜因众心不安，据泾州，不受诏，上疏复求段秀实为帅，不则[35]朱泚。癸亥[36]，以朱泚兼四镇、北庭行营、泾原节度使，代怀光。

三月，翰林学士、左散骑常侍[37]张涉[38]受前湖南[39]观察使辛京杲[40]金，事觉；上怒，欲置于法。李忠臣[41]以检校司空、同平章事、奉朝请[42]，言于上曰:“陛下贵为天子，而先生以乏财犯法，以臣愚观之，非先生之过也。”上意解[43]，辛未[44]，放涉归田里[45]。辛京杲以私忿杖杀部曲[46]，有司奏京杲罪当死，上将从之。李忠臣曰：“京杲当死久矣！”上问其故。忠臣曰：“京杲诸父兄弟皆战死，独京杲至今尚存，臣故以为当死久矣。”上悯然[47]，左迁[48]京杲诸王傅。忠臣乘机[49]救人，多此类。

杨炎罢[50]度支、转运使，命金部、仓部代之。既而省职久废[51]，耳目不相接[52]，莫能振举[53]，天下钱谷无所总领[54]。癸巳[55]，复以谏议大夫[56]韩洄[57]为户部侍郎、判度支，以金部郎中万年杜佑[58]权[59]江、淮水陆转运使，皆如旧制。

刘文喜又不受诏，欲自邀旌节[60]；夏，四月，乙未朔[61]，据泾州叛，遣其子质于吐蕃以求援。上命朱泚、李怀光讨之，又命神策军使[62]张巨济将禁兵二千助之。

吐蕃始闻韦伦[63]归其俘[64]，不之信，及俘入境，各还部落，称：“新天子出宫人，放禽兽，英威圣德，洽[65]于中国。”吐蕃大悦，除道[66]迎伦。赞普[67]即发使随伦入贡，且致赙赠[68]。癸卯[69]，至京师，上礼接之。既而蜀将上言：“吐蕃豺狼，所获俘不可归。”上曰：“戎狄犯塞则击之，服则归之。击以示威，归以示信。威信不立，何以怀远！”悉命归之[70]。

代宗之世，每元日[71]、冬至[72]、端午[73]、生日[74]，州府于常赋之外竞为贡献[75]，贡献多者则悦之。武将、奸吏，缘此[76]侵渔[77]下民。癸丑[78]，上生日，四方贡献皆不受。李正己、田悦[79]各献缣[80]三万匹，上悉归之度支以代租赋。

（以上为第六段，写德宗锐意兴革，惩贪、罢贡奉、节制方镇，所用非人，得失参半。）

【注释】

［1］丙申朔：二月一日。［2］魏博：方镇名。唐代宗广德元年（763）置。治所魏州，在今河北大名东北。［3］田悦（751—784）：代宗大历十四年（779）继田承嗣为魏博节度使。传见《旧唐书》卷一百四十一，《新唐书》卷二百一十。［4］洪经纶：传见《旧唐书》卷一百二十七。［5］符：符信。此指法令。［6］阳顺命：表面服从朝命。［7］资：资产。［8］元载遣策城原

州：原州治所高平，在今宁夏固原市，当陇山之口，为遏制吐蕃入侵的军事要冲。唐代宗大历八年（773），元载请筑城戍原州，未果，今杨炎复奏，请用其遗策。［9］两京：西京长安、东京洛阳。［10］关内：即关中。［11］浚丰州陵阳渠：浚，开凿。陵阳渠，在丰州九原县。丰州治所即九原，在今内蒙古五原县南。［12］泾原：方镇名。唐代宗大历三年（768）置。治所泾州，在今甘肃泾川。［13］段秀实（720—784）：字成公，姑臧（今甘肃武威市）人，官至司农卿。朱泚反，秀实骂贼而死。传见《旧唐书》卷一百二十八，《新唐书》卷一百五十三。［14］沮己：败坏自己，故意作对。［15］司农卿：官名。司农寺长官。司农寺，唐中央九寺之一，掌仓储及农林园苑事务。［16］丁未：二月十二日。［17］李怀光（730—784）：郭子仪部将，积功官至邠宁节度使。传见《旧唐书》卷一百二十一，《新唐书》卷二百二十四。［18］四镇、北庭：方镇名。四镇，即安西都护府四镇，唐贞观二十二年（648）设于西域的四个军镇，为龟兹、疏勒、于阗、焉耆，在今新疆天山南部。北庭，为北庭都护府，唐玄宗先天元年（712）始置，在伊州之西，故又称伊西，辖伊、西、庭三州。开元后北庭与四镇时分时合。授李怀光兼领四镇、北庭行营使，只是一个加衔。［19］别驾：节度别驾，节度使佐官，此职为冗官，无实职。［20］京兆尹：京师行政长官。［21］严郢：官至御史大夫。与卢杞共构陷杨炎。传见《新唐书》卷一百四十五。［22］畿甸：京畿，指关中。［23］己酉：二月十四日。［24］忠州：州名。治所在今重庆市忠县。［25］癸丑：二月十八日。［26］泽潞：方镇名。唐肃宗至德元载（756）置。治所潞州，在今山西长治市。［27］李抱真：唐名将李抱玉堂弟，官至昭义节度使。封义阳王。传见《旧唐书》卷一百三十二，《新唐书》卷一百三十八。［28］秦、原：秦州、原州。秦州治所，在今甘肃甘谷东北；原州治所在今宁夏固原市。［29］为城具：治办筑城之具。［30］邠州：州名。治所新平，在今陕西彬州市。［31］徙屯泾州：代宗大历三年（768）邠宁节度使马璘徙屯泾州。［32］披荆榛：开荒垦辟。披，开垦。［33］投之塞外：指代宗广德元年（763）吐蕃入寇，弃原州不守，故云投之塞外。［34］李怀光诛温儒雅等：指温儒雅、史抗、庞仙鹤、张献明、李光逸等五将，皆郭子仪部属名将。代宗大历十四年（779），李怀光始为邠宁节度使，诸将不服，李怀光尽诛之，大失众心。［35］不则：否则。不，通“否”。［36］癸亥：二月二十八日。［37］翰林学士、左散骑常侍：官名。翰林学士，唐初为待诏文士，备应对顾问，安史之乱以后参决谋议，有宰相之权。左散骑常侍，门下省属官，侍从皇帝，规谏过失，以备顾问。［38］张涉：蒲州人，其家世代为儒。张涉为国子监博士，德宗为太子时，受经于张涉。德宗即位，张涉居翰林，恩礼甚厚。张涉荐乔琳为相，乔琳不称职，德宗由是疏睢涉。贪赃事发，免官归乡里。传见《旧唐书》卷一百二十七。［39］湖南：方镇名。唐代宗广德二年（764）置湖南观察使，治衡州，大历四年（769）徙治潭州，在今长沙。唐僖宗中和三年（883），更名为钦化军节度使。［40］辛京杲（？—784）：官至工部尚书致仕。传见《新唐书》卷一百四十七。［41］李忠臣（？—784）：原名董秦，安禄山部将，归唐后战功卓著赐名李忠臣。历任蔡州刺史、汴州刺史，加检校司空、同平章事、奉朝请，封西平郡王。朱泚反逆，忠臣受伪职，朱泚败，忠臣被斩。传见《旧唐书》卷一百四十五，《新唐书》

卷二百二十四下。检校。［42］检校司空、同平章事、奉朝请：唐制，凡带检校的相职，皆为加官。李忠臣任蔡州刺史时加官司空、同平章事，后为李希烈所逐，闲居京师为奉朝请。奉朝请，散官名。带此衔可定期朝见皇帝，春曰朝，秋为请。［43］解：怒气消散。［44］辛未：三月六日。［45］放涉归田里：张涉被罢官回归乡里。放，放回，罢官的委婉说法。［46］部曲：部属。［47］悯然：哀怜。［48］左迁：降职。［49］乘机：见机。此指关键时候，紧急的时候。［50］罢：裁撤。［51］省职久废：指尚书省户部财政各司度支、金部、仓部等失其职已久。今罢度支使、转运使，财权归还户部，运转不灵。［52］耳目不相接：上下隔绝，情报不通。［53］莫能振举：没人能把工作开展起来。莫能，谁也不能，没人能。［54］无所总领：无人总管、统筹。［55］癸巳：三月二十八日。［56］谏议大夫：官名。初隶门下省，德宗贞元四年（788）分左右置，各四员，分属门下、中书，掌谏议。［57］韩洄：历官户部侍郎、判度支、兵部侍郎、京兆尹。传见《旧唐书》卷一百二十九，《新唐书》卷一百二十六。［58］杜佑（735—812）：字君卿，京兆万年（今陕西西安市东）人。历任岭南、淮南等节度使，封岐国公。精通史学，著有《通典》行于世。传见《旧唐书》卷一百四十七、《新唐书》卷一百六十六。［59］权：权知之省。唐制，临时任职、代理称权知。［60］自邀旌节：自任节度使。旌节，此指节度使旌节。［61］乙未朔：四月一日。［62］神策军使：神策军监军使。神策军，本为天宝末陇右节度使哥舒翰在临洮（今甘肃岷县）西所置的边镇军，安史之乱，勤王京师，因置为禁卫军，由宦官掌领。［63］韦伦：开元、天宝间朔方节度使韦光乘之子，京兆（今陕西西安市）人。历官山南东道节度使、太常少卿。两度出使吐蕃称旨。封郢国公。传见《旧唐书》卷一百三十八，《新唐书》卷一百四十三。［64］归其俘：德宗初即位，纳韦伦言，遣还代宗朝所俘吐蕃人。［65］洽：和谐，安定。［66］除道：整修。扫洒道路。［67］赞普：吐蕃君长之称。［68］致赙赠：韦伦为告哀使，故赞普致代宗以丧葬礼品。赙，治丧礼物。［69］癸卯：四月九日。［70］悉命归之：命令各节度诸将所获吐蕃俘虏尽数遣归。［71］元日：正月一日。［72］冬至：中国农历二十四节气之一，在公历的 12 月 22 日或 23 日，为太阳行至南回归点。是日北方昼短夜长，为冬至日，南半球则是夏至日。［73］端午：农历五月五日，民俗划龙舟吃粽子以纪念屈原死难日。［74］生日：指当今皇帝生日。［75］贡献：自唐代宗迄于五代，州县于元日、冬至、端午、诞辰皆向皇帝致贺礼，称为四时贡献。［76］缘此：借此机会。缘，因缘，借机。［77］侵渔：侵夺。渔，渔猎。引申为夺取。［78］癸丑：四月十九日。德宗李适生于天宝元年四月十九日。建中元年四月十九日为癸丑。［79］李正己、田悦：李正己，淄青节度使，传见《旧唐书》卷一百二十四，《新唐书》卷二百一十三。田悦，魏博节度使，传见《旧唐书》卷一百四十一，《新唐书》卷二百一十三。［80］缣：细绢。

五月，戊辰[1]，以韦伦为太常卿[2]；乙酉[3]，复遣伦使吐蕃。伦请上自为载书[4]，与吐蕃盟；杨炎以为非敌[5]，请与郭子仪辈为载书以闻，令上画可而已，从之。

朱泚等围刘文喜于泾州，杜其出入[6]，而闭壁不与战，久之不拔。天方旱，征发馈运，内外骚然，朝臣上书请赦文喜以苏疲人[7]者，不可胜纪。上皆不听，曰："微孽[8]不除，何以令天下！"文喜使其将刘海宾[9]入奏，海宾言于上曰："臣乃陛下藩邸部曲[10]，岂肯附叛臣，必为陛下枭其首以献。但文喜今所求者节而已，愿陛下姑与之，文喜必怠，则臣计得施矣。"上曰："名器不可假人[11]，尔能立效固善，我节不可得也。"使海宾归以告文喜，而攻之如初。减御膳以给军士，城中将士当受春服者，赐予如故。于是众知上意不可移。时吐蕃方睦于唐，不为发兵，城中势穷。庚寅[12]，海宾与诸将共杀文喜，传首[13]，而原州竟不果城[14]。

自上即位，李正己内不自安，遣参佐入奏事；会泾州捷奏至，上使观文喜之首而归。正己益惧。

六月，甲午朔[15]门下侍郎、同平章事崔祐甫薨。

术士桑道茂[16]上言："陛下不出数年，暂有离宫之厄[17]。臣望奉天有天子气，宜高大其城以备非常。"辛丑[18]，命京兆发丁夫[19]数千，杂六军[20]之士，筑奉天城。

初，回纥[21]风俗朴厚，君臣之等不甚异，故众志专一，劲健无敌。及有功于唐[22]，唐赐遗甚厚，登里可汗[23]始自尊大，筑宫殿以居，妇人有粉黛文绣之饰；中国为之虚耗，而虏俗亦坏。及代宗崩，上遣中使梁文秀往告哀，登里骄不为礼。九姓胡[24]附回纥者，说登里以中国富饶，今乘丧伐之，可有大利。登里从之，欲举国入寇。其相顿莫贺达干，登里之从父兄也，谏曰："唐，大国也，无负于我，吾前年侵太原[25]，获羊马数万，可谓大捷，而道远粮乏，比归，士卒多徒行者。今举国深入，万一不捷，将安归乎！"登里不听。顿莫贺乘人心之不欲南寇也，举兵击杀之，并九姓胡二千人，自立为合骨咄禄毗伽可汗[26]，遣其臣聿达干与梁文秀俱入见[27]，愿为藩臣，垂发不翦，以待诏命。乙卯[28]，命京兆少尹[29]临漳源休[30]册顿莫贺为武义成功可汗。

秋，七月，丙寅[31]，邵州[32]贼帅王国良降。国良本湖南牙将，观察使辛京杲使戍武冈[33]，以扞西原蛮[34]。京杲贪暴，国良家富，京杲以死罪加之；国良惧，据县叛，与西原蛮合，聚众千人，侵掠州县，濒湖千里，咸被其害。诏荆、黔、洪、桂[35]诸道合兵讨之，连年不能克。及曹王皋[36]为湖南观察使，曰："驱疲甿[37]，诛反仄，非策之得者也。"乃遗国良书，言："将军非敢为逆，欲救死耳。我与将军俱为辛京杲所构[38]，我已蒙圣朝湔洗，何心复加兵刃于将军乎！将军遇我，不速降，后悔无及。"国良且喜且惧，遣使乞降，犹疑未决。皋乃假为使者[39]，从一骑，越五百里，抵国良壁，鞭其门，大呼曰："我曹王也，来受降！"举军大惊。国良趋出，迎拜请罪。皋执其手，约[40]为兄弟，尽焚攻守之具，散其众，使还农。诏赦国良罪，赐名惟新。

辛巳[41]，遥尊上母沈氏为皇太后[42]。

荆南节度使庾准[43]希杨炎指[44]，奏忠州刺史刘晏与朱泚书求营救，辞多怨望，又奏召[45]补州兵，欲拒朝命[46]，炎证成之；上密遣中使就忠州缢杀[47]之，己丑[48]，乃下诏赐死。天下冤之。

（以上为第七段，写德宗和好吐蕃、回纥，讨平叛逆，冤杀刘晏。）

【注释】

［1］戊辰：五月五日。［2］太常卿：官名。唐九寺之一太常寺长官，掌宗庙、礼乐、郊祀、医药、卜筮等事务。［3］乙酉：五月二十二日。［4］载书：盟誓之书。［5］非敌：品级地位不相匹敌。［6］杜其出入：四面包围，阻断出入。杜，阻隔。［7］苏疲人：宽苏疲于军旅劳役之人。苏，宽缓。［8］微孽：小小妖孽，指刘文喜。［9］刘海宾：泾原兵马将。刘文喜叛泾州，刘海宾父子阳奉而心归唐。诛刘文喜后，刘海宾受封乐平郡王。传见《新唐书》卷一百五十三。［10］藩邸部曲：藩王府旧部。德宗初以雍王为天下兵马元帅，讨史朝义，故刘海宾称其为旧部。部曲，泛指行伍部曲。［11］名器不可假人：名，名分；器，象征等级名分的礼器。这两样东西是王权的象征，不可随便给予逆臣。这里指节度使之名份符节不能给刘文喜。典出《左传》成公二年孔子之言，曰："唯器与名不可以假人。"［12］庚寅：五月二十七日。［13］传首：将刘文喜之头驿传至京师。［14］竟不果城：终于未筑原州城。［15］甲午朔：六月一日。［16］桑道茂：史失其里望谱系，寒士，善预言的方术士。传见《旧唐书》卷一百九十一，《新唐书》卷二百〇四。［17］离宫之危：离开宫城的危难，即天子蒙尘之灾。［18］辛丑：六月八日。［19］发丁夫：征发成丁为筑城夫役。［20］六军：北衙禁军之名。六军为左右羽林军、左右龙武军、左右神武军。［21］回纥：唐代西北塞外民族名，又作回鹘。［22］有功于唐：唐平安史之乱，曾借兵回

纥。［23］登里可汗：公元759年至779年在位。可汗（kèhán），回纥君主之称。［24］九姓胡：回纥有九姓部落，为药罗葛、胡咄葛、咄罗勿、貊歌息讫、阿勿嘀、葛萨、斛嗢素、药勿葛、奚耶勿等九姓。［25］前年侵太原：指大历十三年（778）正月回纥入侵太原。［26］合骨咄禄毗伽可汗：公元780至789年在位。［27］入见：入中国朝见德宗皇帝。［28］乙卯：六月二十二日。［29］京兆少尹：京师行政副长官。［30］源休：相州临漳（今河北临漳县西南）人。历官京兆尹、光禄卿。奉朱泚为大秦皇帝，受伪职宰相。朱泚败，源休为其部曲所杀。传见《旧唐书》卷一百二十七，《新唐书》卷二百二十五。［31］丙寅：七月四日。［32］邵州：州名。治所在今湖南邵阳市。［33］武冈：县名。县治在今湖南武冈。［34］西原蛮：古代民族名。唐时居于今广西南部及越南境内。［35］荆、黔、洪、桂：荆，荆南节度使，治荆州，在今湖北江陵县；黔，黔中观察使，治黔州，在今重庆彭水县；洪，江南西道观察使，治洪州，在今江西南昌市；桂，桂管经略观察使，治桂州，在今广西桂林市。［36］曹王皋：唐太宗子曹王李明之第四代孙李皋，历官湖南观察使、江西节度使、荆南节度使等职。传见《旧唐书》卷一百三十一，《新唐书》卷八十。［37］疲甿：疲困的老百姓。甿（méng），古称农民为甿隶。［38］构：陷害。［39］假为使者：曹王李皋乔装为唐军使者。［40］约：结拜。［41］辛巳：七月十九日。［42］遥尊上母沈氏为皇太后：沈氏，德宗母，代宗睿真皇后，吴兴（今浙江湖州市吴兴区）人。安史之乱，沈皇后陷贼于东都洛阳，唐军收复东都，不知沈皇后所在，故德宗遥尊为皇太后。传见《旧唐书》卷五十二，《新唐书》卷七十七。［43］庾准：奸佞小人，为司农卿，谄媚杨炎得为荆南节度使，以便构陷刘晏。传见《旧唐书》卷一百一十八，《新唐书》卷一百四十五。［44］希杨炎指：奉承杨炎旨意。指，通“旨”。［45］召：通“招”。［46］拒朝命：抗拒朝命，造反。忠州隶属荆南，故庾准得以诬奏。［47］缢杀：绞杀。［48］己丑：七月二十七日。

初，安、史之乱，数年间，天下户口什亡八九，州县多为藩镇所据，贡赋不入，朝廷府库耗竭，中国多故，戎狄每岁犯边，所在宿重兵[1]，仰给县官[2]，所费不赀[3]，皆倚办于晏。晏初为转运使，独领陕东诸道[4]，陕西皆度支领之，末年兼领，未几而罢。

晏有精力，多机智，变通有无，曲尽其妙。常以厚直[5]募善走者，置递相望[6]，觇报[7]四方物价，虽远方，不数日皆达使司[8]，食货[9]轻重之权[10]，悉制在掌握，国家获利而天下无甚贵甚贱之忧。常以为：“办集众务，在于得人，故必择通敏、精悍、廉勤之士而用之；至于句检簿书[11]，出纳钱谷[12]，必委之士类；吏惟书符牒[13]，不得轻出一言。”常言：“士陷赃贿[14]，则沦弃于时[15]，名重于利，故士多清修[16]；吏虽洁廉，终无显荣，利重于名，故吏多贪污。”然惟晏能行之，他人效者终莫能逮。其属官虽居数千里外，奉教令如在目前，起居语言，无敢欺绐。当时权贵，或以亲故属之者，晏亦应之，使俸给多少，迁次缓速[17]，皆如其志，然无得亲职事[18]。其场院要剧之官[19]，必尽一时之选[20]。故晏没之后，掌财赋有声者，多晏之故吏也。

晏又以为户口滋多，则赋税自广，故其理财以爱民为先[21]。诸道各置知院官[22]，每旬月，具[23]州县雨雪丰歉之状白使司[24]，丰则贵籴[25]，歉则贱粜[26]，或以谷易杂货供官用，及于丰处卖之。知院官始见不稔之端[27]，先申[28]，至某月须如干[29]蠲免[30]，某月须如干救助，及期，晏不俟州县申请，即奏行之，应民之急，未尝失时，不待其困弊、流亡[31]、饿殍[32]，然后赈[33]之也。由是民得安其居业，户口蕃息。晏始为转运使，时天下见户不过二百万，其季年乃三百余万；在晏所统则增，非晏所统则不增也。其初财赋岁入不过四百万缗[34]，季年乃千余万缗。

晏专用榷盐法[35]充军国之用。时自许、汝、郑、邓之西[36]，皆食河东池盐，度支主之；汴、滑、唐、蔡之东[37]，皆食海盐，晏主之。晏以为官多则民扰，故但于出盐之乡置盐官，收盐户所煮之盐转鬻[38]于商人，任其所之，自余州县不复置官。其江岭间[39]去盐乡[40]远者，转官盐于彼贮[41]之。或商绝盐贵，则减价鬻之，谓之常平盐，官获其利而民不乏盐。其始江、淮盐利不过四十万缗，季年[42]乃六百余万缗，由是国用充足而民不困弊。其河东盐利，不过八十万缗，而价复贵于海盐。

先是，远关东[43]谷入长安者，以河流湍悍[44]，率一斛得八斗至者，则为成劳，受优赏。晏以为江、汴、河、渭[45]，水力不同，各随便宜，造运船，教漕卒，江船达扬州[46]，汴船达河阴[47]，河船达渭口[48]，渭船达太仓[49]，其间缘水置仓[50]，转相受给[51]。自是每岁运谷或至百余万斛，无斗升沈覆者[52]。船十艘为一纲，使军将领之，十运无失，授优劳，官其人。数运之后，无不斑白者[53]。晏于扬子[54]置十场造船，每艘给钱千缗。或言“所用实不及半，虚费[55]太多。”晏曰：“不然，论大计者固不可惜小费，凡事必为永久之虑。今始置船场[56]，执事者至多，当先使之私用无窘，则官物坚牢矣。若遽[57]与之屑屑校计锱铢[58]，它能久行乎！异日[59]必有患吾所给多而减之者；减半以下犹可也，过此则不能运矣。”其后五十年，有司果减其半。及咸通[60]中，有司计费以给之，无复羡余[61]，船益脆薄易坏[62]，漕运遂废矣。

晏为人勤力，事无闲剧[63]，必于一日中决之，不使留宿[64]，后来言财利者皆莫能及之。

（以上为第八段，回顾刘晏理财政绩。）

【注释】

[1]所在宿重兵：边防要塞驻留重兵。宿，驻留，戍守。 [2]仰给县官：依靠朝廷供给。县官，指代朝廷，犹言官家。 [3]不赀：资财不足。 [4]陕东诸道：陕，陕州，治所在今河南三门峡市陕州区。陕东，指陕州以东黄河中下游地域。代宗宝应元年（762），刘晏充度支、转运等使。广德二年（764），刘晏为河南、江、淮以东转运使，疏浚汴水以通漕，遂掌陕东诸道财赋。 [5]厚直：高价。 [6]置递相望：设置传递情报的驿站，一站接一站。 [7]觇报：侦察物情上报。 [8]使司：转运使司。 [9]食货：粮食及百工之物。 [10]轻重之权：轻重，最早由《管子》一书所阐述的一种经济理论，指国家权衡轻重所采取的一系列政治经济措施，如调盈济虚，平衡物价，抑制兼并等。权，权变，根据实际情况加以变通。 [11]句检簿书：稽查审核账簿。 [12]出纳钱谷：钱谷的进与出。据章校，“谷”实下有“事虽至细”四字。此四字单独为句。 [13]书符牒：书写公文。 [14]赃贿：贪赃受贿。 [15]沦弃于时：终身遭唾弃。时，一世。 [16]清修：清廉洁身。 [17]迁次缓速：升迁官职的级别和快慢。次，等次，级别。缓，指升迁慢。速，指升迁快。 [18]亲职事：有职有权。请托之官，只给名义和俸禄，但不给实权，谓之无得亲职事。 [19]场院要剧之官：掌握物资的重要官员。场院，指码头、货栈。 [20]尽一时之选：选拔出当世最杰出的人才。 [21]理财以爱民为先：据章校，“财”字下有“常”字；“爱”字作“养”字。依此，本句应为“理财常以养民为先”。 [22]知院官：职掌诸道巡院之官，如今之情报官员。 [23]具：一一地，详尽地。 [24]白使司：上报转运司。白，报告，上报。 [25]丰则贵籴：丰收年，官家用一定的高价购买农产品，以防谷贱伤农。 [26]歉则贱粜：欠收年，官家平价卖出谷物以养民。 [27]不稔之端：指水旱之灾的苗头。不稔，不丰收。 [28]先申：对灾情作出估计，先行申报。 [29]如干：若干。 [30]蠲免：免除赋税。 [31]流亡：流离失所。 [32]饿殍（piǎo）：饥饿而死。 [33]赈：发放赈贷。 [34]缗：铜钱一千文为一缗，俗谓一贯。 [35]榷盐法：盐业专卖专运。 [36]许、汝、郑、邓之西：即唐朝的西北部。许、汝、郑、邓，皆州名。许州治所在今河南许昌。汝州治所在今河南汝州市。郑州治所在今河南郑州。邓州治所在今河南邓州市。 [37]汴、滑、唐、蔡之东：即唐朝的东南部。汴、滑、唐、蔡，皆州名。

汴州治所在今河南开封市。滑州治所在今河南滑县。唐州治所在今河南泌阳县。蔡州，即豫州，避代宗讳于宝应元年（762）改，治所在今河南汝阳。［38］转鬻：转卖，批发。［39］江岭间：长江中游与五岭之间，即今两湖地区。［40］盐乡：产盐地区。［41］贮：蓄积，储备。［42］季年：指刘晏为盐钱转运使之末年，即大历后期。［43］关东：潼关以东，泛指中原。中唐以后，京师长安仰给江淮，此关东着重指江淮。［44］湍悍：急流汹涌。［45］江、汴、河、渭：长江、汴水、黄河、渭水。［46］扬州：唐时为江都城，扬州治所，江南物资的集散中心。江船达扬州，入淮。［47］河阴：县名，在今河南郑州市西黄河南岸。汴船自清口（今山东东平县东）所汝阳，在今河南汝南县。［48］渭口：渭水入黄河之口。［49］太仓：京师粮仓。［50］缘水置仓：沿河岸设置转运粮仓。［51］转相受给：沿河各仓辗转运输。［52］沈覆：沉没翻船。［53］无不斑白：没有人不头发花白的。漕运辛苦，运粮人过度劳累以至头发花白，即未老先衰。［54］扬子：长江别名扬子江。［55］虚费：白白地多花钱。［56］船场：造船的工场。［57］遽：急速，认真。［58］屑屑较计锱（zī）铢：斤斤计较细小的利益。屑屑，细碎，斤斤计较。校计，盘算。锱铢，古时重量单位，二十四分之一两为一铢，六铢为一锱。锱铢喻极微小的数量。［59］异日：他日，今后。［60］咸通：唐懿宗年号，公元860年至874年。［61］羡余：盈余。［62］脆薄：造船的木板薄脆。［63］剧：事务繁忙。［64］不使留宿：当天办的事，决不过夜拖到明天。

八月，甲午[1]，振武[2]留后张光晟[3]杀回纥使者董突[4]等九百余人。董突者，武义可汗之叔父也。代宗之世，九姓胡常冒回纥之名，杂居京师，殖货[5]纵暴，与回纥共为公私之患[6]；上即位，命董突尽帅其徒归国，辎重甚盛。至振武[7]，留数月，厚求资给，日食肉千斤，他物称是[8]，纵樵牧者暴践果稼[9]，振武人苦之。光晟欲杀回纥，取其辎重，而畏其众强，未敢发。九姓胡闻其种族为新可汗所诛，多道亡，董突防之甚急；九姓胡不得亡，又不敢归，乃密献策于光晟，请杀回纥。光晟喜其党自离，许之。上以陕州之辱[10]，心恨回纥；光晟知上旨，乃奏称："回纥本种非多，所辅以强者，群胡耳。今闻其自相鱼肉，顿莫贺新立，移地健[11]有孽子，及国相、梅录[12]各拥兵数千人相攻，国未定。彼无财则不能使其众，陛下不乘此际除之，乃归其人，与之财，正所谓借寇兵赍盗粮者[13]也。请杀之。"三奏，上不许。光晟乃使副将过其馆门，故不为礼；董突怒，执而鞭之数十。光晟勒兵掩击，并群胡尽杀之，聚为京观[14]。独留一胡，使归国为证，曰："回纥鞭辱大将，且谋袭据振武，故先事诛之。"上征光晟为右金吾将军，遣中使王嘉祥往致信币。回纥请得专杀者[15]以复仇，上为之贬光晟为睦王[16]傅以慰其意。

加卢龙、陇右、泾原节度使朱泚兼中书令，卢龙、陇右节度如故。以舒王谟[17]为四镇、北庭行军[18]、泾原节度大使，以泾州牙前兵马使[19]河中姚令言[20]为留后。谟，邈之子也，早孤，上子之。

癸丑[21]，诏赠太后父、祖、兄、弟官，及自余宗族男女拜官封邑者告第告身[22]，凡百二十七有通；中使以马负[23]而赐之。

（以上为第九段，写振武节度使张光晟杀跋扈作歹的回纥使臣而滥及经商的九姓回纥。）

【注释】

[1]甲午：八月三日。 [2]振武：方镇名。唐肃宗乾元元年（758）分朔方节度使置。治所在今内蒙古和林格尔。 [3]张光晟：官至太仆卿。朱泚反唐，授伪职宰相。朱泚败，被杀。传见《旧唐书》卷一百二十七。 [4]董突：人名。张敦仁《通鉴识误刊本》校正作“突董”。 [5]殖货：做买卖。 [6]公私之患：既为国家之害，又为民间之害。 [7]至振武：抵达振武城。 [8]他物称是：耗费的其他物品价值与上千斤的肉相等。称，相当，相等。是，代词，指上千斤的肉钱。[9]暴践果稼：粗暴地践毁果木禾稼。 [10]陕州之辱：陕州治所陕县城，在今河南三门峡市西黄河南岸。陕州城对岸有河北县。代宗宝应元年（762），时德宗李适为皇太子，兼天下兵马大元帅，借回纥之兵讨史朝义，李适会回纥登里可汗于河北城，登里可汗以叔父（唐天子与可汗约为兄弟）自居，责令李适跪拜，是为陕州之辱。 [11]移地健：登里可汗之名。 [12]梅录：回鹘将军之号。 [13]借寇兵赍盗粮者：供兵器给敌人，送粮食给盗贼。语出李斯《谏逐客书》。 [14]京观：聚尸堆埋以夸耀武功。京，高丘。观，如阙形。典出《左传》宣公十二年。 [15]专杀者：专擅杀人者，指张光晟。 [16]睦王：代宗子，德宗弟李述。传见《旧唐书》卷一百一十六，《新唐书》卷八十二。 [17]舒王谟：德宗弟李邈之子。李邈代宗大历八年（773）薨，德宗抚孤，以谟为己子，更名谊，大历十四年封为舒王。传见《旧唐书》卷一百五十，《新唐书》卷八十二。 [18]北庭行军：应作北庭行营。 [19]牙前兵马使：即衙前兵马使，藩镇所属统兵官。牙，通衙。 [20]姚令言：官至泾原节度使，建中四年（783）祸乱京师的主将，又拥立朱泚为帝，朱泚败，姚令言被诛杀。传见《旧唐书》卷一百二十二，《新唐书》卷二百二十五中。 [21]癸丑：八月二十二日。[22]告第告身：应作“告策告身”。告策，封爵策文。告身，拜官委任状。 [23]马负：马驼。

九月，壬午[1]，将作[2]奏宣政殿廊坏，十月魁冈[3]，未可修。上曰：“但不妨公害人，则吉矣。安问时日！”即命修之。

大历以前，赋敛出纳俸给皆无法，长吏得专之；重以元、王秉政[4]，货赂公行，天下不按赃吏[5]者殆二十年。惟江西观察使路嗣恭[6]按虔州刺史源敷翰[7]，流之。上以宣歙[8]观察使薛邕，文雅旧臣，征为左丞[9]；邕去宣州[10]，盗隐[11]官物以巨万[12]计，殿中侍御史[13]员寓发之[14]。冬，十月，己亥[15]，贬连山尉[16]。于是州县始畏朝典，不敢放纵。

上初即位，疏斥宦官，亲任朝士，而张涉以儒学入侍，薛邕以文雅登朝，继以赃败。宦官武将得以借口，曰："南牙文臣[17]赃动至巨万，而谓我曹浊乱天下，岂非欺罔邪！"于是上心始疑，不知所倚仗[18]矣。

中书舍人[19]高参请分遣诸沈[20]访求太后，庚寅[21]，以睦王述为奉迎使[22]，工部尚书[23]乔琳副之，又命诸沈四人为判官[24]，与中使[25]分行诸道求之。

十一月，初令待制官[26]外，更引朝集使二人，访以时政得失，远人[27]疾苦。

先是，公主下嫁者，舅姑[28]拜之，妇不答。上命礼官定公主拜见舅、姑及婿之诸父、兄、姊之仪，舅、姑坐受于中堂，兄、姊立受于东序[29]，如家人礼[30]。有县主[31]将嫁，择用丁丑[32]，是日，上之从父妹[33]卒，命罢之。有司奏："供张已备[34]，且殇[35]服不足废事。"上曰："尔爱其费，我爱其礼。"卒罢之。至德以来[36]，国家多事，公主、郡、县主[37]多不以时嫁[38]，有华发[39]者，虽居禁中，或十年不见天子；上始引见诸宗女，尊者致敬，卑者存慰，悉命嫁之。所赍小大之物[40]，必经心目[41]。己卯、庚辰二日[42]，嫁岳阳等九十一县主[43]。

吐蕃见韦伦再至[44]，益喜。十二月，辛卯朔[45]，伦还，吐蕃遣其相论钦明思等入贡。

是岁，册太子母王氏为淑妃[46]。

天下税户三百八万五千七十六，籍兵[47]七十六万八千余人，税钱一千八十九万八千余缗，谷二百一十五万七千余斛。

（以上为第十段，写德宗和好吐蕃，嫁公主，治职弊，此时天下户口繁息，国库充盈。）

【注释】

［1］壬午：九月二十一日。［2］将作：官名。将作监掌宫殿陵寝等工程，长官称将作令、将作大监。［3］魁冈：阴阳家的禁忌，有天冈、河魁。凡属魁冈之月则忌建作。胡三省注引史炤曰："魁冈者，北斗魁星之气，十月在戌，为魁冈。"又引宋白曰："阴阳氏书，谓是岁孟冬为魁冈，不利修作。"德宗向来不信禁忌，有所兴作，不问吉日。［4］元、王秉政：指大历宰相元载、王缙当权之时。［5］不按赃吏：不检举纠治贪官。按，揭发惩治。［6］路嗣恭：字懿范，京兆三原（今陕西富平西南）人，仕代宗、德宗两朝，历官江西观察使、岭南节度使、河阳三城节度使、东都畿观察使等职。传见《旧唐书》卷一百二十二,《新唐书》卷一百三十八。［7］源敷翰：人名。源氏贵族后裔。《新唐书》卷七十五宰相世系表作源败幹。［8］宣歙：方镇名。唐肃宗乾元元年（758）置。治所宣城，在今安徽宣城市。［9］左丞：官名。尚书仆射副手，有左右丞，分别总领尚书六部事务。左丞领吏、户、礼三部，右丞领兵、刑、工三部。［10］宣州：州名。治所宣城。［11］盗隐：盗窃吞没。［12］巨万：大万,一亿。［13］殿中侍御史：官名。唐制，御史台设殿中侍御史六员，掌殿廷礼仪。［14］员寓发之：员寓检举揭发了薛邕盗窃公物的事。［15］己亥：十月九日。［16］连山尉：连山县尉，掌县兵。连山，县名。县治在今广东连州市西南。［17］南牙文臣：泛指朝官。唐代宦官居长安城北，朝廷官署省、台、寺、监均设在宫城之南的皇城内，总称南衙或南司。后来宦官权重，所处之北司与南衙对抗，史书对举南衙北司。牙，通衙。［18］倚仗：依靠。［19］中书舍人：官名。中书省属官，定员六人，分掌诏书制诰。［20］诸沈：沈皇太后外家。［21］庚寅：十月辛卯朔，无庚寅。庚寅，十一月三十日。［22］奉迎使：权宜官名。奉迎沈太后。［23］工部尚书：官名。尚书省六部之一工部长官。工部掌天下百工屯田山泽之政。［24］判官：掌理文书之官。唐制，凡派出处理特殊政务之官，以及节度、观察等使皆例置判官。［25］中使：宫中特派的宦官使者。［26］待制官：唐太宗即位，命京官五品以上，更宿中书、门下两省，以备访问，称待制官。德宗即位初，崔祐甫为相，建议文官一品以上更值待制。其后著于令，正衙待制官日二人。［27］远人：边远地区之人。［28］舅、姑：夫婿父母称舅、姑。［29］兄姊立受于东序：东序，中堂东侧。据章校，"兄"字上有"诸父"二字，是。［30］家人礼：不施官场尊卑礼，而按血缘伦理关系施礼。［31］县主：唐制，亲王之女封县主。［32］择用丁丑：择用吉日出嫁，是日为丁丑。丁丑，十一月十七日。［33］从父妹：堂妹。从父，叔父。［34］供张已备：指县主出嫁的酒席与礼仪已具办。［35］殇：早死。年十九至十六岁死为长殇，十五至十二岁死为中殇，十一至八岁死为下殇。［36］至德以来：从肃宗以来。即安史之乱以来。至德元年（756），安史之乱起。［37］公主、郡、县主：皇帝之女封公主。太子之女封郡主。诸侯王之女封县主。［38］不以时嫁：不能在青春韶华时出嫁。［39］华发：白发。［40］所赍小大之物：所陪嫁的大小物品，即嫁妆。赍，送物予人。［41］必经心目：一一亲自过目，并用心想是否合适。［42］己卯、庚辰二日：十一月十九日、二十日两天。［43］嫁岳阳等九十一县主：《旧唐书·德宗纪》及《德宗顺宗诸子列传》皆作岳阳等十一位县主出嫁，她

们是岳阳、信宁、宜芳、永顺、朗陵、阳安、襄成、德清、南华、元城、新乡等十一县主。据章校，“九”字应作“凡”。［44］吐蕃见韦伦再至：是年五月，韦伦再使吐蕃。［45］辛卯朔：十二月一日。［46］册太子母王氏为淑妃：册，册封。淑妃，嫔妃之号，位次皇后。太子母王氏，即唐顺宗李诵之母，贞元三年（787）进位为皇后。传见《旧唐书》卷五十二，《新唐书》卷七十七。［47］籍兵；著于兵籍之兵。

二年（辛酉，781 年）

春，正月，戊辰[1]，成德[2]节度使李宝臣[3]薨。宝臣欲以军府[4]传其子行军司马[5]惟岳，以其年少暗弱，豫诛[6]诸将之难制者深州[7]刺史张献诚[8]等，至有十余人同日死者。宝臣召易州[9]刺史张孝忠[10]，孝忠不往，使其弟孝节召之。孝忠使孝节谓宝臣曰：“诸将何罪，连颈受戮！孝忠惧死，不敢往，亦不敢叛，正如公不入朝之意耳。”孝节泣曰：“如此，孝节必死。”孝忠曰：“往则并命[11]，我在此，必不敢杀汝。”遂归，宝臣亦不之罪也。兵马使[12]王武俊[13]，位卑而有勇，故宝臣特亲爱之，以女妻其子士真，士真复厚结其左右；故孝忠、武俊独全。

及薨，孔目官[14]胡震，家僮王他奴劝惟岳匿丧二十余日，诈为宝臣表，求令惟岳继袭，上不许；遣给事中[15]汲人班宏[16]往问宝臣疾，且谕之。惟岳厚赂宏，宏不受，还报。惟岳乃发丧，自为留后，使将佐共奏求旌节[17]，上又不许。

初，宝臣与李正己、田承嗣、梁崇义相结[18]，期以土地传之子孙，故承嗣之死[19]，宝臣力为之请于朝[20]，使以节授田悦；代宗从之。悦初袭位，事朝廷礼甚恭，河东[21]节度使马燧[22]表其必反，请先为备。至是悦屡为惟岳请继袭，上欲革前弊，不许；或谏曰：“惟岳已据父业，不因而命之，必为乱。”上曰：“贼本无资[23]以为乱，皆藉我土地，假我位号，以聚其众耳。向日[24]因其所欲而命之多矣，而乱日益滋。是爵命不足以已乱[25]而适足以长乱也。然则惟岳必为乱，命[26]与不命等耳。”竟不许。悦乃与李正己各遣使诣惟岳，潜谋勒兵拒命。

魏博节度副使田庭玠谓悦曰：“尔藉伯父遗业，但谨事朝廷，坐享富贵，不亦善乎！奈何无故与恒、郓[27]共为叛臣！尔观兵兴以来，逆乱者谁能保其家乎？必欲行尔之志，可先杀我，无使我见田氏之族灭也。”因称病卧家。悦自往谢之，庭玠闭门不内，竟以忧卒。

成德判官[28]邵真[29]闻李惟岳之谋，泣谏曰：“先相公受国厚恩，大夫[30]衰绖[31]之中，遽欲负国[32]，此甚不可。”劝惟岳执李正己使者送京师，且请讨之，曰：“如此，朝廷嘉大夫之忠，则旄节庶几[33]可得。”惟岳然之，使真草奏。长史[34]毕华曰：“先公与二道结好二十余年，奈何一旦弃之！且虽执其使，朝廷未必见信。正己忽来袭我，孤军无援，何以待之！”惟岳又从之。

前定州[35]刺史谷从政[36]，惟岳之舅也，有胆略，颇读书，王武俊等皆敬惮之，为宝臣所忌，从政乃称病杜门[37]。惟岳亦忌之，不与图事，日夜独与胡震、王他奴等计议，多散金帛以悦将士。从政往见惟岳曰：“今海内无事，自上国[38]来者，皆言天子聪明英武，志欲致太平，深不欲诸侯子孙专地。尔今首违诏命，天子必遣诸道致讨。将士受赏[39]，皆言为大夫尽死；苟一战不胜，各惜其生，谁不离心！大将有权者，乘危伺便[40]，咸思取尔以自为功矣。且先相公所杀高班大将[41]，殆[42]以百数，挠败[43]之际，其子弟欲复仇者，庸[44]可数乎！又，相公与幽州[45]有隙，朱滔兄弟常切齿[46]于我，今天子必以为将；滔与吾击柝相闻[47]，计其闻命疾驱，若虎狼之得兽也，何以当之！昔田承嗣从安、史父子同反，身经百战，凶悍闻于天下，违诏举兵，自谓无敌；及卢子期就擒，吴希光[48]归国，承嗣指天垂泣，身无所措。赖先相公按兵不进，且为之祈请[49]，先帝[50]宽仁，赦而不诛，不然，田氏岂有种乎！况尔生长富贵，齿发尚少，不更艰危，乃信左右之言，欲效承嗣所为乎！为尔之计，不若辞谢将佐，使惟诚[51]摄领军府[52]，身自入朝，乞留宿卫[53]，因言惟诚且留摄事，恩命决于圣志[54]；上必悦尔忠义，纵无大位，不失荣禄，永无忧矣。不然，大祸将及[55]。吾亦知尔素疏忌我，顾以舅甥之情，事急，不得不言耳！”惟岳[56]见其言切[57]，益恶之。从政乃复归，杜门称病。惟诚者，惟岳之庶兄也，谦厚[58]好书，得众心，其母妹为李正己子妇[59]。是日，惟岳送惟诚于正己，正己使复姓张[60]，遂仕淄青。惟岳遣王他奴诣从政家，察其起居，从政饮药而卒；

且死，曰："吾不惮死，哀张氏今族灭矣！"

刘文喜之死也，李正己、田悦等皆不自安；刘晏死，正己等益惧，相谓[61]曰："我辈罪恶，岂得与刘晏比乎！"会汴州城隘[62]广之[63]，东方人讹言[64]："上欲东封[65]，故城汴州。"正己惧，发兵万人屯曹州[66]；田悦亦完聚[67]为备，与梁崇义、李惟岳遥相应助，河南士民骚然惊骇。

永平[68]旧领汴、宋、滑、亳、陈、颍、泗七州，丙子[69]，分宋、亳、颍别为节度使[70]，以宋州刺史刘洽[71]为之；以泗州[72]隶淮南[73]；又以东都[74]留守[75]路嗣恭为怀、郑、汝、陕四州、河阳[76]三城节度使。旬日[77]，又以永平节度使李勉[78]都统洽、嗣恭二道，仍割郑州[79]隶之，选尝为将者为诸州刺史，以备正己等。

（以上为第十一段，写成德、魏博、淄青、襄州等四镇勾结要维护节度世袭制，德宗要革除积弊，因李宝臣之死为导火索，加深朝廷与四镇之间的矛盾，双方备战，大战一触即发。）

【注释】

[1]戊辰：正月九日。 [2]成德：方镇名。唐代宗宝应二年（762）置。辖恒、赵、深、定、易五州。治所恒州，在今河北正定县。 [3]李宝臣（718—781）：字为辅，本范阳内属奚人，原名张忠志，安禄山旧将。归唐后赐姓及名为李宝臣，封赵国公，为成德军节度使。传见《旧唐书》卷一百四十二，《新唐书》卷二百一十一。 [4]军府：指成德军节度使府。 [5]行军司马：外官武职，如今之参谋长，掌军事训练，发布攻防命令等军政。惟岳，李宝臣子，与其父同传。[6]豫诛：诸将未叛而先事诛之。 [7]深州：州名。治所陆泽，在今河北深州市。 [8]张献诚：张守珪之子，官至山南西道节度使兼剑南东川节度使，病卒。两唐书有传。非李宝臣所杀。此处记载有误。两唐书李宝臣本传记载，所杀大将为辛忠义、卢俶、定州刺史张南容、赵州刺史张彭老、许崇俊等二十余人。 [9]易州：州名。治所易县，在今河北易县。 [10]张孝忠（729—790）：亦奚人，为李宝臣将。李惟岳反，张孝忠归唐为义武军节度使。传见《旧唐书》卷一百四十一，《新唐书》卷一百四十八。 [11]并命：一同死难。 [12]兵马使：节度使所统总兵官。 [13]王武俊（735—801）：字元英，李宝臣部将。后杀李惟岳归唐，官至幽州卢龙节度使。传见《旧唐书》卷一百四十二，《新唐书》卷二百一十一。 [14]孔目官：职掌文书档案的官员。 [15]给事中：官名。门下省属官，掌封驳审议。 [16]班宏：卫州汲（今河南卫辉市）人，官至户部尚书、度支使。传见《旧唐书》卷一百二十三，《新唐书》卷一百四十九。 [17]求旌节：请求节度使之旌旗

符节。李惟岳之求为节度世袭，德宗不许，欲革除节度使的传子制，实为中央与地方之间控制与反控制之争，于是爆发了一场继安史之乱的大战争。［18］相结：互相结成死党。两唐书李宝臣本传载，李宝臣与田承嗣、李正己、梁崇义等互相结为婚姻，相连为表里，共同对抗朝廷，维护传子制。李正己，淄青节度使。田承嗣，魏博节度使。梁崇义，襄州节度使，镇襄阳。［19］承嗣之死：事在代宗大历十四年（779），遗命由其侄田悦继魏博节度使。［20］宝臣力为之请于朝：李宝臣力请朝廷正式任命田悦为魏博节度使。代宗许诺，于是首开节度使传子的先例。［21］河东：方镇名。唐玄宗开元十八年（730）改太原以北诸军节度使为河东节度使。治所太原府，在今山西太原市。［22］马燧（724—793）：字洵美，中唐名将，平定河北诸镇的主将。官至河东节度使，封北平郡王。传见《旧唐书》卷一百三十四，《新唐书》卷一百五十五。［23］资：凭借，资本。下文藉、假，与“资”同义。［24］向日：先前。［25］已乱：止乱。［26］命：任命。［27］恒、郓：州名，代指成德、淄青两镇。恒州为成德军节度使治所，郓州为淄青节度使治所。［28］判官：官名。位次节度副使，掌理文书。［29］邵真：谏惟岳而死。传见《旧唐书》卷一百八十七下《忠义传》。［30］大夫：对李惟岳之敬称。［31］衰绖（cuīdié）：子为父服丧。衰，丧服。绖，服丧所披之麻。［32］负国：背叛朝廷。［33］庶几：差不多。［34］长史：藩镇幕僚长，掌理日常事务。［35］定州：州名。治所在今河北定州市。［36］谷从政：历定州刺史，封清江郡王，谏惟岳不听，仰药死。传见《新唐书》卷一百九十八。［37］杜门：闭门不出。［38］上国：指京师。当时藩镇割据，自比古诸侯，谓京师为上国。［39］将士受赏：据章校，“赏”字下应有“之际”二字。［40］乘危伺便：趁危难之时伺机取方便。谓乘机夺权，出卖李惟岳以为功。［41］高班大将：高级上将。［42］殆：大略，差不多。［43］挠败：挫败。［44］庸：岂，难道。［45］幽州：此指代幽州节度使朱滔。代宗大历十年（775），李宝臣袭幽州，结怨朱泚、朱滔兄弟。［46］切齿：痛恨之极。［47］击柝相闻：互相听闻打更之声。谓成德与幽州两镇相邻。［48］卢子期、吴希光：皆田承嗣之将。大历十年，田承嗣叛唐，遣卢子期攻磁州，兵败被擒；吴希光又以瀛州归国。田承嗣始惧，请罪自新。［49］祈请：求情。［50］先帝：指代宗。［51］惟诚：李惟岳异母兄。［52］摄领军府：代领成德军节度府。摄，临时代理。［53］宿卫：为皇帝侍从。［54］决于圣志：由皇上按自己的心意来决断。［55］大祸将及：据章校，“将”字下有“至悔之何”四字，则句读应为：“大祸将至，悔之何及。”［56］惟岳：据章校，“十二行本‘岳’下有‘及左右’三字；乙十一行本同；张校同；云无注本亦同。”据此，“岳”下应补“及左右”三字。［57］切：直切。［58］谦厚：谦虚宽厚。［59］为李正己子妇：为李正己的儿媳。李正己子名李纳。［60］复姓张：李宝臣本名张忠志。故下文谷从政亦曰：“哀张氏今族灭矣。”［61］相谓曰：李正己与田悦派使臣通语，互相质问。［62］汴州城隘：汴州城狭小。汴州城，即浚仪城，为汴州治所，即今河南开封市。［63］广之：加宽加高汴州城墙。［64］讹言：错误之流言。［65］东封：向东开拓封疆。封，略。［66］曹州：州名。属淄青节度，与汴州相邻。治所济阴，在今山东定陶西。［67］完聚：作战备动员，完城郭，聚人民。［68］永平：方镇名。唐代宗大历七年（772）赐号滑亳节度使为永平军节度使，领滑、亳、陈三州，大历十一年(776)增领宋、泗二州，大历十四年(779)增领汴、颍二州，共七州。治所从滑州移治汴州。至是，又加析置。［69］丙子：正月十七日。［70］分宋、亳、颍别为节度使：分永平军宋、亳、颍三州置宋亳颍节度使，治所宋州，在今河南商丘。［71］刘洽：又名刘玄佐。传见《旧唐书》卷一百四十五，《新唐书》卷二百一十四。［72］泗州：州名。治所临淮，在今江苏盱眙。［73］淮南：方镇名。唐肃宗至德元载（756）置。治所扬州，在今江苏扬州。［74］东都：洛阳。［75］留守：官名。陪都洛阳最高行政长官。［76］河阳：方镇名。全称河阳三城节度使，领孟、怀二州，治所孟州河阳城，在今河南孟州市。河阳，地处要冲，为唐军事重镇，筑南、北、中三城，故称河阳三城。［77］旬日；十日。［78］李勉：封汧国公。传见《旧唐书》卷一百三十一，《新唐书》卷一百三十一。［79］郑州：州名。在今河南郑州。

初，高力士有养女嫠居[1]东京，颇能言宫中事，女官李真一意其为沈太后，诣使者[2]具言其状。上闻之，惊喜。时沈氏故老已尽，无识太后者。上遣宦官、宫人往验视之，年状颇同，宦官、宫人不审识[3]太后，皆言是。高氏辞称实非太后，验视者益疑之，强迎入上阳宫[4]。上发宫女百余人，赍乘舆服御物[5]就上阳宫供奉。左右诱谕百方，高氏心动，乃自言是。验视者走马入奏[6]，上大喜。二月，辛卯[7]，上以偶日[8]御殿，群臣皆入贺。诏有司草仪奉迎[9]。高氏弟承悦在长安，恐不言，久获罪，遽自言本末。上命力士养孙樊景超往覆视，景超见高氏居内殿[10]，以太后自处，左右侍卫[11]甚严。景超谓高氏曰："姑何自置身于俎[12]上！"左右叱景超使下，景超抗声[13]曰："有诏，太后诈伪，左右可下。"左右皆下殿。高氏乃曰："吾为人所强，非己出也。"以牛车载还其家[14]。上恐后人不复敢言太后，皆不之罪，曰："吾宁受百欺，庶几得之。"自是四方称得太后者数四，皆非是，而真太后竟不知所之。

（以上为第十二段，写德宗千方百计寻找生母沈太后，高力士养女几乎被强行冒名顶替。）

【注释】

［1］嫠（lí）居：寡居。［2］使者：上年所遣寻访沈太后的奉迎使。［3］审识：详识，熟识。［4］上阳宫：洛阳皇宫名，唐高宗时兴建。［5］赍乘舆服御物：送来皇帝所用的专车、服饰、器用物。［6］走马入奏：跑马入宫奏报德宗。［7］辛卯：二月二日。［8］偶日：双日。唐制，天子以单日受朝贺，今喜得太后，故以双日二月二上殿受朝贺。［9］草仪奉迎：起草迎接太后的

礼仪。［10］内殿：深宫。［11］侍卫：保卫。［12］俎（zǔ）：刀砧板。高氏诈称太后，如置身刀砧板上，等着挨刀。［13］抗声：高声。［14］以牛车载还其家：用牛车载，以示贫贱，非太后身也。

御史中丞卢杞[1]，奕[2]之子也，貌丑，色如蓝，有口辩[3]；上悦之，丁未[4]，擢为大夫[5]，领京畿观察使。郭子仪每见宾客，姬妾不离侧。杞尝往问疾，子仪悉屏[6]侍妾，独隐几[7]待之。或问其故，子仪曰："杞貌陋[8]而心险[9]，妇人辈见之必笑，他日杞得志，吾族无类[10]矣！"

杨炎既杀刘晏，朝野侧目，李正己累表请晏罪[11]，讥斥朝廷。炎惧，遣腹心分诣诸道，以宣慰为名，实使之密谕节度使云："晏昔朋附奸邪，请立独孤后，上自恶而杀之。"上闻而恶之，由是有诛炎之志，隐而未发。乙巳[12]，迁炎为中书侍郎，擢卢杞为门下侍郎，并同平章事，不专任炎[13]矣。杞蕞陋[14]，无文学[15]，炎轻之，托疾不与会食[16]；杞亦恨之。杞阴狡[17]，欲起势立威，小不附者必欲置之死地，引太常博士[18]裴延龄[19]为集贤殿直学士，亲任之。

丙午[20]，更汴宋军曰宣武。

振武节度使彭令芳苛虐，监军刘惠光贪婪；乙卯[21]，军士共杀之。

发京西防秋兵[22]万二千人戍关东。上御望春楼[23]宴劳将士，神策军士独不饮，上使诘[24]之，其将杨惠元对曰："臣等发奉天，军帅张巨济戒之曰：'此行大建功名，凯还之日，相与为欢[25]。'故不敢奉诏。"及行，有司缘道[26]设酒食，独惠元所部瓶罂不发[27]。上深叹美，赐书劳之。惠元，平州[28]人也。

三月，置溵州于郾城[29]。

辛巳[30]，以汾州[31]刺史王翃为振武军使，镇北、绥、银等州留后。

遣殿中少监[32]崔汉衡[33]使于吐蕃。

梁崇义[34]虽与李正己等连结，兵势寡弱，礼数最恭。或劝其入朝，崇义曰："来公[35]有大功于国，上元[36]中为阉宦所谗，迁延稽命[37]；及代宗嗣位，不俟驾入朝，犹不免族诛。吾岁久衅积[38]，何可往也！"

淮宁[39]节度使李希烈[40]屡请讨之，崇义惧，益修武备。流人郭昔[41]告崇义为变，崇义闻之，请罪，上为之杖昔，远流之；使金部员外郎[42]李舟诣襄州[43]谕旨以安之。舟尝奉使诣刘文喜，为陈祸福，文喜囚之，会帐下杀文喜以降，诸道跋扈者闻之，谓舟能覆城杀将。至襄州，崇义恶之；舟又劝崇义入朝，言颇切直，崇义益不悦。及遣使宣慰诸道，舟复诣襄州，崇义拒境不内，上言"军中疑惧，请易以他使。"时两河[44]诸镇方猜阻[45]，上欲示恩信以安之，夏，四月，庚寅[46]，加崇义同平章事，妻子悉加封赏，赐以铁券[47]；遣御史[48]张著赍手诏征之[49]，仍以其裨将[50]蔺杲为邓州[51]刺史。

五月，丙寅[52]，以军兴[53]，增商税为什一[54]。

田悦卒[55]与李正己、李惟岳定计，连兵拒命[56]，遣兵马使孟佑[57]将步骑五千北助惟岳。薛嵩[58]之死也，田承嗣盗据洺、相二州[59]，朝廷独得邢、磁二州及临洺县[60]。悦欲阻山为境，曰："邢、磁如两眼，在吾腹中，不可不取。"乃遣兵马使康愔将八千人围邢州，别将杨朝光将五千人栅[61]于邯郸[62]西北以断昭义救兵，悦自将兵数万围临洺；邢州刺史李共[63]、临洺将张伾[64]坚壁拒守。

贝州刺史邢曹俊，田承嗣旧将也，老而有谋，悦宠信牙官扈[65]崿而疏之，及攻临洺，召曹俊问计，曹俊曰："兵法十围五攻[66]；尚书[67]以逆犯顺，势更不侔[68]。今顿兵坚城之下，粮竭卒尽，自亡之道也。不若置万兵于崞口[69]以遏西师[70]，则河北二十四州[71]皆为尚书有矣。"诸将恶其异己，共毁之，悦不用其策。

（以上为第十三段，写卢杞入相。河北、山东方镇成德、魏博、淄青联兵反叛朝廷。）

【注释】

[1]卢杞：字子良，滑州灵昌（今河南滑县西南）人。德宗建中二年由御史中丞升为宰相，陷害杨炎、颜真卿等，是唐代著名的奸相。后被贬死于澧州。传见《旧唐书》卷一百三十五，《新唐书》卷二百二十三下。［2］奕：卢奕，卢杞之父，玄宗时官至御史中丞。天宝十四年（755），死于安禄山之乱，骂贼而死。传见《新唐书》卷一百九十一。［3］有口辨：有口才。口辨，指能言善辩。［4］丁未：二月十八日。［5］大夫：御史大夫。［6］屏：回避。［7］隐几：靠着

案桌。［8］貌陋：貌丑。［9］心险：心地险恶。心眼坏。［10］吾族无类：我们郭家没有遗类。即被族灭。［11］累表请晏罪：连续上章请问朝廷刘晏有何罪。［12］乙巳：二月十六日。此为追述杨炎失宠之因，故书乙巳于丁未之后。［13］不专任炎：唐制，中书省起草诏令，门下省审议封驳。今德宗恶杨炎，由门下侍郎转中书侍郎，以卢杞为门下侍郎以抗对杨炎，为杀杨炎伏笔。［14］杞蕞陋：卢杞矮小丑陋。蕞，小。［15］无文学：不通经术。文学，指经学。［16］不与会食：杨炎不与卢杞同桌吃饭。唐制，宰相办公，会食于政事堂。［17］阴狡：阴险狡猾。［18］太常博士：官名。太常寺属官，掌朝廷礼仪顾问。［19］裴延龄：亦奸佞小人，历官集贤殿直学士、司农少卿。传见《旧唐书》卷一百三十五，《新唐书》卷一百六十六。［20］丙午：二月十七日。［21］乙卯：二月二十六日。［22］京西防秋兵：驻于京师长安西奉天（今陕西乾县）防御吐蕃秋天入寇之兵。时唐与吐蕃通好，而关东河南、河北诸镇连兵拒命，故调西线边兵东讨。［23］望春楼：在长安灞水之西。［24］诘：询问。［25］相与为欢：共同庆贺。据章校，“欢”字下有“苟未捷勿饮酒”六字。［26］缘道：沿路。［27］瓶罂不发：不打开酒坛。［28］平州：州名。治所在今河北卢龙县。［29］郾城：县名。为新置溵州治所，在今河南漯河市郾城区。［30］辛巳：三月二十二日。［31］汾州：州名。治所隰城，在今山西汾阳市。［32］殿中监：官名。殿中省长官，掌乘舆服御事。副职为殿中少监。［33］崔汉衡：官至晋慈隰观察使。传见《旧唐书》卷一百二十二，《新唐书》卷一百四十三。［34］梁崇义：长安人，有膂力为羽林射生，从来瑱官至右兵马使。来瑱被诛，梁崇义继任山南东道节度使，与河北诸镇勾结谋反，兵败被诛。传见《旧唐书》卷一百二十一，《新唐书》卷二百二十四上。［35］来公：对来瑱的尊称。来瑱，邠州永寿（今陕西永寿县）人。历淮西、山南东道等镇节度使，多有战功。代宗立，被宦官程元振构陷蒙冤赐死。传见《旧唐书》卷一百一十四，《新唐书》卷一百四十四。［36］上元：肃宗年号，公元760年至761年。来瑱已被忌，迁延至代宗广德元年（763）赐死，籍其家。［37］迁延稽命：拖延留下生命。谓肃宗没有立即诛杀来瑱，延缓了来瑱的生命。稽，留下，延缓。［38］衅积：嫌隙很深。［39］淮宁：方镇名，即淮西节度使。见《资治通鉴》卷二百二十六大历十四年（779）注。大历以后治所蔡州，在今河南汝南。［40］李希烈（？—786）：燕州辽西（今北京顺义区）人。德宗时为淮宁节度使，奉命讨伐河北三镇之乱，他反与淄青叛镇李讷勾结，自称天下都元帅、建兴王。建中四年（783）攻入汴州称楚帝，后被部将陈仙奇毒死。传见《旧唐书》卷一百四十五，《新唐书》卷二百二十五。［41］流人郭昔：郭昔因告梁崇义而得流罪，史因称流人以叙其事。［42］金部员外郎：官名。户部第二司金部副长官。金部掌绵帛库藏出纳之事。［43］襄州：州名。治所在今湖北襄阳市。［44］两河：指河南道、河北道。淄青镇属河南道。魏博、成德两镇属河北道。［45］猜阻：猜疑阻隔。［46］庚寅：四月二日。［47］铁券：以铁为符信，取其坚久，用以赐功臣，保护本人及直系家属犯罪后可得赦免。［48］御史：御史台属官，职司监察。［49］赍手诏征之：指张著带着德宗的亲笔诏书征召梁崇义入朝。［50］裨将：偏将，副将。［51］邓州：州名。治所在今河南邓州市。［52］丙寅：五月八日。［53］军兴：军事兴起，即战事爆发。［54］增商税为什一：杨炎定两税法，商贾纳三十分之一的税，今增为纳十分之一的税以助军。［55］卒：终于。［56］连兵拒命：联合以武力对抗朝命。［57］孟佑：魏博镇田悦之将。［58］薛嵩（？—772）：安史部将，归唐后任昭义军节度使，封高平郡王。传见《旧唐书》卷一百二十四，《新唐书》卷一百一十一。［59］洺、相二州：洺州治所永年，在今河北邯郸东北。相州治所安阳，在今河南安阳。［60］邢、磁二州及临洺县：邢州治所龙冈，在今河北邢台。磁州治所滏阳，在今河北磁县。临洺县县治在今河北永年。临洺县在洺州西偏北三十五里。［61］栅：军垒塞栅。［62］邯郸：县名，河北军事重镇。在今河北邯郸市。［63］李共：严衍《资治通鉴补》校正，“共”作“洪”。即邢州刺史为李洪。［64］张伾：坚守临洺，以功迁泗州刺史。官至右金吾卫大将军。传见《旧唐书》卷一百八十七下，《新唐书》卷一百九十三。［65］牙官：即牙将，亲将。［66］兵法十围五攻：按兵法，有十倍于敌则包围之；有五倍于敌则攻击之。兵法，指《孙子兵法》。《孙子·谋攻》曰：“故用兵之法，十则围之，五则攻之。”［67］尚书：对田悦的敬称。田悦加官检校工部尚书。［68］不侔：不敌。［69］崞口：在相州（今河南安阳）西，太行山口，遏制泽潞、河东之师东出的冲要山口。［70］西师：西面之师，即河东节度使马燧等率领的唐军，奉朝命东讨田悦等。［71］河北二十四州：即玄宗时河朔二十四郡，肃宗时改郡为州，安史之乱以后河北又有分置之州，此时河北不只二十四州，邢曹俊沿时俗为说，泛指河北诸州之地。

【点评】

本卷点评三大史事：刘晏理财、杨炎行两税法、张光晟杀九姓回纥。

一、刘晏理财。刘晏，字士安，曹州南华县（今山东东明县）人。刘晏是历仕中唐肃宗、代宗、德宗三朝的理财家，勋劳卓著。刘晏理财，“广军国之用”而“未尝有搜求苛敛于民”（王夫之语，《读通鉴论》卷二十四）。安史之乱，天下户口十亡八九，州县多为藩镇所据，贡赋入不敷出。肃宗任命刘晏为转运使，当时国家掌控户口只有二百万户，岁入四百万缗，到刘晏被罢官的德宗初年，户口增加到三百余万户，财政岁入一千二百余万缗，其中盐利近半。刘晏上任时江淮地区盐利岁入只有八十万缗，季年达六百万缗。肃宗、代宗两朝的军国之用，皆倚办于晏。同代的人都称赞刘晏能干，把他与管仲、萧何相提并论。他的理财方针和用人原则，是我国古代文化的一笔宝贵遗产。

与刘晏同时的一些理财大臣，都是些不管百姓死活的聚敛之臣，他们的办法是巧立名目，强征暴取，乃至逼良为盗。刘晏的理财方针，与此相反，以爱民为先，用发展生产的办法，主要从市场筹钱，安定社会。具体措施是改革漕运，整顿盐法，转买谷物，平抑物价。唐初漕运是国家用行政办法强迫地方负担，沉重的费用和徭役都摊派在农民身上，人不堪命，皆离乡为盗。刘晏改为政府造船，招募船工，组成专业运输船队，把农民从沉重的漕运负担中解放出来，安心生产。造船及运输的经费，从盐利收入中解决。唐初任民自己煮盐自售，每斗盐值十文钱。后来官卖食盐，每斗盐一百到二百文，涨了十多倍，贫苦农民只好淡食。销路萎缩，盐利寡少，大部为盐官耗费，抬高盐价，销路更窄，成了恶性循环。刘晏决心改革，他大量裁撤盐官，减少开支，官卖食盐改为官办漕运，商卖食盐，官府掌控的食盐运往各地作为平价储备。刘晏不是抬高盐价，而是平抑盐价，扩大销路，扩大生产，官府从生产利润和税收中得利。这个办法是“官获其利，而民不乏盐”，而国家收入增加了近十倍。为了防止谷贱伤农，水旱民散，刘晏多购谷物转运各地，“丰则贵籴，歉则贱粜”。这个办法，既救了灾，又不损国用，还刺激了生产。刘晏从实践中总结经验说：“王者爱人，不在赐与，当使之耕耘织纴，常岁平敛之，荒年国救之。”（《新唐书·刘晏传》）刘晏还扩大常平仓的储粮，他所管辖的州县，保持储粮三百万石，以作备灾备荒之用。

有了好的理财方针，还要有精明强干的人来执行。刘晏说，“办集众务，在于得人”。刘晏的用人原则是“择通敏、精悍、廉勤之士而用之”，即精明能干，忠于职守，廉洁奉公。至于各部门的负责官吏要求更高，必须具有声望，“其场院要剧之官，必尽一时之选”。场官是管理盐场的“盐监”。院官，是刘晏在各地设置的了解市场经济情报的“知院官”。这些官员，不仅仅是管理，还要懂得技术，用今天的话说是专业人才。刘晏选用的人才，大多为“新进”之士，年轻有为，积极创新的人才。刘晏理财成绩的奥秘之一就是选拔人才，委用专家。至于权贵请托，以及故旧庸官，刘晏用高薪把他们养起来，按时升迁，但不准他们干预生产。这样的用人原则，说起来简单，做起来甚难，只有公忠体国的人才能做到。所以史称刘晏用人的办法，只有他才能做到。刘晏所任使的后进，如韩洄、元琇、裴腆、李衡、包佶、卢徵、李若初等，都是一时之选。刘晏理财，培养了一大批专家。刘晏死后，掌财赋有声望的人，大多是刘晏的故吏。总括为一句话：“屏绝权贵干扰，坚持任才使能。”这一用人原则，既简单，又难办，直到今天仍有借鉴意义。

如上所述，刘晏是一个实干家。刘晏又廉洁奉公，身为财政大臣，却两袖清风。但在专制制度下，往往功高犯忌，廉洁遭妒。宰相常衮就忌晏有公望而排挤他。杨炎则视刘晏为仇，公元780年，刘晏被罢官贬为忠州刺史，接着又诬以“谋反”赐死。刘晏死年六十五岁。家属流放岭南，被牵连这一冤案的有数十人，天下皆以为冤。司马光用大篇幅在本卷记载刘晏的理财功绩，是刘晏应得的褒奖，历史不应忘记。

二、杨炎行两税法。杨炎，字公南，凤翔天兴县（今陕西宝鸡市凤翔区）人。代宗朝宰相元载与杨炎同郡，元载提拔杨炎任吏部侍郎，时刘晏任吏部尚书是正长官。刘晏弹劾元载罢相，杨炎以元载同党被贬为道州司马。德宗即位，宰相崔祐甫推荐，公元780年，杨炎入相，改革税制实施两税法，得到德宗宠信，杨炎借此报仇害人，使刘晏蒙冤，这是杨炎执政的一大败笔。杨炎也因此受到诟病，卢杞借机排挤，第二年就被罢相贬死，算是罪有应得。

杨炎很有才干，善著文，书法也好，美姿容，两税法的成功，使他名声很高。但杨炎为人心胸狭窄，害人害己，十分可惜。

唐初推行均田制，征税称租庸调，以丁男为中心。男子二十一至五十九为丁。成丁农民授田一百亩，其中八十亩为口分田，二十亩为永业田。丁男每年向国家交纳粟二石，称作租。交纳绢二丈、绵三两或布二丈五尺，麻三斤，称为调。每丁每年服徭役二十天，如不服役，每天输绢三尺或布三尺七寸五分，称作庸。官僚贵族享有租庸调的蠲免权。由此可见租庸调只问丁身，不问财产。其后人口增加，土地集中于官吏地主之手，均田制无法推行。特别是安史战乱，大批农民流离失所或死亡，按丁征税无法维持。为了军国之用，官府巧立名目，各种苛捐杂税兴起，财赋制度十分混乱。初唐各地设置的义仓演变成为地税。代宗朝依据资产分天下户为九等，按户纳税为户税。为了合理分摊，增加国库收入，使财税走上正轨，保障社会生产，杨炎向德宗建言实行两税法，只按资产征税，不以丁身为本。基本内容如次：其一，取消租庸调及各种杂税，只保留户税和地税。其二，量出制入。政府预算开支，以此确定征税总额。其三，户税按户等高低征税，户等分为上上至下九共九等。一品官准上上户，九品准下下户。达官贵人，也一律纳税。其四，地税按地亩征收谷物。其五，无论户税和地税均按夏秋两季征收，夏税限六月纳毕，秋税限十一月纳毕，所以新税制称为两税法。商贾征三十税一，后改为征十分之一。

两税法的改革具有重大意义。首先，按资产征税，资产多者税多，资产少者税少，无产者无税，不仅使人民负担合理，而且扩大了征税面，国库增加。推行两税法之前，国家岁入一千二百万缗，其中盐利居其半，推行两税法，单是两税就达到一千三百万缗，增长了一倍。这为德宗的用兵河北创造了条件。其次，按资产征税，不按丁身，减轻了农民的人身依附，也是一大进步。再次，两税改实物为货币，具有深远意义。杨炎是中国财政史上著名的理财家。

起初推行两税，国家规定，地方官吏在两税之外多征一文钱以枉法论。但是这一局面没有维持多久，随后德宗用兵，各种苛捐杂税卷土重来，加之钱重物轻，人民的负担成倍增加，生活比以前更加困苦。

三、张光晟杀九姓回纥。唐回纥有九姓部落，称九姓胡。九姓胡在代宗朝冒回纥之名，杂居京师，经营商业，横暴京师。代宗宝应元年（762），德宗李适时为太子，任天下兵马元帅，回纥登里可汗入援唐军征讨史思明。李适与回纥可汗在陕州相见，回纥可汗声称与代宗结为兄弟，是德宗之叔，要德宗以侄礼相见，拜舞于庭。德宗不肯，回纥可汗杖责从官药子昂、韦少华、魏琚等。韦少华、魏琚因此而死。德宗认为奇耻大辱，对回纥怀恨在心，不顾国家安危，一心与吐蕃联系，进攻回纥。当时形势，回纥势衰，吐蕃正盛，是唐朝西边的最大敌国。德宗为报私仇，做了许多蠢事。德宗即位，回纥使臣董突是武义可汗的叔父，驻留京师。德宗命董突率领全部九姓胡商人九百多人回国，途经振武，留后张光晟将董突和九姓回纥全部杀灭。回纥责问，索要专杀者，德宗贬张光晟为睦王傅，搪塞责任。当时回纥一心要与唐朝和好，才没有扩大事态。德宗心胸如此偏狭与任性，他贻误许多军国大事，也就不言而喻了。

卷二二七　唐纪四十三

唐德宗建中二年至三年（781—782 年）

【起重光作噩（辛酉，781 年）六月，尽玄黓阉茂（壬戌，782 年），凡一年有奇】

【大事提要】

本卷记事起公元 781 年六月，讫公元 782 年，凡一年又七个月。当唐德宗建中二年六月到建中三年。此期间德宗讨伐河北叛逆，战火蔓延河南、淮西，这是中唐继安史之乱以后又一次朝廷与地方割据的大冲突。河北魏博田承嗣、成德李宝臣，与山东淄青李正己相约节度使职传子，相互勾结对抗朝廷。代宗大历十四年（779），田承嗣死，田悦继位，代宗姑息，加以任命。德宗建中二年（781）成德李宝臣死，其子李惟岳继位，德宗正当锐意兴革关头，不予准许。田悦、李正己、李惟岳联合对抗朝廷，襄州梁崇义遥相呼应。德宗大发诸镇兵讨伐叛逆，这是一场带有决定性的大战役，朝廷取胜将抑制地方割据，朝廷失败，则藩镇割据不可逆转。起初德宗讨伐河北、山东三镇，意气很甚，一心进攻，不惜开辟两线战场，使淮西李希烈等讨梁崇义。公元 781 年，李希烈讨平梁崇义，居功狂悖而野心勃发，朝廷去一狼而生一虎。公元 782 年官军打败田悦，成德归顺，淄青李纳战败请降，官军两条战线均取得胜利。德宗处置失当，田悦未灭，立即又爆发了朱滔、王武俊的背叛，李纳也重整旗鼓。叛军声势更大，叛臣相约称王。朱滔自称冀王、田悦称魏王、王武俊称赵王、李纳称齐王。朱滔为盟主。四人称王，表示不再是唐朝的叛臣，此举标志唐藩镇割据正式形成。

德宗神武圣文皇帝二

建中二年（辛酉，781 年）

六月庚寅[1]，以浙江东・西观察使、苏州[2]刺史韩滉为润州[3]刺史、浙江东・西节度使，名其军曰镇海[4]。

张著至襄阳，梁崇义益惧，陈兵而见之。蔺杲[5]得诏不敢发，驰见崇义请命。崇义对著号泣，竟不受诏。著复命。

癸巳[6]，进李希烈爵南平郡王[7]，加汉南、汉北[8]兵马招讨使，督诸道兵讨之。杨炎谏曰："希烈为董秦养子，亲任无比，卒逐秦而夺其位[9]。为人狼戾无亲，无功犹倔强不法，使平崇义，何以制之！"上不听。炎固争之，上益不平。

荆南[10]牙门将吴少诚[11]以取梁崇义之策干李希烈，希烈以少诚为前锋。少诚，幽州潞人也。

时内自关中，西暨蜀、汉，南尽江、淮、闽、越，北至太原，所在出兵，而李正己遣兵扼徐州甬桥[12]、涡口[13]，梁崇义阻兵襄阳[14]，运路皆绝，人心震恐。江、淮进奉船千余艘，泊涡口不敢进。上以和州刺史张万福为濠州[15]刺史。万福驰至涡口，立马岸上，发进奉船，淄青将士停岸睥睨不敢动。

辛丑[16]，汾阳忠武王郭子仪薨。子仪为上将，拥强兵，程元振、鱼朝恩[17]谗毁百端，诏书一纸征之，无不即日就道，由是谗谤不行。尝遣使至田承嗣所，承嗣西望拜之曰："此膝不屈于人若干年矣！"李灵曜据汴州作乱[18]公私物过汴者皆留之，惟子仪物不敢近，遣兵卫送出境。校中书令考凡二十四[19]，月入俸钱二万缗，私产不在焉；府库珍货山积。家人三千人，八子[20]、七婿皆为朝廷显官；诸孙数十人，每问安，不能尽辩，颔[21]之而已。仆固怀恩、李怀光、浑瑊皆出麾下，虽贵为王公，常颐指役使[22]，趋走于前，家人亦以仆隶视之。天下以其身为安危殆三十年[23]，功盖天下而主不疑，位极人臣而众不疾，穷奢极欲而人不非之，年八十五而终。其将佐至大官，为名臣者甚众。

壬子[24]，以怀、郑、河阳节度副使李艽[25]为河阳、怀州节度使，割东畿五县[26]隶焉。

北庭、安西自吐蕃陷河、陇[27]，隔绝不通，伊西、北庭节度使李元忠[28]、四镇留后郭昕[29]帅将士闭境拒守，数遣使奉表，皆不达，声问绝者十余年；至是，遣使间道历诸胡自回纥中来，上嘉之。秋，七月，戊午朔[30]，加元忠北庭大都护，赐爵宁塞郡王；以昕为安西大都护、四镇节度使，赐爵武威郡王；将士皆迁七资。元忠姓名，朝廷所赐也，本姓曹，名令忠；昕，子仪弟（之子）也。

李希烈以久雨未进军，上怪之，卢杞[31]密言于上曰："希烈迁延[32]，以杨炎故也。陛下何爱炎一日之名而堕大功；不若暂免炎相以悦之，事平复用，无伤[33]也。"上以为然。庚申[34]，以炎为左仆射，罢政事。以前永平节度使张镒[35]为中书侍郎、同平章事。镒，齐丘之子也。以朔方节度使崔宁为右仆射。

（以上为第一段，写唐中兴名将郭子仪辞世，卢杞构陷杨炎。）

【注释】

[1]庚寅：六月三日。 [2]苏州：州名。治所在今江苏苏州。 [3]润州：州名。治所在今江苏镇江。 [4]镇海：方镇名。即浙江东道，德宗建中二年（781）升为镇海军。治所杭州，在今浙江杭州。 [5]蔺杲：山南东道节度使梁崇义副将，张著以朝命授蔺杲邓州刺史。 [6]癸巳：六月六日。 [7]爵南平郡王：南平，县名，属渝州，在今四川、重庆东南。李希烈为淮宁节度使，进爵南平郡王，遥领荣衔。 [8]汉南、汉北：泛指汉水之南、之北地区。诸道兵讨梁崇义于襄阳，进兵汉水之南、之北，均受李希烈节制，故加李为汉南、汉北兵马招讨使。 [9]逐秦而夺其位：李希烈为董秦养子。董秦因平安史之乱有功，肃宗赐姓名李忠臣。代宗时李忠臣为淮西节度使。大历十四年（779），李希烈逐李忠臣，为淮西留后。德宗立，加李希烈为淮西节度使，升为淮宁军。李希烈逐董秦，事见《资治通鉴》卷二百二十五代宗大历十四年。 [10]荆南：方镇名。唐肃宗至德二载（757）置。治所荆州，在今湖北江陵。 [11]吴少诚（759—819）：幽州潞县（在今北京市通州区东）人，官至淮西节度使。传见《旧唐书》卷一百四十五、《新唐书》卷二百一十四。李希烈讨梁崇义，时吴少诚为荆南节度使庾准衙门将，随准至京师，因呈献平梁崇义策为李希烈赏识，遂为淮西将。 [12]甬桥：汴水桥，在徐州南界汴水上。 [13]涡口：涡水入淮之口，在今安徽怀远县。 [14]阻兵襄阳：拥兵襄阳，阻遏漕运。 [15]濠州：州名。治所在今安徽凤阳东。涡口为濠州属县。 [16]辛丑：六月十四日。 [17]程元振、鱼朝恩：代宗朝用事宦官，同传，见《旧唐书》卷一百八十四，《新唐书》卷二百七。 [18]李灵曜据汴州作乱：汴州，州治在今河南开封，当运河冲要。汴宋留后李灵曜据汴州作乱，事见《资治通鉴》卷二百二十五代宗大历十一年（776）。 [19]校中书令考凡二十四：核查统计，郭子仪担任中书令总共二十四年。校考，核查统计。凡，总共。 [20]八子：郭子仪八子之名为曜、晞、旰、晙、晤、暧、曙、映。 [21]颔：颔首，点头。 [22]颐指役使：任意驱遣。 [23]殆三十年：差不多三十年。郭子仪于肃宗至德元载（756）奋自朔方，至德宗建中二年（781）卒，总计二十六年。三十年举其成数，故加"殆"字。殆，近，差不多。 [24]壬子：六月二十五日。 [25]李艽（jiū）：两唐书本传作李艽，字茂初。传见《旧唐书》卷一百三十二，《新唐书》卷一百四十七。 [26]东畿五县：本属东都

洛阳的五个属县。两唐书本传作汜水等五县。《资治通鉴》胡三省注为河阳、河清、济源、温、王屋等五县。［27］吐蕃陷河、陇：吐蕃陷河西、陇右事见《资治通鉴》卷二百二十三代宗广德元年（763）。［28］李元忠：本姓曹，名令忠，朝廷赐姓李。官至北庭大都护。传见《旧唐书》卷一百二十。［29］郭昕：唐名将郭子仪之侄，官至四镇节度使。传见《旧唐书》卷一百二十，《新唐书》卷一百三十七。［30］戊午朔：七月一日。［31］卢杞：字子良，滑州灵昌（今河南滑县西南）人。建中初由御史中丞升为宰相，陷害杨炎、颜真卿，排斥宰相张镒等。建中四年（783），泾原兵变，京师不守，朔方节度使李怀光上疏斥其罪恶，因遭贬而死于澧州。传见《旧唐书》卷一百三十五，《新唐书》卷二百二十三。［32］迁延：故意拖延。卢杞貌陋而多忌，受到杨炎鄙视。时值夏雨滂沱，李希烈进军受阻，卢杞诬陷李希烈因杨炎进谏而迁延不进兵，用以排斥杨炎。［33］无伤：指无损杨炎之名。此为卢杞排斥杨炎的遁辞。［34］庚申：七月三日。［35］张镒：苏州人，玄宗朝朔方节度使张齐丘之子。镒为政清直，德宗用为宰相，为卢杞所忌，出为凤翔陇右节度使。建中四年为乱兵所害。传见《旧唐书》卷一百二十五，《新唐书》卷一百五十二。

丙子[1]，赠故伊州[2]刺史袁光庭[3]工部尚书。光庭天宝末为伊州刺史，吐蕃陷河、陇，光庭坚守累年，吐蕃百方诱之，不下。粮竭兵尽，城且陷，光庭先杀妻子，然后自焚。郭昕使至，朝廷始知之，故赠官。

辛巳[4]，以邠宁节度使李怀光兼朔方节度使。

癸未[5]，河东节度使马燧，昭义节度使李抱真，神策先锋都知兵马使李晟，大破田悦于临洺[6]。

时悦攻临洺，累月不拔，城中食且尽，府库竭，士卒多死伤。张伾饰其爱女，使出拜将士曰："诸君守战甚苦，伾家无他物，请鬻此女为将士一日之费。"众皆哭，曰："愿尽死力，不敢言赏。"李抱真告急于朝，诏马燧将步骑二万与抱真讨悦，又遣李晟将神策兵与之俱；又诏幽州留后朱滔讨惟岳[7]。

燧等军未出险[8]，先遣使持书谕悦[9]，为好语，悦谓燧畏之，不设备。燧与抱真合兵八万，东下壶关[10]，军于邯郸，击悦支军，破之。悦方急攻临洺，分李惟岳兵五千助杨朝光[11]。明日，燧等进攻朝光栅，悦将万余人救之，燧命大将李自良等御之于双冈[12]，令之曰："悦得过，必斩尔！"自良等力战，悦军却[13]。燧推火车焚朝光栅，斩朝光，获首虏五千余级。居五日，燧等进军至临洺，悦悉众力战，凡百余合，悦兵大败，斩首万余级。悦引兵夜遁，邢州[14]围亦解。

时平卢节度使李正己已薨，子纳秘之，擅领军务[15]。悦求救于纳及李惟岳，纳遣大将卫俊将兵万人，惟岳遣兵三千人救之。悦收合[16]散卒，得二万余人，军于洹水[17]；淄青军其东，成德军其西，首尾相应。马燧帅诸军进屯邺[18]，奏求河阳兵自助[19]；诏河阳节度使李艽[20]将兵会之。

八月，李纳始发丧，奏请袭父位，上不许。

梁崇义发兵攻江陵，至四望[21]，大败而归，乃收兵襄、邓。李希烈引军循汉而上，与诸道兵会；崇义遣其将翟晖、杜少诚逆战于蛮水[22]，希烈大破之；追至疎口[23]；又破之。二将请降，希烈使将其众先入襄阳慰谕军民。崇义闭城拒守，守者开门争出，不可禁。崇义与妻赴井死，传首京师。

范阳节度使朱滔将讨李惟岳，军于莫州[24]；张孝忠将精兵八千守易州[25]，滔遣判官蔡雄说孝忠曰："惟岳乳臭儿，敢拒朝命；今昭义、河东军已破田悦，淮宁李仆射克襄阳，计河南诸军，朝夕北向，恒、魏[26]之亡，可伫立而须[27]也。使君诚能首举易州以归朝廷，则破惟岳之功自使君始，此转祸为福之策也。"孝忠然之，遣牙官[28]程华诣滔，遣录事参军董稹奉表诣阙[29]，滔又上表荐之；上悦。九月，辛酉[30]，以孝忠为成德节度使。命惟岳护丧归朝，惟岳不从。孝忠德滔，为子茂和娶滔女，深相结。

壬戌[31]，加李希烈同平章事。

初，李希烈请讨梁崇义，上对朝士亟称其忠。黜陟使[32]李承[33]自淮西还，言于上曰："希烈必立微功；但恐有功之后，偃蹇不臣[34]，更烦朝廷用兵耳！"上不以为然。

希烈既得襄阳，遂据之为己有，上乃思承言。时承为河中尹[35]，甲子[36]，以承为山南东道节度使。上欲以禁兵送上，承请单骑赴镇；至襄阳，希烈置之外馆，迫协万方，承誓死不屈，希烈乃大掠阖境[37]所有而去。承治之期年[38]，军府稍完。希烈留牙将于襄州，守其所掠财，由是数有使者往来。承亦遣其腹心臧叔雅往来许、蔡[39]，厚结希烈腹心周曾等，与之阴图希烈。

初，萧嵩[40]家庙临曲江[41]，玄宗以娱游之地，非神灵所宅，命徙之。杨炎为相，恶京兆尹[42]严郢[43]，左迁大理卿[44]；卢杞欲陷炎，引郢为御史大夫。先是，炎将营家庙，有宅在东都[45]，凭[46]河南尹[47]赵惠伯卖之，惠伯买以为官廨[48]，郢按之，以为有羡利[49]。杞召大理正[50]田晋议法。晋以为："律[51]，监临官[52]市买有羡利，以乞取论[53]，当夺官[54]"。杞怒，贬晋衡州司马。更召他吏议法，以为："监主自盗，罪当绞[55]。"炎庙正直萧嵩庙地，杞因谮炎，云"兹地有王气，故玄宗令嵩徙之；炎有异志，故于其地建庙。"冬，十月，乙未[56]，炎自左仆射贬崖州司马[57]；未至崖州百里，缢杀之。惠伯自河中尹贬费州多田尉[58]；寻亦杀之。

（以上为第二段，写马燧率领官军解临洺之围，大败田悦叛军。李希烈讨平襄州梁崇义，居功狂悖而野心勃发，朝廷去一狼而生一虎。德宗信卢杞谗言杀杨炎。）

【注释】

[1]丙子：七月十九日。[2]伊州：州名。治所在今新疆哈密市。[3]袁光庭：河西戍将，官终伊州刺史。伊州，地当西域交通咽喉。代宗朝刺史袁光庭扼守伊州抗击吐蕃，以身殉职。德宗追赠为工部尚书。传见《旧唐书》卷一百八十七下，《新唐书》卷一百九十三。[4]辛巳：七月二十四日。[5]癸未：七月二十六日。[6]临洺：县名。故治在今河北邯郸市永年区西十五里，宋代废县为镇。[7]讨惟岳：讨伐成德李惟岳。[8]出险：越过山险之地。此指从山西壶关东出越太行山至邯郸之间的山险之地。[9]谕悦，为好语：开谕田悦归顺朝廷，甘言美辞麻痹田悦。[10]东下壶关：马燧将太原之兵与李抱真潞州之兵东出壶关，越太行趋邯郸，地势西高东低，故称东下。壶关，即今山西壶关，潞州东边门户。[11]杨朝光：魏博将，驻兵于邯郸西北以遮昭义即潞州之兵。[12]双冈：又名卢家疃，在邯郸西北，临洺县之东。李自良率唐兵于双冈阻击田悦入援杨朝光。[13]却：败退。[14]邢州：州名。邢州在洺州西北。治所在今河北邢台市。五月，田悦遣魏博将康愔围邢州。[15]擅领军务：不请朝命，擅自接管了平卢节度使军务。[16]收合：收聚。[17]洹水：县名，属魏州。县治在今河北魏县西南。[18]邺：县名，属相州。县治在洹水西，今河北磁县东南，为河北军事重镇。[19]自助：援助自己。马燧请求河阳兵入援。[20]李艽：两唐书本传作"李艽"，建中时为河阳三城怀州节度使。传见《旧唐书》卷一百三十二，《新唐书》卷七十六。[21]四望：山名。在湖北南漳县东南。[22]蛮水：即今蛮河。[23]疎口：疎水入汉之口，在襄阳南。[24]莫州：州名。治所莫县，在今河北雄县南白洋淀东岸。莫州在幽州南二百八十里。[25]易州：州名，治所在今河北易县。[26]恒、魏：恒，

指成德李惟岳，驻节恒州。魏，指魏博田悦，驻节魏州。［27］伫立而须：站立等待。形容时间短暂，败亡立待。［28］牙官：即牙将，亲将。［29］奉表诣阙：奉归降表于朝廷。［30］辛酉：九月六日。［31］壬戌：九月七日。［32］黜陟使：官名。巡察四方，升免官员。即朝廷派出的钦差大臣。［33］李承（722—783）：赵郡高邑（今河北高邑）人，官至检校工部尚书，兼湖南都团练观察使。传见《旧唐书》一卷一百一十五，《新唐书》卷一百四十三。［34］偃蹇不臣：骄横傲慢不守臣节之道。意谓李希烈必反。［35］河中尹：官名。河中府行政长官。河中府治所在今山西永济市西。［36］甲子：九月九日。［37］阖境：山南东道所属全境。［38］期年：一周年。［39］许、蔡：皆州名。李希烈还淮西，镇蔡州，后移镇许州。蔡州治所汝阳，在今河南汝南。许州治所在今河南许昌。［40］萧嵩：玄宗朝宰相。传见《旧唐书》卷九十九，《新唐书》卷一百一。［41］曲江：池名。京师近郊游乐之所，在今西安市区东南。［42］京兆尹：官名。京师长安行政长官，列班朝臣，与六部尚书等列。［43］严郢：官至御史大夫。传见《新唐书》卷一百四十五。［44］大理卿：大理寺长官，主刑狱。［45］东都：唐以洛阳为东都。［46］凭：通过，依靠。［47］河南尹：官名。东都洛阳行政长官。［48］官廨：官署。［49］羡利：余利。指杨炎与赵惠伯合谋，赵用官钱高价购买了杨炎住宅。［50］大理正：大理卿属，复审刑狱。［51］律：依照刑律。［52］监临官：主管官。［53］乞取论：按索贿罪判决。乞取，索取。论，判罪。［54］当夺官：判决罢官。当，判决，裁定。夺官，罢官。此谓主管官员在交易中获取余利的，按索贿论处，应当罢官。［55］监主自盗，罪当绞：主管官员自盗公物，论罪当处绞刑。卢杞对杨、赵二人锻炼成重罪，必欲置之死地而后快。［56］乙未：十月十日。［57］贬崖州司马：据章校，“司马”之下有“遣中使护送”五字。崖州，州名。治所在今海南海口东南。［58］多田尉：官名。多田县县尉。多田县治所在今贵州思南西。

辛巳[1]，册太子妃萧氏。

癸卯[2]，祫[3]太庙。先是，太祖[4]既正东向之位，献、懿二祖[5]皆藏西夹室，不飨[6]；至是，复奉献祖东向而飨之。

徐州刺史李洧，正己之从父兄也。李纳[7]寇宋州[8]，彭城令太原白季庚说洧举州归国；洧从之，遣摄巡官[9]崔程奉表诣阙，且使口奏，并白宰相，以“徐州不能独抗纳，乞领徐、海、沂三州观察使，况海、沂二州，今皆为纳有。洧与刺史王涉、马万通素有约，苟得朝廷诏书，必能成功。”程自外来[10]，以为宰相一也[11]，先白张镒，镒以告卢杞。杞怒其不先白己，不从其请。戊申[12]，加洧御史大夫，充招谕使。

十一月，戊午[13]，以永乐公主适检校比部郎中田华[14]，上不欲违先志故也。

蜀王傀更名遂[15]。

辛酉[16]，宣武[17]节度使刘洽[18]，神策都知兵马使曲环[19]，滑州[20]刺史襄平李澄[21]，朔方大将唐朝臣，大破淄青、魏博之兵于徐州。

先是，李纳遣其将王温会魏博将信都崇庆共攻徐州，李洧遣牙官温人王智兴[22]诣阙告急。智兴善走，不五日而至。上为之发朔方[23]兵五千人，以朝臣将之，与洽、环、澄共救之。时朔方军资装不至，旗服弊恶，宣武人嗤之曰："乞子[24]能破贼乎！"朝臣以其言激怒士卒，且曰："都统[25]有令，先破贼营者，营中物悉与之。"士皆愤怒争奋。

崇庆、温攻彭城，二旬[26]不能下，请益兵[27]于纳；纳遣其将石隐金将万人助之，与刘洽等相拒于七里沟[28]。日向暮，洽引军稍却，朔方马军使杨朝晟[29]言于唐朝臣[30]曰："公以步兵负山而陈[31]，以待两军[32]，我以骑兵伏于山曲，贼见悬军[33]势孤，必搏之；我以伏兵绝其腰[34]，必败之。"朝臣从之。崇庆等果将骑二千逾桥而西，追击官军，伏兵发，横击之[35]；崇庆等兵中断，狼狈而返[36]，阻桥以拒官军[37]。其兵有争桥不得，涉水而渡[38]者。朝晟指之曰："彼可涉，吾何为不涉！"遂涉水击，据桥者皆走[39]，崇庆等兵大溃；洽等乘之[40]，斩首八千级，溺死过半。朔方军尽得其辎重，旗服鲜华，乃谓宣武人曰："乞子之功，孰与宋多[41]？"宣武人皆惭。官军乘胜逐北[42]，至徐州城下，魏博、淄青军解围走，江、淮漕运始通。

己巳[43]，诏削李惟岳官爵；募所部降者，赦而赏之。

甲申[44]，淮南节度使陈少游[45]遣兵击海州[46]，其刺史王涉以州降。

十二月，李纳密州[47]刺史马万通乞降；丁酉[48]，以为密州刺史。

崔汉衡[49]至吐蕃，赞普以敕书称贡献及赐，全以臣礼见处[50]；又，云州之西，当以贺兰山为境[51]，邀汉衡更请之。丁未[52]，汉衡遣判官与吐蕃使者入奏。上为之改敕书、境土，皆如其请。

加马燧魏博招讨使。

（以上为第三段，写官军大败淄青李纳叛军，疏通了江淮漕运。）

【注释】

[1]辛巳：十月丙戌朔，无辛巳。疑为辛丑，十月十六日。[2]癸卯：十月十八日。[3]祫：祭礼名，隆重合祭远近祖先神灵。古代帝王三年一祫，在太庙进行。[4]太祖：唐高祖李渊之祖李虎，追尊景皇帝，庙号太祖。[5]献、懿二祖：献祖，为李虎之祖李熙，追尊宣皇帝，庙号献祖。懿祖李天锡，为李虎之父。追尊光皇帝，庙号懿祖。献、懿、太三祖为唐远祖，唐初享于太庙。睿宗文明元年（684），唐太宗、唐高宗附庙，始迁宣皇帝于西夹室，代宗宝应二年（763），唐玄宗、肃宗附于太庙，迁献、懿二祖于西夹室，以太祖当东向位。[6]不飨：指献、懿祖，不在昭穆正位受祭飨。[7]李纳：李正己之子，自领淄青节度使，与田悦、李惟岳等合兵叛乱，兴元元年（784）效顺。传见《旧唐书》卷一百二十四，《新唐书》卷二百一十三。[8]宋州：州名。治所在今河南商丘市。[9]摄巡官：节镇所设巡按官。[10]程自外来：指崔程从地方入朝，不知朝中内情。[11]以为宰相一也：认为宰相是一体，一样。[12]戊申：十月二十三日。[13]戊午：十一月四日。[14]田华：魏博节度使田承嗣之子，官至太常少卿。尚代宗女、德宗之妹永乐公主。[15]蜀王傀更名遂：蜀王李遂，代宗第十二子，大历十四年封蜀王，至是建中二年改名李遡。严衍《资治通鉴》补作“蜀王遂更名遡”，与两唐书本传合。《资治通鉴》作两次更名，建中三年再次由遂更名遡，当别有所据。李遂传见《旧唐书》卷一百一十六，《新唐书》卷八十二。[16]辛酉：十一月七日。[17]宣武：方镇名。玄宗天宝十四载（755）初置称河南，广德后称汴宋，德宗建中二年（781）号宣武军。治所汴州，在今河南开封市。[18]刘洽：时为宋州刺史，兴元元年（784）官至宣武节度使，赐名玄佐。这里以其后任高职称。传见《旧唐书》卷一百四十五，《新唐书》卷二百一十四。[19]曲环：禁军神策都知兵马使。传见《旧唐书》卷一百二十二、《新唐书》卷一百四十七。[20]滑州：州名。治所滑县，在今河南滑县。[21]李澄：襄平（今辽宁辽阳市北）人，官至永平军、义成军节度使。传见《旧唐书》卷一百三十二，《新唐书》卷一百四十一。[22]王智兴：字匡谏，怀州温县（今河南温县西）人，归国后长期为徐州镇将，官至武宁军节度使。[23]朔方：方镇名。又称灵盐、灵武、灵州。唐玄宗开元元年（713）置，为玄宗时边防十节度之一。治所灵州，在今宁夏灵武市西。朔方兵强悍善战。[24]乞子：乞丐，俗称叫花子。[25]都统：指李勉。字玄卿，时为汴宋（即宣武军）节度使，兼河南、汴宋、滑亳、河阳四道讨逆军都统。刘洽即为李勉所遣，与朔方军共救徐州李洧。[26]二旬：二十天。[27]请益兵：请求增派救兵。[28]七里沟：地名。在徐州运河岸边。[29]杨朝晟：朔方军名将。字叔明，夏州朔方（今陕西靖边北）人。官至邠宁节度使。传见《旧唐书》卷一百二十二、一百四十四，《新唐书》卷一百五十六。[30]唐朝臣：官至鄜坊节度使。两唐书无传。[31]负山而陈：靠山为阵。[32]以待两军：迎击信都崇庆与王温两军。[33]悬军：孤军。[34]绝其腰：拦腰截断敌军。[35]横击之：即从侧面（拦腰）冲击敌军。[36]返：敌军掉头撤退。[37]阻桥以拒官军：扼守桥头阻拦官军渡河。[38]涉水而渡：蹚水过河。骑兵渡河，紧急时可策马渡河。[39]走：奔逃。[40]乘之：乘胜追击敌军。[41]乞子之功，孰与宋多：叫花子

的战功，与宋兵比较哪一个多？宋，即刘洽所统宣武军宋州之兵。时刘洽为宋州刺史。［42］逐北：追击败兵。［43］己巳：十一月十五日。［44］甲申：十一月三十日。［45］陈少游：博州（今山东聊城东北）人。传见《旧唐书》卷一百二十六，《新唐书》卷二百二十四上。［46］海州：州名，为淄青李纳巡属。治所在今江苏连云港西南。［47］密州：州名，淄青巡属。治所在今山东诸城。［48］丁酉：十二月十三日。［49］崔汉衡：历仕代宗、德宗两朝，多次出使吐蕃，官至兵部尚书。传见《旧唐书》卷一百二十二，《新唐书》卷一百四十三。［50］全以臣礼见处：完全是以臣属之礼对待吐蕃。由于唐朝皇帝给予吐蕃的国书用敕书形式，并在书中使用贡献、赐给等用语，故吐蕃国王赞普认为唐以臣属待吐蕃。［51］云州之西，当以贺兰山为境：赞普对唐提出边界要求，在云州西边，应当以贺兰山为界。云州治所云中，在今山西大同。其西界贺兰山，绵延至灵武保静县，在今宁夏东北部。［52］丁未：十二月二十三日。

三年（壬戌，782年）

春，正月，河阳节度使李艽引兵逼卫州[1]，田悦守将任履虚诈降，既而复叛。

马燧等诸军屯于漳滨[2]。田悦遣其将王光进筑月城[3]以守长桥[4]，诸军不得渡。燧以铁锁连车数百，实以土囊，塞其下流，水浅，诸军涉渡。时军中乏粮，悦等深壁不战。燧命诸军持十日粮，进屯仓口[5]，与悦夹洹水而军[6]。李抱真、李艽问曰：“粮少而深入，何也？”燧曰：“粮少则利速战，今三镇[7]连兵不战，欲以老我师[8]；我若分军击其左右，悦必救之，则我腹背受敌，战必不利。故进军逼悦，所谓攻其所必救也。彼苟出战，必为诸君破之。”乃为三桥逾洹水[9]，日往挑战[10]，悦不出。燧令诸军夜半起食，潜师[11]循洹水直趋魏州，令曰：“贼至，则止为陈[12]。”留百骑击鼓鸣角于营中，仍抱薪持火，俟诸军毕发[13]，则止鼓角匿其旁[14]；俟悦军毕渡[15]，焚其桥。军行十里所，悦闻之，帅淄青、成德步骑四万逾桥掩其后[16]，乘风纵火，鼓噪而进[17]。燧按兵不动，先除其前草莽百步为战场[18]，结陈以待之[19]，募勇士五千余人为前列。悦军至，火止，气衰[20]，燧纵兵[21]击之，悦军大败。神策、昭义、河阳军小却[22]，见河东军[23]捷，还斗，又破之。追奔至，三桥[24]已焚，悦军乱，赴水溺死不可胜纪，斩首二万余级，捕虏三千余人，尸相枕藉[25]三十余里。

悦收余兵千余人走魏州[26]。马燧与李抱真不协[27]，顿兵平邑浮图[28]。悦夜至南郭[29]，大将李长春闭关不内[30]，以俟官军，久之，天且明，长春乃开门内之。悦杀长春，婴城[31]拒守。城中士卒不满数千，死者亲戚，号哭满街。悦忧惧，乃持佩刀，乘马立府门[32]外，悉集军民，流涕言曰："悦不肖，蒙淄青、成德二丈人保荐，嗣守伯父[33]业，今二丈人[34]即世，其子不得承袭，悦不敢忘二丈人大恩，不量其力，辄拒朝命，丧败至此，使士大夫肝脑涂地，皆悦之罪也。悦有老母，不能自杀，愿诸公以此刀断悦首，持出城降马仆射[35]，自取富贵，无为与悦俱死也！"因从马上自投地[36]。将士争前抱持悦曰："尚书[37]举兵徇义，非私己也。一胜一负，兵家之常。某辈累世受恩，何忍闻此！愿奉尚书一战，不胜则以死继之。"悦曰："诸公不以悦丧败而弃之，悦虽死，敢忘厚意于地下！"乃与诸将各断发，约为兄弟，誓同生死；悉出府库所有及敛富民之财，得百余万，以赏士卒；众心始定。复召贝州刺吏邢曹俊，使之整部伍，缮守备，军势复振。

李纳军于濮阳[38]，为河南军[39]所逼，奔还濮州[40]，征援兵于魏州。田悦遣军使符璘将三百骑送之，璘父令奇谓璘曰："吾老矣，历观安、史辈叛乱者，今皆安在！田氏能久乎！汝因此弃逆从顺，是汝扬父名于后世也。"啮臂而别。璘遂与其副李瑶帅众降于马燧。悦收族其家，令奇漫骂而死。瑶父再春以博州降，悦从兄昂以洺州降，王光进以长桥[41]降。悦入城旬余日[42]，马燧等诸军始至城下，攻之，不克。

（以上为第四段，写魏博招讨使马燧在卫州大破田悦军，却因官军将领失和，未能追歼穷寇，田悦逃至魏州，得以喘息，死灰复燃。）

【注释】

[1]卫州：州名，魏博巡属。治所在今河南卫辉市。 [2]漳滨：漳水岸边。 [3]月城：半圆形的护桥城。 [4]长桥：漳水桥，田悦将王光进筑月城于漳水桥北岸阻挡官军。长桥在邺城东，仓口西。 [5]仓口：在漳水长桥下游。 [6]夹洹水而军：洹水，在漳河之东，因水道变迁，马燧与田悦夹洹水处今已为漳河。此段洹水在今河北大名县北，唐时在魏州西。军，驻扎下来。 [7]三镇：指叛军魏博田悦、淄青李纳、成德李惟岳之军。 [8]老我师：使我军士气衰竭。老，疲倦，士气衰老。 [9]乃为三桥逾洹水：于是造三座浮桥渡过洹水。马燧军在洹水北岸，田

悦军坚壁在洹水南岸。［10］日往挑战：马燧渡过洹水到南岸每天向田悦挑战。［11］潜师：在夜幕下偷偷行军。此役马燧奇袭田悦，在夜晚将官军掉头北岸沿洹水向东直趋魏州，所谓攻其所必救。魏州，田悦的老巢。［12］贼至，则止为陈：敌兵到来，则停止行进而准备战斗。［13］毕发：各军全部出发。［14］匿其旁：埋伏于浮桥之旁的营垒中。［15］俟悦军毕渡：等到田悦大军出动渡过浮桥后，则烧其桥。［16］逾桥掩其后：指田悦为救魏州，将大军调出坚壁也渡过洹水到北岸，尾随官军追击。［17］乘风纵火，鼓噪而进：田悦军顺风放火以助军威，击鼓喊杀而进。［18］先除其前草莽百步为场：马燧按兵不动，先把军前百步之内的野草丛莽铲除作为战场，同时用以截断田悦顺风放火。［19］结陈以待之：马燧军结成作战队列，等待田悦军。［20］气衰：田悦军借火势为威，因火熄灭，见官军整列，因而气衰，即士气低落。［21］纵兵：全线出击。［22］小却：支援马燧的友军神策、昭义、河阳都向后退。［23］河东军：即马燧军。［24］三桥：洹水上的三座浮桥。［25］尸相枕藉：尸首横躺竖卧，互相堆积。［26］走魏州：奔逃回魏州。［27］不协：不和。［28］顿兵于平邑浮图：官兵屯驻在平邑县佛寺中。平邑，地名，在魏州南，今河南南乐县境。［29］南郭：魏州南城。［30］闭关不内：关闭城门不收纳田悦。内，读纳。［31］婴城：紧闭城门。［32］府门：节度使衙门。［33］伯父：指田承嗣。［34］二丈人：指淄青李正己、成德李宝臣，田悦以丈人事之。丈人，老人之通称，此指老前辈。［35］马仆射：指马燧。因临洺之战，以功迁尚书右仆射。［36］自投地：指田悦从马上自己跳到地下，表示甘愿受刑，以此权术征服将士心。［37］尚书：指田悦。因田悦加官检校工部尚书，故将士尊称尚书。［38］濮阳：县名。县治在今河南濮阳市西南。［39］河南军：指刘洽所领汴宋军。［40］濮州：州名。治所在今山东鄄城南。［41］长桥：指王光进守漳水的长桥之兵。［42］旬余日：十几天。十天为一旬。

丙寅[1]，李惟岳遣兵与孟祐守束鹿[2]，朱滔、张孝忠攻拔之，进围深州。惟岳忧惧，掌书记[3]邵真[4]复说惟岳，密为表，先遣弟惟简入朝；然后诛诸将之不从命者，身自入朝，使妻父冀州刺史郑诜权知[5]节度事，以待朝命。惟简既行，孟祐知其谋，密遣告田悦。悦大怒，使衙官扈岌往见惟岳，让[6]之曰：“尚书举兵，正为大夫求旌节耳，非为己也。今大夫乃信邵真之言，遣弟奉表，悉以反逆之罪归尚书，自求雪身[7]，尚书何负于大夫而至此邪！若相为斩邵真，则相待如初；不然，当与大夫绝矣。”判官毕华言于惟岳曰：“田尚书以大夫之故陷身重围，大夫一旦负之，不义甚矣。且魏博、淄青兵强食富，足抗天下，事未可知，奈何遽为二三之计[8]乎！”惟岳素怯，不能守前计，乃引[9]邵真，对[10]扈岌斩之；发成德兵万人，与孟祐俱围束鹿。丙寅[11]，朱滔、张孝忠与战于束鹿城下，惟岳大败，烧营而遁。

兵马使[12]王武俊[13]为左右所构[14]，惟岳疑之，惜其才，未忍除也。束鹿之战，使武俊为前锋，私自谋曰："我破朱滔，则惟岳军势大振，归，杀我必矣。"故战不甚力而败。

朱滔欲乘胜攻恒州[15]，张孝忠引军西北，军于义丰[16]。滔大惊[17]，孝忠将佐皆怪之，孝忠曰："恒州宿将尚多，未易可轻。迫之则并力死斗，缓之则自相图。诸君第[18]观之，吾军义丰，坐待惟岳之殄灭耳。且朱司徒[19]言大而识浅，可与共始，难与共终也！"于是滔亦屯束鹿，不敢进。

惟岳将康日知[20]以赵州归国，惟岳益疑王武俊，武俊甚惧。或谓惟岳曰："先相公[21]委腹心于武俊，使之辅佐大夫，又有骨肉之亲[22]。武俊勇寇三军，今危难之际，复加猜阻[23]；若无武俊，欲使谁为大夫却敌[24]乎！"惟岳以为然，乃使步军使卫常宁与武俊共击赵州，又使王士真将兵宿府中以自卫。

癸未[25]，蜀王遂更名游。

淮南节度使陈少游[26]拔海、密二州，李纳复攻陷之。

王武俊既出恒州，谓卫常宁曰："武俊今幸出虎口，不复归矣！当北归张尚书[27]。"常宁曰："大夫暗弱，信任左右，观其势终为朱滔所灭。今天子有诏，得大夫首者，以其官爵与之，中丞[28]素为众所服，与其出亡，曷若倒戈以取大夫，转祸为福，特反掌耳；事苟不捷[29]，归张尚书，未晚也。"武俊深以为然。会惟岳使要藉谢遵至赵州城下，武俊引遵同谋取惟岳；遵还，密告王士真。闰月，甲辰，武俊、常宁自赵州引兵还袭惟岳；遵与士真矫惟岳命，启城门内之。黎明，武俊帅数百骑突入府门；士真应之于内，杀十余人。武俊令曰："大夫叛逆，将士归顺，敢违拒者族！"众莫敢动。遂执惟岳，收郑诜、毕华、王它奴等，皆杀之。武俊以惟岳旧使之子，欲生送之长安。常宁曰："彼见天子，将复以叛逆之罪归咎于中丞。"乃缢杀之，传首京师。深州刺史杨荣国，惟岳姊夫也，降于朱滔；滔使复其位。

复榷天下酒[30]，惟西京不榷。

（以上为第五段，写成德叛军首领李惟岳被部属王武俊所杀，田悦困守魏州，河北叛乱基本平定。）

【注释】

[1]丙寅：正月十二日。[2]束鹿：县名，为深州巡属，在深州之西。县治在今河北辛集市东北。[3]掌书记：节度使府掌表奏的幕僚。[4]邵真：劝谏李惟岳反正被害。传见《旧唐书》卷一百八十七下。[5]权知：暂时代理。[6]让：责问。[7]雪身：洗脱自身罪责。[8]二三之计：三心二意的计谋，指背叛同盟的计谋。[9]引：召出。[10]对：对面，当面。[11]丙寅：正月十二日。[12]兵马使：节度使所置统兵官。[13]王武俊：归顺朝廷后官至幽州卢龙军节度使，加检校工部尚书。传见《旧唐书》卷一百四十二，《新唐书》卷二百一十一。[14]构：陷害。[15]恒州：州名，为成德军驻节之所。治所真定，在今河北正定县。[16]义丰：县名，为定州巡属，在恒州西北。[17]滔大惊：朱滔见张孝忠不会兵于恒州而大惊。[18]第：但。[19]朱司徒：朱滔建中二年（781）破李惟岳，以功加检校司徒，故称其为司徒。[20]康日知：李惟岳将，赵州刺史。归顺朝廷后官至奉诚军节度使，加累检校尚书左仆射。传见《新唐书》卷一百四十八。[21]先相公：指李惟岳父李宝臣，加官检校司空、同中书门下平章事，故称相公。[22]骨肉之亲：王武俊子王士真为李宝臣之婿，即李惟岳的妹夫，故言骨肉之亲。[23]猜阻：猜忌掣肘。[24]却敌：退敌。[25]癸未：正月二十九日。[26]陈少游：博州（今山东聊城东北）人，淮南节度使，加检校左仆射。传见《旧唐书》一百二十六，《新唐书》卷二百二十四上。[27]张尚书：指张忠孝。归国后充成德军节度使，加检校工部尚书。[28]中丞：指王武俊。时王武俊官衔御史中丞，充本军先锋兵马使。[29]事苟不捷：指诛李惟岳之事如果不成功。[30]复榷天下酒：恢复全国酒的专卖。榷酒，国家垄断酒的专卖。罢榷酒见《资治通鉴》卷二百二十五代宗大历四年（769）七月，今又复之。

二月，戊午[1]，李惟岳所署定州刺史杨政义降。时河北略定，惟魏州[2]未下；河南诸军攻李纳于濮州，纳势日蹙。朝廷谓天下不日可平；甲子[3]，以张孝忠为易、定、沧三州节度使，王武俊为恒冀都团练观察使，康日知为深赵都团练观察使，以德、棣二州隶朱滔[4]，令还镇。滔固请深州，不许，由是怨望，留屯深州。王武俊素轻张孝忠，自以手诛李惟岳，功在康日知上，而孝忠为节度使，己与康日知俱为都团练使，又失赵、定二州，亦不悦。又诏以粮三千石给朱滔，马五百匹给马燧。武俊以为朝廷不欲使故人[5]为节度使，魏博既下，必取恒冀，故分其粮马以弱之，疑，未肯奉诏。

田悦闻之，遣判官王侑、许士则间道至深州，说朱滔曰：“司徒奉诏讨李惟岳，旬朔之间，拔束鹿，下深州，惟岳势蹙[6]，故王大夫因司徒胜势，得以枭惟岳之首，此皆司徒之功也。又天子明下诏书[7]，令司徒得惟岳城邑，皆隶本镇；今乃割深州以与日知，是自弃其信也。且今上志欲扫清河朔，不使藩镇承袭，将悉以文臣代武臣，魏亡，则燕、赵为之次[8]矣；若魏存，则燕、赵无患。然则司徒果有意矜魏博之危而救之，非徒得存亡继绝之义，亦子孙万世之利也。”又许以贝州赂滔[9]。滔素有异志[10]，闻之，大喜，即遣王侑归报魏州，使将士知有外援，各自坚。又遣判官王郅[11]与许士则俱诣恒州，说王武俊曰：“大夫出万死之计，诛逆首[12]，拔乱根，康日知不出赵州[13]，岂得与大夫同日论功！而朝廷褒赏略同，谁不为大夫愤邑[14]者！今又闻有诏支粮马与邻道[15]，朝廷之意，盖以大夫善战，恐为后患，先欲贫弱军府，俟平魏之日，使马仆射北首[16]，朱司徒南向[17]，共相灭耳。朱司徒亦不敢自保，使郅等效愚计，欲与大夫共救田尚书[18]而存之。大夫自留粮马以供军；朱司徒不欲以深州与康日知，愿以与大夫，请早定刺史[19]以守之。三镇[20]连兵，若耳目手足之相救，则他日[21]永无患矣！”武俊亦喜，许诺，即遣判官王巨源使于滔，且令知深州事[22]，相与刻日[23]举兵南向。滔又遣人说张孝忠，孝忠不从。

（以上为第六段，写河北风云突变，由于德宗刚愎自用，善后失计，田悦策反朱滔，河北方镇又联兵对抗朝廷。）

【注释】

[1]戊午：二月五日。 [2]魏州：指田悦。 [3]甲子：二月十一日。 [4]以德、棣二州隶朱滔：朱滔为幽州卢龙军节度使，欲就近得深州，而朝廷以偏远之德棣二州属朱滔，故朱滔怨怒。 [5]故人：王武俊自谓，指为李宝臣旧将。武俊未全得李惟岳旧境，失赵、定二州，又不得节钺，亦怨怒。 [6]蹙：同“蹙”，形势急迫，窘困。 [7]天子明下诏书：德宗征朱滔兵南讨，许以深州隶属卢龙镇。 [8]魏亡，则燕、赵为之次：田悦以唇亡齿寒之理说朱滔反唐。魏、燕、赵均六国之名，为秦次第所灭。这里语义双关，以魏、燕、赵当魏博、范阳、恒冀三镇。 [9]以

贝州赂滔：赂，赠送。田悦说朱滔若合纵，则赠以贝州。［10］异志：异心，指背叛朝廷之心。［11］王郅：《新唐书》作“王郢”，此从《燕南记》。［12］逆首：指李惟岳。［13］康日知不出赵州：指康日知以赵州归顺朝廷，未有出战之功。［14］愤邑：愤郁不平。［15］有诏支粮马与邻道：支，支付。指德宗下诏王武俊以粮三千石供给朱滔，马五百匹供给马燧。［16］北首：首向北，即向北进军。马仆射，指马燧之军。［17］朱司徒南向：指朱滔之军向南进攻。［18］共救田尚书：指朱滔与王武俊合纵共救田悦。［19］请早定刺史：请王武俊及早派出深州刺史。朱滔欲得深州，为了策反王武俊而让出深州。［20］三镇：指范阳朱滔、恒冀王武俊、魏博田悦。［21］他日：今后。［22］令知深州事：令王巨源为深州刺史。［23］刻日：约定日期。

宣武节度使刘洽攻李纳于濮州，克其外城。纳于城上涕泣求自新，李勉又遣人说之，癸卯[1]，纳遣其判官房说以其母弟经及子成务入见。会中使宋凤朝称纳势穷蹙[2]，不可舍，上乃囚说等于禁中，纳遂归郓州[3]，复与田悦等合。朝廷以纳势未衰，三月，乙未[4]，始以徐州刺史李洧兼徐、海、沂都团练观察使，海、沂已为为纳所据，洧竟无所得。

李纳之初反也，其所署德州刺史李西华备守甚严，都虞候李士真密毁[5]西华于纳，纳召西华还府，以士真代之。士真又以诈召[6]棣州刺史李长卿，长卿过德州，士真劫之，与同归国[7]。夏，四月，戊午[8]，以士真、长卿为二州刺史。士真求援于朱滔[9]，滔已有异志，遣大将李济时将三千人声言助士真守德州，且召士真诣深州议军事，至则留之，使济时领州事。

（以上为第七段，写征讨淄青的官军大破叛军之后，因朝廷不接受李纳投降，功亏一篑。）

【注释】

［1］癸卯：二月甲寅朔，无癸卯。疑为己卯，二月二十六日。［2］穷蹙：穷途困顿，势衰力竭。［3］郓州：州名。治所须昌，在今山东东平县西北。［4］乙未：三月十三日。［5］密毁：暗中打小报告诽谤，说坏话。［6］诈召：李士真假传李纳之命宣召李长卿。［7］归国：回归朝廷。［8］戊午：四月六日。［9］士真求援于朱滔：诏书以德、隶二州划属朱滔，故李士真求援于朱滔以抗李纳。

庚申[1]，吐蕃归曏日所俘掠兵民八百人。

上遣中使发[2]卢龙[3]、恒冀[4]、易定[5]兵万人诣魏州讨田悦。王武俊不受诏，执使者送朱滔，滔言于众曰："将士有功者，吾奏求官勋，皆不遂；今欲与诸君敕装[6]共趋魏州，击破马燧以取温饱，何如？"皆不应。三问，乃曰[7]："幽州之人，自安、史之反，从而南者[8]无一人得还，今其遗人[9]痛入骨髓。况太尉、司徒[10]皆受国宠荣，将士亦各蒙官勋，诚且愿保目前，不敢复有侥冀[11]。"滔默然而罢。乃诛大将数十人，厚抚循其士卒。

康日知闻其谋，以告马燧，燧以闻。上以魏州未下，王武俊复叛，力未能制滔，壬戌[12]，赐滔爵通义郡王，冀以安之。滔反谋益甚，分兵营于赵州以逼康日知，以深州授王巨源[13]，武俊以其子士真为恒、冀、深三州留后，将兵围赵州。

涿州刺史刘怦[14]闻滔欲救田悦，以书谏之曰："今昌平故里，朝廷改为太尉乡、司徒里，此亦丈夫不朽之名也。但以忠顺自持，则事无不济。窃思近日务大乐战[15]，不顾成败而家灭身屠者，安、史是也。怦忝密亲，默而无告，是负重知[16]。惟司徒图之，无贻后悔。"滔虽不用其言，亦嘉其尽忠，卒无疑贰。

滔将起兵，恐张孝忠为后患，复遣牙官蔡雄往说之。孝忠曰："昔者司徒发幽州，遣人语孝忠曰：'李惟岳负恩为逆'，谓孝忠归国即为忠臣。孝忠性直，用司徒之教。今既为忠臣矣，不复助逆也。且孝忠与武俊皆出夷落[17]，深知其心最喜翻覆[18]。司徒勿忘鄙言，他日必相念[19]矣！"雄复欲以巧辞说之，孝忠怒，欲执送京师；雄惧，逃归。滔乃使刘怦将兵屯要害以备之。孝忠完城砺兵[20]，独居强寇之间，莫之能屈。

滔将步骑二万五千发深州，至束鹿，诘旦[21]将行，吹角未毕[22]，士卒忽大乱，喧噪[23]曰："天子令司徒归幽州，奈何违敕南救田悦！"滔大惧，走入驿后堂避匿。蔡雄与兵马使宗项等矫谓士卒[24]曰："汝辈勿喧，听司徒传令。"众稍止。雄又曰："司徒将发范阳，恩旨令得李惟岳州县即有之，司徒以幽州少丝纩[25]，故与汝曹竭力血战以取深州，冀得其丝纩以宽汝曹赋率[26]，不意国家无信，复以深州与康日知。又，朝廷以汝曹有功，赐绢人十匹，至魏州西境，尽为马仆射所夺。司徒但处范阳，富贵足矣；今兹南行，乃为汝曹，非自为也。汝曹不欲南行，任自归北，何用喧悖[27]，乖失军礼[28]！”众闻言，不知所为，乃曰：“敕使[29]何得不为军士守护赏物！”遂入敕使院[30]，擘裂杀之[31]。又呼曰：“虽知司徒此行为士卒，终不如且奉诏归镇。”雄曰：“然则汝曹各还部伍，诘朝复往深州，休息数日，相与归镇耳。”众然后定。滔即引军还深州，密令诸将访察唱率[32]为乱者，得二百余人，悉斩之，余众股栗[33]；乃复引军而南，众莫敢前却[34]。进，取宁晋[35]，留屯以待王武俊。武俊将步骑万五千取元氏[36]，东趋宁晋。

武俊之始诛李惟岳也，遣判官孟华入见[37]。华性忠直，有才略，应对慷慨[38]；上悦，以为恒冀团练副使。会武俊与朱滔有异谋，上遽遣华归谕旨。华至，武俊已出师，华谏曰：“圣意于大夫甚厚，苟尽忠义，何患官爵之不崇[39]，土地之不广！不日天子必移康中丞[40]于他镇，深、赵终为大夫之有，何苦遽[41]自同于逆乱乎！异日无成，悔之何及！”华向[42]在李宝臣幕府，以直道已为同列所忌，至是为副使，同列尤疾之，言于武俊曰：“华以军中阴事[43]奏天子，请为内应，故得超迁；是将覆大夫之军，大夫宜备之。”武俊以其旧人，不忍杀，夺职，使归私第。

田悦恃援兵将至，遣其将康愔将万余人出城西，与马燧等战于御河[44]上，大败而还。

（以上为第八段，写朱滔、王武俊挟制部属反叛朝廷，朱滔为其罪魁。）

【注释】

[1]庚申：四月八日。[2]发：征发。[3]卢龙：指朱滔。[4]恒冀：指王武俊。[5]易定：指张孝忠。[6]敕装：整装，此指全副武装。敕，通“饬”。[7]乃曰：军将答曰。[8]从而南者：指幽州将士追随安史为乱，南向征战。[9]遗人：指战死将士的家属，所遗留下的亲人。[10]太尉、司徒：指朱泚、朱滔兄弟。时朱滔兄朱泚镇凤翔，加官太尉。[11]侥冀：指反叛侥幸得大利。[12]壬戌：四月十日。[13]以深州授王巨源：朱滔将深州交割给王巨源以践前约。[14]刘怦：朱滔姑之子，与朱滔同籍贯，幽州昌平（今北京市昌平区）人。继朱滔为卢龙节度使。传见《旧唐书》卷一百四十三，《新唐书》卷二百一十二。[15]务大乐战：贪大而乐于战争。指朱滔欲广地而不惜反叛朝廷发动战争。[16]负重知：辜负对我的器重。[17]皆出夷落：都出自夷人部落。张孝忠，契丹乙室活部人，王武俊出自契丹怒皆部。[18]翻覆：反复无常。[19]相念：会想起我的忠告。[20]完城砺兵：修缮城墙，磨砺兵器。[21]诘旦：

明晨。[22]吹角未毕：吹军号集合队伍，尚未整列之时。[23]喧噪：杂乱呼叫。[24]矫谓士卒：欺骗士兵。[25]丝纩：丝绵。纩，絮。[26]宽汝曹赋率：减轻你们的赋税负担。赋率，指收入与纳税之间的比率。[27]喧悖：无理哄闹。[28]乖失军礼：违乱军纪。[29]敕使：奉朝命的使者。[30]敕使院：专门接待朝廷使者的宾馆。[31]擘裂杀之：将朝廷使者撕裂致死。[32]唱率：闹事的带头人。[33]股栗：两腿发抖。[34]前却：上前阻拦。[35]宁晋：县名。县治在今河北高邑东。[36]元氏：县名。县治在今河北元氏。宁晋、元氏，二县皆赵州巡属。[37]入见：入京朝见。据章校，“见”下有“上问以河朔利害”七字。[38]慷慨：意气激昂。[39]崇：高位之官。[40]康中丞：指康日知。[41]遽：匆忙，突然地。[42]向：从前。[43]阴事：隐秘事。[44]御河：魏州城西运河。

时两河[1]用兵，月费百余万缗，府库不支数月。太常博士韦都宾、陈京建议，以为：“货利所聚，皆在富商，请括富商钱，出万缗者，借其余以供军[2]。计天下不过借一二千商，则数年之用足矣。”上从之。甲子[3]，诏借商人钱，令度支条上[4]。判度支[5]杜佑[6]大索长安中商贾所有货，意其不实，辄加搒捶，人不胜苦，有缢死者，长安嚣然[7]如被寇盗。计所得才八十余万缗。又括僦柜质钱[8]，凡蓄积钱帛粟麦，皆借四分之一[9]，封其柜窖[10]；百姓为之罢市[11]，相帅[12]遮宰相马自诉，以千万数。卢杞始慰谕之，势不可遏[13]，乃疾驱自他道归。计并借商所得，才二百万缗，人已竭矣。京，叔明[14]之五世孙也。

（以上为第九段，写两河用兵，朝廷滥征苛税以足军用。）

【注释】

[1]两河：指河南、河北。河南用兵讨梁崇义、李纳，河北用兵讨李惟岳、田悦。[2]出万缗者，借其余以供军：商人资本超过一万缗的，征借其万缗之外的钱财以供军用。[3]甲子：四月十二日。[4]令度支条上：命令度支条陈征借富商钱财的办法上奏。度支，户部第二司，掌理钱财及军国预算。[5]判度支：以大臣总理度支事务称判度支。[6]杜佑（734—812）：字君卿，京兆万年（今陕西西安市东）人，中唐著名理财家、历史学家，著《通典》行于世。官至宰相，封岐国公。传见《旧唐书》卷一百四十七，《新唐书》卷一百六十六。[7]嚣然：民怨沸腾的样子。[8]括僦柜质钱：征收典当铺的利钱。括，搜刮，征收。质，典当。僦柜质钱，指典当铺所收的典当子钱，即利钱。[9]借四分之一：凡是存有钱帛粮食的人家，征收其存有量的四分之一，名义为借，实即强征民间生活物资的四分之一。[10]封其柜窖：对被强征的人，先封存其蓄有的钱柜及粮窖。[11]罢市：停止交易以示抗议。[12]相帅：成群结队。[13]势不可遏：声势不

可阻止。［14］叔明：陈叔明，陈宣帝之子。陈京是他的第五代孙。

甲戌[1]，以昭义节度副使、磁州刺史卢玄卿为洺州刺史兼魏博招讨副使。

初，李抱真为泽潞节度使，马燧领河阳三城；抱真欲杀怀州刺史杨鉥，鉥奔燧，燧纳之，且奏其无罪，抱真怒。及同讨田悦，数以事相恨望，二人怨隙遂深，不复相见。由是诸军逗桡[2]，久无成功，上数遣中使[3]和解之。及王武俊逼赵州，抱真分麾下二千人戍邢州，燧大怒曰："余贼未除，宜相与勠力，乃分兵自守其地！"欲引兵归[4]。李晟说燧曰："李尚书[5]以邢、赵连壤，分兵守之，诚未有害。今公遽自引去，众谓公何！"燧悦[6]，乃单骑造抱真垒，相与释憾结欢[7]。会洺州刺史田昂请入朝，燧奏以洺州隶抱真，请玄卿为刺史，兼充招讨之副[8]。李晟军先隶抱真，又请兼隶燧，以示协和。上皆从之。

卢龙节度行军司马[9]蔡廷玉恶判官[10]郑云逵，奏贬莫州参军。云逵妻，朱滔之女也，滔复奏为掌书记[11]。云逵深构[12]廷玉于滔，廷玉又与检校大理少卿[13]朱体微言于泚曰："滔在幽镇，事多专擅，其性非长者，不可以兵权付之。"滔知之，大怒，数与泚书，请杀二人[14]者，泚不从；由是兄弟颇有隙。及滔拒命[15]，上欲归罪于廷玉等以悦滔，甲子[16]，贬廷玉柳州[17]司户[18]，体微万州[19]南浦尉[20]。

宣武节度使刘洽攻李纳之濮阳，降其守将高彦昭。

朱滔遣人以蜡书[21]置髻中[22]遗朱泚，欲与同反；马燧获之，并使者送长安，泚不之知。上驿召泚于凤翔，至，以蜡书并使者示之，泚惶恐顿首请罪。上曰："相去千里，初不同谋，非卿之罪也。"因留之长安私第[23]，赐名园、腴田、锦彩、金银甚厚，以安其意；其幽州·卢龙节度、太尉、中书令并如故。

（以上为第十段，写河北叛军联兵救田悦，大敌当前，官军统帅马燧与李抱真释嫌言和，协力讨逆，官军摆脱危机。）

【注释】

[1]甲戌：四月二十二日。[2]逗桡：避敌而观望。逗，曲行。桡，顾望。[3]中使：宫中皇帝亲使，宦官充任。[4]欲引兵归：据章校，“欲”字之前有“我宁得独战邪”六字。[5]李尚书：指李抱真，因加官检校工部尚书，故称。[6]燧悦：马燧折服于李晟所说的利害、道理。[7]相与释憾结欢：马燧与李抱真互相抛弃前嫌，重新交好。[8]会洺州等句：此补充甲戌诏令的本由。马燧奏请李抱真的副手卢玄卿为洺州刺史，行营副统帅，于是有甲戌之诏令。[9]行军司马：节度使属官，掌军籍部伍，号令印信，如参谋长之职。[10]判官：节度使属官，掌兵马钱粮事务。蔡廷玉为卢龙行军司马，朱泚亲信。郑云逵为判官，朱滔女婿。[11]掌书记：节度使府掌表奏的属官，如秘书长之职。[12]深构：极力陷害。[13]大理少卿：大理寺（掌刑狱）副长官。朱体微为“检校大理少卿”，唐代加“检校”二字即为加官荣衔，朱体微为朱泚幕僚。[14]请杀二人：朱滔写信给朱泚，要求杀掉蔡廷玉与朱体微两人。[15]拒命：抗拒王命。[16]甲子：四月十二日。[17]柳州：州名。州治马平县，在今广西柳州市柳北区。[18]司户：官名。知州僚佐判司之一，掌参军事及户口，上州从七品下，下州从八品下。[19]万州：州名。治所南浦县，即今重庆市万州区。[20]南浦尉：官名。南浦县县尉。掌县军事。[21]蜡书：藏书于蜡丸中。[22]置髻中：古代男人亦蓄发挽髻，故蜡丸可藏于发髻中。[23]留之长安私第：德宗留朱泚于长安私宅中，即软禁以解其兵权。代宗大历九年（774）朱泚入朝，代宗为之筑豪华住宅于京师。事见《资治通鉴》卷二百二十五。

上以幽州兵在凤翔[1]，思得重臣代之。卢杞忌张镒忠直，为上所重，欲出之于外，己得专总朝政，乃对曰：“朱泚名位素崇[2]，凤翔将校班秩已高，非宰相信臣[3]，无以镇抚，臣请自行。”上俯首[4]未言，杞又曰：“陛下必以臣貌寝[5]，不为三军所伏[6]，固惟陛下神算[7]。”上乃顾镒曰：“才兼文武，望重内外，无以易卿。”镒知为杞所排而无辞以免，因再拜受命。戊寅[8]，以镒兼凤翔尹、陇右节度等使。

初，卢杞与御史大夫严郢共构杨炎、赵惠伯之狱，炎死，杞复忌郢。会蔡廷玉等贬官，殿中侍御史[9]郑詹误递文符至昭应送之，廷玉等行已至蓝田[10]，召还而东[11]，廷玉等以为执己送朱滔，至灵宝[12]西，赴河死[13]。上闻之，骇异，卢杞因奏：“朱泚必疑以为诏旨，请遣三司使[14]案詹。”又言：“御史所为，必禀大夫[15]，请并郢案之。”狱未具，壬午，杞奏杖杀詹于京兆府；贬郢费州刺史，卒于贬所。

上初即位，崔祐甫为相，务崇宽大，故当时政声蔼然[16]，以为有贞观之风；及卢杞为相，知上性多忌，因以疑似[17]离间群臣，始劝上以严刻御下[18]，中外失望[19]。

淮南节度使陈少遊奏，本道[20]税钱每千请增二百。五月，丙戌[21]，诏增他道税钱皆如淮南；又盐每斗价皆增百钱。

朱滔、王武俊自宁晋南救魏州，辛卯[22]，诏朔方节度使李怀光[23]将朔方及神策步骑万五千人东讨田悦，且拒滔等。滔行至宗城[24]，掌书记郑云逵、参谋田景仙弃滔来降。

丁酉[25]，加河东节度使马燧同平章事。

辛亥[26]，置义武军节度于定州，以易、定、沧三州隶之。

张光晟之杀突董[27]也，上欲遂绝回纥，召册可汗使[28]源休[29]还太原。久之，乃复遣休送突董及翳密施、大、小梅录等四丧[30]还其国，可汗遣其宰相颉子斯迦等迎之。颉子斯迦坐大帐，立休等于帐前雪中，诘以杀突董之状，欲杀者数四[31]；供待甚薄[32]；留五十余日，乃得归。可汗使人谓之曰：“国人皆欲杀汝以偿怨[33]，我意则不然。汝国已杀突董等，我又杀汝，如以血洗血，污[34]益甚耳！今吾以水洗血，不亦善乎！唐负[35]我马直[36]百八十万匹，当速归[37]之。”遣其散支将军康赤心随休入见，休竟不得见可汗而还。己卯[38]，至长安，诏以帛十万匹、金银十万两偿其马直。休有口辩，卢杞恐其见上得幸，乘其未至，先除光禄卿[39]。

（以上为第十一段，写奸相卢杞专权，排斥朝中大臣。回纥主动结好于唐。）

【注释】

[1]幽州兵在凤翔：朱泚入朝所带的防秋兵，屯驻于凤翔，防秋兵，防秋天吐蕃入寇之兵。[2]名位素崇：名位一直很高。朱泚加官太尉、中书令，皆高位。[3]信臣：皇帝亲信之臣。[4]俯首：低头沉思。[5]貌寝：貌丑。[6]伏：通服。[7]神算：神机妙算。[8]戊寅：四月二十六日。[9]殿中侍御史：御史大夫属官。察举非法。昭应，县名。县治在今陕西西安市临潼区。[10]蓝田：县名。县治在今陕西蓝田县。[11]召还而东：蔡廷玉等贬所柳州、万州，本应从长安南行经蓝田出武关。由于侍御史郑詹误将关防文书投到昭应，经昭应乃东行，故召还蔡廷玉等回京师向东行。[12]灵宝：县名。县治在今河南灵宝市。[13]赴河死：投入黄河自杀身死。[14]三司使：唐审大狱，以刑部尚书、侍郎与御史中丞、大理卿会审，称三司使。

[15]大夫：指御史大夫严郢。卢杞诬陷郑詹的误投文牒为有意作弊，是受严郢的指使，故请求并审严郢。[16]蔼然：和乐的样子。德宗初即位，政治宽松，赢得了很高的声誉，被认为有贞观之治的风采。贞观，唐太宗年号。[17]疑似：模棱两可，莫须有的事实。[18]以严刻御下：用严厉苛刻的手腕控制臣下。[19]中外失望：朝廷内外，朝野上下都感到失望。[20]本道：淮南所辖巡属。中唐时淮南道统扬、楚、滁、和、濠、庐、寿、舒等州。[21]丙戌：五月四日。[22]辛卯：五月九日。[23]李怀光（727—785）：渤海靺鞨人，本姓茹，其父为朔方将，因战功赐姓李氏。李怀光为朔方名将。官至朔方兼邠宁两镇节度使，加检校左仆射。兴元受诏平朱泚之乱，遭卢杞等人构陷而反，贞元元年为部将所杀。传见《旧唐书》卷一百二十一，《新唐书》卷二百二十四上。[24]宗城：县名，属魏州。县治在今河北威县。[25]丁酉：五月十五日。[26]辛亥：五月二十九日。[27]张光晟杀突董：振武留后张光晟杀回纥使突董，事见上卷德宗建中元年，公元780年。[28]册可汗使：册封回纥可汗的专使。[29]源休：官至御史中丞。朱泚反，源休为其谋主，泚败，休为其部曲所杀。传见《旧唐书》卷一百二十七，《新唐书》卷二百二十五中。[30]四丧：突董等四人尸首。[31]数四：多次，再三再四。[32]供待甚薄：招待十分菲薄。[33]偿怨：抵偿突董等人被杀的仇怨。[34]污：指行为污秽，卑劣。[35]负：拖欠。[36]马直：马价。据章校，“直”下有“绢”字。唐拖欠马价绢一百八十万匹。[37]归：还，偿付。[38]己卯：据张敦仁《通鉴刊本识误》校正，“己”上脱“六月”二字。己卯，六月二十八日。[39]光禄卿：官名。掌郊祀、朝会酒食供应。

朱滔、王武俊军至魏州，田悦具牛酒出迎，魏人欢呼动地。滔营于惬山[1]，是日，李怀光军亦至，马燧等盛军容迎之。滔以为袭己，遽出陈；怀光勇而无谋，欲乘其营垒未就击之。燧请且休将士，观衅而动，怀光曰：“彼营垒既立，将为后患，此时不可失也。”遂击滔于惬山之西，杀步卒千余人，滔军崩沮[2]；怀光按辔观之，有喜色。士卒争入滔营取宝货，王武俊引二千骑横冲怀光军，军分为二；滔引兵继之，官军大败，蹙[3]入永济渠溺死者不可胜数[4]，人相蹈藉[5]，其积如山[6]，水为之不流，马燧等各收军保垒。是夕，滔等堰[7]永济渠入王莽故河[8]，绝官军粮道及归路，明日，水深三尺余。马燧惧，遣使卑辞谢滔[9]，求与诸节度归本道，奏天子，请以河北事委五郎[10]处之。滔欲许之，王武俊以为不可；滔不从。秋七月，燧与诸军涉水而西，退保魏县[11]以拒滔，滔乃谢武俊，武俊由是恨滔。后数日，滔等亦引兵营魏县东南，与官军隔水相拒。

李纳求救于滔等，滔遣魏博兵马使信都承庆将兵助之。纳攻宋州[12]，不克，遣兵马使李克信、李钦遥戍[13]濮阳、南华以拒刘洽。

（以上为第十二段，写李怀光轻敌，导致官军魏州惨败。从此，河北方镇割据形势，不可逆转。）

【注释】

［1］惬山：山名。在魏州城西永济渠岸边。［2］沮：溃散。［3］蹙：被压迫。［4］不可胜数：无法计算，不知有多少。［5］蹈藉：践踏。［6］其积如山：死尸堆积如山。［7］堰：筑堤。［8］王莽河：永济渠北岸的故道，王莽时堙塞，故称王莽河。［9］卑辞谢滔：用谦恭的辞句向朱滔致歉。［10］五郎：朱滔排行第五，尊称五郎。［11］魏县：县名。县治在魏州元城西南。［12］宋州：州名。治所宋城，在今河南商丘市。宋州为宣武军巡属。［13］遥戍：远戍。为遥应攻宋州之兵以分宣武之众，李纳遣将远戍濮阳、南华。濮阳县属濮州，县治在今河南濮阳西南。南华县属曹州，县治在今山东东明县东南。

甲辰[1]，以淮宁节度使李希烈兼平卢[2]、淄青、兖郓、登莱、齐州节度使，讨李纳；又以河东节度使马燧兼魏博、澶相节度使；加朔方、邠宁节度使李怀光同平章事。

神策行营招讨使李晟请以所将兵北解赵州之围，与张孝忠分势图范阳[3]，上许之。晟自魏州引兵北趋赵州，王士真解围去。晟留赵州三日，与孝忠合兵北略恒州。

演州[4]司马李孟秋举兵反，自称安南[5]节度使；安南都护辅良交讨斩之。

八月，丁未[6]，置河东、西水陆运、两税、盐铁使二人[7]，度支总其大要而已[8]。

辛酉[9]，以泾原留后姚令言为节度使。

卢杞恶太子太师颜真卿[10]，欲出之于外。真卿谓杞曰："先中丞[11]传首至平原，真卿以舌舐面血。今相公忍不相容乎！"杞矍然起拜，然恨之益甚。

九月癸卯[12]，殿中少监崔汉衡自吐蕃归，赞普遣其臣区颊赞随汉衡入见。

冬，十月，辛亥[13]，以湖南观察使曹王皋为江南西道节度使。皋至洪州，悉集将佐，简阅其才，得牙将伊慎[14]、王锷[15]等，擢为大将，引荆襄判官许孟容[16]置幕府。慎，兖州人；孟容，长安人也。

慎常从李希烈讨梁崇义，希烈爱其才，欲留之，慎逃归。希烈闻皋用慎，恐为己患，遗慎七属甲[17]，诈为复书，坠之境上。上闻之，遣中使即军中斩慎，皋为之论雪；未报。会江贼三千余众入寇，皋遣慎击贼自赎；慎击破之，斩首数百级而还，由是得免。

卢杞秉政，知上必更立相[18]，恐其分己权，乘间荐吏部侍郎关播[19]儒厚，可以镇风俗[20]；丙辰[21]，以播为中书侍郎、同平章事。政事皆决于杞，播但敛衽无所可否[22]。上尝从容与宰相论事，播意有所不可，起立欲言，杞目之而止。还至中书[23]，杞谓播曰："以足下端悫[24]少言，故相引至此，曏者奈何发口欲言邪！"播自是不复敢言。

戊辰[25]，遣都官员外郎樊泽使于吐蕃，告以结盟之期。

丙子[26]，肃王详[27]薨。

（以上为第十三段，写官军魏州战败后，朝廷重新部署全国讨逆事宜。吐蕃遣使和好唐朝。）

【注释】

[1]甲辰：七月二十三日。 [2]平卢：方镇名。唐玄宗开元七年（719）升平卢军使置，为开元时十节度之一。治所营州，在今辽宁辽阳县。肃宗上元二年（761）平卢节度使侯希逸为安史所逼，举众南迁淄青，号淄青平卢节度使。今德宗加李希烈兼平卢淄青节度使，将兖、郓、登、莱、齐州划属，令其攻李纳。 [3]分势图范阳：李晟与张孝忠分兵进攻，用以分贼人之势，图取范阳。 [4]演州：州名，安南节度巡属。治所在今越南境内。 [5]安南：方镇名。唐初置安南都护府，肃宗乾元二年（759）升安南管内经略使置安南节度使。治所宋平，在今越南河内。[6]丁未：八月辛亥朔，无丁未。丁未，九月二十七日。 [7]置河东、西水陆运、两税、盐铁使二人：设置河东、河西掌管水陆运输、征两税及专卖盐铁使两人。唐京师长安，东有黄河，以山言有函谷关，故河之东为河东、又称关东。此言河东、河西，即关东、关西。唐代随着财税的改革与变迁，先后置转运使、盐铁使、两税使。唐玄宗开元二十二年（734）始置转运使，任务是加速转运江淮漕粮以供京师。肃宗至德二年（757）始置盐铁使，主持盐铁专卖增加收入以供军用。德宗建中元年（780）施行两税法置两税使。至此，德宗分全国为河东、河西两大区，故转运使、两税使、盐铁使各二人。主要税收靠河东，来源于江淮地区。 [8]度支总大要而已：度支只总理大要

而已。度支，指户部所属度支司，原是唐代最高财务机关。现在财政权由两专使掌握，度支只备员而已。［9］辛酉：八月十一日。［10］颜真卿：唐著名书法家，忠直臣，骂李希烈而死。传见《旧唐书》卷一百二十八，《新唐书》卷一百五十三。［11］先中丞：指卢杞之父卢奕。官至御史中丞，在洛阳为安禄山所害。安禄山传首卢奕于河北诸县，时颜真卿为平原太守，杀安禄山使者，棺葬卢奕等人。事见《资治通鉴》卷二百一十七玄宗天宝十四载。［12］癸卯：九月二十三日。［13］辛亥：十月二日。［14］伊慎：官至奉义军节度使，加检校右仆射。传见《旧唐书》卷一百五十一、《新唐书》卷一百七十。［15］王锷：官至左仆射，受节钺历容管、淮南、河中，太原诸镇凡二十余年。两唐书与伊慎同传。［16］许孟容：官至东都留守。传见《旧唐书》卷一百五十四、《新唐书》卷一百六十二。［17］遗慎七属甲：李希烈赠送七领犀牛甲给伊慎。又伪造回信，欲加害伊慎。［18］更立相：卢杞排挤走张镒，故知德宗必立新相。［19］关播：为人儒雅忠厚。传见《旧唐书》卷一百三十、《新唐书》卷一百五十一。［20］镇风俗：整肃风俗，为人表率。［21］丙辰：十月七日。［22］敛衽无所可否：整日端坐，对事不置可否。敛衽，收束衣襟，表示恭敬。［23］中书：中书省政事堂。［24］端悫：端庄忠厚。［25］戊辰：十月十九日。［26］丙子：十月二十七日。［27］肃王祥：德宗子，仅四岁夭亡。

十一月，己卯朔［1］，加淮南节度使陈少遊同平章事。

田悦德朱滔之救，与王武俊议奉滔为主，称臣事之，滔不可，曰："惬山之捷，皆大夫二兄［2］之力，滔何敢独居尊位！"于是幽州判官李子千、恒冀判官郑濡等共议："请与郓州李大夫［3］为四国，俱称王而不改年号［4］，如昔诸侯奉周家正朔。筑坛同盟［5］，有不如约者，众共伐之。不然，岂得常为叛臣，茫然无主，用兵既无名，有功无官爵为赏，使将吏何所依归乎！"滔等皆以为然。滔乃自称冀王，田悦称魏王，王武俊称赵王，仍请李纳称齐王。是日，滔等筑坛于军中，告天而受之。滔为盟主，称孤；武俊、悦、纳称寡人。所居堂曰殿，处分曰令［6］，群下上书曰笺［7］。妻曰妃，长子曰世子。各以其所治州为府［8］，置留守兼元帅，以军政委之；又置东西曹，视中书、门下省［9］；左右内史，视侍中、中书令；余官皆仿天朝而易其名［10］。

武俊以孟华为司礼尚书，华竟不受，呕血死；以兵马使卫常宁为内史监［11］，委以军事。常宁谋杀武俊，武俊腰斩之。武俊遣其将张终葵寇赵州，康日知击斩之。

李希烈帅所部三万徙镇许州［12］，遣所亲诣李纳，与谋共袭汴州［13］；

遣使告李勉[14]，云已兼领淄青，欲假道之官。勉为之治桥、具馔[15]以待之，而严为之备。希烈竟不至，却又暗中与朱滔等交通，纳亦数遣游兵渡汴以迎希烈。由是东南转输者皆不敢由汴渠[16]，自蔡水[17]而上。

十二月，丁丑[18]，李希烈自称天下都元帅、太尉、建兴王。时朱滔等与官军相拒累月，官军有度支馈粮，诸道益兵，而滔与王武俊孤军深入，专仰给于田悦，客主[19]日益困弊。闻李希烈军势甚盛，颇怨望，乃相与谋遣使诣许州，劝希烈称帝，希烈由是自称天下都元帅。

司天少监徐承嗣请更造《建中正元历》；从之。

（以上为第十四段，写公元782年，朱滔、田悦、王武俊、李纳结盟称王，标志唐后期藩镇割据正式形成。）

【注释】

［1］己卯朔：十一月一日。［2］二兄：尊称王武俊，因其排行第二。［3］郓州李大夫：指困守郓州的李纳。［4］不改年号：仍用唐室年号，即尊唐皇帝为共主，而自称王。［5］筑坛同盟：建造祭拜天地的神坛，发誓同盟。［6］处分曰令：对事情的处置称为令。即王谕手诏，不称制、敕、诏而称令，以示称王与称皇帝有别。其余称谓皆仿天子之制而别其名。［7］笺：即奏疏称笺。［8］所治州为府：各镇所巡属之州，一律升为府。［9］又置东西曹，视中书、门下省：又设置东曹、西曹，用来比附中书省、门下省。视，比照，比附。［10］左、右内史句：又置左史、右史，比附侍中、中书令。［11］内史监：位在左、右史之上，职掌军政。［12］许州：州名。治所长社，在今河南许昌。［13］汴州：州名，为宣武军镇所。治所在今河南开封。［14］李勉：汴宋（即宣武军）节度使。［15］治桥、具馔：整修桥梁道路，备办牛酒饮食。［16］汴渠：经开封、徐州的运河，为唐代江南至京师的漕运主道。［17］蔡水：蔡河。唐时承汴水于汴州郭下之浚仪县西（今河南开封市东），南流经陈州州治宛丘县（今河南周口市淮阳区），东南至陈州项城县（今河南沈丘县）入颍水。汴渠受阻，江南漕运改走淮水，转入颍水，再转入蔡水至汴州。［18］丁丑：十二月二十九日。［19］客主：朱滔、王武俊为客军。田悦为主军。

【点评】

德宗用兵河北，志在消除割据，结果是：军事胜利，政治失败，河北风云突变，爆发更大的动乱，叛逆四镇称王，割据形势反而不可逆转。风云突变原因，是本卷点评的重点。

一、德宗用兵河北。代宗时淄青节度使李正己、魏博节度使田承嗣、成德节度使李宝臣、襄州节度使梁崇义四镇互相结成死党，通婚相连，共同对抗朝廷，维护传子制。大历十四年（779），田承嗣死，田悦继位，李宝臣为之代请节度旌节，代宗应允。建中元年（780），德宗继位，李宝臣死，其子李惟岳继位，田悦为之代请节度旌节，德宗不允许，志在削除藩镇割据。其时，刘晏的盐利整顿与杨炎推行两税法，国家财政岁入近两千万缗，国库充盈，加之新君即位，德宗表现出革除积弊的锐气，决心用兵河北。田悦、李正己、李惟岳联兵反叛朝廷，坚决维护传子制，实现藩镇割据。叛军以田悦为首，魏博兵力最强。官军以河东节度使马燧、昭义节度使李抱真、神策先锋都知兵马使李晟等为主力征讨叛军。双方在临洺城展开大战。战事方起，李正已死，其子李纳继位，德宗当然不允许。李纳兵围徐州，要切断江淮漕运。官军以宣武节度使刘洽、朔方大将唐朝臣、神策都知兵马使曲环为主力救徐州。德宗又命淮宁节度使李希烈讨伐梁崇义。一场维护中央统一与藩镇割据的大战役就这样全面展开。这是一场决定性的大战争，如果官军胜利，割据势力就大为削弱，反之，则割据势力不可逆转。当时官军占有绝对优势，马燧、李抱真、李晟、唐朝臣等都是良将，朝廷财力雄厚，官军兵力众多，交战顺利，官军全线取胜。马燧在临洺大破田悦军，田悦退保邺城，马燧等官军进围邺城。范阳节度使朱滔奉命南下征讨成德。成德易州刺史张孝忠反正。随后成德大将王武俊杀李惟岳归顺朝廷，成德叛乱被平定。马燧乘胜再次大破田悦于邺城，魏博精锐丧失殆尽，田悦领残兵退保魏州。南线，李希烈平定梁崇义，官军又大破李纳于徐州，李纳退逃濮州请降。官军讨逆，不到一年，河北叛乱基本被平定。由于朝政腐败，德宗昏庸，风云突变，战争出人意料地扩大，形势逆转。官军的局部胜利，不能改变唐王朝整个局面的大破败。德宗把唐王朝带入了安史之乱以来更大的危困局面，德宗未能成为亡国之君，实属万幸。

二、德宗躁急，军事胜利，政治失败。德宗是一个轻躁冒进的昏君，与肃宗、代宗两个昏君有所不同。昏君的共同点是没有自信，犯忌功臣，不用人才用奴才，唐代宦官得势，原因在此。德宗聪明能干，有魄力，举重若轻，敢做大手笔，这是他的优点，行两税，大举讨叛，肃、代二宗做不到。肃、代二宗被史家称为“温仁”“宽厚”，而两代皇帝用姑息办法维持局面。德宗刚愎自用，偏狭固执，猜忌心尤为突出，又死不改过，于是转化他的优点成为缺点。举重若轻，变成了轻躁冒进。德宗讨逆，既无周密的计划，也没有长远的考虑。李希烈是一个背主的野心家，用他讨伐梁崇义，是去一狼而生一虎。朝臣建言，德宗不听，果然自食恶果。德宗猜忌功臣，河北官军不设统帅。马燧与李抱真失和，官军邺城大胜没有乘胜追讨，放纵田悦逃回魏州，得以喘息。更大的失策是德宗自己践踏人伦诚信的道德底线，食言承诺，对河北三镇的处置失宜，导致政治大失败，立即招来更大的战争。

德宗处置成德降将，以最效顺的张孝忠为易、定、沧三州节度使，以王武俊为恒、冀二州都团练使，以另一降将康日知为赵、深二州都团练使。王武俊杀李惟岳，自认为功大，又素来位在张孝忠、康日知之上，今地位反在张孝忠之下，耻于与康日知为伍。德宗的如意算盘是分散成德旧势力，目的太明显，王武俊抗命。朱滔南讨，德宗许以割深州为奖励，而今深州划归康日知，以德、棣二州代替。德、棣二州远离范阳，朱滔不答应。田悦乘机游说朱滔、王武俊反叛。德宗不接受李纳请降，李纳困兽犹斗。于是田悦、王武俊、李纳与朱滔联兵反叛，形成新的更大的反叛集团。朱滔、王武俊救魏州，德宗令朔方节度使李怀光入援马燧。李怀光轻敌，官军在魏州吃了大败仗。叛军声势复振，共推朱滔为盟主，相约称王，表示不再是唐臣，也就不再是叛臣，而要与唐王朝分庭抗礼。朱滔称冀王、田悦称魏王、王武俊称赵王、李纳称齐王。四王又向淮西李希烈劝进，拥戴他做皇帝。李希烈接受推戴，反叛朝廷，先自称天下都元帅。李希烈兵强，又挡在漕运之侧，威胁唐朝的生命线。朝廷于是罢兵河北征讨，北守南攻，战场转移到河南。德宗锐气尽失，从一心进攻转为一心防守，遥控军事，招致一连串的失败，以至蒙尘出逃。

三、马燧与李抱真释嫌言和，苦撑河北战局。早先，李抱真为泽潞节度使，马燧领河阳三镇，两人为邻。李抱真要杀所属怀州刺史杨鉥，杨鉥逃到河阳请求马燧保护，马燧接受杨鉥请求，于是与李抱真结仇。两人会兵讨伐河北叛逆，又多次发生意见相左。两人不和，官军久无战功。德宗任命马燧为招讨使，李抱真意更不平。官军邺城大胜，两人不能协力，官军没有乘胜追击田悦，功亏一篑。河北四镇反叛，王武俊兵围赵州，李抱真分兵守邢州。马燧大怒，也要撤兵回河东。在这危急关头，李晟劝马燧顾全大局，与李抱真释嫌共赴危难。马燧不愧为大将风度，单骑拜访李抱真军营，李抱真被马燧的真诚感动，两人结欢。碰巧魏博洺州刺史田昂请求归顺朝廷，洺州与邢州接壤，马燧借花献佛，上奏朝廷把洺州划归李抱真，并请求朝廷任命李抱真为副招讨使。李晟受命李抱真节制，至此，李晟上表兼隶马燧，表示接受两人的节制。德宗一一批准。马燧、李抱真、李晟三大良将，在紧急关头团结起来，虽然苦撑，却也牢牢控制了河北战局，双方处于相持。李抱真还策动王武俊归顺朝廷，对抗朱滔。不久，京师动乱，朱泚称帝，河北未遭大害。三大将的团结起了至关作用。

卷二二八　唐纪四十四

唐德宗建中四年（783 年）

【起昭阳大渊献（癸亥，783 年）正月，尽十月，不满一年】

【大事提要】

本卷记事起公元 783 年正月，讫当年十月，共十个月，当德宗建中四年正月到十月。本卷记事不足一年，正表明这是一个多事之秋的年份，德宗蒙尘，出逃奉天，唐王朝处于危亡的紧急关头。田悦等叛乱四王向淮西节度使李希烈劝进，李希烈反叛，先称天下都元帅，战火扩大到河南，并成为重要战场。德宗遥控战局，导致汴军大败，襄城危急。陆贽上疏论治国之要，提出重根本、重民生，即加强京师防务，不要滥征苛税。陆贽还建议调整讨逆方略。德宗皆不采纳。其时，国库空竭，朝廷强征间架税和除陌钱，民怨沸腾。泾原兵东调河南，途经京师，因犒赏菲薄而导致兵乱，陆贽的担忧不幸被言中。德宗仓皇出逃奉天，朱泚借乱兵僭号称帝，兵围奉天，赖浑瑊坚守，德宗才没被俘虏。奸臣卢杞误国，他趁李希烈之叛，借刀杀人，上奏德宗派颜真卿为宣慰使召抚李希烈，等于是以肉投饿虎，时人都知颜真卿不返。到了奉天，卢杞仍唆使德宗诛杀忠良。陆贽上疏论乱由人为而非天命，隐喻卢杞误国，德宗充耳不闻。正当朱泚急攻奉天之时，河北官军撤退勤王，叛军却内部有隙，王武俊因与朱滔不和而反正，西川节度使韦皋从叛军手中攻克凤翔，李怀光入援奉天，朱泚兵败，唐皇室才转危为安。

德宗神武圣文皇帝三

建中四年（癸亥，783 年）

春，正月，丁亥[1]，陇右[2]节度使张镒与吐蕃尚结赞盟于清水[3]。

庚寅[4]，李希烈遣其将李克诚袭陷汝州[5]，执别驾李元平。元平，本湖南判官，薄有[6]才艺，性疏傲，敢大言，好论兵[7]；播奇之，荐于上，以为将相之器，以汝州距许州[8]最近，擢元平为汝州别驾[9]，知州事[10]。元平至汝州，即募工徒治城[11]；希烈阴[12]使壮士应募执役[13]，入数百人[14]，元平不之觉。希烈遣克诚将数百骑突至城下[15]，应募者应之于内，缚元平驰去。元平为人眇小[16]，无须[17]，见希烈恐惧，便液[18]污地。希烈骂之曰："盲宰相[19]以汝当我，何相轻也！"以判官[20]周晃为汝州刺史，又遣别将董待名等四出抄掠，取尉氏[21]，围郑州[22]，官军数为所败。逻骑[23]西至彭婆[24]，东都[25]士民震骇，窜匿山谷；留守郑叔则入保西苑[26]。

上问计于卢杞[27]，对曰："希烈年少骁将[28]，恃功[29]骄慢，将佐莫敢谏止；诚得儒雅重臣，奉宣圣泽，为陈逆顺祸福，希烈必革心悔过，可不劳军旅而服。颜真卿三朝旧臣[30]，忠直刚决，名重海内，人所信服，真其人也！"上以为然。甲午[31]，命真卿诣许州宣慰希烈。诏下，举朝失色。

（以上为第一段，写李希烈反叛，卢杞上奏德宗派颜真卿为宣慰使召抚李希烈，实乃借刀杀人，其为人阴险如此。）

【注释】

[1]丁亥：正月十日。[2]陇右：方镇名。唐玄宗开元元年（713）置。治所鄯州，在今青海乐都。辖境当今青海湖以东及甘肃东南部地区。安史之乱入吐蕃。张镒出镇凤翔，为凤翔陇右节度使。[3]清水：县名。县治在今甘肃清水县。[4]庚寅：正月十三日。[5]汝州：州名。治所梁县，在今河南汝州市。[6]薄有：稍有，略有。[7]好论兵：喜欢纸上谈兵。[8]许州：李希烈驻节之州，治所在今河南许昌。[9]别驾：州刺史佐吏，中唐以后多为安排朝廷贬逐大臣的闲散官。[10]知州事：代理州事。知，低职代理高职。此指李元平以别驾之职代理州刺史事。[11]治城：修筑城墙。[12]阴：暗中。[13]执役：服役。[14]入数百人：指李希烈部卒以役丁身份混进汝州的有数百人。入，进入汝州城。[15]突至城下：轻装急进，突然兵临城下。[16]眇小：矮小。[17]须：胡须。[18]便液：屎尿。[19]盲宰相：瞎了眼的宰相。[20]判官：节度府高级幕僚。[21]尉氏：汴州属县。县治在今河南开封市尉氏县。[22]郑州：州名。治所在今河南郑州市。[23]逻骑：巡逻侦哨骑兵。[24]彭婆：镇名。属洛阳。[25]东都：即洛阳。[26]西苑：洛阳城西禁苑。郑叔则退守洛阳西苑，表明心无斗志，随时向西逃窜。[27]卢杞：字子良，德宗时权奸，官至丞相，陷害杨炎、颜真卿，排斥宰相张镒等。建中四年（783），京师失守，卢杞被贬死于澧州。传见《旧唐书》卷一百三十五，《新唐书》卷二百二十三。[28]骁将：勇将。[29]恃功：仗恃平梁崇义之功。[30]三朝旧臣：颜真卿历仕玄宗、肃宗、代宗三朝。[31]甲午：正月十七日。

真卿乘驿至东都，郑叔则曰："往必不免，宜少留，须后命[1]。"真卿曰："君命也，将焉避之！"遂行。李勉[2]表言："失一元老，为国家羞，请留之。"又使人邀[3]真卿，不及。真卿与其子书，但敕以"奉家庙、抚诸孤[4]"而已。至许州，欲宣诏旨，希烈使其养子[5]千余人环绕慢骂，拔刃拟[6]之，为将剸啗[7]之势；真卿足不移，色不变。希烈遽以身蔽之，麾众令退，馆真卿而礼之。希烈欲遣真卿还，会李元平在座，真卿责之，元平惭而起，以密启[8]白希烈；希烈意遂变，留真卿不遣。

朱滔、王武俊、田悦、李纳各遣使诣希烈，上表称臣，劝进[9]，使者拜舞于希烈前，说希烈曰："朝廷诛灭功臣，失信天下；都统[10]英武白天，功烈盖世，已为朝廷所猜忌，将有韩、白之祸[11]，愿亟称尊号，使四海臣民知有所归。"希烈召颜真卿示之曰："今四王[12]遣使见推，不谋而同，太师观此事势，岂吾独为朝廷所忌无所自容邪！"真卿曰："此乃四凶，何谓四王！相公[13]不自保功业，为唐忠臣，乃与臣贼子相从，求与之同覆灭邪！"希烈不悦，扶真卿出。他日，又与四使同宴，四使曰："久闻太师[14]重望，今都统将称大号而太师适至，是天以宰相赐都统也。"真卿叱之曰："何谓宰相！汝知有骂安禄山而死者颜杲卿[15]乎？乃吾兄也。吾年八十，知守节而死耳，岂受汝辈诱胁[16]乎！"四使不敢复言。希烈乃使甲士十人守真卿于馆舍，掘坎[17]于庭，云欲坑[18]之，真卿怡然，见希烈曰："死生已定，何必多端！亟以一剑相与，岂不快公心事邪！"希烈乃谢之。

（以上为第二段，写颜真卿痛责李希烈背叛朝廷。）

【注释】

[1]须后命：等待皇帝追发的命令。郑叔则言此，示意他将上奏朝廷废止前令，追还颜真卿。 [2]李勉（717—788）：时为汴宋节度使。传见《旧唐书》卷一百三十一，《新唐书》卷一百三十一。 [3]邀：拦阻。 [4]奉家庙、抚诸孤：供奉家庙，抚育幼子。这是颜真卿给儿子书信的内容概括，表达了颜真卿的视死如归的忠臣精神，不言身外事。 [5]养子：李希烈所养壮士，皆赐姓李为子属，以致其死力。 [6]拟：作刺杀比划。 [7]剸（tuán）啗：脔割活人而吞食其肉。剸，细割。 [8]密启：密信。 [9]劝进：劝人即帝位，称尊号。 [10]都统：官名。

节制诸军的大元帅。李希烈讨梁崇义，加汉南北招讨使，故称。［11］韩、白之祸：谕功高震主而蒙冤受诛。韩，指西汉功臣淮阴侯韩信。白，指秦国名将白起。他们均因功高震主而被猜忌受祸。［12］四王：河北四镇，朱滔称冀王，王武俊称赵王，田悦称魏王，李纳称齐王，故称四王。事见上卷。［13］相公：李希烈加官平章事，故尊称相公。［14］太师：颜真卿在朝任太子太师，故四使尊称太师。［15］颜杲卿：颜真卿兄，骂安禄山而死。事见《资治通鉴》卷二百一十七肃宗至德元载。［16］诱胁：引诱胁迫。［17］掘坎：挖了一个陷坑。［18］坑：活埋。

戊戌[1]，以左龙武[2]大将军哥舒曜[3]为东都、汝州节度使，将凤翔、邠宁、泾原、奉天、好畤行营兵[4]万余人讨希烈，又诏诸道共讨之。曜行至郏城，遇希烈前锋将陈利贞，击破之；希烈势小沮[5]。曜，翰之子也。

希烈使其将封有麟据邓州[6]，南路遂绝，贡献、商旅皆不通。壬寅[7]，诏治上津[8]山路，置邮驿。

二月，戊申朔[9]，命鸿胪卿崔汉衡送区颊赞还吐蕃。

丙寅[10]，以河阳三城、怀、卫州为河阳军。

丁卯[11]，哥舒曜克汝州，擒周晃。

三月，戊寅[12]，江西节度使曹王皋败李希烈将韩霜露于黄梅[13]，斩之；辛卯[14]，拔黄州[15]。时希烈兵栅[16]蔡山[17]，险不可攻。皋声言西取蕲州[18]，引舟师溯江而上，希烈之将引兵循江随战[19]。去蔡山三百余里，皋乃复放舟顺流而下，急攻蔡山，拔之。希烈兵还救之，不及而败。皋遂进拔蕲州，表伊慎[20]为蕲州刺史，王锷[21]为江州刺史。

淮宁都虞候[22]周曾、镇遏兵马使[23]王玢、押牙[24]姚憺、韦清密输款[25]于李勉。李希烈遣曾与十将康秀琳将兵三万攻哥舒曜，至襄城[26]，曾等密谋还军袭希烈，奉颜真卿为节度使，使玢、憺、清为内应。希烈知之，遣别将李克诚将骡军[27]三千人袭曾等，杀之，并杀玢、憺及其党。甲午[28]，诏赠曾等官[29]。始，韦清与曾等约，事泄不相引，故独得免。清恐终及祸，说希烈请诣朱滔乞师，希烈遣之，行至襄邑[30]，逃奔刘洽。希烈闻周曾等有变，闭壁数日；其党寇尉氏、郑州者闻之，亦遁归。希烈乃上表归咎于周曾等，引兵还蔡州[31]，外示悔过从顺，实待朱滔等之援也。置颜真卿于龙兴寺[32]。

丁酉[33]，荆南节度使[34]张伯仪[35]与淮宁兵战于安州[36]，官军大败，伯仪仅以身免，亡其所持节。希烈使人以其节及俘馘[37]示颜真卿；真卿号恸投地[38]，绝而复苏[39]，自是不复与人言。

夏，四月，上以神策军使白志贞[40]为京城召募使，募禁兵以讨李希烈。志贞请诸尝为节度、观察、都团练使者，不问存没[41]，并勒[42]其子弟帅奴马自备资装从军，授以五品官；贫者甚苦之，人心始摇。

上命宰相、尚书与吐蕃区颊赞[43]盟于丰邑里[44]，区颊赞以清水之盟[45]，疆埸未定，不果盟[46]。己未[47]，命崔汉衡入吐蕃，决于赞普[48]。

庚申[49]，加永平、宣武、河阳都统李勉淮西招讨使[50]，东都、汝州节度使哥舒曜为之副，以荆南节度使张伯仪为淮西应援招讨使，山南东道节度使贾耽、江西节度使曹王皋为之副。上督哥舒曜进兵，曜至颍桥[51]，遇大雨，还保襄城。李希烈遣其将李光辉攻襄城；曜击却之。

（以上为第三段，写官军征讨李希烈。唐与吐蕃会盟划界。）

【注释】

[1]戊戌：正月二十一日。[2]左龙武：武官名。北衙六禁卫军之一。[3]哥舒曜：字子明，玄宗朝名将河西节度使哥舒翰之子，官至河南尹。传见《新唐书》卷一百三十五。[4]行营兵：屯于京畿的神策军。此指凤翔、邠宁、泾原三节镇之兵与屯于奉天、好畤的神策军，合万余人。[5]势小沮：嚣张的气焰略受挫折。[6]邓州：州名。治所穰县，在今河南邓州市。为江南财赋经荆襄通关中的要冲。[7]壬寅：正月二十五日。[8]上津：县名，属商州。县治在今湖北郧西西北。[9]戊申朔：二月一日。[10]丙寅：二月十九日。[11]丁卯：二月二十日。[12]戊寅：三月一日。[13]黄梅：县名，属蕲州。县治在今湖北黄梅县西北。[14]辛卯：三月十四日。[15]黄州：州名。治所在今湖北武汉市新洲区。黄州与蕲州毗邻，黄州在西，蕲州在东。[16]栅：驻兵营垒。[17]蔡山：在湖北黄梅县境。[18]蕲州：州治蕲春，在湖北黄梅县西。[19]循江随战：沿江尾随而战。[20]伊慎（744—811）：本李希烈部将，归正朝廷官至右仆射。传见《旧唐书》卷一百五十一、《新唐书》卷一百七十。[21]王锷（740—815）：字昆吾，太原人。曹王皋部将，以功历官岭南、淮南、河中等节度使，凡二十余年。传见《旧唐书》卷一百五十一，《新唐书》卷一百七十。[22]都虞候：节度使属官，职掌军法。[23]镇遏兵马使：节度使所置统兵官。[24]押牙：节度使亲将，职掌衙内警卫。[25]密输款：秘密往来，表示归诚。[26]襄城：县名，时属汝州。县治在今河南襄城县。[27]骡军：淮西少马，骑兵

以骡代马，称骡子军，骁勇善战。［28］甲午：三月十七日。［29］诏赠曾等官：下诏追赠周曾等以官位，嘉奖其归诚。［30］襄邑：县名，宋州属县。时宣武节度使刘洽镇宋州。［31］蔡州：即豫州，为淮宁本镇。李希烈从许州归还本镇。蔡州治所汝阳县，在今河南汝南县。［32］龙兴寺：蔡州佛寺名。［33］丁酉：三月二十日。［34］荆南节度使：即江陵节度使。［35］张伯仪：魏州人。传见《新唐书》卷一百三十六。［36］安州：州名。治所安陆市，今属湖北。［37］俘馘：活捉敌人称俘，杀死敌人取下一只耳朵代首级称馘。［38］号恸投地：大声痛哭而倒地。［39］绝而复苏：因悲痛休克而复苏，即死去活来。［40］白志贞：本名白琇珪，李光弼旧将，代宗时官至司农卿。德宗倚为腹心，授神策军使，赐名志贞。传见《旧唐书》卷一百三十五，《新唐书》卷一百六十七。［41］不问存没：不管在世还是殁世。［42］勒：勒令，严令。［43］区颊赞：吐蕃大臣，相当于唐宰相。［44］丰邑里：长安外部城坊名，又称丰里坊。［45］清水之盟：见本年正月十二日丁亥，唐宰相张镒与吐蕃尚结赞（即区颊赞）盟于清水划界，双方未达成协约。［46］不果盟：没有前来会盟。［47］己未：四月十三日。［48］决于赞普：唐与吐蕃的划界会盟，由吐蕃国君赞普裁决。［49］庚申：四月十四日。［50］招讨使：官名。战时所置招降讨逆等方面的大使，职与都统略同，战后则省。李勉为永平节度使，加永平、宣武、河阳三镇都统，今又加招讨使职以重其权。［51］颍桥：镇名，属襄城县。

五月，乙酉[1]，颍王璬[2]薨。

乙未[3]，以宣武节度使刘洽兼淄青招讨使。

李晟谋取涿、莫二州[4]，以绝[5]幽、魏往来之路，与张孝忠之子升云围朱滔所署易州刺史郑景济于清苑[6]，累月[7]不下。滔以其司武尚书[8]马寔为留守，将步骑万余守魏营，自将步骑万五千救清苑。李晟军大败，退保易州[9]。滔还军瀛州[10]，张升云奔满城[11]。会晟病甚，引军还保定州[12]。

王武俊以滔既破李晟，留屯瀛州，未还魏桥[13]，遣其给事中宋端趣之。端见滔，言颇不逊，滔怒，使谓武俊曰："滔以热疾，暂未南还，大王二兄[14]遽有云云[15]。滔以救魏博之故，叛君弃兄，如脱屣[16]耳。二兄必相疑[17]，惟二兄所为！"端还报，武俊自辨[18]于马寔，寔以状白滔，言："赵王知宋端无礼于大王，深加责让，实无他志。"武俊亦遣承令官[19]郑和随寔使者见滔，谢之。滔乃悦，相待如初。然武俊以是益恨滔矣。

六月，李抱真使参谋[20]贾林诣武俊壁诈降。武俊见之。林曰："林来奉诏[21]，非降也。"武俊色动[22]，问其故，林曰："天子知大夫宿著诚效[23]，及登坛之日[24]，抚膺[25]顾左右曰：'我本徇忠义[26]，天子不察。'诸将亦尝共表大夫之志。天子语使者曰，'朕前事诚误[27]，悔之无及。朋友失意，尚可谢，况朕为四海之主乎！"'武俊曰："仆胡人也，为将尚知爱百姓；况天子，岂专以杀人为事乎！今山东连兵，暴骨如莽[28]，就使克捷，与谁守之！仆不惮归国[29]，但已与诸镇结盟。胡人性直，不欲使曲在己[30]，天子诚能下诏赦诸镇之罪，仆当首唱从化[31]；诸镇有不从者，请奉辞伐之[32]。如此，则上不负[33]天子，下不负同列[34]，不过五旬，河朔定矣。"使林还报抱真，阴相约结[35]。

（以上为第四段，写王武俊与朱滔有隙，暗中与李抱真联络，萌生归顺之意，为德宗兴元大赦张本。）

【注释】

[1]乙酉：五月九日。[2]颍王璬：玄宗子。传见《旧唐书》卷一百七，《新唐书》卷八十二。[3]乙未：五月十九日。[4]涿、莫二州：涿州治所范阳县，在今河北涿州市。莫州治所莫县，在今河北雄县南。涿、莫二州为朱滔所领幽州节度使巡属。[5]绝：切断。[6]清苑：县名。县治在今河北保定市。[7]累月：连月，几个月。[8]司武尚书：朱滔称冀王后所置官名，掌军事，相当于唐朝廷的兵部尚书。[9]易州：州名。治所易州市，今属河北。在清苑北面。[10]瀛州：州名。治所河间县，即今河北河间市。在清苑东南面。[11]满城：县名，属易州。县治在今河北保定市满城区西北。[12]定州：州名。治所安喜县，在今河北定州市。定州在易州之南。[13]魏桥：桥名。在魏州西永济渠上，为朱滔、田悦、王武俊联兵叛乱的大本营。[14]大王二兄：指王武俊。王武俊排行第二，叛乱后称赵王，故朱滔称为大王二兄。[15]遽有云云：立即就说三道四。遽，突然，立即。[16]屣：无后跟的拖鞋。脱屣，形容轻易。[17]疑：怀疑，猜忌。[18]辨：分辩，解释。[19]承令官：节度使属官要籍，为亲随副官，无具体职掌。四镇反叛后，改要籍为承令官。[20]参谋：节度使属官，参与机密。[21]奉诏：奉天子之命。[22]色动：变了脸色。[23]宿著诚效：一向忠顺朝廷。指王武俊诛李惟岳事。宿著，一向态度鲜明。[24]登坛之日：指王武俊登坛称王之日。此为叛逆的婉辞。坛，盟誓祭坛。[25]抚膺：捶拍胸口。人在感情激动时的一种举动。[26]徇忠义：奉献忠义。[27]朕前事诚误：指德宗处置王武俊为团练使，未加节度使之事为失误。此王武俊反叛之原因。贾林先言王武俊的忠心，继言诏令追悔，归责于朝廷，以安王武俊之心，可谓擅长说辞。[28]暴骨如莽：形容死人

如麻，尸横遍野。白骨暴露，有如草莽。[29]归国：归顺朝廷。[30]曲在己：理曲在自己身上。[31]首唱从化：带头倡议归顺王化。[32]奉辞伐之：奉天子之令讨伐叛逆。[33]不负：不辜负，无惭。[34]同列：此指叛乱的同列，朱滔等人。[35]阴相约结：暗中互通往来。

庚戌[1]，初行税间架[2]、除陌钱[3]法。时河东、泽潞、河阳、朔方四军[4]屯魏县，神策、永平、宣武、淮南、浙西、荆南、江沔[5]、沔鄂、湖南、黔中、剑南、岭南诸军环淮宁之境[6]。旧制，诸道军出境，皆仰给度支[7]；上优恤士卒[8]，每出境，加给酒肉[9]，本道粮仍给其家，一人兼三人之给，故将士利之。各出军才逾境而止，月费钱百三十余万缗，常赋[10]不能供。判度支[11]赵赞乃奏行二法[12]：所谓税间架者，每屋两架为间，上屋税钱二千，中税千，下税五百，吏执笔握算，入人室庐计其数[13]。或有宅屋多而无他资者，出钱动数百缗。敢匿一间，杖六十，赏告者钱五十缗。所谓除陌钱者，公私给与及卖买，每缗官留五十钱，给他物及相贸易者，约钱为率[14]。敢隐钱百，杖六十，罚钱二千，赏告者钱十缗，其赏钱皆出坐事之家。于是愁怨之声，盈于远近。

丁卯[15]，徙郴王逾为丹王，鄜王遘[16]为简王。

庚午[17]，答蕃判官[18]监察御史于颀与吐蕃使者论剌没藏[19]至自青海，言疆埸[20]已定，请遣区颊赞归国。秋，七月，甲申[21]，以礼部尚书李揆[22]为入蕃会盟使。壬辰[23]，诏诸将相与区颊赞盟于城西。李揆有才望，卢杞恶之，故使之入吐蕃。揆言于上曰："臣不惮远行，恐死于道路，不能达诏命！"上为之恻然，谓杞曰："揆无乃太老！"杞曰："使远夷，非谙练[24]朝廷故事者不可。且揆行，则自今[25]年少于揆者不敢辞远使矣。"

（以上为第五段，写唐朝廷国库空竭，强征间架税和除陌钱以补军用，士民苦之。）

【注释】

[1]庚戌：六月五日。[2]行税间架：征房产税。两架为一间，上屋税钱两千，中税千，下税五百。[3]除陌钱：凡公私给予及买卖，每缗官留五十钱。即一切交易，每笔抽取百分之五的

消费税。民皆苦之。[4]四军：四镇之军，屯魏县讨田悦。[5]江泗：为江西之误，指江南西道。[6]环淮宁之境：诸镇军环绕在淮宁境内征讨李希烈。[7]仰给度支：依赖朝廷供给。唐制，诸镇兵在本境，由本道按比例截留的税赋自给，因出征或防戍，出境后由朝廷户部度支司供给。[8]上优恤士卒：皇上从优关爱出征将士。恤，关爱。[9]加给酒肉：外加一份酒肉钱。[10]常赋：国家每年例行的征税。河北、淮西两处战事，每月耗资一百三十万缗。正常赋税不足以供给，于是加征苛税兴起。[11]判度支：财税大臣。[12]二法：指征间架税和除陌钱。[13]入人室庐计其数：挨家挨户进入门户查点房间数。[14]约钱为率：其他财物及以物易物者，都要折算为钱，按每缗五十钱的比率征税。率，比率，标准。每缗千钱，除陌钱，相当于征5%的所得税。[15]丁卯：六月二十二日。[16]郴王逾、鄘王遘：二王皆德宗之弟。[17]庚午：六月二十五日。[18]答蕃判官：为出使吐蕃专使，临时所加官名。[19]论敕没藏：人名。吐蕃遣唐使。[20]疆埸（yì）：疆界。[21]甲申：七月九日。[22]李揆：字端卿，陇西望族，历仕肃、代、德三朝。忠正敢言为宰相卢杞所忌，时年七十余使入吐蕃为会盟使，还卒凤州。传见《旧唐书》卷一百二十六，《新唐书》卷一百五十。[23]壬辰：七月十七日。[24]谙练：十分精熟。[25]自今：从此以后。

八月，丁未[1]，李希烈将兵三万围哥舒曜于襄城，诏李勉及神策将刘德信将兵救之。乙卯[2]，希烈将曹季昌以随州[3]降，寻复为其将康叔夜所杀。

初，上在东宫[4]，闻监察御史嘉兴陆贽[5]名，即位，召为翰林学士[6]，数问[7]以得失。时两河[8]用兵久不决，赋役日滋[9]，贽以兵穷民困，恐别生内变，乃上奏，其略曰："克敌之要，在乎将得其人；驭将之方，在乎操得其柄[10]。将非其人者，兵虽众不足恃；操失其柄者，将虽材不为用。"又曰："将不能使兵，国不能驭将，非止费财玩寇[11]之弊，亦有不戢自焚之灾[12]。"又曰："今两河、淮西为叛乱之帅者，独四五凶人[13]而已。尚恐其中或遭诖误[14]，内蓄危疑[15]；苍黄失图[16]，势不得止[17]。况其余众，盖并协从[18]，苟知全生，岂愿为恶[19]！"又曰："无纾[20]目前之虞，或兴意外之变。人者，邦之本也[21]。财者，人之心也。其心伤则其本伤，其本伤则枝干颠瘁[22]矣。"又曰："人摇不宁，事变难测[23]，是以兵贵拙速，不贵巧迟[24]。若不靖于本[25]而务救于末[26]，则救之所为，乃祸之所起也。"又论关中形势，以为："王者蓄威以昭德，偏废则危[27]；居重以驭轻，倒持则悖[28]。王畿[29]者，四方之本也。太宗列置府兵[30]，分隶禁卫，大凡诸府八百余所，'而在关中者殆五百焉。举天下不敌关中，则居重驭轻之意明矣。承平渐久，武备浸微，虽府卫具存而卒乘罕习[31]。故禄山窃倒持之柄，乘外重之资，一举滔天，两京不守。尚赖西边有兵，诸牧[32]有马，每州有粮，故肃宗得以中兴。乾元之后，继有外虞[33]，悉师东讨，边备既弛[34]，禁戎亦空[35]，吐蕃乘虚，深入为寇，故先皇[36]帝莫与为御[37]，避之东游[38]。是皆失居重驭轻之权，忘深根固柢之虑。内寇则崤、函失险[39]，外侵则汧、渭为戎[40]。于斯之时，虽有四方之师，宁救一朝之患？陛下追想及此，岂不为之寒心哉！今朔方、太原之众，远在山东[41]；神策六军[42]之兵，继出关外。傥有贼臣啗寇[43]，黠虏觑边[44]，伺隙乘虚，微犯亭障[45]，此愚臣所窃忧也。未审陛下其何以御之！侧闻伐叛之初，议者多易其事[46]，佥谓有征无战，役不逾时[47]，计兵未甚多，度费未甚广[48]，于事为无扰，于人为不劳[49]；曾不料兵连祸拏[50]，变故难测，日引月长，渐乖始图[51]。往岁[52]为天下所患，咸谓除之则可致升平者，李正己、李宝臣、梁崇义、田悦是也。往岁为国家所信，咸谓任之则可除祸乱者，朱滔、李希烈是也。既而正己死，李纳继之；宝臣死，惟岳继之；崇义平，希烈叛；惟岳戮，朱滔携[53]。然则往岁之所患者，四去其三[54]矣，而患竟不衰；往岁之所信，今则自叛[55]矣，而余又难保。是知立国之安危在势[56]，任事之济[57]否在人。势苟安，则异类同心也；势苟危，则舟中敌国[58]也。陛下岂可不追鉴往事，惟新令图[59]，修偏废之柄[60]以靖人，复倒持之权以固国！而乃孜孜汲汲[61]，极思劳神，徇[62]无已之求，望难必之效[63]乎！今关辅[64]之间，征发已甚，宫苑之内，备卫不全[65]。万一将帅之中，又如朱滔、希烈，或负固边垒[66]，诱致豺狼[67]，或窃发郊畿，惊犯城阙[68]，此亦愚臣所窃为忧者也，未审陛下复何以备之！陛下傥[69]过听愚计[70]，所遣神策六军李晟等及节将子弟[71]，悉可追还；明敕泾、陇、邠、宁[72]，但令严备封守[73]，仍云更不征发，使知各保安居。又降德音[74]，罢京城及畿县间架等杂税，则冀已输者弭怨，见处者获宁[75]，人心不摇，邦本自固。”上不能用。

壬戌[76]，以汴西运使[77]崔纵[78]兼魏州四节度都粮料使[79]。纵，涣之子也。

（以上为第六段，写陆贽上疏论治国之要，重根本，重民生，即加强京师防务，不要滥征苛税，建议朝廷调整讨逆方略，德宗没有采纳。）

【注释】

[1]丁未：八月二日。[2]乙卯：八月十日。[3]随州：州名，山南东道巡属。治所随州市，今属湖北。[4]上在东宫：指德宗为太子时。[5]陆贽（754—805）：苏州嘉兴（今属浙江）人，字敬舆。大历进士，德宗用为翰林学士，参决机要，官至丞相。后遭裴延龄所谗，贬居忠州。陆贽所作奏议，多用排偶，文理精密，称《陆宣公奏议》行于世。传见《旧唐书》卷一百三十九，《新唐书》卷一百五十七。[6]翰林学士：官名。直宿宫中，代皇帝起草制令。[7]数问：多次征询。[8]两河：河南、河北。[9]赋役日滋：赋税及兵役、徭役一天天增加。[10]操得其柄：任用得当。指制控的权力得当。[11]玩寇：玩忽盗寇，姑息放纵。[12]不戢自焚之灾：谓兵火不息而终于导致自我灭亡。戢，止息。典出《左传》，“兵犹火也，不戢将自焚”。[13]四五凶人：指河北则朱滔、王武俊、田悦，河南则李纳，淮西则李希烈。[14]诖（guà）误：被裹胁牵累而犯罪。[15]内蓄危疑：内心蓄积自危的疑惧。[16]苍黄失图：匆忙之中考虑失计。苍黄，即匆忙，仓皇。[17]势不得止：逆乱之势不得停止，即形势所逼而为乱。[18]盖并胁从：作乱的多数人大抵都是被胁迫而随从的。[19]苟知全生，岂愿为恶：如果他们知道还有活路，难道还要作恶吗？[20]纾：解除。[21]人者，邦之本也：人民是国家的根本。《尚书·五子之歌》：“民惟邦本”。唐代避李世民讳，民，改作人。[22]颠瘁：毁灭。[23]人摇不宁，事变难测：人心动摇则不安宁，事变发生则难以测度。此谓用兵为难事，不可动摇人心，要估计和预测各种事变的发生。[24]兵贵拙速，不贵巧迟：用兵要以看似笨拙而神速为可贵，不以精巧而迟缓为可贵。即用兵利在速决而弊生于持久。[25]靖于本：安定根本。指安定民心，使有生计。[26]务救于末：致力于救助末稍。指用武力平乱。[27]王者蓄威以昭德，偏废则危：做天子的应该既蓄积威严，又昭示恩德，如果偏废一个方面，便有危险。谓君王要树威施德，为政宽严相济。[28]居重以驭轻，倒持则悖：天子应该居于重兵防守之地，用以控制轻兵屯戍之地，如果轻重倒置，便不合事理。重地，指京师之地，用重兵防守。轻地，指地方，不能有重兵，以防尾大不掉。[29]王畿：指京师重地。[30]府兵：唐初实行的兵役制度，兵籍隶军府。《新唐书·兵志》说全国共六百三十四府，与此下文“八百余所”有出入。[31]卒乘罕习：兵马的演练十分罕见。府兵制，军户壮丁农忙耕种，农闲操练。中唐后府兵衰落，不见操练。[32]诸牧：诸养马牧苑。即国家兴办的军马场，集中在西北各州郡。[33]乾元之后，继有外虞：指肃宗之后，外患相继发生。乾元，肃宗第二个年号。乾元年间平定安史之乱，因河西兵东调，代宗时吐蕃乘机

扰乱，河西地尽没。［34］弛：废弛。［35］禁戎亦空：禁兵复又空虚。［36］先皇：指代宗。［37］莫与为御：指没有可以抵御外患的军队。［38］避之东游：代宗广德元年（763），吐蕃人寇犯京师，代宗东幸陕州以避其锋。［39］内寇则崤、函失险：内乱起来，崤山、函谷关之险不守。内乱，指安史之乱，崤山、函谷关挡不住叛军攻入长安。［40］外侵则汧、渭为戎：外敌扰边，汧水、渭水沦为戎狄的牧场。外侵，指吐蕃陷陇右，逼京师。汧、渭，指代陇右。［41］山东：华山之东。朔方，指李怀光；太原，指马燧，二镇之兵讨田悦，远调在山东。［42］神策六军：禁军分为左、右羽林，左、右龙武，左、右神策共六军，以神策最盛。其时李晟、哥舒曜、刘德信等皆率神策军，相继出关。［43］贼臣啗寇：指窃国之臣为山东叛逆所诱而兴起内乱。陆贽不幸言中，不久果有朱泚之乱。啗寇，谓为寇所诱。朱泚之乱，为朱滔所诱。［44］黠虏觑边：奸猾的外寇窥伺边境。［45］伺障乘虚，微犯亭障：看准缝隙，乘虚而入，暗中进犯边防亭障。［46］议者多易其事：主张讨伐田悦等的人，都把用兵的事看得太容易了。［47］佥谓有征无战，役不逾时：大家都说调兵出征不会有大的战事，兵役不会超过计划的时间。佥谓，众人纷纷议论。有征无战，只要朝廷出征，不用战斗叛臣就会归顺。逾时，超过预计的时间，指战役在掌控之中。或谓，时，指一个季度，亦通，译文依此。［48］计兵未甚多，度费未甚广：估计用不了多少兵，花不了多少钱。计，度，互文，皆指计量、估算。［49］于事为无扰，于人为不劳：指讨逆平叛，不会扰乱国事，不会辛劳百姓。［50］兵连祸拏：战事连绵，祸患不断。拏，牵引，滋生。［51］渐乖始图：逐渐背离了原始的计划。乖，背离。［52］往岁：前几年，先前。［53］携：与上文“叛”对文，亦为叛离之义。［54］四去其三：以往所认为的四个凶人李正己、李宝臣、梁崇义、田悦，除田悦尚存外，三人已死。［55］自叛：自行反叛。指李希烈、朱滔，先前认为国家可信赖的人，却自行叛乱。［56］安危在势：国家的安全与危难，是由形势来决定的。［57］济：成功。办事的成功，取决于用人。［58］舟中敌国：同舟共渡的人都要互相敌视。［59］惟新令图：革新法度，励精图治。令图，善治，即励精图治。［60］偏废之柄，倒持之权：因排句而变文，皆指京师弱而藩镇强的局面。［61］孜孜汲汲：孜孜与汲汲，都是形容不倦追求的样子。［62］徇：经营，追求。［63］望难必之效：指德宗希求革除藩镇世袭的成效，难以急功近利地达到。［64］关辅：指京畿关中之地。［65］宫苑之内，备卫不全：北军屯于禁苑，其时皆调戍行营。禁卫已不健全。指宫卫空虚。［66］负固边垒：依恃边塞的险固。此指边将叛离。［67］诱致豺狼：勾引外敌。［68］城阙：京城与宫阙。［69］傥：如果。［70］过听愚计：屈尊听从我的计谋。过听，听从我的错误意见。陆贽谦词，意译为屈尊。［71］节将子弟：指白志贞所奏遣的持节将领的东征子弟。［72］泾、陇、邠、宁：皆州名，京畿道西北诸州，居高临下拱卫京师。泾州治所临泾，在今甘肃镇原县。陇州治所汧源，在今陕西陇县。宁州治所在今甘肃宁县。邠州治所在今陕西彬州市。［73］严备封守：严密戒备，守卫封疆。［74］降德音：颁发优待诏令。［75］冀已输者弭怨，见处者获宁：可以希望那些已经交纳重税的人消除怨恨，现今居住在京城及畿内的人获得安宁。见，通“现”。［76］壬戌：八月十七日。［77］汴西运使：置汴东汴西运使事见上卷建中三年。［78］崔纵：崔涣之子。崔涣，代宗朝官至吏部尚书。崔纵官至太常卿。传见《旧唐书》卷一百零八，《新唐书》卷一百二十。［79］粮料使：战时设置粮饷供应的军需官。崔纵负责河东节度使马燧、泽潞节度使李抱真、河阳节度使李艽、朔方节度使李怀光等四军的粮饷供应，计划筹运，仰给度支。

九月，丙戌[1]，神策将刘德信、宣武将唐汉臣与淮宁将李克诚战，败于沪涧[2]。时李勉遣汉臣将兵万人救襄城，上遣德信帅诸将家应募者[3]三千人助之。勉奏："李希烈精兵皆在襄城，许州空虚，若袭许州，则襄城围自解。"遣二将趣[4]许州，未至数十里，上遣中使[5]责其违诏，二将狼狈而返[6]，无复斥候[7]。克诚伏兵邀[8]之，杀伤太半[9]。汉臣奔大梁，德信奔汝州；希烈游兵剽掠至伊阙[10]。勉复遣其将李坚帅四千人助守东都，希烈以兵绝其后，坚军不得还。汴军由是不振，襄城益危。

上以诸军讨淮宁者不相统壹，庚子[11]，以舒王谟[12]为荆襄等道行营都元帅[13]，更名谊；以户部尚书萧复[14]为长史[15]，右庶子孔巢父[16]为左司马，谏议大夫樊泽[17]为右司马，自余将佐皆选中外之望。未行，会泾师作乱而止。复，嵩之孙也；巢父，孔子三十七世孙也。

（以上为第七段，写德宗遥控军事，导致汴军大败，襄城危急。）

【注释】

［1］丙戌：九月十二日。［2］沪涧：地名。据《考异》，此役官兵败于汝州薛店。旧城在今河南郏县西。［3］诸将家应募者：即白志贞所奏应募的将家子弟。［4］趣：奔袭，趋向。［5］中使：宫中所遣宦官使者。［6］狼狈而返：主将令向许州，中使责其违逆圣旨不救襄城，二将无所适从，故狼狈退兵。［7］斥候：侦察敌情的哨兵。［8］邀：拦击。［9］太半：大半，三分之二。［10］伊阙：地名。伊水两岸之山相对如门故名。在洛阳南。［11］庚子：九月二十六日。［12］舒王谟：德宗之子，初名谟，后更名谊。传见《旧唐书》卷一百五十，《新唐书》卷八十二。［13］都元帅：大元帅。［14］萧复：玄宗朝宰相萧嵩之孙。官至门下侍郎。传见《旧唐书》卷一百二十五，《新唐书》卷一百一。［15］长史：官名。丞相府、大将军府，皆置长史，掌理秘书之职。这里指以萧复为舒王谊行营都元帅之长史。［16］孔巢父：传见《旧唐书》卷一百五十四，《新唐书》卷一百六十三。［17］樊泽：传见《旧唐书》卷一百二十二，《新唐书》卷一百五十九。

上发泾原诸道兵救襄城。冬，十月，丙午[1]，泾原[2]节度使姚令言[3]将兵五千至京师。军士冒雨，寒甚，多携子弟而来，冀得厚赐遗其家，既至，一无所赐。丁未[4]，发至浐水[5]，诏京兆尹[6]王翃[7]犒师，惟粝食[8]菜馅[9]；众怒，蹴而覆之[10]，因扬言[11]曰："吾辈将死于敌，而食且不饱，安能以微命[12]拒白刃邪！闻琼林、大盈二库[13]，金帛盈溢，不如相与取之。"乃擐甲张旗鼓噪[14]，还趣京城。令言入辞[15]，尚在禁中[16]，闻之，驰至长乐阪[17]，遇之。军士射令言，令言抱马鬣突入乱兵，呼曰："诸君失计！东征立功，何患不富贵，乃为族灭之计乎！"军士不听，以兵拥令言而西[18]。上遽命[19]赐帛，人二匹；众益怒，射中使。又命中使宣慰，贼已至通化门[20]外，中使出门，贼杀之。又命出金帛[21]二十车赐之；贼已入城，喧声浩浩[22]，不复可遏[23]。百姓狼狈骇走[24]，贼大呼告之曰："汝曹勿恐，不夺汝商货僦质[25]矣！不税汝间架陌钱矣！"上遣普王谊、翰林学士姜公辅出慰谕之；贼已陈于丹凤门[26]外，小民聚观者以万计。

初，神策军使白志贞掌召募禁兵，东征死亡者志贞皆隐不以闻，但受市井富儿赂而补之，名在军籍受给赐，而身居市廛为贩鬻[27]。司农卿段秀实[28]上言："禁兵不精，其数全少，卒有患难，将何待之！"不听。至是，上召禁兵以御贼，竟无一人至者。贼已斩关[29]而入，上乃与王贵妃、韦淑妃、太子、诸王、唐安公主自苑北门出，王贵妃以传国宝系衣中以从；后宫诸王、公主不及从者什七八。

初，鱼朝恩[30]既诛，宦官不复典兵，有窦文场、霍仙鸣[31]者，尝事上于东宫，至是，帅宦官左右仅百人以从，使普王谊前驱，太子执兵以殿[32]。司农卿郭曙以部曲数十人猎苑[33]中，闻跸[34]，谒道左[35]，遂以其众从。曙，暧[36]之弟也。右龙武军使令狐建[37]方教射于军中，闻之，帅麾下四百人从，乃使建居后为殿。

姜公辅[38]叩马言曰："朱泚[39]尝为泾帅，坐弟滔之故，废处京师，心尝怏怏。臣谓陛下既不能推心待之，则不如杀之，毋贻后患。今乱兵若奉以为主，则难制矣。请召使从行。"上仓猝不暇用其言，曰："无及矣！”遂行。夜至咸阳，饭数匕而过[40]。时事出非意，群臣皆不知乘舆所之。卢杞、关播逾中书垣[41]而出。白志贞、王翃及御史大夫于颀[42]、中丞刘从一[43]、户部侍郎赵赞、翰林学士陆贽、吴通微等追及上于咸阳。颀，頔之从父兄弟；从一，齐贤之从孙也。

贼入宫，登含元殿，大呼曰："天子已出，宜人自求富！"遂欢噪[44]，争入府库，运金帛，极力而止。小民因之，亦入宫盗库物，通夕不已。其不能入者，剽夺[45]于路。诸坊[46]居民各相帅自守。姚令言与乱兵谋曰："今众无主，不能持久，朱太尉闲居私第，请相与奉之。"众许诺。乃遣数百骑迎泚于晋昌里[47]第。夜半，泚按辔列炬[48]，传呼入宫，居含元殿，设警严，自称权知六军[49]。

戊申旦[50]，泚徙居白华殿，出榜于外，称："泾原将士久处边陲，不闲[51]朝礼，辄入宫阙，致惊乘舆，西出巡幸。太尉已权临六军，应神策军士及文武百官凡有禄食者，悉诣行在[52]；不能往者，即诣本司[53]。若出三日，检勘彼此无名者，皆斩！"于是百官出见泚，或劝迎乘舆；泚不悦，百官稍稍遁去。

源休[54]以使回纥还，赏薄，怨朝廷，入见泚，屏人密语移时[55]，为泚陈成败，引符命[56]，劝之僭逆。泚喜，然犹未决。宿卫诸军举白幡降者，列于阙前甚众。泚夜于苑门出兵，旦自通化门入，络绎不绝，张弓露刃，欲以威众。

上思桑道茂之言[57]，自咸阳幸奉天[58]。县僚闻车驾猝至，欲逃匿山谷，主簿[59]苏弁[60]止之。弁，良嗣之兄孙也。文武之臣稍稍继至。己酉[61]，左金吾大将军浑瑊[62]至奉天。瑊素有威望，众心恃之稍安。

（以上为第八段，写泾原兵出征，变起京师，德宗蒙尘，出逃奉天。）

【注释】

[1]丙午：十月二日。[2]泾原：方镇名。代宗大历三年（768）置。治所泾州。[3]姚令言：泾原节度使马璘旧将，继任节度，建中四年倡乱京师，奉朱泚为帝。兵败被诛。传见《旧唐书》卷一百二十七，《新唐书》卷二百二十五中。[4]丁未：十月三日。[5]浐水：水名。在长安东汇灞水入于渭，为关中八川之一。[6]京兆尹：官名。京师长安行政长官。[7]王翃：传见《旧唐书》卷一百五十七，《新唐书》卷一百四十三。[8]粝食：粗米饭。[9]菜啖：菜饼。

[10]蹴而覆之：用脚踢翻犒师食品。[11]扬言：宣言。[12]微命：小命，不值钱的生命。兵士愤怒之言。[13]琼林、大盈二库：玄宗时所置宫中内库，宦官主之，专供皇帝挥霍赏赐之用。[14]鼓噪：击鼓呐喊。[15]入辞：入宫陛辞皇帝。[16]禁中：宫中。[17]长乐阪：在长安城东浐水之西。[18]以兵拥令言而西：用兵器簇拥着姚令言向西进发还京师。[19]遽命：立即下令。[20]通化门：长安东城北头第一个城门。[21]金帛：金银锦帛。[22]喧声浩浩：喧闹之声响彻天空。[23]遏：制止。[24]骇走：惊骇逃跑。[25]僦质：典当利钱。[26]丹凤门：大明宫正南门。[27]名在军籍受给赐，而身居市廛为贩鬻：此二句意谓市井富儿，名字写在神策军户籍里领受供给与赏赐，而自身仍住在商铺之中贩卖货物。给赐，获得供给与赏赐。市廛，商铺。[28]段秀实（719—783）：字成公，官至司农卿。京师乱，德宗出奔奉天，朱泚遣将韩旻追乘舆，段秀实倒用司农印追韩旻还，天子得全。秀实又谋杀朱泚，不果遇害。传见《旧唐书》卷一百二十八，《新唐书》卷一百五十三。[29]斩关：破宫门。[30]鱼朝恩：代宗朝擅权宦官，被诛事见《资治通鉴》卷二百二十四代宗大历五年（770）。[31]窦文场、霍仙鸣：德宗东宫时宦者，又扈驾有功而得幸，成为德宗朝的擅权宦官。鱼、窦、霍诸擅权宦官，传见两唐书宦官传。[32]太子执兵以殿：德宗仓皇出奔，无以为卫，太子李诵亲自执兵殿后。[33]苑：京师上林苑，在长安城北，东至灞水，北枕渭水，西连汉长安故城。[34]跸：天子出行戒严称警跸，此指车驾。[35]谒道左：拜谒于道左。[36]曙、暧：郭曙、郭暧，皆郭子仪之子。[37]令狐建：传见《旧唐书》卷一百二十四，《新唐书》卷一百四十八。[38]姜公辅：时为谏议大夫，同中书门下平章事。传见《旧唐书》卷一百三十八，《新唐书》卷一百五十二。[39]朱泚：朱滔兄，卢龙节度留后。朱泚入朝，加中书令，进拜太尉。驻防泾州，事见《资治通鉴》卷二百二十六德宗建中元年（780）。朱泚坐弟朱滔之叛，废居京师第，事见上卷上年。[40]饭数匕而过：只吃了几勺饭就急匆匆赶过咸阳。极言奔逃狼狈之状。[41]逾中书垣：翻过中书省的墙垣。[42]于颀：字休明。传见《旧唐书》卷一百四十六，《新唐书》卷一百四十九。[43]刘从一：高宗朝宰相刘齐贤从孙，官至中书侍郎。传见《旧唐书》卷一百二十五，《新唐书》卷一百六。[44]欢噪：欢呼哄闹。[45]剽夺：抢劫。[46]诸坊：各个坊里，为都城林泉形胜之地。[47]晋昌里：长安外郭城坊名，又称晋昌坊，在京城启夏门北入东街第三坊。[48]按辔列炬：扣紧马缰在夹道排列的火炬中缓行。[49]权知六军：权宜执掌六军。[50]戊申旦：十月四日早晨。[51]闲：熟习。[52]行在：皇帝出巡，所止之地曰行在。[53]本司：本官官署。指朱泚太尉官署。[54]源休：为京兆尹，使回纥，卢杞忌休得宠，奏为光禄卿，源休认为赏薄而怨。朱泚乱逆，休出为伪相，自比萧何。传见《旧唐书》卷一百二十七，《新唐书》卷二百二十五中。[55]密语移时：秘密交谈了很长时间。古代以干支记时，一昼夜十二时。移时，跨了两个时辰，表示时间之长。[56]符命：天命。古人认为天降祥瑞为人君得天命之符，称符命。[57]桑道茂之言：术士桑道说德宗当有离宫之灾。事见《资治通鉴》卷二百二十六德宗建中元年（780）。[58]奉天：县名。县治在今陕西乾县。[59]主簿：县主簿，佐县令处理日常事

务。［60］苏弁：字元容，官至户部侍郎。传见《旧唐书》卷一百八十九下、《新唐书》卷一百三。［61］己酉：十月五日。［62］浑瑊（736—799）：中唐名将。代宗时从郭子仪击退吐蕃入侵。德宗蒙尘，护驾守奉天，与李晟等平定朱泚及李怀光之乱。官邠、宁、庆副元帅，兼中书令。传见《旧唐书》卷一百三十四，《新唐书》卷一百五十五。

庚戌[1]，源休劝朱泚禁十城门[2]，毋得出朝士，朝士往往易服为佣仆潜出。休又为泚说诱文武之士，使之附泚。检校司空、同平章事李忠臣久失兵柄[3]，太仆卿张光晟[4]自负其才，皆郁郁不得志，泚悉起而用之。工部侍郎蒋镇[5]出亡，坠马伤足，为泚所得。先是休以才能，光晟以节义，镇以清素，都官员外郎彭偃[6]以文学，太常卿敬釭[7]以勇略，皆为时人所重，至是皆为泚用。

凤翔、泾原将张廷芝、段诚谏将数千人救襄城，未出潼关，闻朱泚据长安，杀其大将陇右兵马使戴兰，溃归于泚。泚于是自谓众心所归，谋反遂定。以源休为京兆尹、判度支，李忠臣为皇城使[8]。百司供亿[9]，六军宿卫[10]，咸拟乘舆[11]。

辛亥[12]，以浑瑊为京畿、渭北节度使，行在都虞候白志贞为都知兵马使[13]，令狐建为中军鼓角使，以神策都虞候侯仲庄为左卫将军兼奉天防城使。

朱泚以司农卿段秀实久失兵柄[14]，意其必怏怏，遣数十骑召之。秀实闭门拒之，骑士逾垣入，劫之以兵。秀实自度不免，乃谓子弟曰："国家有患，吾于何避之，当以死徇社稷；汝曹宜人自求生。"乃往见泚。泚喜曰："段公来，吾事济矣。"延坐[15]问计。秀实说之曰："公本以忠义著闻天下，今泾军以犒赐不丰，遽有披猖[16]，使乘舆播越[17]。夫犒赐不丰，有司之过也，天子安得知之！公宜以此开谕将士，示以祸福，奉迎乘舆，复归宫阙，此莫大之功也！"泚默然不悦，然以秀实与己皆为朝廷所废，遂推心委之。左骁卫将军[18]刘海宾[19]、泾原都虞候[20]何明礼、孔目官[21]岐灵岳，皆秀实素所厚[22]也，秀实密与之谋诛泚，迎乘舆。

上初至奉天，诏征近道兵入援。有上言[23]："朱泚为乱兵所立，且来攻城，宜早修守备。”卢杞切齿言[24]曰：“朱泚忠贞，群臣莫及，奈何言其从乱，伤大臣心！臣请以百口保其不反。”上亦以为然。又闻群臣劝泚奉迎，乃诏诸道援兵至者皆营于三十里外。姜公辅谏曰：“今宿卫单寡，防虑不可不深，若泚竭忠奉迎，何惮于兵多；如其不然，有备无患。”上乃悉召援兵入城，卢杞及白志贞言于上曰：“臣观朱泚心迹，必不至为逆，愿择大臣入京城宣慰以察之。”上以诸从臣[25]皆畏惮，莫敢行；金吾将军吴溆[26]独请行，上悦。溆退而告人曰：“食其禄而违其难，何以为臣！吾幸托肺附，非不知往必死，但举朝无蹈难[27]之臣，使圣情慊慊[28]耳！”遂奉诏诣泚。泚反谋已决，虽阳为受命，馆溆于客省，寻杀之。溆，凑之兄也。

泚遣泾原兵马使韩旻将锐兵三千，声言迎大驾，实袭奉天。时奉天守备单弱，段秀实谓岐灵岳曰：“事急矣！”使灵岳诈为姚令言符，令旻且还，当与大军俱发。窃令言印未至，秀实倒用司农印印符，募善走者追之。旻至骆驿[29]，得符而还。秀实谓同谋曰：“旻来，吾属无类[30]矣！我当直搏[31]泚杀之，不克[32]则死，终不能为之臣也！”乃令刘海宾、何明礼阴结军中之士，欲使应之于外。旻兵至，泚、令言大惊；岐灵岳独承其罪而死，不以及秀实等。

是日，泚召李忠臣、源休、姚令言及秀实等议称帝事。秀实勃然起，夺休象笏[33]，前唾泚面，大骂曰：“狂贼！吾恨不斩汝万段，岂从汝反邪！”因以笏击泚，泚举手捍之，才中其额，溅血洒地，泚与秀实相搏汹汹[34]，左右猝愕[35]，不知所为。海宾不敢进，乘乱而逸。忠臣前助泚，泚得匍匐脱走。秀实知事不成，谓泚党曰：“我不同汝反，何不杀我！”众争前杀之。泚一手承血[36]，一手止其众曰：“义士也！勿杀。”秀实既死，泚哭之甚哀，以三品礼葬之[37]。海宾缞服[38]而逃，后二日，捕得，杀之；亦不引何明礼。明礼从泚攻奉天，复谋杀泚，亦死。上闻秀实死，恨委用不至，涕泗久之。

（以上为第九段，写变乱之中，忠奸分明，源休助贼，段秀实殉国。奸相卢杞继续作恶，排抑大臣，德宗昏愚，竟不知觉。）

【注释】

［1］庚戌：十月六日。［2］十城门：唐都长安，京城东面通化、春明、延兴三门，南面启夏、明德、安化三门，西延秋、金光、开远三门，北光化一门，总计十门。［3］李忠臣久失兵柄：事见《资治通鉴》卷二百二十五代宗大历十四年（779）。［4］张光晟：张光晟为振武留后，因杀回纥使被征入朝为太仆卿，又贬为睦王傅。事见《资治通鉴》卷二百二十六德宗建中元年（780）。［5］蒋镇：镇妹婿源溥，为源休之弟，故镇与源休交厚，休为泚说客，镇于是委身事泚。传见《旧唐书》卷一百二十七，《新唐书》卷二百二十四下。［6］彭偃：为朱泚草伪诏制令。传见《旧唐书》卷一百二十七，《新唐书》卷二百二十五中。［7］敬釭：人名。两唐书无传。［8］皇城使：官名。职掌宫城各门的开关事务。唐初为城门郎，中唐改为皇城使。［9］百司供亿：政府各部门的供给。［10］六军宿卫：指用神策六军警卫皇城。［11］咸拟乘舆：一律按皇帝的规格。［12］辛亥：十月七日。［13］都知兵马使：节度使属官，总理兵马军政。此以行在都虞候白志贞为京畿渭北节度使浑瑊之属官，由浑瑊统一指挥，实际是以白志贞负监军之任。［14］段秀实失兵柄：事见《资治通鉴》卷二百二十六德宗建中元年（780）。［15］延坐：迎请入座。［16］遽有披猖：突然发生了猖狂事件。［17］播越：专指天子遇难逃奔。［18］左骁卫将军：十六卫将军之一。［19］刘海宾：彭城（今江苏徐州市）人，原为泾原兵马将，因诛刘文喜功拜左骁卫大将军，与段秀实友善。其传附段秀实传中，见《新唐书》卷一百五十三。［20］都虞候：节度使属官，掌军法。［21］孔目官：节度使属官，总理日常事务。军府事无论大小皆经其手，言一孔一目无不综理，故称孔目官。［22］素所厚：一向厚待的人。［23］有上言：有人上疏揭发朱泚为逆事。［24］切齿言：咬紧牙齿说话。极言卢杞听忠直言失态，恶狠狠的样子。［25］诸从臣：据章校，“诸”作“问”，谓德宗“问从臣”，是。《新唐书·吴溆传》作“德宗顾左右”，可资参证。［26］吴溆：肃宗章敬吴皇后之弟，官至十六卫之一金吾将军、奉旨宣慰朱泚，为泚所害。传见《旧唐书》卷一百八十三、《新唐书》卷一百九十三。［27］蹈难：赴难。［28］慊慊：含恨的样子。［29］骆驿：驿站名。在咸阳西。［30］无类：无遗类，全被诛灭无一幸免。［31］直搏：直接搏斗。［32］不克：不胜。［33］象笏：象牙笏版。笏，古时官吏上朝时所执的手版，用以记要事。唐制，五品以上用象笏。［34］相搏忷忷：一边搏斗一边呼喊。［35］左右猝愕：朱泚的手下被这突然的事件惊呆了。［36］一手承血：用一手按压伤口止血。［37］以三品礼葬之：唐制，司农卿，从三品。朱泚以大臣礼葬段秀实。［38］缞服：丧服。刘海宾为段秀实服丧。

壬子[1]，以少府监李昌巙为京畿、渭南节度使[2]。

凤翔节度使、同平章事张镒，性儒缓，好修饰边幅[3]，不习军事，闻上在奉天，欲迎大驾，具服用货财[4]，献于行在。后营将李楚琳，为人剽悍[5]，军中畏之，尝事朱泚，为泚所厚。行军司马[6]齐映[7]与同幕齐抗[8]言于镒曰："不去楚琳，必为乱首。"镒命楚琳出戍陇州[9]。楚琳托事不时发[10]。镒方以迎驾为忧，谓楚琳已去矣。楚琳夜与其党作乱，镒缒城而走[11]，贼追及，杀之，判官[12]王沼等皆死。映自水窦[13]出，抗为佣保负荷而逃[14]，皆免。

始，上以奉天迫隘[15]，欲幸凤翔，户部尚书萧复闻之，遽请见[16]曰："陛下大误，凤翔将卒皆朱泚故部曲，其中必有与之同恶者。臣尚忧张镒不能久，岂得以銮舆蹈不测之渊乎！"上曰："吾行计已决，试为卿留一日。"明日，闻凤翔乱，乃止。

齐映、齐抗皆诣奉天，以映为御史中丞[17]，抗为侍御史[18]。楚琳自为节度使，降于朱泚；陇州刺史郝通奔于楚琳。

商州[19]团练兵[20]杀其刺史谢良辅。

朱泚自白华殿入宣政殿[21]，自称大秦皇帝，改元应天。癸丑[22]，泚以姚令言为侍中、关内元帅，李忠臣为司空[23]兼侍中[24]，源休为中书侍郎、同平章事、判度支[25]，蒋镇为吏部侍郎，樊系为礼部侍郎，彭偃为中书舍人[26]，自余张光晟等各拜官有差。立弟滔为皇太弟。姚令言与源休共掌朝政，凡泚之谋画、迁除、军旅、资粮，皆禀于休。休劝泚诛翦宗室在京城者以绝人望，杀郡王、王子、王孙凡七十七人。寻又以蒋镇为门下侍郎[27]，李子平为谏议大夫[28]，并同平章事[29]。镇忧惧，每怀刀欲自杀，又欲亡窜，然性怯，竟不果。源休劝泚诛朝士之窜匿者以胁其余，镇力救之，赖以全者甚众。樊系为泚撰册文，既成，仰药而死。大理卿胶水蒋沇[30]诣行在，为贼所得，沇绝食称病，潜窜得免。

哥舒曜食尽，弃襄城奔洛阳；李希烈陷襄城。

（以上为第十段，写朱泚潜号称帝，官军在各条战线失利，襄城失守，贼势炽盛。）

【注释】

[1]壬子：十月八日。 [2]少府监：官名。少府寺长官，职掌供应皇室所用百工制品。 [3]修饰边幅：整饰仪表。 [4]具服用货财：一一备办服用器具，货物资财。 [5]剽悍：轻捷勇猛。 [6]行军司马：武官名。职掌军，籍符伍，号令印信。 [7]齐映：楚琳反凤翔，齐映奔奉天，授御史中丞，官至中书侍郎。传见《旧唐书》卷一百三十六、《新唐书》卷一百五十。

[8]齐抗：与齐映同奔奉天，授侍御史，官至中书侍郎。传见《旧唐书》卷一百三十六，《新唐书》卷一百二十八。[9]陇州：州治汧源县，在今陕西陇县。[10]托事不时发：借故有事，没有按时出发去陇州。[11]镒缒城而走：张镒系绳越出城墙逃走。[12]判官：节度使属官，定员二，一掌钱谷器械出纳，一掌表奏书檄。[13]水窦：水洞，下水道出城洞口。[14]抗为佣保负荷而逃：齐抗装扮成雇工扛着重物逃出城去。[15]迫隘：狭小。[16]遽请见：急忙请求朝见德宗。[17]御史中丞：御史台副长官。安史之乱以后御史大夫不常置，御史中丞实际为御史台长官，监察百官。[18]侍御史：御史台属官，定员四人，助理大夫、中丞治事。[19]商州：州治在今陕西商洛市商州区。[20]团练兵：团练使所属之兵。[21]宣政殿：在大明宫内含元殿之北。[22]癸丑：十月九日。[23]司空：官名。三公之一。[24]侍中：门下省长官。门下省职掌诏令的审议与封驳。[25]判度支：他官兼理户部度支司，称判度支。伪秦政权按唐制设官，源休以宰相职判度支，掌理财政。[26]中书舍人：中书省属官，定员六人，职掌诏书策命的草制与日常事务。[27]门下侍郎：侍中之副。[28]谏议大夫：官名。职掌言议。分左右。左谏议大夫属门下省，右谏议大夫属中书省。[29]同平章事：凡宰相职，加同平章事。[30]蒋沇：莱州胶水（今山东平度市）人。不受伪职，逃匿里中。京师平，出授右散骑常侍。传见《旧唐书》卷一百八十五下，《新唐书》卷一百一十二。

右龙武将军李观将卫兵千余人从上于奉天，上委之召募，数日，得五千余人，列之通衢，旗鼓严整，城人为之增气。

姚令言之东出[1]也，以兵马使京兆冯河清[2]为泾原留后，判官河中姚况[3]知泾州事。河清、况闻上幸奉天，集将士大哭，激以忠义，发甲兵、器械百余车，通夕输行在[4]。城中方苦无甲兵，得之，士气大振。诏以河清为四镇、北庭行营、泾原节度使，况为行军司马。

上至奉天数日，右仆射、同平章事崔宁[5]始至，上喜甚，抚劳有加。宁退，谓所亲曰："主上聪明英武，从善如流，但为卢所惑，以至于此！"因潸然出涕[6]。杞闻之，与王翃谋陷之。翃言于上曰："臣与宁俱出京城，宁数下马便液，久之不至，有顾望[7]意。"会朱泚下诏，以左丞[8]柳浑[9]同平章事，宁为中书令。浑，襄阳人也，时亡在山谷。翃使盩厔尉康湛诈为宁遗朱泚书，献之。杞因谮宁与朱泚结盟，约为内应，故独后至。乙卯[10]，上遣中使引宁就幕下，云宣密旨，二力士自后缢杀之，中外皆称其冤；上闻之，乃赦其家。

朱泚遣使遗朱滔书，称："三秦之地，指日克平；大河之北，委卿除殄[11]，当与卿会于洛阳。”滔得书[12]，宣示军府，移牒诸道，以自夸大。

上遣中使告难于魏县行营[13]，诸将相与恸哭。李怀光帅众赴长安，马燧、李芃各引兵归镇[14]，李抱真退屯临洺。

（以上为第十一段，写官军收缩战线，布防奉天。德宗蒙尘，仍昏愚不悟，惑于卢杞，继续诛杀忠良。）

【注释】

[1]东出：泾州在西，故以姚令言救襄城为东出。 [2]冯河清：京兆（今陕西西安市）人，坚守泾州拒贼，兴元元年（784）为田希鉴所害。传见《旧唐书》卷一百二十五，《新唐书》卷一百四十七。 [3]姚况：事附《冯河清传》中。 [4]通夕输行在：泾州器械，连夜运输，通夜不停。 [5]崔宁：曾为西川节度，有威名，危难之中赴行在，故德宗抚劳有加。 [6]潸然出涕：扑簌簌流泪的样子。 [7]顾望：观望。指冀望朱泚封赏。 [8]左丞：尚书省属官，掌理尚书省日常事务。 [9]柳浑（715—789）：本名载，更名浑，字夷旷，又字惟深，忠直臣。朱泚以宰相召，不就，微行至奉天。后官至兵部尚书。传见《旧唐书》卷一百二十五，《新唐书》卷一百四十二。[10]乙卯：十月十一日。 [11]除殄：歼灭。 [12]滔得书：据章校，句下有“西向舞蹈”四字。[13]魏县行营：指马燧等屯于魏县讨田悦之军。 [14]归镇：回到本镇。马燧归太原，李芃归河阳。

丁巳[1]，以户部尚书萧复为吏部尚书，吏部郎中刘从一为刑部侍郎，翰林学士姜公辅为谏议大夫，并同平章事。

朱泚自将逼奉天，军势甚盛。以姚令言为元帅，张光晟副之，以李忠臣为京兆尹、皇城留守，仇敬忠为同、华等州节度、拓东王，以扞关东之师，李日月为西道先锋经略使。

邠宁留后韩游瓌[2]，庆州刺史论惟明，监军翟文秀，受诏将兵三千拒泚于便桥[3]，与泚遇于醴泉[4]。游瓌欲还趣奉天，文秀曰：“我向奉天，贼亦随至，是引贼以迫天子也。不若留壁于此，贼必不敢越我向奉天；若不顾而过，则与奉天夹攻之。”游瓌曰：“贼强我弱，若贼分军以缀[5]我，直趣奉天，奉天兵亦弱，何夹攻之有！我今急趣奉天，所以卫天子也。且吾士卒饥寒而贼多财，彼以利诱吾卒，吾不能禁也。”遂引兵入奉天；泚亦随至。官军出战，不利，泚兵争门，欲入；浑瑊与游瓌血战竟日[6]。门内有草车数乘，瑊使虞候高固帅甲士以长刀斫贼，皆一当百[7]，曳车塞门，纵火焚之，众军乘火击贼，贼乃退。会夜，泚营于城东三里，击柝[8]张火，布满原野，使西明寺[9]僧法坚造攻具，毁佛寺以为梯冲[10]。韩游瓌曰："寺材皆干薪，但具火以待之。"固，侃[11]之玄孙也。泚自是日来攻城，瑊、游瓌等昼夜力战。幽州兵救襄城者闻泚反，突入潼关，归泚于奉天，普润[12]戍卒亦归之，有众数万。

（以上为第十二段，写逆贼朱泚攻围奉天，浑瑊城守，以弱抗强，初战取胜，稳住了局势。）

【注释】

[1]丁巳：十月十三日。[2]韩游瓌：灵州灵武（今宁夏灵武西北）人，始为郭子仪裨将。积功至邠宁节度使，终官右龙武统军。传见《旧唐书》卷一百四十四，《新唐书》卷一百五十六。[3]便桥：又名咸阳桥、渭桥，与长安城便门相对，故称便桥，在今陕西咸阳市南。[4]醴泉：县名，在奉天之东。县治在今陕西礼泉县北。[5]缀：咬住，拖住。[6]竟日：终日。一整天。[7]皆一当百：官军个个奋勇，以一当百，与贼血战。[8]击柝：柝，木制梆子，击以报时辰。[9]西明寺：在长安城中延康坊，原为隋宰相杨素之宅。[10]梯冲：攻城的云梯和冲车。[11]侃：高侃，事太宗、高宗两朝，为将有功。[12]普润：县名。县治在今陕西麟游县，神策军驻防地。

上与陆贽语及乱故，深自克责。贽曰："致今日之患，皆群臣之罪[1]也。"上曰："此亦天命，非由人事。"贽退，上疏，以为："陛下志壹区宇[2]，四征不庭[3]，凶渠[4]稽诛[5]，逆将[6]继乱，兵连祸结，行及三年[7]。征师[8]日滋，赋敛日重，内自京邑，外洎[9]边陲，行者有锋刃之忧，居者有诛求[10]之困。是以叛乱继起，怨讟并兴[11]，非常之虞[12]，亿兆[13]同虑。唯陛下穆然凝邃[14]，独不得闻，至使凶卒鼓行[15]，白昼犯阙，岂不以乘我间隙，因人携离哉[16]！陛下有股肱之臣，有耳目之任，有谏诤之列，有备卫之司[17]，见危不能竭其诚，临难不能效其死；臣所谓致今日之患，群臣之罪者，岂徒言欤[18]！圣旨又以国家兴衰，皆有天命。臣闻天所视听，皆因于人[19]。故祖伊责纣[20]之辞曰：'我生不有命在天！'武王数纣之罪曰：'乃曰吾有命，罔惩其侮[21]。'

此又舍人事而推天命必不可之理也[22]！《易》曰：'视履考祥[23]。'又曰：'吉凶者，失得之象[24]。'此乃天命由人[25]，其义明矣。然则圣哲之意，《六经》会通[26]，皆谓祸福由人，不言盛衰有命。盖人事理而天命降乱者，未之有也；人事乱而天命降康[27]者，亦未之有也。自顷[28]征讨颇频，刑纲稍密，物力耗竭，人心惊疑，如居风涛[29]，汹汹靡定。上自朝列[30]，下达蒸黎[31]，日夕族党聚谋，咸忧必有变故[32]，旋属[33]泾原叛卒，果如众庶所虞[34]。京师之人，动逾亿计[35]，固非[36]悉知算术[37]，皆晓占书[38]，则明致寇之由，未必尽关天命[39]。臣闻理或生乱，乱或资理[40]，有以无难而失守，有以多难而兴邦[41]。今生乱失守之事，则既往而不可复追矣；共资理兴邦之业，在陛下克励[42]而谨修[43]之。何忧乎乱人，何畏于厄运！勤励不息[44]，足致[45]升平，岂止荡涤妖氛[46]，旋复宫阙[47]而已！"

（以上为第十三段，写陆贽上疏，论乱由人为而非天命，隐喻权奸卢杞误国，德宗仍是充耳不闻。）

【注释】

[1]皆群臣之罪：陆贽之意在指奸臣卢杞等，而德宗庇佑之，故下文云"此亦天命，非由人事"。 [2]志壹区宇：立志统一全国，削平割据。 [3]四征不庭：四处征讨不朝之臣。不庭，不朝。 [4]凶渠：为祸魁首，指田悦、李纳等。 [5]稽诛：稽首受诛。 [6]逆将：叛逆之将，指朱滔、李希烈等。 [7]兵连祸结，行及三年：建中二年始用兵两河，至建中四年已征战三年。祸结，祸乱纠结不绝。 [8]征师：征发兵役，出师讨贼。 [9]洎：及。 [10]诛求：苛刻求索。[11]怨讟（dú）并兴：仇恨与诽谤，同时兴起。讟，痛怨之言，咒言。 [12]非常之虞：不同寻常的忧患。指天下大乱。虞，忧虑。 [13]亿兆：普天下的民众。 [14]穆然凝邃：沉默深思。意谓封闭在寂静之中，即被蒙在鼓里。 [15]鼓行：大张声势，击鼓进兵。 [16]岂不以乘我间隙，因人携离哉：这难道不是由于朝廷政治有漏洞，人心又已涣散造成的吗！间隙，指朝中的矛盾，上层的腐败。携离，指人心背离，基础崩溃。 [17]备卫之司：防卫部门。 [18]岂徒言欤：难道是无根据的吗！徒言，空言。 [19]天所视听，皆因于人：老天的所见所闻，全都凭借人的所见所闻才有的。典出《书经·泰誓》："天视自我民视，天听自我民听。" [20]祖伊责纣：祖伊，商纣大臣，劝谏纣王修德。纣王说："我生不有命在天乎"。意谓我是有天命保护的。受到祖伊批评，说"纣王是不可救药了"。典出《尚书·西伯戡黎》。 [21]乃曰吾有命，罔惩其侮：此为武王伐纣数罪之辞，语出《尚书·泰誓》，意谓纣王竟然说，我有天命，不肯以所受的侮辱为鉴戒。罔，无，

不肯。惩，以为戒。［22］舍人事而推天命必不可之理也：抛开人事来推求天命，必然是不可靠的。［23］视履考祥：语出《易经·履卦》上九《爻辞》。意谓从行事中可以考究吉凶。履，践履，指行事。［24］吉凶者，失得之象：《易大传》之辞。意谓，吉凶是得失的表现形式。象，表象，形式。［25］天命由人：天命是由人来决定，人来掌握的。［26］会通：贯通。［27］降康：赐下幸福，安康。［28］自顷：不久之前。［29］如居风涛：就像处在惊风骇浪之中一样。喻形势危急。［30］朝列：朝中众臣。指社会上层。［31］蒸黎：众多老百姓。指社会基础。［32］日夕族党聚谋，咸忧必有变故：宗族邻里日夜相聚谈论，都担忧一定要发生大变故。族党，宗族邻里。［33］旋属：随即，不久。［34］虞：预料。［35］亿计：以十万计。即数十万。亿，小数十万为亿，大数万万为亿。［36］固非：本来不是。［37］算术：推算未来之术。［38］晓占书：懂得占卜的学问。［39］明致寇之由，未必尽关天命：这正说明了招致寇乱的原因，未必全都与天命有关。［40］理：治。唐人避高宗李治讳，"治"作"理"。［41］有以无难而失守，有以多难而兴邦：有的因为没有危难而失去所守的家业，有的却因为多历危难而振兴邦国。［42］克励：能够深自勉励。［43］谨修：慎重地修明政治。［44］勤励不息：勤勉自励，永不停止。［45］致：达到。［46］荡涤妖氛：扫荡妖气。喻平定叛乱。妖氛，妖孽之气，指叛逆。［47］旋复宫阙：返回宫城。指克复京师。旋复，返回，光复。

田悦说王武俊，使与马寔共击李抱真于临洺[1]。抱真复遣贾林说武俊曰："临洺兵精而有备，未易轻也。今战胜得地，则利归魏博；不胜，则恒冀大伤。易、定、沧、赵[2]，皆大夫之故地也，不如先取之。"武俊乃辞悦，与马寔北归。壬戌[3]，悦送武俊于馆陶[4]，执手泣别，下至将士，赠遗甚厚。

先是，武俊召回纥兵，使绝李怀光等粮道，怀光等已西去，而回纥达干[5]将回纥千人、杂虏[6]二千人适至幽州北境。朱滔因说之，欲与俱诣河南取东都，应接朱泚，许以河南子女[7]赂之。滔娶回纥妇为侧室[8]，回纥谓之朱郎，且利其俘掠，许之。

贾林复说武俊曰："自古国家有患，未必不因之更兴；况主上九叶天子[9]，聪明英武，天下谁肯舍之共事朱泚乎！滔自为盟主以来，轻蔑同列[10]。河朔古无冀国，冀乃大夫之封域[11]也。今滔称冀王，又西倚其兄[12]，北引回纥，其志欲尽吞河朔而王之，大夫虽欲为之臣，不可得矣。且大夫雄勇善战，非滔之比；又本以忠义手诛叛臣[13]，当时宰相处置失宜，为滔所诳诱[14]，故蹉跌至此[15]。不若与昭义[16]并力取滔，其势必获。滔既亡，则泚自破矣。此不世之功[17]，转祸为福之道也。今诸道辐凑攻泚[18]，不日当平。天下已定，大夫乃悔过而归国，则已晚矣！”时武俊已与滔有隙，因攘袂作色[19]曰：“二百年天子吾不能臣，岂能臣此田舍儿[20]乎！”遂与抱真及马燧相结，约为兄弟；然犹外事滔，礼甚谨，与田悦各遣使见滔于河间，贺朱泚称尊号，且请马寔之兵共攻康日知于赵州。

汝、郑应援使刘德信将子弟军在汝州，闻难，引兵入援，与泚众战于见子陵[21]，破之；以东渭桥[22]有转输积粟，癸亥[23]，进屯东渭桥。

朱泚夜攻奉天东、西、南三面。甲子[24]，浑瑊力战却之；左龙武大将军吕希倩战死。乙丑[25]，泚复攻城，将军高重捷与泚将李日月战于梁山[26]之隅，破之；乘胜逐北，身先士卒，贼伏兵擒之。其麾下十余人奋不顾死，追夺之；贼不能拒，乃斩其首，弃其身而去。麾下收之入城，上亲抚[27]而哭之尽哀，结蒲为首[28]而葬之，赠司空。朱泚见其首，亦哭之曰：“忠臣也！”束蒲为身而葬之。李日月，泚之骁将也，战死于奉天城下；泚归其尸于长安，厚葬之。其母竟不哭，骂曰：“奚奴[29]！国家何负于汝而反？死已晚矣！”及泚败，贼党皆族诛，独日月之母不坐。

己巳[30]，加浑瑊京畿、渭南·北、金商节度使。

壬申[31]，王武俊与马寔至赵州城下。

初，朱泚镇凤翔，遣其将牛云光将幽州兵五百人戍陇州，以陇右营田判官韦皋[32]领陇右留后。及郝通奔凤翔[33]，牛云光诈疾，欲俟皋至，伏兵执之以应泚，事泄，帅其众奔泚。至汧阳[34]，遇泚遣中使苏玉赍诏书加皋中丞[35]，玉说云光曰：“韦皋，书生也。君不如与我俱之陇州，皋幸而受命，乃吾人也；不受命，君以兵诛之，如取孤豚[36]耳！”云光从之。皋从城上问云光曰：“向者[37]不告而行，今而复来，何也？”云光曰：“向者未知公心，今公有新命[38]，故复来，愿托腹心。”皋乃先纳苏玉，受其诏书；谓云光曰：“大使苟无异心，请悉纳甲兵[39]，使城中无疑，众乃可入。”云光以皋书生，易之[40]，乃悉以甲兵输之而入[41]。明日，皋宴玉、云光及其卒于郡舍[42]，伏甲诛之[43]；筑坛[44]，盟将士曰：“李楚琳贼虐本使[45]，既不事上[46]，安能恤下[47]，宜相与讨之！”

遣兄平弃诣奉天，复遣使求援于吐蕃[48]。

（以上为第十四段，写王武俊反正，与李抱真、马燧结盟为兄弟，韦皋收复凤翔，朱泚挫于奉天，官军走出低谷，形势胶着，陷于相持。）

【注释】

[1]马寔：朱滔之将。官军魏县行营既散，李抱真退守临洺，形势孤弱，田悦欲连兵攻之。[2]易、定、沧、赵：四州皆恒冀巡属，其时张孝忠据易、定、沧三州，康日知据赵州。[3]壬戌：十月十八日。[4]馆陶：县名。今属山东。[5]达干：回纥人名。[6]杂虏：各民族的混合编队，室韦、奚等人。[7]子女：据章校，"女"字下有"金帛"二字。[8]侧室：小妻，偏房。[9]九叶天子：第九世皇帝。唐自高祖、太宗、高宗、中宗、睿宗、玄宗、肃宗、代宗，至德宗，已历九世，即唐基业根深牢固。[10]轻蔑同列：看不起一同起事的人。轻蔑，轻视，看不起。[11]冀乃大夫之封域：朱滔据有幽州而称冀王，表示占有冀州之地以自大，而冀州之地为王武俊所属，故贾林用朱滔自王的称谓来离间二人。[12]西倚其兄：朱滔兄朱泚，在西边长安称帝，则滔可在西边依靠其兄。[13]手诛叛臣：指王武俊诛李惟岳。[14]诳诱：诳骗诱惑。[15]蹉跌至此：才栽跟斗到这一地步。指王武俊失误谋叛。[16]昭义：指昭义节度使李抱真。[17]不世之功：不只一世所能建有的功劳。[18]诸道辐凑攻泚：各镇兵马像车毂一样从四面八方围攻朱泚。[19]攘袂作色：挽起袖子，奋然作色。[20]田舍儿：一个庄稼汉。[21]见子陵：《新唐书·朱泚传》作"思子陵"，即汉薄太后陵，在文帝霸陵南，故称南陵，又称薄陵。文帝，薄太后子，故又俗称薄陵为"见子陵"或"思子陵"。汉时陵在昭应县西，即今陕西西安市临潼区西。刘德信军于昭应，败贼于见子陵。[22]东渭桥：长安东渭水桥。[23]癸亥：十月十九日。[24]甲子：十月二十日。[25]乙丑：十月二十一日。[26]梁山：在奉天城西北五里，唐高宗乾陵在此。[27]抚：按摩尸体。[28]结蒲为首：用香蒲扎成头颅。[29]奚奴：李日月为奚人，故其母骂之曰奚奴。[30]己巳：十月二十五日。[31]壬申：十月二十八日。[32]韦皋（745—805）：唐京兆万年（今西安市）人，字城武。官至西川节度使，数败吐蕃兵，结和南诏。传见《旧唐书》卷一百四十，《新唐书》卷一百五十八。[33]郝通奔凤翔：李楚琳作乱，陇州刺史郝通奔归之。[34]汧阳：陇州属县。县治在今陕西千阳县。[35]中丞：御史中丞之省称。[36]孤豘：没爹娘的小猪崽。[37]向者：前些时候。[38]今公有新命：公，对韦皋的尊称。现在你有了新的任命。指朱泚加皋御史中丞之命。[39]悉纳甲兵：全部交出盔甲兵器。[40]易之：看轻了他。指牛云光轻视韦皋。[41]乃悉以甲兵输之而入：于是牛云光将全部盔甲兵器交给了韦皋然后进城。[42]郡舍：郡中公舍。即官厅。[43]伏甲诛之：埋伏甲兵，诛杀了牛云光等。[44]筑坛：古时誓众，筑起高台，祭天设盟。[45]本使；指凤翔节度使张镒。[46]事上：尽忠朝廷。[47]恤下：怜恤部下。陇州为凤翔巡属。[48]求援于吐蕃：韦皋恐朱泚攻击，故求援吐蕃以御之。

【点评】

本卷点评李希烈兵乱淮西、苛税重起、陆贽上奏论治国之要、德宗蒙尘等四件史事。

一、李希烈兵乱淮西。李希烈，辽西人，年少从军平卢军，为李忠臣部属。李忠臣任淮西节度使，署李希烈为偏将。代宗末，李忠臣荒废军政，李希烈因众怨逐走李忠臣，任淮西节度留后，德宗即位提升李希烈为淮西节度使，改称淮宁军。德宗用兵河北，李希烈请缨讨梁崇义，德宗嘉奖，封李希烈南平郡王，加汉南、汉北兵马招讨使。杨炎固谏认为李希烈狼子野心，不可授以方面重任。德宗不悦，卢杞趁机构陷，杨炎遭贬杀，李希烈如愿以偿，得以专征方面。黜陟使李承从淮西还朝，也上奏德宗，认为李希烈取胜，将是朝廷大害。德宗不以为然。梁崇义被平定，李希烈果然野心狂悖，欲据襄州为己有，目的未达，于是与李纳勾结，接受河北四镇的推戴，自号建兴王，天下都元帅，反叛朝廷。李希烈与河北四镇五贼，兵连祸结，扰乱唐朝半壁江山，李希烈于公元 782 年反叛，一度称帝，建伪号为楚，杀害宣慰使颜真卿。至公元 785 年，李希烈为部将陈仙奇所杀，淮西乱平。李希烈为害淮西河南达四年之久，人民遭涂炭，中原人口为之一空。李希烈这一祸国大盗，完全是德宗拒谏而一手栽培起来的。

二、苛税重起。唐制，节度使出兵，只要出境，一切用度由国库承担。两河用兵，月耗军资一百余万缗。国库很快空竭。朝廷重征酒税，这自然是杯水车薪。太常博士韦都宾、陈京出歪招，建言向商人借款，凡富有超过一万缗者借其余，只要向全国一两千商人借款，就可筹措数年之军费，长安一地可筹五百万缗。德宗采纳，诏命判度支杜佑大索长安商贾所有钱物，拷打强索，逼人上吊。接着又征收典当铺制钱。长安全城遭浩劫，才搜刮到八十万缗。地方商借，凡家有钱帛储粮的人家，强征四分之一，总计所得，也才二百万缗。建中四年（783），又初行间架税和除陌钱法。间架税，就是开征房产税，两架为一间，上等屋税两千，中等税一千，下等税五百文。除陌钱，凡交易，甚至馈赠，抽百分之五营业税。两税法施行才二三年，各种巧设名目的苛税接踵而至，民怨沸腾，困苦不堪。

三、陆贽上奏论治国之要。陆贽，字敬舆，苏州嘉兴（今浙江嘉兴市）人。唐代著名政论家和名臣。年十八登进士第，代宗末，官至监察御史。德宗在东宫时，已仰慕陆贽名声。德宗即位，召陆贽为翰林学士，以备顾问应对。陆贽忠直敢言，时政有缺，巨细必陈。建中四年，朱泚叛乱，德宗出亡奉天，陆贽从驾，军国事务，千头万绪，陆贽草诏，思如泉涌，下笔成章，莫不如意。陆贽奏议，直言时政，是当时历史横切面的写照，在中国政治史上占有重要的地位。陆贽奏议收入《翰苑集》

中有五十六篇，《资治通鉴》只摘录了十余篇，只占一小部分，但已经生动地描绘了德宗的昏愚，刻画其猜忌凶暴的嘴脸，栩栩如生。陆贽对时务的洞察深刻入骨，见微知著，料事如神。建中四年八月，两河争战正酣，赋役日滋，陆贽忧心兵穷民困，恐生内变，于是上奏德宗论治国之要，重根本，重民生，掌控大局。形势在君，异类同心，形势倾危，同舟之人都是敌人。贽贽反对泾原兵东调，提出调整讨逆官军部署，加重京师防务，否则变生肘腋。泾原兵变，德宗诿过于天命。陆贽正言，祸由人起，不是天命，灾祸之源就是德宗本人，并讽喻德宗除奸，罢免奸相卢杞。不过，这一切苦口婆心，大都对牛弹琴，德宗很少采纳。德宗在颠沛流离之中，不得不依靠陆贽支撑大局，多少采纳了一些建议，改善了一些政治，尽管是短暂的，却拨正了唐皇室航船的方向，渡过了险滩，如发布兴元大赦诏就出自陆贽的建议和陆贽之手。

四、德宗蒙尘。建中四年十月，德宗调泾原兵五千东出救援襄城。泾原兵路过京师，因不犒赏，士兵哗变，攻入京城，德宗蒙尘，仓皇逃奔奉天，随从只有宦官一百余人，朝士百官都丢在京师。过了两三天，左金吾卫大将军浑瑊率家属到奉天，附近诸镇派出勤王援军赶来奉天，有了浑瑊统兵，人心始安。浑瑊是郭子仪旧将。德宗即位伊始，就迫不及待解除郭子仪兵权，分郭子仪所管军州为三个节度使，浑瑊是其中之一。当年，德宗又调浑瑊入京任左金吾卫大将军，仍是猜忌而夺其兵权。浑瑊成了挽救危局的决定性人物。德宗未被叛军俘虏，全靠浑瑊。

朱泚，是朱滔的哥哥，曾任泾原节度使。朱滔反叛，德宗软禁朱泚于京师。德宗出逃，谏议大夫姜公辅叩马谏德宗，请求立即杀掉朱泚，若被变兵拥为首领，必为大害。德宗只顾逃命，说:“来不及了。”变兵果然拥护朱泚为首领，朱泚连夜入宫居含元殿，自称权知六军。十月三日，泾原兵变，十月四日朱泚登白华殿召会百官，初九日登宣政殿，自称“大秦皇帝”，改元“应天”。百官变服出逃者有之，出任伪职者有之。劝进者为京兆尹源休，他出使回纥回京，因赏薄而怨恨，特为朱泚论成败，引符命，劝其僭逆称帝。朱泚愚蠢无比，真的忙于称帝，丧失了追击擒获德宗的最佳良机，也未能迎请德宗挟天子以令诸侯。朱泚的浅薄，成就了德宗的侥幸。

卷二二九　唐纪四十五

唐德宗建中四年至兴元元年（783—784 年）

【起昭阳大渊献（癸亥，783 年）十一月，尽阏逢困敦（甲子，784 年）正月，不满一年】

【大事提要】

本卷记事起公元 783 年十一月，讫公元 784 年正月，共三个月。当唐德宗建中四年十一月到兴元元年正月。这三个月是唐王朝与德宗个人转危为安的紧要关头，发生一系列大事件。首先是李怀光解奉天之围，朱泚龟缩京师坐以待毙。其次，河南战场李希烈势盛，南方诸镇守境自保，扩充实力，观望形势。李希烈南犯江淮，东西受阻，曹王李皋、鄂州刺史李兼立下大功，稳定了河南局势。其三，陆贽上言德宗下罪己诏书以挽救时局。德宗蒙尘纳其言，下诏改元兴元，于正月元旦发布大赦诏，河北王武俊、田悦、山东李纳接受赦令归顺朝廷，朱滔陷于孤立。史称兴元大赦诏。正当形势大好之际，奸臣卢杞破坏了这一局面。卢杞阻挠德宗召见李怀光，李怀光怏怏不乐，挟重兵，强谏德宗贬逐卢杞出朝而心不自安，埋下了李怀光背叛的祸根。

德宗神武圣文皇帝四

建中四年（癸亥，783 年）

十一月，乙亥[1]，以陇州[2]为奉义军，擢皋为节度使。泚又使中使刘海广许皋凤翔节度使；皋斩之。

灵武[3]留后杜希全[4]、盐州[5]刺史戴休颜、夏州[6]刺史时常春会渭北[7]节度使李建徽合兵万人入援，将至奉天，上召将相议道所从出[8]。关播、浑瑊曰："漠谷[9]道险狭，恐为贼所邀。不若自乾陵北过，附柏城而行[10]，营于城东北鸡子堆，与城中掎角[11]相应，且分贼势。"卢杞曰："漠谷道近，若为贼所邀，则城中出兵应接可也。傥出乾陵，恐惊陵寝。”瑊曰：“自泚攻城，斩[12]乾陵松柏，以夜继昼，其惊多矣。今城中危急，诸道救兵未至，惟希全等来，所系非轻，若得营据要地[13]，则泚可破也。”杞曰：“陛下行师，岂比逆贼！若令希全等过之，是自惊陵寝。”上乃命希全等自漠谷进。丙子[14]，希全等军至漠谷，果为贼所邀，乘高以大弩、巨石击之，死伤甚众；城中出兵应接，为贼所败。是夕，四军溃[15]，退保邠州[16]。泚阅[17]其辎重于城下，从官相视失色。休颜，夏州人也。

泚攻城益急，穿堑环之[18]。泚移帐于乾陵[19]，下视城中，动静皆见之，时遣使环城招诱士民，笑其不识天命。

神策河北行营节度使李晟疾愈[20]，闻上幸奉天，帅众将奔命[21]。张孝忠迫于朱滔、王武俊，倚晟为援，不欲晟行，数沮止[22]之。晟乃留其子凭，使娶孝忠女为妇，又解玉带[23]赂孝忠亲信，使说之，孝忠乃听晟西归，遣大将杨荣国将锐兵六百与晟俱。晟引兵出飞狐道[24]，昼夜兼行，至代州[25]。丁丑[26]，加晟神策行营节度使。

王武俊、马寔攻赵州不克。辛巳[27]，寔归瀛州，武俊送之五里，犒赠甚厚；武俊亦归恒州。

上之出幸奉天也，陕虢观察使[28]姚明敭以军事委都防御副使张劝，去诣行在。劝募兵得数万人。甲申[29]，以劝为陕虢节度使。

朱泚攻围奉天经月[30]，城中资粮俱尽[31]。上尝遣健步[32]出城觇贼[33]，其人恳[34]以苦寒为辞，跪奏乞一襦[35]袴[36]。上为之寻求不获，竟悯默[37]而遣之。时供御才有粝米[38]二斛，每伺贼之休息，夜，缒人于城外，采芜菁根[39]而进之。上召公卿将吏谓曰：“朕以不德，自陷危亡，固其宜也。公辈无罪，宜早降以救室家。”群臣皆顿首流涕，期尽死力，故将士虽困急而锐气不衰。

上之幸奉天也，粮料使[40]崔纵劝李怀光令入援，怀光从之。纵悉敛军资[41]与怀光皆来。怀光昼夜倍道[42]，至河中[43]，力疲，休兵三日。河中尹[44]李齐运[45]倾力犒宴，军尚欲迁延[46]。崔纵先輂货财渡河[47]，谓众曰：“至河西[48]，悉以分赐。”众利之，西屯蒲城[49]，有众五万。齐运，恽之孙也。

李晟行且收兵[50]，亦自蒲津济，军于东渭桥；其始有卒四千，晟善于抚御，与士卒同甘苦，人乐从之，旬月间[51]至万余人。

神策兵马使尚可孤[52]讨李希烈，将三千人在襄阳，自武关[53]入援，军于七盘[54]，败泚将仇敬[55]，遂取蓝田[56]。可孤，宇文部之别种也。

镇国军[57]副使骆元光[58]，其先安息人，骆奉先养以为子，将兵守潼关近十年，为众所服。朱泚遣其将何望之袭华州[59]，刺史董晋[60]弃州走行在。望之据其城，将聚兵以绝东道[61]；元光引关下兵[62]袭望之，走还长安。元光遂军华州，召募士卒，数日，得万余人。泚数遣兵攻元光，元光皆击却之，贼由是不能东出。上即以元光为镇国军节度使，元光乃将兵二千西屯昭应[63]。

马燧遣其行军司马王权及其子汇将兵五千人入援，屯中渭桥。

于是泚党所据惟长安而已，援军游骑时至望春楼下[64]。李忠臣等屡出兵皆败，求援于泚，泚恐民间乘弊抄[65]之，所遣兵皆昼伏夜行。

泚内以长安为忧，乃急攻奉天，使僧法坚[66]造云梯，高广各数丈，裹以兕革[67]，下施巨轮，上容壮士五百人；城中望之恟惧[68]。上以问群臣，浑瑊、侯仲庄[69]对曰："臣观云梯势甚重，重则易陷，臣请迎其所来凿地道，积薪蓄火以待之。"神武军使[70]韩澄曰："云梯小伎，不足上劳圣虑，臣请御之。"乃度梯之所傃[71]，广城东北隅三十步[72]，多储膏油松脂薪苇于其上。丁亥[73]，泚盛兵鼓噪攻南城，韩游瓌曰："此欲分吾力也。"乃引兵严备东北。戊子[74]，北风甚迅[75]，泚推云梯，上施湿毡，悬水囊，载壮士攻城，翼以轒辒[76]，置人其下，抱薪负土填堑而前，矢石火炬所不能伤。贼并兵[77]攻城东北隅，矢石如雨，城中死伤者不可胜数。贼已有登城者，上与浑瑊对泣，群臣惟仰首祝天[78]。上以无名告身[79]自御史大夫、实食五百户以下千余通[80]授瑊，使募敢死士御之，仍赐御笔，使视其功之大小书名给之，告身不足则书其身[81]，且曰："今便与卿别[82]。"瑊俯伏流涕，上拊其背，歔欷[83]不自胜。时士卒冻馁，又乏甲胄，瑊抚谕，激以忠义，皆鼓噪力战。瑊中流矢，进战不辍，初不言痛。会云梯辗地道，一轮偏陷[84]，不能前却[85]，火从地中出[86]，风势亦回[87]，城上人投苇炬，散松脂，沃[88]以膏油，欢呼震地。须臾，云梯及梯上人皆为灰烬，臭闻数里，贼乃引退。于是三门皆出兵[89]，太子亲督战，贼徒大败，死者数千人。将士伤者，太子亲为裹疮。入夜，泚复来攻城，矢及御前三步而坠；上大惊。

（以上为第一段，写官军勤王之师会集关中，朱泚叛军急攻奉天，万分危急。）

【注释】

[1]乙亥：十一月二日。[2]陇州：州名。治所在今陕西陇县。[3]灵武：方镇名，治所灵州，在今宁夏灵武西南。[4]杜希全：京兆醴泉人。时任灵武留后。与盐州刺史戴休颜均郭子仪旧将。戴休颜，夏州人。两人皆西北名将，同传，见《旧唐书》卷一百四十四，《新唐书》卷一百五十六。[5]盐州：治所五原县，在今陕西定边县。[6]夏州：治所朔方县，在今陕西榆林市横山区。[7]渭北：方镇名，治所坊州，在今陕西黄陵县。[8]议道所从出：讨论入援军经过的路线。[9]漠谷：山狭谷地名，在奉天城北。[10]附柏城而行：沿着柏城行进。山陵四周三里内环植柏以遮陵寝，称为柏城。[11]掎角：军事上分兵遥相呼应，互相援助称为掎角。[12]斩：砍伐。[13]营据要地：扎营在军事要冲地。[14]丙子：十一月三日。[15]四军溃：灵、盐、夏、渭北四镇入援之军溃败。[16]邠州：州名。治所新平县，在今陕西彬州市。[17]阅：查点。这两句意谓朱泚到奉天城下巡视所获战利品，辎重山积，他的随从官们都不觉大惊失色。由此可见卢杞误国之甚。[18]穿堑环之：挖掘壕沟环绕奉天城。[19]帐于乾陵：在乾陵山顶设置军帐。乾陵地势高于奉天城，可以俯视城中动静。卢杞不让入援官军据此，为贼所据。[20]李晟疾愈：前年李晟染疾，从易州还保定州。[21]奔命：疾趋应命，入援奉天。[22]沮止：阻止。[23]玉带：镶有玉石的腰带。[24]飞狐道：穿越飞狐关的要道。飞狐关在今河北涞源县北，又名飞狐口，要道为一百余里山路，两崖峭立，一线交通，极为险要。[25]代州：州治雁门，在今山西代县。[26]丁丑：十一月四日。[27]辛巳：十一月八日。[28]陕虢观察使：观察使，官名，一道的行政长官，不设节度使的道即置观察使。陕虢观察使领陕、虢二州。陕州治所陕县，在今河南三门峡市西。虢州治所弘农县，在今河南灵宝市。[29]甲申：十一月十一日。[30]经月：整月。朱泚于十月中围攻奉天，至此已历一月。[31]资粮俱尽：军资及粮食都已耗尽。[32]健步：善走的人。[33]觇贼：侦察敌情。[34]恳：恳求。[35]襦：短袄。[36]袴：套裤。[37]悯默：因哀怜难过而沉默。悯，哀怜。默，无以为辞。[38]粝米：粗粮，杂粮。[39]芜菁根：即蔓菁根，和其叶均可为蔬菜。[40]粮料使：以度支供应出境作战的军需官。崔纵为魏县行营粮料使。[41]悉敛军资：集中了全部军资。[42]倍道：兼程赶路。[43]河中：府名。治所蒲州，在今山西永济市。[44]河中尹：河中府行政长官。[45]李齐运：太宗子蒋王李恽之孙。传见《旧唐书》卷一百三十五，《新唐书》卷

一百六十七。［46］军尚欲迁延：军士们还想拖延不行。据章校，“军”下有“士”字。［47］辇货财渡河：车载物资渡过黄河。［48］河西：县名，在蒲州对岸黄河之西。县治在今陕西合阳东黄河西岸上。［49］蒲城：县名。县治在今陕西蒲城县。［50］行且收兵：在行进中边走边招兵。［51］旬月间：一月之间。［52］尚可孤：东部鲜卑宇文部之别种。原为安史部将，归朝后多立功勋，加官检校尚书右仆射。传见《旧唐书》卷一百四十四，《新唐书》卷一百一十。［53］武关：在今陕西丹凤县东南，为关中东南门户。［54］七盘：山名。在陕西蓝田县南。［55］仇敬：即仇敬忠。朱泚所遣抗击关东诸军入援的将领。［56］蓝田：县名。县治在今陕西蓝田县西。［57］镇国军：军镇名。肃宗上元元年（760）置镇国军于华州。［58］骆元光：安息人，为代宗朝宦官骆奉先养子，冒姓骆。因平朱泚及李怀光有功，赐姓李改名李元谅，官至陇右节度使。传见《旧唐书》卷一百四十四，《新唐书》卷一百五十六。［59］华州：州名，为镇国军治所，在今陕西渭南市华州区。［60］董晋：弃州走行在奉天，改国子祭酒，奉诏宣慰河北恒州，官至宣武节度使。传见《旧唐书》卷一百四十五。《新唐书》卷一百五十一。［61］绝东道：阻断京师东面的通道。［62］关下兵：驻防潼关之兵。［63］昭应：县名。县治在今陕西西安市临潼区。［64］望春楼：禁苑内楼名，近长乐驿，临广运潭，在长安东郊。［65］抄：偷袭。［66］法坚：长安城中西明寺僧人，助贼造云梯、冲车。［67］兕（sì）革：犀牛皮。［68］恟惧：忧愁恐惧。［69］侯仲庄：神策京西将，护驾奉天，迁左卫将军，为防城使。传见《新唐书》卷一百三十六。［70］神武军使：禁军武官名。玄宗开元二十六年（738），分左、右羽林军置左、右神武军。［71］傃（sù）：向。指云梯将要攻击的方位。［72］广城东北隅三十步：在城东北角拓三十步宽的地方，积办防守器材。古六尺为步，三十步为十八丈。［73］丁亥：十一月十四日。［74］戊子：十一月十五日。［75］迅：风速迅猛。［76］翼以辒辒（fènwēn）：云梯两侧用兵车遮护。辒辒，攻城冲车。［77］并兵：集中兵力。［78］仰首祝天：抬头向苍天祷告。［79］无名告身：空名委任状。唐代任命官职的委任状称告身。［80］千余通：一千多份告身。［81］告身不足则书其身：如果千余份告身仍不够用，就在应募的勇士身上直接写下委任的官职。［82］今便与卿别：我现在就和您永别。德宗言此，示意浑瑊死战。［83］歔欷：抽泣呜咽。［84］一轮偏陷：一轮悬空，云梯偏斜。［85］不能前却：既不能前进，也不能后退。［86］火从地中出：在云梯攻击路线上挖地道置薪燃之，故火从地中出。［87］风势亦回：迅猛的北风转为南风，于是官军用火攻云梯。［88］沃：浇浸。［89］三门皆出兵：时朱泚攻奉天东、南、北三面，故三门乘贼引退，皆出兵追击。

李怀光自蒲城引兵趣泾阳[1]，并北山而西[2]，先遣兵马使张韶微服[3]间行诣行在，藏表于蜡丸。韶至奉天，值贼方攻城，见韶，以为贱人，驱之使与民俱填堑；韶得间[4]，逾堑抵城下呼曰：“我朔方军使者也。”城上人下绳引之[5]，比登[6]，身中数十矢，得表于衣中而进之。上大喜，舁诏以徇城[7]，四隅[8]欢声如雷。癸巳[9]，怀光败泚兵于醴泉[10]。泚闻之惧，引兵遁归长安。众以为怀光复三日不至，则城不守矣。

泚既退，从臣皆贺。汴滑行营[11]兵马使贾隐林[12]进言："陛下性太急，不能容物，若此性未改，虽朱泚败亡，忧未艾[13]也！"上不以为忤，甚称之。侍御史万俟著[14]开金、商运路[15]，重围既解，诸道贡赋继至，用度始振。

朱泚至长安，但为城守之计，时遣人自城外来，周走[16]呼曰："奉天破矣！"欲以惑众。泚既据府库之富，不爱金帛以悦将士，公卿家属在城者皆给月俸。神策及六军从车驾及哥舒曜、李晟者，泚皆给其家粮；加以缮完器械，日费甚广。及长安平，府库尚有余蓄，见者皆追怨有司之暴敛焉。

或谓泚曰："陛下既受命，唐之陵庙不宜复存。"泚曰："朕尝北面事唐，岂忍为此！"又曰："百官多缺，请以兵胁士人[17]补之。"泚曰："强授之则人惧。但欲仕者则与之，何必叩户拜官[18]邪！"泚所用者惟范阳、神策团练兵[19]；泾原卒骄，皆不为用，但守其所掠资货，不肯出战；又密谋杀泚，不果而止。

李怀光性粗疏，自山东来赴难，数与人言卢杞、赵赞、白志贞之奸佞，且曰："天下之乱，皆此曹所为也！吾见上，当请诛之。"既解奉天之围，自矜其功，谓上必接以殊礼[20]。或说王翃、赵赞曰："怀光缘道愤叹，以为宰相谋议乖方[21]，度支赋敛烦重，京尹犒赐刻薄；致乘舆播迁者，三臣之罪也[22]。今怀光新立大功，上必披襟布诚[23]，询得失[24]，使其言入，岂不殆哉！"翃、赞以告卢杞，杞惧，从容言于上曰："怀光勋业，社稷是赖，贼徒破胆，皆无守心，若使之乘胜取长安，则一举可以灭贼，此破竹之势也。今听其入朝，必当赐宴，留连累日，使贼入京城，得从容成备，恐难图矣！"上以为然[25]。诏怀光直引军屯便桥，与李建徽、李晟及神策兵马使杨惠元刻期[26]共取长安。怀光自以数千里竭诚赴难，破朱泚，解重围，而咫尺不得见天子，意殊怏怏，曰："吾今已为奸臣所排，事可知矣！"遂引兵去，至鲁店[27]，留二日乃行。

（以上为第二段，写李怀光解奉天之围，因卢杞奸诈阻隔，没有受到德宗召见，心怀怏怏进兵长安，埋下隐患。）

【注释】

［1］泾阳：县名。县治在今陕西泾阳县。［2］并北山而西：沿着北山向西行进。李怀光率军从蒲城向泾阳方向迂回包围攻奉天的朱泚军，故沿北山西行。［3］微服：改变常服，变易身份的打扮，避开人们的注意，称微服。［4］得间：钻空子，找到机会。［5］下绳引之：墙上抛下绳索将张韶吊上城去。［6］比登：达到城头。［7］舁（yù）韶以徇城：用担架抬着张韶在城中绕行。［8］四隅：四处。［9］癸巳：十一月二十日。［10］醴泉：县名，在奉天东。县治在今陕西礼泉县。［11］汴滑行营：建中三年（782）置以讨李纳的河南官军，以李勉为都统，节制永平、宣武、河阳三镇兵。［12］贾隐林：永平节度兵马使，当入卫而值朱泚之难，率众扈奉天行在。传见《旧唐书》卷一百四十四，《新唐书》卷一百九十二。［13］忧未艾：患难还没有完。［14］万俟（mòqí）著：人名。万俟，复姓。［15］金、商运路：金州治所西城，在今陕西安康市。商州治所上络，在今陕西商洛市商州区。金、商运路，即江淮财赋通过长江、汉水，经襄阳从武关入贡则经商州，经襄阳由梁州（今陕西汉中市）入贡，则经金州。［16］周走：环城奔跑。［17］以兵胁士人：用武力逼迫士大夫出来做伪官。［18］叩户拜官：挨家挨户敲门请人做官。［19］范阳、神策团练兵：范阳兵为朱泚旧部。神策团练兵，即团结兵，家闲集训乡人，官供资粮，是一种常备民兵。代宗时置。见《资治通鉴》卷二百二十五代宗大历十二年（777）。［20］殊礼：隆重的大礼。［21］乖方：谬误无方。［22］三臣之罪：祸乱天下，是由宰相卢杞、判度支赵赞、京兆尹王翃三人造成的。［23］披襟布诚：敞开胸襟，推诚相待。［24］询得失：征询政治的得失。据章校，“询”下有“访”字。［25］上以为然：德宗认为卢杞的建议是对的。李怀光矜功望德宗厚赏，德宗只求速见功业而不怜恤臣下功劳，卢杞于是钻了这个空子为自己打算，导致了新的事变。［26］刻期：限期。［27］鲁店：地名。在奉天东南。

剑南[1]西山兵马使[2]张朏以所部兵作乱，入成都，西川节度使张延赏[3]弃城奔汉州[4]；鹿头[5]戍将叱干遂等讨之，斩朏及其党，延赏复归成都。

淮南节度使陈少游将兵讨李希烈，屯盱眙[6]，闻朱泚作乱，归广陵[7]，修堑垒，缮甲兵。浙江东、西节度使韩滉[8]闭关梁，禁马牛出境，筑石头城[9]，穿井近百所[10]，缮馆第[11]数十，修坞壁[12]，起建业[13]，抵京岘[14]，楼堞相属[15]，以备车驾渡江，且自固也。少游发兵三千大阅于江北；滉亦发舟师三千曜武于京江以应之。

盐钱使包佶[16]有钱帛八百万，将输京师。陈少游以为贼据长安，未期收复，欲强取之。佶不可，少游欲杀之；佶惧，匿妻子于案牍中[17]，急济江。少游悉收其钱帛；佶有守财卒三千，少游亦夺之。佶才与数十人俱至上元[18]，复为韩滉所夺。

时南方藩镇各闭境自守，惟曹王皋数遣使间道[19]贡献。李希烈攻逼汴、郑，江、淮路绝，朝贡皆自宣、饶、荆、襄趣武关[20]。皋治邮驿，平道路，由是往来之使，通行无阻。

（以上为第三段，写南方各藩镇对德宗蒙尘做出的应对反应，多为守境自保，扩充实力以待时机。）

【注释】

[1]剑南：指剑南西川节度使，治所成都。 [2]西山兵马使：剑南置重兵于西山，以防吐蕃，设兵马使以统领之。 [3]张延赏：历东都、淮南、荆南、西川四镇，所至民颂其爱，入朝官至宰相。传见《旧唐书》卷一百二十九，《新唐书》卷一百二十七。 [4]汉州：州治雒县，在今四川广汉市。 [5]鹿头：关名。在汉州德阳县，因鹿头山而得名。 [6]盱眙：县名，为淮水上军事要地。今属江苏。 [7]广陵：扬州治所，在今江苏扬州市。 [8]韩滉：官至度支诸道转运、盐铁使。名将李晟为其所荐。传见《旧唐书》卷一百二十九，《新唐书》卷一百二十六。 [9]石头城：在今江苏南京市。 [10]穿井近百所：打井近百口。 [11]缮馆第：修治馆舍甲第。 [12]坞壁：碉堡。 [13]建业：在今南京市。建业与石头城，两城相邻，今为一市。 [14]京岘：山名。在今江苏镇江东五里。 [15]楼堞相属：瞭望城楼与防御城墙连成一线。 [16]包佶：刘晏旧吏，官至刑部侍郎。事附《新唐书》卷一百四十九。 [17]匿妻子于案牍中：藏匿妻子儿女在装文案的箱笼中。 [18]上元：县名。县治在今南京凤凰山南。 [19]间道：走隐秘的捷径小道。 [20]朝贡皆自宣、饶、荆、襄趣武关：江南贡物入京便捷路径，原是从扬州北上，经徐州、汴州的运河水路达于黄河西入关中，由于淮西叛乱，运河路断，只能从宣州、饶州达于荆州、襄州，再取道武关入京师。

上问陆贽以当今切务[1]。贽以向日致乱，由上下之情不通，劝上接下从谏，乃上疏，其略曰："臣谓当今急务，在于审察群情，若群情之所甚欲者，陛下先行之，所甚恶者，陛下先去之。欲恶[2]与天下同而天下不归者，自古及今，未之有也。夫理乱之本，系于人心，况乎当变故动摇之时，在危疑向背之际[3]，人之所归则植[4]，人之所去则倾[5]，陛下安可不审察群情，同其欲恶，使亿兆归趣[6]，以靖邦家[7]乎！此诚当今之所急也。”又曰：“顷者窃闻舆议[8]，颇究群情[9]，四方[10]则患于中外意乖，百辟[11]又患于君臣道隔。郡国之志[12]不达于朝廷[13]，朝廷之诚[14]不升于轩陛[15]。上泽阙于下布[16]，下情壅于上闻[17]，实事不必[18]知，知事不必实，上下否隔[19]于其际，真伪杂糅[20]于其间，聚怨嚣嚣[21]，腾谤籍籍[22]，欲无疑阻[23]，其可得乎！”又曰：“总[24]天下之智以助聪明[25]，顺天下之心[26]以施教令，则君臣同志[27]，何有不从[28]！远迩归心，孰与为乱！”又曰：“虑有愚而近道[29]，事有要而似迂[30]。”

疏奏旬日，上无所施行，亦不诘问。贽又上疏，其略曰：“臣闻立国之本，在乎得众，得众之要，在乎见情[31]。故仲尼[32]以谓人情者圣王之田[33]，言理道所生也[34]。”又曰：“《易》，乾下坤上曰泰，坤下乾上曰否，损上益下曰益，损下益上曰损[35]。夫天在下而地处上，于位乖矣，而反谓之泰者，上下交故也[36]。君在上而臣处下，于义顺矣，而反谓之否者，上下不交故也[37]。上约己而裕于人，人必说而奉上矣，岂不谓之益乎[38]！上蔑人而肆诸己，人必怨而叛上矣，岂不谓之损乎[39]！”又曰：“舟即君道，水即人情。舟顺水之道乃浮，违则没；君得人之情乃固，失则危。是以古先圣王之居人上也，必以其欲从天下之心，而不敢以天下之人从其欲[40]。”又曰：“陛下愤习俗以妨理[41]，任削平而在躬[42]，以明威照临[43]，以严法制断[44]，流弊自久，浚恒太深[45]。远者[46]惊疑而阻命逃死之祸作，近者[47]畏慑而偷容避罪之态生。君臣意乖[48]，上下情隔[49]，君务致理[50]，而下防诛夷[51]，臣将纳忠[52]，又上虑欺诞[53]，故睿诚不布于群物[54]，物情不达于睿聪[55]。臣于往年[56]曾任御史，获奉朝谒，仅欲半年，陛下严邃高居[57]，未尝降旨临问，群臣跼蹐趋退[58]，亦不列事[59]奏陈。轩陛之间[60]，且未相谕[61]，宇宙之广，何由自通[62]！虽复例对使臣[63]；别延宰辅，既殊师锡，且异公言[64]。未行者则戒以枢密勿论，已行者又谓之遂事不谏[65]，渐生拘碍[66]，动涉猜嫌，由是人各隐情，以言为讳。至于变乱将起，亿兆同忧，独陛下恬然[67]不知，方谓太平可致。陛下以今日之所睹验往时之所闻，孰真孰虚，何得何失，则事之通塞备详之矣！人之情伪尽知之矣[68]！”

上乃遣中使[69]谕之曰："朕本性甚好推诚[70]，亦能纳谏。将谓君臣一体，全不提防，缘推诚不疑，多被奸人卖弄。今所致患害，朕思亦无他，其失反在推诚[71]。又，谏官论事，少能慎密，例自矜衒[72]，归过于朕以自取名。朕从即位以来，见奏对论事者甚多，大抵皆是雷同，道听途说，试加质问，遽即辞穷[73]。若有奇才异能，在朕岂惜拔擢。朕见从前已来，事只如此，所以近来不多取次对人[74]，亦非倦于接纳[75]。卿宜深悉此意[76]。"贽以人君临下[77]，当以诚信为本[78]。谏者虽辞情鄙拙[79]，亦当优容[80]以开言路，若震之以威，折之以辩[81]，则臣下何敢尽言，乃复上疏，其略曰："天子之道，与天同方，天不以地有恶木而废发生[82]，天子不以时有小人而废听纳[83]。"又曰："唯信与诚，有失无补[84]。一不诚则心莫之保，一不信则言莫之行[85]。陛下所谓失于诚信以致患害者，臣窃以斯言为过矣。"又曰："驭之以智则人诈[86]，示之以疑则人偷[87]。上行之则下从之，上施之则下报之。若诚不尽于己而望尽于人，众必怠而不从矣[88]。不诚于前而曰诚于后，众必疑而不信矣[89]。是知诚信之道，不可斯须而去身[90]。愿陛下慎守而行之有加[91]，恐非所以为悔者也！"又曰："臣闻仲虺赞扬成汤[92]，不称其无过而称其改过；吉甫歌诵周宣[93]，不美其无阙而美其补阙。是则圣贤之意较然著明，惟以改过为能，不以无过为贵。盖为人之行己，必有过差[94]，上智下愚，俱所不免。智者改过而迁善，愚者耻过而遂非[95]；迁善则其德日新，遂非则其恶弥积[96]。"又曰："谏官不密自矜[97]，信非忠厚[98]，其于圣德固亦无亏。陛下若纳谏不违[99]，则传之适足增美[100]；陛下若违谏不纳[101]，又安能[102]禁之勿传！"又曰："侈言无验不必用[103]，质言当理不必违[104]。辞拙而效速者不必愚[105]，言甘而利重者不必智[106]。是皆考之以实，虑之以终[107]，其用无他，唯善所在。"又曰："陛下所谓'比见奏对论事皆是雷同道听途说者'，臣窃以众多之议，足见人情，必有可行，亦有可畏，恐不宜一概轻侮而莫之省纳[108]也。陛下又谓'试加质问，即便辞穷。'臣但以[109]陛下虽穷其辞而未穷其理，能服其口而未服其心。"又曰："为下者莫不愿忠，为上者莫不求理。然而下每苦[110]上之不理，上每苦下之不忠。若是者何？两情不通故也。下之情莫不愿达于上，上之情莫不求知于下，然而下恒苦上之难达，上恒苦下之难知。若是者何？九弊不去故也。所谓九弊者，上有其六而下有其三[111]：好胜人，耻闻过，骋辩给，眩聪明，厉威严，恣强愎，此六者[112]，君上之弊也；谄谀，顾望，畏愞，此三者[113]，臣下之弊也。上好胜必甘于佞辞[114]，上耻过必忌于直谏[115]，如是则下之谄谀者顺指[116]而忠实之语不闻矣。上骋辩必剿说[117]而折人以言，上眩明必臆度[118]而虞人以诈[119]，如是则下之顾望者[120]自便而切磨之辞不尽矣。上厉威必不能降情[121]以接物，上恣愎必不能引咎以受规[122]，如是则下之畏愞者[123]避辜[124]而情理之说[125]不申矣。夫以区域之广大，生灵之众多，宫阙之重深，高卑之限隔[126]，自黎献[127]而上，获睹至尊之光景[128]者，逾亿兆而无一焉[129]，就获睹之中得接言议者，又千万不一；幸而得接者，犹有九弊居其间，则上下之情所通鲜矣。上情不通于下则人惑[130]，下情不通于上则君疑[131]；疑则不纳其诚，惑则不从其令；诚而不见纳则应之以悖[132]，令而不见从则加之以刑[133]；下悖上刑，不败何待[134]！是使乱多理少[135]，从古以然。”又曰：“昔赵武呐呐[136]而为晋贤臣，绛侯木讷[137]而为汉元辅，然则口给者[138]事或非信，辞屈者[139]理或未穷。人之难知，尧、舜所病[140]，胡可以一酬一诘而谓尽其能哉[141]！以此察天下之情，固多失实，以此轻天下之士，必有遗才[142]。”又曰：“谏者多，表我之能好[143]；谏者直，示我之能容[144]；谏者之狂诬，明我之能恕[145]；谏者之漏泄[146]，彰我之能从[147]；是则人君与谏者交相益之道也[148]。谏者有爵赏之利，君亦有理安之利；谏者得献替之名[149]，君亦得采纳之名。然犹谏者有失中而君无不美，唯恐谠言[150]之不切，天下之不闻，如此则纳谏之德光矣。”上颇采用其言。

（以上为第四段，陆贽上奏论人君治国之道，用贤纳谏是根本，隐喻卢杞专权误国，德宗文过饰非，自用如故。）

【注释】

[1]切务：急务。[2]欲恶（wù）：十分厌恶。[3]况乎当变故动摇之时，在危疑向背之际：何况正当变故发生、人心动摇的时候，又处在危殆疑虑、人心向背的关头。危疑，指上层士大

夫的去就；向背，指下层人心的向背。［4］植：如树之根植，站立。人心归向，则政治稳定，能够建立功业。［5］倾：倾倒，覆败。人心背离，则国事倾败。［6］使亿兆归趣：使全天下亿万民众都归附朝廷。［7］以靖邦家：用来安定国家。［8］舆议：普通民众的议论。［9］颇究群情：对群众的心愿也略略作了些研究。［10］四方：指地方。此句谓地方上担心的是朝内朝外政见不统一。［11］百辟：指朝廷百官。此句谓朝中百官担心的是君臣沟通的道路被阻隔。［12］郡国之志：地方上的意见。［13］不达于朝廷：往往不能上达朝廷。［14］朝廷之诚：朝廷百官的诚意。［15］不升于轩陛：忠言不能上达圣听。轩陛，殿堂的台阶，代指皇帝。［16］上泽阙于下布：皇上的恩泽很少向下流布。阙，通“缺”，谓缺失，很少。［17］下情壅于上闻：下面的实情被阻塞不能上闻。壅，阻塞。［18］不必：不一定。［19］上下否隔：上下被阻隔。上，指皇上与朝廷；下，指地方与人民。［20］真伪杂糅：真假情况混杂，这是上下阻隔的必然结果。［21］聚怨嚣嚣：聚集的怨苦之声嘈杂喧闹。此句谓民怨沸腾。［22］腾谤籍籍：飞腾的诽谤言论纠结成团。此句谓批评朝政的声音到处流传。“籍籍”与上句“嚣嚣”，均形容喧闹之声。［23］疑阻：猜忌与阻隔。指上下猜疑，沟通受阻隔。［24］总：汇总，聚结。［25］助聪明：指帮助皇上耳聪目明。［26］顺天下之心：指顺应全国民心。［27］同志：同心同德。［28］何有不从：没有不听从政令的。从，指听从朝廷政令。［29］虑有愚而近道：有的计虑看似愚昧而接近道理。［30］事有要而近迂：有的事情本来切合实际而看似迂阔。［31］见情：洞察人情。［32］仲尼：孔子之字。［33］人情者圣王之田：人情是圣王的田土。语出《礼记·礼运》。曰：“人情以为田”。［34］言理道所生也：这就是说人情是治国之道产生的基础。理道，指治国之道。［35］“《易》乾下坤上曰泰”四句：这里陆贽以《易经》的泰否损益四个卦象的构成发起议论，用以阐发泰否损益四字箴言。［36］“天在下而地处上”至“上下交故也”四句：☰乾为天，卦象为三阳爻☰；坤为地，卦象为三阴爻☷。泰，通“亨”的意思。泰卦之象为䷊，故云天在下而地在上。这本是位置错乱，反而叫泰卦，那是因为上下交融通达的缘故。以上解说泰卦之义。［37］“君在上而臣处下”至“上下不交故也”四句：乾为君，坤为臣。否为阻塞不通的意思。否卦之象为䷋，故云君在上而臣处下。这在义理上是通顺的，反而叫否卦，那是因为上下阻隔不通的缘故。以上解释否卦。［38］“上约己而裕于人”至“岂不谓之益乎”三句：益的卦象为䷩，是损☴在上，益☳在下，彖辞曰：“损上益下，民悦无疆”，这里发挥其义说：君主在上约束自己，而使下位的人富裕，人民必定欢悦而愿意侍奉君王，这难道不应该叫做益吗？［39］“上蔑人而肆诸己”至“岂不谓之损乎”三句：损的卦象䷨，是损☱在下，益☶在上。君主高高在上蔑视臣下，而自己却肆无忌惮，人民必定怨恨而要背叛君主，这难道不应该叫做损吗？［40］“是以古先圣王”至“从其欲”三句：因此，古代圣明的君王君临于众人之上时，一定改变自己的爱好来顺从天下人的心，而不敢改变天下人的爱好来适应自己的个人欲望。这里化用《左传》僖公二十年臧文仲之语：“以欲从人则可，以人从欲则鲜济。”［41］陛下愤习俗以妨理：陛下十分愤恨藩镇跋扈而成习俗，因为它妨害治道。［42］任削平而在躬：把削平藩镇的重任担在身上。［43］以明威照临：以明察一切的威严临照四方。［44］以严法制断：用严峻的法网制裁万事。［45］流弊自久，浚恒太深：然而流弊成俗已久，陛下疏通流弊追根究底求之太深。浚，疏通，纠正。恒，追根究底。［46］远者：被疏远的人。此句谓被疏远的人，惊怖疑虑，因而抗阻命令、逃避死亡的祸患从而兴起。［47］近者：指被亲近的人。此句谓受到亲近的人，畏懦恐惧，因而偷合苟容、逃避罪责的情态发生。［48］君臣意乖：君臣的意趣正相反。乖，相反，相背。［49］上下情隔：上下的感情有隔阂。上下，亦指君臣，互文。［50］致理：谓修明政治。［51］下防诛夷：指臣下提防被诛杀。［52］纳忠：效纳忠心。［53］上虑欺诞：谓皇上总是顾虑受欺妄，而猜疑臣下。［54］睿诚不布于群物：谓皇上的诚意不能布散于大众。睿，圣明，对皇上的敬语。［55］物情不达于睿聪：谓人民大众的情意也不能上达于圣听。［56］往年：前些年。此指德宗即位初，陆贽曾任监察御史。［57］严邃高居：威严深邃莫测，而又高高在上。［58］群臣�蹐趋退：群臣小心谨慎、恭敬进退。跼蹐，拘谨小心的样子。趋退，臣下朝见君主时的进退。趋，缓缓跑步。［59］列事：条例事务。此指应当呈奏皇上的军国事务，一件件，一条条列出。［60］轩陛之间：指朝堂君臣之间。［61］相谕：互相交流、沟通。［62］自通：谓自由通达，畅快交流。［63］虽复例对使臣：虽然陛下一一按惯例接待地方使者。使臣，指节度使等所遣陛见的使者。［64］别延宰辅，既殊师锡，且异公言：另外延请宰相议事，但这既与众人参预不同，又与公开进言有别。又，唐制，皇帝于延英殿例请宰相议事。师锡，语出《尚书·尧典》，孔安国注，“师，众也；锡，与也。”［65］未行者则戒以枢密勿论，已行者又谓之遂事不谏：未办的事，臣下以勿泄机密为戒；已行的事，臣下又说已经过去的事不必劝谏。《论语·八佾》载孔子告诫宰我说，对待国君要言行谨慎，“成事不说，遂事不谏，既往不咎”。陆贽反用其义。［66］拘碍：顾忌。［67］恬然：安然。［68］“陛下”五句：陛下如果拿今天见到的来验证以往听说的，自然能分清哪个是真，哪个是假，得在哪里，失在何处，那么事情通达与阻塞的情况，不就全都明白了，臣民的真伪也全都知道了。例如两河兵兴以来至朱泚之乱，卢杞之言无一不误国，德宗如能以事实验证，忠奸立辨。陆贽之言，切中要害。［69］中使：宫中派出的宦官使者。［70］推诚：推心置腹。［71］其失反在推诚：原来失误反而是真诚待人造成的。德宗猜疑之心被陆贽言中，言此以诡辩拒谏。［72］矜衒：夸示炫耀。［73］遽即辞穷：立即无话可说。［74］取次对人：指按惯例依次咨询大家的意见。［75］倦于接纳：厌倦采纳大家的意见。［76］卿宜深悉此意：你应该详尽了解这个意思。［77］临下：统治臣下。［78］以诚信为本：拿诚心和信用为根本。［79］辞情鄙拙：言辞与情感都粗俗且拙劣。［80］优容：宽容。［81］震之以威，折之以辩：既用威严震慑臣下，又用辩论折服臣下。［82］废发生：制止万物生长。［83］废听纳：杜绝听取和采纳意见。［84］唯诚与信，有失无补：只有信用与诚心，这两者一旦失去就无法补救。［85］一不诚则心莫之保，一不信则言莫之行：一有不诚心待人的事发生，那么就没法保有天下的人心；一有不守信用的事情发生，那么就没法使你的话让人实行。保，指拥有天下人的诚心。行，指使人遵行。［86］驭之以智则人诈：用智谋驾驭臣下，人们便会欺诈。［87］示之以疑则人偷：将猜疑显示给臣下，人们便会得过且过。偷，苟且偷生。

[88]若诚不尽于己而望尽于人，众必怠而不从矣：如果自己不能做到完全诚心待人，而要求人家完全诚心待己，大家一定懈怠应付而不会遵从。诚不尽于己，谓自己不诚。望，希望，要求。[89]不诚于前而白诚于后，众必疑而不信矣：先前无诚信，而说以后有诚信，大家一定疑惑而不相信。[90]斯须而去身：片刻时间也不能离开自身。言每时每刻保持诚信。去，离。[91]慎守而行之有加：慎重保守诚与信，而且身体力行更加认真。守，指牢牢保有诚与信。加，加倍努力，身体力行。[92]仲虺（huǐ）赞扬成汤：仲虺，殷朝成汤时名臣。成汤，商朝开国之君。《尚书》有《仲虺之诰》，为仲虺称颂汤放桀而作。诰中有“用人惟己，改过不吝”之语，赞扬成汤不是称许他不犯错误，而是称赞他改正错误，为此所本。[93]吉甫歌诵周宣：尹吉甫，周宣王时大夫。周宣王，西周中兴之主。《诗经·大雅·蒸民》即尹吉甫赞美周宣王任贤使能，使周王室中兴的诗。尹吉甫颂扬周宣王，不是赞美他没有缺失，而是赞美他能够弥补缺失。[94]盖为人之行己，必有过差：大约人们只要按自己的意志做事，恐怕一定会有过错。行己，按自己的主观意图办事。过差，过错，差错。[95]智者改过而迁善，愚者耻过而遂非：有智慧的人改正过错而转向善美，愚昧的人耻于改过而因循丑恶。迁，转移，转化。遂，因循，随波逐流。[96]其恶弥积：他的过错更加聚积。弥，更加。[97]谏官不密自矜：谓谏官进言不够严密而又自我夸耀。自矜，自傲。[98]信非忠厚：真的不能说是忠厚。指听言者不是忠厚之人。信，真的，当真，确确实实。[99]纳谏不违：采纳直言而不拒绝。违，拒绝。[100]适足增美：谓君主纳谏是美德，恰恰足以增添光彩。[101]违谏不纳：与纳谏不违相反，拒绝直言而不采纳。[102]安能：怎么能。[103]侈言无验不必用：夸大的言辞没有效验不必采用。胡注云：“德宗之信裴延龄，以侈言也。”侈言，大话，空话。[104]质言当理不必违：朴实的话说得有理不应当拒绝。胡注云：“德宗之罢柳浑，以质言也。”[105]辞拙而效速者不必愚：言辞笨拙而效用迅速的，不一定愚昧。胡注云：“如萧复之谏幸凤翔是也。”[106]言甘而利重者不必智：言辞甘美而重于财利的，不一定聪明。胡注云：“赵赞、窦滂之苛征重敛是也。”[107]考之以实，虑之以终：谓善言都是经过实事的考验，对最后结果的思索而总结出来的。[108]莫之省纳：一概拒绝，不肯审察采纳。[109]但以：依臣下上疏惯用语气，应为“窃以”。[110]每苦：每每感到遗憾。下文“恒苦”，即“总是感到遗憾”，互文同义。[111]上有其六而下有其三：在上位的君有六弊，而在下位的臣有三弊。[112]此六者：指上文六弊，即好胜于人，耻于闻过，驰骋辩才，炫耀聪明，厉行威严，刚愎自用，是为人君常犯的错误。[113]此三者：指上文三弊，即谄媚阿谀，瞻前顾后，畏惧怯懦，是人臣常犯的错误。[114]甘于佞辞：喜欢听巧言阿谀之辞。[115]忌于直谏：忌讳直言极谏。[116]顺指：顺承旨意。[117]剿说：打断别人强说己意。[118]臆度：主观臆测。[119]虞人以诈：用诡诈的方法来猜度别人。[120]顾望者：瞻前顾后、患得患失的人。切磨之辞，琢磨朝政得失的言辞。[121]降情：放下架子，抑制自己的感情。[122]引咎以受规：自己主动承担责任而接受别人的规劝。[123]畏愞者：胆小懦弱的人。[124]避辜：逃避责任、罪过。[125]情理之说：真情合理的言论。[126]高卑之限隔：地位高下的限制、阻隔。

[127]黎献：普通百姓中的贤者。黎，众庶。献，贤者。[128]至尊之光景：圣上的颜面、风采。[129]逾亿兆而无一焉：普通百姓见皇帝，在亿万人之中难得有一个。[130]人惑：上情不下达则臣下迷惑。[131]君疑：下情不通于上则君主猜疑。[132]诚而不见纳则应之以悖：臣下的诚心不被接受，就会以悖逆的行为来对付君主。[133]令而不从则加之以刑：君主的命令没有听从，就会对臣下施加刑罚。[134]下悖上刑，不败何待：臣下悖逆，君上用刑，除了败亡还能等待什么。[135]理少：治少。[136]呐呐：通"讷讷"，口吃不善言。春秋时晋国大夫赵武不善言辞，为晋正卿，晋国以强。[137]绛侯木讷：西汉开国功臣周勃，封绛侯，木讷少言，为汉丞相。[138]口给者：口有辩才的人。[139]辞屈者：不善于言辞说理的人。[140]病：缺点，短处。[141]"胡可"句：怎么可以在一答一问之间就穷尽了对方的本领呢！胡，通"曷"，怎么。酬，答。诘，问。[142]遗才：遗漏了人才。[143]能好：能爱好谏者。[144]能容：能容纳直言。[145]能恕：能宽恕待人。[146]漏泄：泄露真情，指直言人君之过，言无不尽。[147]能从：能从谏如流。[148]是则人君与谏者交相益之道也：这就是君主与进谏人互相补益的正确道路。据章校，"是"上有"有一于斯，皆为盛德"八字。陆贽极言人君讷谏之美，导引德宗近贤。[149]得献替之名：获得进献忠言的名声。[150]谠言：善言。

李怀光顿兵不进，数上表暴扬[1]卢杞等罪恶；众论喧腾[2]，亦咎杞等。上不得已，十二月，壬戌[3]，贬杞为新州[4]司马，白志贞为恩州[5]司马，赵赞为播州[6]司马。宦者翟文秀，上所信任也，怀光又言其罪，上亦为杀之。

乙丑[7]，以翰林学士、祠部员外郎陆贽为考功郎中[8]，金部员外郎吴通微为职方郎中[9]。贽上奏，辞以"初到奉天，扈从将吏例加两阶[10]，今翰林独迁官。夫行罚先贵近[11]而后卑远[12]，则令不犯；行赏先卑远而后贵近，则功不遗[13]。望先录大劳[14]，次遍群品[15]，则臣亦不敢独辞。"上不许。

上在奉天，使人说田悦、王武俊、李纳，赦其罪，厚赂以官爵；悦等皆密归款[16]，而犹未敢绝朱滔，各称王如故。滔使其虎牙将军[17]王郅说悦曰："日者八郎[18]有急，滔与赵王[19]不敢爱其死，竭力赴救，幸而解围[20]。今太尉三兄[21]受命关中，滔欲与回纥共往助之，愿八郎治兵，与滔渡河共取大梁[22]。"悦心不欲行而未忍绝滔，乃许之。滔复遣其内史舍人[23]李琯见悦，审其可否，悦犹豫不决，密召扈崿议之。司武侍郎[24]许士则曰："朱滔昔事李怀仙为牙将，与兄泚及朱希彩共杀怀仙而立希彩[25]。希彩所以宠信其兄弟至矣，滔又与判官李子瑗谋杀希彩而立泚[26]。泚既为帅，滔乃劝泚入朝[27]而自为留后，虽劝以忠义，实夺之权也。平生与之同谋共功如李子瑗之徒，负而杀之者二十余人。今又与泚东西相应，使滔得志，泚亦不为所容，况同盟乎！滔为人如此，大王何从得其肺腑而信之邪！彼引幽陵[28]、回纥十万之兵屯于郊坰[29]，大王出迎，则成擒矣。彼囚大王，兼魏国之兵，南向渡河，与关中相应，天下其孰能当之！大王于时悔之无及。为大王计，不若阳许偕行而阴为之备[30]，厚加迎劳，至则托以他故，遣将分兵而随之。如此，大王外不失报德之名而内无仓猝之忧矣。"扈崿等皆以为然。王武俊闻李琯适魏，遣其司刑员外郎[31]田秀驰见悦曰："武俊向以宰相处事失宜，恐祸及身，又八郎困于重围，故与滔合兵救之。今天子方在隐忧，以德绥我[32]，我曹何得不悔过而归之邪！舍九叶天子[33]不事而事滔乎[34]！且泚未称帝之时，滔与我曹比肩为王，固已轻我曹矣。况使之南平汴、洛，与泚连衡，吾属皆为虏矣！八郎慎勿与之俱南，但闭城拒守；武俊请伺其隙[35]，连昭义之兵[36]，击而灭之，与八郎再清河朔，复为节度使，共事天子，不亦善乎！"悦意遂决，绐滔云："从行，必如前约。"

丁卯[37]，滔将范阳步骑五万人，私从者复万余人，回纥三千人，发河间而南，辎重首尾四十里。

李希烈攻李勉于汴州[38]，驱民运土木，筑垒道[39]，以攻城；忿其未就，并人填之，谓之湿薪。勉城守累月，外救不至，将其众万余人奔宋州[40]。庚午，希烈陷大梁。滑州刺史李澄以城降希烈，希烈以澄为尚书令兼永平节度使。勉上表请罪，上谓其使者曰："朕犹失守宗庙，勉宜自安。"待之如初。

刘洽遣其将高翼将精兵五千保襄邑[41]，希烈攻拔之，翼赴水死。希烈乘胜攻宁陵[42]，江、淮大震[43]。陈少游[44]遣参谋[45]温述送款于希烈曰："濠、寿、舒、庐[46]，已令弛备[47]，韬戈卷甲[48]，伏俟指麾[49]。"又遣巡官[50]赵诜结李纳于郓州。

中书侍郎、同平章事关播罢为刑部尚书。

以给事中[51]孔巢父[52]为淄青宣慰使[53]，国子祭酒[54]董晋[55]为河北宣慰使。

（以上为第五段，写李怀光挟领兵之重强谏，倒奸相卢杞。官军河南战事吃紧，李希烈势盛。朝廷分化招降河北叛军，朱滔陷于孤立。）

【注释】

[1]暴扬：公开揭露。[2]众论喧腾：众论哗然。[3]壬戌：十二月十九日。[4]新州：州名。治所在今广东新兴县。[5]恩州：州名。治所在今广东恩平市。[6]播州：州名。治所在今贵州遵义市。[7]乙丑：十二月二十二日。[8]祠部员外郎陆贽为考功郎中：郎中为司级主官，正五品，员外郎为司级次官，从六品上。祠部为礼部第二司，职掌祭祀礼仪。考功为吏部第四司，职掌百官功过考绩。凡吏部官高于诸部同级官。陆贽从清要之礼部升迁为执吏权的吏部，又升为司主官。[9]金部员外郎吴通微为职方郎中：金部为户部第三司，掌钱谷出纳。职方是兵部第二司，掌舆图及边防。[10]加两阶：升两品。[11]贵近：位尊而亲近。[12]卑远：位低而疏远。[13]功不遗：有功的人不会被遗漏。[14]录大劳：升迁有大功的人。录，叙录，选用。大劳，大功。[15]次遍群品：其次一一施恩百官各品。[16]皆密归款：田悦等都暗中表示归服朝廷。[17]虎牙将军：即左将军。朱滔等称王置署官职，采用汉官名称。[18]八郎：田悦排行第八，故称八郎。[19]赵王：指王武俊。[20]解围：朱滔救田悦解官军之围，事见《资治通鉴》卷二百二十七德宗建中三年（782）。[21]三兄：朱泚排行第三，故滔称三兄。[22]大梁：即汴州，宣武军节度使治所。[23]内史舍人：相当于唐朝廷的中书舍人。[24]司武侍郎：相当于唐朝廷的兵部尚书。[25]杀怀仙而立希彩：事见《资治通鉴》卷二百二十四代宗大历三年（768）。[26]杀希彩而立泚：事见《资治通鉴》卷二百二十四代宗大历七年（772）。[27]泚入朝：朱泚入朝，朱滔自为留后；事见《资治通鉴》卷二百二十五代宗大历九年（774）。[28]幽陵：即幽州。[29]屯于郊坰（jiōng）：朱滔行营屯于魏州之郊。坰，郊野。邑外谓之郊，郊外谓之野，野外谓之林，林外谓之坰。[30]阳许偕行而阴为之备：表面上答应与朱滔共同进军，而实际上暗中作好防备。阳许，佯许。[31]司刑员外郎：相当于唐朝廷的刑部员外郎。[32]以德绥我：用恩德来安抚我们。[33]九叶天子：指德宗为唐代第九世皇帝。[34]而事滔乎：据章校，应为“而事泚及滔乎”。[35]伺其隙：看准漏洞，抓住机会。[36]昭义之兵：李抱真的官兵，时屯临洺。[37]丁卯：十二月二十四日。[38]汴州：李勉以宣武节度使镇汴州。[39]筑垒道：修筑步步为营前进的攻城通道。[40]奔宋州：李勉奔宋州，依汴宋节度使刘洽。[41]襄邑：县名，宋州巡属。县治在今河南睢县。[42]宁陵：县名。在襄邑东，宋州西四十五里。县治在今河南宁陵。[43]江、淮大震：李希烈攻宁陵而宋州危，故淮西邻道江、淮受到震动。[44]陈少游：淮南节度使。[45]参谋：节度使文职属吏，掌谋议。[46]濠、寿、舒、庐：

皆州名，为淮南西部巡属，在淮、蔡东南。[47]弛备：解除戒备。[48]韬戈卷甲：收藏起兵器。[49]伏俟指麾：拜伏等待着你来指挥。[50]巡官：节度使文职属吏，掌巡察事务。[51]给事中：官名。属门下省，职掌封驳制敕、纠劾百官。[52]孔巢父：字弱翁，孔子三十七世孙。官至御史大夫，有口才，屡为宣慰使。因宣慰李怀光，为其所害。传见《旧唐书》一百五十四，《新唐书》一百六十三。[53]宣慰使：招抚叛逆的钦差大臣。孔巢父宣慰淄青李纳。[54]国子祭酒：官名。国子监主官。[55]董晋：华州刺史。朱泚反，董晋弃州走行在，改任国子祭酒。

陆贽言于上曰："今盗遍天下，舆驾播迁，陛上宜痛自引过以感人心。昔成汤以罪己勃兴[1]，楚昭以善言复国[2]。陛下诚能不吝改过[3]，以言谢天下[4]，使书诏无所避忌[5]，臣虽愚陋，可以仰副圣情[6]，庶令反侧之徒革心向化[7]。"上然之，故奉天所下书诏[8]，虽骄将悍卒闻之，无不感激挥涕。

术者[9]上言："国家厄运，宜有变更[10]以应时数[11]。"群臣请更加尊号[12]一二字。上以问贽，贽上奏，以为不可，其略曰："尊号之兴，本非古制[13]。行于安泰之日[14]，已累谦冲[15]，袭乎丧乱之时，尤伤事体[16]。"又曰："嬴秦德衰[17]，兼皇与帝[18]，始总称之；流及后代，昏僻之君[19]，乃有圣刘、天元之号[20]。是知人主轻重[21]，不在名称。损之[22]有谦光稽古之善，崇之[23]获矜能纳谄之讥。"又曰："必也俯稽术数，须有变更[24]，与其增美称而失人心，不若黜旧号以祗天戒[25]。"上纳其言，但改年号而已[26]。

上又以中书所撰赦文[27]示贽，贽上言，以为："动人以言，所感已浅，言又不切[28]，人谁肯怀[29]！今兹德音[30]，悔过之意不得不深，引咎之辞不得不尽[31]，洗刷疵垢[32]，宣畅郁堙[33]，使人人各得所欲，则何有不从者乎！应须改革事条，谨具别状同进[34]。舍此之外，尚有所虞[35]。窃以知过[36]非难，改过[37]为难；言善[38]非难，行善[39]为难。假使赦文至精[40]，止于知过言善[41]，犹愿圣虑更思所难[42]。"上然之。

（以上为第六段，写陆贽上奏德宗，改弦更张政治来挽救时局，而下诏罪己挽回人心是实际改弦更张的起点。）

【注释】

[1]勃兴：勃然兴起。语出《左传》庄公十一年鲁大夫臧文仲之言，曰："禹、汤罪己，其兴也勃焉。"[2]楚昭以善言复国：据胡三省注，楚昭王遭阖闾之祸，国灭楚亡，父老送之。王曰："父老反矣，何患无君？"父老曰："有君如是其贤也。"相与从之。秦人怜而救之，昭王复国。[3]不吝改过：不吝惜改过，即肯于改过。[4]以言谢天下：用语言向天下谢罪，即发布罪己诏书。[5]使书诏无所避忌：让诏书写得没有忌讳，真实无欺。[6]仰副圣情：符合圣上心意。[7]庶令反侧之徒革心向化：差不多可以使反复无常的人洗心革面，归向德化。[8]奉天所下书诏：兴元元年正月癸酉朔（正月一日），德宗下罪己诏，大赦，改元，史称"兴元大赦诏"。使者去山东宣诏，诸镇骄将悍卒闻之，无不感激。《资治通鉴》行文，为了叙事完整，有时追述，有时下及，这里是下及而叙及大赦诏。[9]术者：方术士。古代研究天文、医药、占卜及神仙术的人，声称能预言吉凶。[10]变更：变革政治。[11]时数：运数。指按周期转移的天命。德宗纳术士之言，于是改元、大赦，用以应合时运。[12]尊号：伟大的名号。皇帝二字即为尊号，意犹未竟再加美号。建中元年（780）群臣给德宗上尊号为"圣神文武皇帝"，至此群臣请再加一二字。陆贽以为不可，在"兴元大赦诏"中去"圣神文武"四字。[13]尊号之兴，本非古制：指在"皇帝"之上再加尊号，不是古来所有的。再加尊号唐代始于玄宗皇帝，加尊号为"开元神武皇帝"。[14]安泰之日：太平时代。[15]已累谦冲：谓尊号玷污了皇帝谦虚冲和的美德。累，拖累，玷污。[16]袭乎丧乱之时，尤伤事体：在国家厄难的时候沿袭加尊号的作法，尤其有害政体。意谓乱世加尊号适成讽刺。尤，更加。事体，政事体统。[17]嬴秦德衰：秦朝仁德衰落而施暴政。秦为嬴姓，故称嬴。[18]兼皇与帝：古有三皇五帝的称号。秦始皇统一六国，认为功过五帝三皇，合称皇帝，自称"始皇帝"，后世以数计。事见《资治通鉴》卷七秦始皇二十六年。[19]昏僻之君：昏庸邪僻的君主。[20]圣刘、天元之号：圣刘皇帝见《资治通鉴》卷三十四汉哀帝建平二年。汉哀帝信方士之说，汉德中衰，当改元更命以应天命而号称"陈圣刘太平皇帝。"天元皇帝见《资治通鉴》卷一百七十二陈宣帝太建十一年。周昏主周宣帝禅位太子，自称天元皇帝，所居称"天台"。陆贽引据两例称尊号的皇帝，皆衰世皇帝自大之举，不可效法。[21]人主轻重：君主的伟大与渺小。[22]损之：指降低尊号。句意为损抑尊号会有谦虚求古的美名。[23]崇之：指崇尚、加大尊号。句意为崇尚尊号只能得到自我尊大接受谄媚的讥讽。[24]必也俯稽术数，须有变更：如果一定要俯从术数时运的说法，需要变更称号。俯稽，放下身架听从。变更，指变更年号、尊号等，以应天命。[25]黜旧号以祇天戒：除去原有的尊号来敬承上天的警戒。旧号，指德宗原有的尊号"圣神文武"。祇，敬畏。[26]上纳其言，但改年号而已：德宗采纳了陆贽的建言，在"兴元大赦诏"中宣布去掉"圣神文武"的尊号，但在实际上仍受群臣尊号的朝贺，故云"但改年号而已"。史言德宗改过只是一句空话。[27]中书所撰赦文：中书省所拟的大赦诏文。[28]不切：不确实。[29]怀：怀念，受感动。[30]今兹德音：现在所要昭示于人民的德音。[31]引咎之辞不得不尽：承担责任的话不能不详尽。引咎，承担责任。[32]洗刷疵垢：洗刷自

己的缺点和错误。［33］宣畅郁堙：宣泄大家的不满情绪。郁堙，郁结于心中的牢骚。［34］应须改革事条，谨具别状同进：应该及时改变的具体事项，我已恭敬地一一条陈在另一纸状上，在此一同奏进。须，立须，及时。别状，写在另一张纸上。［35］舍此之外，尚有所虞：除此之外，我还有忧虞。此，指下罪己诏。所虞，所忧虑的是具体的改过行动。［36］知过：明白过错，认识到过错。［37］改过：改正过错。［38］言善：说好听的话，说大话。［39］行善：认真办好事情。［40］至精：此指大赦令文辞优美，好话说尽。［41］止于知过言善：仅仅停留在知道自己的过错和讲几句好话上。谓只做到了易，而未行其难，即还未做到改过、行善。［42］犹愿圣虑更思所难：还希望皇上去思考那更为难办的方面。即改过、行善。

兴元元年（甲子，784年）

春，正月，癸酉朔[1]，赦天下，改元，制曰[2]："致理[3]兴化，必在推诚；忘己济人[4]，不吝改过。朕嗣服丕构[5]，君临万邦[6]，失守宗祧[7]，越在草莽[8]。不念率德[9]，诚莫追于既往；永言思咎，期有复于将来。明征其义，以示天下[10]。

小子惧德弗嗣[11]，罔敢怠荒[12]，然以长于深宫之中，暗[13]于经国之务[14]，积习易溺[15]，居安忘危，不知稼穑之艰难[16]，不恤[17]征戍之劳苦，泽靡下究[18]，情未上通，事既拥隔，人怀疑阻[19]。犹昧省己[20]，遂用兴戎[21]，征师四方，转饷千里，赋车籍马[22]，远近骚然，行赍居送[23]，众庶劳止[24]，或一日屡交锋刃，或连年不解甲胄。祀奠乏主，室家靡依[25]，死生流离，怨气凝结[26]，力役不息，田莱[27]多荒。暴令峻于诛求，疲甿空于杼轴[28]，转死沟壑，离去乡闾，邑里丘墟，人烟断绝。天谴于上而朕不寤，人怨于下而朕不知，驯致乱阶，变兴都邑[29]，万品失序[30]，九庙震惊[31]，上累于祖宗[32]，下负于蒸庶[33]，痛心腼貌[34]，罪实在予，永言愧悼[35]，若坠泉谷[36]。自今中外所上书奏，不得更言'圣神文武'之号。

李希烈、田悦、王武俊、李纳等，咸以勋旧，各守藩维，朕抚御乖方[37]，致其疑惧；皆由上失其道而下罹[38]其灾，朕实不君[39]，人则何罪[40]！宜并所管将吏等一切待之如初。

朱滔虽缘朱泚连坐，路远必不同谋，念其旧勋，务在弘贷[41]，如能效顺，亦与惟新[42]"

朱泚反易天常[43]，盗窃名器[44]，暴犯陵寝[45]，所不忍言，获罪祖宗，朕不敢赦。其胁从将吏百姓等，但官军未到京城以前，去逆效顺并散归本道、本军者，并从赦例[46]。

诸军、诸道应赴奉天及进收京城将士，并赐名奉天定难功臣[47]，其所加垫陌钱[48]、税间架、竹、木、茶、漆、榷铁[49]之类，悉宜停罢。”

赦下，四方人心大悦。及上还长安明年[50]，李抱真入朝为上言：“山东宣布赦书，士卒皆感泣，臣见人情如此，知贼不足平也！”

命兵部员外郎李充为恒冀宣慰使。

朱泚更国号曰汉，自号汉元天皇，改元天皇。

（以上为第七段，写德宗采纳陆贽建言，在兴元元年的元旦日颁布兴元大赦诏。）

【注释】

[1]癸酉朔：正月一日。 [2]制曰：此即陆贽所草“兴元大赦诏”，全文载《旧唐书·德宗纪》。 [3]致理：达到天下大治。理，即治。唐避高宗讳，改治为理。 [4]忘己济人：抛开自己的利益，成就别人的功劳。忘己，克制自己，抛开自己。 [5]嗣服丕构：继承帝位。丕构，大厦，代指国家、帝位。典出《书·大诰》：“若考作室，既底法，厥子乃弗肯堂，矧肯构。” [6]君临万邦：统治天下。 [7]失守宗祧：失守了祖宗庙堂。宗，百世不毁之庙，如高祖、太宗。祧，远祖之庙。宗祧，代指宗庙。 [8]越在草莽：坠落在原野草丛中。语出《左传》昭公二十年卫侯之语。 [9]不念率德：没有记怀和遵循德化行事。 [10]明征其义，以示天下：现在朕鲜明而详实地讲出来，让天下的人都能看到。征，证验，拿出改过的事实来。 [11]小子惧德弗嗣：朕战战兢兢自己的德行不能继承先人的业绩。小子，天子的谦称。 [12]罔敢怠荒：不敢怠慢荒忽职守。 [13]暗：不熟悉。 [14]经国之务：治理国家的政务。 [15]积习易溺：积久的习惯，容易沉溺。 [16]居安忘危，不知稼穑之艰难：化用《周书》与《尚书·无逸》周公告成王之语。《周书》曰“居安思危”，见《左传》襄公十一年引，乃《逸周书》之文。《尚书·无逸》，周公作《无逸》，告成王曰：“呜呼，君子所其无逸，先知稼穑之艰难。”又曰：“相小人，厥父母勤劳稼穑，厥子乃不知稼穑之艰难。” [17]恤：怜爱。 [18]泽靡下究：恩泽没有普施于黎民众庶。 [19]人怀疑阻：人们自然心怀疑虑而忧愁。指诸镇兴兵。阻，忧也。 [20]犹昧省己：朕仍然不知道反省自己。 [21]兴戎：兴兵。 [22]赋车籍马：征用车马。赋、籍，征也。 [23]行赍居送：出征的人要带军资，留在家中的人要不断运送衣粮。 [24]众庶劳止：大众受尽了劳苦。止，语气辞。 [25]祀尊乏主，室家靡依：祭尊祖先没有主人，家属也没有了依靠。 [26]死生流离，怨气凝结：生死无定，流离失所，怨恨之气，郁聚盘结。 [27]田莱：农田荒芜。田废生草曰莱。

[28]暴令峻于诛求，疲甿空于杼轴：残暴的长官严厉苛求，疲困的农妇无法织布。令，官吏，与下文"甿"对应。甿，百姓，此指农妇。杼，织机上的梭子。轴，织机的转轴。杼轴，指代织布。[29]驯致乱阶，变兴都邑：于是逐渐酿成祸乱的阶梯，致使京城发生了变故。驯，逐渐。兴，发生，兴起。［30］万品失序：万事失去了秩序。［31］九庙震惊：九庙祖宗受到惊扰。古制天子七庙，始祖与三昭三穆为七。唐初始立四庙，后逐渐增立亲庙，至玄宗开元十年（722）始立九庙，自是常为定制。［32］上累于祖宗：朕对上连累了列祖列宗。［33］下负于蒸庶：朕对下辜负了黎民大众。蒸庶，众庶。［34］痛心腼貌：内心沉痛，脸上惭愧。［35］永言愧悼：久久地惭愧。言，句中语气辞。［36］泉谷：渊谷。唐避高祖李渊讳，渊字作泉。［37］乖方：无方。［38］罹：遭受。［39］不君：不配为君。［40］人则何罪：下面的人有什么罪。即在下位的人无罪，赦免田税等。［41］弘贷：宽大免罪。［42］惟新：自新。［43］反易天常：改变了天道的常规。指违反君为臣纲之规而为逆。［44］名器：指君位。［45］暴犯陵寝：残暴地冒犯了列祖列宗的陵园寝庙。朱泚在奉天屯兵于乾陵等地。［46］并从赦例：一概按照赦免的条例处理。［47］奉天定难功臣：给一应勤王官兵士庶加此荣名，以激励士气。定难，克平祸难。［48］垫陌钱：即除陌钱。［49］榷铁：国家专营铸铁及买卖。［50］上还长安明年：德宗还长安之明年，即贞元元年（785）。

王武俊、田悦、李纳见赦令，皆去王号，上表谢罪。惟李希烈自恃兵强财富，遂谋称帝，遣人问仪[1]于颜真卿，真卿曰："老夫尝为礼官，所记惟诸侯朝天子礼耳！"希烈遂即皇帝位，国号大楚，改元武成。置百官，以其党郑贲为侍中，孙广为中书令，李绶、李元平同平章事。以汴州为大梁府，分其境内为四节度。希烈遣其将辛景臻谓颜真卿曰："不能屈节，当自焚！"积薪灌油于其庭。真卿趋赴火，景臻遽止之。

希烈又遣其将杨峰[2]赍赦[3]赐陈少游及寿州[4]刺史张建封[5]，建封执峰徇于军[6]，腰斩于市，少游闻之骇惧。建封具以少游与希烈交通之状闻，上悦，以建封为濠、寿、庐三州都团练使。希烈乃以其将杜少诚为淮南节度使，使将步骑万余人先取寿州，后之江都，建封遣其将贺兰元均、邵怡守霍丘[7]秋栅[8]。少诚竟不能过，遂南寇蕲、黄，欲断江路[9]。时上命包佶自督江、淮财赋，溯江诣行在；至蕲口[10]，遇少诚入寇。曹王皋遣蕲州刺史伊慎将兵七千拒之，战于永安戍[11]，大破之，少诚脱身走，斩首万级，包佶乃得前。后佶入朝，具奏陈少游夺财赋事；

少游惧，厚敛所部以偿之。李希烈以夏口[12]上流要地，使其骁将董侍募死士七千袭鄂州，刺史李兼[13]偃旗卧鼓闭门以待之。侍撤屋材以焚门，兼帅士卒出战，大破之。上以兼为鄂、岳、沔都团练使。于是希烈东畏曹王皋，西畏李兼，不敢复有窥江、淮之志矣。

（以上为第八段，写李希烈南犯江淮，东西受阻，再不敢南犯。）

【注释】

[1]仪：即皇帝位的礼仪。[2]杨峰：两唐书作"杨丰"。[3]赦：指李希烈所颁发的赦金。[4]寿州：州名。为淮南节度使巡属。治所寿春，在今安徽寿县。[5]张建封：传见《旧唐书》卷一百四十，《新唐书》卷一百五十。[6]徇于军：在军中示众。[7]霍丘：县名，在寿州之西。县治在今安徽霍邱县。[8]秋栅：防卫霍丘的军寨。[9]欲断江路：想阻断贡赋朝廷的长江水路。蕲、黄二州在寿州西南临江，故淮西将吴少诚想攻下二州以断江路。[10]蕲口：蕲水入江之口。在今湖北蕲春南长江北岸。[11]永安戍：军寨名。在黄州界内，梁曾置永安郡，后废为戍。在今湖北武汉新洲区，唐时为黄冈县。[12]夏口：夏水，即汉水入江之口，时为江夏县，鄂州治所。在今湖北武汉三镇的汉口。[13]李兼：官至江西观察使。

朱滔引兵入赵境，王武俊大具犒享[1]；入魏境，田悦供承倍丰[2]，使者迎候，相望于道。丁丑[3]，滔至永济[4]，遣王郅见悦，约会馆陶[5]，偕行渡河。悦见郅曰："悦固愿从五兄[6]南行，昨日将出军，将士勒兵不听悦出，曰：'国兵新破[7]，战守逾年[8]，资储竭矣。今将士不免冻馁，何以全军远征[9]！大王日自抚循，犹不能安；若舍城邑而去，朝出，暮必有变！'悦之志非敢有贰也，如将士何！已令孟祐备步骑五千，从五兄供刍牧之役[10]。"因遣其司礼侍郎[11]裴抗等往谢滔。滔闻之，大怒曰："田悦逆贼，向在重围，命如丝发[12]，使我叛君弃兄，发兵昼夜赴之，幸而得存。许我贝州，我辞不取；尊我为天子，我辞不受[13]。今乃负恩[14]，误我远来，饰辞不出！"即日，遣马寔攻宗城、经城，杨荣国攻冠氏[15]，皆拔之；又纵回纥掠馆陶顿幄帟[16]、器皿、车、牛以去。悦闭城自守。壬午[17]，滔遣裴抗等还，分兵置吏守平恩[18]、永济。

丙戌[19]，以吏部侍郎卢翰为兵部侍郎、同平章事。翰，义僖之七世孙也。

朱滔引兵北围贝州，引水环之，刺史邢曹俊婴城拒守；纵范阳及回纥兵大掠诸县，又拔武城[20]，通德、棣二州[21]，使给军食；遣马寔将步骑五千屯冠氏以逼魏州。

以给事中杜黄裳[22]为江淮宣慰副使。

（以上为第九段，写王武俊、田悦、李纳接受赦令归顺朝廷，河北朱滔仍负隅顽抗。）

【注释】

[1]大具犒享：大力备办犒赏军食。[2]供承倍丰：供奉的酒食更是加倍丰盛。[3]丁丑：正月五日。[4]永济：田悦分临清所置县名。以县西临永济渠而得名，属贝州。县治在今山东临清市南。[5]馆陶：魏州属县。县治在今河北馆陶北。[6]五兄：朱滔排第五，故田悦称为五兄。[7]国兵新破：田悦称魏王，故自称国兵。新破，指不久前为马燧所破。[8]战守逾年：指与马燧等官军相持又整年。[9]何以全军远征：拿什么供应全军去远征。[10]供刍牧之役：供办放马喂马的杂活。[11]司礼侍郎：相当于唐朝廷的礼部侍郎。[12]命如丝发：生命垂危，细如一丝一发。[13]不取不受：朱滔叛唐救田悦，不取田悦所献贝州，不受田悦所尊天子之号，事均见《资治通鉴》卷二百二十七德宗建中三年（782）。[14]负恩：背德。[15]宗城、经城、冠氏：皆县名。宗城、经城，属贝州。冠氏，属魏州。[16]幄帟：宿军帐幕。朱滔使回纥兵掠取田悦馆陶的囤储军资而去。[17]壬午：正月十日。[18]平恩：洺州属县。[19]丙戌：正月十四日。[20]武城：县名，属贝州。县治在今山东武城县。[21]通德、棣二州：朱滔克武城连通德、棣二州。朱滔建中二年（781）据有德、棣二州。[22]杜黄裳（738—808）：字遵素，京兆万年（今陕西西安市）人。宪宗朝官至宰相，为同中书门下平章事。传见《旧唐书》卷一百四十七，《新唐书》卷一百六十九。

上于行宫庑[1]下贮诸道贡献之物，榜曰琼林大盈库[2]。陆贽以为战守之功，赏赍[3]未行而遽私别库，则士卒怨望，无复斗志，上疏谏，其略曰：“天子与天同德，以四海为家，何必橈废公方[4]，崇聚[5]私货！降至尊[6]而代有司之守，辱万乘以效匹夫之藏，亏法失人[7]，诱扞聚慝[8]，以斯制事[9]，岂不过哉！”又曰：“顷者六师初降[10]，百物无储，外扞凶徒，内防危堞[11]，昼夜不息，殆将五旬[12]，冻馁交侵[13]，死伤相枕[14]，毕命同力[15]，竟夷大艰[16]。良以陛下不厚其身，不私其欲，绝甘[17]以同卒伍，辍食以啗功劳[18]。无猛制而人不携[19]，怀所感也；无厚赏而人不怨，悉所无也。今者攻围已解，衣食已丰，而谣讟方兴[20]，军情稍阻[21]，岂不以勇夫恒性[22]，嗜利矜功，其患难既与之同忧而好乐不与之同利，苟异恬默，能无怨咨[23]！”又曰：“陛下诚能近想重围之殷忧[24]，追戒平居之专欲[25]，凡在二库[26]货贿，尽令出赐有功，每获珍华[27]，先给军赏，如此，则乱必靖[28]，贼必平，徐驾六龙[29]，旋复都邑[30]，天子之贵，岂当忧贫！是乃散其小储[31]而成其大储[32]，损其小宝而固其大宝也。”上即命去其榜[33]。

萧复尝言于上曰：“宦官自艰难以来[34]，多为监军，恃恩纵横[35]。此属但应掌宫掖之事，不宜委以兵权国政。”上不悦。又尝言：“陛下践阼之初，圣德光被[36]，自杨炎、卢杞黩乱[37]朝政，以致今日。陛下诚能变更睿志[38]，臣敢不竭力。傥使臣依阿苟免[39]，臣实不能！”又尝与卢杞同奏事，杞顺上旨，复正色曰：“卢杞言不正！”上愕然，退，谓左右曰：“萧复轻[40]朕！”戊子[41]，命复充山南东·西、荆湖、淮南、江西、鄂岳、浙江东·西、福建、岭南等道宣慰、安抚使，实疏[42]之也。既而刘从一及朝士往往奏留复[43]，上谓陆贽曰：“朕思迁幸[44]以来，江、淮远方，或传闻过实，欲遣重臣宣慰，谋于宰相及朝士。佥[45]谓宜然。今乃反覆如是，朕为之怅恨累日[46]。意[47]复悔行，使之论奏邪？卿知萧复何如人[48]？其不欲行，意趣安在[49]？”贽上奏，以为：“复痛自修励[50]，慕为清贞[51]，用虽不周，行则可保[52]。至于轻诈[53]如此，复必不为。借使[54]复欲逗留[55]，从一安肯附会[56]！今所言矛盾[57]，愿陛下明加辩诘[58]。若萧复有所请求，则从一何容为隐[59]！若从一自有回互[60]，则萧复不当受疑。陛下何惮而不辩明[61]，乃直[62]为此怅恨也！夫明则罔惑，辩则罔冤[63]；惑莫甚于逆诈而不与明[64]，冤莫痛于见疑而不与辩[65]。是使情伪相糅[66]，忠邪靡分[67]。兹实居上御下之要枢[68]，惟陛下留意。”上亦竟不复辩也。

辛卯[69]，以王武俊为恒、冀、深、赵节度使。壬辰[70]，加李抱真、张孝忠并同平章事。丙申[71]，加田悦检校左仆射。以山南东道行军司马樊泽[72]为本道节度使，前深、赵观察使康日知为同州刺史、奉诚军[73]

节度使，曹州刺史李纳[74]为郓州刺史、平卢节度使。

戊戌[75]，加刘洽汴、滑、宋、亳都统副使，知都统事[76]，李勉悉以其众授之。

辛丑[77]，六军[78]各置统军[79]，秩从三品，以宠勋臣。

吐蕃尚结赞请出兵助唐收京城。庚子[80]，遣秘书监崔汉衡使吐蕃，发其兵。

（以上为第十段，写德宗猜疑、贪财秉性难移，局势好转旧病复犯，由于尚在蒙尘之中，京城未复，才勉强听取了陆贽的劝谏。）

【注释】

[1]庑：房廊。 [2]榜曰琼林大盈库：题写上“琼林大盈库”。因琼林、大盈二库为宫中内库，写上这几个字即为皇帝私产。 [3]赏赉：赏赐。 [4]桡废公方：破坏国家法度。桡，曲木，这里指法度被弯曲，被践踏。公方，国家法度。诸道贡赋本为国用，德宗据为私产。 [5]崇聚：多聚。 [6]至尊：与下文“万乘”，皆指代皇帝。 [7]亏法失人：既损害法度，又失去人心。 [8]诱奸聚慝：诱发奸邪，蓄养大恶。慝，巨奸。 [9]以斯制事，岂不过哉：拿这样的办法去裁制万事，难道不是错误的吗？ [10]六师初降：天子之行，必有六师。这句话是指德宗出逃奉天的委婉说法。降，降低地位，指由京师到奉天。 [11]内防危堞：对内要防守垂危的城墙。 [12]五旬：五十天。 [13]冻馁交侵：饥寒交迫。 [14]死伤相枕：死伤的人纵横交错，互相靠在一起。 [15]毕命同力：拼命效力。 [16]竟夷大艰：终于克服了巨大的困难。 [17]绝甘：不吃甘美的食物。 [18]辍食以啗功劳：节约食物送给立功的将士吃。辍，中断，停止。啗，吃。 [19]无猛制而人不携：没有用严厉的办法管束而人们却不离散。携，离散。 [20]谣讟方兴：怨言却正在兴起。 [21]军情稍阻：军中逐渐产生了隔阂的情绪。 [22]恒性：常性，本性。指嗜利矜功。 [23]苟异恬默，能无怨咨：如果陛下不像过去那样恬淡静默，怎能不让下面的人有怨情呢！ [24]殷忧：深切忧患。 [25]专欲：强烈的欲望、嗜好。 [26]二库：琼林、大盈两库。 [27]珍华：山珍美味与华美的物品。 [28]靖：平定。 [29]徐驾六龙：徐徐驾起乘舆。六龙，代指天子的车驾。 [30]旋复都邑：还到京师。 [31]散其小储：指发放在奉天行宫的小小储存。 [32]成其大储：成就还回京师富有四海的大大储存。 [33]去其榜：揭去“琼林、大盈”字样的题字，把财物交公。 [34]自艰难以来：指唐朝国运自安史之乱的危难以来。 [35]恃恩纵横：仗恃皇帝的恩宠而为所欲为。 [36]圣德光被：皇上的德泽光辉四射。 [37]黩乱：秽乱。 [38]变更睿志：改变从前的所作所为。睿志，英明的旨意。此为臣谏君的委婉语。 [39]依阿苟免：阿谀依附，苟且偷生。 [40]轻：轻视，看不起。 [41]戊子：正月十六日。 [42]疏：疏远。 [43]奏留复：其时刘从一为同中书门下平章事，他和许多朝士上奏请求德宗留

下萧复在朝中。［44］迁幸：指出奔奉天。［45］佥：都。［46］怅恨累日：恼怒了好几天。［47］意：想来，猜来。［48］何如人：是一个什么样的人。［49］意趣安在：有什么用意，是什么目的。［50］痛自修励：痛下决心修养自励。［51］慕为清贞：向往着做一个清廉贞洁之士。［52］用虽不周，行则可保：萧复的办事才能有时不周到，但他的品德是可以担保的。［53］轻诈：任意行诈。指萧复指使刘从一等上奏事。［54］借使：假使。［55］逗留：逗留朝中不肯远出。［56］附会：随声附和，听人指使。［57］今所言矛盾：指现在德宗的说法自相矛盾，不合逻辑。［58］明加辩诘：鲜明地、认真地查问清楚。［59］何容为隐：为何要替人隐晦。［60］回互：通“回护”。若是刘从一个人要回护萧复，那与萧复没有关系。［61］陛下何惮而不辩明：陛下为什么怕把真相辩白清楚呢？惮，怕，担心。［62］直：一直，竟至于。［63］夫明则罔惑，辩则罔冤：说起来，把事情弄明白了就没有疑惑，把事情辩白清楚了就没有冤屈。罔，通“惘”，惘然。罔惑、罔冤，受疑惑、受冤屈而不安的样子。［64］惑莫甚于逆诈而不与明：最惨痛的困惑没有比先被肯定欺诈而不准说明真相。逆诈与下文“见疑”为互文，逆、见，均表示被动。不与明，不让你说明。［65］冤莫痛于见疑而不与辩：最惨痛的冤屈没有比先被猜疑而不准辩白。见疑，被猜疑。不与辩，不准辨白，不给机会辩白。辩，通“辨”。［66］情伪相糅：真伪参杂。［67］忠邪靡分：忠奸不分。［68］兹实居上御下之要枢：这些实在是居于君王之位驾驭臣下的关键，希望陛下留心参考。［69］辛卯：正月十九日。［70］壬辰：正月二十日。［71］丙申：正月二十四日。［72］樊泽（742—798）：历官山南、荆南两镇节度使。传见《旧唐书》卷一百二十二，《新唐书》卷一百五十九。［73］奉诚军：乾元初于同州置匡国军，后改为奉诚军。德宗以赵州与王武俊，故徙康日知于同州。［74］曹州刺史李纳：李纳本为曹州刺史。建中二年（781），其父李正己卒，李纳自领军务，未有朝命。至此，始正式委命为曹州刺史，先叙本职，再叙新命加节镇旌节。［75］戊戌：正月二十六日。［76］知都统事：主持都统事务。知，代理。都统李勉失地汴州，依投刘洽，以余众交授刘洽指挥。故朝廷命刘洽为副都统，知都统事。［77］辛丑：正月二十九日。［78］六军：左、右羽林军，左、右龙武军，左、右神武军。［79］统军：武职官名，六军各置一人，品秩次于六军大将军。［80］庚子：正月二十八日。

【点评】

本卷点评卢杞之贬和德宗罪己两大事件。

一、卢杞之贬。卢杞，字子良，渭州灵昌（今河南滑县西南）人。出身官僚世家，父、祖皆唐玄宗朝重臣，祖卢怀慎，宰相；父卢奕，御史大夫。卢杞门荫入仕，代宗末官至虢州刺史。建中二年（781），征为御史大夫，旬日之间升为宰相。建中四年（783）末贬为新州司马。为相三年，蒙蔽圣听，堕乱朝典，残害忠良，致乱危国，是唐代，也是中国历史上著名的奸相。卢杞貌丑，面色如蓝，人们把他看成鬼怪。郭子仪病重，百官看望，郭子仪不回避婢仆。卢杞造访，郭子仪让所有婢仆回避，自己一人正襟危坐接待卢杞。事后家人问原因，郭子仪说：“卢杞貌丑，婢仆们见了暗中嘲笑，卢杞一旦掌权，我们家就要灭族。”郭子仪历练世故，一眼看穿了卢杞的奸恶。可是多数人识不透，见卢杞穿粗衣，吃粗饭，认为他有父祖清廉之风，这说明卢杞善于伪装。

卢杞妒贤害能，小有违逆，必置人于死地。杨炎看不起卢杞貌丑，便遭杀身之祸。颜真卿为人耿直正义，卢杞上奏德宗派颜真卿为淮西宣慰使，借李希烈之手杀害忠良。宰相张镒忠正有才，卢杞妒忌，上奏德宗出张镒为凤翔节度使。宰相崔宁来到奉天，德宗慰劳有加，卢杞忌惮，借口朱泚任命崔宁为中书令，诬陷崔宁来奉天是为朱泚作内应，德宗不察，暗杀了崔宁。诸镇勤王之师到奉天，卢杞以全家百口性命担保朱泚不反，不让勤王之师进奉天城，劝德宗不在奉天设军备，以此来向朱泚示之以诚。谏议大夫姜公辅强谏，反驳卢杞，如果朱泚不反，还怕天子之兵多吗？有备才能无患。诸镇之兵，这才得以进奉天城。灵武、盐州等一万多勤王之师将到奉天，有两条路可以进城。一条路经漠谷，道近艰险，如中敌伏则危殆，一条路经乾陵，道稍远平坦，可保无虞。关播、浑瑊主张援军途经乾陵入城。卢杞反对，说援军经乾陵惊扰祖宗。浑瑊说：“朱泚叛兵，砍伐乾陵松柏，日夜不停，早已惊扰多时。”卢杞说：“天子之兵，怎能与贼兵相比。”结果灵盐援兵经漠谷，全军覆没。卢杞大奸似忠，如此祸国，百官咬牙切齿，无人敢言。李怀光解奉天之围，自以为功大，期待德宗召见。卢杞担心李怀光入朝对己不利，冠冕堂皇上奏德宗下诏，让李怀光乘胜追击朱泚，不必入朝晋见。李怀光不满，认为被卢杞出卖，屯兵咸阳不进，连上数道奏章揭发卢杞罪恶，百官也议论纷纷，德宗不得已贬卢杞为新州司马。德宗回到京师，念念不忘卢杞，又要起用他，遭到朝臣反对。德宗说：“众人都说卢杞奸邪，朕怎么认识不到。”李勉回答：“卢杞奸邪，天下人皆知，只有陛下不知，这正是卢杞之所以为奸也。”德宗无话可说。卢杞善逢迎，他摸透德宗自大忌刻的心理，总是顺着德宗的心意去办事，卢杞的罪恶，其实就是德宗的罪恶。苛捐杂税的征收，杀崔宁、杀杨炎，以及不准勤王之师进奉天城、路经漠谷遭覆灭等等，均为德宗之意，通过卢杞之口说出而已。一个愚笨的昏君，如遇良辅，尚可治国，三国蜀汉刘禅，有贤相诸葛亮、蒋琬为辅，国可治，而一个自以为是又有些才干的昏君，如殷纣王、如隋炀帝，有神仙相辅也没有用。德宗乃殷纣王、隋炀帝之流，逼反李怀光，第二次蒙尘，罪有应得，没有做亡国之君，真是万幸。

二、德宗罪己。德宗蒙尘，出逃奉天，收缩河北之军勤王，魏县行营解散，李抱真退屯临洺，观望形势。李抱真利用王武俊与朱滔的矛盾，劝说王武俊归唐。德宗困在奉天，陆贽进言，说“昔成汤以罪己勃兴，楚昭以善言复国”，希望德宗能够下罪己诏，推诚改过，赦免叛臣，允许他们革新改过，可以早日结束战争。德宗采纳，派人游说田悦、王武俊、李纳，允许他们改过，以朝命委任他们做节度使。本来这三人要的就是割据，传子继承。名义上归唐，揭去叛臣帽子，何乐而不为，三人于是秘密答应了。公元784年正月一日，德宗改元兴元，发布大赦诏，史称兴元大赦诏，也就是德宗的罪己诏。诏书开门见山，德宗表示推诚改过。制曰："致理兴化，必在推诚；忘己济人，不吝改过。朕嗣服丕构，君临万邦，失守宗祧，越在草莽。不念率德，诚莫追于既往；永言思咎，期有复于将来。明征其义，以示天下。"说得情真意切。诏书宣布，四方人心大快，河北那些骄兵悍将，也无不感激涕零。田悦、王武俊、李纳上表谢罪。德宗任命王武俊为恒、冀、深、赵四州节度使，李纳为平卢节度使，田悦已为节度使，加官检校左仆射。朱滔于公元785年病死，将士立刻拥立刘怦，朝廷授任为幽州、卢龙节度使。公元786年，李希烈为部将陈仙奇所杀，接着淮西将吴少诚杀陈仙奇，自为留后，朝廷认可。这样由节度使传子制引发的一场大战，祸乱唐朝半壁江山，德宗两度蒙尘，最终以皇帝罪己告终，藩镇割据成为定局。陆贽的出现，促使德宗最后关头转变，使唐王朝度过了危机。陆贽政治上的运筹帷幄，军事上的洞察预测，起了中流砥柱的作用。陆贽是一个杰出的政治家。

卷二三〇　唐纪四十六

唐德宗兴元元年（784 年）

【起阏逢困敦（甲子，784 年）二月，尽四月，不满一年】

【大事提要】

本卷记事起公元 784 年二月，讫四月，共三个月。当德宗兴元元年二月到四月。德宗偏狭、任性而急躁，遥控战事，拒谏而自用，促成李怀光反叛，唐朝再度陷于危局。德宗被迫逃奔汉中，甚至有效法唐玄宗避蜀的打算。幸赖陆贽支撑大局，李晟分兵驻屯，阻止了李怀光与朱泚合势，逼迫李怀光东走入据河中，缓解了形势。陆贽直谏，德宗不平，外亲内疏，陆贽有宰相之实而无宰相之名，时人称其为内相。山南东道节度使贾耽识大体，奉君命，从容让位下属，留给了蒙尘中的德宗一块立足之地。河北战事，王武俊与李抱真释嫌联兵救贝州。魏博田绪杀田悦归顺朝廷，朱滔陷于孤立。

德宗神武圣文皇帝五

兴元元年（甲子，784 年）

二月，戊申[1]，诏赠段秀实太尉，谥曰忠烈，厚恤其家。时贾隐林已卒，赠左仆射，赏其能直言也。

李希烈将兵五万围宁陵，引水灌之；濮州[2]刺史刘昌[3]以三千人守之。

滑州刺史李澄[4]密遣使请降，上许以澄为汴滑节度使。澄犹外事希烈；希烈疑之，遣养子六百人戍白马[5]，召澄共攻宁陵。澄至石柱[6]，使其众阳惊[7]，烧营而遁。又讽养子令剽掠，澄悉收斩之，以白希烈，希烈无以罪也。

刘昌守宁陵，凡四十五日不释甲[8]。韩滉[9]遣其将王栖曜将兵助刘洽拒希烈，栖曜以强弩数千游汴水，夜，入宁陵城。明日，从城上射希烈，及其坐幄，希烈惊曰："宣、润弩手[10]至矣！"遂解围去。

（以上为第一段，写淮西军事，官军与叛贼李希烈拉锯相持。）

【注释】

[1]戊申：二月七日。 [2]濮州：州名。治所鄄城，在今山东鄄城县北。 [3]刘昌：官至四镇、北庭行营兼泾原节度使。传见《旧唐书》卷一百五十二，《新唐书》卷一百七十。 [4]李澄：滑州刺史，以城降李希烈，见上卷上年。 [5]白马：县名，滑州治所。在今河南滑县东。 [6]石柱：滑州境内地名。 [7]阳惊：人为制造的兵变。阳，通"佯"，假装，故意。惊，兵变。 [8]释甲：脱下铠甲休整。 [9]韩滉：时为镇海军节度使，驻节润州。 [10]宣、润弩手：指镇海军强弓手部队。

朱泚自奉天败归，李晟谋取长安。刘德信与晟俱屯东渭桥，不受晟节制；晟因德信至营中，数以沪涧之败[1]及所过剽掠之罪，斩之；因以数骑驰入德信军，劳其众，无敢动者，遂并将之，军势益振。

李怀光既胁朝廷逐卢杞等，内不自安，遂有异志[2]。又恶李晟独当一面，恐其成功，奏请与晟合军；诏许之。晟与怀光会于咸阳西陈涛斜[3]，筑垒未毕，泚众大至。晟谓怀光曰："贼若固守宫苑[4]，或旷日持久，未易攻取；今去其巢穴，敢出求战，此天以贼赐明公，不可失也！"怀光曰："军适至，马未秣[5]，士未饭，岂可遽战[6]邪！"晟不得已乃就壁[7]。晟每与怀光同出军，怀光军士多掠人牛马，晟军秋豪不犯。怀光军士恶其异己，分所获与之，晟军终不敢受。

怀光屯咸阳累月[8]，逗留不进；上屡遣中使趣之，辞以士卒疲弊，且当休息观衅[9]。诸将数劝之攻长安，怀光不从，密与朱泚通谋[10]。李晟屡奏，恐其有变，为所并，请移军东渭桥；上犹冀怀光革心，收其力用，寝晟奏不下。

怀光欲缓战期，且激怒诸军，奏言："诸军粮赐薄[11]，神策独厚。厚薄不均，难以进战。"上以财用方窘，若粮赐皆比神策，则无以给之，不然，又逆怀光意，恐诸军觖望[12]；乃遣陆贽诣怀光营宣慰，因召李晟参议其事。怀光意欲晟自乞减损，使失士心，沮败其功，乃曰："将士战斗同而粮赐异，何以使之协力！"贽未有言，数顾晟[13]。晟曰："公为元帅，得专号令；晟将一军，受指踪[14]而已。至于增减衣食，公当裁之。”怀光默然，又不欲自减之。遂止。

时上遣崔汉衡诣吐蕃发兵，吐蕃相尚结赞言：“蕃法[15]发兵，以主兵大臣为信；今制书无怀光署名，故不敢进。”上命陆贽谕[16]怀光，怀光固执[17]以为不可，曰：“若克京城，吐蕃必纵兵焚掠，谁能遏[18]之！此一害也。前有敕旨[19]，募士卒克城者人赏百缗，彼发兵五万，若援敕求赏，五百万缗何从可得！此二害也。虏骑虽来，必不先进，勒兵自固，观我兵势，胜则从而分功，败则从而图变，谲诈[20]多端，不可亲信，此三害也。”竟不肯署敕；尚结赞亦不进军。

（以上为第二段，写李怀光奉命讨朱泚，心怀异志而按兵不动，德宗派陆贽宣慰，观察军情。）

【注释】

[1]泸涧之败：事见《资治通鉴》卷二百二十八，德宗建中四年（783）九月，官军在泸涧为李希烈所败。刘德信为神策军将，与李晟同列。建中四年十一月，加李晟神策行营节度使，而刘德信不听李晟节度，故晟数其罪斩之，并兵以攻朱泚。[2]异志：异心，离异朝廷的背叛之心。[3]陈涛斜：又名咸阳斜，在今咸阳东。[4]宫苑：指长安宫城及苑城。[5]马未秣：马尚未进料。秣，马料。[6]遽战：立即开战。[7]就壁：回到军营去。[8]怀光屯咸阳累月：怀光于上年十一月癸巳（二十日）解奉天之围，至二月戊申（七日）与李晟合兵咸阳，已逗留七十六日，故言累月。累月，数月。[9]休息观衅：休整部队，并观察敌军的破绽。[10]通谋：据章校，“谋”下有“事迹颇露”四字。[11]粮赐薄：粮饷供应微薄。[12]觖（jué）望：不满足，怨望。[13]数顾晟：陆贽多次回头目视李晟，示意他表态。[14]受指踪：接受指挥。[15]蕃法：吐蕃的法律规定。[16]谕：晓示。[17]固执：坚持己见。[18]遏：制止。[19]敕旨：圣旨。[20]谲诈：诡诈，心计。

陆贽自咸阳还，上言[1]：“贼泚稽诛[2]，保聚宫苑，势穷援绝[3]，引日偷生[4]。怀光总仗顺之师[5]，乘制胜之气[6]，鼓行芟薙，易若摧枯[7]，而乃寇奔不追，师老不用[8]，诸帅每欲进取，怀光辄沮其谋[9]。据兹事情，殊不可解[10]。陛下意在全护[11]，委曲听从[12]，观其所为，亦未知感[13]。若不别务规略[14]，渐思制持[15]，惟以姑息[16]求安，终恐变故难测。此诚事机危迫之秋[17]也，固不可以寻常容易处之[18]。今李晟奏请移军[19]，适遇臣衔命宣慰，怀光偶论此事，臣遂泛问所宜[20]。怀光乃云：‘李晟既欲别行，某亦都不要藉[21]。’臣犹虑有翻覆[22]，因美其军盛强。怀光大自矜夸，转有轻晟之意。臣又从容[23]问云：‘回日[24]，或圣旨顾问事之可否，决定何如[25]？’怀光已肆轻言[26]，不可中变[27]，遂云：‘恩命[28]许去，可亦无妨。’要约[29]再三，非不详审，虽欲追悔，固难为辞。伏望即以李晟表[30]出付中书，敕下依奏[31]，别赐怀光手诏，示以移军事由[32]。其手诏大意云：‘昨得李晟奏，请移军城东[33]以分贼势。朕本欲委卿商量，适会陆贽回奏云，见卿语及于此，仍言许去事亦无妨，遂敕本军允其所请。’如此，则词婉而直[34]，理顺而明[35]，虽蓄[36]异端[37]，何由起怨！”上从之。

晟自咸阳结陈而行[38]，归东渭桥。时鄜坊节度使李建徽、神策行营节度使杨惠元犹与怀光联营，陆贽复上奏曰：“怀光当管师徒[39]，足以独制凶寇，逗留未进，抑有他由[40]。所患太强，不资傍助。比者[41]又遣李晟、李建徽、杨惠元三节度之众附丽其营[42]，无益成功，祇足生事。何则？四军[43]接垒，群帅[44]异心[45]，论势力则悬绝高卑[46]，据职名则不相统属[47]。怀光轻晟等兵微位下而忿其制不从心[48]，晟等疑怀光养寇蓄奸而怨其事多陵己[49]；端居则互防飞谤，欲战则递恐分功，龃龉不和，嫌衅遂构[50]，俾之同处[51]，必不两全。强者恶积而后亡，弱者势危而先覆，覆亡之祸，翘足可期[52]！旧寇未平，新患方起，忧叹所切，实堪疚心[53]！太上消慝于未萌[54]，其次救失于始兆[55]，况乎事情已露，祸难垂成[56]，委而不谋，何以宁乱[57]！李晟见机虑变[58]，先请移军，建徽、惠元势转孤弱，为其吞噬，理在必然，他日虽有良图，亦恐不能自拔；拯其危急[59]，唯在此时。今因李晟愿行，便遣合军同往，托言晟兵素少[60]，虑为贼泚所邀[61]，藉此两军迭为掎角[62]，仍先谕旨，密使促装，诏书至营，即日进路[63]，怀光意虽不欲，然亦计无所施。是谓先人有夺人之心，疾雷不及掩耳者也[64]。解斗不可以不离，救焚[65]不可以不疾，理尽于此，惟陛下图之。”上曰：“卿所料极善。然李晟移军，怀光不免怅望，若更遣建徽、惠元就东[66]，恐因此生辞[67]，转难调息[68]，且更俟旬时[69]。”

（以上为第三段，写陆贽建言德宗，应采纳李晟分兵驻屯的策略，转移李晟等三支官军以分李怀光兵势，德宗折衷，半信半疑，结果只移动李晟一军。）

【注释】

[1]上言：上奏说。[2]稽诛：拖延灭亡的时间。稽，延。[3]势穷援绝：大势已去，外援断绝。[4]引日偷生：延长时日，苟且偷生。[5]总仗顺之师：统领正义之师。[6]乘制胜之气：挟取胜的声势。制胜，指怀光醴泉之胜。[7]鼓行芟翦，易若摧枯：如果击鼓进军，消灭敌人，如同摧毁枯败的草叶一样容易。[8]师老不用：坐待士气低落而不前进。师老，士气低落。[9]沮其谋：破坏、阻止诸将的计划。[10]据兹事情，殊不可解：根据这些情况，李怀光的意图很难理解。[11]全护：保全回护。[12]委曲听从：委曲求全听从他的请求。[13]知感：内心感动。[14]别务规略：采取另外的谋划。[15]渐思制持：逐渐加以控制。[16]姑息：无原则地宽容。[17]秋：紧要时刻。[18]不可以寻常容易处之：不可按常规轻易地随便处理。[19]移军：转移阵地。指李晟恐为李怀光所并，要求分兵转移。[20]遂泛问所宜：于是我也泛泛地问李怀光，应如何处置李晟移军之事。[21]要藉：须其用，借其力。节度使下有“要藉官”，顾名思义，亦是此义。李怀光言此，他不需要借助李晟的力量。[22]臣犹：陆贽唯恐李怀光变卦不允许李晟转移，于是趁机夸耀李怀光的军势盛强。翻覆：反复，变卦。[23]从容：胸有成竹，不慌不忙。[24]回日：指陆贽回朝复命之时。[25]决定何如：谓李怀光的决定是什么？即李晟军转移，李怀光是同意还是不同意。[26]已肆轻言：已经随便地说出了不慎重的话。指李怀光已说出不需李晟助力的话。[27]中变：中途变卦，改口说话。[28]恩命：皇上之命。[29]要约：相邀约定。要，通“邀”。按，要约再三至固难为辞四句，指陆贽趁势三番五次与李怀光约定，允许李晟移军，不能不说是十分谨慎周密，李怀光想要反悔，实在也难于开口。[30]李晟表：李晟要求移军的奏表。[31]敕下依奏：下敕令批准所奏。[32]事由：事因。[33]移军城东：指李晟军转移阵地到长安城东。东渭桥在长安之东。李晟军本屯此，奉命与李怀光合军于咸阳，今移军屯回原阵地，故云移军城东。[34]词婉而直：用词委婉而直切。[35]理顺而明：道理正大而意义鲜明。[36]蓄：处心积虑。[37]异端：另生事端。[38]结陈而行：组成战斗队形转移。此以防李怀光追击。[39]当管师徒：所统军众。[40]抑有他由：也许有别的原因。[41]比者：近来。[42]附丽其营：靠近李怀光军的营垒。[43]四军：李晟、李建徽、杨惠元、李怀光四将之军。[44]群帅：四军之将。[45]异心：不同心。[46]论势力则悬绝高卑：谓李怀光最强，地位最高，相去甚远。[47]据职名则不相统属：按职务，四将将为节度使，各统一军，不相统属。[48]忿其制不从心：指李怀光对诸将不能随意指挥而忿怒。[49]陵己：凌侮自己。陵，通“凌”。[50]端居至嫌衅遂构四句：在平处时，他们要互相提防谣言诽谤，准备打仗时，他们要各自担心功劳被对方抢去，于是意见长短不和，造成了嫌隙。端居，平居，平时。互、递，两字互文，互相，交替。龃龉，牙齿参差不齐，喻意见不和。构，构成，产

生。[51]俾：使。[52]翘足可期：不须多久的时期。人立而翘足则不可久，形容时间短暂，预事可立效。[53]疚心：伤心。[54]太上消慝于未萌：最好的办法是把奸恶消灭在萌发之前。[55]其次救失于始兆：其次是补救过失在刚刚发生之时。始兆，刚萌发之时。[56]祸难垂成：祸难就要形成。[57]委而不谋，何以宁乱：抛在一边不去谋划，拿什么去宁息变乱！[58]见机虑变：识破机关，顾虑生变。[59]拯其危急：拯救李建徽、杨惠元的危难。[60]素少：一向很少。[61]邀：截击。[62]藉此两军迭为掎角：言李晟众寡，要借助李建徽、杨惠元两支军队应援形成相依之势。迭，互相。掎角，互相支援的形势。[63]仍先谕旨至即日进路四句：对李、杨两军，还要先行传达圣旨，派密使去催促整理行装，移军的诏令一到，当天就启程。谕旨，告谕的圣旨。[64]是谓先人有夺人之心，疾雷不及掩耳者也：这叫做行动在敌人的前头就能夺去敌人的斗志，也就是迅雷不及掩耳的意思。"先人有夺人之心"，语出《左传》文公七年赵盾之言。"疾雷不及掩耳"，语出《淮南子》。[65]救焚：救火。[66]就东：移军向东靠拢李晟。[67]生辞：找到借口，生起事端。[68]调息：调解止息。[69]旬时：旬日，十天。

辛酉[1]，加王武俊同平章事兼幽州、卢龙节度使[2]。

李晟以为："怀光反状已明，缓急宜有备，蜀、汉之路不可壅[3]，请以裨将赵光铣等为洋、利、剑[4]三州刺史，各将兵五百以防未然。"上疑未决，欲亲总[5]禁兵幸咸阳，以慰抚[6]为名，趣[7]诸将进讨。或谓怀光曰："此汉祖游云梦之策[8]也！"怀光大惧，反谋益甚。

上垂欲行[9]，怀光辞益不逊[10]，上犹疑谗人间之[11]，甲子，加怀光太尉，增实食[12]，赐铁券[13]，遣神策右兵马使李卞等往谕旨。怀光对使者投铁券于地曰："圣人[14]疑怀光邪？人臣反，赐铁券；怀光不反，今赐铁券，是使之反也！"辞气甚悖[15]。朔方左兵马使张名振[16]当军门大呼曰："太尉视贼[17]不许击，待天使[18]不敬，果欲反邪！功高太山，一旦弃之，自取族灭，富贵他人[19]，何益哉！我今日必以死争之。"怀光闻之，谓曰："我不反，以贼方强，故须蓄锐俟时[20]耳。"怀光又言："天子所居必有城隍[21]。"乃发卒城咸阳，未几，移军据之。张名振曰："乃者言不反，今日拔军此来，何也？何不攻长安，杀朱泚，取富贵，引军还邠[22]邪！"怀光曰："名振病心[23]矣！"命左右引去，拉杀[24]之。

右武锋兵马使石演芬[25]，本西域胡人，怀光养以为子。怀光潜与朱洮通谋，演芬遣其客部成义诣行在告之，请罢其都统之权。成义至奉天，告怀光子璀；璀密白其父。怀光召演芬责之曰："我以尔为子，奈何欲破我家！今日负我，死甘心乎？"演芬曰："天子以太尉为股肱，太尉以演芬为心腹；太尉既负天子，演芬安得不负太尉乎！演芬胡人，不能异心，惟知事一人[26]。苟免贼名而死，死甘心矣！"怀光使左右脔食[27]之，皆曰："义士也！可令快死。"以刀断其喉而去。

李卞等还，言怀光骄慢之状，于是行在始严门禁[28]，从臣皆密装以待[29]。

（以上为第四段，写德宗欲巡幸李怀光军营，又赐以不死铁券以宠之，适得其反，李怀光忌疑而加紧谋叛。）

【注释】

[1]辛酉：二月二十日。[2]兼幽州、卢龙节度使：幽州、卢龙节度使为朱滔所领，德宗使王武俊兼领朱滔所领之镇，欲使之讨朱滔。[3]壅：被阻塞。[4]洋、利、剑：三州名。洋州治所在今陕西西乡。利州治所在今四川广元。剑州治所在今四川剑阁。三州为关中通蜀的交通要地。[5]总：统领。[6]慰抚：慰问安抚。[7]趣：督战。[8]此汉祖游云梦之策：汉高祖以游猎云梦为名擒韩信，事见《资治通鉴》卷十一汉高祖六年。[9]上垂欲行：德宗临近出发之时。[10]辞益不逊：说话更加不恭敬。[11]疑谗人间之：德宗怀疑进谗言的人挑拨离间了李怀光。[12]增实食：增加实际的封邑户口。[13]铁券：赐给特殊功臣的免死制书，铸于铁券上。[14]圣人：唐代臣子习惯称皇帝为圣人。[15]辞气甚悖：说话的语言和态度都十分无礼。[16]张名振：李怀光亲将，为左兵马使，不愿谋反被李怀光拉杀。传见《旧唐书》卷一百八十七，《新唐书》卷一百九十三。[17]视贼：对待敌人。[18]天使：朝廷使者。[19]自取族灭，富贵他人：自取灭族之祸，而替别人创造了富贵的条件。指他人平乱讨逆而取富贵。[20]蓄锐俟时：积蓄锐气，等待时机。[21]城隍：城壕。隍，无水的壕沟。这里指李怀光声言为迎接德宗而修治咸阳城墙，以便固守。[22]引军还邠：平贼取胜后回到邠州去。李怀光为朔方节度使，驻节邠州。治所在今陕西彬州市。[23]病心：得了心病。喻瞎操心，多管闲事。[24]拉杀：力士拉裂身体，断骨而死。[25]石演芬：李怀光右兵马使，反对李怀光谋叛亦被杀。传见《旧唐书》卷一百八十七下，《新唐书》卷一百九十三。[26]一人：天下第一人，指天子。[27]脔食：即凌迟处死，将人活活地切块分食。[28]严门禁：加强行宫门卫，以防不测。[29]密装以待：秘密地打点行装，等待追随德宗转移。

乙丑[1]，加李晟河中、同绛节度使；上犹以为薄，丙寅[2]，又加同平章事。

上将幸梁州[3]，山南节度使盐亭严震[4]闻之，遣使诣奉天奉迎，又遣大将张用诚将兵五千至盩厔[5]以来迎卫。用诚为怀光所诱，阴与之通谋，上闻而患之。会震继遣牙将马勋奉表，上语之故；勋请"亟诣梁州取严震[6]符召用诚还府；若不受召，臣请杀之。"上喜曰："卿何时复至此？"勋刻日时[7]而去。既得震符，请壮士五人与之俱出骆谷[8]。用诚不知事泄，以数百骑迎之，勋与之俱入驿。时天寒，勋多燃藁火于驿外，军士皆往附火[9]。勋乃从容出怀中符，以示用诚曰："大夫召君。"用诚错愕[10]起走，壮士自后执其手擒之。用诚子在勋后，斫伤勋首。壮士格杀[11]其子，仆用诚于地[12]，跨其腹[13]，以刀拟其喉曰[14]："出声则死！"勋入其营，士卒已擐甲执兵[15]矣。勋大言曰："汝曹父母妻子皆在汉中，一朝弃之，与张用诚同反，于汝曹何利乎！大夫令我取用诚，不问汝曹，无自取族灭！"众皆詟服[16]。勋送用诚诣梁州，震杖杀[17]之，命副将领其众。勋裹其首，复命于行在，愆期[18]半日。

李怀光夜遣人袭夺李建徽、杨惠元军，建徽走免，惠元将奔奉天，怀光遣兵追杀之。怀光又宣言曰："吾今与朱泚连和，车驾且当远避！"

怀光以韩游瓌朔方将[19]也，掌兵在奉天，与游瓌书，约使为变[20]，游瓌密奏之；明日，又以书趣之[21]。上称其忠义，因问："策安出[22]！"对曰："怀光总[23]诸道兵，故敢恃众为乱。今邠宁有张昕，灵武有宁景璇，河中有吕鸣岳，振武有杜从政，潼关有唐朝臣，渭北有窦觎[24]，皆守将[25]也。陛下各以其地及其众授之，尊怀光之官，罢其权，则行营诸将各受本府指麾矣。怀光独立，安能为乱！"上曰："罢怀光兵权，若朱泚何[26]？"对曰："陛下既许将士以克城殊赏，将士奉天子之命以讨贼取富贵，谁不愿之！邠府兵以万数，借使[27]臣得而将之，足以诛泚；况诸道必有杖义之臣，泚不足忧也！"上然之。

（以上为第五段，写李怀光反叛，兼并李建徽、杨惠元军。）

【注释】

[1]乙丑：二月二十四日。 [2]丙寅：二月二十五日。 [3]梁州：州名。山南西道治所，在今陕西汉中。 [4]严震（724—799）：字遐闻，梓州盐亭县（今四川盐亭）人，时为山南西道节度使。传见《旧唐书》卷一百一十七，《新唐书》卷一百五十八。 [5]盩厔：县名。县治在今陕西周至。 [6]严震符：严震的节度使兵符。 [7]刻日时：约定日期。 [8]骆谷：关中通汉中的山谷之一。北谷口即骆谷口在周至县西南。 [9]附火：围着火堆烤火。 [10]错愕：猝然惊惧的样子。 [11]格杀：斗杀。 [12]仆用诚于地：将张用诚摔倒在地。 [13]跨其腹：骑在张用诚的肚子上。 [14]以刀拟其喉：用刀架在喉颈上。 [15]擐甲执兵：穿好铠甲，拿起了兵器。 [16]詟（zhé）服：屈服。詟，通"慑"，失气顺从的样子。 [17]杖杀：用棍棒打死。 [18]愆期：过期。超过了约定的时间。 [19]朔方将：韩游瓌初事郭子仪，与李怀光有旧，将朔方镇将。李怀光东征，韩游瓌为留后。 [20]变：生起事变，即叛乱。 [21]又以书趣之：再一次写信催促韩游瓌起事。据章校：此句下有"游瓌又奏之"五字。 [22]策安出：用什么计策来对付？ [23]总：节制，统领。 [24]窦觎：时为坊州刺史，驻渭北。传见《旧唐书》卷一百八十三。 [25]守将：守卫一方之将。 [26]若朱泚何：怎么对付朱泚呢？德宗谓罢李怀光兵权，恐无人可制朱泚。 [27]借使：假使。

丁卯[1]，怀光遣其将赵昇鸾入奉天，约其夕使别将达奚小俊[2]烧乾陵，令昇鸾为内应以惊胁乘舆。昇鸾诣浑瑊自言[3]，瑊遽以闻[4]，且请决幸梁州。上命瑊戒严，瑊出，部勒未毕，上已出城西，命戴休颜守奉天，朝臣将士狼狈扈从。戴休颜徇于军中[5]曰："怀光已反！"遂乘城拒守。

朱泚之称帝也，兵部侍郎刘迺[6]卧病在家，泚召之，不起；使蒋镇自往说之，凡再往，知不可诱胁[7]，乃叹曰："镇亦忝列曹，不能舍生，以至于此，岂可复以己之腥臊污漫贤者乎！"歔欷[8]而返。迺闻帝幸山南，搏膺大呼[9]，自投于床[10]，不食数日而卒。

太子少师乔琳从上至盩厔，称老疾不堪山险[11]，削发[12]为僧，匿于仙游寺；泚闻之，召至长安，以为吏部尚书。于是朝士之窜匿者多出仕泚[13]矣！

怀光遣其将孟保、惠静寿、孙福达将精骑趣南山邀[14]车驾，遇诸军粮料使张增于盩厔。三将曰："彼使我为不臣，我以追不及报之，不过不使我将耳。"因目增曰："军士未朝食，如何？"增绐其众曰："此东数里有佛祠，吾贮粮焉。”三将帅众而东，纵之剽掠[15]，由是百官从行者皆得入骆谷，以追不及还报，怀光皆黜之。

河东将王权、马彙引兵归太原。

（以上为第六段，写李怀光欲偷袭奉天，德宗仓皇出奔山南。）

【注释】

[1]丁卯：二月二十六日。 [2]达奚小俊：人名。 [3]自言：自首。 [4]遽以闻：立即上奏德宗。 [5]徇于军中：公开向全军宣布。徇，昭示。 [6]刘迺（721—780）：天宝进士，官至兵部侍郎。传见《旧唐书》一百五十三，《新唐书》卷一百九十三。 [7]诱胁：软硬兼施，引诱胁迫。 [8]歔欷：抽泣叹息。 [9]搏膺大呼：捶胸大叫。 [10]自投于床：自己滚下了床。痛彻心骨而情不自禁的举动。 [11]不堪山险：经受不住翻山越岭的跋涉。 [12]削发：剃发。[13]出仕泚：出仕于朱泚，藏匿的朝官见乔琳出仕伪职，于是纷纷投效朱泚。刘迺担心车驾不返而自绝，乔琳等以车驾不返而出仕伪职，节操之高下，于此可见。 [14]邀：拦击。 [15]纵之剽掠：听任士兵劫掠。

李晟得除官制[1]，拜哭受命，谓将佐曰：“长安，宗庙所在，天下根本，若诸将皆从行，谁当灭贼者！”乃治城隍[2]，缮甲兵，为复京城之计。先是东渭桥有积粟十余万斛，度支给李怀光军，几尽。是时怀光、朱泚连兵，声势甚盛，车驾南幸，人情扰扰；晟以孤军处二强寇之间，内无资粮，外无救援，徒以忠义感激将士，故其众虽单弱而锐气不衰。又以书遗怀光，辞礼卑逊[3]，虽示尊崇而谕以祸福，劝之立功补过，故怀光惭恧[4]，未忍击之。晟曰：“畿内虽兵荒之余[5]，犹可赋敛。宿兵养寇[6]，患莫大焉！”乃以判官张彧假[7]京兆尹，择四十余人，假官以督渭北刍粟[8]，不旬日，皆充羡[9]；乃流涕誓众，决志平贼。

田悦用兵数败，士卒死者什六七，其下皆厌苦之。上以给事中孔巢父为魏博宣慰使。巢父性辩博[10]，至魏州，对其众为陈逆顺祸福；悦及将士皆喜。兵马使田绪，承嗣之子也，凶险，多过失，悦不忍杀，杖而拘之[11]。悦既归国，内外撤警备。三月，壬申朔[12]，悦与巢父宴饮，绪对弟侄有怨言[13]，其侄止之，绪怒，杀侄，既而悔之，曰：“仆射[14]必杀我！”既夕，悦醉，归寝，绪与左右密穿后垣入[15]，杀悦及其母、妻等十余人，即帅左右执刀立于中门[16]之内夹道。将旦，以悦命召行军司马扈崿、判官许士则、都虞候蒋济议事；府署深邃，外不知有变，士则、济先至，召入，乱斫[17]杀之。绪恐既明事泄，乃出门[18]，遇悦亲将刘忠信方排牙[19]，绪疾呼谓众曰："刘忠信与扈崿谋反，昨夜刺杀仆射。"众大惊，喧哗。忠信未及自辩，众分裂杀之。扈崿来，及戟门[20]遇乱，招谕将士，将士从之者三分之一。绪惧，登城[21]而立，大呼谓众曰："绪，先相公[22]之子，诸君受先相公恩，若能立绪，兵马使赏缗钱二千，大将半之，下至士卒，人赏百缗，竭公私之货，五日取办。"于是将士回首杀扈崿，皆归绪，军府乃安。因请命[23]于孔巢父，巢父命绪权知军府。后数日，众乃知绪杀其兄[24]，虽悔怒[25]，而绪已立，无如之何。绪又杀悦亲将薛有伦等二十余人。

李抱真、王武俊引兵将救贝州，闻乱，不敢进。朱滔闻悦死，喜曰："悦负恩，天假手于绪也！"即遣其执宪大夫[26]郑景济等，将步骑五千助马寔，合兵万二千人攻魏州。寔军王莽河，纵骑兵及回纥四出剽掠，滔别遣人说绪，许以本道节度使。绪方危急，遣随军侯臧诣贝州送款于滔，滔喜，遣臧还报，使亟定盟约。时绪部署城内已定，李抱真、王武俊又遣使诣绪，许以赴援，如悦存日之约。绪召将佐议之，幕僚曾穆、卢南史曰："用兵虽尚威武，亦本仁义，然后有功。今幽陵[27]之兵恣行杀掠，白骨蔽野，虽先仆射背德，其民何罪！今虽盛强，其亡可跂立而待[28]也。况昭义[29]、恒冀[30]方相与攻之，奈何以目前之急欲从人为反逆乎！不若归命朝廷，天子方蒙尘于外，闻魏博使至必喜，官爵旋踵[31]而至矣。"绪从之，遣使奉表诣行在，城守以俟命。

（以上为第七段，写魏博镇兵变，田绪杀田悦奉表归顺。）

【注释】

［1］得除官制：指拜李晟河中、同绛节度使，加同平章事，得到委任状后，拜哭受命。［2］治城隍：指李晟在东渭桥修治军垒。［3］辞礼卑逊：书信的语言以及投递礼仪都十分谦恭。［4］惭恧：惭愧。［5］兵荒之余：经受战乱之后。［6］宿兵养寇：按兵不动使敌人坐大。［7］假：代理。［8］督渭北刍粟：督促征收渭北诸县的粮草。刍，喂马草料。粟，粮米。据章校，"渭北"下有"诸县"二字。［9］皆充羡：各县所办粮草都充足有余。羡，剩余。［10］性辩博：天生能

言善辩。[11]杖而拘之：打了一顿板子拘留起来。这里的拘，指软禁府衙中。[12]壬申朔：三月一日。[13]对弟侄有怨言：田绪在弟侄面前发泄对田悦的怨言。[14]仆射：指田悦，田承嗣加检校尚书仆射，田悦承袭魏镇，故尊称仆射。[15]密穿后垣入：偷偷地从后墙穿洞进入。[16]中门：中庭之门。[17]斫：砍杀。[18]出门：走出中门。[19]排牙：集合牙前将士，手执武器立于庭下。[20]戟门：镇衙外门，因门前列戟，故称戟门。[21]登城：指田绪登上牙城。[22]先相公：指田承嗣。[23]请命：请示朝命。[24]杀其兄：田悦为田绪堂兄。[25]悔怒：怒田绪杀兄，悔不该立绪。[26]执宪大夫：犹天朝的御史大夫。[27]幽陵：幽州。[28]亡可跂（qì）立而待：谓朱滔的灭亡如同足尖立地不可久待一样，就在眼前。跂，抬起脚后跟，让脚尖立地。[29]昭义：指李抱真。[30]恒冀：指王武俊。[31]施踵：转过身来。踵，脚后跟。施踵喻事之易办。

上之发奉天也，韩游瓌帅其麾下八百余人还邠州。李怀光以李晟军浸盛[1]，恶之，欲引军自咸阳袭东渭桥；三令其众，众不应，窃相谓曰："若与我曹击朱泚，惟力是视[2]；若欲反，我曹有死，不能从也！"怀光知众不可强，问计于宾佐，节度巡官[3]良乡李景略[4]曰："取长安，杀朱泚，散军还诸道，单骑诣行在，如此，臣节亦未亏，功名犹可保也。"顿首恳请，至于流涕，怀光许之。都虞候阎晏等劝怀光东保河中[5]，徐图去就，怀光乃说其众曰："今且屯泾阳[6]，召妻孥于邠，俟至，与之俱往河中。春装既办，还攻长安，未晚也。东方诸县皆富实，军发之日，听尔俘掠。"众许之。怀光乃谓景略曰："向者之议，军众不[7]从，子宜速去，不且见害！"遣数骑送之。景略出军门，恸哭曰："不意此军陷于不义[8]！"

怀光遣使诣邠州，令留后张昕悉发所留兵万余人及行营将士家属会泾阳，仍遣其将刘礼等将三千余骑胁迁[9]之。韩游瓌说昕曰："李太尉功高，自蹈祸机[10]；中丞今日可以自求富贵，游瓌请帅麾下以从[11]。"昕曰："昕微贱，赖李太尉得至此，不忍负也！"游瓌乃谢病不出，阴与诸将高固、杨怀宾等相结。时崔汉衡以吐蕃兵营于邠南，高固曰："昕以众去，则邠城空矣。"乃诈为浑瑊书，召吐蕃使稍逼邠城[12]。昕等惧，竟不敢出。昕等谋杀诸将之不从者，游瓌知之，先与高固等举兵杀昕，遣杨怀宾奉表以闻，且遣人告崔汉衡。汉衡矫诏以游瓌知军府事，军中大喜。怀光子旻在邠，游瓌遣之，或曰："不杀旻，何以自明[13]？"游瓌曰："杀旻，怀光怒，其众必至，不如释旻以走之。"时杨怀宾子朝晟在怀光军中为右厢兵马使，闻之，泣白怀光曰："父立功于国，子当诛夷[14]，不可典兵[15]。"怀光囚之。于是游瓌屯邠宁，戴休颜屯奉天，骆元光屯昭应，尚可孤屯蓝田，皆受李晟节度，晟军声大振。

始，怀光方强，朱泚畏之，与怀光书，以兄事之，约分帝关中，永为邻国。及怀光决反，逼乘舆南幸，其下多叛之，势益弱。泚乃赐怀光诏书，以臣礼待之，且征其兵。怀光惭怒，内忧麾下为变，外怒李晟袭之，遂烧营东走，掠泾阳等十二县，鸡犬无遗。及富平[16]，大将孟涉、段威勇将数千人奔于李晟，将士在道散亡相继。至河中，或劝河中守将吕鸣岳焚桥拒之，鸣岳以兵少恐不能支，遂纳之，河中尹李齐运弃城走。怀光遣其将赵贵先筑垒于同州[17]，刺史李纾惧，奔行在；幕僚裴向[18]摄州事，诣贵先，责以逆顺之理，贵先感寤[19]，遂请降，同州由是获全。向，遵庆之子也。怀光使其将符峤袭坊州[20]，据之，渭北守将窦觎帅猎团[21]七百围之；峤请降。诏以觎为渭北行军司马。

（以上为第八段，写李怀光众叛亲离，烧营东走，入据河中。）

【注释】

[1]浸盛：一天天强大。[2]惟力是视：惟，只是，唯独。力，力量，力气。是，代词，复指提前的宾语。只是尽力，别的什么都不顾。即有多少力就出多少力。[3]节度巡官：掌巡察事务。[4]李景略：幽州良乡（在今北京房山区东南）人，历官河东行军司马、天德军防御使。传见《旧唐书》卷一百五十二，《新唐书》卷一百七十。[5]河中：府名。治所蒲州，在今山西永济市。[6]泾阳：县名。县治在今陕西泾阳东南。[7]不：读否。[8]陷于不义：陷，沉沦。朔方军曾平定安史之乱，又击退过回纥、吐蕃，功高天下，今却被李怀光带入歧途，反叛朝廷，陷于不义。[9]胁迁：胁迫邠州之兵转移。[10]自蹈祸机：自己踏上祸患的时机。[11]帅麾下以从：带领我的部下追随你。[12]稍逼邠城：吐蕃军队稍稍向邠州城逼近。[13]不杀旻，何以自明：不杀李旻，怎么向德宗交代自己不反？[14]诛夷：诛灭。杨怀宾为韩游瓌将，率兵斩张昕，奉表诣行在，是父立功于国。杨朝晟为李怀光兵马使，后为韩游瓌将，官至邠宁节度使。[15]典兵：掌管军队。[16]富平：县名。治所在今陕西富平。[17]同州：州名。治所冯翊，在今陕西大荔县。李怀光筑垒同州，防备唐兵东讨。[18]裴向（751—830）：肃宗朝宰相遵庆之子，官至大理寺卿，以吏部尚书致仕。传见《旧唐书》卷一百一十三，《新唐书》卷一百四十。

[19]感痦：受到感召而醒悟。 [20]坊州：州名。治所在今陕西黄陵。 [21]猎团：由猎户组成的民兵团。

丁亥[1]，以李晟兼京畿、渭北、鄜、坊、丹、延节度使。

庚寅[2]，车驾至城固[3]。唐安公主薨，上长女也。

上在道，民有献瓜果者，上欲以散试官授之，访于陆贽，贽上奏，以为："爵位恒宜慎惜[4]，不可轻用。起端虽微，流弊必大。献瓜果者，止可赐以钱帛，不当酬以官。"上曰："试官虚名，无损于事。"贽又上奏，其略曰："自兵兴以来，财赋不足以供赐，而职官之赏兴焉；青朱杂沓于胥徒[5]，金紫普施于舆皂[6]。当今所病，方在爵轻，设法贵之，犹恐不重，若又自弃，将何劝人！夫诱人之方，惟名与利[7]，名近虚而于教为重，利近实而于德为轻。专实利而不济之以虚，则耗匮而物力不给；专虚名而不副之以实，则诞谩[8]而人情不趋。故国家命秩[9]之制，有职事官[10]，有散官[11]，有勋官[12]，有爵号[13]，然掌务而授俸[14]者，唯系职事之一官[15]也，此所谓施实利而寓虚名[16]者也。其勋、散、爵号三者所系，大抵止于服色、资荫[17]而已，此所谓假虚名而佐实利者也。今之员外[18]、试官[19]，颇同勋、散、爵号，虽则授无费禄，受不占员[20]，然而突铦锋、排患难者[21]则以是赏之，竭筋力、展劳效者又以是酬之。若献瓜果者亦授试官，则彼必相谓曰：'吾以忘躯命而获官，此以进瓜果而获官，是乃国家以吾之躯命同于瓜果矣。'视人如草木，谁复为用哉[22]！今陛下既未有实利以敦劝[23]，又不重虚名而滥施，人无藉[24]焉。则后之立功者，将曷用为赏哉[25]！"

贽在翰林，为上所亲信，居艰难中，虽有宰相，大小之事，上必与贽谋之，故当时谓之内相，上行止必与之俱。梁、洋道险，尝与贽相失[26]，经夕不至[27]，上惊忧涕泣，募得贽者赏千金。久之，乃至，上喜甚，太子以下皆贺。然贽数直谏，迕[28]上意，卢杞虽贬官，上心庇之。贽极言杞奸邪致乱，上虽貌从[29]，心颇不悦，故刘从一、姜公辅皆自下陈登用[30]，贽恩遇虽隆，未得为相。

（以上为第九段，写陆贽谏阻德宗滥授职官，德宗不平，因正倚重陆贽，外亲内疏，故陆贽有宰相之职责，而无宰相之名，时人谓之内相。）

【注释】

[1]丁亥：三月十六日。[2]庚寅：三月十九日。[3]城固：县名。县治在今陕西城固。[4]慎惜：慎重，珍惜。[5]青朱杂沓于胥徒：身穿青色、绯色朝服的人有许多混杂在小吏与役徒之中。唐制七品以上青色，五品以上绯色。胥，小吏，官府办事员。徒，服役之人。这里指有许多小吏、徒役之人得赐穿青着绯的散官。[6]金紫普施于舆皂：金鱼袋和紫色朝服普遍赐给地位低贱的人。唐制，三品以上高官穿紫色衣，佩金鱼袋。舆皂，泛指地位低贱的人。[7]名利：名，指声誉，这里指无实权的爵位、散官之名。利，指实利，具体的物质赏赐。[8]诞谩：吹嘘，说大话。这里指虚名。[9]命秩：职位与俸禄。命，指职官之名。秩，品级。[10]职事官：有职有权管理事务的官。[11]散官：加官，只是一种荣衔而不治事的官。[12]勋官：即武功爵，授予有战功的人。[13]爵号：即爵位，它是表示身份地位的一种称号。[14]掌务而授俸：掌管实际事务，并给以俸禄。[15]一官：指有职有权的只有职事一种官。[16]施实利而寓虚名：既有利又有名。[17]服色、资荫：服色，指穿紫、绯、浅绯、深禄、浅禄、深青、浅青及黄，其色各以品为差等。资荫，指随资品得荫其或孙及曾孙。[18]员外：在定额以外安置冗员，称员外官。[19]试官：也有两种。一种为试任其职，称职者再授为真。一种为假借其名，实不试守。这里的员外、试官，均指虚职。[20]不占员：不占正员官之名额，无名额限制。[21]突铦锋、排患难者：冲锋陷阵解除祸患的人。突铦锋，冒着刀剑的锋芒。[22]谁复为用哉：谁还为国家所用，为国效力呢！[23]敦劝：勉励。[24]藉：依靠，指望。[25]将曷用为赏哉：将拿什么来奖励立功的人呢！[26]相失：两人失散。[27]经夕不至：过了一整夜也不见陆贽到来。[28]迕：违犯，冒犯。[29]貌从：表面上听从。[30]下陈登用：比陆贽地位低下的刘从一、姜公辅破格升用。下陈，下列，下位。登用，超越任用。刘从一以吏部郎中用为相，姜公辅以翰林学士用为相，均见《资治通鉴》卷二百二十九。

壬辰[1]，车驾至梁州。山南地薄民贫，自安、史以来，盗贼攻剽，户口减耗太半，虽节制十五州[2]，租赋不及中原数县。及大驾驻跸[3]，粮用颇窘[4]。上欲西幸成都，严震言于上曰："山南地接京畿，李晟方图收复，藉六军以为声援。若幸西川，则晟未有收复之期也。"众议未决，会李晟表至，言："陛下驻跸汉中，所以系亿兆之心[5]，成灭贼之势；若规小舍大[6]，迁都岷、峨[7]，则士庶失望，虽有猛将谋臣，无所施矣！"上乃止。严震百方以聚财赋，民不至困穷而供亿无乏。牙将严砺，震之从祖弟也，震使掌转饷，事甚修辦[8]。

初，奉天围既解，李楚琳遣使入贡，上不得已除凤翔节度使，而心恶之。议者言楚琳凶逆反覆，若不堤防[9]，恐生窥伺[10]；由是楚琳使者数辈至，上皆不引见，留之不遣。甫[11]至汉中，欲以浑瑊代楚琳镇凤翔，陆贽上奏，以为："楚琳杀帅助贼[12]，其罪固大，但以乘舆未复[13]，大憝[14]犹存，勤王之师悉在畿内，急宣速告[15]，晷刻是争[16]。商岭[17]则道迂且遥，骆谷[18]复为盗所扼，仅通王命，唯在褒斜[19]，此路若又阻艰[20]，南北遂将夐绝[21]。以诸镇危疑之势[22]，居二逆[23]诱胁之中，汹汹[24]群情，各怀向背。傥或楚琳发憾[25]，公肆猖狂[26]，南塞要冲[27]，东延巨猾[28]，则我咽喉梗[29]而心膂[30]分矣。今楚琳能两端顾望[31]，乃是天诱其衷[32]，故通归涂，将济大业。陛下诚宜深以为念[33]，厚加抚循，得其迟疑[34]，便足集事。必欲精求素行[35]，追抉宿疵[36]，则是改过不足以补愆[37]，自新不足以赎罪。凡今将吏，岂得尽无疵瑕[38]，人皆省思，孰免疑畏[39]！又况阻命之辈[40]，胁从之流[41]，自知负恩[42]，安敢归化[43]！斯衅非小，所宜速图[44]。伏愿陛下思英主大略，勿以小不忍亏挠[45]兴复之业也。"上释然开悟，善待楚琳使者，优诏存慰之。

丁酉[46]，加宣武节度使刘洽同平章事。

己亥[47]，以行在都知兵马使浑瑊同平章事兼朔方节度使，朔方、邠宁、振武、永平、奉天行营兵马副元帅[48]。

庚子[49]，诏数李怀光罪恶，叙朔方将士忠顺功名，犹以怀光旧勋，曲加容贷[50]，其副元帅、太尉、中书令、河中尹并朔方诸道节度、观察等使，宜并罢免，授太子太保[51]；其所管兵马，委本军自举一人功高望重者便宜统领[52]，速具奏闻，当授旌旄[53]，以从人欲。

夏，四月，壬寅[54]，以邠宁兵马使韩游瓌为邠宁节度使。癸卯[55]，以奉天行营兵马使戴休颜为奉天行营节度使。

灵武守将宁景璿为李怀光治第[56]，别将李如暹曰："李太尉逐天子，而景璿为之治第，是亦反也！"攻而杀之。

甲辰[57]，加李晟鄜坊、京畿、渭北、商华副元帅[58]。晟家百口及神策军士家属皆在长安，朱泚善遇之。军中有言及家者，晟泣曰："天子何在，敢言家乎！”泚使晟亲近以家书遗晟曰：“公家无恙。”晟怒曰：“尔敢为贼为间[59]！”立斩之。军士未授春衣，盛夏犹衣裘褐[60]，终无叛志。

乙巳[61]，以陕虢防遏使唐朝臣为河中、同绛节度使。前河中尹李齐运为京兆尹，供晟军粮役。

庚戌[62]，以魏博兵马使田绪为魏博节度使。

（以上为第十段，写德宗建行在所于山南，调整官军部署，以李晟为主将讨贼。）

【注释】

[1]壬辰：三月二十一日。 [2]十五州：山东西道巡属十五州为：梁、洋、兴、凤、开、通、渠、集、蓬、利、壁、巴、阆、果、金。 [3]驻跸：帝王出行暂驻。 [4]颇窘：十分困乏。 [5]系亿兆之心：维系亿万民心。 [6]规小舍大：规小指欲幸成都以便资用，舍大指舍弃兴复之功而苟安于一隅。 [7]岷、峨：岷山、峨山，指代西蜀。 [8]辨：通办。 [9]堤防：节制，防范。 [10]窥伺：看准空子，伺机而动。 [11]甫：刚刚。 [12]楚琳杀帅助贼：指李楚琳杀凤翔节度使张镒而助朱泚。事见《资治通鉴》卷二百二十八德宗建中四年（783）。 [13]乘舆未复：指京都未复。 [14]大憝：大奸大恶。 [15]急宣速告：上对下紧急宣旨，下对上快速禀告。 [16]晷刻是争：片刻时间都要争取。晷，日影。古时立表以测日影计时。刻，另一种计时方法，用铜壶盛水，穿孔漏水，立浮标刻度以计时。一昼夜分为一百刻。晷刻，指一刻日影，即片刻时间。争战角逐，分秒必争。 [17]商岭：取道商州翻越秦岭的路线。从汉中取道商岭入关，向东迂绕。 [18]骆谷：汉中通关中的中间一条谷道，南口在洋县，北口在周至西南。此道最近，时为朱泚所控制。 [19]褒斜：汉中入关中最西的一条谷道，南口在汉中褒城北，北口在关中眉县西南。 [20]阻艰：阻断。 [21]敻绝：遥远阻绝。 [22]危疑之势：形势危急而疑虑。[23]二逆：指朱泚和李怀光。 [24]汹汹：水声。比喻人声嘈杂，这里指动荡不安。 [25]发憾：生出怨恨。 [26]公肆猖狂：公然肆意作狂妄举动。 [27]南塞要冲：指由凤翔南下阻塞斜谷交通。 [28]东延巨猾：由东引进大奸猾。指东连朱泚。 [29]梗：阻塞。 [30]心膂：心脏和脊梁骨。 [31]两端顾望：在两方之间观望。指李楚琳明奉朝廷而暗结朱泚。 [32]天诱其衷：是上天在诱导他的心意。衷，中心，内心。 [33]深以为念：深深记住褒斜谷的畅通，是规复大业的重要条件。 [34]迟疑：使李楚琳反叛朝廷之心迟疑不决，就可为官军成就事功争取了时间。[35]精求素行：认真地苛求臣下平日的行为。 [36]追抉宿疵：追究举发以往的过失。 [37]补愆：补救过失。愆，错误，过失。 [38]尽无疵瑕：十全十美、全无过失。疵，毛病。瑕，美玉上的斑痕。疵瑕，喻过失，错误。 [39]人皆省思，孰免疑畏：人人都在反省自己的过失，有谁能免除疑虑与畏惧呢？孰，谁。 [40]阻命之辈：抗拒朝命的人。指田悦、王武俊、李纳等。

[41]胁从之流：被胁迫作乱的人。之流，同之辈，那些人。[42]负恩：辜负皇恩，即背叛朝廷。[43]归化：回归接受教化，即效顺朝廷。[44]斯衅非小，所宜速图：指以浑瑊代楚琳这件事将挑起事端，非同小可，应尽快安排好的办法。[45]挠：损害。[46]丁酉：三月二十六日。[47]己亥：三月二十八日。[48]瑊副元帅：时李怀光为副元帅，将要罢免，故先用浑瑊为副元帅。[49]庚子：三月二十九日。[50]曲加容贷：曲意宽容，免其罪过。[51]太子太保：官名。太子三师之一，闲官。[52]便宜统领：因利乘便，权宜为统帅。[53]当授旌旄：朝廷当依从众人所推授给节度使的旌节。[54]壬寅：四月二日。[55]癸卯：四月三日。[56]治第：修建住宅。[57]甲辰：四月四日。[58]加李晟副元帅：进一步分李怀光兵权。[59]为贼为间：替贼人当奸细。间，搞离间的奸细。[60]衣裘褐：穿皮衣短袄。[61]乙巳：四月五日。[62]庚戌：四月十日。

浑瑊帅诸军出斜谷，崔汉衡劝吐蕃出兵助之，尚结赞曰："邠军不出，将袭我后。"韩游瓌闻之，遣其将曹子达将兵三千往会瑊军，吐蕃遣其将论莽罗依将兵二万从之。李楚琳遣其将石锽将卒七百从瑊拔武功[1]，庚戌，朱泚遣其将韩旻攻武功，锽以其众迎降。瑊战不利，收兵登西原[2]。会曹子达以吐蕃至，击旻，大破之于武亭川[3]，斩首万余级，旻仅以身免。瑊遂引兵屯奉天，与李晟东西相应，以逼长安。

上欲为唐安公主造塔，厚葬之，谏议大夫、同平章事姜公辅表谏，以为"山南非久安之地，公主之葬，会归上都[4]，此宜俭薄，以副军须之急[5]。"上使谓陆贽曰："唐安造塔，其费甚微，非宰相所宜论。公辅正欲指朕过失，自求名耳。相负如此，当如何处之？"贽上奏，以为公辅任居宰相，遇事论谏，不当罪之，其略曰："公辅顷与臣同在翰林，臣今据理辩直[6]则涉于私党之嫌，希旨顺成[7]则违于匡辅之义；涉嫌止贻于身患，违义实玷于君恩[8]。徇身忘君[9]，臣之耻也！"又曰："唯暗惑之主[10]，则怨讟溢于下国[11]而耳不欲闻，腥德[12]达于上天而心不求寤[13]，迨乎颠覆，犹未知非[14]。"又曰："当问理之是非，岂论事之大小！《虞书》曰[15]：'兢兢业业，一日二日万几[16]。'唐、虞之际，主圣臣贤，虑事之微[17]，日至万数[18]。然则微之不可不重也如此，陛下又安可忽而不念乎！"又曰："若以谏争为指过[19]，则剖心之主[20]不宜见罪于哲王；以谏争为取名[21]，则匪躬之臣[22]不应垂训于圣典。"又曰：

“假有意将指过，谏以取名，但能闻善而迁，见谏不逆[23]，则所指者适足以彰陛下莫大之善，所取者适足以资陛下无疆之休[24]。因而利焉，所获多矣[25]。傥或怒其指过而不改，则陛下招恶直之讥[26]；黜其取名而不容，则陛下被违谏之谤[27]；是乃掩己过而过弥著[28]，损彼名而名益彰[29]。果而行之，所失大矣。”上意犹怒，甲寅，转公辅为左庶子[30]。

（以上为第十一段，写宰相姜公辅谏阻德宗厚葬唐安公主而被罢相，德宗偏狭而刚愎本性暴露无遗。）

【注释】

［1］武功：县名。县治在今陕西武功西北。［2］西原：高平地势称为原。西原在武功县西。［3］武亭川：水名，在旧武功之东。即今陕西漆水河。［4］上都：指长安。［5］副军须之急：适应军须急用。军须，凡行军所用，资粮器械，都叫军须。当时军须短缺，不宜厚葬公主以损军须。［6］据理辩直：依据事理争辩说姜公辅是正直的。［7］希旨顺成：迎合圣上意旨顺着陛下的成见。希旨，迎合旨意。［8］涉嫌止贻于身患，违义实玷于君恩：牵涉嫌疑只限于给自身留下祸患，违背大义却是玷污了皇上的恩义。贻，遗留。玷，玉石上的斑点，喻瑕疵。［9］徇身忘君：只顾自身利益，而忘记皇上的大事。徇，营。徇身，经营自身，只顾个人利益。［10］暗惑之主：昏暗的君主。［11］怨讟溢于下国：怨恨诽谤的声音遍于天下。谓民怨沸腾。讟，诽谤。［12］腥德：秽恶的行为。［13］寤：醒悟。［14］迨乎颠覆，犹未知非：到了国家颠覆的时候，还不知道自己的过失。［15］《虞书》曰：引语见《尚书·皋陶谟》。［16］一日二日万几：一天又一天，即每天都要日理万机。几，通“机”。［17］虑事之微：指圣主贤臣考虑事情十分细微。［18］日至万数：每天要处理上万件大小事。［19］指过：指责过失。［20］剖心之主：指纣王，他曾经剖忠臣比干之腹取其心。哲王，指周武王，他数纣之罪，其一为“剖贤人之心”。句意谓若以谏争为指过，那么剖除谏臣心脏的君主也就不被圣哲的帝王所归罪了。［21］取名：捞取声名。［22］匪躬之臣：不顾自身安危的忠臣。这里化用《易经》蹇卦象辞之语：“王臣蹇蹇，匪躬之故。”［23］见谏不逆：遇见直言劝谏不反感。［24］无疆之休：无穷的福气。［25］因而利焉，所获多矣：因纳谏而得到益处，实在是太多了。［26］招恶直之讥：招致厌恶直言的讥讽。［27］被违谏之谤：受到不听谏言的指责。［28］掩己过而过弥著：掩盖自己的过失反而过失更加明显。弥，更加。［29］损彼名而名益彰：贬损别人的名声而人家的名声更加响亮。益，与上句的弥，为同义互文。［30］左庶子：东宫属官，侍从太子。

加西川节度使张延赏同平章事，赏其供亿[1]无乏故也。

朱泚、姚令言数遣人诱泾原节度使冯河清[2]，河清皆斩其使者。大将田希鉴密与泚通，杀河清，以军府附于泚；泚以希鉴为泾原节度使。

上问陆贽："近有卑官[3]自山北[4]来者，率非良士[5]。有邢建者，论说贼势，语最张皇[6]，察其事情，颇似窥觇[7]，今已于一所安置。如此之类，更有数人，若不追寻，恐成奸计。卿试思之，如何为便？"贽上奏，以为今盗据宫阙，有冒涉险远来赴行在者，当量加恩赏，岂得复猜虑拘囚[8]！其略曰："以一人之听览[9]而欲穷宇宙之变态[10]，以一人之防虑[11]而求胜亿兆之奸欺，役智弥精[12]，失道弥远[13]。项籍纳秦降卒二十万，虑其怀诈复叛，一举而尽坑[14]之，其于防虞，亦已甚矣。汉高豁达大度，天下之士至得，纳用不疑，其于备虑[15]，可谓疏矣。然而项氏以灭，刘氏以昌，蓄疑之与推诚，其效固不同也。秦皇严肃雄猜[16]，而荆轲奋其阴计[17]；光武宽容博厚，而马援输其款诚[18]。岂不以虚怀待人，人亦思附；任数御物，物终不亲[19]！情思附则感而悦之[20]，虽寇仇化为心膂[21]矣；意不亲则惧而阻之[22]，虽骨肉结为仇慝矣[23]。"又曰："陛下智出庶物[24]，有轻待人臣之心；思周万机[25]，有独驭区寓之意；谋吞众略，有过慎之防；明照群情，有先事之察；严束百辟[26]，有任刑致理之规[27]；威制四方，有以力胜残之志[28]。由是才能者怨于不任[29]，忠尽者忧于见疑[30]，著勋业者惧于不容[31]，怀反侧者迫于及讨，驯致离叛[32]，构[33]成祸灾。天子所作，天下式瞻[34]，小犹慎之，矧[35]又非小，愿陛下以覆车之辙为戒，实宗社无疆之休[36]。"

（以上为第十二段，写陆贽上奏德宗，厚待从叛臣敌占区投奔行在所的吏民，以鼓励天下士民效顺。）

【注释】

[1]供亿：充足供给。亿，安也。供亿，谓供其匮乏使之安。德宗在汉中，依靠西川节度使张延赏供给。 [2]冯河清：朔方旧将，为泾原兵马使，姚令言东出为留后。朱泚反长安，冯河清誓众效节，为投敌的田希鉴所害。传见《旧唐书》卷一百二十五，《新唐书》卷一百四十七。 [3]卑官：低级官。 [4]山北：秦岭之北，指关中长安。 [5]率非良士：大都不是贤良之士。 [6]语最张皇：说话最夸大。 [7]颇似窥觇：很像是在打探情报。 [8]猜虑拘囚：因猜疑而拘禁。 [9]听览：见闻。 [10]穷宇宙之变态：弄明白宇宙无穷无尽的变化形态。穷，穷尽，透彻了解。 [11]防虑：防备祸患。 [12]役智弥精：耗费的心智愈是精细。 [13]失道弥远：迷失

的道路愈远。道，路途，引申为办法。此句意谓离开正确处理的办法更远。［14］坑：活埋。项籍活埋秦降卒二十万于河南新安，事见《资治通鉴》卷九汉高祖元年。［15］备虑：防患的思虑。［16］严肃雄猜：严厉峻急，雄略疑忌。［17］奋其阴计：努力实行他的秘密计划。指荆轲刺秦王，事见《资治通鉴》卷七秦始皇二十年。［18］输其款诚：献纳自己的忠诚。指马援归服光武帝，事见《资治通鉴》卷四十一汉世祖建武四年。［19］任数御物，物终不亲：任用权术驾驭人物，人物终久不会亲附。物，英雄人物。［20］情思附则感而悦之：想要人真心归附，那就要感动他而使之心悦诚服。情思附，感情思想都归附，即真情实意地归附。［21］虽寇仇化为心膂：即使是仇敌也会转化为亲信。心膂，心脏与脊骨，喻贴心的亲信。［22］意不亲则惧而阻之：主观臆想人心不亲附，那就惧疑他而千方百计阻挠他。意，主观的臆想。［23］虽骨肉结为仇慝矣：即使是骨肉亲情也会结成仇敌。慝，隐藏在心中的仇恨。引申为仇敌。［24］智出庶物：智慧超出凡品。［25］思周万机：思虑洞察万事。［26］严束百辟：严厉管束百官。［27］有任刑致理之规：有专任刑法以求政治修明。［28］有以力胜残之志：有专任武力战胜凶恶敌人的志向。残，指凶恶的敌人。［29］才能者怨于不任：有才能的人因得不到任用而怨恨。不任，不被任用。［30］忠尽者忧于见疑：竭尽忠诚的人因遭受猜疑而忧虑。见疑，被猜疑。［31］著勋业者惧于不容：功勋卓著的人因无法容身而畏惧。大功臣因功高震主而不容于朝廷。［32］驯致离叛：逐渐走向叛乱。驯，渐渐演变。［33］构：造成。［34］式瞻：看做榜样。式，模式，榜样。［35］矧：况且。［36］无疆之休：无穷的福分。疆，界。无疆，无边，无穷。休，吉祥，福分。

丁巳[1]，以前山南东道节度使南皮贾耽[2]为工部尚书。先是[3]，耽使行军司马樊泽奏事行在，泽既复命，方大宴，有急牒[4]至，以泽代耽为节度使。耽内牒怀中，宴饮如故，颜色不改；宴罢，召泽告之，且命将吏谒泽。牙将张献甫怒曰："行军为尚书问天子起居，乃敢自图节钺，夺尚书土地，事人不忠，请杀之。"耽曰："是何言也！天子所命，即为节度使矣！"即日离镇，以献甫自随[5]，军府遂安。

左仆射李揆自吐蕃还，甲子[6]，薨于凤州[7]。

韩游瓌引兵会浑瑊于奉天。

丙寅[8]，加平卢节度使李纳同平章事。

丁卯[9]，义王玼[10]薨。

（以上为第十三段，写山南东道节度使贾耽识大体，奉君命，从容让位下属，史特为载之。）

【注释】

［1］丁巳：四月十七日。［2］贾耽：南皮（今河北南皮）人，顺宗朝官至宰相。传见《旧唐书》卷一百三十八、《新唐书》卷一百六十六。［3］先是：先前。这里追述樊泽代贾耽为山南节度使的经过。事在上卷兴元元年。［4］急牒：紧急公文。［5］以献甫自随：贾耽让张献甫同行，既免除了樊泽的疑忌，又保护了张献甫。［6］甲子：四月二十四日。［7］薨于凤州：李揆还赴兴元，至凤州而薨。［8］丙寅：四月二十六日。［9］丁卯：四月二十七日。［10］义王玼：唐玄宗子。

朱滔攻贝州百余日，马寔攻魏州亦逾四旬，皆不能下。贾林复为李抱真说王武俊曰："朱滔志吞贝、魏，复值田悦被害，傥旬日不救，则魏博皆为滔有矣。魏博既下，则张孝忠必为之臣。滔连三道[1]之兵，益[2]以回纥，进临常山[3]，明公欲保其宗族，得乎！常山不守，则昭义退保西山[4]，河朔尽入于滔矣。不若乘贝、魏未下，与昭义合兵救之；滔既破亡，则关中丧气[5]，朱泚不日枭夷[6]，銮舆反正[7]，诸将之功，孰有居明公之右[8]者哉！"武俊悦，从之。

戊辰[9]，武俊军于南宫[10]东南，抱真自临洺引兵会之，与武俊营相距十里。两军尚相疑，明日，抱真以数骑诣武俊营；宾客共谏止之，抱真命行军司马[11]卢玄卿勒兵以俟，曰："吾之此举，系天下安危，若其不还，领军事以听朝命亦惟子，励将士以雪仇耻亦惟子。"言终，遂行。武俊严备以待之，抱真见武俊，叙国家祸难，天子播迁，持武俊哭，流涕纵横。武俊亦悲不自胜，左右莫能仰视，遂与武俊约[12]为兄弟，誓同灭贼。武俊曰："相公十兄名高四海[13]，向蒙开谕[14]，得弃逆从顺[15]，免葅醢[16]之罪，享王公之荣。今又不间胡虏[17]，辱为兄弟，武俊当何以为报乎！滔所恃者回纥耳，不足畏也。战日，愿十兄按辔临视，武俊决为十兄破之。"抱真退入武俊帐中，酣寝久之[18]；武俊感激，待之益恭，指心仰天曰："此身已许十兄死矣！"遂连营而进。

山南地热，上以军士未有春服，亦自御夹衣[19]。

（以上为第十四段，写王武俊与李抱真释嫌联兵救贝州，讨逆朱滔。）

【注释】

［1］三道：三镇，指幽州、易定、魏博。［2］益：加上。［3］常山：即五岳之一恒山，在

王武俊辖境恒州内。［4］西山：昭义辖境邢州内西部的太行山。恒冀、昭义阻山以为固，故以常山指代恒冀，西山指代昭义。［5］丧气：失气。［6］枭夷：被枭首诛灭。［7］銮舆反正：皇上拨乱反正。［8］右：上。［9］戊辰：四月二十八日。［10］南宫：县名，冀州巡县。县治在今河北南宫西北。［11］行军司马：节度使属官，职掌号令印信。实权在节度副使之上。故李抱真以军事相托行军司马卢玄卿。［12］约：结盟。［13］十兄名高四海：十哥的名声传扬天下。李抱真排行第十，故武俊呼为十兄。［14］开谕：开导劝谕。［15］弃逆从顺：背弃叛逆，归顺朝命。［16］菹醢：古代酷刑，将人剁成肉酱。［17］不间胡虏：不嫌弃我为胡人。王武俊，契丹人。［18］酣寝久之：酣睡了很长时间。李抱真寝于王武俊军营，示意诚心不疑。［19］御夹衣：穿双层的夹衣。夹衣为春秋装。德宗在初夏仍穿夹衣示与士卒共甘苦。

【点评】

本卷点评德宗借兵吐蕃、李怀光反叛、姜公辅罢相三事，从侧面看德宗的昏愚误国。

一、德宗借兵吐蕃。德宗向吐蕃借兵平叛。按吐蕃国法，吐蕃出兵，要唐朝统兵大将在制书上签名，担保并肩作战的唐兵信誉。皇帝制书没有李怀光的签名，吐蕃相尚结赞率领的吐蕃兵不肯进攻。德宗命陆贽劝说李怀光副署，李怀光不赞同，他指出借吐蕃兵平乱有三害。攻破长安，吐蕃纵兵抢掠，此其一害。按约定，取胜之后，每一个士兵赏钱一百文，吐蕃兵五万，赏钱五百万缗，从哪里找这笔钱？此其二害。吐蕃狡猾，不肯先出战，骑墙观察形势，官军胜利了就来抢功劳，官军失败了，趁火打劫，此其三害。李怀光所言三害，还不止此。安史之乱吐蕃趁火打劫，攻陷河西陇右，切断了唐朝与西域的联系。西域北庭节度使李元忠、安西四镇留后郭昕率军坚守，公元 781 年使者间道入朝，朝廷才知道北庭、安西二镇尚存。德宗为了借兵吐蕃，竟然私许割弃两镇给吐蕃，简直是一个卖国之君。后来李怀光反叛，吐蕃背约大掠武功撤走，德宗听了非常忧愁，陆贽上奏，吐蕃退走是大好事，平定叛乱要信任将帅。其后李晟灭朱泚，马燧、浑瑊除掉李怀光，这些事实生动地说明，借兵吐蕃，实属多余。可是德宗为什么不惜一切代价，乃至卖国都要借兵吐蕃呢？德宗此举有两个卑鄙目的。一是结和吐蕃，打击回纥，以报个人受辱之私仇。二是猜忌功臣，借兵分功。李怀光摸透了德宗的心理，遂生不臣之心，才敢于把底牌揭穿。如果说吐蕃退兵，是一件好事，而李怀光之叛乱，差点要了德宗的老命，给唐王朝制造了极大的危害。

二、李怀光反叛。李怀光，渤海靺鞨人。本姓茹，其父因战功赐姓李。李怀光年少从军，武艺精良，朔方名将，隶属郭子仪。德宗即位，罢郭子仪兵权，分其军为三节度使，由李怀光、常谦光、浑瑊分掌。李怀光镇邠宁，借故杀害功名比自己高的朔方大将温儒雅等人，李怀光就是这样的一个暴戾的阴谋家，德宗却要信任他。物以类聚，人以群分。德宗猜疑心强，本能地畏惧忠直，亲近小人，也许德宗认为，身上有毛病的人便于掌控，否则，他对李怀光的信任不可理解。

德宗罢泾原节度使段秀实，任命李怀光兼任。段秀实忠贞，死于朱泚之难。段秀实用计延迟了朱泚进兵奉天，救了德宗的命。泾原兵拒绝李怀光到任，德宗改任朱泚。恰恰就是一个朱泚，一个李怀光，德宗任用的两个奸人，一前一后地逼使德宗两次蒙尘。昏君总是亲小人，远贤臣，德宗猜疑忠正之臣，信用奸邪小人，搬起石头砸了自己的脚。

李怀光屯兵咸阳，迟延不进，已萌生异志。李怀光有兵五万，李晟率兵一万，鄜坊节度使李建徽、神策行营节度使杨惠元各有兵数千，皆受李怀光节制。李晟请战，李怀光不许。李晟觉察情况不妙，请求移军别屯，德宗扣下奏报，派陆贽为宣慰使，到李怀光军营察看动静。陆贽认为李怀光"总仗顺之师，乘制胜之气，鼓行芟翦，易若摧枯，而乃寇奔不追，师老不用"，必有异志。陆贽动用智慧，激发李怀光说大话，赞同李晟移军。陆贽从咸阳劳军回行在，建言德宗受命李建徽、杨惠元两军与李晟一同移军，保存实力。德宗不听，只让李晟一军转移。等到李怀光叛逆，果然李、杨两军为李怀光吞没。这是德宗遥控军情带来的恶果。

李怀光奏言狂悖，反形已露，德宗却赐以不死之铁券，还想亲自巡幸以安李怀光之心。后得知李怀光要偷袭奉天，才仓皇逃奔山南，路上还差点被截击。李怀光反叛后，形势极为险恶。许多隐伏在京师的朝官，认为大势已去，纷纷投靠朱泚。河东节度使马燧也感到绝望，撤回勤王之兵，收缩保卫河东。这时李晟受命于危难之际，为讨逆主将，是决定唐王朝命运的关键人物。

李晟驻军东渭桥，一支孤军夹在朱泚和李怀光两强之中，处境极为艰难。李怀光部众拒绝公开反叛，反对攻击李晟，众叛亲离，逃往河中。邠宁、奉天、昭应、蓝田等地的唐军集结长安，接受李晟指挥，声势大振。德宗要陆贽规划进兵方略。陆贽拒绝做规划，劝谏德宗不要遥控军事，说："君上之权，特异臣下，惟不自用，乃能用人。"德宗不得已由李晟自主用兵，李晟很快攻入长安，朱泚败亡。公元785年，马燧、浑瑊围攻河中，李怀光自杀。从公元781年，德宗用兵河北三镇开始，到此战祸才算基本结束。德宗遥控军事，一个错误接着一个错误，把战祸从河北引向河南，又引到长安城。幸亏有浑瑊、李晟、马燧、李抱真一批良将，危急关头有陆贽筹划，才算保住了唐王朝。

三、姜公辅罢相。德宗蒙尘山南，在汉中建行在所。山南地薄民贫，从安史之乱以来，盗贼横行，户口又减去了一大半。山南节制十五州，租赋赶不上江淮几个县。德宗大驾驻跸，增加了成倍的官兵与朝廷官吏，粮食都很紧张。此时，德宗爱女唐安公主，还未出嫁，死在城固。德宗为唐安公主造塔，还要厚葬。宰相姜公辅兼谏议大夫之职，上表谏曰：“山南非久安之地，公主之葬，会归上都，此宜俭薄，以副军须之急。”姜公辅提出，在非常时期，战事紧张，供应短缺，应当薄葬，何况又是临时安葬，等回到京都以后，再隆重举行葬礼不迟。德宗却认为姜公辅辜负了皇上恩德，故意找错，以求名声。陆贽剖析，姜公辅身为宰辅，职责所系，并非求名找错，君王应虚心纳谏。德宗仍然气愤难平，罢了姜公辅的官，改任为闲职左庶子。德宗偏狭而自用的本性原本就是这样。

卷二三一　唐纪四十七

唐德宗兴元元年至贞元元年（784—785 年）

【起阏逢困敦（甲子，784 年）五月，尽旃蒙赤奋若（乙丑，785 年）七月，凡一年有奇】

【大事提要】

本卷记事起公元 784 年五月，讫公元 785 年七月，凡一年又三个月。当唐德宗兴元元年五月到贞元元年七月。此时期官军在艰难险阻中四处奏凯歌，节节胜利，唐王朝露出了一丝复兴的曙光。先是吐蕃盟军撤离长安，陆贽上奏称这是大好事，劝谏德宗不要遥控前线军事，委署李晟讨逆大权。李晟不负众望，很快攻克长安，整肃纲纪，诛杀泾州边将田希鉴等三十余人，因其屡叛附贼朱泚。河北李抱真、王武俊合兵大破朱滔。淮西李希烈穷途末路杀害颜真卿。李泌单骑入陕州不费兵卒平叛乱。可惜德宗是一个昏君，他返回长安并不是励精图治，而是立刻猜忌功臣。李勉抗击李希烈、韩滉竭尽忠心调集江南财货供应军资，立下大功，却受德宗猜疑，幸亏李泌善谏，全力保护，李勉、韩滉才免于难。德宗返京，重新启用宦官掌兵权，又欲赦免李怀光以减杀功臣之过。李晟上奏李怀光五不可赦，德宗才不得已从之。

德宗神武圣文皇帝六

兴元元年（甲子，784 年）

五月，盐铁判官[1]万年王绍[2]以江、淮缯帛来至，上命先给将士，然后御衫[3]。韩滉[4]欲遣使献绫罗[5]四十担诣行在，幕僚何士干请行；滉喜曰："君能相为行[6]，请今日过江。"士幹许诺，归别家，则家之薪米储偫[7]已罗门庭矣；登舟，则资装器用已充舟中矣；下至厨筹[8]，滉皆手笔记列，无不周备。每担夫，与白金一版[9]置腰间。又运米百艘以饷李晟，自负囊米置舟中，将佐争举之，须臾而毕。艘置五弩手以为防援[10]，有寇则叩舷相警[11]，五百弩已彀[12]矣。比至渭桥，盗不敢近。

时关中兵荒，米斗直钱五百；及滉米至，减五之四[13]。滉为人强力严毅[14]，自奉俭素，夫人常衣绢裙，破，然后易。

（以上为第一段，写韩滉效忠朝廷，在紧要关头抢运物资供给朝廷。）

【注释】

[1]盐铁判官：盐铁使属下判官。掌书奏及日常事务。[2]王绍（743—814）：原名纯，避宪宗李纯讳改名绍，京兆万年（今陕西西安市东）人。官至户部尚书。传见《旧唐书》卷一百二十三，《新唐书》卷一百四十九。[3]御衫：皇上所用单衣夏装。[4]韩滉：时韩滉为浙江东西节度使，镇建业。[5]绫罗：绫，彩缎，罗，薄绸。[6]相为行：替我远行。[7]储偫（zhì）：储备。[8]厨箒：炊事用具。据章校，"厨箒"，应作"厕箒"，则指厕所的拭秽用具。[9]白金一版：银牌一块。用作识别标记。[10]艘置五弩手以为防援：每艘粮船安置五个弓箭手防卫粮船并互相支援。[11]有寇则叩舷相警：发现寇盗就敲击船舷互通警报。[12]彀：通"够"。[13]减五之四：减价五分之四。[14]严毅：严明果断。

吐蕃既破韩旻等，大掠而去。朱泚使田希鉴厚以金帛赂之，吐蕃受之；韩游瓌以闻。浑瑊又奏："尚结赞屡遣人约刻日[1]共取长安，既而不至；闻其众今春大疫，近已引兵去。"上以李晟、浑瑊兵少，欲倚吐蕃以复京城，闻其去，甚忧之，以问陆贽。贽以为吐蕃贪狡，有害无益，得其引去，实可欣贺；乃上奏，其略曰："吐蕃迁延顾望[2]，反覆多端，深入郊畿，阴受贼使[3]，致令群帅[4]进退忧虞[5]；欲舍之独前，则虑其怀怨乘蹑[6]；欲待之合势[7]，则苦其失信稽延[8]。戎若未归，寇终不灭[9]。"又曰："将帅意陛下不见信任，且患蕃戎之夺其功；士卒恐陛下不恤旧劳，而畏蕃戎之专其利；贼党惧蕃戎之胜，不死则悉遗人禽[10]；百姓畏蕃戎之来，有财必尽为所掠。是以顺于王化者[11]其心不得不怠，陷于寇境者[12]其势不得不坚。"又曰："今怀光别保蒲、绛，吐蕃远避封疆[13]，形势既分[14]，腹背无患[15]，瑊、晟诸帅，才力得伸[16]。"又曰："但愿陛下慎于抚接[17]，勤于砥砺[18]，中兴大业，旬月可期，不宜尚眷眷于犬羊之群[19]，以失将士之情也。"

（以上为第二段，写陆贽上奏论吐蕃背约撤军是大好事，劝谏德宗平定叛乱，依靠效忠朝廷的官军才是根本。）

【注释】

[1]刻日：立下期限。[2]迁延顾望：拖延观望。[3]阴受贼使：暗中接受贼人的指使。[4]群帅：诸军统帅。[5]进退忧虞：进退两难。忧虞，忧虑预料不到的事件发生。即下文，舍之独前，恐吐蕃袭其后；待之合势，又苦于吐蕃不守信用。[6]乘蹑：乘其虚，蹑其后。[7]合势：会合壮大兵势。[8]稽延：迁延，拖延。[9]戎若未归，寇终不灭：吐蕃若不回归，敌寇终难消灭。[10]悉遗人禽：剩下的人全部被擒。遗人，未被战死的幸存者。[11]顺于王化者：顺从君王教化的人，即尽忠朝廷的臣民。此句意谓，德宗依赖吐蕃，使忠顺的臣民寒心不能不懈怠。[12]陷于寇境者：身陷叛贼朱泚境内的臣民。此句意谓陷落到敌寇境内的人，他们害怕失败，遭吐蕃践踏，不再回归的情势不能不坚定。[13]远避封疆：指吐蕃远远地离开了唐朝的疆土。[14]形势既分：吐蕃与李怀光相呼应的形势已经分离。[15]腹背无患：指官兵没有了腹背受敌的夹击之患。[16]才力得伸：才能和力量可以得到施展。[17]慎于抚接：谨慎地安抚接待将士。[18]勤于砥砺：勤勉地磨砺自己。[19]犬羊之群：对吐蕃军群的蔑称。

上复使谓贽曰："卿言吐蕃形势甚善，然瑊、晟诸军当议规画[1]，令其进取。朕欲遣使宣慰，卿宜审细条流[2]以闻。"贽以为："贤君选将，委任责成[3]，故能有功。况今秦、梁千里[4]，兵势无常[5]，遥为规画[6]，未必合宜。彼违命则失君威，从命则害军事，进退羁碍[7]，难以成功；不若假以便宜之权[8]，待以殊常之赏[9]，则将帅感悦[10]，智勇得伸[11]。"乃上奏，其略曰："锋镝交于原野而决策于九重之中[12]，机会变于斯须而定计于千里之外，用舍相碍[13]，否臧皆凶[14]。上有掣肘[15]之讥，下无死绥之志[16]。"又曰："传闻与指实不同，悬算[17]与临事[18]有异。"又曰："设使[19]其中有肆情干命者[20]，陛下能于此时戮其违诏之罪[21]乎？是则违命者既不果行罚[22]，从命者又未必合宜[23]，徒费空言，祇劳睿虑，匪惟[24]无益，其损实多。"又曰："君上之权，特异臣下，惟不自用，乃能用人。"

（以上为第三段，写陆贽上奏德宗，劝谏不要遥控前线军事。）

【注释】

[1]规画：进军灭敌的计划。[2]审细条流：审慎详细地条列事目。[3]委任责成：委以重任，责以成功。[4]秦、梁千里：关中与汉中相距千里。秦，指关中咸阳，古秦国之地，又称秦中。梁，指梁州，今陕西汉中市。[5]兵势无常：用兵布阵变化不定。[6]遥为规画：远

远地替前方将帅规划。［7］羁碍：羁绊与阻碍，即受牵制。［8］便宜之权：见机行事的权力。［9］殊常之赏：超过常规的重赏。［10］感悦：既感激又高兴。［11］智勇得伸：智慧和勇敢都得以施展。［12］九重之中：幽深的宫中。［13］用舍相碍：用命与不用命互相妨碍。［14］否臧皆凶：无论胜败顺逆都包含着不测的凶险。否，指行事不顺或打败仗。臧，善，指行事顺利或打胜仗。遥控作战，胜利也属侥幸，故言否臧皆凶。［15］掣肘：拉住臂节使人难以运动，喻做事受人牵制。［16］死绥之志：一往无前，视死如归之志。［17］悬算：遥远凭空的计算。［18］临事：亲临现场据事实决断。［19］设使：假使。［20］肆情干命者：肆意违犯命令的人。［21］戮其违诏之罪：以违犯圣旨的罪名将其诛杀。［22］违命者既不果行罚：违反不恰当命令的人难以惩罚。违命者，指违抗不切实际的遥控命令。行军作战，"将在外君命有所不受"，故对违命者难以惩罚。［23］从命者又未必合宜：服从遥控的命令不符实际军情，故遥控作战，鲜有不败者。［24］匪惟：不只是。

癸酉[1]，泾王[2]侹薨。

徐、海、沂、密观察使高承宗卒，甲戌[3]，使其子明应知军事。

乙亥[4]，李抱真、王武俊距贝州三十里而军。朱滔闻两军将至，急召马寔，寔昼夜兼行赴之。或谓滔曰："武俊善野战，不可当其锋，宜徙营稍前逼之，使回纥绝其粮道。我坐食德、棣之餫[5]，依营而陈，利则进攻，否则入保，待其饥疲，然后可制也。"滔疑未决。会马寔军至，滔命明日出战。寔言："军士冒暑困惫[6]，请休息数日乃战。"

常侍杨布、将军蔡雄引回纥达干见滔，达干曰："回纥在国与邻国战，常以五百骑破邻国数千骑，如扫叶耳。今受大王金帛、牛酒前后无算[7]，思为大王立效[8]，此其时矣。明日，愿大王驻马高丘，观回纥为大王翦武俊之骑，使匹马不返。"布、雄曰："大王英略盖世，举燕、蓟全军，将扫河南，清关中，今见小敌冘豫[9]不击，失远近之望，将何以成霸业乎！达干请战是也。"滔喜，遂决意出战。

丙子旦[10]，武俊遣其兵马使赵琳将五百骑伏于桑林[11]，抱真列方陈于后，武俊引骑兵居前，自当回纥。回纥纵兵冲之，武俊使其骑控马避之[12]。回纥突出其后，将还，武俊乃纵兵击之，赵琳自林中出横击[13]之，回纥败走。武俊急追之，滔骑兵亦走，自践其步陈，步骑皆东奔，滔不能制，遂走趣其营，抱真、武俊合兵追击之。时滔引三万人出战，死者万余人，逃溃者亦万余人，滔才与数千人入营坚守。会日暮，昏雾，两军不能进，抱真军其营之西北，武俊军其东北。滔夜焚营，引兵出南门，趣德州遁去，委弃所掠资财山积；两军以雾，不能追也。

滔杀杨布、蔡雄而归幽州，心既内惭，又恐范阳留守刘怦[14]因败图己。怦悉发留守兵夹道二十里，具仪仗，迎之入府，相对悲喜，时人多之。

（以上为第四段，写王武俊与李抱真联兵大败朱滔。）

【注释】

［1］癸酉：五月三日。［2］泾王侹：肃宗子。［3］甲戌：五月四日。［4］乙亥：五月五日。［5］餫（yùn）：运送的粮饷。［6］困惫：困乏疲惫。［7］无算：无计其数。［8］立效：立功。［9］冘豫：犹豫。［10］丙子旦：五月六日的早晨。［11］桑林：地名，在经城县（今河北威县北）西南。［12］控马避之：驾驭好战马，稳住阵脚，避开回纥骑兵的冲击。［13］横击：拦腰截击，将敌军冲断为二。［14］刘怦（726—784）：朱滔姑子。滔卒，代为卢龙节度使。传见《旧唐书》卷一百四十三，《新唐书》卷二百一十二。

初，张孝忠以易州归国[1]，诏以孝忠为义武节度使，以易、定、沧三州隶之。沧州刺史李固烈，李惟岳之妻兄[2]也，请归恒州，孝忠遣押牙安喜程华[3]交其州事。固烈悉取军府绫、缣、珍货数十车，将行，军士大譟曰：“刺史扫[4]府库之实以行，将士于后饥寒，奈何！”遂杀固烈，屠其家。程华闻乱，自窦[5]逃出，乱兵求得之，请知州事；华不得已，从之。孝忠闻之，即版[6]华摄[7]沧州刺史。华素宽厚，推心以待将士，将士安之。

会朱滔、王武俊叛，更遣人招华，华皆不从。时孝忠在定州，自沧如定，必过瀛州，瀛隶朱滔，道路阻涩[8]。沧州录事参军[9]李宇说华，表陈利害，请别为一军，华从之，遣宇奉表诣行在。上即以华为沧州刺史、横海军[10]副大使、知节度事，赐名日华，令日华岁供义武[11]租钱十二万缗。

王武俊又使人说诱之；时军中乏马，日华给使者曰：“王大夫必欲相属，当以二百骑相助。”武俊给之，日华悉留其马，遣其士归。武俊怒，而方与马燧等相拒，不能攻取，日华由是获全。及武俊归国，日华乃遣人谢过，偿其马价，且赂[12]之。武俊喜，复与交好。

（以上为第五段，写程华节度横海军始末。）

【注释】

[1]归国：归顺朝廷。 [2]妻兄：李惟岳父李宝臣本姓张名忠志，赐姓李，李惟岳娶李氏女为妻，李固烈为惟岳之妻兄。 [3]程华：安喜（今河北定州市）人，以沧州归国，赐名日华。传见《旧唐书》卷一百四十三，《新唐书》卷二百一十三。 [4]扫：尽行搜刮。 [5]窦：墙洞。 [6]版：权授，代理，未正式任命。 [7]摄：暂行代理。 [8]阻涩：阻碍不通。朱滔所领瀛州夹在沧州与定州之间。义武节度使张忠孝镇定州，沧州为其巡属，故交通受阻。 [9]录事参军：州刺史佐贰属官，纠举六曹判司。 [10]横海军：方镇名。兴元元年（784）初置以宠程华。贞元三年（787）正式置横海军节度使，领沧、景二州。治所沧州。 [11]义武：方镇名。建中三年（782）置，以授张孝忠，领易、定、沧三州，治所定州。 [12]赂：赠送厚礼。

庚寅[1]，李晟大陈兵[2]，谕以收复京城。先是，姚令言等屡遣谍人[3]觇[4]晟进军之期，皆为逻骑[5]所获。晟引示以所陈兵，谓曰："归语诸贼：努力固守，勿不忠于贼也！"皆饮之酒，给钱而纵之[6]。遂引兵至通化门[7]外，曜武而还，贼不敢出。晟召诸将，问兵所从入[8]，皆请"先取外城[9]，据坊市[10]，然后北攻宫阙[11]。"晟曰："坊市狭隘，贼若伏兵格斗，居人惊乱，非官军之利也。今贼重兵皆聚苑中[12]，不若自苑北攻之，溃其腹心，贼必奔亡。如此，则宫阙不残，坊市无扰，策之上者也！"诸将皆曰："善！"乃牒[13]浑瑊及镇国节度使骆元光、商州节度使尚可孤，刻期集于城下。

壬辰[14]，尚可孤败泚将仇敬忠于蓝田西，斩之。乙未[15]，李晟移军于光泰门[16]外米仓村[17]。丙申[18]，晟方自临筑垒，泚骁将张庭芝、李希倩引兵大至，晟谓诸将曰："始吾忧贼潜匿不出[19]，今来送死，此天赞我，不可失也！"命副元帅兵马使吴诜等纵兵击之。时华州营[20]在北，兵少，贼并力攻之，晟命牙前将李演等帅精兵救之。演等力战，贼败走；演等追之，乘胜入光泰门；再战，又破之。会夜，晟敛兵还[21]。贼余众走入白华门[22]，夜，闻恸哭。希倩，希烈之弟也。

丁酉[23]，晟复出兵，诸将请待西师[24]至夹攻之。晟曰："贼数败，已破胆，不乘胜取之，使其成备，非计也。"贼又出战，官军屡捷；骆元光败泚众于浐西[25]。戊戌[26]，晟陈兵于光泰门外，使李演及牙前兵马使王佖将骑兵，牙前将史万顷将步兵，直抵苑墙神麚村[27]。晟先使人夜开苑墙二百余步[28]，比演等至，贼已树栅塞之[29]，自栅中刺射[30]官军，官军不得进。晟怒，叱诸将曰："纵贼如此，吾先斩公辈矣！"万顷惧，帅众先进，拔栅而入，佖、演引骑兵纵之，贼众大溃，诸军分道并入。姚令言等犹力战，晟命决胜军使唐良臣等步骑蹙[31]之，且战且前，凡十余合[32]，贼不能支。至白华门，有贼数千骑出官军之背，晟帅百余骑回御之，左右呼曰："相公来！"贼皆惊溃[33]。

先是，泚遣张光晟将兵五千屯九曲[34]，去东渭桥十余里，光晟密输款于晟。及泚败，光晟劝泚出亡，泚乃与姚令言帅余众西走，犹近万人。光晟送泚出城，还，降于晟。晟遣兵马使田子奇以骑兵追泚。晟屯含元殿[35]前，舍于右金吾仗[36]，令诸军曰："晟赖将士之力，克清[37]宫禁。长安士庶，久陷贼庭，若小有震惊，非吊民伐罪[38]之意。晟与公等室家相见非晚[39]，五日内无得通家信。"命京兆尹李齐运等安慰居人。晟大将高明曜取贼妓[40]，尚可孤军士擅取贼马，晟皆斩之，军中股栗[41]。公私安堵，秋毫无犯，远坊[42]有经宿[43]乃知官军入城者。

是日，浑瑊、戴休颜、韩游瓌亦克咸阳，败贼三千余众，闻泚西走，分兵邀之。

己亥[44]，晟使京西兵马使孟涉屯白华门，尚可孤屯望仙门[45]，骆元光屯章敬寺[46]，晟以牙前三千人屯安国寺[47]，以镇京城；斩泚党李希倩、敬钉、彭偃等八人于市。

（以上为第六段，写李晟率领官军攻克长安，朱泚出逃。）

【注释】

[1]庚寅：五月二十日。[2]大陈兵：检阅全军，布成阵列。[3]谍人：探子。[4]觇：刺探军情。[5]逻骑：巡哨骑兵。[6]纵之：释放敌探。李晟故意释放敌探，放其回营宣传官军的盛大阵势，以慑敌胆。[7]通化门：长安东城北起第一门。[8]问兵所从入：询问攻城应从哪里进入。[9]外城：此指宫城之外城而言。[10]坊市：居民所居为坊，交易之坊为

市。坊市，即市民区。［11］宫阙：宫城，在长安城北部。［12］兵皆聚苑中：贼兵都集结在御花园中。苑，宫城北面的御苑。［13］牒：公文。［14］壬辰：五月二十二日。［15］乙未：五月二十五日。［16］光泰门：苑门名。禁苑东垣偏南之门。［17］米仓村：唐京兆府万年县苑东乡属村。［18］丙申：五月二十六日。［19］潜匿不出：龟缩城中。［20］华州营：华州骆元光之兵。［21］敛兵还：收兵回营。［22］白华门：白华殿宫门。［23］丁酉：五月二十七日。［24］西师：指浑瑊之师，西来攻长安，其时已进兵至武功。［25］浐西：浐水之西。［26］戊戌：五月二十八日。［27］神麚村：地名。在宫苑北。［28］夜开苑墙二百余步：在夜幕掩盖下凿开苑墙一百余丈。步，六尺为步。［29］树栅塞之：树起栅栏堵塞苑墙缺口。［30］刺射：用长兵器刺杀和弓箭射击。［31］鏖：逼近作战。［32］凡十余合：总计发动了十多次冲击。［33］惊溃：惊惶地溃散。［34］九曲：地名。在长安城东与东渭桥之间。［35］含元殿：大明宫正殿。［36］右金吾仗：即金吾右仗院，宫内金吾卫士仗舍。左金吾仗，在含元殿之东；右金吾仗，在含元殿之西。［37］克清：肃清。［38］吊民伐罪：安抚百姓，讨伐罪人。［39］非晚：不会太晚，不会太久。［40］妓：女乐。［41］股栗：两腿发抖。形容李晟军令整肃，全军震慑。［42］远坊：离战斗较远的坊里。［43］经宿：过了一整夜。［44］己亥：五月二十九日。［45］望仙门：唐大明宫南面五门，其中门曰丹凤门。丹凤门之东为望仙门，又东为延政门。丹凤门之西为建福门。又西为兴安门。［46］章敬寺：在长安东城外。［47］安国寺：在大明宫东南。

王武俊既破朱滔，还恒州，表让幽州、卢龙节度使，上许之。

六月，癸卯[1]，李晟遣掌书记[2]吴人于公异作露布上行在，曰："臣已肃清宫禁，祗谒寝园[3]，钟簴不移[4]，庙貌如故[5]。"上泣下曰："天生李晟，以为社稷，非为朕也。"

晟在渭桥，荧惑守岁[6]，久之乃退，宾佐皆贺，曰："荧惑退舍[7]，皇家之福也！宜速进兵。"晟曰："天子野次[8]，臣下知死敌[9]而已；天象高远[10]，谁得知之！"既克长安，乃谓之曰："曩非相拒[11]也，吾闻五星赢、缩无常[12]，万一复来守岁[13]，吾军不战自溃矣！"皆谢曰："非所及也！"

朱泚将奔吐蕃。其众随道散亡，比至[14]泾州，才百余骑。田希鉴闭城拒之，泚谓之曰："汝之节，吾所授[15]也。奈何临危相负！"使焚其门；希鉴取节投火中曰："还汝节！"泚众皆哭。泾卒遂杀姚令言，诣希鉴降。泚独与范阳亲兵及宗族、宾客北趣驿马关[16]；宁州[17]刺史夏侯英拒之。至彭原西城屯[18]，其将梁庭芬射泚坠坑中，韩旻等斩之，诣泾州降。源休、李子平奔凤翔，李楚琳斩之，皆传首行在。

上命陆贽草诏赐浑瑊，使访求奉天所失裹头内人[19]。贽上奏，以为：“巨盗始平，疲瘵之民[20]，疮痍之卒[21]，尚未循拊[22]，而首访妇人，非所以副惟新之望[23]也。谋始尽善，克终已稀[24]；始而不谋，终则何有！所赐瑊诏，未敢承旨[25]。”上遂不降诏，竟遣中使求之[26]。

乙巳[27]，诏吏部侍郎班宏充宣慰使，劳问将士，抚慰蒸黎[28]。

丙午[29]，李晟斩文武官受朱泚宠任者崔宣、洪经纶等十余人；又表守节不屈[30]者刘迺、蒋沇等。

己酉[31]，以李晟为司徒、中书令，骆元光、尚可孤各迁官有差。以检校御史中丞田希鉴为泾原节度使。

诏改梁州为兴元府。

甲寅[32]，以浑瑊为侍中，韩游瓌、戴休颜各迁官有差[33]。

朱泚之败也，李忠臣奔樊川[34]，擒获，丙辰[35]，斩之。

（以上为第七段，写叛臣朱泚之死，以及德宗封赏复国功臣。）

【注释】

[1]癸卯：六月四日。 [2]掌书记：节度使属官。掌表奏书檄。 [3]祗谒寝园：恭敬地参谒了陵寝墓园。 [4]钟簴（jù）不移：编钟及支架完好如初。簴，悬挂钟的架子，横梁叫笱，两侧的柱叫簴。 [5]庙貌如故：宗庙的状貌也和从前一样完好。 [6]荧惑守岁：火星停留在木星之旁。按古代星占家的说法，岁星所在，其国有福，荧惑守岁，其国有灾。因此，荧惑离开岁星，宾佐皆贺。 [7]荧惑退舍：荧惑离开了留滞的星区，即离开了岁星。 [8]天子野次：皇上露宿在外。言失守宫阙。 [9]死敌：死于与敌血战。 [10]高远：谓高远难测。 [11]曏非相拒：先前我不是要拒绝你们的意见。指荧惑退舍，进兵击贼。 [12]五星赢缩无常：金木火水土五星早出与晚出没有一定。五星出没皆有规律。运行过次，即早出为赢；未按时到舍，即晚出为缩。这种赢缩规律在没有完全了解以前被认为无常，没有定规。 [13]复来守岁：荧惑再次出现在岁星之旁。 [14]比至：及至到达，刚刚到达。 [15]汝之节，吾所授：田希鉴本为泾原大将，杀节度使冯河清降于朱泚，朱泚授节田希鉴为泾原节度使。距朱泚之败仅一月时间，而反复无常。事见《资治通鉴》卷二百三十兴元元年四月。 [16]驿马关：关名，属庆州。在今甘肃庆阳西南。[17]宁州：州名。治所在今甘肃宁县。驿马关在宁州之北，朱泚过州，遭拦击。 [18]彭原西城屯：彭原，县名，宁州属县，在驿马关之南。县治在今甘肃宁县西北。西城屯，彭原县城西的哨所。 [19]裹头内人：给事宫中的传使宫女，因头上冠巾，故称裹头内人。 [20]疲瘵之民：疲

困病苦的人民。［21］疮痍之卒：遭受创伤的士卒。［22］循拊：安抚。［23］非所以副惟新之望：这不符合人们要求刷新政治的愿望。［24］谋始尽善，克终已稀：开始善谋，而能够善终的已很少。克，能够。终，此指善终。［25］未敢承旨：不敢奉旨草诏。［26］遣中使求之：德宗直接派宦官寻找裹头宫女。［27］乙巳：六月六日。［28］抚慰蒸黎：安抚大众黎民。［29］丙午：六月七日。［30］守节不屈：恪守臣节，不屈从贼人。刘迺事见上卷兴元元年二月，蒋沇事见《资治通鉴》卷二二八建中四年，公元783年。［31］己酉：六月十日。［32］甲寅：六月十五日。［33］各迁官有差：各人升官品秩有差等。［34］樊川：地名。在今陕西西安市韦曲、杜曲一带。［35］丙辰：六月十七日。

上问陆贽："今至凤翔有迎驾诸军，形势甚盛，欲因此遣人代李楚琳，何如？"贽上奏，以为："如此则事同胁执[1]，以言乎除乱则不武[2]，以言乎务理[3]则不诚，用是时巡，后将安入[4]！议者或谓之权[5]，臣窃未谕其理[6]。夫权之为义，取类权衡[7]，今辇路所经[8]，首行胁夺[9]，易一帅而亏万乘之义，得一方而结四海之疑，乃是重其所轻而轻其所重[10]，谓之权也，不亦反[11]乎！以反道为权，以任数为智[12]，君上行之必失众[13]，臣下用之必陷身[14]，历代所以多丧乱而长奸邪[15]，由此误也。奠枕京邑[16]，征授一官[17]，彼喜于恩宥，将奔走不暇[18]，安敢辄有旅拒[19]，复劳诛锄[20]哉！"

戊午[21]，车驾发汉中。

李晟综理[22]长安以备百司，自请至凤翔迎扈，上不许。内常侍[23]尹元贞奉使同华，辄诣河中招谕李怀光。晟奏："元贞矫制擅赦元恶，请理[24]其罪！"

秋，七月，丙子[25]，车驾至凤翔，斩乔琳、蒋镇、张光晟等。李晟以光晟虽臣贼，而灭贼亦颇有力，欲全之；上不许。

副元帅判官[26]高郢数劝李怀光归款[27]，怀光遣其子璀诣行在谢罪，请束身归朝[28]。庚辰[29]，诏遣给事中孔巢父赍先除怀光太子太保敕[30]诣河中宣慰，朔方将士[31]悉复官爵如故。

壬午[32]，车驾至长安，浑瑊、韩游瓌、戴休颜以其众扈从，李晟、骆元光、尚可孤以其众奉迎，步骑十余万，旌旗数十里。晟谒见上于三桥[33]，先贺平贼，后谢收复之晚，伏路左请罪。上驻马慰抚，为之掩涕，命左右扶上马。至宫，每闲日[34]，辄宴勋臣，赏赐丰渥，李晟为之首，浑瑊次之，诸将相又次之。

曹王皋遣其将伊慎、王锷围安州[35]，李希烈遣其甥刘戒虚将步骑八千救之；皋遣其别将李伯潜逆之于应山[36]，斩首千余级。生擒戒虚，徇于城下，安州遂降，以伊慎为安州刺史。又击希烈将康叔夜于厉乡[37]，走之。

丁亥[38]，孔巢父至河中，李怀光素服待罪[39]，巢父不之止[40]。怀光左右多胡人，皆叹曰："太尉无官[41]矣！"巢父又宣言于众曰："军中谁可代太尉领军者？"于是怀光左右发怒喧噪[42]；宣诏未毕，众杀巢父及中使啖守盈，怀光亦不之止，复治兵[43]为拒守之备。

（以上为第八段，写德宗回长安，遣使招降李怀光，所任非人，功败垂成。）

【注释】

[1]胁执：胁迫拘捕。[2]以言乎除乱则不武：胁迫拘人，把它说成是除乱并不能显示威武。[3]务理：务求修明政治。理，治。[4]用是时巡，后将安入：把这作为是天子巡狩的收获，事后又怎能堂皇进入京邑！时巡，天子春夏秋冬四时出巡四方，察问风俗叫时巡。[5]权：权变，权宜之计。[6]未谕其理：不能明白胁执为从权的道理。[7]夫权之为义，取类权衡：权为称砣，衡为称杆，权衡用以平准物的轻重，故"权"字是取义权衡轻重的。[8]辇路所经：皇帝所巡经的地方。辇，指皇帝车驾。[9]首行胁夺：第一站就用武力胁迫劫夺一个军镇。首行，首站。从汉中回长安，第一站途经凤翔。[10]重其所轻而轻其所重：把应该看重的东西反而看轻，而把应该看轻的东西反而看重。重，指天子大义；轻，指凤翔一个军镇。陆贽指出，德宗以权宜之计解决李楚琳，恰好把轻重弄颠倒了。[11]反：指轻重颠倒。[12]以反道为权，以任数为智：以违背道义为权变，以任用权术为机智。[13]失众：众叛亲离，失去民心。[14]陷身：危害自身。[15]长奸邪：奸邪滋长。[16]奠枕京邑：在京城安枕以后。[17]征授一官：征召李楚琳，在京师给他一个职官。用此解除李楚琳的兵权。[18]奔走不暇：奔走效力都来不及。谓全力效忠。[19]旅拒：聚众抗命。[20]复劳诛锄：再用不着诛杀。[21]戊午：六月十九日。[22]综理：总括治理。[23]内常侍：即中常侍，出入天子起居室内的亲随宦官。[24]理：治。避高宗李治讳改。[25]丙子：七月七日。[26]副元帅判官：李怀光之判官。此时李怀光已罢副元帅之职，而未释兵，史仍沿旧称。[27]归款：投顺朝廷。[28]束身归朝：束缚身子回归朝廷。此为投案请罪的委婉语。[29]庚辰：七月十一日。[30]除怀光太子太保敕：改任李怀光为太子太保的敕令。此敕德宗于三月庚子（二十九日）发布于梁州，事见上卷。[31]朔方将士：李怀光所部。[32]壬午：七月十三日。[33]三桥：在望贤宫之东，京城之西。[34]闲日：休朝日。

唐代天子单日视朝，双日为闲日。［35］安州：州名。治所在今湖北安陆市。［36］应山：安州属县。县治在今湖北广水市。［37］厉乡：乡名，属隋州隋县。在今湖北随州市北。［38］丁亥：七月十八日。［39］素服待罪：李怀光释去官服，穿上白色的衣服表示等待治罪。［40］不之止：不阻止李怀光素服。［41］太尉无官：李怀光部属多胡人，不懂素服待罪的礼仪，见李怀光素服，故以为无官。［42］喧噪：吼叫。［43］治兵：修缮甲兵。

辛卯[1]，赦天下。

初，肃宗在灵武，上为奉节王，学文于李泌[2]。代宗之世。泌居蓬莱书院[3]，上为太子，亦与之游。及上在兴元，泌为杭州刺史，上急诏征之，与睦州刺史杜亚[4]俱诣行在。乙未[5]，以泌为左散骑常侍，亚为刑部侍郎；命泌日直西省以候对[6]，朝野皆属目附之。上问泌："河中密迩[7]京城，朔方兵素称精锐，如达奚小俊等皆万人敌，朕昼夕忧之，奈何？"对曰："天下事甚有可忧者；若惟河中，不足忧也。夫料敌者，料将不料兵。今怀光，将也；小俊之徒乃兵耳，何足为意！怀光既解奉天之围，视朱泚垂亡之虏不能取，乃与之连和，使李晟得取以为功。今陛下已还宫阙，怀光不束身归罪，乃虐杀使臣[8]，鼠伏[9]河中，如梦魇之人[10]耳！但恐不日为帐下所枭，使诸将无以藉手也。"

初，上发吐蕃以讨朱泚，许成功以伊西、北庭[11]之地与之；及泚诛，吐蕃来求地，上欲召两镇节度使郭昕、李元忠还朝，以其地与之。李泌曰："安西、北庭，人性骁悍，控制西域五十七国[12]及十姓突厥[13]，又分吐蕃之势，使不能并兵东侵，奈何拱手与之！且两镇之人，势孤地远，尽忠竭力，为国家固守近二十年，诚可哀怜。一旦弃之以与戎狄，彼其心必深怨中国，他日从吐蕃入寇，如报私仇矣。况日者[14]吐蕃观望不进，阴持两端，大掠武功，受赂而去，何功之有！"众议亦以为然，上遂不与。

（以上为第九段，写德宗征召李泌入朝辅政，听从李泌建言，拒绝割地伊西、北庭与吐蕃。）

【注释】

［1］辛卯：七月二十二日。［2］李泌（722—789）：字长源，京兆（今陕西西安市）人，原

籍辽东襄平（今辽宁辽阳市北）。历仕肃、代、德宗三朝，位至宰相。传见《旧唐书》卷一百三十，《新唐书》卷一百三十九。［3］蓬莱书院：代宗为李泌建书院于蓬莱殿侧，称蓬莱书院。事见《资治通鉴》卷二百二十四代宗大历三年（768）。［4］杜亚（725—798）：字次公，京兆人。官至东都留守。传见《旧唐书》卷一百四十六，《新唐书》卷一百七十二。［5］乙未：七月二十六日。［6］直西省以候对：在中书省值班等待德宗召对。唐门下省为东省，中书省为西省。［7］密迩：贴近，靠近。［8］虐杀使臣：指李怀光纵乱兵酷杀孔巢父、啖守盈。［9］鼠伏：如鼠之深藏，不敢见天日。［10］梦魇之人：如梦中的恶鬼，瞬间即逝。［11］伊西、北庭：两都护府，贞观十四年（640）置。北庭辖天山以北西域之地。伊西，即安西，辖天山以南西域之地。李元忠守北庭，郭昕守安西，久困于吐蕃因无援，终于在德宗贞元三年（787），没入吐蕃。［12］西域五十七国：汉时三十六国，至唐时分为五十七国。［13］姓突厥：西突厥有弩失毕、五咄陆等十姓。［14］日者：往日，先前。

李希烈闻李希倩伏诛，忿怒，八月，壬寅[1]，遣中使至蔡州杀颜真卿。中使曰："有敕[2]。"真卿再拜。中使曰："今赐卿死。"真卿曰："老臣无状，罪当死。不知使者几日发长安？"使者曰："自大梁来，非长安也。"真卿曰："然则贼耳，何谓敕邪！"遂缢杀之。

李晟以泾州倚边[3]，屡害军帅[4]，常为乱根，奏请往理不用命者[5]，力田积粟以攘[6]吐蕃。癸卯[7]，以晟兼凤翔、陇右节度等使及四镇、北庭、泾原行营副元帅，进爵西平王。时李楚琳入朝，晟请与俱至凤翔而斩之，以惩逆乱。上以新复京师，务安反仄[8]，不许。

先是，上命浑瑊、骆元光讨李怀光军于同州，怀光遣其将徐庭光以精卒六千军于长春宫[9]以拒之，瑊等数为所败，不能进。时度支用度不给，议者多请赦怀光，上不许。李怀光遣其妹婿要廷珍守晋州[10]，牙将毛朝敭守隰州[11]，郑抗守慈州[12]，马燧皆遣人说下之。上乃加浑瑊河中、绛州节度使，充河中、同华、陕虢行营副元帅，加马燧奉诚军[13]、晋·慈·隰节度使，充管内诸军行营副元帅[14]，与镇国节度使骆元光、鄜坊节度使唐朝臣合兵讨怀光。

初，王武俊急攻康日知于赵州，马燧奏请诏武俊与李抱真同击朱滔，以深、赵隶武俊，改日知为晋、慈、隰节度使，上从之。日知未至而三州降燧，故上使燧兼领之。燧表让三州于日知，且言因降而授，恐后有功者，踵以为常[15]，上嘉而许之。燧遣使迎日知，既至，籍府库[16]而归之。

甲辰[17]，以凤翔节度使李楚琳为左金吾大将军。

丙午[18]，加浑瑊朔方行营元帅。

李晟至凤翔，治杀张镒之罪，斩裨将王斌等十余人。

朱滔为王武俊所攻，殆[19]不能军[20]，上表待罪。

癸未[21]，马燧将步骑三万攻绛州[22]。

度支以李怀光所部将士数万与怀光同反，不给冬衣，上曰："朔方军累代忠义[23]，今为怀光所制耳，将士何罪！"冬，十月，诏："朔方及诸军在怀光所者，冬衣赏钱皆当别贮[24]，俟道路稍通，即时给之。"

李勉累表乞自贬[25]，辛丑[26]，罢免都统、节度使，其检校司徒、同平章事如故。

丙辰[27]，李怀光将阎晏寇同州[28]。官军败于沙苑[29]。诏征邠州之军，韩游瓌将甲士[30]六千赴之。

乙丑[31]，马燧拔绛州，分兵取闻喜、万泉、虞乡、永乐、猗氏[32]。

初，鱼朝恩既诛，代宗不复使宦官典兵。上即位，悉以禁兵委白志贞[33]，志贞得罪，上复以宦官窦文场代之，从幸山南，两军稍集。上还长安，颇忌宿将握兵多者，稍稍罢之。戊辰[34]，以文场监神策军左厢兵马使，王希迁监右厢兵马使，始令宦官分典禁旅。

（以上为第十段，写李希烈途穷杀颜真卿。德宗部署各路官军进逼李怀光，因忌疑功臣重新起用宦官掌兵权。）

【注释】

[1]壬寅：八月三日。[2]有敕：有敕书到来。[3]倚边：靠近边界。[4]屡害军帅，常为乱根：德宗初即位，泾州有刘文喜之乱，接着有姚令言之乱，以及田希鉴杀冯河清的事件。乱根，祸乱的策源地。[5]往理不用命者：到泾州去治理不听从朝命的人。[6]攘：排斥，抗击。[7]癸卯：八月四日。[8]务安反仄：以安定平稳为要务。反仄，心怀反叛的人。务使反仄之人安定下来，要以宽怀为本，诛杀为辅，故德宗采纳了陆贽的建言，不许李晟追究前案。[9]长春宫：北周宇文护所筑。在今陕西大荔县东北。[10]晋州：地名。治所临汾，在今山西临汾市。[11]隰州：州名。治所隰川，在今山西隰县。[12]慈州：州名。治所吉昌，在今山西吉县。

[13]奉诚军：兴元元年正月置以授康日知。因三州降于马燧，于是改授马燧兼领。[14]充管内诸军行营副元帅：德宗为太子时任天下兵马大元帅讨安史之乱，此后行营只置副元帅。马燧为奉诚军管内晋、绛、慈、隰等州诸军行营副元帅。[15]踵以为常：相继引以为例。[16]籍府库：清点府库，登上簿籍。[17]甲辰：八月五日。[18]丙午：八月七日。[19]殆：几乎，差不多。[20]不能军：溃不成军。[21]癸未：八月庚子朔，无癸未。癸未，九月十五日。[22]绛州：州名。时属李怀光。治所在今山西新绛县。[23]累代忠义：自肃、代以来，朔方军勤劳王室，世代忠义，功高天下。[24]别贮：另外作专项储备起来。[25]自贬：主动请求贬官。建中四年（783）李勉以永平节度使都统四镇兵讨李希烈，丧师失守，故多次上表请解都统等职。[26]辛丑：十月三日。[27]丙辰：十月十八日。[28]同州：州名。治所冯翊，在今陕西大荔县。[29]沙苑：地名。因有沙丘得名。在同州南洛水与渭水之间。[30]甲士：穿盔甲的重装兵，即精锐战士。[31]乙丑：十月二十七日。[32]闻喜、万泉、虞乡、永乐、猗氏：皆县名。闻喜、万泉二县属绛州，在南境与蒲州相接。虞乡、永乐、猗氏三县属蒲州。猗氏在蒲州东北，虞乡在州东，永乐在州东南。李怀光失守诸县，则官军三面逼近蒲州河中府城。[33]上以禁兵委白志贞：白志贞始典禁军，事见《资治通鉴》卷二百二十五代宗大历十四年（779）；白志贞解兵权，事见《资治通鉴》卷二百二十九德宗建中四年。[34]戊辰：十月三十日。

闰月[1]，丙子[2]，以泾原节度使田希鉴为卫尉卿[3]。

李晟初至凤翔，希鉴遣使参候，晟谓使者曰："泾州逼近吐蕃，万一入寇，州兵能独御之乎？欲遣兵防援[4]，又未知田尚书意。"使者归，以告希鉴，希鉴果请援兵，晟遣腹心将彭令英等戍泾州。晟寻托巡边诣泾州，希鉴出迎，晟与之并辔而入，道旧结欢[5]。希鉴妻李氏，以叔父事晟，晟谓之田郎。晟命具三日食，曰："巡抚毕，即还凤翔。"希鉴不复疑。晟置宴，希鉴与将佐俱至晟营。晟伏甲于外庑[6]，既食而饮[7]，彭令英引泾州诸将下堂，晟曰："我与汝曹久别[8]，各宜自言姓名。"于是得为乱者石奇等三十余人，让[9]之曰："汝曹屡为逆乱，残害忠良，固天地所不容！"悉引出，斩之。希鉴尚在座，晟顾曰："田郎亦不得无过，以亲知之故，当使身首得完。"希鉴曰："唯。"遂引出，缢杀之，并其子萼。晟入其营，谕以诛希鉴之意，众股栗，无敢动者。

（以上为第十一段，写李晟整肃纲纪，诛杀泾州数叛朝廷的大恶田希鉴等数十人。）

【注释】

[1]闰月：闰十月。[2]丙子：闰十月八日。[3]卫尉卿：卫尉寺长官，掌仪仗兵器与帐幕供设。田希鉴被任命为卫尉卿而解除兵权，未及赴京为李晟所诛。[4]防援：增防援兵。[5]道旧结欢：叙旧交好。[6]庑：屋廊。[7]既食而饮：连吃带喝。即酒酣之际。[8]久别：分别了很长时间。[9]让：斥责。

李希烈遣其将翟崇晖悉众围陈州[1]，久之，不克。李澄知大梁兵少，不能制滑州，遂焚希烈所授旌节，誓众归国。甲午[2]，以澄为汴滑节度使[3]。

宋亳节度使刘洽遣马步都虞候刘昌与陇右、幽州行营节度使曲环等将兵三万救陈州，十一月，癸卯[4]，败翟崇晖于州西，斩首三万五千级，擒崇晖以献。乘胜进攻汴州[5]，李希烈惧，奔归蔡州[6]。李澄引兵趣汴州，至城北，恇怯[7]不敢进；刘洽兵至城东。戊午[8]，李希烈守将田怀珍开门纳之。明日，澄入，舍于浚仪[9]；两军之士，日有忿阋[10]。会希烈郑州[11]守将孙液降于澄，澄引兵屯郑州。诏以都统司马宝鼎薛珏[12]为汴州刺史。

李勉至长安，素服待罪；议者多以"勉失守大梁[13]，不应尚为相。"李泌言于上曰："李勉公忠雅正，而用兵非其所长。及大梁不守，将士弃妻子而从之者殆二万人，足以见其得众心矣。且刘洽出勉麾下，勉至睢阳[14]，悉举其众以授之，卒平大梁，亦勉之功也。"上乃命勉复其位。议者又言："韩滉闻銮舆在外，聚兵修石头城[15]，阴蓄异志[16]。"上疑之，以问李泌，对曰："滉公忠清俭[17]，自车驾在外，滉贡献不绝。且镇江东十五州[18]，盗贼不起，皆滉之力也。所以修石头城者，滉见中原板荡[19]，谓陛下将有永嘉之行[20]，为迎扈[21]之备耳。此乃人臣忠笃之虑，奈何更以为罪乎！滉性刚严，不附权贵，故多谤毁，愿陛下察之，臣敢保其无他。"上曰："外议汹汹，章奏如麻[22]，卿弗闻乎？"对曰："臣固闻之。其子皋为考功员外郎[23]，今不敢归省其亲，正以谤语沸腾故也。"上曰："其子犹惧如此，卿奈何保之？"对曰："滉之用心，臣知之至熟。愿上章明其无他[24]，乞宣示中书[25]，使朝众[26]皆知之。"上曰："朕方欲用卿，人亦何易可保！慎勿违众，恐并为卿累[27]也。"泌退，遂上章，请以百口保滉。他日，上谓泌曰："卿竟上章，已为卿留中[28]。虽知卿与滉亲旧，岂得不自爱其身乎！"对曰："臣岂肯私于亲旧以负陛下！顾滉实无异心，臣之上章，以为朝廷，非为身也。"上曰："如何其为朝廷？"对曰"今天下旱、蝗，关中米斗千钱，仓廪耗竭，而江东丰稔。愿陛下早下臣章以解朝众之惑，面谕韩皋使之归觐[29]，今滉感激无自疑之心，速运粮储，岂非为朝廷邪！"上曰："善！朕深谕之矣。"即下泌章，令韩皋谒告归觐，面赐绯衣[30]，谕以"卿父比有谤言[31]，朕今知其所以，释然[32]不复信[33]矣。"因言："关中乏粮，归语卿父，宜速至之。"皋至润州，滉感悦流涕，即日，自临水滨[34]发米百万斛，听皋留五日即还朝[35]。皋别其母，啼声闻于外；滉怒，召出，挞之[36]，自送至江上，冒风涛而遣之。既而陈少游闻滉贡米，亦贡二十万斛。上谓李泌曰："韩滉乃能化陈少游贡米[37]矣！"对曰："岂惟少游，诸道将争入贡矣！"

（以上为第十二段，写李泌善谏，不顾个人安危保护李勉、韩滉两位忠义大臣。）

【注释】

［1］陈州：州名。治所宛丘，在今河南周口市淮阳区。［2］甲午：闰十月二十六日。［3］以澄为汴滑节度使：滑州刺史李澄以城降李希烈，事见《资治通鉴》卷二百二十九德宗建中四年（783）十二月，兴元元年（784）二月李澄密遣使归国，德宗许以为汴滑节度使，犹外事李希烈，事见《资治通鉴》卷二百三十。至此，李澄公开与李希烈决裂而正式授使职。［4］癸卯：十一月六日。［5］汴州：州名。治所浚仪，在今河南开封。［6］蔡州：李希烈淮宁镇所，州治汝阳，在今河南汝南。［7］怯：惶恐畏懦。［8］戊午：十一月二十一日。［9］舍于浚仪：指驻留在浚仪县衙。［10］忿阋：怨忿争斗。［11］郑州：州名。治所在今河南郑州市。［12］薛珏（719—792）：河中宝鼎（今山西临猗东北）人。［13］勉失守大梁：事见《资治通鉴》卷二百二十九德宗建中四年（783）。［14］睢阳：县名，宋州治所。在今河南商丘市。［15］聚兵修石头城：事见《资治通鉴》卷二百二十九建中四年。［16］阴蓄异志：暗中包藏着反叛朝廷的意图。［17］公忠清俭：公正忠实，清廉俭朴。［18］镇江东十五州：韩滉为浙江东西道节度使，所统十五州为：润、昇、常、湖、苏、杭、睦、越、明、台、温、衢、处、婺等十四州，加宣州凡十五州。宣州为滉领镇时所增。［19］板荡：动荡。［20］永嘉之行：永嘉为西晋怀帝年号。永嘉年间（307—313），西晋大乱，晋元帝渡江保有东晋。李泌引此喻以白韩滉本志。［21］迎扈：迎接和扈从皇上。［22］如麻：形容多如麻成团。［23］考功员外郎：官名。吏部第四司考功司副长官。掌判

文武百官考绩行状。［24］上章明其无他：上疏担保并说明韩滉没有异志。［25］宣示中书：将保奏上章批转中书省宣示于朝。［26］朝众：朝廷众臣。［27］累：牵累。［28］留中：留在禁中，搁置不办。［29］归觐：归家省亲。［30］面赐绯衣：德宗当面赐给韩皋绯色朝服。韩皋为考功员外郎，从六品。绯色朝服为四、五品之服。［31］比有谤言：接连遭受诽谤。［32］释然：消除了疑虑。［33］不复信：不再相信流言。［34］自临水滨：韩滉亲自来到江边码头。［35］听皋留五日即还朝：允许韩皋在家停留五天即打发他还朝。［36］挞之：用棍子打了一顿韩皋，促其还朝。［37］陈少游贡米：陈少游为淮南节度使，阴附李希烈，现在也贡米二十万斛。

吏部尚书、同平章事萧复奉使自江、淮[1]还，与李勉、卢翰、刘从一俱见上。勉等退，复独留，言于上曰："陈少游任兼将相，首败臣节[2]，韦皋幕府下僚，独建忠义[3]，请以皋代少游镇淮南。"上然之。寻遣中使马钦绪揖刘从一，附耳语而去。诸相还阁[4]。从一诣复曰："钦绪宣旨，令从一与公议朝来所言事，即奏行勿令李、卢知。敢问何事也？"复曰："唐、虞黜陟，岳牧佥谐[5]。爵人于朝，与士共之。使李、卢不堪为相，则罢之。既在相位，朝廷政事，安得不与之同议而独隐此事乎！此最当今之大弊，朝来[6]主上已有斯言，复已面陈其不可，不谓圣意尚尔。复不惜与公奏行之，但恐浸以成俗[7]，未敢以告。"竟不以语从一。从一奏之，上愈不悦，复乃上表辞位，乙丑[8]，罢为左庶子。

刘洽克汴州，得《李希烈起居注》[9]，云"某月日，陈少游上表归顺[10]。"少游闻之惭惧，发疾，十二月，乙亥[11]，薨，赠太尉，赙祭如常仪[12]。

淮南大将王韶欲自为留后，令将士推己知军事，且欲大掠，韩滉遣使谓之曰："汝敢为乱，吾即日全军渡江诛汝矣！"韶等惧而止。上闻之喜，谓李泌曰："滉不惟安江东，又能安淮南，真大臣之器，卿可谓知人！"庚辰[13]，加滉平章事、江淮转运使。滉运江、淮粟帛入贡府[14]，无虚月，朝廷赖之，使者劳问相继，恩遇始深矣。

是岁蝗遍远近[15]，草木无遗，惟不食稻，大饥，道殣相望[16]。

（以上为第十三段，写萧复因忠直而被罢相。中原大闹蝗灾。）

【注释】

[1]萧复奉使江淮：事见《资治通鉴》卷二百二十九德宗兴元元年四月。[2]首败臣节：首先、带头败坏人臣的操守。见《资治通鉴》卷二百二十九德宗建中四年（783）。[3]独建忠义：指唯有陇右营田判官韦皋不授朱泚节而诛反者，事见《资治通鉴》卷二百二十八德宗建中四年。[4]还阁：回到中书省政事堂。[5]唐虞黜陟，岳牧佥谐：唐尧、虞舜升降百官，朝内朝外的官员都要协调一致。黜，降职。陟，升职。岳，朝中大臣四岳。牧，朝外大臣，九州牧伯。佥，都。[6]朝来：早上的时候。朝，早。[7]浸以成俗：逐渐形成惯例。浸，逐渐。[8]乙丑：十一月二十八日。[9]《李希烈起居注》：宫中女官记载皇上日常事务称"起居注"，李希烈僭拟亦作"起居注"。[10]上表归顺：此陈少游"首败臣节"之罪证。[11]乙亥：十二月八日。[12]赙祭如常仪：赙，朝廷赠送的丧礼费。此谓朝廷赐给陈少游的丧礼费及祭祀礼仪，仍按大臣常规待遇不变。[13]庚辰：十二月十三日。[14]贡府：朝廷专储各地贡物的府库。[15]蝗遍远近：蝗虫的灾害遍及各地。远近，对京师而言。[16]道殣（jǐn）相望：路上倒下的饿死的人，一个接一个。殣，饿死。

贞元元年（乙丑，785年）

春，正月，丁酉朔[1]，赦天下，改元。

癸丑[2]，赠颜真卿司徒，谥曰文忠。

新州司马卢杞[3]遇赦，移吉州长史[4]，谓人曰："吾必再入。"未几，上果用为饶州[5]刺史。给事中袁高应草制，执以白卢翰、刘从一曰："卢杞作相，致銮舆播迁，海内疮痍，奈何遽迁大郡！愿相公执奏。"翰等不从，更命他舍人[6]草制。乙卯[7]，制出，高执之不下[8]，且奏："杞极恶穷凶，百辟[9]疾之若雠，六军思食其肉，何可复用！"上不听。补阙[10]陈京[11]、赵需等上疏曰："杞三年擅权[12]，百揆失叙[13]，天地神祇所知，华夏、蛮貊同弃。傥[14]加巨奸之宠，必失万姓之心。"丁巳[15]，袁高复于正牙[16]论奏。上曰："杞已再更赦[17]。"高曰："赦者止原其罪，不可为刺史。"陈京等亦争之不已，曰："杞之执政，百官常如兵[18]在其颈；今复用之，则奸党皆唾掌而起[19]。"上大怒，左右辟易[20]，谏者稍引却[21]；京顾曰："赵需等勿退，此国大事，当以死争之。"上怒稍解[22]。戊午[23]，上谓宰相："与杞小州刺史，可乎？"李勉曰："陛下欲与之，虽大州亦可，其如天下失望何！"壬戌[24]，以杞为澧州别驾。使谓袁高曰："朕徐思卿言，诚为至当。"又谓李泌曰："朕已可袁高所奏。”泌曰：“累日[25]外人窃议，比陛下于桓、灵[26]；今承德音，乃尧、舜之不逮也！”上悦。杞竟卒于澧州。高，恕己[27]之孙也。

（以上为第十四段，写给事中袁高强谏德宗阻止起用卢杞。）

【注释】

[1]丁酉朔：正月一日。[2]癸丑：正月十七日。[3]新州司马卢杞：卢杞贬新州，事见《资治通鉴》卷二百二十九德宗建中四年（783）。[4]移吉州长史：转卢杞为吉州长史。州佐长史、司马皆五品职，中唐后多为被贬大臣的闲职。长史地位略高于司马。新州治所在今广东新兴，吉州治所在今江西吉安，距京师近一千余里。[5]饶州：州名。治所鄱阳，在今江西鄱阳县。饶州滨鄱阳湖，为富饶大州。[6]他舍人：其他中书舍人。[7]乙卯：正月十九日。[8]高执之不下：袁高扣住诏书不肯下发。高由是知名。传见《旧唐书》卷一百五十三，《新唐书》卷一百二十。[9]百辟：百官。[10]补阙：谏官名。左补阙隶门下省，右补阙隶中书省。对皇帝和大臣均可指陈得失。[11]陈京：字庆复。与赵需共奏劾卢杞，力争于德宗前，卢杞终不得复。传见《新唐书》卷二百。[12]杞三年擅权：卢杞建中二年（781）二月拜相，建中四年（783）十二月罢贬，擅权三年。[13]百揆失叙：百官失职。[14]傥：如果。[15]丁巳：正月二十一日。[16]正牙：唐代大明宫内含光殿为正牙。[17]再更赦：经过两次大赦。更，经历。[18]兵：利刃。[19]奸党皆唾掌而起：唾掌，把口水吐到手掌上，极容易的事。此句意谓卢杞若复用，奸党将不费力气而兴起。[20]辟易：古代形容词，四散奔逃的样子。语出《项羽本纪》项王大呼，汉军“辟易数里”。这里指德宗发怒，吓得左右侍从惊惶退避。[21]谏者稍引却：进谏的人也逐渐后退。[22]上怒稍解：德宗的怒气略为消散了些。[23]戊午：正月二十二日。[24]壬戌：正月二十六日。[25]累日：连日。[26]桓、灵：东汉桓帝、灵帝，著名昏君。[27]恕己：袁恕己，武则天时为相王李旦府司马，助张柬之诛二张（张昌宗、张易之），复辟中宗。

三月，李希烈陷邓州。

戊午[1]，以汴滑节度使李澄为郑滑节度使。

以代宗女嘉诚公主妻田绪。

李怀光都虞候吕鸣岳密通款于马燧，事泄，怀光杀之，屠其家。事连幕僚高郢、李鄘，怀光集将士而责之，郢、鄘抗言[2]逆顺，无所惭隐[3]，怀光囚之。鄘，邕[4]之侄孙也。马燧军宝鼎，败怀光兵于陶城[5]，斩首万余级；分兵会浑瑊，逼河中。

夏，四月，丁丑[6]，以曹王皋为荆南节度；李希烈将李思登以随州降之。

壬午[7]，马燧、浑瑊破李怀光兵于长春宫南，遂掘堑围宫城；怀光诸将相继来降。诏以燧、瑊为招抚使。

五月，丙申[8]，刘洽更名玄佐。

韩游瓌请兵于浑瑊，共取朝邑；李怀光将阎晏欲争之，士卒指邠军曰："彼非吾父兄，则吾子弟，奈何以白刃相向乎！"语甚嚣。晏遽引兵去。怀光知众心不从，乃诈称欲归国，聚货财，饰车马，云俟路通入贡，由是得复逾旬月[9]。

六月，辛巳[10]，以刘玄佐兼汴州刺史。

辛卯[11]，以金吾大将军韦皋为西川节度使。

朱滔病死，将士奉前涿州刺史刘怦[12]知军事。

时连年旱、蝗，度支资粮匮竭，言事者多请赦李怀光。李晟上言："赦怀光有五不可：河中距长安才三百里，同州当其冲，多兵则未为示信，少兵则不足堤防，忽惊东偏[13]，何以制之！一也；今赦怀光，必以晋、绛、慈、隰还之，浑瑊既无所诣[14]，康日知又应迁移[15]，土宇不安[16]，何以奖励！二也；陛下连兵一年，讨除小丑[17]，兵力未穷，遽赦其反逆之罪；今西有吐蕃，北有回纥，南有淮西[18]，皆观我强弱，不谓陛下施德泽，爱黎元，乃谓兵屈于人而自罢耳，必竞起窥觎之心[19]，三也；怀光既赦，则朔方将士皆应叙勋行赏[20]，今府库方虚，赏不满望，是愈激之使叛，四也；既解河中，罢诸道兵，赏典不举[21]，怨言必起，五也。今河中斗米五百，刍藁且尽，墙壁之间，饿殍甚众。且军中大将杀戮略尽，陛下但敕诸道围守旬时[22]，彼必有内溃之变，何必养腹心之疾为他日之悔哉！"又请发兵二万，自备资粮，独讨怀光。秋，七月，甲午朔[23]，马燧自行营入朝，奏称："怀光凶逆尤甚，赦之无以令天下，愿更得一月粮，必为陛下平之。"上许之。

（以上为第十五段，写李晟上奏大赦李怀光五不可，德宗从之。）

【注释】

[1]戊午：正月二十三日。[2]抗言：直言争辩。[3]惭隐：惭愧，隐瞒。[4]鄘、邕：唐代两李邕，一为高祖子虢王李凤之孙李邕；一为江都人文章家李邕，玄宗时官至北海太守，天

宝末因谗贿被诛。李鄘为北海太守李邕之侄孙，宪宗时历凤翔、陇右、淮南等镇节度使。传见《旧唐书》卷一百五十七，《新唐书》卷一百四十六。［5］陶城：在今山西永济西北。［6］丁丑：四月十三日。［7］壬午：四月十八日。［8］丙申：五月二日。［9］逾旬月：苟延残喘十天半月。十日为旬。旬月，亦为满月，一整月。这里为常用俗语，十天半月。［10］辛巳：六月十八日。［11］辛卯：六月二十八日。［12］刘怦（727—785）：幽州昌平（今北京昌平区西）人，朱滔姑之子。朱滔出镇，刘怦常为留后，故滔死为军中所推。传见《旧唐书》一百四十三，《新唐书》卷二百一十二。［13］忽惊东偏：指李怀光突然造反，夺取同州，使京师东北方告警。同州在长安东北，治所在今陕西大荔县。［14］无所诣：没有归宿。［15］应迁移：调任他所。德宗先已命浑瑊为蒲、绛节度使，康日知为晋、慈、隰节度使。若赦李怀光，诸州归还，则浑瑊与康日知二人就没有地盘，而要改任他所。［16］土宇不安：地域变动不定。指重新安置浑瑊、康日知，将引起动荡。［17］小丑：对叛逆的蔑称。［18］淮西：指僭逆李希烈。［19］窥觎之心：犯上作乱之心。［20］叙勋行赏：李怀光有解奉天之围的功勋，若赦免则要追叙功勋，进行赏赐。［21］赏典不举：指讨李怀光诸军反而无功不得行赏。［22］旬时：同旬月，十天半月。［23］甲午朔：七月一日。

陕虢[1]都兵马使[2]达奚抱晖鸩杀节度使张劝，代总军务，邀求旌节[3]，且阴召李怀光将达奚小俊为援。上谓李泌曰："若蒲、陕连衡[4]，则猝[5]不可制。且抱晖据陕，则水陆之运皆绝[6]矣。不得不烦卿一往。"辛丑[7]，以泌为陕虢都防御水陆运使[8]。上欲以神策军送泌之官[9]，问"须几何人？"对曰："陕城三面悬绝，攻之未可以岁月下也，臣请以单骑入之。"上曰："单骑如何可入？"对曰："陕城之人，不贯逆命，此特抱晖为恶耳。若以大兵临之，彼闭壁定矣。臣今单骑抵其近郊，彼举大兵则非敌，若遣小校来杀臣，未必不更为臣用也。且今河东全军屯安邑[10]，马燧入朝，愿敕燧与臣同辞皆行，使陕人欲加害于臣，则畏河东移军讨之，此亦一势也[11]。"上曰："虽然，朕方大用卿，宁失陕州，不可失卿，当更使他人往耳。"对曰："他人必不能入。今事变之初，众心未定，故可出其不意，夺其奸谋。他人犹豫迁延[12]，彼既成谋[13]，则不得前矣。"上许之。泌见陕州进奏官[14]及将吏在长安者，语之曰："主上以陕、虢饥，故不授泌节而领运使，欲令督江、淮米以赈之耳。陕州行营在夏县[15]，若抱晖可用，当使将之；有功，则赐旌节矣。"抱晖觇者[16]驰告之，抱晖稍自安。泌具以语白上曰："欲使其士卒思米，抱晖思节，必不害臣矣！”上曰：“善！”戊申[17]，泌与马燧俱辞行。庚戌[18]，加泌陕虢观察使[19]。

泌出潼关，鄜坊节度使唐朝臣以步骑三千布[20]于关外，曰：“奉密诏[21]送公至陕。”泌曰：“辞日[22]奉进止[23]，以便宜从事[24]。此一人不可相蹑[25]而来，来则吾不得入陕矣。”唐臣[26]以受诏不敢去，泌写宣[27]以却之，因疾驱而前。

抱晖不使将佐出迎[28]，惟侦者相继[29]。泌宿曲沃[30]，将佐不俟抱晖之命来迎[31]，泌笑曰：“吾事济矣！”去城[32]十五里，抱晖亦出谒[33]。泌称其摄事保完城隍之功[34]，曰：“军中烦言，不足介意。公等职事皆按堵[35]如故。”抱晖出而喜。泌既入城视事，宾佐有请屏人白事[36]者。泌曰：“易帅[37]之际，军中烦言[38]，乃其常理，泌到，自妥贴[39]矣，不愿闻也。”由是反仄者皆自安[40]。泌但索簿书，治粮储[41]。明日，召抱晖至宅[42]，语之曰：“吾非爱汝而不诛，恐自今有危疑之地[43]，朝廷所命将帅皆不能入，故匄汝余生[44]。汝为我赍版[45]、币[46]祭前使，慎无入关，自择安处，潜来取家[47]，保无他也。”泌之辞行也，上籍陕将预于乱者[48]七十五人授泌，使诛之。泌既遣抱晖，日中，宣慰使[49]至。泌奏：“已遣抱晖，余不足问。”上复遣中使[50]至陕，必使诛之。泌不得已，械[51]兵马使林滔等五人送京师，恳请赦之。诏谪戍天德[52]；岁余，竟杀之。而抱晖遂亡命不知所之。

达奚小俊引兵至境，闻泌已入陕而还。

壬辰[53]，以刘怦为幽州、卢龙节度使。

大旱，灞、浐[54]将竭，长安井皆无水。度支奏中外经费[55]才支七旬。

（以上为第十六段，写文臣李泌单骑入陕除叛乱。）

【注释】

[1]陕虢：方镇名。领陕、虢二州。陕州治所陕县，在今河南三门峡市陕州区西，临河，为漕运要冲。 [2]都兵马使：据章校应为“都知兵马使”。节度使下总领兵马的大将。 [3]邀求旌节：索讨节度使的旌节。 [4]蒲、陕连衡：指李怀光与达奚抱晖联合。 [5]猝：猝然之间，短时间

内。［6］绝：切断漕运。［7］辛丑：七月八日。［8］陕虢都防御水陆运使：临时所加的领差使臣官名，负责陕虢境内的漕运畅通，以阻止达奚抱晖阻断交通。［9］之官：赴任。［10］安邑：县名，古代河东重镇。县治在今山西夏县西南。［11］此亦一势也：这是可以借用的一种声援形势。借马燧以制约抱晖。［12］迁延：拖延时间。［13］成谋：成熟的谋略。［14］进奏官：唐代各节度使幕僚有进奏官，负责上奏与传达朝令事宜。常驻京师进奏院。［15］夏县：县名。县治在今山西夏县。陕州亦出兵讨李怀光，行营在夏县。［16］觇者：刺探情报的人。［17］戊申：七月十五日。［18］庚戌：七月十七日。［19］观察使：官名。察举州县官吏政绩。不设节度使的方镇；观察使兼理民政。授李泌陕虢观察使，即可纠举达奚抱晖。［20］布：排成阵列。［21］密诏：秘密圣旨。［22］辞日：辞别德宗的时候。［23］奉进止：奉有特别圣旨，可代表皇上裁决有关事项的可否，取使之进则进，使之止则止之义，称奉进止。［24］便宜从事：见机行事。［25］此一人不可相蹑：相蹑，相跟随、护送。此句意谓这次行动一个兵卒都不可带领，何况三千人。若派兵护送，则达奚抱晖戒备，李泌就进不了陕州城。［26］唐臣：应作朝臣，即唐朝臣。［27］写宣：写下一纸代皇上宣命的文书。李泌写此才使唐朝臣退回潼关。［28］不使将佐出迎：不派出高级文武官出城迎接朝廷钦差李泌。［29］惟侦者相继：只有一批又一批的探子监视李泌的行止。［30］曲沃：县名。县治在今山西曲沃东北。［31］将佐不俟抱挥之命来迎：陕州的高级官员等不及抱晖的命令主动迎接李泌。［32］去城：离城。［33］出谒：出城迎接拜见。［34］泌称其摄事保完城隍之功：李泌表彰抱晖代理节度使总理事务，保全城池的功劳。［35］按堵：即安堵，安然如墙堵。按堵如故，指保有原官如故。［36］屏人白事：让左右的人回避，单独谈事。［37］易帅：更换节度使。［38］烦言：闲言碎语。［39］自妥帖：自然安定下来。［40］由是反仄者皆自安：由于李泌不屏人听事，那些跟随达奚抱晖叛逆的人都安定下来。［41］但索簿书，治粮储：只是讨取账簿文书，查点粮食储备。［42］宅：观察使所居的衙署。［43］危疑之地：危急疑虑的地方。指阻险猜疑企图反叛朝廷的军镇。［44］匄（gài）汝余生：留你一条生路。匄，乞也，意谓替你求得余生。［45］版：灵牌。［46］币：祭品。句谓你替我带上灵牌及祭品去祭奠前任节度使。［47］潜来取家：暗中来接走你的家小。［48］籍陕将预于乱者：开列陕州参与为乱的人名单。［49］宣慰使：官名。全称宣慰安抚使，省称宣慰使或安抚使。皇帝特派到战争区或灾区去巡视宣命的使者。［50］复遣中使：再次派宦官使者。［51］械：武装押送。［52］天德：军镇名，天德军之省称。治所永济栅，在今内蒙乌拉特前旗东北，后移治西受降城，在今内蒙乌拉特中后旗西南，元和时移至永济栅东大同川。［53］壬辰：七月甲午朔，无壬辰。壬辰，八月三十日。［54］灞、浐：长安东的灞水、浐水，皆渭水支流。［55］中外经费：中，指内宫所储经费。外，指朝廷度支所储经费。

【点评】

本卷点评四事：李晟收复长安、颜真卿骂贼成仁、李泌单骑入陕除叛贼、德宗问计于李泌。

一、李晟收复长安。李晟，字良器，洮州临潭（今甘肃临潭）人。身长六尺，善骑射，勇敢绝伦，称万人敌。初在西北为裨将，屡立战功，调任神策军都将。德宗用兵河北，以李晟为神策先锋都知兵马使，隶属河东节度使马燧讨田悦。李晟在临洺斩杀田悦将杨朝光，居间调停马燧与昭义节度使李抱真释嫌和好，应对河北朱滔反叛后的紧急局面，李晟功不可没。朱泚叛乱，李晟回军勤王，奉天解围，进兵长安。李怀光反叛，李晟孤军支撑危局，以忠义感奋将士，巍然屹立赢得诸镇友军的拥戴。李晟军纪严明，对民众秋毫无犯。李怀光军抢掠，分给李晟军，士兵不敢取。李晟攻破长安，下令诸军说："长安士庶，久陷贼庭，若小有震惊，非吊民伐罪之意。"要求军中将官，五天之内不得撤离职守与家属联系。大将高时曜私取叛贼的女乐，尚可孤军士擅取贼马，李晟杀头示众，毫不姑息。全军震动，公私安然如平常。长安士民，有人过了一天多，才知道官军入城。

李晟把收复长安的消息报告德宗，德宗感慨地流下眼泪，说："天生李晟，以为社稷，非为朕也。"可是德宗回朝，很快好了伤疤忘了痛，猜忌李晟，夺了他的兵权，幸赖李泌护佑，李晟才免遭诛杀。

二、颜真卿骂贼成仁。颜真卿，字清臣，京兆万年（今陕西西安市）人。唐名臣，历仕玄宗、肃宗、代宗、德宗四朝，官至吏部尚书、太子太师，封鲁郡公，人称"颜鲁公"。颜真卿善书法，有颜体书法和文集《颜鲁公文集》行于世。安史之乱，颜真卿任平原太守，与从兄颜杲卿常山太守相约起兵抵抗，河北十七郡同日响应，共推颜真卿为帅，合兵二十万，迟滞安禄山不敢急攻潼关。后兵败，颜杲卿被俘，骂贼而死。颜真卿回朝，肃宗任以为宪部尚书，寻加御史大夫。得罪李辅国，弹劾权臣元载，两次遭贬逐。元载诛，授刑部尚书，杨炎为相，恶之，改太子少傅。卢杞专权，忌颜真卿忠直，改太子少师，处以闲职。李希烈反叛，卢杞借刀杀人，奏请颜真卿宣慰淮西。诏出，百官愕然，朝廷失色。颜真卿到达东都，观察使郑叔则留颜真卿不往，说："颜老前去必为贼所害。"颜真卿说："这是君上的命令，不可逃避。"颜真卿义无反顾急行淮西。汴宋节度使李勉上奏德宗说："朝廷失去元老，是国家的羞耻。"李勉派人追赶颜真卿，没有追上，颜真卿到了淮西。李希烈软硬兼施，要颜真卿屈膝为伪相，不然要活埋他，又要架火烧他，颜真卿毫无惧色，视死如归。李希烈软禁颜真卿于汝州（今河南汝州市）龙兴寺。颜真卿度必死，于是自作遗表、墓志铭、祭文。经常手指寝室西墙壁下的地方说："这就是埋我的地方。"朱泚败亡，李希烈之弟李希倩在朱泚党中被杀头，李希烈暴怒，于兴元元年八月初三日派阉奴缢杀颜真卿于龙兴寺。颜真卿骂贼而死，时年七十七岁。淮西平定，颜真卿归丧京师，德宗十分哀痛，废朝五日，谥曰"文忠"。

三、李泌单骑入陕除叛贼。李泌以布衣交辅佐肃宗、代宗两朝，遭元载排斥，出为杭州刺史。肃宗时，德宗为奉节王，学文于李泌。代宗时，德宗立为太子，继续与李泌交游。德宗蒙尘到汉中，派人宣召李泌。德宗还京，任李泌为左散骑常侍，每天值守中书省以备应对，朝野都寄托很大的希望。贞元元年（785）七月，陕虢都兵马使达奚抱晖杀节度使张劝，要挟朝廷封他为节度使。陕虢是陕州、虢州的合称。陕州（今河南三门峡市），虢州在陕州西南。陕虢地区在潼关以东，控制黄河交通。唐朝京都长安依赖江淮财赋与粮食供应，陕虢在交通线上。当时，朱泚刚灭，京都百废待兴，急需江淮财赋。李怀光割据河中，李希烈为害淮西，两贼尚未歼灭。达奚抱晖如果正式背叛，割据陕虢，将把北起河中，南到淮西连成一片，整个中原大地就会动荡起来。所以，迅速扑灭陕虢的叛乱之火，不使燎原，是唐王朝的头等大事。

四、德宗问计于李泌。李泌说："陕州城三面悬绝，濒临黄河，易守难攻，发兵征讨，不知施到何年何月才能攻下，这样会导致形势变坏。臣有一计，臣单骑入陕州，必能安定，请陛下勿忧。"德宗不答应，说："朕正要重用卿，朕宁失陕州，不能失卿，朕派别的人去。"李泌说，别的人进不了陕州。德宗要派五千神策兵护送，李泌说，臣带了五千兵，就进不了陕州了。德宗最终同意了李泌的计划，完全按照李泌的布置，出其不意，李泌单骑入陕州，竟然控制了局面，不费一兵一卒安定了陕州，产生了极大的震动。河中叛将李怀光闻讯后丧失了斗志，很快被马燧讨灭。淮西叛乱者李希烈没多久也被部下陈仙奇杀死，陈仙奇归顺朝廷，淮西的叛乱也被平定了。

李泌大智大勇，达奚抱晖只是一个小丑。小丑不敌智勇，理所当然。但是李泌身入虎穴，不可保以百全，他的忠贞和正气，才是取胜的决定因素。安禄山、史思明、田悦、李惟岳、朱泚、李希烈、李怀光，都不过是一群小丑，一个个急于割地称雄，甚至急于称王称帝，只逞一时之气，毫无远略之虑。朱泚最为典型。李怀光兵强，朱泚以兄事之，相约分帝关中；李怀光军势稍弱，立即板起面孔，以臣礼待之，要征其兵，化友为敌，见识何其浅薄。反观唐室，良将辈出。平定安史之乱有郭子仪、李光弼，平定朱泚与李怀光，有李晟、浑瑊、马燧、李抱真。文臣有颜真卿、陆贽、李泌。广大军民仍效忠唐室。贞观与开元盛世，恩泽深固民心。德宗虽然愚而昏，也有清醒之时，危急时刻任用英才。中唐几度危如累卵而后得安，原因在此。正如德宗所说："天生李晟，以为社稷，非为朕也。"同理，天生陆贽、李泌，以及广大军民，奋起灭贼，乃是效忠唐室，非为德宗也。